INTERPRETAÇÃO DA CONVENÇÃO DE ARBITRAGEM

O GEN | Grupo Editorial Nacional – maior plataforma editorial brasileira no segmento científico, técnico e profissional – publica conteúdos nas áreas de concursos, ciências jurídicas, humanas, exatas, da saúde e sociais aplicadas, além de prover serviços direcionados à educação continuada.

As editoras que integram o GEN, das mais respeitadas no mercado editorial, construíram catálogos inigualáveis, com obras decisivas para a formação acadêmica e o aperfeiçoamento de várias gerações de profissionais e estudantes, tendo se tornado sinônimo de qualidade e seriedade.

A missão do GEN e dos núcleos de conteúdo que o compõem é prover a melhor informação científica e distribuí-la de maneira flexível e conveniente, a preços justos, gerando benefícios e servindo a autores, docentes, livreiros, funcionários, colaboradores e acionistas.

Nosso comportamento ético incondicional e nossa responsabilidade social e ambiental são reforçados pela natureza educacional de nossa atividade e dão sustentabilidade ao crescimento contínuo e à rentabilidade do grupo.

JOSÉ ANTONIO FICHTNER
AUGUSTO TOLENTINO
RODRIGO SALTON

INTERPRETAÇÃO DA CONVENÇÃO DE ARBITRAGEM

PREFÁCIO
GUSTAVO TEPEDINO

gen
Editora FORENSE

- Os autores deste livro e a editora empenharam seus melhores esforços para assegurar que as informações e os procedimentos apresentados no texto estejam em acordo com os padrões aceitos à época da publicação, e todos os dados foram atualizados pelos autores até a data de fechamento do livro. Entretanto, tendo em conta a evolução das ciências, as atualizações legislativas, as mudanças regulamentares governamentais e o constante fluxo de novas informações sobre os temas que constam do livro, recomendamos enfaticamente que os leitores consultem sempre outras fontes fidedignas, de modo a se certificarem de que as informações contidas no texto estão corretas e de que não houve alterações nas recomendações ou na legislação regulamentadora.

- Fechamento desta edição: 24.06.2025

- Os autores e a editora se empenharam para citar adequadamente e dar o devido crédito a todos os detentores de direitos autorais de qualquer material utilizado neste livro, dispondo-se a possíveis acertos posteriores caso, inadvertida e involuntariamente, a identificação de algum deles tenha sido omitida.

- **Atendimento ao cliente: (11) 5080-0751 | faleconosco@grupogen.com.br**

Uma editora integrante do GEN | Grupo Editorial Nacional
Travessa do Ouvidor, 11
Rio de Janeiro – RJ – 20040-040
www.grupogen.com.br

- Capa: Carla Lemos

- **CIP – BRASIL. CATALOGAÇÃO NA FONTE.**
SINDICATO NACIONAL DOS EDITORES DE LIVROS, RJ.

F466i

Fichtner, José Antonio
Interpretação da convenção de arbitragem / José Antonio Fichtner, Augusto Tolentino, Rodrigo Salton; prefácio Gustavo Tepedino. – 1. ed. – Rio de Janeiro : Forense, 2025.

Inclui bibliografia
ISBN 978-85-3099-782-3

1. Direito processual civil - Brasil. 2. Arbitragem e sentença. I. Tolentino, Augusto. II. Salton, Rodrigo. III. Tepedino, Gustavo. IV. Título.

25-98885.0 CDU: 347.918(81)

Gabriela Faray Ferreira Lopes – Bibliotecária – CRB-7/6643

Este livro é dedicado a José Francisco,
nosso – de Priscila e meu – amado caçula.

José Antonio Fichtner

A Celso Barbi Filho, amigo fraterno e
jurista admirável, com a eterna gratidão
pelos anos de convívio e aprendizado, e
pela honra de ter sido seu sócio.

Augusto Tolentino

Para Gustavo, Anelise e Henrique,
expandindo cada vez mais
o conceito de família.

Rodrigo Salton

SOBRE OS AUTORES

José Antonio Fichtner

Membro da Comissão de Juristas nomeada pelo Senado Federal para elaboração do Anteprojeto de Reforma da Lei de Arbitragem brasileira (Lei nº 13.129/2015). Mestre em Direito pela Universidade de Chicago. MBA em Agronegócio pela USP-ESALQ. Bacharel em Direito pela Pontifícia Universidade Católica do Rio de Janeiro. Coordenador Técnico do LL.M Litigation da Fundação Getulio Vargas. Professor da Escola de Direito da Fundação Getulio Vargas. Professor de Direito Processual Civil da Pontifícia Universidade Católica do Rio de Janeiro. Professor Convidado da Escola da Magistratura do Estado do Rio de Janeiro. Membro do Instituto Brasileiro de Direito Processual, do Comitê Brasileiro de Arbitragem, do Comitê de Arbitragem e Mediação da CCI Brasil, da International Bar Association (IBA) e da Associação Latino-Americana de Arbitragem (ALARB). Desembargador do Tribunal Regional Eleitoral do Rio de Janeiro 1994-1998. Ex-Procurador do Estado do Rio de Janeiro. Árbitro e Mediador. Listado, por vários anos, como o número 1 nas áreas de Litígios e Arbitragem pelas edições Global e Latin America do guia *Chambers and Partners*, tendo sido reconhecido como um dos 20 maiores especialistas em Arbitragem na América Latina pela publicação. Autor de numerosos artigos e vários livros nas áreas de Arbitragem e Processo Civil. Conferencista nas áreas de Arbitragem e Processo Civil. Membro do YPO, capítulo São Paulo. Sócio-fundador do escritório *Andrade & Fichtner Advogados* e de *Fichtner Advogados*.

Augusto Tolentino

Sócio-fundador do escritório Tolentino Advogados, com mais 30 anos de experiência em contencioso judicial, arbitragem e prestação de assessoria jurídica em questões de direito empresarial, financeiro e sucessório. Árbitro em diversas instituições arbitrais. Mestre em Direito Comercial Internacional (LL.M) pela Universidade da Califórnia, Davis (EUA). MBA em Finanças – IBMEC. Ex-Professor de Direito

Processual Civil. Ex-Presidente da Câmara de Mediação e Arbitragem Empresarial – Brasil – CAMARB e de seu Conselho Consultivo. Palestrante em diversos Congressos e Seminários no Brasil e no exterior. Autor de diversos artigos sobre temas de arbitragem e mediação empresarial.

Rodrigo Salton

Mestrando em Direito Civil pela UERJ. Bacharel em direito pela UFRGS. Especialista em Direito Civil e Processo Civil na FMP. Especialista em Advocacia Contratual e Responsabilidade Civil na FMP. LLM em Advocacia Corporativa na FMP. LLM em LGPD e GDPR na FMP. Advogado. MBA em Gestão Empresarial na Saint Paul. Sócio de Fichtner Advogados.

APRESENTAÇÃO

O primeiro autor escreveu uma obra anterior, sustentando a natureza jurisdicional da arbitragem e os princípios a ela aplicáveis e enfrentando profundamente questões atinentes à arbitrabilidade objetiva, situando-a em várias áreas diferentes do universo jurídico.

Em nossa obra *Convenção de Arbitragem*, – já na ótima companhia dos seus atuais coautores – decidimos enfrentar a teoria geral da Convenção de Arbitragem, pedra fundante da jurisdição arbitral, destinada a debelar crises eventualmente instaladas nos negócios jurídicos, os quais normalmente não são dotados de "carga restauratória própria suficiente para impedir ou remediar o inadimplemento das obrigações assumidas".

E o fizemos a partir de um olhar multidisciplinar, recorrendo a várias perspectivas diversas, como o direito constitucional, o direito internacional privado, o processual civil e, principalmente, o direito civil. A visão empreendida não deixou de salientar a importância da Convenção de Nova York, introduzida em nosso ordenamento jurídico interno e que hoje desempenha papel relevantíssimo no desenvolvimento da arbitragem brasileira.

Definimos que o exercício da autonomia privada, capaz de ensejar a outorga de poder jurisdicional a privados, com a destinação específica de solução de litígios, tem fonte inequivocamente constitucional.

Salientamos o caráter privatista da convenção de arbitragem, qualificando-a como negócio jurídico naturalmente incompleto, aplicando a ela os conceitos da tricotomia ponteana, o que permite resolver e explicar um número considerável de questões práticas de diversos graus de complexidade.

A partir de tal ponto, nosso olhar debruçou-se sobre os elementos daquele negócio jurídico, sua dimensão dinâmica, efeito positivo, autonomia, princípio *kompetenz-kompetenz* e contratos associados às convenções de arbitragem.

Já havíamos adiantado, em nossa obra *Convenção de Arbitragem*, que aquele livro constituía um ponto de partida para um estudo mais amplo dentro do admirável mundo da arbitragem.

Assim, nesta presente obra, que constitui nova jornada, assume especial importância o tema da interpretação da convenção de arbitragem, negócio jurídico basilar para a estruturação desse notável método extrajudicial de solução de conflitos entre particulares e entre eles e o próprio poder público.

A interpretação, em sentido amplo, como arte ou técnica, convive com o homem desde seus primeiros passos. Era utilizada para extrair significado do universo, dos fenômenos naturais, das estrelas, das escrituras religiosas, dos costumes e dos textos legais.

Desde a antiguidade, a interpretação dos comportamentos humanos serviu de bússola imprescindível para prestigiar ou reprimir atitudes individuais ou coletivas no seio social. Já era indispensável quando os negócios jurídicos eram celebrados de forma puramente oral. Era ela a matriz para a denominada jurisprudência consuetudinária.

Com o processo da formalização dos negócios jurídicos, a interpretação não deixou de ter a mesma relevantíssima importância e passou a ser estudada como forma de exteriorização do direito.

Assim é que o processo de interpretação resume como compreendemos e damos significado a textos legais, contratos, eventos e experiências sociais. Tão relevante tal atividade se apresenta no universo da experiência jurídica que deu ensejo à qualificação da expressão "hermenêutica", ou seja, o estudo histórico, sistemático, literal, teleológico e cultural dos fenômenos jurídicos, construindo um modo de pensar com regras definidas sobre quando extensões são permitidas e aceitas, ou quando deva se aplicar uma visão restritiva ou ampliativa do objeto estudado.

E perceba-se que tais técnicas e a criação de um corpo de leis ou de precedentes, destinados a regular o conjunto social, retiram o eventualmente exacerbado subjetivismo, derivado das experiências individuais, do exegeta, qualificando um ambiente mais protegido e previsível de convívio social.

A interpretação e a ética também encontram um espaço comum, notadamente no ambiente da arbitragem, exigindo dos operadores do direito, a cada movimento, desde a contratação até a solução da eventual disputa, um comportamento justo e verdadeiro, sob pena de sofrer o violador das condutas programadas as reprimendas legais e contratuais.

A previsibilidade do ordenamento jurídico pressupõe um sistema organizado de interpretação dos negócios jurídicos, no qual a autonomia das partes tenha espaço de inigualável relevância, preferencialmente através de instrumentos dotados de clareza, nos quais as intenções das partes sejam detectadas sem tergiversações, no qual o contexto subjacente à contratação seja bem compreendido pelos intérpretes, nos quais os comportamentos das partes possa ser aferido, à luz do princípio da boa-fé.

Vale ressaltar, além disso, a necessidade de uma aproximação, em termos de conteúdo, da jurisprudência arbitral e judicial, de modo a que tenhamos sempre um universo jurídico uno, em prestígio ao sistema jurídico em vigor.

A mediação e a arbitragem constituem instrumentos maravilhosos para a restauração e manutenção de relações econômicas entre partes com dificuldades momentâneas de convivência, permitindo a construção de um ambiente propício para a criação, manutenção e desenvolvimento de relações comerciais saudáveis e duradouras.

Quando o exegeta se debruça sobre negócios jurídicos complexos, como é o caso em muitas arbitragens, seu cuidado e seu preparo prévio devem ser ainda maiores. Isso explica a procura no mercado por profissionais do direito com larga experiência para atuar nas arbitragens mais complexas, seja como árbitro(a)s, seja como advogado(a)s. É nesse espírito que a presente obra pretende agregar valor para o seu leitor. Seja ele árbitro, advogado, estudante ou apenas alguém que tenha curiosidade sobre as notáveis técnicas humanas de solução dos conflitos em sociedade.

Escrever uma obra sobre "Interpretação da Convenção de Arbitragem", sob os prismas do Direito Civil, do Direito Internacional Privado e do Direito Processual Civil e contar com prefácio de Gustavo Tepedino é um imenso privilégio. Ter a Editora Forense publicando este livro e Henderson Furst como editor é motivo de grande honra e alegria. Agradecemos aos nossos valorosos pesquisadores Frederico Gonçalves, Graziela Braz e Waldyr Martins Liberato, que muito colaboraram para a densidade e revisão da obra.

Junho de 2025.

José Antonio Fichtner
Augusto Tolentino
Rodrigo Salton

PREFÁCIO

Visceralmente conjugada à autonomia privada, a arbitragem constitui-se em verdadeiro exercício cultural para o aperfeiçoamento do tráfico negocial e da prática jurídica, na formulação do livre consenso e no respeito à sua eficácia. Por essa razão, compreendem-se, historicamente, as desconfianças e hesitações em relação à sua afirmação como mecanismo de solução de conflitos. Especialmente em sociedades como a brasileira, sem tradição associativa e em que a autonomia privada não se encontra suficientemente amadurecida como expressão dos princípios da igualdade e da liberdade. Mostra-se eloquente, sob esse prisma, que a constitucionalidade da Lei de Arbitragem (Lei n. 9.307/1996) tenha sido desafiada em longo e conhecido processo concluído somente no final de 2004 pelo plenário do Supremo Tribunal Federal, quando foram afastadas, finalmente, as suspeitas de inconstitucionalidade.[1]

Por outro lado, diante do desenvolvimento da sociedade e da intensificação dos instrumentos legais de exercício da cidadania, assiste-se à explosão reivindicatória em todo o mundo ocidental, a ponto de se designar o tempo presente como a *Era do direito a ter direitos*.[2] Nesse cenário, tornou-se inevitável retirar do Estado a exclusividade na prestação jurisdicional, prestigiando-se formas alternativas de solução de conflitos que deem conta de conter o exponencial crescimento dos litígios no Judiciário e permitam maior especialização na solução de conflitos nos mais diversos setores da economia. Nessa perspectiva, situa-se a necessidade de profunda alteração na formação e treinamento das novas gerações de profissionais, tradicionalmente mais preparados para o litígio e menos para a negociação e mediação, cujas técnicas se

---

1 Em decisão plenária, o Tribunal considerou, por maioria de votos, constitucional a renúncia à jurisdição estatal, desde que limitada às matérias concernentes a direitos patrimoniais disponíveis, consoante o disposto no art. 1° da Lei. 9.307/96. (BRASIL, Supremo Tribunal Federal. Ag.R. na SE 5.206, Tribunal Pleno, Relator Ministro Sepúlveda Pertence, julg. 12.12.2001).

2 RODOTÀ, Stefano. *Il diritto di avere diritti*. Roma-Bari: Laterza, 2012.

interpenetram e se projetam no cotidiano da prática arbitral, a começar pela formação livre e consensual da convenção de arbitragem. Com efeito, a celebração em boa-fé da cláusula de arbitragem e seu conteúdo assertivo refletem a prudência dos contratantes e representam a melhor garantia da eficácia da sentença arbitral, apta a atender à finalidade econômica e social dirigida à solução de controvérsias e otimização de tempo e recursos no procedimento.[3]

Trata-se de itinerário longo e laborioso. Após cerca de três décadas de prática arbitral no Brasil, numerosas ainda persistem as dúvidas e incertezas que permeiam a matéria, constituindo-se em verdadeiro desafio aos estudiosos do tema oferecer respostas que possam dirimir angústias e indefinições teóricas com as quais, diuturnamente, se depara o intérprete. Em tal cenário, em que a crescente utilização da arbitragem – em operações negociais cada vez mais sofisticadas – convive com inconformismos e incompreensões em face dos novos paradigmas do contencioso arbitral, nasce a promissora obra de autoria de José Antonio Fichtner, Augusto Tolentino e Rodrigo Salton, intitulada *"Interpretação da Convenção de Arbitragem"*.

Com base em profunda investigação teórica e comparada, os autores dedicam-se aos principais fundamentos, contornos e limites da interpretação da convenção de arbitragem à luz do sistema brasileiro. A partir daí, estruturam-se os dez capítulos da obra, sempre fiel à preservação de viés prático associado às bases teóricas indispensáveis ao domínio de cada tema tratado. No primeiro capítulo, José Antonio Fichtner, Augusto Tolentino e Rodrigo Salton apresentam os princípios fundamentais da interpretação dos negócios jurídicos, ressaltando noções hermenêuticas às quais se recorrerá ao longo de todo o trabalho, aplicadas à convenção de arbitragem. Analisa-se, em seguida, o papel do intérprete na preservação da vontade declarada das partes, dentro dos limites da intervenção heterônoma necessária ao preenchimento de lacunas em integração dos negócios. Alude-se aqui a certo controle preventivo, em específicas situações, conforme indicado pelos autores, a ser exercido excepcionalmente pelo Judiciário, no concreto arranjo de interesses contido na convenção arbitral.

Nessa linha, o terceiro capítulo ganha particular relevo, com o exame detalhado da interpretação específica da convenção de arbitragem. Após a sua indispensável qualificação jurídica, passam-se em revista as normas e princípios aplicáveis a cada hipótese em concreto. Nesse momento sobrelevam as funções hermenêuticas apresentadas pelo princípio da boa-fé objetiva, pelos usos e costumes e pelas práticas comerciais, temas que bem demonstram a preocupação de ordem sistemática e funcional que plasma a matéria. Propõe-se, ainda, o estudo do *favor arbitrandum*, como princípio que representa a necessidade de postura proativa para preservar, sempre que possível, a eficácia do procedimento arbitral, impondo-se o dever de analisar as normas e o arcabouço que permeia o desenvolvimento da arbitragem no sentido de favorecer a sua afirmação e prestígio como método de solução de conflitos.

---

3 TEPEDINO, Gustavo; VIÉGAS, Francisco de Assis. *Arbitration and Private Autonomy*: challenges to delimiting consent. Macau Journal of Brazilian Studies, vol. 1, p. 35-44, 2018.

A obra volta-se então, no quinto capítulo, ao exame da estruturação da cláusula de resolução de disputas, descrevendo as cada vez mais frequentes cláusulas escalonadas,[4] que combinam diferentes métodos alternativos de solução de conflitos – às quais, aliás, reserva-se capítulo próprio (cap. 7), a tratar da cláusula Med-Arb, propondo seu exame detido, com base em estudo comparatista. Enfrentam-se as denominadas cláusulas compromissórias fracionadas e em alternância, suscitando-se questões práticas com as quais o profissional frequentemente se depara.

Além disso, especial preocupação dos autores mostra-se com a redação da convenção de arbitragem, matéria tratada no capítulo próprio, quando perpassam os elementos essenciais e os elementos facultativos da convenção de arbitragem, bem como algumas regras procedimentais comuns da *praxe* e regras específicas sobre a sentença arbitral. Examina-se a redação da convenção em contextos multiparte e multicontrato, que desafiam a atuação do magistrado, com base, não raro, na realização de diversos negócios jurídicos, mediante programas contratuais complexos e ligados entre si, para a realização de uma mesma operação global, por meio de coligações contratuais, cujas consequências se espraiam para as mais diversas áreas do direito. O ponto, aliás, tem gerado controvérsias relativas à associação entre a convenção arbitral e a extensão da cláusula compromissória a não signatários, com rica casuística no panorama internacional.[5] Ademais, o oitavo capítulo é tomado por importante distinção e identificação da relação entre a cláusula compromissória e a cláusula de eleição de foro, que, com certa frequência, combinam-se nos instrumentos contratuais, a exigir atenção na redação da cláusula combinada, conforme ressaltado pelos autores.

Finalmente, os nono e décimo capítulos são reservados, respectivamente, à cláusula compromissória assimétrica e à cláusula compromissória formada por adesão. Após desenvolver as modalidades e espécies de cláusula assimétrica, promove-se o seu estudo em perspectiva comparada. Apresenta-se panorama detalhado do debate internacional atinente a tais cláusulas, questionando-se a sua compatibilidade com o sistema brasileiro. No que tange à cláusula compromissória formada por adesão – que não se confunde com aquela projetada em relação de consumo, embora possam se tangenciar –, agregam-se tanto os seus requisitos indicados na Lei de Arbitragem quanto aqueles extrínsecos à lei, tal qual as consequências da inobservância de tais requisitos nos planos do negócio jurídico. O exame é elaborado à luz da teoria geral dos contratos e com base em tipos contratuais específicos eleitos pelos autores, que ilustram os pontos trazidos a lume.

---

4 TEPEDINO, Gustavo; PEÇANHA, Danielle Tavares. Métodos alternativos de solução de conflitos no direito de família e sucessões e a sistemática das cláusulas escalonadas. *In*: TEIXEIRA, Ana Carolina Brochado; RODRIGUES, Renata de Lima. (Orgs.). *Contratos, Família e Sucessões*: diálogos interdisciplinares. 3ª ed. São Paulo: Editora Foco, 2023, vol. 3, p. 33-50.

5 Permita-se remeter a TEPEDINO, Gustavo. Acesso à justiça e extensão da convenção de arbitragem em contratos coligados. *In:* FUX, Luiz; ÁVILA, Henrique; CABRAL, Trícia Navarro Xavier. (Orgs.). *Tecnologia e Justiça Multiportas*, São Paulo: Editora Foco, 2021, vol. 1, p. 217-234.

Mediante a obra propositiva que se tem em mãos, José Antonio Fichtner, Augusto Tolentino e Rodrigo Salton se desincumbem com êxito da tarefa de sistematizar, sob os mais diversos matizes e perspectivas, a convenção arbitral no ordenamento brasileiro, sem descurar de suas instigantes controvérsias. O resultado mostra-se exitoso, oferecendo-se ao leitor, pelo presente trabalho, contribuição necessária e inovadora, que se tornará consulta profícua para todos os estudiosos e profissionais do direito dedicados ao tema, com vistas a aclarar os horizontes e possibilidades em contexto fático no qual a arbitragem se torna realidade pujante.

Rio de Janeiro, setembro de 2024.

Prof. Gustavo Tepedino

SUMÁRIO

Capítulo 1

FUNDAMENTOS DA INTERPRETAÇÃO DOS NEGÓCIOS JURÍDICOS

Os contratos e as relações jurídicas contratuais estão no cerne do desenvolvimento da sociedade, da economia e do mercado. Os agentes econômicos, imbuídos do espírito de estabelecer trocas para satisfazer os seus objetivos e as suas necessidades, lançam mão de instrumentos jurídicos aptos a operacionalizar e dinamizar a circulação de bens, serviços e riquezas pela sociedade. Nessa perspectiva, o direito aparece de modo indissociável da economia, já que o giro econômico necessita do ferramental jurídico para se operacionalizar.[6]

A economia, com efeito, é apta a explicar os mecanismos de incentivos e consequências das relações negociais, bem como as razões subjacentes que induzem os agentes a concretizá-los. No entanto, apenas o direito comanda, confere normatividade e impõe padrões de condutas aos integrantes da sociedade e do próprio mercado.[7] Não há mercado sem direito, de modo que, se inexistissem regras atribuidoras de sanções (positivas ou negativas) externas ao comportamento do agente, a própria estrutura das relações de trocas estaria fadada ao fracasso.[8] Dessa forma, o mercado mostra-se como

---

6 ROPPO, Enzo. *O contrato*. Coimbra: Almedina, 2009. p. 9.

7 FORGIONI, Paula A. *Contratos empresariais*: teoria geral e aplicação. 7. ed. São Paulo: Thomson Reuters Brasil, 2022. p. 91.

8 FORGIONI, Paula A. *Contratos empresariais*: teoria geral e aplicação. 7. ed. São Paulo: Thomson Reuters Brasil, 2022. p. 131.

um *locus*, moldado pela ordem jurídica.[9] Em outras palavras, as relações econômicas passam a ser explicadas e desenvolvidas a partir da liberdade geral de agir conferida aos privados, que encontra limites na ordem jurídica.[10]

Assim, a economia e o direito, especialmente por meio dos contratos, agem conjuntamente para viabilizar a existência e o desenvolvimento das relações de troca. Ou seja, os problemas contratuais devem ser compreendidos também como uma questão econômica. Nessa linha tênue existente entre a liberdade e os limites conferidos pelo ordenamento jurídico, a figura do *contrato* assume papel central para a sociedade e para a estruturação do direito como um todo.[11] E é a partir dele que são desenvolvidos os mecanismos necessários a garantir o cumprimento das obrigações livremente pactuadas pelas partes. As reflexões sobre a interpretação dos contratos devem, necessariamente, ser realizadas dentro dessa perspectiva.

Interpretar um contrato não significa, simplesmente, designar atribuições de posições jurídicas previstas para as partes integrantes da relação econômica. Na verdade, a interpretação contratual traz, inerente a si, a perspectiva da própria relação de troca econômica que lhe é subjacente. A aplicação do regramento contratual pactuado vai apresentar uma faceta material e concreta ao atribuir a uma das partes dessa relação jurídica determinado conteúdo econômico. Em última instância, como os processos econômicos são mediados por estruturas jurídicas contratuais, os contratos necessitam da interpretação para produzir os efeitos normativos desejados pelas partes. A interpretação dos ajustes firmados pelas partes deve ser encarada também como engrenagem necessária ao adequado funcionamento do mercado.

O contrato, inegavelmente, é também produto da linguagem.[12] Consequentemente, a autonomia privada das partes e as relações jurídicas negociais firmadas dentro da sua liberdade de agir são pautadas por diversos aspectos, não sendo mais possível resumir o processo interpretativo à revelação de um sentido preexistente, atemporal e imutável. Desse modo, a interpretação contratual vai além dos fatores normativos e econômicos, demandando a conjugação de aspectos comportamentais, contextuais e linguísticos.

O mesmo raciocínio é aplicável à convenção de arbitragem. Como espécie de contrato, contendo aspectos materiais e processuais,[13] a convenção de arbitragem também deve ser submetida ao processo interpretativo para desvelar a total amplitude do

---

9 IRTI, Natalino. A ordem jurídica do mercado. *Revista de Direito Mercantil, Industrial, Econômico e Financeiro*, n. 145, ano XLVI, p. 44-49, jan.-mar. 2007. p. 45.

10 BROWNSWORD, Roger. The limits of freedom of contract and the limits of contract theory. *Journal of Law and Society*, v. 22, n. 2, p. 259-273, jun. 1995. p. 262-263.

11 EISENBERG, Melvin Aron. The bargain principle and its limits. *Harvard Law Review*, v. 95, n. 4, p. 741-801, fev. 1982. p. 741.

12 THEODORO JR., Humberto. Contrato. Interpretação. Princípio da boa-fé. Teoria do ato próprio ou da vedação do comportamento contraditório. *Revista de Direito Privado*, v. 38, p. 149-175, abr.-jun. 2009. p. 12-13.

13 FICHTNER, José Antonio; TOLENTINO, Augusto; POLASTRI, Leonardo; SALTON, Rodrigo. *Convenção de arbitragem*: parte geral. Rio de Janeiro: Forense, 2023. Cap. 3, § 11, item 4.

seu conteúdo jurídico. E, assim como ocorre com a generalidade dos contratos, a sua interpretação será pautada por diversos elementos. Somente levando em consideração todos esses fatores será possível realizar a adequada atribuição de sentido da convenção de arbitragem, determinar os efeitos normativos dela decorrentes e, por consequência, estabelecer as balizas a que a jurisdição arbitral estará sujeita.

Dentro desse propósito, o presente capítulo procura estudar a importância e o significado da interpretação contratual, bem como a natureza linguística do problema interpretativo, que permeia a compreensão de qualquer texto dotado de autoridade jurídica – o que inclui a convenção de arbitragem.

§ 1. DIREITO E INTERPRETAÇÃO

1. O círculo hermenêutico

A interpretação de textos, inclusive os de natureza jurídica, envolve tanto a apreensão do sentido de cada palavra quanto o da sequência de palavras, frases e parágrafos que, em seu conjunto, expressam um nexo contínuo de ideias.[14] O significado de cada palavra que compõe o texto pode apresentar maior ou menor amplitude de variação e somente é elucidado mediante o cotejo com os demais elementos semânticos que estão associados.[15]

A partir dessas premissas, compreende-se que a interpretação dos textos jurídicos ocorre dentro do "círculo hermenêutico".[16] Como o significado das palavras é inferido a partir da conexão de sentido com o texto, o qual, por sua vez, é derivado do conjunto de palavras que o integram, caberá ao intérprete, em relação a cada palavra, tomar em perspectiva o sentido da frase esperado e o sentido do texto no seu conjunto; e, diante de dúvidas, deverá o intérprete retroceder ao significado da palavra originalmente aceito e, conforme o caso, modificar a sua compreensão do texto tanto quanto necessário para que o conjunto seja compreendido de modo coerente e íntegro.

O expediente do ciclo hermenêutico é aplicável a qualquer tipo de texto – inclusive os textos contratuais.[17] A compreensão de cada termo do contrato deve ser feita não a partir da sua expressão isolada, mas em vista do contrato como um todo. O mesmo

---

14 LARENZ, Karl. *Metodologia da ciência do direito*. 3. ed. Trad. José Lamego. Lisboa: Fundação Calouste Gulbenkian, 1997. p. 285-286.

15 LARENZ, Karl. *Metodologia da ciência do direito*. 3. ed. Trad. José Lamego. Lisboa: Fundação Calouste Gulbenkian, 1997. p. 285-286.

16 LARENZ, Karl. *Metodologia da ciência do direito*. 3. ed. Trad. José Lamego. Lisboa: Fundação Calouste Gulbenkian, 1997. p. 285-286.

17 "Deve ser relativizada a separação entre interpretação e qualificação como etapas lógica e cronologicamente distintas, pois, diante da superação do método da subsunção que separa fatos e efeitos jurídicos, constata-se que o processo interpretativo é contínuo e unitário, calcado pela circularidade fato-norma (a 'espiral hermenêutica')" (KONDER, Carlos Nelson de Paula. Interpretação dos contratos, interpretação da lei e qualificação: superando fronteiras. *Scientia Iuris*, Londrina, v. 19, n. 1, p. 47-62, jun. 2015. p. 60).

raciocínio serve para a atribuição de sentido a determinada cláusula, que também necessita ocorrer a partir da perspectiva integral da relação jurídica contratual. A compreensão de um termo contratual isolado, ou mesmo de uma cláusula isolada, pode levar a enganos ou entendimentos equivocados. Por mais que um determinado problema de interpretação contratual diga respeito somente a uma das cláusulas do ajuste, a adequada compreensão desta somente pode ocorrer a partir do todo. O contrato não pode ser interpretado em retalhos.

Quando o significado de uma palavra primeiramente aceita pelo intérprete não se adequa à integralidade de sentido do texto, será necessário redimensionar a suposição inicial, correspondendo à busca por coerência e integridade na atribuição de sentido.[18] Esse processo de atribuição de sentido demanda, necessariamente, idas e vindas no texto, repetidas vezes. A cada tentativa de atribuição de sentido, ocorre o acréscimo de uma nova camada de compreensão, a partir da melhor apreensão do sentido do todo e, por consequência, do termo ou da expressão duvidosa.

A marca do processo interpretativo é, portanto, a sua não linearidade. Karl Larenz diferencia o método próprio de raciocínio subjacente à compreensão de textos daquele que ocorre nas ciências da natureza: "o processo do compreender tem o seu curso, deste modo, não apenas em uma direção, 'linearmente', como uma demonstração matemática ou uma cadeia lógica de conclusões, mas em passos alternados, que têm por objectivo o esclarecimento recíproco de um mediante o outro (e, por este meio, uma abordagem com o objectivo de uma ampla segurança). Este modo de pensamento, que é estranho às ciências 'exactas' e que é descurado pela maioria dos lógicos, é na Jurisprudência de um grande alcance".[19]

A compreensão de uma cláusula contratual, lida de modo isolado, possivelmente poderá ser modificada após a realização do cotejo com o contrato como um todo. Quando uma cláusula contratual é redigida, as partes não pretendem a sua aplicação de modo isolado. Pelo contrário, a própria elaboração da cláusula contratual ocorre dentro de um certo contexto, pretendendo atingir resultado específico à luz do todo da economia contratual ajustada. Isto é, o contrato é redigido para produzir efeitos a partir do todo – e não mediante cada cláusula de modo apartado. As diversas disposições dos contratos se iluminam reciprocamente, cada qual adquirindo significado próprio a partir do todo.

Mesmo quando a compreensão inicial de determinado termo não se modifica após a ponderação do todo, e a suposição inicial de sentido se confirma após a verificação da totalidade do texto, a posição do intérprete não resta idêntica.[20] O intérprete terá cognição enriquecida após o cotejo com o todo e a confirmação da compreensão inicial. O que, originalmente, consistia em conjectura de sentido – não passando de uma

---

18 LARENZ, Karl. *Metodologia da ciência do direito*. 3. ed. Trad. José Lamego. Lisboa: Fundação Calouste Gulbenkian, 1997. p. 286-287.

19 LARENZ, Karl. *Metodologia da ciência do direito*. 3. ed. Trad. José Lamego. Lisboa: Fundação Calouste Gulbenkian, 1997. p. 287.

20 LARENZ, Karl. *Metodologia da ciência do direito*. 3. ed. Trad. José Lamego. Lisboa: Fundação Calouste Gulbenkian, 1997. p. 286-287.

hipótese – passa a ser validado a partir da coerência hermenêutica observável após a análise do todo.

A compreensão é avessa a incoerências. É objetivo da interpretação elucidar obscuridades e permitir a adequada atribuição de sentido. O contrato, ao consubstanciar operação econômica, deve apresentar sentido congruente. Por isso, o processo de interpretação contratual somente poderá ser tido por completo quando o sentido atribuído a cada expressão e a cada cláusula for compatível com o todo. Quando essa compreensão harmônica for atingida, o intérprete terá compreendido a operação econômica objeto do ajuste e terá a condição de superar o estado de incerteza inicial que motivou o processo interpretativo.

A necessidade do expediente do ciclo hermenêutico se torna ainda mais evidente ao tratar da interpretação da convenção de arbitragem. A convenção de arbitragem, como cláusula de resolução de disputas, não apresenta uma função abstratamente considerada.

Na verdade, a convenção de arbitragem, como já afirmamos alhures, muito se assemelha a um contrato de seguro, criado na expectativa de nunca ser usado. Ela é concebida, em abstrato, para regular todos os conflitos derivados do contrato, nos períodos pré-contratual, contratual e pós-contratual.

Apesar disso, a sua leitura deve, necessariamente, ter sempre em vista determinada relação jurídica concreta – já que o seu objeto será a solução das controvérsias derivadas daquela relação jurídica. Assim, a convenção de arbitragem, isoladamente considerada, apresenta significado limitado.

Quando inserida em um contrato, a cláusula compromissória deverá ser interpretada de modo coerente e harmônico com o todo contratual. Dada a natureza referencial do seu objeto, que é intrinsecamente vinculado ao objeto do contrato no qual está inserida, a compreensão dos seus efeitos é condicionada à integralidade do contrato. O propósito de dirimir as controvérsias decorrentes ou relacionadas ao contrato dá origem a uma simetria interpretativa que serve de ponto de partida para a sua compreensão.

Os problemas hermenêuticos potencialmente derivados da convenção de arbitragem (quem são as partes sujeitas à arbitragem? qual o objeto e quais os limites da arbitragem como forma de solução de conflitos? quais são as regras aplicáveis? – dentre outros) somente poderão ser bem equacionados pela leitura conjunta com o contrato a que se refere. Incabível pretender interpretar a convenção de arbitragem de modo isolado, ou querer atribuir significado a suas palavras de modo desconexo com o contrato como um todo.

A despeito da relevância do princípio da autonomia da convenção de arbitragem, o exercício interpretativo de lhe atribuir sentido deve ocorrer a partir dos ditames do ciclo hermenêutico. O processo de significação dos seus termos deve ocorrer tendo em vista a relação contratual a que faz referência. A convenção de arbitragem deverá, portanto, ser compreendida a partir das lentes da relação jurídica a que se refere. Esse é o ponto de partida necessário para que haja harmonia entre a cláusula de resolução de disputas e a relação jurídica cujas disputas se pretende resolver. Tentativas de abstrair ou de isolar a interpretação da convenção de arbitragem podem conduzir a resultados incongruentes, razão pela qual devem ser, em princípio, evitadas.

2. Linguagem e interpretação

A linguagem apresenta função simbólica. O "significar" consiste em apontar ou estar em lugar de algo.[21] Na sua gênese, o processo interpretativo procura responder ao problema epistemológico do entender.[22] A interpretação se revela como exigência da própria comunicação enquanto processo de aposição de sentido a signos preexistentes. Assim, a construção de sentidos a partir das palavras ou de comportamentos sobre os quais o intérprete se debruça.[23]

A atribuição de sentido passa pela comunicação por meio de formas representativas, que serão o objeto da significação.[24] Essa forma representativa contém *signos*, sejam eles verbais (*e.g.*, utilizando linguagem escrita ou falada) ou não (*e.g.*, representados por sons, imagens ou gestos). Ou seja, os signos são entes intermediários que apontam para algo diverso de si mesmos: o sentido e a significação.

As relações entre língua e direito se mostram variadas e complexas, uma vez que a diferença de sentido de uma mesma expressão remonta à história, a influências morais ou à recepção de modelos jurídicos estrangeiros.[25] O processo de comunicação depende da existência de *códigos* compartilhados.[26] Em termos linguísticos, o código constitui um discurso compartilhado pelos agentes do processo comunicativo.[27] Assim, é condição de possibilidade da interpretação tanto a consideração do significante quanto o domínio do código significativo, permitindo a realização do trajeto

---

21 FERRAZ JR., Tércio Sampaio. *Introdução ao estudo do direito*. 11. ed. São Paulo: Atlas, 2022. p. 214.

22 MARINO, Francisco Paulo De Crescenzo. *Interpretação do negócio jurídico*. São Paulo: Saraiva, 2011. p. 50.

23 GEDIEL, José Antônio Peres; CORRÊA, Adriana Espíndola. Interpretações – Art. 113 do Código Civil. In: MARQUES NETO; Floriano Peixoto; RODRIGUES JR., Otávio Luiz; LEONARDO, Rodrigo Xavier. *Comentários à Lei de Liberdade Econômica*: Lei 13.874/2019. São Paulo: Thomson Reuters Brasil, 2019. p. 329.

24 "Signos e sinais são significantes, cujos significados serão reconstruídos no caso concreto. Distinguem-se, todavia, pela existência ou não de uma relação semântica prévia, dentro de determinado 'jogo de linguagem'. Quanto aos símbolos, haveria uma função semântica pré-estabelecida (mas não definitiva); uma concepção prévia convencional do seu significado que pode ser confirmada ou infirmada no processo do compreender, no caso concreto. Em se tratando de sinais, inexistiria uma relação semântica prévia, de forma que o seu significado, naquele jogo de linguagem, será construído por força da 'moldura das circunstâncias'" (DIDIER JR., Fredie; BOMFIM, Daniela. Exercício tardio de situações jurídicas ativas. O silêncio como fato jurídico extintivo: renúncia tácita e *supressio*. *Revista do Ministério Público*, Rio de Janeiro: MPRJ, n. 50, p. 13-40, out.-dez. 2013. p. 20).

25 FRADERA, Véra. *Réflexions sur L'apport du Droit Comparé a L'*élaboration du Droit Communautaire. 343 f. Tese (Doutorado em Direito) – Universite de Paris II Up II. Prof. Dra. Camille Jauffret Spinosi, Paris, 2002. p. 255.

26 FERRAZ JR., Tércio Sampaio. *Introdução ao estudo do direito*. 11. ed. São Paulo: Atlas, 2022. p. 217.

27 FERRAZ JR., Tércio Sampaio. *Introdução ao estudo do direito*. 11. ed. São Paulo: Atlas, 2022. p. 217.

do significante até o significado.[28] Os fatos do mundo são significantes, inseridos em contexto linguístico.[29]

O *significado* é o resultado de certa convenção adotada em determinada comunidade.[30] Quando o símbolo é utilizado dentro do contexto e conforme as regras de uso de certa língua, é apto a comunicar, transmitindo significado. O *sentido* representa o conceito ou ente abstrato a ser comunicado mediante aquele signo.[31] O ato de interpretação enseja a seleção das possibilidades comunicativas de determinado discurso e o controle de códigos.[32] Nesse processo, ocorre a extração do sentido de um significante, chegando-se ao significado, que será o resultado de uma convenção adotada por determinada comunidade.[33]

No que respeita aos negócios jurídicos em geral, diante da simbiose existente entre linguagem e interpretação, torna-se evidente a importância da cláusula de escolha da língua do contrato. A opção por determinado idioma traz consigo significações e consequências próprias para os signos de que se valem as partes na redação do instrumento. Por isso, a opção idiomática não pode ser vista como algo sem especial importância, razão pela qual, em caso de contratos que são redigidos (ou traduzidos) para idiomas distintos, é importante estabelecer, desde logo, qual dos idiomas deve prevalecer quando há discrepância entre as versões.

Mesmo a melhor das traduções é, eventualmente, incapaz de importar consigo o sentido integral do texto traduzido, uma vez que esse é um dado cultural.[34] Assim, o risco linguístico (*Sprach Risiko*)[35] é inerente ao direito dos negócios internacionais, que coloca em contato partes de nacionalidades e línguas diferentes,

---

28 REI, Maria Raquel Aleixo Antunes. *Da interpretação da declaração negocial no direito civil português*. 2010. 476 p. Tese (Doutorado em Direito) – Faculdade de Direito, Universidade de Lisboa, Lisboa, 2010. p. 6.

29 DIDIER JR., Fredie; BOMFIM, Daniela. Exercício tardio de situações jurídicas ativas. O silêncio como fato jurídico extintivo: renúncia tácita e *supressio*. *Revista do Ministério Público*, Rio de Janeiro: MPRJ, n. 50, p. 13-40, out.-dez. 2013. p. 19.

30 REI, Maria Raquel Aleixo Antunes. *Da interpretação da declaração negocial no direito civil português*. 2010. 476 p. Tese (Doutorado em Direito) – Faculdade de Direito, Universidade de Lisboa, Lisboa, 2010. p. 6.

31 REI, Maria Raquel Aleixo Antunes. *Da interpretação da declaração negocial no direito civil português*. 2010. 476 p. Tese (Doutorado em Direito) – Faculdade de Direito, Universidade de Lisboa, Lisboa, 2010. p. 6.

32 FERRAZ JR., Tércio Sampaio. *Introdução ao estudo do direito*. 11. ed. São Paulo: Atlas, 2022. p. 217.

33 REI, Maria Raquel Aleixo Antunes. *Da interpretação da declaração negocial no direito civil português*. 2010. 476 p. Tese (Doutorado em Direito) – Faculdade de Direito, Universidade de Lisboa, Lisboa, 2010. p. 6.

34 GLANERT, Simone; LEGRAND, Pierre. Foreign Law in Translation: if truth be told... In: FREEMAN, Michael; SMITH, Fiona. *Law and language*. Oxford, 2013. p. 514-532.

35 Por todos, ver: JAYME, Erik. O risco da diversidade linguística e o direito internacional privado. *Boletim da Faculdade de Direito da Universidade de Coimbra*, Coimbra, v. 4, 1978.

o que pode acarretar naturais dificuldades para estabelecer o sentido preciso da declaração de vontade.[36]

A linguagem também apresenta relevância para a cláusula de escolha de leis.[37] A definição por uma lei aplicável traz consigo a opção pelos signos e significados típicos de determinado idioma.[38] Dessa forma, a escolha da lei traz consigo o desejo de aplicação do ordenamento jurídico eleito pelas partes, tendo em vista o significado que lhe é atribuído dentro da ordem jurídica fixada pelos contratantes. Por exemplo, ao optar pela regência do direito brasileiro, não se está escolhendo apenas a aplicação do texto das leis brasileiras, mas também a forma como esse texto é significado pelos intérpretes brasileiros e aplicado no dia a dia das relações jurídicas desenvolvidas no Brasil.

O texto da lei é um produto cultural.[39] Por isso, a opção por determinado ordenamento para reger um contrato traz consigo o conjunto de significados que correntemente são atribuídos pelo ordenamento escolhido.[40] Assim, as partes, dentro da sua autonomia para escolher a lei aplicável no contexto da arbitragem,[41] devem se atentar às peculiaridades de cada ordenamento, sabendo que existem diferenças consideráveis mesmo entre os direitos de países integrantes da mesma família jurídica.

3. A interpretação jurídica

Dentre as diversas modalidades de interpretação, a interpretação jurídica é caracterizada pela busca de atribuição de sentido a signos dotados de uma autoridade

---

36 FRADERA, Véra. *Réflexions sur L'apport du Droit Comparé a L'*élaboration du Droit Communautaire. 343 f. Tese (Doutorado em Direito) – Universite de Paris II Up II. Prof. Dra. Camille Jauffret Spinosi, Paris, 2002. p. 64.

37 "Com efeito, por mais internacionais ou multinacionais que sejam os elementos componentes do contrato, há necessidade da existência de uma lei nacional a ele aplicável. Seja qual for o elemento de conexão adotado, o contrato deve estar ancorado a um determinado sistema jurídico nacional" (HUCK, Hermes Marcelo. Contratos internacionais de financiamento: a lei aplicável. *Doutrinas Essenciais de Direito Internacional*, v. 5, p. 437-446, fev. 2012. p. 1).

38 Analisando profundamente os problemas linguísticos: SACCO, Rodolfo. *Introdução ao direito comparado*. Trad. Véra Jacob de Fradera. São Paulo: Revista dos Tribunais, 2001. p. 51 e ss.

39 "É indispensável, porém, ajustar os processos hermenêuticos aos parâmetros a nova codificação, pois, como nos ensina o insigne filósofo Hans Georg Gadamer – falecido recentemente aos 102 anos –, a hermenêutica não se reduz a mero conjunto de normas interpretativas, porque é da essência mesma da realidade cultural que se quer compreender. Nada seria mais prejudicial do que interpretar o novo Código Civil com a mentalidade formalista e abstrata que predominou na compreensão da codificação por ele substituída" (REALE, Miguel. *História do novo Código Civil*. São Paulo: Revista dos Tribunais, 2005. p. 52).

40 LEGRAND, Pierre. Comparer. *Revue Internationale de Droit Compare*, v. 48, n. 2, p. 279-318, abr.-jun. 1996. p. 281.

41 ARAÚJO, Nádia de; GAMA JR., Lauro. A escolha da lei aplicável aos contratos do comércio internacional: os futuros princípios da Haia e perspectivas para o brasil escritório permanente da conferência de Haia de direito internacional privado. *Revista de Arbitragem e Mediação*, v. 34, p. 11-41, jul.-set. 2012.

normativa,[42] definindo o seu alcance.[43] Trata-se de uma atividade de mediação, por meio da qual o intérprete traz a significação juridicamente adequada diante de uma controvérsia potencial ou concretamente posta.[44] Em outras palavras, é um processo de esclarecimento e explicitação sobre o significado de um texto, resultando em orientação sobre seu conteúdo jurídico frente às estruturas prescritivas do ordenamento.[45]

Nesse sentido, explica Karl Larenz que o intérprete deverá ter presente os diferentes significados de um termo ou de uma sequência de palavras, perguntando-se sobre o seu significado correto ou mais adequado.[46] O sentido jurídico de uma dada realidade normativa, especialmente a sua significação jurídica particular, é fruto da interação entre uma situação de fato e um texto jurídico,[47] de cunho cogente.

Todo e qualquer texto jurídico, por mais claro que possa parecer, necessita passar pelo processo interpretativo.[48] Como as normas jurídicas são, antes de tudo, uma manifestação linguística,[49] e a própria linguagem é constituída por símbolos imprecisos e plurívocos, a interpretação acaba sendo uma exigência para que haja a solução de um caso concreto, aplicando o direito.[50] A tarefa da interpretação, em sua dimensão jurídica, consiste em concretizar o direito em cada caso, resultando na tarefa da aplicação.[51]

---

42 "Quando o Direito é aplicado por um órgão jurídico, este necessita de fixar o sentido das normas que vai aplicar, tem de interpretar estas normas. A interpretação é, portanto, uma operação mental que acompanha o processo da aplicação do Direito no seu progredir de um escalão superior para um escalão inferior" (KELSEN, Hans. *Teoria pura do direito*. Trad. João Baptista Machado. 8. ed. São Paulo: Martins Fontes, 2009. p. 387).

43 MARTINS-COSTA, Judith. *A boa-fé no direito privado*: critérios para a sua aplicação. 2. ed. São Paulo: Saraiva, 2018. p. 485-486.

44 LARENZ, Karl. *Metodologia da ciência do direito*. 3. ed. Trad. José Lamego. Lisboa: Fundação Calouste Gulbenkian, 1997. p. 282-283.

45 MARTINS-COSTA, Judith. *A boa-fé no direito privado*: critérios para a sua aplicação. 2. ed. São Paulo: Saraiva, 2018. p. 485-486.

46 LARENZ, Karl. *Metodologia da ciência do direito*. 3. ed. Trad. José Lamego. Lisboa: Fundação Calouste Gulbenkian, 1997. p. 282-283.

47 "O sentido jurídico específico, a sua particular significação jurídica, recebe-a o fato em questão por intermédio de uma norma que a ele se refere com o seu conteúdo, que lhe empresta a significação jurídica, por forma que o ato pode ser interpretado segundo esta norma. A norma funciona como esquema de interpretação. Por outras palavras: o juízo em que se enuncia que um ato de conduta humana constitui um ato jurídico (ou antijurídico) é o resultado de uma interpretação específica, a saber, de uma interpretação normativa" (KELSEN, Hans. *Teoria pura do direito*. Trad. João Baptista Machado. 8. ed. São Paulo: Martins Fontes, 2009. p. 4).

48 BITTAR, Carlos Alberto. Interpretação no direito em geral. *Doutrinas Essenciais de Direito Civil*, v. 1, p. 1.239-1.252, out. 2010. p. 1.

49 MARINO, Francisco Paulo De Crescenzo. *Interpretação do negócio jur*ídico. São Paulo: Saraiva, 2011. p. 50.

50 THEODORO JR., Humberto. Interpretação e aplicação das normas jurídicas. *Revista de Processo*, v. 150, p. 11-23, ago. 2007. p. 2.

51 GADAMER, Hans-Georg. *Verdade e Método I*. Flávio Paulo Meurer (Trad.). 15ª ed. Petrópolis: Vozes, 2015, p. 432.

A interpretação jurídica apresenta peculiaridades quando contrastada com a interpretação em geral.[52] No cotidiano, o processo interpretativo, inerente à linguagem, tem por objeto a comunicação e a compreensão de uma mensagem, mediante a captação de um sentido socialmente reconhecido, por meio de esquema de compreensão próprio de quem escuta ou lê, podendo, a partir daí, orientar ações e reações. De outro lado, o processo de interpretação jurídica parte de pressuposto diverso. O discurso normativo está carregado de prescrições que visam a fornecer razões para agir de certo modo, com consequências jurídicas. O ponto de partida não é a simples comunicação, mas a comunicação *normativa*, que possui uma relação imanente de autoridade em face da situação normada.

As normas jurídicas apresentam um destino eminentemente prático, que é o de viabilizar a vida em sociedade, mediante o regramento do convívio social. Assim, não se trata de mera teoria composta de conceitos gerais e categorias.[53] Toda e qualquer interpretação jurídica, devido à carga prescritiva que lhe é inerente, apresenta um grau duplo de dificuldade. Não basta, para a conclusão desse processo, a atribuição de sentido abstrato a determinado texto dotado de poder normativo.

É necessário averiguar se os fatos que o texto normativo tem por objeto existem ou não, isto é, se há correspondência entre o que o texto pretende normatizar e a situação de fato a ser normatizada. Assim, o texto da norma revela-se problemático (e carente de interpretação) para o aplicador, que precisa conferir não apenas o sentido abstrato da norma, mas também sua aplicabilidade a determinada situação de fato.[54]

4. Textura aberta do direito e a sua dupla indeterminação

Herbert Hart, ao desenvolver sua teoria sobre a "textura aberta do direito",[55] explicitou a natureza imprecisa das normas jurídicas, que decorre fundamentalmente da indeterminação da linguagem e da impossibilidade de fixação antecipada de regras para todas as situações que ocorrem no mundo dos fatos. Os textos normativos, frequentemente, não são detalhados nem apresentam todos os elementos para serem aplicados diretamente aos casos concretos, demandando um esforço adicional para a concretização do processo interpretativo.

Esse caráter aberto do direito – fruto da flexibilidade e da capacidade de adaptação da linguagem – é, ao mesmo tempo, uma força e uma fraqueza. De um lado, é possível encontrar uma pluralidade de sentidos possíveis e variantes

---

52 FERRAZ JR., Tércio Sampaio. *Introdução ao estudo do direito*. 11. ed. São Paulo: Atlas, 2022. p. 217.

53 THEODORO JR., Humberto. Interpretação e aplicação das normas jurídicas. *Revista de Processo*, v. 150, p. 11-23, ago. 2007. p. 3.

54 LARENZ, Karl. *Metodologia da ciência do direito*. 3. ed. Trad. José Lamego. Lisboa: Fundação Calouste Gulbenkian, 1997. p. 439.

55 HART, H. L. A. *O conceito de direito*. Trad. Armindo Ribeiro Mendes. 3. ed. Lisboa: Fundação Calouste Gulbenkian, 2001.

de significado,[56] respeitando-se um quadro semântico mínimo, o que permite a adaptabilidade dos sentidos normativos às vicissitudes da vida. De outro lado, corroem-se as esperanças de certezas e visões unívocas do fenômeno jurídico – o qual passa a ter de se contentar com um grau indelével de imprevisibilidade.

É fruto da textura aberta do direito a possibilidade de contínua e permanente adaptação às mudanças sociais e tecnológicas.[57] Em sentido contrário, haveria um processo contínuo de desencontro entre o texto normativo posto e a situação social a ser normatizada. Tanto o texto normativo da lei quanto o de um contrato devem ser analisados tendo em conta a possibilidade de estender seu sentido para situações não originalmente previstas ou postas. É necessário haver um espaço de evolução dogmática razoável para que seja possível avançar na decisão dos conflitos.[58]

Por conta do seu caráter aberto, haverá em todo e qualquer exercício interpretativo uma margem de discricionariedade para o julgador.[59] Consequentemente, o caráter aberto do direito traz consigo o risco de incerteza na sua aplicação, o que pode gerar uma situação de desigualdade entre os destinatários das normas. A interpretação dada por um julgador não será, necessariamente, unívoca ou universalmente aceita. A de-

---

56 LARENZ, Karl. *Metodologia da ciência do direito*. 3. ed. Trad. José Lamego. Lisboa: Fundação Calouste Gulbenkian, 1997. p. 451-452.

57 "A história do direito realiza esta missão sublinhando que o direito existe sempre "em sociedade" (situado, localizado) e que, seja qual for o modelo usado para descrever as suas relações com os contextos sociais (simbólicos, políticos, económicos, etc.), as soluções jurídicas são sempre contingentes em relação a um dado envolvimento (ou *ambiente*). São, neste sentido, sempre *locais* (Geertz, 1983)" (HESPANHA, António Manuel. *A cultura jurídica europeia*: síntese de um milênio. Coimbra: Edições Almedina, 2012. p. 13)

58 "A busca de uma generalidade da linguagem e a construção e reconstrução da dogmática jurídica, o diálogo entre o geral e a renovação dos institutos jurídicos no âmbito particular, o preenchimento de formas a partir do conteúdo da realidade social, a multifacetada e a funcionalidade dos institutos para serem rompidas formas estáticas e, finalmente, a busca da satisfação das necessidades das pessoas são ingredientes do direito privado que devem proporcionar ao operador do direito a evolução da dogmática no sentido de ela avançar na decidibilidade de conflitos" (FRANZOLIN, Cláudio José. Negócios jurídicos: interpretação, integração, conteúdo negocial e efeitos. *Revista de Direito Privado*, v. 39, p. 61-86, jul.-set. 2009. p. 5).

59 "Nas próprias regras hermenêuticas – as quais, por razões mais expositivas que conceituais, distinguem o momento literal daquele lógico e a análise da norma individual daquela mais complexa, inevitável exigência de conhecimento sistemático – se abrigam as razões também técnicas da releitura, entendida agora em sentido mais amplo e finalístico, da legislação ordinária à luz dos valores constitucionais. Isso permite, entre outras coisas, evitar que prevaleça a letra da lei ou se utilize um superado *esprit de loi* ou, pior ainda, que se atribua à lei ordinária um juízo de valor discricional e subjetivo: o juízo de valor, do qual a atividade do intérprete é continuamente disseminada, terá nas normas constitucionais um ponto fixo onde se apoiar, reduzindo, ainda que somente em parte, a esfera da discricionariedade. É evidente que o caráter sistemático da interpretação, que encerra em si a própria atividade cognoscitiva, colocando cada normativa no panorama global do ordenamento, deve se inspirar nas normas constitucionais" (PERLINGIERI, Pietro. *O direito civil na legalidade constitucional*. Trad. Maria Cristina de Cicco. Rio de Janeiro: Renovar, 2008. p. 573-574).

pender de quem for analisar determinada situação de fato pode decidir em um ou em outro sentido. O resultado potencial, naturalmente, é a possibilidade de existência de decisões desiguais.

Consequentemente, ao longo do processo interpretativo, é relevante procurar equilibrar a flexibilidade do direito com a segurança jurídica[60] e a previsibilidade. A discricionariedade, derivada da textura aberta, não pode servir de subterfúgio para reconstruir o sentido normativo a partir de compreensões subjetivas do intérprete.[61] Tanto a segurança jurídica quanto a previsibilidade são pilares estruturantes de uma sociedade que se pretende justa e organizada, e não por outra razão se mostram como ideais básicos subjacentes à construção das ordens jurídicas modernas. Sem tais características, dificilmente o direito será efetivo na proteção de direitos e interesses juridicamente relevantes, e pouco contribuirá para permitir o exercício das liberdades.

A dimensão da "previsibilidade" transmite a importância de saber como a lei ou o contrato serão aplicados em determinado caso. Os destinatários da ordem jurídica precisam estar preparados para agir de acordo com a lei. Um direito imprevisível não é apto a guiar condutas nem a pautar comportamentos.

A dimensão da "segurança jurídica" é a faceta por meio da qual se mostra necessário estabilizar a aplicação das normas de modo coerente e consistente. O ideal de segurança jurídica traz verdadeira aversão a interrupções abruptas ou bruscas, privilegiando ao máximo a manutenção da compreensão jurídica estabilizada, até a constatação de situações justificadoras de mudanças.

O direito não apenas é marcado pela característica de apresentar uma textura aberta, como também traz consigo um duplo grau de indeterminação, quer em relação à determinação do conteúdo, quer quanto ao momento da aplicação. A origem desse duplo grau de indeterminação está frequentemente associada a aspectos linguísticos – como a vagueza ou o caráter genérico da lei –, que acarretam dificuldades práticas na concreção e adaptação dos textos normativos à solução do caso concreto.

Quando analisados dentro da lógica contratual, percebe-se que os negócios jurídicos também apresentam esse duplo grau de indeterminação. Dessa forma, diante da

---

60 "Art. 5º Todos são iguais perante a lei, sem distinção de qualquer natureza, garantindo-se aos brasileiros e aos estrangeiros residentes no País a inviolabilidade do direito à vida, à liberdade, à igualdade, à segurança e à propriedade." O *status* constitucional da segurança jurídica foi reconhecido por Gilmar Mendes quando do julgamento do HC 82.959, no qual afirma, literalmente, que "o princípio da segurança jurídica, que, entre nós, tem *status* constitucional". Vide: STF, HC 82.959, Rel. Min. Marco Aurélio, j. 23.02.2006. Em termos doutrinários, destaca-se o trabalho de peso de Humberto Ávila, vide: ÁVILA, Humberto. *Segurança jurídica*: entre permanência, mudança e realização no direito tributário. São Paulo: Malheiros, 2011. p. 189 e ss.

61 "Entretanto, o caráter aberto das normas jurídicas e sua exegese problemática diante dos casos concretos não o tornam totalmente indefinido e impreciso, nem tampouco conferem um poder discricionário aos seus operadores. As normas do direito positivo representam parâmetros e limites dos quais o intérprete não pode fugir, e, de certa forma, tornam previsíveis e seguros o resultado dos relacionamentos jurídicos" (THEODORO JR., Humberto. Interpretação e aplicação das normas jurídicas. *Revista de Processo*, v. 150, p. 11-23, ago. 2007. p. 5).

possibilidade de estabelecer regramentos pormenorizados para os próprios interesses, as partes contratuais poderão adotar mecanismos para tentar evitar ao máximo a existência de incertezas jurídicas, por conta de vícios na linguagem. A técnica de redação contratual precisa ser clara o suficiente para permitir a aplicação justa e equitativa dos contratos, sem, contudo, perder de vista a possibilidade de mudanças de cenário entre o momento da conclusão e o da execução da avença – característica que apresenta importância especial no contexto de contratos de longa duração.

Esse caráter duplamente indeterminado traz consigo desafios práticos relevantes para a estabilização da economia interna do contrato. Se, por um lado, é desejável que as partes acertem previamente as consequências jurídicas do inadimplemento ou de outras vicissitudes que possam atingir a relação contratual, por outro, é certo que nem sempre será fácil determinar com precisão, de antemão, quais serão os gatilhos aptos a acionar esses mecanismos. Trata-se de um exercício adotado pelas partes em que elas deverão, hipoteticamente, trazer ao presente problemas que são inerentes ao futuro. Diante do dinamismo do sinalagma contratual, quando o contrato é confrontado com a dimensão temporal, haverá a possibilidade de ocorrer um desbalanceamento, e a visão negocial originalmente posta pelos contratantes poderá perder o sentido inicialmente concebido, acentuando ainda mais a dificuldade de se precisar o conteúdo e a aplicação do contrato.

5. Normatividade das regras e princípios

A teoria da interpretação sofreu uma completa reestruturação diante do desenvolvimento do direito, ao longo do século XX. Dentre as várias evoluções conceituais, assume especial relevância a identificação de duas categorias de normas jurídicas: as regras e os princípios.[62]

A atual formulação da teoria dos princípios é fruto de um longo debate na teoria do direito[63], passando pelas contribuições de Esser, Larenz, Hart, Dworkin, Alexy, entre outros relevantes autores. No Brasil, destaca-se a contribuição de Humberto Ávila.[64]

---

[62] Ainda mais especificamente, a distinção entre princípio e princípio jurídico é trazida à tona diante do debate sobre a dissociação entre linguagem jurídica e linguagem fora de um contexto jurídico. Para tanto, cf.: CARRIÓ, Genaro R. *Principios juridicos y positivismo juridico.* Buenos Aires: Abeledo-Perrot, 1970. p. 32-38.

[63] Cabe referir, inclusive, que não é sequer uniformemente aceita sem resistência. O professor José Reinaldo de Lima Lopes realizou críticas à distinção entre princípios e regras, especialmente no projeto apresentado por Ronald Dworkin. Cf.: LIMA LOPES, José Reinaldo de. Juízo jurídico e a falsa solução dos princípios e das regras. *Revista de Informação Legislativa*, Brasília, ano 40, n. 160, p. 49-64, out.-dez. 2003. Houve atualização dos argumentos lançados por Lima Lopes em: GIACOMUZZI, José Guilherme. Desmistificando os "princípios jurídicos" de Ronald Dworkin. *Revista Novos Estudos Jurídicos – Eletrônica*, v. 19, n. 1, p. 285-320, jan.-abr. 2014.

[64] ÁVILA, Humberto. *Teoria dos princípios*: da definição à aplicação dos princípios jurídicos. 14. ed. atual. São Paulo: Malheiros, 2013. p. 38 e ss.

A precisa distinção entre essas duas espécies normativas ainda é um debate aberto.[65] Apesar da grande heterogeneidade de concepções, para fins de identificação dos contornos gerais da categorização dos princípios, cabe analisar as posições de Robert Alexy e Ronald Dworkin.

A posição adotada por Robert Alexy, enquanto seguidor da tradição neokantista,[66] encontra raízes no pensamento de Gustav Radbruch e Hans Kelsen.[67] Alexy partiu da "Teoria Pura" de Kelsen para desenvolver sua concepção de direito, especialmente sua teoria da argumentação jurídica.[68] Ao trabalhar sobre a teoria dos direitos fundamentais,[69]

---

65 A obra coletiva organizada por Ricardo Campos, *Crítica da ponderação*, publicada pela Saraiva em 2016, trouxe diversos aportes de teóricos alemães ao modelo proposto por Alexy, os quais propunham em seu detrimento um modelo fortemente inspirado por autores como Jacques Derrida e Niklas Luhmann: CAMPOS, Ricardo (org.). *Crítica da ponderação*: método constitucional entre a dogmática jurídica e a teoria social. São Paulo: Saraiva, 2016. Mais recentemente, ecoou o debate trazido por Pablo Miozzo, fruto de doutorado realizado na Albert-Ludwigs-Universität Freiburg, sobre o que este considera ser uma incompatibilidade do modelo de Alexy com a realidade social brasileira, resultando em uma recepção inadequada: MIOZZO, Pablo Castro. *Soziale Grundrechte ohne Prinzipien und Abwägungen*: Entwicklung am Beispiel des Rechts und Sozialversicherung in Brasilien. Berlin: Duncker & Humblot, 2022. Da mesma forma, há teóricos que se posicionam a favor das teorias alexyanas; nesse sentido, cf. o trabalho fruto da tese de doutorado na UFRGS de Leonardo S. Trevisan, que aponta diversos críticos brasileiros e oferece antíteses a estes: TREVISAN, Leonardo S. *Ponderação, argumentação, racionalidade*: Robert Alexy e seus críticos. Prefácio de Luis Afonso Heck. Porto Alegre: Sergio Antonio Fabris Editor, 2017.

66 Cf. ALEXY, Robert. Kant's Non-Positivistic Concept of Law. *Kantian Review*, v. 24, n. 4, p. 497-512, 2019. O texto foi publicado recentemente em tradução para o português: ALEXY, Robert. O conceito de direito não-positivista de Kant. In: HECK, Luís Afonso (org., trad., rev., prefaciador). *Escritos germânicos sobre Kant*. Porto Alegre: Sergio Antonio Fabris Editor, 2021. p. 161-181.

67 Cf., sobre o desenvolvimento da filosofia alexyana, a obra coletiva: BOROWKSI, Martin (org.). *Modern German non-positivism*: from Radbruch to Alexy. Tübingen: Mohr Siebeck, 2019. Especialmente sobre Radbruch, cf. a contribuição de Alexy ao volume: ALEXY, Robert. Gustav Radbruchs Rechtsbegriff. In: BOROWKSI, Martin (org.). *Modern German non-positivism*: from Radbruch to Alexy. Tübingen: Mohr Siebeck, 2019. p. 7-18. Sobre o neokantismo em Kelsen: PAULSON, Stanley L. The Neo-Kantian Dimension of Kelsen's Pure Theory of Law. *Oxford Journal of Legal Studies*, v. 12, n. 3, p. 311-332, 1992.

68 ALEXY, Robert. *Theorie der juristischen Argumentation*: die Theorie des rationalen Diskurses als Theorie der juristischen Begründung. Frankfurt am Main: Suhrkamp, 1978. Publicado em português: ALEXY, Robert. *Teoria da argumentação jurídica*: a teoria do discurso racional como teoria da fundamentação jurídica. 6. ed. Trad. Zilda Hutchinson Schild Silva. Rev. Cláudia Toledo. Rio de Janeiro: Forense, 2021.

69 ALEXY, Robert. *Theorie der Grundrechte*. Frankfurt am Main: Suhrkamp, 1986. O livro também encontra tradução para o português: ALEXY, Robert. *Teoria dos direitos fundamentais*. Trad. Virgílio Afonso da Silva. São Paulo: Malheiros, 2008. O autor publicou ainda no ano passado capítulo em livro coletivo "revisitando" a sua Teoria dos Direitos Fundamentais e reafirmando algumas de suas contribuições à ciência do direito, bem como analisando os diversos desenvolvimentos que a área teve nos últimos anos; para tal, cf.: ALEXY, Robert. Einige Reflexionen über die "Theorie der Grundrechte" nach mehr als 35 Jahren. In: BÄCKER,

Alexy sustenta a distinção entre regras e princípios,[70] colocando a operacionalização dos princípios por meio da técnica da ponderação jurídica.[71] A sua concepção teórica o leva a ser considerado um representante do pós-positivismo inclusivo,[72] já que procura unir em seu pensamento tanto elementos de preenchimento formal de aplicação do direito quanto a preocupação com a correção substancial das decisões jurídicas,[73] ancorando sua teoria em elementos discursivos racionais do Direito.[74]

Alexy sustenta que tanto as regras quanto os princípios são espécies de "normas", pois ambos, em comum, predizem o que é *devido*.[75] Ele se diferencia das concepções teóricas que apontavam uma diferença quantitativa entre regras e princípios, baseada em critérios de generalidade ou especificidade da aplicação.[76] Para Alexy, a diferença é qualitativa, sendo os princípios mandamentos de otimização (*Optimierungsgebote*) para a aplicação de regras, os quais podem ser cumpridos em diferentes graus. Ao revés, as regras podem ser observadas ou não, sem nuances.[77]

Essa diferença entre as duas espécies normativas implica uma distinção na forma de resolução dos conflitos normativos. De um lado, a solução entre colisão de princípios é dirimida pela técnica de ponderação, analisando-se qual deles teria maior "peso" na

---

Carsten (ed.). *Rechtsdiskurs, Rechtsprinzipien, Rechtsbegriff.* Elementen einer diskursiven Theorie fundamentaler Rechte. Tübingen: Mohr Siebeck, 2022. p. 15-21.

70 Cf., nesse sentido: BOROWSKI, Martin. *Grundrechte als Prinzipien*. 3. Aufl. Baden-Baden: Nomos Verlag, 2018.

71 Cf. KLATT, Matthias (org.). *Prinzipientheorie und Theorie der Abwägung*. Tübingen: Mohr Siebeck, 2013.

72 ALEXY, Robert. *The argument from injustice*: a reply to legal positivism. Trad. Bonnie Litschewski Paulson e Stanley L. Paulson. Oxford: Clarendon Press, 2002. Cf., enquanto ponto de partida para a construção da tradição pós-positivista da qual Alexy toma parte: KELSEN, Hans. O que é positivismo jurídico. Trad. Luís Afonso Heck. In: HECK, Luís Afonso (org.). *Direito natural, direito positivo, direito discursivo*. Porto Alegre: Livraria do Advogado, 2010. p. 85-94; HECK, Luís Afonso. O neoconstitucionalismo em Hans Kelsen. In: HECK, Luís Afonso (org., trad., rev.). *Direito positivo e direito discursivo*: subsunção e ponderação no direito constitucional ordinário. Porto Alegre: Sergio Antonio Fabris Editor, 2017. p. 141-162.

73 ALEXY, Robert. Certeza jurídica e correção. Trad. Ana Margarida Gaudêncio e Luís Meneses do Vale. *Boletim da Faculdade de Direito*, Coimbra, v. LXXXVIII, t. II, p. 481-497, 2012.

74 Sobre a vinculação da teoria do direito de Alexy, especialmente no tocante à justificação e institucionalização dos direitos fundamentais, com a teoria do discurso, cf.: ALEXY, Robert. Teoria do discurso e direitos fundamentais. Trad. Maria Cláudia Cachapuz. In: HECK, Luís Afonso (org.). *Direito natural, direito positivo, direito discursivo*. Porto Alegre: Livraria do Advogado, 2010. p. 123-137.

75 ALEXY, Robert. *Theorie der Grundrechte*. Frankfurt am Main: Suhrkamp, 1986. p. 72.

76 ALEXY, Robert. *Theorie der Grundrechte*. Frankfurt am Main: Suhrkamp, 1986. p. 74. Além dos diversos autores citados nos pés-de-página da lauda citada, há interessante panorama realizado quanto à evolução do debate referente à distinção da qual aqui nos ocupamos em: HEINOLD, Alexander. *Die Prinzipientheorie bei Ronald Dworkin und Robert Alexy*. Berlin: Duncker & Humblot, 2011, *passim*.

77 ALEXY, Robert. *Theorie der Grundrechte*. Frankfurt am Main: Suhrkamp, 1986. p. 72-77.

situação conflitiva concreta. De outro lado, a colisão entre duas regras seria solucionada mediante a identificação da inaplicabilidade de uma delas.[78]

Ronald Dworkin ofereceu outra contribuição fundamental para o desenvolvimento da teoria dos princípios. Ele aponta que as regras são aplicadas quando preenchidas as condições de incidência, derivando a consequência jurídica antevista.[79] Diversamente, os princípios não apresentariam, de antemão, as condições necessárias para sua aplicação, nem consequências predeterminadas.

Dworkin aponta que os princípios enunciam razões para conduzir a argumentação em determinada direção, sem oferecer uma decisão antecipada diante dos fatos específicos do caso.[80] Sua concepção é compatível com a existência de múltiplas regras e princípios sobre o mesmo fato, o que conduz ao sopesamento das diferentes normas potencialmente aplicáveis.

Independentemente da conceituação teórica adotada, é inegável que a teoria dos princípios provocou profunda modificação na forma pela qual se interpreta o direito. A identificação de duas categorias diferentes de normas levou à reestruturação do modelo de silogismo interpretativo, na medida em que os princípios, diante da marcada vagueza linguística, não estariam aptos a serem aplicados mediante o modelo subsuntivo dominante ao longo do século XIX.

---

78 ALEXY, Robert. *Theorie der Grundrechte*. Frankfurt am Main: Suhrkamp, 1986. p. 77-87. No direito brasileiro, podemos citar exemplificativamente a contribuição de Luís Afonso Heck ao analisar o Código de Processo Civil. Para tal, cf.: HECK, Luís Afonso. A ponderação no Código de Processo Civil. In: HECK, Luís Afonso (org., trad., rev.). *Direito positivo e direito discursivo*: subsunção e ponderação no direito constitucional ordinário. Porto Alegre: Sergio Antonio Fabris Editor, 2017. p. 105-140.

79 "Seja como for, somente regras ditam resultados. Quando se obtém um resultado contrário, a regra é abandonada ou mudada. Os princípios não funcionam dessa maneira; eles inclinam a decisão em direção, embora de maneira não conclusiva" (DWORKIN, Ronald. *Levando os direitos a sério*. Trad. Nelson Boeira. 3. ed. São Paulo: Martins Fontes, 2010. p. 57).

80 "Um princípio como 'Nenhum homem pode se beneficiar de seus próprios delitos' não pretende [nem mesmo] estabelecer condições que tornem sua aplicação necessária. Ao contrário, enuncia uma razão que conduz o argumento em uma certa direção, mas [ainda assim] necessita uma decisão particular. Se um homem recebeu ou está na iminência de receber alguma coisa como resultado direto de um ato ilícito que tenha praticado para obtê-la, então essa é uma razão que o direito levara em consideração ao decidir se deve mantê-la. Pode haver outros princípios ou outras políticas que argumentem em outra direção – por exemplo, uma política que garanta o reconhecimento da validade de escrituras ou um princípio que limite a punição ao que foi estimulado pelo Poder Legislativo. Se assim for, nosso princípio pode não prevalecer, mas isso não significa que não se trate de um princípio do nosso sistema jurídico, pois em outro caso, quando essas considerações em contrário estiverem ausentes ou tiverem menor força, o princípio poderá ser decisivo. Tudo o que pretendemos dizer, ao afirmarmos que um princípio particular é um princípio do nosso direito, é que ele, se for relevante, deve ser levado em conta pelas autoridades públicas, como [se fosse] uma razão que inclina numa ou noutra direção" (DWORKIN, Ronald. *Levando os direitos a sério*. Trad. Nelson Boeira. 3. ed. São Paulo: Martins Fontes, 2010. p. 41-42).

Devido a progressos na matéria, a teoria da interpretação do direito teve de ser reestruturada. Não é mais possível adotar a concepção de que o intérprete apenas declara um sentido preexistente em um texto jurídico. Passa a ser necessário admitir a existência de um papel criativo do intérprete, que antes constrói a norma a ser aplicada ao caso concreto, em vez de simplesmente revelá-la. Da mesma forma, a interpretação não poderia mais ser vista como um processo retilíneo e unidirecional, pois a adequada compreensão do fenômeno jurídico, dotado de complexidade própria, demanda um conjunto heterogêneo de operações intelectuais.

§ 2. A NORMATIVIDADE DOS NEGÓCIOS JURÍDICOS E A NECESSIDADE DE INTERPRETAÇÃO

1. Contrato como fonte do direito

A interpretação jurídica tem como diferencial, em relação a outros processos hermenêuticos, a determinação de um conteúdo normativo.[81] Questiona-se se o mesmo pode ser dito sobre a interpretação contratual.[82] Uma primeira corrente, que relaciona, precipuamente, a atividade normativa à participação do Estado, não vislumbra o contrato como fonte de direito. Argumenta-se, para tanto, que o contrato não gera direitos e obrigações em caráter geral, mas somente para aqueles que o pactuaram, não obrigando terceiros.[83] Dentro dessa perspectiva não normativista, os contratos não passariam de um autorregulamento de interesses, que se realiza na vida social por iniciativa espontânea dos próprios sujeitos de direito.[84]

---

[81] GEDIEL, José Antônio Peres; CORRÊA, Adriana Espíndola. Interpretações – Art. 113 do Código Civil. In: MARQUES NETO; Floriano Peixoto; RODRIGUES JR., Otávio Luiz; LEONARDO, Rodrigo Xavier. *Comentários à Lei de Liberdade Econômica*: Lei 13.874/2019. São Paulo: Thomson Reuters Brasil, 2019. p. 329.

[82] "Na hipótese em que geralmente se pensa quando se fala de interpretação, na hipótese da interpretação da lei, deve responder-se à questão de saber qual o conteúdo que se há de dar à norma individual de uma sentença judicial ou de uma resolução administrativa, norma essa a deduzir da norma geral da lei na sua aplicação a um caso concreto. Mas há também uma interpretação da Constituição, na medida em que de igual modo se trate de aplicar esta – no processo legislativo, ao editar decretos ou outros atos constitucionalmente imediatos – a um escalão inferior; e uma interpretação dos tratados internacionais ou das normas do Direito internacional geral consuetudinário, quando estas e aqueles têm de ser aplicados, num caso concreto, por um governo ou por um tribunal ou órgão administrativo, internacional ou nacional. E há igualmente uma interpretação de normas individuais, de sentenças judiciais, de ordens administrativas, de negócios jurídicos, etc., em suma, de todas as normas jurídicas, na medida em que hajam de ser aplicadas" (KELSEN, Hans. *Teoria pura do direito*. Trad. João Baptista Machado. 8. ed. São Paulo: Martins Fontes, 2009. p. 387).

[83] THEODORO JR., Humberto. Contrato. Interpretação. Princípio da boa-fé. Teoria do ato próprio ou da vedação do comportamento contraditório. *Revista de Direito Privado*, v. 38, p. 149-175, abr.-jun. 2009. p. 1.

[84] LAHR, Helena. Interpretação e qualificação dos negócios jurídicos. *Revista dos Tribunais*, v. 723, jan. 1996. p. 6.

No entanto, percebendo o direito como uma ordem normativa da conduta dos sujeitos de direito, e a "norma" como aquilo que deve ser ou acontecer,[85] percebe-se que os contratos também podem ser considerados uma fonte de direito. Afinal, por meio dos contratos, as partes dirigem intencionalmente a conduta de outrem não apenas quando, em conformidade com o seu sentido, prescrevem (comandam ou ordenam) essa conduta, mas também quando a permitem ou conferem o poder de realizá-la. As normas contratuais, assim como as normas emanadas pelo Estado, podem comandar, permitir, conferir competência ou conceder o poder de agir de determinada maneira.

O reconhecimento do caráter normativo do contrato foi feito explicitamente por Hans Kelsen, que ponderou que a vontade efetiva das partes, expressa na elaboração dos contratos (e dos negócios jurídicos de um modo geral), é efetivamente apta a criar normas.[86] Kelsen afirma que a norma criada pelo contrato pode ser individual ou geral e, quanto ao seu conteúdo, há contratos que impõem deveres a apenas uma das partes (unilaterais), enquanto outros impõem deveres e conferem direitos a ambas as partes contratantes.[87]

O contrato, enquanto fonte convencional de direito, uma vez lastreado na autonomia privada dos contratantes, insere de forma definitiva o problema da interpretação contratual no plano da interpretação do direito. Muitos dos problemas associados à interpretação do direito em geral também estão presentes na interpretação contratual – como a problemática das lacunas.[88] Afinal, tanto o contrato quanto a legislação estatal são manifestações do fenômeno normativo.[89] Reconhecendo isso, o Código Civil francês, em seu artigo 1103, dispõe explicitamente que o contrato tem força de lei entre as partes.[90]

No entanto, o reconhecimento da normatividade do contrato e de sua qualidade como fonte do direito não significa que seja possível aplicar o mesmo método de interpretação das leis à interpretação dos contratos. Em verdade, por serem fontes de direito distintas, e cada qual com suas próprias características, a interpretação das leis e dos contratos apresentará tanto semelhanças quanto diferenças, que deverão ser ponderadas pelo intérprete, a fim de aplicar o direito no caso concreto. Como ressalta Karl Larenz,

---

85 KELSEN, Hans. *Teoria pura do direito*. Trad. João Baptista Machado. 8. ed. São Paulo: Martins Fontes, 2009. p. 5-6.

86 KELSEN, Hans. *Teoria geral do direito e do Estado*. Trad. Luís Carlos Borges. 5. ed. São Paulo: Martins Fontes, p. 205.

87 KELSEN, Hans. *Teoria geral do direito e do Estado*. Trad. Luís Carlos Borges. 5. ed. São Paulo: Martins Fontes, p. 206.

88 FRANZOLIN, Cláudio José. Negócios jurídicos: interpretação, integração, conteúdo negocial e efeitos. *Revista de Direito Privado*, v. 39, p. 61-86, jul.-set. 2009. p. 10.

89 NITSCHKE, Guilherme Carneiro Monteiro. Comentário ao artigo 113 §§ 1º e 2º do Código Civil: interpretação contratual a partir da Lei de Liberdade Econômica. In: MARTINS-COSTA, Judith; NITSCHKE, Guilherme Carneiro Monteiro. *Direito privado na Lei de Liberdade Econômica*. São Paulo: Almedina, 2022. p. 322.

90 Código Civil Francês: "Art. 1103: Les contrats légalement formés tiennent lieu de loi à ceux qui les ont faits".

"os princípios que valem para uma espécie de interpretação só com grande cautela podem ser vertidos para uma outra, se, de todo em todo, o puderem ser".[91]

2. Semelhanças entre a interpretação da lei e a interpretação dos negócios jurídicos

Como forma de manifestação do fenômeno normativo, é inevitável que a interpretação das leis e a interpretação dos contratos apresentem pontos em comum.[92]

Primeiro, a necessidade do processo interpretativo. A lei e o contrato são fontes jurídicas, sendo o contrato especificação da fonte negocial.[93] Nesse sentido, partindo da distinção adotada entre texto e norma, todas as fontes do direito demandam processo interpretativo para que a normatividade seja expressa e manifestada, solucionando um problema concreto. Como a interpretação medeia a fonte e a norma, tanto para a lei quanto para o contrato, será necessário empreender um processo de adscrição de sentido prévio à aplicação.

Segundo, ambas as interpretações (das leis e dos contratos) estão sujeitas às vicissitudes do fenômeno linguístico. Como acentua Karl Larenz, tanto na interpretação dos negócios jurídicos quanto na interpretação das leis, o objetivo almejado é a busca do que seja o "correto" em cada caso – procurando atribuir o entendimento juridicamente relevante de expressões linguísticas, já que a necessidade da interpretação está também associada ao caráter aberto e polissêmico da linguagem.[94]

Terceiro, há técnicas hermenêuticas que podem ser aplicadas tanto na interpretação das leis quanto na interpretação dos contratos. Por exemplo, os métodos histórico,

---

91 LARENZ, Karl. *Metodologia da ciência do direito*. 3. ed. Trad. José Lamego. Lisboa: Fundação Calouste Gulbenkian, 1997. p. 491.

92 "A separação entre interpretação da lei e interpretação do contrato encontra raízes na própria *summa divisio* entre direito público e direito privado, na qual enquanto o primeiro era composto essencialmente de normas cogentes, voltadas para disciplinar (*rectius*, limitar) o exercício do poder de império do Estado, o segundo era formado essencialmente por normas dispositivas, uma vez que, ressalvadas as hipóteses excepcionais de ilicitude, tinha por objeto somente garantir o livre exercício da autonomia dos particulares através de suas manifestações de vontade. Deste contexto dicotômico, até hoje se reproduz a ideia de que as fontes das obrigações dividem-se em duas categorias: a lei e a vontade" (KONDER, Carlos Nelson de Paula. Interpretação dos contratos, interpretação da lei e qualificação: superando fronteiras. *Scientia Iuris*, Londrina, v. 19, n. 1, p. 47-62, jun. 2015. p. 49).

93 "Mesmo com tal aproximação, há diferenças marcadas, pois ao passo que a lei plasma fonte de direito objetivo, o negócio jurídico é fonte de direitos subjetivos. Portanto, mesmo na semelhança que toma como critério a mais redutora normatividade de um e outro fenômenos, há pouco que aproxime interpretação da lei e interpretação do contrato" (NITSCHKE, Guilherme Carneiro Monteiro. Comentário ao artigo 113 §§ 1º e 2º do Código Civil: interpretação contratual a partir da Lei de Liberdade Econômica. In: MARTINS-COSTA, Judith; NITSCHKE, Guilherme Carneiro Monteiro. *Direito privado na Lei de Liberdade Econômica*. São Paulo: Almedina, 2022. p. 322).

94 LARENZ, Karl. *Metodologia da ciência do direito*. 3. ed. Trad. José Lamego. Lisboa: Fundação Calouste Gulbenkian, 1997. p. 491.

sistemático e teleológico podem ser utilizados, mesmo que de maneiras diversas, tanto na interpretação legal quanto na interpretação contratual. Assim, há, mesmo que em termos parciais, semelhança nas técnicas interpretativas a serem aplicadas em um caso e no outro.

3. Diferenças entre a interpretação da lei e a interpretação dos negócios jurídicos

Mais do que semelhanças, a interpretação das leis e a interpretação dos negócios jurídicos apresentam profundas divergências. Nesse sentido, explica Pontes de Miranda que, pondo-se de parte o que possa ser indagação e revelação do conteúdo de regra jurídica cogente, dispositiva ou interpretativa, "a interpretação dos negócios jurídicos, sejam unilaterais, sejam bilaterais, sejam plurilaterais, nada tem com a interpretação das leis, mesmo no sentido lato de interpretação das regras jurídicas".[95]

Em cada uma dessas interpretações, as regras e os métodos são diferentes, já que procuram atingir resultados distintos: enquanto, na interpretação da lei, pretende-se determinar os efeitos jurídicos do negócio em conformidade com a lei, na interpretação do contrato busca-se determinar os efeitos decorrentes das cláusulas contratuais, interpretando-se um comportamento humano que declarará a vontade manifestada e os efeitos desejados pelos contratantes.[96]

A primeira diferença está no caráter negocial (e, normalmente, bilateral) da interpretação dos negócios jurídicos. Na interpretação destes, há, na maioria das vezes, duas ou mais partes, com interesses potencialmente divergentes, que leem a declaração de modo diverso, gerando disputa sobre qual interpretação deve prevalecer.[97] Em contraste, na interpretação da lei não há identificação das partes que deram origem ao texto normativo – a vontade do legislador não assume papel comparável ao da vontade das partes em um negócio jurídico.

Segundo, o postulado hermenêutico fundamental de procurar a intenção comum das partes que deram origem ao negócio jurídico não é aplicável à interpretação da lei. A categoria de "intenção do legislador" (seja enquanto *voluntas legislatoris*, seja enquanto *voluntas legis*) perdeu protagonismo, pois pressupunha um "autor determinado" e uma "vontade unívoca fundadora do texto", o que não se observa ao longo do atual processo legislativo.[98] Assim, reconhece-se, hoje, que a lei se emancipa da vontade subjacente à sua criação. A história legislativa, no máximo, pode ser tida como uma história genérica

---

95 PONTES DE MIRANDA, Francisco Cavalcanti. *Tratado de direito privado*. São Paulo: Revista dos Tribunais, 2012. t. XXXVIII, p. 159.

96 LAHR, Helena. Interpretação e qualificação dos negócios jurídicos. *Revista dos Tribunais*, v. 723, jan. 1996. p. 13-14.

97 LARENZ, Karl. *Metodologia da ciência do direito*. 3. ed. Trad. José Lamego. Lisboa: Fundação Calouste Gulbenkian, 1997. p. 490.

98 NITSCHKE, Guilherme Carneiro Monteiro. Comentário ao artigo 113 §§ 1º e 2º do Código Civil: interpretação contratual a partir da Lei de Liberdade Econômica. In: MARTINS-COSTA, Judith; NITSCHKE, Guilherme Carneiro Monteiro. *Direito privado na Lei de Liberdade Econômica*. São Paulo: Almedina, 2022. p. 330.

acerca do processo democrático que motivou a elaboração da lei em questão.[99] Ao revés, o contrato tem, na sua essência, a vontade comum das partes, já que a sua disciplina essencial é a vontade conjuntamente manifestada pelos contratantes. Portanto, enquanto a vontade das partes é o postulado hermenêutico fundamental da interpretação contratual, o histórico legislativo e as intenções do legislador, no máximo, funcionam como critério hermenêutico auxiliar, não ocupando, nem de perto, a centralidade que a vontade das partes apresenta na interpretação contratual.

Terceiro, o fundamento consensualista basilar dos negócios jurídicos não está presente na interpretação da lei. Os textos legislativos se mostram como o produto resultante do processo legislativo, no qual estão presentes interesses e *lobbies* diversos; ao revés, o contrato é o fruto da comunhão de intenções das partes.[100] Assim, enquanto na interpretação da lei apura-se o significado buscado no texto legal, na interpretação do contrato procura-se a vontade dos contratantes, devendo o intérprete buscar aclarar a vontade real das partes.[101]

Quarto, a interpretação da lei tem pretensão de generalidade e igualdade no universo jurídico. Já a interpretação contratual se restringe, em regra – salvo exceções legalmente admitidas –, às partes contratantes. Na interpretação da lei, o sentido buscado há de ser único para todos, representando dimensão fundamental do direito à igualdade, constitucionalmente assegurado.[102] Não por outra razão, a interpretação da lei conduzida pelo Poder Judiciário está associada a mecanismos próprios que pretendem assegurar homogeneidade na aplicação do direito – por exemplo, mediante o desenvolvimento de um sistema de precedentes ou a criação de mecanismos para julgar casos repetitivos. É possível presumir que, subjacente à regulamentação legislativa, está a intenção de criar uma regulamentação justa, em conformidade com os princípios ético-jurídicos relevantes para o ordenamento, atendendo à exigência de tratar igualmente aquilo que

---

99 "A interpretação dos negócios jurídicos nada tem com a interpretação estética, a dogmática ou a histórica. O que se procura é a vontade de alguém, através dos dados de manifestação, trate-se de ato positivo ou de atos negativos. Para isso, o intérprete tem de atender às concepções dominantes da vida, à linguagem empregada, ao uso do tráfico. A indagação da vontade do legislador, quando está em causa interpretação de lei, ou, em geral, de regra jurídica, é reminiscência, que tem de ser condenada, de grupos sociais superados (cf. nosso *Subjektivismus und Voluntarismos im Recht, Archivfür Rechts- und Wirtschaftsphilosophie*, 16, 522-543)" (PONTES DE MIRANDA, Francisco Cavalcanti. *Tratado de direito privado*. São Paulo: Revista dos Tribunais, 2012. t. VI, p. 160).

100 NITSCHKE, Guilherme Carneiro Monteiro. Comentário ao artigo 113 §§ 1º e 2º do Código Civil: interpretação contratual a partir da Lei de Liberdade Econômica. In: MARTINS-COSTA, Judith; NITSCHKE, Guilherme Carneiro Monteiro. *Direito privado na Lei de Liberdade Econômica*. São Paulo: Almedina, 2022. p. 329-330.

101 LAHR, Helena. Interpretação e qualificação dos negócios jurídicos. *Revista dos Tribunais*, v. 723, jan. 1996. p. 13.

102 NITSCHKE, Guilherme Carneiro Monteiro. Comentário ao artigo 113 §§ 1º e 2º do Código Civil: interpretação contratual a partir da Lei de Liberdade Econômica. In: MARTINS-COSTA, Judith; NITSCHKE, Guilherme Carneiro Monteiro. *Direito privado na Lei de Liberdade Econômica*. São Paulo: Almedina, 2022. p. 329-330.

é igual e de evitar contradições valorativas – circunstâncias que não têm relevância para a interpretação dos negócios jurídicos, que são criados pela vontade das partes para regrar o próprio interesse.[103] Assim, a interpretação contratual é particularista, pois objetiva alcançar o significado acordado entre as partes.[104]

Observa-se, contudo, que, no Brasil, após a adoção do CPC/2015 e a implementação do sistema de precedentes, há indícios de mudança cultural em certas hipóteses, nas quais a interpretação contratual também deverá, em determinados casos, ter pretensão de generalidade e igualdade (por exemplo, nas relações jurídicas massificadas, que deverão ter tratamento coerente e uniforme). Do mesmo modo, a aplicação de certos precedentes tidos como vinculantes às relações contratuais mitiga, em parte, a liberdade que o intérprete outrora teve para atribuir determinados sentidos em circunstâncias específicas.

Quinto, o objeto da interpretação. Enquanto a lei é sempre escrita, sendo o texto legal o objeto por excelência da interpretação, o contrato pode ou não ser reduzido a escrito, ou seja, pode ser ou não instrumentalizado. Isto é, a compreensão do contrato não se resume à interpretação de suas palavras, devendo o intérprete considerar signos linguísticos não escritos, como os comportamentos. É necessário recolher diversos atos e fatos, conjugando-os a partir dos prismas valorativos pertinentes.[105] Caberá ao intérprete ponderar o texto, o contexto textual e outras circunstâncias hermeneuticamente relevantes, diante do regramento jurídico pactuado, que possam servir como indícios para a identificação do significado negocial ajustado.[106] Assim, não se interpretam somente as palavras, escritas ou faladas, mas tudo aquilo que foi manifestado e que, até mesmo, integra o contrato, preenchidas eventuais lacunas.[107] Por essa razão, a interpretação

---

103 LARENZ, Karl. *Metodologia da ciência do direito*. 3. ed. Trad. José Lamego. Lisboa: Fundação Calouste Gulbenkian, 1997. p. 491.

104 "O elemento intenção somente há de ser levado em conta, na interpretação da lei, quando seja a *ratio legis*, tal como se explicitou. A lei destina-se ao público, a todos, e somente pode ter uma interpretação, ainda que diferentemente a entendam os habitantes e todos aquêles a que ela atinge. O ato jurídico pode refractar-se, devido a haver diferentes contra-figurantes ou destinatários. O sistema jurídico, variando, determina variações das regras jurídicas, de per si, ou em grupo; o ato jurídico pode ter cortados alguns efeitos por lei nova, mas é tal qual foi" (PONTES DE MIRANDA, Francisco Cavalcanti. *Tratado de direito privado*. São Paulo: Revista dos Tribunais, 2012. t. III, p. 412-413).

105 "Em rigor, a interpretação reconduz-se à recolha de factos e à respectiva conjugação, pois a avaliação dos factos à luz do quadro de valorações da comunidade em questão nada mais é que conjugação dos factos recolhidos com 'factos de segunda linha', correspondentes aos factos reveladores dos valores e das convenções dessa comunidade" (REI, Maria Raquel Aleixo Antunes. *Da interpretação da declaração negocial no direito civil português*. 2010. 476 p. Tese (Doutorado em Direito) – Faculdade de Direito, Universidade de Lisboa, Lisboa, 2010. p. 117-118).

106 LARENZ, Karl. *Metodologia da ciência do direito*. 3. ed. Trad. José Lamego. Lisboa: Fundação Calouste Gulbenkian, 1997. p. 282-283.

107 PONTES DE MIRANDA, Francisco Cavalcanti. *Tratado de direito privado*. São Paulo: Revista dos Tribunais, 2012. t. XXXVIII, p. 172.

contratual não se resume puramente ao texto do contrato, já que se interpreta também o que está fora dele, uma vez que o negócio jurídico é um todo semântico unitário.[108]

Sexto, o âmbito de incidência. A *lex contractus* apresenta incidência muito menor que a *lex generalis*, já que não vai além das partes contratantes nem ultrapassa o objeto visado pelo negócio jurídico.[109] Enquanto a lei apresenta presunção de generalidade e de conhecimento irrestrito (art. 3º da LINDB[110]), os contratos são relativos, e os figurantes só se vinculam pelo que conheciam ou deviam conhecer.[111]

Sétimo, a comunidade de sentido. Enquanto a lei tem como características a abstração e a generalidade, o contrato – pela própria natureza – nasce da particularização de um contato social, que dá ensejo a uma relação jurídica. Portanto, enquanto os códigos necessários à compreensão da legislação necessariamente hão de ser compartilhados por toda a comunidade sujeita à prescrição da lei, é possível que, no contexto particular da relação contratual, existam códigos próprios que, necessariamente, deverão ser tomados em consideração ao longo do processo interpretativo. Por essa razão, usos, costumes e práticas contratuais terão impacto no plano dos códigos compartilhados pelos agentes negociais e, por consequência, irão influenciar no processo de significação.

Esse conjunto de diferenças explicita que a interpretação do contrato apresenta peculiaridades consideráveis em relação à interpretação da lei, embora sejam duas manifestações da hermenêutica jurídica. Mesmo havendo semelhanças em alguns pontos, a intensidade das diferenças implica reconhecer a existência de um processo interpretativo para a interpretação do contrato, próprio e distinto daquele aplicável à interpretação da lei. Dessa forma, é necessário adaptar os métodos hermenêuticos à realidade contratual, de modo que seja possível aferir e adscrever sentido.

§ 3. CONTRATO E INTERPRETAÇÃO

1. A interpretação contratual

A aplicação do contrato e a extração das consequências jurídicas ajustadas pelas partes demandam prévia interpretação do texto e do contexto – pois a interpretação preexiste à normatividade.[112] Caberá ao intérprete recolher todos os fatos relevantes

---

108 NITSCHKE, Guilherme Carneiro Monteiro. Comentário ao artigo 113 §§ 1º e 2º do Código Civil: interpretação contratual a partir da Lei de Liberdade Econômica. In: MARTINS-COSTA, Judith; NITSCHKE, Guilherme Carneiro Monteiro. *Direito privado na Lei de Liberdade Econômica*. São Paulo: Almedina, 2022. p. 321-322.

109 THEODORO JR., Humberto. Contrato. Interpretação. Princípio da boa-fé. Teoria do ato próprio ou da vedação do comportamento contraditório. *Revista de Direito Privado*, v. 38, p. 149-175, abr.-jun. 2009. p. 2.

110 LINDB: "Art. 3º Ninguém se escusa de cumprir a lei, alegando que não a conhece".

111 PONTES DE MIRANDA, Francisco Cavalcanti. *Tratado de direito privado*. São Paulo: Revista dos Tribunais, 2012. t. XXXVIII, p. 182.

112 MARTINS-COSTA, Judith. *A boa-fé no direito privado*: critérios para a sua aplicação. 2. ed. São Paulo: Saraiva, 2018. p. 485.

e pertinentes ao objeto da interpretação contratual, conjugando-os para obter um sentido.[113] A simples enunciação de palavras é insuficiente para conferir a plena normatividade a qualquer texto, inclusive o texto de um contrato. Desse modo, o processo interpretativo acaba sendo um caminho indispensável para atribuir sentido normativo a determinado negócio.[114] A interpretação é necessária para identificar quais os direitos, os deveres, os poderes, as sujeições, os ônus e as faculdades decorrentes de um contrato.

A interpretação contratual (ou seja, a interpretação de negócios jurídicos bilaterais com efeitos patrimoniais), enquanto subespécie de interpretação jurídica, tem por objetivo revelar o significado a ser atribuído à manifestação (ou manifestações) de vontade de que resultou o negócio jurídico.[115] Ou seja, a interpretação contratual consiste na interpretação jurídica das declarações de vontade, mediante processo de apuração do sentido jurídico-negocial conferido pelas partes.[116]

As palavras do contrato apresentarão força vinculante a partir da expectativa social (*verba ligant omines*), reconhecida pela ordem jurídica como necessidade de respeito ao que foi pactuado entre as partes, diante da fundamental estabilidade para o desenvolvimento das relações econômicas como um todo.[117] Quando as partes decidem ingressar em uma relação jurídica, não podem fazê-lo sem compromisso. O acordo entre os contratantes acerca do que pretendem na relação firmada estará permeado por consequências jurídicas.[118]

2. Finalidade prática da interpretação contratual

Negócios jurídicos são firmados com o objetivo pragmático de realizar determinada transformação no mundo dos fatos, criando, modificando ou extinguindo posições jurídicas preexistentes, bem como viabilizando a circulação de bens e serviços. Em outras palavras, um contrato resulta em transformações concretas e visíveis na vida cotidiana – só por meio dele é possível, por exemplo, o soerguimento de um empreendimento imobiliário, a compra de maquinários ou a formação de relações de emprego.

---

113 REI, Maria Raquel Aleixo Antunes. *Da interpretação da declaração negocial no direito civil português*. 2010. 476 p. Tese (Doutorado em Direito) – Faculdade de Direito, Universidade de Lisboa, Lisboa, 2010. p. 118.

114 GUASTINI, Riccardo. *Das fontes às normas*. Trad. Edson Bini. São Paulo: Quartier Latin, 2005. p. 23-24.

115 PONTES DE MIRANDA, Francisco Cavalcanti. *Tratado de direito privado*. São Paulo: Revista dos Tribunais, 2012. t. XXXVIII. p. 159.

116 REI, Maria Raquel Aleixo Antunes. *Da interpretação da declaração negocial no direito civil português*. 2010. 476 p. Tese (Doutorado em Direito) – Faculdade de Direito, Universidade de Lisboa, Lisboa, 2010. p. 7.

117 LAHR, Helena. Interpretação e qualificação dos negócios jurídicos. *Revista dos Tribunais*, v. 723, jan. 1996. p. 2.

118 LARENZ, Karl. *Metodologia da ciência do direito*. 3. ed. Trad. José Lamego. Lisboa: Fundação Calouste Gulbenkian, 1997. p. 421.

Por essa razão, a hermenêutica contratual não pode ser compreendida como atividade exclusivamente teórica. Ao contrário, a interpretação de um negócio jurídico sempre terá por norte uma *applicatio.*[119] Na interpretação contratual, há especificidades no que tange à compreensão, qualificação e aplicação, já que o contrato e as obrigações dele decorrentes são polarizados pelo adimplemento, tendo em vista a execução do pactuado.[120] Assim, a interpretação contratual necessariamente resultará em uma conclusão acerca do que foi manifestado pelas partes, à luz dos princípios estabelecidos, como a autonomia privada, a boa-fé objetiva e a confiança, e implicará um raciocínio de qualificação jurídica incidente sobre a declaração negocial e o exercício jurídico dos contratantes.[121]

Em maior ou menor medida, a interpretação também ocasionará uma intervenção externa na determinação dos efeitos do negócio jurídico.[122] Caberá, então, ao intérprete o papel de encontrar solução para o problema prático posto, dentro de uma teia possível de significados e respeitando as qualificações predispostas no ordenamento jurídico.[123] A procura pela vontade concreta das partes, a ser empreendida pelo intérprete, não poderá perder de vista o seu elemento prático, de encerrar o conflito e a divergência de sentidos preexistentes. Nesse processo, evidentemente finalístico, voltado a dar concretude ao que foi ajustado pelas partes, o contrato será, em primeiro lugar, um ato de autorregulamentação de interesses e, em segundo, um fato social propriamente dito, inclusive com o condão de tangenciar interesses de terceiros. Esse aspecto dúplice da relação contratual demandará do intérprete a consideração da efetiva realidade do contrato, ao realizar sua interpretação.[124]

Normalmente, a interpretação de um contrato tem como objetivo precípuo resolver um conflito existente entre as partes, mediante o estabelecimento de um sentido para o pacto firmado.[125] Desse modo, quando não há um consenso entre as partes a respeito

---

[119] MARTINS-COSTA, Judith. *A boa-fé no direito privado*: critérios para a sua aplicação. 2. ed. São Paulo: Saraiva, 2018. p. 487.

[120] MARTINS-COSTA, Judith. *A boa-fé no direito privado*: critérios para a sua aplicação. 2. ed. São Paulo: Saraiva, 2018. p. 488.

[121] MARTINS-COSTA, Judith. *A boa-fé no direito privado*: critérios para a sua aplicação. 2. ed. São Paulo: Saraiva, 2018. p. 488.

[122] GEDIEL, José Antônio Peres; CORRÊA, Adriana Espíndola. Interpretações – Art. 113 do Código Civil. In: MARQUES NETO; Floriano Peixoto; RODRIGUES JR., Otávio Luiz; LEONARDO, Rodrigo Xavier. *Comentários à Lei de Liberdade Econômica*: Lei 13.874/2019. São Paulo: Thomson Reuters Brasil, 2019. p. 328.

[123] MARTINS-COSTA, Judith. *A boa-fé no direito privado*: critérios para a sua aplicação. 2. ed. São Paulo: Saraiva, 2018. p. 488.

[124] MARTINS-COSTA, Judith. *A boa-fé no direito privado*: critérios para a sua aplicação. 2. ed. São Paulo: Saraiva, 2018. p. 562.

[125] GEDIEL, José Antônio Peres; CORRÊA, Adriana Espíndola. Interpretações – Art. 113 do Código Civil. In: MARQUES NETO; Floriano Peixoto; RODRIGUES JR., Otávio Luiz; LEONARDO, Rodrigo Xavier. *Comentários à Lei de Liberdade Econômica*: Lei 13.874/2019. São Paulo: Thomson Reuters Brasil, 2019. p. 328.

do significado de determinado aspecto de um contrato e o seu respectivo alcance, será necessário dar início ao processo técnico jurídico interpretativo para determinar o sentido do texto.[126] Assim, o caráter pragmático da interpretação dos negócios jurídicos é revelado pelo propósito específico de determinar o seu conteúdo pela atribuição de sentido às declarações negociais e ao comportamento dos seus figurantes.[127] Como resultado, via de regra, haverá superação da controvérsia e da ambiguidade, em prol da determinação da vontade comum, aferida a partir do contrato.[128]

A interpretação contratual não pode ser realizada sem balizas, sob pena de os contratantes ficarem vinculados a uma interpretação subjetiva de quem, de fora (isto é, sem ter participado da formação do contrato), analisa a relação jurídica. Nesse contexto, as palavras do contrato são tomadas apenas como a base do processo interpretativo. Como a linguagem literal não necessariamente reflete a verdadeira intenção das partes, e a sua leitura isolada pode levar a múltiplos entendimentos, a declaração de vontade, para ser adequadamente compreendida, precisará ser lida em conjunto com todos os outros elementos que circundam a relação contratual, conferindo caráter dinâmico ao processo interpretativo.[129]

3. Linguagem corrente, linguagem jurídica e linguagem contratual

A linguagem não é utilizada de modo homogêneo, mesmo dentro de um único idioma. Ao estabelecer previsões normativas, em geral, é recomendável aproximar ao máximo possível a linguagem técnica da linguagem corrente. A "linguagem corrente" é linguagem jurídica, pois os efeitos jurídicos são associados à utilização dessa "linguagem corrente".[130]

O Direito, bem como sua prática, é dotado de uma linguagem própria – por muitas vezes, inclusive, discordante em aspectos dentro do próprio grupo de operadores e aplicadores do direito[131] – que, em diversas ocasiões, não coincide com a linguagem corriqueira. É uma "lógica de raciocínio particular" cultivada por um "grupo de

---

126 MARTINS-COSTA, Judith. *A boa-fé no direito privado*: critérios para a sua aplicação. 2. ed. São Paulo: Saraiva, 2018. p. 488.

127 GEDIEL, José Antônio Peres; CORRÊA, Adriana Espíndola. Interpretações – Art. 113 do Código Civil. In: MARQUES NETO; Floriano Peixoto; RODRIGUES JR., Otávio Luiz; LEONARDO, Rodrigo Xavier. *Comentários à Lei de Liberdade Econômica*: Lei 13.874/2019. São Paulo: Thomson Reuters Brasil, 2019. p. 329-330.

128 GOMES, Fernando de Paula. Do contrato: interpretação e boa-fé. *Revista de Direito Privado*, v. 27, p. 96-142, jul.-set. 2006. p. 10.

129 BUENO, Cassio Scarpinella. Direito, interpretação e norma jurídica: uma aproximação musical do direito. *Revista de Processo*, v. 111, p. 223-242, jun.-set. 2003. p. 3-4.

130 REI, Maria Raquel Aleixo Antunes. *Da interpretação da declaração negocial no direito civil português*. 2010. 476 p. Tese (Doutorado em Direito) – Faculdade de Direito, Universidade de Lisboa, Lisboa, 2010. p. 24.

131 FERRAZ JR., Tércio Sampaio. *Direito, retórica e comunicação*: subsídios para uma pragmática do discurso jurídico. São Paulo: Saraiva, 1997, *passim*, com destaque para p. 168 e ss.

especialistas".[132] No momento em que fatos da vida social se tornam relevantes para o direito, são considerados fatos jurídicos, e a partir de então podem ser observados enquanto objeto da ciência jurídica e ter seu conceito deduzido e depurado.

As palavras dos textos jurídicos (leis, contratos e jurisprudência) e os conceitos jurídicos têm como destinatários da sua normatividade tanto juristas quanto não juristas. É dizer, as palavras dos textos jurídicos têm por objetivo abranger diversos fatos da vida social e das relações intersubjetivas.[133] Toda e qualquer pessoa precisa ter acesso ao mundo do direito e compreender as normas jurídicas.[134] Assim, os códigos mínimos que servem à interpretação necessitam ser compartilhados por todos os destinatários do ordenamento jurídico. Caso contrário, o hermetismo linguístico inviabilizaria a existência de previsibilidade, impossibilitando que as condutas sejam pautadas conforme o previsto pelas normas, caso estas fossem incompreensíveis.

Dessa forma, a linguagem jurídica há de ser percebida como um caso especial da linguagem corrente, não apresentando completo descolamento nem utilizando símbolos, signos ou códigos dissociados dela.[135] Por isso, a linguagem jurídica - mesmo sendo uma linguagem técnica - apoia-se na linguagem corrente, permitindo que quem entre em contato com o direito consiga pautar suas condutas mediante a compreensão dos termos da linguagem jurídica.[136] Há, assim, mera relação de especialidade entre a linguagem corrente e a linguagem jurídica.

Essa mesma relação de especialidade é transportada para a linguagem do contrato. Não há a fixação legal de fórmula única para a declaração negocial, até porque grande parte dessas declarações é feita por não juristas.[137] O texto jurídico do contrato pode ser escrito tanto a partir da linguagem corrente quanto por meio de linguagem especializada, contendo expressões, definições e termos técnicos. Ou seja, o fato de a declaração negocial dar origem a efeitos jurídicos não obriga o declarante a se expressar

---

[132] BLOCH, Marc. *Apologia da história ou o ofício do historiador*. Trad. André Telles. Rio de Janeiro: Jorge Zahar Editor, 2002. p. 131.

[133] REI, Maria Raquel Aleixo Antunes. *Da interpretação da declaração negocial no direito civil português*. 2010. 476 p. Tese (Doutorado em Direito) – Faculdade de Direito, Universidade de Lisboa, Lisboa, 2010. p. 24.

[134] "O legislador serve-se da linguagem corrente porque e na medida em que se dirige ao cidadão e deseja ser entendido por ele. Para além disso, serve-se em grande escala de uma linguagem técnico-jurídica especial, na qual ele se pode expressar com mais precisão, e cujo uso o dispensa de muitos esclarecimentos circunstanciais" (LARENZ, Karl. *Metodologia da ciência do direito*. 3. ed. Trad. José Lamego. Lisboa: Fundação Calouste Gulbenkian, 1997. p. 451).

[135] LARENZ, Karl. *Metodologia da ciência do direito*. 3. ed. Trad. José Lamego. Lisboa: Fundação Calouste Gulbenkian, 1997. p. 451.

[136] LARENZ, Karl. *Metodologia da ciência do direito*. 3. ed. Trad. José Lamego. Lisboa: Fundação Calouste Gulbenkian, 1997. p. 451.

[137] REI, Maria Raquel Aleixo Antunes. *Da interpretação da declaração negocial no direito civil português*. 2010. 476 p. Tese (Doutorado em Direito) – Faculdade de Direito, Universidade de Lisboa, Lisboa, 2010. p. 118.

exclusivamente mediante a linguagem técnica, de caráter jurídico.[138] A inexistência de padrão prefixado contribui para a problematização da interpretação contratual, que apresenta uma profusão de sentidos, típica da riqueza expressiva da linguagem e do seu potencial de adequação a cada situação.[139]

Não seria adequado impor o emprego de lógica rígida, ou tratar o direito como uma ciência natural, em que é mais factível estabelecer conceitos rigorosamente fixados.[140] Ao revés, a linguagem jurídica – até pela dissociação existente entre a produção de textos jurídicos e a vida em sociedade – precisa se valer de temas mais flexíveis, cujo significado seja passível de oscilação dentro de determinada banda, a depender das circunstâncias, da relação objetiva e do contexto do discurso.[141] No entanto, é necessário estabelecer regras de prevalência e de preferência de sentido para analisar textos jurídicos.

Como a linguagem corrente é o gênero ao qual a linguagem jurídica pertence, é preciso pressupor que, dentro de um contexto legal, a redação pretendeu dar preferência à linguagem técnica.[142] Os termos que obtiveram, na linguagem jurídica, um significado específico (resolução, resilição, crédito, nulidade, anulabilidade, negócio jurídico, condição, arbitragem) pressupõem a adoção desse sentido especial, o que contribui para eliminar variantes de significado do uso linguístico geral e o círculo dos vários possíveis significados não jurídicos ao longo do processo interpretativo.[143] O princípio deve ser tomar a classificação técnica dos termos jurídicos.[144]

No entanto, a pressuposição de que o termo foi aplicado efetivamente em sentido técnico é relativa. É tarefa da interpretação estabelecer a intenção comum concreta, o que demanda, por vezes, reconhecer que um certo conceito foi empregado de modo inadequado na redação de um contrato (por exemplo, trocando-se resolução por rescisão ou resilição, todas formas de extinção do contrato, mas que operam de maneiras distintas umas das outras). Portanto, o que se pode é pressupor a prevalência da linguagem jurídica (e que as partes, ao se expressarem mediante termos técnicos, efetivamente pretenderam obter os efeitos jurídicos que lhe são tipicamente associados). Mas, quando se constatar que o contrato se desviou do sentido jurídico

---

138 REI, Maria Raquel Aleixo Antunes. *Da interpretação da declaração negocial no direito civil português*. 2010. 476 p. Tese (Doutorado em Direito) – Faculdade de Direito, Universidade de Lisboa, Lisboa, 2010. p. 23.

139 LARENZ, Karl. *Metodologia da ciência do direito*. 3. ed. Trad. José Lamego. Lisboa: Fundação Calouste Gulbenkian, 1997. p. 283.

140 LARENZ, Karl. *Metodologia da ciência do direito*. 3. ed. Trad. José Lamego. Lisboa: Fundação Calouste Gulbenkian, 1997. p. 439.

141 LARENZ, Karl. *Metodologia da ciência do direito*. 3. ed. Trad. José Lamego. Lisboa: Fundação Calouste Gulbenkian, 1997. p. 439.

142 PONTES DE MIRANDA, Francisco Cavalcanti. *Tratado de direito privado*. São Paulo: Revista dos Tribunais, 2012. t. III, p. 419.

143 LARENZ, Karl. *Metodologia da ciência do direito*. 3. ed. Trad. José Lamego. Lisboa: Fundação Calouste Gulbenkian, 1997. p. 452.

144 PONTES DE MIRANDA, Francisco Cavalcanti. *Tratado de direito privado*. São Paulo: Revista dos Tribunais, 2012. t. III, p. 419.

de um determinado termo, cabe voltar ao ponto de vista da análise, tendo em conta o uso linguístico geral.[145]

Uma primeira particularidade da linguagem contratual decorre dos usos, costumes e práticas. É possível que surja uma linguagem técnica especializada, usada especificamente dentro de determinado setor econômico ou da sociedade – por exemplo, em contratos de construção ou de seguro, ou no contexto de transações que envolvam tecnologia.[146] Esses termos que apresentam conotação própria dentro do contexto concreto dos agentes negociais devem ser considerados pelo intérprete, a fim de atribuir o sentido correto.[147]

Essa situação traz especiais dificuldades para a interpretação quando há divergência entre a previsão de determinado termo pelos contratantes de um setor e o sentido propriamente jurídico do termo. Por exemplo, um contrato de compra e venda internacional de drones, firmado por contratantes de países signatários da Convenção das Nações Unidas para a Venda Internacional de Mercadorias (CISG), em que as partes se referem aos drones como "aeronaves". A situação pode trazer problema de determinação da lei aplicável, já que a CISG exclui do seu escopo de incidência a compra e venda de aeronaves.[148] No entanto, não necessariamente drones são considerados aeronaves nos termos da CISG. Essa divergência entre o sentido de mercado de uma palavra (no exemplo, "aeronaves") e o sentido técnico-jurídico pode trazer dificuldades concretas para o processo interpretativo, com consequências relevantes – como a determinação da lei aplicável ao contrato ou a incidência de certo regime jurídico.

Uma segunda peculiaridade da linguagem contratual é a possibilidade de determinação, de antemão, do significado de certos termos constantes do contrato. Por força do art. 113, § 2º, do Código Civil,[149] é lícito que as partes criem regras de interpretação, o que inclui a possibilidade de pactuação acerca do sentido de determinado termo inserto

---

145 LARENZ, Karl. *Metodologia da ciência do direito*. 3. ed. Trad. José Lamego. Lisboa: Fundação Calouste Gulbenkian, 1997. p. 453.

146 MARTINS-COSTA, Judith. *A boa-fé no direito privado*: critérios para a sua aplicação. 2. ed. São Paulo: Saraiva, 2018. p. 492.

147 "A interpretação negocial, nesse inciso, mobiliza termos carregados de sentido a serem determinados pelo intérprete que deverá fixar o que significa razoável em determinada negociação, ou qual a racionalidade econômica dos participantes do negócio, pressupondo ainda, que participem de um mesmo ambiente empresarial e social, sem esquecer que esses critérios interpretativos se dirigem ao intérprete que, na maioria das vezes, é um agente público estatal" (GEDIEL, José Antônio Peres; CORRÊA, Adriana Espíndola. Interpretações – Art. 113 do Código Civil. In: MARQUES NETO; Floriano Peixoto; RODRIGUES JR., Otávio Luiz; LEONARDO, Rodrigo Xavier. *Comentários à Lei de Liberdade Econômica*: Lei 13.874/2019. São Paulo: Thomson Reuters Brasil, 2019. p. 355).

148 CISG: "Artigo 2 (e): Esta Convenção não se aplicará às vendas: (e) de navios, embarcações, aerobarcos e aeronaves".

149 Código Civil: "Art. 113. Os negócios jurídicos devem ser interpretados conforme a boa-fé e os usos do lugar de sua celebração. (...) § 2º As partes poderão livremente pactuar regras de interpretação, de preenchimento de lacunas e de integração dos negócios jurídicos diversas daquelas previstas em lei".

no contrato. O expediente tem utilidade prática considerável, já que permite que seja feita previamente a indicação de sentido sobre termos que podem se mostrar, posteriormente, controversos. Por meio de tais definições, é possível ocorrer o alargamento ou a restrição de certos conceitos da linguagem corrente ou da linguagem jurídica - por exemplo, fixar o que significa "dano" à luz de determinado contrato, o sentido de "bens" e "serviços" para fins de verificação das prestações, entre outros.

Em suma, a linguagem contratual é o resultado de uma especificação da linguagem jurídica que, por sua vez, é parte integrante da linguagem corrente. A linguagem jurídica apresenta palavras com sentido próprio, que pode ser diferente do sentido que a expressão possui quando usada corriqueiramente. Por essa razão, em contextos jurídicos, é possível pressupor que a palavra está sendo aplicada conforme o seu sentido técnico. No entanto, circunstâncias concretas podem permitir conclusão em sentido contrário, e mostrar que - na verdade - o termo foi empregado conforme a sua acepção corriqueira. Ao contratar, as partes recebem tanto a influência da linguagem do mercado em que estão inseridas quanto têm a faculdade de estabelecer o sentido de determinados termos relevantes para o processo de contratação.

4. Paradigma atual da interpretação contratual

A compreensão da teoria da interpretação foi revolucionada em relação à sua formulação original.[150] A compreensão do direito contemporâneo tem suas raízes nos séculos XVIII e XIX, período em que ocorreu a formulação dos conceitos teóricos que posteriormente serviriam de base para a estruturação do direito tal como é conhecido hoje. Notadamente, os estudos desenvolvidos na França e na Alemanha foram os mais influentes para a estruturação do direito, na tradição de *civil law*.

O ano de 1804 é um marco na França por conta da promulgação do Código Napoleônico. Esse período, conhecido como "positivismo voluntarista", marca a compreensão da teórica básica que se espalhou em boa parte da Europa, a partir da difusão do *Code Napoléon* ao longo da expansão francesa, deixando marcas indeléveis no desenvolvimento jurídico de diversos países.

O espírito do Código Napoleônico é marcado pelo primado da igualdade formal e da liberdade individual, contrastando com o *Ancien Régime*, no qual predominava uma sociedade estratificada, com privilégios especiais destinados a determinadas camadas sociais. Firmou-se explicitamente a liberdade contratual, equalizando os cidadãos como "sujeitos de direito" e reconhecendo a capacidade de adentrar em relações jurídicas, a partir da vontade privada. Então, o contrato passou a ser visto como "lei" entre as partes.

A concepção de direito vigente à época, na França, colocava em primazia o princípio da legalidade. A lei passou a ser a fonte de direito por excelência. A primazia legislativa esteve vinculada à desconfiança existente em relação ao Judiciário, já que

[150] Para analisar essa evolução, ver: MORAES, Maria Celina Bodin de. Do juiz boca-da-lei da lei segundo a boca-do-juiz: notas sobre a aplicação-interpretação do direito no início do século XXI. *Revista de Direito Privado*, v. 56, p. 11-30, out.-dez. 2013. p. 3-4.

os juízes franceses, no período pré-revolucionário, agiam como *longa manus* do poder da monarquia. Com a derrocada da aristocracia francesa, acentuou-se a desconfiança existente em relação aos juízes, percebidos como conservadores do estado de coisas anterior à Revolução.

Esse contexto cultural mostrou-se propício ao desenvolvimento teórico, no sentido de limitar ao máximo os poderes dos juízes, que deveriam agir apenas como "a boca da lei". Não cabia aos juízes criar direito. Esse ambiente teórico, extremamente avesso à interpretação, prezava pela literalidade, reforçando o papel da *verbis*. Dessa visão das relações privadas, e da sacramentalização dos contratos, transportou-se para a teoria da interpretação contratual os primados aplicáveis à interpretação da lei. Tanto a lei quanto os contratos, por consequência, não deveriam ser "interpretados". Caberia somente a revelação de um sentido imanente e preexistente.

Tal metodologia foi encampada pela chamada "escola da exegese", que pugnava, em termos teóricos, pela interpretação em termos literais e mecanicistas. O intérprete deveria ser passivo, sem poderes criativos, desvelando a verdade subjacente ao texto da lei ou do contrato. Portanto, a interpretação não criava, apenas declarava. O sentido não era construído pelo intérprete, era imanente ao texto interpretado.

Na Alemanha, ao revés, o processo de unificação foi tardio, ocorrido apenas na segunda metade do século XIX. Os juristas da época pretenderam buscar, nas raízes históricas alemãs, as bases para a construção do seu direito civil, que deveria corresponder ao "espírito popular" (*Volksgeist*). O movimento pandectista lançou mão de conceitos de matriz kantiana, pretendendo a construção de um sistema de direito baseado na cultura, tradição e manifestações de pensamento originais do povo alemão. Essa "Escola Histórica" também procurou limitar os poderes dos julgadores. O artifício proposto foi o dogma da subsunção – pugnando pela aplicação do direito por meio do raciocínio silogístico. Ou seja, o direito deveria ser aplicado de modo mecanicista, operação essa decorrente de raciocínios lógicos.

De modo geral, é possível dizer que seriam cinco as características mais marcantes da teoria da interpretação contratual na virada do século XIX para o século XX:

> (i) intangibilidade do contrato – os contratos eram celebrados pelas partes e faziam lei privada, não cabendo ao intérprete modificar o contrato livremente ajustado pelas partes;
> (ii) imanência de sentido do contrato – os contratos carregavam no seu texto a totalidade de sentido, devendo o intérprete somente declarar o sentido preexistente e materializado no instrumento contratual, com a normatividade do contrato insculpida nos seus próprios termos, bastando ser revelada;
> (iii) apreço pela literalidade – o método gramatical era o meio por excelência do qual o processo de interpretação deveria lançar mão, especialmente conforme a vertente do positivismo exegético. Considerava-se que o apego às palavras do contrato seria a melhor forma de render homenagem ao espírito livre e igual dos contratantes, que pelo encontro de vontades firmaram a avença;

(iv) *in claris cessat interpretatio* – a interpretação deveria ser atividade residual, cabendo apenas em casos de omissão, obscuridade ou ambiguidade. A interpretação somente era necessária diante de alguma patologia, quando o sentido imanente e preexistente do contrato não pudesse ser de plano revelado/declarado;
(v) prevalência do silogismo – como o sentido do contrato era predeterminado, cabendo ao intérprete apenas revelá-lo, esse sentido era entendido como a premissa maior de um silogismo. Os fatos concretos seriam a premissa menor, a serem enquadrados na premissa maior. Do encontro dessas premissas, o intérprete chegava à conclusão e afirmava qual era a conduta a ser tomada no caso concreto. O intérprete apenas seria a "boca do contrato", aplicando a normativa preexistente e criada pelas partes no caso concreto.

Todas essas cinco premissas foram completamente reformuladas a partir dos desenvolvimentos teóricos obtidos ao longo do século XX. A teoria da interpretação contratual moldou-se com as seguintes características:

(i) abertura valorativa do contrato – o contrato deixou de ser percebido exclusivamente como um tótem da vontade privada dos contratantes. Ao lado dos princípios contratuais clássicos da autonomia privada, da relatividade contratual e do *pacta sunt servanda*, convivem modernamente os princípios da boa-fé objetiva e da função social do contrato. A deferência da teoria contratual moderna a tais princípios revela uma abertura a valores socialmente relevantes, que passam a integrar e a pautar a interpretação do contrato;
(ii) distinção entre texto e norma – a teoria da interpretação, a partir do giro linguístico, passou a distinguir o texto da norma jurídica. Assim, a norma é produto da interpretação, e não uma realidade imanente e preexistente que deve ser revelada somente pelo intérprete. Atualmente, é indispensável reconhecer que a interpretação contratual passa a ser processo que condiciona a juridicidade do contrato. Sempre haverá de ter interpretação, pois as palavras não falam por si, e somente adquirem sentido normativo por meio da interpretação. Assim sendo, a interpretação contratual deixa de ser percebida como um processo contingencial, ou como fruto de uma vicissitude linguística que, porventura, acomete o contrato. Ao contrário, o processo interpretativo deve ser trilhado como *conditio sine qua non* à produção da normatividade decorrente das relações contratuais;
(iii) conjugação entre texto e contexto – o texto do contrato deixa de ser o único objeto a ser analisado pelo intérprete. Como o sentido não é mais percebido como característica imanente ao texto, passa a ser necessário ler o texto de modo contextual, conjugando-o com a realidade circundante do contrato. Assim, elementos externos ao instrumento do contrato e à literalidade crua do texto contratual adquirem relevância hermenêutica e passam a integrar a normatividade do contrato;
(iv) indispensabilidade da interpretação – o brocardo *in claris cessat interpretatio* teve de ser completamente ressignificado. A clareza somente pode ser vista como *posterius*, como resultado do processo interpretativo – e não como um limite. Diante da separação entre texto e sentido, a interpretação passou a ser percebida como característica inerente à aplicação do direito. Não há enunciado ou contrato que não tenha de ser interpretado;

(v) sincretismo interpretativo – o silogismo jurídico perdeu o espaço de centralidade que ocupava na teoria da interpretação.[151] A hermenêutica passou a ser encarada como muito mais rica e complexa do que um simples processo subjuntivo, demandando um processo dialético entre fatos e normas. Assim, a interpretação passa necessariamente a ser um processo sincrético, congregando diferentes cânones, regras hermenêuticas, princípios, circunstâncias fáticas e fontes diversas. Todas essas circunstâncias conduziram à perda de espaço do método silogístico, conduzindo o processo interpretativo a verdadeiro sincretismo metodológico.

O raciocínio jurídico interpretativo passou a ser percebido como muito mais complexo do que simplesmente promover o enquadramento entre uma premissa maior e uma premissa menor. A teoria da interpretação contratual contemporânea não mais admite a simplificação proposta pelo método silogístico. O enunciado normativo não contém a norma, pois a norma passa a ser vista como o enunciado interpretado. Os textos normativos conferem somente o ponto de partida. A lógica subsuntiva fecha os olhos para a riqueza fática e normativa que circunda a interpretação do direito.

Tanto o conjunto fático quanto o conjunto normativo são dotados de complexidade. Em relação aos fatos, há situações sociais e contratuais novas, que demandam a integração de circunstâncias de natureza variada, congregando realidades heterogêneas. Em relação às normas, o direito contratual passou a estar sujeito à observância de fontes diversas, especialmente após a perda de centralidade do Código Civil para a Constituição e a propagação de microssistemas normativos. A elaboração de *soft laws*, o reconhecimento de normatividade dos precedentes em matéria contratual e o papel atribuído aos usos, aos costumes e às práticas, além da força normativa da boa-fé objetiva e da função social do contrato, configuram uma constelação de fontes relevantes ao direito contratual.

5. Atividades associadas ao processo de interpretação contratual

O processo de interpretação dos atos jurídicos – o que inclui os negócios jurídicos – ocorre mediante uma sequência de operações que, concatenadas, conduzem à compreensão e atribuição de sentido ao objeto interpretado. Esse processo permite investigar os atos dos sujeitos de direito, como entram no mundo jurídico e quais efeitos são produzidos.[152]

---

151 "Revela-se, assim, inconsistente o mecanismo da subsunção, que erroneamente postula a precedência lógica e cronológica da interpretação em relação à qualificação: uma e outra são aspectos de um processo cognitivo unitário voltado a individuar a normativa a ser aplicada. Apesar de a norma constitucional aparentemente ser utilizada como instrumento hermenêutico de um enunciado ordinário, na realidade ela se torna parte integrante da própria normativa destinada a regular a concreta relação. A expressão 'releitura', usada a propósito, não exprime uma subsidiária atividade interpretativa de normas e princípios de natureza ordinária e não se exaure na interpretação constitucional do objeto 'norma'" (PERLINGIERI, Pietro. *O direito civil na legalidade constitucional*. Trad. Maria Cristina de Cicco. Rio de Janeiro: Renovar, 2008. p. 579).

152 PONTES DE MIRANDA, Francisco Cavalcanti. *Tratado de direito privado*. São Paulo: Revista dos Tribunais, 2012. t. III, p. 411.

O processo interpretativo não estará completo apenas com a descoberta do conteúdo do contrato. De fato, essa é a missão principal da interpretação, mas o ato de interpretar não se resume a atribuir sentido às palavras. A interpretação contratual se associa com outras três atividades: (i) a qualificação jurídica; (ii) a valoração dos fatos relevantes associados à relação contratual; e (iii) a apreciação da juridicidade. Essas atividades complementam o processo de interpretação, apresentando vínculo indissociável, embora não possam ser confundidas em um sentido mais estrito.[153]

A qualificação jurídica é elemento essencial da prática do jurista, e pode ser compreendida como a subsunção de elementos da vida concreta aos seus respectivos suportes fáticos, abstratamente previstos, com o objetivo de determinar os efeitos jurídicos.[154] Portanto, o processo de qualificação é de suma importância, pois, a partir da qualificação, pode ocorrer a atração da incidência de normas específicas. Por exemplo, qualificar um contrato como sendo firmado por adesão tem o impacto de atrair o regime hermenêutico especial, referente à interpretação pró-aderente (art. 424 do CC)[155], e o regime de forma especial da cláusula compromissória (art. 4º, § 2º, da Lei de Arbitragem).[156]

A análise de juridicidade, por sua vez, corresponde ao processo de confrontar o conteúdo do contrato com as normas do ordenamento jurídico, verificando se há ou não vício que impeça a produção dos efeitos que foram pactuados. Mediante a interpretação, também ocorre a confrontação do contrato com a lei, questionando se os pressupostos legalmente exigidos para a conclusão válida de um contrato foram devidamente observados e se o conteúdo obrigacional resultante não implica infringência às regras legais cogentes.[157] A apreciação da juridicidade demanda o confronto do negócio jurídico nos planos da existência, da validade e da eficácia.[158]

Pontes de Miranda distingue o processo de interpretação em três fases, afirmando que o primeiro enunciado implícito a ser analisado diz respeito à existência do negócio,

---

153 GEDIEL, José Antônio Peres; CORRÊA, Adriana Espíndola. Interpretações – Art. 113 do Código Civil. In: MARQUES NETO; Floriano Peixoto; RODRIGUES JR., Otávio Luiz; LEONARDO, Rodrigo Xavier. *Comentários à Lei de Liberdade Econômica*: Lei 13.874/2019. São Paulo: Thomson Reuters Brasil, 2019. p. 331.

154 MARTINS-COSTA, Judith. *A boa-fé no direito privado*: critérios para a sua aplicação. 2. ed. São Paulo: Saraiva, 2018. p. 486.

155 Código Civil: "Art. 424. Nos contratos de adesão, são nulas as cláusulas que estipulem a renúncia antecipada do aderente a direito resultante da natureza do negócio".

156 Lei de Arbitragem: "Art. 4º (...) § 2º Nos contratos de adesão, a cláusula compromissória só terá eficácia se o aderente tomar a iniciativa de instituir a arbitragem ou concordar, expressamente, com a sua instituição, desde que por escrito em documento anexo ou em negrito, com a assinatura ou visto especialmente para essa cláusula".

157 LARENZ, Karl. *Metodologia da ciência do direito*. 3. ed. Trad. José Lamego. Lisboa: Fundação Calouste Gulbenkian, 1997. p. 272-273.

158 GEDIEL, José Antônio Peres; CORRÊA, Adriana Espíndola. Interpretações – Art. 113 do Código Civil. In: MARQUES NETO; Floriano Peixoto; RODRIGUES JR., Otávio Luiz; LEONARDO, Rodrigo Xavier. *Comentários à Lei de Liberdade Econômica*: Lei 13.874/2019. São Paulo: Thomson Reuters Brasil, 2019. p. 331.

depois à validade e, por fim, à eficácia. Entende também que, para fazer o cotejo do negócio nos três planos, é necessário partir do exame do fato posto para saber se há negócio jurídico e qual a sua lei de regência.[159] Nesse sentido, Pontes de Miranda propõe que a apreciação da juridicidade é *prius* do processo interpretativo.[160]

No entanto, considerando as evoluções da teoria da interpretação do negócio jurídico, a apreciação da juridicidade nos planos da existência, validade e eficácia não é processo que ocorre anteriormente à interpretação, mas de modo concomitante. Somente a partir do processo de atribuição de sentido subjacente à interpretação é possível analisar em que medida houve, ou não, a própria formação do contrato (plano da existência), se as obrigações decorrentes são válidas ou inválidas (plano da validade) e quais são os efeitos produzidos (plano da eficácia), tendo como ponto de partida o próprio contrato.

Isto é, a determinação do conteúdo global do contrato, tendo em vista a produção de efeitos válida e eficaz, ocorre de forma concomitante com o processo interpretativo. Assim, embora com escopos diferentes, a análise de juridicidade ocorre ao mesmo tempo que se determina o sentido global do negócio jurídico. A partir daí, é possível averiguar se o contrato é apto a produzir modificações concretas na órbita jurídica (se é eficaz ou se tem eficácia protraída ou condicionada). Essa análise não pode ser feita de modo apriorístico, razão pela qual a apreciação da juridicidade, na verdade, ocorre concomitantemente com a interpretação.[161]

---

159 "Quando se interpreta o negócio jurídico, necessariamente se declara o ato volitivo e se procuram os seus limites e o seu conteúdo. O primeiro enunciado implícito é o da existência do negócio; portanto, do suporte fáctico a que correspondem regras jurídicas sôbre negócios jurídicos. Depois, é o da sua validade. Finalmente, o da sua eficácia. Para se chegar às conclusões, tem-se de partir do exame do negócio para se saber se se fêz negócio jurídico, mas, para isso, se tem de dizer qual a lei que o rege, mesmo porque tal lei é a que rege a própria interpretação do negócio jurídico (ERNST ZITELMANN, Internatiónales Privatrecht, II, 214 s.). Tem-se, portanto, de distinguir da interpretação do negócio a apreciação da sua juridicidade (existência, validade, eficácia). Por outro lado, interpretando-se, vem-se a saber que incidiram regras jurídicas cogentes e regras jurídicas dispositivas; mas à própria interpretação dos negócios jurídicos a lei impõe regras jurídicas interpretativas" (PONTES DE MIRANDA, Francisco Cavalcanti. *Tratado de direito privado*. São Paulo: Revista dos Tribunais, 2012. t. XXXVIII, p. 160).

160 GEDIEL, José Antônio Peres; CORRÊA, Adriana Espíndola. Interpretações – Art. 113 do Código Civil. In: MARQUES NETO; Floriano Peixoto; RODRIGUES JR., Otávio Luiz; LEONARDO, Rodrigo Xavier. *Comentários à Lei de Liberdade Econômica*: Lei 13.874/2019. São Paulo: Thomson Reuters Brasil, 2019. p. 331.

161 "Mas aquilo que nestes eventos pode ser juridicamente relevante é, antes de tudo, o sentido intencionado pelas partes: as partes expressam que com isto se 'vinculam" ao que foi acordado, que querem fazê-lo valer. A questão de se as declarações têm esse sentido é para o jurista uma questão de interpretação de tais declarações. Se a resposta é afirmativa e determinou assim, mediante a 'interpretação', o que é que as partes mais em pormenor vieram a acordar, então o jurista também confronta logo o contrato com a lei, indagando se os pressupostos legalmente exigidos para a conclusão válida de um contrato (por exemplo, capacidade negocial, requisitos de forma) são observados e se o conteúdo não infringe as exigências legais. Trata-se de novo, por um lado, do sentido interpretado do evento; por outro lado, do sentido de determinadas normas que lhe são aplicáveis; e, finalmente, se o evento assim

Por fim, a interpretação também abrange problemas de relevância e de valoração de fatos.[162] Há uma multiplicidade de eventos perceptíveis, como manifestações verbais e escritas, que podem ser objeto de prova pelas partes e que poderão auxiliar na identificação da intenção comum das partes.[163] Todo evento (fato bruto) apresenta um sentido socialmente apreensível e de natureza pré-jurídica. Tendo em vista o *iter* contratual, ocorre uma série de fatos que poderão apresentar significado jurídico diante do conteúdo obrigacional ajustado. Para todos esses fatos, é necessário promover um juízo inicial de valoração, a fim de verificar seu grau de pertinência em relação a determinada relação jurídica e, na sequência, determinar os possíveis impactos diante da realidade normativa posta.

Em síntese, o processo de interpretação contratual, de fato, procura revelar o conteúdo global do contrato e promover a singularização da relação jurídica ajustada de modo abstrato, determinando concretamente quais as consequências normativas efetivamente derivadas. No entanto, o *iter* interpretativo não estará completo apenas com esse processo, que busca – antes de mais nada – encontrar a intenção comum das partes.

Outras perguntas serão respondidas em conjunto com a intenção comum das partes e o conteúdo global do contrato. São elas:[164] (i) qual é a natureza jurídica (qualificação do pactuado); (ii) quais são os fatos pertinentes à relação contratual (juízo de relevância e valoração); (iii) se o ajuste está ou não em conformidade com o ordenamento jurídico (análise de juridicidade); e (iv) qual o comportamento concreto a ser adotado por cada um dos contratantes (singularização).

---

considerado é conforme à norma. E assim, mesmo quando os eventos do mundo exterior levam a colocar uma questão jurídica, trata-se sempre em definitivo do seu sentido jurídico" (LARENZ, Karl. *Metodologia da ciência do direito*. 3. ed. Trad. José Lamego. Lisboa: Fundação Calouste Gulbenkian, 1997. p. 272-273).

162 "Interpretar não se limita, portanto, a 'atribuir sentido' a um texto, determinando o seu alcance, embora aí esteja o núcleo da atividade hermenêutica. Abrange, por igual, 'problemas de relevância, de qualificação, de valoração [dos fatos] e de prova', isto é, envolve aspectos axiológicos e metodológicos" (MARTINS-COSTA, Judith. *A boa-fé no direito privado*: critérios para a sua aplicação. 2. ed. São Paulo: Saraiva, 2018. p. 486).

163 LARENZ, Karl. *Metodologia da ciência do direito*. 3. ed. Trad. José Lamego. Lisboa: Fundação Calouste Gulbenkian, 1997. p. 272-273.

164 "Se não houver consenso sobre a significação e o alcance do conteúdo de um contrato, isto é, se o sentido do texto contratual apresentar-se problemático, há de ser iniciado um processo técnico-jurídico de determinação do significado do texto contratual. Este é o primeiro passo do iter interpretativo, pois dele depende a própria qualificação da previsão normativa expressa no contrato, bem como a qualificação dos atos ou fatos componentes do contexto normativo e, consequentemente, a produção da norma para o caso. Esta responderá às questões de saber: qual a intenção consubstanciada no acordo? O ajustado está de acordo com o Ordenamento jurídico? Em vista do acordado, como as partes deveriam ter se comportado? A quais deveres e obrigações estavam adstritas, e quais não foram observados, e por quais razões?" (MARTINS-COSTA, Judith. *A boa-fé no direito privado*: critérios para a sua aplicação. 2. ed. São Paulo: Saraiva, 2018. p. 488).

6. Dificuldades da interpretação contratual

O direito, enquanto produto da linguagem, traz consigo desafios relevantes para a interpretação. Por essa razão, uma miríade de dificuldades típicas do processo de interpretação passa a ser automaticamente transplantada para o campo jurídico, especialmente: ausência de clareza e obscuridade, ambiguidades, contradições, omissões e a própria passagem do tempo.

A clareza ou obscuridade de um texto é uma característica que nem sempre é percebida *prima facie*. No entanto, quando o intérprete se depara com uma situação-problema concreta, torna-se mais evidente que a disciplina prefixada pode não ter sido tão clara quanto se poderia pensar inicialmente.[165] Em casos concretos, há várias hipóteses em que as declarações dos contratantes originam dúvidas – seja pela ausência de sentido unívoco para as cláusulas pactuadas, seja pela possibilidade de se extrair sentidos diferentes.[166]

Ao revés, quando o texto do contrato se mostra claro, ocorre a diminuição da incerteza sobre o seu significado, reduzindo (mas sem eliminar) o papel da hermenêutica contratual da identificação da intenção comum das partes. A assunção de riscos, inclusive os jurídicos, integra a atividade empresarial e a parte assume o risco de não ter se expressado melhor.[167]

A ambiguidade dos textos é outro elemento linguístico que justifica a necessidade de interpretação.[168] Ela ocorre quando a linguagem dos contratantes não exprime um significado perceptível de imediato ou demonstra ter mais de um significado possível.[169] Desse modo, a ambiguidade nos contratos pode ser (i) intrínseca (quando inerente à linguagem); ou (ii) extrínseca (quando resultado do confronto da linguagem com a declaração negocial e circunstâncias relevantes).[170]

---

165 "Por último, o terceiro argumento afigura-se mais favorável a uma acepção ampla de interpretação. E justamente em virtude do fato de um mesmo texto poder ser tido como claro ou obscuro, dependendo da situação concreta de comunicação, que se considera que a noção de clareza pressupõe a prévia interpretação do texto "claro". Ademais, julga-se difícil e até mesmo ilusório distinguir situações de clareza e de dúvida. Há diferentes graus de dúvida. Como lembra Betti, há as dúvidas mais simples, que se resolvem por meio da interpretação filológica, e as dúvidas que requerem uma interpretação crítica" (MARINO, Francisco Paulo De Crescenzo. *Interpretação do negócio jurídico*. São Paulo: Saraiva, 2011. p. 69).

166 THEODORO JR., Humberto. Contrato. Interpretação. Princípio da boa-fé. Teoria do ato próprio ou da vedação do comportamento contraditório. *Revista de Direito Privado*, v. 38, p. 149-175, abr.-jun. 2009. p. 2.

167 FORGIONI, Paula A. *Contratos empresariais*: teoria geral e aplicação. 7. ed. São Paulo: Thomson Reuters Brasil, 2022. p. 76.

168 GOMES, Fernando de Paula. Do contrato: interpretação e boa-fé. *Revista de Direito Privado*, v. 27, p. 96-142, jul.-set. 2006. p. 10-11.

169 THEODORO JR., Humberto. Contrato. Interpretação. Princípio da boa-fé. Teoria do ato próprio ou da vedaçao do comportamento contraditório. *Revista de Direito Privado*, v. 38, p. 149-175, abr.-jun. 2009. p. 3.

170 MARINO, Francisco Paulo De Crescenzo. *Interpretação do negócio jurídico*. São Paulo: Saraiva, 2011. p. 177.

Portanto, a ambiguidade nos contratos não é fruto apenas das escolhas de vocábulos e estruturas frasais utilizadas pelos contratantes, mas também de incongruências entre o sentido literal do contrato e o contexto em que a pactuação ocorreu, bem como do confronto com outros elementos relevantes para a hermenêutica negocial. A existência de redação dúbia ou ambígua, proposital ou não, dá ensejo a riscos para as partes.

É importante ressaltar que a ambiguidade nem sempre é uma deficiência do contrato, podendo ser – inclusive – condição para a sua existência negocial. Em certos tipos de negociações, quando as partes estão de acordo com aspectos macroscópicos de uma operação, é possível que encontrem dificuldades em acertar aspectos secundários para permitir o pronto fechamento da transação. Nesses contextos, as partes podem preferir acordar uma redação contratual naturalmente ambígua, que não delimite de forma clara determinadas prestações, mas que represente o melhor acerto possível dentro daquele contexto negocial. Por certo, as partes assumem o risco de postergar a discussão sobre o significado de determinada cláusula ou expressão, podendo resultar em litígio futuro, considerando eventuais dificuldades no momento da execução da avença.[171]

As contradições, incongruências e inconsistências são vicissitudes linguísticas que se mostram presentes especialmente diante de situações de maior grau de complexidade.[172] Em termos estritos, a contradição implica a impossibilidade de convivência simultânea de duas proposições, isto é, que implicam duas soluções jurídicas que se excluem mutuamente devido à sua incompatibilidade, ou quando uma norma repele a outra.[173] A existência de proposições antagônicas (antinomias) ou incompatíveis em significado deve ser resolvida, preferencialmente, por meio de regras de primazia – como critérios de hierarquia, especialidade e temporalidade. É missão da interpretação contratual procurar evitar e resolver contradições, enfrentando problemas de concurso de regramentos, e delimitar as esferas de regulação.[174]

A existência de omissões e incompletudes constitui um dos maiores desafios práticos para a aplicação do direito.[175] O "contrato completo", idealmente considerado, seria aquele no qual não há necessidade de adição ou determinação posterior dos direitos e obrigações das partes ao longo da sua execução, uma vez que o próprio instrumento delinearia *ab initio* todas as possibilidades de eventos futuros associadas ao objeto da

---

171 FORGIONI, Paula A. *Contratos empresariais*: teoria geral e aplicação. 7. ed. São Paulo: Thomson Reuters Brasil, 2022. p. 88.

172 THEODORO JR., Humberto. Contrato. Interpretação. Princípio da boa-fé. Teoria do ato próprio ou da vedação do comportamento contraditório. *Revista de Direito Privado*, v. 38, p. 149-175, abr.-jun. 2009. p. 3.

173 LARENZ, Karl. *Metodologia da ciência do direito*. 3. ed. Trad. José Lamego. Lisboa: Fundação Calouste Gulbenkian, 1997. p. 441.

174 LARENZ, Karl. *Metodologia da ciência do direito*. 3. ed. Trad. José Lamego. Lisboa: Fundação Calouste Gulbenkian, 1997. p. 441.

175 Sobre o tema: FICHTNER, José Antonio; TOLENTINO, Augusto; POLASTRI, Leonardo; SALTON, Rodrigo. *Convenção de arbitragem*: parte geral. Rio de Janeiro: Forense, 2023. Cap. 6, §§ 19 e 20.

contratação.[176] No entanto, seja pelos custos de transação,[177] assimetrias informativas,[178] inexistência de acordo prévio,[179] estratégia de negociação[180] ou, até mesmo, imprevidência das partes,[181] os contratos se mostram omissos. Assim, nem sempre haverá disposições aptas a regular todas as questões futuras.[182]

Diante da existência de omissões, a técnica jurídica precisou desenvolver meios aptos a solucionar esse problema. Por um lado, há quem aponte que a existência de omissões pode incentivar a existência de comportamentos cooperativos, abrindo espaço para as partes negociarem a disciplina a ser aplicada no caso concreto diante da omissão existente.[183] Por outro, não é possível contar com a razoabilidade e cooperação indiscriminada dos agentes negociais, que, muitas vezes, possuem interesses econômicos antagônicos quanto ao modo de execução contratual.

Atento a esse fato, o ordenamento jurídico articula fontes que podem incidir no processo de integração da disciplina jurídica.[184] Esse processo ocorre na chamada "fase

---

176 GALLO, José Alberto Albeny. *Contratos incompletos*. 70p. Dissertação (Mestrado em Direito) – Faculdade de Direito Milton Campos, Nova Lima, 2009. p. 53.

177 COASE, Ronald. *A firma, o mercado e o direito*. Trad. Heloisa Gonçalves Barbosa. 2. ed. Rio de Janeiro: Forense, 2017. p. 39.

178 AROSI, Letícia Soster. Os contratos incompletos e a *behavioral law and economics*. *Revista de Direito Privado*, v. 89, p. 43-68, maio 2018. p. 4.

179 BANDEIRA, Paula Greco. Os contratos incompletos e a *soft law*. *Revista dos Tribunais*, v. 966, p. 145-165, abr. 2016.

180 AYRES, Ian; GERTNER, Robert. Filling gaps in incomplete contracts: an economic theory of default rules. *Yale Law Journal*, v. 99, n. 1, p. 87-130, 1989. p. 111.

181 MARTINS-COSTA, Judith. *A boa-fé no direito privado*: critérios para a sua aplicação. 2. ed. São Paulo: Saraiva, 2018. p. 570-571.

182 FORGIONI, Paula A. *Contratos empresariais*: teoria geral e aplicação. 7. ed. São Paulo: Thomson Reuters Brasil, 2022. p. 82.

183 EPSTEIN, Wendy Netter. Facilitating Incomplete Contracts. *Case Western Reserve Law Review*, v. 65, n. 2, p. 297-340, 2014. p. 318.

184 "É consensual proceder a integração de lacunas contratuais por via de 'uma articulada pluralidade de fontes heterônomas' que incluem, conforme o caso, a incidência de regras legais cogentes; de norma legal supletiva (atinente aos tipos contratuais, legal ou socialmente tipificados, sendo, pois, integrativos de determinada disciplina contratual); de extensão analógica de regras de um contrato legalmente típico para outro atípico, quando possível; do conteúdo das cláusulas contratuais gerais ('condições gerais dos negócios'); ou, ainda, de cláusulas regulamentadoras (como no caso dos contratos bancários, ou de serviços regulados pelo Estado, ou ainda, no comércio internacional, por via dos Incoterms); ou por regras da *soft law* (tais como as variadas regras da IBA em arbitragem ou, ainda, por meio de disposições de regulamentos de Câmaras arbitrais, ou de diretrizes contratuais internacionais). Nos contratos atípicos, é particularmente importante a regra do art. 425 do Código Civil, devendo atentar-se, por igual, à chamada 'equidade integrativa', compreendida como 'uma técnica de individuação da disciplina do contrato, a qual, pela peculiaridade da conformação assumida, não seja recondutível a um tipo legal ou social', nesta tendo especial relevância os usos do tráfico jurídico e as práticas habitualmente seguidas pelas partes. E, finalmente, integram-se lacunas pela boa-fé, em sua feição nomogenética ou 'jurisgênica'" (MARTINS-COSTA, Judith. *A boa-fé no direito privado*: critérios para a sua aplicação. 2. ed. São Paulo: Saraiva, 2018. p. 566).

complementar" da interpretação, não se confundindo – em sentido estrito – com a mera atribuição de significado ao contrato firmado entre as partes.

Por fim, outra dificuldade na interpretação contratual é a passagem do tempo. Em contratos de longa duração, o hiato temporal existente entre a constituição do contrato e a sua execução pode trazer uma série de desafios, bem como evidenciar maior suscetibilidade a incompletudes do seu regramento jurídico. Três aspectos são especialmente relevantes.

Primeiramente, a possibilidade de mudanças nas circunstâncias. No curso da execução de um contrato, fatores como crise econômica podem afetar a interpretação da estrutura financeira da operação.

Em segundo lugar, a separação entre quem escreveu e quem executa o contrato. Frequentemente, o setor da empresa responsável pela redação dos contratos é distinto daquele responsável pela execução, gerando ruídos de comunicação no curso desse processo.[185] Dessa forma, a parte operacional do contrato (a efetiva realização das prestações) pode apresentar discrepâncias em relação à intenção dos redatores, já que o entendimento de quem executa não necessariamente será idêntico ao de quem redige.

Em terceiro lugar, a existência de circunstâncias imprevistas ao tempo da contratação. Quando um contrato – especialmente de longa duração – é firmado, ele é pactuado diante de um determinado contexto socioeconômico. É impossível para as partes prever, *ab initio*, todos os impactos e as circunstâncias futuras. As vicissitudes da passagem do tempo, por estarem fora do domínio dos contratantes, demandam prudência dos intérpretes que, posteriormente, vierem a analisar a relação contratual. Ignorar a imprevidência inerente à celebração dos contratos traz o risco de tornar o intérprete um indesejável "profeta do acontecido". Na verdade, as relações jurídicas devem ser analisadas pelo viés da prognose póstuma – *i.e.*, o que seria razoável prever ao tempo da contratação por partes razoáveis. Trata-se da forma potencialmente mais adequada para enfrentar os problemas decorrentes das circunstâncias imprevistas (e, por vezes, impossíveis de serem previstas) ao tempo da contratação.

§ 4. A INTERPRETAÇÃO DA CONVENÇÃO DE ARBITRAGEM NO CONTEXTO DA INTERPRETAÇÃO CONTRATUAL

1. Hermenêutica aplicada à convenção de arbitragem

Inevitavelmente, como em qualquer outro negócio jurídico, a convenção de arbitragem dá origem a frequentes dúvidas relacionadas ao processo interpretativo que deva ser a ela aplicado.

---

185 "Em contratos complexos, não é incomum que o redator coloque-se como consultor externo, apartando-se do 'setor operacional' da empresa. Esse fato influencia a compreensão e interpretação dos contratos modernos: não raro, os instrumentos são redigidos *por profissionais não familiarizados com aquele mercado ou com a dimensão técnica do negócio*" (FORGIONI, Paula A. *Contratos empresariais*: teoria geral e aplicação. 7. ed. São Paulo: Thomson Reuters Brasil, 2022. p. 81).

O ponto de partida é reconhecer que toda interpretação envolve um processo criativo – de atribuição de sentido, não se resumindo ao texto – e polarizado pela declaração de vontade das partes. O texto, portanto, serve de ponto de partida – mas não se confunde com a linha de chegada do intérprete.

A interpretação da convenção de arbitragem – como toda e qualquer interpretação contratual – tem uma finalidade eminentemente pragmática, qual seja, resolver uma controvérsia concreta existente entre as partes. Por meio do processo interpretativo, caberá a definição do sentido e do conteúdo a serem atribuídos à convenção de arbitragem.

Assim, a interpretação da convenção de arbitragem é o ponto de partida para resolver problemas como:[186] (i) quais são as partes (*i.e.*, quem manifestou consentimento) em relação à convenção de arbitragem?; (ii) quais são os contratos (ou relações jurídicas) que estão vinculados a determinada convenção de arbitragem?; (iii) qual é a lei aplicável à convenção de arbitragem?; (iv) quais são os poderes e qual é o limite da jurisdição dos árbitros?; (v) quais são as regras e como deve ser conduzido o procedimento arbitral? Como se denota, o processo de interpretação da convenção de arbitragem permite solucionar várias questões relevantes e de importância prática, e que – por vezes – se mostram efetivamente tormentosas ao longo de um procedimento arbitral.

Assim como qualquer interpretação jurídica, essa interpretação não pode ser tomada como um ato arbitrário. É necessário observar parâmetros e critérios específicos, sob pena de comprometer a previsibilidade e a segurança jurídica necessárias ao desenvolvimento da arbitragem como forma de solução de controvérsias.

Em síntese, como todo e qualquer negócio jurídico, a convenção de arbitragem também é sujeita ao processo de interpretação para que ocorram a atribuição de sentido e a determinação do seu conteúdo normativo. Pela sua natureza negocial, caberá fazer a interpretação conforme os *standards* gerais do Código Civil, atentando-se a eventuais peculiaridades presentes na Lei de Arbitragem, nas regras institucionais escolhidas pelas partes ou no próprio contrato em que a convenção de arbitragem pode estar inserida.

Desse modo, para dirimir as controvérsias decorrentes da interpretação da convenção de arbitragem, o intérprete pode se valer – como regra geral – da mesma metodologia a ser empregada na interpretação dos contratos e demais negócios jurídicos. Especificamente, em razão de sua natureza de negócio jurídico material e processual, a interpretação da convenção de arbitragem deve ser pautada pelas regras previstas no Código Civil. Portanto, cabe ao intérprete se socorrer dos arts. 112 a 114 do Código Civil para interpretar a convenção de arbitragem, já que esta é modalidade de negócio jurídico.

---

[186] "In addition to disputes over the scope of arbitration clauses, arbitration agreements also give rise to other interpretative issues. These include disputes over the arbitral procedures, applicable institutional rules, arbitral seat and similar issues. As with questions of scope, these disputes essentially require interpreting the parties' arbitration agreement, in order to ascertain their intentions" (BORN, Gary. *International Commercial Arbitration*. 3. ed. Alphen aan den Rijn: Kluwer Law International, 2021. Versão eletrônica, atualizada em março de 2024, §9.01).

2. Amplitude linguística intencional da cláusula compromissória

As partes, ordinariamente, são quase que inteiramente livres para redigir suas cláusulas de arbitragem. No entanto, interpretar uma cláusula compromissória exige, por vezes, enfrentar desafios, considerando a sua amplitude linguística e a escassez de definições claras e precisas. Durante o processo de elaboração de um contrato, a redação das cláusulas compromissórias não constitui elemento de maior preocupação das partes. Não por outra razão, passaram a ser denominadas *midnight clauses*.

Em última instância, as cláusulas compromissórias são contratadas na expectativa de que as partes nunca precisem efetivamente lançar mão delas, assim como ocorre com o contrato de seguro.

Como consequência, são inúmeros os casos em que as cláusulas são escritas sem a necessária reflexão ou com simplicidade exacerbada, o que, na prática, pode gerar problemas no momento da própria e eventual instituição da arbitragem, com reflexos judiciais. Dessa forma, até mesmo sob o ângulo psicológico, é possível compreender que as partes prefiram adotar uma linguagem ampla, sem se preocupar em fazer restrições ou limitações específicas.

Os agentes negociais tendem, eventualmente, a, racional e estrategicamente, formular contratos incompletos, quando eles são complexos. Muito frequentemente, o mesmo comportamento ocorre com a cláusula compromissória. É importante que se tenha ciência de que se está elaborando previsão para ser exercida em um momento futuro. Nesse sentido, há de se ter cautela acerca da criação de regras muito específicas, que podem se mostrar pouco aderentes à realidade quando e se a cláusula compromissória vier efetivamente a ser usada. No momento da redação da cláusula compromissória, as partes não dispõem de informações que seriam fundamentais para permitir a contratação em definitivo dos elementos da arbitragem. Por essa razão, há de se falar em um grau desejável de incompletude e lacunosidade, deixando alguns elementos propositalmente não regrados.

Desse modo, a flexibilidade decorrente de uma redação ampla pode ser de grande valia, especialmente porque a pactuação de cláusula compromissória ocorre antes da existência do litígio – o que impossibilita saber quais são as características concretas da controvérsia. Assim, não é desejável redigir cláusula compromissória que retire excessivamente a maleabilidade das partes para adaptar a solução do litígio quando este efetivamente se materializar.

Algumas previsões na cláusula compromissória podem ser verdadeiramente indesejadas. Por exemplo, a indicação nominal do árbitro no momento da conclusão do contrato (em razão da incerteza quanto à disponibilidade futura do árbitro) ou, ainda, o estabelecimento na convenção de arbitragem de requisitos demasiadamente estreitos acerca de quem pode ser árbitro (o que pode trazer consideráveis dificuldades na identificação posterior de candidatos a árbitro). Portanto, é preferível adotar a técnica de redação de linguagem ampla, sob pena de que, na tentativa de ser exauriente quando da elaboração da cláusula compromissória, o resultado prático venha a ser a criação de

dificuldades na sua operacionalização. Assim, a incompletude e a amplitude da redação são, em alguma medida, elementos desejáveis na convenção de arbitragem.

Em geral, as partes preferem deixar para um segundo momento, após a existência do litígio, a elaboração de regras complementares acerca do modo de solução das controvérsias. Além de uma questão de eficiência, há de se pontuar que também é o reflexo do espírito diametralmente diverso que está por trás da pactuação da convenção de arbitragem: enquanto o ato da celebração da maioria dos contratos é o de encontro de vontades e de identidade de objetivos, a cláusula compromissória manifesta o oposto, relembrando aos contratantes a possibilidade de eventual crise entre eles.

Como consequência da amplitude linguística da sua redação, e da vagueza propositai e desejável sobre certos temas, a convenção de arbitragem pode ser considerada incompleta tanto no sentido jurídico quanto no sentido econômico. A incompletude jurídica faz referência à ausência de diversas previsões relevantes para a condução do procedimento arbitral, o que demanda, frequentemente, complementação posterior mediante a ata de missão ou termo de arbitragem, por exemplo. A incompletude econômica se refere ao fato de que a inserção de cláusula compromissória nem sempre acarretará o resultado mais eficiente, podendo haver situações de impecuniosidade superveniente ou, ainda, de desproporção entre a importância econômica do litígio e os custos associados à arbitragem.

No entanto, não se descuida de que a existência de incompletudes na cláusula compromissória – e a amplitude na sua linguagem – pode abrir margem para a existência de comportamentos oportunistas. Por essa razão, é importante redigir a cláusula compromissória de modo a contemplar elementos mínimos para a instauração da arbitragem. A partir disso, a complementação por meio dos outros documentos estruturantes do procedimento – como a ata de missão – pode, e muito, contribuir para evitar oportunismos. Em síntese, tanto um regramento minudente e inflexível quanto a demasiada vagueza da convenção de arbitragem são extremos que devem ser evitados quando da sua redação.

3. A autonomia da cláusula compromissória e a interpretação do contrato

A autonomia da convenção de arbitragem é um dos pilares da arbitragem tanto no plano doméstico quanto no internacional.[187] Esse princípio está consagrado no *caput* do art. 8º da Lei de Arbitragem, o qual dispõe expressamente que "a cláusula compromissória é autônoma em relação ao contrato em que estiver inserta, de tal sorte que a nulidade deste não implica, necessariamente, a nulidade da cláusula compromissória". A *ratio* subjacente à autonomia da cláusula compromissória é garantir a efetivação da convenção de arbitragem.

O princípio da autonomia da convenção de arbitragem dispõe que não se pode confundir, sujeitar ou subordinar a cláusula compromissória ao negócio jurídico de direito

---

[187] BORN, Gary. *International Commercial Arbitration*. 3. ed. Alphen aan den Rijn: Kluwer Law International, 2021. Versão eletrônica, atualizada em março de 2024, §3.01.

material a que está relacionada.[188] Consequentemente, é possível a análise autônoma dos elementos de existência, dos requisitos de validade e dos fatores de eficácia da convenção de arbitragem. No entanto, o princípio da autonomia da cláusula compromissória não a isola completamente do contrato em que está inserida, apesar de dar origem à situação na qual um negócio jurídico está contido em outro negócio jurídico.[189]

Há de se reconhecer a existência de conexões entre a cláusula compromissória e o contrato em que está inserida, como se evidencia: (i) em relação ao consentimento, já que, para consentir com a cláusula compromissória, basta a manifestação de vontade das partes em relação ao contrato como um todo, não sendo necessária a manifestação de um assentimento específico com a cláusula compromissória;[190] e (ii) na análise do escopo objetivo, pois a eficácia da cláusula compromissória é necessariamente delimitada a uma relação jurídica específica. A interpretação da cláusula compromissória é outro exemplo que ilustra a inexistência de segregação absoluta entre a convenção de arbitragem e a relação jurídica contratual a que esta faz referência.

Assim, entende-se que as partes convencionam uma cláusula compromissória tanto para resolver, por meio da arbitragem, futuras questões sobre o (in)adimplemento ou a modificação do contrato principal, quanto para enfrentar questões como a validade e a interpretação do contrato principal.[191] A interpretação do contrato é, pois, questão interna ao escopo da convenção de arbitragem e, portanto, sujeita à análise pelos árbitros. Da mesma forma, cabe aos árbitros interpretar a cláusula compromissória para delimitar os próprios poderes, o alcance da jurisdição arbitral, quem são as partes, entre outros aspectos centrais na compreensão e efetivação da arbitragem.

A interpretação da cláusula compromissória ocorre dentro do contexto da interpretação contratual como um todo. No entanto, o escopo do processo interpretativo será distinto, justamente diante do princípio da autonomia. Como o contrato ao qual a cláusula compromissória faz referência possui objeto próprio, e a convenção de arbitragem possui outro, não há completa sobreposição em relação às atividades interpretativas a serem exercidas. Devido à existência de carga obrigacional própria do contrato e de outra diversa, decorrente diretamente da convenção de arbitragem, a averiguação do conteúdo de cada um desses negócios jurídicos deve ocorrer de modo autônomo.

No entanto, não há completa independência, já que o objeto da convenção de arbitragem é referencial, isto é, propõe-se a pautar a solução de controvérsias decorrentes de outra relação jurídica, que está inserida no contrato ao qual a convenção de arbitragem se refere. O objeto material da convenção de arbitragem pode ser depreendido a partir

---

188 ARAÚJO, Nádia de. O princípio da autonomia da cláusula arbitral na jurisprudência brasileira. *Revista de Arbitragem e Mediação*, v. 27, p. 265-286, out.-dez. 2010. p. 6.

189 SPERANDIO, Felipe Vollbrecht. Convenção de Arbitragem. In: LEVY, Daniel; PEREIRA, Guilherme Setoguti J. (coord.). *Curso de arbitragem*. São Paulo: Thomson Reuters Brasil, 2018. p. 75-76.

190 Excepcionalmente, em contratos por adesão, há requisito especial de manifestação de consentimento previsto no art. 4º, § 2º, da Lei de Arbitragem.

191 SESTER, Peter Christian. *Comentários à Lei de Arbitragem e à legislação extravagante relacionada à arbitragem*. São Paulo: Quartier Latin, 2020. p. 173.

da análise do art. 3º da Lei de Arbitragem: "[a]s partes interessadas podem submeter a solução de seus litígios ao juízo arbitral mediante convenção de arbitragem". Em relação ao objeto material da convenção de arbitragem, esse é o acesso à jurisdição arbitral, como método de solução de controvérsias, *i.e.*, a submissão de litígios ao juízo arbitral.

De modo diverso, o contrato apresenta como objeto prestações que não se confundem com as posições jurídicas decorrentes da convenção de arbitragem. Inclusive, são as posições jurídicas decorrentes do contrato que podem ser objeto de litígio e, por consequência, dar início a procedimento arbitral com base na convenção de arbitragem. Ademais, enquanto o objeto do contrato será uma prestação (dar, fazer ou não fazer), a convenção de arbitragem, como objeto principal, institui um estado de sujeição. Na perspectiva das partes, o objeto da convenção de arbitragem resume-se ao direito potestativo de dar início ao procedimento arbitral, abarcando, como já se adiantou, a correlata sujeição à jurisdição arbitral.

Assim, a autonomia da cláusula compromissória também terá repercussões no plano hermenêutico. Por existirem dois negócios distintos, a interpretação há de ser feita de modo independente. No entanto, não se perde de vista que a convenção de arbitragem é pactuada no contexto de uma relação contratual, nem que a própria relação contratual apresenta significado econômico diverso em razão da pactuação da convenção de arbitragem. A necessidade de identificar os pontos de contato e os de afastamento entre a interpretação do contrato e a interpretação da cláusula compromissória é um dos principais desafios a ser superado.

Capítulo 2

INTÉRPRETES DO CONTRATO E DA CONVENÇÃO DE ARBITRAGEM

As palavras, no Direito, necessitam de intérpretes para poder produzir efeitos concretos e modificar a realidade social. Cabe ao intérprete contratual realizar a ponte entre a forma representativa da manifestação de vontade das partes (seja ela o instrumento contratual, um comportamento concludente ou o silêncio qualificado) e a intenção nela consubstanciada, destinada a produzir efeitos jurídicos. Como todo e qualquer conceito abstrato, o contrato dependerá de um intérprete para lhe conferir concretude.

A convenção de arbitragem, no mesmo sentido, dependerá de seus intérpretes para determinar questões atinentes à sua existência, validade ou eficácia. Como qualquer negócio jurídico, exige interpretação – e, para haver interpretação, é necessário existir um intérprete. Em uma visão simplista, seria possível dizer que os árbitros são, por excelência, os intérpretes da convenção de arbitragem. No entanto, à luz da evolução da teoria da interpretação, tornou-se necessário repensar tanto quem é o intérprete dos negócios jurídicos quanto o papel que ele exerce.

Assim, é preciso ressignificar conceitos dogmáticos tradicionais, compatibilizando-os com os aportes da teoria do direito civil e da teoria do direito, a fim de melhor compreender a fenomenologia da interpretação da convenção de arbitragem. Igualmente, ressignifica-se tanto o ponto de partida (conceito de pré-compreensão) quanto os sujeitos responsáveis pelo processo interpretativo, atribuindo-se relevância a outros agentes, além dos árbitros, na interpretação da convenção de arbitragem.

§ 5. O PAPEL DO INTÉRPRETE

1. A pré-compreensão do intérprete

O processo de compreensão não se inicia no vazio. O intérprete, ao se deparar com um texto, já está dotado de elementos cognitivos próprios e prévios.[192] O intérprete é incomparável a uma folha em branco. Desde o início do processo hermenêutico, haverá uma conjectura de sentido (mesmo que vaga). Dessa forma, considera-se que o intérprete carrega consigo uma "pré-compreensão", com que acede ao texto e que se refere (i) ao objeto sobre o qual o texto versa e (ii) à linguagem que consubstancia (utilizada para consubstanciar) o texto.[193]

É graças à existência de pré-compreensões que é possível elaborar conjecturas de sentido, necessárias para que o intérprete tenha algum ponto de partida no processo de entendimento.[194] A existência de compreensões prévias sobre as palavras de um texto é condição hermenêutica mínima de sentido, já que é basilar ao próprio processo de comunicação. Caso contrário, se inexistissem acordos mínimos ou percepções prévias dos signos objeto da interpretação, não haveria constituição de comunidades de sentido necessárias ao desenvolvimento linguístico.

A pré-compreensão não se confunde com o prejulgamento.[195] O conhecimento de uma camada semântica prévia pelo intérprete não implica comprometimento com esse sentido, ou sua imutabilidade. Ao longo do processo interpretativo, o hermeneuta

---

[192] "Vale referir, em especial, o importante papel, por vezes relegado, que desempenham os conhecimentos prévios do intérprete, a tradição na qual ele se insere e que, inevitavelmente, influirão no processo pelo qual ele atribuirá significado normativo ao fato. Trata-se do que se costuma referir por pré-compreensão, decorrente da impossibilidade de as categorias de conhecimento previamente possuídas pelo intérprete serem acabadas, anteriores ao momento cognoscente, e da indeterminabilidade prévia do objeto em si" (KONDER, Carlos Nelson de Paula. Interpretação dos contratos, interpretação da lei e qualificação: superando fronteiras. *Scientia Iuris*, Londrina, v. 19, n. 1, p. 47-62, jun. 2015. p. 59).

[193] LARENZ, Karl. *Metodologia da ciência do direito*. 3. ed. Trad. José Lamego. Lisboa: Fundação Calouste Gulbenkian, 1997. p. 288-289.

[194] LARENZ, Karl. *Metodologia da ciência do direito*. 3. ed. Trad. José Lamego. Lisboa: Fundação Calouste Gulbenkian, 1997. p. 288-289.

[195] "O termo 'pré-compreensão' usa-se hoje frequentemente também em um sentido distinto do da hermenêutica. Pretende-se então referir não um entendimento, se bem que provisório, da coisa, que não proporciona senão uma orientação inicial, que põe em marcha o processo do compreender e que o continua a impulsionar, mas antes a parcialidade daquele que ajuíza com pré-juízos, que dimanam do seu meio social, da sua origem e formação e determinam ineludivelmente o seu acto de julgar. E tão certo que ninguém é imune a estes pré-juízos como também seria erróneo ver neles uma barreira absoluta e intransponível. Mas a sua superação não é de todo em todo possível senão mediante um processo permanente de auto-exame e a preocupação constante com a 'questão em si mesma'. Uma disponibilidade para tal é a primeira exigência que se tem de colocar tanto ao juiz como ao cientista do Direito. O pré-juízo, neste sentido negativo, como uma barreira ao conhecimento que se transpõe com a preocupação pela questão, não deve, todavia, ser confundido com a 'pré-compreensão' no sentido da hermenêutica, como uma condição (positiva) da possibilidade de compreender

poderá confirmar ou reformular a ideia preconcebida a partir dos dados concretos a que venha a ter acesso.[196]

O sentido pré-compreendido poderá ser impactado a partir da exposição do intérprete ao texto como um todo. Por outro lado, o prejulgamento representa um compromisso valorativo com determinado sentido, que resta imutável para o intérprete, independentemente de outros fatores que possam vir a ser levados ao seu conhecimento, ou dos passos seguintes do processo interpretativo. Trata-se, portanto, de conceito completamente distinto da pré-compreensão.

O conteúdo e a extensão das pré-compreensões variam conforme as características próprias de cada intérprete.[197] A pré-compreensão é fruto das vivências, experiências e aprendizados inseridos na jornada particular de cada indivíduo. Não há homogeneidade quanto ao conteúdo e à extensão da pré-compreensão, razão pela qual não é possível defini-la em termos hipotéticos ou apriorísticos.

A pré-compreensão, enquanto condição para a interpretação jurídica, não se resume a aspectos jurídicos ou técnicos. Ela abarca contextos sociais, situações de interesses, estruturas das relações de vida e todo o contexto cultural a que a ciência jurídica pertence.[198] Esses componentes servirão como base para a apreensão de sentido ao longo

---

a questão de que se trata" (LARENZ, Karl. *Metodologia da ciência do direito*. 3. ed. Trad. José Lamego. Lisboa: Fundação Calouste Gulbenkian, 1997. p. 293).

196 "Por outro lado, esta mesma pré-compreensão não apenas deve ser explicitada na fundamentação para que seja também objeto de avaliação crítica, mas também atua como mecanismo indireto de controle da liberdade criativa, pois se constrói normalmente a partir de parâmetros minimamente compartilhados coletivamente" (KONDER, Carlos Nelson de Paula. Interpretação dos contratos, interpretação da lei e qualificação: superando fronteiras. *Scientia Iuris*, Londrina, v. 19, n. 1, p. 47-62, jun. 2015. p. 59).

197 "Quanto mais longa e pormenorizadamente alguém se ocupa de uma coisa, quanto mais profundamente nela tenha penetrado, tanto mais rica será a sua pré-compreensão, tanto mais cedo se formará nele uma adequada conjectura de sentido e tanto mais rapidamente se concluirá o processo do compreender. Quem não tem qualquer ideia da matemática encontrar-se-á frente a um manual de matemática de início algo confundido. Também a quem nunca se ocupou de questões jurídicas será difícil a compreensão de um texto legal ou de uma fundamentação de sentença. O jurista que interpreta uma lei, ou um contrato, enfrenta a sua tarefa com todo o seu saber acerca dos problemas jurídicos, conexões de problemas, formas de pensamento e, assim, possibilidades condicionadas de solução do Direito vigente, assim como, e não em último lugar, o seu saber acerca da linguagem que costumam utilizar o legislador e – no caso de um contrato – o particular versado em matérias jurídicas. A sua 'pré-compreensão' é o resultado de um longo processo de aprendizagem, em que se incluem tanto os conhecimentos adquiridos na sua formação ou posteriormente com as últimas experiências profissionais e extra-profissionais, mormente as que respeitam a factos e contextos sociais. A importância desta pré-compreensão, como condição prévia de um compreender adequado, não pode em boa verdade ser sobreavaliada" (LARENZ, Karl. *Metodologia da ciência do direito*. 3. ed. Trad. José Lamego. Lisboa: Fundação Calouste Gulbenkian, 1997. p. 288-289).

198 "A pré-compreensão de que o jurista carece não se refere só à 'coisa Direito', à linguagem, em que dela se fala, e à cadeia de tradição em que se inserem sempre os textos jurídicos,

do processo interpretativo. Ou seja, aspectos relacionados a determinada técnica e dogmática inegavelmente integram a pré-compreensão, ao que se soma o que é trazido ao momento hermenêutico.

A pré-compreensão oferece determinada conjectura de sentido sobre o entendimento da norma e da solução para o caso concreto. Mas não só. Ela contribui para a construção da convicção de justiça da decisão, a partir do arcabouço desenvolvido ao longo da experiência do intérprete.[199] A confluência de fatores atrelados à pré-compreensão não transforma a aplicação do direito na revelação de um sentido preexistente. Alternativamente, ela confere ao processo interpretativo uma característica de determinação e complementação do discurso normativo, construindo novos estratos e camadas de sentido.

Dessa forma, um discurso sobre a interpretação do direito baseado na lógica do silogismo, propagada pelos partidários da Escola da Exegese, está fadado ao fracasso por ignorar o papel das pré-compreensões na aplicação do direito. Os textos jurídicos - mesmo que aparentemente claros e de fácil aplicação - estão enredados em uma teia de interpretações, restrições e complementações que pautam a aplicação do direito no caso concreto, adscrevendo sentido e adaptando o conteúdo a partir das pré-compreensões do intérprete.[200]

Assim, a existência de pré-compreensões não deve ser encarada como um defeito ou como algo essencialmente negativo. Pelo contrário, ela é um facilitador do agir comunicativo, e verdadeira condição de possibilidade da adequada atribuição de sentido. Portanto, é uma característica - ou componente - necessária ao processo interpretativo. O reconhecimento da pré-compreensão é fundamental para a construção de um modelo crível sobre o funcionamento da interpretação.

O modo pelo qual a preconcepção se manifesta na hermenêutica é, inclusive, estruturado como uma vantagem da solução de controvérsias por meio de arbitragem.

---

as decisões judiciais e os argumentos habituais, mas também a contextos sociais, às situações de interesses e às estruturas das relações da vida a que se referem as normas jurídicas. Estas não só contêm uma regulação que aspira a validade jurídica, como também disciplinam determinadas relações sociais, processos e modos de comportamento relativamente aos quais a circunstância de serem regulados pelo Direito revela por si um dos aspectos sob o qual se manifestam. O jurista que não chegue a vislumbrar nada dos outros aspectos, tão-pouco chegará a compreender a sua disciplina jurídica. (...) O jurista carece frequentemente da necessária pré-compreensão face a tais matérias, das quais porventura só raramente terá de ocupar-se. Mas exige-se dele que, verificada a situação, se apetreche com os conhecimentos prévios necessários. Que também aqui se manifestam certas deficiências de formação é facto fora de dúvida" (LARENZ, Karl. *Metodologia da ciência do direito*. 3. ed. Trad. José Lamego. Lisboa: Fundação Calouste Gulbenkian, 1997. p. 290-291).

199 LARENZ, Karl. *Metodologia da ciência do direito*. 3. ed. Trad. José Lamego. Lisboa: Fundação Calouste Gulbenkian, 1997. p. 291.

200 LARENZ, Karl. *Metodologia da ciência do direito*. 3. ed. Trad. José Lamego. Lisboa: Fundação Calouste Gulbenkian, 1997. p. 294.

A especialidade do julgador é tida como uma das vantagens próprias da arbitragem.[201] Escolher um árbitro conhecedor da arbitragem e especialista em determinada matéria significa eleger julgador dotado de pré-compreensões significativas acerca dos instrumentos processuais idealizados pelas partes para a solução do conflito e do próprio objeto da controvérsia. Em outras palavras, é característica desejável e que contribui positivamente para a solução do litígio.

Nesse contexto, a existência de preconcepções é vantajosa, trazendo eficiência para o processo interpretativo. Primeiro, contribui para minorar o custo de familiarização com os temas em debate, já que a interpretação será facilitada pelas preconcepções do julgador. Segundo, fomenta a justiça da decisão, uma vez que o caráter de especialista mitiga a possibilidade de eventual *error in judicando*. Terceiro, facilita a solução do caso concreto, já que a bagagem prévia do intérprete pode acelerar a identificação do sentido adequado.

A grande heterogeneidade dos conflitos que podem ser submetidos à arbitragem estimula a procura de julgadores com experiência em determinados temas ou mercados. A complexidade de certos litígios, que fogem com frequência do cotidiano forense, é normalmente melhor enfrentada por quem tem a expertise necessária. Desse modo, o reconhecimento da componente hermenêutica da pré-compreensão não é apenas um avanço na teoria da interpretação. Na verdade, é mecanismo de explicação relevante sobre as razões subjacentes aos benefícios da técnica processual adotada na arbitragem, autorizando que as partes escolham quem deve julgar seu litígio.

2. A função do intérprete

Por ser um processo de conhecimento (natureza epistemológica), a interpretação relaciona dois ou mais sujeitos por intermédio de um objeto que contém a objetivação do espírito (a vontade dos contratantes).[202] Nesse sentido, quem interpreta se coloca entre o que foi manifestado (seja de modo expresso, tácito ou pelo silêncio qualificado, nas circunstâncias em que houve a manifestação da vontade) e a elaboração da forma representativa. Explica Pontes de Miranda que, etimologicamente (*interpres*), "o intérprete é a pessoa que fica entre duas pessoas, pelo menos".[203]

O intérprete é parte integrante da estrutura triádica do processo interpretativo. Triádica por envolver três polos: (i) um sujeito, destinatário da mensagem semântica e que deve compreendê-la – o intérprete; (ii) um objeto, que é a forma representativa que contém a mensagem a ser interpretada; e (iii) um ou mais sujeitos, cuja vontade é o fulcro do sentido e se comunica mediante a forma representativa.[204]

---

201 MARTINS, Pedro Baptista. O grande tribunal arbitral. *Revista de Arbitragem e Mediação*, v. 59, p. 79-90, out./dez. 2018. p. 2-3.

202 MARINO, Francisco Paulo De Crescenzo. *Interpretação do negócio jurídico*. São Paulo: Saraiva, 2011. p. 54.

203 PONTES DE MIRANDA, Francisco Cavalcanti. *Tratado de direito privado*. São Paulo: Revista dos Tribunais, 2012. t. XXXVIII, p. 172.

204 MARINO, Francisco Paulo De Crescenzo. *Interpretação do negócio jurídico*. São Paulo: Saraiva, 2011. p. 54.

O intérprete atua, portanto, como o elo que pretende identificar o conteúdo consubstanciado pelas partes na forma representativa. Ao agir, o intérprete não se comporta de modo puramente passivo, pois nenhuma forma representativa (textos, áudios, entre outras) é capaz de comunicar a quem não entenda previamente algo sobre o que é tratado.[205] Essa pré-compreensão desempenha papel fundamental na tarefa do intérprete, que é reconhecer e reconstruir a subjetividade das partes, consubstanciada na forma representativa, interiorizando e transpondo o seu conteúdo para subjetividade diversa da originária.[206]

A tarefa de transposição realizada pelo intérprete não pode descambar pura e simplesmente no desenvolvimento ou na modificação do conteúdo da forma representativa. Com isso, não se pretende reduzir o intérprete à "boca do texto". Em certa medida, a interpretação é uma tarefa criativa, mas isso não pode implicar reescrita ou deturpação do objeto da interpretação. O intérprete deve se portar de modo fidedigno ao conteúdo da forma representativa.[207]

Ao realizar essa transposição do conteúdo, da forma representativa para a nova subjetividade, há duas exigências centrais a que o intérprete deve se ater:[208] (i) à obje-

---

205 "Só responde a quem o interroga correctamente. A pergunta é previamente dada àquele que quer aplicar a lei pela situação de facto em bruto e pela sua transformação em situação de facto definitiva. Para a formular correctamente, precisa de conhecer a linguagem da lei e o contexto de regulação em que a norma se encontra. Pelo menos aí, no modo de formulação da pergunta, reside a participação, que se não pode passar por alto, do intérprete no resultado da interpretação" (LARENZ, Karl. *Metodologia da ciência do direito*. 3. ed. Trad. José Lamego. Lisboa: Fundação Calouste Gulbenkian, 1997. p. 441).

206 MARINO, Francisco Paulo De Crescenzo. *Interpretação do negócio jurídico*. São Paulo: Saraiva, 2011. p. 55.

207 "A intenção do intérprete não se dirige certamente a desenvolver a norma, mas apenas a conhecer e expressar o significado que está incluído no texto. A intenção de expressar somente aquilo que o texto 'correctamente entendido' afirma por si constitui a atitude típica do intérprete. Este não quer eliminar nem acrescentar nada, mas tão-só fazer falar o texto. Mas o texto só fala a quem o interroga correctamente e compreende a sua linguagem. Sabemos que toda a interpretação é também, até certo ponto, uma tarefa criadora do sujeito que compreende. Ao desenvolver o Direito ultrapassando os limites da interpretação em sentido estrito, o que se torna enquanto tal também consciente ao sujeito, aumenta a participação criativa do sujeito. Não obstante, esta participação existe já na simples interpretação. Também aqui se trata apenas de uma diferença de grau. Por isso, a interpretação pode continuar-se, de certo modo sem ruptura, ao integrar as lacunas, como primeiro grau de um desenvolvimento do Direito, do que também tem consciência o sujeito e que, neste sentido, é um desenvolvimento aberto. Não pode surpreender que, além disso, sejam também de importância decisiva para preencher as lacunas da lei os mesmos critérios que desempenham um papel na interpretação, em especial a intenção reguladora, os fins do legislador e os critérios teleológicos-objectivos. Assim a interpretação pode continuar-se, de certo modo sem ruptura, no desenvolvimento aberto do Direito" (LARENZ, Karl. *Metodologia da ciência do direito*. 3. ed. Trad. José Lamego. Lisboa: Fundação Calouste Gulbenkian, 1997. p. 520-521).

208 MARINO, Francisco Paulo De Crescenzo. *Interpretação do negócio jurídico*. São Paulo: Saraiva, 2011. p. 55.

tividade, ou seja, postura de deferência em relação à forma representativa (objeto da interpretação), portando-se de maneira mais fidedigna possível ao valor expressivo da forma representativa; e (ii) à subjetividade do intérprete, pois o repensar é atividade conduzida de fora para dentro. O intérprete deve se apropriar/apossar do sentido consubstanciado na forma representativa, de modo a identificar o sentido atribuído por seus autores.

Essas mesmas exigências são plenamente aplicáveis ao se interpretar a convenção de arbitragem. Enquanto elemento objetivo, a convenção de arbitragem é o objeto da interpretação. Por outro lado, como elemento subjetivo, as partes (a serem identificadas) são os sujeitos manifestantes da vontade de arbitrar, que se vincularam mediante manifestação de vontade expressa, tácita ou por meio do silêncio qualificado. Por fim, os intérpretes da convenção de arbitragem são aqueles que questionam o sentido dessa vontade de arbitrar: (i) quem a manifestou?; (ii) sobre o que arbitrar?; (iii) de que modo arbitrar? São esses os questionamentos primordiais a serem respondidos na interpretação da convenção de arbitragem.

Ao longo do processo interpretativo, o intérprete da convenção de arbitragem deverá manifestar deferência à vontade das partes de arbitrar em, pelo menos, três sentidos primordiais: (i) respaldar a intenção de arbitrar de quem manifestou consentimento em relação à convenção de arbitragem, maximizando seus efeitos e a intenção de resolver, de modo célere, unitário e adequado, as controvérsias decorrentes ou relacionadas à relação jurídica a que a convenção de arbitragem se refere; (ii) respeitar as restrições quanto à arbitragem, tendo ciência de que o procedimento arbitral envolve uma série de renúncias a prerrogativas típicas do processo perante o Judiciário; e (iii) mensurar adequadamente o escopo objetivo e subjetivo da jurisdição arbitral, identificando a justa medida consentida pelas partes a dirimir seus litígios pela via arbitral – sem alargar nem contrair, artificialmente, mediante recursos supostamente hermenêuticos, o âmbito de eficácia da convenção de arbitragem.

3. Multiplicidade de intérpretes

Tradicionalmente, a teoria da interpretação jurídica foi desenvolvida com grande ênfase no papel do juiz togado como intérprete das normas jurídicas. Ou seja, o foco era a interpretação judicial do direito, e via no processo interpretativo uma operação lógica com o objetivo de declarar um sentido anterior.[209]

Trata-se de posicionamento teórico que trazia consigo algumas premissas implícitas quanto ao funcionamento da ordem jurídica:[210] (i) o direito somente se realizava quando

---

209 LAHR, Helena. Interpretação e qualificação dos negócios jurídicos. *Revista dos Tribunais*, v. 723, jan. 1996. p. 1.

210 Larenz descreveu o referido período histórico nos seguintes termos: "Uma época que identifica o Direito com a lei e esta com a vontade do legislador, assim como uma concepção instrumental do Direito ou uma concepção para a qual valem mais a segurança jurídica e a calculabilidade das resoluções do que a justiça, propende a reduzir a faculdade do juiz em relação à interpretação das leis e a negar o desenvolvimento aberto do Direito.

da sua aplicação direta pelo Estado, especialmente no bojo do processo, (ii) somente interpretava aquele investido na função jurisdicional pelo Estado, com a função precípua de realizar o direito no caso concreto ("dizer o direito"); e (iii) o sentido da norma era preexistente, devendo o intérprete realizar juízo de subsunção para identificar o sentido normativo a ser aplicado.[211]

No entanto, tais premissas não mais se sustentam, à luz dos desenvolvimentos paradigmáticos havidos na teoria da interpretação – especialmente, aqui, na teoria da interpretação jurídica – e na filosofia do direito.[212]

Primeiro, já se considera que o direito não se restringe ao paradigma estatalista, podendo ser encontrado e realizado também por vias não estatais. A sociedade se desenvolve mediante um conjunto de relações jurídicas que não dependem da realização

---

No século XIX foi reconhecida, em princípio, a necessidade de preencher as lacunas da lei pelos tribunais sob o ponto de vista da 'proibição de denegação de justiça'. Contudo, não faltaram vozes que, devido a uma avaliação exagerada do pensamento conceptual e à aceitação de uma 'plenitude lógica' do ordenamento jurídico, afirmavam que este era isento de lacunas. Contra isto surgiram, nos princípios do século, a Jurisprudência dos interesses e a doutrina do Direito livre. A grande importância que foi atribuída ao conceito de lacuna explica-se porque apenas se queria conceder ao juiz a faculdade de desenvolver o Direito quando a lei apresentasse uma 'lacuna'. Por isso, o conceito de lacuna cumpria a missão de assinalar os limites adentro dos quais era permitido ao juiz um desenvolvimento do Direito. Contudo, como em época mais recente os tribunais reinvindicaram para si, cada vez em maior medida, a faculdade de desenvolver o Direito e, segundo o estado das coisas, tinham que reivindicá-la, isto conduziu progressivamente a uma ampliação do conceito de lacuna. Se este conceito não tem de perder deste modo todo o conteúdo enunciativo, parece-nos oportuno identificar a delimitação do desenvolvimento judicial do Direito com a integração de lacunas, como de facto sucedeu na prática dos tribunais superiores. Em tal caso, para o desenvolvimento do Direito superador da lei, que já não é só integração de lacunas, têm que valer outros critérios, os quais já não podem inferir-se só da lei, mas da ordem jurídica como um todo de sentido" (LARENZ, Karl. *Metodologia da ciência do direito*. 3. ed. Trad. José Lamego. Lisboa: Fundação Calouste Gulbenkian, 1997. p. 521-522).

211 "Pouca importância dá-se à interpretação dos negócios empresariais, como se a letra do instrumento existisse por si só, e por si só fosse capaz de disciplinar a relação formatada pelos agentes econômicos nos amplos quadrantes da autonomia privada. Uma das possíveis explicações para esse fenômeno está na preponderância, até bem pouco tempo, do movimento tradicional que, a pretexto da obtenção de maior grau de segurança e de previsibilidade jurídicas, relegava a atividade interpretativa à segundo plano. O 'intérprete deve ater-se à mera interpretação literal ou remeter-se sempre à 'interpretação autêntica' – entendida esta como a dada ao texto pelo legislador'. Há de se reservar 'ao legislador o papel de único intérprete, negando-se o mesmo aos juízes'" (FORGIONI, Paula A. *Contratos empresariais*: teoria geral e aplicação. 7. ed. São Paulo: Thomson Reuters Brasil, 2022. p. 217).

212 Sustentando ponto semelhante acerca da interpretação constitucional: SARMENTO, Daniel; SOUZA NETO, Cláudio Pereira de. Controle de constitucionalidade e democracia: algumas teorias e parâmetros de ativismo. In: SARMENTO, Daniel (coord.). *Jurisdição constitucional e política*. Rio de Janeiro: Forense, 2015. p. 84 e ss.

judicial do direito. Assim, constatou-se que o direito, em grande medida, encontra-se na própria ação dos sujeitos privados e fora do campo do processo.

Segundo, como o direito se realiza no cotidiano das relações sociais, a função de identificar o que está conforme o direito não se restringe ao âmbito da jurisdição.[213] Em relações contratuais privadas, por exemplo, cabe aos intérpretes identificar o que compete a cada parte, sem que haja necessária intervenção jurisdicional.

Terceiro, o sentido normativo é construído, e não preexistente. Logo, o sentido das normas não é estático ou imutável, pois as circunstâncias do agir jurídico devem ser necessariamente consideradas quando do processo interpretativo. Ao realizar sua atividade, o intérprete deve atribuir/construir o sentido a ser dado a partir da forma representativa, e não apenas declarar/revelar um sentido anterior ou imanente.

Dessa forma, o intérprete não é apenas o sujeito imparcial incumbido na missão de decidir a lide existente entre as partes. A interpretação judicial do direito, de fato, é de extrema relevância, e pode se sobrepor a outras eventuais interpretações discrepantes. No entanto, o ato de interpretar é realizado por todos os agentes jurídicos relevantes a determinada relação jurídica (partes do negócio jurídico, terceiros interessados, membros do Ministério Público, pareceristas, advogados, consultores, diretores responsáveis pela implementação de um contrato, entre outros).[214] Todos esses sujeitos realizam atividade interpretativa, em alguma medida, com impactos relevantes para o desenvolvimento das relações jurídicas e, por isso, suas atividades, enquanto hermeneutas, não podem ser desprezadas.

Por essa razão, também são variados os intérpretes da convenção de arbitragem. Primeiro, as partes – que idealizaram aquele negócio jurídico – realizam atividade interpretativa, sendo as primeiras a avaliar seus limites objetivos e subjetivos. Isso porque, ao dar início ao procedimento arbitral, a parte necessariamente realiza um juízo prévio quanto à arbitrabilidade, identificando os elementos suficientes para a instauração do procedimento arbitral.

Segundo, os advogados que assessoram as partes também efetuam atividade interpretativa, conferindo aconselhamentos jurídicos sobre o que, contra quem e de que modo o procedimento arbitral deve se desenvolver. Terceiro, a instituição de arbitragem (em casos de arbitragem institucional), que emite, em diversas oportunidades, juízos sobre a convenção de arbitragem – como dispõem diversos regulamentos arbitrais, que conferem à câmara arbitral função interpretativa *prima facie*. Quarto, os árbitros, que são os intérpretes por excelência da convenção de arbitragem, investidos de jurisdição e

---

213 "Mas também os indivíduos, que têm – não de aplicar, mas de observar o Direito, observando ou praticando a conduta que evita a sanção, precisam de compreender e, portanto, de determinar o sentido das normas jurídicas que por eles hão de ser observadas. E, finalmente, também a ciência jurídica, quando descreve um Direito positivo, tem de interpretar as suas normas" (KELSEN, Hans. *Teoria pura do direito*. Trad. João Baptista Machado. 8. ed. São Paulo: Martins Fontes, 2009. p. 387-388).

214 MARINO, Francisco Paulo De Crescenzo. *Interpretação do negócio jurídico*. São Paulo: Saraiva, 2011. p. 74.

competentes para avaliar questões como existência, validade e eficácia da convenção de arbitragem.[215] Quinto, o Poder Judiciário, que, em diversas circunstâncias, previstas pela lei, exerce papel de auxílio no desenvolvimento da arbitragem. A ele também incumbe realizar o controle *a posteriori* de certos atos praticados pelos árbitros (por exemplo, em sede de ação anulatória, é possível revisitar a análise feita pelos árbitros quanto à validade ou eficácia da convenção de arbitragem).

Não obstante, não se deve menosprezar o papel central desempenhado pelo intérprete jurisdicional na interpretação de negócios jurídicos. O julgador (juiz ou árbitro) deve proferir decisão definitiva sobre o litígio posto pelas partes, tendo como ponto de partida o instrumento contratual firmado por elas.[216] A função interpretativa do julgador tem início com a propositura da ação judicial ou da arbitragem, e apresenta especial relevância por: (i) ter como produto decisão que, quando transitada em julgado, será recoberta pela coisa julgada e adquirirá *status* de definitividade;[217] (ii) se sobrepor às interpretações feitas anteriormente, sendo a única interpretação que poderá ser vinculante judicialmente.

4. Caráter inexato da interpretação contratual

A interpretação não é uma ciência exata, sendo, antes de tudo, uma atividade criadora do espírito.[218] Existe, para o intérprete, uma margem necessária de interpretação, que ficará para a sua livre apreciação. Dentro dela, serão possíveis diferentes soluções, que serão igualmente legítimas, desde que o intérprete tenha em conta os diversos critérios, cânones e meios de interpretação aplicáveis e, fundamentalmente, de modo

---

215 STJ, REsp 1.288.251/MG, Rel. Min. Sidnei Beneti, j. 09.10.2012; STJ, REsp 1.278.852/MG, Rel. Min. Luis Felipe Salomão, j. 21.05.2013; STJ, CC 144.477, Rel. Min. Paulo de Tarso Sanseverino, j. 14.12.2015; STJ, REsp 1.694.826/GO, Rel. Min. Nancy Andrighi, j. 07.11.2017; AgInt no AREsp 1.375.954/SC, Rel. Min. Marco Aurélio Bellizze, j. 23.03.2020.

216 FORGIONI, Paula A. *Contratos empresariais*: teoria geral e aplicação. 7. ed. São Paulo: Thomson Reuters Brasil, 2022. p. 246.

217 "A função interpretativa do juiz somente começa com a propositura da ação, ou, mais precisamente, quando se despacha a petição, porquanto já aí pode ter de interpretar o ato jurídico, a fim de dar o despacho inicial. A interpretação pelo juiz tem duas relevâncias: a) apresenta a interpretação, que, com a coisa julgada, se terá por verdadeira; b) estabelece que o figurante, se discorda da declaração judicial, pode, firmado nela, alegar o êrro substancial, como causa de nulidade (arts. 84-91). Isso não quer dizer que, dada por um juiz a interpretação, tenha o figurante de esperar a coisa julgada para propor a ação de nulidade. A interpretação, que, nas duas sentenças, constituir coisa julgada, impor-se-á como fixação do sentido do ato jurídico, como questão prévia resolvida" (PONTES DE MIRANDA, Francisco Cavalcanti. *Tratado de direito privado*. São Paulo: Revista dos Tribunais, 2012. t. III, p. 439-440).

218 "Assim, o estabelecimento ou fixação de uma norma simplesmente geral opera-se sempre – em correspondência com a natureza desta norma geral – sob o pressuposto de que a norma individual que resulta da sua aplicação continua o processo de determinação que constitui, afinal, o sentido da seriação escalonada ou gradual das normas jurídicas" (KELSEN, Hans. *Teoria pura do direito*. Trad. João Baptista Machado. 8. ed. São Paulo: Martins Fontes, 2009. p. 389).

adequado, as razões que o levaram a determinada conclusão.[219] Utilizando a metáfora de Kelsen,[220] as normas jurídicas guardam uma determinada moldura, que estabelece os limites ao intérprete. Dentro de tais balizas, há espaço para livre apreciação e determinação do sentido mais adequado.[221]

Haverá uma pluralidade de decisões juridicamente possíveis para cada caso concreto, o que traz consigo inegável margem de insegurança, diante da inexistência de uma única resposta adequada.[222] Por mais que a técnica jurídica procure desenvolver mecanismos de mitigação da insegurança e da discricionariedade – sistema de precedentes, súmulas vinculantes, julgamentos repetitivos, enunciados doutrinários, dentre outros –, é inerente ao direito a possibilidade de dúvidas justificáveis e legítimas.

Um dos grandes desafios da interpretação jurídica é, portanto, compatibilizar o anseio por segurança e tratamento isonômico com as naturais divergências e visões discrepantes sobre o sentido normativo adequado a um determinado caso concreto. Por

---

219 "A interpretação não é, como temos sempre e sempre sublinhado, um exemplo de cálculo, mas uma actividade criadora do espírito. De modo não diverso do que ocorre no julgamento de uma situação de facto concreta com base numa pauta de valoração carecida de preenchimento ou numa coordenação tipológica, fica também ao intérprete, nos casos-limite – estes são, sobretudo, os que chegam à decisão dos tribunais superiores –, uma margem de livre apreciação, adentro da qual são 'plausíveis' diferentes resoluções. Do mesmo modo, de resto, tão-pouco é legítimo declarar como sem valor o procedimento metódico e como totalmente arbitrária a 'escolha do método', em virtude desta margem remanescente de livre apreciação. Ao intérprete há-de, certamente, exigir-se que tenha em conta os diferentes critérios de interpretação e que fundamente as razões por que considera aqui algum como determinante" (LARENZ, Karl. *Metodologia da ciência do direito*. 3. ed. Trad. José Lamego. Lisboa: Fundação Calouste Gulbenkian, 1997. p. 489).

220 "Em todos estes casos de indeterminação, intencional ou não, do escalão inferior, oferecem-se várias possibilidades à aplicação jurídica. O ato jurídico que efetiva ou executa a norma pode ser conformado por maneira a corresponder a uma ou outra das várias significações verbais da mesma norma, por maneira a corresponder à vontade do legislador – a determinar por qualquer forma que seja – ou, então, à expressão por ele escolhida, por forma a corresponder a uma ou a outra das duas normas que se contradizem ou por forma a decidir como se as duas normas em contradição se anulassem mutuamente. O Direito a aplicar forma, em todas estas hipóteses, uma moldura dentro da qual existem várias possibilidades de aplicação, pelo que é conforme ao Direito todo ato que se mantenha dentro deste quadro ou moldura, que preencha esta moldura em qualquer sentido possível" (KELSEN, Hans. *Teoria pura do direito*. Trad. João Baptista Machado. 8. ed. São Paulo: Martins Fontes, 2009. p. 390).

221 "O juiz (ou intérprete) pode atuar criativamente, para exercer a escolha de como preencher a 'área de textura aberta', da regra, mas encontrará sempre 'um núcleo de significado determinado', do qual não estará livre para se afastar 'nas suas decisões oficiais'. O juiz, em outros termos, pode criar soluções à margem da norma legislada, pode completá-la em suas incompletudes inevitáveis, mas não pode negá-la nem violá-la, enfim" (THEODORO JR., Humberto. Interpretação e aplicação das normas jurídicas. *Revista de Processo*, v. 150, p. 11-23, ago. 2007. p. 6).

222 FORGIONI, Paula A. *Contratos empresariais*: teoria geral e aplicação. 7. ed. São Paulo: Thomson Reuters Brasil, 2022. p. 219-220.

essa razão, a interpretação deve ocorrer sempre de modo prudencial, compatível com a lógica do razoável e assentada sobre o exame e reexame das regras e dos princípios jurídicos aplicáveis.[223]

Na interpretação contratual, esse princípio de razoabilidade é concretizado pela utilização de diversos expedientes, como a atenção às negociações das partes, a observância das regras hermenêuticas aplicáveis, a ponderação das circunstâncias à luz da boa-fé objetiva e que considere a forma representativa, a atenção ao sentido razoável a partir do conjunto das declarações negociais (cânone da totalidade e coerência) e a análise objetiva do fim concreto do negócio jurídico.[224] Deve-se ter em conta a realização do direito, em caráter situacional, com valoração das circunstâncias negociais, ponderando a duração do negócio, o grau de confiança envolvido na relação, a expertise dos contratantes, a natureza onerosa ou não do negócio, entre outros fatores.[225]

É impossível definir *a priori* um metacritério interpretativo, ou uma regra de prevalência que determine qual dos elementos deve prevalecer. Por isso, o processo interpretativo também demanda elevado grau de sensibilidade por parte do intérprete que, ao tangenciar o caso concreto, deve ponderar todos os elementos que possam ser relevantes para a formação do seu convencimento.

Igualmente, a interpretação é condicionada por uma dimensão temporal. A experiência jurídica transcorre dentro de um tempo e espaço determinados. Esses elementos contextuais também explicam como a solução adequada a certo caso pode variar tanto no tempo quanto no espaço. Respostas igualmente legítimas são possíveis e podem conviver em harmonia, bem como mudanças sociais podem justificar alterações na interpretação e na solução a ser dada a determinado problema jurídico. Todavia, a dimensão temporal da interpretação não implica um dever do intérprete de seguir a

---

223 THEODORO JR., Humberto. Interpretação e aplicação das normas jurídicas. *Revista de Processo*, v. 150, p. 11-23, ago. 2007. p. 5.

224 GEDIEL, José Antônio Peres; CORRÊA, Adriana Espíndola. Interpretações – Art. 113 do Código Civil. In: MARQUES NETO; Floriano Peixoto; RODRIGUES JR., Otávio Luiz; LEONARDO, Rodrigo Xavier. *Comentários à Lei de Liberdade Econômica*: Lei 13.874/2019. São Paulo: Thomson Reuters Brasil, 2019. p. 355.

225 "Essas análises são importantes, pois o fundamento de uma autonomia privada, com amparo nos princípios constitucionais, nos valores e na situação concreta das partes, tudo conforme o acordo negocial pretendido, se projeta e se revela na vida e no contexto dos envolvidos nos negócios e também perante os terceiros. Há uma autonomia privada, decorrente de uma autonomia de vontade com projeções mais profundas, levando em conta as interferências do Estado e dos princípios constitucionais e numa interpretação cada vez mais voltada à realização do direito, o que contribui para que a interpretação e a integração dos negócios jurídicos venham em sintonia com a uma interpretação mais concreta, mais total, mais situacional, maior carga valorativa nas circunstâncias negociais, e considerando a duração do negócio, a qualidade dos contratantes, a natureza onerosa ou gratuita do negócio, na necessidade ou não de ser conservado o negócio jurídico" (FRANZOLIN, Cláudio José. Negócios jurídicos: interpretação, integração, conteúdo negocial e efeitos. *Revista de Direito Privado*, v. 39, p. 61-86, jul./set. 2009. p. 4).

tendência da época, pois é função primordial do direito também ser capaz de exercer papel contramajoritário, contendo impulsos ou sensos de justiça *ad hoc*.[226]

Em síntese, diante do caráter inexato da interpretação, incumbe ao intérprete, por meio dos métodos interpretativos próprios, identificar o sentido mais adequado a ser dado.[227] Esse processo, sujeito às sensibilidades e pré-compreensões do próprio intérprete, deve se atentar à efetividade jurídica e à intenção das partes como bússola a ser seguida. A inexistência de resposta exata e o reconhecimento do papel criativo do intérprete não podem redundar em arbitrariedades hermenêuticas, sob pena de, eventualmente, agredir o próprio objetivo da interpretação, fulminando sua legitimidade.[228]

A interpretação da convenção de arbitragem, nesse mesmo espírito, também apresentará um inegável caráter impreciso e inexato. É possível que existam divergências razoáveis sobre os limites e o papel jurisdicional a ser exercido pelos árbitros. Por isso, a legitimidade da interpretação da convenção de arbitragem estará calcada na fundamentação e nas razões expostas pelos seus intérpretes, que levaram ao seu convencimento racional.

De igual modo, esse caráter inexato do processo interpretativo demanda postura de cautela, diante da sensibilidade do afastamento da jurisdição estatal. Por isso, questões

---

226 "Toda a interpretação da lei está, até certo ponto, condicionada pela época. Com isto não se pretende dizer que o intérprete deve seguir a par e passo cada tendência da época ou da moda. A continuidade da jurisprudência, a confiança do cidadão, que nela se estriba, de que a sua questão será resolvida de acordo com as pautas até aí vigentes, é um valor muito específico. Só a uma mutação fundamental da consciência valorativa geral é o que o intérprete se não deve subtrair, mormente quando ela tenha encontrado expressão em leis mais recentes ou assente num amplo consenso" (LARENZ, Karl. *Metodologia da ciência do direito*. 3. ed. Trad. José Lamego. Lisboa: Fundação Calouste Gulbenkian, 1997. p. 443).

227 "O intérprete, à luz da valoração ética preconizada pelo atual direito das obrigações, deve sempre se lembrar que o contrato 'deve ter um significado, e pode ter apenas um – o justo significado. Encontrar o justo significado do contrato é o escopo da interpretação'. (...) Justo sentido para interpretar o prazo mal definido no ajuste é aquele que se revela exequível e nunca o que, para o obrigado, é de observância impossível. Justo é o sentido, enfim, que respeita as regras elementares de interpretação contratual, dá eficácia econômica ao negócio e obsta a imposição de ônus excessivo para o devedor e que, certamente, pelos usos, costumes e pela boa-fé, não representa a intenção declarada pelas partes" (THEODORO JR., Humberto. Contrato. Interpretação. Princípio da boa-fé. Teoria do ato próprio ou da vedação do comportamento contraditório. *Revista de Direito Privado*, v. 38, p. 149-175, abr./jun. 2009. p. 12-13).

228 "Explicite-se, ainda, o seguinte: muito embora a conjugação de certos factos e, sobretudo, a respectiva ponderação relativa, possa ser duvidosa, o sentido obtido pelo intérprete tem de fundar-se nos factos reveladores ou envolventes do comportamento interpretando. Sob pena de, não se fundando, se admitir (pseudo)sentidos radicados no alvedrio do intérprete, alçado a oráculo do sistema jurídico – o que não é admissível. Ou seja: não é possível fundamentar a correcção de um sentido negocial sem a apresentação dos factos de onde esse sentido se deduz" (REI, Maria Raquel Aleixo Antunes. *Da interpretação da declaração negocial no direito civil português*. 2010. 476 f. Tese (Doutorado em Direito) – Faculdade de Direito, Universidade de Lisboa, Lisboa, 2010. p. 118).

relacionadas à identificação das partes da convenção de arbitragem e dos limites objetivos da jurisdição arbitral deverão ser ponderadas com grande cuidado. A inexistência de resposta *a priori* correta a ser dada a essas questões impõe aos intérpretes da convenção de arbitragem (especialmente aos árbitros) o ônus de explicitar com clareza as razões subjacentes ao seu convencimento e conclusões. Com isso, legitima-se a atribuição de sentido, obtida pelo oferecimento de razões coerentes e consistentes, aptas a explicitar racionalmente a decisão tomada.

5. Limitações à atuação do intérprete

No labor de atribuição de sentido à forma representativa, cabe ao intérprete recolher todos os fatos significativos (relativamente ao objeto da interpretação) e conjugá-los, de modo a obter um sentido.[229] A teoria da interpretação contou com substanciais evoluções para migrar da "dimensão individualista" para a "dimensão social", objetivando as expectativas de comportamento. Não é mais admissível o subjetivismo do intérprete, que se desgarra propositalmente da prática social, confundindo o papel decisório com seu senso particular de justiça.[230]

Não é lícita a livre atribuição de sentidos, tendo a ciência jurídica desenvolvido técnicas, métodos e cânones hermenêuticos aos quais o intérprete está adstrito e deve deferência.[231] Nesse sentido, explica Paula Forgioni que o momento da interpretação do contrato "não pode ser uma 'terra de ninguém', um 'vale tudo' que abre espaço a um pragmatismo caótico ou ao arbítrio do julgador".[232] Não se deve mais falar em "livre interpretação do direito", nem se admitir espaço para atribuição arbitrária de sentidos aos textos (tanto legais como negociais).[233]

Assim, a principal limitação ao intérprete é o método. No contexto da interpretação contratual, disciplina-se o método pelo qual se deve atribuir sentido a um determinado negócio jurídico.[234] A ordem jurídica positiva é um conjunto normativo vinculante de

---

229 REI, Maria Raquel Aleixo Antunes. *Da interpretação da declaração negocial no direito civil português*. 2010. 476 f. Tese (Doutorado em Direito) – Faculdade de Direito, Universidade de Lisboa, Lisboa, 2010. p. 118.

230 FORGIONI, Paula A. *Contratos empresariais*: teoria geral e aplicação. 7. ed. São Paulo: Thomson Reuters Brasil, 2022. p. 185.

231 MARTINS-COSTA, Judith. *A boa-fé no direito privado*: critérios para a sua aplicação. 2. ed. São Paulo: Saraiva, 2018. p. 487.

232 FORGIONI, Paula A. *Contratos empresariais*: teoria geral e aplicação. 7. ed. São Paulo: Thomson Reuters Brasil, 2022. p. 220.

233 GEDIEL, José Antônio Peres; CORRÊA, Adriana Espíndola. Interpretações – Art. 113 do Código Civil. In: MARQUES NETO; Floriano Peixoto; RODRIGUES JR., Otávio Luiz; LEONARDO, Rodrigo Xavier. *Comentários à Lei de Liberdade Econômica*: Lei 13.874/2019. São Paulo: Thomson Reuters Brasil, 2019. p. 328.

234 "Amarrando tudo que se explanou, a palavra que resume o rol de critérios de interpretação é: método. Quando se fala de interpretação contratual, fala-se do método a ser observado pelo aplicador quando de sua exploração sobre o que foi obra de outros, i.e. sobre o conteúdo de um contrato que se vê produto da autonomia e da heteronomia. Fala-se, noutras

critérios, técnicas, métodos e cânones que orientam a conduta do intérprete ao longo do processo hermenêutico. Esse arcabouço metodológico é revestido por especificidades, dependendo do objeto da interpretação.[235]

Com isso, não se está a negar a existência de um papel criativo conferido ao intérprete, nem a própria natureza inexata da interpretação. Ressalta-se apenas que, diante do desenvolvimento atual da ciência jurídica, a interpretação, para ser legítima, deve ser conduzida a partir do paradigma metodológico disposto no ordenamento jurídico. É dizer que, mesmo que não seja possível eliminar todo o subjetivismo do intérprete, o método interpretativo consubstanciado nas regras legais de interpretação estabelece balizas e contribui para diminuir a incerteza do resultado da interpretação, tornando-a objetiva e verificável.[236]

O intérprete não pode desprezar a forma representativa, devendo deferência aos termos contratados pelas partes. Nesse sentido, explica Paula Forgioni que, respeitados os limites impostos à autonomia privada, "aquele que julga não está autorizado a transformar o contrato em algo diferente do que as empresas acordaram".[237] No mesmo sentido, leciona Judith Martins-Costa que não é lícito ao intérprete "utilizar a boa-fé como aríete para esfacelar o texto legal ou o contratual a pretexto de interpretar o contrato, pois a autonomia privada há de ser preservada. Repise-se: seus limites são os que decorrem do Ordenamento Jurídico, e não da vontade do intérprete".[238]

Os princípios da obrigatoriedade e da intangibilidade do contrato também apresentam reflexos para o intérprete, vedando a alteração das cláusulas livremente pactuadas e impedindo que o intérprete subtraia a eficácia de parte do regulamento contratual.[239] Assim, não só as partes, mas também o intérprete jurisdicional deve guardar fidelidade aos termos contratados. A palavra "*fides*" deriva de *fiat* (faça-se) e *quod dictum est* (o que

---

palavras, do dever da interpretação contratual e, portanto, do modelo jurídico que submete o intérprete quando no exame da intenção comum das partes. Esse método é dado pela disciplina que se consolida nas fontes jurídicas examinadas, sem o que o intérprete se arrisca a cair na invocação de seu 'senso empírico', à revelia de regras e critérios de interpretação" (NITSCHKE, Guilherme Carneiro Monteiro. Comentário ao artigo 113 §§ 1º e 2º do Código Civil: interpretação contratual a partir da Lei de Liberdade Econômica. In: MARTINS-COSTA, Judith; NITSCHKE, Guilherme Carneiro Monteiro. *Direito privado na Lei de Liberdade Econômica*. São Paulo: Almedina, 2022. p. 341).

235 MARTINS-COSTA, Judith. *A boa-fé no direito privado*: critérios para a sua aplicação. 2. ed. São Paulo: Saraiva, 2018. p. 487.

236 GEDIEL, José Antônio Peres; CORRÊA, Adriana Espíndola. Interpretações – Art. 113 do Código Civil. In: MARQUES NETO; Floriano Peixoto; RODRIGUES JR., Otávio Luiz; LEONARDO, Rodrigo Xavier. *Comentários à Lei de Liberdade Econômica*: Lei 13.874/2019. São Paulo: Thomson Reuters Brasil, 2019. p. 328.

237 FORGIONI, Paula A. *Contratos empresariais*: teoria geral e aplicação. 7. ed. São Paulo: Thomson Reuters Brasil, 2022. p. 220.

238 MARTINS-COSTA, Judith. *A boa-fé no direito privado*: critérios para a sua aplicação. 2. ed. São Paulo: Saraiva, 2018. p. 557.

239 TEPEDINO, Gustavo. Interpretação contratual e boa-fé objetiva. *Soluções Práticas*, v. 2, p. 387-402, nov. 2011. p. 5.

foi dito), trazendo em seu cunho semântico o dever de manter fidelidade às promessas, aos compromissos, à verdade, à justiça e à lei.[240]

Outra limitação à atuação do intérprete jurisdicional é o respeito ao sentido já acordado pelas partes. Caso haja entendimento entre as partes sobre determinado sentido, não pode o juiz impor outra interpretação, salvo se houver interesse de terceiro envolvido. Explica Pontes de Miranda que quem não tomou parte na interpretação "pode sempre opor-se a ela, se é terceiro. Se a interpretação modifica a relação jurídica, por não coincidir com o que foi manifestado, tem-se de tratar o acordo no interpretar como novo contrato, ou como contrato, se não era de contrato que se cogitava. Então, a eficácia é só *ex nunc*".[241]

A Lei de Liberdade Econômica, mediante a inserção do art. 113, § 2º, no Código Civil, que autorizou que as partes afastem normas legais que versem sobre a interpretação, fortaleceu a posição de que há limitações para a atividade interpretativa exercida por juízes ou árbitros sobre os contratos.[242] Ao permitir que as partes disponham sobre o método interpretativo, autorizou-se que seja consubstanciado no contrato o *iter* a ser percorrido pelo intérprete quando da análise das disposições contratuais.

Diversas cláusulas materializam a prerrogativa das partes de limitar a atividade interpretativa: (i) cláusula de definição da versão do contrato, a ser prevista quando o contrato é redigido em mais de um idioma, estabelecendo qual deve prevalecer em caso de dúvida; (ii) possibilidade de pactuação da interpretação *contra proferentem*; (iii) cláusula de não alteração verbal do contrato (*no oral modification*), que impede que o intérprete declare a modificação do contrato sem que tenha havido prévia alteração por escrito; (iv) cláusula de não renúncia (*no waiver*), que impede que o intérprete constate ter havido renúncia a determinada prerrogativa contratual pactuada; (v) cláusula de definições, que predispõe o significado a ser adotado para certos termos definidos do contrato; (vi) cláusula de entendimento integral, que retira a eficácia normativa (mas não hermenêutica) de eventuais pactos firmados ao longo da fase de tratativas; dentre outras.

As limitações à atuação do intérprete são de extrema relevância no âmbito da arbitragem. Por mais que não se admita a revisão do mérito da sentença arbitral, sendo a decisão dos árbitros final em relação ao mérito do litígio, esta prerrogativa não coaduna o arbítrio. Em casos extremos, em que a sentença arbitral exorbita claramente os poderes que foram conferidos pelas partes aos árbitros, é possível concluir pela violação da convenção de arbitragem e anular a sentença arbitral, nos termos do art. 32, IV, da Lei de Arbitragem. Por exemplo, não podem os árbitros alterar injustificadamente a matriz

---

240 LAHR, Helena. Interpretação e qualificação dos negócios jurídicos. *Revista dos Tribunais*, v. 723, jan. 1996. p. 2.

241 PONTES DE MIRANDA, Francisco Cavalcanti. *Tratado de direito privado*. São Paulo: Revista dos Tribunais, 2012. t. III, p. 440.

242 KROETZ, Maria Cândida do Amaral. Interpretações – Art. 113 do Código Civil. In: MARQUES NETO; Floriano Peixoto; RODRIGUES JR., Otávio Luiz; LEONARDO, Rodrigo Xavier. *Comentários à Lei de Liberdade Econômica*: Lei 13.874/2019. São Paulo: Thomson Reuters Brasil, 2019. p. 360.

de alocação de riscos livremente ajustada pelas partes. Isso significaria reescrever o contrato, colocando-se na posição dos contratantes. O sistema de intangibilidade do mérito e a impossibilidade de propositura da ação anulatória com base em erro de direito não são aptos a salvaguardar uma sentença arbitral arbitrária, em clara desconformidade com a vontade das partes, que constitui um exercício solipsista, e não jurisdicional.

§ 6. OS INTÉRPRETES DA CONVENÇÃO DE ARBITRAGEM

1. A atuação das partes na execução da convenção de arbitragem

A atuação concreta das partes é o principal vetor de interpretação da convenção de arbitragem. Considerando a natureza privada do instituto, bem como o desiderato específico de solucionar conflitos decorrentes de direitos patrimoniais e disponíveis, a arbitragem eleva a autonomia privada à sua quintessência. Diante da centralidade da autonomia privada,[243] manifestada pelo agir das partes contratantes, é natural que o comportamento concreto das partes seja o principal fator a ser ponderado para resolver os problemas interpretativos derivados da convenção de arbitragem.

Mediante a teoria do "contato social",[244] desenvolvida originalmente no direito alemão, com significativa contribuição de Karl Larenz e adaptada ao direito brasileiro por Clóvis do Couto e Silva, é possível perceber uma virada hermenêutica que desloca o cerne da interpretação das palavras postas e imutáveis do instrumento contratual para a postura real e efetiva dos contratantes diante do desenvolvimento do vínculo obrigacional.[245] O contato social e a valoração das posturas intercomunicativas existentes entre as partes passaram a ser um dos principais polos de atenção do intérprete contratual. Ademais, a noção de obrigação como processo permite que se vislumbre a articulação de uma série de atos destinados, primeiramente, à contratação e, posteriormente, à execução do contrato.[246] Esses atos adquirem tanto relevância normativa quanto hermenêutica.

A evolução da teoria civilista permitiu perceber a proximidade existente entre o contato social como fonte do direito obrigacional e a necessidade de tutela da confiança,[247]

---

243 SCALETSCKY, Fernanda Sirotsky; AZEVEDO, Marcelo Cândido de; SERPA, Pedro Ricardo. Existência, validade e eficácia da convenção arbitral. *Revista de Direito Empresarial*, v. 3, p. 321-351, maio-jun. 2014. p. 3.

244 CANARIS, Claus-Wilhelm. O "contato social" no ordenamento jurídico alemão. Trad. Otávio Luiz Rodrigues Jr. e Patrícia Cândido Alves Ferreira. *Revista de Direito Civil Contemporâneo*, v. 16, p. 211-219, jul./set. 2018.

245 Analisando também o tema da confiança, expectativas legítimas e contato social: SALTON, Rodrigo. *O dever de informar pré-contratual e as operações de M&A*. São Paulo: Quartier Latin, 2023.

246 AZEVEDO, Antonio Junqueira de. Responsabilidade pré-contratual no Código de Defesa do Consumidor: estudo comparativo com a responsabilidade pré-contratual no direito comum. *Revista de Direito do Consumidor*, v. 18, p. 23-31, abr./jun. 1996. p. 3.

247 FABIAN, Christoph. *O dever de informar no direito civil*. São Paulo: Revista dos Tribunais, 2002. p. 158.

considerada hoje elemento indispensável para o tráfego jurídico, sem a qual a sociedade restaria em um eterno estado de guerra.[248] Assim, a atenção às condutas concretas das partes, antes de ser percebida apenas como um gesto de formação de vínculos obrigacionais (*v.g.*, formação de contratos mediante comportamentos concludentes), consiste também em um primado hermenêutico, e está dotada de uma inseparável perspectiva ético-cultural.[249] A centralidade do princípio da confiança (*Vertrauensgrundsatz*) passou a ser considerada um dos pilares do direito privado alemão, irrigando o BGB.[250]

A convenção de arbitragem, ajustada como um contrato de seguro de longa duração, de que se espera nunca precisar para resolver indesejáveis contendas, constitui um contrato relacional. Dessa forma, o agir concreto das partes é fonte geradora de expectativas legítimas que merecem ser tuteladas pelo direito.[251] Muitas dessas expectativas se encontram em uma zona intermediária entre o negócio jurídico e a ilicitude civil, e podem adquirir relevância hermenêutica para interpretar e valorar o vínculo jurídico existente entre as partes. Assim como atualmente se compreende que o contrato consiste no contato negocial qualificado pela vontade,[252] a convenção de arbitragem também deve ser analisada dentro dessa perspectiva, justificando uma interpretação elástica em relação à identificação da vontade de arbitrar, seus limites e sua extensão.

A intenção de arbitrar pode ser manifestada de variadas formas.[253] Por força do *favor arbitrandum*, é possível procurar em diversas condutas das partes contratantes o seu aceite e a sua concordância em arbitrar.[254] O consentimento em relação à via arbitral pode ser interpretado de modo abrangente.[255] Atos como as negociações entabuladas

---

248 FRADERA, Véra. A vedação de *venire contra factum proprium* e sua relação com os princípios da confiança e da coerência. *Direito e Democracia* (ULBRA), v. 9, n. 1, p. 130-134, jan./jun. 2008. p. 131. A autora se baseia na concepção de Karl Larenz: "Una sociedad en la que cada uno desconfiara dei otro se asemejaría a un estado de guerra latente entre todos, y en lugar de la paz dominaria la discórdia. Allí donde se ha perdido la confianza, la comunicación humana está perturbada em lo más profundo" (LARENZ, Karl. *Derecho civil*: parte general. Madrid: RDP, 1978. p. 59).

249 PEREIRA, Fábio Queiroz. *O ressarcimento do dano pré-contratual*: interesse negativo e interesse positivo. Coimbra: Almedina, 2017. p. 121 e ss.

250 FRADERA, Véra Maria Jacob. Dano pré-contratual: uma análise comparativa a partir de três sistemas jurídicos, o continental europeu, o latino-americano e o americano do norte. *Revista de Informação Legislativa*, Brasília, v. 136, p. 169-180, 1997. p. 175.

251 HAICAL, Gustavo Luís da Cruz. O inadimplemento pelo descumprimento exclusivo do dever lateral advindo da boa-fé objetiva. *Revista dos Tribunais*, v. 900, p. 45-84, 2010. p. 7.

252 FRADERA, Véra Jacob de. O Código Civil, a influência do tempo sobre o direito e a responsabilidade civil pelo descumprimento do contrato: a polêmica em torno da duração do prazo prescricional. *Revista de Direito Civil Contemporâneo*, v. 24, p. 53-71, jul./set. 2020. p. 4.

253 MARTINS-COSTA, Judith. *A boa-fé no direito privado*: critérios para a sua aplicação. 2. ed. São Paulo: Saraiva, 2018. p. 547-548.

254 Sobre o *favor arbitrandum*, ver Capítulo 4, *infra*.

255 SOUSA, Ulisses César Martins de. Cláusula compromissória: análise comparativa Brasil-Portugal. *Revista dos Tribunais*, v. 99, p. 367-286, jan. 2019. p. 4.

entre os contratantes ao longo da fase pré-contratual,[256] mensagens trocadas, obrigações contratuais assumidas, participação em contratos coligados à operação sujeita à convenção de arbitragem,[257] dentre outros, poderão assumir relevância hermenêutica para a interpretação do consentimento em relação à via arbitral. Até mesmo, em algumas circunstâncias especiais, o silêncio qualificado pode ser meio de manifestação volitiva apta a submeter uma parte à jurisdição arbitral.[258]

Nesse contexto, a tutela conferida pelo *favor arbitrandum* – maximizadora da intenção de arbitrar – passa a apresentar relação próxima com a tutela oferecida pela boa-fé objetiva, hoje princípio de incidência inconteste em todas as fases do vínculo obrigacional.[259] Seguindo a lição de João Baptista Machado de que as funções primordiais do direito são a garantia das expectativas e o direcionamento das condutas,[260] cabe ao intérprete assegurar a tutela da confiança legítima depositada, resultado das condutas comunicativas de pessoas responsáveis. Trata-se de imperativo atrelado ao dever de lealdade recíproca e de postura cooperativa subjacente ao direito obrigacional.[261]

A consequência do imbricamento entre *favor arbitrandum* e tutela da confiança é clara: prestigia-se o agir concreto das partes contratantes, com atenção às expectativas mutuamente geradas, não apenas como fonte de deveres jurídicos (função normativa),

---

256 FABIAN, Christoph. *O dever de informar no direito civil*. São Paulo: Revista dos Tribunais, 2002. p. 121.

257 STJ, REsp 1.639.035/SP, Rel. Min. Paulo de Tarso Sanseverino, j. 18.09.2018; STJ, REsp 1.834.338/SP, Rel. Min. Nancy Andrighi, j. 01.09.2020; TJSP, Ap. 1105912-33.2018.8.26.0100, Rel. Des. Caio Marcelo Mendes de Oliveira, j. 15.08.2020.

258 SCALETSCKY, Fernanda Sirotsky; AZEVEDO, Marcelo Cândido de; SERPA, Pedro Ricardo. Existência, validade e eficácia da convenção arbitral. *Revista de Direito Empresarial*, v. 3, p. 321-351, maio-jun. 2014. p. 8.

259 AZEVEDO, Antonio Junqueira de. Responsabilidade pré-contratual no Código de Defesa do Consumidor: estudo comparativo com a responsabilidade pré-contratual no direito comum. *Revista de Direito do Consumidor*, v. 18, p. 23-31, abr./jun. 1996. p. 3.

260 BAPTISTA MACHADO, João. Tutela da confiança e *venire contra factum proprium*. *Obra Dispersa*, Braga: Scientia Ivridica, v. I, 1991. p. 346.

261 Observa-se, na linha do que sustenta Arnoldo Wald, a tônica do direito contratual de buscar aliar a segurança jurídica com princípios de justiça. "Por outro lado, se o direito tem a dupla finalidade de garantir tanto a justiça quanto a segurança, é preciso encontrar o justo equilíbrio entre as duas aspirações, sob pena de criar um mundo justo, mas inviável, em vez de uma sociedade eficiente mas injusta, quando é preciso conciliar a justiça e a eficiência. Não devem prevalecer nem o excesso de conservadorismo, que impede o desenvolvimento da sociedade, nem o radicalismo destruidor, que não assegura a continuidade das instituições. O momento é de reflexão e construção para o jurista que, abandonando o absolutismo passado, deve relativizar as soluções, tendo em conta tanto os valores éticos quanto as realidades econômicas e sociais. Entre princípios antagônicos, num mundo dominado pela teoria da relatividade, cabe adotar, também no campo do direito, o que alguns juristas passaram a chamar os princípios de geometria variável, ou seja, o equilíbrio entre justiça e segurança, com a prevalência da ética mas sem desconhecer a economia" (WALD, Arnoldo. O contrato no projeto do Código Civil (da evolução dos interesses conflitantes do passado até a parceria do futuro). *Revista do Instituto dos Advogados de São Paulo*, v. 1, p. 12-17, jan./jun. 1998).

como impeditivo a comportamentos contraditórios (função corretiva) ou como mecanismo de complementação do conteúdo jurídico (função integrativa). Presta-se, antes de tudo, à interpretação dos contratos e negócios firmados (função hermenêutica) – inclusive em relação à convenção de arbitragem.

A convenção de arbitragem, ao materializar ato de cerne consensualista e polarizado pela autonomia privada dos contratantes, consiste, indiscutivelmente, em um ato de confiança recíproca em prol da via arbitral como forma de solução de controvérsias. Reconhece-se amplamente que a confiança e a autonomia privada agem de modo a potencializar a atuação do outro, dialeticamente.[262] O fundamento para cada uma é diverso, razão pela qual a autonomia privada e a confiança são duas faces da mesma moeda: enquanto o princípio da confiança se vincula à noção de responsabilidade individual (*Selbsverantwortung*), o princípio da autonomia privada é a expressão de um ato de autodeterminação dos sujeitos de um ato jurídico (*Selbstbestimmung*).[263]

Dessa forma, a convenção de arbitragem é um negócio jurídico que, para além de sua natureza privada e consensualista (perspectivas amplamente reconhecidas pela doutrina especializada), não pode mais ser percebida apenas dentro dessa dimensão privatística. À luz do direito brasileiro, ela se coloca não apenas como um brado da autonomia privada, mas como um negócio jurídico que envolve a confiança recíproca, na qual ambas as partes abrem mão parcialmente de um dos direitos mais caros ao Estado de Direito (direito de ação em face do Poder Judiciário), em prol de uma solução adequada, célere e especializada do litígio posto. Assim, a convenção de arbitragem tem, na sua origem, além do cariz consensualista, um pacto de confiança recíproca em prol de soluções eficientes das controvérsias eventualmente postas.

As declarações negociais subjacentes à convenção de arbitragem, ao serem livremente emitidas, despertam na contraparte (como ocorre com a generalidade das declarações negociais[264]) o efeito vinculativo e a confiança no cocontratante. O agir privado, contemporaneamente, deve ser percebido tanto como fonte da *lex privata* (*pacta sunt servanda*[265]) quanto como gerador de expectativas legítimas socialmente

---

262 MARTINS-COSTA, Judith. *A boa-fé no direito privado*: critérios para a sua aplicação. 2. ed. São Paulo: Saraiva, 2018. p. 250.

263 FRADERA, Véra. A vedação de *venire contra factum proprium* e sua relação com os princípios da confiança e da coerência. *Direito e Democracia* (ULBRA), v. 9, n. 1, p. 130-134, jan./jun. 2008. p. 131.

264 MOTA PINTO, Carlos Alberto. *Teoria geral do direito civil*. 4. ed. atual. por António Pinto Monteiro e Paulo Mota Pinto. Coimbra: Coimbra Editora, 2005. p. 106.

265 "Por longo tempo, entendeu-se que os pactos deviam ser respeitados (*pacta sunt servanda*), pois refletiam um ato de liberdade individual. O contratual, pela sua própria natureza, por decorrer de um acordo de vontades, devia ser considerado justo e, consequentemente, o contrato era intangível, devendo ser executado custasse o que custasse, ressalvados tão somente os casos excepcionais da força maior e do caso fortuito" (WALD, Arnoldo. O contrato no projeto do Código Civil (da evolução dos interesses conflitantes do passado até a parceria do futuro). *Revista do Instituto dos Advogados de São Paulo*, v. 1, p. 12-17, jan./jun. 1998).

averiguáveis.[266] A autovinculação decorrente do agir comunicativo é a contrapartida necessária da autonomia privada.[267]

Portanto, a convenção de arbitragem regida pelo direito brasileiro traz consigo, além do direito potestativo de arbitrar, imperativos de conduta próprios, decorrentes da tutela da confiança, que se refletem ao longo do procedimento arbitral como um todo. Tais imperativos geram, inclusive, deveres laterais e anexos, bem como a possibilidade de responsabilizar a parte que adota, no curso do procedimento arbitral, posturas antiéticas, irresponsáveis, atentatórias ao dever de colaboração, entre outras.

2. O ônus das partes de se manifestarem sobre a interpretação (e vícios) atinentes à convenção de arbitragem

As partes detêm o ônus de impugnar defeitos referentes à convenção de arbitragem na primeira oportunidade disponível, arguindo questões como inexistência, invalidade ou ineficácia da convenção de arbitragem.[268] O mesmo se aplica a eventuais inconformidades interpretativas referentes ao escopo objetivo ou subjetivo da convenção de arbitragem.

Por exemplo, se a parte não se considera sujeita à convenção de arbitragem, deve se manifestar nesse sentido desde a primeira oportunidade no procedimento arbitral.

---

266 MARTINS-COSTA, Judith. *A boa-fé no direito privado*: critérios para a sua aplicação. 2. ed. São Paulo: Saraiva, 2018. p. 250.

267 MARTINS-COSTA, Judith. *A boa-fé no direito privado*: critérios para a sua aplicação. 2. ed. São Paulo: Saraiva, 2018. p. 257.

268 "A Lei parece criar momento preclusivo interessante e que precisa ser bem examinado. Disse o legislador que a parte que pretender arguir questões (fatos controvertidos) relativos à competência, suspeição, impedimento, nulidade, invalidade ou ineficácia da convenção deverá fazê-lo na primeira oportunidade que tiver para manifestar-se após a instituição da arbitragem, não especificando, porém, o que acontece se deixar de fazê-lo. De duas, uma: ou a regra é de mera ordenação do procedimento (e, então, é praticamente inócua), ou o legislador quis fixar prazo preclusivo. Neste último caso, se a parte pretender, ao término da arbitragem, promover a demanda de que trata o art. 33, deverá desde logo mostrar que pretende anular a futura decisão (ou aniquilar a própria arbitragem), sob pena de não poder queixar-se mais adiante em sede judicial. As matérias tratadas no dispositivo legal são híbridas, e merecem ser separadas para análise diferenciada: há matérias que beiram a ordem pública e que dizem respeito aos princípios do processo (especificados no § 2º do art. 21), cuja violação não comporta saneamento; há outras, porém, que se localizam plenamente na esfera de disponibilidade das partes, a permitir a atuação do princípio da disponibilidade. Entre estas últimas estão algumas das questões relativas à suspeição e impedimento do árbitro: se as partes, sabedoras de motivo para afastamento do árbitro, deixam de alegá-lo, estão tacitamente concordando que tal motivo não causará a parcialidade do julgamento (ou, pelo menos, estão aceitando o risco de eventual parcialidade), e consequentemente não podem reservar-se o direito de, proferido o laudo, trazerem à baila a questão (a não ser, é claro, que o motivo de impedimento ou suspeição tenha sido descoberto posteriormente). A preclusão, aqui, ocorrerá se a parte que tiver conhecimento do motivo que possa levar à recusa do árbitro deixar de apresentar a respectiva exceção na primeira oportunidade que tiver" (CARMONA, Carlos Alberto. *Arbitragem e processo*: um comentário à Lei nº 9.307/96. 3. ed. São Paulo: Atlas, 2009. p. 283-284).

Caso contrário, poderá configurar-se a aceitação tácita da jurisdição arbitral em razão do silêncio qualificado, tendo a parte se omitido em se manifestar quando imbuída desse ônus.[269] Nesse sentido dispõe o art. 20 da LARb,[270] que contém importante mecanismo de celeridade e eficiência processual.

Observa-se que nem todos os possíveis defeitos da convenção de arbitragem apresentam a mesma natureza, já que alguns integram a ordem pública nacional, enquanto outros estão sujeitos à autonomia privada das partes, admitindo convalidação expressa ou tácita – o que leva à existência de diversos graus de severidade quanto à preclusão prevista pelo art. 20 da Lei de Arbitragem.[271] Sendo o vício de ordem pública, ele não será convalidado e pode ser alegado em qualquer momento da arbitragem, em ação anulatória[272] ou em impugnação ao cumprimento de sentença arbitral,[273] não havendo falar em preclusão.[274]

Registra-se, por exemplo, o vício de ausência de imparcialidade[275] ou de impedimento de membro de tribunal arbitral.[276] Trata-se de indiscutível vício de ordem pública, pois trata-se de pressupostos à existência de jurisdição regular. Nesse sentido, a imparcialidade do árbitro pode ser questionada a qualquer tempo, inclusive após a arbitragem. É, portanto, natural que certas causas de falta de imparcialidade ou de independência possam também ser discutidas posteriormente, em sede de controle repressivo pelo Poder Judiciário, não havendo de se cogitar de efeito preclusivo.

---

[269] TJMS, Ap. 0040889-66.2012.8.12.0001, Rel. Des. Júlio Roberto Siqueira Cardoso, j. 07.02.2013; TJTO, AI 0003720-55.2017.827.0000, Rel. Des. Moura Filho, j. 04.04.2017; TJSP, AI 2186962-39.2019.8.26.0000, Rel. Des. Vianna Cotrim, j. 21.01.2020; TJSP, Ap. 1004784-98.2018.8.26.0704, Rel. Des. Fortes Barbosa, j. 07.06.2019; TJMG, AI 1.0702.15.081554-7/001, Rel. Des. Otávio Portes, j. 13.02.2019; TJGO, AgInt em AI 5144151.23.2022.8.09.0051, Rel. Des. Gilberto Marques Filho, j. 13.07.2022.

[270] LARb: "Art. 20. A parte que pretender arguir questões relativas à competência, suspeição ou impedimento do árbitro ou dos árbitros, bem como nulidade, invalidade ou ineficácia da convenção de arbitragem, deverá fazê-lo na primeira oportunidade que tiver de se manifestar, após a instituição da arbitragem".

[271] SESTER, Peter Christian. *Comentários à Lei de Arbitragem e à legislação extravagante*. São Paulo: Quartier Latin, 2020. p. 241.

[272] TJSP, Ap. 1046552-75.2015.8.26.0100, Rel. Des. Claudio Godoy, j. 20.08.2015.

[273] TJSP, AI 2101636-48.2018.8.26.0000, Rel. Des. Alexandre Lazzarini, j. 13.03.2019; TJSP, AI 2240601-35.2020.8.26.0000, Rel. Des. Alcides Leopoldo, j. 25.03.2021; TJGO, AI 5595374.11.2019.8.09.0000, Rel. Des. Amélia Martins de Araújo, j. 13.04.2020.

[274] SETOGUTI, Guilherme. Procedimento I. In: LEVY, Daniel; SETOGUTI, Guilherme (coord.). *Curso de arbitragem*. São Paulo: Revista dos Tribunais, 2018. p. 182-183.

[275] TJMG, Ap. 1.0024.13.357238-8/006, Rel. Des. Arnaldo Maciel, j. 26.05.2015; TJPR, Ap. 1.600.531-3, Rel. Des. Sigurd Roberto Bengtsson, j. 22.02.2017; TJPR, Ap. 0005808-38.2018.8.16.0194, Rel. Des. D'Artagnan Serpa Sá, j. 29.03.2022; TJGO, Ap. 298112-48.2010.8.09.0000, Rel. Des. João Ubaldo Ferreira, j. 07.12.2010.

[276] STJ, REsp 1.526.789, Rel. Min. Nancy Andrighi, j. 13.06.2017; TJSP, AI 2040296-45.2014.8.26.0000, Rel. Des. Teixeira Leite, j. 29.05.2014; TJSP, Ap. 0134125-76.2012.8.26.0100, Rel. Des. Marcondes D'Angelo, j. 04.12.2014; TJDFT, Ap. 0010189-09.2016.8.07.0001, Rel. Des. Fátima Rafael, j. 22.03.2017.

O efeito preclusivo previsto no art. 20 da Lei de Arbitragem sobre impedimento e suspeição apenas faz referência a fatos previamente conhecidos pelas partes, e revelados pelo árbitro em cumprimento ao seu dever de revelação. Nesses casos, o que foi revelado pelo árbitro e não impugnado oportunamente pela parte não poderá, posteriormente, fundar ação anulatória.

3. Análise *prima facie* pela instituição arbitral

A instituição incumbida de administrar a arbitragem desempenha funções importantes no curso do procedimento arbitral, que vão desde a escolha de árbitros até a gestão do processo. Via de regra, a instituição arbitral exerce apenas funções administrativas. Contudo, em certos casos, os pronunciamentos da instituição vão além, como ocorre com as decisões preliminares a respeito da existência, validade e eficácia da convenção de arbitragem – que depois deverão ser confirmadas, alteradas ou revogadas pelo tribunal arbitral. Por mais que se trate de decisões *prima facie*, são matérias relevantes e que representam um deslocamento de parte do *iudicium* que caberia ordinariamente aos árbitros.

De modo semelhante, na linha do que prevê o item 3.11 do regulamento da CAMARB[277] ou o item 4.5 do regulamento da CAM/CCBC,[278] a manifestação pela inexistência de convenção de arbitragem, recusando a instauração de arbitragem, terá efeitos na esfera jurídica das partes, caso a disputa seja encaminhada ao Poder Judiciário.

A câmara arbitral deve interpretar a convenção de arbitragem de modo equilibrado e imparcial. A instituição de arbitragem deve considerar todos os elementos relevantes do contrato – incluindo sua finalidade, as intenções dos signatários, as circunstâncias em que o contrato foi celebrado e o contexto social e jurídico. O exercício dessa competência deve ser polarizado pela intenção das partes em procurar um órgão para administrar a condução da arbitragem, garantindo o profissionalismo e a qualidade na solução de litígios.

A câmara de arbitragem assume papel fiduciário, mantendo-se equidistante em relação às partes ao longo do procedimento arbitral. Interferências inadequadas da

---

277 Regulamento CAMARB, item 3.11: "Caso haja manifestação do requerido quanto à inexistência formal de convenção de arbitragem, caberá à Diretoria decidir mediante análise prima facie do documento apresentado pelo requerente, sem dilação probatória adicional. Qualquer questão eventualmente suscitada relacionada à existência, validade, eficácia e escopo da convenção de arbitragem será dirimida pelo Tribunal Arbitral após constituído".

278 O art. 17 do Regulamento de 2022 da Câmara de Comércio Brasil-Canadá estabelece, na primeira parte, que, "17.1 A parte que pretender obstar o prosseguimento da arbitragem com fundamento na inexistência, invalidade ou ineficácia da convenção de arbitragem, ainda que em relação a apenas uma das partes, deverá submeter objeção formal à Presidência do CAM-CCBC na primeira oportunidade que tiver para se pronunciar. 17.2 A Presidência do CAM-CCBC procederá a um exame prima facie da convenção de arbitragem e decidirá, em sede administrativa, sobre questões relativas à existência, validade e eficácia que possam ser resolvidas de pronto, independentemente de produção de provas. 17.3 A decisão da Presidência do CAM-CCBC pelo prosseguimento da arbitragem tem caráter preliminar e caberá ao tribunal arbitral decidir sobre sua jurisdição".

câmara arbitral no procedimento, para além de indesejáveis, constituem verdadeiro inadimplemento das obrigações assumidas perante as partes. Por isso, ao interpretar a convenção de arbitragem - ou qualquer ato derivado da convenção de arbitragem -, é necessário manter sobriedade e isenção. Caso contrário, seria fulminado o próprio fundamento das partes ao procurar um órgão institucional para a gestão do procedimento.

Os atos da instituição arbitral, em geral, poderão ser amplamente revisitados pelos tribunais arbitrais. A câmara arbitral é intérprete *prima facie*, com suas decisões sujeitas a posterior revisão jurisdicional pelos árbitros. Assim, por força do *Kompetenz-Kompetenz*, delegou-se, geralmente, aos árbitros - e não ao órgão administrador da arbitragem - a jurisdição para se posicionar sobre questões referentes à existência, validade e eficácia da convenção de arbitragem. Desse caráter *prima facie* advém a mutabilidade dos pronunciamentos administrativos - e não jurisdicionais - emanados pela instituição arbitral.

Em última instância, os atos interpretativos e administrativos da instituição de arbitragem poderão ser sindicados perante o Poder Judiciário. Como a atuação da câmara arbitral consiste em uma prestação de serviços, nos termos do Código Civil, a sua atuação, ao longo da execução do contrato firmado pelas partes, pode ser sempre questionada perante o Poder Judiciário. Nos casos mais graves, seria possível, inclusive, solicitar que o Judiciário designe outra instituição para administrar o conflito - especialmente quando há razões sérias e fundadas a indicar quebra de isenção e equidistância em relação às partes.

4. A interpretação da convenção de arbitragem pelos árbitros e o *Kompetenz-Kompetenz*

O princípio *Kompetenz-Kompetenz* (ou competência-competência), ao lado do princípio da autonomia da convenção de arbitragem, constitui um dos pilares estruturais do regime legal da arbitragem. O princípio encontra previsão normativa no art. 8º, parágrafo único, da Lei de Arbitragem, que dispõe que "caberá ao árbitro decidir de ofício, ou por provocação das partes, as questões acerca da existência, validade e eficácia da convenção de arbitragem e do contrato que contenha a cláusula compromissória".

Chama-se de "efeito positivo do *Kompetenz-Kompetenz*" a primazia atribuída aos árbitros para que decidam, preferencialmente, desafios à sua jurisdição.[279] Afirma Juan Eduardo Figueroa Valdes que "in its positive effect, the principle of competence-competence enables arbitrators to rule on their own Jurisdiction without any logical inconsistency".[280] Sem essa primazia, qualquer questionamento sobre os poderes do árbitro ensejaria automática paralisação do procedimento.[281]

---

279 MARTINS, Pedro Antônio Batista. *Autonomia da cláusula compromissória*. Estudos em arbitragem, mediação e negociação. II. Brasília: Grupos de Pesquisa, 2003. p. 9-10.

280 VALDES, Juan Eduardo Figueroa. The Principle of Kompetenz-Kompetenz in International Commercial Arbitration. *Revista de Arbitragem e Mediação*, v. 15, p. 134-190, out./dez. 2017.

281 PARK, William. *The Arbitrator's Jurisdiction to Determine Jurisdiction*. Boston University School of Law & Legal Theory, 2007. p. 24-25.

A Convenção de Nova York reconhece o *Kompetenz-Kompetenz*, com limitações, especialmente, nos seus arts. II(3)[282] e V(1)[283], a partir dos quais se infere a jurisdição do tribunal arbitral e de cortes estatais para analisarem questões referentes às vicissitudes da convenção de arbitragem.[284]

No art. II (3) da Convenção de Nova York, encontra-se previsto o chamado "efeito negativo do *Kompetenz-Kompetenz*", ao dispor que, se o tribunal de um Estado signatário da Convenção de Nova York se deparar com matéria que deva ser remetida à arbitragem, então encaminhará as partes à arbitragem, salvaguardada a exceção pela qual, em análise *prima facie*, a convenção de arbitragem se mostra nula e sem efeitos, inoperante ou inexequível.[285] O efeito negativo estabelece uma ordem cronológica, ao conferir ao Tribunal Arbitral a autoridade de primeiro decidir sobre a validade da convenção de arbitragem e sua competência. Nesse sentido, se uma parte tentar obstar o prosseguimento da arbitragem, provocando a manifestação do Poder Judiciário, este deverá se abster de decidir, conferindo tal prerrogativa, em primeiro lugar, ao Tribunal Arbitral.[286]

---

282 Convenção de Nova York, art. II (3): "The court of a Contracting State, when seized of an action in a matter in respect of which the parties have made an agreement within the meaning of this article, shall, at the request of one of the parties, refer the parties to arbitration, unless it finds that the said agreement is null and void, inoperative or incapable of being performed".

283 Convenção de Nova York, art. VOL.1(a): "1. Recognition and enforcement of the award may be refused, at the request of the party against whom it is invoked, only if that party furnishes to the competent authority where the recognition and enforcement is sought, proof that (a) The parties to the agreement referred to in article II were, under the law applicable to them, under some incapacity, or the said agreement is not valid under the law to which the parties have subjected it or, failing any indication thereon, under the law of the country where the award was made".

284 "Despite the absence of express language on the topic in the New York Convention, it is clear that Articles II (3) and V (1) of the Convention recognize that both arbitral tribunals and courts may consider and decide disputes about the arbitrators' jurisdiction. In particular, Articles V(1)(a) and V(1)(c) of the Convention contemplate that an arbitral tribunal may have made an award notwithstanding jurisdictional objections and will have addressed – explicitly or implicitly – issues of the existence or validity of the arbitration agreement (Article V(1)(a)) and the scope of the arbitration agreement (Article V(1)(c))(24), with the arbitrators' award(s) on these issues being subject to subsequent judicial review in a recognition action" (BORN, Gary. *International Commercial Arbitration*. 3. ed. The Hague: Kluwer Law International, 2021. p. 1.145-1.146).

285 SCHRAMM, Dorothee; GEISINGER, Elliott; PINSOLLE, Philippe. Article II. In: KRONKE, Herbert; NASCIMENTO, Patrícia et al. *Recognition and Enforcement of Foreign Arbitral Awards*: A Global Commentary on the New York Convention. Kluwer Law International, 2020. p. 103.

286 "However the negative effect is equally important. It is to allow the arbitrators to be not the sole judges, but the first judges of their jurisdiction. In other words, it is to allow them to come to a decision on their jurisdiction prior to any court or other judicial authority, and thereby to limit the role of the courts to review of the award. (...) In that sense, the competence-competence principle is a rule of chronological priority" (GAILLARD, Emmanuel; SAVAGE, John. *Fouchard Gaillard Goldman on International Commercial Arbitration*. Kluwer Law International, 1999. p. 401).

O art. II (3) da Convenção de Nova York aplica-se no ordenamento jurídico pátrio, pois é pacificado[287] que as convenções internacionais equiparam-se, no tocante à sua vigência, às leis ordinárias.[288]

Como já sustentado,[289] considerando tanto o fato de que a Convenção de Nova York foi internalizada depois da edição da Lei 9.307/1996 quanto o fato de trazer disciplina específica para questão em que a Lei de Arbitragem é omissa, deve o intérprete tomar os dispositivos da Convenção em consideração ao analisar os contornos dogmáticos do *Kompetenz-Kompetenz* no direito brasileiro. Após a internalização, a Convenção de Nova York, além de ser um dos mais bem-sucedidos tratados internacionais, passou a ser lei doméstica, integrando o ordenamento nacional e sendo, portanto, de aplicação cogente.

De modo similar estabelece o art. 8(1) da Lei Modelo da UNCITRAL, com previsão praticamente idêntica ao art. II(3) da Convenção de Nova York, dispondo que as cortes estatais devem remeter as partes à arbitragem, a menos que determinem que a convenção de arbitragem é "null and void, inoperative or incapable of being performed".[290] O art. 16 é considerado um dos pilares da Lei Modelo, pois trata tanto do *Kompetenz-Kompetenz* quanto da autonomia da convenção de arbitragem.[291] Os três parágrafos do dispositivo em questão regem diferentes aspectos do poder do tribunal arbitral e visam conferir mais efetividade à arbitragem.[292]

---

287 A título representativo, mencione-se os dizeres do STF na ADI 1.480-3: "Os tratados ou convenções internacionais, uma vez regularmente incorporados ao direito interno, situam-se, no sistema jurídico brasileiro, nos mesmo planos de validade, de eficácia e de autoridade em que se posicionam as leis ordinárias".

288 Exceto no caso de tratados internacionais de direitos humanos, que, por força da Emenda Constitucional 45/2004, têm força de emenda constitucional. Assim, ver o art. 5º, LXXIX, § 3º, da CF: "Os tratados e convenções internacionais sobre direitos humanos que forem aprovados, em cada Casa do Congresso Nacional, em dois turnos, por três quintos dos votos dos respectivos membros, serão equivalentes às emendas constitucionais".

289 FICHTNER, José Antonio; TOLETINO, Augusto; POLASTRI, Leonardo; SALTON, Rodrigo. *Convenção de arbitragem*: parte geral. Rio de Janeiro: Forense, 2023. Caps. 4 e 5.

290 UNCITRAL Model Law, art. 8(1): "A court before which an action is brought in a matter which is the subject of an arbitration agreement shall, if a party so requests not later than when submitting his first statement on the substance of the dispute, refer the parties to arbitration unless it finds that the agreement is null and void, inoperative or incapable of being performed".

291 "Article 16 is regarded as one of the 'pillars' of the Model Law, which means that the issues covered therein – namely the tribunal's power to rule on its own jurisdiction and the 'separability' doctrine – constitute a fundamental part of the Model Law, and an exclusion or significant departure from the essence of these principles would preclude an adopting legislation from claiming to be in conformity with the Model Law" (BINDER, Peter. *International Commercial Arbitration and Mediation in UNCITRAL Model Law Jurisdictions*. 4. ed. Kluwer Law International, 2019. p. 253).

292 "The three paragraphs of art. 16 are each concerned with separate aspects of the arbitral tribunal's jurisdiction: the first paragraph sets out the two general principles in this context, namely 'Kompetenz-Kompetenz' and 'separability'. The second paragraph deals with the prescribed procedures for raising a plea of the tribunal's lack of jurisdiction, including the

O § 1º introduz o princípio da separabilidade – estabelecendo, como regra geral, que a invalidade do contrato principal não contamina *ipso iure* a convenção de arbitragem – e o próprio *Kompetenz-Kompetenz*,[293] ao assegurar que o tribunal arbitral pode decidir sobre sua própria jurisdição, incluindo qualquer objeção relativa à existência ou validade da convenção de arbitragem.

O § 2º, por seu turno, lida com a extinção do direito de questionar a jurisdição do tribunal arbitral, determinado que a prerrogativa deve ser exercida até o momento de apresentação da defesa de mérito, podendo o tribunal, todavia, aceitar questionamentos posteriores, caso entenda a extemporaneidade justificável.[294]

O § 3º prevê que a decisão do tribunal arbitral, quanto à sua jurisdição, pode se dar tanto de forma preliminar quanto na sentença sobre o mérito da arbitragem. Ainda, possibilita à parte que, no caso de a decisão se dar de maneira preliminar, recorra à corte estatal para apreciar a questão, sendo que da decisão não será cabível recurso. Assim, explicita a natural possibilidade de questionamento posterior perante as cortes estatais.[295]

Em síntese, por força do *Kompetenz-Kompetenz*, concede-se ao tribunal arbitral, via de regra, a prerrogativa de se manifestar em primazia sobre as questões atinentes à sua jurisdição,[296] incluindo toda e qualquer impugnação sobre os efeitos da convenção

---

relevant time limits for raising it. The final paragraph shows how such a plea is dealt with – initially by the arbitral tribunal and later by the court, which has the last word on the issue of the arbitrator's jurisdiction. This order will be retained in the following examination of art. 16" (BINDER, Peter. *International Commercial Arbitration and Mediation in UNCITRAL Model Law Jurisdictions*. 4. ed. Kluwer Law International, 2019. p. 253).

293 UNCITRAL Model Law, art. 16 (1): "The arbitral tribunal may rule on its own jurisdiction, including any objections with respect to the existence or validity of the arbitration agreement. For that purpose, an arbitration clause which forms part of a contract shall be treated as an agreement independent of the other terms of the contract. A decision by the arbitral tribunal that the contract is null and void shall not entail ipso jure the invalidity of the arbitration clause".

294 UNCITRAL Model Law, art. 16(2): "A plea that the arbitral tribunal does not have jurisdiction shall be raised not later than the submission of the statement of defence. A party is not precluded from raising such a plea by the fact that he has appointed, or participated in the appointment of, an arbitrator. A plea that the arbitral tribunal is exceeding the scope of its authority shall be raised as soon as the matter alleged to be beyond the scope of its authority is raised during the arbitral proceedings. The arbitral tribunal may, in either case, admit a later plea if it considers the delay justified".

295 UNCITRAL Model Law, art. 16(3): "The arbitral tribunal may rule on a plea referred to in paragraph (2) of this article either as a preliminary question or in an award on the merits. If the arbitral tribunal rules as a preliminary question that it has jurisdiction, any party may request, within thirty days after having received notice of that ruling, the court specified in article 6 to decide the matter, which decision shall be subject to no appeal; while such a request is pending, the arbitral tribunal may continue the arbitral proceedings and make an award".

296 "A jurisprudência do STJ firmou o entendimento de que a previsão contratual de convenção de arbitragem enseja o reconhecimento da competência do Juízo arbitral para decidir com primazia sobre o Poder Judiciário, de ofício ou por provocação das partes, as questões referentes à existência, validade e eficácia da convenção de arbitragem e do

de arbitragem celebrada pelas partes, a extensão e profundidade dos poderes atribuídos aos árbitros, à arbitrabilidade da controvérsia, dentre outras.[297] Dessa forma, garante-se uma regra geral de primazia para o Tribunal Arbitral interpretar a convenção de arbitragem.[298] Igualmente, empodera-se o Tribunal Arbitral para enfrentar tópicos que poderiam pôr em xeque a sua jurisdição.[299] Assim, a competência-competência consiste em corolário processual do princípio da autonomia da convenção de arbitragem.[300]

§ 7. O PODER JUDICIÁRIO E A INTERPRETAÇÃO DA CONVENÇÃO DE ARBITRAGEM

1. A relevância da interpretação da convenção de arbitragem pelo Poder Judiciário

Apesar de o *Kompetenz-Kompetenz* garantir, na maioria dos casos, a primazia do Tribunal Arbitral para interpretar a convenção de arbitragem, o princípio não deve ser visto como um impeditivo absoluto ao Poder Judiciário de analisar questões acerca da interpretação da convenção de arbitragem. Na verdade, o *Kompetenz-Kompetenz*, acima de tudo, pretende assegurar uma saudável relação entre a jurisdição arbitral e a judicial.

A arbitragem não sobrevive sem a cooperação dos juízes togados. Por isso, mais apropriado falar em primazia, e não em exclusividade, para que o árbitro decida acerca de sua jurisdição. Reconhece-se o importante trabalho desempenhado pelo Poder

---

contrato que contenha a cláusula compromissória" (STJ, AgInt no AREsp 1.773.848/SP, Rel. Min. Raul Araújo, j. 07.06.2021, p. 3). No mesmo sentido: STJ, REsp 1.355.831/SP, Rel. Min. Sidnei Beneti, j. 19.03.2013; STJ, SEC 854/EX, Rel. Min. Massami Uyeda, j. 16.10.2013; STJ, AgRg no AREsp 371.993/RJ, Rel. Min. Ricardo Villas Bôas Cueva, j. 14.10.2014; STJ, AgInt no REsp 1.239.319/SC, Rel. Min. Raul Araújo, j. 14.03.2017; STJ, AgInt no REsp 1.472.362/RN, Rel. Min. Maria Isabel Gallotti, j. 24.09.2019.

297 "The principle permits them to rule on any point of law relating to the existence, the validity or the scope of an arbitration agreement, without being found guilty of examining these issues at a time when the competence, which itself relies on the arbitration agreement, has not yet been established. Additionally, where necessary, the principle permits arbitrators to find themselves incompetent by an award that is not an aberration" (GAILLARD, Emmanuel. The Negative Effect of Competente-Competence. *Mealeys' International Arbitration Report*, v. 17, n. 1, 2002. p. 27).

298 CARMONA, Carlos Alberto. *Arbitragem e processo*: um comentário à Lei nº 9.307/96. 3. ed. São Paulo: Atlas, 2009. p. 175.

299 NANNI, Giovanni Ettore. *Direito civil e arbitragem*. São Paulo: Atlas, 2014. p. 28.

300 PIRES, Catarina Monteiro. Convenção de arbitragem. In: PIRES, Catarina Monteiro; Rui Pereira Dias (coords.). *Manual de arbitragem internacional lusófona*. Coimbra: Almedina, 2020. v. 1, p. 81. No mesmo sentido, afirma Peter Sester: "O artigo 8º da Lei de Arbitragem evidencia dois princípios fundamentais para a eficácia da arbitragem. O primeiro, a autonomia da cláusula compromissória, é de natureza material, enquanto o segundo, a chamada Kompetenz-Kompetenz, é de natureza processual" (SESTER, Peter Christian. *Comentários à Lei de Arbitragem e à legislação extravagante relacionada* à *arbitragem*. São Paulo: Quartier Latin, 2020. p. 171).

Judiciário ao tutelar e respaldar o bom funcionamento do sistema arbitral de solução de controvérsias.[301]

A existência de mecanismos judiciais de controle sobre a arbitragem ilustra a razão pela qual a pactuação de convenção de arbitragem não implica, em sentido técnico, renúncia ao acesso à jurisdição estatal. Esse direito é de matriz constitucional (art. 5º, XXXV, da CF).[302]

Nesse sentido, o controle interpretativo da convenção de arbitragem ocorre em dois momentos distintos: (i) controle endógeno, exercido pelos árbitros ao interpretar a convenção de arbitragem e decidir questões acerca de sua existência, validade ou eficácia; e (ii) controle exógeno, exercido mediante análise do Poder Judiciário.

O controle exógeno pode ocorrer tanto de modo preventivo (antes da manifestação do tribunal arbitral sobre determinada questão acerca da interpretação da convenção de arbitragem) quanto de modo repressivo (após a apreciação prévia pelo tribunal arbitral). A regra geral, no direito brasileiro, diante do princípio *Kompetenz-Kompetenz*, é o controle repressivo.[303]

São instrumentos processuais típicos de controle exógeno repressivo tanto a impugnação à execução da sentença arbitral (art. 516, III, do CPC)[304] quanto a possibilidade de propor ação anulatória da sentença arbitral (art. 33 da Lei de Arbitragem).[305] Ambos os instrumentos processuais são garantias franqueadas às partes contratantes de convenção de arbitragem.[306] Como forma de valorização da arbitragem, o controle

---

301 GAILLARD, Emmanuel. Negative Effect of Competence-Competence: the rule of priority in favour of the arbitrators. In: GAILLARD, Emmanuel; DI PIETRO, Domenico. *Enforcement of Arbitration Agreements and International Arbitral Awards*: the New York Convention in Practice. Cameron May, 2009. p. 259-260.

302 Constituição Federal: "Art. 5º Todos são iguais perante a lei, sem distinção de qualquer natureza, garantindo-se aos brasileiros e aos estrangeiros residentes no País a inviolabilidade do direito à vida, à liberdade, à igualdade, à segurança e à propriedade, nos termos seguintes: (...) XXXV – a lei não excluirá da apreciação do Poder Judiciário lesão ou ameaça a direito; (...)".

303 "Em suma, a jurisprudência desta Corte, com fundamento no princípio da competência-competência, orienta que qualquer discussão relativa a validade, eficácia e extensão da cláusula compromissória deve ser submetida, em primeiro lugar, ao próprio árbitro. Isso, claro, como forma de evitar a judicialização prematura de questões que bem poderiam ser solucionadas na instância arbitral" (STJ, AgInt nos EDcl no AgInt no CC 170.233/SP, Rel. Min. Moura Ribeiro, j. 14.10.2020, p. 19). No mesmo sentido: REsp 1.355.831/SP, Rel. Min. Sidnei Beneti, j. 19.03.2013; STJ, AgInt no AREsp 976.218/SP, Rel. Min. Moura Ribeiro, j. 17.06.2019.

304 Código de Processo Civil: "Art. 516. O cumprimento da sentença efetuar-se-á perante: (...) III – o juízo cível competente, quando se tratar de sentença penal condenatória, de sentença arbitral, de sentença estrangeira ou de acórdão proferido pelo Tribunal Marítimo".

305 Lei de Arbitragem: "Art. 33. A parte interessada poderá pleitear ao órgão do Poder Judiciário competente a declaração de nulidade da sentença arbitral, nos casos previstos nesta Lei".

306 "It is essential for the courts to exercise a minimum degree of control over the arbitral award. In order for the award to be enforceable in the same way as a court judgment, it must be the subject of an enforcement order, and it is hardly conceivable that an award could be rendered enforceable in a given country without some sort of review being exercised" (FOUCHARD,

realizado pelas cortes estatais acerca do exercício da jurisdição arbitral deve, em geral, se dar de modo repressivo, ou seja, após manifestação dos árbitros.

2. O controle preventivo da convenção de arbitragem pelo Poder Judiciário

Excepcionalmente, admite-se o controle exógeno preventivo pelo Poder Judiciário acerca da interpretação da convenção de arbitragem. Em situações extremas, nas quais é plenamente verificável a insuficiência de suporte fático da convenção de arbitragem (plano da existência) ou a falta de preenchimento de requisito à sua validade, autoriza-se a propositura de medida judicial perante o Poder Judiciário. Com ela, pleiteia-se a declaração de inexistência ou invalidade de relação jurídica – especificamente a declaração de inexistência da convenção de arbitragem.

Apenas casos claros e manifestos justificam a análise *a priori* pelos juízes togados.[307] Atualmente, deve-se reconhecer que, quando há patente inexistência, invalidade, ineficácia, inoperância ou inexequibilidade da cláusula compromissória, derroga-se a prerrogativa *prima facie* do tribunal arbitral de analisar o escopo da sua jurisdição, cabendo a intervenção de plano das cortes estatais.[308]

Refere-se que a competência preventiva residual do Poder Judiciário de interpretar a convenção de arbitragem é amplamente respaldada pelo art. II(3) da Convenção de Nova York, ao aceitar a mitigação do "efeito negativo do *Kompetenz-Kompetenz*" nos casos residuais expressos. Assim, a existência de controle preventivo residual, por meio do Poder Judiciário, consiste no padrão estabelecido pela Convenção de Nova York, principal diploma acerca da arbitragem internacional.

Philippe; GAILLARD, Emmanuel; GOLDMAN, Berthold. *Fouchard Gaillard Goldman on International Arbitration*. Haia: Kluwer Law International, 1999. p. 414-415).

307 "É a convenção de arbitragem firmada por menor de idade ou interditado, é a falsificação grosseira, é a convenção de arbitragem sobre matéria ostensivamente não arbitrável, como questões de estado das pessoas, é a inexistência pura e simples de uma convenção de arbitragem, enfim, situações aberrantes, totalmente fora do ordinário e que não comportam qualquer dúvida razoável. Em qualquer situação em que o ataque à convenção de arbitragem dependa de produção de prova que já não fora pré-constituída, ou de decisão acerca de matéria complexa, razoavelmente discutível, deve-se prestigiar a arbitragem, aplicando-se a regra de precedência temporal decorrente do princípio competência-competência, pois como não se pode nunca deixar de repetir, 'é do árbitro o benefício da dúvida', sem prejuízo do controle judicial posterior da sua decisão, conforme salientado repetidamente acima" (FONSECA, Rodrigo Garcia da. O princípio competência-competência na arbitragem. Uma perspectiva brasileira. *Revista de Arbitragem e Mediação*, São Paulo: RT, v. 9, p. 290-291, 2006).

308 "O Poder Judiciário pode, nos casos em que *prima facie* é identificado um compromisso arbitral 'patológico', i.e., claramente ilegal, declarar a nulidade dessa cláusula instituidora da arbitragem, independentemente do estado em que se encontre o procedimento arbitral" (STJ, REsp 1.602.076/SP, Rel. Min. Nancy Andrighi, j. 15.09.2016, p. 19). No mesmo sentido: STJ, AgInt no AgInt no AREsp 1.029.480/SP, Rel. Min. Raul Araújo, j. 06.06.2017; AgInt no REsp 1.761.923/MG, Rel. Min. Marco Aurélio Bellizze, j. 16.08.2021; STJ, AREsp 1.310.508/SP, Rel. Min. Luis Felipe Salomão, j. 01.02.2022; STJ, REsp 1.967.116/SP, Rel. Min. Maria Isabel Gallotti, j. 21.02.2022; TJSP, Ap. 1004882-52.2018.8.26.0100, Rel. Des. Grava Brazil, j. 27.08.2019.

Em sede doutrinária, passou a ser amplamente reconhecida a possibilidade de controle interpretativo preventivo pelo Poder Judiciário, afastando-se uma interpretação rígida do *Kompetenz-Kompetenz* que apenas reconheceria a possibilidade de controle repressivo após a manifestação jurisdicional pelos árbitros. Com diferenças de estilo, trata-se da posição de Gustavo Tepedino, Carlos Nelson Konder e Paula Greco Bandeira,[309] Cândido Rangel Dinamarco,[310] Carlos Alberto Carmona[311] e Vera Monteiro de Barros.[312]

A possibilidade de controle interpretativo preventivo pelo Poder Judiciário também se justifica por ditames de economia processual. Impor à parte o dever de obter uma negativa jurisdicional prévia por parte do Tribunal Arbitral, para só então se socorrer da jurisdição estatal, quando é possível aferir *ab initio*, e sem demanda de cognição aprofundada, o caráter ilícito ou teratológico da convenção de arbitragem, consistiria em uma disfuncionalidade no sistema de tutela de direitos pretendido pela arbitragem. Se é clara e evidente a inexistência de consentimento em relação à arbitragem, não há como pressupor a imposição de debater esse tópico na via arbitral enquanto etapa prévia à propositura da ação perante o Poder Judiciário.

Em síntese, por mais que a regra geral seja reconhecer aos tribunais arbitrais a primazia na análise da existência, validade e eficácia da cláusula compromissória, essa não se dá de modo absoluto. Diante da interpretação sistemática das regras referentes ao

---

309 "Embora a autonomia privada afaste a justiça estatal do julgamento da causa, mostra-se possível ao Poder Judiciário examinar preliminarmente a validade da cláusula compromissória, relativizando-se, assim, o princípio *kompetenz-kompetenz*" (TEPEDINO, Gustavo; KONDER, Carlos Nelson; BANDEIRA, Paula Greco. *Fundamentos do direito civil*. 3. ed. Rio de Janeiro: Forense, 2022. v. 3, p. 569).

310 "O favor arbitral e a *Kompetenz-Kompetenz* devem prevalecer somente em casos de séria e fundada dúvida interpretativa – e somente nesses casos impõe-se definitivamente o que a propósito decidirem os árbitros, presumindo-se, pois, a arbitrabilidade. Em casos extremos, quando chamado a pronunciar-se, o juiz togado apreciará somente a razoabilidade da interpretação dada pelo árbitro no exercício da *Kompetenz-Kompetenz*, só repudiando essa interpretação se houver sido arbitrária ou manifestamente equivocada, sem margem para dúvidas razoáveis no espírito do observador de bom-senso. Fora desses limites devem sempre ser conservados os efeitos da arbitragem" (DINAMARCO, Cândido Rangel. *A arbitragem na teoria geral do processo*. São Paulo: Malheiros, 2013. p. 95).

311 "A limitação da cognição do juiz apenas a aspectos que desde logo pode detectar, sem maiores indagações (cognição sumária, portanto), harmoniza-se com o princípio da *Kompetenz-Kompetenz* adotado pela Lei" (CARMONA, Carlos Alberto. *Arbitragem e processo*: um comentário à Lei nº 9.307/96. 3. ed. São Paulo: Atlas, 2009. p. 177).

312 "Em algumas situações excepcionais nas quais o vício seja patente ou possa ser verificado *prima facie* ou sem maior profundidade cognitiva, caberá ao juiz togado decidir a questão da existência, validade e eficácia da convenção de arbitragem. Caso o juiz se defronte, em ação judicial, com contrato que contenha cláusula compromissória com fortes indícios de nulidade, deverá verificar se estão presentes os pressupostos mínimos de admissibilidade da regular eleição da via arbitral" (BARROS, Vera Cecília Monteiro de. A força vinculante da cláusula compromissória e o princípio da competência-competência: comentários ao AGIN 644.204-4/2. *Revista de Arbitragem e Mediação*, v. 25, 2010. p. 8).

Kompetenz-Kompetenz no Direito brasileiro – especialmente a Convenção de Nova York –, não há prerrogativa absoluta do tribunal arbitral para decidir de modo antecipado sobre essas questões. Trata-se apenas de uma prioridade cronológica geral.

Dessa feita, na maioria dos casos, a solução se encontra em respeitar a primazia do tribunal arbitral de interpretar a convenção de arbitragem, sem olvidar das hipóteses excepcionais, nas quais há margem de mitigação e de controle *ab initio* pelo Poder Judiciário. Nas hipóteses em que a convenção de arbitragem for manifestamente ilegal, teratológica e de patologia eminente, o defeito poderá ser reconhecido preventivamente pelo Poder Judiciário.

Repita-se que as situações têm que ser flagrantes. Do contrário, permitir-se-ia que as partes pudessem se valer de qualquer motivo, ainda que emulativo, para impedir ou obstaculizar o prosseguimento do procedimento arbitral. Nesse sentido, o tribunal arbitral não tem exclusividade absoluta na análise da sua jurisdição, sendo admissíveis tanto o controle preventivo quanto o posterior, em sede de ação anulatória ou impugnação à execução de sentença arbitral, pelas cortes estatais.[313]

---

313 "However, the principle of competence-competence has, in practice, been undermined in India. The courts have held that Section 16 of the Act does not grant the arbitral tribunal exclusive power to determine its jurisdiction, and thus, the court can (and indeed, would in some cases be duty bound), to investigate whether it should refer parties to arbitration, by determining the validity of the arbitration agreement. The Supreme Court has held that Section 16 does not allow the arbitral tribunal to ignore a decision given by the judicial authority or the Chief Justice before it was constituted. Furthermore, the tribunal's competence to decide does not enable it to disregard the finality conferred on an order passed prior to the tribunal's constitution" (JAYASIMHA, Shreyas; MODY, Zia, 19. India. In: MOSER, Michael J.; CHOONG, John (eds.). *Asia Arbitration Handbook*. Oxford: Oxford University Press, 2011. p. 852).

Capítulo 3

O PROCESSO DE INTERPRETAÇÃO DOS NEGÓCIOS JURÍDICOS E DA CONVENÇÃO DE ARBITRAGEM

O processo de interpretação jurídica contratual exige que o intérprete siga um método. O "texto normativo", objeto da interpretação, é distinto da "norma". A identificação da norma precede a aplicação do direito. Assim, passa a ser necessário reconhecer que o *iter* interpretativo é composto por etapas distintas, por mais que constituam, em essência, um todo unitário. Dessas etapas, inicia-se, no plano fático, pela identificação do que se vai interpretar, ou seja, qual situação da vida – por exemplo, uma conduta ou grupo de condutas, um ou mais textos normativos (como um grupo de contratos ou o conjunto de leis a serem interpretadas). Esse passo constitui a identificação da forma representativa.

Na sequência, é necessário – no plano deontológico – identificar quais fontes do direito serão relevantes para o processo de interpretação. Do *Mare Magnum* de fontes do direito existentes na contemporaneidade, é preciso fazer uma delimitação inicial de quais serão pertinentes para analisar a situação fática que exige o uso do processo interpretativo. Uma vez identificadas as fontes do direito (disposições constitucionais, leis, precedentes vinculantes e disposições contratuais) relevantes para a solução do problema, importa circunscrever as regras, os critérios e os cânones que irão pautar o processo interpretativo.

Munido desses elementos, o intérprete poderá proceder à interpretação, identificando a norma jurídica pertinente a partir das fontes do direito e examinando minuciosamente a situação fática à luz de todos os elementos relevantes. É patente, assim, que o processo interpretativo, embora componha-se de etapas distintas, converge para uma realidade integrada e coesa referente à aplicação do direito.

Nesse contexto, é interessante notar como essa abordagem se reflete em outros mecanismos legais, em que o processo interpretativo é igualmente crucial. No âmbito da convenção de arbitragem, que tem a natureza de negócio jurídico, as complexidades inerentes à interpretação contratual também se manifestam. A estruturação dogmática do processo interpretativo mantém notável harmonia entre a interpretação contratual e a da convenção de arbitragem, ponto que será detalhadamente explorado a seguir.

§ 8. DETERMINAÇÃO DO OBJETO DA INTERPRETAÇÃO

1. Singularização das formas representativas

Todo e qualquer processo interpretativo demanda uma forma representativa, que se configura como o objeto central da interpretação. A forma representativa é, desse modo, uma objetivação do espírito, isto é, um meio pelo qual a manifestação de um sujeito pode alcançar terceiros, em atenção à exigência de recognoscibilidade que rege a vida social e a comunicação entre as pessoas.[314] Normalmente, a forma representativa de maior relevância para a interpretação contratual será logicamente o texto do contrato, consubstanciado em seu instrumento contratual. Ao redigirem o texto, as partes procuram conferir-lhe determinado sentido. Nessa linha, a forma representativa age como uma *objetivação do espírito* dos contratantes, tornando-o inteligível por terceiros.[315]

A linguagem, seja ela escrita ou falada, é utilizada como uma forma representativa por excelência, já que pode ser cognoscível por terceiros, em vista das exigências de comunicação que regem a vida em sociedade. No entanto, há formas representativas que não assumem esse formato linguístico. Também, a forma representativa nem sempre será uma declaração intencional de transmitir uma mensagem, podendo compreender linguagem não articulada, comportamentos, atitudes e, até mesmo, simples gestos.[316]

É inadequado inferir que a *vontade das partes* é o objeto da interpretação. A vontade consubstanciada no contrato não necessariamente condiz com a vontade interna almejada no momento de sua formação. A vontade consubstanciada no contrato e cognoscível pelo intérprete pode conter a vontade dos contratantes, sem que tenha uma intersecção total com ela, contendo elementos não antevistos pelas partes, mas que, mesmo assim, são relevantes para a determinação do conteúdo contratual. O papel da *vontade* na interpretação contratual é ser aquilo que se busca extrair do objeto (forma representativa) a ser interpretado.[317] A relação entre "forma representativa" e "vontade dos contratantes" é de meio e fim.

---

314 MARINO, Francisco Paulo De Crescenzo. *Interpretação do negócio jurídico*. São Paulo: Saraiva, 2011. p. 51.

315 MARINO, Francisco Paulo De Crescenzo. *Interpretação do negócio jurídico*. São Paulo: Saraiva, 2011. p. 52.

316 MARINO, Francisco Paulo De Crescenzo. *Interpretação do negócio jurídico*. São Paulo: Saraiva, 2011. p. 52.

317 MARINO, Francisco Paulo De Crescenzo. *Interpretação do negócio jurídico*. São Paulo: Saraiva, 2011. p. 53.

A forma representativa é o objeto em que se consubstancia a vontade dos contratantes. Encontrar a vontade dos contratantes que está inserida na forma representativa é, portanto, a meta do processo de hermenêutica contratual. A interpretação (*Auslegung*) corresponde ao processo de desentranhamento (*Auseinanderlegung*) do sentido contido na forma representativa, tornando-o claro, preciso e comunicável, em vista da finalidade pragmática do processo interpretativo.[318] O objeto de análise sempre será o conjunto das formas representativas relevantes, sendo necessário distinguir: (i) o documento, instrumento que congrega um conjunto de signos materiais e serve de suporte para a forma representativa; (ii) a forma representativa em si mesma; e (iii) o conteúdo representado por meio da forma representativa.[319]

2. Incidência de norma jurídica

Como o objetivo da interpretação é a determinação dos efeitos jurídicos decorrentes de um fato jurídico, por rigor metodológico, o primeiro passo necessário para o intérprete é averiguar a existência da relação jurídica. O plano da existência é o primeiro dos planos do negócio jurídico.[320] Nesse estágio, verifica-se se determinado fato é ou não relevante para o mundo do direito.

O direito sempre surge a partir de um fato (*ex facto ius oritur*), sendo a origem para o surgimento das situações jurídicas.[321] O plano da existência apresenta importância dogmática própria.[322] É o ponto de partida do escrutínio acerca da validade e da eficácia, sendo o primeiro degrau da Escada Ponteana e, assim, necessário ponto de partida da análise tricotômica pela técnica da eliminação progressiva. Explica Pontes de Miranda que "os fatos do mundo ou interessam ao direito, ou não interessam. Se interessam, entram no subconjunto do mundo a que se chama mundo jurídico e se tornam fatos jurídicos, pela incidência das regras jurídicas, que assim os assinalam".[323]

Os fatos jurídicos são todos os fatos aptos à produção de efeitos dentro do mundo do direito.[324] Assim, o necessário ponto de partida do intérprete é identificar se há ou

---

318 LARENZ, Karl. *Metodologia da ciência do direito*. 3. ed. Trad. José Lamego. Lisboa: Fundação Calouste Gulbenkian, 1997. p. 441.

319 MARINO, Francisco Paulo De Crescenzo. *Interpretação do negócio jurídico*. São Paulo: Saraiva, 2011. p. 53.

320 O tema foi tratado em FICHTNER, José Antonio; TOLENTINO, Augusto; POLASTRI, Leonardo; SALTON, Rodrigo. *Convenção de arbitragem:* parte geral. Rio de Janeiro: Forense, 2023. Cap. 7.

321 PEREIRA, Caio Mário da Silva. *Instituições de direito civil*. 32. ed. Rio de Janeiro: Forense, 2019. v. 1, p. 387.

322 MEDINA, Francisco Sabadin. O negócio jurídico inexistente e o plano da existência: são eles categorias precisas na análise dos negócios jurídicos? *Revista de Direito Privado*, v. 71, p. 179-222, nov. 2016.

323 PONTES DE MIRANDA, Francisco Cavalcanti. *Tratado de direito privado*. São Paulo: Revista dos Tribunais, 2012. t. I, p. 65.

324 FARIAS, Cristiano Chaves de; ROSENVALD, Nelson. *Curso de direito civil*: parte geral e LINDB. 15. ed. Salvador: Juspodivm, 2017. p. 591.

não fato jurídico apto a ser valorado nas fases subsequentes do processo interpretativo. Portanto, "jurídico" é o adjetivo que recebe o fato do mundo real sobre o qual incide uma norma,[325] assim se qualificando todo e qualquer fato, de ordem física ou social, que está inserido e abarcado por uma estrutura normativa.[326]

A incidência normativa é o fenômeno capaz de tornar jurídicos os bens da vida.[327] O plano da existência é o "plano do ser",[328] separando os fatos do *"mundo dos fatos"* dos fatos do *"mundo do direito"*. É nesse plano que se verifica a concreção do suporte fático hipotético, isto é, se um fato do mundo dos fatos se verifica como suporte fático concreto.[329] A inexistência é a forma mais radical de ineficácia (em um sentido lato), pois qualificar algo como inexistente significa dizer que algo "não é"; é um "não conceito".[330]

Portanto, cabe ao intérprete, ao ser colocado diante de um problema concreto, primeiramente, avaliar se há ou não fato jurídico. Somente concluindo pela efetiva incidência da norma jurídica, e pela existência de um fato jurídico e de uma situação jurídica, é que o intérprete pode prosseguir com o restante do processo interpretativo. A incidência é, portanto, pressuposto do processo interpretativo. É a etapa inicial, na qual se verifica se há ou não necessidade de se valorar juridicamente um fato ou um conjunto de fatos.

Nesse sentido, elucida Pontes de Miranda que, "quando se interpreta o negócio jurídico, necessariamente se declara o ato volitivo e se procuram os seus limites e o seu conteúdo. O primeiro enunciado implícito é o da existência do negócio; portanto, do suporte fáctico a que correspondem regras jurídicas sôbre negócios jurídicos. Depois, é o da sua validade. Finalmente, o da sua eficácia. Para se chegar às conclusões, tem-se de partir do exame do negócio para se saber se se fêz negócio jurídico".[331]

Esse mesmo sequencial deve ser adotado pelo intérprete da convenção de arbitragem, como se passa a analisar.

3. A existência da convenção de arbitragem

Como em qualquer processo interpretativo, o ponto de partida para a análise da convenção de arbitragem é a verificação da sua existência jurídica. Portanto, cabe

---

325 AZEVEDO, Antonio Junqueira de. *Negócio jurídico*: existência, validade e eficácia. 4. ed. São Paulo: Saraiva, 2002. p. 23.

326 REALE, Miguel. *Lições preliminares de direito*. 27. ed. São Paulo: Saraiva, 2002. p. 200.

327 PONTES DE MIRANDA, Francisco Cavalcanti. *Tratado de direito privado*. São Paulo: Revista dos Tribunais, 2012. t. I, p. 20.

328 FARIAS, Cristiano Chaves de; ROSENVALD, Nelson. *Curso de direito civil*: parte geral e LINDB. 15. ed. Salvador: Juspodivm, 2017. p. 596.

329 GRAU, Eros Roberto. Negócio jurídico inexistente. Alienação fiduciária em garantia; existência, validade e eficácia do negócio jurídico. *Doutrinas Essenciais de Direito Civil*, v. 4, p. 237-250, out. 2010.

330 NANNI, Giovanni Ettore. *Direito civil e arbitragem*. São Paulo: Atlas, 2014. p. 26.

331 PONTES DE MIRANDA, Francisco Cavalcanti. *Tratado de direito privado*. São Paulo: Revista dos Tribunais, 2012. t. VI, p. 160.

primeiramente ao intérprete individualizar a forma representativa que corporifica a convenção de arbitragem e, a partir dela, iniciar o processo de atribuição de sentidos e identificação dos efeitos jurídicos decorrentes.

É possível ocorrer situações em que há mera aparência de convenção de arbitragem, ou seja, ela existe como fato bruto – mas não como fato jurídico. Por exemplo, uma cláusula compromissória inserida em uma minuta de contrato não assinado, nem consentido por outras formas, não passa de um fato bruto – uma realidade meramente factual, sem a aptidão de produzir efeitos jurídicos.

É possível que a declaração de inexistência de uma convenção de arbitragem seja o objeto principal de uma demanda. Nesse sentido, as ações declaratórias de inexistência de relação jurídica têm por objetivo precípuo buscar o reconhecimento de que não há fato jurídico apto a basear uma situação jurídica.

Ainda, é possível perceber que a declaração de inexistência pode ser argumento levantado por uma parte em um processo. Por exemplo, em uma situação envolvendo a tentativa de submeter parte não signatária de cláusula compromissória à jurisdição arbitral, haverá o debate sobre se o não signatário está ou não vinculado à convenção de arbitragem, ou seja, se existe ou não vínculo jurídico entre o não signatário e a cláusula compromissória que fundamenta a jurisdição do tribunal arbitral. Trata-se de um problema de incidência, pertinente ao plano da existência.

De outra banda, quando percebido o problema pelo prisma do *terceiro não signatário* – que as partes pretendem vincular a determinado procedimento arbitral –, o problema é equacionado como sendo de existência da convenção de arbitragem dentro da sua esfera jurídica. Portanto, a sentença arbitral que reconhece a inexistência de vinculação do não signatário tem por conteúdo a declaração da condição de terceiro. Caso se conclua pela não vinculação do não signatário, haverá reconhecimento de que este não é parte material da convenção de arbitragem, ou seja, a convenção de arbitragem inexiste na sua esfera jurídica.

Dessa forma, como o direito surge do fato, e depende da valoração de normas para que haja, efetivamente, fatos jurídicos, a pergunta inicial que cabe ao intérprete responder é se houve ou não incidência. Em outras palavras, se há ou não um fato jurídico que permita prosseguir o processo interpretativo. A constatação de inexistência de incidência ou de inexistência de fato jurídico torna despicienda a continuidade do processo interpretativo. Portanto, antes de pretender qualificar, determinar efeitos ou integrar uma relação jurídica, é preciso averiguar e confirmar a sua existência dentro do mundo do direito.

§ 9. QUALIFICAÇÃO JURÍDICA

1. A qualificação e o círculo hermenêutico

O ato de "qualificar" corresponde à verificação do enquadramento de determinada relação jurídica nas normas. A indispensabilidade da etapa de qualificação se explica por ser esse o momento hermenêutico que assegura a circulação entre o mundo do

dever ser (*Sollen*) e o mundo do *ser* (*Sein*). Ou seja, guia a passagem do universo abstrato ou simbólico – no qual se situam as normas jurídicas destinadas a regrar as condutas humanas – para o mundo concreto, em que se situam os comportamentos humanos.[332]

A qualificação de uma relação jurídica se desdobra em três momentos distintos: primeiro, busca identificar a natureza da relação (qualificação ontológica), o tipo legal da relação (qualificação tipológica) e o enquadramento de atos e fatos jurídicos associados à relação (qualificação dogmática). Assim, a qualificação, nas suas variadas vertentes, permite compreender qual a natureza do fato jurídico. E, a partir da qualificação feita, é possível definir quais regras jurídicas irão incidir para regular a situação.

Como etapa inserida dentro do círculo hermenêutico, a qualificação não se confunde com outras duas etapas necessariamente posteriores: (i) a atribuição de sentido e de efeitos jurídicos; e (ii) a apreciação de juridicidade.

A atribuição de sentido e a identificação dos efeitos jurídicos ocorrem somente após a qualificação. A determinação dos efeitos de uma relação jurídica serve-se da qualificação atribuída pelo intérprete, sendo a identificação de tais efeitos *posterius*, enquanto a qualificação é *prius*.[333] O processo de interpretação do direito não é unívoco. Cada ramo do ordenamento jurídico apresenta regras e princípios interpretativos próprios, razão pela qual o método hermenêutico é condicionado pela natureza da relação jurídica a ser interpretada. Não se trata de processo livre, pois é orientado por um corpo próprio de princípios, regras, critérios e processos técnicos que guiam o intérprete e legitimam as conclusões por conta do método observado. Por isso, é necessário primeiramente identificar as regras interpretativas aplicáveis, mediante a qualificação, para, à luz dessas regras, identificar o sentido e os efeitos jurídicos associados.

A apreciação da juridicidade ocorre somente após a atribuição de sentido. Mediante o avançar do processo de interpretação, identificam-se as regras jurídicas cogentes e dispositivas aplicáveis.[334] Com a identificação destas, e do sentido atribuído a determinado ato ou fato, será possível analisar se esse ato ou fato naturalístico é apto ou não a produzir efeitos no mundo do direito.

A qualificação se coloca como etapa necessária dentro do círculo hermenêutico,[335] para, na sequência, analisar efetivamente qual o sentido de determinado ato jurídico.

---

332 MARTINS-COSTA, Judith. *A boa-fé no direito privado*: critérios para a sua aplicação. 2. ed. São Paulo: Saraiva, 2018. p. 486.

333 PONTES DE MIRANDA, Francisco Cavalcanti. *Tratado de direito privado*. São Paulo: Revista dos Tribunais, 2012. t. III, p. 432.

334 PONTES DE MIRANDA, Francisco Cavalcanti. *Tratado de direito privado*. São Paulo: Revista dos Tribunais, 2012. t. XXXVIII, p. 160.

335 "O processo de interpretação/qualificação dos contratos, portanto, não pode ser visto de forma linear, sequenciado em etapas preclusivas, uma vez que tais etapas – *rectius*, aspectos – imiscuem-se uns nos outros. Em oposição à visão clássica do trajeto único, subsuntivo, do fato à norma, a atitude do intérprete constrói-se em um constante ir-e-vir entre a reconstrução da realidade e seu diálogo com os enunciados normativos. Por conta da ausência de linearidade, da pluralidade de sentido, do processo interpretativo, difundiu-se entre nós, sob a influência heideggeriana, a imagem popularizada por GADAMER do

Para qualificar, é necessário ter contato prévio com o objeto da interpretação[336] e, necessariamente, formar uma acepção inicial ontológica acerca do que foi colocado para o intérprete. O resultado dessa análise será precisamente a qualificação da relação jurídica.[337] Nesse sentido, a classificação dentro de uma categoria jurídica é a conclusão de uma etapa do processo de interpretação, demandando esforço intelectivo inicial por parte do intérprete.[338]

2. Identificação da natureza do fato jurídico (qualificação ontológica)

Pela qualificação ontológica, procura-se averiguar a qual ramo do direito determinada relação jurídica pertence. Trata-se de um dos momentos iniciais do processo interpretativo. Pontes de Miranda qualifica a classificação da relação jurídica como sendo a primeira conclusão do intérprete.[339]

Pode haver dúvidas, por exemplo, se um determinado contrato é de natureza civil ou administrativa, ou se é de natureza civil ou consumerista, ou, ainda, se foi formado ou não por adesão. Essa etapa inicial de qualificação se mostra necessária porque, a depender da resposta encontrada, será necessário aplicar regras interpretativas específicas, que poderão condicionar a adequada solução de um caso concreto.

Em arbitragem internacional, houve profundo debate sobre a ontologia do instituto – ora lhe conferindo caráter contratual, ora acentuando o caráter processual. A adoção de um ou outro posicionamento trazia repercussões relevantes sobre variados

---

'círculo hermenêutico'" (KONDER, Carlos Nelson de Paula. Interpretação dos contratos, interpretação da lei e qualificação: superando fronteiras. *Scientia Iuris*, Londrina, v. 19, n. 1, p. 47-62, jun. 2015. p. 58).

336 Helena Lahr descreve o processo da seguinte forma: "A qualificação dos negócios jurídicos, enquanto apenas uma questão de direito, torna a análise do contrato uma mera interpretação da lei. O intérprete, na sua atividade, exime-se de qualquer juízo de qualificação jurídica. Pois parte da lei, abstrata e geral, e dirige-se ao contrato em busca de uma desconhecida e pouco verossímil vontade real. Depois retrocede ao devido enquadramento legal, a partir do qual se aferem os efeitos jurídicos decorrentes do contrato. E, tudo, ilusionisticamente, amolda-se com aparente perfeição" (LAHR, Helena. Interpretação e qualificação dos negócios jurídicos. *Revista dos Tribunais*, v. 723, jan. 1996. p. 17).

337 "Para qualificar já se exige uma interpretação e, do mesmo modo, essa qualificação tem consequências para o ato de interpretar. A simples qualificação de um negócio jurídico como bilateral ou unilateral, como patrimonial ou extrapatrimonial exige que se atribua sentido à declaração negocial ou ao comportamento dos figurantes do negócio. Por outro lado, essa qualificação remete cada tipo de negócio jurídico a regras de interpretação específicas" (GEDIEL, José Antônio Peres; CORRÊA, Adriana Espíndola. Interpretações – Art. 113 do Código Civil. In: MARQUES NETO; Floriano Peixoto; RODRIGUES JR., Otávio Luiz; LEONARDO, Rodrigo Xavier. *Comentários à Lei de Liberdade Econômica*: Lei 13.874/2019. São Paulo: Thomson Reuters Brasil, 2019. p. 331).

338 PONTES DE MIRANDA, Francisco Cavalcanti. *Tratado de direito privado*. São Paulo: Revista dos Tribunais, 2012. t. III, p. 432.

339 PONTES DE MIRANDA, Francisco Cavalcanti. *Tratado de direito privado*. São Paulo: Revista dos Tribunais, 2012. t. III, p. 412.

problemas concretos, levando a conclusões distintas, a depender de o intérprete preferir acentuar o aspecto material ou processual.

A teoria contratualista (ou privatista) da arbitragem enfoca especialmente o aspecto contratual subjacente ao instituto. Giuseppe Chiovenda foi um dos seus principais formuladores,[340] e a sua concepção inicial teve como pano de fundo o contexto no qual a jurisdição era percebida como monopólio do Estado.[341] Com a aceitação do caráter jurisdicional da arbitragem, a teoria contratualista, tal qual originalmente formulada, perdeu espaço. Contudo, os seus valores subjacentes – foco no acordo de vontade das partes, na autonomia privada que permeia a arbitragem e na flexibilidade que deve reger o procedimento – ainda permanecem em pleno vigor para os autores que ressaltam a origem contratual da arbitragem.[342]

A teoria jurisdicional ou publicista, ao revés, traz ênfase ao aspecto processual da arbitragem, além de conferir importância primordial para o direito doméstico, ao regular e traçar as balizas dentro das quais a arbitragem deve se desenvolver.[343] Tem por pressuposto implícito que o Estado deve controlar e regular as arbitragens que se desenvolvem no seu território, o que implica perceber a arbitragem em maior proximidade

---

340 "A vontade da lei, substancial ou processual, afirmada pelos árbitros em cada sentença, definitiva ou interlocutória, não se pode dizer atuada se a sentença não se tornou executória com o decreto do juiz da jurisdição em que foi proferida" (CHIOVENDA, Giuseppe. *Instituições de direito processual civil*. 3. ed. Trad. J. Guimarães Menegale. São Paulo: Saraiva, 1969. v. 1, p. 85).

341 "The supporters of this theory deny the primacy or control of the state in arbitration and argue that the very essence of arbitration is that it is 'created by the will and consent of the parties" (LEW, Julian D. M.; MISTELIS, Loukas A.; KRÖLL, Stefan M. *Comparative international commercial arbitration*. The Hague: Kluwer, 2003. p. 77).

342 "In any event, modern or traditional versions of the contractual theory make a case for arbitration as an illustration of freedom of contract and an almost unlimited party autonomy, i.e. a private justice system (...) The real basis for the contractual theory is the fact that the whole arbitration process is based on contractual arrangements. Both the agreement and the award reflect the contractual character of arbitration. The origin of every arbitration is a contract. The parties agree to submit their disputes to arbitration; the state has no influence or control over this decision. If parties do not voluntarily honour the award, it may be enforced as a contract" (LEW, Julian D. M.; MISTELIS, Loukas A.; KRÖLL, Stefan M. *Comparative international commercial arbitration*. The Hague: Kluwer, 2003. p. 78-79).

343 "El arbitraje es una justicia, privada, es cierto, pero una justicia al fin y al cabo; ésta proviene de la voluntad de las partes de confiar a un tercero el poder de juzgar; el árbitro se ve investido de la jurisdictio en toda su plenitud, con la flexibilidad que autoriza el marco dentro del que es ejercida; este marco procesal se parece cada vez más al de los tribunales estatales, en virtud de un proceso habitual a toda institución; desde el instante en que el arbitraje afirma ofrecer a las partes las garantías inherentes a toda justicia, encuentra él mismo, en virtud de una evolución natural (y no solamente en el arbitraje institucional), así sea en formas adaptadas a sus propias exigencias, los imperativos de organización y de funcionamiento que imponen a toda jurisdicción, cualquiera que ésta sea" (OPPETIT, Bruno. *Teoría del arbitraje*. Trad. Eduardo Silva Romero, Fabricio Mantilla Espinoza e José Joaquín Caicedo Demoulin. Bogotá: Legis, 2006. p. 57-58).

com o processo civil estatal. Atualmente, é pacificada no direito brasileiro a natureza jurisdicional da arbitragem. A perspectiva jurisdicional concentra-se especialmente nas prerrogativas processuais, nas limitações inerentes ao devido processo legal e nas demais balizas impostas ao exercício da jurisdição.

Diante dos desenvolvimentos legislativos, jurisprudenciais e doutrinários, consolidou-se a "teoria mista" da arbitragem, que reconhece a existência de aspectos contratuais e jurisdicionais.[344] Selma Ferreira Lemes explica que "a natureza híbrida, que em nosso entender melhor se coaduna com a arbitragem, ressalta ser ela contratual na fonte, mas jurisdicional no objeto".[345] Do reconhecimento da coexistência de aspectos contratuais e jurisdicionais, passou a ser relevante identificar a lente mais adequada para analisar determinado aspecto da arbitragem. Por exemplo, dentro de uma perspectiva mais contratualista, seria possível reconhecer maior grau de flexibilidade e autonomia para analisar aspectos relacionados à independência e imparcialidade dos árbitros. De outro lado, ao se considerar que esse é um dos elementos jurisdicionais da arbitragem, passa a ser necessário ter mais rigor para interpretar a situação concreta, diante das limitações de matriz legal e constitucional referentes ao tema.

3. Identificação do tipo contratual (qualificação tipológica)

Pela qualificação tipológica, procura-se identificar se determinado fato jurídico se enquadra ou não em um tipo legal preexistente, a cuja disciplina a relação jurídica se sujeitará em concreto.[346] A qualificação tipológica depende (i) da descrição do modelo de *fattispecie* jurídica; e (ii) do juízo da relevância dos elementos de fato, que será susce-

---

344 "The mixed or hybrid theory has become the dominant world-wide theory as elements of both the jurisdictional and the contractual theory are found in modern law and practice of international commercial arbitration. According to the mixed theory we have a private justice system created by contract. It is also common that such a hybrid system exists de facto. (...). Thus, both the contractual origin and the jurisdictional function have an important influence on arbitration. An effect of the hybrid or mixed theory is to acknowledge the strong, though not overwhelming, connection between arbitration and the place where the tribunal has its seat" (LEW, Julian D. M.; MISTELIS, Loukas A.; KRÖLL, Stefan M. *Comparative international commercial arbitration*. The Hague: Kluwer, 2003. p. 80).

345 LEMES, Selma Ferreira. *Arbitragem na administração pública*: fundamentos jurídicos e eficiência econômica. São Paulo: Quartier Latin, 2007. p. 61.

346 "O Código Civil contém regras dispositivas, especialmente no âmbito do Direito das Obrigações, em parte sobre contratos obrigacionais e contratos sinalagmáticos em geral, em parte sobre determinados tipos legais de contrato. A aplicação das regras dadas para um determinado tipo de contrato tem que ser antecedida pela classificação do contrato concreto na esfera de sentido desse tipo contratual. Segundo a concepção mais difundida, isto ocorre sempre pela via de um silogismo de subsunção. Porém, uma vez que este pressupõe, como vimos, como premissa maior um conceito plenamente definido, a subsunção só se pode realizar quando e na medida em que for possível definir de modo acabado o tipo contratual legal mediante a indicação das notas distintivas fixas que o caracterizam. A lei dispõe, aparentemente, de uma definição desse género para alguns tipos contratuais" (LARENZ, Karl. *Metodologia da ciência do direito*. 3. ed. Trad. José Lamego. Lisboa: Fundação Calouste Gulbenkian, 1997. p. 425).

tível de reexame quanto à sua legitimidade, porque é fruto de um juízo qualificador.[347] A qualificação tipológica apresenta relevância acentuada tanto para questões penais (identificação de tipo legal aplicável) quanto para questões contratuais (identificação de contrato típico ou atípico). A convenção de arbitragem, por ser negócio jurídico típico, descrito nos arts. 3º[348] e 4º[349] da Lei de Arbitragem, pressupõe a qualificação tipológica para a produção dos seus efeitos legais.

A qualificação tipológica não se restringe ao enquadramento em determinado regime legal. Nas últimas décadas, ampliou-se o reconhecimento dos "contratos socialmente típicos". Nem sempre o comércio jurídico se molda ao tipo ideal previsto pelo ordenamento, facultando a contínua elaboração de novos tipos.[350] Os contratos socialmente típicos são fruto dos usos e costumes de mercado.[351] Embora não regulados pela lei, são reconhecidos no tráfego jurídico por se consolidarem por meio da prática reiterada e por serem reconhecidos pelos operadores econômicos, pela doutrina e pela jurisprudência como "tipo contratual".[352] Nesse sentido, compreende-se que o texto do contrato empresarial é fruto de contínuos retornos à praxe social, permitindo a construção de significados em contínua modificação por conta da diversidade da interação social.[353]

O tipo adotado (legal ou social) ou o modelo concretamente escolhido pelas partes (no caso de negócios atípicos) constituem a totalidade formada por um negócio jurídico.[354] Posto isso, é necessário ter maior flexibilidade ao realizar a classificação dentro dos tipos contratuais legais, o que resulta do princípio da liberdade contratual, predominante no domínio do direito obrigacional.[355]

---

347 LAHR, Helena. Interpretação e qualificação dos negócios jurídicos. *Revista dos Tribunais*, v. 723, jan. 1996. p. 17.

348 Lei de Arbitragem: "Art. 3º As partes interessadas podem submeter a solução de seus litígios ao juízo arbitral mediante convenção de arbitragem, assim entendida a cláusula compromissória e o compromisso arbitral".

349 Lei de Arbitragem: "Art. 4º A cláusula compromissória é a convenção através da qual as partes em um contrato comprometem-se a submeter à arbitragem os litígios que possam vir a surgir, relativamente a tal contrato".

350 LARENZ, Karl. *Metodologia da ciência do direito*. 3. ed. Trad. José Lamego. Lisboa: Fundação Calouste Gulbenkian, 1997. p. 428-429.

351 FORGIONI, Paula A. *Contratos empresariais*: teoria geral e aplicação. 7. ed. São Paulo: Thomson Reuters Brasil, 2022. p. 144-145.

352 FORGIONI, Paula A. A interpretação dos negócios jurídicos II – alteração do art. 113 do Código Civil: art. 7º. In: MARQUES NETO; Floriano Peixoto; RODRIGUES JR., Otávio Luiz; LEONARDO, Rodrigo Xavier. *Comentários à Lei de Liberdade Econômica*: Lei 13.874/2019. São Paulo: Thomson Reuters Brasil, 2019. p. 378.

353 FORGIONI, Paula A. *Contratos empresariais*: teoria geral e aplicação. 7. ed. São Paulo: Thomson Reuters Brasil, 2022. p. 222.

354 MARTINS-COSTA, Judith. *A boa-fé no direito privado*: critérios para a sua aplicação. 2. ed. São Paulo: Saraiva, 2018. p. 509-510.

355 FORGIONI, Paula A. A interpretação dos negócios jurídicos II – alteração do art. 113 do Código Civil: art. 7º. In: MARQUES NETO; Floriano Peixoto; RODRIGUES JR., Otávio Luiz; LEONARDO,

O reconhecimento dessa flexibilidade ao realizar a qualificação tipológica não implica a impossibilidade de que, ao encontrar em um caso concreto contrato que se ajuste a todos os pontos previstos pela caracterização legal, ocorra a consequente subsunção à descrição do tipo, entendida esta como definição.[356] Essa liberdade vem sendo, inclusive, explorada no âmbito da arbitragem, com a elaboração de derivações do modelo legal de cláusula compromissória. Registra-se, por exemplo, (i) a combinação entre cláusula compromissória e eleição de foro para medidas de urgência; (ii) cláusulas escalonadas, associando a mediação e a arbitragem; (iii) cláusulas assimétricas, que autorizam apenas uma das partes a dar início à arbitragem, entre outras.[357]

4. Identificação da natureza de componentes da relação jurídica (qualificação dogmática)

Pela qualificação dogmática, procura-se identificar o regime jurídico aplicável a atos e fatos integrantes da relação jurídica. Por exemplo, em uma relação jurídica contratual, é possível haver dúvidas sobre o enquadramento de determinada cláusula em um certo regime jurídico. Algumas situações notadamente problemáticas são a natureza das cláusulas de declarações e garantias (se constituem obrigações de dar, declarações enunciativas ou obrigações de garantia),[358] das cláusulas de *take or pay* (se configuram

---

Rodrigo Xavier. *Comentários à Lei de Liberdade Econômica*: Lei 13.874/2019. São Paulo: Thomson Reuters Brasil, 2019. p. 378.

356 LARENZ, Karl. *Metodologia da ciência do direito*. 3. ed. Trad. José Lamego. Lisboa: Fundação Calouste Gulbenkian, 1997. p. 428-429.

357 Esses temas serão especificamente enfrentados nos Capítulos 6, 8 e 9 da presente obra.

358 FORGIONI, Paula A. Apontamentos sobre a natureza jurídica e a função econômica das cláusulas de declarações de garantias. In: GOUVÊA, Carlos Portugal; PARGENDLER, Mariana; LEVI-MINZI, Maurizio. *Fusões e aquisições*: pareceres. São Paulo: Almedina, 2022; PONTES, Evandro Fernandes de. Representations & warranties *no direito brasileiro*. São Paulo: Almedina, 2014. p. 124-134; WALD, Arnoldo. Dolo acidental do vendedor e violação das garantias prestadas. *Revista dos Tribunais*, v. 949, p. 95-103, 2014; KALANSKY, Daniel; SANCHEZ, Rafael Biondi. *Sandbagging clauses* nas operações de fusões e aquisições (M&A). In: BARBOSA, Henrique; BOTREL, Sergio (orgs.). *Novos temas de direito e* corporate finance. São Paulo: Quartier Latin, 2019; MENDES-MEDEIROS, Mariana. *Cláusulas de declarações e garantias nos contratos internacionais de aquisição de empresas ou de ativos*. Dissertação (Mestrado em Direito) – Faculdade de Direito, Universidade de São Paulo, São Paulo, 2006. p. 292; PARGENDLER, Mariana; PORTUGAL GOUVÊA, Carlos. As diferenças entre declarações e garantias e os efeitos do conhecimento. In: CASTRO, Rodrigo Rocha Monteiro de; AZEVEDO, Luis Andre; HENRIQUES, Marcus de Freitas (orgs.). *Direito societário, mercado de capitais, arbitragem e outros temas* – Homenagem a Nelson Eizirik. São Paulo: Quartier Latin, 2019. v. 3, p. 143-180; MARTINS-COSTA, Judith. Contrato de compra e venda de ações. Declarações e garantias. Responsabilidade por fato de terceiro. Inadimplemento, pretensão, exigibilidade, obrigação. Práticas do setor e usos do tráfico. Parecer. In: CASTRO, Rodrigo Rocha Monteiro de; AZEVEDO, Luiz André; HENRIQUES, Marcus de Freitas (coords.). *Direito societário, mercado de capitais e arbitragem* – homenagem a Nelson Eizirik. São Paulo: Quartier Latin, 2020. v. III, p. 67-90; GREZZANA, Giacomo. *A cláusula de declarações e garantias em alienações de participações societárias*. São Paulo: Quartier Latin, 2019.

ou não cláusula penal)[359] ou das condições precedentes (se efetivamente são condições suspensivas ou não).[360] A partir daí, dependendo do posicionamento dogmático adotado, haverá a incidência de um regime jurídico específico.

A qualificação dogmática é de especial relevância para a identificação da convenção de arbitragem. Como a "vontade de arbitrar" é elemento necessário para submissão à jurisdição arbitral, somente será qualificada como "convenção de arbitragem" a cláusula de resolução de disputas que, indubitavelmente, materializar essa vontade.

5. Relevância da qualificação

Em conhecida crítica, Genaro Carrió afirma que, por muitas vezes, o excesso de zelo do jurista em procurar classificações de institutos jurídicos constitui verdadeira "enfermidad professional de nuestro gremio".[361] Porém, em muitos casos, a correta identificação da natureza jurídica de um determinado instituto trará consigo consequências práticas relevantes.

A qualificação da natureza da relação jurídica apresenta importância em quatro campos distintos:[362] (i) para identificar as normas e os parâmetros legais a serem seguidos no restante do processo de interpretação; (ii) para determinar a aplicabilidade de normas legais, quer seja de natureza cogente ou de natureza dispositiva, e que irão complementar o conteúdo eficacial da relação jurídica; (iii) para permitir identificar eventuais requisitos especiais de validade aplicáveis a determinado tipo de relação jurídica (por exemplo, algum requisito de forma) e eventuais proibições legais ou autorizações necessárias a formar certos tipos de relação jurídica; e (iv) para identificar propriamente a aplicabilidade das normas de integração.

Em síntese, a qualificação está voltada à determinação do regime legal aplicável (o que inclui o regime legal aplicável à própria interpretação), sendo, portanto, etapa inicial do processo interpretativo. A qualificação, que deve ser compreendida dentro do círculo hermenêutico, não se confunde com a identificação de sentido e atribuição de efeitos jurídicos nem com a apreciação de juridicidade da relação jurídica – ambas sendo dependentes do enquadramento dado pela etapa de qualificação. A qualificação se mostra relevante em três dimensões principais, identificando a natureza da relação jurídica (critério ontológico), eventual tipo legal (critério tipológico) e o enquadramento dos atos e fatos componentes da relação jurídica (critério dogmático). Com a conclusão

---

359 BALERONI, Rafael. Aspectos econômicos e jurídicos das cláusulas de *ship-or-pay* e *take-or-pay* nos contratos de transporte e de fornecimento de gás natural. *RTDC*, v. 27, p. 247-264, jul./set. 2006; VIEIRA, Vitor Silveira. A cláusula de *take or pay* no direito privado brasileiro: qualificação, regime e aplicação. *Revista de Direito Privado*, v. 106, p. 101-150, out./dez. 2020.

360 MARTINS-COSTA, Fernanda. *Condição suspensiva*: função, estrutura e regime jurídico. São Paulo: Almedina, 2017.

361 CARRIÓ, Genaro R. *Notas sobre derecho y lenguaje*. 4. ed. Buenos Aires: Abeledo-Perrot, 1990. p. 100.

362 LARENZ, Karl. *Metodologia da ciência do direito*. 3. ed. Trad. José Lamego. Lisboa: Fundação Calouste Gulbenkian, 1997. p. 420-421.

do processo de qualificação, será possível identificar os parâmetros hermenêuticos adequados para as etapas posteriores do processo interpretativo, o regime legal aplicável, os parâmetros de aferição da juridicidade e o método de integração a ser seguido.

O mesmo se aplica para a convenção de arbitragem. A caracterização da cláusula de resolução de disputas como "cláusula compromissória" traz consigo um conjunto de direitos, poderes, ônus e faculdades para ambas as partes. Por exemplo, o direito potestativo de dar início ao procedimento arbitral. Esse poder de modificar unilateralmente a esfera jurídica da outra parte somente é outorgado pelo ordenamento mediante a qualificação do negócio jurídico referente à resolução de disputas como "convenção de arbitragem".

Assim, a qualificação da convenção de arbitragem traz consigo a incidência do regime jurídico especial destinado a reger as relações jurídicas arbitrais. Portanto, a qualificação importa para a incidência da Lei de Arbitragem, da Convenção de Nova York e de todas as demais regras jurídicas referentes à arbitragem vigentes no território nacional.

§ 10. IDENTIFICAÇÃO DAS NORMAS HERMENÊUTICAS

1. Escolha das normas hermenêuticas aplicáveis

Após a qualificação da relação jurídica, a identificação do tipo legal aplicável e a atribuição das categorias dogmáticas aplicadas, é possível identificar quais são as normas interpretativas que devem seguir guiando o processo de interpretação. Considerando que os diferentes tipos de relação jurídica são guiados por parâmetros interpretativos diversos, a conclusão da qualificação permite identificar qual a bússola normativa adequada para guiar os próximos passos do processo interpretativo.

É necessário distinguir a "interpretação do contrato" da "interpretação das normas referentes à interpretação dos contratos",[363] estas responsáveis por guiar a compreensão e a qualificação do contrato. Trata-se de um momento de interpretação da lei, já que se busca identificar quais são os parâmetros dados pelo ordenamento jurídico para atribuir sentido ao contrato.

Nessa lógica, ao interpretar a convenção de arbitragem, o passo inicial é identificar qual é a lei a ela aplicável. Em seguida, deve-se interpretar qual conteúdo normativo pode ser extraído das normas aplicáveis à interpretação da convenção de arbitragem. Por fim, deve-se identificar o escopo objetivo e subjetivo da convenção de arbitragem, bem como as posições jurídicas a ela associadas (direitos, poderes, ônus, exceções, entre outras) à luz das regras de interpretação aplicáveis.

Como espécie de negócio jurídico, a convenção de arbitragem deve seguir o *iter* interpretativo correspondente à interpretação dos negócios jurídicos, como ocorre em determinado ordenamento. Em termos metodológicos, esse sequencial é necessário para fins de segurança jurídica, bem como para extrair de modo coerente e unitário a força normativa a partir das disposições de vontade das partes.

---

[363] GOMES, Fernando de Paula. Do contrato: interpretação e boa-fé. *Revista de Direito Privado*, v. 27, p. 96-142, jul./set. 2006. p. 9.

2. Destinatário das regras hermenêuticas

As partes são as destinatárias por excelência das regras de hermenêutica contratual.[364] Os negócios jurídicos são feitos pelas partes e para as partes. São as partes as maiores interessadas na execução do contrato, bem como os atores principais da performance das obrigações assumidas. Por isso, as partes são as intérpretes por excelência dos negócios jurídicos firmados. E, consequentemente, as primeiras destinatárias das regras hermenêuticas. Juízes ou árbitros são chamados a atuar apenas em situações patológicas, quando os canais de diálogo existentes entre as partes não se mostraram suficientes. Assim, apresentam um agir secundário, sendo destinatários de segundo grau das regras jurídicas referentes à interpretação dos contratos.

Parte da doutrina vislumbra o órgão jurisdicional como o destinatário precípuo das regras hermenêuticas previstas na legislação.[365] Essa concepção tem por foco a realização judicial do direito, em que o intérprete-julgador ocupa posição de destaque. Contudo, o direito não se realiza somente por força da autoridade jurisdicional. A partir daí, é imprescindível reconhecer que o destinatário das regras hermenêuticas

---

364 "A regra jurídica interpretativa dirige-se ao figurante, ou aos figurantes. No momento em que alguém manifesta a vontade, sabe que a regra jurídica interpretativa incide. O intérprete, inclusive o juiz, apenas a aplica. Os figurantes que não atendem a isso não podem conhecer, com exatidão, o que estão manifestando. A opinião que via na regra jurídica interpretativa regra jurídica que só se dirigia aos intérpretes, particularmente aos juízes, ou que a representava dirigida, principalmente, ao juiz e aos outros intérpretes, era fruto do êrro de não se ver que a função do intérprete, inclusive do juiz, é apenas a de aplicar a regra jurídica interpretativa. Temos portanto, de afastar o que a respeito dos destinatários das regras jurídicas interpretativas escreveram E. DANZ (*Die Auslegung der Rechtsgeschäfte*, 2.a ed., 84 s.), CESARE GRASSETTI (*Interpretazione del negozio giuridico con particolare riguardo ai contratti*, 25 e 30) e outros, que os repeliram. O figurante tem interêsse ou os figurantes têm interêsse, pois que não podem ignorar a lei, em manifestar a vontade dentro do que a lei lhe permite e sabendo como os intérpretes, inclusive o juiz, têm de entendê-la, por sua função interpretativa, ou por dever de aplicação das regras jurídicas interpretativas. Se são duas ou mais pessoas os figurantes, todas têm de conhecer a lei e precatar-se contra a regra jurídica interpretativa, se não é conveniente, ou contar com a sua aplicação, se é conveniente. Todavia, é indiferente o que o figurante pensava ou o que os figurantes pensavam; não importa, sequer, que tenham ignorado a lei (cf. PAUL OERTMANN, *Rechtsordnung und Verkehrssitte*, 66 s.), ou a tenham entendido erradamente" (PONTES DE MIRANDA, Francisco Cavalcanti. *Tratado de direito privado*. São Paulo: Revista dos Tribunais, 2012. t. XXXVIII, p. 168).

365 "É que não é só a clareza de linguagem no sentido léxico que interessa ao intérprete. Dados outros são importantes para consumar-se o que, em direito, se considera a interpretação técnica de um contrato. A operação submete-se a regras jurídicas de interpretação, que visam, mais do que às partes, pois seu destinatário é aquele órgão judicante a quem a lei confere a missão de resolver os conflitos derivados das controvérsias exegéticas sobre as declarações contratuais" (THEODORO JR., Humberto. Contrato. Interpretação. Princípio da boa-fé. Teoria do ato próprio ou da vedação do comportamento contraditório. *Revista de Direito Privado*, v. 38, p. 149-175, abr./jun. 2009. p. 3).

é múltiplo:[366] referem-se primeiramente às partes, aos intérpretes aplicadores e a terceiros, como se verá.

O reconhecimento da normatividade e cogência dessas regras para os órgãos judicantes (juízes ou árbitros) apresenta relevância prática. A obrigatoriedade da fundamentação, quer no processo civil estatal (art. 11, *caput*, do CPC[367]), quer em procedimentos arbitrais (art. 26, II, da Lei de Arbitragem[368]), é tanto elemento de legitimidade do exercício da jurisdição quanto requisito de validade das sentenças das decisões proferidas. A fundamentação deve, necessariamente, ser conforme às regras de direito aplicáveis, o que inclui as regras referentes à hermenêutica contratual. Não é escusado, nem ao juiz nem ao árbitro, ignorar os parâmetros interpretativos legalmente previstos. Diante de regra de interpretação, o caminho a ser seguido na fundamentação deve ser condizente com o legalmente previsto. Diante de regra interpretativa, a solução para a obscuridade, lacuna ou ambiguidade deve ser aquela antecipadamente prevista na legislação.

Assim, percebe-se que tanto as partes quanto os árbitros e os juízes togados podem ser destinatários das regras hermenêuticas. As partes da convenção de arbitragem devem interpretar o seu texto para identificar a força normativa decorrente da cláusula arbitral pactuada. Os árbitros, como responsáveis por exercer a jurisdição arbitral, necessitam interpretar a convenção de arbitragem para identificar os próprios poderes e eventuais limitações. Os juízes togados, por fim, necessitam interpretar a convenção de arbitragem – nos limites previstos pelo ordenamento jurídico – para exercer a sindicância legalmente prevista sobre os atos da jurisdição arbitral (seja por meio de ação anulatória, reconhecimento de sentença arbitral estrangeira, análise de carta arbitral ou outros atos que demandem a atuação do Poder Judiciário).

Ademais, há outros destinatários das regras hermenêuticas, por exemplo, mediadores e terceiros. Os mediadores, apesar de não imporem uma decisão, precisam compreender o contexto legal que envolve a controvérsia. Nesse sentido, as regras hermenêuticas permitem que o mediador entenda e interprete corretamente o ordenamento jurídico e oriente as partes adequadamente, dentro dos limites da lei. Por fim, terceiros também são destinatários das regras de interpretação. Em certas situações, indivíduos ou

---

366 Adotando posição semelhante: GOMES, Fernando de Paula. Do contrato: interpretação e boa-fé. *Revista de Direito Privado*, v. 27, p. 96-142, jul./set. 2006. p. 10. Sustentando posição semelhante acerca do art. 113 do Código Civil, Judith Martins-Costa leciona que: "Pode-se sustentar, portanto, que o art. 113 é dirigido às partes, mas, igualmente, ao juiz ou árbitro, pois serve de mandamento que lhes é imposto de não permitir que o contrato, como regulação objetiva dotada de um sentido específico, atinja finalidade oposta ou contrária àquela que, razoavelmente, à vista de seu escopo econômico-social, e considerado o Ordenamento jurídico em que inserido, seria lícito esperar" (MARTINS-COSTA, Judith. *A boa-fé no direito privado*: critérios para a sua aplicação. 2. ed. São Paulo: Saraiva, 2018. p. 492).

367 Código de Processo Civil: "Art. 11. Todos os julgamentos dos órgãos do Poder Judiciário serão públicos, e fundamentadas todas as decisões, sob pena de nulidade".

368 Lei de Arbitragem: "Art. 26. São requisitos obrigatórios da sentença arbitral: (...) II – os fundamentos da decisão, onde serão analisadas as questões de fato e de direito, mencionando-se, expressamente, se os árbitros julgaram por equidade; (...)".

entidades que não são diretamente parte em um conflito, mas que podem ser afetados pelo seu resultado, podem se valer das regras hermenêuticas. Seja para compreender seus direitos e obrigações, seja para formular argumentos em uma situação jurídica. Esses terceiros, por vezes, podem ser *amicus curiae* em processos judiciais ou arbitrais, contribuindo com a interpretação de normas relevantes para o caso.

3. Regras jurídicas de interpretação e regras jurídicas interpretativas

Nas regras hermenêuticas, existe diferença fundamental entre as "regras jurídicas de interpretação" e as "regras jurídicas interpretativas".

As regras jurídicas de interpretação são destinadas ao intérprete[369] e balizam a sua ação diante de um caso concreto,[370] orientando o processo de extração do significado do conteúdo negocial em questão.[371] Assim, essas regras não apresentam significado previamente estipulado, pois o foco da sua normatividade é a própria operação hermenêutica, e não o resultado da interpretação, que pode ser variado.

Esse tipo de regra prevê os caminhos, que podem levar a destinos diversos.[372] Essas regras são cogentes para o intérprete,[373] constituindo partícula da disciplina contratual

---

369 "As normas de interpretação, legisladas, são, por isso, normas vinculantes, que podem ser retiradas da experiência jurídica, mas que vinculam o intérprete e os participantes do negócio jurídico. Segundo Pontes de Miranda, se dirigem aos figurantes do negócio, visto que atribuem o sentido jurídico à manifestação de vontade. Ao intérprete cabe aplicá-las, na medida em que são normas cogentes, e não apenas conselhos ou regras de experiência, às quais está adstrito no momento aplicativo" (GEDIEL, José Antônio Peres; CORRÊA, Adriana Espíndola. Interpretações – Art. 113 do Código Civil. In: MARQUES NETO; Floriano Peixoto; RODRIGUES JR., Otávio Luiz; LEONARDO, Rodrigo Xavier. *Comentários à Lei de Liberdade Econômica*: Lei 13.874/2019. São Paulo: Thomson Reuters Brasil, 2019. p. 328).

370 MARTINS-COSTA, Judith. *A boa-fé no direito privado*: critérios para a sua aplicação. 2. ed. São Paulo: Saraiva, 2018. p. 491.

371 NITSCHKE, Guilherme Carneiro Monteiro. Comentário ao artigo 113 §§ 1º e 2º do Código Civil: interpretação contratual a partir da Lei de Liberdade Econômica. In: MARTINS-COSTA, Judith; NITSCHKE, Guilherme Carneiro Monteiro. *Direito privado na Lei de Liberdade Econômica*. São Paulo: Almedina, 2022. p. 316.

372 NITSCHKE, Guilherme Carneiro Monteiro. Comentário ao artigo 113 §§ 1º e 2º do Código Civil: interpretação contratual a partir da Lei de Liberdade Econômica. In: MARTINS-COSTA, Judith; NITSCHKE, Guilherme Carneiro Monteiro. *Direito privado na Lei de Liberdade Econômica*. São Paulo: Almedina, 2022. p. 318.

373 Adotando posição divergente: "As disposições legais sobre interpretação de contratos são, sobretudo, conselhos dados aos juízes e árbitros. Em geral, não são regras rigorosas e imperativas como outras disposições que nunca eximem o julgador de aplicá-las. Pelo contrário, desde sua gênese, as diretivas de interpretação são concebidas como normas supletivas e os próprios julgadores não se consideram adstritos às mesmas. Servem como parâmetros cuja aplicação se faz a partir de uma ponderação das circunstâncias concretas buscando a solução que melhor reflita o intento comum das partes. Mesmo que se apresente uma ocasião para a possível aplicação do comando hermenêutico, ela não é automática. Depende da convicção do intérprete que analisa ser ou não apropriado, nas circunstâncias do caso, a utilização da regra. Assim o recurso aos princípios positivados não é visto como obrigatório,

da qual não se pode distanciar, não havendo margem para o intérprete acessar disposições que não pertençam à disciplina do contrato.[374] São regras jurídicas de interpretação previstas no Código Civil os arts. 112, 113, 114, 485, 596, 628, parágrafo único, 658, parágrafo único, 701, 724, 819 e 843.

No âmbito do direito privado, a autonomia das partes contratantes autoriza a pactuação de regras específicas para a interpretação do contrato. Por exemplo, pode-se pactuar "cláusulas de definição" para fixar o significado específico de determinados termos ou expressões utilizados, que normalmente serão escritos com inicial maiúscula ou sujeitos a algum tipo de destaque. Por conseguinte, sempre que determinada expressão for escrita dessa forma, presume-se que o significado que deve ser atribuído é aquele prefixado pelas partes mediante a cláusula de definição. Em contrações complexas, que envolvem vários documentos anexos ou referenciados (como especificações técnicas, termos gerais, políticas específicas, entre outros), a pactuação dessa cláusula contribui para harmonizar os sentidos ao longo da cadeia contratual.

De outro lado, as regras jurídicas interpretativas são aquelas destinadas a esclarecer a manifestação de vontade exteriorizada com ambiguidade, obscuridade ou contradição.[375] São regras "coloridoras do espaço cinzento que a dúvida deixa à vista", trazendo a solução adequada para imprecisões que se revelam, e prescrevendo significado, ditando qual é o conteúdo do negócio – ou seja, qual é o significado da disciplina concreta.[376] Essas regras não estabelecem um modo de agir para o intérprete, tampouco suprem heteronomamente a falta de disciplina derivada da declaração das partes. Ao contrário, determinam qual o sentido que deve ser atribuído em determinada circunstância, constituindo verdadeiras regras de direito material.[377]

---

mas discricionário" (KROETZ, Maria Cândida do Amaral. Interpretações – Art. 113 do Código Civil. In: MARQUES NETO; Floriano Peixoto; RODRIGUES JR., Otávio Luiz; LEONARDO, Rodrigo Xavier. *Comentários à Lei de Liberdade Econômica*: Lei 13.874/2019. São Paulo: Thomson Reuters Brasil, 2019. p. 359-360).

374 NITSCHKE, Guilherme Carneiro Monteiro. Comentário ao artigo 113 §§ 1º e 2º do Código Civil: interpretação contratual a partir da Lei de Liberdade Econômica. In: MARTINS-COSTA, Judith; NITSCHKE, Guilherme Carneiro Monteiro. *Direito privado na Lei de Liberdade Econômica*. São Paulo: Almedina, 2022. p. 318-319.

375 MARTINS-COSTA, Judith. *A boa-fé no direito privado*: critérios para a sua aplicação. 2. ed. São Paulo: Saraiva, 2018. p. 491.

376 NITSCHKE, Guilherme Carneiro Monteiro. Comentário ao artigo 113 §§ 1º e 2º do Código Civil: interpretação contratual a partir da Lei de Liberdade Econômica. In: MARTINS-COSTA, Judith; NITSCHKE, Guilherme Carneiro Monteiro. *Direito privado na Lei de Liberdade Econômica*. São Paulo: Almedina, 2022. p. 316.

377 "Na aplicação das regras jurídicas interpretativas, regras de direito material, e não de direito processual ou formal, a função do juiz é a mesma que êle tem a respeito de quaisquer outras regras de direito material. Não está a interpretar, mas a aplicar regra jurídica interpretativa. A 'interpretação' foi estabelecida pela lei, exatamente para que não haja campo para a interpretação pelo intérprete, inclusive pelo juiz" (PONTES DE MIRANDA, Francisco Cavalcanti. *Tratado de direito privado*. São Paulo: Revista dos Tribunais, 2012. t. XXXVIII, p. 168).

Assim, não são regras que dispõem sobre o método, mas que determinam qual o sentido a ser conferido diante de determinada situação, em solução previamente ditada pela legislação.[378] Tais regras atribuem sentido à manifestação de vontade, em conformidade com a orientação legal prévia.[379] As partes são as destinatárias dessa modalidade de regras, já que ditam o significado da disciplina que, quando pouco claro, há de reger a relação concreta.[380]

Essas regras não são cogentes para as partes,[381] incidindo apenas para resolver casos de ambiguidade, contradição e obscuridade. No entanto, são cogentes para o intérprete, que, no caso de constatação da situação descrita no suporte fático da regra interpretativa, não pode escusar a sua aplicação.[382] A lei vem esclarecer o significado que não está evidente no conteúdo contratual *in concreto*. Todavia, as partes podem derrogar o significado legal, desde que assim disponham de maneira indubitável.[383]

---

378 NITSCHKE, Guilherme Carneiro Monteiro. Comentário ao artigo 113 §§ 1º e 2º do Código Civil: interpretação contratual a partir da Lei de Liberdade Econômica. In: MARTINS-COSTA, Judith; NITSCHKE, Guilherme Carneiro Monteiro. *Direito privado na Lei de Liberdade Econômica*. São Paulo: Almedina, 2022. p. 318.

379 SOARES, Marcos Cáprio Fonseca. O negócio jurídico e sua interpretação. *Revista de Direito do Consumidor*, v. 67, p. 173-196, jul./set. 2008. p. 6.

380 NITSCHKE, Guilherme Carneiro Monteiro. Comentário ao artigo 113 §§ 1º e 2º do Código Civil: interpretação contratual a partir da Lei de Liberdade Econômica. In: MARTINS-COSTA, Judith; NITSCHKE, Guilherme Carneiro Monteiro. *Direito privado na Lei de Liberdade Econômica*. São Paulo: Almedina, 2022. p. 318.

381 "Também as regras interpretativas em nada limitam o autorregramento da vontade. Supõem-no. A vontade lá está; mas foi expressa de tal maneira que dá ensejo a duas ou mais interpretações. O legislador poderia ter deixado, inteiramente, a cargo do intérprete preferir uma delas, e o juiz estaria obrigado a isso (Código de Processo Civil, art. 113; Comentários, I, 408 s.). Entendeu, porém, que dados de técnica legislativa há que aconselham a seguir-se uma delas, pois que há dúvida. O legislador, no plano político, preferiu; o juiz e os demais intérpretes apenas, no plano jurídico, veem a incidência da regra interpretativa e a aplicam. De ordinário, a interpretatividade revela-se pelas expressões 'havendo dúvida', 'em caso de dúvida' e outras semelhantes. Há regras jurídicas que nada dizem a respeito do estado de dúvida; e até as que se redigiram como se fossem dispositivas. Têm de ser levados em conta o sentido e o alcance da regra jurídica, para que se saiba se foi concebida como regra interpretativa, ou se o não foi" (PONTES DE MIRANDA, Francisco Cavalcanti. *Tratado de direito privado*. São Paulo: Revista dos Tribunais, 2012. t. III, p. 117-118).

382 "Interpretar é revelar. A regra jurídica interpretativa é *ius*, impõe-se ao intérprete como o caminho, legalmente marcado, para se chegar à interpretação. A opinião, franco-italiana, que reduzia as regras jurídicas interpretativas a meras regras técnicas, aconselhadas, pela lei, aos juízes e demais intérpretes, foi repelida, acertadamente. A regra jurídica interpretativa é regra jurídica como qualquer outra. Distingue-se das regras jurídicas dispositivas em que as regras jurídicas interpretativas supõem que tenha havido manifestação de vontade do figurante, ou dos figurantes, ao passo que as regras jurídicas dispositivas são feitas para o caso de não ter havido manifestação de vontade" (PONTES DE MIRANDA, Francisco Cavalcanti. *Tratado de direito privado*. São Paulo: Revista dos Tribunais, 2012. t. XXXVIII, p. 167).

383 NITSCHKE, Guilherme Carneiro Monteiro. Comentário ao artigo 113 §§ 1º e 2º do Código Civil: interpretação contratual a partir da Lei de Liberdade Econômica. In: MARTINS-COSTA, Judith;

Como exemplos de regra jurídica interpretativa, têm-se o art. 423 do Código Civil,[384] o art. 484, parágrafo único, do Código Civil, o art. 610, § 1°, ou o art. 658 do Código Civil.

Na França e na Itália, chegou-se a considerar as regras jurídicas de interpretação como sendo meros conselhos para os intérpretes, espécie de regras técnicas que poderiam ou não ser seguidas. A posição historicamente adotada pelo direito brasileiro foi diversa. As regras de interpretação foram reconhecidas como um caminho legalmente determinado para conduzir o processo interpretativo.

À luz do Direito brasileiro, os juízes ou árbitros não podem decidir simplesmente conforme a própria consciência. Devem necessariamente analisar o negócio jurídico e fundamentar as suas decisões tendo em vista os parâmetros normativos, para analisar o sentido de certo negócio jurídico.[385] Do ponto de vista do aplicador, toda regra hermenêutica será cogente.[386] Trata-se ou do caminho a ser seguido (regra de interpretação) ou da solução legalmente prevista para casos típicos de ambiguidade, lacuna ou obscuridade (regra interpretativa).

Referente à interpretação da convenção de arbitragem, a maioria das regras hermenêuticas consiste em "regras jurídicas de interpretação", já que estabelecem o caminho a ser seguido pelo intérprete da convenção de arbitragem. No entanto, em regulamentos arbitrais pode haver "regras jurídicas interpretativas", que antecipam o sentido a ser dado em determinadas situações, trazendo o resultado da disciplina jurídica a ser aplicável em uma situação concreta.

4. Cânones hermenêuticos

Os cânones hermenêuticos agem como postulados que devem guiar o processo interpretativo como um todo. São critérios metodológicos que permitem o controle do raciocínio do intérprete, proporcionando maior objetividade no entendimento. O desenvolvimento dos cânones hermenêuticos se deve, principalmente, à doutrina que,

---

NITSCHKE, Guilherme Carneiro Monteiro. *Direito privado na Lei de Liberdade Econômica*. São Paulo: Almedina, 2022. p. 319.

384 Código Civil: "Art. 423. Quando houver no contrato de adesão cláusulas ambíguas ou contraditórias, dever-se-á adotar a interpretação mais favorável ao aderente".

385 "No Direito, não há interpretação livre, nem há espaço para atribuição arbitrária de sentidos aos textos (tanto legais como negociais), pois há um conjunto normativo vinculante de critérios, técnicas, métodos e cânones que orientam a atividade interpretativa. E, se embora não seja possível eliminar todo o subjetivismo do intérprete, as regras legais de interpretação procuram estabelecer balizas e diminuir a incerteza do resultado da interpretação. Trata-se, portanto, de uma interpretação objetiva" (GEDIEL, José Antônio Peres; CORRÊA, Adriana Espíndola. Interpretações – Art. 113 do Código Civil. In: MARQUES NETO; Floriano Peixoto; RODRIGUES JR., Otávio Luiz; LEONARDO, Rodrigo Xavier. *Comentários à Lei de Liberdade Econômica*: Lei 13.874/2019. São Paulo: Thomson Reuters Brasil, 2019. p. 329).

386 NITSCHKE, Guilherme Carneiro Monteiro. Comentário ao artigo 113 §§ 1° e 2° do Código Civil: interpretação contratual a partir da Lei de Liberdade Econômica. In: MARTINS-COSTA, Judith; NITSCHKE, Guilherme Carneiro Monteiro. *Direito privado na Lei de Liberdade Econômica*. São Paulo: Almedina, 2022. p. 318-319.

ao se debruçar sobre determinados tipos de relações jurídicas, estabelece vetores gerais que devem nortear o processo interpretativo.

Emilio Betti, ao tratar da interpretação contratual, identificou quatro cânones específicos: (i) autonomia hermenêutica; (ii) totalidade e coerência; (iii) atualidade do entendimento; e (iv) adequação do entendimento. Para Betti, esses cânones agem como faróis que devem guiar o intérprete quando se debruça sobre determinado negócio jurídico. Cada área do direito apresenta cânones próprios, representando pautas próprias de cada ramo do ordenamento jurídico. Por exemplo, em direito administrativo, prevalece o cânone da supremacia do interesse público, refletindo o objeto próprio e as preocupações típicas dessa modalidade de relação jurídica; no direito ambiental, o princípio da precaução estabelece que, em situações de risco de dano grave ou irreversível ao meio ambiente, a ausência de certeza científica absoluta não deve ser utilizada como razão para postergar medidas eficazes e proporcionalmente adequadas para prevenir a degradação ambiental.

Cabe ao intérprete conjugar os cânones hermenêuticos gerais previstos nas regras de interpretação com as diretrizes derivadas da principiologia contratual explícita e implícita, as regras especiais pertinentes a determinados tipos contratuais especificamente considerados (*v.g.*, a do art. 843 do CC) e as circunstâncias hermenêuticas tidas como relevantes para determinado tipo de contrato, como a dinâmica dos riscos própria do contrato de compra e venda (*v.g.*, art. 492 do CC).[387] Todos esses elementos devem ser conjugados ao longo do processo interpretativo.

5. Critérios hermenêuticos

Os critérios hermenêuticos são fruto do desenvolvimento doutrinário sobre quais fatores devem ser levados em consideração para a interpretação das leis e de outros documentos com relevância para o direito. Por mais que tais critérios tenham sido originalmente concebidos para a interpretação de textos normativos de fonte legislativa, com as devidas adaptações, podem ser utilizados para a interpretação contratual. Deve-se a Savigny o mérito de sistematizar pioneiramente esses critérios, dividindo-os em gramatical, sistemático, lógico, histórico e teleológico.

O critério gramatical tem por objetivo valorizar o significado literal do texto. Pela formulação original, caberia ao intérprete extrair o significado do texto a partir da literalidade da lei. No entanto, com o desenvolvimento da compreensão hermenêutica, o elemento gramatical vem sendo relativizado, passando a estar associado a outros fatores ao longo do processo interpretativo.

O critério sistemático pugna pela leitura conjunta das normas jurídicas. Esse critério parte da premissa da necessidade de o ordenamento ser um todo harmônico, avesso a antagonismos. Contemporaneamente, percebe-se que a sistematicidade nem sempre é possível, pois o ordenamento objetiva regular questões tão díspares entre si

---

[387] MARTINS-COSTA, Judith. *A boa-fé no direito privado*: critérios para a sua aplicação. 2. ed. São Paulo: Saraiva, 2018. p. 491.

que é inevitável a existência de incongruências axiológicas. Por mais que a sistematicidade e a harmonia sejam pautas relevantes, reconhece-se que nem sempre é possível atingir tais objetivos.

O critério lógico pretende que o intérprete busque definir o significado do texto a partir de raciocínio lógico e estruturado. A conceptualização desse critério ilustra a mentalidade dominante no direito oitocentista, bem como a tentativa de aproximar ao máximo a aplicação do direito das técnicas das ciências naturais. Igualmente, o critério lógico foi elaborado no contexto do domínio do silogismo jurídico como técnica interpretativa por excelência. Contudo, as premissas subjacentes ao critério lógico foram sendo ressignificadas com os avanços da teoria do direito ao longo do século XX, e o foco deixou de ser tanto na estrutura demonstrativa, passando a se concentrar na validação da lógica argumentativa referente à aplicação do direito.

O critério histórico aponta para a necessidade do intérprete de buscar compreender a regra jurídica tal qual almejado à época de sua elaboração. Assim, precedentes da época, o processo legislativo, a exposição de motivos e o registro de debates seriam elementos fundamentais a serem considerados. A forma como esse critério foi originalmente abordado também teve de ser ressignificada. A hermenêutica contemporânea não coloca como missão primária do intérprete buscar o sentido original das palavras ou o dever de se curvar à intenção original do legislador, reconhecendo-se que a norma, uma vez editada, ganha vida própria, e o processo de elaboração normativa é fruto de dissensos e conflitos.

O critério teleológico, especialmente desenvolvido por Ihering, propõe a necessidade de se atentar à finalidade do texto normativo. O critério teleológico propõe um deslocamento de foco em relação ao critério histórico: enquanto na investigação histórica se procura identificar a vontade dos autores da regra jurídica, na investigação teleológica cabe ao intérprete averiguar a finalidade objetiva subjacente. Portanto, migra-se de uma análise subjetivista para uma investigação objetivista. Atualmente, para aplicar o critério teleológico, é imprescindível ponderar que nem sempre é possível identificar de modo claro qual é a finalidade relacionada à edição de uma regra jurídica. Igualmente, um mesmo texto normativo pode procurar atender a finalidades diversas em cada passagem. Não é mais possível aplicar o critério teleológico com a pretensão de identificar um sentido imanente e harmônico, ao contrário do que pressupunha a doutrina clássica da interpretação.[388] Na verdade, deve-se ponderar a existência de ambiguidades e contradições valorativas naturais tanto na formação das leis quanto na dos contratos.

---

[388] "Muitas vezes se tem que conjugar a pesquisa sobre o fim com a pesquisa sobre as consequências. Primeiro se estabelece a finalidade da lei e se deduz o que seja, é isto. Agora se extraem as consequências e verifica-se quais as que são contrárias à finalidade e então se tem aí restaurada a interpretação mais fiel, que mais convém, que mais satisfaz. A interpretação que se faz baseada nos fins da lei costuma chamar-se interpretação teleológica. Ela é uma investigação da *ratio legis*. A interpretação, porém, pode não se preocupar com a *ratio legis*, e, sim, com a *occasio legis*. É o terceiro caso a que se referiu. Preste-se agora, atenção às circunstâncias em que a lei foi feita, às circunstâncias em que a lei foi feita, às circunstâncias que cercaram a sua elaboração. Pode ter sido feita num momento de guerra, num momento

Esses critérios, clássicos na teoria da interpretação, tiveram de ser ressignificados para se tornarem compatíveis com a evolução posterior da compreensão do fenômeno hermenêutico. No entanto, com as devidas adequações, ainda podem ser perfeitamente ponderados pelos intérpretes no processo interpretativo.

Igualmente, esses critérios são plenamente aplicáveis à interpretação da convenção de arbitragem. O elemento gramatical pode ser extremamente útil para identificar eventuais restrições estabelecidas pelas partes à jurisdição arbitral – diante da necessidade de se interpretar restritivamente o escopo da convenção de arbitragem, *i.e.*, os limites da renúncia das partes à jurisdição estatal. O critério sistemático adquire relevância para identificar as controvérsias a serem submetidas à arbitragem, diante da interação existente entre o(s) contrato(s) e a cláusula compromissória. O critério histórico pode ser utilizado pelo intérprete para sanar eventuais dúvidas, socorrendo-se das minutas do contrato para identificar com clareza o escopo da vontade de se submeter à jurisdição arbitral. O critério teleológico está associado à vontade das partes de se submeter à arbitragem como forma de solução de conflitos, aproximando-se do denominado *favor arbitrandum*, trazendo consigo um dever de deferência do intérprete da convenção de arbitragem a privilegiar, quando possível, o meio arbitral de solução de controvérsias.

§ 11. FUNÇÃO HERMENÊUTICA DA BOA-FÉ OBJETIVA

1. A relevância da função hermenêutica da boa-fé objetiva

A boa-fé objetiva é um dos princípios basilares do direito brasileiro, apresentando relevância jurídica em vários ramos do ordenamento e encontrando consagração legislativa em diversos diplomas legais. As funções exercidas pela boa-fé objetiva são diversas, já que é um princípio cardinal do ordenamento.[389] Em relações jurídicas de

---

de *crack* bancário, por ter sido feita quando certo abuso se verificava, em consequência de um fato qualquer. A lei pode ter a sua interpretação orientada neste ou naquele sentido. É a *occasio legis*. Então já se viram dois métodos de interpretação: o literal e o racional ou lógico; este último, fundado no exame de três elementos, as consequências, os fins e as circunstâncias das leis" (DANTAS, San Tiago. *Programa de direito civil*. Edição histórica. Rio de Janeiro: Editora Rio, 1977. p. 140).

389 "Primeiro, faça-se o distinguo: a boa-fé indicada no art. 113 *caput* é a que refere à sua funcionalidade hermenêutica, por isso sendo diversa das demais que compõem a tripartição de funções versada comumente pela doutrina: de criação de deveres jurídicos ou 'integrativa' (art. 422), corretora (art. 187) e a já mencionada hermenêutica (art. 113). Ao passo que a primeira (i.e. integrativa) atua como fonte do conteúdo contratual, incrementando-o *ab origine* e *in executivis* com regras não previstas pelas partes, a segunda (*i.e.* corretora) opera corrigindo e direcionando o exercício jurídico, de modo a fazê-lo ajustado à licitude" (NITSCHKE, Guilherme Carneiro Monteiro. Comentário ao artigo 113 §§ 1º e 2º do Código Civil: interpretação contratual a partir da Lei de Liberdade Econômica. In: MARTINS-COSTA, Judith; NITSCHKE, Guilherme Carneiro Monteiro. *Direito privado na Lei de Liberdade Econômica*. São Paulo: Almedina, 2022. p. 379).

direito privado, atribui-se à boa-fé objetiva tríplice função:[390] (i) interpretativa ou hermenêutica; (ii) supletiva ou integrativa; e (iii) corretiva ou limitadora do modo de exercício jurídico. Em linhas gerais, a função hermenêutica refere-se à determinação do sentido e do alcance do contrato; a função integradora complementa o conteúdo do contrato, criando deveres jurídicos;[391] e a função corretiva serve para modular o conteúdo contratual, ou expurgar eventuais abusos, coibindo o exercício jurídico disfuncional.[392]

A função hermenêutica da boa-fé objetiva está consagrada no art. 113, *caput*, do Código Civil, que dispõe que os negócios jurídicos "devem ser interpretados conforme a boa-fé e os usos do lugar de sua celebração". A boa-fé hermenêutica apresenta relevância dúplice, quer ao contribuir na valoração do conteúdo expresso do contrato, em obediência ao postulado de busca da intenção comum, quer como critério autônomo

---

390 MARINO, Francisco Paulo De Crescenzo. *Interpretação do negócio jurídico*. São Paulo: Saraiva, 2011. p. 269-270.

391 "Seja como for, e em resumo, se na interpretação propriamente dita o modelo serve para avaliar regra contratual existente (em atuação combinada da boa-fé aos critérios de interpretação), na interpretação completativa (*rectius* preenchimento de lacunas) ele atua para agregar regra inexistente. Mas não se pense que o acesso à boa-fé para o preenchimento de lacunas é imediato pois tal, se admitido, potencialmente ampliaria a intervenção do intérprete para além do desejável. Sua atuação é, assim, regulada por dois indicadores. (...) O primeiro é ter que a boa-fé na suplementação de lacunas atua em área rigorosamente subsidiária, periférica, como *ultima ratio* de processo que, a um, não detectou como presente no conteúdo total do contrato regra para o caso em questão; e a dois, que não encontrou nos demais critérios de colmatação (*i.e.* nem nos específicos, vinculados a tipos legais, nem nos gerais, como de outra feita se examinou) sugestão de regra para a insuficiência. (...) Uma última distinção calha fazer, para prevenir confusão: a atuação da boa-fé como critério de preenchimento de lacunas não pertence à sua função 'integrativa' ou de criação de deveres jurídicos (art. 422), e sim à sua função hermenêutica. (...) A um, porque, ao exercer sua função integrativa, a boa-fé não preenche lacunas, e sim incrementa (integra) o conteúdo contratual, servindo de fonte heterônoma à disciplina concreta. Daí dizer que ela enriquece os deveres in concreto, o que significa que, se as partes nada tiverem disposto sobre o que deriva da natural eficácia jurígena da boa-fé (*i.e.* deveres de cooperação e lealdade, informativos, de proteção e de colaboração), esta atuará, seja no momento genético, seja *in executivis*. A indevida mistura entre integração de regras e colmatação de lacunas (e que se há de desfazer) parece remontar direito italiano, que passou a reconhecer que a integração funciona para uma e outra operações, mistura que vem sendo reconhecida como incorreta pela própria doutrina de lá. E visão desacertada, pois não há nisso colmatação de lacunas: o conteúdo agregado pela boa-fé 'já está lá' quando da interpretação, constituindo-se de modo consentâneo à formação do contrato ou agregando-se *in executivis*, sobretudo em contratos de duração, por decorrência da conduta das partes e das vicissitudes de sua execução" (NITSCHKE, Guilherme Carneiro Monteiro. Comentário ao artigo 113 §§ 1º e 2º do Código Civil: interpretação contratual a partir da Lei de Liberdade Econômica. In: MARTINS-COSTA, Judith; NITSCHKE, Guilherme Carneiro Monteiro. *Direito privado na Lei de Liberdade Econômica*. São Paulo: Almedina, 2022. p. 382-384).

392 MARTINS-COSTA, Judith. *A boa-fé no direito privado*: critérios para a sua aplicação. 2. ed. São Paulo: Saraiva, 2018. p. 484-485.

de interpretação, quando há necessidade de preenchimento de lacunas contratuais ("interpretação completativa").[393]

A distinção entre a função integrativa e a função hermenêutica é reconhecida em outros países. Na Alemanha, a vertente interpretativa está encampada no § 157 do BGB,[394] enquanto a função integrativa está prevista no § 242 do BGB.[395] Atribui-se à função integrativa o preenchimento de lacunas, pelo manejo de "interpretação construtiva" (*ergäenzende Vertragsauslegung*), que visa a estabelecer a "intenção hipotética" das partes (*hypothetischer Parteiwille*), que corresponde ao que as partes teriam disposto em vista do fim comum do contrato, caso tivessem disposto sobre aquela determinada questão.[396] A recepção dessas funções no direito brasileiro não guarda exata simetria, embora o reconhecimento das funções da boa-fé objetiva em outros países guarde importância comparatista.[397]

---

393 NITSCHKE, Guilherme Carneiro Monteiro. Comentário ao artigo 113 §§ 1º e 2º do Código Civil: interpretação contratual a partir da Lei de Liberdade Econômica. In: MARTINS-COSTA, Judith; NITSCHKE, Guilherme Carneiro Monteiro. *Direito privado na Lei de Liberdade Econômica*. São Paulo: Almedina, 2022. p. 386.

394 BGB, Alemanha, §157: "Verträge sind so auszulegen, wie Treu und Glauben mit Rücksicht auf die Verkehrssitte es erfordern". Em tradução disponibilizada pelo Bundesministerium der Justiz: "Contracts are to be interpreted as required by good faith, taking customary practice into consideration". Disponível em: https://www.gesetze-im-internet.de/englisch_bgb/englisch_bgb.html#p0467. Acesso em: 26 abr. 2023.

395 BGB, Alemanha, §242: "Der Schuldner ist verpflichtet, die Leistung so zu bewirken, wie Treu und Glauben mit Rücksicht auf die Verkehrssitte es erfordern". Em tradução disponibilizada pelo Bundesministerium der Justiz: "An obligor has a duty to perform according to the requirements of good faith, taking customary practice into consideration". Disponível em: https://www.gesetze-im-internet.de/englisch_bgb/englisch_bgb.html#p0467. Acesso em: 26 abr. 2023.

396 NITSCHKE, Guilherme Carneiro Monteiro. Comentário ao artigo 113 §§ 1º e 2º do Código Civil: interpretação contratual a partir da Lei de Liberdade Econômica. In: MARTINS-COSTA, Judith; NITSCHKE, Guilherme Carneiro Monteiro. *Direito privado na Lei de Liberdade Econômica*. São Paulo: Almedina, 2022. p. 385.

397 "Trata-se de modelo jurídico presente na longa tradição luso-brasileira, nada obstante sua revigoração nas últimas décadas, ao ensejo do trabalho de doutrina e de sua acolhida pelo vigente Código Civil. Antes, alusão à boa-fé hermenêutica já aparecia no Código Comercial de 1850 (art. 131, 1), nada obstante a dormência do dispositivo que ensejou pouca atenção da doutrina e jurisprudência por décadas; tanto quanto no Projeto de Código Comercial 1912 (art. 715, 1), no Ante-Projeto de Código de Obrigações de 1943 (art. 66) e no Projeto do Código de Obrigações de 1965 (art. 23). Foram raros acórdãos que manejaram a boa-fé em qualquer das funcionalidades que hoje se reconhecem a ela, e mais raras ainda as obras doutrinárias que a gralharam monograficamente. Em contraste a tal cenário, observou-se depois da entrada em vigência do Código Civil, em 2003, uma 'explosão do emprego (nem sempre criterioso) da boa-fé', que vai 'incessantemente referida, proclamada ou estigmatizada, mas nem sempre compreendida. Essa 'explosão' da boa-fé lançou estilhaços também à LLE, que a traz em repetição desnecessária ao que já estava no *caput* do art. 113'" (NITSCHKE, Guilherme Carneiro Monteiro. Comentário ao artigo 113 §§ 1º e 2º do Código Civil: interpretação contratual a partir da Lei de Liberdade Econômica. In: MARTINS-COSTA, Judith;

A função hermenêutica da boa-fé, atrelada à identificação do conteúdo expresso do contrato, age como um filtro para a interpretação das declarações negociais escritas ou resultantes de comportamentos concludentes. Nesse momento da interpretação, dito recognitivo, a boa-fé objetiva auxilia na reconstrução da declaração negocial dentro do contexto da totalidade das circunstâncias.[398] A interpretação de um contrato não deve conduzir a um resultado que seja contrário ao bom sentido.[399] Para tanto, utiliza-se a boa-fé objetiva para valorar o objeto da interpretação, buscando reconstruir o processo genético da comum intenção das partes.[400] Age como critério para auxiliar a significação da operação contratual,[401] indicando como as formas representativas da vontade das partes devem ser valoradas.

Para tanto, a boa-fé objetiva, como cânone hermenêutico, atua conjuntamente com o mote geral da interpretação contratual de buscar a intenção comum das partes.[402] Assim, a interpretação contratual realizada em conformidade com a boa-fé objetiva deve estar pautada na tutela da confiança nos negócios jurídicos, interpretando os comportamentos e declarações exteriorizadas.[403] Nessa operação, a boa-fé objetiva entra em diálogo com as demais regras hermenêuticas aplicáveis, com outros cânones hermenêuticos e com os critérios de interpretação que se mostrem pertinentes. A boa-fé na interpretação necessita ser conjugada com os demais *standards* relevantes para a interpretação, permitindo averiguar como o comportamento con-

---

NITSCHKE, Guilherme Carneiro Monteiro. *Direito privado na Lei de Liberdade Econômica*. São Paulo: Almedina, 2022. p. 376-378).

398 MARINO, Francisco Paulo De Crescenzo. *Interpretação do negócio jurídico*. São Paulo: Saraiva, 2011. p. 274.

399 THEODORO JR., Humberto. Contrato. Interpretação. Princípio da boa-fé. Teoria do ato próprio ou da vedação do comportamento contraditório. *Revista de Direito Privado*, v. 38, p. 149-175, abr./jun. 2009. p. 12-13.

400 MARINO, Francisco Paulo De Crescenzo. *Interpretação do negócio jurídico*. São Paulo: Saraiva, 2011. p. 270.

401 MARTINS-COSTA, Judith. *A boa-fé no direito privado*: critérios para a sua aplicação. 2. ed. São Paulo: Saraiva, 2018. p. 490.

402 "Daí que, em segundo lugar, ancore-se a funcionalidade hermenêutica ao caput do art. 113, que manda interpretar os negócios jurídicos 'conforme boa-fé', e que é entendida não como critério autônomo de interpretação, mas princípio, na acepção de ser norma que orienta a direção aplicativa das regras de interpretação. Noutras palavras, tal natureza faz com que sua atuação seja quase sempre 'complessiva', raramente de modo isolado dos critérios de interpretação contratual" (NITSCHKE, Guilherme Carneiro Monteiro. Comentário ao artigo 113 §§ 1º e 2º do Código Civil: interpretação contratual a partir da Lei de Liberdade Econômica. In: MARTINS-COSTA, Judith; NITSCHKE, Guilherme Carneiro Monteiro. *Direito privado na Lei de Liberdade Econômica*. São Paulo: Almedina, 2022. p. 379-380).

403 GEDIEL, José Antônio Peres; CORRÊA, Adriana Espíndola. Interpretações – Art. 113 do Código Civil. In: MARQUES NETO; Floriano Peixoto; RODRIGUES JR., Otávio Luiz; LEONARDO, Rodrigo Xavier. *Comentários à Lei de Liberdade Econômica*: Lei 13.874/2019. São Paulo: Thomson Reuters Brasil, 2019. p. 335.

forme a boa-fé objetiva deve ser concretamente individualizado e qual significado deve ser atribuído.[404]

A boa-fé hermenêutica apresenta diversos corolários, indicando posturas que devem ser adotadas pelo intérprete ao longo do processo de atribuição de sentido ao contrato.[405] É possível sintetizar como mandamentos ao intérprete, conforme a função hermenêutica da boa-fé objetiva: (i) atentar à finalidade prática pretendida pelas partes; (ii) realizar a interpretação contextualizada do contrato; (iii) reconduzir o processo interpretativo tendo em vista esquemas socialmente típicos; (iv) não adotar possibilidades interpretativas prejudiciais à relação contratual, desonestas ou desleais; (v) proteger a confiança depositada pelas partes na relação jurídica; (vi) adotar *standard* hermenêutico de terceiro externo razoável; e (vii) respeitar o contrato celebrado pelas partes.

Como princípio reitor do direito obrigacional brasileiro, a boa-fé objetiva apresenta incidência acentuada em relação à convenção de arbitragem. A arbitragem, na sua origem, surge como um "pacto de cavalheiros" para solucionar, de modo civilizado e sintonizado com as necessidades do comércio, os conflitos decorrentes das trocas mer-

---

404 "Atuando conjuntamente com outros cânones hermenêuticos, o princípio da boa-fé auxilia a obter essas respostas. Este é um ponto a reter: como cânone hermenêutico, dificilmente a boa-fé atuará isoladamente, de forma divorciada de outros cânones interpretativos. Chamar a boa-fé no plano interpretativo importa em conjugar *standards*, para averiguar como se individua, *in concreto*, o comportamento segundo a boa-fé, ou como é singularizado, também *in concreto*, um significado (do contrato, do comportamento contratual) em acordo à boa-fé (...) A 'complessividade' pela boa-fé hermenêutica não se esgota na determinação da intenção consubstanciada na declaração, conforme o sentido oferecido (também) pela boa-fé e os usos. Outros standards e cânones interpretativos – como o da totalidade hermenêutica, o da finalidade do contrato, ou o do comportamento das partes, exemplificativamente – são também chamados a atuar" (MARTINS-COSTA, Judith. *A boa-fé no direito privado*: critérios para a sua aplicação. 2. ed. São Paulo: Saraiva, 2018. p. 488-489).

405 "(i) a boa-fé hermenêutica serve, primeiramente, para direcionar o intérprete, na avaliação do contrato (considerados o texto contratual e conduta contratual), ao sentido contextualmente mais coerente com a utilidade que seria possível esperar daquele contrato particularmente considerado, em vista de sua finalidade econômico-social; (ii) ao buscar determinar o sentido da 'intenção consubstanciada declaração', o intérprete há de examinar todas as circunstâncias do caso, inclusive a conduta dos contraentes; (iii) deve atuar, conjugadamente à interpretação contextual determinada pela boa-fé, os demais *critérios hermenêuticos dos contratos*, atentando-se às especificidades dos tipos ou modelos contratuais em causa e ao 'meio ambiente' normativo que o rege; (iv) especificamente no que tange aos contratos regidos pela CISG, a boa-fé atua como pauta de interpretação da Convenção e não (ou ao menos, não diretamente) dos contratos e da conduta contratual dos figurantes; (v) segundo a jurisprudência do Superior Tribunal de Justiça, a boa-fé atua, excepcionalmente, como juízo de equidade, para atenuar o rigor do texto legal e/ou contratual, fazendo evidenciar o espírito que está para além da letra, sempre considerados os dados linguísticos e a interpretação sistemática e a teleológica; (vi) ao fazer atuar a boa-fé como norma de interpretação dos contratos, é indevido o mero transplante de orientações hermenêuticas que se justificam em vista de determinado contexto fático-normativo para outro contexto que lhe é dissimile" (MARTINS-COSTA, Judith. *A boa-fé no direito privado*: critérios para a sua aplicação. 2. ed. São Paulo: Saraiva, 2018. p. 558).

cantis. Assim, padrões objetivos de conduta são esperados ao longo do procedimento arbitral, como ocorre na generalidade das relações contratuais.

A função hermenêutica da boa-fé objetiva sobre a convenção de arbitragem é de extrema valia para identificar o escopo subjetivo (quem?) e o escopo objetivo (o que?) da jurisdição arbitral. Verifica-se, à luz desse *standard* hermenêutico, a força normativa decorrente da cláusula arbitral, averiguando-se as potencialidades e os limites da arbitragem em determinada relação jurídica. Diante desse vetor interpretativo, cabe ao intérprete extrair o sentido do pactuado pelas partes, servindo de balizador para a atuação concreta dos árbitros no decorrer do procedimento.

2. Vinculação da interpretação à finalidade prática

A primeira densificação concreta da função hermenêutica da boa-fé objetiva é a consideração de que o contrato deve ser compreendido tal qual seria por contratantes honestos, segundo a ideia básica e a finalidade por eles buscada, tomando em consideração os usos e costumes.[406] Trata-se de teste de congruência entre as declarações negociais, as quais devem ser adequadas para atingir a finalidade subjacente ao negócio jurídico.[407] Cabe ao intérprete procurar o sentido mais coerente, considerando a utilidade socialmente típica que é esperada de determinado contrato, diante da sua finalidade econômico-social.[408]

As questões de interpretação contratual devem ser pensadas à luz do problema prático que se pretende resolver (caráter pragmático da interpretação).[409] Para tanto, a interpretação conforme a boa-fé objetiva deve, necessariamente, ser realizada tendo em vista essa finalidade, polarizando o agir interpretativo pela finalidade que as partes pretendem com determinado negócio jurídico. Assim, procura-se impedir que o contrato atinja finalidade divergente daquela para a qual foi criado.[410]

Ao tomar esse critério em consideração para interpretar a convenção de arbitragem, constata-se a necessidade de levar em conta a finalidade pretendida com a sua

---

406 FORGIONI, Paula A. *Contratos empresariais*: teoria geral e aplicação. 7. ed. São Paulo: Thomson Reuters Brasil, 2022. p. 129-130

407 GEDIEL, José Antônio Peres; CORRÊA, Adriana Espíndola. Interpretações – Art. 113 do Código Civil. In: MARQUES NETO; Floriano Peixoto; RODRIGUES JR., Otávio Luiz; LEONARDO, Rodrigo Xavier. *Comentários à Lei de Liberdade Econômica*: Lei 13.874/2019. São Paulo: Thomson Reuters Brasil, 2019. p. 342.

408 NITSCHKE, Guilherme Carneiro Monteiro. Comentário ao artigo 113 §§ 1º e 2º do Código Civil: interpretação contratual a partir da Lei de Liberdade Econômica. In: MARTINS-COSTA, Judith; NITSCHKE, Guilherme Carneiro Monteiro. *Direito privado na Lei de Liberdade Econômica*. São Paulo: Almedina, 2022. p. 380-381.

409 MARTINS-COSTA, Judith. *A boa-fé no direito privado*: critérios para a sua aplicação. 2. ed. São Paulo: Saraiva, 2018. p. 489.

410 NITSCHKE, Guilherme Carneiro Monteiro. Comentário ao artigo 113 §§ 1º e 2º do Código Civil: interpretação contratual a partir da Lei de Liberdade Econômica. In: MARTINS-COSTA, Judith; NITSCHKE, Guilherme Carneiro Monteiro. *Direito privado na Lei de Liberdade Econômica*. São Paulo: Almedina, 2022. p. 380-381.

pactuação, isto é, fixar o método de resolução de disputas decorrentes ou relacionadas a determinado negócio jurídico. Nesse sentido, o natural é que a convenção de arbitragem abarque a totalidade das disputas, mas essa, eventualmente, pode não ser a decisão das partes. Caso tenha sido essa a intenção, a restrição deve ser expressa. No silêncio das partes, e diante de redação abrangente, presume-se que, por coerência, a convenção de arbitragem atinge a sua finalidade prática quando condensa e congloba a solução de todas as controvérsias derivadas de determinada relação jurídica.

3. Interpretação contextualizada da relação jurídica contratual

A boa-fé hermenêutica impõe uma abordagem contextualizada da relação jurídica contratual. A partir da abordagem contextual, o intérprete toma em consideração as circunstâncias concretas associadas ao desenvolvimento da relação negocial existente entre as partes.[411] Como consequência, cabe ao intérprete: (i) situar as declarações negociais no contexto da sua emanação; e (ii) interpretar as declarações negociais a partir dos fatos do caso concreto, pois a boa-fé objetiva confere critérios para a tomada de posições que são, *ab initio*, indeterminadas e só adquirem significado operativo no momento de sua aplicação.[412]

As declarações de vontade das partes não são emanadas no vácuo. Ao contrário, por conta da boa-fé hermenêutica, é necessário vincular a declaração ao contexto negocial mais amplo. Trata-se de uma orientação interpretativa contrária a abstrações, inserindo a problemática da atribuição de sentido não em um plano ideal, mas polarizando a resposta adequada a ser dada em vista dos problemas dentro de um contexto concreto e singular.[413] Essa orientação interpretativa coloca uma pá de cal na pretensão da Escola da Exegese, que vislumbrava um sentido imanente, anterior e prefixado ao texto. O paradigma interpretativo a ser adotado, portanto, não é do contrato dotado de sentido em si mesmo, mas de um sentido a ser construído em vista das peculiaridades e circunstâncias concretas que circundam o contrato. Retira-se o contrato do mundo das ideias e o insere no mundo dos fatos para identificar o seu sentido.

A interpretação conforme a boa-fé hermenêutica deve levar em conta todos os aspectos relevantes à compreensão do contrato. Por conta da abordagem necessariamente contextualizada, o recurso à boa-fé hermenêutica demanda um alargamento do material interpretativo a ser considerado. Como o sentido negocial não se resume ao texto literal do contrato, cabe ao intérprete se socorrer de todas as formas representativas à sua disposição para encontrar o sentido hermeneuticamente relevante. Assim, devem ser interpretadas e valoradas as circunstâncias, a situação jurídica das partes,

---

411 EPSTEIN, Wendy Netter. Facilitating Incomplete Contracts. *Case Western Reserve Law Review*, v. 65, n. 2, p. 297-340, 2014. p. 335.

412 MARTINS-COSTA, Judith. *A boa-fé no direito privado*: critérios para a sua aplicação. 2. ed. São Paulo: Saraiva, 2018. p. 489.

413 MARTINS-COSTA, Judith. *A boa-fé no direito privado*: critérios para a sua aplicação. 2. ed. São Paulo: Saraiva, 2018. p. 489-490.

o comportamento tácito praticado, os usos pertinentes àqueles negócios, a fase de tratativas, as comunicações trocadas entre as partes, o modo de execução do contrato, dentre outros elementos.[414]

Consequentemente, texto e contexto passam a apresentar relação dialética, já que a significação do texto ocorre não gramaticalmente ou em vista de sentidos anteriores, mas à luz do contexto que lhe é circundante. Dessa forma, as circunstâncias (fatos, condutas, finalidades e usos) agem como o invólucro ou a moldura que traça a perspectiva da interpretação. Em suma, o contrato e suas circunstâncias representam os pontos de partida e de chegada da interpretação conforme a boa-fé objetiva.[415]

Essa função exercida pela boa-fé hermenêutica é de importância central na interpretação da convenção de arbitragem. A sua consequência direta é negar qualquer interpretação ou tentativa de atribuição de sentido abstrato à convenção de arbitragem. Ao determinar que o sentido do texto da convenção de arbitragem somente pode ser dado diante do contexto em que foi pactuada, permite-se a identificação de (i) partes materiais da convenção de arbitragem que não constam expressamente no texto (partes não signatárias); e (ii) de relações jurídicas que, verbalmente, não estariam inseridas dentro do escopo de eficácia de determinada convenção de arbitragem. A perspectiva contextualizada, portanto, está na base da solução de muitos dos problemas concernentes às arbitragens multiparte e multicontrato.

4. Recondução a esquemas socialmente típicos

A interpretação conforme a boa-fé objetiva deve sempre atentar aos esquemas socialmente típicos. A individualidade da operação negocial necessita ser filtrada pelos esquemas socialmente típicos, a fim de identificar o que o concreto regulamento de interesses exprime em termos de normalidade e regularidade.[416] Especialmente em relações comerciais, agir de acordo com a boa-fé objetiva implica se portar conforme o ordenamento jurídico e como é normalmente esperado dos agentes econômicos ativos e probos em determinado mercado ou em certa institucionalidade.[417]

A função hermenêutica da boa-fé objetiva insta ao intérprete apreender os interesses das partes, à luz dos esquemas socialmente normais e regulares, e contrastá-los, na sequência, com eventuais singularidades, valorando a conduta das partes no curso do processo obrigacional e autorizando o intérprete a concluir (diante do comportamento seguido) qual o sentido a ser conferido à manifestação de vontade. Compreende-se,

---

414 FRANZOLIN, Cláudio José. Negócios jurídicos: interpretação, integração, conteúdo negocial e efeitos. *Revista de Direito Privado*, v. 39, p. 61-86, jul./set. 2009. p. 8.

415 MARTINS-COSTA, Judith. *A boa-fé no direito privado*: critérios para a sua aplicação. 2. ed. São Paulo: Saraiva, 2018. p. 489-490.

416 MARTINS-COSTA, Judith. *A boa fé no direito privado*: critérios para a sua aplicação. 2. ed. São Paulo: Saraiva, 2018. p. 488-489.

417 FORGIONI, Paula A. *Contratos empresariais*: teoria geral e aplicação. 7. ed. São Paulo: Thomson Reuters Brasil, 2022. p. 129.

portanto, que todo contrato importa um dever de manutenção de determinada linha de coerência.[418]

Por consequência, não apenas a interpretação do contrato, mas também a interpretação da convenção de arbitragem deve ser pautada de acordo com o significado socialmente apreensível da manifestação de vontade das partes. A recondução aos esquemas sociais típicos deve ser feita tendo em vista os elementos contextuais da relação jurídica concretamente considerada. Diante dessa perspectiva, apela-se ao reconhecimento de padrões típicos de mercado para valorar as disposições contratuais.

Nesse contexto, por exemplo, seria possível entender que uma cláusula "de arbitramento" constitui, na verdade, cláusula arbitral (*i.e.*, cláusula compromissória). O contexto das partes pode indicar a intenção de se submeter à jurisdição arbitral, e não à solução de controvérsias mediante "arbitramento", instituto diverso da arbitragem.

5. Impedir interpretações prejudiciais à relação contratual, desonestas ou desleais

A interpretação conforme a boa-fé hermenêutica se mostra avessa a leituras prejudiciais à relação contratual, ou que sirvam para lastrear condutas desonestas ou desleais no curso do contrato.[419] A boa fé-objetiva traz um imperativo ético, de lealdade, de correção, na gênese, execução e interpretação dos negócios jurídicos.[420] Dessa forma, a vertente interpretativa da boa-fé objetiva também tem por finalidade impedir interpretações destinadas a prejudicar o desempenho contratual.[421] Ao cumprir esse papel, a função hermenêutica da boa-fé objetiva age como um catalisador das relações comerciais.[422]

---

418 MARTINS-COSTA, Judith. *A boa-fé no direito privado*: critérios para a sua aplicação. 2. ed. São Paulo: Saraiva, 2018. p. 510-511.

419 "O respeito à boa-fé na interpretação contratual implica o repúdio à má-fé. A regra que veda interpretação a favor da má-fé é tradicionalíssima no direito das obrigações e, em especial, no direito comercial. Teixeira de Freitas, ao compilar suas famosas Regras de Direito, anotou diretrizes das ordenações que estabeleciam: '[m]á-fé a ninguém deve aproveitar'" (FORGIONI, Paula A. A interpretação dos negócios jurídicos II – alteração do art. 113 do Código Civil: art. 7º. In: MARQUES NETO; Floriano Peixoto; RODRIGUES JR., Otávio Luiz; LEONARDO, Rodrigo Xavier. *Comentários à Lei de Liberdade Econômica*: Lei 13.874/2019. São Paulo: Thomson Reuters Brasil, 2019. p. 380).

420 THEODORO JR., Humberto. Contrato. Interpretação. Princípio da boa-fé. Teoria do ato próprio ou da vedação do comportamento contraditório. *Revista de Direito Privado*, v. 38, p. 149-175, abr./jun. 2009. p. 7.

421 TEPEDINO, Gustavo. Interpretação contratual e boa-fé objetiva. *Soluções Práticas*, v. 2, p. 387-402, nov. 2011. p. 5.

422 "A boa-fé objetiva sempre foi um dos vértices do sistema mercantil. No Direito Comercial, a boa-fé não desempenha função moral, desconectada da realidade dos negócios e fundada em valores outros que não a busca do melhor funcionamento do mercado. Ao contrário, reforça as possibilidades de confiança dos agentes econômicos no sistema, diminuindo o risco. A boa-fé é um catalisador da fluência das relações no mercado" (FORGIONI, Paula A. A interpretação dos negócios jurídicos II – alteração do art. 113 do Código Civil: art. 7º. In: MARQUES NETO; Floriano Peixoto; RODRIGUES JR., Otávio Luiz; LEONARDO, Rodrigo Xavier.

A boa-fé objetiva, pela vertente hermenêutica, age para combater o oportunismo de uma das partes em relação às demais.[423] Nesse sentido, cabe ao intérprete evitar exegeses incompatíveis com a honestidade e a lealdade, e, dentre as possíveis leituras de um contrato, é necessário optar pelo sentido oposto ao da ilicitude e da imoralidade, pois é possível supor que os contratantes estipularam e aceitaram apenas o que é correto ou honesto no comportamento negocial.[424] Identifica-se que a função hermenêutica da boa-fé objetiva apresenta relação próxima com a construção de uma ética contratual que tenha por base valores relacionais e não apenas individuais, necessários à correção de rumos negociais em caso de conflitos.[425]

Igualmente, a boa-fé objetiva impõe limites a atitudes reprováveis em contexto de livre mercado, entendendo que a funcionalidade econômica dos contratos não serve para beneficiar injustificadamente um dos contratantes. Em relações comerciais, a interpretação conforme a boa-fé objetiva não sustenta leituras dos negócios que sugerem altruísmo exacerbado por parte de um dos contratantes.[426] Cabe ao intérprete evitar cair em interpretações que conduzam a entendimentos leoninos, benéficos a apenas um dos contratantes.[427] Assim, a interpretação pautada pela boa-fé objetiva exige que a compreensão das cláusulas contratuais privilegie o sentido mais consentâneo com o fim comum pretendido pelos contratantes, afastando-se de leituras maliciosas e dirigidas a prejudicar a contraparte.[428]

O mesmo mandamento é plenamente aplicável à interpretação da convenção de arbitragem. A arbitragem deve ser utilizada como um método alternativo de solução de controvérsias, em razão das suas características próprias (celeridade, flexibilidade procedimental, possibilidade de escolher julgador especialista, faculdade de pactuar confidencialidade, entre outras). A convenção de arbitragem não deve ser interpretada

---

Comentários à Lei de Liberdade Econômica: Lei 13.874/2019. São Paulo: Thomson Reuters Brasil, 2019. p. 379-380).

423 GEDIEL, José Antônio Peres; CORRÊA, Adriana Espíndola. Interpretações – Art. 113 do Código Civil. In: MARQUES NETO; Floriano Peixoto; RODRIGUES JR., Otávio Luiz; LEONARDO, Rodrigo Xavier. *Comentários à Lei de Liberdade Econômica*: Lei 13.874/2019. São Paulo: Thomson Reuters Brasil, 2019. p. 354.

424 THEODORO JR., Humberto. Contrato. Interpretação. Princípio da boa-fé. Teoria do ato próprio ou da vedação do comportamento contraditório. *Revista de Direito Privado*, v. 38, p. 149-175, abr./jun. 2009. p. 7.

425 GEDIEL, José Antônio Peres; CORRÊA, Adriana Espíndola. Interpretações – Art. 113 do Código Civil. In: MARQUES NETO; Floriano Peixoto; RODRIGUES JR., Otávio Luiz; LEONARDO, Rodrigo Xavier. *Comentários à Lei de Liberdade Econômica*: Lei 13.874/2019. São Paulo: Thomson Reuters Brasil, 2019. p. 354.

426 FORGIONI, Paula A. *Contratos empresariais*: teoria geral e aplicação. 7. ed. São Paulo: Thomson Reuters Brasil, 2022. p. 130.

427 THEODORO JR., Humberto. Contrato. Interpretação. Princípio da boa-fé. Teoria do ato próprio ou da vedação do comportamento contraditório. *Revista de Direito Privado*, v. 38, p. 149-175, abr./jun. 2009. p. 7.

428 TEPEDINO, Gustavo. Interpretação contratual e boa-fé objetiva. *Soluções Práticas*, v. 2, p. 387-402, nov. 2011. p. 6.

de modo disfuncional, como se pretendesse privar o exercício jurídico dos contratantes. Igualmente, não deve ser interpretada como um obstáculo à tutela dos direitos dos contratantes. Como a arbitragem é jurisdição e tem por fim precípuo a pacificação social e a efetividade do direito, interpretações da convenção de arbitragem no sentido de impedir a tutela jurídica devem ser desencorajadas. A convenção de arbitragem deve, necessariamente, ser vista como um modo adequado de acesso à justiça, e não como um obstáculo às partes de tutelar os seus direitos.

6. Proteção na confiança depositada

A interpretação conforme a boa-fé hermenêutica deve proteger a confiança depositada pelos contratantes. Toda declaração negocial – enquanto ato de autonomia – é ato gerador de confiança para a contraparte, fazendo com que o seu destinatário tenha o direito de confiar no que foi declarado.[429] Isso ocorre porque a declaração, em si mesma, é um fato.[430] Todos os fatos, mesmo aqueles que permanecem restritos ao mundo dos fatos, sem que adentrem no mundo do direito, são passíveis de impactar indivíduos, mesmo que não em um sentido jurídico.

Para além de assegurar expectativas, cabe ao ordenamento jurídico dirigir e coordenar dinamicamente a interação social, criando instrumentos aptos a dirigir e a coordenar a ação dos sujeitos.[431] A inobservância das expectativas legítimas da contraparte trabalha contra o próprio direito, sendo expectável, a partir de então, que as normas do ordenamento coajam os agentes econômicos a observá-las.[432] Por essa razão, cabe ao intérprete atribuir sentido ao contrato em conformidade com o que outro contratante (o destinatário) confiou, dentro das regras da lealdade e da correção.[433] Como consequência, a boa-fé objetiva contribui para a calculabilidade, aumentando o grau de certeza e previsibilidade do mercado.[434]

Não se trata de tutelar expectativas subjetivas, mas somente aquelas que – diante de parâmetros normativos – possam ser identificadas concretamente, a partir das expectativas legítimas criadas pelas partes. Assim, a autovinculação decorrente do agir

---

429 MARTINS-COSTA, Judith. *A boa-fé no direito privado*: critérios para a sua aplicação. 2. ed. São Paulo: Saraiva, 2018. p. 250.

430 COUTO E SILVA, Clóvis do. *Negócios jurídicos e negócios jurídicos de disposição*. O direito privado na visão de Clóvis do Couto e Silva. 2. ed. Porto Alegre: Livraria do Advogado, 2014. p. 73.

431 BAPTISTA MACHADO, João. Tutela da confiança e *venire contra factum proprium*. In: BAPTISTA MACHADO, João. *Obra Dispersa*, Braga: Scientia Ivridica, v. I, 1991. p. 346.

432 FORGIONI, Paula A. *Contratos empresariais*: teoria geral e aplicação. 2. ed. São Paulo: Revista dos Tribunais, 2016. p. 124.

433 GOMES, Fernando de Paula. Do contrato: interpretação e boa-fé. *Revista de Direito Privado*, v. 27, p. 96-142, jul./set. 2006. p. 24.

434 FORGIONI, Paula A. A interpretação dos negócios jurídicos II – alteração do art. 113 do Código Civil: art. 7º. In: MARQUES NETO; Floriano Peixoto; RODRIGUES JR., Otávio Luiz; LEONARDO, Rodrigo Xavier. *Comentários à Lei de Liberdade Econômica*: Lei 13.874/2019. São Paulo: Thomson Reuters Brasil, 2019. p. 380.

comunicativo está relacionada à responsabilidade como contrapartida necessária da autonomia privada, explicando o imbricamento existente entre o princípio da autonomia privada e a confiança.[435]

Essa orientação hermenêutica derivada da boa-fé objetiva é relevante especialmente para considerar vinculada à convenção de arbitragem a parte que, a despeito de não ser signatária, pelas suas atitudes concretas na negociação, ou na execução do contrato, revelou-se materialmente anuente à relação contratual – e à convenção de arbitragem, por consequência. Assim, contribui para evitar oportunismos de se evadir de um procedimento arbitral com argumentos formalistas de ausência de assinatura, quando, na verdade, as condutas concretas foram no sentido de indicar vinculação material à convenção de arbitragem.

7. Fixação do *standard* hermenêutico

A interpretação conforme a boa-fé hermenêutica deve ser atrelada a um *standard* de comportamento empiricamente observável. Assim, a interpretação conforme a boa-fé substitui o ponto de vista hermenêutico do intérprete, que não deve se colocar necessariamente na posição dos contratantes. O intérprete deve analisar o contrato à luz do contexto situacional, e não da posição subjetiva das partes, do declarante ou do destinatário da declaração negocial.

Logo, o ponto de partida do intérprete deve ser o de uma pessoa imaginária, normal, razoável, com o fito de averiguar o sentido que, a partir dessa perspectiva, seria atribuído à declaração negocial, nas mesmas circunstâncias em que concretamente se encontravam as partes do negócio quando da sua celebração.[436] A interpretação conforme a boa-fé objetiva demanda abandonar o subjetivismo interpretativo e parar de procurar a vontade interna do declarante, adotando – a partir de então – um ponto de vista externo e objetivo, à luz dos padrões de determinado mercado.[437]

Nesse sentido, como destaca Francisco Marino, o recurso a uma pessoa razoável "equivale a ter em mente o padrão de conduta honesto e leal para com a contraparte ou para com os terceiros interessados, isto é, o modelo de comportamento social que seria de se esperar de alguém que estivesse no mesmo lugar da parte".[438] Esse padrão de comportamento serve para avaliar a declaração e as condutas das partes diante de *standards* de mercado. Igualmente, traz para a interpretação a necessidade de observância de um padrão de diligência, o qual serve também de limite interpretativo para avaliar a atribuição de sentido do negócio. Os níveis de diligência, antes de serem percebidos

---

435 MARTINS-COSTA, Judith. *A boa-fé no direito privado*: critérios para a sua aplicação. 2. ed. São Paulo: Saraiva, 2018. p. 257.

436 MARINO, Francisco Paulo De Crescenzo. *Interpretação do negócio jurídico*. São Paulo: Saraiva, 2011. p. 185.

437 FORGIONI, Paula A. *Contratos empresariais*: teoria geral e aplicação. 7. ed. São Paulo: Thomson Reuters Brasil, 2022. p. 130.

438 MARINO, Francisco Paulo De Crescenzo. *Interpretação do negócio jurídico*. São Paulo: Saraiva, 2011. p. 185.

como abstratos, são ponderados diante das circunstâncias concretas – ou seja, o que um contratante médio em determinada posição, em um certo mercado, com determinado nível de experiência faria ou como agiria.

A adoção desse ponto de vista externo é fundamental para a análise da convenção de arbitragem. A interpretação da convenção de arbitragem adquire relevância prática quando há uma dissonância, ou seja, uma parte entende que pode utilizar a convenção de arbitragem para arbitrar e a outra se opõe. A adoção de posturas subjetivistas, isto é, que tomam como ponto de partida a posição de um dos contratantes, necessariamente conduzirá a um resultado enviesado, já que há, efetivamente, um desacordo entre ambos. E adotar como ponto de partida a posição mental de determinado contratante iria conduzir a um resultado interpretativo determinado.

Por isso, compreende-se que o intérprete da convenção de arbitragem não deve adotar a posição subjetiva de nenhum dos contratantes como ponto de partida. Deve analisar o contexto da controvérsia à luz do padrão de um contratante médio, colocado na posição de ambas as partes, e identificar o que seria razoável compreender a partir desse ponto de vista. A prefixação do ponto de partida do processo interpretativo é um dos principais condicionantes das respostas a serem descobertas. Por essa razão, a boa-fé objetiva impõe a adoção de um ponto de partida objetivo e que não penda ao subjetivismo de nenhuma das partes.

8. Respeito ao contrato celebrado pelas partes

A interpretação conforme a boa-fé hermenêutica impõe respeito ao contrato firmado pelas partes. É incompatível com a boa-fé objetiva a tentativa de promover interpretações que abram brechas, ou que permitam que um dos contratantes se evada das obrigações contratadas. O respeito e a deferência ao contrato são alguns dos principais corolários da boa-fé hermenêutica.

Cabe ao intérprete, antes de tudo, buscar a vontade das partes para zelar pelo fiel cumprimento das obrigações, tal qual pactuado, em respeito aos fins econômicos e sociais do contrato.[439] É necessário evitar que a boa-fé hermenêutica seja utilizada como subterfúgio para se evadir das consequências do inadimplemento das obrigações livremente assumidas.[440] Os contratos precisam ser cumpridos para assegurar o bom fluxo de relações econômicas.

Dessa forma, o respeito ao contrato traz consigo um dever de deferência ao texto, à redação pactuada e acordada pelas partes. Dizer que o intérprete deve tomar em conta a totalidade do contexto no qual se deu a declaração de vontade não significa que o intérprete está autorizado a ignorar ou a se evadir do texto do contrato. Na verdade, a

---

439 THEODORO JR., Humberto. Contrato. Interpretação. Princípio da boa-fé. Teoria do ato próprio ou da vedação do comportamento contraditório. *Revista de Direito Privado*, v. 38, p. 149-175, abr./jun. 2009. p. 7.

440 FORGIONI, Paula A. *Contratos empresariais*: teoria geral e aplicação. 7. ed. São Paulo: Thomson Reuters Brasil, 2022. p. 138.

redação do instrumento contratual traz consigo uma presunção de encampar o acordado pelas partes. É necessário recorrer a elementos consideráveis e persuasivos para poder se afastar do texto. O contexto serve para significar, para atribuir sentido ao texto – e não para reescrever o contrato.

Ao interpretar a convenção de arbitragem, o texto ajustado deve ser cuidadosamente analisado pelo intérprete. As palavras de um contrato têm uma razão de ser, e as omissões e silêncios das partes também. Eventuais modificações da convenção de arbitragem em relação à cláusula padrão de determinada instituição de arbitragem podem trazer consigo pistas relevantes para a sua interpretação. A escolha de palavras na redação é fundamental para determinar o escopo objetivo da convenção de arbitragem, já que o objeto sobre o qual recaiu o consentimento das partes para arbitrar deve ser percebido de modo estrito, e eventuais restrições feitas pelas partes devem necessariamente ser valoradas pelo intérprete.

Não se pode, por mecanismos interpretativos, forçar a existência de consentimento quando este inexiste. Da mesma forma, não se deve alargar o escopo da cláusula compromissória, de modo a tentar fazer caber o que não se submete ao escopo jurisdicional dos árbitros. A existência de uma postura favorável à arbitragem não justifica nem ampara superinterpretações abrangentes e descontroladas, como se a convenção de arbitragem fosse um ímã de força atrativa tamanha e capaz de atrair tudo e todos para uma arbitragem. O texto da convenção de arbitragem e o seu fundamento consensualista devem ser respeitados pelo intérprete. A boa-fé hermenêutica na interpretação da cláusula compromissória demanda deferência tanto à linguagem mais ampla quanto à mais restrita eventualmente utilizada pelas partes.

§ 12. FUNÇÃO HERMENÊUTICA DOS USOS E COSTUMES E DAS PRÁTICAS

1. Os usos e costumes

Ao lado e em caráter complementar à boa-fé hermenêutica, os usos e as práticas comerciais são outras pautas relevantes para a interpretação do contrato. O art. 113, § 1º, II, do Código Civil[441] dispõe que os negócios jurídicos devem ser interpretados conforme "os usos do lugar de sua celebração", e que "a interpretação do negócio jurídico deve lhe atribuir o sentido que corresponder aos usos, costumes e práticas do mercado relativas ao tipo de negócio". Enquanto a boa-fé objetiva revela um caráter interno aos contratos, focando na conduta das partes e nas circunstâncias que rondam as declarações negociais, os usos e as práticas são critérios hermenêuticos marcadamente contextuais.

Os agentes comerciais se comportam de acordo com os padrões de mercado, sabendo de antemão as consequências de várias de suas condutas, pois aprendem com

---

441 Em seu inteiro teor, Código Civil: "Art. 113. Os negócios jurídicos devem ser interpretados conforme a boa-fé e os usos do lugar de sua celebração. § 1º A interpretação do negócio jurídico deve lhe atribuir o sentido que: (...) II – corresponder aos usos, costumes e práticas do mercado relativas ao tipo de negócio".

a experiência alheia, sendo essa "memória da experiência" pauta fundamental para a existência de confiança.[442] Ou seja, o mercado é uma realidade social, circunscrita pelo direito, caracterizado por determinados comportamentos e condutas.

Os usos e costumes empresariais são fatos da vida cotidiana e que brotam da praxe mercantil.[443] Assim, são constituídos naturalmente a partir do giro mercantil, passando por um processo de seleção natural. Ao longo do tempo, ocorre um processo de filtragem e as práticas mais adequadas ao comércio passam a ser replicadas consistentemente, enquanto aquelas inaptas à resolução de problemas concretos deixam de ser utilizadas. Esse processo de evolução paulatino faz com que prevaleçam os padrões de conduta mais bem adaptados ao funcionamento do mercado,[444] constituindo-se um repertório de experiências que contribui para dar previsibilidade às atitudes dos agentes de mercado.

A consolidação dos usos e costumes passa por uma relação complexa e dialética entre os textos normativos, os atos dos agentes de mercado e as decisões judiciais e administrativas. As condutas concretas dos particulares são filtradas pelas decisões jurisdicionais e administrativas, com o agir do Estado podando a conduta dos contratantes, mostrando limites e indicando como é a interpretação dos textos normativos diante de determinadas situações.[445] Assim, os usos surgem da praxe, mas são moldados e conformados também pelo agir estatal.

Com o tempo, adquire-se aprendizado a partir do histórico das atitudes adotadas, aprendendo com os resultados obtidos.[446] Essas atitudes reiteradas conformam os mercados, criando expectativas comuns para os seus participantes. Assim, a repetibilidade

---

442 FORGIONI, Paula A. *Contratos empresariais*: teoria geral e aplicação. 7. ed. São Paulo: Thomson Reuters Brasil, 2022. p. 131.

443 "Por brotarem da praxe mercantil, os usos e costumes sofrem certa 'seleção natural': as práticas mais adequadas ao tráfico impõem-se sobre aquelas menos aptas à resolução de problemas; ao longo do processo de evolução, prevalecem os padrões de conduta mais bem adaptados ao funcionamento do mercado. Forma-se repertório de experiências bem sucedidas que, ao permitir maior grau de previsibilidade do comportamento, transforma o mercado em repositório de *memórias de jogadas*" (FORGIONI, Paula A. *Contratos empresariais*: teoria geral e aplicação. 7. ed. São Paulo: Thomson Reuters Brasil, 2022. p. 143).

444 FORGIONI, Paula A. A interpretação dos negócios jurídicos II – alteração do art. 113 do Código Civil: art. 7º. In: MARQUES NETO; Floriano Peixoto; RODRIGUES JR., Otávio Luiz; LEONARDO, Rodrigo Xavier. *Comentários à Lei de Liberdade Econômica*: Lei 13.874/2019. São Paulo: Thomson Reuters Brasil, 2019. p. 378.

445 "A jurisprudência atua como forte fator de 'seleção' dos usos e costumes. Por um lado, eles são depurados pela prática, mostrando aos agentes econômicos os caminhos mais 'eficientes'; por outro, são trabalhados pela pena nos tribunais ao interpretarem fatos e textos normativos. O julgador não se prende somente ao texto da lei, debruçando-se também sobre os fatos do caso concreto trazidos ao seu conhecimento. *Um costume não aceito pelos tribunais* – i.e., por eles considerado violador de norma jurídica – *acaba desautorizado ou não se consolida*" (FORGIONI, Paula A. *Contratos empresariais*: teoria geral e aplicação. 7. ed. São Paulo: Thomson Reuters Brasil, 2022. p. 143).

446 FORGIONI, Paula A. *Contratos empresariais*: teoria geral e aplicação. 7. ed. São Paulo: Thomson Reuters Brasil, 2022. p. 144.

e a replicabilidade estão no cerne da compreensão dos usos e costumes. A solução e o endereçamento contínuo e reiterado de certos problemas que circundam a prática comercial passam a ser consolidados, constituindo expressões e comportamentos habituais reiterados de certos grupos.[447] Trata-se da força uniformizadora dos usos, planificando os comportamentos normais de um certo mercado.[448]

O atributo da replicabilidade evidencia que os usos e costumes são referentes a determinado *locus*, isto é, surgem e se desenvolvem em certos contextos sociais. Por isso, os usos são setorizados, e estão circunscritos a determinados setores operativos e a determinadas categorias profissionais.[449] São, assim, pertinentes a certo espaço geográfico, estamento profissional, setor ou segmento de mercado.[450] Trata-se de práticas gerais, limitadas a alguns lugares ou profissões.[451]

Sendo os usos o resultado de condutas repetidas e típicas de determinado segmento da sociedade, acabam por gerar expectativas legítimas, já que refletem probabilidade e expectabilidade de comportamento.[452] Quem está inserido em um contexto no qual impera certo uso, passa a assumir que o agente irá se portar em conformidade com o modelo usual. Isso permite que se adotem pautas de comportamento, já esperando o espectro de atitudes da outra parte, trazendo maior possibilidade de planejamento e definição de estratégia de atuação no mercado.

Assim, os usos são um dos principais elementos contextuais que circundam os negócios jurídicos, notadamente comerciais. Os usos apresentam tríplice função

---

447 GEDIEL, José Antônio Peres; CORRÊA, Adriana Espíndola. Interpretações – Art. 113 do Código Civil. In: MARQUES NETO; Floriano Peixoto; RODRIGUES JR., Otávio Luiz; LEONARDO, Rodrigo Xavier. *Comentários à Lei de Liberdade Econômica*: Lei 13.874/2019. São Paulo: Thomson Reuters Brasil, 2019. p. 342-343.

448 "Os usos e costumes são a prática dos comerciantes que, na busca de soluções para os problemas quotidianos, encontram e consolidam determinada forma de resolvê-los. Os esquemas espraiam-se ao serem imitados por outros agentes. Sente-se a força uniformizadora dos usos e costumes, que tendem a planificar o comportamento das empresas" (FORGIONI, Paula A. A interpretação dos negócios jurídicos II – alteração do art. 113 do Código Civil: art. 7º. In: MARQUES NETO; Floriano Peixoto; RODRIGUES JR., Otávio Luiz; LEONARDO, Rodrigo Xavier. *Comentários à Lei de Liberdade Econômica*: Lei 13.874/2019. São Paulo: Thomson Reuters Brasil, 2019. p. 377-378).

449 MARTINS-COSTA, Judith. *A boa-fé no direito privado*: critérios para a sua aplicação. 2. ed. São Paulo: Saraiva, 2018. p. 520.

450 "Os usos comerciais ou são de todo o Brasil, ou de alguma entidade estatal interna, ou de região, ou de determinada praça. Podem ser especiais a determinado ramo de negócio (bancos, bôlsas, comércio em grosso, comércio a retalho, comércio de café, comércio de cacau, comércio de ferro, comércio de pedras preciosas, comércio de açúcar)" (PONTES DE MIRANDA, Francisco Cavalcanti. *Tratado de direito privado*. São Paulo: Revista dos Tribunais, 2012. t. XXXVIII, p. 176).

451 PONTES DE MIRANDA, Francisco Cavalcanti. *Tratado de direito privado*. São Paulo: Revista dos Tribunais, 2012. t. XXXVIII, p. 176.

452 FORGIONI, Paula A. *Contratos empresariais*: teoria geral e aplicação. 7. ed. São Paulo: Thomson Reuters Brasil, 2022. p. 144.

jurídica:[453] (i) servem para a interpretação da manifestação de vontade, que deve ocorrer conforme os usos eventualmente existentes; (ii) apresentam relevância para a integração, colmatando lacunas contratuais pelos usos; e (iii) agem nomogeneticamente, sendo verdadeiras fontes do direito.

Por estarem imbricados no funcionamento do sistema mercantil, os usos constituem um fator de redução dos custos de transação, quer ao reconhecerem a força vinculante de regras, quer ao traduzirem respostas adequadas para determinadas necessidades econômicas, quer ao facilitarem o cálculo de jogadas.[454] Ademais, apresentam residualmente um papel criativo, pois os problemas concretos necessitam ser solucionados, o que faz surgir continuamente novos institutos, novos tipos de contratos, certos clausulados ou formulários que visam atender às necessidades do giro do mercado.

2. Internacionalidade dos usos e costumes

Diferentemente de outros ramos do ordenamento jurídico, o direito comercial apresenta um aspecto acentuadamente cosmopolita, assim como destacado por Tullio Ascarelli, o que se coaduna com a sua origem histórica, remontando ao caráter internacional apresentado por esse direito antes da constituição dos estados nacionais.[455] Nesse sentido, o direito se expande e se aperfeiçoava à mercê de usos e práticas de alhures, que adentravam o ambiente de negócios.[456]

Na atualidade, o comércio ignora fronteiras e, como explica Paula Forgioni, "o comércio vai até onde lhe é permitido, sem creditar muita atenção a barreiras culturais ou jurídicas; com menor ou maior facilidade, tende a expandir-se".[457] A expansão do livre comércio traz consigo não apenas o intercâmbio de mercadorias, mas também a circulação de pessoas, ideias e instituições.[458] Em um contexto em que as modifica-

---

453 MARTINS-COSTA, Judith. *A boa-fé no direito privado*: critérios para a sua aplicação. 2. ed. São Paulo: Saraiva, 2018. p. 518.

454 FORGIONI, Paula A. *Contratos empresariais*: teoria geral e aplicação. 7. ed. São Paulo: Thomson Reuters Brasil, 2022. p. 145.

455 ASCARELLI, Tullio. *Panorama do direito comercial*. Sorocaba: Editora Minelli, 2007. p. 12.

456 "Em razão da liberdade assegurada a nacionais e estrangeiros para exercer qualquer ramo de comércio ou indústria, o direito mercantil pátrio dizia-se liberal, internacionalista e universalista. Expandia-se e aperfeiçoava-se, mercê de usos e práticas trazidos de outras terras pelos de fora, que para aqui vinham e se lançavam no meneio dos negócios. Renovava-se e afeiçoava-se às novas e sempre crescentes exigências do tráfico. Onde a preceituação positiva era omissa, ou já obsoleta, as normas do comércio internacional, apartadas pelo conduto dos que se faziam comerciantes no Brasil, atuavam com eficiência" (ESTRELLA, Hernani. Economia dirigida e direito comercial. *Revista da Faculdade de Direito de Pôrto Alegre*, n. 4, p. 51-66, 1958. p. 55).

457 FORGIONI, Paula A. *Contratos empresariais*: teoria geral e aplicação. 7. ed. São Paulo: Thomson Reuters Brasil, 2022. p. 147.

458 PARGENDLER, Mariana. Sincretismo jurídico na evolução do direito societário brasileiro. In: MARTINS-COSTA, Judith (org.). *Modelos de direito privado*. São Paulo: Marcial Pons, 2014. p. 548.

ções econômicas ocorrem em nível internacional, no qual as necessidades do tráfego jurídico-negocial estão globalizadas,[459] é aflorada ainda mais a veia cosmopolita dos usos e costumes.[460]

O contexto globalizado das trocas serve de considerável incentivo para a circulação de modelos jurídicos. Conforme alerta Miguel Reale, um modelo jurídico não é um mero esquema cognoscitivo, valendo como um elemento constitutivo da própria experiência jurídica.[461] A circulação de modelos é uma das principais marcas do direito brasileiro, remontando à Lei da Boa Razão.[462] Em termos históricos, é ampla a recorrência, no Brasil, do bartolismo jurídico,[463] isto é, da busca de inspiração em circunstâncias, soluções e regras em outros ordenamentos jurídicos.[464] havendo, frequentemente, apelo às soluções estrangeiras, criando modelos jurídicos sincréticos. O progresso e a evolução nunca são apenas tecnológicos, havendo *pari passu* uma evolução na própria institucionalidade jurídica.[465]

Como consequência, a inclinação no sentido de harmonização das normas endógenas, que é fruto da uniformização do comportamento dos agentes de mercado, é corroborada pelo fluxo internacional das relações econômicas, percebendo-se que, quanto maior o comércio entre as nações, maior será a tendência de padronização dos usos comerciais.[466] Essa uniformização não é apenas normativa, pois os usos do comércio internacional apresentam relevância para a interpretação e significação de contratos tipicamente utilizados no tráfego mercantil internacional.[467]

---

459 WALD, Arnoldo. Novas perspectivas da empresa (vistas por um advogado). *Revista Tributária e de Finanças Públicas*, v. 11, p. 221-228, abr./jun. 1995.

460 "O cosmopolitismo deve ser hoje compreendido no contexto da globalização, com a disseminação cada vez maior de práticas [usos e costumes] e modelos de negócios desenvolvidos no exterior. Advirta-se, contudo, que 'as diferenças não são pura e simplesmente canceladas, mas chamadas a interagir com tais standards', produzindo aspectos jurídicos novos e inesperados" (FORGIONI, Paula A. *Contratos empresariais*: teoria geral e aplicação. 7. ed. São Paulo: Thomson Reuters Brasil, 2022. p. 147).

461 REALE, Miguel. *Fontes e modelos do direito*. Para um novo paradigma hermenêutico. São Paulo: Saraiva, 1994. p. 45.

462 NITSCHKE, Guilherme Carneiro Monteiro. Ativismo arbitral e "lex mercatoria". *Revista Jurídica Luso Brasileira*, ano 1, n. 2, p. 863-910, 2015. p. 866.

463 FRADERA, Véra Jacob de. Informar ou não informar nos contratos, eis a questão! In: FRADERA, Véra Jacob de; MARTINS-COSTA, Judith (org.). *Estudos de direito privado e processo civil*: em homenagem a Clóvis do Couto e Silva. São Paulo: Revista dos Tribunais, 2014. p. 251.

464 MARTINS-COSTA, Judith; FRADERA, Véra Jacob de. Clóvis do Couto e Silva. *Revista de Direito do Consumidor*, v. 3, p. 239-241, jul./set. 1992. p. 2.

465 WALD, Arnoldo. A contratualização do direito societário. *Revista de Direito Bancário e do Mercado de Capitais*, v. 26, p. 21, out. 2004.

466 FORGIONI, Paula A. *Contratos empresariais*: teoria geral e aplicação. 7. ed. São Paulo: Thomson Reuters Brasil, 2022. p. 149.

467 MARTINS-COSTA, Judith. *A boa-fé no direito privado*: critérios para a sua aplicação. 2. ed. São Paulo: Saraiva, 2018. p. 524.

O cosmopolitismo de usos e costumes é evidenciado na arbitragem. A compreensão da arbitragem é cada vez mais influenciada diretamente por padrões globais. Instituições como a *International Chamber of Commerce* (ICC) ou a *International Bar Association* (IBA) contribuem para a disseminação da prática da arbitragem, e oferecem padrões internacionais de condução do procedimento. No mesmo sentido, a *Organisation pour l'Harmonisation en Afrique du Droit des Affaires* (OHADA), com foco na região da África, formada por vários países, que têm legislação mercantil e arbitral unificada para facilitar o comércio. Assim, a prática da arbitragem no Brasil é extremamente influenciada pela experiência internacional. A disseminação de *soft laws* e de leis-modelo também contribui para haver significativas semelhanças, propulsionando a prática em diversos países, a partir de padrões de conduta próximos – mesmo que adaptados às peculiaridades da cultura de cada país praticante da arbitragem. No entanto, isso não impede o reconhecimento da existência de usos da arbitragem internacional, que guiam a conduta dos praticantes, além de contribuir para a interpretação e o aperfeiçoamento dos institutos jurídicos arbitrais.

3. As práticas comerciais

As práticas comerciais se distinguem dos usos. Enquanto os usos se referem a circunstâncias transindividuais, pertinentes a determinado setor ou segmento, as práticas têm um caráter individualizador. As práticas são dinâmicas, acompanhando a existência do contrato, podendo ser deduzidas do comportamento reiterado das partes.[468] Igualmente, podem se originar do contínuo da relação entre os contratantes. Por exemplo, quando há uma relação habitual entre um fornecedor e um cliente, o conjunto de relações jurídicas firmadas vai se constituindo em *práticas*.

As "práticas" podem ainda assumir uma conotação supraindividual quando se referem, de modo direto ou indireto, a certo setor econômico, localidade ou profissão. São chamadas de "práticas de mercado" para se referir a determinado tipo de negócio e a como ele é habitualmente executado.[469] Nesse sentido, diferenciam-se dos "usos de mercado" por estes fazerem referência a determinado momento do contrato, apresentando maior estabilidade ao longo do tempo,[470] ao passo que as práticas são mais permeáveis a mudanças e dizem respeito ao contrato como um todo, ou seja, à maneira como uma certa relação econômica é executada em sua inteireza.

É possível falar de "usos da arbitragem" para expressar o modo pelo qual o procedimento arbitral normalmente se desenvolve. Certamente, como a solução de controvérsias

---

[468] MARTINS-COSTA, Judith. *A boa-fé no direito privado*: critérios para a sua aplicação. 2. ed. São Paulo: Saraiva, 2018. p. 514.

[469] GEDIEL, José Antônio Peres; CORRÊA, Adriana Espíndola. Interpretações – Art. 113 do Código Civil. In: MARQUES NETO; Floriano Peixoto; RODRIGUES JR., Otávio Luiz; LEONARDO, Rodrigo Xavier. *Comentários à Lei de Liberdade Econômica*: Lei 13.874/2019. São Paulo: Thomson Reuters Brasil, 2019. p. 345.

[470] MARTINS-COSTA, Judith. *A boa-fé no direito privado*: critérios para a sua aplicação. 2. ed. São Paulo: Saraiva, 2018. p. 514.

guarda relação próxima com aspectos culturais de determinado país, com o passar do tempo, acaba sendo desenvolvido um modo peculiar de perceber o desenvolvimento dos procedimentos arbitrais. A prática da arbitragem no Brasil, por exemplo, não é necessariamente idêntica à prevalente em outras nações. Essas eventuais diferenças se fazem notar em determinadas fases do procedimento, notadamente quanto à produção de provas.

Igualmente, a prática entre as partes também pode apresentar relevância para fins de procedimentos arbitrais. Entre contratantes habituais, a prática de inserção de cláusula compromissória nos contratos poderá ser analisada para contribuir para o processo interpretativo. Ademais, quando duas partes arbitram reiteradas vezes entre si, é possível que surjam práticas de como se portar e como conduzir o procedimento arbitral. O comportamento de uma parte em uma arbitragem poderá ser valorado pelo tribunal arbitral de uma segunda arbitragem superveniente, no sentido de ser um indicativo de como é expectável que a parte se porte ao longo do procedimento.

4. Função hermenêutica dos usos e das práticas

Os usos e costumes, bem como as práticas, desempenham importante papel na interpretação dos negócios jurídicos. De modo geral, os usos valorizam a normatividade e a tipicidade do agir privado, característica especialmente relevante no plano do direito empresarial, no qual a habitualidade das condutas adquire ainda maior destaque na mensuração dos riscos a serem enfrentados e na escolha da estratégia a ser seguida.[471] O modo como, concretamente, os usos e as práticas influenciam na interpretação é heterogêneo, dependendo do uso ou da prática em concreto, bem como da intensidade da sua difusão no mercado.

Primeiramente, os usos e as práticas podem estabelecer uma base epistêmica comum para as partes.[472] Quando há manifestações de vontade receptícias emanadas em um contexto no qual impera determinado uso ou existe certa prática, é possível pressupor que todos os emitentes e receptores das declarações têm conhecimento comum dos sentidos de tais práticas e usos.[473] Os comportamentos reiterados compar-

---

[471] MARTINS-COSTA, Judith. *A boa-fé no direito privado*: critérios para a sua aplicação. 2. ed. São Paulo: Saraiva, 2018. p. 521-522.

[472] "Os usos do tráfico são, quase sempre, usos comerciais, bolsísticos, de seguros, ou industriais. Ora servem a completar o conteúdo do negócio jurídico, ora para entendimento do que foi dito (usos do tráfico interpretativos), ora para apreciação das circunstâncias. Se há dois ou mais figurantes ou se a manifestação de vontade é receptícia, o conhecimento geral dêles e essencial para que possam ser invocados. Se, a respeito do mesmo ponto, ou de alguns pontos do negócio jurídico, ou de todos, há usos de tráfico diferentes, ou um dêles prepondera, como se estabelece para a própria linguagem, a cujos princípios se há de recorrer, ou o uso do tráfico somente compreende as duas ou todas as zonas e usos do tráfico local" (PONTES DE MIRANDA, Francisco Cavalcanti. *Tratado de direito privado*. São Paulo: Revista dos Tribunais, 2012. t. XXXVIII, p. 174-175).

[473] GEDIEL, José Antônio Peres; CORRÊA, Adriana Espíndola. Interpretações – Art. 113 do Código Civil. In: MARQUES NETO; Floriano Peixoto; RODRIGUES JR., Otávio Luiz; LEONARDO, Rodrigo

tilhados adquirem ares de convicção de legitimidade e conveniência social, podendo ser valorados como modo de ver compartilhado em um certo contexto, revelando uma apreciação social presumivelmente compartilhada pelas partes.[474] No entanto, se os figurantes pertencem a ramos diferentes do mercado ou, ainda, se dentro do mesmo mercado pertencem a segmentos em que imperam usos diferentes, passa a ser problemático aplicar esses usos como fatores de interpretação. Apenas poderá ser afirmado que o comportamento habitual existente no segmento de um dos contratantes pode ser invocado em prejuízo dessa parte, mas não em prejuízo da parte que é externa ao círculo no qual esse comportamento esteja presente.[475]

Segundo, os usos e as práticas podem integrar o suporte fático de determinado negócio, enriquecendo o seu conteúdo.[476] Há uma ligação indissociável entre os usos interpretativos e a declaração negocial a ser interpretada – isto é, um vínculo entre a manifestação de vontade das partes e o contexto circundante a essa manifestação.[477] Por essa razão, os usos contribuem para influenciar o próprio suporte fático do negócio firmado e para modelar elemento volitivo dos contratantes, sendo lícito que o intérprete suponha a equivalência entre as declarações negociais e o sentido derivado da incidência dos usos relevantes.[478]

Terceiro, os usos servem para facilitar o entendimento do que foi dito e para apreciar as circunstâncias. Nesse sentido, agem como filtros, contribuindo para dar maior nitidez à declaração de vontade que se mostra turva. Os usos de mercado poderão ser utilizados para aclarar o sentido negocial pretendido pelas partes, servindo para indicar como se deve entender a manifestação de vontade.[479]

Quarto, os usos e as práticas contribuem para sanar ambiguidades e obscuridades. Diante de dúvidas, pode-se entender que o sentido que as partes pretenderam dar à manifestação de vontade coincide com o que é assentado nos usos e

---

Xavier. *Comentários à Lei de Liberdade Econômica*: Lei 13.874/2019. São Paulo: Thomson Reuters Brasil, 2019. p. 344.

474 MARINO, Francisco Paulo De Crescenzo. *Interpretação do negócio jurídico*. São Paulo: Saraiva, 2011. p. 187.

475 MARINO, Francisco Paulo De Crescenzo. *Interpretação do negócio jurídico*. São Paulo: Saraiva, 2011. p. 189.

476 "Os usos do tráfico podem ser elementos que entrem no suporte fáctico integrando o conteúdo do negócio jurídico, ou elementos para interpretação dos negócios jurídicos. Mesmo se entram como elementos do suporte fáctico, não se confundem com os usos e costumes, direito consuetudinário ou direito costumeiro" (PONTES DE MIRANDA, Francisco Cavalcanti. *Tratado de direito privado*. São Paulo: Revista dos Tribunais, 2012. t. XXXVIII, p. 174).

477 MARINO, Francisco Paulo De Crescenzo. *Interpretação do negócio jurídico*. São Paulo: Saraiva, 2011. p. 188.

478 MARTINS-COSTA, Judith. *A boa-fé no direito privado*: critérios para a sua aplicação. 2. ed. São Paulo: Saraiva, 2018. p. 522.

479 PONTES DE MIRANDA, Francisco Cavalcanti. *Tratado de direito privado*. São Paulo: Revista dos Tribunais, 2012. t. XXXVIII, p. 174.

nas práticas.[480] Quando da execução do contrato, os usos podem ser utilizados, por exemplo, para auxiliar na compreensão de fórmulas contratuais ambíguas ou para ajudar a reconduzir à disciplina típica ou socialmente típica.[481] Assim, auxiliam o intérprete a sanar deficiências da declaração negocial.[482]

Quinto, os usos e as práticas servem para criar expectativas recíprocas de condutas. Como os usos e as práticas podem denotar regularidade no agir social, contribuem para balizar o que é expectável conforme a normalidade de determinada relação social em um certo contexto, legitimando uma expectativa de conduta que deve ser observada em razão da boa-fé objetiva.[483] O §157 do BGB[484] pondera que os "usos do tráfego" (*Verkehrssitte*) são dignos de consideração para determinar o sentido de certa disposição no contexto usual dos negócios, indicando o valor da compreensão social sobre determinadas questões. Assim, em casos nos quais os contratantes atuam no mesmo ramo, é possível esperar que o sentido atribuído a determinada disposição seja o usual dentro daquele contexto situacional.[485]

Percebe-se que os usos e as práticas contribuem para enriquecer a experiência hermenêutica, trazendo elementos do contexto situacional como forma de valorar as declarações de vontade emanadas pelos contratantes. Assim, percebe-se a unidade entre a declaração e o contexto negocial.

Caso existente, a prática arbitral das partes deve ser tomada em consideração para interpretar a convenção de arbitragem. Em certo grau, existe dever de coerência dentro de uma relação firmada pelos mesmos contratantes. Nesse sentido, se, em uma primeira arbitragem, uma parte sustentou que determinado terceiro está vinculado à convenção de arbitragem, não poderá, em uma segunda arbitragem que envolva as mesmas partes, sustentar que aquele mesmo terceiro, na verdade, não está vinculado à convenção de arbitragem.

---

480 PONTES DE MIRANDA, Francisco Cavalcanti. *Tratado de direito privado*. São Paulo: Revista dos Tribunais, 2012. t. XXXVIII, p. 174.

481 "No momento da execução contratual, é manifesta a valia dos usos em seu papel hermenêutico porque permitem, por exemplo, compreender uma fórmula contratual ambígua, ou, ainda, quando acrescem à disciplina por vezes rarefeita de um contrato atípico, reconduzindo-a, por exemplo, à disciplina de um contrato socialmente típico, ou, inversamente, dela o afastando" (MARTINS-COSTA, Judith. *A boa-fé no direito privado*: critérios para a sua aplicação. 2. ed. São Paulo: Saraiva, 2018. p. 522).

482 MARINO, Francisco Paulo De Crescenzo. *Interpretação do negócio jurídico*. São Paulo: Saraiva, 2011. p. 187-188.

483 MARTINS-COSTA, Judith. *A boa-fé no direito privado*: critérios para a sua aplicação. 2. ed. São Paulo: Saraiva, 2018. p. 525.

484 BGB, Alemanha, §157: "Verträge sind so auszulegen, wie Treu und Glauben mit Rücksicht auf die Verkehrssitte es erfordern". Em tradução disponibilizada pelo Bundesministerium der Justiz: "Contracts are to be interpreted as required by good faith, taking customary practice into consideration".

485 MARINO, Francisco Paulo De Crescenzo. *Interpretação do negócio jurídico*. São Paulo: Saraiva, 2011. p. 164.

Capítulo 4

FAVOR ARBITRANDUM

A compreensão da necessidade de a teoria jurídica conceber a existência do *favor arbitrandum* é indissociável da percepção da arbitragem dentro do contexto geral dos diversos métodos de solução de conflitos. A existência da vida em sociedade traz consigo conflitos. A coexistência pacífica pressupõe a renúncia a uma liberdade ilimitada. Diante das variadas necessidades a serem atendidas, e da escassez de recursos, cabe ao direito dirimir as tensões, permitindo o desenvolvimento da sociedade.[486] A ordem jurídica normatiza as relações sociais e institucionaliza o modo pelo qual os conflitos sociais deverão ser resolvidos.[487] Trata-se dos chamados "métodos de solução de conflitos".

A autotutela é considerada o mais primitivo dos métodos de solução de conflitos. Por colocar em risco a paz social, a segurança e o desenvolvimento de qualquer sociedade,[488] surgiu a necessidade de desenvolvimento de outros métodos de resolução de litígios.[489] Ao conformar a vida social em Estados de Direito, passou-se a reconhecer a todos os sujeitos o direito à tutela jurisdicional.[490] A jurisdição atende a finalidades

---

486 JARDIM, Afrânio Silva. Notas sobre a teoria da jurisdição. *Revista de Processo*, v. 46, p. 198-212, abr./jun. 1987.

487 ARRUDA ALVIM, José Manoel de. *Manual de direito processual civil*. 12. ed. São Paulo: Revista dos Tribunais, 2008. v. 1. p. 26.

488 CARNELUTTI, Francesco. *Sistema de derecho procesal civil*. Trad. Niceto Alcalá-Zamora y Castillo y Santiago Sentis Melendo. Buenos Aires: Uteha Argentina, 1944. v. 1. p. 17-18.

489 JARDIM, Afrânio Silva. Notas sobre a teoria da jurisdição. *Revista de Processo*, v. 46, p. 198-212, abr./jun. 1987.

490 BEDAQUE, José Roberto dos Santos. *Efetividade do processo e técnica processual*. 3. ed. São Paulo: Malheiros, 2010. p. 234.

sociais, políticas e jurídicas, ao resolver os conflitos de interesses que se desenvolvem na vida em sociedade.[491]

Para que a jurisdição possa ser exercida concebeu-se o processo.[492] Por meio de uma série concatenada de atos, estabelece-se o *iter* pelo qual as partes colocam suas posições e deduzem suas pretensões, até que se chegue a um pronunciamento dotado de autoridade e que determina qual é a solução a ser dada conforme o direito. O processo e o conflito guardam entre si relação de conteúdo-continente,[493] e tem por missão precípua conduzir o litígio a uma solução que guarde fidelidade com o direito material a ser tutelado no caso concreto.[494]

Por muitos anos, o processo e a jurisdição se caracterizaram como atividades intimamente vinculadas à atuação do Estado. O Poder Judiciário era considerado o braço estatal apto a exercer jurisdição e a pacificar as relações sociais. No entanto, com o passar do tempo, os conceitos de Estado, jurisdição e processo começaram a não mais apresentar uma correlação estritamente necessária.

Em paralelo, notadamente no Brasil, o sistema de distribuição de justiça enfrentava e enfrenta uma crise na prestação dos seus serviços. Isso decorre do enorme crescimento do número de demandas em curso no País, sem que haja o correspondente aprimoramento da estrutura judiciária disponível.

Assim, uma onda de legislações de cunho mais liberal, com início na década de 90 do século passado, foi criando uma mudança de mentalidade acerca da ordem jurídica nacional. Esse caldo cultural propiciou a elaboração e aprovação da Lei de Arbitragem em 1996 e, posteriormente, permitiu ao Supremo Tribunal Federal reconhecer a constitucionalidade de uma via jurisdicional e não estatal de solução de controvérsias.

Diante desse contexto histórico, o *favor arbitrandum*, em sentido amplo, constitui todo o conjunto normativo e institucional que propiciou o desenvolvimento da arbitragem. O princípio representa a necessidade de uma postura proativa frente à arbitragem como forma adequada de solução de conflitos. Trata-se de conceito de vértice do sistema arbitral de solução de controvérsias, que impõe ao intérprete o dever de analisar as normas e o arcabouço que permeia o desenvolvimento da arbitragem no sentido de favorecer a sua disseminação e contínuo aprimoramento.

---

491 DINAMARCO, Cândido Rangel. *A instrumentalidade do processo*. 10. ed. São Paulo: Malheiros, 2002. p. 387.

492 DIDIER JR, Freddie. *Curso de direito processual civil*: introdução ao direito processual civil, parte geral e processo de conhecimento. 18. ed. Salvador: JusPodivm, 2016. p. 32.

493 MACHADO, Antônio Cláudio da Costa Machado. Jurisdição Voluntária, Jurisdição e Lide. *Revista de Processo*, v. 37, p. 68-84, jan./mar. 1985.

494 MOREIRA, José Carlos Barbosa. A garantia do contraditório na atividade de instrução. *Revista de Processo*, v. 35, p. 231-238, jul./set. 1984.

§ 13. ESTRUTURA DOGMÁTICA DO *FAVOR ARBITRANDUM*

1. A necessidade do sistema arbitral de solução de controvérsias

Em "Leviatã" (1651), Thomas Hobbes conceitualiza a correlação entre a constituição do Estado e a aspiração à paz social. O Estado, para o autor, seria fruto de um pacto social celebrado, por meio do qual os indivíduos cedem parcela de sua liberdade em troca de segurança.

Paralelo semelhante pode ser traçado quando da opção pela arbitragem como forma de solução de controvérsias. Por meio de um pacto – a convenção de arbitragem –, os privados cedem parte da sua liberdade e de suas prerrogativas processuais (o direito de litigar perante o Poder Judiciário, com todo o arcabouço institucional e recursal disponível) para acessar uma fórmula célere, adequada e flexível de solução de controvérsias: a arbitragem.

Não é à toa que, na França, após a Revolução Francesa, quando da reforma do Sistema de Justiça Civil, em 24 de agosto de 1790, os deputados declararam a arbitragem como o "meio mais razoável de terminar as contendas entre os cidadãos" ("L'arbitrage étant le moyen le plus raisonnable de terminer les contestations entre les citoyens").[495] Essa previsão constituiu uma verdadeira declaração de preferência generalizada pela arbitragem, uma manifestação de liberalismo e favorecimento da arbitragem jamais vista até então.

O direito de recorrer à arbitragem passou a ser visto como um direito natural, em conformidade com a razão, universal e imutável. A arbitragem erigiu-se como meio essencial de se fazer justiça e trazer a paz social.[496] Posteriormente, com a Constituição Francesa de 3 de setembro de 1791, a preferência pela arbitragem e a tutela do direito de arbitrar passou a contar com guarida constitucional.

O Capítulo V da Constituição, destinado a regular o Poder Judiciário ("Du pouvoir judiciaire"), previu, em seu artigo 5º, o direito fundamental dos cidadãos franceses de terminarem suas disputas mediante arbitragem ("Le droit des citoyens, de terminer définitivement leurs contestations par la voie de l'arbitrage, ne peut recevoir aucune atteinte par les actes du Pouvoir législatif").

O embrião da teoria moderna da arbitragem está em um verdadeiro "pacto de cavalheiros" em prol de um método adequado para solucionar os conflitos decorrentes das relações comerciais.

A concepção da CCI e de sua renomada Corte de Arbitragem,[497] com participação direta do Ministro do Comércio da França, Etienne Clementel, é a corporificação deste

---

495 França, Lei de 16 de Agosto de 1790, art. 1º: "L'arbitrage étant le moyen le plus raisonnable de terminer les contestations entre les citoyens, les législatures ne pourront faire aucune disposition qui tendrait à diminuer, soit la faveur, soit l'efficacité des compromis".

496 FUMICHON, Bruno de Loyanes de. La passion de la Révolution française pour l'arbitrage. *Revue de l'Arbitrage*, v. 2014, n. 1, p. 3-52, 2014.

497 Em 2023, a Corte de Arbitragem da CCI completou 100 anos. Dessa forma, uma série de eventos comemorativos foi organizada pela entidade. Sobre o Congresso organizado pela

ideal.[498] O seu grupo fundador – autodenominado "mercadores da paz" (*marchands de paix*) – proclamava como ideal subjacente a necessidade de constituir laços fortes e benéficos entre as nações, por meio do comércio e da indústria. A constituição desse sistema de solução de controvérsias, além de prosperidade, também incentivaria a paz.

Em termos históricos, a ampliação da utilização da arbitragem no contexto internacional remonta às tentativas de pacificação social ocorridas após a Primeira Guerra. O resultado dos esforços gerou o Protocolo de Genebra (1923), a Convenção de Genebra (1927) e, após a Segunda Guerra, a Convenção de Nova York (1958).

A arbitragem acabou se transformando em um instrumento de paz, agindo como verdadeira catalisadora das transações comerciais.[499] Trata-se de reflexo do fenômeno de "globalização da justiça".[500] A grande aceitação da arbitragem como método de solução de controvérsias está associada à sua utilização no mercado transnacional e ao papel que exerce no contexto das trocas internacionais.[501]

No plano global, após a Segunda Guerra, o comércio se desenvolveu de modo sem precedentes, elevando o tráfego econômico e financeiro em escala mundial, o que trouxe a reboque um volume similar de tráfego jurídico.[502] A arbitragem foi considerada um

---

CCI Brasil, ver: SALTON, Rodrigo. Relato sobre o 11th ICC Brazilian Arbitration Day – 2023. *RBA*, n. 78, p. 241-248, abr./jun. 2023.

498 "Dans ce contexte, la CCI s'est très vite intéressée à la création d'un mécanisme de règlement des litiges d'affaires par l'arbitrage international. L'objectif de la CCI était alors d'encourager les échanges économiques, et indirectement la prospérité et la paix internationales, en offrant un outil adapté au règlement des litiges internationaux d'affaires. A cette fin, la CCI a constitué dès 1920 un Comité de l'arbitrage commercial dirigé par Owen Young, dirigeant de la société General Electric, et dès 1921, s'est assignée plusieurs missions, notamment celle d'œuvrer en faveur de la validité des clauses compromissoires, d'uniformiser la procédure arbitrale et d'assurer la force exécutoire des sentences arbitrales. Cette triple mission a guidé l'action de la CCI pendant ses premières décennies d'existence" (ROMERO, Eduardo Silva; JOLIVET; Emmanuel; GRISEL, Florian. Aux origines de l'arbitrage commercial contemporain: l'émergence de l'arbitrage CCI (1920-1958). *Revue de l'Arbitrage*, v. 2016, n. 2, p. 404-405, 2016).

499 FOUCHARD, Philippe. Sugestões para aumentar a eficácia internacional das sentenças arbitrais. *Revista de Direito Bancário e do Mercado de Capitais*, v. 8, p. 331-345, abr./jun. 2000.

500 "Por todo lado, aun en el este europeo, se multiplican los síntomas de una creciente 'apertura internacional' de los sistemas jurídicos nacionales, acompañada de una creciente conciencia internacional de los jueces y de las otras autoridades internas. (...). Se pueden recordar en especial, la Convención de Nueva York dirigida a facilitar el reconocimiento y la ejecución de decisiones arbitrales extranjeras, concluida en 1958 bajo el auspicio de las Naciones Unidas y ratificada por casi todos los principales *Estados* del mundo (incluida la Unión Soviética); así como las convenciones de La Haya de 1964, 1966 y 1968, orientadas en general, a facilitar la cooperación judicial internacional en materia civil y comercial" (CAPPELLETTI, Mauro. Apuntes para una fenomenología de la justicia en el siglo XX. *Revista de Processo*, v. 71, p. 84 e ss., jul./set. 1993).

501 DIAMVUTU, Lino. *O favor arbitrandum*: ensaio de uma teorização. Tese (Doutorado em Direito) – Universidade de Lisboa, Lisboa, 2019. p. 573 e ss.

502 BRAGHETTA, Adriana. *A importância da sede da arbitragem*: visão a partir do Brasil. Rio de Janeiro: Renovar, 2020. p. 21.

remédio bastante apto a aumentar a estabilidade dos negócios frente às exigências de segurança do comércio internacional e à necessidade de adoção de regras de solução de conflitos não afeta, individualmente, a cada uma das partes envolvidas.

No comércio internacional, a composição de interesses de partes oriundas de países distintos naturalmente gera desconfiança em relação à neutralidade e à isenção do Poder Judiciário do país de origem de um dos contratantes/litigantes.

A solução arbitral adapta-se com mais harmonia, por fornecer sistema mais adequado para a solução de controvérsias decorrentes das transações internacionais. A possibilidade de escolha de árbitros neutros significa vantagem estratégica e psicológica extremamente relevante.

Em uma lógica adaptativa, diferentes estados nacionais vêm promovendo a arbitragem como meio de manterem-se competitivos na disputa por investimentos internacionais.[503] Desde a década de 1960, percebe-se uma mudança de paradigma em prol de soluções favoráveis à resolução de litígios por via arbitral.[504] Nesse sentido, foram desenvolvidas diversas políticas e instituições jurídicas no espírito de fortalecer a arbitragem, resultado da vontade legislativa e/ou política de encontrar soluções pragmáticas para viabilizar a realização e desenvolvimento de arbitragens internacionais.[505]

Prova-o o número de países que se tornaram signatários da Convenção de Nova York, que se mostra como o tratado de direito internacional privado mais bem sucedido, contando hoje com 170 países signatários. A arbitragem serve como "língua franca" na resolução de conflitos comerciais, de tal modo que a inserção de países no concerto do comércio internacional passou a estar diretamente atrelada ao desenvolvimento da arbitragem.

2. Fundamento dos cânones *favor arbitrandum* no direito brasileiro

A lei de arbitragem brasileira não reconhece de modo expresso o *favor arbitrandum*. Não é possível referir diretamente a um dispositivo legal como guardião único desse postulado basilar da arbitragem. Contudo, a inexistência de um referencial legislativo expresso não significa que o *favor arbitrandum* não seja reconhecido no direito brasileiro. Trata-se de pressuposto tacitamente instalado em uma série de dispositivos normativos, que refletem – de modo geral – uma postura pró-arbitragem.

Como a disciplina é esparsa, o fundamento axiológico do *favor arbitrandum* não pode ser considerado uno. Reconhecendo o fundamento normativo difuso desse princípio no direito brasileiro, Pedro Batista Martins refere que "o favor legal

---

503 BÖCKSTIEGEL, Karl-Heinz. Past, present and future perspectives of arbitration. *Arbitration International*, v. 25, n. 3, p. 294, 2009.

504 MAGALHÃES, José Carlos de. A arbitragem, o contrato e a globalização. *Revista de Arbitragem e Mediação*, v. 50, p. 241-253, jul./set. 2016.

505 DIAMVUTU, Lino. *O favor arbitrandum*: ensaio de uma teorização. Tese (Doutorado Direito) – Universidade de Lisboa, Lisboa, 2019. p. 573.

destaca-se em dispositivos expressos não somente na lei brasileira de arbitragem como também em legislações extravagantes que se reportam a esse sistema de solução de conflito".[506]

A multiplicidade de parâmetros normativos que abraçam implicitamente o *favor arbitrandum* tem consequência direta quando de seu emprego em um caso concreto. A sua aplicação se mostra transversal, sendo pertinente a variados aspectos do direito arbitral. Como consequência, não é possível restringir a aplicação do *favor arbitrandum* a apenas uma faceta ou a um aspecto da arbitragem. Em síntese, o *favor arbitrandum* é múltiplo tanto em relação ao seu reconhecimento no direito brasileiro (pelo fato de ser pressuposto silente em relação a variados dispositivos) quanto rico e diverso nas suas consequências normativas e práticas.

Para melhor compreensão do *favor arbitrandum* no direito brasileiro, é preciso buscar identificar os fundamentos para a aplicação de uma interpretação de suas manifestações no direito nacional. Para tal, apresenta-se necessário localizar no ordenamento as manifestações legais que indicam a existência desse princípio, bem como sua efetivação na jurisprudência.

Nesse sentido, a título exemplificativo, é possível destacar como manifestações do *favor arbitrandum* no âmbito da lei de arbitragem brasileira a autonomia da cláusula compromissória (art. 8°), a *Kompetenz-Kompetenz* (art. 8°, parágrafo único) e as restritas hipóteses de nulidade e anulação da sentença arbitral (art. 32).[507] Além destes, é possível apontar também a ação de execução específica da convenção de arbitragem como representante do espírito do *favor arbitrandum* (art. 7º).

Além dessas hipóteses, é possível apontar, no Código de Processo Civil, uma constelação de regras que servem de amparo institucional para o desenvolvimento da arbitragem no país.[508] Todas essas regras refletem um espírito pró-arbitragem, sendo possível destacar, especificamente: (a) o estímulo aos métodos extrajudiciais de solução de controvérsias (art. 3º);[509] (b) o reconhecimento da confidencialidade em processos que

---

506 MARTINS, Pedro Batista. *Autonomia da cláusula compromissória*. Recurso online. Disponível em: http://batistamartins.com/autonomia-da-clausula-compromissoria/. Acesso em: 21 jan. 2023.

507 BATISTA MARTINS, Pedro. *Autonomia da cláusula compromissória*. Recurso online. Disponível em: http://batistamartins.com/autonomia-da-clausula-compromissoria/. Acesso em: 21 jan. 2023.

508 Demonstra-se aqui, de certa forma, a irônica realidade apontada por Jan Paulsson, segundo o qual "[a]rbitration paradoxically seeks the cooperation of the very public authorities from which it wants to free itself" (PAULSSON, Jan. Arbitration in three dimensions. *International and Comparative Law Quarterly*, v. 60, n. 2, p. 292, 2011).

509 Código de Processo Civil, art. 3º: "Não se excluirá da apreciação jurisdicional ameaça ou lesão a direito. § 1º É permitida a arbitragem, na forma da lei. § 2º O Estado promoverá, sempre que possível, a solução consensual dos conflitos. § 3º A conciliação, a mediação e outros métodos de solução consensual de conflitos deverão ser estimulados por juízes, advogados, defensores públicos e membros do Ministério Público, inclusive no curso do processo judicial".

versam sobre arbitragem (art. 189, IV);[510] (c) a positivação de método de comunicação específico entre tribunais arbitrais e a jurisdição estatal (art. 237, IV);[511] (d) a exceção de arbitragem (art. 337, X);[512] (e) o reconhecimento da sentença arbitral como título executivo judicial (art. 515, VII);[513] (f) o não reconhecimento de efeito suspensivo à apelação na ação de execução específica da convenção de arbitragem (art. 1.012, § 1º, IV);[514] e (g) a recorribilidade mediante agravo de instrumento da decisão que rejeita a exceção de arbitragem (art. 1.015, III).[515]

Completa o conjunto normativo basilar que reflete o *favor arbitrandum* no direito brasileiro a Convenção de Nova York. Por meio do Decreto 4.311 de 2002, que inseriu no sistema legal brasileiro o referido Tratado, o Brasil foi incluído no grupo de mais de 170 países que reconhece e fomenta a circulação de sentenças arbitrais entre diversos países.

Esse grupo de leis e dispositivos constitui a espinha dorsal da legislação pró-arbitragem no direito brasileiro, oferecendo o amparo institucional necessário ao desenvolvimento de uma cultura arbitral no país. Além dessas, há disposições pró-arbitragem em diversas leis especiais, leis estaduais, decretos, regulamentos de arbitragem, dentre outros atos normativos que servem de fomento ao desenvolvimento da arbitragem.

O que une todo esse rico conjunto legislativo é o *favor arbitrandum*, na condição de postulado normativo que guia, coordena e estrutura um contexto institucional propício à solução arbitral de controvérsias. Nesse sentido, explica Pedro Batista Martins que o *favor arbitrandum* se trata de um favorecimento da arbitragem em sentido "positivo e transcendente. O favor se consubstancia como garantismo da vontade das partes e da boa-fé que impera nas relações contratuais".[516]

Diante da diversidade legislativa e da variação dos efeitos pretendidos por cada uma das regras que incorporam, mesmo que implicitamente, o espírito do *favor arbitrandum*,

---

510 Código de Processo Civil, art. 189, IV: "Os atos processuais são públicos, todavia tramitam em segredo de justiça os processos: IV – que versem sobre arbitragem, inclusive sobre cumprimento de carta arbitral, desde que a confidencialidade estipulada na arbitragem seja comprovada perante o juízo".

511 Código de processo Civil, art. 237, IV: "Será expedida carta: IV – arbitral, para que órgão do Poder Judiciário pratique ou determine o cumprimento, na área de sua competência territorial, de ato objeto de pedido de cooperação judiciária formulado por juízo arbitral, inclusive os que importem efetivação de tutela provisória".

512 Código de Processo Civil, art. 337, X: "Incumbe ao réu, antes de discutir o mérito, alegar: X – convenção de arbitragem;".

513 Código de Processo Civil, art. 515, VII: "São títulos executivos judiciais, cujo cumprimento dar-se-á de acordo com os artigos previstos neste Título: VII – a sentença arbitral;".

514 Código de Processo Civil, art. 1.012, § 1º, IV: "A apelação terá efeito suspensivo. § 1º Além de outras hipóteses previstas em lei, começa a produzir efeitos imediatamente após a sua publicação a sentença que: IV – julga procedente o pedido de instituição de arbitragem;".

515 Código de Processo Civil, art. 1.015, III: "Cabe agravo de instrumento contra as decisões interlocutórias que versarem sobre: III – rejeição da alegação de convenção de arbitragem;".

516 BATISTA MARTINS, Pedro *Autonomia da cláusula compromissória*. Disponível em: http://batistamartins.com/autonomia-da-clausula-compromissoria/. Acesso em: 14 mar. 2023.

é possível – em termos doutrinários – propor classificações distintas para auxiliar na compreensão e na aplicação do postulado na solução de casos concretos. Como toda e qualquer classificação, não é possível avaliar, em termos de veracidade ou falsidade, mas sim tendo em vista a sua utilidade para a solução concreta de questões práticas.

A principal classificação doutrinária do *favor arbitrandum* foi proposta por Lino Diamvutu, que distingue: (i) *favor arbitrandum* em sentido amplo, como sendo um princípio do favorecimento do consentimento à arbitragem; (ii) *favor arbitrandum* em sentido estrito, um princípio da arbitrabilidade dos litígios; (iii) *favor validitatis sententiae*, manifestado na análise de efetivação das decisões arbitrais e (iv) *favor recognitionis*, dedicado especialmente à circulação de sentenças arbitrais.[517] Essa classificação foi desenhada tendo como ponto de partida o direito português.

No entanto, essa divisão não parece abarcar a totalidade das manifestações do *favor arbitrandum* no direito brasileiro. Isso é aferido pela análise das normas que manifestam implicitamente a postura pró-arbitragem. Além de não constituírem um rol taxativo, essas não devem ser interpretadas de modo atomizado,[518] mas como parte de uma constelação de normas que determinam uma interpretação mais favorável à arbitragem, amparada no ordenamento estatal.

Assim, é preferível falar em "dimensões" do *favor arbitrandum*, identificando, em cada dimensão, cânones diversos de densificação e concretização.[519] É possível observar

---

517 DIAMVUTU, Lino. *O favor arbitrandum*: ensaio de uma teorização. Tese (Doutorado Direito) – Universidade de Lisboa, Lisboa, 2019. p. 383.

518 "En efecto, los principios pueden ser entendidos como pautas orientadoras en la formulación y la aplicación de reglas jurídicas, sentido próximo a la célebre definición de ALEXY, de los principios como 'mandatos de optimización', es decir, como normas que ordenan que algo sea realizado en la mayor medida de lo posible, atendiendo las realidades fácticas y jurídicas. Desde esta perspectiva, nos referiremos en lo posterior al principio favor arbitrio favor arbitralis, como una directriz que orienta la formulación y la aplicación de normas que en última instancia precautelan el derecho a tutela efectiva de los ciudadanos mediante la conservación de la vigencia del convenio arbitral o del laudo arbitral frente a intervenciones de la justicia estatal" (JARA, María Elena. Decisiones de la justicia estatal ecuatoriana sobre arbitraje. Un análisis desde la perspectiva del principio *favor arbitralis*. *Revista Ecuatoriana de Arbitraje*, Quito, v. 3, p. 164, 2011).

519 Cânones interpretativos são elementos a partir dos quais se realiza a interpretação de determinado texto. Na ciência jurídica, pode-se considerar que sua teorização mais famosa foi aquela elaborada por Friedrich Carl von Savigny, que aparece de forma sistemática no quarto capítulo do primeiro livro de seu *System des heutigen römischen Rechts*, de 1840, tratando dos cânones hermenêuticos para a interpretação das leis. Houve, no Brasil, recepção dessa hermenêutica "romântica" e "canonística" por autores como Paula Baptista e Carlos Maximiliano, cada um à sua forma e intensidade. Para tal, cf.: AYDOS, Elena de Lemos Pinto. Hermenêutica e Interpretação: um estudo dos cânones de Carlos Maximiliano. *Cadernos do Programa de Pós-Graduação em Direito – PPGDir./UFRGS*, Porto Alegre, v. 4, n. 7, p. 33-59, 2014; HERZOG, Benjamin. A recepção da metodologia de Savigny no Brasil e em Portugal. *Revista de Direito Civil Contemporâneo*, São Paulo, v. 7. ano 3, p. 279-294. abr.-jun. 2016; MIOZZO, Pablo Castro. Fundamentos dos conceitos de hermenêutica jurídica e de interpretação em Carlos Maximiliano. *Cadernos do Programa de Pós-Graduação em Direito – PPGDir./UFRGS*, Porto Alegre,

três dimensões principais: (i) dimensão institucional, incorporando o arcabouço normativo e de regras específicas que procuram propiciar o desenvolvimento e a efetividade da arbitragem como forma de solução de controvérsias, especialmente manifestado por meio de posturas legislativas pró-arbitragem, de caráter geral; (ii) dimensão estrutural, com destaque a questões atinentes à convenção de arbitragem especificamente considerada, ou ao desenvolvimento dos procedimentos arbitrais concretos; e (iii) dimensão funcional, com foco na efetivação do produto do procedimento arbitral, as sentenças e outras decisões arbitrais.

Em cada uma dessas dimensões é possível observar manifestações próprias do *favor arbitrandum*, que podem dar ensejo a normas de naturezas diversas – regras, princípios, presunções, ônus probatórios, postulados normativos e cânones.

3. Autonomia da convenção de arbitragem e a conservação da solução arbitral acordada

A autonomia da cláusula compromissória ou doutrina da *separability* é prevista no artigo 8ª, *caput*, da Lei Brasileira de Arbitragem.[520] Esse princípio tem a função de "reforçar a eficiência da cláusula compromissória",[521] e pode ser compreendido a partir do *favor arbitrandum*.[522] A relação entre ambos provém da principal consequência da autonomia da convenção de arbitragem: a possibilidade de atribuição de efeitos à cláusula compromissória em algumas hipóteses de inexistência ou invalidade do contrato principal.[523]

---

v. 11, n. 3, p. 369-384, 2017. O tema evoluiu muito desde então e novos cânones surgiram, como a "interpretação conforme à constituição" ou, nos países membros da União Europeia, a "interpretação conforme às diretivas da UE" [*Europarechtskonforme/Richtlinienkonforme Auslegung*]. Cf. para tal, respectivamente: NETO, Rogério R.; GOMES, Frederico A. O cânone da interpretação conforme a constituição. *Revista de Processo Comparado*, São Paulo, v. 2, p. 335-354, jul./dez. 2015; ARZ, Matthias. Die Richtlinienkonforme Auslegung in der Fallbearbeitung: Am Beispiel der Aus- und Einbaukosten bei der Nachlieferung im Kaufrecht. *JURA – Juristische Ausbildung*, v. 44, n. 10, p. 1127-1133, 2022.

520 Lei 9.307/1996. Art. 8º, *caput*: "A cláusula compromissória é autônoma em relação ao contrato em que estiver inserta, de tal sorte que a nulidade deste não implica, necessariamente, a nulidade da cláusula compromissória".

521 MARTINS, Pedro Batista. *Autonomia da cláusula compromissória*. Recurso online. Disponível em: http://batistamartins.com/autonomia-da-clausula-compromissoria/. Acesso em: 21 jan. 2023.

522 DIAMVUTU, Lino. *O favor arbitrandum*: ensaio de uma teorização. Tese (Doutorado em Direito) – Universidade de Lisboa, Lisboa, 2019. p. 93.

523 "O princípio da autonomia (separabilidade) da convenção de arbitragem tem as seguintes consequências: a não existência ou invalidade do contrato principal não invalida necessariamente a convenção de arbitragem; a invalidade da cláusula principal compromissória não afecta necessariamente o contrato; a lei reguladora da cláusula compromissória pode ser diferente da lei aplicável ao contrato principal; a possível aplicação de normas jurídicas diferentes dentro do mesmo sistema jurídico à cláusula compromissória e ao contrato principal; a cláusula compromissória pode sobreviver à cessação do contrato principal; e o

A conceitualização da autonomia da convenção de arbitragem é uma forma de tutelar a realidade negocial subjacente à sua própria pactuação.[524] Assim, a importância da autonomia da convenção de arbitragem reside na valorização substancial da vontade das partes de arbitrar. Sob essa perspectiva, torna-se um mecanismo de conservação do consentimento manifestado em favor da jurisdição arbitral.

O princípio da autonomia da cláusula compromissória privilegia a manutenção da vontade das partes em submeter os conflitos à via arbitral,[525] tutelando a integridade da convenção de arbitragem.[526] O enfoque recai na intenção das partes em criar um negócio jurídico específico para dirimir eventuais conflitos decorrentes ou relacionados com outra relação jurídica.[527] Reforça, portanto, a efetividade da própria cláusula compromissória.[528] Afinal, é expectável que partes comerciais razoáveis pactuem negócios jurídicos para serem válidos e eficazes.[529] A razão de ser da convenção de arbitragem é justamente permitir a resolução de disputas.[530] Ou seja, entende-se que as partes convencionam o uso da cláusula compromissória para arbitrar tanto questões atreladas à validade do contrato (e da cláusula compromissória nele inserida ou que a ele se relaciona) quanto ao estrito cumprimento, observância, modificação ou extinção da relação de direito material.[531]

O STJ consolidou entendimento jurisprudencial reconhecendo que a existência de cláusula compromissória confere ao Tribunal Arbitral por meio dela nomeado o poder de decidir com primazia a respeito da existência, validade e eficácia da convenção de arbitragem.[532] Mais especificamente, enfrentando o tema da autonomia da cláusula com-

---

princípio da autonomia (separabilidade) implica o poder do árbitro de decidir sobre a sua própria competência" (DIAMVUTU, Lino. *O favor arbitrandum*: ensaio de uma teorização. Tese (Doutorado em Direito) – Universidade de Lisboa, Lisboa, 2019. p. 90).

524 BORN, Gary. *International Commercial Arbitration*. 3. ed. The Hague: Kluwer Law International, 2021. p. 430.

525 STEINER, Renata. Arbitragem e Autonomia da Cláusula Compromissória. *Revista de Arbitragem e Mediação Online*, v. 31, p. 131-151, out./dez. 2011.

526 LEW, Julian; MISTELIS, Loukas; KRÖLL, Stefan. *Comparative international commercial arbitration*. Haia: Kluwer Law International, 2003. p. 101.

527 BORN, Gary. *International commercial arbitration*. 3. ed. The Hague: Kluwer Law International, 2021. p. 379.

528 LA LAINA, Roberto G. A Cláusula Compromissória e Autonomia Negocial. *Revista de Arbitragem e Mediação*, v. 43, p. 129-153, out./dez. 2014.

529 BORN, Gary. *International commercial arbitration*. 3. ed. The Hague: Kluwer Law International, 2021. p. 426.

530 GUERRERO, Luis Fernando. *Convenção de arbitragem e processo arbitral*. 2. ed. São Paulo: Atlas, 2014. p. 21.

531 SESTER, Peter Christian. *Comentários à Lei de Arbitragem e à legislação extravagante relacionada à arbitragem*. São Paulo: Quartier Latin, 2020. p. 173.

532 STJ, REsp 1.269.965/MG, Min. Rel. Raul Araújo, j. 13.12.2018; STJ, REsp 1.307.651/MG, Min. Rel. Raul Araújo, j. 17.12.2018; STJ, AREsp 281.151/MG, Min. Raul Araújo, j. 11.02.2019; STJ, AREsp 1.702.577/MG. Min. Raul Araújo, j. 01.09.2020; STJ, AREsp 1.773.848/SP, Min. Rel. Raul Araújo, j. 17.03.2021; STJ, CC 144.477/RJ, Min. Paulo de Tarso Sanseverino, j. 16.12.2015.

promissória, em acórdão relatado pelo Ministro Marco Aurélio Bellizze, o STJ dispôs que "a cláusula compromissória, por meio da qual as partes convencionam submeter eventuais e futuros litígios à arbitragem, é autônoma no tocante à relação contratual subjacente. Desse modo, o exame acerca da existência, validade e eficácia da convenção de arbitragem não se confunde com o do contrato a que se relaciona".[533]

O artigo 8º da Lei de Arbitragem age no sentido de assegurar que, de ofício ou mediante provocação das partes, eventual alegação de vício não seja impeditiva, na maioria dos casos, para a análise do vício em si e do mérito da causa. É dizer, o princípio da autonomia da convenção de arbitragem resguarda a intenção de arbitrar das partes.[534]

Desse modo, presume-se que as partes almejam, com o pacto, entregar a árbitros a solução de futura disputa, o que pode incluir, inclusive, na maioria das hipóteses, a alegação de nulidade, invalidade ou inexistência da própria convenção de arbitragem ou do contrato na qual está inserida.[535] Portanto, a regra geral é a de que a disputa será dirimida perante o Tribunal Arbitral.[536]

Essa interpretação maximiza a emanação da vontade realizada no momento da constituição da convenção de arbitragem, permitindo a ampla promoção de efeitos e a valorização da autonomia privada das partes.[537] Contudo, há de se reconhecer, como estabelecido pelo artigo II (3) da Convenção de Nova York,[538] norma interna brasileira plenamente em vigor, posterior à própria Lei de Arbitragem, que pode haver situações excepcionais, nas quais a convenção de arbitragem é manifestamente inoperante e inexequível, o que a impede de produzir efeitos, tornando-se impossível a constituição do tribunal arbitral.

Em síntese, o princípio da autonomia da convenção de arbitragem tem como fundamento material a tutela da intenção de arbitrar, necessariamente manifestada pelas partes quando da formação desse negócio jurídico.[539] Igualmente, protege a parte de boa-fé de eventual comportamento oportunista do parceiro negocial, no sentido de tentar se esquivar da jurisdição arbitral.

---

533 STJ, REsp. 1.699.855/RS, Min. Marco Aurélio Bellizze, Terceira Turma, j. 01.06.2021.

534 CARMONA, Carlos Alberto. *Arbitragem e processo*: um comentário à Lei nº 9.307/96. 3. ed. São Paulo: Atlas, 2009. p. 173-174.

535 MARTINS, Pedro A. Batista. *Autonomia da Cláusula Compromissória*. Disponível em: http://batistamartins.com/autonomia-da-clausula-compromissoria/. Acesso em: 4 jun. 2025.

536 STEINER, Renata Carlos. Arbitragem e Autonomia da Cláusula Compromissória. *Revista de Arbitragem e Mediação*, v. 31, p. 131-151, out./dez. 2011.

537 PIRES, Catarina Monteiro. Convenção de Arbitragem. In: PIRES, Catarina Monteiro; DIAS, Rui Pereira (coord.). *Manual dè Arbitragem Internacional Lusófona*. Coimbra: Almedina, 2020. p. 79. v. 1.

538 Convenção de Nova York, art. II (3): "O tribunal de um Estado signatário, quando de posse de ação sobre matéria com relação à qual as partes tenham estabelecido acordo nos termos do presente artigo, a pedido de uma delas, encaminhará as partes à arbitragem, a menos que constate que tal acordo é nulo e sem efeitos, inoperante ou inexeqüível".

539 MONTEIRO, António Pedro Pinto; SILVA, Artur Flamínio da; MIRANTE, Daniela. *Manual de arbitragem*. Coimbra: Almedina, 2020. p. 160.

4. *Favor arbitrandum* e a economia do contrato

A convenção de arbitragem exerce uma função especial na estrutura econômica do contrato celebrado entre as partes.[540] A opção pela arbitragem como forma de solução de controvérsias cria um microssistema jurídico atinente à resolução de um ou mais litígios decorrentes ou relacionados a determinada relação jurídica.[541]

A partir de então, a solução de conflitos que decorrem da relação jurídica sujeita à arbitragem deverá priorizar, ao máximo, dar efetividade ao mecanismo voluntariamente escolhido pelas partes para pacificar as eventuais crises que ocorrerem no seu desenvolvimento. O *favor arbitrandum*, nesse contexto, implica dar preferência e efetividade à sistemática arbitral – seja impondo deveres de cooperação das partes para a instauração do procedimento, seja impondo a não adoção de comportamentos que possam frustrar o bom andamento da arbitragem.

A redação da convenção de arbitragem é comumente objeto de reduzida – ou menor – preocupação pelas partes celebrantes do contrato principal, sendo algumas vezes apelidada de *midnight clause* ("cláusula da meia noite"). Isso se explica até mesmo sob o ângulo psicológico. O espírito que geralmente envolve as partes no ato da celebração da maioria dos contratos é o de encontro de vontades, de congraçamento, de identidade de objetivos. A cláusula compromissória representa o exato oposto, instrumento para enfrentar uma eventual crise, ordinariamente fora do campo de visão das partes, naquele específico instante.

Assim, a cláusula compromissória é normalmente contratada como um negócio jurídico aberto, desenhado apenas em grandes linhas, com a perspectiva de não ser usada. Estabelece, desde então, o vínculo definitivo da arbitragem como método de resolução das disputas que acaso venham a surgir, além de obrigações comuns de co-

---

540 "Essa breve resenha, ao focalizar o contrato como instrumento regulador principal das atividades comerciais nos âmbitos nacional e internacional, procura demonstrar os efeitos da mundialização do Direito resultante da globalização da economia. A padronização dos contratos, na verdade, deriva, em certo sentido, da padronização do consumo, da procura dos mesmos bens pelas diferentes comunidades (automóveis, aparelhos de televisão, computadores, tablets, aparelhos elétricos etc.), das ansiedades provocadas pelos meios de comunicação e pelo acesso à internet. A arbitragem resulta dessa padronização, pela sua aceitação cada vez maior como meio de resolver controvérsias, que se impôs pela facilidade de sua instauração, sem a interferência do Estado, não obstante ainda procurado sempre que falham as tentativas de regulação pelos próprios agentes privados. A crise conhecida como do subprime ocorrida nos Estados Unidos em 1977/1978, com reflexos severos no setor bancário em todo o mundo, gerou a convicção de que os agentes privados não têm condições de, por si próprios, resolver problemas agudos derivados de distorções de negócios descontrolados e de especulações no mercado financeiro. Foi duro golpe na aspiração de elevar o contrato como instrumento regulador da economia, produzindo, como consequência, expectativas de intervenções do Estado para regulá-la" (MAGALHÃES, José Carlos de. A arbitragem, o contrato e a globalização. *Revista de Arbitragem e Mediação*, v. 50, p. 241-253, jul./set. 2016).

541 MARTINS, Pedro A. Batista. *Cláusula Compromissória*: questões pontuais. Disponível em: http://batistamartins.com/clausula-compromissoria-questoes-pontuais/. Acesso em: 4 jun. 2025.

operar – obrigaçao de fazer – na instauração da eventual arbitragem, caso requerida por uma das partes contratantes. Por conta do *favor arbitrandum*, as partes podem legitimamente confiar na existência de postura cooperativa para viabilizar a solução das controvérsias, nos termos pactuados.

Esse imbricamento entre contrato e convenção de arbitragem, bem como os mandamentos impostos pelo *favor arbitrandum*, traz consequências práticas relevantes. A convenção de arbitragem não pode mais ser interpretada no direito brasileiro como uma ilha no meio de um contrato. A despeito do princípio da autonomia da cláusula compromissória, essa deve necessariamente ser interpretada dentro do contexto da relação contratual como um todo. O fato de a convenção de arbitragem ter elementos estruturais próprios (partes, objeto e forma) não significa completa segregação em relação ao vínculo contratual principal.

Há pontes econômicas e jurídicas que estabelecem um vínculo entre a convenção de arbitragem e a relação material existente entre as partes. Não se pode perceber a arbitragem de modo isolado em relação à arquitetura econômico-financeira da relação contratual. Na verdade, a opção pela via arbitral, ao propor a tutela dos direitos contratuais das partes, vincula-se à efetivação do direito material. Assim, a arbitragem consiste em técnica de processo para exercer a função jurisdicional que viabilize a tutela prometida pelo direito material e desejada pelos sujeitos de direito.

A jurisdição arbitral serve de ponte entre a esfera material e a processual, viabilizando de modo aderente a solução dos problemas postos por aqueles que procuram resguardar os seus direitos. E, pelos seus benefícios intrínsecos e em consideração à opção legítima feita pelos contratantes, é preciso, em respeito ao *favor arbitrandum*, cercar a arbitragem do arcabouço necessário para que este procedimento cumpra a promessa feita às partes que a contrataram.

Nessa lógica, a opção pela arbitragem, ao significar a escolha de um método considerado adequado de solução de controvérsias, pautado por sérios imperativos éticos, constitui um redutor dos custos de transação. O *favor arbitrandum*, em última instância, implica a imposição de deveres de conduta e de posturas para as partes, visando a resolver, de modo célere e comercialmente responsável, as contendas inerentes ao giro mercantil – em pleno alinhamento com os valores pregados pelos "mercadores da paz" (*marchants du paix*), responsáveis por fundar a CCI, no ano de 1919.

A cláusula compromissória deve, necessariamente, ser interpretada dentro do contexto contratual, fruto de ajuste entre as partes como método jurisdicional de solução de controvérsias. Portanto, a pactuação da convenção de arbitragem está inserida no processo obrigacional.

Os atos praticados ao longo de uma arbitragem, quando referentes a discussões contratuais, inserem-se em espécie de *continuum*, em consonância com a visão de obrigação como processo. Por essa razão, determinadas atitudes, no curso de uma arbitragem, podem afetar a própria relação material existente. Por conta do *favor arbitrandum* e da relação indissociável entre contrato e convenção de arbitragem, posturas desleais e não cooperativas tomadas no curso de um procedimento arbitral trazem inequívocas consequências para a relação jurídica das partes.

Em razão das disposições que corporificam o *favor arbitrandum*, ao pactuar a convenção de arbitragem, ambas as partes poderão exigir coativamente a sua observância, socorrendo-se, eventualmente, do aparato estatal como forma de viabilizar o exato e pontual cumprimento do ajustado.[542] O ajuste contratual de submeter conflitos à jurisdição arbitral não pode ser reputado letra morta na economia do contrato. Considerando as vantagens próprias da arbitragem como o mais civilizado método de solução de controvérsias, há verdadeiro direito de exigir o seu fiel cumprimento.

5. Incentivo a uma cultura pró-arbitragem

A arbitragem foi condenada, por longo período, no Brasil, a um estado de baixa utilidade prática. O corpo normativo vigente até a entrada em vigor da Lei de Arbitragem não foi capaz de incentivar ampla difusão do instituto.[543] A ausência de reconhecimento de caráter jurisdicional e vinculante da cláusula compromissória e a necessidade de posterior homologação perante o Poder Judiciário serviam de desincentivos para a propagação da arbitragem como forma de resolução de litígios.[544]

Por essas razões, bem como por motivos associados à cultura de resolução de disputas então vigente no país, a arbitragem não era vista com muito prestígio,[545] cenário que passou a ser modificado com a edição da Lei de Arbitragem, que removeu muitos dos obstáculos que antes impediam o desenvolvimento da arbitragem no país.[546]

Nesse sentido, comentava Clóvis do Couto e Silva, à luz do regime existente antes da elaboração da Lei de Arbitragem: "é corrente a observação de que existem países mais e outros menos inclinados à adoção do juízo arbitral. Ainda quando o progresso da técnica pudesse estar a indicar a necessidade de especialização nos julgamentos, e ainda quando se pudesse deduzir que os tribunais comuns, de jurisdição ordinária, dela carecem, ainda assim os juízos arbitrais brasileiros se constituem em fato extremamente raro".[547]

---

542 "Ora, o respeito à cláusula compromissória ou ao compromisso arbitral nada mais é que uma cristalina expressão do princípio pacta sunt servanda, não se podendo admitir que as partes dele se esquivem, quando do advento do litígio" (VERÇOSA, Fabiane. Efeito Negativo da Competência-Competência. *RBAr*, n. 6, p. 89, abr./jun. 2005).

543 TIBÚRCIO, Carmen. A arbitragem no direito brasileiro: histórico e lei 9.307/96. *Revista de Processo*, v. 104, p. 79-99, out./dez. 2001.

544 MOREIRA, José Carlos Barbosa. Efectos de las sentencias y laudos arbitrales extranjeros. *Revista de Processo*, v. 79, p. 184-189, jul./set. 1995).

545 NASCIMBENI, Asdrubal Franco; FINKELSTEIN, Cláudio. Carta Arbitral: possíveis situações de não cooperação do juízo estatal. *Revista de Arbitragem e Mediação*, v. 54, p. 125-150, jul./set. 2017.

546 GREBLER, Eduardo. Arbitragem nos contratos privados. *Revista dos Tribunais*, v. 745, p. 59-66, nov. 1997.

547 COUTO E SILVA, Clóvis do. O juízo arbitral no Direito Brasileiro. In: FRADERA, Véra Maria Jacob de (org.). *O direito privado na visão de Clóvis do Couto e Silva*. 2. ed. Porto Alegre: Livraria do Advogado Editora, 2014. p. 169.

Impressão semelhante foi captada por Selma Lemes, em 1991:[548] "Em razão da pouca ou quase nula utilização da arbitragem no Brasil, os empresários, freqüentemente, quando se vêem envolvidos em negociações internacionais, se espantam ou desconfiam da cláusula compromissória e, às vezes, orientados por profissionais com pouca vivência no assunto, são aconselhados a não adotá-la ou simplesmente aceitá-la, pois, se por ventura surgir alguma controvérsia, conseguirão, através de brechas em nossa legislação, afastar a arbitragem e levar a questão às barras dos Tribunais, procrastinando a pendência por anos, redundando, indubitavelmente, em prejuízo para ambas as partes".

A denominada "operação arbiter",[549] capitaneada por Petrônio Muniz na década de 1990, que culminou na redação da Lei de Arbitragem sob as penas de Carlos Alberto Carmona, Pedro Batista Martins e Selma Lemes, teve papel central para lançar as sementes de uma cultura "pró-arbitragem" no Brasil. A Operação Arbiter constituiu, nas palavras de Selma Lemes, "uma lição de comportamento cívico, de otimismo e de esperança" no desenvolvimento da arbitragem no Brasil.[550] A "Operação Arbiter" culminou na edição da Lei de Arbitragem de 1996.

No entanto, até a arbitragem se consolidar no cenário nacional, foram necessários outros desenvolvimentos. À vista disso, testemunhou Selma Lemes em 2003, ao constatar que "em seis anos de vigência, apesar de ter alcançado considerável progresso, a caminhada continua árdua. Inicialmente, coube ao Supremo Tribunal Federal esclarecer que as regras da nova lei eram constitucionais. Em seguida, lutamos contra o conformismo atávico, pois não estávamos acostumados à liberdade de escolher nossos julgadores, somente conhecíamos a porta do Judiciário. Posteriormente, há a necessidade de conscientizar os advogados para aprimorar seus conhecimentos".[551]

Dessa forma, percebe-se que é fato relativamente recente pensar em uma cultura "pró-arbitragem" brasileira. Os métodos de solução de conflitos vêm passando por intensas modificações.[552] As inovações institucionais em prol da arbitragem se tornam capazes de revolucionar a cultura processual no país.[553]

Essa mudança institucional passa a refletir valores caros para o ordenamento e para a cultura jurídica brasileira,[554] como a liberdade de contratar, a autonomia da vontade

548 LEMES, Selma. *Arbitragem e Comércio Exterior*. São Paulo: O Estado de São Paulo, 1990.

549 MUNIZ, Petrônio. *Operação Arbiter*: a história da Lei 9.307/96 sobre a arbitragem comercial no Brasil. Recife: Instituto Tancredo Neves, 2005.

550 LEMES, Selma. A Arbitragem e a Decisão por Equidade no Direito Brasileiro e Comparado. In: LEMES, Selma; CARMONA, Carlos Alberto; MARTINS, Pedro Batista (coord.). *Arbitragem, Estudos em Homenagem a Guido Fernando Silva Soares, in memoriam*. São Paulo: Atlas, 2007. p. 189-229.

551 LEMES, Selma. *O Desenvolvimento da Arbitragem no Brasil e no Exterior*. São Paulo: Jornal Valor Econômico, 2003.

552 DI SPIRITO, Marco Paulo Denucci. Controle de Formação e Controle de Conteúdo do Negócio Jurídico Processual – Parte I. *Revista de Processo*, v. 247, p. 137-176, set. 2015.

553 REALE, Miguel. *Lições preliminares de direito*. 27. ed. São Paulo: Saraiva, 2002. p. 25.

554 Sobre a relação entre a expressão de valores culturais em normas de Direito Internacional Privado e diversidade cultural, bem como na comparação jurídica, cf.: JAYME, Erik. Die kul-

e, mais recentemente, a autonomia privada no âmbito da solução de litígios.[555] Como resultado, percebe-se que a interação entre fatos, valores e normas vem provocando verdadeira mudança na cultura de resolução de disputas,[556] o que abre caminho largo para o desenvolvimento da arbitragem.

§ 14. DIMENSÃO INSTITUCIONAL DO *FAVOR ARBITRANDUM*

1. Perspectiva institucional da arbitragem

A dimensão institucional do *favor arbitrandum* guarda relação com as origens e com os fundamentos do instituto da arbitragem. Isto é, mostra-se como uma declaração de princípios, incentivando a solução arbitral como forma de resolver controvérsias. Para que a arbitragem floresça em um determinado Estado, é imperativo que se desenvolva um arcabouço institucional de amparo à solução arbitral. Caso contrário - situação vivenciada pelo Brasil durante muitos anos -, a arbitragem não manterá as condições adequadas para prosperar.

Na sua dimensão institucional, o *favor arbitrandum* se manifesta como uma forma de política legislativa, judiciária e jurisdicional - uma solução prática que almeja a inclusão de um determinado país nos fluxos de capitais e investimentos internacionais.[557] Enquanto política legislativa, a compreensão do *favor arbitrandum* não se confunde com a qualificação de princípio jurídico.[558]

As políticas legislativas consistem em padrões que estabelecem um objetivo a ser alcançado. É uma "atitude favorável dos Estados", que privilegiam tanto a arbitragem

---

turelle Dimension des Rechts - ihre Bedeutung für das Internationale Privatrecht und die Rechtsvergleichung. *Rabels Zeitschrift Für Ausländisches Und Internationales Privatrecht/The Rabel Journal of Comparative and International Private Law*, Tübingen, v. 67, n. 2, p. 211-230, 2003.

555 "Se no processo se fazem sentir a vontade e o pensamento do grupo, expressos em hábitos, costumes, símbolos, fórmulas ricas de sentido, métodos e normas de comportamento, então não pode recusar a esta atividade vária e multiforme o caráter de fato cultural" (LACERDA, Galeno. Processo e cultura. *Revista de Direito Processual Civil*, São Paulo, p. 75, 1962).

556 REALE, Miguel. *Fontes e modelos do direito*: para um novo paradigma hermenêutico. São Paulo: Saraiva, 1994. p. 113-118; REALE, Miguel. *O direito como experiência*: introdução à epistemologia jurídica. 2. ed. São Paulo: Saraiva, 1992. *passim*.

557 Conferir, quanto à relação entre globalização, autonomia das partes e jurisdição arbitral: FRAGA, Pedro J. Martinez; OSLÉ, Rafael Domingo. Globalization and Developments in the Apportionment of Jurisdiction Between Arbitrators and Courts Concerning International Commercial Arbitration. *Journal of Business and International Law*, v. 8, n. 1, p. 63-89, 2009.

558 "Denomino 'política' aquele tipo de padrão que estabelece um objetivo a ser alcançado, em geral uma melhoria em algum aspecto econômico, político ou social da comunidade (ainda que certos objetivos sejam negativos pelo fato de estipularem que algum estado atual deva ser protegido contra mudanças adversas). Denomino 'princípio' um padrão que deve ser observado, não porque vá promover ou assegurar uma situação econômica, política ou social considerada desejável, mas porque é uma exigência de justiça ou equidade ou alguma outra dimensão da moralidade" (DWORKIN, Ronald. *Levando os direitos a sério*. Trad. Nelson Boeira. 3. ed. São Paulo: WMF Martins Fontes, 2010. p. 36).

quanto a autonomia contratual, motivadas por "um reconhecimento geral das vantagens ou da necessidade de estimular o livre tráfego de riqueza internamente ou, mesmo, a globalização e o comércio econômico internacional".[559]

Essa mobilização legislativa em favor da arbitragem é compreendida como uma forma de reagir às necessidades e demandas do sistema moderno de negociações internacionais. Esse movimento é percebido tanto no âmbito de legislações nacionais (evidenciado pela elaboração de leis de arbitragem inspiradas na Lei-Modelo UNCITRAL), quanto em relação às normas de direito público internacional,[560] por meio de convenções internacionais (*e. g.* Convenção de Genebra, Convenção do Panamá, Convenção de Nova York, dentre outras).

Ademais, as regras de *soft law* e a profissionalização das instituições de administração de arbitragens de caráter nacional e internacional cuidaram de forjar o restante do ambiente. Isso aumentou o conforto do empresariado internacional com o referido método adequado para solução de conflitos. A elaboração desses diplomas materializa o acúmulo da experiência internacionalmente adquirida em torno da arbitragem. Ademais, podem ser percebidos como o corpo normativo que consolida as melhores práticas internacionais. O denominador comum desses diplomas é o favorecimento da arbitragem como forma de solução de conflitos, contribuindo para a ampliação de seu espaço de utilização e incrementando a segurança jurídica acerca dos procedimentos e decisões arbitrais.

A importância da arbitragem para o comércio e o tráfego jurídico internacional evidencia a veia cosmopolita na arbitragem enquanto forma de solução de conflitos, de tal modo que, em sede de contratos internacionais, a arbitragem é o meio de solução de controvérsias por excelência. A realização desses procedimentos permite a convivência de diferentes culturas e tradições jurídicas. Essa faceta internacional da arbitragem influencia culturalmente os sistemas domésticos, o que fomenta um saudável processo de circulação de modelos jurídicos.[561]

---

559 "It stands to reason that the quasi-universal success and expansion of international arbitration depends to a very large extent on the consent of the international community of States. They have come to recognize and even favour arbitration as a necessary private justice. The liberal attitude of modern States as regards both contractual autonomy and arbitration may be said to be motivated by a general recognition of the advantages or necessity of globalization and of international economic commerce. (...) This favourable attitude of States is shown for instance by national legislations limiting or excluding the jurisdiction of national Courts in case of a valid arbitration agreement, restricting the possibilities of 'appeals' against Awards, or lending assistance for the enforcement of Awards" (LALIVE, Pierre. Absolute Finality of Arbitral Awards?. *Revista de Arbitragem e Mediação*, São Paulo, v. 5, n. 19, p. 67-80, out./dez. 2008).

560 BÖCKSTIEGEL, Karl-Heinz. Past, present and future perspectives of arbitration. *Arbitration International*, v. 25, n. 3, p. 294-295, 2009; LALIVE, Pierre. Absolute Finality of Arbitral Awards? *Revista de Arbitragem e Mediação*, São Paulo, v. 5, n. 19, p. 67-80, out./dez. 2008.

561 FRADERA, Véra Jacob de. A Circulação de Modelos Jurídicos Europeus na América Latina: um entrave à integração no Cone Sul?. *Revista dos Tribunais*, v. 736, p. 20-39, fev. 1997; FRADERA, Véra Jacob de. La Culture Juridique et L'acculturation du Droit Rapport National Bresilien.

O reconhecimento dessa dimensão institucional no Brasil restou sobremaneira claro do posicionamento do STF quando chamado a analisar a constitucionalidade da Lei de Arbitragem. A partir do julgamento, reconheceu-se a arbitragem como método adequado de solução de disputas, não de modo rival, mas de modo complementar ao Poder Judiciário, no exercício da jurisdição. Em voto lapidar, o Ministro Ilmar Galvão ainda realçou que "a cláusula, nesse caso, não pode ser vista como incompatível com o princípio do livre acesso à jurisdição estatal, pelo singelo motivo de que a sua eficácia, em caso de resistência de uma das partes, justamente só poderá ser alcançada por via judicial", razão pela qual "não há, porém, supressão do controle judicial", mas sim "a deslocação do momento em que o Poder Judiciário é chamado a intervir". Trata-se de clara manifestação institucional do *favor arbitrandum*.

Em síntese, a dimensão institucional do *favor arbitrandum* consiste especificamente no incentivo institucional, pelo Estado, do desenvolvimento e florescimento da arbitragem. Trata-se da acepção mais ampla do *favor arbitrandum*, compreendido como imperativo de política legislativa de constituição do arcabouço propício à efetivação da arbitragem como modo de solução de controvérsias.

Essa dimensão institucional é fruto do amplo reconhecimento internacional da importância da arbitragem como método de solução de conflitos e como catalisador de relações comerciais. Como o comércio somente pode se desenvolver a partir de bases jurídicas seguras, é necessário estruturar um sistema de solução de controvérsias que seja apto a amparar as relações negociais. A arbitragem vem, precisamente, para ocupar o espaço de método civilizado, adequado e efetivo à pacificação das relações negociais, fomentando o comércio e incentivando a pacificação social.

2. Valorização dos meios adequados de solução de controvérsias

Ao longo do século XX, houve uma mudança na concepção de processo. Especialmente após o término da Segunda Guerra Mundial e da reconstitucionalização da Europa ocidental, abandonou-se a absoluta supremacia do interesse público sobre o interesse individual.[562] Igualmente, com a construção do Estado Social de Direito, houve substancial aumento de participação dos órgãos públicos na vida em sociedade.[563]

Diante dessa nova mentalidade, uma das tendências da justiça civil contemporânea é o incentivo aos meios adequados para que controvérsias sejam dirimidas sem a necessidade de uma relação jurídica processual formal perante o Poder Judiciário.[564] Nesse

---

In: CORDEIRO, Jorge A. Sánchez (org.). *Legal culture and legal transplants*. Cidade do México: Universidad Nacional Autónoma de México, 2012. v. 1.

562 GRECO, Leonardo. Publicismo e Privatismo no Processo Civil. *Revista de Processo*, v. 164, p. 29-56, out. 2008.

563 MOREIRA, José Carlos Barbosa. A Função Social do Processo Civil Moderno e o Papel do Juiz e das Partes na Direção e na Instrução do Processo. *Revista de Processo*, v. 37, p. 140-150, 1985.

564 SILVA, Paula Costa E. O acesso ao sistema judicial e os meios alternativos de resolução de controvérsias: alternatividade efectiva e complementariedade. *Revista de Processo*, v. 158, p. 93-106, abr. 2008.

contexto, a arbitragem foi se consagrando como um método adequado para a solução de certos conflitos, com estrutura jurisdicional e processual em um ambiente privado, de modo a se adaptar às necessidades dos comerciantes. O *favor arbitrandum*, nessa perspectiva, passou a representar uma máxima em prol da valorização da arbitragem, diante de sua adequação para solucionar certos tipos de demandas.

No Brasil, a mudança de cultura acerca dos métodos adequados de solução de controvérsias foi em definitivo registrada em termos legislativos quando da aprovação do Código de Processo Civil de 2015. O Código, em seu artigo 3º,[565] reforçou a utilização dos métodos autocompositivos de soluções de conflitos por intermédio da ideia de "justiça multiportas",[566] originada pelo conceito de "multi-door dispute resolution".[567]

Com isso, o protagonismo na solução de controvérsias não mais pode ser visto como sendo do Estado. Os cidadãos empoderam-se para que encontrem o melhor caminho para a resolução de contendas. A elaboração do sistema multiportas, junto do reconhecimento da autonomia da via arbitral no diploma processual, representou uma importante consagração institucional do favorecimento da arbitragem.

Tamanha é a importância dos métodos adequados de solução de litígios que o tema integra aquilo que se passou a chamar de terceira onda renovatória do acesso à justiça. Com efeito, Mauro Cappelletti e Bryant Garth, em seu livro *Acesso à Justiça*, quando retratam parte do resultado da pesquisa *Projeto Florença*, observam que "o 'acesso' não é apenas um direito social fundamental, crescentemente reconhecido; ele é, também, necessariamente, o ponto central da moderna processualística".[568]

A terceira onda está centrada "no conjunto geral de instituições e mecanismos, pessoas e procedimentos utilizados para processar e mesmo prevenir disputas nas sociedades modernas".[569] Além de envolver a reforma dos procedimentos judiciais, a criação de procedimentos especiais, a mudança dos métodos para a prestação dos serviços judiciais e a simplificação do direito, Mauro Cappelletti e Bryant Garth listam

---

565 Código de Processo Civil, art. 3º: "Não se excluirá da apreciação jurisdicional ameaça ou lesão a direito § 1º É permitida a arbitragem, na forma da lei. § 2º O Estado promoverá, sempre que possível, a solução consensual dos conflitos. § 3º A conciliação, a mediação e outros métodos de solução consensual de conflitos deverão ser estimulados por juízes, advogados, defensores públicos e membros do Ministério Público, inclusive no curso do processo judicial".

566 AZEVEDO, André Jobim de. Os métodos de solução de conflitos, nova regência processual: observações. In: AZEVEDO, André Jobim de *et al.* (coord.). *Dia gaúcho da arbitragem*. Porto Alegre: Lex Magister, 2015.

567 LESSA NETO, João Luiz. O novo CPC adotou o modelo multiportas!!! E agora?! *Revista de Processo*, v. 244, p. 427-441, jun. 2015.

568 CAPPELLETTI, Mauro; GARTH, Bryant. *Acesso à justiça*. Trad. Ellen Gracie Northfleet. Porto Alegre: Fabris, 2002. p. 13.

569 CAPPELLETTI, Mauro; GARTH, Bryant. *Acesso à justiça*. Trad. Ellen Gracie Northfleet. Porto Alegre: Fabris, 2002. p. 67-68.

também "a utilização de mecanismos privados ou informais de solução dos litígios".[570] Trata-se do fenômeno do "movimento universal de acesso à justiça".[571]

Não se olvida que antes da edição do Código de Processo Civil de 2015 o ordenamento brasileiro já admitia largamente a adoção de meios adequados de solução de controvérsias. A própria Lei de Arbitragem de 1996 evidencia essa realidade. Contudo, a centralidade de métodos adequados, na perspectiva do Código de Processo Civil – o diploma central de organização da Justiça Civil brasileira – é a consagração da mudança cultural em relação ao período pretérito. Mudança cultural essa que só foi possível graças à existência desses pilares institucionais anteriormente construídos.

A pedra de toque do *favor arbitrandum* na elaboração do CPC/2015 foi o sepultamento da controvérsia outrora existente sobre a natureza jurisdicional da arbitragem. O texto legal dispõe sobre "tutela jurisdicional", não a limitando ao Poder Judiciário especificamente. A doutrina anterior à vigência do CPC/2015 não considerava a arbitragem um método jurisdicional de solução de conflitos, especialmente pela influência carneluttiana em considerar a jurisdição como monopólio estatal.[572] Todavia, a evolução da dogmática processualista superou essa concepção. O legislador brasileiro, por meio do artigo 3º do CPC/2015, promoveu o incentivo à justiça multiportas, em nova concepção acerca do acesso à justiça.[573]

Em síntese, a mais importante manifestação institucional do *favor arbitrandum* consiste na própria valorização da arbitragem como forma de solução de controvérsias. Esse reconhecimento é recente no Brasil. Pensar a justiça civil sem que haja exclusividade do Poder Judiciário foi, por muitos anos, verdadeiro tabu na doutrina e dogmática processual. A mudança dos tempos e da cultura permitiram aceitar e vislumbrar solução jurisdicional exógena ao Poder Judiciário, e o resultado foi a dignificação da mediação e da via arbitral. Como a experiência comparada ensina – haja vista o ocorrido na França após o julgamento do caso Prunier, em 1843,[574] a arbitragem necessita de constantes cuidados, sob pena de poder cair novamente no ostracismo a que foi relegada por décadas no direito brasileiro. Cabe à dimensão institucional do *favor arbitrandum* zelar pela preservação e aperfeiçoamento da via arbitral.

---

570 CÂMARA, Alexandre Freitas. Das relações entre a arbitragem e o Poder Judiciário. *Revista Brasileira de Arbitragem*, v. 2, p. 18-28, abr./jun. 2005.

571 CAPPELLETTI, Mauro. Os métodos alternativos de solução de conflitos no quadro do movimento universal de acesso à justiça. *Revista de Processo*, v. 74, p. 82-97, abr./jun. 1994.

572 GAIO JÚNIOR, Antônio Pereira. Jurisdição Civil: Reflexões sobre novos paradigmas para a sua compreensão. *Revista de Processo*, v. 269, p. 19-57, jul. 2017.

573 HILL, Flávia Pereira. Desencastelando a arbitragem: a arbitragem expedita e o acesso à justiça multiportas. In: HILL, Flávia Pereira *et al.* (org.). *Acesso à justiça*: um novo olhar a partir do *Código de* Processo Civil de 2015. Londrina: Thoth, 2021. p. 167.

574 ROMERO, Eduardo Silva. Legal fictions in the language of international arbitration. *Recueil des cours*, v. 425, p. 309-423, 2022.

3. Criação de normas pró-arbitragem

A concretização da dimensão institucional do *favor arbitrandum* se deu mediante a elaboração de um conjunto normativo apto a sustentar o desenvolvimento do instituto da arbitragem. Não basta defender a arbitragem como petição de princípios. É necessário, em paralelo, que o Estado constitua regramento normativo capaz de permitir a efetivação da arbitragem. Caso não houvesse políticas legislativa e judiciária de incentivo à arbitragem, o seu desenvolvimento estaria rigorosamente comprometido. No Brasil, isso é representado pela edição da Lei de Arbitragem, em 1996, e pelo reconhecimento de sua constitucionalidade, em 2001.[575]

Um primeiro grupo de normas que foram fundamentais para o desenvolvimento da arbitragem no Brasil são aquelas que consagram o "efeito positivo" da convenção de arbitragem. São elas que estabelecem a possibilidade jurídica de arbitrar, valorizando a convenção de arbitragem pactuada entre as partes. Atualmente, identifica-se a convenção de arbitragem como um negócio jurídico, fonte de direitos, deveres, poderes, faculdades, ônus e exceções. Portanto, igualmente aplicável é o princípio da força obrigatória dos contratos.[576] A convenção de arbitragem é vinculante às partes, o que descarta o antigo entendimento de que a cláusula compromissória não passaria de mero pré-contrato.[577]

Apesar do ordenamento brasileiro contar hoje com um vasto grupo de normas pró-arbitragem, é possível destacar, em termos de desenvolvimento institucional, ao menos três mudanças especialmente significativas, implantadas através da Lei de Arbitragem de 1996. Em primeiro, o reconhecimento do caráter jurisdicional da arbitragem e a desnecessidade de homologação da sentença arbitral. Em segundo, a equiparação funcional entre cláusula compromissória e compromisso arbitral, permitindo que tanto um quanto outro sejam suficientes para instaurar a arbitragem.[578] Por fim, em terceiro, a criação de mecanismos de efetivação da convenção de arbitragem.

Por outro lado, foram concebidas normas instrumentalizadoras do chamado "efeito negativo" da convenção de arbitragem, que suprime a possibilidade de fuga da arbitragem pela tentativa de direcionar o conflito livremente ao Judiciário. O efeito negativo da convenção de arbitragem se materializa por meio do poder conferido às partes de estabelecer o afastamento da jurisdição estatal na análise de litígio inserido no escopo

---

575 A esse respeito, ver o agravo regimental na ação de homologação de sentença estrangeira n. 5.206/ES, julgado pelo STF.

576 GUERRERO, Luis Fernando. *Convenção de arbitragem e processo arbitral*. 4. ed. São Paulo: Almedina, 2022. p. 157.

577 COUTO E SILVA, Clóvis do. O juízo arbitral no Direito Brasileiro. In: FRADERA, Véra Maria Jacob (org.). *O direito privado na visão de Clóvis do Couto e Silva*. 2. ed. Porto Alegre: Livraria do Advogado Editora, 2014. p. 171.

578 WALD, Arnoldo; BORJA, Ana Gerdau de. Cláusula compromissória "cheia" e aceitação tácita da cláusula arbitral: caso Itiquira vs. Inepar – comentários aos EI 428.067-1/10 do TJPR. *Revista de Arbitragem e Mediação*, v. 32, p. 343-369, jan./mar. 2012.

da convenção de arbitragem.[579] Quando se pactua convenção de arbitragem, surge o direito potestativo, para cada uma das partes contratantes, de impor coativamente o exercício da jurisdição por meio de um tribunal arbitral por elas escolhido.

A opção do legislador foi exercida em linha com o texto da Convenção de Nova York, que atribui ao Poder Judiciário o dever de remeter as partes à via arbitral diante da existência de convenção de arbitragem.[580] Prevê o artigo II (3) da Convenção de Nova York que "o tribunal de um Estado signatário, quando de posse de ação sobre matéria com relação à qual as partes tenham estabelecido acordo nos termos do presente artigo, a pedido de uma delas, encaminhará as partes à arbitragem, a menos que constate que tal acordo é nulo e sem efeitos, inoperante ou inexequível". Após a internalização da Convenção, que ocorreu, diga-se de passagem, após a vigência da Lei de Arbitragem no Brasil, dando mais um passo para o alinhamento do País às melhores práticas internacionais, tais conceitos passaram a fazer parte do direito doméstico, contribuindo para conformar as concepções sobre o instituto da arbitragem no país.

Em paralelo, foi necessário desenvolver mecanismos de diálogo entre o sistema arbitral e o Poder Judiciário, prezando pela convivência harmônica entre ambos. A relação é de cooperação, e não de concorrência entre a jurisdição arbitral e a estatal. A título de exemplo, são normas que instrumentalizam esse diálogo: (i) a possibilidade de conferir execução específica à cláusula compromissória (art. 7º, Lei de Arbitragem);[581] (ii) a viabilidade de concessão de medidas de urgência (art. 22-A, Lei de Arbitragem);[582] e (iii) o possível auxílio na nomeação de árbitros (art. 13, § 2º, Lei de Arbitragem)[583] e na produção probatória mediante carta arbitral (art. 22-C, Lei de Arbitragem).[584]

Em síntese, percebe-se que a dimensão institucional do *favor arbitrandum* está materializada no direito brasileiro mediante três tipos de normas distintas. As primeiras são normas que abrem a possibilidade de arbitrar, e oferecem o arcabouço legal

---

579 GOUVEIA, Mariana França. *Curso de resolução alternativa de litígios*. 3. ed. Coimbra: Almedina, 2020. p. 183.

580 TALAMINI, Eduardo. Arguição de Convenção Arbitral no Projeto de Novo Código de Processo Civil (Exceção de Arbitragem). In: FUX, Luis *et al*. *Novas tendências do processo civil*: estudos sobre o Projeto do Novo CPC. Salvador: JusPodivm, 2014. v. 2. p. 413.

581 Lei de Arbitragem, art. 7º: "Existindo cláusula compromissória e havendo resistência quanto à instituição da arbitragem, poderá a parte interessada requerer a citação da outra parte para comparecer em juízo a fim de lavrar-se o compromisso, designando o juiz audiência especial para tal fim".

582 Lei de Arbitragem, art. 22-A: "Antes de instituída a arbitragem, as partes poderão recorrer ao Poder Judiciário para a concessão de medida cautelar ou de urgência".

583 Lei de Arbitragem, art. 13, § 2º: "Quando as partes nomearem árbitros em número par, estes estão autorizados, desde logo, a nomear mais um árbitro. Não havendo acordo, requererão as partes ao órgão do Poder Judiciário a que tocaria, originariamente, o julgamento da causa a nomeação do árbitro, aplicável, no que couber, o procedimento previsto no art. 7º desta Lei".

584 Lei de Arbitragem, art. 22-C: "O árbitro ou o tribunal arbitral poderá expedir carta arbitral para que o órgão jurisdicional nacional pratique ou determine o cumprimento, na área de sua competência territorial, de ato solicitado pelo árbitro".

para o transcurso regular do procedimento arbitral ("normas de efeito positivo"). As segundas, normas que suprimem a possibilidade de recorrer livremente ao Poder Judiciário, uma vez pactuada a convenção de arbitragem ("normas de efeito negativo"). As terceiras são aquelas que estabelecem as balizas institucionais para o diálogo entre o Judiciário e o sistema arbitral ("normas de relacionamento institucional"). Mediante essas três modalidades de normas, é possível estruturar e fomentar institucionalmente o desenvolvimento da arbitragem.

4. Tendência de expansão da arbitrabilidade objetiva

A possibilidade de sujeitar a resolução de um litígio à arbitragem está balizada por determinados critérios estabelecidos em lei. Denomina-se "arbitrabilidade" a possibilidade concreta de submeter um determinado litígio à arbitragem.[585] No Brasil, o *caput* do art. 1º da Lei de Arbitragem brasileira estatui que "as pessoas capazes de contratar poderão valer-se da arbitragem para dirimir litígios relativos a *direitos patrimoniais disponíveis*". Portanto, a análise da arbitrabilidade objetiva pressupõe verificar o que é "direito patrimonial" e "direito disponível".[586]

Cabe a cada Estado Nação estabelecer quais disputas serão de jurisdição exclusiva dos tribunais nacionais e quais podem ser encaminhadas à arbitragem, com rol de matérias arbitráveis que difere em cada sistema jurídico[587]. Julian D. M. Lew e Oliver Marsden consideram que não existe um consenso internacional claro sobre quais questões podem ou não ser resolvidas por arbitragem, e as tentativas de estabelecer tal consenso fracassaram.[588] Da mesma forma, Stavros Brekoulakis afirma que, apesar do progresso significativo da teoria da arbitragem nas últimas três décadas, a discussão sobre a inarbitrabilidade permanece hoje mais pertinente do que nunca.[589]

Em todos os países, o legislador considera que certos tipos de conflitos não devem ser deixados para um mecanismo privado de resolução de disputas.[590] Trata-se de preocupação legítima, e amplamente verificável no contexto internacional.[591] Assim, a extensão da arbitrabilidade é questão pertinente à soberania do Estado.

---

585 DIAS, Rui Pereira. Arbitrabilidade. In: PIRES, Catarina M.; DIAS, Rui Pereira. *Manual de arbitragem internacional lusófona*. Coimbra: Almedina, 2020. p. 15. v. I.

586 LEE, João Bosco. O conceito de arbitrabilidade nos países do Mercosul. *Revista de Direito Bancário e do Mercado de Capitais*, v. 8, p. 346-358, abr./jun. 2000.

587 LEW, Julian D. M.; MISTELIS, Loukas A.; KRÖLL, Stefan M. *Comparative international commercial arbitration*. The Hague: Kluwer, 2003. p. 198.

588 LEW, Julian D. M.; MARSDEN, Oliver. Arbitrability. In: LEW, Julian D. M.; BOR, Harris *et al*. (ed.). *Arbitration in England*. The Hague: Kluwer, 2013. p. 399.

589 BREKOULAKIS, Stavros L. On arbitrability: persisting misconceptions and new areas of concern. In: BREKOULAKIS, Stavros L.; MISTELIS, Loukas A. (ed.). *Arbitrability*: international & comparative perspectives. The Netherlands: Kluwer, 2009. p. 44.

590 OLIVEIRA, Elsa Dias. *Arbitragem voluntária*: uma introdução. Lisboa: Almedina, 2020. p. 35.

591 FOUCHARD, Philippe; GAILLARD, Emmanuel; GOLDMAN, Berthold. *International commercial arbitration*. Edited by Emmanuel Gaillard and John Savage. The Hague: Kluwer, 1999. p. 330.

A natureza privada da arbitragem e a importância central da autonomia privada não podem ser compreendidas sem a chancela dos diversos Estados nacionais. Esses legitimam esse método de solução de controvérsias, reconhecendo sua natureza jurisdicional, em paralelo e de modo equiparado à atuação do Poder Judiciário. Por exemplo, questões de direitos personalíssimos, de autoria de certa propriedade intelectual ou de definição de paternidade ou de culpa penal são legitimamente resguardadas à jurisdição estatal.

Cabe a cada Estado decidir quais assuntos podem ou não ser resolvidos por arbitragem, de acordo com sua política interna e levando em conta aspectos sociais, culturais e econômicos que lhes são próprios.[592] A experiência e a vivência de cada nação influenciarão uma maior ou menor abertura em relação à arbitragem.[593]

Por exemplo, o Brasil apresenta dúvidas históricas em relação à arbitragem de investimento, ao passo em que detém posições avançadas, em comparação a outros países, no que tange à arbitragem societária. O dado cultural e a experiência de cada país conforma de modos diversos a extensão da arbitrabilidade dos litígios.[594] Philippe Fouchard, Emmanuel Gaillard e Berthold Goldman: "alcance da inarbitrabilidade objetiva depende amplamente da confiança depositada na arbitragem como mecanismo de resolução de disputas. A arbitragem já foi vista com certo grau de desconfiança, mas tornou-se hoje o método habitual de solução de controvérsias, ao menos no âmbito internacional".[595]

É possível distinguir em categorias distintas as limitações impostas à arbitrabilidade: (i) em primeiro, matérias que digam respeito a questões intrínsecas do Estado (*v.g.*: *acta iure imperii*), (ii) em segundo, questões que afetem a coletividade (p. ex.: direitos transindividuais), (iii) em terceiro, tópicos ligados a aspectos sensíveis da vida pessoal do cidadão que são tutelados pelo Estado (isto é, filiação, poder familiar, ordem de vocação

---

592 REDFERN, Alan; HUNTER, Martin; BLACKABY, Nigel; PARTASIDES, Constantine. *Redfern and hunter on international arbitration*. Oxford: Oxford University Press, 2015. p. 79-80. António Sampaio Caramelo aduz, neste sentido, que "é certo que a definição das matérias que podem ser submetidas a arbitragem resulta de razões de carácter político, económico, social ou moral – que são, aliás, diferentemente valoradas pelas diversas ordens jurídicas" (CARAMELO, António Sampaio. Critérios de arbitrabilidade dos litígios. Revisitando o tema. *Revista de Arbitragem e Mediação*, v. 27, out./dez. 2010).

593 LEW, Julian D. M.; MISTELIS, Loukas A.; KRÖLL, Stefan M. *Comparative international commercial arbitration*. The Hague: Kluwer, 2003. p. 198.

594 Eduardo Damião Gonçalves afirma, com autoridade, que o conceito de arbitrabilidade "deriva da definição de uma política estatal de privilegiar a solução de conflitos por um método privado e paralelo que, em alguns casos, pode ser mais apropriado que a justiça estatal para a pacificação social, escopo social da jurisdição" (GONÇALVES, Eduardo Damião. *Arbitrabilidade objetiva*. Tese (Doutorado) – Universidade de São Paulo, São Paulo, 2008. p. 32).

595 "the scope of objective non-arbitrability largely depends on the confidence placed in arbitration as a dispute resolution mechanism. Arbitration was once viewed with a degree of suspicion, but has now become the normal method of resolving disputes, at least in the international arena" (FOUCHARD, Philippe; GAILLARD, Emmanuel; GOLDMAN, Berthold. In: GAILLARD, Emmanuel; SAVAGE, John (ed.). *International commercial arbitration*. The Hague: Kluwer, 1999. p. 330-331).

hereditária etc.) e (iv) assuntos que, em tese, poderiam expor uma parcela específica da sociedade, considerada fragilizada em certas relações jurídicas (consumidores, empregados, locatários etc.), a algum tipo de desigualdade ou de injustiça.

Com o passar do tempo, a arbitragem se expandiu para outros campos, pois suas características gerais – julgador especialista no tema, celeridade, maior disponibilidade de tempo para análise do caso concreto e flexibilidade – provaram ser aderentes a tutelar diversas situações de direito material.[596] Matérias consideradas outrora inarbitráveis hoje estão sujeitas a esse meio de resolução de litígios.[597] Por exemplo, Sergio Bermudes, em juízo profético,[598] já se mostrou ciente da possibilidade de questões envolvendo direito penal serem futuramente arbitráveis.[599] Elucubra o autor sobre a possibilidade de, um dia, estabelecer-se uma espécie de procedimento bifásico, nos moldes do período formulário, em que um Juízo poderia fixar a autoria, a materialidade e a tipicidade, enquanto outro fixasse a pena, valendo o julgamento absolutório do órgão arbitral.

Eduardo Damião Gonçalves afirma esta percepção: "a definição da arbitrabilidade por cada direito nacional passa por uma constante evolução e, nos países com maior tradição em arbitragem, há uma apreensão diferente do fenômeno quando se está diante de um conflito internacional, levando o Estado a flexibilizar seus interesses domésticos em prol do interesse de promover o comércio internacional, no qual a arbitragem ocupa, não cansaremos de repetir, lugar de fundamental importância para o equilíbrio das transações. Essa tendência é perceptível na experiência de diferentes países, independentemente dos critérios de arbitrabilidade que adotaram".[600]

Ademais, há o movimento de ressignificação dos requisitos acerca do que seja "direito patrimonial e disponível". Por exemplo, atualmente se pacificou o entendimento no sentido de arbitrar certas questões consideradas outrora indisponíveis, como assuntos envolvendo a administração pública, o direito da concorrência, além de outros ramos do direito antes avessos ao método privado de resolução de litígios.[601]

As decisões judiciais e algumas medidas legislativas das últimas décadas reduziram progressivamente os assuntos considerados inarbitráveis.[602] O avanço da arbitrabilidade

---

596 BASSO, Maristela. Lei nova revitaliza a arbitragem no brasil como método alternativo-extrajudicial de solução de conflitos de interesses. *Doutrinas Essenciais Arbitragem e Mediação*, v. 1, p. 1085-1102, set. 2014.

597 FICHTNER, José Antonio *et al*. *Teoria geral da arbitragem*. São Paulo: Forense, 2019. p. 721-722.

598 BERMUDES, Sérgio. Arbitragem: um instituto florescente. *Revista de Arbitragem e Mediação*, São Paulo, v. 50, p. 387-389, jul./set. 2016.

599 LEW, Julian D. M.; MISTELIS, Loukas A.; KRÖLL, Stefan M. *Comparative international commercial arbitration*. The Hague: Kluwer, 2003. p. 213.

600 GONÇALVES, Eduardo Damião. *Arbitrabilidade objetiva*. Tese (Doutorado) – Universidade de São Paulo, São Paulo, 2008. p. 157.

601 TALAMINI, Eduardo. A (in)disponibilidade do interesse público: consequências processuais (composição em juízo, prerrogativas processuais, arbitragem e ação monitória). *Revista de Processo*, v. 128, p. 59-78, out. 2005.

602 BORN, Gary B. *International commercial arbitration*. 3. ed. The Hague: Kluwer, 2021. p. 1059.

levou autores a argumentarem por uma suposta morte da inarbitrabilidade.[603] No entanto, a ideia não pode ser extremada. O processo arbitral não é necessariamente adequado para lidar com diversas situações. Como exemplo, podem ser citadas as matérias vinculadas à soberania, alguns aspectos do interesse público, notadamente quando indisponível, ou a certos direitos de liberdade (*v.g.* condenações criminais) que dificilmente seriam debatidas de forma eficiente e legítima na via arbitral. Por imperativo democrático e de Estado Democrático de Direito, esses e outros tópicos restam mais bem equacionados na jurisdição estatal.

A expansão do conceito de arbitrabilidade objetiva não deixa de ser uma manifestação institucional do *favor arbitrandum*. Diante da mudança cultural sobre a forma de manejar os litígios e da confiança construída em torno da arbitragem como método adequado, gerou-se confiança na jurisdição arbitral para resolução de uma série de questões que outrora eram relegadas exclusivamente aos juízes togados.

Igualmente, há a corporificação de uma nova atitude e mentalidade frente aos métodos adequados de solução de controvérsias. A flexibilização da "patrimonialidade" e da "disponibilidade", bem como a criação de ferramentas que permitam arbitrar cada vez mais matérias, concretiza o ideal pró-arbitral, verdadeira dimensão espiritual do *favor arbitrandum* e manifestação da crença legítima na arbitragem como método civilizado de exercício da jurisdição.

§ 15. DIMENSÃO HERMENÊUTICA DO *FAVOR ARBITRANDUM*

1. A dimensão hermenêutica

O *favor arbitrandum*, em sua dimensão hermenêutica, consiste em um critério interpretativo e decisório segundo o qual, no caso de dúvida interpretativa, deve-se privilegiar a alternativa mais favorável à arbitragem. O *favor arbitrandum* apresenta facetas diversas, correspondentes a cânones aplicáveis a diferentes etapas do procedimento arbitral.[604]

O *favor arbitrandum*, como favor jurídico aplicável a situações jurídicas associadas à arbitragem, age como especificação do princípio consagrado no direito privado do *favor*

---

603 YOUSSEF, Karim. The death of inarbitrability. In: MISTELIS, Loukas A.; BREKOULAKIS, Stavros (ed.). *Arbitrability*: international & comparative perspectives. The Netherlands: Kluwer, 2009. p. 47-67. António Sampaio Caramelo também identifica esta tendência de ampliação dos limites da arbitrabilidade: "Quaisquer que sejam os métodos utilizados para determinar os litígios que podem ser submetidos a arbitragem e aqueles em que tal é vedado, o que na generalidade do Estados se verifica é que essa linha divisória tem vindo a deslocar-se, com grande nitidez, no sentido do alargamento das categorias de controvérsias que podem ser resolvidas por árbitros" (CARAMELO, António Sampaio. Critérios de arbitrabilidade dos litígios. Revisitando o tema. *Revista de Arbitragem e Mediação*, v. 27, out./dez. 2010).

604 DIAMVUTU, Lino. *O favor arbitrandum*: ensaio de uma teorização. Tese (Doutorado em Direito) – Universidade de Lisboa, Lisboa, 2019. p. 383.

negotii.[605] O *favor negotii* tem como propósito a proteção de atos e negócios jurídicos lícitos, sanando seus vícios sempre que possível, de forma a assegurar sua eficiência e consequências frente ao ordenamento jurídico.[606] Em sua dimensão hermenêutica, o *favor negotii* indica que o intérprete deve "viabilizar o contrato sempre que a escolha entre invalidá-lo ou conservá-lo se apresentasse".[607] Age, portanto, como mandamento de otimização.

O *favor negotii* é reconhecido no ordenamento jurídico de diversos países. Por exemplo, no art. 1.367[608] do Código Civil Italiano, no art. 1.191 do Código Civil Francês,[609] no art. 1.284 do Código Civil Espanhol,[610] no art. 1.562 do Código Civil Chileno[611] e no art. 1.853 do Código Civil Mexicano,[612] além de também estar presente no artigo 4.5. dos princípios do UNIDROIT.[613] No Brasil, está consubstanciado no artigo 170 do

---

605 Também tratado por *favor contractus*, ou ainda, conservação do contrato ou conservação dos negócios jurídicos.

606 DIAMVUTU, Lino. *O favor arbitrandum*: ensaio de uma teorização. Tese (Doutorado em Direito) – Universidade de Lisboa, Lisboa, 2019. p. 38; GLITZ, Frederico Eduardo Zenedin. Favor contractus: alguns apontamentos sobre o princípio da conservação do contrato no Direito positivo brasileiro e no Direito comparado. *Revista do Instituto do Direito Brasileiro da Faculdade de Direito da Universidade de Lisboa*, v. 1, p. 486, 2013; "São regras de interpretação objetiva: a) o contrato deve ser interpretado segundo boa-fé; b) a interpretação deve conduzir à conservação do contrato, de modo que produza efeitos, como também devem produzi-los suas cláusulas; c) no caso de permanecer obscuro depois de observadas as regras hermenêuticas estabelecidas, deve o contrato gratuito ser interpretado no sentido menos gravoso para a parte com posição de devedor, enquanto no contrato oneroso a interpretação deve conduzir ao maior equilíbrio das prestações (*extrema ratio*)" (GOMES, Orlando. *Introdução ao direito civil*. 22. ed. Rio de Janeiro: Forense, 2019. p. 330); "O princípio da conservação consiste, pois, em se procurar salvar tudo que é possível num negócio jurídico concreto, tanto no plano da existência, quanto da validade, quanto da eficácia" (AZEVEDO, Antonio Junqueira de. *Negócio jurídico*: existência, validade e eficácia. 4. ed. São Paulo: Saraiva, 2002. p. 66).

607 GLITZ, Frederico Eduardo Zenedin. *Favor contractus*: alguns apontamentos sobre o princípio da conservação do contrato no Direito positivo brasileiro e no Direito comparado. *Revista do Instituto do Direito Brasileiro da Faculdade de Direito da Universidade de Lisboa*, v. 1, p. 486, 2013.

608 Itália, Code de Procedura Civile, artigo 1.367: "Nel dubbio, il contratto o le singole clausole devono interpretarsi nel senso in cui possono avere qualche effetto, anziché in quello secondo cui non ne avrebbero alcuno (1424)".

609 França, Code de Procédure Civile, artigo 1.191: "Lorsqu'une clause est susceptible de deux sens, celui qui lui confère un effet l'emporte sur celui qui ne lui en fait produire aucun".

610 Espanha, Código Civil, artigo 1.284: "Si alguna cláusula de los contratos admitiere diversos sentidos, deberá entenderse en el más adecuado para que produzca efecto."

611 Chile, Código Civil, artigo 1.562: "El sentido en que una cláusula puede producir algún efecto, deberá preferirse a aquel en que no sea capaz de producir efecto alguno".

612 México, Código Civil, artigo 1.853: "Si alguna cláusula de los contratos admitiere diversos sentidos, deberá entenderse en el más adecuado para que produzca efecto."

613 Princípios UNIDROIT, 4.5: "Os termos de um contrato devem ser interpretados de modo a que se dê efeito a todos eles, ao invés de privar quaisquer deles de efeito."

Código Civil,[614] seguindo a tradição do direito alemão (§ 140 do BGB)[615] e português (art. 293 do Código Civil Português).[616]

Igualmente, como vetor transversal do direito privado, o *favor negotii* também encontra respaldo implícito em outras disposições do ordenamento. Isso ocorre nas regras relativas ao abatimento do preço em compra e venda de coisa posteriormente deteriorada (Código Civil – arts. 235-236[617]) ou na conversão de negócio jurídico simulado pelo que as partes verdadeiramente almejavam realizar (Código Civil, art. 167, *caput*[618]).

Junqueira de Azevedo entende o *favor negotii* como consequência necessária da existência de negócios jurídicos. Uma vez que se autoriza que os indivíduos celebrem negócios jurídicos, por meio da própria volição para criar, modificar ou extinguir posições jurídicas, torna-se também imprescindível zelar pela conservação e efetivação destes fatos jurídicos.[619] Trata-se de implicação lógica de maximização da utilidade dos negócios jurídicos.

Como a convenção de arbitragem é modalidade de negócio jurídico, compreende-se que o *favor arbitrandum* consiste em especificação da regra geral do *favor negotii*. Ambos buscam a maximização da manifestação de vontade das partes, preferindo – sempre que possível – conceder a ela efeito útil.[620] Seria contrário à própria *raison d'être* da convenção de arbitragem a sua interpretação e aplicação sem o favorecimento da sua efetividade.

---

614 Código Civil, art. 170: "Se, porém, o negócio jurídico nulo contiver os requisitos de outro, subsistirá este quando o fim a que visavam as partes permitir supor que o teriam querido, se houvessem previsto a nulidade."

615 Alemanha, BGB, § 140: "*Entspricht ein nichtiges Rechtsgeschäft den Erfordernissen eines anderen Rechtsgeschäfts, so gilt das letztere, wenn anzunehmen ist, dass dessen Geltung bei Kenntnis der Nichtigkeit gewollt sein würde*" (Se um negócio jurídico nulo atender aos requisitos de outro negócio jurídico, considera-se que o último foi realizado, se for assumido que sua validade seria pretendida se houvesse conhecimento da invalidade).

616 Portugal, Código Civil, art. 293: "O negócio nulo ou anulado pode converter-se num negócio de tipo ou conteúdo diferente, do qual contenha os requisitos essenciais de substância e de forma, quando o fim prosseguido pelas partes permita supor que elas o teriam querido, se tivessem previsto a invalidade".

617 Código Civil, arts. 235-236. "Art. 235. Deteriorada a coisa, não sendo o devedor culpado, poderá o credor resolver a obrigação, ou aceitar a coisa, abatido de seu preço o valor que perdeu"; "Art. 236. Sendo culpado o devedor, poderá o credor exigir o equivalente, ou aceitar a coisa no estado em que se acha, com direito a reclamar, em um ou em outro caso, indenização das perdas e danos".

618 Código Civil, art. 167, *caput* – "Art. 167. É nulo o negócio jurídico simulado, mas subsistirá o que se dissimulou, se válido for na substância e na forma".

619 AZEVEDO, Antonio Junqueira de. *Negócio jurídico*: existência, validade e eficácia. 4. ed. São Paulo: Saraiva, 2002. p. 66-67.

620 OHLROGGE, Leonardo; SAYDELLES, Rodrigo Salton Rotunno. Lei aplicável à cláusula compromissória na arbitragem internacional. *Revista de Arbitragem e Mediação*, v. 67, p. 241-268, out./dez. 2020, p. 11.

2. Interpretação favorável à formação da convenção de arbitragem

O artigo 104 do Código Civil prevê que a validade do negócio jurídico depende de forma prescrita ou não defesa em lei.[621] O artigo 4º, § 1º, da Lei de Arbitragem traz requisito de forma específico para a cláusula compromissória: "a cláusula compromissória deve ser estipulada por escrito, podendo estar inserta no próprio contrato ou em documento apartado que a ele se refira". Da mesma forma, o artigo 9º, em seus §§ 1º e 2º, também traz disposições acerca da forma do compromisso arbitral, respectivamente, "o compromisso arbitral judicial celebrar-se-á por termo nos autos, perante o juízo ou tribunal, onde tem curso a demanda" e "o compromisso arbitral extrajudicial será celebrado por escrito particular, assinado por duas testemunhas, ou por instrumento público".

A forma da convenção de arbitragem está intimamente ligada à aferição do consentimento das partes com a arbitragem, sendo aquela um meio para que este seja verificado.[622] A jurisprudência internacional não encontrou interpretação uniforme para a exigência da assinatura. Em certos casos, entendeu-se que apenas convenções em apartado necessitam de assinaturas, enquanto em outros o posicionamento foi no sentido de que esse requisito é indispensável a ambas as modalidades.[623] Por outro lado, também já se entendeu que a assinatura é dispensável em ambos os casos, contanto que se demonstre, por outros meios, a formação da convenção de arbitragem.[624]

O Superior Tribunal de Justiça se manifestou sobre esse requisito no julgamento da Sentença Estrangeira Contestada 866, relatada pelo Ministro Felix Fischer. Na oportunidade, entendeu-se que "o fato de os contratos firmados entre as partes terem sido celebrados verbalmente não impediria, por si só, a estipulação de cláusula compromissória, desde que esta estivesse pactuada de forma expressa e escrita em outro documento referente ao contrato originário ou em correspondência".[625]

O requisito imposto pela maioria dos ordenamentos internacionais acerca da forma é a exigência de que a convenção de arbitragem seja estabelecida "in writing", exigindo algum tipo de evidência por escrito.[626] Embora funcional, do ponto de vista probatório, essa solução por vezes se mostra anacrônica frente à prática comercial internacional moderna. Passou a ser comum que contratos sejam concluídos por *e-mail*, telefone ou

---

[621] Código Civil, art. 104, III: "A validade do negócio jurídico requer: forma prescrita ou não defesa em lei".

[622] LEW, Julian; MISTELIS, Loukas; KRÖLL, Stefan. *Comparative international commercial arbitration*. Haia: Kluwer Law International, 2003. p. 130.

[623] SCHRAMM, Dorothee; GEISINGER, Elliott; PINSOLLE, Philippe. Article II. In: KRONKE, Herbert *et al*. *Recognition and enforcement of foreign arbitral awards*: a global commentary on the New York Convention. USA: Wolters Kluwer, 2010. p. 73.

[624] MOSES, Margaret L. *The principles and practice of international commercial arbitration*. 2. ed. São Paulo: Cambridge University Press, 2012. p. 21-22.

[625] STJ, SEC n. 566, Min. Felix Fischer, Corte Especial, j. 17.05.2006, p. 8.

[626] LEW, Julian; MISTELIS, Loukas; KRÖLL, Stefan. *Comparative international commercial arbitration*. Haia: Kluwer Law International, 2003. p. 130-131.

outros meios tecnológicos inexistentes à época da elaboração da Convenção de Nova Ior que, sendo esse processo formativo reconhecido como válido em diversas jurisdições.[627]

A Convenção de Nova Iorque conta com mais de 60 anos desde a sua promulgação. Diferente de outras áreas do direito, a arbitragem internacional apresenta considerável dinamismo, por estar intimamente ligada ao comércio. Imperioso, então, observar as evoluções tecnológicas dos últimos 60 anos no regramento da Convenção.[628] É relevante ao intérprete da Convenção não adotar abordagem formalista, ampliando os significados dos conceitos inseridos no seu texto.[629]

Dessa forma, a melhor abordagem é no sentido de conferir amplitude para satisfazer a previsão de forma trazida pelo artigo 4º, § 1º, da Lei de Arbitragem. Entende-se que satisfazem plenamente esse requisito: a cláusula compromissória inserida em documento apartado, ao qual as partes fazem expressa referência e manifestam seu consentimento; a cláusula compromissória incorporada por expressa remissão, também contida em documento apartado; a cláusula compromissória cuja existência pode ser verificada a partir da troca de mensagens escritas entre as partes; ou, ainda, quando no curso de um procedimento arbitral, nenhuma das partes alega a inexistência da convenção de arbitragem.

Para que o requisito legal esteja satisfeito, basta a existência de suporte documental mínimo, íntegro e apto a demonstrar inequivocamente o consentimento em prol da jurisdição arbitral.[630] Nesse sentido, propõe-se interpretação mais alargada do requisito de forma, admitindo ampla gama de prova da satisfação do requisito escrito.[631] Igualmente, sustenta-se visão ampla acerca da manifestação do consentimento em prol da arbitragem.

Assim, há forte tendência de flexibilização quanto ao requisito da forma escrita, admitindo-se diversas formas de documentação capaz de provar o consentimento e a formação da convenção de arbitragem.[632] A substância deve prevalecer sobre a forma, buscando-se sempre a verdadeira intenção das partes, a qual deve iluminar, inclusive, a satisfação ou não do requisito de forma escrita.[633]

---

627 MOSES, Margaret L. *The principles and practice of international commercial arbitration*. 2. ed. New York: Cambridge University Press, 2012. p. 21.

628 DI PIETRO, Domenico; PLATTE, Martin. *Enforcement of international arbitration awards*: the New York Convention of 1958. Londres: Cameron May, 2011. p. 74.

629 SOARES, Pedro Silveira Campos; NETO, Antonio Patrus de Sousa. Artigo II. *Revista de Arbitragem*, ano II, n. 3, p. 86-87, jan./jun. 2013.

630 OHLROGGE, Leonardo. *Multi-party and multi-contract arbitration in Brazil*. São Paulo: Quartier Latin, 2020. p. 73.

631 LACRETA, Isabela. Aspectos Contratuais da Cláusula Compromissória. *Revista de Direito Empresarial*, v. 20, p. 243-276, nov. 2016.

632 GUERRERO, Luis Fernando. *Convenção de arbitragem e processo arbitral*. 2. ed. São Paulo: Atlas, 2014. p. 60.

633 OHLROGGE, Leonardo. *Multi-party and multi-contract arbitration in Brazil*. São Paulo: Quartier Latin, 2020. p. 73.

Também no direito português é possível encontrar posições diversas, advogando por interpretação ampla e flexível do requisito de forma.[634] Entende-se que esse requisito engloba diversas realidades distintas, sendo essencial apenas que o suporte no qual consta a documentação da convenção de arbitragem seja fidedigno, inteligível e permita a conservação.[635]

Considerando a divisão doutrinária, parece representar o melhor entendimento a visão mais ampla acerca do requisito de forma, adotando as regras gerais contidas no Código Civil como parâmetro de interpretação.[636] Ademais, oportuno observar que não há requisito especial para a cláusula compromissória atinente ao modo de demonstração do consentimento das partes.[637] Igualmente, o requisito da assinatura apenas está positivado nos contratos por adesão (art. 4º, § 2º, da Lei de Arbitragem) e para o compromisso arbitral. Fora esses casos especiais, via de regra, não há solenidade ou requisito de forma aplicável à demonstração do consentimento das partes em relação à cláusula compromissória.

Atualmente, não mais se vislumbra justificativa razoável para submeter a convenção de arbitragem a requisitos especiais de validade no que tange à forma, mais rigorosos do que outras disposições contratuais. A opção pela submissão à jurisdição arbitral, apesar de ser escolha com consequências muito relevantes, resulta da formação de um negócio jurídico, estruturalmente semelhante a tantos outros, devendo guardar respeito aos mesmos requisitos gerais de validade.[638]

3. Interpretação favorável ao consentimento em favor da arbitragem (*in dubio pro arbitragem*)

O *favor arbitrandum* é conceito que se enquadra na categoria criada pela dogmática dos "favores jurídicos".[639] A categoria do "favor jurídico" consiste em normas de interpretação dirigidas ao julgador, que indicam qual orientação deve ser seguida em determinado momento decisório. Consiste em um indicativo de favorecimento, agindo como critério de interpretação ou decisão para determinados cenários duvidosos.[640]

---

634 OLIVEIRA, Elsa Dias. *Arbitragem voluntária*: uma introdução. Coimbra: Almedina, 2020. p. 41.

635 MONTEIRO, António Pedro Pinto; SILVA, Artur Flamínio da; MIRANTE, Daniela. *Manual de arbitragem*. Coimbra: Almedina, 2020. p. 142.

636 SOUSA, Ulisses César Martins de. Cláusula Compromissória: análise comparativa Brasil-Portugal. *Revista dos Tribunais*, v. 99, p. 367-286, jan. 2019.

637 BOSCOLO, Ana Teresa de Abreu Coutinho; BENETTI, Giovana Valentiano. O Consensualismo Como Fundamento da Arbitragem e os Impasses Decorrentes do Dissenso. *Revista de Direito Empresarial*, v. 2, p. 303-341, mar./abr. 2014.

638 LEW, Julian; MISTELIS, Loukas; KRÖLL, Stefan. *Comparative International Commercial arbitration*. Haia: Kluwer Law International, 2003. p. 132.

639 LIMA LOPES, José Reinaldo de. *As palavras e a lei*: direito, ordem e justiça na história do pensamento jurídico moderno. São Paulo: Direito GV/Editora 34: 2004. p. 28-29.

640 DIAMVUTU, Lino. *O favor arbitrandum*: ensaio de uma teorização. Tese (Doutorado em Direito) – Universidade de Lisboa, Lisboa, 2019. p. 37.

Sendo uma norma que privilegia a interpretação favorável em certa direção, o "favor jurídico" se apresenta como uma categoria multifacetada, presente em diversos tipos de relação jurídica. Por exemplo, no direito penal há o *favor rei*, consagrado no brocardo "in dubio pro reo", indicando que na interpretação das normas penais deve-se optar pela posição mais favorável ao réu.[641]

Como postulado hermenêutico do direito penal, o *favor rei* está consagrado em variados institutos, como na admissibilidade de prova ilícita favorável ao acusado.[642] Precipuamente, como favor jurídico, o *favor rei* vincula-se especialmente com o processo decisório, pois determina um pré-julgamento [*Vorurteil*][643] que deve ser observado pelo julgador para a manutenção do *devido processo legal*.[644]

Outra manifestação de favor jurídico é o *favor laboratoris*, típico do direito do trabalho, também conhecido como princípio *in dubio pro operario*.[645] No direito do trabalho, o *favor laboratoris* se manifesta como postulado transversal, consoante a finalidade própria daquele ramo do direito de proteger o trabalhador. Em paralelo, no direito civil, há o *favor debitoris*, que consagra a interpretação menos gravosa para o devedor da obrigação.

A mecânica de aplicação do *favor arbitrandum* em questões arbitrais é semelhante à do *favor rei* no direito penal, do *favor laboratoris* no direito do trabalho e do *favor debitoris* no direito das obrigações. O reconhecimento da existência de um favor jurídico apresenta dimensão dúplice: de um lado, indica um modo de interpretação das normas jurídicas (favorável ao réu no direito penal, favorável ao trabalhador no direito do trabalho e favorável ao devedor no direito civil); de outro, constitui indicativo de como decidir diante de um eventual cenário de dúvidas (favorável ao réu, ao trabalhador ou ao devedor). Por essa segunda dimensão, os favores jurídicos constituem regra de distribuição do ônus da prova. O lado beneficiado pelo favor jurídico consta com uma presunção em seu favor, que deve ser, eventualmente, superada pelo conjunto probatório a ser apresentado pela contraparte.

O *favor arbitrandum* deve ser compreendido como o favor jurídico específico para situações envolvendo arbitragem. Como os demais exemplos de favor jurídico, impõe

---

641 QUEIROZ, Laryssa Saraiva. O princípio favor rei no ordenamento jurídico brasileiro. *Revista jurídica ESMP-SP*, v. 5, p. 103, 2014.

642 PARIZ, Ângelo A. G. *O Devido Processo Legal na Jurisdição Civil*. Dissertação (Mestrado em Direito) – Universidade Federal de Pernambuco, Brasília, 2001. p. 209-210.

643 Utilizamos aqui a concepção de pré-julgamento [*Vorurteil*] de Hans-Georg Gadamer, segundo o qual tanto o preconceito [*Vorbegriff*] quando o pré-julgamento são *condições imprescindíveis* para a interpretação. Cf., para tal: GADAMER, Hans-Georg. *Wahrheit und Methode*: Grundzüge einer philosophischen Hermeneutik. Tübingen: Mohr & Siebeck, 1960 [especialmente p. 250 e ss.].

644 Cf., para uma perspectiva do devido processo legal vinculada ao processo penal: TUCCI, Rogério Lauria. Devido processo penal e alguns dos seus mais importantes corolários. *Revista da Faculdade de Direito de São Paulo*, v. 88, p. 463-484, 1993.

645 MENEZES CORDEIRO, António. O princípio no tratamento mais favorável no direito do trabalho actual. *Direito e Justiça,* Lisboa, v. 13, p. 116, 1987-1988.

presunção de favorecimento da arbitragem como forma de resolução de litígios. Nesse aspecto, os favores jurídicos agem como postulado normativo (indicando como a interpretação deve ser conduzida, qual valor ou bem jurídico precisa, prioritariamente, ser tutelado), como princípio (agindo como mandamento de otimização) e como regra (indicando qual deve ser o sentido da decisão em caso de dúvida).

Os artigos 112[646] e 113[647] do Código Civil consagram os cânones hermenêuticos gerais acerca dos negócios jurídicos privados. Expressam, de modo conjunto, a visão acerca dos negócios encampada pelo Código,[648] próxima da "teoria da confiança",[649] e constituem o fundamento normativo para a aplicação do *favor arbitrandum*.

O artigo 112 do Código Civil reflete norma que já era presente no art. 85 do Código Civil de 1916, mas com sentido mais abrangente.[650] Enquanto regra direcionada à interpretação das declarações volitivas, o artigo 112 prevê a necessidade de se realizar

---

646 Código Civil, art. 112: "Nas declarações de vontade se atenderá mais à intenção nelas consubstanciada do que ao sentido literal da linguagem".

647 Código Civil, art. 113: "Os negócios jurídicos devem ser interpretados conforme a boa-fé e os usos do lugar de sua celebração. § 1º A interpretação do negócio jurídico deve lhe atribuir o sentido que: I – for confirmado pelo comportamento das partes posterior à celebração do negócio; II – corresponder aos usos, costumes e práticas do mercado relativas ao tipo de negócio; III – corresponder à boa-fé; IV – for mais benéfico à parte que não redigiu o dispositivo, se identificável; e V – corresponder a qual seria a razoável negociação das partes sobre a questão discutida, inferida das demais disposições do negócio e da racionalidade econômica das partes, consideradas as informações disponíveis no momento de sua celebração".

648 "No ordenamento brasileiro, assim como nos países codificados, prevalecem, na dogmática dos contratos, as teorias da declaração e da confiança, que privilegiam, na interpretação do negócio jurídico, a manifestação externa e objetiva da vontade, em detrimento da intenção subjetiva do agente, cuja importância foi exasperada pelo voluntarismo do século XIX, no âmbito do qual se forjou a chamada teoria da vontade. Com efeito, o legislador de 2002 dispôs, no art. 112, que 'nas declarações de vontade se atenderá mais à intenção nelas consubstanciada do que ao sentido literal da linguagem'. Tal preceito consagra a teoria da confiança, referindo-se à vontade consubstanciada nas declarações, de tal modo que, na interpretação das diversas cláusulas de um contrato, devem-se considerar vinculantes os deveres que, manifestados pelas partes, suscitam em ambas compreensão comum quanto ao conteúdo da declaração" (TEPEDINO, Gustavo. Interpretação Contratual e Boa-Fé Objetiva. *Soluções Práticas – Tepedino*, v. 2, p. 387-402, nov. 2011).

649 MARTINS-COSTA, Judith. *A boa-fé no direito privado*: critérios para a sua aplicação. 2. ed. São Paulo: Saraiva, 2018. p. 490.

650 "Ambas as disposições, sem dúvida, têm sua origem no velho brocardo latino, a Celso atribuído, segundo o qual '*scire leges, hoc non est verba earum tenere, sed vim ac potestatem*' ou, numa livre tradução de nossa parte, 'saber as leis não é reter as suas palavras, mas a sua força e o seu poder'. Poder-se-ia dizer, numa primeira aproximação, que a alteração promovida é meramente redacional. Tem-se a impressão de que a expressão 'nelas consubstanciada' no novo Código, teria apenas o significado de aprimoramento de estilo do legislador. Numa segunda aproximação, no entanto, é possível perceber que há, efetivamente, um sentido maior na modificação promovida. É que não havia, no art. 85 do Código, de 1916, uma referência à vontade que deveria ser exteriorizada e interpretada, embora tal omissão jamais tenha causado algum problema no entendimento desse art. 85" (DE LUCCA, Newton. Normas de

uma leitura da declaração de vontade que priorize a "intenção" consubstanciada frente ao "sentido literal da linguagem" da declaração. A interpretação da declaração volitiva, portanto, não deve se limitar ao texto,[651] mas levar em consideração outros elementos verbais e situacionais (ou "circunstanciais"[652]) que possam ser verificados a fim de apontar a intenção das partes quando da declaração.[653]

O *favor arbitrandum*, como favor jurídico, dispõe que a existência de dúvida interpretativa deve ser solucionada no sentido de priorizar a via arbitral. Trata-se de ferramenta de extrema relevância e que contribui para solucionar situações de partes não signatárias da convenção de arbitragem.[654] Evidencia-se, assim, uma interpretação da situação jurídica que não se limita à compreensão e leitura da cláusula arbitral a partir dos requisitos formais – isto é, no caso, a declaração de vontade por meio de assinatura explicitada –, mas por critérios valorativos em favor da arbitrabilidade. Portanto, o fato de um sujeito de direito não ser signatário da convenção de arbitragem não significa, necessariamente, a inexistência de vinculatividade à solução de conflitos pela via arbitral.

Por meio do *favor arbitrandum*, é possível valorar outras condutas que não a assinatura para se concluir pela sujeição à arbitragem. Tratando-se de elemento valorativo principiológico, importa destacar o forte caráter cultural de tal interpretação. A problemática dos não signatários remonta ao caso "Dow Chemical", à época considerado *avant garde* por valorar outras formas de sujeição à arbitragem para além da aposição de assinatura em contrato que contém cláusula compromissória.

Outras propostas de soluções foram sendo desenvolvidas ao longo dos anos e outros grupos de casos de vinculação de não signatários foram sendo identificados.[655] Como elemento conector de todas essas hipóteses está a interpretação por meio do *favor*

---

interpretação contratual no Brasil. *Revista da Faculdade de Direito da USP*, São Paulo, n. 101, p. 192, jan./dez. 2006).

651 "O sentido literal da linguagem é o sentido que *independe dos contextos* (verbal e situacional). É, no dizer de Irti, o 'sentido ou a pluralidade de sentidos que a palavra recebe no código linguístico de uma dada comunidade de utentes', o 'sentido do vocabulário' ou do 'dicionário'" (MARINO, Francisco Paulo de Crescenzo. *Interpretação do negócio jurídico*. São Paulo: Saraiva, 2011. p. 103).

652 MARINO, Francisco Paulo de Crescenzo. *Interpretação do negócio jurídico*. São Paulo: Saraiva, 2011. p. 111-118.

653 HATTENHAUER, Hans. *Grundbegriffe des Bürgerlichen Rechts*. 2. Auflage. München: C.H. Beck, 2000. p. 72-73.

654 WALD, Arnoldo. A arbitragem, os grupos societários e os conjuntos de contratos conexos. *Revista de Arbitragem e Mediação*, São Paulo, v. 2, p. 31-59, maio/ago. 2004.

655 MEYNEL, Alexandre. That Which Must Not Be Named: Rationalizing the Denial of U.S. Courts With Respect to the Group of Companies Doctrine. *The Arbitration Brief*, Washington, v. 3, n. 1, p. 18-55, 2013. Cf. ainda a análise de duas sentenças recentes, em perspectiva comparada do direito estadunidense com o direito cantonal suíço, presente em: SENDLMEIER, Kilian. Formlose Schiedsbindung Dritter – Lockerung des Freiwilligkeitserfordernisses in der internationalen Handelsschiedsgerichbarkeit? *IPRAX – Praxis des Internationalen Privat- und Verfahrensrechts*, v. 41, v. 4, p. 381-390, 2021.

arbitrandum, mitigando um excessivo rigor de considerar apenas a assinatura como forma de demonstração do consentimento em arbitrar.

4. Interpretação favorável à validade da convenção de arbitragem (*in dubio in favorem validitatis*)

O princípio pró-validade,[656] correspondente ao "validation principle"/"in favorem validitatis", é o primeiro filtro na procura por uma escolha tática de lei aplicável à cláusula compromissória. Assim, prevalece a regra geral de que, quando uma cláusula contratual admite dois sentidos, deve-se dar prevalência àquele que possa produzir efeitos.

Não se supõe que as partes tenham celebrado um contrato inutilmente e sem seriedade, devendo-se sempre preferir a interpretação que dê ao instrumento negocial a maior utilidade.[657] Percebe-se que esse critério deve ser utilizado em conjunto com a busca e a preservação da vontade verdadeiramente manifestada pelas partes, em consonância com a tendência moderna de dar preferência às intenções do declarante, em detrimento do sentido literal.[658]

Esse processo de atribuição de sentido sempre deve ter em conta o contexto no qual a manifestação de vontade ocorre, devendo-se pressupor que os contratantes pretendem dar efeito útil aos termos ajustados, utilizando tais critérios como balizas interpretativas primordiais.[659] Daí, surgem presunções em favor da arbitragem – seja, portanto, em favor da arbitrabilidade, do reconhecimento da sentença arbitral etc.[660] Todavia, presunções, por sua própria natureza, enquanto *noção substitutiva*, ou "juízo sobre algo considerando-o válido até que se prove o contrário", não são absolutas, limitadas por outros componentes da experiência jurídica que as contestem.[661]

Não se pode olvidar que a declaração de vontade, enquanto manifestação da autonomia privada, age em dupla dimensão: por um lado, serve para determinar o

---

656 OHLROGGE, Leonardo; SAYDELLES, Rodrigo Salton Rotunno. Lei aplicável à cláusula compromissória na arbitragem internacional. *Revista de Arbitragem e Mediação*, v. 67, p. 241-268, out./dez. 2020.

657 GOMES, Orlando. *Contratos*. 26. ed. Rio de Janeiro: Forense, 2009. p. 247.

658 MARCHI, Eduardo César Silveira Vita. Interpretação dos Negócios Jurídicos – a "causa curiana" e o art. 85 do Código Civil Brasileiro. *Revista dos Tribunais*, v. 648, p. 21-26, out. 1989.

659 BAPTISTA, Luiz Olavo. Interpretação de Cláusulas de Arbitragem e Foro em Acordo de Acionistas. *Revista de Direito Civil Contemporâneo*, v. 11, p. 321-339, abr./jun. 2017.

660 Em outras palavras, é dizer que "deve preferirse la interpretación que conserva la validez del acto frente a la interpretación que lo priva de efectos jurídicos. Esta directiva es de especial importancia en el tema objeto de estudio, ya que la interpretación restricta prefiere privar de efectos a la cláusula pactada, en lugar de afirmar la voluntad de las partes y la validez de las convenciones, superando defectos formales o enunciados que si bien defectuosos dejan traslucir la verdadera voluntad de las partes en cuanto a delegar la jurisdicción estatal a favor de un tribunal arbitral" (AGUILAR, Fernando. Notas sobre la interpretación de la convención arbitral (*in dubio pro arbitratis*). *Buenos Aires*, fasc. 13, p. 20, mar. 2007).

661 HARET, Florence. Por um conceito de presunção. *Revista da Faculdade de Direito de São Paulo*, v. 104, p. 741, jan./dez. 2009.

surgimento de deveres contratuais, e por outro, atua enquanto ato de comunicação de determinada conduta, sendo um fato social gerador de expectativas legítimas objetivamente averiguáveis.[662] Não é razoável considerar que as partes contratantes declarem a sua vontade no sentido de arbitrar, esperando internamente que a sua declaração negocial não produza efeitos jurídicos por conta de um vício de existência ou de validade.[663]

A aplicação do *favor arbitrandum* é um critério relevante para identificar qual deve ser a lei aplicável à cláusula compromissória.[664] Dessa forma, a aplicação do princípio pró-validade serve como um antídoto às idiossincrasias das leis domésticas, perfeitamente compatível com as peculiaridades da arbitragem comercial internacional,[665] pois parte do princípio da intenção unívoca das partes em arbitrar.[666] Ou seja, diante da possibilidade de aplicação de dois ordenamentos à cláusula compromissória, um que implique a sua invalidade e outro que lhe confira validade, por força do princípio *in favorem validitatis* deve ser aplicado o ordenamento jurídico que conduza à validade da convenção de arbitragem – quer seja a *lex causae*, quer seja a *lex arbitri*. Espera-se que partes negociais razoáveis contratem no sentido de conferir validade às suas declarações negociais.

Em termos internacionais, é possível observar que a abordagem pró-validade é encampada explicitamente em certos países. Nesse sentido, o art. 178(2) da lei suíça,[667] o 51.º, n. 1 da Lei de Arbitragem Voluntária Portuguesa[668] e o artigo 9.6 da Lei de Arbitragem Espanhola.[669] Igualmente, esse princípio está subjacente no artigo V, 1(a) da

---

662 MARTINS-COSTA, Judith. *A boa-fé no direito privado*: critérios para a sua aplicação. 2. ed. São Paulo: Saraiva, 2018. p. 250.

663 OHLROGGE, Leonardo; SAYDELLES, Rodrigo Salton Rotunno. Lei aplicável à cláusula compromissória na arbitragem internacional. *Revista de Arbitragem e Mediação*, v. 67, p. 241-268, out./dez. 2020, p. 10.

664 BORN, Gary. The Law Governing International Arbitration Agreements: an international perspective. *Singapore Academy of Law Journal*, p. 834, 2014.

665 BORN, Gary. *International commercial arbitration*. 2. ed. Alphen aan den Rijn: Kluwer Law International, 2014. p. 522.

666 NAZZINI, Renato. The Law Applicable to the Arbitration Agreement: Towards Transnational Principles. *International and Comparative Law Quarterly*, v. 65, p. 698, 2016.

667 Suíça, IPRG, artigo 178 (III) (2): "Furthermore, an arbitration agreement is valid if it conforms either to the law chosen by the parties, or to the law governing the subject matter of the dispute, in particular the main contract, or to Swiss law".

668 Portugal, LAV, artigo 51.º, n. 1: "Tratando-se de arbitragem internacional, entende-se que a convenção de arbitragem é válida quanto à substância e que o litígio a que ele respeita é susceptível de ser submetido a arbitragem se se cumprirem os requisitos estabelecidos a tal respeito ou pelo direito escolhido pelas partes para reger a convenção de arbitragem ou pelo direito aplicável ao fundo da causa ou pelo direito português".

669 Espanha, Ley 60/2003, artigo 9.6 (6): "Cuando el arbitraje fuere internacional, el convenio arbitral será válido y la controversia será susceptible de arbitraje si cumplen los requisitos establecidos por las normas jurídicas elegidas por las partes para regir el convenio arbitral, o por las normas jurídicas aplicables al fondo de la controversia, o por el derecho español".

Convenção de Nova York,[670] tal qual observado quando do julgamento do caso *Rhone Mediterranee v. Achille Lauro*.[671]

A Suprema Corte do Reino Unido estabeleceu, no caso *Kabab-Ji v. Kout Food*,[672] que o princípio pró-validade define a interpretação de previsões contratuais no sentido de conceder efeito à presumida intenção de que a convenção de arbitragem é válida e eficaz. Ou seja, materialmente, é uma forma de garantir a validade de contratos que, a partir de determinada interpretação, seriam considerados nulos ou anuláveis.

§ 16. *FAVOR SENTENTIAE*

1. *Favor sententiae*: dimensão funcional do *favor arbitrandum*

O fim almejado pelo *favor arbitrandum* é tornar mais eficaz a resolução de disputas pela via arbitral. Dessa forma, a interpretação deve ser orientada ao *enforcement* da convenção de arbitragem, em diferentes planos. O *favor arbitrandum* se coloca como um postulado normativo,[673] agindo como espécie de "metanorma", situada em um segundo plano e que estabelece a aplicação de outras normas, princípios e regras.

Conforme a mecânica de aplicação dos postulados normativos,[674] o *favor arbitrandum* não impõe a promoção de um fim específico e previamente determinado; ao

---

670 Convenção de Nova York, Artigo V, 1. a) "O reconhecimento e a execução de uma sentença poderão ser indeferidos, a pedido da parte contra a qual ela é invocada, unicamente se esta parte fornecer, à autoridade competente onde se tenciona o reconhecimento e a execução, prova de que: a) as partes do acordo a que se refere o Artigo II estavam, em conformidade com a lei a elas aplicável, de algum modo incapacitadas, ou que tal acordo não é válido nos termos da lei à qual as partes o submeteram, ou, na ausência de indicação sobre a matéria, nos termos da lei do país onde a sentença foi proferida (...)".

671 Estados Unidos, District Court, Virgin Islands, Rhone Mediterranee v. Achille Lauro, 06.07.1983.

672 "This is the principle that contractual provisions, including any choice of law provision, should be interpreted so as to give effect to, and not defeat or undermine, the presumed intention that an arbitration agreement will be valid and effective" (Reino Unido, Supreme Court of the United Kingdom, Kabab-Ji SAL (Lebanon) (Appellant) v Kout Food Group (Kuwait) (Respondent), 27 October 2021).

673 "Superou-se o âmbito das normas para adentrar o terreno nas metanormas. Esses deveres situam-se num segundo grau e estabelecem a estrutura de aplicação de outras normas, princípios e regras. Como tais, eles permitem verificar os casos em que há violação às normas cuja aplicação estruturam. Só elipticamente é que se pode afirmar que são violados os postulados da razoabilidade, da proporcionalidade ou da eficiência, por exemplo. A rigor, violadas são as normas – princípios e regras – que deixam de ser devidamente aplicadas" (ÁVILA, Humberto. *Teoria dos princípios*: da definição à aplicação dos princípios jurídicos. 4. ed. São Paulo: Malheiros Editores, 2005. p. 87-88).

674 "[O] funcionamento dos postulados difere muito dos princípios e das regras. Com efeito, os princípios são definidos como normas imediatamente finalísticas, isto é, normas que impõem a promoção de um estado ideal de coisas por meio da prescrição indireta de comportamentos cujos efeitos são havidos como necessários àquela promoção. Diversamente, os postulados, de um lado, não impõem a promoção de um fim, mas, em vez disso, estruturam a aplicação do dever de promover um fim; de outro, não prescrevem indiretamente comportamentos,

invés, estrutura a aplicação do dever de promover um fim, sem prescrever diretamente um comportamento específico. O *favor arbitrandum* regula o modo de estruturação do raciocínio e da argumentação jurídica para a aplicação de normas que, diretamente, prescrevem condutas a serem adotadas e tomadas. Dessa forma, o *favor arbitrandum* perpassa múltiplos elementos da legislação arbitral tendo em comum a finalidade de promover a vontade das partes de solucionar eventuais conflitos pela via arbitral.

Enquanto postulado hermenêutico, o *favor arbitrandum* tem como um de seus principais corolários o *favor sententiae*. O *favor sententiae* ou *favor validitatis sententiae* se apresenta como o cânone segundo o qual deve ser preferida a interpretação mais favorável ao reconhecimento da validade da sentença arbitral. É dizer que "[o] princípio da validade da sentença arbitral significa que os motivos da sua anulação devem ser interpretados de forma restritiva".[675]

É uma interpretação derivada da própria autonomia autodeterminada da arbitragem[676] e da vontade das partes que optaram por um procedimento arbitral,[677] além de estar positivada em diversos ordenamentos ao redor do mundo.[678] Está também associada aos tradicionais princípios da efetividade[679] e da adequação processual.[680]

---

mas modos de raciocínio e de argumentação relativamente a normas que indiretamente prescrevem comportamentos. Rigorosamente, portanto, não se podem confundir princípios e postulados" (ÁVILA, Humberto. *Teoria dos princípios*: da definição à aplicação dos princípios jurídicos. 4. ed. São Paulo: Malheiros Editores, 2005. p. 89).

675 DIAMVUTU, Lino. *O favor arbitrandum*: ensaio de uma teorização. Tese (Doutorado em Direito) – Universidade de Lisboa, Lisboa, 2019. p. 436.

676 "Autonomy has become a veritable leitmotif of international arbitration. The regime has, in diverse and far-reaching ways, claimed for itself a remarkable degree of self-determination, in the sense of freedom from norms and disciplines otherwise prevailing in law and society. For reasons that remain to be explored, it has enjoys [sic] substantial success in maintaining that freedom, enabling it not only to survive but to develop very largely as it sees fit, often in exceptionalist mode" (BERMANN, George A. The Self-Styled "Autonomy" of International Arbitration. In: BENICKE, Christoph; HUBER, Stefan (Hrsg.). *National, International, Transnational*: Harmonischer Dreiklang im Recht. Festschrift für Herbert Kronke zum 70. Geburtstag am 24. Juli 2020. Bielefeld: Ernst und Werner Gieseking, 2020. p. 1353).

677 PLAVEC, Katharina. *Auslegung von Schiedsvereinbarungen*: Eine Rechtsvergleichende Untersuchung. Tübingen: Mohr Siebeck, 2021. p. 155-156.

678 Um destaque a ser dado é ao ordenamento suíço, referido por diversos autores. Cf., para tal: WÄCHTER, Vincent. *Die Schiedseinrede bei Auslandsberührung*. Tübingen: Mohr Siebeck, 2020. p. 139-140.

679 "En el arbitraje, un medio de solución de conflictos reconocido inclusive a nivel constitucional, deben respetarse las reglas esenciales del debido proceso y los laudos arbitrales pueden ser sometidos a un proceso de ejecución, en forma similar a la sentencia expedida por jueces estatales. Consecuentemente, como se tiene bien establecido, el arbitraje es una vía idónea para la vigencia del derecho de tutela efectiva" (JARA, María Elena. Decisiones de la justicia estatal ecuatoriana sobre arbitraje. Un análisis desde la perspectiva del principio *favor arbitralis*. *Revista Ecuatoriana de Arbitraje*, Quito, v. 3, p. 161, 2011).

680 Cf., para tal: ALVARO DE OLIVEIRA, Carlos Alberto. Efetividade e tutela jurisdicional. *Revista dos Tribunais*, São Paulo, n. 836, p. 11-33, jun. 2005; LACERDA, Galeno. O código e o formalismo processual. *Revista da Faculdade de Direito UFPR*, Curitiba, v. 21, p. 13-20, dez. 1983.

O *favor sententiae* é, especificamente, o princípio pelo qual há uma presunção de validade da sentença arbitral. Trata-se de presunção relativa, que pode ser afastada diante das circunstâncias do caso concreto. Inobstante, para a sentença arbitral não ser dotada de validade, deve ser preenchido algum dos exclusivos casos arrolados em lei, interpretados de maneira restritiva, pela mesma força do *favor sententiae*.

É emoldurada em seu caráter de princípio de favorecimento à arbitragem, sendo eles, principalmente: (i) o estabelecimento de um rol taxativo de causas de anulação da sentença arbitral; (ii) a impossibilidade de revisão do mérito da arbitragem em sede jurisdicional; (iii) a desnecessidade de homologação da sentença arbitral; e (iv) o reconhecimento da sentença arbitral como título executivo judicial. São essas manifestações que dão forma a essa presunção de validade.

2. Taxatividade das causas de anulação da sentença arbitral

Os fundamentos para a anulação de uma sentença arbitral por parte do tribunal estatal estão elencados de forma taxativa no artigo 32 da Lei Brasileira de Arbitragem. Dentre esses, destaca-se os requisitos obrigatórios para a sentença arbitral - elencados no artigo 26 da Lei Brasileira de Arbitragem, verdadeiros requisitos para a sua validade.[681] Sua ausência é causa para a nulidade da sentença arbitral.[682]

Quanto ao *favor validitatis sententiae*, Diamvutu remete a uma "interpretação restritiva" dos motivos de anulação.[683] Por força da faceta de postulado hermenêutico do *favor arbitrandum*, como a norma do art. 32 da Lei de Arbitragem traz restrições à efetividade do procedimento arbitral, a melhor interpretação se faz no sentido de analisar estritamente os casos nos quais o produto do procedimento arbitral - a sentença - poderá ser desconstituído.[684]

3. Intangibilidade do mérito

O controle judicial sobre a arbitragem é uma das limitações ao *favor arbitrandum*, especialmente no tocante à ordem pública. Todavia, tratando-se de um controle

---

681 BARBOSA MOREIRA, José Carlos. *Estrutura da sentença arbitral. Doutrinas Essenciais Arbitragem e Mediação*. São Paulo: RT, 2014. v. 3. p. 737-746.

682 Quanto à discussão sobre a precisão terminológica referente a "nulidade" e "anulabilidade" da sentença arbitral na Lei Brasileira de Arbitragem, cf.: BARBOSA MOREIRA, José Carlos. *Estrutura da sentença arbitral. Doutrinas Essenciais Arbitragem e Mediação*. São Paulo: RT, 2014. p. 737-746. v. 3.

683 DIAMVUTU, Lino. *O favor arbitrandum*: ensaio de uma teorização. Tese (Doutorado Direito) - Universidade de Lisboa, Lisboa, 2019. p. 438 e ss.

684 "Como já ressaltado, o principal objetivo do artigo 32 não é o de assegurar o cumprimento dos requisitos formais a fim de disciplinar os árbitros. A norma garante o fundamento da arbitragem, isto é, a autonomia privada (cristalizada na existência e validade da convenção de arbitragem, e nos pedidos submetidos à arbitragem), além do devido processo legal (e.g. artigo 21, § 2º, da Lei de Arbitragem) e da ordem pública. Se o vício da sentença não afeta esses objetivos, o princípio *favor arbitralis* prevalece" (SESTER, Peter Christian. *Comentários à Lei de Arbitragem e à legislação extravagantes relacionada a arbitragem*. São Paulo: Quartier Latin, 2020. p. 355).

expressamente formal, deve ser ressaltada, enquanto expressão da presunção de validade da sentença arbitral, a inexistência de revisão judicial do mérito da arbitragem.

A impossibilidade dessa revisão de mérito é um dos aspectos do *favor sententiae*, também constituído ao longo do desenvolvimento da arbitragem em âmbito internacional e consoante a outros princípios que informam a arbitragem atualmente.[685] A relação da impossibilidade de existência de uma instância recursal judicial com o *favor sententiae* é ainda fortalecida por sua forte vinculação à autonomia da vontade das partes,[686] princípio basilar para a arbitragem,[687] bem como da própria autonomia e eficácia da arbitragem.[688]

A restrição cada vez maior, no âmbito internacional, das possibilidades de revisão do mérito arbitral é identificada por Karrer e Kälin-Nauer como manifestação do próprio *favor arbitrandum*.[689] Os autores, referindo-se ao direito suíço, tratam justamente de como o único controle possível é aquele referente à ordem pública.[690] Assim, a intenção da Lei de Arbitragem, ao afirmar que o árbitro é juiz de fato e de direito, foi no sentido de isentar a sentença proferida de qualquer controle recursal ou homologatório pelo Poder Judiciário. Dessa forma, atribuiu-se ao árbitro cognição plena, exauriente e definitiva tanto sobre questões de fato e de direito que venham a ser submetidas pelas partes.[691]

A intangibilidade do mérito da sentença arbitral não dá ensejo à inexistência de controle judicial sobre a arbitragem. De um lado, o controle judicial é necessário até

---

685 KARRER, Pierre; KÄLIN-NAUER, C. Is there a *Favor lurisdictionis Arbitri*? Standards of Review of Arbitral Jurisdiction Decisions in Switzerland. *Journal of International Arbitration*, v. 13, n. 3, p. 31, 1996.

686 MAVRANTONAKIS, Emmanouil. *Das Verbot der révision au fond im internationalen Handelsschiedsverfahren*. Tübingen: Mohr Siebeck, 2021. p. 76.

687 "Desta feita, o controle jurisdicional que é exercido sobre a decisão arbitral jamais pode ser entendido como instância recursal, de revisão ou rejulgamento, até porque não há devolução ou reexame da apreciação do julgamento proferido em sede arbitral, motivo pelo qual, em nome do princípio da autonomia da vontade que rege as relações arbitrais, resta excluída a apreciação quanto à substância do julgamento" (TORRE, Ricardo Giuliano Figueira. Controle judicial do processo arbitral? *Doutrinas Essenciais Arbitragem e Mediação*. São Paulo: RT, 2014. v. 3. p. 329-364).

688 DIAMVUTU, Lino. *O favor arbitrandum*: ensaio de uma teorização. Tese (Doutorado Direito) – Universidade de Lisboa, Lisboa, 2019. p. 436-437.

689 KARRER, Pierre; KÄLIN-NAUER, C. Is there a *Favor lurisdictionis Arbitri*? Standards of Review of Arbitral Jurisdiction Decisions in Switzerland. *Journal of International Arbitration*, v. 13, n. 3, p. 31, 1996.

690 "True, arbitral tribunals should not be allowed to usurp arbitrarily jurisdiction over non-arbitrable matters or issue awards against public policy, but, short of that, the time may have come for review of questions of law concerning arbitral jurisdiction to be limited for reasons of *favor iurisdictionis arbitri*" (KARRER, Pierre; KÄLIN-NAUER, C. Is there a *Favor lurisdictionis Arbitri*? Standards of Review of Arbitral Jurisdiction Decisions in Switzerland. *Journal of International Arbitration*, v. 13, n. 3, p. 37, 1996).

691 HUCK, Hermes Marcelo. Árbitro. *Revista de Arbitragem e Mediação*, v. 40, p. 181-192, jan./mar. 2014.

para a legitimação do instituto da arbitragem, dentro do ordenamento jurídico, e para a manutenção da eficiência da arbitragem como método adequado para solução de conflitos. O controle judicial pode ser considerado como uma "colaboração fundamental à operacionalização da arbitragem", sob um ponto de vista da eficácia.[692] Por outro, a revisão do mérito da arbitragem é vista como uma intervenção da jurisdição estatal sobre a jurisdição arbitral.[693]

A decisão de renunciar ao direito de ir ao Judiciário, entendida tecnicamente como "efeito negativo da convenção de arbitragem",[694] outorga às partes o direito fundamental a uma sentença arbitral justa. E isso representa o direito de apresentar seu caso em toda a sua extensão, o direito às provas ajustadas, à observância do procedimento contratado e, primordialmente, o direito a árbitros imparciais.

Relevante salientar os principais elementos que justificam a inexistência de um sistema recursal na arbitragem. Em primeiro, o árbitro é sujeito de confiança das partes. Diante da prerrogativa de influenciar a composição do tribunal arbitral, cabe às partes chancelar os julgadores escolhidos para solucionar o litígio existente. Não é possível ser árbitro sem ser objetivamente merecedor de confiança das partes.

Diversamente, no Poder Judiciário não é lícita a escolha do julgador, que ocorre por sorteio. Assim, pelo fato de a sentença arbitral ser produto do labor de sujeitos escolhidos pelas próprias partes, não é coerente submeter essa decisão a ser revista por colegiado não eleito. A especial relação de confiança existente entre partes e árbitros legitima o caráter final da decisão do árbitro.

Em segundo, a possibilidade de escolher um julgador especialista. Considerando a tendência de se indicar árbitro profissional, com conhecimentos específicos sobre o tema objeto do litígio, é expectativa das partes que a decisão proferida reflita a melhor técnica existente sobre a questão. Por outro lado, no Poder Judiciário os juízes são, por vocação, generalistas, não havendo, em regra, tanta especialização quanto

---

692 BRAGHETTA, Adriana. *Anulação do laudo arbitral na sede da arbitragem e consequências internacionais*: visão a partir do Brasil. Tese (Doutorado em Direito) – Universidade de São Paulo, São Paulo, 2008. p. 28-29.

693 MAVRANTONAKIS, Emmanouil. *Das Verbot der révision au fond im internationalen Handelsschiedsverfahren*. Tübingen: Mohr Siebeck, 2021. p. 298.

694 Sobre o tema, o STJ estabelece que "caráter jurisdicional da arbitragem, decorrente da regra Kompetenz-Kompetenz, prevista no artigo 8º da lei de regência, impede a busca da jurisdição estatal quando já iniciado o procedimento arbitral, operando-se o efeito negativo da arbitragem previsto no art. 485, VII, do NCPC" (STJ, AgInt nos EDcl no AgInt no CC n. 170.233/SP, Min. Moura Ribeiro, Segunda Seção, j. 14.10.2020). De forma semelhante, no REsp n. 1.699.855/RS, relatado pelo Ministro Marco Aurélio Bellizze, definiu-se que "como método alternativo de solução de litígios, o estabelecimento da convenção de arbitragem produz, de imediato, dois efeitos bem definidos. O primeiro, positivo, consiste na submissão das partes à via arbitral, para solver eventuais controvérsias advindas da relação contratual subjacente (em se tratando de cláusula compromissória). O segundo, negativo, refere-se à subtração do Poder Judiciário em conhecer do conflito de interesses que as partes, com esteio no princípio da autonomia da vontade, tenham reservado ao julgamento dos árbitros" (STJ, REsp. n. 1.699.855/RS, Min. Marco Aurélio Bellizze, Terceira Turma, j. 01.06.2021).

a potencialmente propiciada pela opção pela arbitragem. Dessa forma, em razão da diversidade de matérias que o Juiz tem de enfrentar no seu dia a dia, a possibilidade de indicar especialista para avaliar a questão controvertida com especial atenção se torna vantagem comparativa da jurisdição arbitral. Por conseguinte, a decisão será potencialmente mais refletida e adequada às necessidades e peculiaridades do caso. Ou seja, a especialização e a atenção especial despendidas pelo árbitro também legitimam o caráter final da sentença arbitral.

Terceiro, é pressuposto à existência de um sistema recursal haver hierarquia entre o juízo prolator do ato a ser revisado e o órgão revisor.[695] Não há, contudo, hierarquia entre a jurisdição arbitral e a jurisdição estatal. Na verdade, são dois sistemas de prestação jurisdicionais distintos, com competências, poderes e prerrogativas próprias. São duas modalidades diversas e inconfundíveis de prestação jurisdicional.

A impossibilidade de revisão do mérito das sentenças arbitrais não se trata, todavia, de um princípio ou de um fundamento abstrato da arbitragem: "[o] afastamento do recurso contra a decisão arbitral resulta essencialmente das disposições legais estaduais em matéria de impugnação de sentenças arbitrais".[696] É facultado às partes estabelecer um procedimento recursal dentro da própria autocomposição, visto que o que impera é a autonomia da vontade das partes quanto ao negócio processual.[697] Todavia, isso pouco acontece, já que um dos atrativos da arbitragem frente ao uso da jurisdição estatal é justamente a celeridade que aquela demonstra frente a esta.[698]

Não há previsão de recurso, em sentido estrito, em relação à decisão dos árbitros no sistema da Lei de Arbitragem. Esse, quando for da vontade das partes, deve ser previsto na convenção de arbitragem, ou mediante escolha de regras institucionais que o regulam. Observa-se que a lei de arbitragem autoriza somente a elaboração de pedidos de esclarecimento. Esses pedidos exercem função análoga aos embargos de declaração no processo civil. Contudo, em sede de arbitragem, não têm propriamente escopo recursal. Trata-se de via adequada para sanar eventuais incongruências, inconsistências ou erros materiais de que a sentença arbitral possa padecer.

Caso a sentença tenha sido proferida em observância ao devido processo legal, enfrentados os argumentos trazidos pelas partes, e tenha sido fundamentada de

---

695 SILVA, Ovídio A. Baptista. *Curso de processo civil*. 6. ed. Porto Alegre: Fabris, 2003. v. 1. p. 407.

696 DIAMVUTU, Lino. *O favor arbitrandum*: ensaio de uma teorização. Tese (Doutorado Direito) – Universidade de Lisboa, Lisboa, 2019. p. 438.

697 "Mais uma vez, impera aqui a liberdade de contratar, sendo certo que os contratantes devem tomar o cuidado de fazer as previsões que quiserem na convenção de arbitragem, eis que, à falta dela, deve entender-se que a sentença arbitral é final" (CARMONA, Carlos Alberto. *Arbitragem e processo*: um comentário à Lei nº 9.307/96. 3. ed. São Paulo: Atlas, 2009. p. 270).

698 CARMONA, Carlos Alberto. *Arbitragem e processo*: um comentário à Lei nº 9.307/96. 3. ed. rev., atual. e ampl. São Paulo: Atlas, 2009. p. 270-271; TORRE, Ricardo Giuliano Figueira. Controle judicial do processo arbitral? *Doutrinas essenciais arbitragem e mediação*. São Paulo: RT, 2014. v. 3. p. 329-364.

modo coerente, não cabe ao juiz togado proferir decisão modificativa do mérito[699] – mesmo que, no seu íntimo, possa discordar completamente da conclusão alcançada pelo tribunal arbitral.

Ou seja, diante do caráter restrito do controle a ser exercido pelo Poder Judiciário, não cabe, em princípio, maiores incursões no mérito da questão. Assim, satisfeitos os requisitos de validade do procedimento e proferida a sentença, a parte não terá solução senão obedecer ao seu conteúdo, dada a natureza jurisdicional – *rectius*, definitiva – do provimento. E, como consequência, existem limitadas opções para desafiá-lo.

4. Desnecessidade de homologação da sentença arbitral

No rol dos métodos de solução de litígios, por largo período de tempo, adjetivou-se a arbitragem como "equivalente processual", em clara posição secundária em relação ao processo civil conduzido perante as cortes estatais. Esse procedimento era disciplinado pelo Código de Processo Civil de 1973. Por exemplo, o artigo 101 dispunha que "é competente para a homologação do laudo arbitral, em primeiro grau de jurisdição, o juiz a que originariamente tocar o conhecimento da causa; em segundo grau, o tribunal que houver de julgar o recurso".

Pelo artigo 584, III, somente a sentença homologatória de laudo arbitral era considerada título executivo judicial, apto a lastrear processo de execução.[700] Igualmente, a Seção IV do Capítulo XIV do Código de Processo Civil de 1973 trazia regramento específico voltado à homologação do laudo arbitral.[701]

Por certo, esse regime implicava desprestígio à arbitragem como método de solução de conflitos. Ainda quando havia arbitragem nos moldes do Código Buzaid, não era possível falar de um "efeito positivo" propriamente dito, tal qual existente hoje. O laudo arbitral e o procedimento conduzido perante os árbitros eram meros simulacros de jurisdição que não se prestavam plenamente a resolver as controvérsias existentes entre as partes.

A edição da Lei de Arbitragem, estabelecendo novo regime, sepultou as dúvidas outrora existentes acerca do caráter jurisdicional da arbitragem. Embora seja necessário reconhecer a existência de vozes que, mesmo antes da Lei 9.307/1996, vislumbravam

---

699 GUERRERO, Luis Fernando. *Convenção de arbitragem e processo arbitral*. 4. ed. São Paulo: Almedina, 2022. p. 162.

700 Código de Processo Civil de 1973, art. 584, IV: "São títulos executivos judiciais: III – a sentença homologatória de transação, de conciliação, ou de laudo arbitral;".

701 Destacam-se as seguintes disposições: "Art. 1.098. É competente para a homologação do laudo arbitral o juiz a que originalmente tocar o julgamento da causa"; "Art. 1.099. Recebidos os autos, o juiz determinará que as partes se manifestem, dentre de dez (10) dias, sobre o laudo arbitral; e em igual prazo o homologará, salvo se o laudo for nulo"; e "Art. 1.101. Cabe apelação da sentença que homologar ou não o laudo arbitral. Parágrafo único. A cláusula 'sem recurso' não obsta à interposição de apelação, com fundamento em qualquer dos vícios enumerados no artigo antecedente; o tribunal, se negar provimento à apelação condenará o apelante na pena convencional".

o exercício de jurisdição pelos árbitros, a posição somente passou a ser dominante no Brasil com o novo regime legal.

Nesse contexto, reconhecer o caráter jurisdicional e retirar a necessidade de homologação da sentença arbitral foi o primeiro passo de fortalecimento do efeito positivo. Trata-se, no regime atual, do elemento mais característico do que é a arbitragem: precisamente, ser modalidade de jurisdição prestada por privados, chancelada e apartada da estrutura oferecida pelo Estado.

Elucidar a natureza jurisdicional da arbitragem foi uma das prioridades da Lei 9.307/1996, que deu passo importante ao retirar a exigência de homologação da sentença. Nesse sentido, positivou no artigo 18 que "o árbitro é juiz de fato e de direito, e a sentença que proferir não fica sujeita a recurso ou a homologação pelo Poder Judiciário". Retirar a necessidade de homologação, além de dar maior efetividade ao procedimento arbitral, foi marco importante da valorização do instituto.[702]

A desnecessidade de homologação da sentença arbitral advém, no direito brasileiro, da consideração de equivalência entre árbitro e juiz enquanto julgadores competentes para proferir sentenças: "a decisão proferida pelos árbitros tem efeitos constitutivos, modificando a realidade entre as partes".[703] É expressamente referida também no artigo 18 da Lei Brasileira de Arbitragem. No entanto, por mais que sejam equiparados a juízes na qualidade de julgadores, os árbitros encontram-se fora da hierarquia judicial.[704] Há, todavia, debate quanto à extensão do fundamento contratual da competência dos árbitros, e quanto à extensão da aproximação da atividade do árbitro com a atividade jurisdicional.[705]

A sentença arbitral faz coisa julgada material, representa título hábil à execução, não está sujeita a homologação judicial, não está sujeita a recurso perante o Poder Judiciário e nem mesmo, ordinariamente, a controle de mérito pelo Estado. Em síntese, tal como a jurisdição estatal, a arbitragem tem por escopo a realização do direito no caso concreto e a pacificação social (escopo da jurisdição). Começa por iniciativa do interessado (inércia da jurisdição), se desenvolve em substituição à atuação das partes (substitutividade da jurisdição), deve ser conduzida com imparcialidade (imparcialidade da jurisdição) e a decisão de mérito proferida produz coisa julgada (definitividade da jurisdição).[706]

---

702 Carlos Alberto Carmona já advertira, em 1990, sobre a tendência de desaparecimento desse requisito "a necessidade de homologação – verdadeiro entrave para a evolução da arbitragem – está sendo gradualmente mitigada nos sistemas europeus mais avançados, com tendência ao desaparecimento" (CARMONA, Carlos Alberto. Arbitragem e jurisdição. *Revista de Processo*, v. 58, p. 33-40, abr./jun. 1990).

703 MIRANTE, Daniela Filipa Calado. *Os efeitos da anulação da sentença arbitral*. Dissertação (Mestrado em Direito) – Universidade Nova de Lisboa, Lisboa, 2009. p. 5.

704 MIRANTE, Daniela Filipa Calado. *Os efeitos da anulação da sentença arbitral*. Dissertação (Mestrado em Direito) – Universidade Nova de Lisboa, Lisboa, 2009. p. 4.

705 CARMONA, Carlos Alberto. *Arbitragem e processo*: um comentário à Lei nº 9.307/96. 3. ed. rev., atual. e ampl. São Paulo: Atlas, 2009. p. 272-277.

706 FICHTNER, José Antonio; MANNHEIMER, Sergio; MONTEIRO, André Luís. *Teoria geral da arbitragem*. São Paulo: Forense, 2019. p. 46-47.

A sentença arbitral é reconhecida, no direito brasileiro, como título executivo judicial, isto é, enquanto documento apto a ensejar processo de execução sobre o objeto da arbitragem, quando condenatória. A Lei Brasileira de Arbitragem faz referência expressamente a isso no seu artigo 31, que dispõe que "[a] sentença arbitral produz, entre as partes e seus sucessores, os mesmos efeitos da sentença proferida pelos órgãos do Poder Judiciário e, sendo condenatória, constitui título executivo". No CPC, da mesma maneira, é arrolada enquanto título executivo judicial no art. 515, VII. A norma que equipara a sentença arbitral a um título executivo judicial é considerada um dos "pilares do sucesso da arbitragem no Brasil", pois sinaliza a efetividade da arbitragem e a coercitividade da sentença proferida pelo tribunal arbitral.[707]

5. Reconhecimento de sentenças arbitrais estrangeiras (*favor recognitionis*)

As restritas hipóteses de nulidade da sentença arbitral contidas nos artigos 38 e 39 da Lei Brasileira de Arbitragem regulam a homologação para o reconhecimento ou execução de sentenças arbitrais estrangeiras.[708] Mas não só. São especialmente limitantes da amplitude do poder do juiz estatal frente à sentença arbitral estrangeira. Assim, são fundamento para o *favor recognitionis* no ordenamento brasileiro.

Para além da Lei Brasileira de Arbitragem, verifica-se fundamentação do *favor arbitrandum* na Convenção de Nova York de 1958.[709] Em seu artigo II (3), se percebe mais imediatamente esse favorecimento à arbitragem quando da resolução de litígio no qual foi celebrada convenção escrita determinando a arbitragem. É possível aqui uma interpretação do artigo que aponta para uma arbitrabilidade que dificilmente será restringida – somente nos casos de nulidade, inoperatividade ou incapacidade de realização da referida convenção.[710]

---

707 SESTER, Peter Christian. *Comentários à Lei de Arbitragem e à Legislação Extravagantes Relacionada à Arbitragem*. São Paulo: Quartier Latin, 2020. p. 337.

708 BATISTA MARTINS, Pedro. Autonomia da cláusula compromissória. Recurso online. Disponível em: http://batistamartins.com/autonomia-da-clausula-compromissoria/. Acesso em: 21 jan. 2023.

709 Convenção de Nova York, Artigo II (3): "3. O tribunal de um Estado signatário, quando de posse de ação sobre matéria com relação à qual as partes tenham estabelecido acordo nos termos do presente artigo, a pedido de uma delas, encaminhará as partes à arbitragem, a menos que constate que tal acordo é nulo e sem efeitos, inoperante ou inexeqüível".

710 "For arbitration to be effective, the law has to ensure that a party cannot avoid arbitration simply by bringing its claim in a court of law. Article II(3) serves this very purpose. It requires courts in Contracting States to refer the parties to arbitration if they have agreed to arbitrate. This provision governs one aspect of the 'compétence-compétence' principle (infra, section IV.B), which, although widely accepted, differs in important though nuanced ways from country to country" (SCHRAMM, Dorothee; GEISINGER, Elliott; PINSOLLE, Philippe. Article II. In: KRONKE, Herbert; NACIMIENTO, Patricia (ed.). *Recognition and Enforcement of Foreign Arbitral awards*: a global commentary on the New York Convention. Alphen aan den Rijn: Kluwer Law International, 2010. p. 95).

A Convenção sobre o Reconhecimento e a Execução de Sentenças Arbitrais Estrangeiras, também denominada Convenção de Nova York, é um tratado multilateral de 1958. Trata-se de um dos principais diplomas de direito internacional privado, que conta com mais de 170 países signatários. A sua importância histórica se justifica por ter sido um dos principais propulsores da arbitragem como método de resolução de controvérsias no âmbito internacional.

Por mais que se possa falar hoje em anacronismos quanto aos requisitos de forma da Convenção de Nova York, não há como ignorar os avanços por ela encabeçados.[711] Por exemplo, menciona-se a proibição de discriminação entre sentenças nacionais e estrangeiras, a desburocratização dos processos para execução de sentenças arbitrais e a equiparação dessas a sentenças judiciais.[712] Assim, importa interpretar a Convenção de Nova York em consonância com o seu espírito de fomento à adoção da arbitragem internacional como forma de solução de controvérsias, viabilizando sua contínua atualização, mantendo-a aderente à prática e aos padrões internacionais.

Em suma, as hipóteses de não reconhecimento de sentenças arbitrais, constantes tanto na Convenção de Nova York quanto na Lei Brasileira de Arbitragem,[713] denotam

---

711 Quanto a este tópico, destacam Blackaby, Hunter e Partasides – "In seeking to establish the 'international requirements', the starting point has to be the New York Convention. This has been described as 'the single most important pillar on which the edifice of international arbitration rests', and one that 'perhaps could lay claim to be the most effective instance of international legislation in the entire history of commercial law'. Under the Convention, each contracting state undertakes to recognise and give effect to an arbitration agreement when the following requirements are fulfilled: the agreement is in writing; it deals with existing or future disputes; these disputes arise in respect of a defined legal relationship, whether contractual or not; and they concern a subject matter capable of settlement by arbitration" (REDFERN, Alan; HUNTER, Martin; BLACKABY, Nigel; PARTASIDES, Constantine. *Redfern and Hunter on International Arbitration*. Oxford: Oxford University Press, 2015. p. 74) Na mesma linha, Gary Born afirma que "Although the written form requirement in the Convention is archaic, its exclusion of other, sometimes more-archaic, 'anti-arbitration' form requirements, has played an important role in ensuring the validity of international arbitration agreements and facilitating the arbitral process" (BORN, Gary. *International commercial arbitration*. 3. ed. The Hague: Kluwer Law International, 2021. p. 710).

712 "Proibindo qualquer discriminação entre decisões nacionais e estrangeiras, desburocratizando a homologação das sentenças arbitrais quando tivessem que ser executadas em país diferente daquele em que foram proferidas e equiparando a decisão arbitral à sentença judicial, a Convenção abriu novos caminhos para que os litígios internacionais pudessem ter soluções rápidas e eficazes. Mas foi mais além, ultrapassando o formalismo que, no passado, existia em alguns países, estabeleceu que a cláusula compromissória incluída em qualquer documento obrigava as partes a se submeterem à arbitragem, independente da assinatura do termo de compromisso" (WALD, Arnoldo. A Convenção de Nova Iorque: o passado, o presente e o futuro. *Revista de Arbitragem e Mediaçã*, v. 18, p. 15, jul./set. 2008).

713 Lei 9.307/1996, arts. 38 e 39.

a taxatividade[714] dessas causas para anulação ou não reconhecimento da sentença.[715] O entendimento no sentido da taxatividade das causas é a opinião dominante na doutrina e casuística internacional.[716] Dessa forma, o *favor recognitionis* traz a necessidade de interpretação restrita das causas de não reconhecimento da sentença arbitral estrangeira.

§ 17. LIMITAÇÕES DO *FAVOR ARBITRANDUM*

1. Deferência às restrições de ordem pública

O *favor arbitrandum* não se apresenta como norma absoluta e ilimitada, pois está inserido em um contexto sistemático e que se vê ocasionalmente em conflito com outras normas. Quando em conflito com outros princípios, o princípio do *favor arbitrandum* é colocado em uma hierarquia axiológica móvel criada pelo julgador competente para tal – isto é, uma relação de valor mutável mediante a análise do caso concreto que se apresenta ao julgador. Nessa hipótese, o princípio sob o qual se verifica o maior *peso* no caso concreto prevalece sobre o outro. Um princípio é aplicado e o outro sucumbe.

Enquanto limitação formal mais evidente para a aplicação do *favor arbitrandum*, destaca-se o princípio da manutenção da *ordem pública*. Como qualquer conceito, o que é considerado ordem pública varia de acordo com o local e o momento histórico, sendo possível uma liberalidade maior ou menor quanto à categoria e quanto à sua força frente à aplicação do direito estrangeiro – finalidade principal das normas de ordem pública.[717] Essencialmente, acaba por ser definida pelo brocardo romano "privatorum conventio iuri publico non derrogat".

É interessante, porém, tratar de concepções específicas da ordem pública, por conta do forte elemento valorativo em seu conteúdo. O sentido da ordem pública varia, inclusive, diante da "matéria" jurídica a partir da qual ela é analisada, podendo-se dizer que "cada ramo do direito analisa este fenômeno sob seu próprio ponto de vista".[718]

---

714 "Article V is one of the single most important provisions of the Convention. It lists the grounds on which recognition and enforcement of a foreign arbitral award may be refused. The list of grounds for refusal contained in Article V is exhaustive; no additional grounds may be established by provisions of national law" (BORRIS, Christian; HENNECKE, Rudolf. Article V. In: WOLFF, Reinmar (Hrsg.). *New York Convention*: Convention on the Recognition and Enforcement of Foreign Arbitral Awards of 10 June 1958. Article-by-Article Commentary. 2. Aufl. München: C.H. Beck Verlag, 2019. p. 250).

715 "O princípio do *favor validitatis sententiae* pode ser extraído das disposições legais que limitam o controlo da sentença arbitral pelo juiz estadual, das que ditam o afastamento de vias de recurso contra a decisão arbitral e a interpretação restritiva dos motivos de anulação das sentenças arbitrais" (DIAMVUTU, Lino. *O favor arbitrandum*: ensaio de uma teorização. Tese (Doutorado Direito) – Universidade de Lisboa, Lisboa, 2019. p. 437).

716 PLAVEC, Katharina. *Auslegung von Schiedsvereinbarungen*: Eine Rechtsvergleichende Untersuchung. Tübingen: Mohr Siebeck, 2021. p. 156.

717 CASTRO, Amílcar de. *Direito internacional privado*. 5. ed. São Paulo: Forense, 1997. p. 281.

718 APRIGLIANO, Ricardo de Carvalho. *A ordem pública no direito processual civil*. Tese (Doutorado em Direito) – Universidade de São Paulo, São Paulo, 2010. p. 8.

A LINDB se refere expressamente à ordem pública no seu artigo 17, dispondo que "[a]s leis, atos e sentenças de outro país, bem como quaisquer declarações de vontade, não terão eficácia no Brasil, quando ofenderem a soberania nacional, a ordem pública e os bons costumes". É também positivada nos arts. 122 e 606, parágrafo único, do CC/2002,[719] bem como em diversos outros textos legislativos.[720]

Estando a arbitragem dentro de um contexto jurídico no qual é dependente dessa mesma ordem pública, pois submetida a uma ordem jurídica estatal – por mais que tome a forma de instrumento autônomo[721] e haja construção doutrinária buscando afirmar uma ordem jurídica autônoma para a arbitragem[722] –, devemos avaliar como a ordem pública se apresenta frente à arbitragem e, especificamente, ao *favor arbitrandum*, de forma a limitar os procedimentos arbitrais. Destaca-se, aqui, a limitação constante no próprio dispositivo do artigo 2º, § 1º, da Lei Brasileira de Arbitragem, segundo o qual "[p]oderão as partes escolher, livremente, as regras de direito que serão aplicadas na arbitragem, desde que não haja violação aos bons costumes e à ordem pública".[723]

---

719 "Art. 122. São lícitas, em geral, todas as condições não contrárias à lei, à ordem pública ou aos bons costumes; entre as condições defesas se incluem as que privarem de todo efeito o negócio jurídico, ou o sujeitarem ao puro arbítrio de uma das partes." "Art. 606. Se o serviço for prestado por quem não possua título de habilitação, ou não satisfaça requisitos outros estabelecidos em lei, não poderá quem os prestou cobrar a retribuição normalmente correspondente ao trabalho executado. Mas se deste resultar benefício para a outra parte, o juiz atribuirá a quem o prestou uma compensação razoável, desde que tenha agido com boa-fé. Parágrafo único. Não se aplica a segunda parte deste artigo, quando a proibição da prestação de serviço resultar de lei de ordem pública."

720 Cf.: VASCONCELOS, Raphael C. de; FAIRBANKS, Alexandre de S. P. El orden público del derecho internacional privado y el nuevo Código de Proceso Civil Brasileño. *Revista De La Secretaría Del Tribunal Permanente De Revisión*, p. 244-258, 2017.

721 "Efectivamente, ainda que se apresente como instrumento autónomo ao poder estatal, a arbitragem comercial internacional depara-se numa relação de sujeição fáctica ao poder do Estado. Sem o apoio deste, detentor do monopólio de coerção necessário ao cumprimento das sentenças, a decisão arbitral redundaria num 'vazio' de consequências, incapaz de conformar a realidade ao Direito. A relação entre tribunais arbitrais e o poder estatal exprime, então, um irrevogável poder daquele último, através do escrutínio dos tribunais judiciais das decisões arbitrais internacionais, de impor princípios essenciais do foro de execução" (MOREIRA, João Ilhão. O não reconhecimento de sentenças arbitrais internacionais no fórum de execução por violação da ordem pública. Perspectiva do direito português. *Revista de Arbitragem e Mediação*, n. 41, abr./jun. 2014).

722 ALMEIDA, Ricardo R. A hipótese de uma ordem jurídica arbitral autônoma. *Revista de Arbitragem e Mediação*, v. 50, jul./set. 2016.

723 "Isso significa que as regras aplicadas à arbitragem – sejam as regras procedimentais; sejam as regras materialmente aplicadas à resolução do conflito – devem respeitar a Ordem Pública brasileira. Daí decorre o dever do árbitro ou do tribunal arbitral de sempre analisar se a escolha adotada na convenção de arbitragem não viola os fundamentos básicos da sociedade brasileira, conforme leciona CARMONA. Essa é a consequência lógica do artigo 18 da Lei de Arbitragem que declara ser o árbitro *'juiz de fato e de direito'*" (GAVRONSKI, Lucas Gerhardt. *A ordem pública na arbitrabilidade de disputas comerciais internacionais na perspectiva brasileira*. Dissertação (Mestrado em Direito) – Universidade Federal do Rio Grande do Sul, Porto Alegre,

A Convenção sobre o Reconhecimento e a Execução de Sentenças Arbitrais Estrangeiras de 1958, conhecida como Convenção de Nova York e adotada pelo Brasil em 2002, prevê no seu artigo V, 2, *b*,[724] a recusa ao reconhecimento e à execução de sentença arbitral que seria contrária à ordem pública do país. Sendo esse o documento legislativo central do qual emanam as normas referentes ao tema das sentenças arbitrais estrangeiras, a necessidade de clareza conceitual para com o termo "ordem pública" levou à organização de um outro documento pelo Comitê de Arbitragem Comercial Internacional da *International Law Association* (ILA), em 2002.

Pode-se destacar quatro facetas da noção de ordem pública aplicada à limitação às sentenças arbitrais: (i) sua excepcionalidade, *i. e.*, a interpretação restritiva do conceito de ordem pública constante na convenção; (ii) seu caráter internacional, relacionado à distinção entre ordem pública nacional e internacional; (ii) a abrangência de questões com natureza processual e material; e (iv) o reconhecimento do "Fator Exógeno", *i. e.*, o reconhecimento de uma violação prática à ordem pública que a norma defende.[725]

A ordem pública, como critério para definição da arbitrabilidade, ganhou especial repercussão internacional por conta da já mencionada previsão do art. 2.060 do Código Civil francês.[726] Ao comentar esse artigo, contudo, João Bosco Lee afirma que esse "é incoerente e sua ab-rogação seria desejável, mas o problema causado pela ordem pública, concernente à distinção entre a inarbitrabilidade do litígio e o poder dos árbitros de aplicar a ordem pública parece resolvido pela jurisprudência francesa".[727]

António Sampaio Caramelo considera, a este respeito, que "a ordem pública mantém ainda utilidade para definir a arbitrabilidade, mas só intervém mediante exclusões pontuais desta, segundo a natureza dos direitos (indisponíveis por razões de ordem pública) atribuídos às partes".[728] No mesmo sentido, João Bosco Lee entende que "a ordem pública não é, como se pretendia, um critério indispensável à definição de

---

2014. p. 50). O artigo 18 da Lei Brasileira de Arbitragem, ao qual se refere o texto, dispõe da seguinte maneira: "Art. 18. O árbitro é juiz de fato e de direito, e a sentença que proferir não fica sujeita a recurso ou a homologação pelo Poder Judiciário".

724 Convenção de Nova York, Artigo V, 2, "b": "2. O reconhecimento e a execução de uma sentença arbitral também poderão ser recusados caso a autoridade competente do país em que se tenciona o reconhecimento e a execução constatar que: b) o reconhecimento ou a execução da sentença seria contrário à ordem pública daquele país."

725 Por todos, cf.: GAVRONSKI, Lucas Gerhardt. *A ordem pública na arbitrabilidade de disputas comerciais internacionais na perspectiva brasileira*. Dissertação (Mestrado em Direito) – Universidade Federal do Rio Grande do Sul, Porto Alegre, 2014. p. 69-92.

726 A versão original do estudo feito nesse item pode ser encontrada em: FICHTNER, José Antonio, et al. *Teoria Geral da arbitragem*. São Paulo: Forense, 2019. p. 241-261 (especialmente entre as páginas 241 a 243).

727 LEE, João Bosco. O conceito de arbitrabilidade nos países do Mercosul. *Revista de Direito Bancário e do Mercado de Capitais*, v. 8, p. 346-358, abr./jun. 2000.

728 CARAMELO, António Sampaio. Critérios de arbitrabilidade dos litígios. Revisitando o tema. *Revista de Arbitragem e Mediação*, v. 27, p. 129-161, out./dez. 2010.

arbitragem, mas sim um fator suplementar na delimitação da livre disponibilidade", pois, continua o autor, "a ordem pública estabelece o limite da disponibilidade dos direitos e, por conseguinte, o da arbitrabilidade".[729]

Eduardo Damião Gonçalves explica que "a ordem pública desempenha um papel na problemática da arbitrabilidade sem, contudo, ser um critério adequado de definição da arbitrabilidade". Segundo o autor, "ela exerce uma dupla função: (a) como fundamento da regra que pode limitar o recurso à arbitragem (como no direito extrapatrimonial de família) e (b) como elemento de garantia da regularidade da sentença arbitral no caso de eventual controle judicial".[730] Como se observa, este entendimento a respeito do papel secundário da ordem pública na definição da arbitrabilidade tem prevalecido na doutrina.

A ordem pública como consta na Convenção de Nova York se apresenta, portanto, como "salvaguarda de concepções materiais de justiça". Resulta assim que "a solução oferecida a litígios por tribunais arbitrais apenas poderá encontrar suporte coercitivo estatal quando esta operação não ofenda os próprios princípios jurídicos informantes da ordem jurídica da jurisdição onde se realiza a execução"[731]. O *favor arbitrandum* entra em cena, todavia, justamente no momento interpretativo que tanto restringe o conceito de ordem jurídica e a possibilidade de não reconhecimento ou execução da sentença arbitral: "a arbitragem beneficia de um *favor arbitrandum* que coloca as sentenças arbitrais a coberto de qualquer sanção anulatória que não seja baseada apenas nos fundamentos tipificados na lei".[732]

Como consequência, muitas das sanções aplicadas a sentenças arbitrais estrangeiras acabam decorrendo de aspectos formais e/ou processuais que não foram atendidos no procedimento arbitral, o que fere a ordem pública não tanto no sentido da justiça material, mas de princípios essenciais de direito processual.[733] O reconhecimento de violação

---

729 LEE, João Bosco. O conceito de arbitrabilidade nos países do Mercosul. *Revista de Direito Bancário e do Mercado de Capitais*, v. 8, p. 346-358, abr./jun. 2000..

730 GONÇALVES, Eduardo Damião. *Arbitrabilidade objetiva*. Tese (Doutorado em Direito) – Universidade de São Paulo. São Paulo. p. 166.

731 MOREIRA, João Ilhão. O não reconhecimento de sentenças arbitrais internacionais no fórum de execução por violação da ordem pública. Perspectiva do direito português. *Revista de Arbitragem e Mediação*, n. 41, abr./jun. 2014.

732 BARROCAS, Manuel Pereira. A ordem pública na arbitragem. *Revista da Ordem dos Advogados* (Separata), Lisboa, ano 74, n. I, p. 37, jan./mar. 2014.

733 MOREIRA, João Ilhão. O não reconhecimento de sentenças arbitrais internacionais no fórum de execução por violação da ordem pública. Perspectiva do direito português. *Revista de Arbitragem e Mediação*, n. 41, abr./jun. 2014. Há interessante levantamento jurisprudencial contabilizando sentenças arbitrais não homologadas por questão de ordem pública no Brasil em 2018 e verificando que se tratava de questões de não observância ao devido processo legal: SALOMÃO, Luis Felipe; CAMPOS, César Cunha (org.). *Brasil e França:* arbitragem na visão comparada. São Paulo: FGV Projetos, 2018. Cf. também análise recente de julgado que decidiu *ex officio* por negar o reconhecimento e a execução de três sentenças arbitrais por violação da ordem pública processual em arbitragem *online*: SNIJDERS, Henricus J. Enforcement of foreign award (in online arbitration) ex officio refused because of violation of the defendant's

à ordem pública é parte do processo interpretativo, estando sujeito a determinados cânones que acabam por restringir os *standards* para revisão do mérito[734] e favorecer o reconhecimento da sentença arbitral (*favor recognitionis sententiae*).[735]

2. Impossibilidade de criação artificial de consentimento

Geralmente, quando se está diante de um problema de validade da convenção de arbitragem, há uma forte tendência de se optar pela aplicação da lei que permite reconhecer a sua juridicidade. Contudo, o que a abordagem *in favorem validitatis* é incapaz de fazer é criar consentimento artificial onde não se tem.

A base de interpretação da convenção de arbitragem, em respeito à vontade e à liberdade dos sujeitos de direito, é conferir-lhe, ao máximo, efeito útil. Nesse sentido, diante da inexistência de escolha expressa, havendo questão referente à validade – e não existência ou eficácia – da convenção de arbitragem, a abordagem pró-validade pode servir de critério de determinação da lei aplicável à convenção de arbitragem.

Ademais, reitera-se que o *in favorem arbitratis* é, antes de tudo, um mecanismo interpretativo que visa a tutelar a intenção das partes de arbitrar. Entretanto, essa é somente a sua face visível. Subjacente a si, o favor arbitral é a manifestação no âmbito da arbitragem da dimensão hermenêutica do princípio *favor contractus*. Ou seja, o favor arbitral é uma derivação de um postulado hermenêutico típico das relações materiais substantivas, que privilegia a manutenção e o respeito ao vínculo negocial existente entre as partes.

Entretanto, a ideia de *favor contractus* é um mecanismo de tutela do consentimento e da autonomia privada dos indivíduos. Nessa feita, torna-se contraditório utilizar uma ferramenta de tutela da livre manifestação do consentimento dos indivíduos para justificar a necessidade de submeter à arbitragem situações nas quais há ausência patente de livre manifestação do consentimento.

Ter deferência ao instituto da arbitragem não significa, em toda e qualquer hipótese, proferir uma decisão em um caso concreto que reconheça a existência da jurisdição arbitral. Igualmente, incentivar a adoção de métodos adequados de solução de conflitos não se confunde com cegamente impor a arbitragem onde não existe consentimento. É pressuposto ao adequado funcionamento e desenvolvimento da arbitragem que o Poder Judiciário saiba fazer o controle, reconhecendo e amparando a jurisdição arbitral nos

---

right to be heard. *IPRAX – Praxis des Internationalen Privat – und Verfahrensrechts*, v. 42, n. 5, p. 533-537, sep./okt. 2022.

734 KARRER, Pierre; KÄLIN-NEUER, C. Is there a *Favor Iurisdictionis Arbitri*? Standards of Review of Arbitral Jurisdiction Decisions in Switzerland. *Journal of International Arbitration*, v. 13, n. 3, p. 31-38, 1996; cf., ainda: MAVRANTONAKIS, Emmanouil. *Das Verbot der* révision au fond *im internationalen Handelsschiedsverfahren*. Tübingen: Mohr Siebeck, 2021.

735 "Article V is inspired by the general underlying policy found throughout the Convention – *favor arbitrandum*" (WOLFF, Reinmar. [Hrsg.] *New York Convention: Convention on the Recognition and Enforcement of Foreign Arbitral Awards of 10 June 1958*. München: C.H. BECK Verlag, 2020. p. 251). Sobre o *favor sententiae*, *infra*, § 16.

casos em que houve manifestação das partes nesse sentido, e exercendo a fiscalização nos casos em que se apresenta alguma degeneração.

Por essa razão, não se trata de deferência à arbitragem a sua imposição nos casos em que é visível e manifesta a inexistência, invalidade ou ineficácia da convenção. Ao contrário, a postura mais adequada, diante dessas situações de clara patologia, ilegalidade ou teratologia, é não remeter às partes à arbitragem e reconhecer, desde logo, por ausência de negócio jurídico apto a embasar a jurisdição do tribunal arbitral, a jurisdição do Poder Judiciário para resolver o conflito, na linha do mandamento contido na Convenção de Nova York.

Em suma, utilizar a ideia de favor arbitral como argumento para submeter a controvérsia à arbitragem nos casos em que é visível, *a priori*, a inexistência de consentimento, a invalidade ou a ineficácia da manifestação de vontade, seria, na verdade, utilizar uma ferramenta de tutela do consensualismo para impor, artificiosamente, uma situação jurídica contra a vontade de uma das partes. Não se pode pretender tutelar o consentimento nas situações em que ele manifestamente não se faz presente.

3. Impossibilidade de convalidação de nulidades

O *favor arbitrandum* não tem o condão de tornar válido o inválido. Isto é, as limitações postas pelo ordenamento à arbitragem não podem ser superadas com base no *favor arbitrandum*. Por exemplo, os requisitos para validade do negócio jurídico dispostos no artigo 104 do Código Civil Brasileiro[736] são imperativos, pelos quais é possível uma "moldura" interpretativa muito restrita, com pouca margem para discricionariedade.[737] Caso esses requisitos não estejam satisfeitos no caso concreto, o *favor arbitrandum* é incapaz de assegurar por si só a validade do procedimento arbitral.

O *caput* do artigo 1º da Lei Brasileira de Arbitragem, da mesma forma, dispõe que "[a]s pessoas capazes de contratar poderão valer-se da arbitragem para dirimir litígios relativos a direitos patrimoniais disponíveis".[738] Trata-se de disposição referente ao plano da validade da convenção de arbitragem, somando elemento subjetivo (capacidade) e objetivo (litígios relativos a direitos patrimoniais disponíveis) aos requisitos de validade constantes no Código Civil.[739]

---

736 "Art. 104. A validade do negócio jurídico requer: I – agente capaz; II – objeto lícito, possível, determinado ou determinável; III – forma prescrita ou não defesa em lei."

737 Utiliza-se aqui o esquema interpretativo proposto por Hans Kelsen; para tal, cf.: KELSEN, Hans; JESTAEDT, Matthias (Hrsg.). *Reine Rechtslehre*: Studienausgabe der 2. Auflage 1960. Tübingen/Wien: Mohr Siebeck/Verlag Österreich, 2017. p. 596 e ss. Em português: KELSEN, Hans. *Teoria pura do direito*. Trad. João Baptista Machado. São Paulo: Livraria Martins Fontes Editora, 1987. p. 363 e ss.

738 Lei 9.307/1998. Art. 1º, *caput*: As pessoas capazes de contratar poderão valer-se da arbitragem para dirimir litígios relativos a direitos patrimoniais disponíveis.

739 Cabe referência aqui, também, ao artigo 166 do Código Civil, que dispõe da seguinte forma: Art. 166. É nulo o negócio jurídico quando: I – celebrado por pessoa absolutamente incapaz; II – for ilícito, impossível ou indeterminável o seu objeto; III – o motivo determinante, comum

Apesar do princípio da autonomia da cláusula compromissória, é necessário reconhecer a existência de casos em que, efetivamente, o vício atinente ao contrato principal acaba contaminando a cláusula compromissória.[740] Nesse sentido, poderá o Tribunal Arbitral entender que uma determinada situação leva à invalidade global do contrato, abarcando inclusive a cláusula compromissória. Trata-se do fenômeno de *Fehleridentität*, que significa uma identidade de vícios e defeitos de consentimento.[741]

Entretanto, a invalidade somente será contaminante se tiver causa comum com a do contrato principal.[742] De modo contrário, incabível proceder a extensão da invalidade.[743]. Por certo que o fenômeno de *Fehleridentität* indica situações nas quais um defeito do negócio jurídico pode implicar a invalidade simultânea do contrato e da cláusula compromissória.[744] Porém, é possível que o vício de consentimento atinja somente a relação material, como um contrato formado em erro, mas cuja vontade em arbitrar era certa.

Assim, diante da constatação de nulidade que atinge a convenção de arbitragem, impossível pretender a convalidação do vício a partir do *favor arbitrandum*. Quer na sua dimensão de postulado interpretativo, quer na sua dimensão institucional ou, ainda, na de favor jurídico, o *favor arbitrandum* não é substitutivo da demonstração da vontade de arbitrar, e nem remédio apto a sanar vícios que possam fulminar a convenção de arbitragem. Ao contrário, o *favor arbitrandum*, apenas, pode ser utilizado como ferramenta para interpretar a gravidade e a extensão de determinado vício – cabendo ao intérprete procurar identificar a possibilidade de segregação do defeito de tal modo que esse não atinja a convenção de arbitragem, se isso se apresentar possível.

4. Interpretação restritiva do objeto do consentimento

O *favor arbitrandum* não pode ser adotado para alargar artificialmente o objeto da convenção de arbitragem, *i. e.* as matérias que as partes pretenderam arbitrar. Quando há dúvidas fundadas sobre o objeto consentido, isto é, o escopo da convenção de arbitragem (as matérias objeto do afastamento da jurisdição estatal), por se estar lidando

---

a ambas as partes, for ilícito; IV – não revestir a forma prescrita em lei; V – for preterida alguma solenidade que a lei considere essencial para a sua validade; VI – tiver por objetivo fraudar lei imperativa; VII – a lei taxativamente o declarar nulo, ou proibir-lhe a prática, sem cominar sanção. Cf. ainda, especialmente no seu ponto 3: SCALETSCKY, Fernanda; AZEVEDO, Marcelo Cândido de; SERPA, Pedro Ricardo. Existência, validade e eficácia da convenção arbitral. *Revista de Direito Empresarial*, v. 3, p. 321-351, maio/jun. 2014.

740 MONTEIRO, António Pedro Pinto; SILVA, Artur Flamínio da; MIRANTE, Daniela. *Manual de arbitragem*. Coimbra: Almedina, 2020. p. 162-163.

741 SESTER, Peter Christian. *Comentários à Lei de Arbitragem e à legislação extravagantes relacionada a arbitragem*. São Paulo: Quartier Latin, 2020. p. 173-174.

742 STEINER, Renata Carlos. Arbitragem e Autonomia da Cláusula Compromissória. *Revista de Arbitragem e Mediação*, v. 31, p. 131-151, out./dez. 2011.

743 SESTER, Peter Christian. *Comentários à Lei de Arbitragem e à legislação extravagantes relacionada a arbitragem*. São Paulo: Quartier Latin, 2020. p. 173.

744 SESTER, Peter Christian. *Comentários à Lei de Arbitragem e à legislação extravagantes relacionada a arbitragem*. São Paulo: Quartier Latin, 2020. p. 173-174.

com o efeito gravoso de poder afastar a jurisdição do Poder Judiciário, é preciso utilizar técnica de interpretação restritiva.

Nesse contexto, considerando a coexistência de elementos diversos na convenção de arbitragem, é possível estabelecer, como regra geral, que aspectos atrelados à identificação do consentimento poderão ser analisados à luz dos artigos 112 e 113 do Código Civil, enquanto elementos do objeto material da convenção de arbitragem deverão ser vistos sob as luzes do artigo 114[745] – análise da extensão horizontal e vertical da convenção de arbitragem. A razão para a distinção é simples: tendo-se dúvida sobre a existência da manifestação da vontade das partes, é possível adotar a postura pró-arbitragem (*favor arbitrandum*),[746] analisando tais questões a partir dos artigos 112 e 113 do Código Civil. Contudo, se a questão se refere à extensão – *objeto* – da renúncia feita pelas partes às prerrogativas processuais inerentes ao Poder Judiciário, está-se diante da situação prevista no artigo 114 do Código Civil, que exige interpretação restritiva.

Assim, percebe-se a existência de duplicidade de critérios interpretativos incidentes sobre a convenção de arbitragem, a depender do aspecto que está sendo ressaltado. A razão para se estabelecer essa diferenciação nos critérios hermenêuticos está na axiologia distinta subjacente às diversas facetas da convenção de arbitragem. Por um lado, pelo escopo material, é necessário procurar o efeito útil dos negócios jurídicos entabulados, privilegiando-se o *favor arbitrandum*. Por outro, ao tocar no escopo da renúncia feita pelas partes, diante da existência de afastamento da jurisdição estatal por meio da propositura do requerimento de arbitragem, há de se ter interpretação não elástica, pois tangencia-se direitos fundamentais das partes contratantes. A du-

---

745 "Lastly, Art. 114 of the Brazilian Civil Code sets forth another general interpretation rule, according to which waivers must be interpreted restrictively. One might argue that the parties waive their right to sue in court when they enter into an arbitration agreement, and for this reason the agreement to arbitrate should be interpreted narrowly. However, consent to the arbitration agreement can be implied and the principle of the autonomy of the arbitration agreement is recognized under Brazilian arbitration law. Therefore, Art. 114 should not be an obstacle to multi-party and multi-contract arbitration" (OHLROGGE, Leonardo. *Multi-Party and Multi-Contract Arbitration in Brazil*. São Paulo: Quartier Latin, 2020).

746 "Nos últimos anos, o Brasil adotou medidas efetivas para estimular e conferir efetividade à prática da arbitragem como forma de solucionar litígios de natureza privada. Não apenas como alternativa à jurisdição estatal, já sobrecarregada, mas sobretudo para acelerar a inserção do País no cenário internacional, que adota a arbitragem como forma predominante de solução dos litígios. Ressalte-se que as iniciativas nesse sentido provêm dos três Poderes da República. Além da promulgação da Lei de Arbitragem, atualmente o País é parte de todas as convenções internacionais sobre o assunto e o Judiciário – notadamente o STF e o STJ, mas também, em diferentes graus, as demais instâncias – tem adotado uma clara postura usualmente referida pela doutrina como *favor arbitratis*. Nesse contexto, o princípio da interpretação estrita ou restrita da cláusula arbitral é, majoritariamente, rejeitado pela doutrina brasileira. Em vez disso, o que se deve observar é a existência ou não de elementos que indiquem a vontade das partes em estarem ligadas à convenção de arbitragem" (TIBURCIO, Carmen. Cláusula Compromissória em Contrato Internacional: interpretação, validade, alcance objetivo e subjetivo. *Revista de Processo*, v. 241, p. 251-566, mar. 2015).

plicidade do regime hermenêutico é condizente com a reconhecida faceta híbrida da convenção de arbitragem.

Reconhecer a necessidade de adotar critério de interpretação restrito, contudo, não significa desconhecer a possibilidade de haver situações objetivas especiais, nas quais a eficácia do consentimento abrange objetos coligados ao negócio no qual a manifestação da vontade de arbitrar foi verbalizada. Digno de nota é o REsp 1.639.035,[747] relatado pelo Ministro Paulo de Tarso Sanseverino, por meio do qual a Corte estabeleceu precedente significativo, em ambiente de contratos coligados, validando a intenção de arbitrar e a eficácia da cláusula compromissória sobre todos os instrumentos entre si relacionados. Adotando o princípio da gravitação jurídica, foi afirmado que "no sistema de coligação contratual, o contrato reputado como sendo o principal determina as regras que deverão ser seguidas pelos demais instrumentos negociais que a este se ajustam, não sendo razoável que uma cláusula compromissória, inserta naquele não tivesse seus efeitos estendidos aos demais".

Apenas é imposto *standard* mais elevado de prova para que se demonstre a abrangência da convenção de arbitragem. Esse cuidado redobrado com tais matérias é justificado pela gravidade do ato de abrir mão das garantias processuais estatais, impondo interpretação exígua das palavras que conformam a convenção de arbitragem. Dentro desse contexto, é possível que determinadas matérias, ainda que não expressamente previstas no escopo da convenção de arbitragem, possam por ela estar abarcadas, em respeito à integridade sistemática e econômica da operação jurídico-financeira consubstanciada em um contrato.[748]

Importante frisar que a convenção de arbitragem não caracteriza dispensa irrestrita e genérica ao poder estatal, estando este proibido de solucionar quaisquer conflitos entre os signatários. Como bem pontua Arruda Alvim, o escopo da arbitrabilidade objetiva se limita a conflitos que versem sobre direitos patrimoniais, disponíveis e entre partes que sejam maiores e capazes, de forma que não há falar em inobservância ao princípio da inafastabilidade da apreciação jurisdicional.[749]

---

747 STJ, REsp 1.639.035/SP, Min. Rel. Paulo de Tarso Sanseverino, Terceira Turma, j. 18.09.2018.

748 "Nessa ordem de ideias, adotando-se o entendimento de que efetivamente existe coligação entre os contratos entabulados entre as partes litigantes, mostra-se flagrante a possibilidade de extensão da cláusula compromissória prevista no contrato principal aos contratos de swap, eis que vinculados a uma única operação econômica. (...) Soma-se à existência de coligação entre os acordos e à necessidade de interpretação em conjuntos dos referidos contratos, a incidência do princípio da gravitação jurídica. (...) Desse modo, extraindo-se que num sistema de coligação contratual o contrato reputado como sendo o principal determina as regras que deverão ser seguidas pelos demais instrumentos que a este se ajustam, não se mostra razoável que uma cláusula compromissória inserta naquele não tivesse seus efeitos estendidos aos demais" (STJ, REsp 1.639.035/SP, Min. Rel. Paulo de Tarso Sanseverino, Terceira Turma, j. 18.09.2018).

749 Arruda Alvim considera, com razão, que "não se trata de destituição do poder estatal para solucionar conflitos e, menos ainda, de inobservância ao princípio da inafastabilidade da apreciação jurisdicional", uma vez que "o poder-dever do Estado remanesce, facultando-se

Desse modo, é imprescindível que a convenção de arbitragem tenha objeto definido. Explica Carlos Alberto Carmona que "a cláusula compromissória não pode ser ampla a ponto de submeter os signatários à arbitragem para todo e qualquer conflito em que se envolverem",[750] devendo a convenção de arbitragem estar ancorada na relação jurídica determinada.

A possibilidade de se prever caráter amplo para a convenção de arbitragem não se confunde com a admissibilidade de convenção de arbitragem genérica.[751] Não se admite a adoção, pelas partes, de objeto com grau de generalidade tamanho que pretenda abarcar, no seu escopo, todo e qualquer litígio existente entre as partes, presente ou futuro. Assim, é incompatível com a definição legal de convenção de arbitragem tanto a cláusula compromissória *omnibus*, entendida como aquela que pretenda se aplicar a quaisquer litígios futuros entre duas partes, sem mais nada referir,[752] quanto o compromisso arbitral que não faça referência ao litígio a ser submetido à arbitragem.

Em síntese, o *favor arbitrandum* não autoriza que um tribunal arbitral se caracterize como um "juízo universal", atraindo para si a competência para julgar todas e quaisquer controvérsias eventualmente existentes entre as partes. Na verdade, é da raiz da arbitragem a existência de consentimento em arbitrar, e, portanto, de limitação quanto ao que será objeto de arbitragem. Não se pode utilizar de pseudo-argumentação favorável à arbitragem para desviar da sua natureza consensualista, que demanda a existência clara do consentimento para arbitrar, o que acarreta a interpretação restritiva do que, de fato, as partes pretenderam arbitrar.

às partes a utilização da arbitragem para os litígios patrimoniais que envolvam direitos disponíveis e entre partes que sejam maiores e capazes" (ARRUDA ALVIM, José Manoel de. *Manual de direito processual civil*. 14. ed. São Paulo: Revista dos Tribunais, 2011. p. 197).

750 CARMONA, Carlos Alberto. *Arbitragem e processo*: um comentário à Lei nº 9.307/96. 3. ed. São Paulo: Atlas, 2009. p. 104.

751 SESTER, Peter Christian. *Comentários à Lei de Arbitragem e à Legislação extravagantes relacionada à arbitragem*. São Paulo: Quartier Latin, 2020. p. 136.

752 PIRES, Catarina Monteiro. Convenção de Arbitragem. In: PIRES, Catarina Monteiro; Rui Pereira Dias (coord.). *Manual de arbitragem internacional lusófona*. Coimbra: Almedina, 2020. v. 1. p. 52-53.

Capítulo 5
A ESTRUTURAÇÃO DA CLÁUSULA DE RESOLUÇÃO DE DISPUTAS

Existe verdadeira dissintonia entre a importância estratégica de se contar com uma boa redação da convenção de arbitragem, considerando a sua relevância para a equação econômica contratual, contrastando com a pouca atenção que, por vezes, as partes, e até mesmo os profissionais do direito, dedicam à sua redação.

A redação da cláusula compromissória, inserida originalmente em negócio jurídico, é a primeira e fundamental oportunidade que as partes da avença têm de estabelecer os parâmetros que serão adotados, se, pela superveniência de um conflito, necessitarem recorrer à solução arbitral. Há bastante consenso, na doutrina e no mercado, no sentido de que a eficiente e competente redação da cláusula compromissória pode trazer benefícios estratégicos extremamente relevantes para as partes.

Thomas Carbonneau salienta o papel vital que o contrato - convenção de arbitragem - exerce na organização da governança da arbitragem, notadamente nas arbitragens de caráter transnacional, provendo as regras condutoras do procedimento arbitral. O autor salienta que a assertiva é de amplificada importância na arbitragem comercial internacional, diante da inexistência de regras supranacionais que possam ser utilizadas como fonte de adjudicação de soluções, sem o consenso das partes.[753]

Contudo, paradoxalmente à sua elevada relevância para a economia e eficácia do contrato, muitas vezes a convenção de arbitragem é tratada como aquelas "last minute

---

[753] CARBONNEAU, Thomas E. *The law and practice of arbitration*. 2. ed. Huntington: Juris, 2006. p. 619.

clauses", resultando em convenções de arbitragem elaboradas sem a necessária reflexão, de eficácia reduzida, ou limitada.

Em outras situações, diante das particularidades do caso ou de condições subjetivas das partes, há consenso entre elas no sentido de adotar uma visão estratégica de contratar algo bem genérico e que possa ser integrado, posteriormente, na hipótese de um conflito de interesses real.

Como alternativa a essas situações, as instituições arbitrais oferecem às partes cláusulas-padrão que podem ser adotadas nos negócios celebrados. Tais cláusulas normalmente refletem décadas de experiência arbitral, nacional e internacional, e podem, de fato, colaborar eficazmente para evitar e resolver um grande número de problemas.

Mas, obviamente, cada conflito é, em si, especial, em relação aos demais, e pode exigir solução individual e excepcional. Doutrinariamente falando, entretanto, é necessário estudar, por todos os ângulos, as dificuldades que podem surgir a partir de uma convenção de arbitragem mal redigida, ou patológica, como a ela usualmente se refere a doutrina. E, a partir de tal estudo, tentar evitar tais males.

§ 18. COMPOSIÇÃO DE MÉTODOS DE SOLUÇÃO DE CONFLITOS

1. Importância do *design* do método de solução de controvérsias

Pode haver uma relação direta, assim, entre a validade e a eficácia da arbitragem e a qualidade e especificidade da convenção de arbitragem que a concebeu, como solução das eventuais disputas travadas entre as partes contratantes. Uma cláusula mal redigida pode servir como obstáculo à instauração da própria arbitragem, pode atrasar o início dos procedimentos, levando as partes a prejuízos inesperados e, às vezes, insuportáveis.

Carbonneau alerta para os efeitos que a convenção de arbitragem pode trazer negativamente para as partes, quando redigida impropriamente.[754] Os defeitos podem conduzir a soluções apenas parciais em relação à totalidade do conflito, à nomeação de pessoas sem a necessária experiência para a função de árbitro, podendo gerar um universo amplo e imprevisível de problemas.

Sobre o tema, na perspectiva internacional, Gary Born leciona que "disputes have a critical impact on international commercial dealings. Properly handled, contractual disagreements need not jeopardize, and can enhance, a company's bottom line. Handled ineffectively, disputes can produce unjust or disproportionate liability, extravagant legal costs, adverse publicity, and worse. These risks are especially great in international commercial transactions, where parties' expectations and national legal systems differ widely".[755]

---

[754] CARBONNEAU, Thomas E. *The law and practice of arbitration*. 2. ed. Huntington: Juris, 2006. p. 621.

[755] BORN, Gary B. *International Arbitration and Forum Selection Agreements: Drafting and Enforcing*. 3. ed. Alphen aan den Rijn: Kluwer Law International, 2010. p. 1.

Carbonneau adiciona que a evolução das legislações relativas à arbitragem, em vários países, tem exigido a elaboração de convenções de arbitragem cada vez mais complexas, significando que "a modern arbitration agreement should make clear the parties' intent to arbitrate disputes, but it also should reflect an appreciation of the development of the law. Custom-fitting arbitration to the parties and the transaction, while maintaining the functionality of the process, is the cardinal objective".[756]

Doak Bishop revela a limitação dos modelos existentes, negando-os como panaceia, ao afirmar que "There is no such thing as a single 'model', 'miracle' or 'all purpose' clause appropriate for all occasions. Each clause should be carefully tailored to the exigencies of a given situation, taking into account the likely types of disputes, the needs of the parties' relationship and the applicable laws. Because the arbitration clause is typically one of the last contractual provisions negotiated – after the parties have agreed on the essential terms – often the parties merely insert form clauses or allow the party with the greatest bargaining strength to dictate the contents of the clause. In the latter case, a negotiator must know which provisions are essential and which are not".[757]

Há três técnicas genéricas possíveis, que podem ser utilizadas pelas partes. Manifestada, inequivocamente, pelas partes, a decisão de usar a arbitragem como método de resolução de eventuais conflitos derivados de um contrato, ou grupo de contratos, as mesmas partes deverão passar à redação da cláusula, antecipando um hipotético cenário de conflito, o que nem sempre se apresenta fácil. Outra alternativa é antecipar o que for possível e delegar aos árbitros o poder para regular o que restar não estabelecido na previsão original. A terceira técnica, costumeiramente utilizada, reside na adoção de cláusulas-padrão das diversas entidades de administração de arbitragens, nacionais ou internacionais.

Nessa discussão, o primeiro impasse se refere à latitude da própria cláusula. Uma cláusula geral e ampla tem o condão de melhor servir como instrumento de todo e qualquer conflito eventualmente surgido entre as partes. Uma cláusula mais restrita poderá levar à indesejável situação de alguns conflitos estarem a ela submetidos e outros serem delegados à estrutura judicial. A cláusula, no entanto, não pode ser vaga a ponto de ter, com relevante fundamento, sua validade e/ou eficácia questionadas judicialmente, o que, além de acarretar atrasos e custos desnecessários para as partes, coloca em risco a própria instrumentalidade da arbitragem para a solução da crise do contrato em xeque.

Nesse sentido, como se afirmou, algumas das instituições mais importantes de gestão de arbitragens sugerem cláusulas-padrão que atendem aos requisitos mínimos previstos nacional e internacionalmente, para a viabilidade da solução arbitral.

No âmbito internacional, as partes têm contratado dispositivos com a finalidade de proteger o clausulado do crivo do Poder Judiciário, usando padrões como segue: "todos

---

756 CARBONNEAU, Thomas E. *The law and practice of arbitration*. 2. ed. Huntington: Juris, 2006. p. 622.

757 BISHOP, Doak R. A Practical Guide for Drafting International Arbitration Clauses. *Int'l Energy L. & Tax'n Rev*, n. 16, p. 1-81, 2000.

os litígios oriundos do presente contrato ou com ele relacionados serão definitivamente resolvidos de acordo com o Regulamento de Arbitragem da Câmara de Comércio Internacional, por um ou mais árbitros nomeados nos termos desse Regulamento".[758] As vantagens são evidentes. A boa redação da convenção de arbitragem extirpa qualquer dúvida sobre a abrangência e o alcance da cláusula contratada, restando certo que o poder delegado aos árbitros cobre tanto a matéria de mérito contratada quanto quase toda e qualquer discussão a respeito das, por vezes intrincadas, questões de validade da própria cláusula compromissória e arbitrabilidade.

2. Métodos simples e estruturados de solução de litígios

As partes podem optar pela pactuação de métodos simples ou estruturados de solução de conflitos. O método será considerado simples quando o contrato previr apenas um modo de solução de disputas – seja mediante cláusula de eleição de foro ou cláusula compromissória. Para um número significativo de relações jurídicas não haverá necessidade de estabelecer mecanismos mais complexos, e um único método será o suficiente para oferecer tutela às situações jurídicas decorrentes da relação.

Mesmo quando as partes optam por apenas um método de solução de disputas, a redação da cláusula poderá ser mais ou menos elaborada para o tornar mais adaptado às necessidades concretas. Por exemplo, ao se contratar cláusula de eleição de foro, as partes podem, simplesmente, indicar o foro de eleição ou, alternativamente, optar por associar a cláusula de eleição de foro a outros negócios jurídicos processuais, estabelecendo de antemão disposições que podem contribuir para que a controvérsia seja solucionada da melhor forma possível – por exemplo, regras sobre ônus da prova, modificação de prazos disponíveis, dentre outras.

Em outros casos, fundamentalmente quando a relação contratual traz consigo um maior grau de complexidade e sofisticação, a elaboração de métodos estruturados de resolução de disputas poderá apresentar-se mais apropriada. Isso porque os diferentes tipos de contrato trazem consigo diferentes demandas, bem como versam sobre interesses distintos e heterogêneos. A abordagem massificada, uniformizante e homogeneizante de um método único, universal e generalista de solução de disputas não é o mais efetivo nesses casos, trazendo a indicação de elaboração de um mecanismo *taylor made* estruturado.

A estruturação da cláusula de resolução de disputas significa a associação de dois ou mais métodos de solução de controvérsias. A ordem jurídica traz previsões de vários mecanismos típicos de resolução de disputas, e ainda concede liberdade às partes para criarem/particularizarem métodos adequados. Esse conceito está associado à ideia de justiça multiportas, difundida e incorporada no Código de Processo Civil de 2015. Nesse caso, com a contratação de um método estruturado, as partes, de antemão, contratam portas diversas que poderão ser utilizadas para melhor solucionar as próprias controvérsias.

---

758 Cláusula padrão da CCI, modelo 2021.

Nesse sentido, é possível estruturar de modos diversos a cláusula de solução de disputas, combinando diferentes métodos, cada qual com características peculiares, para tratar de forma mais adequada e aderente às necessidades concretas postas em causa. É possível prever a utilização conjunta de métodos como a arbitragem, a mediação, a conciliação, a negociação, os *dispute boards* e a sempre possível solução residual, perante o Poder Judiciário. Ainda, é possível pactuar a utilização de outros métodos conhecidos da prática internacional, mas menos difundidos no Brasil – como o *fast track arbitration*, o *rent a judge, expert determination, mini trial*, dentre outros.

A título exemplificativo, a jurisprudência do STJ reconhece a possibilidade de as partes construírem livremente outras formas extrajudiciais de solução de controvérsias diversas daquelas tipificadas em lei, como é o caso da mediação e arbitragem. No REsp 2.151.735/SP, relatado pela Min. Nancy Andrighi, analisou-se no inteiro teor do acórdão métodos extrajudiciais de contestação de lançamentos elaborados no contexto de instituições de pagamento. A Ministra, oportunamente, reconheceu a licitude de confecção *taylor made* de tais métodos, dentro do espaço de autonomia privada dos contratantes, distinguindo-os do procedimento arbitral por lhes faltarem características essenciais, como a possibilidade de fazer coisa julgada material e a independência em relação às partes do litígio.[759] Em todo caso, reconhece a relevância de tais sistemas privados de solução de controvérsias para a dinâmica de negócios.[760]

Com a diversidade de métodos à disposição das partes, é possível pactuar diversos modos de estruturação do instrumento de solução de eventual litígio. A autonomia das partes é considerável, vez que o ordenamento brasileiro reconhece que nem sempre o método estandardizado do processo estatal é o mais adequado, reafirmando cada vez mais a possibilidade de contratação de métodos adequados às reais e específicas necessidades das partes.

3. Razões para estabelecer método estruturado de solução de conflitos

É necessário superar o pressuposto de que a presença de conflito no plano do direito material implica, necessariamente, um desacordo quanto às posições processuais,

---

759 No inteiro teor: "É necessário sublinhar que os mecanismos previstos nos regramentos dos arranjos de pagamentos não tratam de arbitragem propriamente dita. Embora tenham características comuns – como serem um meio de solução de conflito, versarem sobre direito patrimonial disponível e basearem-se na autonomia de vontade das partes –, faltam-lhes dois requisitos essenciais: a possibilidade de fazer coisa julgada material e a vinculação da instância decisória com uma das partes do arranjo de pagamento, uma vez que quem decide é vinculado a uma das partes do negócio jurídico praticado. A ausência desses dois requisitos não é suficiente para invalidar o mecanismo, mas apenas impede a aplicação da Lei de Arbitragem" (STJ, REsp 2.151.735/SP, Terceira Turma, Min. Rel. Nancy Andrighi, j. 15.10.2024).

760 No inteiro teor: "Essa forma alternativa de resolução de conflitos é relevante por diversos motivos: é célere; possibilita a proteção do consumidor, que a pode arguir por diversos meios, como centrais telefônicas ou aplicativos de bancos; e evita que questões de fácil resolução inundem os juizados especiais" (STJ, REsp 2.151.735/SP, Terceira Turma, Min. Rel. Nancy Andrighi, j. 15.10.2024).

sendo possível – e desejável – a existência de acordos mínimos sobre o modo pelo qual a resolução do litígio ocorrerá.[761] É dizer: por mais que as partes estejam em polos opostos no aspecto dos interesses materiais em jogo – com divergências fático-jurídicas entre ambas –, é possível que se coloquem de acordo no que tange ao modo da solução da disputa. Ou seja, a contenda sobre um determinado direito não é um impeditivo para que as partes, imbuídas de boa-fé, dialoguem e cheguem a consensos mínimos.

Há, preponderantemente, uma cultura adversarial enraizada no modo como se percebe o processo. Usualmente, vê-se no polo adverso uma espécie de inimigo, havendo pouco incentivo para diálogo ou acordo. Entretanto, há de se reconhecer, atualmente, que essa percepção acerca do fenômeno processual está longe de ser a mais adequada às necessidades das partes ou compatível com a ordem constitucional. Os custos do processo são frequentemente ignorados, e as partes deixam de aproveitar oportunidades de racionalizar a solução da controvérsia existente.

O trabalho conjunto dos litigantes, superando a perspectiva meramente adversarial, traz uma racionalização do processo, que é potencialmente benéfica para ambas as partes. É possível evitar dilações desnecessárias, acarretando menores custos.[762] Entretanto, é preciso reconhecer que, por vezes, uma das partes pratica atos processuais com o intuito protelatório, sem que busque, efetivamente, a obtenção de uma posição jurídica mais benéfica.

Em que pese o reconhecimento desse cenário, há também de se admitir que, dentro de outra lógica de gestão processual, consensos mínimos acerca dos termos procedimentais podem ser benéficos para ambas as partes em determinadas ocasiões.[763] Para que o processo seja satisfatório e útil, enquanto modo de solução de litígios, há de se ter como ponto de partida uma visão racional do procedimento, o que pode trazer potenciais ganhos qualitativos.[764]

O litígio não deve ser confundido com a sua forma de resolução, pois é possível que a discordância acerca das questões de direito material conviva com acordos na seara processual, operacionalizados por meio de negócios jurídicos processuais aptos a atender o interesse dos sujeitos processuais.[765] Por exemplo, em situação em que ambas as partes, de boa-fé, acreditam ter a posição juridicamente correta,

---

[761] TAVARES, João Paulo Lordelo Guimarães. Da Admissibilidade dos Negócios Jurídicos Processuais no Novo Código de Processo Civil: aspectos teóricos e práticos. *Revista de Processo*, v. 254, p. 91-109, abr. 2016.

[762] PAGNUSSAT, Vitória Souza. *Convenções Processuais nas Ações Coletivas*. Dissertação (Mestrado em Direito) – Fundação Escola Superior do Ministério Público, Porto Alegre, 2020. p. 47 e 129.

[763] CABRAL, Trícia Navarro Xavier. Convenções em Matéria Processual. *Revista de Processo*, v. 241, p. 489-516, mar. 2015.

[764] DUARTE, Antonio Aurélio Abi Ramia. Negócios Processuais e seus Novos Desafios. *Revista dos Tribunais*, v. 955, p. 211-227, maio 2015.

[765] CABRAL, Trícia Navarro Xavier. Convenções em Matéria Processual. *Revista de Processo*, v. 241, p. 489-516, mar. 2015.

é possível que acordem mais facilmente acerca da limitação do âmbito probatório, de determinados prazos processuais, da renúncia a determinadas faculdades processuais, dentre outros elementos. Igualmente, durante a conclusão do contrato, é possível que se convencione de antemão disposições específicas sobre citações e intimações, cumprimento da sentença ou outros ajustes potencialmente benéficos à solução do litígio.

Assim, a combinação de diferentes métodos de solução de conflitos permite uma adaptabilidade às singularidades da causa e às necessidades das partes,[766] tutelando efetivamente o direito material e os fins do processo, o que confere a maior efetividade possível ao direito processual na consecução da tarefa de tutelar as situações jurídicas materiais e de outorgar justiça – que é o fim último de toda forma de resolver as disputas inerentes à vida social.[767]

4. Modalidades de estruturação

A autonomia negocial das partes permite ajustar diferentes modos de solução de disputas. Há, basicamente, três modos de contratação passíveis de utilização pelas partes para estabelecer a interação entre os diversos mecanismos contratados, a saber: (i) escalonamento; (ii) fracionamento; e (iii) combinação e/ou alternância.

O escalonamento consiste em criar uma sequência a ser seguida entre os métodos de solução de disputas. Trata-se, portanto, da fixação de diferentes etapas que deverão ser seguidas. Esse escalonamento poderá ser fixado de modo próprio ou vinculante – em que é necessário perpassar o primeiro degrau do mecanismo estruturado de solução de disputas para passar para o próximo; ou facultativo – quando não há prejuízo em superar uma das etapas colocadas como prévias.

O fracionamento refere-se à criação de uma segmentação objetiva ou subjetiva em relação à forma pela qual os conflitos serão dirimidos. O fracionamento objetivo conduz à solução de algumas controvérsias por um determinado mecanismo, reservando método diverso para a solução das demais. O fracionamento subjetivo significa reservar a determinadas partes o acesso a um método de solução de conflitos, enquanto outras partes terão a possibilidade ou dever de utilizar método diverso.

Por fim, a combinação de mecanismos de solução de disputas constitui a fixação de métodos distintos para atuarem de modo alternativo ou, ainda, complementar. A combinação em caráter alternativo permite que a parte escolha um método ou outro para resolver a controvérsia. Em outros casos, a combinação poderá ocorrer de modo complementar, quando há um mecanismo principal, e outros que ocorrem em apoio.

---

[766] DUARTE, Antonio Aurélio Abi Ramia. Negócios Processuais e seus Novos Desafios. *Revista dos Tribunais*, v. 955, p. 211-227, maio 2015.

[767] DUARTE, Antonio Aurélio Abi Ramia. Negócios Processuais e seus Novos Desafios. *Revista dos Tribunais*, v. 955, p. 211-227, maio 2015.

§ 19. CLÁUSULA COMPROMISSÓRIA ESCALONADA

1. Técnica do escalonamento

A cláusula escalonada ou sequencial é aquela que estabelece "etapas que devem ser cumpridas até que se culmine em uma decisão final, caso não se tenha obtido a composição nas etapas anteriores".[768] Segundo Francisco José Cahali, a cláusula escalonada consiste "na previsão pela convenção de dois (ou até mais) métodos de solução de conflitos a serem exercidos na forma convencionada".[769]

Gary Born acrescenta que as *multi-tiered clauses*, como são conhecidas na doutrina internacional, preveem que as etapas iniciais da resolução do litígio se darão por meios mais informais, antes de se iniciar a arbitragem.[770] Catarina Monteiro Pires esclarece o caráter sucessivo dessas cláusulas, que podem prever métodos consensuais prévios à arbitragem, "como a negociação e a mediação, ou corresponder a *expert determination* ou *dispute board*, estes últimos comuns em contratos de construção".[771] A previsão de realização de uma etapa de mediação ou conciliação antes de iniciado um procedimento arbitral não significa que as partes devem obter sucesso nessa etapa de autocomposição prévia, mas sim que, surgindo uma controvérsia, ela será objeto de discussão pelas partes de acordo com o método escolhido.[772]

Nem sempre o escalonamento será pactuado de modo vinculante. Se da redação da cláusula não restar evidente a necessidade de sequenciamento, a etapa aparentemente inicial poderá ser sobreposta. Em outros casos, a redação será clara em fixar o escalonamento – situações nas quais a não observância da etapa prévia terá potenciais consequências procedimentais.

---

768 PACHIKOSKI, Silvia Rodrigues. A cláusula escalonada. In: ROCHA, Caio Cesar Vieira; SALOMÃO, Luis Felipe (coord.). *Arbitragem e mediação*: a reforma da legislação brasileira. 2. ed. São Paulo: Atlas, 2017.

769 CAHALI, Francisco José. *Curso de arbitragem*: mediação, conciliação e resolução CNJ 125/2010. São Paulo: Revista dos Tribunais, 2017. p. 175.

770 "Arbitration clauses can be combined with provisions for other means of alternative dispute resolution ('ADR'). Such provisions are often referred to as 'multi-tiered dispute resolution clauses', because they provide for initial stages of less formal dispute resolution (such as ADR) before arbitration is commenced." (BORN, Gary. *International arbitration and forum selection agreements*: drafting and enforcing. 6. ed. Alphen aan den Rijn: Kluwer Law International, 2021. p. 105).

771 PIRES, Catarina Monteiro. Convenção de Arbitragem. In: PIRES, Catarina Monteiro; DIAS, Rui Pereira. *Manual de arbitragem internacional lusófona*. Coimbra: Almedina, 2020. v. 1. p. 63.

772 "Even assuming that an agreement to engage in a pre-arbitration dispute resolution process of negotiation or mediation is both valid and mandatory, the obligations under such an agreement are usually limited. In particular, an agreement to negotiate or mediate, even if a valid contractual provision imposing mandatory obligations, is not an agreement to negotiate successfully or to agree on any particular commercial terms, but only an agreement to discuss a particular issue" (BORN, Gary. *International commercial arbitration*. 3. ed. Alphen aan den Rijn: Kluwer Law International, 2021. [versão eletrônica, atualizada em janeiro de 2023, §5.08[A][3]).

2. Mediação seguida de arbitragem (Med-Arb)

A cláusula comumente chamada de Med-Arb é a mais conhecida das cláusulas escalonadas.[773] Como o próprio nome sugere, essa cláusula combina uma fase de mediação prévia, seguida de uma arbitragem.[774]

Essa conjugação de, primeiro, um método de resolução de conflito autocompositivo, seguido de um heterocompositivo, não é nova nem exclusiva do mundo arbitral. O Código de Processo Civil prevê a realização de uma audiência de conciliação ou de mediação, antes da formação da lide e da apresentação da contestação pelo réu.[775]

As cláusulas Med-Arb costumam ser vistas em contratos de execução continuada, como os contratos de franquia e construção.[776] Segundo Sílvia Pachikoski, isso se dá pois essas cláusulas "permitem a preservação do vínculo entre as partes contratantes, evitando-se a ruptura do ambiente profícuo das relações comerciais".[777] Posição seme-

---

[773] "A cláusula mais conhecida no Brasil é a denominada Med-Arb, onde as partes estipulam que, se houver um conflito, ele deve ser submetido primeiro ao procedimento de mediação. Se não for possível atingir uma solução consensual, então submetem a matéria à arbitragem" (EIZIRIK, Nelson; COELHO, Renata Moritz Serpa. Mediação e Arbitragem: uma combinação útil. In.: MOREIRA, Ana Luiza B. M. Pinto; BERGER, Renato. *Arbitragem e outros temas de direito privado*: estudos jurídicos em homenagem a José Emílio Nunes Pinto. São Paulo: Quartier Latin, 2021. p. 424).

[774] "A redação da cláusula denominada 'Med-Arb' prevê a mediação e, se não for alcançado um acordo, passa-se para arbitragem" (LEMES, Selma Maria Ferreira. Acordo de acionistas – Sistema de solução de conflitos "Tailor-Made" – Cláusula Compromissória aberta (art. 6.º da Lei 9.307/1996), com todas as potencialidades para instituir a arbitragem (art. 7.º) – Efeito vinculante – não se trata de cláusula escalonada – Mediação ou arbitragem – Admissibilidade de cláusula de arbitragem e eleição de foro (execução específica) – cláusula combinada ou fracionada – instituição da arbitragem pelo Juízo de primeiro grau (Parecer). *Revista de Direito Civil Contemporâneo*, v. 7, p. 297-322, 2016).

[775] Código de Processo Civil, art. 334, *caput*: "Se a petição inicial preencher os requisitos essenciais e não for o caso de improcedência liminar do pedido, o juiz designará audiência de conciliação ou de mediação com antecedência mínima de 30 (trinta) dias, devendo ser citado o réu com pelo menos 20 (vinte) dias de antecedência".

[776] "Perhaps another reason for the employment of multi-tiered clauses lies in the great diversity of possible disputes in complex contracts, particularly construction contracts of some duration. It is an obvious fact that a dispute resolution clause inserted into a contract is designed to deal with future disputes. These future disputes can be multiferous in nature. They can involve very different issues and bear very different monetary values. In consequence a multi-tiered dispute resolution procedure is likely to contain, in one tier or another, a procedure appropriate for a particular dispute. For these reasons, and others, it seems that multi-tiered dispute resolution clauses are increasing in popularity and use" (PRYLES, Michael. Multi-Tiered Dispute Resolution Clauses. In: VAN DEN BERG, Albert (ed.). *International Arbitration and National Courts*: The Never Ending Story. (ICCA Congress Series n. 10). New Dehli: Kluwer Law International, 2001 v. 10. p. 24-25).

[777] PACHIKOSKI, Silvia Rodrigues. A cláusula escalonada. In: ROCHA, Caio Cesar Vieira; SALOMÃO, Luis Felipe (coord.). *Arbitragem e mediação*: a reforma da legislação brasileira. 2. ed. São Paulo: Atlas, 2017.

lhante é compartilhada por Francisco Cahali, ao acrescentar que o atrativo na estipulação de cláusulas escalonadas em contratos de longa duração consiste no fato de que "mesmo diante de alguma controvérsia surgida no curso da execução do contrato, ainda terão um período prolongado de convivência, sendo de todo recomendável, assim, buscar soluções consensuais para as diferenças havidas".[778]

Em razão da extensão do relacionamento havido entre as partes, a fase inicial de mediação se mostra benéfica, pois o procedimento conta com a participação de um mediador com conhecimento aprofundado na causa, que irá auxiliar as partes na satisfação de seus interesses e necessidades.[779]

Selma Lemes também justifica a utilização frequente de cláusulas Med-Arb em contratos de longa duração e de maior complexidade, tendo em vista que "o inadimplemento contratual repercute em cadeia nas demais contratações e subcontratações, sendo de todo oportuno prevê-las e estipulá-las".[780]

Nelson Eizirik e Renata Moritz ressaltam que a mediação realizada antes do procedimento arbitral pode ser bastante proveitosa, "promovendo a reconstrução do diálogo entre partes e advogados, ajudando-os a entender melhor as razões do conflito instaurado. Pode auxiliar a superar impasses tanto nessa fase pré-arbitral, quanto durante a arbitragem, quando, mediante acordos parciais, as partes podem deixar para os árbitros decidirem apenas questões que não conseguiram resolver em conjunto".[781] Os autores acrescentam que, caso não seja alcançado um acordo na fase de mediação, a etapa subsequente de arbitragem garante uma decisão vinculativa que encerrará a demanda.[782] Logo, a cláusula Med-Arb "é capaz de somar vantagens de seus dois procedi-

---

778 CAHALI, Francisco José. *Curso de arbitragem*: mediação, conciliação e resolução CNJ 125/2010. São Paulo: Revista dos Tribunais, 2017. p. 175.

779 "Nela [mediação] o que está em jogo constitui-se meses, anos ou décadas de relacionamento. Ela demanda um conhecimento mais aprofundado do terceiro no que tange a inter-relação existente entre as partes. O mediador, para que possa melhor auxiliá-las nas questões controversas, deve ter mais tempo para investigar e conhecer toda a complexidade daquela inter-relação. Cabe ressaltar, por isso, que a mediação não vista pura e simplesmente o acordo, visa sim atingir a satisfação dos interesses e necessidades das pessoas envolvidas no conflito" (BRAGA NETO, Adolfo. Aspectos Relevantes sobre Mediação de Conflitos. In: WALD, Arnoldo (org.). *Doutrinas essenciais arbitragem e mediação*: mediação e outros institutos. São Paulo: Revista dos Tribunais, 2014. v. VI. p. 404).

780 LEMES, Selma. Cláusula Escalonada ou Combinada: Mediação, Conciliação e Arbitragem. In: FINKELSTEINS, Claudio; VITA, Jonathan B.; CASADO FILHO, Napoleão (coord.). *Arbitragem internacional*: UNIDROIT, CISG e Direito Brasileiro. São Paulo: Quartier Latin, 2010. p. 164.

781 EIZIRIK, Nelson; COELHO, Renata Moritz Serpa. Mediação e Arbitragem: uma combinação útil. In: MOREIRA, Ana Luiza B. M.; Pinto; BERGER, Renato (org.). *Arbitragem e outros temas de direito privado*: estudos jurídicos em homenagem a José Emílio Nunes Pinto. São Paulo: Quartier Latin, 2021. p. 422.

782 EIZIRIK, Nelson; COELHO, Renata Moritz Serpa. Mediação e Arbitragem: uma combinação útil. In: MOREIRA, Ana Luiza B. M.; Pinto; BERGER, Renato (org.). *Arbitragem e outros temas de direito privado*: estudos jurídicos em homenagem a José Emílio Nunes Pinto. São Paulo: Quartier Latin, 2021. p. 422.

mentos-formadores: incentivo às partes a alcançar uma solução consensual, o que pode ajudá-las na continuidade de seu relacionamento comercial, ao mesmo tempo em que existe a garantia de que haverá uma decisão final e vinculante, resolvendo o conflito".[783]

Por ser a modalidade de cláusula escalonada mais difundida, diversos centros de arbitragem e mediação disponibilizam às partes interessadas o seu respectivo modelo de cláusula Med-Arb, como é o caso da CAMARB,[784] do CAM-CCBC,[785] da CCI[786] e da CIESP-FIESP.[787]

As cláusulas escalonadas objetivam tornar o procedimento arbitral mais eficiente,[788] estimulando a autocomposição[789] e evitando gastos desnecessários durante a arbitragem.[790] As cláusulas escalonadas podem ser benéficas para partes que pretendem manter, ou não prejudicar, o seu relacionamento,[791] por prever a resolução do litígio, em um

---

783 SZACHNOWICZ, Shirly E. Vogelfang. Processos Híbridos: a utilização prática da cláusula med--arb. In: WALD, Arnoldo (org.). *Doutrinas essenciais arbitragem e mediação*: mediação e outros institutos. São Paulo: Revista dos Tribunais, 2014. v. VI. p. 1.278.

784 Disponível em: https://camarb.com.br/clausula-modelo/. Acesso em: 17 mar. 2023.

785 Disponível em: https://ccbc.org.br/cam-ccbc-centro-arbitragem-mediacao/resolucao-de--disputas/arbitragem/modelos-de-clausula/. Acesso em: 17 mar. 2023.

786 Disponível em: https://iccwbo.org/dispute-resolution-services/mediation/mediation-clauses/. Acesso em: 17 mar. 2023.

787 Disponível em: https://www.camaradearbitragemsp.com.br/pt/res/docs/20220405-modelos--de-clausulas-arbitragem-e-mediacao.pdf. Acesso em: 17 mar. 2023.

788 "Having an appropriate multi-tiered clause may often result in the resolution of the dispute by a specified and relatively cheap and cost-effective procedure without the necessity of resorting to arbitration" (PRYLES, Michael. Multi-Tiered Dispute Resolution Clauses. In: Albert Van den Berg (Ed.). *International Arbitration and National Courts*: The Never Ending Story. (ICCA Congress Series n. 10). New Dehli: Kluwer Law International, 2001. v. 10. p. 24).

789 Nesse mesmo sentido, Arnoldo Wald elucida que "a maioria das questões debatidas nos processos arbitrais é constituída por litígios societários e decorrentes de contratos de construção ou de compra e venda. Nos negócios jurídicos de longa duração, como os acordos de acionistas, e mesmo naqueles que não se realizam num único momento, como ocorre nas promessas de alienação, o tempo é dinheiro (*time is money*) e, ao menos para uma das partes, não há como esperar uma solução por longo tempo. Daí a preferência pelo acordo, pela mediação e a conciliação e, na sua falta, pela arbitragem que, em virtude de sua confidencialidade, reduz um pouco o antagonismo das partes e permite, algumas vezes, a continuação pacífica das suas relações comerciais, que geralmente não subsiste quando as partes estão num conflito judiciário" (WALD, Arnoldo. A conciliação e os acordos. In: WALD, Arnoldo; LEMES, Selma (org.). *25 anos da Lei de Arbitragem (1996-2021)*: história, legislação, doutrina e jurisprudência. São Paulo: Revista dos Tribunais, 2022).

790 "These various provisions are designed to enhance the efficiency of the international arbitral process, by encouraging amicable dispute resolution and avoiding unnecessary legal proceedings and expense" (BORN, Gary. *International commercial arbitration*. 3. ed. Alphen aan den Rijn: Kluwer Law International, 2021. [versão eletrônica, atualizada em janeiro de 2023, §5.08]).

791 PACHIKOSKI, Silvia Rodrigues. A cláusula escalonada. In: ROCHA, Caio Cesar Vieira; SALOMÃO, Luis Felipe (coord.). *Arbitragem e mediação*: a reforma da legislação brasileira. 2. ed. São Paulo: Atlas, 2017.

primeiro momento, por um método autocompositivo.[792] Quando se utiliza a mediação como etapa anterior à arbitragem, há ainda a possibilidade de aumento do controle das partes sobre a extensão, profundidade e o resultado do conflito.[793]

As cláusulas escalonadas geralmente combinam métodos autocompositivos (mediação ou conciliação, por exemplo) com métodos heterocompositivos (como é o caso da arbitragem) de solução de controvérsias.[794] Considerando a existências de várias formas de resolução de conflitos, embora a cláusula Med-Arb seja a mais conhecida, outras formas de escalonamento são possíveis.[795] Nelson Eizirik e Renata Moritz ressaltam que há um movimento em prol de soluções mais rápidas, e isso "estimula a criatividade e permite a conjugação de vários mecanismos, criando 'métodos híbridos' em busca de uma opção *taylor made* para cada caso".[796] A adequação do método de solução de disputas é uma tendência internacional.[797]

---

792 GOMM, Maurício. The Role of Mediation in Arbitration: The Use and the Challenges of Multi-tiered Clauses in International Agreements. *Revista Brasileira de Arbitragem*, v. X, n. 38, p. 9, 2013.

793 GOMM, Maurício. The Role of Mediation in Arbitration: The Use and the Challenges of Multi-tiered Clauses in International Agreements. *Revista Brasileira de Arbitragem*, v. X, n. 38, p. 9, 2013.

794 "Sublinhamos que cada um desses mecanismos possui qualidades e fragilidades e não se trata de estabelecer uma competição pelo método mais eficiente, mas sim em termos em mente que cada um deles possui a seu modo, potencialidade e ferramentas específicas para condução de modo personalizado de cada conflito e podem ser utilizados de maneira isolada ou ainda combinada. A arbitragem proporciona à parceria sua força decisória e vinculativa. Isso significa dizer que, desde a instituição dos procedimentos até seu final, tanto em relação à mediação, pela possibilidade de homologação do acordo obtido, como na falta desse pela prolação da sentença em âmbito arbitral, a foça vinculativa da arbitragem está presente. (...) Nesse sentido, a utilização combinada dos dois meios se mostra como um recurso que integra o diálogo e/ou decisão que promete amenizar os desgastes gerados pelo conflito, facilitando a comunicação entre os envolvidos, mesmo que não atinjam o acordo e a decisão arbitral se faça necessária" (LEVY, Fernanda Rocha Lourenço. *Cláusulas escalonadas*: a mediação comercial no contexto da arbitragem. São Paulo: Saraiva, 2013. p. 196-197).

795 "Mais algumas das combinações mais comuns de procedimentos sequenciais, além de med-arb são: arbitragem-mediação ('arb-med'), arbitragem-mediação-arbitragem ('arb-med-arb'), arbitragem-conciliação-arbitragem ('arb-con-arb') e arbitragem-conciliação-mediação-conciliação-arbitragem ('arb-con-med-con-arb')" (LEAL, Marina Galvão Maia. As cláusulas escalonadas no ordenamento jurídico brasileiro: breves considerações sobre as cláusulas med-arb e seus efeitos. *Revista Brasileira de Arbitragem*, v. XVIII, n. 72, p. 66, 2021).

796 EIZIRIK, Nelson; COELHO, Renata Moritz Serpa. Mediação e Arbitragem: uma combinação útil. In: MOREIRA, Ana Luiza B. M. Pinto; BERGER, Renato (org.). *Arbitragem e outros temas de direito privado*: estudos jurídicos em homenagem a José Emílio Nunes Pinto. São Paulo: Quartier Latin, 2021. p. 422.

797 "Há uma tendência mundial de crescimento na utilização de métodos que combinem o uso da arbitragem com a conciliação ou a medição existindo inclusive previsão a esse respeito em diversas legislações. A lei chinesa de arbitragem, por exemplo, em seu artigo 51 encoraja o uso da arbitragem combinada com a conciliação, assim como também ocorre na Índia e no Brasil" (SZACHNOWICZ, Shirly E. Vogelfang. Processos Híbridos: a utilização prática da cláusula

Normalmente, as cláusulas escalonadas são redigidas de forma a privilegiar, em um primeiro momento, métodos autocompositivos, que são mais flexíveis e menos onerosos. Se a solução não for alcançada por meio do primeiro método selecionado, buscam-se alternativas até que se chegue a um método que resulte em decisão final e vinculante.[798] As cláusulas escalonadas podem ser úteis especialmente em contratos de construção, infraestrutura e propriedade intelectual, que demandam soluções rápidas. Tais cláusulas potencialmente oferecem maior flexibilidade para resolução da disputa a um menor custo, em comparação à arbitragem.[799]

Fernanda Levy aponta como uma das principais vantagens das cláusulas escalonadas a redução de tempo e custos do processo, sendo possível, caso a controvérsia não seja resolvida por mediação, ter o resguardo de que se terá uma decisão final e vinculativa, proferida por um Tribunal Arbitral.[800] A cláusula escalonada, portanto, incentiva as partes a chegarem a uma solução consensual, ao mesmo tempo em que garante que, caso não haja acordo, ainda assim haverá uma decisão para o litígio.[801] Por isso, as cláusulas Med-Arb devem ser redigidas com cautela, a fim de evitar tentativas de protelar o início do procedimento arbitral.[802]

---

med-arb. In: WALD, Arnoldo (org.). *Doutrinas essenciais arbitragem e mediação*: mediação e outros institutos. São Paulo: Revista dos Tribunais, 2014. v. VI. p. 1274).

798 "Common practice is to design the mechanism in such a way that the levels of the resolution process evolves while the dispute becomes escalated: starting from non-binding, flexible, and inexpensive methods and followed by increasingly burdensome steps as the disputes continues to escalate. If no agreement can be reached, the final step is to use a binding settlement method. Most clauses consequently oblige parties to first turn to rather informal settlement methods (negotiation at senior-executive level, summary assessment by a third party (usually an expert), etc.). This ensures that simple and rather straightforward disputes are settled quickly and at low cost. This first step is then followed by a more demanding and time-consuming mechanism (e.g., mediation, referral to an advisory or adjudication board) and, finally, by binding settlement methods: seeking binding expert opinion or arbitration or litigation, or even a combination of them (expert opinion with arbitration or litigation)" (KOHL; Benoît; RIGOLET, Alexandre. Multi-tiered resolution clauses: use them all if you can't choose one. In: MEULEESTER, Dirk de.; BERLINGIN, Maxime. *Liber Amicorum CEPANI (1969-2019)*: 50 years of solutions. Kluwer Law International, 2019. p. 431).

799 GOMM, Maurício. The Role of Mediation in Arbitration: The Use and the Challenges of Multi--tiered Clauses in International Agreements. *Revista Brasileira de Arbitragem*, v. X, n. 38, p. 9, 2013.

800 LEVY, Fernanda Rocha Lourenço. *Cláusulas escalonadas*: a mediação comercial no contexto do arbitragem, São Paulo: Saraiva, 2013. p. 196-197

801 SZACHNOWICZ, Shirly E. Vogelfang. Processos Híbridos: a utilização prática da cláusula med--arb. In: WALD, Arnoldo (org.). *Doutrinas essenciais arbitragem e mediação*: mediação e outros institutos. São Paulo: Revista dos Tribunais, 2014. v. VI. p. 1278.

802 "Porém, para que se mostre eficiente, a cláusula escalonada deve ser redigida de maneira a propiciar o benefício das partes e não gerar confusão e permitir que uma parte resistente, ou de má-fé, torne-a ineficiente, com tentativas protelatórias que apenas retardem a solução do conflito ou a solução arbitral" (PACHIKOSKI, Silvia Rodrigues. A cláusula escalonada. In: ROCHA, Caio Cesar Vieira; SALOMÃO, Luis Felipe (coord.). *Arbitragem e mediação*: a reforma da legislação brasileira. 2. ed. São Paulo: Atlas, 2017.

Em sentido contrário, Leonardo Beraldo afirma não ser favorável à inclusão de cláusulas escalonadas, por entender que "a busca pela mediação ou pela conciliação deve ser espontânea, e, não obrigatória".[803] A natureza voluntária da mediação é um dos princípios fundamentais que regem esse método de resolução de conflitos, o que faz com que nem todos os conflitos sejam adequados para a mediação – justificando a sua previsão em caráter não mandatório.

A cláusula Med-Arb, que combina os métodos de mediação e arbitragem, está intrinsecamente ligada à natureza colaborativa e comunicativa da resolução de disputas que, por meio de uma abordagem híbrida, incentiva as partes a buscarem soluções para as disputas mediante a autocomposição, incentivando a comunicação e a postura colaborativa em prol da solução do conflito. Tomando-se como ponto de partida a visão processual do vínculo obrigacional, o estabelecimento de mecanismos que tornem a solução de disputas um processo ativo, dialético e comunicativo, permite-se que os próprios agentes comerciais – os principais interessados em sanar as divergências havidas – busquem maximizar o interesse útil advindo do vínculo contratual, mesmo quando este entra em sua fase patológica diante do surgimento de desavenças.

3. Arbitragem seguida de mediação (Arb-Med)

A conjugação de procedimentos de arbitragem e mediação também pode ser estipulada pelas partes na ordem inversa, recorrendo-se, primeiramente, à arbitragem e, em um segundo momento, à mediação. Há dois modelos de cláusula que utilizam a denominação Arb-Med: (i) Arb-Med pura e (ii) Arb-Med-Arb ou *mediation window*.

Na cláusula Arb-Med pura, inicia-se o procedimento arbitral, que tem regular seguimento até a fase de prolação da sentença. O Tribunal Arbitral redige a sentença e a guarda consigo, sem divulgação às partes. A partir desse momento, o procedimento é suspenso e inicia-se a mediação. Nesse caso, a pressão psicológica de já haver uma decisão, de conteúdo desconhecido pelas partes, incentiva a formação de um consenso.[804]

Por sua vez, o termo "*mediation window*" refere-se a uma janela de oportunidade temporal especificamente designada durante um processo arbitral no qual as partes utilizam a técnica da mediação para tentar pôr fim à controvérsia. Nesse lapso temporal, normalmente, o procedimento arbitral fica suspenso e as partes passam a focar na via autocompositiva.[805] Com uma *mediation window*, em que pese o acordo quanto à totalidade do litígio seja resultado sempre mais difícil, é possível que as partes com-

---

803 BERALDO, Leonardo de Faria. *Curso de arbitragem*: nos termos da Lei nº 9.307/96. São Paulo: Atlas, 2014. p. 187.

804 LEAL, Marina Galvão Maia. As cláusulas escalonadas no ordenamento jurídico brasileiro: breves considerações sobre as cláusulas med-arb e seus efeitos. *Revista Brasileira de Arbitragem*, v. XVIII, n. 72, p. 66, 2021.

805 EIZIRIK, Nelson; COELHO, Renata Moritz Serpa. Mediação e Arbitragem: uma combinação útil. In: MOREIRA, Ana Luiza B. M. Pinto; BERGER, Renato. *Arbitragem e outros temas de direito privado*: estudos jurídicos em homenagem a José Emílio Nunes Pinto. São Paulo: Quartier Latin, 2021. p. 425.

ponham, ao menos, certos pontos controvertidos, sejam eles relacionados a questões procedimentais, ou ao mérito da controvérsia, deixando o restante para ser dirimido pelo tribunal arbitral.[806] Por conta disso, a *mediation window* também pode ser conhecida como Arb-Med-Arb.[807]

Após a instrução probatória do procedimento arbitral, as partes têm condições de melhor entender a situação ocorrida e ponderar suas reais chances de êxito,[808] o que pode justificar "uma evolução dos entendimentos das partes no decorrer do processo".[809] Em razão disso, observa-se uma tendência – que obviamente depende da vontade das partes – em adotar a interrupção de procedimentos arbitrais para tentativa de composição entre as partes.[810] A experiência vivida pelas partes na arbitragem, especialmente após a coleta das provas em audiência, pode ser elemento importante na decisão de celebrar uma transação, extinguindo o litígio. Caso haja acordo, a sentença arbitral é descartada – sem que seu conteúdo seja revelado às partes – e os árbitros proferem, então, uma sentença homologatória de acordo.

Contudo, a realização de uma etapa arbitral antes de iniciada a mediação pode trazer efeitos adversos.[811] Após as partes participarem de um procedimento arbitral, que é adversarial em sua natureza, por conta de eventuais animosidades, pode também ser

---

806 LEAL, Marina Galvão Maia. As cláusulas escalonadas no ordenamento jurídico brasileiro: breves considerações sobre as cláusulas med-arb e seus efeitos. *Revista Brasileira de Arbitragem*, v. XVIII, n. 72, p. 66, 2021.

807 LEAL, Marina Galvão Maia. As cláusulas escalonadas no ordenamento jurídico brasileiro: breves considerações sobre as cláusulas med-arb e seus efeitos. *Revista Brasileira de Arbitragem*, v. XVIII, n. 72, p. 67, 2021.

808 "Na nossa prática mais recente, tivemos cinco casos importantes e outros menos relevantes nos quais a arbitragem ou a simples ameaça de sua concretização levaram as partes ao acordo às vésperas da assinatura do termo de compromisso, que foi adiado por diversas vezes, ou após o início do período probatório e até um dia antes da audiência na qual as principais testemunhas deveriam ser ouvidas. É a situação que costuma ocorrer frequentemente nas arbitragens societárias e nos litígios referentes à construção de grandes projetos nos quais as partes não se podem dar o luxo de deixar um litígio sem solução por muito tempo. As liminares e cautelares judiciais ou arbitrais, e até as decisões do árbitro de emergência, previsto em alguns regulamentos, embora importantes, não são suficientes para assegurar a convivência construtiva e harmoniosa dos interessados por longo tempo, num contexto que pode ser mudado de um momento para o outro pela decisão definitiva da arbitragem" (WALD, Arnoldo. A conciliação e os acordos. In: WALD, Arnoldo; LEMES, Selma (org.). *25 anos da Lei de Arbitragem (1996-2021)*: história, legislação, doutrina e jurisprudência. São Paulo: Revista dos Tribunais, 2022).

809 WALD, Arnoldo. A conciliação e os acordos. *In.*: WALD, Arnoldo; LEMES, Selma (org.). *25 anos da Lei de Arbitragem (1996-2021)*: história, legislação, doutrina e jurisprudência. São Paulo: Revista dos Tribunais, 2022.

810 BRAGA NETO, Adolfo. Marco Legal da Mediação – Lei 13.140/2015 – Comentários Iniciais à Luz da Prática Brasileira. *Revista de Arbitragem e Mediação*, ano 12, v. 47, p. 269, out./dez. 2015.

811 WALD, Arnoldo. A conciliação e os acordos. In.: WALD, Arnoldo; LEMES, Selma (org.). *25 anos da Lei de Arbitragem (1996-2021)*: história, legislação, doutrina e jurisprudência. São Paulo: Revista dos Tribunais, 2022.

mais difícil a composição por meio da mediação.[812] Na verdade, cada caso é diferente. E a experiência dos profissionais envolvidos pode ser determinante para que a solução mais adequada seja encontrada.

Após o término da fase de mediação, três são os resultados possíveis: (i) acordo integral, (ii) acordo parcial; ou (iii) ausência de acordo.[813] Nos casos de ausência de acordo, ou acordo parcial, a arbitragem prosseguirá até ser proferida a sentença.

Um exemplo de cláusula Arb-Med-Arb é a elaborada pela SIAC (Singapore International Arbitration Centre) e SIMC (Singapore International Mediation Centre).[814] A referida instituição possui inclusive um protocolo ("AMA Protocol") com as regras específicas aplicáveis ao procedimento Arb-Med-Arb.[815] Esse protocolo prevê que a mediação deverá ser finalizada em 8 semanas – prazo que pode ser prorrogado pela SIAC e SIMC. Se a disputa não tiver sido resolvida pelas partes ao final desse prazo, seja parcial ou totalmente, o procedimento arbitral terá seguimento. Caso haja acordo durante a mediação, as partes podem solicitar ao Tribunal Arbitral que o formalize por meio de uma sentença homologatória.

A JAMS também apresenta regramento semelhante intitulado de "Mediator-in-Reserve".[816] Durante determinada arbitragem, as partes podem solicitar à JAMS auxílio para nomear um mediador de sua lista. O mediador selecionado estará à disposição das partes no curso da arbitragem, e não há incidência de qualquer custo até que, de fato, os serviços do mediador sejam utilizados. O Tribunal Arbitral não tem ciência do profissional que atuará como mediador e nem mesmo se as partes iniciaram a mediação.

A CCI, embora não tenha regramento próprio para disciplinar procedimentos Arb-Med-Arb, traz, no Apêndice IV do seu Regulamento de Arbitragem, técnicas para a condução do procedimento arbitral. Dentre elas, consta "incentivar as partes a considerar a possibilidade de acordo para o total ou parte do litígio, quer por negociação, quer por qualquer outra forma amigável de resolução de controvérsias como, por exemplo, mediação segundo o Regulamento de Mediação da CCI".[817]

---

[812] "Additionally, it may be psychological difficult to attempt to work through the issues together with the opponent, after having gone through the highly adversarial arbitration process" (PETER, James T. Med-Arb in International Arbitration. In: WALD, Arnoldo (org.). *Doutrinas essenciais arbitragem e mediação*: mediação e outros institutos. São Paulo: Revista dos Tribunais, 2014. v. VI. p. 1186).

[813] LEVY, Fernanda Rocha Lourenço. *Cláusulas escalonadas*: a mediação comercial no contexto da arbitragem. São Paulo: Saraiva, 2013. p. 11.

[814] Disponível em: https://siac.org.sg/the-singapore-arb-med-arb-clause. Acesso em: 17 mar. 2023.

[815] Disponível em: http://simc.com.sg/v2/wp-content/uploads/2019/03/SIAC-SIMC-AMA-Protocol.pdf. Acesso em: 17 mar. 2023.

[816] Disponível em: https://www.jamsadr.com/mediator-in-reserve/. Acesso em: 17 mar. 2023.

[817] Disponível em: https://iccwbo.org/content/uploads/sites/3/2021/03/icc-2021-arbitration-rules-2014-mediation-rules-portuguese-version.pdf. Acesso em: 17 mar. 2023.

Para além disso, os centros de arbitragem e mediação devem ter em conta outras relevantes questões ao administrar procedimentos derivados de cláusulas Arb-Med-Arb, como: (i) capacidade para administrar procedimentos de arbitragem e mediação; (ii) flexibilidade para eventual *mediation window* no curso do procedimento arbitral; (iii) regulamentação do dever de revelação para os árbitros e mediadores; e (iv) garantia da confidencialidade do procedimento de mediação em relação aos árbitros.[818]

4. Conciliação seguida de arbitragem

A conciliação é também um método autocompositivo que admite combinação com a arbitragem. O procedimento prévio de conciliação não se confunde com a mediação, "pois o conciliador pode sugerir um acordo para as partes, já o mediador auxilia no sentido de que as próprias partes assim procedam".[819] Na hipótese de as partes não chegarem a um consenso durante a conciliação, o procedimento segue para a etapa seguinte, que é a arbitragem.

Ressalta-se que, nesse caso, a cláusula escalonada não se confunde com a previsão do art. 22, § 4º, da Lei de Arbitragem.[820] A conciliação tentada pelo Tribunal Arbitral,[821] nessa hipótese, decorre da previsão legal, e não de convenção entre as partes.

---

818 "There are numerous competing considerations that arbitral institutions are equipped to handle if the Arb-Med-Arb protocols are properly designed. The considerations we have identified include: The need to ensure enforceability of a consent award; The ability to maximize efficiency in administering both procedures; The need for flexibility in creating a window for mediation while an arbitration is pending – in terms of both the timing and duration of the mediation; The differing disclosure obligations for mediators and arbitrators; The risk that confidential mediation communications could taint an arbitrator and render an award unenforceable" (PETTIBONE, Peter; SIFFERT, John. An Examination of Institutional Arb-Med-Arb Protocols and Practices. In: KOCHANSKY, Gregory (org.). *Dispute Resolution Journal*, v. 76, n. 1, p. 112, 2022).

819 LEMES, Selma. Cláusula Escalonada ou Combinada: Mediação, Conciliação e Arbitragem. In: FINKELSTEIN, Claudio; VITA, Jonathan B.; CASADO FILHO, Napoleão (coord.). *Arbitragem internacional*: UNIDROIT, CISG e Direito Brasileiro. São Paulo: Quartier Latin, 2010. p. 165.

820 Lei de Arbitragem, art. 21, § 4º: "Competirá ao árbitro ou ao tribunal arbitral, no início do procedimento, tentar a conciliação das partes, aplicando-se, no que couber, o art. 28 desta Lei".

821 "Desde 1996, com a promulgação da Lei nº 9.307 (Lei de Arbitragem), é facultado ao tribunal arbitral, no início do procedimento, tentar a conciliação entre as partes. Na hipótese de alcançarem um acordo, o tribunal pode, a pedido das mesmas, declarar tal fato como sentença arbitral. Outros países também regulam em suas respectivas Leis de Arbitragem a permissão para que o Tribunal reconheça o acordo celebrado pelas partes durante o processo arbitral. O mesmo ocorre em regulamentos de Câmaras de Mediação e Arbitragem, tal como, por exemplo, o da Câmara de Arbitragem da Câmara de Comércio Internacional – CCI" (EIZIRIK, Nelson; COELHO, Renata Moritz Serpa. Mediação e Arbitragem: uma combinação útil. In: MOREIRA, Ana Luiza B.M. Pinto; BERGER, Renato. *Arbitragem e outros temas de direito privado*: estudos jurídicos em homenagem a José Emílio Nunes Pinto. São Paulo: Quartier Latin, 2021. p. 423).

A arbitragem desempenha um papel significativo como catalisadora de acordos em processos de resolução de disputas,[822] na medida em que, para além de ser um meio para obter decisão vinculante de um terceiro imparcial, cria um ambiente propício para a negociação e a busca de soluções amigáveis entre as partes envolvidas. Nesse sentido, explica Arnoldo Wald que os árbitros podem contribuir para a formação de acordo, ao utilizar "certas técnicas ou procedimentos que são úteis, pois facultam a obtenção de soluções mais rápidas e eficientes dos litígios".[823]

§ 20. CLÁUSULA COMPROMISSÓRIA FRACIONADA

1. Técnica do fracionamento

O fracionamento de cláusula de solução de disputas consiste em se prever métodos distintos para solução de conflitos relacionados a determinado contrato. A cláusula fracionada prevê que algumas disputas serão submetidas a determinado método de solução de conflitos, enquanto outras disputas serão submetidas a outro método. Em outras palavras, há uma "cláusula fracionada" ou "fracionamento" quando o método de solução de conflitos não é homogêneo.

O fracionamento pode ser objetivo ou subjetivo. É objetivo quando certos tipos de disputa estão submetidos a um método, a exemplo da arbitragem, enquanto outras disputas serão resolvidas de outra forma, como a jurisdição estatal ou por meio de mediação prévia obrigatória.

O fracionamento objetivo pode decorrer da lei ou da autonomia das partes.

O fracionamento objetivo decorre da lei quando há regra legal que vede a submissão de determinadas controvérsias a uma forma de solução de disputas, ou quando haja cláusula de reserva de jurisdição. É o caso, por exemplo, de contrato que contenha, concomitantemente, cláusula compromissória e cláusula de eleição de foro, e surja uma disputa de caráter extrapatrimonial atrelada a essa relação jurídica. Na hipótese, pela inexistência parcial de arbitrabilidade, o mecanismo pactuado será considerado fracionado, cabendo a solução de certas questões à jurisdição arbitral e outras à jurisdição estatal. Contratos envolvendo direitos de personalidade, direitos autorais ou direito de família poderão dar ensejo ao fracionamento do método de solução de disputas, pois esses ramos do direito contêm tanto questões de natureza eminentemente patrimonial e

---

822 "Há, assim, novas funções importantes exercidas pela arbitragem, como verdadeiro catalisador de acordos, com base na eficiência do processo e num certo pragmatismo, que continua a ter que ser ético, mas não pode esquecer das realidades econômicas, conciliando-se, assim, o ideal de justiça com a redução de custos e de tempo na solução dos litígios, de forma que são as mais adequadas ao caso concreto quando decorrentes de acordo entre as partes" (WALD, Arnoldo. A conciliação e os acordos. In: WALD, Arnoldo; LEMES, Selma (org.). *25 anos da Lei de Arbitragem (1996-2021)*: história, legislação, doutrina e jurisprudência. São Paulo: Revista dos Tribunais, 2022).

823 WALD, Arnoldo. A conciliação e os acordos. In: WALD, Arnoldo; LEMES, Selma (org.). *25 anos da Lei de Arbitragem (1996-2021)*: história, legislação, doutrina e jurisprudência. São Paulo: Revista dos Tribunais, 2022.

disponível (portanto, arbitráveis), quanto questões de ordem não patrimonial, carentes de arbitrabilidade objetiva.

O fracionamento objetivo decorre da autonomia das partes quando os próprios contratantes estabelecem que certas disputas serão resolvidas por arbitragem, e outras por outro método de solução de conflitos. Por exemplo, é possível que, em uma cláusula compromissória estatutária, se estabeleça a arbitragem como método primordial para resolver litígios existentes entre acionistas ou entre acionistas e a sociedade, e, ao mesmo tempo, se preveja, especificamente, que eventual pretensão de dissolução parcial da sociedade deve submeter-se a mediação obrigatória prévia. Trata-se de hipótese em que, diante das peculiaridades do litígio, as partes criam um mecanismo diferenciado para solucioná-lo. O fracionamento também pode ocorrer quando as partes preveem o método de solução do litígio com base em seu valor, estabelecendo, nesse caso, que disputas acima de determinado valor serão resolvidas por arbitragem enquanto as demais o serão pelo Poder Judiciário. Assim, cria-se um *quantum* mínimo de valor da causa para acionamento da via arbitral.

O fracionamento também pode ser subjetivo, quando uma parte da relação jurídica tem acesso a determinados métodos de solução de conflitos, enquanto outras partes têm acesso a outros métodos. O fracionamento subjetivo igualmente pode decorrer da lei ou da vontade das partes.

O fracionamento subjetivo decorre da lei quando, por restrição ou garantia legal, assegura-se a certa parte o direito ou o dever de submeter-se ao Poder Judiciário, mesmo diante da existência de outro método de solução de disputas previsto no contrato. Cláusulas compromissórias por adesão, ou aquelas inseridas em contrato de consumo, apresentam fracionamento subjetivo, pois o aderente e o consumidor poderão optar por recorrer ao Poder Judiciário ou optar pela arbitragem. Situação inversa acontece em contratos desportivos tipicamente firmados por clubes de futebol. Nesse caso, o que é obrigatório é a utilização do mecanismo da justiça desportiva – organizada por entidade privada –, vedando-se o acesso à jurisdição estatal.

O fracionamento subjetivo pode decorrer também da vontade das partes. É o caso, por exemplo, das cláusulas compromissórias assimétricas – quando resta pactuado que uma parte poderá acessar o Poder Judiciário, enquanto a outra terá o direito de recorrer à arbitragem. Outro modo de fracionamento subjetivo pode ocorrer em arbitragens societárias, facultando a acionistas minoritários o direito de optar pela arbitragem ou pelo Poder Judiciário, enquanto vincula os sócios detentores de determinada participação no capital social à convenção de arbitragem estatutária.

2. Fracionamento entre cláusula compromissória e cláusula de eleição de foro

Já se disse que a cláusula compromissória fracionada consiste em modalidade de estruturação do método de solução de disputas no qual ocorre pactuação de cláusula compromissória simultaneamente à cláusula que prevê outra forma de solução do litígio, notadamente a cláusula de eleição de foro, autorizando por um critério objetivo ou subjetivo que as partes levem à arbitragem apenas determinadas matérias.

O interesse das partes, nesses casos, é segmentar aquilo que desejam seja resolvido por arbitragem e aquilo que desejam seja resolvido pelo Poder Judiciário, ao invés de prever o Judiciário apenas como órgão de apoio.[824] Internacionalmente, essas cláusulas são conhecidas como *split clauses*, e podem apresentar exceções variadas quanto à utilização da jurisdição arbitral – seja quanto ao escopo, a matérias específicas ou, até mesmo, às próprias partes, prevendo-se que apenas uma delas poderá iniciar arbitragem, enquanto a outra deverá recorrer às cortes judiciais.[825] Na Inglaterra essas cláusulas são conhecidas como *Scott v Avery clauses*, bastante utilizadas no ramo dos seguros.[826]

Em todos os casos, a possibilidade de previsão de exceções ao escopo da convenção de arbitragem deve ser usada com cautela e redigida de forma cuidadosa, para não trazer insegurança às partes.[827] Isso porque se o delineamento não for claro, poderá

---

824 "Another species of scope clauses include those provisions authorizing arbitration of certain disputes and litigation of others, which may be denominated as 'split clauses.' In these provisions, the parties may draft a broad-form clause but then carve out certain types of disputes such as intellectual property claims that they do not want to be arbitrable, or they may craft a clause tailored to include only narrowly-specified types of disputes. A variation of this provides for litigation of a certain category of disputes, but empowers one party to elect to have those disputes resolved by arbitration. If this variation is chosen, the process for making the election should be specified. Another variation is to provide that one party's claims must be arbitrated, while the other party may litigate its claims" (BISHOP, Doak R. A Practical Guide for Drafting International Arbitration Clauses. *Int'l Energy L. & Tax'n Rev*, n. 16, p. 53, 2000).

825 "Os contratos multilaterais também podem provocar esta bipartição da competência: não existe vedação para que se estipule que as controvérsias que envolverem determinadas partes sejam dirimidas pela via arbitral, enquanto os eventuais litígios que tocarem outros contratantes serão dirimidos pelo juiz togado (no foro eleito contratualmente). A hipótese que configuro, por óbvio, é aquela em que existem feixes diversos – embora teleologicamente inter-relacionados – de obrigações, sem que se caracterize a necessidade de litisconsórcio ativo ou passivo. Se for assim, haverá espaço confortável para a atuação do princípio da autonomia da vontade contratual, na forma de negócio jurídico processual, sendo importante explorar estas vertentes que mostram um amplo espectro de escolhas sob a perspectiva de um sistema multiportas de solução de litígio" (CARMONA, Carlos Alberto. Considerações sobre a cláusula compromissória e a eleição de foro. In: LEMES Selma Ferreira; CARMONA Carlos Alberto; MARTINS Pedro Batista. *Arbitragem*: estudos em homenagem ao prof. Guido Fernando da Silva Soares. São Paulo: Atlas, 2007. p. 43).

826 "A third variation is referred to in England as Scott v. Avery clauses. These provide either that no litigation shall be filed on the issues subject to litigation util an award has been issued on the arbitrable issues, making the completion of arbitration of some issues a condition precedent to litigation of others, or that the respondent's sole obligation will be to pay the pecuniary sum awarded in arbitration. These provisions are sometimes found in insurance contracts in which courts may be authorized to decide liability issues, while arbitrators are empowered to rule on the damage claims" (BISHOP, Doak R. A Practical Guide for Drafting International Arbitration Clauses. *Int'l Energy L. & Tax'n Rev*, n. 16, p. 53, 2000).

827 "Even where the parties have agreed to a broad arbitration clause, there may be claims or disputes that one party does *not* want submitted to arbitration. Exceptions to the scope of arbitration agreements (like exceptions to forum selection clauses) should be used cautiously and drafted carefully, because they can lead to jurisdictional disputes and other uncertainties.

haver o surgimento de disputas sobre a existência de jurisdição do tribunal arbitral, o que poderia resultar – em última instância – na anulação da sentença arbitral diante da prolação de sentença fora do escopo da convenção de arbitragem, conforme o art. 32, IV, da Lei de Arbitragem.

A possibilidade de segregação de matérias submetidas às vias arbitral e jurisdicional foi objeto de análise do TJSP. A celebração da cláusula fracionada previu que, à exceção dos temas expressamente previstos na cláusula de eleição de foro, todos os demais litígios seriam submetidos à arbitragem. O âmbito de aplicação da eleição de foro foi definido "para apreciar, exclusivamente, eventual nulidade da sentença arbitral, homologar acordo ou transação entre as partes, para execução direta do devedor principal e de seus garantidores quanto às obrigações líquidas e certas do presente contrato e, inclusive, para a execução da sentença arbitral, aplicando-se a legislação brasileira no que for necessário". Analisada a lide em questão, o tribunal entendeu que, por não estar prevista no rol de exceções à eficácia jurisdicional da arbitragem, a competência caberia ao juízo arbitral.[828]

3. Redação e interpretação da cláusula fracionada

A pactuação de cláusula fracionada é potencialmente frutífera para disputas sobre a interpretação da cláusula.[829] Nesse contexto, os intérpretes de uma cláusula fracionada devem ter em conta dois princípios interpretativos que se mostram de extrema relevância para nortear a atribuição de sentido à avença.

Em primeiro, o *favor arbitrandum* que, ao indicar interpretação no sentido de maximizar a utilidade da jurisdição arbitral, conduz a que – em casos de dúvida quanto ao escopo da cláusula fracionada – se aponte no sentido da existência de jurisdição por parte do Tribunal Arbitral.[830] Em segundo, a criação de exceções à jurisdição arbitral deve ser interpretada de modo literal, entendendo que somente os casos especiais referidos na convenção de arbitragem não deverão estar abarcados pelo seu escopo objetivo.

O TJSP teve oportunidade de debater a interpretação de cláusula fracionada. No caso, aquela corte reconheceu que "se as partes livremente convencionaram a cláusula

---

In appropriate contexts, however, carefully-drafted exceptions may be useful" (BORN, Gary B. *International arbitration and forum selection agreements*: drafting and enforcing. 6. ed. Alphen aan den Rijn: Kluwer Law International, 2021. p. 39-40).

828 TJSP, Ap. 0028376-28.2012.8.26.0114, Rel. Des. Mourão Neto, 27ª Cam. Dir. Priv., j. 17.05.2016.

829 "Para evitar que a concomitância das cláusulas de arbitragem e de foro num mesmo contrato resulte em perplexidade, despindo-lhes de sua funcionalidade na gestão dos conflitos entre as partes, é aconselhável que os contratantes delimitem precisamente os respectivos âmbitos de atuação de tais cláusulas, ou que, simplesmente, a cláusula de foro refira-se a todas as disputas insuscetíveis de solução pela via arbitral" (GAMA, Lauro. Ação de Declaração de Nulidade de Cláusula Contratual. Cláusulas de Arbitragem e de eleição de foro incluídas no contrato. Extinção do processo sem julgamento do mérito. *Revista de Arbitragem e Mediação*, São Paulo, ano 2, n. 6, p. 250, jul./set. 2005).

830 Em relação ao *favor arbitrandum*, remete-se o leitor ao capítulo específico que trata sobre o tema – Capítulo 4.

compromissória com alcance adstrito à matéria atinente à 'aferição da qualidade da cana-de-açúcar e determinação do preço da mesma', excetuando as demais controvérsias que pudessem surgir na execução do contrato, estão obrigadas a respeitá-la".[831] Ou seja, adotou-se o entendimento da interpretação estrita das exceções pactuadas na convenção de arbitragem.

Essa mesma linha de entendimento foi seguida em outra oportunidade pelo mesmo tribunal. A cláusula fracionada previu que, à exceção dos temas expressamente previstos na cláusula de eleição de foro, todos os demais litígios seriam objeto de solução via arbitragem. O âmbito de aplicação da eleição de foro foi definido "para apreciar, exclusivamente, eventual nulidade da sentença arbitral, homologar acordo ou transação entre as partes, para execução direta do devedor principal e de seus garantidores quanto às obrigações líquidas e certas do presente contrato e, inclusive, para a execução da sentença arbitral, aplicando-se a legislação brasileira no que for necessário".[832] Frente à segregação de matérias, o tribunal partiu da análise do objeto da disputa. Como a controvérsia apreciada não foi prevista no rol de exceções à arbitragem, o TJSP entendeu pela falta de jurisdição do Poder Judiciário.

Há dificuldade quando a controvérsia diz respeito tanto à matéria abarcada na convenção de arbitragem quanto àquela inserida na exceção à jurisdição arbitral prevista no escopo da própria cláusula compromissória. O tema parece comportar soluções diversas: quando a questão principal está abarcada pela convenção de arbitragem e a questão acessória é de competência expressa do Poder Judiciário, parece ser possível – pelo princípio da gravitação jurídica – entender pela solução conjunta perante a jurisdição arbitral, em linha com o *favor arbitrandum* e com o disposto no art. 112 do Código Civil, dando-se prevalência à intenção comum ao invés da literalidade do contrato. Ao revés, quando as questões forem autônomas, cada qual deve ser dirimida pelo método adequado indicado na cláusula de resolução de disputas. Por fim, quando houver questões prejudiciais entre si, o melhor caminho é adotar a suspensão da demanda potencialmente afetada, configurando-se prejudicialidade externa.

4. Fracionamento objetivo

As partes podem optar por redação que estabeleça fracionamento da cláusula compromissória em razão da matéria a ser arbitrada. Assim, em uma mesma relação jurídica, as partes podem pactuar que determinados assuntos deverão ser de competência da arbitragem e outros dirimidos pelo Poder Judiciário.[833] Para Leonardo Beraldo,

---

831 TJSP, Ap. 9108327-71.2009.8.26.0000, Rel. Des. Tercio Pires, 12ª Câmara Extraordinária de Direito Privado, j. 17.10.2014.

832 TJSP, Ap. 0028376-28.2012.8.26.0114, Rel. Des. Mourão Neto, 27ª Cam. Dir. Priv., j. 17.05.2016, v. u., p. 6.

833 "Se os contratantes disserem que será submetida à arbitragem eventual disputa sobre a qualidade dos produtos que comerciam, não será possível submeter à arbitragem disputas sobre interpretação de cláusulas contratual, muito menos levar à arbitragem disputas sobre interpretação de cláusula contratual, muito menos levar arbitragem dissenso que diga

"pode ser que a cláusula compromissória preveja que as lides envolvendo a dissolução parcial da sociedade *lato sensu* deverão ser resolvidas no Poder Judiciário e que todas as demais pendências, no juízo arbitral".[834]

O fracionamento objetivo também pode ocorrer levando em conta o valor a ser discutido. É possível que as partes pactuem que demandas cujo valor da causa extrapole determinado patamar deverão ser objeto de arbitragem, enquanto outras, de valor inferior, permaneçam dentro da competência da jurisdição estatal. Pactuar o fracionamento nesses moldes pode ser o mais adequado para relações contratuais capazes de gerar demandas de valores econômicos variados. Trata-se de um racional de economicidade que pode evitar dispêndio de recursos com a condução do procedimento arbitral para dirimir questões de baixo valor.

Autoriza-se também a pactuação de fracionamento objetivo levando em conta os momentos processuais. Explica Carlos Alberto Carmona que "nada impediria que as partes submetessem à arbitragem a verificação do *an debeatur*, estabelecendo, entretanto, que o *quantum debeatur* será apurado, se for o caso, pelo órgão estatal (elegendo foro para tanto)".[835] Trata-se de disposição da competência sobre determinadas matérias relacionadas à relação material existente entre as partes, permitindo que sejam adotados mecanismos de solução de disputa distintos para diferentes momentos do processo.

O fracionamento objetivo em razão da matéria já foi analisado pelo Superior Tribunal de Justiça. No caso, as partes previram que as questões advindas de Acordo de Novação seriam submetidas aos tribunais ingleses, remanescendo a cláusula de arbitragem para a resolução de conflitos oriundos do contrato original. A Corte Superior entendeu que "não há vedação jurídica, na legislação brasileira, para que as resoluções dos conflitos das diversas obrigações contratuais sejam cindidas, de forma que parte seja resolvida por arbitragem e parte seja submetida ao Poder Judiciário".[836]

O TJSP apreciou caso em que as partes definiram cláusula compromissória de escopo limitado. Previu a convenção de arbitragem que sua adoção ocorreria para a

---

respeito ao cumprimento de outras obrigações contratuais. Eleito foro, já fixam as partes a competência para dirimir questões decorrentes de seu contrato que não sejam cobertas pela convenção de arbitragem: será dos árbitros a competência para tratar das matérias relacionadas na cláusula compromissória; será de algum magistrado da comarca eleita (foro) a competência para dirimir qualquer outra" (CARMONA, Carlos Alberto. Considerações sobre a cláusula compromissória e a eleição de foro. In: LEMES Selma Ferreira; CARMONA Carlos Alberto; MARTINS Pedro Batista. *Arbitragem*: estudos em homenagem ao prof. Guido Fernando da Silva Soares. São Paulo: Atlas, 2007. p. 42-43).

834 BERALDO, Leonardo de Faria. *Curso de arbitragem:* nos termos da Lei nº 9.307/96. São Paulo: Atlas, 2014. p. 170.

835 CARMONA, Carlos Alberto. Considerações sobre a cláusula compromissória e a eleição de foro. In: LEMES Selma Ferreira; CARMONA Carlos Alberto; MARTINS Pedro Batista. *Arbitragem*: estudos em homenagem ao prof. Guido Fernando da Silva Soares. São Paulo: Atlas, 2007. p. 42-43.

836 STJ, SEC 11.106, Rel. Min. Herman Benjamin, Corte Especial, j. 17.05.2017, v. u., p. 11-12.

"aferição da qualidade da cana-de-açúcar e determinação do preço da mesma", excluídas "as hipóteses das cláusulas décima quinta, décima sexta e seu parágrafo único". Diante disso, o tribunal entendeu pelo alcance restritivo da competência do juízo arbitral, fruto da autonomia privada das partes.[837]

As cláusulas fracionadas aplicam-se também quando a mesma relação jurídica contenha, simultaneamente, direitos arbitráveis e outros inarbitráveis.[838] Assim, o fracionamento conduzirá para a arbitragem as controvérsias que apresentem características de patrimonialidade e disponibilidade, enquanto as demais serão dirimidas pelo Poder Judiciário. Nesse caso, não há contradição ou antinomia entre a cláusula compromissória e a cláusula de eleição de foro. O que ocorre é a ausência de arbitrabilidade de certos litígios, que serão então submetidos ao Poder Judiciário.[839]

O Tribunal de Justiça de São Paulo, em caso no qual se discutia justa causa para exclusão de sócio de sociedade limitada, decidiu pela "compatibilidade entre referidas cláusulas [que] restringem a utilização da arbitragem às questões patrimoniais disponíveis, reservando ao âmbito jurisdicional do Poder Judiciário a apreciação e o julgamento das questões não-patrimoniais, de estado ou de direito pessoal de família, bem como daquelas que excedam os poderes do Árbitro ou tratem de resistência à instalação do juízo arbitral e eventuais vícios procedimentais e decisórios".

Em outra oportunidade, o Tribunal de Justiça do Estado de São Paulo, ao analisar caso envolvendo cláusula compromissória inserida em contrato de locação residencial, entendeu que "não obstante a existência de cláusula compromissória, a arbitragem não concorre com a Justiça Comum, em virtude da inexistência de poder coercitivo e executivo do juízo arbitral quanto à questão da entrega das chaves pelos locatários".[840] Trata-se de caso em que há uma cisão objetiva em razão da ausência de arbitrabilidade de parte das questões relativas ao contrato.

Estabelecer janelas de acesso diferentes para lidar com questões específicas que possam ser objeto de disputas entre as partes é lícito e admissível dentro do direito brasileiro, em respeito à autonomia privada das partes contratantes. Igualmente, pode ser importante mecanismo de gestão do processo de solução de litígios, em que se escolhe o método mais adequado para dirimir cada aspecto da controvérsia.

---

[837] TJSP, Ap. 9108327-71.2009.8.26.0000, Rel. Des. Tercio Pires, 12ª Câm. Dir. Priv., j. 17.10.2014.

[838] Esse entendimento também foi adotado pelo Tribunal de Justiça de São Paulo. Frente à análise de alegada competência concorrente oriunda das cláusulas, inferiu-se que, em verdade, a cláusula compromissória implica renúncia da jurisdição estatal, motivo pelo qual "só é possível conservar a validade de ambas as cláusulas se tiverem hipóteses de incidência distintas, sendo reservadas à jurisdição estatal as matérias que não forem passíveis de apreciação pelo juízo arbitral, seja pela natureza indisponível, seja por qualquer outro motivo, a exemplo do que se verifica em relação às tutelas de urgência, à execução da sentença arbitral etc." (TJSP, Ap. 1005959-77.2015.8.26.0011, Rel. Des. Hamid Bdine, 1ª Câm. Res. Dir. Emp., j. 29.11.2017, v. u., p. 7).

[839] TJRJ, Ap. 00313772720098190209, Rel. Des. Fernando Fernandy Fernandes, 13ª Câm. Dir. Priv., j. 17.03.2011.

[840] TJSP, AI 2009913-79.2017.8.26.0000, Rel. Des. Gilberto Leme, 35ª Câm. Dir. Priv., j. 20.07.2017.

5. Fracionamento subjetivo (cláusula compromissória assimétrica)

A cláusula compromissória assimétrica é aquela que vincula uma das partes do contrato à arbitragem como método de solução do conflito, facultando, todavia, à outra parte, e só a esta, o acesso ao Poder Judiciário, caso queira, desconsiderando a via arbitral. Internacionalmente, discute-se a validade das cláusulas assimétricas, havendo países que consideram indispensável a observância da bilateralidade no método de solução de litígios. Nesse sentido, argumenta-se que o estabelecimento de mecanismos diversos comprometeria a igualdade das partes.

No direito brasileiro, não há razão, *a priori,* para se considerar as cláusulas assimétricas inválidas. Na verdade, há situações em que a assimetria da cláusula compromissória decorrerá da própria lei. É o caso, por exemplo, de cláusula compromissória inserida em contrato com parte incapaz, devidamente representada ou assistida. O Estatuto da Criança e do Adolescente garante às crianças e aos adolescentes a prerrogativa de procurarem seus direitos perante o Poder Judiciário, razão pela qual a cláusula compromissória não produz efeito negativo nas relações jurídicas em que estão envolvidos. Contratos de consumo e contratos por adesão também darão ensejo a cláusulas compromissórias assimétricas, vez que o consumidor e o aderente terão sempre a possibilidade de recorrer ao Poder Judiciário.

Se a assimetria não é vedada pelo direito brasileiro, não há razão para considerar que, em ambiente de autonomia privada, envolvendo partes iguais, a formação desse tipo de ajuste seria ilícita. Dentro do espírito de justiça multiportas e da procura por métodos adequados de solução de conflitos, é plenamente possível que se pactue expressamente cláusulas assimétricas, facultando a determinadas partes de um contrato reivindicar seus direitos perante a jurisdição estatal ao invés de recorrer à arbitragem.

A assimetria também poderá ser percebida a partir da redação da cláusula compromissória e da economia contratual, ainda que não tenha sido expressamente pactuada. Por exemplo, em um contrato em que se utiliza termos definidos, usualmente marcados por iniciais maiúsculas, negrito ou outro destaque gráfico, é possível limitar o escopo de abrangência da convenção de arbitragem às "Partes" do contrato. Nesse caso, eventuais "Intervenientes Anuentes" ou "Garantidores" – a despeito de poderem ser signatários do instrumento contratual – poderão não estar inseridos no escopo subjetivo da convenção de arbitragem. Assim, eventuais litígios entre uma "Parte" contra um "Interveniente Anuente" ou contra um "Garantidor", poderão ser dirimidos pelo Poder Judiciário caso se constate, concretamente, a existência de uma cláusula compromissória assimétrica.

§ 21. CLÁUSULA COMPROMISSÓRIA EM ALTERNÂNCIA

1. Técnica de combinação

A combinação de opções de solução de disputas ocorre quando há previsão de dois ou mais métodos no âmbito da mesma relação jurídica, mas não em caráter sequencial (escalonado) ou fracionado. A combinação pode ocorrer em caráter complementar (quando um mecanismo serve de apoio a outro) ou em caráter alternativo (facultando a utilização de um ou de outro).

O principal exemplo de combinação em caráter complementar é a pactuação de cláusulas de eleição de foro e arbitragem em um mesmo contrato.[841] A convivência entre cláusulas compromissória e de eleição de foro pode ser justificada, pois as partes podem eleger leis diferentes para reger as matérias identificadas no contrato.[842] Ademais, a eleição de foro, conforme explica Selma Lemes, "é indicada para as medidas de apoio, tais como instituir a arbitragem, medidas de urgência pré-arbitral, execução da sentença arbitral, etc. (arts. 7º, 16, § 2º, 22, § 4º, 31 da Lei nº 9.307), e de revisão, a ação de anulação da sentença arbitral (art. 33 da Lei nº 9.307)".[843]

Ainda sobre as cláusulas fracionadas, o STJ já se manifestou no sentido de que "a cláusula de eleição de foro não é incompatível com o juízo arbitral, pois o âmbito de abrangência pode ser distinto, havendo necessidade de atuação do Poder Judiciário, por exemplo, para concessão de medidas de urgência; execução da sentença arbitral; instituição da arbitragem quando uma das partes não a aceita de forma amigável".[844]

Diversamente, a combinação dos métodos de solução de litígio pode ocorrer de modo alternativo, autorizando a opção por um ou outro. É o que ocorre, por exemplo, quando a convenção de arbitragem prevê como forma de solução de disputas a arbitragem ou o recurso ao Poder Judiciário. A alternância decorrente da partícula "ou" traz implicações práticas significativas, pois, diante de um conflito, o autor da demanda não estará obrigado a requerer a instauração de um procedimento arbitral, podendo, ao revés, recorrer ao Poder Judiciário. Nesse caso, a contraparte não poderá opor a exceção de arbitragem (art. 337, X, do CPC), vez que a opção pela arbitragem será mera faculdade a ser exercida ou não pelo autor.

2. Cláusula compromissória alternativa/facultativa

A redação da cláusula combinada deve ser a mais clara possível, evitando-se interpretações que possam gerar dúvidas sobre a validade da escolha da arbitragem ou mesmo sobre o escopo do que será decidido em cada jurisdição.

---

841 LEMES, Selma. *Cláusulas combinadas ou fracionadas: arbitragem e eleição de foro*. Disponível em: http://www.selmalemes.adv.br/artigos/ClausulasCombinadas.pdf. Acesso em: 27 dez. 2022.

842 "O conceito de contrato fracionado quanto à lei aplicável pode ser deslocado para a solução de conflitos e, por analogia, servir para conceituar a cláusula que combina, a cláusula que fraciona, a forma de solucionar controvérsias. Determinadas questões identificadas serão resolvidas pro arbitragem; outras, também delimitadas, serão direcionadas ao foro judicial. É exatamente o que ocorre, por exemplo, com os contratos firmados no âmbito da Administração Pública, em que as partes fracionam o contrato e esclarecem o que será submetido à arbitragem e o que é competência do Judiciário, inclusive por definir certas questões de direito indisponível (por exemplo, contrato da Linha 4 do Metrô de São Paulo, cláusula 34.6) (LEMES, Selma. *Cláusulas combinadas ou Fracionadas: arbitragem e eleição de foro*. Disponível em: http://www.selmalemes.adv.br/artigos/ClausulasCombinadas.pdf. Acesso em: 27 dez. 2022).

843 LEMES, Selma. *Cláusulas combinadas ou fracionadas*: arbitragem e eleição de foro. Disponível em: http://www.selmalemes.adv.br/artigos/ClausulasCombinadas.pdf. Acesso em: 27 dez. 2022.

844 STJ, REsp n. 904.813/PR, Rel. Min. Nancy Andrighi, Terceira Turma, j. 20.10.2011.

Em julgamento no Tribunal de Justiça do Estado de São Paulo, analisou-se cláusula em que as partes pactuaram que as controvérsias seriam "julgadas pelos tribunais da cidade de São Paulo, ou submetidas ao Tribunal de Arbitragem da Câmara de Comércio Internacional para Arbitragem".[845] A conjunção "ou", prevista na cláusula, gerou dúvidas acerca da real intenção das partes, tendo em vista que não se visualizou a exclusão, em caráter absoluto, da jurisdição estatal.

O Tribunal concluiu que a opção da autora por iniciar ação judicial, embora tivesse a possibilidade de instaurar procedimento arbitral, sugeria a não exclusão da justiça estatal. Foi estabelecida, assim, a alternatividade entre jurisdições. O mesmo entendimento foi alcançado em outras decisões nas quais foram examinadas cláusulas compromissórias que apresentavam, em sua redação, a conjunção "ou". Quando presente, a conjunção alternativa estabeleceria a possibilidade de escolha entre jurisdições, razão pela qual seria cabível ação judicial para solução de conflitos oriundos dos negócios entabulados.[846]

Situação semelhante à facultatividade trazida pelo uso da conjunção "ou" ocorre quando a redação da cláusula compromissória é intrinsecamente alternativa, estabelecendo a possibilidade de escolha das partes entre as jurisdições arbitral ou estatal. Cláusula compromissória dessa natureza foi analisada pelo Tribunal de Justiça do Estado de Minas Gerais.

No caso, as partes firmaram Contrato de Doação Onerosa em que pactuaram convenção de arbitragem prevendo que "todo e qualquer problema que surgir da execução ou interpretação deste contrato ou que com ele se relacionar será resolvido pela arbitragem por 01 ou 03 árbitros a serem nomeados conforme o disposto pelo regulamento da Câmara de Arbitragem Empresarial - Brasil (Camarb). O procedimento será realizado em Belo Horizonte. Podendo também as partes optarem pelo foro da Comarca de Belo Horizonte/MG".[847] Diante disso, o TJMG decidiu por reformar a sentença de 1ª instância que havia extinto o feito sem resolução do mérito, dando normal prosseguimento ao processo judicial.[848]

Outra circunstância a ser analisada é aquela em que, na construção da cláusula compromissória, é empregado o vocábulo "poderá". Ainda que possam surgir argumentos no sentido de que a expressão indique facultatividade de jurisdições, sua adoção é de ser interpretada frente à redação da cláusula como um todo. Nesse caso, eventualidade se refere ao surgimento do litígio que justificaria a instauração da arbitragem.[849]

---

845 TJSP, AI 119498502, Rel. Des. Sebastião Flávio, 25ª Cam. Dir. Priv. j. 31.03.2009.

846 TJSC, Ap. 362186, Rel. Des. Luiz Carlos Freyesleben, 2ª CC., j. 02.10.2008, v. u.; TJGO, Ap. 345240-81.2005.8.09.0051, Rel. Des. Zacarias Neves Coêlho, 2ª CC., j. 10.01.2012, v. u.; TJRS, AI 70076568328, Rel. Des. Sérgio Roque Menine, 26ª CC., j. 24.05.2018, v. u.

847 TJMG, Ap. 1.0024.12.246378-9/003, Rel. Des. Arnaldo Maciel, 18ª CC., j. 10.11.2015.

848 No mesmo sentido: TJSC. Ap. 20080362186. Rel. Des. Luiz Carlos Freyesleben. 2ª CC. J. em: 02.10.2008 e TJGO. 2ª CC. Ap. 345240-81.2005.8.09.0051. Rel. Des. Zacarias Neves Coêlho. 2ª CC. J. em: 10.01.2012.

849 Em análise de cláusula compromissória contendo a expressão "poderá", o Tribunal de Justiça do Rio de Janeiro reconheceu a necessidade de perquirir a redação do todo do dispositivo.

Todavia, tal posição não é unanime. A utilização do vocábulo "poderá" na redação da cláusula compromissória também já foi entendida como definidora de facultatividade do método arbitral.[850] Isso porque, com a expressão "poderá", as partes pactuam a possibilidade de adoção da arbitragem, mas não a sua obrigatoriedade, que só ocorreria acaso tivessem adotado expressões como o verbo "será", no modo imperativo.

A hipótese foi analisada perante o Tribunal de Justiça do Paraná, por meio da interpretação de cláusula compromissória em que se lia que: "Qualquer conflito ou litígio originado na presente Convenção de Condomínio, inclusive no tocante a sua interpretação ou execução, poderá ser resolvido por mediação ou arbitragem, através da Câmara de Mediação e Arbitragem do Paraná – CMA – PR e de acordo com os seus regulamentos. Quando a matéria for de direito patrimonial disponível, a arbitragem se processará conforme determina a Lei 9307/96". A decisão estabeleceu que o emprego do verbo "poderá" indicava a facultatividade da jurisdição arbitral, o que poderia ter sido evitado com o uso do verbo "será".[851]

Em caso similar, o Tribunal de Justiça de São Paulo também concluiu pela facultatividade decorrente do uso do referido termo. Entendeu-se, na ocasião, que a convenção de arbitragem previa o poder, mas não o dever ou a obrigação das partes de instaurar procedimento arbitral para solução dos litígios.[852] Em outra oportunidade, ao analisar cláusula compromissória contendo a expressão "poderá", o TJRJ concluiu reconhecendo a intenção das partes de submeter os litígios oriundos de sua relação contratual à arbitragem.[853]

Em caso do TJSC, analisou-se o emprego do vocábulo "poderá" na redação da cláusula compromissória. O tribunal entendeu que sua utilização não seria a indicação de uma facultatividade entre jurisdições, mas sim da eventualidade quanto ao surgimento do litígio que justifica a instauração da arbitragem. Interpretando a convenção de arbitragem como um todo, o tribunal entendeu que o uso do verbo "se amolda à expressão utilizada no documento original, qual seja, 'may call'. O termo 'may", dentre outras

---

Em verdade, o parágrafo único da cláusula demonstrava a adoção de foro judicial competente para o exame de controvérsias que não envolvessem direitos patrimoniais disponíveis. Concluiu-se, assim, pela intenção das partes em submeter os litígios oriundos de sua relação contratual à arbitragem (TJRJ. Ag 0002416-84.2010.8.19.0001. Rel. Des. Augusto Alves Moreira Junior. 8ª CC. J. em: 22.09.2015, unânime).

850 TJMG, Ap. 10701092905424001, Rel. Des. Pedro Bernardes, 9ª CC., j. 24.07.2012, v. u.; TJRJ, Ap. 0028197-93.2019.8.19.0001, Rel. Des. Elton Leme, 17ª CC., j. 28.04.2021, v. u.

851 TJPR, Ap. 1560614-3, Rel. Juiz Substituto Ademir Ribeiro Richter, 8ª CC., j. 01.09.2016, v. u. O exame do entendimento aponta para a necessidade de atenção à redação da convenção de arbitragem, para que a vontade das partes em submeter seus litígios à jurisdição arbitral reste evidenciada.

852 TJSP, AI 2015647-35.2022.8.26.0000, Rel. Des. Carmen Lucia da Silva, 25ª Câm. Dir. Priv., j. 30.03.2022, v. u.; TJPR, AI 0016578-85.2021.8.16.0000, Des. Rel. Abraham Lincoln Calixto, 4ª CC., j. 18.06.2021, v. u.

853 TJRJ, Ag. 0002416-84.2010.8.19.0001, Rel. Des. Augusto Alves Moreira Junior, 8ª CC., j. 22.09.2015.

acepções, expressa chance, possibilidade, ao passo que 'call' significa chamar ou pedir, de modo que a expressão deveria ser entendida como a chance de se chamar a arbitragem ou a possibilidade de se recorrer à arbitragem". Desse modo, concluiu-se pela validade e eficácia da cláusula compromissória, resultando em renúncia à jurisdição estatal.[854]

Essa mesma discussão é conhecida em casos internacionais. Em 1992, a Supreme Court of Hong Kong proferiu decisão afirmando o efeito negativo de cláusulas compromissórias optativas.[855] Naquele caso, China State Construction Engineering Corporation Guangdong Branch ("Guangdong Branch") firmou contrato com Madiford Ltd. ("Madiford") para o fornecimento de trabalhadores chineses para a realização de serviços na Líbia.[856] O contrato foi adimplido, porém as partes divergiam quanto à satisfação da condição suspensiva do pagamento, o que levou Guangdong Branch a dar início a ação de cobrança na via estatal.

Nestes autos, Madiford apresentou exceção de arbitragem[857], pautada na seguinte cláusula, que era parte do Labour Services Agreement, firmado em 9 de abril de 1984:

> In case of any *incompleteness* of the contract, both parties shall reach settlement through friendly consultations. If settlement cannot be reached through consultations the matter *may* be submitted for arbitration to the Foreign Economic and Trade Arbitration Commission of the China Committee for the Promotion of International Trade. (Destaques dados pela corte).[858]

Madiford também pleiteava a aplicação da Lei Modelo da UNCITRAL ao caso, vez que fora internalizada ao direito honconguês em 1989. A Suprema Corte rejeitou este pleito em observância às disposições transitórias da seção 26 da 1989 (n. 2) Ordinance.[859] Assim, se aplicou a seção 6A da Arbitration Ordinance, que regia à época as arbitragens internacionais no direito honcongoles.

---

854 TJSC, Ap. 20050265601, Rel. Des. Sérgio Izidoro Heil, 2ª CC., j. 12.11.2009.

855 Hong Kong, Supreme Court of Hong Kong. China State Construction Engineering Corporation Guangdong Branch v. Madiford Ltd., HCA006563/1991. j. 02.03.1992.

856 Hong Kong, Supreme Court of Hong Kong. China State Construction Engineering Corporation Guangdong Branch v. Madiford Ltd., HCA006563/1991. j. 02.03.1992, § 2.

857 Hong Kong, Supreme Court of Hong Kong. China State Construction Engineering Corporation Guangdong Branch v. Madiford Ltd., HCA006563/1991. j. 02.03.1992, § 3.

858 Hong Kong, Supreme Court of Hong Kong. China State Construction Engineering Corporation Guangdong Branch v. Madiford Ltd., HCA006563/1991. j. 02.03.1992, § 15.

859 "Mr. Ho [Patrono de Madiford] submits that as in the present case no arbitration has commenced within the meaning of section 31 of the Ordinance, section 26 does not begin to bite and thus the Model Law does apply to this arbitration agreement notwithstanding that it was entered into six years before the Model Law came into force. One only has to state this proposition to see its manifest absurdity. The whole thrust of section 26 was to ensure that in relation to arbitration agreements entered into before 6th April 1990 the Model Law did not apply. The three exceptions in section 26(2) do not relate to the Model Law as such, but to conciliation, reporting restrictions and the rules of evidence. Mr. Ho relied upon the word 'commenced' and submitted that as this arbitration had not commenced yet, the

Quanto à cláusula compromissória em si, as partes divergiam quanto aos efeitos da utilização da expressão "In case of *any incompleteness* of the contract" e "the matter *may* be submitted for arbitration". Ao passo que Guangdong Branch defendia que a expressão "any incompleteness" limitava o escopo de eventuais arbitragens a disputas referentes à interpretação integrativa do contrato e não se aplicaria a presente disputa[860]. Já Madiford defendia que a expressão era "wide enough to cover non-performance or breach of the contract", posição tomada pela suprema corte.[861]

Quanto à expressão "the matter *may* be submitted for arbitration", Guangdong Branch argumentou que as partes não haviam se vinculado a via arbitral, mas apenas acenado para a possibilidade de futuramente optar por arbitragem.[862] Esse argumento não foi acolhido pela Supreme Court of Hong Kong, que entendia que era clara a opção das partes pela via arbitral e que, assim que uma das partes manifestasse sua opção pela arbitragem, a contraparte estaria adstrita a essa opção.[863] Dessa forma, no momento

---

pre-condition of the sub-section had not been met. In my judgment, in this context, the phrase 'an arbitration commenced' has to be read as importing the meaning 'an arbitration commenced or to be commenced'. To fail to give this interpretation would run counter to the clear intent of the legislature which was to ensure that arbitration agreements entered into before the 6th April 1990 would still fall to be decided under the law which existed at the time the agreement was entered into" (Hong Kong, Supreme Court of Hong Kong. China State Construction Engineering Corporation Guangdong Branch v. Madiford Ltd., HCA006563/1991. j. 02.03.1992, §13).

860 Hong Kong, Supreme Court of Hong Kong. China State Construction Engineering Corporation Guangdong Branch v. Madiford Ltd., HCA006563/1991. j. 02.03.1992, § 18.

861 Hong Kong, Supreme Court of Hong Kong. China State Construction Engineering Corporation Guangdong Branch v. Madiford Ltd., HCA006563/1991. j. 02.03.1992, § 19.

862 "Mr. Pierrepont's [Patrono de Guangdong Branch] next point is that by use of the word 'may' as opposed to 'shall', the parties have not bound themselves to arbitrate this dispute. He puts it on the basis that arbitration can only take place by consent and that one party cannot stop the other party from going to an appropriate court as has happened here" (Hong Kong, Supreme Court of Hong Kong. China State Construction Engineering Corporation Guangdong Branch v. Madiford Ltd., HCA006563/1991. j. 02.03.1992, § 20).

863 "It seems clear to me that the parties in the case before me had agreed on arbitration as opposed to litigation in the courts in any particular country. The fact that the permissive word 'may' was used does not in the end detract from this agreement. It seems to me that once one party or the other has opted for arbitration (as by taking out this application for a stay) the other party is obliged to honour the agreement to arbitrate. It follows, of course, that if both parties agreed not to arbitrate but to litigate, they would be perfectly free to do so, but I do not think the word 'may' in the context of this clause entitles the plaintiffs to negate the defendants' wish to arbitrate by the issue of court proceedings. At the end of the day, it seems to me clear that this is one of those cases where the word 'may' in effect means 'shall'. I do not think that the defendants are prevented from insisting upon arbitration merely because the plaintiffs issued their proceedings before any steps could be taken by the defendants to commence the arbitration" (Hong Kong, Supreme Court of Hong Kong. China State Construction Engineering Corporation Guangdong Branch v. Madiford Ltd., HCA006563/1991. j. 02.03.1992, § 23).

em que Madiford requereu a remissão das partes a arbitragem, não havia outra opção a não ser a suspensão do feito estatal.[864]

Essas discrepâncias apontam para a necessidade de atenção, quando da redação da convenção de arbitragem, de modo que a vontade das partes em submeter seus litígios à jurisdição arbitral reste, no texto, evidenciada.

3. Cláusula compromissória sujeita à confirmação

A convenção de arbitragem pactuada por meio de cláusula compromissória também pode estar sujeita à confirmação, na hipótese em que as partes assim estabeleçam em sua composição. A cláusula compromissória prevendo que a possibilidade de instauração da arbitragem está sujeita ao comum acordo das partes se encaixa na categoria de alternatividade, com a adoção da arbitragem mediante confirmação posterior. Quando não bem-sucedida a confirmação da adoção da arbitragem, a eleição de foro estatal competente prevalece.

Assim ocorreu em Apelação perante o Tribunal de Justiça de São Paulo, em que se analisou cláusula que previu eleição de foro para dirimir quaisquer conflitos, "não excluída a possibilidade de discussão através de Câmara de Arbitragem ou órgão conciliador, ou outro que lhe seja equivalente, desde que de comum acordo".[865] Inalcançado o consenso com relação ao emprego da via arbitral, foi reconhecida a não obrigatoriedade de sujeição exclusiva à arbitragem.

O caso também pode ser constatado quando a redação da cláusula compromissória estabelece que basta a recusa de qualquer das partes à utilização da arbitragem como forma de resolução de seus litígios para permitir a aplicação da eleição de foro convencionada.[866] O Tribunal de Justiça de São Paulo analisou instrumento contratual no qual foi prevista a eleição de foro estatal competente na hipótese em que as partes deixassem de instaurar procedimento arbitral para solução de eventual litígio. A redação da cláusula previu: "as partes elegem o foro da Comarca de Rio Claro, Estado de São Paulo, com exclusão de qualquer outro, por mais privilegiado que seja, como competente para dirimir quaisquer pendências oriundas deste contrato, caso recusem ao arbitramento como forma de composição de seus interesses".[867]

---

[864] Assim fez a Suprema Corte, Hong Kong, Supreme Court of Hong Kong. China State Construction Engineering Corporation Guangdong Branch v. Madiford Ltd., HCA006563/1991. j. 02.03.1992, § 32.

[865] TJSP, Ap. 1020269-37.2018.8.26.0576, Rel. Des. Grava Brazil, 2ª Câm. Res. Dir. Emp., j. 22.08.2020, v. u., p. 81.

[866] Perante o Tribunal de Justiça de Minas Gerais, efetuou-se a análise de instrumento contratual que possibilitou, na cláusula de eleição de foro, o início de ação judicial na hipótese em que as partes não tivessem convencionado procedimento arbitral anterior. A facultatividade do apelo à jurisdição arbitral foi evidenciada pela redação das cláusulas compromissória e de eleição de foro, o que acarretou a competência estatal para julgamento da lide (TJMG, Ap. 5082223-15.2020.8.13.0024, Rel. Des. Geraldo Augusto, 1ª CC., j. 03.05.2022, v. u.).

[867] TJSP, AI 2101361-94.2021.8.26.0000, Rel. Des. Edgard Rosa, 22ª Câm. Dir. Priv., j. 16.06.2021, v. u., p. 4.

Na interpretação do conteúdo o, o tribunal compreendeu que a recusa de qualquer das partes à arbitragem bastava para permitir a aplicação da cláusula que elegeu foro estatal competente.[868]

Por não gerar obrigatoriedade de plano, a cláusula compromissória submetida à confirmação posterior é mera possibilidade. Não havendo posterior manifestação de vontade conjunta dos contratantes pela via arbitral, prepondera a eleição do foro estatal. Este é também o entendimento do Tribunal de Justiça de São Paulo.[869]

4. Cláusula compromissória aparentemente em alternância

Situação diferente das hipóteses já mencionadas é a da cláusula compromissória redigida em aparente alternância. Ainda que o mero emprego da locução "e/ou" possa, em um primeiro momento, passar a ideia de jurisdição alternativa ou facultativa, a interpretação não deve se esgotar na literalidade. No caso em que o destaque seja dado à arbitragem, com mera menção, ao final da cláusula, a foro competente, a jurisdição arbitral não será uma possibilidade, mas sim uma determinação.

Em 2021, o Superior Tribunal de Justiça analisou o escopo de incidência de cláusula compromissória que elegeu a câmara arbitral administradora de eventuais procedimentos, e, ao final, previu um foro de eleição. Assim previa a íntegra da redação dada à convenção de arbitragem:

> Qualquer conflito decorrente deste contrato, inclusive no que tange a sua execução ou interpretação, serão resolvidos pela ARBITRAGEM, conforme a Lei 9.307 de 23/09/96, elegendo, as partes contratantes, a Associação dos Mediadores e Árbitros do Tribunal de Mediação e Arbitragem de Novo Hamburgo – RS e/ou o Foro de Novo Hamburgo – RS.[870]

Verifica-se que a convenção de arbitragem examinada deu especial destaque ao termo "arbitragem", em caixa alta, a comandar o afastamento da jurisdição estatal. O STJ concluiu que o desejo das partes era, de fato, submeter-se à jurisdição arbitral. Naquele caso, entendeu-se que a grafia "e/ou" não previa hipótese de alternatividade entre os métodos empregados para solução de conflitos, mas sim o escopo de aplicação das jurisdições. A jurisdição arbitral foi estabelecida para a resolução de quaisquer litígios provindos do negócio jurídico celebrado, enquanto a eleição de foro definiu o local em que eventuais atos processuais de monopólio da jurisdição estatal ocorreriam.

---

868 No mesmo sentido: TJSP, Ap. 1020269-37.2018.8.26.0576, Rel. Des. Grava Brazil, 2ª Câm. Res. Dir. Emp. j. 22.08.2020; TJSP, Ap. 1000336-46.2016.8.26.0577, Rel. Des. Walter Cesar Exner, 36ª Câm. Dir. Priv. j. 12.12.2016; TJSP, AI 119498502, Rel. Des. Sebastião Flávio, 25ª Cam. Dir. Priv. j. 31.03.2009.

869 TJSP, Ap. 908124769, Rel. Des. Vianna Cotrim, 26ª Câm. Dir. Priv. j. 13.04.2011, v. u.; TJSP, Ap. 1011986-32.2017.8.26.0100, Rel. Des. Hamid Bdine, 1ª Câm. Res. Dir. Emp., j. 01.08.2018, por maioria.

870 STJ, REsp 1.778.196, Rel. Min. Paulo de Tarso Sanseverino, j. 25.05.2021, monocrática, p. 7-8.

Ademais, a mera referência ao foro competente após a expressa indicação da instituição arbitral não afastaria a regra do *kompetenz-kompetenz*, motivo pelo qual a existência, validade e eficácia da cláusula compromissória deveria ser averiguada com primazia pelo juízo arbitral.[871] A interpretação do Tribunal buscou considerar o sentido que as partes desejavam atribuir à convenção de arbitragem pactuada.

Assim, por meio de sua análise sistemática, concluiu que os contratantes pretendiam (i) adotar a arbitragem como método jurisdicional de solução de seus litígios; (ii) eleger a câmara arbitral para administrar os procedimentos oriundos do negócio jurídico; e (iii) estabelecer o foro competente para eventuais atos processuais de monopólio da jurisdição estatal, na forma de medidas urgentes executivas, por exemplo.[872] Tal conclusão demonstra que a real intenção das partes só poderá ser perquirida pelo intérprete por meio da análise dos termos redigidos pelas partes, a partir da aplicação dos princípios da boa-fé, do efeito útil e do favor arbitral à cláusula compromissória.[873]

Assim, é possível, à luz do art. 112 do Código Civil, que os tribunais entendam que a intenção concreta das partes, em determinado caso (apesar da redação da cláusula compromissória conter aparente alternância), seria, de fato, a submissão à jurisdição arbitral. A redação literal da convenção de arbitragem não é o único fator a ser levado em conta para a apreensão de sentido da convenção de arbitragem, devendo ser conjugado com outros elementos do caso concreto.

---

871 STJ, REsp 1.778.196, Rel. Min. Paulo de Tarso Sanseverino, j. 25.05.2021, monocrática, p. 9.

872 STJ, REsp 1.778.196, Rel. Min. Paulo de Tarso Sanseverino, j. 25.05.2021, monocrática, p. 11.

873 LEMES, Selma Maria Ferreira. Acordo de acionistas – Sistema de solução de conflitos "Tailor-Made" – Cláusula Compromissória aberta (art. 6.º da Lei 9.307/1996), com todas as potencialidades para instituir a arbitragem (art. 7.º) – Efeito vinculante – não se trata de cláusula escalonada – Mediação ou arbitragem – Admissibilidade de cláusula de arbitragem e eleição de foro (execução específica) – cláusula combinada ou fracionada – instituição da arbitragem pelo Juízo de primeiro grau (Parecer). *Revista de Direito Civil Contemporâneo*, v. 7, p. 297-322, 2016.

Capítulo 6

TÉCNICAS DE REDAÇÃO DA CONVENÇÃO DE ARBITRAGEM

O desenvolvimento do comércio e o aumento da complexidade das relações contratuais demanda uma maior sofisticação dos mecanismos de resolução de disputas.[874] Como fruto da autonomia privada, a convenção de arbitragem pode ser composta de diversos elementos. Alguns desses elementos são *essenciais*, pois necessários para que a convenção de arbitragem seja considerada existente, válida e eficaz. Outros, por sua vez, são *facultativos*, mas, de modo algum, desimportantes ou pouco usuais; pelo contrário, são eles também atributos valorosos e comumente utilizados na idealização de convenções de arbitragem, que permitem melhor adequá-las a cada caso e a garantir-lhes a necessária efetividade.

Como a arbitragem não é um meio de resolução de disputas que conta com um corpo uno, detalhado e fixo de normas, as partes podem estabelecer, na convenção de arbitragem ou em outro documento apartado, como a própria ata de missão, regras específicas a serem seguidas no procedimento arbitral. Em verdade, no momento em que o contrato base e a convenção de arbitragem são celebrados, as partes podem se encontrar em um ambiente e em um momento de maior colaboração. Assim, é interessante que as partes se aproveitem de tais circunstâncias para definir as disposições aplicáveis à solução de um eventual litígio.

---

874 LIMA, Leandro Rigueira Rennó. Os métodos adequados de solução de conflitos empresariais. *Revista de Arbitragem e Mediação Empresarial*, v. 1, p. 7-23, jan.-jun., 2016, p. 11.

Entre tais possibilidades, há a de combinar diversos métodos de solução de disputas, por meio da pactuação de uma cláusula escalonada,[875] por exemplo. A combinação da arbitragem com outros métodos adequados de solução de conflitos, como a mediação, a conciliação ou a negociação, vem ganhando espaço no mundo negocial,[876] ao permitir a resolução de litígios de forma mais eficaz[877], com menor custo e maior satisfação para as partes[878].

A escolha do método mais adequado para a resolução de uma disputa ou a combinação de mais de um método deve ser objeto de análise pelo advogado, a fim de encontrar a melhor opção para os seus específicos clientes[879] e disputas. Conforme ressaltado por Silvia Pachikoski, "não há mecanismo mais correto ou mais eficiente (...), mas sim características próprias que devem ser identificadas diante de cada cenário e aproveitadas da melhor forma para permitir a solução do conflito, podendo ser utilizada de forma isolada ou combinada".[880]

---

875 LEAL, Marina Galvão Maia. As cláusulas escalonadas no ordenamento jurídico brasileiro: breves considerações sobre as cláusulas med-arb e seus efeitos. *Revista Brasileira de Arbitragem*, v. 18, n. 72, 2021, p. 62.

876 "The use of multi-tiered clauses in international commercial contracts has been on the rise in recent years. Part of the reason for this increase is the recognition of the growing complexity in contractual relationships, the increase in the number of parties involved and in the varying types of disputes that may occur between contracting parties" (GOMM, Maurício. The Role of Mediation in Arbitration: The Use and the Challenges of Multi-tiered Clauses in International Agreements. *Revista Brasileira de Arbitragem*, v. 10, n. 38, 2013, p. 8).

877 "It would appear that multi-tiered dispute resolution clauses are becoming commonplace. Their increasing popularity is predicated on a desire to resolve a dispute in the quickest, most cost-effective way but also to provide for binding third-party determination in the event that simpler procedures are not successful. It is difficult to take issue with the philosophy underlying such clauses as they make commercial sense" (PRYLES, Michael. Multi-Tiered Dispute Resolution Clauses. In: VAN DEN BERG, Albert Jan (ed.). *ICCA Congress Series n. 10*: International Arbitration and National Courts: The Never Ending Story. ICCA Congress Series, v. 10. New Delhi: Kluwer Law International, 2001, p. 42).

878 PACHIKOSKI, Silvia Rodrigues. A cláusula escalonada. In: ROCHA, Caio Cesar Vieira; SALOMÃO, Luis Felipe (coord.). *Arbitragem e mediação*: a reforma da legislação brasileira 2. ed. São Paulo: Atlas, 2017.

879 "A escolha do método mais adequado para solução de um determinado conflito, seja mediação, arbitragem, a combinação dos dois, ou ainda qualquer outro, deve passar necessariamente por uma análise criteriosa dos advogados que assessoram as partes. A estratégia a ser seguida é de suma importância para o atendimento das necessidades de seus clientes. E essa análise deve ser conduzida observando-se todas as opções existentes, sem preconceitos, buscando sempre oferecer a melhor alternativa ao caso concreto" (EIZIRIK, Nelson; COELHO, Renata Moritz Serpa. Mediação e Arbitragem: uma combinação útil. In: MOREIRA, Ana Luiza B. M.; BERGUER, Renato (org.). *Arbitragem e outros temas de direito privado*: estudos jurídicos em homenagem a José Emílio Nunes Pinto. São Paulo: Quartier Latin, 2021, p. 421-422).

880 PACHIKOSKI, Silvia Rodrigues. A cláusula escalonada. In: ROCHA, Caio Cesar Vieira; SALOMÃO, Luis Felipe (coord.). *Arbitragem e mediação*: a reforma da legislação brasileira 2. ed. São Paulo: Atlas, 2017.

De outro lado, deve-se atentar para que a convenção de arbitragem não seja hiper-regulada,[881] engessando-a de modo a mais causar transtornos às partes do que facilitar a condução de um eventual procedimento. Realmente, determinados aspectos do relacionamento que as partes travarão para resolver eventual conflito podem ser mais bem definidos no curso do próprio procedimento arbitral, ou melhor resolvidos à luz das regras da instituição arbitral, se a arbitragem for institucional. Isso varia, caso a caso, a depender de fatores como a natureza do contrato, a identidade das partes, as características do litígio – potencial ou existente – e o que se está acordando em relação ao procedimento arbitral.

§ 22. ELEMENTOS ESSENCIAIS DA CONVENÇÃO DE ARBITRAGEM

1. Manifestação inequívoca em favor da arbitragem

O principal elemento que a convenção de arbitragem deve conter é a manifestação inequívoca das partes em submeter os seus litígios à arbitragem. Afinal, inexistindo manifestação em prol da arbitragem, aquilo que se redigiu não será uma convenção de arbitragem, contaminando, portanto, a própria *existência* desse negócio jurídico. Um dos piores vícios dos quais uma convenção de arbitragem pode padecer é o da falta de assertividade em sua redação acerca da intenção das partes de se valerem da arbitragem.

Há vários cenários possíveis nos quais a redação da convenção de arbitragem pode dar azo a que a decisão das partes de submeter seus litígios à arbitragem seja posta em dúvida. A convenção de arbitragem pode ser redigida de maneira truncada, a ponto de torná-la ininteligível ou dificultar a sua interpretação. Pode ser redigida de forma ambígua. Pode, ainda, ser redigida com linguagem facultativa, de modo a tornar incerta a intenção das partes de preverem a arbitragem como o único método de resolução de suas controvérsias. Os cenários são tão variados quanto são amplos a linguagem e o potencial da interpretação.

Em boa técnica de redação, a decisão das partes de submeter suas disputas à arbitragem deve ser indubitável. Nesse sentido, não basta, por exemplo, a menção a uma instituição arbitral, sobretudo naqueles casos em que a instituição presta serviços outros que não só o de administrar procedimentos arbitrais – como o de administrar procedimentos de mediação.[882]

---

[881] Nada obsta que as partes, de comum acordo, derroguem de previsões contidas na convenção de arbitragem posteriormente, por exemplo, no momento da celebração da ata de missão, caso percebam que determinada disposição não se adequa perfeitamente às características do litígio.

[882] "The first requirement for an arbitration clause is that the parties' agreement must expressly state they intend to resolve their disputes by arbitration. While this seems obvious, occasionally parties have said that controversies would be referred to an institution that administers arbitration proceedings, but without mentioning arbitration as the method for deciding their issues. Institutions such as the ICC have other methods for determining disputes that do not include arbitration. These procedures encompass conciliation, expert determination and a

No Brasil, a jurisprudência dá notícias sobre discussões envolvendo a aferição sobre se aquilo que resultou clausulado, de fato, traduz uma manifestação de vontade inequívoca de adotar a arbitragem como método adequado de solução para os conflitos supervenientes das partes contratantes. Na SEC 856, a Corte Especial do STJ, em acórdão relatado pelo Min. Carlos Alberto Menezes Direito, constatou que nos contratos firmados constavam apenas os termos "Normas & Arbitragem – The Liverpool Cotton Association, Ltd", não existindo, nos autos, troca de comunicação entre as partes indicando aceitação da cláusula arbitral. Esse cenário fático, em princípio, levaria à denegação da homologação da sentença arbitral estrangeira. Contudo, entendeu o STJ, avaliando o comportamento subsequente da parte, que, ao participar do procedimento arbitral, a parte resistente à homologação anuiu com a arbitragem.[883]

Portanto, deve-se ter cuidado ao se referir à *arbitragem*, propriamente, evitando-se pôr em dúvida a escolha das partes.[884] Como exemplo do porquê as partes devem evitar utilizar nomenclaturas pouco usuais para se referir à arbitragem, pode-se mencionar a decisão do TJRS na Apelação Cível 70030670210, na qual o tribunal entendeu que a

---

pre-arbitral referee procedure. Thus, if the parties want their disputes decided by arbitration, they should say so explicitly" (BISHOP, Doak R. A Practical Guide for Drafting International Arbitration Clauses. *Int'l Energy L. & Tax'n Rev*, v. 16, p. 1-81, 2000, p. 28).

883 "No caso concreto, a requerente juntou os contratos n. 4447.00 (fls. 18 a 22) e 5158.01 (fls. 25 a 29), não assinados pela ora requerida, Têxtil União S.A., e nos quais constam, apenas, 'Normas & Arbitragem – The Liverpool Cotton Association, Ltd' (fls. 21 e 28). Nada mais foi acostado aos autos a respeito dos termos da arbitragem, aí incluído os limites e regras para efetivação da cláusula compromissória. De fato, não há nos autos correspondências trocadas entre as partes sobre a aceitação da cláusula arbitral para solucionar futuros litígios. (...) Com isso, poder-se-ia imaginar desde logo que não seria possível a homologação. Todavia, creio que merece considerada a particularidade existente nestes autos extraída da documentação juntada. (...) e dos autos consta a indicação precisa de que a parte requerida efetivamente manifestou defesa sobre o mérito da controvérsia, sem impugnar a instauração do Juízo arbitral, não me parece razoável acatar a impugnação apresentada na contestação. Ademais, se a empresa requerida, tomando conhecimento da instauração do Juízo arbitral, não apresentou impugnação sobre a ausência da convenção arbitral, mas, ao contrário, apresentou sua defesa, não se pode negar que houve o reconhecimento da cláusula arbitral. (...) A participação da requerida no processo, com a apresentação de razões e a intenção de nomear novo árbitro indica manifestação induvidosa sobre a existência acordada da cláusula compromissória" (STJ, SEC 856, Corte Especial, Rel. Min. Carlos Alberto Menezes Direito, j. 18.05.2005).

884 "It is elementary that any arbitration clause must clearly set forth the parties' agreement to arbitrate. This means that their agreement should expressly refer to arbitration' (rather than to mediation, settlement, 'ADR,' accounting, or some other form of non-judicial resolution). These other forms of alternative dispute resolution are not categorized as 'arbitration' under many international treaties and national arbitration statutes, and will often not qualify for the 'pro-enforcement' safeguards provided by these instruments. Care should also be taken to avoid unfamiliar labels or qualifications, such as 'arbitrato irrituale' in Italy, which can refer to forms of dispute resolution other than arbitration" (BORN, Gary B. *International Arbitration and Forum Selection Agreements*: drafting and enforcing. 6. ed. Alphen aan den Rijn: Kluwer Law International, 2021, p. 36-37).

referência a "justiça arbitral" e "juizado arbitral" mais colocava dúvidas sobre a intenção dos contratantes em se valerem da arbitragem do que confirmavam tal pretensão.[885]

Assim, as partes devem procurar se referir de modo inequívoco à "arbitragem" como método de solução de conflitos, o que podem fazer por meio da consagrada fórmula "todas e quaisquer disputas decorrentes ou relacionadas ao presente contrato deverão ser dirimidas mediante arbitragem", ou outras versões similares. A precisão em referir ao "dever" de se submeter a arbitragem contribui para evitar discussões desnecessárias acerca da jurisdição do tribunal arbitral em razão de uma suposta opcionalidade do recurso à arbitragem.

Por cumprir função de pacificação social, a arbitragem ocupa nobre posição na estruturação de um modelo de justiça civil. Em um caminho cercado por aqueles que bradam por excessiva liberdade, de um lado, e, de outro, quem clame por autoridade, é tarefa hercúlea passar sem ferimentos por entre as lanças de cada um – mas o esforço para promover o poder civil não deverá ser pelo poder civil condenado[886].

A arbitragem situa-se exatamente no meio termo entre a autoridade da ordem jurídica estatal e a liberdade desejada nas situações civis. Insiste-se que, em um Estado Democrático de Direito, a liberdade deve ser exercida dentro das balizas do ordenamento, não sendo legítimas invasões arbitrárias na esfera jurídica alheia, pois é o direito instrumento que, por excelência, visa impor limites ao arbítrio.[887] Assim, o consentimento e a autonomia privada na arbitragem são adjetivados pela juridicidade, atributo que atesta a conformidade com a ordem jurídica estatal e com as linhas mestras que pretendem guiar a convivência harmônica entre os sujeitos de direito.

Sendo a convenção de arbitragem espécie do gênero negócio jurídico, cujo elemento distintivo dos demais fatos jurídicos é, precisamente, a valorização da vontade declarada, conclui-se ser o consentimento com a via arbitral uma das vigas mestras que sustenta tanto a juridicidade quanto à legitimidade desse instituto. Afinal, abrir mão de um grupo de garantias oferecidas pelo sistema estatal de distribuição de justiça é uma escolha séria, nada havendo de banal. Inclusive, Carbonneau ressalta os riscos de

---

885 "Inicialmente, os documentos apontados pela recorrente para sustentar a tese remetem a faturas ou notas fiscais (fls. 11/14) de aquisição de tintas para construção civil, cujo teor transcrevo: 'Todo litígio da presente venda será resolvido pela Justiça Arbitral Lei Federal 9307/97 e regulamentos do 1º Juizado Arbitral de Passo Fundo'. (...) Não há dúvida de que o documento referido não é um contrato, mas sim uma fatura ou nota fiscal, sem forma nem figura, munida de identificação precária, teor duvidoso e contestável, mormente por fazer crer existir uma 'Justiça Arbitral' e um 'Juizado Arbitral', nomenclaturas análogas e exclusivas da Justiça Estatal, quando se sabe que expedientes dessa natureza despertam a confusão na vontade das partes envolvidas no litígio, sobretudo naquelas que detém menos informação técnica, predispostas, em potência, a embaralhar os ritos arbitral e judicial" (TJRS, AC 70030670210, 12ª Câmara Cível, Des. Rel. Umberto Guaspari Sudbrack, j. 31.03.2011).

886 HOBBES, Thomas. *Leviatã*. Trad. João Paulo Monteiro e Maria Beatriz Nizza da Silva. São Paulo: Martins Fontes, 2003, p. 5.

887 ZANINI, Carlos Klein. *A dissolução judicial da sociedade anônima*. Rio de Janeiro: Forense, 2005, p. 249.

delegar a determinação dos direitos das partes a pessoas privadas, em um mercado não regulado, que se dedica à prestação de tais serviços. E acrescenta: "Mais especificamente, a escolha pela arbitragem autoriza particulares a atuarem como juízes. Fatores de mercado (como a necessidade de os prestadores de serviço garantirem novos contratos e o desejo dos árbitros de serem nomeados novamente) e os regulamentos institucionais são os únicos limites impostos a essa indústria e aos seus agentes".[888]

Portanto, o que legitima a adesão ao sistema jurisdicional privado da arbitragem é a liberdade das partes, reconhecida tanto enquanto norma de direito objetivo quanto valor a ser perseguido pela ordem jurídica. Assim, o consentimento em favor da arbitragem, como expressão da liberdade privada, é a semente da jurisdição arbitral. Nesse sentido, para Thomas Carbonneau, a liberdade de contratar é a fonte de legitimação da privatização da jurisdição privada e evidência de sua natureza voluntária, ressaltando a conversão do clausulado em regras a serem compulsoriamente observadas pelas partes.[889]

Contudo, há duas ordens de limitação a serem observadas a essa aparente predominância do consensualismo. Em primeiro, há de se reconhecer a existência de situações atuais em que o consentimento em favor da arbitragem se mostra de modo atômico. Em certos casos, diante da assimetria entre as partes, a ordem jurídica oferece remédios endógenos para assegurar a liberdade na emanação volitiva em favor da arbitragem. É nesse contexto a existência de normas protetivas quer no âmbito dos contratos de adesão (art. 4º, § 2º, Lei de Arbitragem),[890] quer nos contratos de consumo (art. 51, VII, Código de Defesa do Consumidor)[891].

Porém, há casos nos quais é duvidoso até que ponto é possível falar em um elemento verdadeiramente consensual acerca da submissão à arbitragem. Trata-se, sobretudo, de casos relacionados à arbitragem societária, especificamente envolvendo ações negociadas no mercado de capitais. Em múltiplos níveis da bolsa de valores é requisito para a listagem a inserção de cláusula compromissória estatutária, vinculando todos os acionistas. Assim, é condição de acesso a um mercado firmar convenção de arbitragem, tornando turva a constatação de que há verdadeiro desejo de se submeter à via arbitral. Ainda, por consequência, qualquer investidor do mercado de capitais que deseje operar

---

888 Tradução livre, no original: ""More particularly, the reference to arbitration authorizes private people to function as judges. Marketplace factors (the need for service providers to secure business and the arbitrators' desire for reappointment) and institutional regulations are the only limits that are placed upon the industry and its players." (CARBONNEAU, Thomas E. *The law and practice of arbitration*. 2. ed. Huntington: Juris, 2006, p. 621-622).

889 CARBONNEAU, Thomas E. *The law and practice of arbitration*. 2. ed. Huntington: Juris, 2006, p. 619-620.

890 Lei de Arbitragem, art. 4º, § 2º: "Nos contratos de adesão, a cláusula compromissória só terá eficácia se o aderente tomar a iniciativa de instituir a arbitragem ou concordar, expressamente, com a sua instituição, desde que por escrito em documento anexo ou em negrito, com a assinatura ou visto especialmente para essa cláusula".

891 Código de Defesa do Consumidor, art. 51, VII: "São nulas de pleno direito, entre outras, as cláusulas contratuais relativas ao fornecimento de produtos e serviços que: (...) VII – determinem a utilização compulsória de arbitragem;".

com ações terá de aceitar a condição de se submeter à jurisdição arbitral. Está-se em margem tênue entre a consonância com o elemento voluntarista e o reconhecimento de situação de arbitragem compulsória, pois condição de acesso a determinados mercados.

É questionável até que ponto o consentimento pode ser visto como o fundamento da arbitragem nesse contexto específico. Partindo-se da premissa de que as partes não podem ser forçadas a excluir a jurisdição estatal e devem optar por se submeter, de livre e espontânea vontade, à jurisdição arbitral por meio da pactuação da convenção de arbitragem, torna-se complexo reconhecer, efetivamente, a presença desse mecanismo nas arbitragens perante o mercado de capitais. Impor a concordância com a convenção de arbitragem enquanto condição genérica de acesso a determinado ramo do mercado, ou ao exercício de determinada faculdade jurídica, entra em tensão com a desejável e reconhecida essência voluntarista da arbitragem, bem como não faz pouco caso da decisão séria de abrir mão de várias das garantias presentes na solução de litígios perante o Poder Judiciário.

Nesse contexto, vem a segunda advertência. No Brasil e no exterior as cortes interpretam principiologicamente de maneira diversa a intenção de arbitrar e a extensão e profundidade do alcance da cláusula. Quanto à primeira, vale o princípio *in favorem arbitrandum*, ou seja, há uma clara tendência de aproveitar, sempre que possível, mesmo que manifestações de certa ambiguidade, a bem da preservação da estrutura da manifestação de vontade, que pode ser captada.

Contudo, no que respeita à latitude, ou seja, à amplitude contratada, os tribunais adotam sistemática interpretativa oposta, de entender como sujeitas à cláusula apenas as matérias e questões efetiva e expressamente estipuladas. É natural que seja assim no Brasil. Afinal, a escolha da arbitragem pela parte configura decisão grave, que implica aceitar se afastar da jurisdição estatal. Portanto, é incompatível com a ordem jurídica doméstica procurar criar jurisdição arbitral sem a existência de consentimento prévio. Assim, a cláusula compromissória pode ser interpretada de modo lato em termos de extensão, mas de modo mais estrito quanto tangenciar o consentimento e a anuência em favor da via arbitral.[892]

A doutrina estrangeira revela comportamentos similares no exterior. Foi esse o posicionamento da Suprema Corte dos Estados Unidos no caso Chicago *v.* Kaplan: "a lei trata silêncio ou ambiguidade quanto à questão de quem deve decidir, primariamente,

---

[892] "Not all authorities or national laws adopt the 'pro-arbitration' approach to the interpretation of arbitration agreements that prevails in the United States, Switzerland, Germany, Canada, England, Italy and elsewhere. On the contrary, a few authorities (almost exclusively older ones) have held that arbitration clauses must be interpreted restrictively, resolving doubts about particular disputes against coverage by the clause. The 'restrictive' presumption is generally explained on the grounds that arbitration is a derogation from otherwise available access to civil justice and the 'natural judge' of the contract, and that such derogations must be construed narrowly, or that the arbitral process suffers from various deficiencies, and therefore should not be encouraged" (BORN, Gary. *International Commercial Arbitration*. 3. ed. Alphen aan den Rijn: Kluwer Law International, 2021. Versão Eletrônica, atualizada em março de 2024, §9.02[D][2]).

sobre *arbitrability* de forma diferente da maneira como trata o silêncio ou a ambiguidade quanto à questão de 'se uma determinada controvérsia relacionada ao mérito é arbitrável por estar dentro do escopo de uma cláusula compromissória válida' – pois, em relação a essa última questão, a lei inverte a presunção. (...) Mas essa diferença de tratamento é compreensível. A última questão surge quando as partes celebram um contrato que prevê a arbitragem de algumas questões. Nessas circunstâncias, é provável que as partes tenham refletido, ao menos em parte, sobre o escopo da arbitragem. E, considerando as políticas legais favoráveis à arbitragem – ver, por exemplo, *Mitsubishi Motors*, supra, p. 626 –, compreende-se por que a lei exige clareza antes de concluir que as partes não pretendiam arbitrar uma questão conexa".[893]

Certamente, a interpretação adequada da convenção de arbitragem é matéria sensível. Contudo, a estrela polar que deve guiar o intérprete é a primazia do consentimento. É ato de elevada responsabilidade entender que um sujeito de direito não poderá recorrer em primazia à tutela jurídica estatal. Portanto, por mais que em certos aspectos seja admissível interpretação mais elástica da cláusula compromissória, procurando a real intenção das partes (art. 113 do Código Civil),[894] quando a dúvida é, especificamente, se houve ou não submissão à via arbitral, a sistematicidade da ordem jurídica brasileira impõe cautela redobrada.

A abordagem pró-arbitragem é demasiadamente simplista para lidar com todos os problemas hermenêuticos decorrentes de uma convenção de arbitragem. Por isso, deve estar sempre associada à busca pelo consentimento, não importando de qual modo este tenha sido manifestado, pois, nesse sentido, a ordem jurídica brasileira é generosa em reconhecer variadas formas de mostrar a anuência e o consentimento em relação a determinado negócio jurídico.

---

893 Tradução livre, no original: "the law treats silence or ambiguity about the question who (primarily) should decide arbitrability differently from the way it treats silence or ambiguity about the question 'whether a particular merits-related dispute is arbitrable because it is within the scope of a valid arbitration agreement' – for in respect to this latter question the law reverses the presumption. (...) But, this difference in treatment is understandable. The latter question arises when the parties have a contract that provides for arbitration of some issues. In such circumstances, the parties likely gave at least some thought to the scope of arbitration. And, given the law's permissive policies in respect to arbitration, see, *e.g.*, Mitsubishi Motors, *supra*, at 626, one can understand why the law would insist upon clarity before concluding that the parties did not want to arbitrate a related matter" (First Options of Chicago *x* Kaplan, 514 U.S. 938,944-945, 131 L.Ed.2d. 985,994 (1995), mencionada pelos autores em *Practitioner's Handbook on International Arbitration and Mediation* 2. ed. Juris Net, LLC, p. 16).

894 Código Civil, art. 113: "Os negócios jurídicos devem ser interpretados conforme a boa-fé e os usos do lugar de sua celebração. § 1º A interpretação do negócio jurídico deve lhe atribuir o sentido que: I – for confirmado pelo comportamento das partes posterior à celebração do negócio; II – corresponder aos usos, costumes e práticas do mercado relativas ao tipo de negócio; III – corresponder à boa-fé; IV – for mais benéfico à parte que não redigiu o dispositivo, se identificável; e V – corresponder a qual seria a razoável negociação das partes sobre a questão discutida, inferida das demais disposições do negócio e da racionalidade econômica das partes, consideradas as informações disponíveis no momento de sua celebração".

2. Escopo determinado

Assim como deve ser clara e inequívoca a intenção de arbitrar, deve ser claro e inequívoco o objeto da arbitragem. A definição do escopo da arbitragem, por assim dizer, é elemento fundamental na redação da convenção de arbitragem, que encontra na arbitrabilidade a sua principal restrição. Isto é, a amplitude da redação da convenção de arbitragem jamais poderá fazê-la abarcar disputas que, por sua natureza, não são arbitráveis.[895] Respeitada a restrição, caberá às partes delinear os contornos da via arbitral.

E aqui vale o lema "the broader, the better". Com efeito, uma convenção de arbitragem demasiadamente estreita tende a abrir espaço a questionamentos sobre o que deve e o que não deve ser objeto de resolução na arbitragem. Gary Born destaca que o escopo da convenção de arbitragem é um de seus elementos mais críticos, pois revela aquilo que as partes desejam submeter à arbitragem[896]. No mesmo sentido, Doak Bishop prescreve que as partes devem avaliar e estabelecer claramente os tipos de disputas que pretendem ver cobertas pela solução arbitral.[897]

Salvo casos excepcionais, o melhor será estipular a convenção de arbitragem de forma bastante ampla[898]. A possibilidade de prever exceções ao escopo da convenção

---

[895] "Como na maioria das jurisdições, apenas disputas sobre direitos patrimoniais disponíveis são arbitráveis no Brasil (a chamada arbitrabilidade objetiva). Essa limitação é uma consequência lógica do fundamento da arbitragem comercial: a autonomia privada. O escopo da arbitrabilidade não pode (e não deve) ultrapassar o escopo da autonomia privada. Portanto, algumas tendências de expandir a arbitragem para áreas do Direito caracterizadas por normas cogentes (*e.g.* Direito do Trabalho e Direito Tributário) não são livres de riscos" (SESTER, Peter Christian. *Comentários à Lei de Arbitragem e à Legislação Extravagante*. São Paulo: Quartier Latin, 2020, p. 96).

[896] "Critical to any arbitration clause is its 'scope' – that is, the range of disputes or claims that will be subject to the agreement to arbitrate. For example, are all disputes between the parties, bearing any conceivable connection to their contractual relations, subject to arbitration? Or, will only contract claims that clearly arise under the express terms of the parties' agreement, be arbitrated? Alternatively, should particular types of claims be carved out or excluded from an otherwise broad arbitration agreement?" (BORN, Gary B. *International Arbitration and Forum Selection Agreements*: drafting and enforcing. 6. ed. Alphen aan den Rijn: Kluwer Law International, 2021, p. 37).

[897] "At the outset, the parties should consider what types of disputes they want arbitrated. If they desire to restrict arbitration only to contract disputes, they should draft a narrow-form arbitration clause. In the United States, this may be accomplished by using the phrase, 'all disputes arising under this agreement,' to define the scope of the disputes encompassed within the arbitration clause. This phrase may preclude arbitration of matters that are closely connected to the contract, but do not 'arise out of' it" (BISHOP, Doak R. A Practical Guide for Drafting International Arbitration Clauses, *Int'l Energy L. & Tax'n Rev*, v. 16, p. 1-81, 2000, p. 30).

[898] "As a general rule, it is wise to draft international arbitration clauses as broadly as possible, to catch all disputes having any connection with the parties' dealings. It is usually better to avoid – except in fairly compelling circumstances – efforts to exclude particular types of disputes from arbitration. Faced with a live dispute, and the temptations of forum

de arbitragem deve ser usada com cautela e redigida de forma cuidadosa, para não trazer insegurança às partes[899]. Trata-se da elaboração de cláusulas "fracionadas", em que apenas algumas disputas serão submetidas à jurisdição arbitral. Atenta a essa situação, a Diretriz 3 da IBA sobre a redação da convenção de arbitragem sugere que: "Salvo circunstâncias especiais, as partes não devem tentar limitar o escopo das controvérsias sujeitas à arbitragem, devendo definir tal escopo de modo amplo."[900]

Assim, recomendável iniciar a redação com um preâmbulo amplo, de modo a abranger todas as possíveis controvérsias entre as partes contratantes, e utilizar frases que estabeleçam o escopo da convenção, também de forma ampla, ao instrumento a que se refere e ao seu conteúdo.[901] Nesse sentido, normalmente se estabelece que serão resolvidos por arbitragem "todo" ou "qualquer" litígio "oriundo", "originário" ou "relacionado ao contrato". Em alguns casos, acresce-se que por "todo" ou "qualquer" litígio se

---

shopping or perceived attractions of delay, few parties will lack the ingenuity to cast their claims or defenses in terms that purport to fall outside a narrow, or exception-filled, agreement to arbitrate. In turn, this will lead almost inevitably to parallel proceedings in both the arbitral forum and national courts, and to jurisdictional disputes over the application of a clause to particular claims. None of this fosters rational, efficient resolution of the parties' real dispute" (BORN, Gary B. *International Arbitration and Forum Selection Agreements*: drafting and enforcing. 6. ed. Alphen aan den Rijn: Kluwer Law International, 2021, p. 38).

899 "Even where the parties have agreed to a broad arbitration clause, there may be claims or disputes that one party does not want submitted to arbitration. Exceptions to the scope of arbitration agreements (like exceptions to forum selection clauses) should be used cautiously and drafted carefully, because they can lead to jurisdictional disputes and other uncertainties. In appropriate contexts, however, carefully-drafted exceptions may be useful" (BORN, Gary B. *International Arbitration and Forum Selection Agreements*: drafting and enforcing. 6. ed. Alphen aan den Rijn: Kluwer Law International, 2021, p. 39-40).

900 IBA. *Diretrizes da IBA para a Redação de Cláusulas de Arbitragem Internacional*. Trad. Eduardo Damião Gonçalves. Londres: International Bar Association, 2010, p. 11.

901 "Drafting a broad arbitration clause, like drafting an expansive forum clause, requires addressing several components. First, it is generally desirable to begin with a descriptive preamble broadly submitting 'all disputes, claims, controversies, and disagreements' to arbitration, rather than a simple reference to 'any disputes' or 'all claims.' This reduces the risk of litigation or arbitral proceedings over whether a 'dispute' is involved (as distinguished, in some litigants' submissions, from a mere 'claim' or 'disagreement'). Second, this preambular formula should ordinarily be used together with one or more broad connecting phrases, such as disputes 'relating to' or 'arising in connection with' the parties' agreement. It is usually desirable to avoid confining an arbitration clause merely to disputes 'arising under' or 'arising from' an agreement, because of the risk that these formulae will exclude non-contractual claims. (...) Finally, references to the 'subject matter of the Agreement' are also often appropriate. This widens the scope of the arbitration clause, and will often extend to disputes regarding the formation and validity of the underlying contract" (BORN, Gary B. *International Arbitration and Forum Selection Agreements*: drafting and enforcing. 6. ed. Alphen aan den Rijn: Kluwer Law International, 2021, p. 38-39).

incluem aqueles que digam respeito ao término, à extinção ou à invalidade do contrato em que presente a cláusula arbitral.[902]

Ainda, necessário frisar que, em diversas jurisdições na arbitragem internacional, é praxe na redação da cláusula agregar a expressão inglesa *final and binding*, como corolário da decisão das partes de afastar o aparelho estatal do exame da controvérsia. Enquanto "*binding*" significa que a sentença arbitral vincula as partes, sendo passível de execução pelas cortes nacionais contra a parte perdedora, "*final*" significa que em relação à sentença arbitral não será cabível revisão pelo Poder Judiciário.[903]

Essas expressões são utilizadas na praxe internacional para que a arbitragem não seja vista como apenas uma possível futura opção, aplicáveis somente se as partes concordarem no momento em que surge o conflito. Ademais, elas contribuem para que a decisão arbitral não seja interpretada como mera recomendação às partes, mas sim em caráter vinculante.[904] Percebe-se que a técnica redacional não necessita ser seguida no Brasil, em que o caráter final e vinculante da sentença arbitral decorre da própria Lei de Arbitragem, e tem seu reconhecimento como título executivo judicial expresso no Código de Processo Civil.

---

902 Assim explica, novamente, Gary Born: "As with forum selection agreements, there are a handful of formulae that are frequently used to define the scope of arbitration clauses. These formulae include: (i) 'all disputes arising under this Agreement'; (ii) 'all disputes arising out of this Agreement'; (iii) 'all disputes in connection with this Agreement'; and (iv) 'all disputes relating to this Agreement.' Alternative formulations are also encountered, including: (v) 'all disputes relating to this Agreement, including any question regarding its existence, validity, breach, or termination'; and (vi) 'all disputes relating to this Agreement or the subject matter hereof". (BORN, Gary B. *International Arbitration and Forum Selection Agreements*: drafting and enforcing. 6. ed. Alphen aan den Rijn: Kluwer Law International, 2021, p. 37-38).

903 "It is common for arbitration clauses to provide that any arbitration award rendered will be 'final and binding'. In this context, 'binding' means the parties intend that the award will resolve the dispute and be enforceable by national courts against the losing party. It will not result merely in an advisory opinion that the parties are free to disregard. A reference that any award will be "final" means the substance of the award will not be reviewed by the courts (...) By including the terms, 'final and binding', or an equivalent phrase – 'any disputes shall be finally settled by binding arbitration' – parties express their intent for courts to enforce the award without reviewing the evidentiary foundations of the award. This is an important provision, and especially so if institutional rules are not adopted" (BISHOP, Doak R. A Practical Guide for Drafting International Arbitration Clauses, *Int'l Energy L. & Tax'n Rev*, v. 16, p. 1-81, 2000, p. 29).

904 "The requirement that the parties agree to arbitrate also means that a defined category of disputes (...) should be referred to arbitration for a 'binding' or 'final' disposition. The clause ought not treat arbitration as a possible future option, applicable if the parties so agree after a dispute arises, nor ought it suggest that arbitration will produce merely a recommended or precatory result, as opposed to a binding, enforceable award. In essence, the clause must provide: 'All disputes shall be finally resolved by arbitration...'" (BORN, Gary B. *International Arbitration and Forum Selection Agreements*: drafting and enforcing. 6. ed. Alphen aan den Rijn: Kluwer Law International, 2021, p. 37).

§ 23. ELEMENTOS FACULTATIVOS

1. Sede da arbitragem

Um dos elementos possivelmente determinantes para o resultado da arbitragem é, precisamente, a definição do seu *local*[905]. Atenta a essa situação, a Diretriz 4 da IBA sobre a redação da convenção de arbitragem sugere que: "as partes devem escolher a sede da arbitragem. Essa escolha deve ser baseada em considerações práticas e jurídicas".[906]

A escolha da sede da arbitragem implica a definição do domicílio jurídico do procedimento arbitral. A eleição da sede não é meramente logística, trazendo consigo implicações significativas para o deslinde da arbitragem como um todo[907]. A escolha da sede define a "*lex arbitri*", que será a lei processual de base a ser observada, impactando diversos aspectos procedimentais cruciais, *e.g.*, os poderes conferidos ao árbitro e a extensão do controle judicial sobre a arbitragem.

A escolha da sede é importante notadamente no caso de arbitragens internacionais. Primeiro, a escolha da sede pode determinar o idioma da arbitragem, se as partes não o tiverem especificado. Em alguns casos, mesmo com escolha pelas partes de um idioma específico, a sede da arbitragem determinará o idioma a ser seguido, pois há países cuja legislação exige a adoção do seu idioma, por exemplo, alguns países árabes.[908] Segundo, a escolha da sede tem o condão de definir, por exemplo, a nacionalidade do laudo, a competência para o controle da sentença via ação de anulação,[909] as regras aplicáveis

---

905 "Almost every international commercial controversy poses a critical preliminary question – "Where, and by whom, will this dispute be decided?" The answer to this question often decisively affects a dispute's eventual outcome. It can mean the difference between winning and losing, between de minimis damages and a multimillion dollar, euro, pound, yen, or renminbi award." (BORN, Gary B. *International Arbitration and Forum Selection Agreements*: drafting and enforcing. 6. ed. Alphen aan den Rijn: Kluwer Law International, 2021, p. 1).

906 IBA. *Diretrizes da IBA para a Redação de Cláusulas de Arbitragem Internacional*. Trad. Eduardo Damião Gonçalves Londres: International Bar Association, 2010, p. 13.

907 "O local da arbitragem é o domicílio jurídico da arbitragem. Deve ser dada atenção especial para o regime legal do local escolhido como sede da arbitragem porque essa escolha tem importantes consequências legais sob a maioria das legislações arbitrais nacionais, assim como sob alguns regulamentos de arbitragem. Apesar do local da arbitragem não determinar a lei aplicável ao contrato e ao mérito (ver parágrafos 42-46 abaixo), ele determina a lei (lei arbitral ou *lex arbitri*) que rege certos aspectos procedimentais da arbitragem, como, por exemplo, os poderes do árbitro e o controle judicial do processo arbitral" (IBA. *Diretrizes da IBA para a Redação de Cláusulas de Arbitragem Internacional*. Trad. Eduardo Damião Gonçalves Londres: International Bar Association, 2010, p. 13).

908 BISHOP, Doak R. A Practical Guide for Drafting International Arbitration Clauses, *Int'l Energy L. & Tax'n Rev*, v. 16, p. 1-81, 2000, p. 40.

909 "A escolha da sede da arbitragem pelas partes pode exercer papel decisivo na efetividade e no caráter definitivo do processo arbitral. Afinal, o Poder Judiciário da sede da arbitragem tem jurisdição exclusiva para, entre outras questões, decidir ação de declaração de nulidade de sentença arbitral. Além disso, a escolha da sede da arbitragem pode trazer consigo,

ao controle de validade da convenção de arbitragem e as disposições imperativas a serem observadas no procedimento arbitral.[910] Terceiro, a sede da arbitragem pode ser relevante para aferir o tratamento tributário a ser dado à sentença.[911]

Dessa forma, a sede apresenta impactos relevantes sobre a efetividade da arbitragem. Importa verificar se o país é signatário da Convenção de Nova York, se a legislação e os tribunais da sede são favoráveis à arbitragem, bem como a estabilidade política do país da sede e o grau de independência entre os seus poderes Executivo e Judiciário.[912] Outras considerações que as partes devem ter ao escolher a sede são

---

indiretamente, a escolha da lei processual aplicável ao processo arbitral. Por exemplo, as disposições mandatórias do English Arbitration Act, de 1996, necessariamente se aplicam à arbitragem com sede em Londres" (LEVY, Daniel; PEREIRA, Guilherme Setoguti Julio. *Curso de Arbitragem*. São Paulo: Thomson Reuters Brasil, 2018, p. 32).

910 "O estudo da sede da arbitragem tem repercussão, do ponto de vista jurídico e de acordo com a Convenção de Nova Iorque, para: (i) a definição da nacionalidade do laudo com reflexos na sua execução; (ii) a definição da competência do Judiciário que controlará o laudo via ação de anulação; (iii) a verificação de sua influência, de forma subsidiária, para a regularidade da validade da convenção arbitral; e (iv) a análise das disposições imperativas da sede" (BRAGHETTA, Adriana. *Anulação do Laudo Arbitral na Sede da Arbitragem e Consequências Internacionais*: visão a partir do Brasil. Tese (Doutorado em Direito) – Faculdade de Direito, Universidade de São Paulo. São Paulo, 2008, p. 5).

911 BISHOP, Doak R. A Practical Guide for Drafting International Arbitration Clauses, *Int'l Energy L. & Tax'n Rev*, v. 16, p. 1-81, 2000, p. 40.

912 "A escolha da sede arbitral determina 'profundas consequências jurídicas e práticas para as partes em uma arbitragem internacional, e pode materialmente alterar o curso e o resultado do procedimento arbitral'. A escolha da sede de arbitragem pode facilitar a execução do laudo em território estrangeiro, caso o país no qual se localiza seja signatário da Convenção de Nova Iorque, ou dificultar seu reconhecimento e execução, em caso contrário. Da mesma forma, geralmente compete aos tribunais da sede de arbitragem apreciar pedidos de anulação dos laudos arbitrais. Considerando que um dos princípios fundamentais da arbitragem é a irrecorribilidade das sentenças, é necessário evitar a possibilidade de revisão da sentença arbitral na sede. (...) Por sua vez, é de suma importância que a legislação e os tribunais localizados na sede sejam receptivos à arbitragem. Em numerosos casos, a lei processual aplicável é a da sede da arbitragem, gerando diversos efeitos processuais 'internos' e 'externos', tais como a 'seleção, qualificação e remoção de árbitros, poderes dos árbitros em determinar medidas provisórias ou fornecimento de informação ou documentos, alocar competência para resolver disputas jurisdicionais, conduta do advogado na arbitragem, requisitos processuais, forma e publicação da sentença arbitral, dentre outros'. Desta forma, uma legislação e uma jurisprudência favoráveis à arbitragem podem facilitar o desenrolar do procedimento arbitral, reduzindo o tempo gasto e propiciando a solução eficiente do litígio. Por outro lado, sistemas jurídicos pouco receptivos à arbitragem podem tumultuar o curso da arbitragem e até mesmo alterar seu resultado final. (...) No mesmo sentido, é importante avaliar a estabilidade política do Estado da sede e o grau de independência de seu Poder Judiciário, uma vez que em certos países pode haver interferência do Executivo no Judiciário de forma a influenciar o resultado dos casos de seu interesse. Daí a importância da escolha de uma jurisdição neutra, que impeça o favorecimento de qualquer das partes" (WALD, Arnoldo. Transferência em sede de arbitragem internacional: novas necessidades e perspectivas. *Revista de Arbitragem e Mediação*, v. 26, p. 33-66, jul./set. 2010).

a neutralidade, a disponibilidade de instalações para audiências, proximidade das testemunhas e das provas e a familiaridade das partes com o idioma e a cultura.[913]

Explica Gary Born, sintetizando considerações subjacentes à escolha da sede da arbitragem: "Há muitas razões pelas quais uma mesma disputa pode ter desfechos materialmente distintos em diferentes jurisdições. Normas procedimentais, de escolha da lei aplicável, de direito material e outras normas jurídicas variam de um país para outro. O perfil, a competência e a integridade dos tribunais também diferem substancialmente entre diferentes jurisdições. Outras considerações, como inconveniência, parcialidade local e idioma, podem tornar um determinado foro muito mais favorável a uma das partes do que à outra. Todas essas diferenças tendem a ser ainda mais acentuadas em disputas internacionais do que em sistemas políticos puramente domésticos".[914]

A escolha da sede traz consigo também a definição do Poder Judiciário que terá jurisdição para analisar eventuais questões atreladas à arbitragem. Em vários momentos processuais a intervenção do Judiciário poderá ser necessária, por exemplo, para indicação ou substituição de árbitros em certas ocasiões, concessão de medidas cautelares pré-arbitrais, apoio na produção probatória, concessão de ordem de suspensão da arbitragem diante de certas circunstâncias e, sobretudo, competência para analisar impugnações à sentença arbitral a ser proferida.

Observa-se ser possível alterar a sede da arbitragem mesmo no curso do procedimento arbitral – com a necessária concordância do tribunal arbitral.[915] Cumpre ressaltar que a ausência de escolha da sede na convenção de arbitragem pode dar azo a que a escolha seja feita pela instituição arbitral[916] ou pelo próprio tribunal arbitral.[917]

---

913 IBA. *Diretrizes da IBA para a Redação de Cláusulas de Arbitragem Internacional*. Trad. Eduardo Damião Gonçalves Londres: International Bar Association, 2010, p. 13.

914 Tradução livre, no original: "There are many reasons why the same dispute can have materially different outcomes in different fora. Procedural, choice-of-law, substantive, and other legal rules differ from one country to another. The character, competence, and integrity of tribunals also vary substantially among different fora. Other considerations, such as inconvenience, local bias, and language, may make a particular forum much more favorable for one party than another. All these differences are usually more pronounced across international borders than within purely domestic political systems" (BORN, Gary B. *Arbitration and Forum Selection Agreements*: drafting and enforcing. 6. ed. Kluwer Law International, 2021, p. 1).

915 "As partes são livres para, de comum acordo, modificar a sede da arbitragem conforme bem entenderem, mesmo após a constituição do Tribunal Arbitral. Caso o Tribunal já esteja constituído, os árbitros terão a faculdade de aceitar ou não a transferência da sede e, dela discordando quando for mudada a sede, poderão requerer sua substituição por outro árbitro" (WALD, Arnoldo. Transferência em sede de arbitragem internacional: novas necessidades e perspectivas. *Revista de Arbitragem e Mediação*, v. 26, p. 33-66, jul./set. 2010).

916 "A sede da arbitragem pode ser especificada na cláusula compromissória, determinada pela instituição administradora da arbitragem ou, ainda, pelo Tribunal Arbitral" (WALD, Arnoldo. Transferência em sede de arbitragem internacional: novas necessidades e perspectivas. *Revista de Arbitragem e Mediação*, v. 26, p. 33-66, jul./set. 2010).

917 "Por fim, os Regulamentos das três instituições asseguram às partes a possibilidade de dispor livremente sobre a sede da arbitragem, e, na ausência de tal acordo, dispõem que a instituição

Para mais, não se deve olvidar a possibilidade de discussões sobre a sede no momento da instauração do procedimento arbitral, a fim de dificultar o andamento da demanda, no emprego de *guerrilla tactics.*

Assim, prestigiando-se a autonomia privada, sugere-se que as partes sempre façam a escolha na própria convenção de arbitragem, oportunidade em que poderão ter maior previsibilidade sobre todas as consequências da escolha da sede para o procedimento arbitral e para o próprio resultado da arbitragem. Não há dúvidas de que o ideal é que as partes, ao celebrarem a convenção de arbitragem, atentem a esse ponto, a fim de evitar futuras discussões.

2. Local de prática dos atos processuais

Os atos processuais da arbitragem não necessariamente serão realizados na sede da arbitragem.[918] Atividades como a apresentação de manifestações escritas, a condução das perícias e a realização de audiências para oitiva de testemunhas poderão ser realizadas em outros locais, ou ainda de modo virtual.[919] O ajuste sobre a condução de atos

---

arbitral administradora poderá fixá-la. Trata-se de uma consagração regulamentar da flexibilidade da arbitragem em termos de deslocalização – já que a disposição das partes quanto à sede é independente da sede principal da instituição arbitral e permanece intacta ainda que o tribunal arbitral realize algumas etapas do procedimento, incluindo audiências, em lugar diverso do eleito como sede. Para além de consagrar a deslocalização – que está logicamente atrelada ao reconhecimento e a criação de salvaguardas específicas ao internacionalismo da arbitragem – tais dispositivos são importantes instrumentos na busca pela neutralidade do procedimento, especialmente quando a instituição ou o tribunal são levados a dispor sobre a sede (quando as partes não convencionaram a respeito)" (GAZZANEO, Nathalie. Regulamento das Câmaras Arbitrais brasileiras e sua adequação para governar arbitragens internacionais. *Revista de Direito Empresarial*, v. 6, p. 261-289, nov./dez. 2014).

918 "As partes têm liberdade de estipular que os atos relativos à arbitragem sejam praticados em uma ou mais localidades, que podem ser inclusive diferentes do local em que a sentença arbitral deverá ser proferida. (...) Um dos critérios orientadores das partes na escolha da solução arbitral repousa exatamente na celeridade proporcionada pela *desformalização* do processo, ou seja, pelo abandono de formas rígidas, que seriam destinadas a salvaguardar o devido processo legal, mas muitas vezes funcionam como fatores de emperramento do processo. (...) Considerando a autonomia da vontade das partes, podem elas avençar que sejam desenvolvidos atos processuais em diversos locais (oitiva de testemunhas, apresentação de memoriais, oitiva das partes, perícias), cabendo aos árbitros (ou ao árbitro instrutor, se um deles receber esta incumbência, o que não é vedado) deslocar-se entre os diversos locais escolhidos pelos contratantes (dentro ou fora do território nacional)" (CARMONA, Carlos Alberto. *Arbitragem e Processo*: um comentário à Lei n° 9.307/96. 3. ed. São Paulo: Atlas, 2009, p. 208-209).

919 "The arbitral seat is the place where the arbitral award will formally be made and the jurisdiction whose laws will ordinarily govern the arbitral proceedings and actions to annul or set aside the arbitral award. It is also the place where many or all of the hearings in the arbitration will be conducted, although the tribunal may generally hold hearings elsewhere for reasons of convenience" (BORN, Gary B. *International Arbitration and Forum Selection Agreements*: drafting and enforcing. 6. ed. Alphen aan den Rijn: Kluwer Law International, 2021, p. 68).

processuais em outros locais ou a distância facilita a condução do procedimento e reduz custos. O local de prática dos atos da arbitragem não interfere na fixação de competência interna no que diz respeito à ação anulatória, à concessão de tutelas provisórias prévias à instituição da arbitragem ou à ação de instituição compulsória da arbitragem.[920]

A escolha do local da prática de atos processuais não necessariamente será estabelecida na convenção de arbitragem. Via de regra, as normas das instituições arbitrais já conferem discricionariedade ao árbitro para a prática de atos fora da sede da arbitragem.[921] E, quando o regulamento de arbitragem assim não prevê, é praxe que as partes disponham sobre tal possibilidade na ata de missão.

De todo modo, é recomendável que se evite prever na convenção de arbitragem que os atos ocorrerão em algum lugar específico, pois isso pode representar um limitador a que os árbitros escolham fazê-lo em algum outro lugar. Uma boa redação seria: "Os atos da arbitragem poderão ser praticados em outras localidades, que não no local da sede, por razões de conveniência das partes ou do processo".[922]

Ademais, é possível que as partes indiquem mais de um local em que poderão ser proferidas decisões na convenção de arbitragem, e autorizar que o tribunal arbitral emita decisões a partir de qualquer um dos locais previstos. Trata-se de expediente que confere flexibilidade à arbitragem, permitindo que – diante das circunstâncias concretas – os árbitros escolham qual é o local mais adequado para a prática do ato processual. Desse modo, evita-se que eventual decisão necessite passar por procedimento de reconhecimento de sentença arbitral estrangeira, conferindo maior efetividade às tutelas deferidas pelos árbitros.

---

920 "A escolha do lugar em que os atos da arbitragem serão praticados não tem entre nós relevância alguma no que se refere à fixação da competência (interna) do juiz estatal para as demandas ligadas ao juízo arbitral. Ao contrário dos italianos, que preconizam ser a sede elemento de conexão importante para a fixação de competência do juiz togado para a prática de atos que interessam ao juízo arbitral (o juiz do local onde esteja situada a sede da arbitragem será competente, inclusive, para o depósito do laudo, quando condenatório), o legislador pátrio adotou outro critério (histórico, aliás), prevendo que será competente para praticar os atos ligados à arbitragem (antes, durante e depois: para a demanda de que trata o art. 7º, para as providências a que se refere o art. 22, § 4º, e para a demanda de anulação de que cuida o art. 32) o juiz que teria conhecido da causa se não tivesse existido convenção arbitral (ou seja, o juiz natural), tudo sem prejuízo de elegerem as partes foro para a eventualidade de terem de recorrer ao Poder Judiciário" (CARMONA, Carlos Alberto. *Arbitragem e Processo*: um comentário à Lei nº 9.307/96. 3. ed. São Paulo: Atlas, 2009, p. 209-210).

921 BISHOP, Doak R. A Practical Guide for Drafting International Arbitration Clauses, *Int'l Energy L. & Tax'n Rev*, v. 16, p. 1-81, 2000, p. 35.

922 Redação similar é sugerida por Gary Born: "It is generally wiser to avoid formulations that state: 'The arbitrators shall conduct the arbitration hearings in (place)' or 'the arbitral proceeding will be located in (place).' These provisions do not expressly address the question of the arbitration's legal seat, and they constrain the tribunal's power to conduct hearings elsewhere, for reasons of convenience (*i.e.*, a site inspection)" (BORN, Gary B. *International Arbitration and Forum Selection Agreements*: drafting and enforcing. 6. ed. Alphen aan den Rijn: Kluwer Law International, 2021, p. 78).

3. Processamento e julgamento do caso – arbitragem institucional ou *ad hoc*

As partes têm a faculdade de organizar a arbitragem pelo sistema *ad hoc* ou utilizar os serviços de instituições que se dedicam a organizar e processar arbitragens, no Brasil e no exterior.[923] A Diretriz 1 da IBA sobre a redação da convenção de arbitragem sugere que "as partes devem escolher entre arbitragem institucional e *ad hoc*".[924]

Sinteticamente, enquanto no sistema *ad hoc* a arbitragem é administrada pelas próprias partes e pelos árbitros, já que o procedimento arbitral não está submetido à condução de alguma instituição arbitral, na arbitragem institucional haverá uma câmara de arbitragem para administrar o procedimento. Diante disso, ao celebrarem a convenção de arbitragem, as partes devem ter consciência dessa distinção e das consequências práticas de se escolher uma ou outra modalidade.

Há tanto benefícios como desvantagens na escolha pela arbitragem *ad hoc*. A principal vantagem da arbitragem *ad hoc* está em evitar as taxas de administração cobradas pelas instituições arbitrais, que podem ser bastante elevadas. No entanto, importa ponderar que, como a administração caberá a um profissional específico ou ao próprio tribunal, os custos poderão ser iguais ou até mais elevados. Além disso, as instituições arbitrais, muitas vezes, atribuem limites às custas e aos honorários dos árbitros, o que nem sempre ocorre em arbitragens *ad hoc*.[925]

---

923 "International (and domestic) arbitration can be either (a) institutional, or (b) *ad hoc*. Institutional arbitration is conducted pursuant to procedural rules promulgated by a particular arbitral institution, which generally also 'administers' the arbitration. The administration of an arbitration typically involves performing administrative or supervisory functions such as selecting and removing arbitrators (whenever the parties default or fail to reach an agreement on these issues), serving requests for arbitration and some other submissions, scrutinizing awards, and dealing with the arbitrators' and arbitral institution's fees. In contrast, *ad hoc* arbitration is conducted without an administering authority and, generally, without the aid of institutional procedural rules. It relies instead on the parties' cooperation, backed by potential recourse to national courts for such matters as appointment of arbitrators in case of defaulting or disagreeing parties. As explained in greater detail below, virtually all experienced international arbitration practitioners prefer institutional arbitration to *ad hoc* arbitration because of the heightened predictability, stability, and institutional expertise provided by the former, and because institutional arbitration rules often provide useful default mechanisms for enhancing the arbitral process (*e.g.*, replacing arbitrators, corrections to awards). For example, a recent Queen Mary University of London study found that 79 percent of the surveyed respondents' arbitrations over the past five years were administered by institutions" (BORN, Gary B. *International Arbitration and Forum Selection Agreements*: drafting and enforcing. 6. ed. Alphen aan den Rijn: Kluwer Law International, 2021, p. 42-43).

924 IBA. *Diretrizes da IBA para a Redação de Cláusulas de Arbitragem Internacional*. Trad. Eduardo Damião Gonçalves. Londres: International Bar Association, 2010, p. 6.

925 "*Ad hoc* arbitration is occasionally preferred to institutional arbitration. *Ad hoc* arbitration can be less expensive than institutional arbitration – since there is no institutional staff to pay for. On the other hand, without an institutional administrator, the arbitrators themselves (or a secretary or registrar appointed by them) will need to perform basic administrative functions, which may entail equal or greater expense. Moreover, capable arbitral institutions take steps to ensure that the arbitrators' fees are kept within limits, which may not always happen in ad

Outra vantagem da arbitragem *ad hoc* é a existência de um maior grau de confidencialidade, já que ela não envolve os agentes da instituição arbitral.[926] Igualmente, por não estarem adstritas às regras da instituição arbitral, as arbitragens *ad hoc* permitem uma maior flexibilidade – mesmo que isso, em termos práticos, traga diferença pouco significativa, afinal, a arbitragem, por si só e independentemente de ser ou não institucional, já é marcada por grande flexibilidade[927].

Eventual desvantagem da arbitragem *ad hoc* é a de que o Poder Judiciário pode ser chamado a intervir com mais frequência – o que também pode elevar custos.[928] Além disso, sentenças arbitrais oriundas de procedimentos *ad hoc* podem ser vistas pelo Poder Judiciário,[929] em eventual demanda anulatória ou visando à sua execução, com menor credibilidade do que aquelas proferidas no âmbito de uma arbitragem institucional.[930] Portanto, no procedimento *ad hoc* poderá haver menores garantias qualitativas em relação à condução do procedimento.[931]

---

hoc arbitrations. Moreover, if judicial intervention is required to support the arbitral process (*e.g.*, by appointing arbitrators), the costs of representation in national court proceedings may be substantial" (BORN, Gary B. *International Arbitration and Forum Selection Agreements*: drafting and enforcing. 6. ed. Alphen aan den Rijn: Kluwer Law International, 2021, p. 66).

926 "*Ad hoc* arbitration is arguably also somewhat more confidential than institutional arbitration, since it involves no institutional administrative staff. On the other hand, arbitral institutions are subject to confidentiality obligations, and the greatest risks of public disclosure ordinarily come from the parties and from post-award court enforcement proceedings" (BORN, Gary B. *International Arbitration and Forum Selection Agreements*: drafting and enforcing. 6. ed. Alphen aan den Rijn: Kluwer Law International, 2021, p. 66).

927 "*Ad hoc* arbitration may also be slightly more flexible than institutional arbitration (assuming cooperation among the parties), but the differences in this regard are minimal" (BORN, Gary B. *International Arbitration and Forum Selection Agreements*: drafting and enforcing. 6. ed. Alphen aan den Rijn: Kluwer Law International, 2021, p. 66).

928 "If judicial intervention is required, the costs of representation in judicial proceedings may be substantial" (BORN, Gary B. *International Arbitration and Forum Selection Agreements*: drafting and enforcing. 6. ed. Alphen aan den Rijn: Kluwer Law International, 2021, p. 66).

929 "Furthermore, an award rendered under the auspices of a leading arbitral institution may carry greater weight in national court enforcement proceedings than an ad hoc award. U.S., English, and other courts have commented favorably on various arbitral institutions in enforcing their awards" (BORN, Gary B. *International Arbitration and Forum Selection Agreements*: drafting and enforcing. 6. ed. Alphen aan den Rijn: Kluwer Law International, 2021, p. 67).

930 "(...) an award rendered under the auspices of a recognized arbitral institution may have a greater likelihood of enforcement for reasons of institutional reputation" (CARBONNEAU, Thomas E. *The law and practice of arbitration*. 2. ed. Huntington: Juris, 2006, p. 626).

931 "The advantage of *ad hoc* arbitration is that the parties avoid the administrative fees charged by arbitral institutions, which can be substantial in some cases. The disadvantages of *ad hoc* arbitration are that national courts are more likely to intervene when there is no administering institution and, in the absence of an administrator, the parties may have to apply to the courts to resolve procedural problems on which they cannot agree. *Ad hoc* arbitration also requires that the parties assume the administrative and planning responsibilities generally undertaken by arbitral institutions. Moreover, with *ad hoc* arbitration, there is no quality control review by an institution like the ICC. There is also evidence that *ad hoc* awards do not receive the

A principal vantagem da arbitragem institucional está na delegação das funções administrativas para entidade especializada e com *know-how* para tanto. A gestão processual realizada pela instituição envolve variados aspectos do procedimento – como a troca de manifestações entre as partes, a confirmação dos árbitros indicados pelas partes e a indicação de árbitro em caso de discordância ou inércia das partes, o recolhimento das despesas do procedimento, a supervisão e o apoio na condução do procedimento arbitral.[932] Contudo, os custos em optar pela arbitragem institucional podem ser elevados, muitas vezes sendo calculados com base no valor em disputa.[933]

Gary Born aponta que vários praticantes da arbitragem recomendam a arbitragem institucional em vez da arbitragem *ad hoc*. Em primeiro lugar, porque as instituições arbitrais fornecem previsibilidade para o procedimento. Em segundo, porque prever regras de uma instituição arbitral é normalmente benéfico às partes, pois evita que tenham de negociar e redigir as regras do procedimento, o que pode ser custoso, moroso e trazer potencial insegurança. Em terceiro, porque a presença de uma instituição arbitral pode fazer grande diferença na hipótese de partes de diferentes culturas ou inexperientes com arbitragem.[934]

---

same deference as institutional awards when they are presented to courts for enforcement" (BISHOP, Doak R. A Practical Guide for Drafting International Arbitration Clauses, *Int'l Energy L. & Tax'n Rev*, v. 16, p. 1-81, 2000, p. 31).

932 Como explica Gary Born, tais funções variam de instituição para instituição: "The precise functions of arbitral institutions vary among organizations. In general, however, an arbitral institution will receive requests (or notices) for arbitration made pursuant to its rules, serve such requests (or notices) on the respondent, confirm the parties' nominations of arbitrators, appoint arbitrators when the parties are not able or willing to do so, consider challenges to the independence of arbitrators, and decide on requests for extensions of time for the filing of initial submissions. In addition, some institutions also fix the amounts of the arbitrators' fees, collect the parties' advance payments of fees and costs, and (in a few instances) review and comment on arbitrators' draft awards. The rules of each arbitral institution detail how the foregoing functions are performed" (BORN, Gary B. *International Arbitration and Forum Selection Agreements*: drafting and enforcing. 6. ed. Alphen aan den Rijn: Kluwer Law International, 2021, p. 43).

933 Como explica Doak Bishop: "The advantages of using an institution represent the flip side of *ad hoc* arbitration. The institution may handle most of the administrative functions, provide a method of handling most procedural problems and provide quality control for at least some functions such as the selection of arbitrators. Cost is the primary disadvantage of institutional arbitration. Institutions such as the ICC usually charge an administrative fee that is a percentage of the amount in controversy. In addition, there may be hidden costs such as first-class airfare for the arbitrators for long flights or the fee for a secretary to the arbitral tribunal (usually a junior counsel) to take care of administrative details and take notes. In return for the administrative fee, however, the ICC performs significant services for the parties, including a review of party-nominated arbitrators for independence, appointing qualified arbitrators when necessary and scrutinizing proposed awards to insure their enforceability" (BISHOP, Doak R. A Practical Guide for Drafting International Arbitration Clauses, *Int'l Energy L. & Tax'n Rev*, v. 16, p. 1-81, 2000, p. 31-32).

934 "Almost all international arbitration practitioners decisively prefer institutional arbitration to *ad hoc* arbitration. They do so primarily because of the enhanced predictability and re-

Nesse sentido, a arbitragem *ad hoc* normalmente é recomendável quando a disputa já existe e está claro que as partes estão dispostas a atuar cooperativamente para a resolução do litígio.[935] No entanto, nem sempre esse cenário se concretiza. Thomas Carbonneau, por sua vez, comenta que a expectativa de cooperação entre as partes quando existente o litígio é irrealista.[936]

A opção pela arbitragem *ad hoc* ou institucional certamente impactará na *redação* da convenção de arbitragem, propriamente. Na arbitragem *ad hoc* incumbe primordialmente às partes contratar as regras procedimentais que, normalmente, já constariam do regulamento de uma instituição. Assim, é recomendável que, se as partes optarem pela arbitragem *ad hoc*, a convenção de arbitragem contenha as previsões mínimas que permitam o início da arbitragem e a constituição do tribunal arbitral, como a escolha de uma *appointing authority*.[937] Em muitos casos, as partes poderão eleger um conjunto de regras preexistente para ditar o procedimento *ad hoc*.[938]

---

gularity that institutional arbitration provides by virtue of professional case administration and selection of arbitrators, as well as the benefits of incorporating institutional rules (*e.g.*, provisions concerning formation of the arbitral tribunal and limitations on judicial review). Particularly at the outset of an arbitration, between sometimes inexperienced parties from different legal cultures, an arbitral institution's role in moving proceedings along can be highly constructive and efficient. (...) Further, agreeing to institutional arbitration relieves the parties of the necessity of negotiating and drafting procedural rules for future arbitral proceedings. This can be a costly, slow, and uncertain effort, particularly without expert advice, for an eventuality that often never transpires. Parties who are intent upon an *ad hoc* arbitration agreement are usually well-advised to adopt a set of non-institutional arbitration rules, such as the UNCITRAL Rules" (BORN, Gary B. *International Arbitration and Forum Selection Agreements*: drafting and enforcing. 6. ed. Alphen aan den Rijn: Kluwer Law International, 2021, p. 66-67).

935 "In light of the foregoing, an ad hoc arbitration agreement ordinarily is advisable only where a dispute has already arisen and it is clear that all parties are prepared to proceed cooperatively with an arbitration" (BORN, Gary B. *International Arbitration and Forum Selection Agreements*: drafting and enforcing. 6. ed. Alphen aan den Rijn: Kluwer Law International, 2021, p. 67).

936 "Parties should decide whether they will engage in institutional arbitration or *ad hoc* arbitration. This particular question is not difficult because most parties are likely to choose institutional arbitration even though it involves greater threshold costs. *Ad hoc* arbitration – usually done through the application of the Uncitral Model Rules of Arbitration – requires that the parties establish and manage, as well as participate in, the arbitration. Such an approach places a substantial burden upon the parties to cooperate in the circumstances of the dispute. The expectation of cooperation is likely to be unrealistic" (CARBONNEAU, Thomas E. *The law and practice of arbitration*. 2. ed. Huntington: Juris, 2006, p. 626).

937 "(...) when an ad hoc arbitration clause for future disputes is to be adopted, parties should ensure that an arbitral seat is designated and an appointing authority is specified for the selection of arbitrators. Failure to do so may result in significant delays, expense, and uncertainty, as well as potential invalidity of the arbitration agreement" (BORN, Gary B. *International Arbitration and Forum Selection Agreements*: drafting and enforcing. 6. ed. Alphen aan den Rijn: Kluwer Law International, 2021, p. 67).

938 "In addition, the parties will sometimes also select a preexisting set of procedural rules designed to govern ad hoc arbitrations (such as the Uncitral Arbitration Rules)" (BORN, Gary B.

Já no caso da arbitragem institucional, as partes deverão, tão somente, eleger a instituição arbitral e prever a aplicação de suas regras ao procedimento arbitral. No entanto, alguns cuidados ainda serão necessários. As partes devem cuidar para que (i) elejam uma instituição arbitral de boa reputação;[939] (ii) os seus custos não sejam xcessivos a ponto de as onerar demasiadamente; (iii) seja utilizado o nome correto da instituição arbitral, a fim de evitar possíveis questionamentos sobre qual a instituição eleita; e (iv) tenham ciência prévia sobre as normas da instituição eleita, visando evitar surpresas. Destaca-se a existência de potencial instituição arbitral especializada em segmentos específicos do mercado ou litígios envolvendo determinada matéria, o que também deve ser ponderado concretamente.[940]

São exemplos de instituições arbitrais bem consolidadas internacionalmente: International Chamber of Commerce (ICC); American Arbitration Association (AAA); London Court of International Arbitration (LCIA); Stockholm Chamber of Commerce (SCC); the Vienna International Arbitral Centre (Viac); the German Institution of Arbitration (DIS); the Singapore International Arbitration Centre (Siac); the Hong Kong International Arbitration Centre (HKIAC); the Netherlands Arbitration Institute (NAI); e the Swiss Chambers of Commerce. E, ainda, há algumas instituições arbitrais com foco em áreas específicas, como o International Centre for Settlement of Investment Disputes (ICSID, para arbitragens de investimento) e World Intellectual Property Organization (Wipo, para arbitragens de propriedade intelectual).

Já no Brasil, pode-se mencionar como instituições de maior relevo: o Centro de Arbitragem e Mediação da Câmara de Comércio Brasil-Canadá (CAM-CCBC); a Câmara

---

International Arbitration and Forum Selection Agreements: drafting and enforcing. 6. ed. Alphen aan den Rijn: Kluwer Law International, 2021, p. 64).

939 Esse aspecto é bem ressaltado por Gary Born: "If institutional arbitration is desired, the parties must choose an arbitral institution and refer to it in their arbitration clause. It is ordinarily wisest to rely on one of a few established international arbitral institutions. This avoids the confusion and uncertainty that comes from inexperienced administrative efforts. (...) it is strongly advisable to avoid newly-formed institutions and institutions without proven track records. The risks that an institution will go out of existence or that it will make a disastrous appointment of an inappropriate or incompetent arbitrator are too great to justify experimenting with fledgling organizations" (BORN, Gary B. *International Arbitration and Forum Selection Agreements*: drafting and enforcing. 6. ed. Alphen aan den Rijn: Kluwer Law International, 2021, p. 43-62).

940 "Finally, choosing among these established institutions in particular cases requires considering the nature of the transaction, the identities of the parties, the likely nature of future disputes, and the parties' respective interests. Each institution has its own distinct characteristics and predilections (detailed at pp. 46-57 above). These characteristics may or may not be desirable for a party in the disputes that are likely to arise under a given contract with a particular counter-party. For example, parties to contracts with Chinese state entities will often be unwilling to agree to Cietac or HKIAC arbitration, while parties to contracts with German counter-parties may be reluctant to agree to arbitration under the auspices of the German Institution of Arbitration" (BORN, Gary B. *International Arbitration and Forum Selection Agreements*: drafting and enforcing. 6. ed. Alphen aan den Rijn: Kluwer Law International, 2021, p. 62-63).

de Mediação e Arbitragem Empresarial – Brasil (Camarb); a Câmara de Conciliação, Mediação e Arbitragem (Ciesp/Fiesp), o Centro de Arbitragem e Mediação da Câmara Americana de Comércio para o Brasil – São Paulo (ANCHAM); Câmara de Arbitragem do Mercado da B3; o Centro Brasileiro de Mediação e Arbitragem (CBMA); e a Câmara FGV de Mediação e Arbitragem da Fundação Getulio Vargas (FGV Câmara).

4. Escolha da língua da arbitragem

Como manifestação da amplíssima liberdade que as partes têm ao estipular os procedimentos da arbitragem que contratam, podem elas escolher a língua que melhor se adapte às necessidades do caso. A escolha da língua, como ensina Carlos Alberto Carmona, será aquela "para a prática dos atos do processo, para a produção de documentos, para o relacionamento entre elas e com os árbitros, para as relações com os outros sujeitos do processo (testemunhas, peritos) e, enfim, para a redação do laudo".[941]

A questão é bastante relevante, notadamente na arbitragem internacional, em que partes de nacionalidades diferentes contendem e o maior domínio da língua da arbitragem pode representar uma vantagem competitiva nada desprezível.[942] Além disso, o idioma da arbitragem tem repercussão prática na formação do tribunal arbitral, já que os árbitros devem ser fluentes no idioma escolhido pelas partes.[943] O mesmo se diga com relação aos advogados e aos peritos, que devem ter domínio do idioma, a fim de que não dependam de intérpretes e corram o risco de mal compreender algum ponto relevante do procedimento.[944]

---

941 CARMONA, Carlos Alberto. A Língua no Processo Estatal e no Processo Arbitral: um diálogo com Vincenzo Vigoriti. In: CARMONA, Carlos Alberto; LEMES, Selma Ferreira; MARTINS, Pedro Batista (coord.). *20 Anos da Lei de Arbitragem* – homenagem a Petrônio R. Muniz. São Paulo: Atlas, 2017, p. 94.

942 "Arbitration clauses in international agreements should always specify the language (or languages) of the arbitration proceedings and award. Although sometimes overlooked, this is a point of vital importance, which can have a profound practical effect on the selection of the arbitrators and the character of the arbitral proceedings. Ordinarily, it will be sensible for the language of the arbitration to be the same as that of the contract" (BORN, Gary B. *International Arbitration and Forum Selection Agreements*: drafting and enforcing. 6. ed. Alphen aan den Rijn: Kluwer Law International, 2021, p. 88).

943 "A questão da escolha da língua, porém, terá efetiva relevância na arbitragem internacional (e a expressão designa aqui arbitragem que envolve pelo menos uma parte estrangeira). Para evitar qualquer embaraço, convém que as partes desde logo escolham a língua (ou as línguas) em que todos deverão expressar-se, até porque, dependendo da escolha do idioma, pode ser mais conveniente optar por este ou por aquele árbitro; não é preciso lembrar que um árbitro que não domine perfeitamente o idioma em que se processará a arbitragem não ostentará uma das exigências básicas necessária para dirimir a controvérsia, ou seja, a competência (nos termos em que o art. 13, § 6º, da Lei utiliza a expressão)" (CARMONA, Carlos Alberto. *Arbitragem e Processo*: um comentário à Lei nº 9.307/96. 3. ed. São Paulo: Atlas, 2009, p. 218-219).

944 É o que explica Carlos Alberto Carmona: "Considerações análogas valem para a escolha dos advogados, que não podem pedir que a carência linguística seja superada com a nomeação

Outro possível problema a considerar é a divergência entre a lei aplicável e o idioma escolhido para o procedimento arbitral. A opção por uma língua condizente com a língua do sistema jurídico apontado pelas partes facilitará o andamento do procedimento, na medida em que o recurso a demais fontes do direito, como jurisprudência e doutrina, é facilitada, e que as categorias e os institutos jurídicos não são intercambiáveis entre diferentes sistemas, e, por conseguinte, entre línguas. O risco linguístico (*Sprach Risiko*)[945] é inerente ao direito dos negócios internacionais, que coloca partes de nacionalidades e línguas diferentes em contato, o que traz consigo naturais dificuldades para estabelecer o sentido preciso da declaração de vontade.[946]

Sem os cuidados necessários, conduzir uma arbitragem em inglês que aplique o direito brasileiro pode gerar uma série de entraves terminológicos, na medida em que a tradução de conceitos jurídicos muitas vezes não leva a correspondentes em outro idioma com idêntica carga semântica. Dessa forma, por mais que *property* seja traduzido por "propriedade",[947] *family* por "família" e *contract* por "contrato", importa reconhecer que *property*, *family* e *contract* assumem significados diversos no direito estadunidense do que "propriedade", "família" e "contrato" recebem no direito brasileiro.[948] O mesmo se dá com o "negócio jurídico",[949] termo derivado do *Rechtsgeschäft* alemão, mas que assumiu contornos próprios e inconfundíveis à luz do direito nacional.[950] Logo, é prefe-

---

de um intérprete: os advogados devem expressar-se na língua escolhida. O vínculo linguístico deve valer também para a perícia, pois as partes e os seus representantes têm o direito de acompanhar as diligências" (CARMONA, Carlos Alberto. A Língua no Processo Estatal e no Processo Arbitral: um diálogo com Vincenzo Vigoriti. In: CARMONA, Carlos Alberto; LEMES, Selma Ferreira; MARTINS, Pedro Batista (coord.). *20 Anos da Lei de Arbitragem* – homenagem a Petrônio R. Muniz. São Paulo: Atlas, 2017, p. 94).

945 Por todos, ver: JAYME, Erik. O Risco da Diversidade Linguística e o Direito Internacional Privado. *Boletim da Faculdade de Direito da Universidade de Coimbra*, Coimbra, v. 4, 1978.

946 FRADERA, Véra. *Réflexions sur L'apport du Droit Comparé a L'élaboration du Droit Communautaire*. Tese (Doutorado em Direito) – Universite de Paris II, Paris, 2002, p. 64.

947 Nesse sentido, comenta James Gordley: "some common law property rules were quite different than those of civil law but did not rise to the level of fundamental principles underlying the law of property". (GORDLEY, James. *Foundations of Private Law*: property tort, contract, unjust enrichment. Oxford: Oxford University Press, 2006, p. 49).

948 Adicionalmente, destaca-se que é possível que tais palavras tenham significados diversos mesmo dentro dos Estados Unidos, considerando o caráter estadual do direito naquele país.

949 COUTO E SILVA, Clóvis do. Negócios Jurídicos e Negócios Jurídicos de Disposição. In: Vera Maria Jacob De Fradera (ed.). *O Direito Privado na Visão de Clóvis do Couto e Silva*. 2. ed. Porto Alegre: Livraria do Advogado, 2014, p. 72 s.

950 Explica Jan Peter Schmidt: "Es posible que eso se deba también al hecho de que en cuestiones de la teoría del negocio jurídico la doctrina alemana nunca hizo un gran esfuerzo para aprovecharse de posibles descubrimientos por juristas de otros países. Estamos aquí ante una típica situación de 'dirección única', porque, mientras que la doctrina alemana sobre el negocio jurídico ha ejercido una poderosa influencia en numerosos otros países, donde después crearon una propia tradición de esta teoría, ella nunca recibió alguna influencia de ideas extranjeras. (...) Uno de los fines de este artículo consiste exactamente en demostrar que no se le da el mismo significado al término 'negocio jurídico' en los diferentes sistemas

rível, a fim de contornar discussões terminológicas oriundas da tradução, que a língua do procedimento coincida com a língua do sistema jurídico que rege a arbitragem.

Ausente acordo expresso sobre o tema pelas partes, a maioria das regras das instituições arbitrais guardam disposições supletivas delegando aos árbitros a escolha da língua mais apropriada.[951] Nessa hipótese, os árbitros podem considerar aspectos técnicos, como a língua em que o contrato foi redigido, o idioma das testemunhas, a nacionalidade das partes ou outra circunstância relevante, em detrimento de suas predileções pessoais.[952] As instituições arbitrais possuem critérios

---

jurídicos, algo que el comparatista siempre debe tener presente para evitar malentendidos. (...) Para el comparatista que estudia la teoría del negocio jurídico en diferentes países de Europa y América Latina, es muy importante tener claro que el término 'negocio jurídico' y sus traducciones literales no necesariamente tienen el mismo significado en los diferentes ordenamientos jurídicos" (SCHMIDT, Jan Peter. La teoría del negocio jurídico en Alemania hoy: ¿Que se entiende por "negocio jurídico? *Revista Jurídica del Perú*, n. 67, p. 33-47, abr./jun. 2006).

951 "No mesmo sentido colocam-se as disposições dos Regulamentos que asseguram às partes a liberdade para dispor sobre o idioma ou sobre os idiomas em que transcorrerá o procedimento. Tal possibilidade é justamente uma das principais características que distingue (e favorece) a arbitragem internacional frente às cortes nacionais. Além disso, tal decisão está diretamente relacionada com (e pode impactar de forma frontal) a eficiência e o custo da arbitragem. A eficiência porque o processo de escolha de árbitros, advogados e eventuais testemunhas depende e se beneficia de uma decisão tempestiva quanto ao idioma escolhido para o procedimento. E o custo porque, da mesma forma, uma escolha acertada sobre o idioma – levando em conta a maior parte das provas documentais e o judiciário perante o qual potencialmente se buscará a execução da futura decisão, por exemplo – reduz substancialmente as despesas incorridas com traduções ao longo da e após a arbitragem. Por fim, é de lembrar-se a importância de que o Regulamento também preveja um mecanismo suplementar de decisão sobre o idioma na hipótese de as partes não chegarem a um acordo sobre o ponto, de forma que o regular transcurso do procedimento não seja obstaculizado quer pela omissão quer pela falta de consenso entre as partes sobre o ponto" (GAZZANEO, Nathalie. Regulamento das câmaras arbitrais brasileiras e sua adequação para governar arbitragens internacionais. *Revista de Direito Empresarial*, v. 6, p. 261-289, nov./dez. 2014).

952 Como diz Doak Bishop: "Absent agreement by the parties, most arbitral rules allow the arbitrators to decide the language, taking into account the language of the contract and other relevant circumstances. The AAA International Rules specify that the language of the document containing the arbitration agreement shall be used unless the arbitrators determine otherwise. Similarly, the LCIA Rules provide that the initial language shall be that of the document containing the arbitration clause unless the parties agree otherwise, but after the arbitral tribunal is formed, the arbitrators may decide the language to be used. (...) Generally, the parties should specify the language to be used in the proceedings if they can agree. If the language selected is not the native language of the client, counsel may wish to provide both for simultaneous interpretation and for sharing equally the cost of translating testimony and documents" (BISHOP, Doak R. A Practical Guide for Drafting International Arbitration Clauses, *Int'l Energy L. & Tax'n Rev*, v. 16, p. 1-81, 2000, p. 38). De forma similar, Carlos Alberto Carmona: "Os árbitros, se forem instados a escolher a língua da arbitragem, deverão levar em conta as características da controvérsia e da língua do contrato, uma locução que comunica a exigência de que a opção avalie o perfil objetivo e subjetivo da controvérsia. Os elementos

diferentes para essa escolha, de modo que o elemento preponderante pode variar de câmara para câmara.[953]

Com o intuito de antever os impactos do idioma para o litígio e de evitar um potencial conflito paralelo sobre o idioma da arbitragem, o ideal é que as partes já elejam o idioma de imediato, na própria convenção. Basta, para tanto, uma redação como "O idioma da arbitragem será ...", ou "A arbitragem será conduzida em ...".

As partes também têm a possibilidade de adotar mais de uma língua "oficial" para a arbitragem. Essa possibilidade é relevante, por exemplo, quando parte do conjunto probatório estiver incorporado em documentos de uma língua e outra parte em língua diversa. Trata-se de medida que evita custos desnecessários relacionados à tradução de documentos. Nesse caso, a "alternância" de idiomas pode trazer maior flexibilidade. Outra possibilidade é que as partes sinalizem especificamente aquilo que deverá ser ou não objeto de tradução, estipulando, por exemplo, que apenas documentos sejam traduzidos, mas que doutrina, jurisprudência e legislação, não[954].

---

que devem ser avaliados são, mais uma vez, a lei substancial de referência, a lei processual, a língua de eventuais contratos, a língua em que estão redigidos os documentos, a língua usada pelas partes nos seus contatos, e assim por diante, sem condicionamentos apriorísticos" (CARMONA, Carlos Alberto. A Língua no Processo Estatal e no Processo Arbitral: um diálogo com Vincenzo Vigoriti. In: CARMONA, Carlos Alberto; LEMES, Selma Ferreira; MARTINS, Pedro Batista (coord.). *20 Anos da Lei de Arbitragem* – homenagem a Petrônio R. Muniz. São Paulo: Atlas, 2017, p. 94).

953 "Se as partes nada estipularem sobre o idioma, caberá ao árbitro decidir (trata-se de questão preliminar, que pode ou não ser suscitada pela parte interessada) qual a língua a ser empregada. E para chegar a uma decisão, deverá o árbitro levar em consideração todas as circunstâncias relevantes, o que inclui a língua em que o contrato foi celebrado, a língua do local em que a arbitragem irá se desenvolver, a língua empregada no país cuja lei material deve ser aplicada, entre outros critérios. (...) Os órgãos arbitrais institucionais têm regras bastante diversificadas a respeito da questão, favorecendo ora um, ora outro elemento preponderante para estabelecer o idioma em que a arbitragem deverá se desenvolver. Assim, a *American Arbitration Association* estabelece verdadeira presunção em favor da língua em que os contratos que ligam as partes foram redigidos; a Câmara de Comércio Internacional (CCI) dispõe que o árbitro determinará a língua ou as línguas da arbitragem, levando em consideração todas as circunstâncias relevantes, inclusive o idioma do contrato; a Cietac *(China International Economic and Trade Arbitration Comission)* e a Câmara de Comércio e Indústria da Federação Russa privilegiam o idioma do território em que estiver sediado o tribunal arbitral; outros, por fim, deixam à total discrição do árbitro a fixação do idioma a ser empregado (é o caso da Câmara de Comércio de Estocolmo e do Centro de Conciliação e Arbitragem da Câmara de Comércio Argentino-Brasileira de São Paulo)" (CARMONA, Carlos Alberto. *Arbitragem e Processo:* um comentário à Lei nº 9.307/96. 3. ed. São Paulo: Atlas, 2009, p. 219).

954 "Por exemplo, é possível chegar a um consenso no sentido de que apenas os trechos relevantes dos documentos e também apenas os trechos de doutrina, jurisprudência e legislação serão traduzidos de um idioma a outro, sem que seja necessário traduzir tudo o que for apresentado pelas partes (o que teria o efeito negativo de dobrar a quantidade de páginas que compõem o procedimento arbitral). Outra solução seria simplesmente dispensar a tradução de documentos, pressupondo que o Tribunal Arbitral ou o árbitro único

As partes podem estipular que, embora o idioma da arbitragem seja um em específico, os árbitros deverão ter fluência em algum outro idioma. Essa disposição pode ser justificada diante da existência de documentos relevantes à disputa escritos naquele idioma, ou de testemunhas com esse mesmo idioma como língua materna.[955] No entanto, é necessário ter comedimento ao redigir disposições nesse sentido, de modo a não inviabilizar o processo de escolha de árbitro.

Na arbitragem doméstica, não há obrigatoriedade de usar a língua portuguesa, podendo o procedimento arbitral ser inteiramente conduzido em outro idioma ou, então, adotar o português e mais outra língua.[956] A exceção será para as arbitragens envolvendo contratos de parceria público-privada ou a administração pública federal nos setores portuário e de transporte rodoviário, ferroviário, aquaviário e aeroportuário, uma vez que tanto a Lei 11.079/2004 (art. 11, III[957]) quanto o Decreto 10.025/2019 (art. 3º, III[958]) possuem previsão expressa de que a arbitragem deve ser realizada na língua

---

seja fluente em ambos os idiomas" (FALECK, Diego; ALVES, Rafael. Concordar em Discordar: por quê, o quê e como negociar o procedimento arbitral. *Revista de Direito Empresarial*, v. 1, p. 249, jan. 2014).

955 "Some arbitration clauses provide that one language (*e.g.*, English) shall be the language of the arbitration, but that all the arbitrators shall be fluent in a second language (*e.g.*, Russian). Such provisions are most often used where one party wishes to ensure that the tribunal can understand its likely witnesses in their native tongue. Provisions of this nature can significantly limit or bias the pool of possible arbitrators and should therefore be used with caution" (BORN, Gary B. *International Arbitration and Forum Selection Agreements*: drafting and enforcing. 6. ed. Alphen aan den Rijn: Kluwer Law International, 2021, p. 89).

956 "Já se viu que, mesmo para a arbitragem nacional, não há obrigatoriedade de usar o vernáculo. Desta feita, podem as partes estipular que uma arbitragem realizada em São Paulo desenvolva-se em idioma estrangeiro (o que inclui todas as comunicações entre os litigantes, provas orais e sentença arbitral) ou que será bilíngue (os atos poderão ser praticados em uma ou em outra língua, ou então obrigatoriamente nas duas)" (CARMONA, Carlos Alberto. *Arbitragem e Processo:* um comentário à Lei 9.307/96. 3. ed. São Paulo: Atlas, 2009, p. 218); Assim também apontou em outro estudo, acrescentando que as partes podem promover modificações no curso do procedimento: "Não é vetada a escolha de mais línguas, para empregar concomitantemente, uma em perfeita alternativa à outra, ou com a prevalência de uma sobre as outras, também admitidas. As escolhas podem ser modificadas também no curso do procedimento, de comum acordo" (CARMONA, Carlos Alberto. A Língua no Processo Estatal e no Processo Arbitral: um diálogo com Vincenzo Vigoriti. In: CARMONA, Carlos Alberto; LEMES, Selma Ferreira; MARTINS, Pedro Batista (Coord.). *20 Anos da Lei de Arbitragem* – homenagem a Petrônio R. Muniz. São Paulo: Atlas, 2017, p. 94).

957 "Art. 11. O instrumento convocatório conterá minuta do contrato, indicará expressamente a submissão da licitação às normas desta Lei e observará, no que couber, os §§ 3º e 4º do art. 15, os arts. 18, 19 e 21 da Lei 8.987, de 13 de fevereiro de 1995, podendo ainda prever: (...) III – o emprego dos mecanismos privados de resolução de disputas, inclusive a arbitragem, a ser realizada no Brasil e em língua portuguesa, nos termos da Lei 9.307, de 23 de setembro de 1996, para dirimir conflitos decorrentes ou relacionados ao contrato."

958 "Art. 3º A arbitragem de que trata este Decreto observará as seguintes condições: (...) III – a arbitragem será realizada na República Federativa do Brasil e em língua portuguesa."

portuguesa. Observa-se que a adoção do procedimento bilíngue não é proibida pelas normas em questão.[959]

Outro cenário é a previsão de um procedimento arbitral inteiramente bilíngue. Essa situação ocorre, normalmente, quando a arbitragem envolve partes de países distintos – ou quando o controlador de uma das partes deseja poder acompanhar mais de perto o procedimento arbitral. Nesse caso, o eventual *downside* é que a obrigatoriedade de adoção sistemática de dois idiomas pode implicar aumento de custos e de tempo de duração do procedimento arbitral, dificultando a solução da controvérsia.

5. Número de árbitros

A questão relativa à escolha do número de árbitros guarda proporção direta com a complexidade da disputa e com os valores envolvidos no conflito. As entidades administradoras de arbitragem, no Brasil e no exterior, normalmente adotam o sistema de três árbitros, podendo as partes alterar tal disposição, o que fazem, normalmente, para ajustar aos valores em disputa, em busca de uma proporção razoável, reduzindo, eventualmente, o painel a árbitro único.[960]

Não havendo acordo entre as partes, as principais entidades administradoras de arbitragem têm regras que as habilitam a decidir a matéria.[961] A técnica de delegar tais

---

959 "A exigência de utilização do idioma nacional nos dois diplomas citados (Lei 11.079/2004 e Decreto Presidencial 8.465/2015) traz clara inconveniência: as parcerias público-privadas naturalmente tendem a atrair investimentos estrangeiros (seja para a construção, seja para o financiamento da obra), de modo que o afastamento da língua-franca usual para os contratos internacionais (o inglês) desde logo cria um fator de desconfiança para o contratante estrangeiro. O mesmo pode ser dito para o investidor privado que queira participar da implementação de novas estruturas portuárias no Brasil: certamente as companhias estrangeiras sentir-se-ão intimidadas se, diante de conflito, tiverem que enfrentar procedimento em língua portuguesa (o que dificultará não só a defesa de seus interesses, mas também o acompanhamento, pelos seus advogados locais, do andamento do processo). (...) A forma que imagino razoável para minimizar o desconforto causado pela xenófoba previsão legislativa acima referida (Lei 11.079/2004 e Decreto Presidencial 8.465/2015) é a utilização (não proibida) de fórmula bilíngue, ou seja, a determinação de que todos os atos do procedimento arbitral sejam praticados tanto em português quanto em inglês, de modo que o grau de dificuldade com a língua seja diluído e distribuído de forma equânime entre os nacionais e os estrangeiros" (CARMONA, Carlos Alberto. A Língua no Processo Estatal e no Processo Arbitral: um diálogo com Vincenzo Vigoriti. In: CARMONA, Carlos Alberto; LEMES, Selma Ferreira; MARTINS, Pedro Batista (Coord.). *20 Anos da Lei de Arbitragem* – homenagem a Petrônio R. Muniz. São Paulo: Atlas, 2017, p. 99-100).

960 "Most arbitration rules provide for the number of arbitrators and a method for selecting them if the parties do not specify the number or a mechanism for their appointment. Nevertheless, it is generally desirable that the parties express their preference. The custom in international arbitrations involving significant monetary amounts is to appoint a three-person panel, but when the amount in dispute does not justify three, a single arbitrator may be preferred" (BISHOP, Doak R. A Practical Guide for Drafting International Arbitration Clauses, *Int'l Energy L. & Tax'n Rev*, v. 16, p. 1-81, 2000, p. 33).

961 "If the parties do not agree upon the number of arbitrators, leading institutional arbitration rules generally grant the institution power to do so; otherwise, national courts will have

tarefas à instituição evita longas disputas judiciais, estruturalmente incompatíveis com a celeridade que se espera da arbitragem. O indispensável é sempre adotar número ímpar de árbitros, de modo que sejam evitados impasses, os chamados *deadlocks*.[962]

A escolha da quantidade de árbitros envolve a ponderação de aspectos variados, tais como custos, disponibilidade dos árbitros, velocidade, expertise, consistência e a logística de comunicação envolvida. Por exemplo, acerca dos custos, a estrutura com três árbitros é potencialmente mais onerosa do que a de árbitro único. Igualmente, é mais difícil haver a compatibilização de agenda considerando maior quantidade de participantes envolvidos.[963] Contudo, quando se pondera a consistência da decisão, um tribunal composto por três árbitros pode oferecer maior amparo, além de trazer para o debate pontos de vista mais diferenciados, ajudando a enriquecer o conteúdo decisório. Ademais, torna-se menos provável a prolação de decisão que se desvie consideravelmente do padrão expectado, protegendo a parte de eventuais posições idiossincráticas do julgador.[964]

---

the power to decide. Relying on an institutional or judicial decision can result in delays, or jurisdictional disputes. As a consequence, it is virtually always best to specify the number of arbitrators in the parties' arbitration clause" (BORN, Gary B. *International Arbitration and Forum Selection Agreements*: drafting and enforcing. 6. ed. Alphen aan den Rijn: Kluwer Law International, 2021, p. 80).

962 "It is of course important to select an odd number of arbitrators. This is necessary to avoid deadlocks, but also to comply with mandatory requirements in some countries. The two most frequently-used numbers of arbitrators in international commercial arbitration are one and three; five person tribunals are sometimes selected, but the added cost and inconvenience is hardly ever justified. The general custom in international commercial arbitrations is to select three arbitrators, except where the amounts in dispute are too small to justify the cost" (BORN, Gary B. *International Arbitration and Forum Selection Agreements*: drafting and enforcing. 6. ed. Alphen aan den Rijn: Kluwer Law International, 2021, p. 80).

963 "In deciding how many arbitrators to select, the parties should consider cost, speed, expertise, consistency, and ease of communications. With respect to expense, three arbitrators cost roughly three times as much as a single arbitrator; there are some ministerial tasks which need be performed only once even with three arbitrators, but many efforts are tripled. With respect to speed, there are inevitably greater difficulties in scheduling hearings with three arbitrators, where multiple busy calendars must be coordinated (sometimes to accommodate hearings of several weeks or more)" (BORN, Gary B. *International Arbitration and Forum Selection Agreements*: drafting and enforcing. 6. ed. Alphen aan den Rijn: Kluwer Law International, 2021, p. 80-81).

964 "With respect to expertise and consistency, three arbitrators will have more skills, more varied backgrounds, and other resources than a sole arbitrator. Moreover, collegial interchange amongst a tribunal reduces the likelihood of an eccentric result or fundamentally-mistaken approach to a case. Finally, many parties draw comfort from the ability to appoint one of the tribunal's members, as a means of ensuring that their arguments will be fully considered in the tribunal's deliberations. This is particularly true in international disputes, where parties from different legal cultures may have dramatically differing procedural expectations" (BORN, Gary B. *International Arbitration and Forum Selection Agreements*: drafting and enforcing. 6. ed. Alphen aan den Rijn: Kluwer Law International, 2021, p. 81).

Embora o tribunal de três árbitros seja a fórmula mais utilizada em termos internacionais, em casos excepcionais é possível cogitar a formação de tribunal com cinco árbitros. Para a maioria dos casos será estrutura demasiadamente onerosa, que pode prejudicar o normal andamento do caso. Contudo, reconhece-se a possível existência de casos excepcionais, nos quais esse tipo de estrutura pode oferecer respaldo para lidar com temas de maior sensibilidade.

6. Forma de nomeação dos árbitros

A escolha dos árbitros é um dos aspectos mais críticos no caminho da construção de uma arbitragem eficaz para a solução do conflito surgido entre as partes. Para Carbonneau, a escolha de bons árbitros "is instrumental to the efficacy and effectiveness of the arbitration".[965] Nesse contexto, pela importância dos árbitros para o adequado desenrolar da arbitragem, é fundamental prever com cuidado o mecanismo de formação do tribunal arbitral.

Porém, nem sempre serão as partes as responsáveis por formar a composição do tribunal arbitral – como ocorre nas situações em que elas tenham indicado uma *appointing authority*, situações de arbitragem multipartes, ou mesmo certos casos decorrentes do art. 7º da Lei de Arbitragem. Em tais situações excepcionais pode haver uma relativização da participação das partes na composição do tribunal arbitral.

Primeiramente, é possível que as partes optem por delegar a um terceiro a escolha da composição do tribunal arbitral. Assim, nomeia-se uma "appointing authority" que será responsável por compor o tribunal arbitral.[966] A nomeação de uma *appointing*

---

965 CARBONNEAU, Thomas E. *The law and practice of arbitration*. 2. ed. Huntington: Juris, 2006, p. 629.

966 "The parties are free to choose whichever appointing authority they consider appropriate. They can nominate an arbitration institution or trade association as appointing authority but can also entrust any other professional organisation, natural person or even state courts with the task. It is essential that the parties check in advance that the institution or body is willing and able to act as an appointing authority. Otherwise the refusal of the chosen authority to act can considerably delay the arbitration proceedings. In these cases the parties will either have to agree on a different appointing authority or apply to the courts for an appointment under the applicable arbitration law. The selection of the appointing authority has a considerable impact on the type of arbitrators appointed and should therefore be made with care. Every organisation has its own preferences (e.g. common or civil lawyers, persons with expertise in the subject matter or in arbitration procedure etc.), its own guidelines as to the factors to be taken into account and often also its own procedures for appointment. Some institutions require that the arbitrators are chosen from a list or panel of arbitrators or are members of an association which may considerably limit the possible choices. By contrast, the ICC takes a very liberal approach and just determines the nationality of the arbitrator while referring the actual selection to the relevant national committee. Furthermore, it is important that the institution or person chosen has sufficient experience and an overview of the potential candidates. That is definitively the case with the leading arbitration institutions which have a considerable track record" (LEW, Julian; MISTELIS, Loukas; KRÖLL, Stefan. *Comparative International Commercial Arbitration*. Haia: Kluwer Law International, 2003, p. 238-239).

authority tem um papel relevante a desempenhar quando as partes não conseguem chegar a um consenso acerca da forma de indicação de um árbitro, ou quando há algum outro fato que obste a regular indicação da composição do tribunal arbitral.

Explicam Lew, Mistelis e Kroll que: "as *appointing authorities* desempenham um papel importante quando a nomeação pelas partes é impossível porque elas não conseguem chegar ao acordo necessário ou uma das partes adota uma postura obstrutiva no procedimento de nomeação. Nessas situações, é crucial que exista um mecanismo padrão que assegure que, apesar da falta de cooperação de uma das partes, a arbitragem possa ser constituída. Caso contrário, todo o processo arbitral pode ser frustrado pela ausência de um tribunal. Portanto, a cláusula compromissória ou as regras e leis de arbitragem aplicáveis geralmente estabelecem que as nomeações necessárias serão feitas por uma *appointing authority* caso as partes não o façam dentro de um prazo determinado".[967]

A indicação de uma *appointing authority* também pode ser um mecanismo interessante em múltiplos contextos, além de poder trazer vantagens para o procedimento. Lew, Mistelis e Kroll advertem: "no entanto, o papel das *appointing authorities* não se limita ao de um mecanismo de contingência. À luz dos problemas envolvidos em se chegar a um acordo entre as partes, a nomeação do presidente do tribunal arbitral ou de um árbitro único é frequentemente, desde o início, submetida a uma *appointing authority*. Isso pode não apenas ser mais rápido, como a *appointing authority* também pode ter uma visão mais ampla sobre os potenciais árbitros do que as próprias partes. Ela pode dispor de uma lista formal ou de um banco de dados de árbitros potenciais, muitos dos quais conhece por ter atuado em arbitragens anteriores. Além disso, nenhum árbitro adequado será excluído apenas porque foi sugerido por uma parte e rejeitado pela outra, e os atrasos decorrentes da nomeação pelas partes podem ser evitados".[968]

---

967 Tradução livre, no original: "appointing authorities have an important role to play where an appointment by the parties is impossible because they cannot reach the necessary agreement or one party takes an obstructive role in the appointment procedure. In these situations it is crucial that a default mechanism exists and ensures that despite a party's failure to co-operate the arbitration can nevertheless be constituted. Otherwise the whole arbitration process may be frustrated for lack of a tribunal. Therefore the arbitration agreement or the applicable arbitration rules and laws generally provide that the necessary appointments are made by an appointing authority if the parties fail to do so within a certain time" (LEW, Julian; MISTELIS, Loukas; KRÖLL, Stefan. *Comparative International Commercial Arbitration*. Haia: Kluwer Law International, 2003, p. 238.

968 Tradução livre, no original: "however, the role of appointing authorities is not limited to that of a fall-back mechanism. In the light of the problems involved in reaching an agreement by the parties the appointment of the chairman or a sole arbitrator is often from the outset submitted to an appointing authority. This may not only be faster but the appointing authority may also have a better overview about the potential arbitrators than the parties. It may possess a formal list or a database of potential arbitrators who it often knows from earlier arbitrations. Furthermore, no suitable arbitrator will be excluded just because he has been suggested by one party and rejected by the other and delays involved in party appointment may be prevented" (LEW, Julian; MISTELIS, Loukas; KRÖLL, Stefan. *Comparative International Commercial Arbitration*. Haia: Kluwer Law International, 2003, p. 238).

A indicação de uma *appointing authority* pode ser de especial valia no contexto de uma arbitragem *ad hoc*.[969] Nesse sentido, entendem Allan Redfern e Martin Hunter: "as partes devem reconhecer que, no caso de uma arbitragem *ad hoc*, é do interesse comum delas escolher uma *appointing authority* voluntariamente – ou, ao menos, escolher um método para designar uma *appointing authority*".[970] Em uma arbitragem institucional, a própria câmara poderá atuar na condição de *appointing authority*.[971] Pode, por exemplo, o regulamento de uma instituição arbitral reservar à própria instituição a escolha do presidente do tribunal arbitral. Ou, ainda, em situações de arbitragem multiparte, poderá o regulamento prever que todos os árbitros serão indicados pela própria instituição.

Em arbitragens institucionais, o método mais comum de escolha de árbitros, quando o painel é composto por três indivíduos, é o de cada parte nomear um árbitro e o árbitro presidente ser indicado conjuntamente pelos coárbitros nomeados.[972] Normalmente, não havendo consenso entre os coárbitros para a escolha do presidente do tribunal, a instituição arbitral o indicará.[973] Não havendo tal previsão na arbitragem concretamente considerada, a escolha poderá ser judicializada.

Nas arbitragens internacionais, as instituições adotam a cautela de não escolher um Árbitro Presidente que seja da mesma nacionalidade de uma das partes litigantes. Trata-se de medida fundamental para elevar o sentimento de imparcialidade da condução e do resultado da arbitragem. Isso inclui as nacionalidades das estruturas de controle das partes em conflito, conferindo maior independência e aparência de neutralidade

---

969 Nesse sentido, Lew, Mistelis e Kroll: "An agreement by the parties on an appointing authority is of vital importance in *ad hoc* arbitration. Institutional rules generally entrust the administering institution with the task of the appointing authority failing an agreement by the parties to the contrary. In *ad hoc* arbitration no administering institution is readily available which could act as appointing authority. Therefore the parties should always agree on an appointing authority, if they do not want to rely on the provisions in the national arbitration law. Many arbitration institutions offer their services as an appointing authority for arbitrations not conducted under their rules" (LEW, Julian; MISTELIS, Loukas; KRÖLL, Stefan. *Comparative International Commercial Arbitration*. Haia: Kluwer Law International, 2003, p. 239).

970 Tradução livre, no original: "parties should recognise that, in the case of an ad hoc arbitration, it is in their common interest to choose an appointing authority by agreement – or, at least, to choose a method of designating an appointing authority" (REDFERN, Alan; HUNTER, Martin; BLACKABY, Nigel; PARTASIDES, Constantine. *Redfern and Hunter on International Arbitration*. Oxford: Oxford University Press, 2015, p. 244-245).

971 "In institutional arbitration, the predetermined third party acting as an appointing authority will be the institution itself. In *ad hoc* arbitration, that third party may be identified in the arbitration clause or in the rules to which the clause refers, and its powers will therefore be those conferred, directly or indirectly, by the parties. Not surprisingly, international arbitral practice on this question is very varied and merits a separate discussion" (FOUCHARD, Philippe; GAILLARD, Emmanuel; GOLDMAND, Berthold. *Fouchard Gaillard Goldman on International Arbitration*. Haia: Kluwer Law International, 1999, p. 484).

972 BORN, Gary B. *International Arbitration and Forum Selection Agreements*: drafting and enforcing. 6. ed. Alphen aan den Rijn: Kluwer Law International, 2021, p. 65.

973 BISHOP, Doak R. A Practical Guide for Drafting International Arbitration Clauses, *Int'l Energy L. & Tax'n Rev*, v. 16, p. 1-81, 2000, p. 33.

e equidistância em relação às partes.[974] É medida que deve ser aplicada, se possível, de modo ampliativo, evitando-se indicar também árbitros que sejam da mesma nacionalidade que os controladores das sociedades empresárias em disputa.

Na hipótese de várias partes ocuparem um mesmo polo da relação jurídica arbitral, estas deverão entrar em consenso sobre a indicação do *party-appointed arbitrator*. Não havendo consenso, a instituição arbitral fará a referida indicação. Em tais casos, normalmente as regras preveem que a instituição arbitral fará a nomeação de todos os árbitros.[975]

Em relação à ordem de nomeação dos coárbitros, dois sistemas são possíveis: no primeiro, o requerente pode indicar o candidato a árbitro e, na sequência, a parte requerida indica o nome; ou, no segundo, é possível ajustar que as nomeações ocorram de modo simultâneo. A nomeação simultânea traz o benefício de não conferir nenhum tipo de vantagem por se saber de antemão quem foi o árbitro nomeado pela outra parte.[976]

Outra mecânica possível em arbitragens institucionais é prever que, no início do procedimento, as partes tentarão concordar com um árbitro único, porém, caso não cheguem a um acordo no prazo determinado, o resultado será um painel de três árbitros.[977] Esse ajuste confere algum grau de maleabilidade. No entanto, traz o risco de burocratizar excessivamente o processo de composição do tribunal arbitral, retardando a sua instituição.

Ainda, é possível fixar um valor a partir do qual a arbitragem será conduzida por painel de três árbitros. A desvantagem desse sistema é que pode haver divergências acerca do acionamento ou não desse gatilho quando o valor for aproximado. Assim,

---

974 "Many arbitral rules either require or suggest that the institution appoint a sole or third arbitrator who is not a national of either parties' countries. Parties occasionally provide in their clause that no national of a party or of its parent company may serve as arbitrator, or more often, that the sole or third arbitrator may not be a national of the parties' countries" (BISHOP, Doak R. A Practical Guide for Drafting International Arbitration Clauses, *Int'l Energy L. & Tax'n Rev*, v. 16, p. 1-81, 2000, p. 35).

975 "It is possible for the parties to agree that an appointing authority shall select all three members of a three-person tribunal, rather than permitting each party to select a co-arbitrator, with only the chairman then being chosen by the institution. Indeed, in multi-party cases, institutional rules sometimes require this result, in order to avoid disputes between co-parties over jointly selecting a single party-nominated arbitrator and to avoid possible enforceability challenges (if one party, but not the others, were permitted to nominate a co-arbitrator)" (BORN, Gary B. *International Arbitration and Forum Selection Agreements*: drafting and enforcing. 6. ed. Alphen aan den Rijn: Kluwer Law International, 2021, p. 84).

976 "In unusual cases, parties provide for simultaneous selection of the co-arbitrators by the claimant(s) and the respondent(s). The rationale for such provisions is to deny the respondent the tactical advantage of selecting "its" co-arbitrator with the knowledge of the claimant's choice of a co-arbitrator" (BORN, Gary B. *International Arbitration and Forum Selection Agreements*: drafting and enforcing. 6. ed. Alphen aan den Rijn: Kluwer Law International, 2021, p. 84).

977 BISHOP, Doak R. A Practical Guide for Drafting International Arbitration Clauses, *Int'l Energy L. & Tax'n Rev*, v. 16, p. 1-81, 2000, p. 34.

caso se opte por essa estratégia, é necessário que se defina de antemão parâmetros claros de cálculo e de acionamento dessa previsão.[978]

Diversamente, em arbitragens *ad hoc*, o contrato deverá prever ou nomear a autoridade com delegação de poderes para a escolha do presidente, sob pena de esse assunto específico transformar-se em contenda judicial. Assim, é importante que a cláusula compromissória preveja adequadamente o método de escolha dos árbitros para a hipótese de não haver consenso sobre como se fará a sua indicação.

Nesses casos de dissenso, no Brasil e no exterior, a solução normalmente acaba sendo o uso de uma *appointing authority*, que pode ser uma instituição administradora de arbitragens, ou, em última hipótese, como prevê a lei brasileira, uma autoridade judicial competente para o exercício de tal função integrativa do contrato.[979] Ainda, é recomendável inserir previsão acerca de substituição de árbitro, caso haja alguma circunstância superveniente que impeça que o designado cumpra até o fim o seu mister.[980]

Outra prática possível, embora não geralmente aconselhável, é a de nomear o árbitro no próprio contrato, quando da assinatura da convenção de arbitragem. Há consideráveis riscos nessa abordagem, diante da possibilidade de eventos naturais que tornem o escolhido indisponível para a função, tais como falecimento, incapacidade ou outras vicissitudes da realidade da vida – ou, até mesmo, a futura falta de interesse do árbitro nominado de exercer esse encargo. O problema principal decorrente dessa estratégia é a atração de discussões acerca da eficácia da cláusula no caso de impossibilidade do árbitro nomeado na redação.[981]

§ 24. REGRAS PROCEDIMENTAIS ESPECÍFICAS

1. Medidas de urgência

Especialmente no contexto de contratos internacionais, é relevante que as partes incluam na convenção de arbitragem delegação expressa de poderes aos árbitros para

---

978 BISHOP, Doak R. A Practical Guide for Drafting International Arbitration Clauses, *Int'l Energy L. & Tax'n Rev*, v. 16, p. 1-81, 2000, p. 34.

979 "It is critical for an arbitration agreement to include some method for selecting the arbitrator(s) if the parties cannot agree upon their identities. The most common such mechanism is designation of an 'appointing authority,' which will select a sole arbitrator or presiding arbitrator in the event that the parties (or party-nominated arbitrators) cannot do so and will select a co-arbitrator if a party fails or refuses to do so" (BORN, Gary B. *International Arbitration and Forum Selection Agreements*: drafting and enforcing. 6. ed. Alphen aan den Rijn: Kluwer Law International, 2021, p. 81).

980 BISHOP, Doak R. A Practical Guide for Drafting International Arbitration Clauses, *Int'l Energy L. & Tax' n Rev*, v. 16, p. 1-81, 2000, p. 34.

981 "Occasionally, the contract will provide for a named individual to act as arbitrator. This is generally not a wise procedure because the unavailability of the person named may render the arbitration agreement invalid or, even if not, it may cause problems regarding the appointment of a substitute" (BISHOP, Doak R. A Practical Guide for Drafting International Arbitration Clauses, *Int'l Energy L. & Tax'n Rev*, v. 16, p. 1-81, 2000, p. 34).

que concedam medidas de urgência, quando necessário. Essa provisão é ainda mais importante nas arbitragens *ad hoc*, já que as regras da maioria das instituições arbitrais contêm dispositivos com tal sentido e alcance. Desse modo, em arbitragens institucionais, as partes, ao se referirem aos regulamentos de arbitragem, já estariam tratando da questão, adotando as soluções lá consignadas.

A doutrina indica a necessidade de especial atenção com a legislação de cada país sobre o tema. Nesse sentido, Gary Born observa que, normalmente, os estatutos processuais e arbitrais dos diversos países possuem regras autorizando a parte a requerer tais medidas, seja ao árbitro, seja ao Poder Judiciário[982]. Contudo, aponta que a eficácia da cláusula que concede poderes expressos ao árbitro pode variar, uma vez que a legislação de alguns países estabelece que a decisão do árbitro sobre a medida de urgência fica sujeita à apreciação judicial. Já outras legislações não possuem previsão para que o árbitro possa dar eficácia às decisões que proferir nesse sentido, dependendo, para tanto, do apoio do Poder Judiciário.[983]

Em arbitragens internacionais, há o risco de que, em certas jurisdições, o Poder Judiciário entenda não deter poderes para conceder medidas de urgência diante da existência de convenção de arbitragem.[984] Por outro lado, há regras de arbitragem e leis de alguns países que vedam a concessão dessas medidas pelos árbitros.[985]

---

982 "It is possible for arbitration agreements to expressly grant the arbitral tribunal power to award interim or conservatory measures. Such provisions are seldom necessary, because many national arbitration laws contain provisions permitting the parties to seek interim or conservatory measures from either a national court or the arbitrators themselves in advance of a final award. (See English Arbitration Act, 1996, §§38, 44). In addition, most institutional rules empower arbitral tribunals constituted under those rules to grant provisional or interim measures. (...) It is also possible to expressly provide the arbitral tribunal with the power to grant interim measures in the agreement to arbitrate" (BORN, Gary B. *International Arbitration and Forum Selection Agreements*: drafting and enforcing. 6. ed. Alphen aan den Rijn: Kluwer Law International, 2021, p. 118).

983 "The enforceability of the final clause of the foregoing provision is subject to doubt: some jurisdictions treat arbitral decisions granting interim or provisional relief as 'non-final' and do not provide for judicial enforcement of them. In these cases, it is uncertain whether the parties' contrary agreement would permit an alternative result" (BORN, Gary B. International Arbitration and Forum Selection Agreements: drafting and enforcing. 6. ed. Alphen aan den Rijn: Kluwer Law International, 2021, p. 119).

984 "Federal courts in the U.S. have split over their authority to grant interim measures in the face of an arbitration clause. The U.S. Third and Fourth Circuit Courts of Appeals, and New York state courts, have held that U.S. courts may not grant interim measures because of the New York Convention's requirement that a court seized of a matter must refer the parties to arbitration. Other courts have disagreed, with some creating express exceptions for admiralty cases and injunctions" (BISHOP, Doak R. A Practical Guide for Drafting International Arbitration Clauses, *Int'l Energy L. & Tax'n Rev*, v. 16, p. 1-81, 2000, p. 41).

985 "Some arbitral rules and some countries' laws expressly allow the arbitrators to issue interim measures (in the nature, for example, of an injunction or an order to preserve property), while other countries' laws do not allow arbitrators to issue such orders. Because of the differing rules and laws, the parties may wish to empower the arbitral tribunal with such authority, or

No Brasil, é assente a possibilidade de requerer essas medidas perante o Poder Judiciário, antes de instituída a arbitragem, sendo que, após instituída, caberá aos árbitros manter, modificar ou revogar a medida cautelar ou de urgência concedida pelo Poder Judiciário (arts. 22-A e 22-B).[986] Ainda que ausente previsão expressa a esse respeito na convenção de arbitragem, a questão já é suficientemente tratada na legislação.[987] Antes da reforma de Lei de Arbitragem em 2015, Carlos Alberto Carmona apontava que o árbitro deveria dirigir-se ao juiz por meio de ofício para que desse cumprimento às providências cautelares.[988] Hoje, porém, existe a figura da carta arbitral, que cumpre essa finalidade (art. 22-C).[989]

---

deny it such power, in their arbitration clause". (BISHOP, Doak R. A Practical Guide for Drafting International Arbitration Clauses, *Int'l Energy L. & Tax'n Rev*, v. 16, p. 1-81, 2000, p. 41-42).

986 "É assente nos tempos atuais o entendimento de que na 'pendência da constituição do Tribunal Arbitral', isto é, antes de instituída a arbitragem, tem o Poder Judiciário competência para conhecer de medidas cautelares. (...) Por sua vez, o assunto relativo a medidas cautelares após a instituição da arbitragem tem outro enfoque. Conforme a doutrina, 'havendo necessidade de tutela cautelar, a parte interessada na concessão da medida deverá dirigir-se ao árbitro (e não ao juiz togado)'. Assim é que o parágrafo único, do art. 22-B da Lei de Arbitragem brasileira, afasta, por decorrência lógica, a competência do Poder Judiciário para apreciar medidas cautelares ou de urgência requeridas após a instituição da arbitragem" (NANNI, Giovanni Ettore; GUILHARDI, Pedro. Medidas cautelares depois de instituída a arbitragem: reflexões à luz da reforma da lei de arbitragem. *Revista de Arbitragem e Mediação*, v. 45, p. 123-153, abr./jun., 2015).

987 "Sem que haja uma arbitragem instaurada (LA, art. 19) é natural que, pretendendo uma medida destinada a debelar riscos de perecimento do direito, dirija-se a parte ao juízo estatal, único a sua disposição, deduzindo ali essa postulação. A competência para essas medidas urgentes preparatórias ou antecedentes ao juízo arbitral pertencera ao juiz da Justiça, do foro e do juízo que seriam competentes para a causa se não houvesse a convenção de arbitragem". (DINAMARCO, Cândido Rangel. *A Arbitragem na Teoria Geral do Processo*. São Paulo: Malheiros, 2013, p. 223).

988 "Surgindo então a necessidade de adotar-se providência cautelar, o árbitro será instado pela parte interessada a manifestar-se sobre o cabimento da medida; julgando-a pertinente (...) [e] oficiará ao juiz competente para que dê cumprimento às providências cautelares por ele, árbitro, deliberadas (desde que haja resistência da parte em face de quem tais medidas foram manejadas). (...) Enquanto não houver regulamentação para os trâmites necessários ao cumprimento da solicitação do concurso do juiz togado, o melhor método será o da distribuição do ofício a um dos juízes cíveis competentes para o ato" (CARMONA, Carlos Alberto. *Arbitragem e Processo*: um comentário à Lei nº 9.307/96. 3. ed. São Paulo: Atlas, 2009, p. 325).

989 "Com efeito, a Lei de Arbitragem prevê um mecanismo eficaz de cooperação judicial, a carta arbitral, por meio da qual o árbitro poderá solicitar ao Poder Judiciário seu apoio para a prática ou para que determine o cumprimento de qualquer ato, seja de natureza cautelar ou não. Nesse sentido, a adoção de medidas cautelares por ordem processual, seguida da expedição de carta arbitral, é o meio mais eficiente no Brasil para assegurar o cumprimento de medidas cautelares que tenham por objeto garantir o resultado útil da arbitragem ou do direito nela pleiteado". (LOPES, Christian Sahb Batista; NEVES, Flávia Bittar. Medidas cautelares em arbitragem. In: CARMONA, Carlos Alberto; LEMES, Selma Ferreira; MARTINS, Pedro Batista (coord.). *20 Anos da Lei de Arbitragem* – homenagem a Petrônio R. Muniz. São Paulo: Atlas, 2017, p. 310).

Às vezes, entretanto, o caso, com suas vicissitudes, exige que uma das partes faça uso de medidas de urgência, notadamente acautelatórias, antes de constituído o tribunal arbitral. O recurso a tais medidas já é bastante comum em condições normais, e se torna ainda mais relevante em situações nas quais a convenção de arbitragem contém disposições exigindo mediação prévia, reuniões de líderes para negociar, entre outros.

De fato, quanto mais demorar a instalação da arbitragem, a partir do surgimento da situação conflituosa entre as partes, maiores as probabilidades de as medidas de urgência serem necessárias. Além da previsão delegando aos árbitros tal possibilidade, a convenção de arbitragem deve estabelecer a jurisdição e o foro adequado para a parte buscar as medidas que entender necessárias à preservação dos seus direitos e da própria higidez da arbitragem enquanto o tribunal arbitral ainda não está constituído. Tais medidas urgentes, uma vez deferidas ou negadas pelas autoridades judiciais, são normalmente objeto de revisão pelos árbitros, a partir da devida instalação do painel.

Outra possibilidade é recorrer à figura do árbitro de emergência, que possibilita que o pedido de medida de urgência, deduzido por qualquer das partes, seja apreciado por árbitro único, antes da constituição do tribunal arbitral.[990] Há uma série de regulamentos de arbitragem de instituições estrangeiras que preveem tal figura. No Brasil, pode-se mencionar, como exemplo de instituições que preveem a figura do árbitro de emergência, as seguintes: CAM-CCBC (Resoluções Administrativas 32/2018 e 44/2020); Camarb (Resolução Administrativa 6/2020); CAM B3 (itens 5.1 a 5.1.4 do regulamento); e CCI (art. 29 e apêndice V do regulamento). A atenção especial à figura do árbitro de emergência é importante, pois, a depender do regramento institucional adotado, o recurso a ele será ou não possível, a depender de fatores como o momento de celebração da convenção de arbitragem – se antes ou depois da entrada em vigor do regramento da instituição sobre o árbitro de emergência.

Em alguns países, como é o caso do Brasil, a lei aplicável à arbitragem não prevê regras específicas sobre o procedimento ou sobre os requisitos para a concessão das medidas de urgência. Assim é que, por exemplo, na arbitragem doméstica, os árbitros não estão adstritos aos requisitos do *fumus bonis iuris* e do *periculum in mora*, embora comumente deles se valham.[991]

---

[990] "Além da possibilidade de buscar as cortes domésticas, pode-se recorrer ao chamado árbitro de emergência, quando houver previsão desta alternativa no regulamento de arbitragem aplicável à resolução do litígio. Neste caso, a questão emergencial será apreciada e julgada por árbitro único, nomeado pela instituição arbitral, previamente à constituição do tribunal. Este árbitro único possui competência restrita à apreciação da medida cautelar, e sua jurisdição cessa quando da constituição do tribunal arbitral" (LOPES, Christian Sahb Batista; NEVES, Flávia Bittar. Medidas cautelares em arbitragem. In: CARMONA, Carlos Alberto; LEMES, Selma Ferreira; MARTINS, Pedro Batista (Coord.). *20 Anos da Lei de Arbitragem* – homenagem a Petrônio R. Muniz. São Paulo: Atlas, 2017, p. 300).

[991] É o que destacam Guilherme Setoguti Julio Pereira e Daniel Levy: "Especificamente quanto aos requisitos necessários para concessão das medidas urgentes, os árbitros não estão sujeitos às regras previstas na lei processual do local da sede (*lex fori*). Assim, tribunais arbitrais sediados no Brasil não precisam *necessariamente* exigir os requisitos do *fumus boni iuris* e do *periculum*

2. Regras aplicáveis ao recebimento de notificações sobre o procedimento arbitral

Especialmente nas arbitragens internacionais, as partes devem ter o cuidado de prever adequadamente a forma e os procedimentos para a realização dos atos de comunicação referentes ao procedimento arbitral, como a notificação sobre a instauração do procedimento arbitral, o apontamento de árbitros e a designação de audiências[992]. O cuidado não é injustificado. A ausência de notificação adequada é uma das poucas – e mais sólidas – defesas contra a execução de uma sentença arbitral, no Brasil e no regime internacional de arbitragens. Tanto é assim que mesmo a Convenção de Nova York[993] e a do Panamá[994] têm regras específicas com tal teor.

Esse cuidado deve ser tomado, especialmente, em arbitragens *ad hoc*, uma vez que vários regramentos de instituições arbitrais já preveem a forma pela qual as notificações acerca dos atos da arbitragem deverão ser realizadas no curso do procedimento. Nesse sentido, pode ser interessante incluir na convenção de arbitragem previsões específicas a esse respeito, que indiquem o nome ou o cargo e o endereço da pessoa a ser notificada. No caso de não ser incluída tal previsão na convenção de arbitragem, pode ser útil prever que quaisquer notificações sobre a arbitragem – como sobre a solicitação de

---

in mora – ou, na dicção do CPC, art. 300, *probabilidade do direito* e *perigo de dano* ou *risco ao resultado útil do processo* – para concessão de medidas urgentes, embora seja comum que o façam" (LEVY, Daniel; PEREIRA, Guilherme Setoguti Julio. *Curso de Arbitragem*. São Paulo: Thomson Reuters Brasil, 2018, p. 236).

992 Propositadamente, não se utiliza os termos citação e intimação, que são figuras previstas na legislação brasileira, mas que não encontram correspondência em todos os sistemas legais estrangeiros. Nesse sentido, Carlos Alberto Carmona ressalta que "Não se permite à Corte brasileira, evidentemente, aferir se as comunicações dirigidas ao réu do processo homologatório foram efetivadas segundo os padrões da nossa lei processual; pelo contrário, quer-se permitir, isso sim, o controle do processo arbitral nos moldes em que as partes o conceberam, de modo que caberá ao Superior Tribunal verificar se as partes tiveram, nos termos do que avençaram, possibilidade igualitária de participar da demanda arbitral. Observe-se que o legislador, para evitar entendimento diverso deste, não empregou os vocábulos intimação e citação, limitando-se a mencionar a notificação, como reforço à advertência de que todo o controle deve passar-se no âmbito do procedimento traçado pelas partes, sem cotejo com o modelo processual nacional" (CARMONA, Carlos Alberto. *Arbitragem e Processo:* um comentário à Lei nº 9.307/96. 3. ed. São Paulo: Atlas, 2009, p. 470).

993 Art. V, "1. Recognition and enforcement of the award may be refused, at the request of the party against whom it is invoked, only if that party furnishes to the competent authority where the recognition and enforcement is sought, proof that: (b) The party against whom the award is invoked was not given proper notice of the appointment of the arbitrator or of the arbitration proceedings or was otherwise unable to present his case".

994 Art. 5, "1. Somente poderão ser denegados o reconhecimento e a execução da sentença por solicitação da parte contra a qual for invocada, se esta provar perante a autoridade competente do Estado em que forem pedidos o reconhecimento e a execução: [...] b) que a parte contra a qual se invocar a sentença arbitral não foi devidamente notificada a designação do árbitro ou do processo de arbitragem ou não pôde, por qualquer outra razão, fazer valer seus meios de defesa".

instituição de arbitragem ou sobre a designação de audiência – sejam dirigidas à pessoa e ao endereço identificados no contrato.[995]

Ressalta-se ser comum que as partes prevejam a forma e os destinatários das comunicações procedimentais na ata de missão, o que, contudo, não dispensa cuidado na redação da convenção de arbitragem, uma vez que há uma série de atos relevantes praticados até a celebração da ata de missão – como a própria solicitação de instituição de arbitragem e a indicação de árbitros.

3. Calendário procedimental

Também pode ser interessante estabelecer na convenção de arbitragem as etapas e os prazos a serem observados no procedimento arbitral. Trata-se, contudo, de medida pouco usual, pois é comum que as principais manifestações e os seus respectivos prazos sejam previstos de comum acordo entre as partes e o tribunal arbitral, no momento de celebração da ata de missão.

Para os atos prévios à celebração da ata de missão, no caso de arbitragens institucionais, é comum que os regulamentos prevejam os prazos relevantes, como para resposta à solicitação de instituição da arbitragem e para a indicação e impugnação dos árbitros. Assim, a estipulação de calendário procedimental assume maior importância em convenções de arbitragem *ad hoc*, pois, neste caso, o ideal é que a convenção, se não fizer referência às regras de alguma instituição, preveja as etapas e os prazos a serem observados até a composição do tribunal arbitral.

O calendário procedimental servirá de norte para a definição de como o procedimento ocorrerá, tornando-se vinculante para as partes e para o tribunal. Assim, faculta-se o ajuste acerca dos prazos processuais a serem observados, entre outros ajustes sobre os atos processuais praticados.[996] Nesse sentido, destaca Carlos Alberto Carmona que "convém lembrar que o procedimento dos órgãos arbitrais institucionais pode sofrer adaptações, a critério das partes: prazos podem ser reduzidos ou aumentados, audiências podem ser suprimidas, debates podem ser dispensados etc. Mais uma vez, o termo de

---

995 "Under the New York and Panama Conventions, one of the few defenses to the enforcement of an award is the failure to receive proper notice of the appointment of an arbitrator or notice of the arbitration proceedings, or when a party is unable to present his case, perhaps because of a failure to receive notice of the hearing. It can prove very helpful in the event of an arbitration proceeding to include in the contract a notice provision, which specifies the name or title of the person to be given notice in the event of a dispute and the address to which the notice is to be sent. If the notice provision is not included within the arbitration clause, it may be helpful for the arbitration clause to state that any notices to be given involving arbitration may be provided to the person at the address specified in the notice provision of the contract. (...) A notice provision may prevent disputes over service issues (request for arbitration) and due process concerns (notice of the hearing)". (BISHOP, Doak R. A Practical Guide for Drafting International Arbitration Clauses, *Int'l Energy L. & Tax'n Rev*, v. 16, p. 1-81, 2000, p. 59).

996 LEMES, Selma Maria Ferreira. A Sentença Arbitral. *Revista de Arbitragem e Mediação*, v. 4, p. 26-33, jan./mar., 2005.

arbitragem pode configurar remédio para modelar melhor o procedimento adequado a cada causa, com a ativa participação dos interessados".[997]

Nesse aspecto, em vez de seguir o modelo adotado no processo civil estatal, contando prazos em dias, com o requerente se manifestando em primeiro lugar, e o requerido, na sequência, é possível na arbitragem pactuar data para entrega simultânea das alegações escritas. Assim, por exemplo, pode-se estruturar um procedimento com alegações iniciais, respostas às alegações, réplica e tréplica. O agendamento de um dia para a entrega das alegações traz clareza na estruturação do procedimento, podendo ser uma opção a ser seguida pelas partes.

Em caso envolvendo a tempestividade da apresentação de alegações finais no procedimento arbitral, o TJSP, em acórdão relatado pelo Desembargador Ricardo Negrão, afastou o argumento de extemporaneidade apresentado pelos recorrentes, considerando o fato de que as manifestações haviam sido protocoladas em conformidade com o termo de arbitragem. Assim estabeleceu-se que "neste ponto, verifica-se a má-fé dos suplicantes, haja vista que fincaram sua tese de nulidade na data do protocolo das alegações finais, quando o Termo de Arbitragem estabelece, claramente, que o prazo para a apresentação da sentença se inicia com o recebimento das alegações finais pelos árbitros. Ao fazer tais afirmações, os suplicantes deduziram pretensão contra fato incontroverso e alteraram a verdade dos fatos, incorrendo nas condutas descritas nos incisos I e II do art. 80 do CPC. Ficam, pois, condenados ao pagamento de multa correspondente a 1% do valor atualizado da causa (...)".[998]

O TJSP, em caso relatado pelo Desembargador Luís Francisco Aguilar Cortez, anulou sentença arbitral pelo fato de ter desrespeitado o cronograma processual estabelecido pelas partes.[999] Entendeu o relator que, "como o procedimento é estabelecido pelas próprias partes, a necessidade de respeitá-lo só aumenta. Isso porque não é necessário que o julgador indague se o procedimento é adequado à resolução da controvérsia que deve resolver; as próprias partes, ao determinar o procedimento, já responderam positivamente a essa indagação". No caso, a parte requerida deixou de indicar nas alegações iniciais as provas que pretendia produzir, tendo ocorrido a preclusão desse direito. O tribunal arbitral, contudo, rejeitou a alegação de preclusão, o que, na visão do TJSP, desrespeitou o cronograma processual, violando a paridade de armas entre as partes, levando à anulação da sentença arbitral.

Seja na arbitragem *ad hoc* ou na institucional, estabelecer um calendário exaustivo para a arbitragem logo na convenção de arbitragem raramente será interessante, pois pode acabar por engessar o procedimento, a menos que as partes o derroguem, de comum acordo, afastando-se daquilo que tenha sido previsto.

---

997 CARMONA, Carlos Alberto. O Processo Arbitral. *Revista de Arbitragem e Mediação*, v. 1, p. 21-32, jan./mar., 2004.

998 TJSP, Apel 1114237-31.2017.8.26.0100, 2ª Câmara Reservada de Direito Empresarial, Des. Rel. Ricardo Negrão, j. 09.03.2021.

999 TJSP, Ap. 1066484-54.2019.8.26.0053, 1ª Câmara de Direito Público, Des. Luís Francisco Aguilar Cortez. j. 27.04.2021.

4. Regramento acerca da produção probatória

A escolha do sistema de provas a ser aplicado à arbitragem é outro desafio, especialmente no cenário da arbitragem internacional.[1000] O problema é tanto mais relevante quando se observa quão diferentes são os sistemas de produção de prova no direito continental europeu e na *common law*. As partes muitas vezes contratam sistemas diferentes exatamente para fugir dos mecanismos de produção de prova de um determinado sistema legal, como o americano, que pode ser caracterizado por um amplo *discovery*.[1001]

Considerando que não existe um regime legal universal aplicável às provas no âmbito da arbitragem internacional, as partes devem, no momento de celebração da convenção de arbitragem, prever as regras que desejam aplicar, sempre se atentando às leis aplicáveis.[1002] Assim, devem levar em consideração eventuais normas cogentes ou, então, estabelecer alternativas que melhor se adequem aos seus interesses para aquelas normas passíveis de derrogação.[1003]

1000 "Se não for possível ou desejável (por razões estratégicas) restringir o objeto da arbitragem, as partes podem, pelo menos, acordar ou detalhar como a prova deverá ser produzida, novamente com o intuito de se evitar custos e atrasos desnecessários. Por exemplo, perícias técnicas podem ser dispensadas se as partes conseguirem chegar a um acordo sobre o ponto controvertido e perceberem que, na verdade, ele depende de uma decisão jurídica e não de um parecer técnico. Além disso, também é possível chegar a um consenso quanto ao número de testemunhas ou ao tempo e/ou forma de sua inquirição, tudo a contribuir para um desfecho mais rápido e eficiente do caso, sem prejuízo da formação do convencimento dos árbitros. Algumas vezes, até mesmo a audiência pode ser dispensada pelas partes, caso seja possível decidir o caso somente com base na prova documental. Esse acordo das partes em dispensar a audiência traria alívio significativo em relação aos custos e ao tempo da arbitragem" (FALECK, Diego; ALVES, Rafael. Concordar em discordar: por quê, o quê e como negociar o procedimento arbitral. *Revista de Direito Empresarial*, v. 1, p. 249, jan. 2014).

1001 "Litigation in U.S. federal and state courts is characterized by broad, pre-trial discovery obtained through document production, interrogatories and depositions (usually oral, but occasionally conducted in writing). In England, document discovery is permitted, but not depositions. (...) Parties may choose arbitration in part to avoid these procedures, which are often perceived as time consuming and expensive. Parties from civil law countries, who are often accustomed to little or no discovery, are likely to hold this perception. There are obvious cost advantages to limiting discovery, but if parties want to insure they will have access to relevant evidence, they should provide for it in their clause" (BISHOP, Doak R. A Practical Guide for Drafting International Arbitration Clauses, *Int'l Energy L. & Tax'n Rev*, v. 16, p. 1-81, 2000, p. 46).

1002 "A intenção do legislador é clara: na arbitragem, a produção de provas não deve sujeitar-se às limitações e formalidades do Código de Processo Civil. As partes podem convencionar a aplicabilidade das normas do Código, optar pelas regras de produção de prova usuais na arbitragem internacional (*e.g.* IBA Rules on the Production of Evidence in International Arbitration) ou, ainda, concordar com a aplicabilidade de regras desenvolvidas em outras jurisdições (como, por exemplo, US-style discovery, cross-examination, written witness statement, or expert witnesses as opposed to fact witnesses)" (SESTER, Peter Christian. *Comentários à Lei de Arbitragem e à legislação extravagante*. São Paulo: Quartier Latin, 2020, p. 265).

1003 "Denota-se, portanto, que as regras do Código de Processo Civil (LGL/2015/1656) não são de utilização obrigatória pelas partes, que podem dispor diferentemente, de forma a

Na convenção de arbitragem, as partes podem acordar regras específicas sobre produção de provas. Embora incomum, é possível que as convenções de arbitragem prevejam se o *discovery* será ou não permitido, ou como as provas serão recebidas pelos árbitros.[1004] Por exemplo, Gary Born comenta que as partes podem prever um tipo especial ou limitado de *discovery*, prever que o *discovery* não será permitido ou, então, traçar regras alternativas ao sistema de *discovery*.[1005] Outra possibilidade é pactuar que apenas será cabível a produção de prova documental na arbitragem.[1006]

---

adequar o procedimento a melhor forma de solução de seu litígio, mas sempre respeitando os princípios do contraditório e ampla defesa" (BIANCHI, Beatriz Homem de Mello. Provas na arbitragem e a carta arbitral. *Revista de Arbitragem e Mediação*, v. 59, p. 213-244, out./dez. 2018).

1004 "It is not common for arbitration clauses in international agreements to address whether discovery will be allowed (and if so, in what form), or how evidence will be received by the tribunal. Nonetheless, contracts occasionally address these issues, and parties may desire to provide in the arbitration clause that the tribunal will allow discovery, and may even dictate the discovery that will be permitted and the procedures to be used. (...) The types of discovery that may be specified in the arbitral clause include the following: (1) documents and information contractually required to be provided; (2) audits of books and records; (3) documents to be relied upon by the parties in the arbitral proceeding; (4) documents exchanged with third parties; (5) documents in the care, custody or control of the parties; (6) sworn oral depositions or depositions by written questions; (7) written interrogatories; (8) inspection of premises; and (9) interviews of employees" (BISHOP, Doak R. A Practical Guide for Drafting International Arbitration Clauses, *Int'l Energy L. & Tax'n Rev*, v. 16, p. 1-81, 2000, p. 47).

1005 "An arbitration agreement may address the subject of disclosure in the arbitral proceedings. It can do so by expressly providing for specified modes of disclosure, by expressly forbidding discovery, or by specifying some alternative. (...) Given the lack of any fixed legal regime governing disclosure in international arbitration, a party that desires a particular approach to disclosure should address this issue in its arbitration agreement" (BORN, Gary B. International Arbitration and Forum Selection Agreements: drafting and enforcing. 6. ed. Alphen aan den Rijn: Kluwer Law International, 2021, p. 99).

1006 Sobre tal possibilidade, Doak Bishop comenta: "The author has recently seen several domestic arbitration clauses in the U.S. that authorized (but did not compel) the arbitrators in their discretion to decide the case on 'summary judgment'. Summary judgment is a U.S. judicial procedure that permits judges, in appropriate circumstances, to decide a case based on the documents and sworn written testimony in the form of affidavits. With this procedure, a summary judgment may be granted for one party when the undisputed facts and the law indicate there are no disputed issues. But if the sworn testimony from the parties contradicts one another on a crucial point, summary judgment is not appropriate, and oral testimony must be taken. (...) Use of summary disposition appears to be growing in domestic arbitration in the U.S. Internationally, arbitrators may be authorized by the parties to decide the case on the documents, as supplemented by any written testimony if the arbitrators believe they do not need additional information. If the arbitrators believe they need oral evidence, however, for example, when the written testimony is contradictory on key issues and credibility must be assessed, summary disposition may be considered inappropriate" (BISHOP, Doak R. A Practical Guide for Drafting International Arbitration Clauses, *Int'l Energy L. & Tax'n Rev*, v. 16, p. 1-81, 2000, p. 54).

Outro exemplo do modo como as partes podem evitar a aplicação de um regime legal específico é prevendo a aplicação de instrumentos de *soft law* sobre produção de provas, como as Regras da IBA[1007] ou as Regras de Praga.

Como regra geral, recomenda-se que a produção de provas não seja exaustivamente regulada na convenção de arbitragem, pois uma margem de flexibilidade é interessante para que o procedimento não reste engessado.[1008] Eventuais lacunas sobre o regime de provas aplicável serão, via de regra, preenchidas pelo árbitro, a quem cabe decidir sobre a pertinência e a admissibilidade da prova.[1009]

A Lei de Arbitragem brasileira não estabelece limites às regras convencionadas para a produção de provas. Contudo, as regras previstas pelas partes deverão sempre respeitar a garantia do devido processo legal[1010] – particularmente, o princípio da igualdade das partes, da ampla defesa e do contraditório. Diante do amplo rol de possibilidades para as partes ditarem a produção de provas na convenção de arbitragem, recomenda-se que sejam claras a esse respeito, sempre levando em conta a legislação aplicável, para que eventual previsão não tenha a sua aplicação obstada pela incidência de uma norma cogente.

1007 Como afirma Gary Born: "An arbitration clause may incorporate the IBA Rules on evidence--taking. (Absent such incorporation, the IBA Rules do not have independent binding effects.)" (BORN, Gary B. *International Arbitration and Forum Selection Agreements*: drafting and enforcing. 6. ed. Alphen aan den Rijn: Kluwer Law International, 2021, p. 102). Também Doak Bishop elenca essa possibilidade: "The International Bar Association has adopted Supplementary Rules Governing the Presentation and Reception of Evidence in International Commercial Arbitration. These rules do not automatically apply to an arbitration proceeding; they must be adopted by either the parties or the arbitrators. When applicable, they provide for limited production of documents, falling into two categories: (1) documents to be relied upon by the parties at the arbitral hearing, and (2) documents that can be identified with specificity and that are exchanged with third parties (*e.g.*, correspondence)" (BISHOP, Doak R. A Practical Guide for Drafting International Arbitration Clauses, *Int'l Energy L. & Tax'n Rev*, v. 16, p. 1-81, 2000, p. 47).

1008 "A redação do art. 22 da Lei de Arbitragem foi inspirada no art. 19, (1) da Lei Modelo da Uncitral, que estabelece a liberdade das partes para convencionarem as regras do procedimento. Por conta do princípio da autonomia privada e da flexibilidade do procedimento arbitral, podem elas acordar, na convenção ou no termo de arbitragem, os preceitos que ditarão o modo de produção de provas. Ainda assim, a competência para determinar a produção de provas é atribuída, pelo art. 22, ao tribunal arbitral – diga-se de passagem, de forma similar ao art. 20, (2) Lei Modelo da Uncitral" (SESTER, Peter Christian. *Comentários à Lei de Arbitragem e à legislação extravagante*. São Paulo: Quartier Latin, 2020, p. 264).

1009 "Como ocorre com a maioria das leis sobre arbitragem no mundo, a lei brasileira reconhece discricionariedade dos Tribunais Arbitrais nas questões de admissibilidade e valoração de provas". (SEREC, Fernando Eduardo. Provas na arbitragem. In: CARMONA, Carlos Alberto; LEMES, Selma Ferreira; MARTINS, Pedro Batista (coord.). *20 Anos da Lei de Arbitragem* – homenagem a Petrônio R. Muniz. São Paulo: Atlas, 2017, p. 205).

1010 SESTER, Peter Christian. *Comentários à Lei de Arbitragem e à legislação extravagante*. São Paulo: Quartier Latin, 2020, p. 232.

5. Incorporação de *soft law*

A utilização de instrumentos de *soft law* vem ganhando cada vez mais protagonismo no contexto arbitral.[1011] Como definem Felix Lüth e Phillip Wagner, "'[*s*]*oft law*' refere-se a instrumentos quase-jurídicos que não possuem força legal vinculante, ou cuja força vinculante é um tanto 'mais fraca' do que a força vinculante do direito tradicional, que, em contraste, é frequentemente chamado de 'hard law'".[1012]

Normalmente, as *soft laws* contêm disposições que buscam situar-se em um ponto de neutralidade entre as tradições de *civil law* e *common law*, de modo a tornarem-se interessantes para a utilização entre partes de diferentes sistemas legais. Exemplos de *soft law* internacionais são os Termos Internacionais de Comércio (Incoterms), os Princípios para Contratos Comerciais Internacionais do Instituto Internacional para a Unificação do Direito Privado (Princípios Unidroit), as *IBA Rules on Taking of Evidence in International Arbitration* e as *Rules on Efficient Procedures in International Arbitration* (comumente referidas como as "Regras de Praga").[1013]

Como decorrência da autonomia privada, as partes podem prever a utilização desses instrumentos de *soft law* na própria convenção de arbitragem, seja como o que são (*soft law*, ou seja, sem força vinculante para as partes e os árbitros), seja como regra às quais as partes e os árbitros estarão vinculados. Assim, após a opção pela aplicação de uma *soft law*, esta se torna cogente, fazendo sua aplicação impositiva para as partes e para os árbitros na arbitragem.

Isso porque o art. 2º, § 1º da LARb, ao se referir que "poderão as partes escolher, livremente, as regras de direito que serão aplicadas na arbitragem", deve-se entender que a expressão "regras de direito que serão aplicadas na arbitragem" abarca tanto o direito material relativo ao mérito da questão, quanto à lei aplicável à cláusula compromissória, quanto eventuais *soft laws* que poderão se tornar vinculantes, caso assim escolhido pelas partes.

Na redação da convenção de arbitragem, recomenda-se que as partes (i) estejam cientes das consequências da incorporação de determinado instrumento de *soft law*

[1011] Igualmente, as *soft laws* desempenham um papel central na mitigação da incompletude contratual, vide: BANDEIRA, Paula Greco. Os contratos incompletos e a soft law. *Revista dos Tribunais*, v. 966, p. 145-165, abr. 2016.

[1012] Tradução livre, no original: "Soft law' refers to quasi-legal instruments which do not have any legally binding force, or whose binding force is somewhat 'weaker' than the binding force of traditional law which is in contrast often referred to as 'hard law'" (LÜTH, Felix. WAGNER, Philipp K. Soft Law in International Arbitration – some thoughts on legitimacy. *StudZR*, p. 409-422, n. 3, 2012, p. 411).

[1013] "Ao contatar o Centro de Arbitragem e Mediação da Câmara de Comércio Brasil-Canadá – CCBC, obteve-se a informação de que tem sido ampla a utilização das regras da IBA sobre a produção de provas, tanto quando da assinatura do termo de arbitragem, tal qual uma opção das partes do processo, como pela aplicação dos árbitros no curso do procedimento arbitral" (RAVAGNANI, Giovani dos Santos. Regras da IBA sobre "taking of evidence": compatibilidade com as normas processuais brasileiras. *Revista de Processo*, v. 183, p. 565-606, set. 2018).

ao conjunto de regras aplicável ao procedimento arbitral e ao mérito da disputa; e (ii) sejam claras sobre se o referido instrumento será aplicável como diretriz não vinculante para as partes e para os árbitros ou se a sua observação será mandatória. Nesse último caso, recomenda-se que as partes estudem, de antemão, possíveis conflitos entre o instrumento de *soft law* e as demais regras aplicáveis ao procedimento arbitral, estabelecendo a ordem hierárquica, em caso de eventual conflito.[1014] Ainda, se desejarem, as partes podem selecionar apenas algumas disposições do instrumento. Nesse caso, devem também deixar isso claro.[1015]

Esse cuidado é importante já que alguns instrumentos têm diversas normas que impactam sobremaneira a condução do procedimento arbitral. Por exemplo, as *IBA Rules on Taking of Evidence in International Arbitration* preveem desde o limite temporal para apresentação de provas na arbitragem até os requisitos para sua admissibilidade pelo árbitro. Assim, se as partes previrem a sua aplicação mandatória na arbitragem e se descuidarem do conteúdo dessas normas, poderão ter eventual pedido de produção de provas indeferido e seu caso, potencialmente, comprometido. Igualmente, posterior descumprimento da *soft law* escolhida se caracterizará como um descumprimento da própria convenção de arbitragem.

6. Confidencialidade

A importância da confidencialidade para as empresas está associada a uma série de fatores e de características do mercado. Especialmente, está associada com a tendência macroscópica de valorização de ativos intangíveis em prol dos tangíveis, e, entre os bens imateriais de uma empresa, a informação pode ocupar lugar de destaque.[1016]

[1014] Gary Born, tomando como exemplo as mesmas regras acima mencionadas, sugere a seguinte redação para a convenção de arbitragem, de forma a deixar clara a aplicação mandatória das regras, bem como estabelecer a hierarquia em caso de eventual conflito de normas: "The IBA Rules of Evidence shall apply together with the Rules governing any submission to arbitration incorporated in this contract. Where they are inconsistent with the before said Rules, these IBA Rules of Evidence shall prevail but solely as regards the presentation and reception of evidence" (BORN, Gary B. *International Arbitration and Forum Selection Agreements*: drafting and enforcing. 6. ed. Alphen aan den Rijn: Kluwer Law International, 2021, p. 102).

[1015] BORN, Gary B. *International Arbitration and Forum Selection Agreements*: drafting and enforcing. 6. ed. Alphen aan den Rijn: Kluwer Law International, 2021, p. 102.

[1016] "Atualmente, na medida em que produtos e serviços agregam cada vez mais tecnologia, o *know-how* da empresa, sua reputação, marca, presença em vários mercados, clientela efetiva ou ocasional e potencial de crescimento representam a parte 'intangível' de seu valor, que pode, em muitos casos, superar consideravelmente a parte tangível. (...) Além da propriedade intelectual, outros segredos da empresa devem ser mantidos longe do público, tais como balancetes internos, mapas de vendas, estratégias de marketing, estudos de viabilidade econômico-financeiros, relatórios de *due dilligence* – caso a empresa planeje adquirir outra ou outras empresas –, planos de fusão, incorporação, cisão etc. Em outras palavras, toda informação capaz de revelar à concorrência ou a terceiros, externos à empresa, algo que lhe traga prejuízo" (CRETELLA NETO, José. Quão sigilosa é a arbitragem? *Revista de Arbitragem e Mediação*, v. 25, p. 43-70. abr./jun. 2010, p. 1 e 3).

Assim, a opção pela via arbitral normalmente está associada a assegurar as expectativas contratuais das partes,[1017] o que pode passar pelo afastamento de certas garantias processuais, entre as quais a publicidade (Constituição Federal, art. 93, IX),[1018] excepcionada, perante o Poder Judiciário, apenas nos casos de segredo de justiça (art. 189, CPC/15).[1019]

A confidencialidade desempenha, adicionalmente, um papel funcional, pois serve como fomento para uma resolução mais amigável do litígio, sem que a exteriorização da controvérsia possa incrementar a animosidade entre as partes ou gerar comportamentos oportunistas de terceiros.[1020] Dessa forma, a confidencialidade – primeiramente – visa tutelar o interesse das partes, razão pela qual é admissível que dela disponham.[1021]

A confidencialidade é, por vezes, tida como um ingrediente essencial da arbitragem.[1022] A confidencialidade se relaciona com a noção de privacidade,[1023] pois, ao passo que esta representa uma noção de não participação de terceiros em audiências e atos processuais, a confidencialidade é obrigação imposta aos árbitros e às partes.[1024]

[1017] COSTA, Guilherme Recena. *Partes e Terceiros na Arbitragem*. Tese (Doutorado em Direito) – Faculdade de Direito, Universidade de São Paulo, Universidade de São Paulo. São Paulo, 2015, p. 47.

[1018] Constituição Federal, art. 93, IX: "todos os julgamentos dos órgãos do Poder Judiciário serão públicos, e fundamentadas todas as decisões, sob pena de nulidade, podendo a lei limitar a presença, em determinados atos, às próprias partes e a seus advogados, ou somente a estes, em casos nos quais a preservação do direito à intimidade do interessado no sigilo não prejudique o interesse público à informação".

[1019] Código de Processo Civil de 2015, art. 189: "Os atos processuais são públicos, todavia tramitam em segredo de justiça os processos: I – em que o exija o interesse público ou social; II – que versem sobre casamento, separação de corpos, divórcio, separação, união estável, filiação, alimentos e guarda de crianças e adolescentes; III – em que constem dados protegidos pelo direito constitucional à intimidade; IV – que versem sobre arbitragem, inclusive sobre cumprimento de carta arbitral, desde que a confidencialidade estipulada na arbitragem seja comprovada perante o juízo".

[1020] PINTO, José Emilio Nunes. A confidencialidade na arbitragem. *Revista de Arbitragem e Mediação*, v. 6, p. 25-36, jul./set. 2005, versão eletrônica, p. 2.

[1021] DE LY, Filip; BROZOLO, Luca G. Radicati. Confidentiality in international commercial arbitration. *Revista de Arbitragem e Mediação*, v. 31, p. 191-232, out./dez. 2011.

[1022] LEW, Julian D. M. Confidentiality in Arbitrations in England. In: LEW, Julian D. M.; BOR, Harris et al. (ed.). *Arbitration in England, with chapters on Scotland and Ireland*. Haia: Kluwer Law International, 2013, p. 442.

[1023] Confidencialidade em sede de arbitragem pode ser entendida como: "a obrigação imposta às partes e aos árbitros e, em alguns casos, mencionados em regulamentos de instituições arbitrais, a terceiros que participem, de alguma maneira, direta ou indiretamente, de procedimentos arbitrais, de não divulgar ou publicar quaisquer dados, informações e quaisquer outros detalhes que tenham tomado conhecimento no curso daqueles" (PINTO, José Emilio Nunes. A confidencialidade na arbitragem. *Revista de Arbitragem e Mediação*, v. 6, p. 25-36, jul./set. 2005, versão eletrônica, p. 4).

[1024] CRETELLA NETO, José. Quão sigilosa é a arbitragem? *Revista de Arbitragem e Mediação*, v. 25, p. 43-70. abr./jun. 2010.

A privacidade se refere à condução do próprio procedimento arbitral e aos seus atos, dos quais apenas participarão os membros do tribunal, as partes, os procuradores e aqueles que por deliberação do tribunal vierem a ser chamados.[1025] Por conseguinte, a noção de "privacidade" é mais estreita do que a de "confidencialidade".

Destaca-se que não existe obrigação legal de sigilo quanto aos procedimentos arbitrais.[1026] Porém, em certos casos, a depender da natureza da disputa e das informações envolvidas, a confidencialidade pode surgir como dever anexo, por força do princípio da boa-fé objetiva.[1027]

O mais próximo de um dever legal de confidencialidade que a lei cogita é o dever de discrição dos árbitros (Lei de Arbitragem, art. 13, § 6º).[1028] José Emílio Nunes Pinto deriva do dever de discrição dos árbitros um dever de sigilo quanto ao procedimento, atos, documentos, informações, dados trazidos pelas partes e a sentença arbitral.[1029] Em verdade, o dever de discrição dos árbitros independe da confidencialidade da arbitragem, sendo mais abrangente.[1030] Judith Martins-Costa, por sua vez, elenca, enquanto dever do árbitro, o recato quanto ao procedimento, que pode ser derivado da relação de confiança subjacente.[1031]

[1025] "A privacidade, no entanto, refere-se à condução do próprio procedimento arbitral e à realização de seus atos. Em razão da privacidade conferida ao procedimento arbitral, dele somente poderão participar as partes, seus procuradores, os árbitros e aqueles que, por deliberação das partes e do tribunal arbitral, venham a ser chamados para dele participar. Em suma, a privacidade impede que estranhos ao procedimento dele participem ou assistam a quaisquer sessões do tribunal arbitral, diferentemente do que ocorre no processo judicial que é, por natureza e salvo exceções, público" (PINTO, José Emilio Nunes. A confidencialidade na arbitragem. *Revista de Arbitragem e Mediação*, v. 6, p. 25-36, jul./set. 2005, versão eletrônica, p. 4); Em sede de arbitragem internacional: BORN, Gary. *International Commercial Arbitration*. 3. ed. Alphen aan den Rijn: Kluwer Law International, 2021, versão eletrônica, atualizada em novembro de 2023, §20.01 ss; FÁBIÁN, Klaudia. *Confidentiality in international commercial arbitration*: to whom does the duty of confidentiality extend in arbitration? Dissertação (LLM em International Commercial Arbitration) – Central European University. Budapeste, 2011. Em relação às técnicas para assegurar a confidencialidade, BAIZEAU, Domitille; RICHARD, Juliette. Addressing the issue of confidentiality in arbitration proceedings: how is this done in practice? In: GEISINGER, Elliott (ed.). *ASA Special Series No. 43 Confidential and Restricted Access Information in International Arbitration*. Association Suisse de l'Arbitrage, p. 53-78, 2016.

[1026] GORGA, Érica. Arbitragem, governança corporativa e retrocesso no mercado de capitais brasileiro. *Revista de Direito Empresarial*, v. 1, p. 125-141, jan./fev. 2014.

[1027] GAGLIARDI, Rafael Villar. Confidencialidade na arbitragem comercial internacional. *Revista de Arbitragem e Mediação*, v. 36, p. 95-135, jan./mar. 2013.

[1028] Lei de arbitragem, art. 13, § 6º: "No desempenho de sua função, o árbitro deverá proceder com imparcialidade, independência, competência, diligência e discrição".

[1029] PINTO, José Emilio Nunes. A confidencialidade na arbitragem. *Revista de Arbitragem e Mediação*, v. 6, p. 25-36, jul./set. 2005, versão eletrônica, p. 5.

[1030] JACOB NOGUEIRA, Daniel Fábio. SOARES Jr., Ney Bastos. Dos Árbitros. In: MAIA NETO, Francisco; MUNIZ, Joaquim de Paiva (org.). *Reforma da Lei de* Arbitragem – comentários ao texto completo. Belo Horizonte: Francisco Maia&Associados, 2015, p. 39.

[1031] MARTINS-COSTA, Judith. *A boa-fé no direito privado*: critérios para a sua aplicação. 2. ed. São Paulo: Saraiva, 2018, p. 368. Para uma caracterização da violação da confidencialidade

Apesar de não ter fonte legal,[1032] o dever de confidencialidade se encontra previsto nos regulamentos das principais instituições arbitrais brasileiras[1033] e internacionais.[1034]

---

da arbitragem enquanto *venire contra factum proprium*, ver: MARTINS, Julia Girão Baptista. Arbitragem Pública: arbitragem e confidencialidade. *Revista de Arbitragem e Mediação*, v. 53, p. 264-282, abr./jun. 2017.

1032 Note-se que, por via de regra, as legislações nacionais não trazem regra expressa acerca da confidencialidade na arbitragem, sendo a notória exceção a Nova Zelândia, que na sessão 14 da sua lei de arbitragem prevê que "the parties shall not publish, disclose, or communicate any information relating to arbitral proceedings under the agreement or to an award made in those proceedings".

1033 Regulamento Camarb, art. 13.1: "13.1 O procedimento arbitral será rigorosamente sigiloso, sendo vedado à Camarb, aos árbitros, aos demais profissionais que atuarem no caso e às próprias partes, divulgar quaisquer informações a que tenham acesso em decorrência de seu ofício ou de sua participação no processo, sem o consentimento de todas as partes, ressalvados os casos em que haja obrigação legal de publicidade e o disposto no presente regulamento". Regulamento CAM-CCBC, art. 39.1: "A arbitragem será confidencial, exceto nas hipóteses previstas em lei, em outras normas jurídicas aplicáveis ou por acordo expresso das partes". Regulamento CAF, art. 11.3: "11.3. O procedimento arbitral é, em regra, sigiloso, devendo árbitros, partes, procuradores, peritos e todos quantos tiverem acesso às informações atuar nesse sentido, sendo facultada sua eventual divulgação por imposição legal ou por expressa decisão escrita de todas as partes". Na CAM, especificamente, está previsto no art. 9.1 do seu regulamento.

1034 LCIA, art. 30: "The parties undertake as a general principle to keep confidential all awards in the arbitration, together with all materials in the arbitration created for the purpose of the arbitration and all other documents produced by another party in the proceedings not otherwise in the public domain, save and to the extent that disclosure may be required of a party by legal duty, to protect or pursue a legal right, or to enforce or challenge an award in legal proceedings before a state court or other legal authority. The parties shall seek the same undertaking of confidentiality from all those that it involves in the arbitration, including but not limited to any authorised representative, witness of fact, expert or service provider". SCAI, art. 44: "Unless the parties expressly agree in writing to the contrary, the parties undertake to keep confidential all awards and orders as well as all materials submitted by another party in the framework of the arbitral proceedings not already in the public domain, except and to the extent that a disclosure may be required of a party by a legal duty, to protect or pursue a legal right, or to enforce or challenge an award in legal proceedings before a judicial authority. This undertaking also applies to the arbitrators, the tribunal-appointed experts, the secretary of the arbitral tribunal, the members of the board of directors of the Swiss Chambers' Arbitration Institution, the members of the Court and the Secretariat, and the staff of the individual Chambers". HKIAC, art. 45: "Unless otherwise agreed by the parties, no party or party representative may publish, disclose or communicate any information relating to: (a) the arbitration under the arbitration agreement; or (b) an award or Emergency Decision made in the arbitration" AAA, art. 37: "Confidential information disclosed during the arbitration by the parties or by witnesses shall not be divulged by an arbitrator or by the Administrator. Except as provided in Article 30, unless otherwise agreed by the parties or required by applicable law, the members of the arbitral tribunal and the Administrator shall keep confidential all matters relating to the arbitration or the award". Por fim, refere-se às regras da VIAC, art. 12. Para uma análise mais detalhada dos regulamentos de instituições internacionais, vide: HWANG, Michael; CHUNG, Katie. Defining the Indefinable: Practical Problems of Confidentiality in Arbitration. *Journal of International Arbitration*. Kluwer Law International, v. 26, 5. p. 609-645, 2009.

Destaca-se que, em sede de direito comparado, há países em que o sigilo é considerado inerente à arbitragem,[1035] como na Inglaterra.[1036] Assim, é perceptível que a confidencialidade e a privacidade são duas características tradicionalmente valorizadas, estando frequentemente associadas com a própria noção de "arbitragem".[1037]

A título exemplificativo, tome-se pesquisa conduzida pela universidade Queen Mary, de Londres, em que 87% dos participantes afirmaram que a confidencialidade é um aspecto importante da arbitragem, sendo que 36% afirmaram que a confidencialidade é a característica mais importante da arbitragem internacional.[1038]

Apesar de a confidencialidade ser uma qualidade bastante reconhecida na arbitragem, a Lei de Arbitragem brasileira, em sua redação original, tratava do instituto em apenas um dispositivo, dirigido aos árbitros (e às instituições arbitrais, segundo pensamos). Diante disso, surgia a questão consistente em saber se a confidencialidade na arbitragem seria um princípio geral, aplicável a todos os demais partícipes do processo arbitral, mesmo na ausência de previsão legal ou convencional a esse respeito, ou se, na verdade, para essas pessoas, a confidencialidade somente se manifestaria mediante acordo de vontades, na convenção de arbitragem, por exemplo.

[1035] SMEUREANU, Ileana M. Confidentiality in International Commercial Arbitration. *International Arbitration Law Library*, v. 22. The Hague: Kluwer Law International, 2011. p. 4. Para visão a partir do direito germâncio, ver: HAAS, Ulrich e KAHLERT, Heiner. Part IV: Selected Areas and Issues of Arbitration in Germany, Privacy and Confidentiality. In: NACIMIENTO, Patricia; KROLL, Stefan et al. (ed.). *Arbitration in Germany*: the model law in practice. 2. ed. The Hague: Kluwer Law International, 2015, p. 964 s.

[1036] Destaca-se o *leading case Ali Shipping Corp.* v. *Shipyard Trogir* (Corte de Apelação Inglesa, 2 All E.R., 1 Lloyd's Rep. 643, 1998. O Tribunal entendeu que havia uma obrigação implícita de confidencialidade em cada convenção de arbitragem enquanto "an essential corollary of the privacy of arbitration proceedings", e que essa obrigação se estenderia aos "pleadings, written submissions, and the proofs of witnesses as well as transcripts and notes of the evidence given in the arbitration".

[1037] Em visão mais extremada acerca da confidencialidade na arbitragem, destaca-se o caso Aita v. Ojjeh (Revue de l'Arbitrage, 1986, p. 583). Conforme Cretella Neto: "Nesse caso, a parte perdedora em uma arbitragem pretendia anular a sentença arbitral proferida em Londres. A Corte não apenas não recebeu o recurso como também considerou que a própria tentativa de acionar a justiça estatal, nesse caso, violava o princípio da confidencialidade, e impôs ao demandante substancial pena pecuniária em favor do vencedor da arbitragem. Observou, em particular, que a ação 'causara um debate público sobre fatos que deveriam permanecer confidenciais', e que 'encontra-se na própria natureza do procedimento arbitral que este assegure o mais elevado grau de discrição na solução de controvérsias privadas, na forma acordada pelas partes'. (CRETELLA NETO, José. Quão sigilosa é a arbitragem? *Revista de Arbitragem e Mediação*, v. 25, p. 43-70. abr./jun. 2010, DRT n. 2010/473, p. 13). Caso também foi comentado por PAULSSON, Jan; RAWDING, Nigel. The trouble with confidentiality. *ICC bulletin*, Paris, v. 5, n. 1, p. 48-59, mar. 1994, p. 54 s.

[1038] "87% of respondents believe that confidentiality in international commercial arbitration is of importance. Most respondents think that confidentiality should be an opt-out, rather than an opt-in, feature" Queen Mary University of London; White & Case LLP. *2018 International Arbitration Survey*: the evolution of international arbitration, p. 26. Disponível em: https://www.qmul.ac.uk/arbitration/research/2018/. Acesso em: 10 dez. 2024.

Na doutrina estrangeira, Jan Paulsson e Nigel Rawding, em texto clássico, afirmam que "nossa conclusão é que não se pode afirmar que exista, de lege lata, uma obrigação geral de confidencialidade na arbitragem internacional".[1039] O assunto, porém, não é pacífico. Piero Bernardini afirma que "de modo mais geral, entende-se que está implícita na aceitação da arbitragem a assunção de uma correspondente obrigação de manter em sigilo as informações e documentos obtidos durante o procedimento".[1040] Como se vê, a doutrina estrangeira diverge a respeito de saber se a confidencialidade é um princípio implícito na arbitragem ou se ela dependeria de consenso das partes.

Na doutrina brasileira, também há divergência. Escrevendo anteriormente à Reforma da Lei de Arbitragem, Selma Ferreira Lemes entendia que não existia um dever implícito de confidencialidade, razão pela qual "no âmbito estritamente privado estas questões devem estar dispostas pelas partes nos contratos firmados ou em documentos apartados ou, ainda, nos regulamentos das instituições arbitrais para não prejudicar o interesse das partes, pois não há previsão a respeito na lei brasileira, a não ser a discrição exigida do árbitro (art. 13, § 6o)".[1041] Em sentido oposto, José Emilio Nunes Pinto, considerava que "no direito brasileiro a confidencialidade é inerente ao procedimento arbitral, derivando da aplicação do art. 422 do CC que consagra o princípio geral da boa-fé objetiva".[1042]

Em nosso ponto de vista, a confidencialidade nunca foi um princípio inerente à arbitragem, que, segundo alguns, decorreria implicitamente de sua natureza. No direito brasileiro, não há como fugir do conceito de que as obrigações derivam apenas da lei ou dos contratos, razão pela qual não se pode imputar às partes uma obrigação de confidencialidade sem que haja previsão legal específica ou disposição convencional nesse sentido. Em outras palavras, se a redação original da Lei 9.307/1996 não estendia

---

1039 Tradução livre, no original: "our conclusion is that a general obligation of confidentiality cannot be said to exist de lege lata in international arbitration" (PAULSSON, Jan; RAWDING, Nigel. The trouble with confidentiality. *ICC bulletin,* Paris, v. 5, n. 1, p. 48-59, mar. 1994, p. 48).

1040 Tradução livre, no original: "più in generale, si ritiene implicita nell'accettazione dell'arbitrato l'assunzione di un corrispondente obbligo di tenere riservate informazioni e documentazione acquisite nel corso del procedimento" (BERNARDINI, Piero. *L'arbitrato nel commercio e negli investimenti internazionali.* 2. ed. Milano: Giuffrè, 2008, p. 175).

1041 LEMES, Selma Ferreira. *Arbitragem na concessão de serviços públicos*: arbitrabilidade objetiva. Confidencialidade ou publicidade processual? Disponível em: http://www.selmalemes.com.br. Acesso em: 21 fev. 2017. Comungando dessa opinião, confira-se João Bosco Lee (LEE, João Bosco. O princípio da confidencialidade na arbitragem comercial internacional. In: VALENÇA FILHO, Clávio de Melo; LEE, João Bosco. *Estudos de arbitragem.*Curitiba: Juruá, 2008, p. 293) e Rafael Gagliardi (GAGLIARDI, Rafael Villar. Confidencialidade na arbitragem comercial internacional. *Revista de Arbitragem e Mediação*, v. 36, p. 95-135, jan./mar. 2013).

1042 PINTO, José Emilio Nunes. A confidencialidade na arbitragem. *Revista de Arbitragem e Mediação*, v. 6, p. 25-36, jul./set. 2005, p. 33. Idem, em outro trabalho: PINTO, José Emilio Nunes. Proposta para a preservação do sigilo da arbitragem na execução específica da cláusula compromissória. In: BOMFIM, Ana Paula Rocha do; MENEZES, Hellen Monique Ferreira de (coord.). *Dez anos da Lei de Arbitragem*: aspectos atuais e perspectivas para o instituto. Rio de Janeiro: Lumen Juris, 2007, p. 92.

a confidencialidade às partes, não há como impor essa obrigação, na ausência de base legal ou consensual expressa.

Desse modo, não há como exigir das partes e de terceiros partícipes da arbitragem o respeito à confidencialidade, sem que tal obrigação derive de estipulação legal, contratual ou, conceda-se, regulamentar, como fonte acessória aditiva à manifestação de vontade, consistente na escolha de determinada instituição arbitral. Trata-se, acima de tudo, de aplicação do princípio da legalidade, estatuído no inciso II do art. 5º da Constituição, segundo o qual "ninguém será obrigado a fazer ou deixar de fazer alguma coisa senão em virtude de lei". Nem se diga que a confidencialidade decorreria do dever de boa-fé objetiva, pois bem se sabe que a boa-fé objetiva pode criar deveres laterais de conduta, mas não pode criar obrigações autônomas não previstas em lei ou acordadas entre as partes. A confidencialidade não é um dever lateral de conduta, mas uma obrigação autônoma, de modo que o recurso à boa-fé objetiva parece ser insuficiente para defender a sua existência implícita.

Como a redação original da Lei de Arbitragem brasileira apenas tratava da confidencialidade em relação ao árbitro, silenciando em relação aos demais, sempre defendemos que as partes do processo arbitral somente estavam obrigadas a respeitar a confidencialidade quando tivessem expressamente acordado a esse respeito, o que poderia se dar na cláusula compromissória, no compromisso arbitral, no termo de arbitragem, no regulamento arbitral eleito ou mesmo durante o curso da arbitragem.[1043] Estabelecida a confidencialidade pela convenção das partes, é de se dizer que os demais participantes do processo arbitral (peritos, testemunhas, assistentes) se submetem a essa obrigação em razão de sua adesão por acessoriedade ao pacto.

A pergunta decisiva que merecia expressa consideração para caracterizar a natureza do instituto era necessariamente a seguinte: tendo em vista que no direito brasileiro as obrigações derivam apenas da lei ou dos contratos, poderia uma das partes da arbitragem, antes da reforma da Lei de Arbitragem, ser civilmente responsabilizada por comunicar ao mundo exterior o conteúdo da arbitragem? Considerando que não havia previsão legal a respeito, a resposta só poderia ser positiva se a parte houvesse se obrigado, por disposição contratual, a respeitar a confidencialidade. Se, por outro lado, tal obrigação não houvesse sido expressamente convencionada, em que regra jurídica legal se apoiaria a outra parte para obter a mencionada reparação civil?

A Reforma da Lei de Arbitragem tomou partido nesse debate e previu, no parágrafo único do art. 22-C, que "no cumprimento da carta arbitral será observado o segredo de justiça, desde que comprovada a confidencialidade estipulada na arbitragem". Trata-se de previsão que, rigorosamente, repete aquela prevista no art. 189, IV, do Código de Processo Civil, segundo a qual "os atos processuais são públicos, todavia tramitam em segredo de justiça os processos (...) que versem sobre arbitragem, inclusive sobre

---

1043 FICHTNER, José Antonio; MANNHEIMER, Sergio Nelson; MONTEIRO, André Luís. A confidencialidade na arbitragem: regra geral e exceções. In: FICHTNER, José Antonio; MANNHEIMER, Sergio Nelson; MONTEIRO, André Luís. *Novos temas de arbitragem*. Rio de Janeiro: FGV, 2014, p. 91-151.

cumprimento de carta arbitral, desde que a confidencialidade estipulada na arbitragem seja comprovada perante o juízo".[1044]

Conforme se observa do texto de ambos os dispositivos legais, a confidencialidade da arbitragem será preservada desde que tenha sido estipulada pelas partes e seja comprovada perante o Poder Judiciário. Isso significa que o ordenamento jurídico brasileiro passou a tutelar, explicitamente, a confidencialidade da arbitragem, exigindo apenas que ela tenha sido convencionada pelas partes e, assim, possa ser comprovada. Com isso, havendo estipulação de confidencialidade entre as partes, eventual vazamento de informações, documentos, peças ou decisões da arbitragem para o mundo exterior – inclusive via imprensa – dá ensejo à responsabilização civil de seu agente.

A utilização dos verbos "estipular" e "comprovar" nos mencionados dispositivos legais demonstra que o ordenamento jurídico brasileiro rejeita a tese de que a confidencialidade seja algo implícito na arbitragem, adotando, por outro lado, a ideia de que a confidencialidade somente obriga as partes do processo arbitral quando expressamente convencionada. Trata-se, ao final e ao cabo, de valorização da autonomia privada, pedra angular na arbitragem.

Porém, é de se reconhecer que há exceções acerca da confidencialidade, denominada em sede de arbitragem internacional de "exceção do interesse público".[1045] Os casos paradigmáticos acerca do tema são o Bulbank,[1046] o caso Esso[1047] e o caso

---

[1044] Esse dispositivo decorre do acolhimento da proposta feita no Senado Federal, quando o Projeto de Novo CPC ainda lá tramitava, pela parceria formada entre o Grupo de Pesquisa em Arbitragem da PUC/SP e a Comissão de Arbitragem da OAB/RJ. Na época, o Grupo de Pesquisa em Arbitragem da PUC/SP era liderado pelo Prof. Francisco José Cahali e coordenado por Valeria Galíndez e André Luís Monteiro, bem como contava com um conselho consultivo formado por professores de destaque nas áreas de Direito Civil, Direito Processual Civil e Direito Internacional Privado. As propostas de emenda ao Anteprojeto de Novo CPC foram elaboradas em parceria com a Comissão de Arbitragem da OAB/RJ, com a relevante participação de Joaquim de Paiva Muniz, Leonardo Corrêa e Ronaldo Cramer, e contaram com o apoio do Comitê de Arbitragem do CESA, sob a coordenação de Giovanni Nanni, e do Instituto Brasileiro de Direito Empresarial – Ibrademp. No Senado Federal, elas foram apresentadas pelas mãos do Senador Regis Fichtner (PMDB/RJ). Integraram o Grupo de Pesquisa, além do líder e dos dois coordenadores, os acadêmicos Daniel Bushatsky (Secretário), Antonio Carlos Nachif Correia Filho, Flávia Gomes, Gledson Marques de Campos, Júlia Schledorn de Camargo, Juliana Cristina Gardenal, Maithe Lopez, Priscila Caneparo, Renata Paccola Mesquita, Shirley Graff, Thais Matallo Cordeiro e Welder Queiroz dos Santos.

[1045] MISRA, Joyiyoti; JORDANS, Roman. Confidentiality in International Arbitration. *Journal of International Arbitration*, v. 23, 1, Kluwer Law International, p. 39-48, 2006, p. 42.

[1046] Suprema Corte Sueca, e Bulgarian Foreign Trade Bank Ltd. v. A.I. Trade Finance Ltd., Caso T 1881–99, 27.10.2000. Ainda, TWEEDDALE, Andrew. Confidentiality in Arbitration and the Public Interest Exception. *Arbitration International*, v. 21, n. 1, LCIA, p. 59-69, 2005, p. 60-62.

[1047] Esso *v.* Plowman, 128 A.L.R. 391, 183 C.L.R. 10, 1995. Caso foi pioneiro em considerar que a confidencialidade não é inerente em sede de arbitragem na Austrália. Em trecho da opinião prevalecente de Mason, C.J: "there may be circumstances, in which third parties and the public have a legitimate interest in knowing what has transpired in an arbitration".

Cockatoo Dockyard.[1048] A exceção de interesse público pode ser aplicada para arbitragens realizadas entre privados e que não envolvam nenhum agente público.[1049] Esses casos servem de linha mestra para eventuais ponderações axiológicas quando se está diante de dois interesses conflitantes, a exemplo do que ocorre na arbitragem em que figurem como partes companhias abertas.

Essa questão também não é estranha à arbitragem internacional,[1050] embora lhe seja dado outro dimensionamento, vez que se refere apenas às arbitragens comerciais das quais a companhia é parte, e não às arbitragens que envolvam partes do *corpus* societário. Mesmo assim, é possível referir-se ao chamado "teste da materialidade", combinando aspectos objetivos (o valor da disputa) e subjetivos (a probabilidade de êxito), ponderando-se o interesse de revelar ao mercado e o de manter a confidencialidade. Dessa forma, são apontados alguns dados que não violariam a obrigação de confidencialidade, como o nome das partes, o valor e a razão da disputa.[1051]

À luz do direito brasileiro, Judith Martins-Costa afirma que o sigilo da arbitragem não é admissível quando interesses públicos estão envolvidos, devendo vigorar então o princípio da transparência e da publicidade.[1052] O principal exemplo de aplicação da regra da publicidade está nas arbitragens que envolvem a administração pública, por força do art. 2º, § 3º, da Lei de Arbitragem.[1053]

As arbitragens envolvendo a administração pública – em razão das diferenças havidas em relação à arbitragem entre privados – se tornaram realidade após a edição da Lei 13.129/2015, concretizando a tendência doutrinária anterior de reconhecer a sua admissibilidade.[1054] A evolução da aceitação da existência de direitos disponíveis

---

[1048] Commonwealth of Australia *v.* Cockatoo Dockyard Pty Ltd., [1995] 36 N.S.W.L.R. 662 (CA). Em trecho da opinião prevalecente de Kirby J.: "For all this Court knows, it is both significant and curgent that the material should be made available, for the protection of public health and the restoration of the environment".

[1049] MISRA, Joyiyoti; JORDANS, Roman. Confidentiality in International Arbitration. *Journal of International Arbitration*, v. 23, 1, Kluwer Law International, p. 39-48, 2006, p. 46.

[1050] WEIXIA, Gu. Confidentiality Revisited: Blessing or Curse in International Commercial Arbitration? *The American Review of International Arbitration* v. 15, p. 1-29, 2005, p. 21-22.

[1051] WEIXIA, Gu. Confidentiality Revisited: Blessing or Curse in International Commercial Arbitration? *The American Review of International Arbitration*, v. 15, p. 1-29, 2005, p. 22.

[1052] MARTINS-COSTA, Judith. *Boa-Fé no Direito Privado*: critérios para sua aplicação. 2. ed. São Paulo: Saraiva, 2018, p. 368.

[1053] Lei de Arbitragem, art. 2º, § 3º: "A arbitragem que envolva a administração pública será sempre de direito e respeitará o princípio da publicidade". Acerca do princípio da publicidade envolvendo arbitragem e administração pública, ver: TIBURCIO, Carmen; PIRES, Thiago Magalhães. Arbitragem envolvendo a administração pública: notas sobre as alterações introduzidas pela Lei 13.129/2015. *Revista de Processo*, v. 254, p. 431-462.

[1054] ARAGÃO, Alexandre Santos de. A arbitragem no direito administrativo. *Revista de Arbitragem e Mediação*, v. 54, p. 25-63, jul./set. 2017; ROCHA, Caio César Vieira. Arbitragem e Administração Pública: uma nova disciplina normativa após a Lei 13.129/2015. *Revista de Arbitragem e Mediação*, v. 49, p. 103-126, abr./jun. 2016.

e arbitráveis que envolvam a administração pública foi paulatina.[1055] Um dos aspectos especialmente sensíveis é justamente a necessária publicidade em razão do interesse público envolvido.[1056]

7. Instrução probatória

Na convenção de arbitragem pode-se prever, desde o início, regras de produção probatória. É possível optar por algum modelo internacional, consubstanciado em *soft law*, como as Regras da IBA ou as Regras de Praga sobre produção de provas. Outros dispositivos que podem ser ajustados, por exemplo, são medidas a serem tomadas pelo tribunal para lidar com documentos confidenciais detidos por apenas uma das partes.

A fase de instrução probatória apresenta relevância central no procedimento, afinal, é por meio das provas que se demonstra, no âmbito do processo, a ocorrência dos fatos que justificam as incidências das normas jurídicas. Dentro do processo,[1057] a demonstração dos fatos alegados é o que permite que o julgador decida qual deve ser a narrativa vencedora.[1058] Assim, a prova constrói a ponte entre os fatos com o intérprete-julgador, o qual decidirá conforme a versão a que restar convencido.

No contexto da arbitragem, é possível ajustar regras limitadoras sobre a produção probatória, marcando datas para juntada de documentos, evitando a juntada "a conta-gotas", na qual uma das partes oculta provas visando obter benefício estratégico,

---

[1055] Para uma retrospectiva histórica, MARTINS, Pedro A. Batista. Arbitragem: prescrição e participação da administração pública. *Revista de Arbitragem e Mediação*, v. 50, p. 337-349, jul./set. 2016; ainda, CALMON, Eliana. A Arbitragem e o Poder Público. *Revista de Arbitragem e Mediação*, v. 24, p. 9-16, jan./mar. 2010, p. 9-11. Ainda, trazendo ponderações sobre a questão, TALAMINI, Eduardo. A (in)disponibilidade do interesse público: consequências processuais (composições em juízo, prerrogativas processuais, arbitragem, negócios processuais e ação monitória) – versão atualizada para o CPC/2015. *Revista de Processo*, v. 264, p. 83-107: "Já em outros casos, embora o bem jurídico seja indisponível, outros valores constitucionais podem justificar que, mediante lei, o Estado renuncie a determinadas decorrências ou derivações do bem indisponível. Assim, a potestade tributária é indisponível, mas é possível lei autorizando a remissão, a anistia, do crédito fiscal". Para algumas das peculiaridades envolvidas, vide: MASTROBUONO, Cristina Margarete Wagner; JUNQUEIRA, André Rodrigues. A escolha da câmara de arbitragem pela administração pública. *Revista de Arbitragem e Mediação*, v. 48, p. 115-130, jan./mar. 2016, DRT n. 2016/4602; FRANZONI, Diego; DAVIDOFF, Fernanda. A interpretação da disponibilidade com vistas à arbitragem envolvendo o poder público. *Revista de Arbitragem e Mediação*, v. 41, p. 243-264, abr./jun. 2014.

[1056] QUINTÃO, Luísa. Breves Notas sobre Arbitragem e Administração Pública no Brasil. *Revista de Arbitragem e Mediação*, v. 59, p. 121-146, out./dez. 2018.

[1057] GOMES, Milton Carvalho. O direito entre fatos e normas: o distanciamento entre a verdade dos fatos e a verdade construída no processo judicial brasileiro. *Revista de Informação Legislativa*, ano 49, n. 195, p. 231-244, jul./set. 2012, p. 242-243.

[1058] TARUFFO, Michele. Verdade negociada? Trad. Pedro Gomes de Queiroz. *Revista Eletrônica de Direito Processual-REDP*, ano 8, v. XIII, p. 634-657, jan./jun. 2014.

protocolando documentos quando julgar conveniente.[1059] A tabela *Redfern* (ou *Redfern Schedule*) foi concebida como uma forma de limitar a produção documental aos elementos críticos para o caso, evitando os custos e atrasos relacionados à *discovery* em jurisdições de *common law*.[1060]

O STJ, em caso relatado pelo Min. Marco Aurélio Bellizze, já reconheceu a ampla liberdade de definir as provas em arbitragem: "especificamente em relação à fase instrutória e às provas a serem produzidas no procedimento arbitral, registre-se não haver nenhuma determinação legal para que seja observado o estatuto de processo civil, ainda que, porventura, se esteja diante de uma lacuna, uma situação não preestabelecida pelas partes ou pelo regulamento disciplinador da arbitragem (...) o procedimento arbitral é, pois, regido, nessa ordem, pelas convenções estabelecidas entre as partes litigantes – o que se dá tanto por ocasião do compromisso arbitral ou da assinatura do termo de arbitragem, como no curso do processo arbitral –, pelo regulamento do Tribunal arbitral eleito e pelas determinações exaradas pelo árbitro".[1061]

§ 25. REGRAS SOBRE A SENTENÇA

1. Prazo para a prolação da sentença

Como regra geral, os regulamentos das instituições arbitrais já preveem prazos para a prolação da sentença arbitral. Independentemente disso, é comum que se estabeleça prazo diverso, no momento de celebração da ata de missão, mediante acordo entre as partes e os árbitros. Outra possibilidade, menos usual, é prever o prazo na própria convenção de arbitragem.

1059 "Pode-se fixar como marco temporal definitivo para a juntada de documentos a apresentação das principais alegações escritas, ou seja, até a réplica, ou tréplica, sempre com a garantia do contraditório. Posteriormente, há de se tolerar nova juntada de documentos, desde que ocorra a devida fundamentação, e desde que se cuide de fatos novos e documentos novos, ou de fatos antigos, mas cuja respectiva documentação só tenha vindo ao conhecimento ou à possibilidade de acesso pela parte em momento posterior. Quanto a este aspecto, é importante fazer algumas ponderações. A valoração pelo Tribunal Arbitral da justificativa para a apresentação posterior de documentos deve levar em consideração a complexidade do procedimento arbitral em questão. Tome-se o exemplo de arbitragens de infraestrutura, em que ao longo da fase de execução do contrato são produzidos milhares de documentos, como diários de obra, projetos executivos, relatórios de progresso, atas de reunião diárias, semanais e mensais, entre outros, inclusive por outros prestadores de serviço que não necessariamente integrem os polos da demanda arbitral, como projetista e fornecedores eletromecânicos. Mais ainda; ao longo da construção de empreendimentos de grande porte são trocados milhares de e-mails" (MENKE, Fabiano. Termo de Arbitragem: conteúdo e estabilidade do procedimento arbitral na formulação dos pedidos. In: AZEVEDO, André Jobim de. (org.). *II Dia Gaúcho da Arbitragem*, v. I. Porto Alegre: Lex Magister, 2017, p. 66).

1060 HARRIS, Peter; LUTTRELL, Sam. Reinventing the Redfern. *Journal of International Arbitration*, v. 33, n. 4, p. 353-364, 2016.

1061 STJ, REsp 1.903.359/RJ. 3ª Turma. Rel. Min. Marco Aurélio Bellizze. j. 11.05.2021.

Prever o prazo para prolação da sentença arbitral na convenção de arbitragem não é decisão isenta de riscos. No momento de celebração da convenção, sobretudo na modalidade de cláusula compromissória, não se tem uma noção exata do que será discutido no litígio e do volume de manifestações, documentos e diligências necessários ao perfeito desenvolvimento do procedimento arbitral.

Assim, caso seja esse o interesse, as partes devem tomar cuidado para não impor prazo demasiadamente exíguo aos árbitros. Um prazo excessivamente limitado poderá comprometer os trabalhos e a própria qualidade da decisão final proferida. A questão é tão relevante que Doak Bishop elenca, como exemplo de convenção arbitral patológica, aquela que prevê prazos desarrazoadamente curtos para a prática de atos pelos árbitros.[1062]

Não se nega, contudo, que esse possa ser mesmo o interesse das partes, sobretudo no caso de procedimentos arbitrais expeditos, quando a natureza do litígio demanda uma solução célere – muitas vezes, até mesmo sob pena de perecimento do direito ou inutilidade do próprio julgamento. A título de exemplo, pode-se mencionar o Formula One Case (caso 10211 da CCI), entre uma equipe de Fórmula 1 e a Formula One Association, no qual se tratou a respeito da pintura dos veículos das equipes. A fim de possibilitar a rápida solução do litígio, a tempo de que os carros fossem pintados e transportados para a Austrália, local do campeonato, a sentença arbitral foi proferida no prazo de um mês, contado a partir da constituição do tribunal arbitral.[1063]

De todo modo, mesmo no caso de arbitragens expeditas, a imposição de prazo deve ser estabelecida com cautela. O prazo estabelecido não pode tornar a prolação da sentença inviável aos árbitros, sob pena de estabelecer para a parte derrotada a prerrogativa de questionar a validade da sentença ou da convenção de arbitragem.[1064] Assim, é necessário que a convenção de arbitragem seja redigida de modo a conceder aos árbitros o mínimo de discricionariedade, para que possam contornar esses riscos.[1065]

1062 "Pathological arbitration clauses might be defined as those drafted in such a way that they may lead to disputes over the interpretation of the arbitration agreement, may result in the failure of the arbitral clause or may result in the unenforceability of an award. Examples of such problems include (...) providing unreasonably short deadlines for action by the arbitrators" (BISHOP, Doak R. A Practical Guide for Drafting International Arbitration Clauses, *Int'l Energy L. & Tax'n Rev*, v. 16, p. 1-81, 2000, p. 18-19).

1063 O caso é detalhado em: REDFERN, Alan; HUNTER, Martin; BLACKABY, Nigel; PARTASIDES, Constantine. *Redfern and Hunter on International Arbitration*. Oxford: Oxford University Press, 2015, p. 155-157.

1064 "Although fast-track arbitrations can be effective, there is a risk of imposing unworkable or unrealistic constraints on the arbitral tribunal and counsel. Additionally, if the contractual deadlines are not complied with, the validity of the tribunal's award, and the agreement to arbitrate, may be challenged" (BORN, Gary B. *International Arbitration and Forum Selection Agreements*: drafting and enforcing. 6. ed. Alphen aan den Rijn: Kluwer Law International, 2021, p. 108).

1065 "'An alternative formulation, leaving the arbitrators greater discretion to exceed the parties' agreed time limit is as follows: 'The final award in any arbitration under this Article [X] shall be made by the arbitral tribunal within [180] day from the appointment of the [sole arbitrator]

Além disso, deve-se atentar para o termo inicial de contagem do prazo. Prever que o prazo contar-se-á do requerimento de arbitragem, da constituição do tribunal arbitral ou algum outro estágio inicial do procedimento poderá prejudicar a própria apresentação do caso pelas partes, pois forçará as partes e o tribunal a efetuarem uma contagem regressiva para a prática de todos os atos do procedimento. O cenário ideal, nesse caso, parece ser, via de regra, o de definir o prazo para prolação da sentença arbitral a contar do encerramento da instrução do caso, ou da apresentação de memoriais.

Nesse sentido, Doak Bishop comenta que, no caso Belgian Enterprise v. Iranian Factory, as partes previram o prazo de três meses, contados da data de celebração do compromisso arbitral, para prolação da sentença arbitral. Diante da recusa de uma das partes em estender o referido prazo posteriormente, os árbitros declararam que o seu mandato havia expirado.[1066] Esse risco também é comentado por Lawrence Craig, William Park e Jan Paulsson.[1067]

Sobretudo nas disputas sujeitas à Lei de Arbitragem do Brasil, o cuidado mostra-se especial em razão de que é causa de nulidade da sentença arbitral o fato de o ato de extinção da arbitragem ser proferido fora do prazo previsto (art. 32, VII).

2. Comentários à minuta da sentença arbitral

Outra disposição que tem sido utilizada, em substituição ou complementação aos embargos de declaração – *motion for clarification* –, é a previsão de que os árbitros deverão providenciar o envio às partes da minuta da sentença para comentários prévios, de modo que o painel possa avaliar as críticas das partes e produzir a melhor decisão possível, a partir delas.

A vantagem de tal sistema em relação ao pedido de esclarecimento é evidente. Estando a sentença ainda sem assinatura, os árbitros sentem-se mais confortáveis para fazer ajustes no documento, e este, tendo passado pelo crivo crítico das partes, tem maior probabilidade de melhor resolver o conflito.

[presiding arbitrator], unless the arbitral tribunal concludes that the interest of justice requires that such limit be extended [by an additional period not to exceed [45] days]'" (BORN, Gary B. *International Arbitration and Forum Selection Agreements*: drafting and enforcing. 6. ed. Alphen aan den Rijn: Kluwer Law International, 2021, p. 108).

1066 *In verbis*: "In one case, a time period of three months was specified for the arbitrators to issue an award from the date of the arbitration agreement, which period could be extended four times, but one party refused to extend the period, and the arbitrators ruled their mandate had expired. Belgian Enterprise v. Iranian Factory, 7 Y.B. Com. Arb. 119, 120-21, 124 (1983)" (BISHOP, Doak R. A Practical Guide for Drafting International Arbitration Clauses, *Int'l Energy L. & Tax'n Rev*, v. 16, p. 1-81, 2000, p. 19).

1067 "An overly strict time limit may have the unavoidable result that the arbitral tribunal's mandate expires before it is practically possible to conduct an international arbitration" (CRAIG, Lawrence; PARK, William; PAULSSON, Jan. *International Chamber of Commerce Arbitration*. 2. ed. Nova Iorque: Oceana Publications, 1990).

Os árbitros, aplicando tal técnica, necessitam ter especiais cuidados se participarem do conflito companhias abertas. Especialmente se o conflito for materialmente relevante, capaz de impactar o preço das ações de qualquer das empresas envolvidas na arbitragem.

Sendo do interesse das partes prever tal possibilidade, podem incluir na convenção de arbitragem que o árbitro deverá submeter às partes a minuta da sentença arbitral, a fim de que elas, dentro de um determinado prazo, possam comentar sobre erros de fato, de direito ou outros. Devem ainda estipular o prazo que os árbitros terão para consolidar e assinar a sentença arbitral, após os comentários das partes. Nesse caso, é necessário repisar as considerações ora feitas, no sentido de que o prazo imposto ao tribunal arbitral para prolação da sentença arbitral não pode ser nem tão longo, nem, tampouco, demasiadamente exíguo.[1068]

3. Distribuição das custas e pagamentos de honorários

É natural que as custas, os honorários dos árbitros e outras despesas necessárias à instalação e ao desenvolvimento da arbitragem sejam igualmente suportados pelas partes. Contudo, é recomendável que as partes estabeleçam um regramento adequado no contrato quanto ao sistema de custas e honorários a serem outorgados aos advogados da parte vencedora e pagos pela parte sucumbente, uma vez que a legislação aplicável à arbitragem nem sempre é clara a esse respeito.[1069]

É comum a existência de dúvidas sobre questões como honorários de sucumbência, restituição de gastos e investimentos incorridos com a arbitragem, entre outros custos. São exemplos de despesas que podem estar englobadas na previsão contida na convenção de arbitragem: (i) os honorários de árbitros; (ii) as despesas dos árbitros; (iii) as taxas devidas pela administração do procedimento; (iv) os honorários de *experts* nomeados pelo tribunal arbitral; (v) as despesas de *experts* nomeados pelo tribunal arbitral; e (vi) os honorários pagos pela parte (por exemplo, honorários de advogado).[1070]

1068 "In some situations, the parties may wish to have the right to comment on, and correct any errors in, the arbitrators' award before it becomes final. If this is desired, the parties may provide that the arbitrators will ubmit to the parties an unsigned draft of their award and give the parties a specified time period (*e.g.*, ten days) to provide written comments on any alleged errors of fact, law, computation, or otherwise. Thereafter, the arbitrators will render their signed award, perhaps again within a specified time period. If a time period is specified as a deadline, it should be sufficient to allow the arbitrators to consider the comments and make any necessary changes to the award" (BISHOP, Doak R. A Practical Guide for Drafting International Arbitration Clauses, *Int'l Energy L. & Tax'n Rev*, v. 16, p. 1-81, 2000, p. 58).

1069 "If the parties desire the arbitrators to have the authority either to award, or not to award, costs and attorneys' fees, they may wish to grant or deny that power to the arbitrators explicitly. Generally, arbitral tribunals will enforce an arbitral clause authorizing an award of costs and attorneys' fees" (BISHOP, Doak R. A Practical Guide for Drafting International Arbitration Clauses, *Int'l Energy L. & Tax'n Rev*, v. 16, p. 1-81, 2000, p. 75).

1070 "It is often useful to provide how costs and attorneys' fees are to be apportioned. The rules of the major institutions authorize arbitrators to award costs against one of the parties or

O assunto guarda especial relevância na arbitragem internacional, pois há países que até mesmo proíbem os honorários de sucumbência, o que não é o caso do Brasil. À luz da maior parte das convenções de arbitragem e dos regulamentos de arbitragem, as partes são, inicialmente, encarregadas do pagamento de suas próprias despesas, mas responsáveis por compartilhar igualmente o pagamento das custas devidas à instituição arbitral e os honorários dos árbitros.[1071]

Normalmente, os regulamentos também preveem que as despesas compartilhadas estão sujeitas a posterior realocação pelo tribunal arbitral ou pela instituição arbitral, uma vez que a maior parte dos regulamentos de arbitragem e leis dos países permite essa distribuição do ônus de arcar com as despesas e custas, sobretudo em desfavor da parte perdedora na arbitragem.[1072]

Em todo caso, o ideal é que as partes assim prevejam expressamente na convenção de arbitragem, se desejam que a sentença arbitral possa dispor a esse respeito. A fim de evitar incertezas, é possível que as partes prevejam que a convenção de arbitragem prevalecerá sobre eventuais regras das instituições arbitrais adotadas.[1073] No entanto, é

---

to allocate the costs between the parties. The rules generally define the costs to include: (1) the arbitrators' fees, (2) the arbitrators' expenses, (3) administrative fees, (4) fees of experts appointed by the tribunal, (5) expenses of experts appointed by the tribunal; and (6) reasonable legal fees of a party" (BISHOP, Doak R. A Practical Guide for Drafting International Arbitration Clauses, *Int'l Energy L. & Tax'n Rev*, v. 16, p. 1-81, 2000, p. 74-75).

1071 "A material issue in many international commercial disputes is liability for the legal and related costs of resolving the dispute. Under most arbitration agreements and institutional arbitration rules, the parties are initially responsible for paying their own litigation expenses (*e.g.*, costs and expenses of counsel, producing evidence etc.). They are also responsible for sharing equally in payments of the arbitrators' and arbitral institution's fees and costs" (BORN, Gary B. *International Arbitration and Forum Selection Agreements*: drafting and enforcing. 6. ed. Alphen aan den Rijn: Kluwer Law International, 2021, p. 95).

1072 "In many international arbitrations, the parties' initial payments of legal costs are ordinarily subject to subsequent reallocation, by either the tribunal or the arbitral institution. Under most institutional rules and national laws, the fees of the tribunal and legal costs of the adverse party can be allocated by the tribunal and are in principle likely to be borne at least in part by the unsuccessful party. (See Uncitral Rules Article 40; ICC Rules Article 31; LCIA Rules Article 28). Under these rules, the prevailing party will generally be entitled to recover its reasonable legal expenses from its unsuccessful adversary. This is in contrast to the 'American Rule,' under which the parties usually bear their own costs and expenses" (BORN, Gary B. *International Arbitration and Forum Selection Agreements*: drafting and enforcing. 6. ed. Alphen aan den Rijn: Kluwer Law International, 2021, p. 95).

1073 "Where awards of arbitration expenses and costs of legal representation are strongly desired or opposed by a party, it should address this issue in the arbitration agreement. It can do so directly, by including a provision expressly dealing with the issue, which will ordinarily be interpreted as overriding inconsistent provisions in institutional arbitration rules; to avoid uncertainty, parties can expressly provide that their provision regarding legal costs prevails over the institutional rules they have adopted" (BORN, Gary B. *International Arbitration and Forum Selection Agreements*: drafting and enforcing. 6. ed. Alphen aan den Rijn: Kluwer Law International, 2021, p. 95).

necessário ter cuidado ao redigir essa parte da convenção de arbitragem, pois a disposição acordada poderá ter a sua eficácia questionada à luz da lei da sede.[1074]

No direito doméstico, Carlos Alberto Carmona afirma que a Lei de Arbitragem confere autonomia para as partes contratantes disporem a esse respeito, podendo tanto estabelecer a regra para divisão das despesas, quanto à possibilidade ou não de haver a condenação da parte vencida ao reembolso do que a parte vencedora despender.[1075] Se a convenção de arbitragem nada dispuser a esse respeito, o critério usualmente utilizado pelos árbitros costuma ser o de vincular a distribuição do ônus ao resultado do julgamento de mérito (*costs follow the event*).[1076] Outro critério comumente utilizado é o do comportamento das partes durante a arbitragem, de modo que eventual prática de ato por litigância de má-fé ou que tumultue o procedimento poderá levar os árbitros a "penalizar" a parte que os praticou no momento da distribuição das custas e despesas da arbitragem.[1077]

1074 "Care should be taken in drafting provisions dealing with legal costs, because they may raise questions of enforceability under the laws of the arbitral seat" (BORN, Gary B. *International Arbitration and Forum Selection Agreements*: drafting and enforcing. 6. ed. Alphen aan den Rijn: Kluwer Law International, 2021, p. 95).

1075 "A Lei de Arbitragem, que repetiu a regra anterior – mas com melhor técnica, evitando qualquer remissão às regras da sucumbência e tratando da questão como cláusula facultativa do compromisso – continua a permitir ampla margem de autonomia para os contratantes, que podem querer desde logo dividir as despesas relativas à arbitragem, independentemente do resultado do litígio. Pode mesmo ocorrer que uma das partes concorde em submeter a disputa ao juízo dos árbitros exatamente por conta de uma divisão mais equitativa de gastos e despesas (nada impede convencionem os litigantes corra por conta de cada um deles as despesas com as diligências que requererem, sem direito do vencedor a qualquer reembolso)" (CARMONA, Carlos Alberto. *Arbitragem e Processo*: um comentário à Lei nº 9.307/96. 3. ed. São Paulo: Atlas, 2009, p. 213).

1076 "Nesse contexto de flexibilidade e liberdade, qual deve ser, então, o critério adotado pelos árbitros no rateio das custas e despesas se a convenção de arbitragem nada dispuser a respeito? Não existe uma resposta única, nem um modelo que pudesse ser universalmente adotado. As práticas costumam variar muito ao redor do mundo. Existe, todavia, um princípio básico que costuma ser aceito com relativa frequência: as custas e despesas processuais tendem a seguir o resultado do julgamento do mérito (na *common law*, costuma-se dizer, em inglês, que *costs follow the event*, isto é, os custos acompanham o desfecho do caso). Assim, a parte sucumbente tende a ser condenada a pagar as custas e despesas à parte vitoriosa, reembolsando esta. (...) No Brasil, na prática, havendo sucumbência recíproca (em qualquer proporção), é comum que o árbitro rateie as custas e despesas na proporção de 50% para cada parte. Havendo alocação em proporções distintas, é esperado que o árbitro fundamente, na sentença, as razões que o levaram a tal distinção". (LEVY, Daniel; PEREIRA, Guilherme Setoguti Julio. *Curso de Arbitragem*. São Paulo: Thomson Reuters Brasil, 2018, p. 155).

1077 Essa prática também é comentada por Daniel Levy e Guilherme Setoguti Julio Pereira: "Outro critério que pode ser adotado pelo árbitro no rateio das custas e despesas diz respeito ao comportamento das partes e de seus representantes no curso do processo arbitral. Medidas com propósito meramente protelatório, tentativas de induzir o árbitro em erro por alterar os fatos ou as alegações constantes do processo, tumulto do processo arbitral com excesso de manifestações desnecessárias, contrariando o calendário processual, desrespeito às ordens

1. Previsões sobre honorários de sucumbência

Uma controvérsia na arbitragem doméstica reside na problemática de que, se ausente previsão expressa na convenção de arbitragem, podem os árbitros utilizar os parâmetros previstos no Código de Processo Civil para condenação em verbas sucumbenciais. A doutrina posiciona-se de forma díspar a esse respeito.

A favor dessa possibilidade, Carlos Alberto Carmona afirma que, "se nada tiver sido estipulado sobre a incidência de honorários advocatícios, deve-se entender que o árbitro está autorizado a utilizar os parâmetros estabelecidos pelo Código de Processo Civil (art. 20)".[1078] Em outro texto, afirma o autor que "muitos – como eu – entendem que mesmo sem que haja pedido expresso (ou menção expressa na convenção de arbitragem ou no termo de arbitragem) acerca da fixação de verbas advocatícias decorrentes da sucumbência, o tribunal arbitral deverá fixá-las. Em outras palavras, em minha visão, se as partes não excluírem a incidência de verba honorária de sucumbência, os árbitros a fixarão em sua decisão".[1079]

A mesma posição é sustentada por Ricardo Aprigliano e Flávio Yarshell, para quem, nas arbitragens que sejam regidas pelo direito brasileiro, "tanto os honorários contratuais como os honorários de sucumbência poderão ser objeto de pedido formulado pelas partes. A sua disciplina legal decorre do ordenamento jurídico brasileiro, não sendo contemplada nem excluída pela Lei de Arbitragem Brasileira".[1080]

Contra tal possibilidade no caso de inexistência de previsão na convenção de arbitragem, está Felipe Sperandio, para quem "não há espaço para sucumbência em arbitragem, uma vez que o CPC só se aplica ao processo arbitral quando existir expressa referência na Lei de Arbitragem".[1081] A mesma posição é seguida por Carlos Elias, para quem "os honorários advocatícios de sucumbência não são inerentes à arbitragem. Ao contrário, eles somente podem ser introduzidos no método mediante negócio jurídico (em geral, "espelhado"), celebrado entre as partes em qualquer momento antes da prola-

---

processuais e determinações do árbitro, excesso de agressividade, falta de respeito entre as partes, seus representantes e testemunhas, enfim, as chamadas "táticas de guerrilha" em geral, são alguns exemplos de condutas das partes e de seus representantes que, dependendo do perfil do árbitro, podem ser levadas em consideração para uma alocação distinta das custas e despesas da arbitragem". (LEVY, Daniel; PEREIRA, Guilherme Setoguti Julio. *Curso de Arbitragem*. São Paulo: Thomson Reuters Brasil, 2018, p. 155).

1078 CARMONA, Carlos Alberto. *Arbitragem e Processo:* um comentário à Lei nº 9.307/96. 3. ed. São Paulo: Atlas, 2009, p. 214.

1079 CARMONA, Carlos Alberto. Arbitragem e administração pública: primeiras reflexões sobre a arbitragem envolvendo a administração pública. *Revista Brasileira de Arbitragem*, v. 13, n. 51, p. 7-21, 2016, p. 16.

1080 APRIGLIANO, Ricardo de Carvalho; YARSHELL, Flávio Luiz. Honorários de sucumbência e honorários contratuais em arbitragem. In: MACHADO FILHO, José Augusto Bitencourt et al. (org.). *Arbitragem e processo*: homenagem ao prof. Carlos Alberto Carmona. São Paulo: Quartier Latin, 2022, p. 480.

1081 SPERANDIO, Felipe Vollbrecht. Convenção de Arbitragem. In: LEVY, Daniel; PEREIRA, Guilherme Setoguti J. (coord.). *Curso de Arbitragem*. São Paulo: Thomson Reuters Brasil, 2018, p. 68.

ção da sentença (observando-se, porém, a estabilização dos pedidos) e que não depende, para a sua perfeição, da participação do advogado".[1082] Outro autor que adota essa posição é José Roberto Castro Neves, para quem o tribunal arbitral, "sem estar autorizado expressamente para tanto, estabeleça a sucumbência, estará agindo de forma ilegal".[1083]

Posição semelhante é adotada por Guilherme Setoguti, para quem "se a convenção arbitral não previr o reembolso de honorários advocatícios da parte vencida, e essa previsão tampouco for pactuada pelas partes no curso da arbitragem ou prevista no regulamento do órgão arbitral, os árbitros não poderão, em princípio, determinar tal reembolso".[1084]

Rafael Francisco Alves sustenta posição intermediária, no sentido de que o árbitro estará livre para escolher, à luz do caso concreto, se cabe ou não a fixação de honorários de sucumbência, entendendo que "se nada dispuser a convenção de arbitragem a respeito, nada impede que o árbitro, atendendo a pedido das partes, determine o pagamento de verbas sucumbenciais, além do reembolso dos honorários advocatícios".[1085]

[1082] ELIAS, Carlos Eduardo Stefen. Honorários advocatícios de sucumbência na arbitragem regida pela lei brasileira. *Revista de Arbitragem e Mediação*, v. 68, p. 81-114, jan./mar. 2021, p. 14.

[1083] "Como a lei não menciona a sucumbência, diante do silêncio das partes o Tribunal Arbitral não está autorizado a distribuir esse ônus para qualquer delas (pode, como antes se registrou, tratar dos honorários do advogado, que deve corresponder ao ressarcimento do que se pagou, tanto assim que destinado à parte e não ao seu patrono). Caso o Tribunal Arbitral, sem estar autorizado expressamente para tanto, estabeleça a sucumbência, estará agindo de forma ilegal. Como se viu, o art. 27 da Lei de Arbitragem fala apenas de custas e despesas: não de sucumbência. A ideia primordial, portanto, é o ressarcimento. Na medida em que a sucumbência tem um caráter de pena, diante do silêncio das partes, ela está, a princípio, afastada, sob pena de violar a regra aplicável. Ademais, não se pode interpretar extensivamente norma que impõe uma sanção" (CASTRO NEVES, José Roberto de. Custas, despesas e sucumbência na arbitragem. *Revista de Arbitragem e Mediação*, v. 43, p. 209-216, out./dez. 2014).

[1084] Continua o autor: "Mas imagine-se a situação em que a convenção arbitral prevê essa possibilidade, mas não fixe os critérios pelos quais deve ser fixada a verba de sucumbência (como no mais das vezes ocorre). Nessa situação, os árbitros poderão (ou, melhor, deverão, se houver pedido nesse sentido) condenar o vencido ao pagamento de honorários sucumbenciais, e, se não houver critérios para a fixação da verba no regulamento do órgão arbitral, poderão perfeitamente valer-se da *ratio* que está à base do art. 85, § 2º, do CPC: (i) grau de zelo do profissional, (ii) lugar de prestação do serviço, (iii) natureza e importância da causa e (iv) trabalho realizado pelo advogado e tempo exigido para o seu serviço. Os árbitros não estarão vinculados, em absoluto, a tais regras do CPC, de modo que poderão valer-se inclusive de outros critérios e desprezar os do Código. Mas, se quiserem, poderão, livremente, valer-se da *ratio* que está à base do art. 85 do CPC" (PEREIRA, Guilherme Setoguti. Procedimento I. In: LEVY, Daniel; PEREIRA, Guilherme Setoguti J. (coord.). *Curso de Arbitragem*. São Paulo: Thomson Reuters Brasil, 2018, p. 174-175).

[1085] "Em relação à sucumbência, está claro que as regras específicas do CPC não são automaticamente aplicáveis à arbitragem. Tudo depende do que as partes convencionarem e pedirem a esse respeito, bem como do entendimento dos próprios árbitros, dentro do seu livre convencimento. Ainda que ambas as partes requeiram o pagamento de verbas sucumbenciais, o árbitro pode rejeitar tais pedidos e determinar apenas o reembolso dos honorários advocatícios. Por outro lado, se nada dispuser a convenção de arbitragem a respeito, nada impede que o árbitro, atendendo a pedido das partes, determine o pagamento de verbas

Essa situação foi abordada pelo TJSP, em caso relatado pelo Desembargador Edgard Rosa, no qual o Tribunal, ao arbitrar os honorários e a sucumbência, decidiu, ao analisar o caso concreto, que "não há que se falar em nulidade da sentença arbitral, que está bem fundamentada no que toca ao arbitramento dos honorários advocatícios aqui executados, e em consonância com o Termo de Arbitragem, instrumento processual ordenador do procedimento arbitral, em que, na espécie, as partes fixaram o critério a ser utilizado pelos árbitros para a fixação da verba de sucumbência".[1086]

Peter Sester, por sua vez, bem resume a controvérsia, sugerindo que a questão seja devidamente tratada na convenção de arbitragem:

> A resposta à questão sobre se há ou não honorários sucumbenciais na arbitragem ainda não é pacificada. Alguns autores preferem uma solução "opt-out"', significando que, na falta de expressa exclusão desse tipo de honorários na convenção ou no termo de arbitragem, o tribunal deverá condenar a parte vencida a pagá-los. Outros autores defendem uma solução "opt-in", de acordo com a qual o mandato do tribunal arbitral para condenar o vencido a pagar honorários sucumbenciais depende de expressa autorização na convenção ou no termo de arbitragem. (...) A fim de evitar incertezas e longas discussões durante a negociação do termo, especialmente se existe algum elemento internacional na arbitragem, é recomendável que as partes excluam de forma expressa os honorários sucumbenciais o mais cedo possível, idealmente já na cláusula compromissória.[1087]

Esse aspecto também justifica o cuidado no momento de redigir a convenção de arbitragem, a fim de expressamente permitir ou proibir, conforme o interesse das partes, a possibilidade de pactuação de honorários de sucumbência.

5. Possibilidade de previsão de recurso à sentença

A definitividade da sentença arbitral é reconhecida como uma das principais vantagens da arbitragem em face do sistema em vigor para reger os casos submetidos

---

sucumbenciais, além do reembolso dos honorários advocatícios. A diferença é relevante: no caso das verbas sucumbenciais, o árbitro condenará a parte sucumbente a pagar diretamente ao advogado da parte vitoriosa, ao passo que, no caso do reembolso dos honorários advocatícios, o árbitro condenará a parte sucumbente a pagar à parte vencedora, pois foi esta que teve o efetivo desembolso, devendo, assim, ser indenizada. Ao determinar o pagamento de verbas sucumbenciais, o árbitro não está vinculado aos mesmos parâmetros e critérios estabelecidos no CPC, podendo adotá-los ou não, dentro do seu livre convencimento. Contudo, recomenda-se parcimônia aos árbitros nessa análise relativa às verbas sucumbenciais, destacando-se, novamente, o critério da razoabilidade como importante balizador" (ALVES, Rafael Francisco. Sentença Arbitral. In: LEVY, Daniel; PEREIRA, Guilherme Setoguti J. (coord.). *Curso de Arbitragem*. São Paulo: Thomson Reuters Brasil, 2018, p. 274).

1086 TJSP, Apelação 0111938-74.2012.8.26.0100, 11ª Câmara Extraordinária de Direito Privado, Des. Edgard Rosa, j. 20.08.2014.

1087 SESTER, Peter Christian. *Comentários à Lei de Arbitragem e à legislação extravagante*. São Paulo: Quartier Latin, 2020, p. 195.

ao crivo do Poder Judiciário.[1088] No entanto, dentro da amplitude de negociação que as partes têm ao contratar o procedimento de arbitragem, é possível prever a possibilidade de a parte sucumbente interpor recurso contra a decisão do árbitro único ou do painel arbitral. Isso é possível, mas não usual.

As regras de várias instituições que administram arbitragens no plano nacional ou internacional costumam prever uma norma através da qual a adesão das partes ao procedimento institucional significa, *ipso facto*, uma espécie de renúncia a tal possibilidade.[1089] No Brasil, a legislação em vigor, ao reconhecer a sentença arbitral como título executivo judicial, implicitamente afirma que a existência de uma fase recursal não é da natureza da arbitragem, razão pela qual é necessário ter previsão expressa nesse sentido, se as partes assim desejarem.[1090]

1088 Assim comenta Peter Sester: "Em consonância com as leis de arbitragem de outros países que também têm o objetivo de facilitar a arbitragem comercial, a Lei de Arbitragem brasileira exclui a necessidade de homologação da sentença doméstica bem como a possibilidade de interposição de recursos contra a sentença arbitral, as quais oportunizaram a revisão do mérito da sentença arbitral. (...) Dessa maneira, a Lei realiza o ideal da arbitragem comercial de ser um mecanismo de resolução de disputas com "uma parada só" ('one-stop dispute resolution mechanism') – isto é, um mecanismo que encerra a análise do mérito na sentença arbitral. Essa característica é uma das mais importantes vantagens da arbitragem frente ao Judiciário brasileiro, o qual permite inúmeros tipos de recursos, muitas vezes incompreensíveis para partes estrangeiras" (SESTER, Peter Christian. *Comentários à Lei de Arbitragem e à legislação extravagante*. São Paulo: Quartier Latin, 2020, p. 232). Do mesmo modo, Guilherme Setoguti Julio Pereira e Daniel Levy: "Um dos mais básicos princípios da arbitragem é a definitividade da sentença arbitral. Salvo raras exceções, sentenças arbitrais não podem ser submetidas a recursos ou impugnações judiciais fundamentadas em erros dos árbitros na aplicação do direito. Não há hierarquia entre tribunais arbitrais e cortes judiciais, tampouco pertencem os árbitros a qualquer sistema judiciário". (LEVY, Daniel; PEREIRA, Guilherme Setoguti Julio. *Curso de Arbitragem*. São Paulo: Thomson Reuters Brasil, 2018, p. 163).

1089 A esse respeito, Doak Bishop menciona exemplos de algumas regras de arbitragem e legislações de países: "This topic is related to the issue of the final and binding nature of an award, which is discussed above. The provisions of the ICC and LCIA Rules deeming a waiver of any form of recourse against an award, and an arbitration clause provision waiving the right to appeal the award, constitute an 'exclusion agreement,' which excludes review of an arbitral award on the merits by a national court. In England, the incorporation of an institution's arbitral rules, which provide for the waiver of recourse from an arbitral award, is sufficient to prevent judicial review of the award, while in other countries such as Switzerland an exclusion agreement must be express. The reason for this difference may be found in the fact that English courts have broad powers to review an arbitral award for errors of English law, when that law is applicable, while in Switzerland and other countries, review of an award is limited to the few defenses provided in the New York Convention. Thus, the scope of the review conducted in Switzerland is much more limited than that available in England" (BISHOP, Doak R. A Practical Guide for Drafting International Arbitration Clauses, *Int'l Energy L. & Tax'n Rev*, v. 16, p. 1-81, 2000, p. 43-44).

1090 Nesse sentido, a American Arbitration Association possui um regulamento específico para a realização de arbitragens com a possibilidade de uma fase recursal, destinada ao exame de compatibilidade entre a sentença por um "appellate arbitral panel that would apply a

Deve-se ter em conta que a contratação da recorribilidade da sentença arbitral implicaria aumento de custos, elevação da duração do tempo do procedimento e, consequentemente, uma eventual menor eficiência da solução arbitral. Em todo caso, dependendo de como as partes estruturarem o mecanismo de solução de disputas, o estabelecimento de um mecanismo revisional pode ser interessante. Duas hipóteses que justificam a criação de uma "fase recursal" são (i) casos em *dispute adjudication board* - cujas decisões são marcadas pela definitividade, abrindo margem de revisão em sede arbitral e (ii) procedimentos de "*fast track arbitration*", cuja cognição arbitral é substancialmente reduzida. Nesses casos, pelas peculiaridades desses métodos de solução de conflitos, o procedimento arbitral tradicional age como verdadeiro mecanismo recursal.

6. Elaboração de regras sobre ação anulatória ou homologação de sentença arbitral

Questão sensível na doutrina e jurisprudência internacional diz respeito à possibilidade de pactuação, na convenção de arbitragem, de regras especiais sobre a ação anulatória. Em jurisdições como a dos Estados Unidos, as cortes geralmente entendem que é possível eliminar qualquer tipo de análise sobre a sentença arbitral nos casos em que a convenção de arbitragem assim disponha de forma clara e expressa.[1091] Inversamente, em países como a França, as cortes entendem que as partes não podem dispor, na convenção de arbitragem, se haverá revisão, de fato e/ou de direito, sobre a sentença arbitral.[1092]

Gary Born comenta o tema, afirmando que, à luz da maior parte das legislações dos países, a revisão judicial da sentença arbitral limita-se a hipóteses muito restritas. Em

---

standard of review greater than that allowed by existing federal and state statutes" (AAA, Optional Appellate Arbitration Rules, Introdução).

1091 "In the United States, courts have held the parties may agree to eliminate all court review of arbitral awards, but the intention to do so must clearly appear. The Second Circuit has held that U.S. courts may review international awards under the limited defenses provided by the New York Convention despite a provision that an award shall be 'final and binding'. The Sixth Circuit has agreed, holding that U.S. courts may review awards under the New York Convention defenses despite a clause that both provided that disputes would be 'finally settled' by arbitration and adopted the ICC Rules with the language deeming a waiver of the right to appeal. Thus, the U.S. position appears to be that the inclusion of 'final and binding' language and the adoption of arbitral rules deeming a waiver of the right to appeal are not sufficient to preclude court review of an award under the limited, but fundamental, defenses provided by the New York Convention. To waive the right to review under these defenses, the arbitral clause must clearly and expressly provide for such a waiver" (BISHOP, Doak R. A Practical Guide for Drafting International Arbitration Clauses, *Int'l Energy L. & Tax'n Rev*, v. 16, p. 1-81, 2000, p. 44).

1092 "A French court has gone even further and held not only that an arbitration clause cannot permit an appeal of an arbitrators' findings of fact and law under French law, but that an arbitration clause containing such a provision for increased judicial scrutiny was void and unenforceable" (BISHOP, Doak R. A Practical Guide for Drafting International Arbitration Clauses, *Int'l Energy L. & Tax'n Rev*, v. 16, p. 1-81, 2000, p. 45).

uma minoria de países, por sua vez, a revisão é possível, razão pela qual uma renúncia expressa a essa possibilidade, na convenção de arbitragem, pode ser importante.[1093] De todo modo, menciona a relevância de assegurar se uma previsão prevendo ou proibindo a revisão da sentença arbitral encontra guarida na legislação aplicável.[1094]

No Brasil, a legislação em vigor, inclusive de cunho constitucional, não parece admitir convenção que impeça a possibilidade de a parte propor, perante o Poder Judiciário, ação anulatória da sentença arbitral, tal como prevista na própria lei de arbitragem. Igualmente, não parece ser possível ampliar ou restringir as hipóteses legalmente previstas referentes à propositura de ação anulatória. As partes podem, somente, criar requisitos especiais de conformidade para o procedimento arbitral, pactuando-os expressamente na convenção de arbitragem, que – se descumpridos – poderão embasar a ação anulatória com base no art. 32, IV, da Lei de Arbitragem, o qual considera nula a sentença arbitral prolatada em desconformidade com a convenção de arbitragem.

Ademais, o que as partes podem fazer, à luz do direito brasileiro, é criar regras especiais sobre o procedimento da ação anulatória, considerando a cláusula geral de negociabilidade procedimental inserida no art. 190 do Código de Processo Civil. Assim, as partes poderiam, de antemão, delimitar o escopo de produção probatória em sede de ação anulatória, modificar prazos, criar hipóteses expressas de renúncias tácitas, ajustar o ônus da prova, entre outros.

Outra previsão possível de ser feita por meio de negócio jurídico processual referente à ação anulatória é a distribuição diferenciada de custos, ou algum tipo de ônus ou cláusula penal, para o caso de julgamento de improcedência da ação. Trata-se

---

1093 "Many nations' arbitration statutes provide for very limited judicial review of international arbitral awards in annulment actions. This is generally true under the laws of leading arbitral seats, including England, Switzerland, France, the United States, Sweden, the Netherlands, Belgium, Singapore, and Hong Kong. In many of these countries, judicial review is ordinarily limited to questions of public policy, jurisdiction of the arbitrators, existence of a valid arbitration agreement, and the procedural regularity of the arbitration. In most cases, judicial review of arbitral awards is limited by operation of law, without need for an express limitation of judicial review in the parties' arbitration agreement. In other states, such as England, applicable law continues (unless contractually excluded) to provide for a measure of judicial review of the merits of the arbitrators' decision in annulment actions, making a contractual limitation of review important" (BORN, Gary B. *International Arbitration and Forum Selection Agreements*: drafting and enforcing. 6. ed. Alphen aan den Rijn: Kluwer Law International, 2021, p. 114).

1094 "Alternatively, or additionally, parties can include provisions in their arbitration agreement limiting or excluding judicial review of the arbitrators' award. Care must be taken in drafting such clauses, to ensure that they are enforceable under local arbitration legislation in the arbitral seat; in some countries, only some forms of judicial review of international arbitral awards can be excluded. In other countries, such as Belgium, Switzerland, and Sweden, virtually all judicial review can be excluded, at least if only foreign parties are involved" (BORN, Gary B. *International Arbitration and Forum Selection Agreements*: drafting and enforcing. 6. ed. Alphen aan den Rijn: Kluwer Law International, 2021, p. 114).

de gravame que, se proporcional, não seria considerado inválido de pleno direito à luz das normas brasileiras. Nesse sentido, uma regra que poderia ser pactuada pelas partes é a de criar uma obrigatoriedade de depósito de caução prévio à propositura da ação anulatória, garantido a possibilidade futura de cumprimento de eventual condenação imposta pela sentença arbitral, o que impediria que a parte sucumbente na arbitragem utilize ação anulatória meramente como medida protelatória.

Um negócio jurídico processual que poderia ser pactuado excepcionalmente, no caso de ação anulatória de sentença arbitral, é o de renúncia ao recurso à ação anulatória. A renúncia a recurso é negócio jurídico atípico, de validade debatível no âmbito do processo civil. Contudo, em termos teleológicos, aparenta compatibilidade com a principiologia do procedimento arbitral – em que, pela própria natureza, a sentença não é passível de recurso. Assim, parece ser lícita a renúncia expressa na convenção de arbitragem ao recurso à sentença que julgar a ação anulatória em primeiro grau de jurisdição. Trata-se de medida que pode ser inserida com a devida cautela na convenção de arbitragem, considerando as nuances do caso concreto. Ressalta-se que esse negócio jurídico processual estará sujeito ao controle de validade, como qualquer outro.

Outra questão apontada pela doutrina é a possibilidade de pactuar a arbitrabilidade da ação anulatória. A Professora Paula Costa e Silva entende, em artigo pioneiro, que seria possível, em terras portuguesas, submeter a outro tribunal arbitral o controle sobre a sentença arbitral produzida. Trata-se, contudo, de hipótese incompatível com o direito brasileiro. A Lei de Arbitragem é clara ao dispor, no art. 33, que "a parte interessada poderá pleitear ao órgão do Poder Judiciário competente a declaração de nulidade da sentença arbitral, nos casos previstos nesta Lei". Esse dispositivo cria uma reserva de jurisdição ao Poder Judiciário brasileiro para se manifestar sobre a ação anulatória.

7. Regras sobre o reconhecimento de sentença arbitral

O espaço para as partes criarem regras próprias para o procedimento de reconhecimento de sentença arbitral estrangeira é exíguo. Trata-se de procedimento atinente à soberania dos Estados, razão pela qual o seu regramento é feito por normas de natureza cogente, não admitindo pactuação em sentido contrário. Assim, não é possível ampliar ou restringir o controle feito pelos países sobre o tema – que, em grande medida, é regulado internacionalmente pela Convenção de Nova York.

§ 26. REDAÇÃO DA CONVENÇÃO EM CONTEXTOS MULTIPARTE E MULTICONTRATO

1. Definição do escopo subjetivo da convenção de arbitragem

Ao lidar com contratos complexos, é comum encontrar situações onde mais de duas partes estão envolvidas, o que traz desafios específicos no que se refere à elaboração das cláusulas de resolução de litígios – em especial, a convenção de arbitragem. Ao ter

em mente essa questão, o problema típico a ser enfrentado é em relação à "extensão subjetiva da cláusula compromissória" ou "vinculação de terceiros não signatários".[1095]

Em relações contratuais sofisticadas, é comum haver sujeitos de direito que se encontram em graus heterogêneos de contato com a relação contratual. Ou seja, tangenciam o contrato, sem que sejam propriamente "parte".[1096] O critério relevante para determinar quem é "parte" é a identificação dos centros de interesses envolvidos, havendo tantas "partes" quanto interesses que circundam determinada relação jurídica.[1097] Assim, a qualidade de "parte" implica pertinência subjetiva em relação a determinado feixe de direitos, deveres, poderes, sujeições, ônus, ações e exceções derivados de um fato jurídico. A perspectiva da "relatividade" no direito das obrigações revela a extensão dos efeitos àqueles que são partes materiais de uma determinada relação jurídica. Exemplificativamente, no REsp 1.546.140, relatado pelo Min. Ricardo Villas Bôas Cueva, o Superior Tribunal de Justiça definiu que "o princípio da relatividade dos efeitos do contrato determina que as consequências jurídicas da relação contratual se restringem às partes que o concluíram".[1098]

Ao revés, são "terceiros" todos os sujeitos que não são parte, mas que podem estar interessados ou impactados pelos efeitos de determinada relação jurídica.[1099] Como aponta Otávio Luiz Rodrigues, "essa distância, essa polarização pode ser comparada às órbitas, com uma maior ou menor proximidade dos corpos celestes à estrela solar. Tal metáfora serve para ilustrar que o terceiro se encontra numa situação dinâmica em face do contrato, cingindo-se ou apartando-se daquele, conforme seu *status*, o que dá ensejo a que se altere sua qualificação em face de sua distância do vínculo".[1100]

Em certas relações jurídicas, há vastas e variadas posições jurídicas assumidas pelos sujeitos de direito. Por exemplo, a figura do interveniente anuente e do garantidor se enquadram, potencialmente, em zonas de penumbra no que tange à sua pertinência subjetiva a determinada relação jurídica. Cada uma dessas posições carrega obrigações e direitos específicos dentro do contrato, o que pode afetar significativamente a dinâmica do acordo e a maneira como as disputas são resolvidas.

O interveniente anuente se encontra em posição intermediária, já conhece e anui com certos termos e condições de um contrato. Contudo, em determinadas ocasiões e

---

1095 PIRES, Catarina Monteiro. Convenção de Arbitragem. In: PIRES, Catarina Monteiro; DIAS, Rui Pereira (coord.). *Manual de Arbitragem Internacional Lusófona*. Coimbra: Almedina, 2020, v. 1, p. 55.

1096 O tema da "Parte" da convenção de arbitragem foi analisado em: FICHTNER, José Antonio; TOLENTINO, Augusto; POLASTRI, Leonardo; SALTON, Rodrigo. *Convenção de Arbitragem*: parte geral. Rio de Janeiro: Forense, 2023, Capítulo 10, § 33 e s.

1097 ASCENSÃO, José Oliveira. *Teoria Geral do Direito Civil*: ações e factos jurídicos. 2. ed. Coimbra: Coimbra Editora, 2003, v. II, p. 33.

1098 STJ, REsp 1.546.140/PR. 3ª Turma. Rel. Min. Ricardo Villas Bôas Cueva. j. 08.03.2016.

1099 ROPPO, Enzo. *O Contrato*. Coimbra: Almedina, 2009, p. 82.

1100 RODRIGUES JR., Otávio Luiz Rodrigues. A Doutrina do Terceiro Cúmplice: autonomia da vontade, o princípio *res inter alios acta*, função social do contrato e a interferência alheia na execução dos negócios jurídicos. *Revista dos Tribunais*, v. 81, p. 80, mar. 2004.

a depender dos termos concretamente ajustados, os intervenientes assumem posições jurídicas em decorrência do contrato. Nesses casos, a condição de mera interveniência passa a ser questionável. Já o garantidor, ao assegurar o cumprimento de uma obrigação por uma das partes principais, coloca-se em posição de ser diretamente afetado em razão da relação contratual.

Outras situações que levantam potenciais questionamento dizem respeito aos casos nos quais o contrato é celebrado por pessoa jurídica interposta ou é executado por agente diverso dos signatários. Por exemplo, em negócios internacionais, é comum a utilização de sociedades-veículo (subsidiárias nacionais) para a realização de contratos. Essa sociedade-veículo é uma entidade legal interposta, utilizada para facilitar operações comerciais em um país específico. Muitas vezes, é a controladora internacional quem negocia o contrato, detendo o controle dessa sociedade-veículo, utilizando-a como mero agente de formalização do contrato. Quando a controladora não é signatária, suscitam-se debates sobre a vinculação da controladora à convenção de arbitragem incluída no contrato.

Outra situação problemática é quando o contrato é firmado por determinadas partes, mas sua execução envolve outras entidades (*e.g.*, empresas do mesmo grupo econômico ou subcontratados). Esses agentes, ao intervirem diretamente na consecução da economia contratual, também se colocam em zona de penumbra quanto a saber se estão efetivamente vinculados e sujeitos aos termos da convenção de arbitragem estabelecida no contrato principal, o qual estão a executar.

A falta de clareza pode levar a controvérsias sobre se essas entidades adicionais estão ou não sujeitas à arbitragem. Essas disputas podem gerar litígios adicionais, prolongando a resolução do conflito principal e aumentando os custos para todas as partes envolvidas. Dada essa complexidade multifacetada, é crucial que a convenção de arbitragem dentro de um contrato seja clara em relação ao seu escopo subjetivo. Por vezes, há uma tendência de se presumir que somente os signatários de um contrato que contenha convenção de arbitragem estarão sujeitos a dirimir eventuais controvérsias decorrentes, ou relacionadas, ao contrato, mediante a via arbitral,[1101] e que somente esses serão titulares de posições jurídicas decorrentes da convenção de arbitragem.[1102]

No entanto, a anuência à convenção de arbitragem não se resume nem à assinatura do contrato que a contenha nem às posições jurídicas materiais assumidas pelas partes. A vontade de arbitrar é distinta da vontade de contratar e de se vincular às obrigações contratuais. É possível que um agente econômico não seja parte do contrato (por não assumir posições jurídicas na relação material) mas seja parte da convenção de arbitragem (por ter manifestado anuência – expressa ou tática – em prol da arbitragem).

1101 MOSES, Margaret L. *The Principles and Practice of International Commercial Arbitration*. 2. ed. Nova Iorque: Cambridge University Press, 2012, p. 34.

1102 BORN, Gary. *International Commercial Arbitration*. 3. ed. Kluwer Law International, 2021, p. 1517.

Ademais, não se pode confundir a forma da convenção de arbitragem com o modo de manifestação do consentimento.[1103] Há expresso requisito, no direito brasileiro, para que a convenção de arbitragem tenha forma escrita, porém, não há tal exigência, no que se refere ao modo de expressar o consentimento. Diante da natureza consensualista da arbitragem,[1104] o indispensável é a demonstração da intenção de se vincular à convenção, mesmo que por modo outro que não através da assinatura.

Em síntese, a cláusula de resolução de disputas, em contextos de contratações complexas, pode especificar exatamente quem está sujeito a ela – partes (propriamente ditas), intervenientes, garantidores, entre outras modulações decorrentes da autonomia privada. É preciso ter cautela na utilização de cláusulas estandardizadas nesse tipo de relação. Embora as cláusulas-modelo sejam úteis na maioria das situações, a sua redação é, geralmente, elaborada tendo em vista contratos bilaterais. Em um contexto multiparte, essas cláusulas padrão podem não ser suficientes ou apropriadas, podendo requerer adaptações específicas.

2. Disposições especiais sobre a formação do tribunal arbitral

No contexto de arbitragens multipartes, a nomeação de árbitros é significativamente mais complexa. Tradicionalmente, em arbitragens envolvendo duas partes e três árbitros, cada uma escolhe um árbitro, e os coárbitros, conjuntamente, escolhem o presidente. No entanto, essa abordagem pode não ser viável no contexto de múltiplas partes, já que – frequentemente – as partes inseridas em um mesmo polo da relação processual apresentam interesses distintos entre si, e não chegam a um consenso para a indicação do coárbitro.

É essencial assegurar que todas as partes tenham igualdade na arbitragem, evitando que um grupo de partes domine o processo em detrimento de outros. O direito de indicação de árbitro foi objeto de debate do caso Ducto.[1105] Nesse caso, a Ducto ingres-

---

1103 "The requirement of a signed agreement in writing, however, does not altogether exclude the possibility that an arbitration agreement concluded in proper form between two or more parties might also bind other parties. Third parties to an arbitration agreement have been held to be bound by (or entitled to rely on) such an agreement in a variety of ways" (REDFERN, Alan; HUNTER, Martin; BLACKABY, Nigel; PARTASIDES, Constantine. *Redfern and Hunter on International Arbitration*. Oxford: Oxford University Press, 2015, p. 85).

1104 BENETTI, Giovana Valentiano; BOSCOLO, Ana Teresa de Abreu Coutinho. O Consensualismo como Fundamento da Arbitragem e os Impasses Decorrentes do Dissenso. *Revista de Direito Empresarial*, v. 2, p. 303-341, mar./abr. 2014.

1105 *BKMI Industrieanlagen GmbH & Siemens AG v Dutco Construction*, Cour de Cassation, 07.01.1992, Yearbook Comm. Arb'n 1993(XVIII), p. 140-142. Sobre esse caso, ver: DELVOLVÉ, Jean-Louis. Multipartism: the Ducto Decision of the French Cour de Cassation. *Arbitration International*, v. 9, n. 2, p. 197-202, 1993; KAZUTAKE, Okuma. Party Autonomy in International Commercial Arbitration: Consolidation of Multiparty and Classwide Arbitration. *Annual Survey of Internacional & Comparative Law*, v. 9, n. 1, p. 189-226, 2003, p. 196-200; CAPRASSE, Oliver. A Constituição do Tribunal Arbitral em Arbitragem Multiparte. *Revista Brasileira de Arbitragem*, n. 8, p. 83-100, 2005, p. 89-94; CHOI, Dongdoo. Joinder in interna-

sou com arbitragem contra a Siemens e a BKMI. As requeridas suscitaram violação do princípio da igualdade em razão de não terem tido a oportunidade de cada qual indicar um árbitro. A Corte de Cassação francesa, ao considerar o princípio da igualdade na constituição do tribunal arbitral um direito irrenunciável às partes, decidiu pela invalidação da sentença arbitral proferida.

Em sede do direito brasileiro, a questão já foi debatida no caso Paranapanema S.A.[1106] O caso envolveu um contrato de empréstimo entre a Paranapanema e os bancos Santander e BTG Pactual. O banco Santander iniciou uma arbitragem contra a Paranapanema e o BTG Pactual. Contudo, os requeridos apresentavam, no caso concreto, interesses materialmente distintos e não chegaram a um consenso quanto ao árbitro a ser indicado. A arbitragem estava sujeita às regras da CAM-CCBC, que não apresentava, à época, regras específicas para a constituição de tribunal arbitral em arbitragens multipartes. O presidente do CAM-CCBC optou por nomear um coárbitro no lugar dos requeridos, e houve a manutenção do árbitro indicado pelo Santander. Contudo, diante da falta de isonomia na composição do tribunal arbitral, a sentença foi anulada perante o Tribunal de Justiça de São Paulo, anulação essa posteriormente confirmada pelo STJ.

Assim, quando houver possibilidade de uma relação contratual resultar em uma arbitragem multiparte, é importante que a convenção de arbitragem (ou as regras escolhidas) contenham previsões específicas acerca da formação do tribunal arbitral. Caso as partes optem por arbitragem conduzida por árbitro único, elas podem acordar que este seja escolhido conjuntamente, e, caso não haja consenso, prevê-se de antemão uma instituição ou autoridade nomeadora (*appointing authority*), que então ficará encarregada de indicar o árbitro. Caso as partes optem por arbitragem conduzida por um tribunal arbitral (três árbitros), elas podem estabelecer um mecanismo escalonado, privilegiando a tentativa de nomeação conjunta dos árbitros. E, caso haja dificuldade em chegar a um consenso, novamente, a responsabilidade pela nomeação pode ser transferida para uma instituição arbitral ou autoridade nomeadora.

Uma abordagem alternativa pode ser fixar que as partes de cada polo processual sejam obrigadas a fazer escolha conjunta do árbitro. Assim, as partes que compartilham um interesse comum – ou que estão no mesmo polo da disputa – são agrupadas e encarregadas de escolher conjuntamente um árbitro. Na prática, se os integrantes do mesmo polo processual não conseguirem chegar a um acordo sobre a escolha de um árbitro, caberá a um terceiro definir a composição de todo o tribunal arbitral. Evita-se que um polo tenha uma vantagem ao conseguir nomear um coárbitro, enquanto o outro não o faz por falta de consenso. Incumbindo a terceiro a formação de todo o tribunal arbitral, preserva-se a igualdade de tratamento entre as partes no momento da escolha dos árbitros.

---

tional commercial arbitration. In: PARK, William W. (ed.). *Arbitration International*, v. 35, n. 1, p. 29-55, 2019, p. 38-39.

1106 TJSP, Ap. 0002163-90.2013.8.26.0100, 11ª Câmara de Direito Privado, Des. Gilberto Santos, j. 03.07.2014.

3. Compatibilidade da convenção de arbitragem inserida nos diversos contratos

O incremento da complexidade das transações vem modificando as estruturas contratuais necessárias para conferir a veste jurídica adequada às operações econômicas. Assim, muitas situações demandam a elaboração de contratos coligados, que interagem entre si de diferentes maneiras. Quando há uma coligação contratual, pelo fato de que os contratos conexos conservam autonomia estrutural entre si, o meio de solução de disputas deve ser adaptado para atender as necessidades concretas. As partes devem se esforçar para manter uma abordagem consistente em relação à resolução de disputas em todos os contratos coligados.

É recomendável evitar especificar mecanismos diferentes, mantendo-se o mesmo método para todos os contratos, prevenindo-se a fragmentação das controvérsias ou debates sobre qual mecanismo de resolução de disputas se aplica a cada aspecto da transação. Caso contrário, se forem pactuados mecanismos diversos, há o risco de surgirem procedimentos paralelos (*e.g.*, um tribunal arbitral constituído sob um contrato pode não ter jurisdição para julgar questões relativas a outro contrato, o que pode resultar em várias arbitragens ocorrendo simultaneamente). Para tanto, há três técnicas principais que podem ser adotadas.

Primeira, em determinados modelos negociais, é possível formar um contrato-quadro que contenha uma "cláusula guarda-chuva" de resolução de disputas, abrangendo todos os contratos integrantes da coligação. Essa convenção seria então incorporada por referência nos demais contratos subsequentes.

Segunda, as partes podem incluir disposições que explicitamente estendam a jurisdição do tribunal arbitral para abranger disputas relacionadas a outros contratos coligados, garantindo que todas as controvérsias relacionadas à transação possam ser resolvidas em um único procedimento de arbitragem.

Terceira, é possível implementar cláusulas "espelho", *i.e.*, cada contrato contém uma cláusula arbitral substancialmente similar ou idêntica, garantindo que a mesma abordagem de resolução de disputas seja aplicada consistentemente em toda a transação. Basta assegurar que as cláusulas arbitrais nos contratos coligados sejam idênticas ou complementares. Isto é, que os elementos-chave das cláusulas arbitrais em todos os contratos sejam os mesmos. Nesse sentido, é indispensável que as cláusulas arbitrais especifiquem o mesmo regulamento de arbitragem, a sede, o número de árbitros, o direito material e o idioma da arbitragem.

4. Regramento sobre incidentes processuais (intervenção e integração de parte)

Arbitragens multipartes dão ensejo a questões procedimentais intrincadas, podendo-se destacar duas situações específicas: a intervenção voluntária e a integração de uma parte na arbitragem.[1107]

1107 MONTEIRO, Antônio Pinto; SILVA, Artur Flamínio da; MIRANTE, Daniela. *Manual de Arbitragem*. Coimbra: Almedina, 2020, p. 321.

Destaca-se haver diferenças significativas em relação à formação de polos processuais subjetivamente complexos quando comparado o processo arbitral e o processo perante as cortes estatais. Por via de regra, é mais fácil aos tribunais estatais autorizarem o ingresso de terceiros durante o curso de um processo.[1108] A título exemplificativo, o Código de Processo Civil brasileiro prevê, expressamente, as figuras da assistência processual,[1109] seja na modalidade simples[1110] ou litisconsorcial,[1111] da denunciação da lide[1112] e do chamamento ao processo.[1113] Entretanto, como a jurisdição do tribunal arbitral é titulada por negócio jurídico de direito privado[1114] ("arbitration is a creature of contract"),[1115] o exercício desse poder apresenta restrições que lhe são intrínsecas e não comparáveis com àquelas a que as cortes estatais estão sujeitas. De plano, tem-se que os tribunais arbitrais têm jurisdição limitada quanto à integração de terceiros.[1116]

A intervenção ocorre quando uma parte contratante, que originalmente não faz parte de uma arbitragem já iniciada, deseja ingressar no procedimento.[1117] A razão da intervenção pode ser diversa, desde o interesse direto no resultado da arbitragem até a possibilidade de que a decisão arbitral afete a sua esfera jurídica.

Diversamente, a integração de parte adicional ocorre quando a parte requerida deseja incluir outra parte no procedimento, mesmo que esta não tenha sido originalmente nomeada como requerida. Tal situação pode ocorrer, por exemplo, quando a

---

1108 BORN, Gary. International Commercial Arbitration. 3. ed. Alphen aan den Rijn: Kluwer Law International, 2021, versão eletrônica, atualizada em novembro de 2023, § 18.02 [B].

1109 CPC, art. 119: "Pendendo causa entre 2 (duas) ou mais pessoas, o terceiro juridicamente interessado em que a sentença seja favorável a uma delas poderá intervir no processo para assisti-la."; art. 120: "Não havendo impugnação no prazo de 15 (quinze) dias, o pedido do assistente será deferido, salvo se for caso de rejeição liminar".

1110 CPC, art. 121: "O assistente simples atuará como auxiliar da parte principal, exercerá os mesmos poderes e sujeitar-se-á aos mesmos ônus processuais que o assistido."; art 123: "Transitada em julgado a sentença no processo em que interveio o assistente, este não poderá, em processo posterior, discutir a justiça da decisão, salvo se alegar e provar que: I – pelo estado em que recebeu o processo ou pelas declarações e pelos atos do assistido, foi impedido de produzir provas suscetíveis de influir na sentença; II – desconhecia a existência de alegações ou de provas das quais o assistido, por dolo ou culpa, não se valeu".

1111 CPC, art. 124: "Considera-se litisconsorte da parte principal o assistente sempre que a sentença influir na relação jurídica entre ele e o adversário do assistido".

1112 CPC, arts. 125 a 129.

1113 CPC, arts. 133 a 137.

1114 APRIGLIANO, Ricardo de Carvalho. Cláusula Compromissória: aspectos contratuais. *Revista do Advogado*, ano XXXII, n. 116, p. 174-192, 2012, p. 175-176.

1115 GILBERT, John. Multi- Party and Multi-Contract Arbitration. In: LEW, Julian D. M; BOR, Harris et al. (ed.). *Arbitration in England, with chapters on Scotland and Ireland*. The Hague: Kluwer Law International, 2013, p. 459.

1116 MONTEIRO, Antônio Pinto; SILVA, Artur Flamínio da; MIRANTE, Daniela. *Manual de Arbitragem*. Coimbra: Almedina, 2020, p. 316.

1117 MENEZES CORDEIRO, Antônio. *Tratado da Arbitragem*. Coimbra: Almedina, 2016, p. 339.

parte requerida acredita que a parte a ser integrada tenha responsabilidade na disputa em questão (*e.g.*, o empreiteiro tentando integrar o subempreiteiro em uma arbitragem iniciada pelo dono da obra). O preceito básico para viabilizar que ocorra a integração é que a parte que se deseja integrar esteja vinculada pela convenção de arbitragem que fundamenta a jurisdição do tribunal arbitral.[1118] O fundamento para essa exigência é que a jurisdição é originada e limitada, subjetiva e objetivamente, pela convenção de arbitragem que deu origem ao procedimento.[1119]

Assim, quando antevista a possibilidade de haver arbitragem multiparte, torna-se relevante que a convenção de arbitragem (ou as regras escolhidas pelas partes) tenham disposições sobre a intervenção de terceiros e sobre a integração de partes adicionais. O silêncio sobre esses incidentes procedimentais pode trazer implicações diretas na eficiência do procedimento: (i) risco de procedimentos sobrepostos e simultâneos, com arbitragens ocorrendo paralelamente e, potencialmente, abordando as mesmas questões; (ii) risco de decisões conflitantes, e potencialmente contraditórias entre si; (iii) atrasos na solução da disputa, já que terá de se discutir, preliminarmente, aspectos processuais antes de adentrar no mérito da causa; e (iv) aumento de custos e incertezas, associados ao incremento desnecessário da complexidade. Portanto, é importante haver o acautelamento e dispor antecipadamente sobre os principais aspectos processuais.

Primeiramente, regras sobre comunicação e notificação das partes contratantes. É possível disciplinar como ocorrerá o contato com as partes potencialmente afetadas e/ou interessadas em um certo procedimento arbitral. A notificação de todos os agentes mitiga assimetrias informativas, que contribuem para a ineficiência na solução da disputa. Frequentemente, arbitragens multipartes têm por origem a violação de direitos individuais homogêneos (*e.g.*, arbitragens societárias para a obtenção de indenização em decorrência da violação de direitos dos acionistas). Assim, para evitar a proliferação de procedimentos paralelos, importante haver previsão da comunicação e notificação dos interessados para, eventualmente, ingressarem na arbitragem.

Segundo, o momento para intervenção ou integração. Após a notificação, deve ser estabelecido um período claro durante o qual qualquer parte contratante pode optar por intervir no procedimento de arbitragem ou integrar outras partes ao processo. Especialmente quando a intervenção ocorre antes da constituição do tribunal arbitral, é possível constatar a existência de uma bipartição da análise. Vislumbrando exatamente essa bipartição temporal, as regras institucionais frequentemente associam a admissibilidade da integração à análise *prima facie* da vinculação da parte a ser integrada à

[1118] MENDES, Armindo Ribeiro. Da Condução do Processo Arbitral. In: VICENTE, Dario Moura (coord.). *Lei da Arbitragem Voluntária Anotada*. 4. ed. Coimbra: Almedina, 2019, p. 127.

[1119] COSTA, Guilherme Recena. *Partes e Terceiros na Arbitragem*. Tese (Doutorado em Direito) – Faculdade de Direito, Universidade de São Paulo, Universidade de São Paulo. São Paulo, 2015, p. 23.

arbitragem,[1120] facultando, em um segundo momento, a revisão da decisão por parte do tribunal arbitral.[1121]

Por sua vez, quando a intervenção ocorre após a constituição do tribunal arbitral, é necessário observar as diferenças entre o regime da intervenção voluntária e o da intervenção provocada. Nos casos em que há intervenção voluntária, presume-se o consentimento em relação à composição do tribunal arbitral.[1122] Já nos casos de intervenção provocada,[1123] em razão do direito de a parte a ser integrada influenciar na composição do tribunal arbitral,[1124] certas regras institucionais, não se demonstram tão permissivas em relação à integração se os árbitros já tiverem sido investidos na jurisdição. A CCI prevê que, salvo casos excepcionais, nenhuma parte será integrada depois da nomeação de qualquer árbitro – salvo com o aceite de todos os envolvidos,[1125] a HKIAC admite pedidos de integração até as alegações da defesa,[1126] e a SCC, por sua vez, traz como limite a resposta ao requerimento de arbitragem.[1127]

1120 Por exemplo, CCI, art 7.5: "Any Request for Joinder made after the confirmation or appointment of any arbitrator shall be decided by the arbitral tribunal once constituted and shall be subject to the additional party accepting the constitution of the arbitral tribunal and agreeing to the Terms of Reference, where applicable. In deciding on such a Request for Joinder, the arbitral tribunal shall take into account all relevant circumstances, which may include whether the arbitral tribunal has prima facie jurisdiction over the additional party, the timing of the Request for Joinder, possible conflicts of interests and the impact of the joinder on the arbitral procedure. Any decision to join an additional party is without prejudice to the arbitral tribunal's decision as to its jurisdiction with respect to that party"; HKIAC, art. 27.1.a: "*prima facie*, the additional party is bound by an arbitration agreement under these Rules giving rise to the arbitration"; SCC, art. 13.5: "The Board may decide to join one or more additional parties provided that the SCC does not manifestly lack jurisdiction over the dispute between the parties".

1121 HKIAC, art. 27.2: "Any decision pursuant to Article 27.1 is without prejudice to the arbitral tribunal's power to decide any question as to its jurisdiction arising from such decision"; SCC, art. 13.7: "In all cases where the Board decides to grant the Request for Joinder any decision as to the Arbitral Tribunal's jurisdiction over any party joined to the arbitration shall be made by the Arbitral Tribunal".

1122 MENDES, Armindo Ribeiro. Da Condução do Processo Arbitral. In: VICENTE, Dario Moura (coord.). *Lei da Arbitragem Voluntária Anotada*. 4. ed. Lisboa: Almedina, 2019, p. 127.

1123 OLIVEIRA, Elsa Dias. *Arbitragem Voluntária:* uma introdução. Lisboa: Almedina, 2020, p. 91.

1124 VOSER, Nathalie. Multi-party Disputes and Joinder of Third Parties. In: BERG, Van den (ed.). *50 Years of the New York Convention* – ICCA Conference, 2009, p. 362-363.

1125 Regulamento CCI, art.7, 1), parte final: "Unless all parties, including the additional party, otherwise agree, or as provided for in Article 7(5), no additional party may be joined after the confirmation or appointment of any arbitrator. The Secretariat may fix a time limit for the submission of a Request for Joinder".

1126 Regulamento HKIAC, art. 27.3: "Any Request for Joinder shall be raised no later than in the Statement of Defence, except in exceptional circumstances".

1127 Regulamento SCC, art. 13(2): "A Request for Joinder made after the submission of the Answer will not be considered, unless the Board decides otherwise".

A imposição de uma limitação temporal à integração ou à intervenção também se deve à necessidade de estabilizar a composição dos polos da lide, indispensáveis ao bom andamento do processo, que não pode se sujeitar a constantes modificações de seus sujeitos, sob pena de comprometer a adequada prestação jurisdicional. Tendo em vista essa situação, é recomendável que nenhum árbitro seja confirmado antes do término do período designado previamente pelas partes para intervenção ou integração, assegurando que todos tenham oportunidade de participar no processo de seleção de árbitros.

Em sede de arbitragem institucional, muitas câmaras já têm regras estabelecidas para lidar com essas situações. No entanto, é importante que tais regras podem conceder uma considerável discricionariedade à instituição arbitral em relação a essas questões. Assim, as partes podem elaborar requisitos e critérios próprios para regular como esses incidentes devem ser solucionados.

Capítulo 7
CLÁUSULA MED-ARB

As cláusulas Med-Arb constituem um modelo de resolução de disputas que combina, de modo sucessivo, dois métodos distintos – a mediação e a arbitragem. Assim, mediante a pactuação de cláusula Med-Arb, estabelece-se um sistema de solução de disputas que lança mão de um primeiro instrumento consensual (mediação), seguido, em caso de insucesso da primeira tentativa, da via adjudicatória (arbitragem). Nesse contexto, as cláusulas Med-Arb se mostram exemplos da busca por métodos personalizados e adaptáveis para resolver disputas de maneira eficiente, atentando-se às peculiaridades do caso concreto.

As cláusulas Med-Arb apresentam crescente relevância funcional, uma vez que trazem flexibilidade para a resolução de litígios, estando em consonância com as necessidades de um ambiente comercial dinâmico e complexo. Inserem-se, portanto, no conceito de "justiça multiportas", permitindo a convivência, harmônica e pacífica, de diferentes métodos de resolução de disputas. Esse caráter híbrido oferece flexibilidade às partes, permitindo que elas explorem um potencial acordo, antes de mergulharem no procedimento arbitral, que – por natureza – tem características mais agudas de litigiosidade.

§ 27. CLÁUSULA MED-ARB NO DIREITO COMPARADO

1. Lei Modelo da Uncitral

Esta matéria não é tratada na Lei Modelo da Comissão das Nações Unidas para o Direito Comercial Internacional (Uncitral). Entretanto, breves regramentos sobre ela são encontrados nas *Uncitral Mediation Rules*, de 2021. O art. 10(2) prevê a possibilidade de cláusula escalonada, mediação-arbitragem, condicionando a obrigatoriedade

da mediação à previsão expressa pelas partes. Ressalva, entretanto, o direito potestativo de uma das partes recorrer diretamente à arbitragem, ou outras formas de resolução de disputas, na hipótese de necessidade de obtenção de medidas de urgência.[1128]

No anexo às regras de mediação da Comissão das Nações Unidas para o Direito Comercial Internacional temos um modelo de cláusula escalonada. O órgão sugere que as partes incluam expressamente um prazo para a duração do procedimento de mediação, seguido de uma arbitragem que tenha como objeto as disputas eventualmente remanescentes.[1129]

2. Direito Estadunidense

No ordenamento norte-americano, há certa incerteza sobre a eficácia de cláusulas escalonadas Med-Arb. Não há regras específicas sobre a matéria no Federal Arbitration Act. Em estudo elaborado por James R. Coben e Peter N. Thompson sobre litigância envolvendo cláusulas de mediação, a partir da análise de 279 casos, julgados entre os anos de 1999 e 2003, nos quais as partes assumiram a obrigação prévia de participar da mediação,[1130] constatou-se que 43% das decisões reconheciam as convenções de mediação como *condition predecent*, um requisito obrigatório para acessar a jurisdição estatal ou arbitral.

Fato que se mostrou relevante no estudo foi a precisão dos termos contratuais empregados. Cláusulas genéricas que apontem para a tentativa de resolução amigável

---

[1128] Uncitral, Mediation Rules (2021), art. 10(2) – "Article 10. Arbitral, judicial, or other dispute resolution proceedings; (2) Where the parties have agreed to mediate and have also expressly undertaken not to initiate, during a specified period of time or until a specified event has occurred, arbitral, judicial or other dispute resolution proceedings with respect to an existing or future dispute, such an undertaking shall be complied with, except to the extent necessary for a party, in its opinion, to preserve its rights. Initiation of such proceedings is not of itself to be regarded as waiver of the agreement to mediate or as a termination of the mediation".

[1129] Uncitral, Mediation Rules (2021), *Annex, Model mediation clauses*; *Multi-tiered clause* – "Any dispute, controversy or claim arising out of or relating to this contract, or the breach, termination, or invalidity thereof, shall be submitted to mediation in accordance with the UNCITRAL Mediation Rules. Note: Parties should consider adding: (a) The selecting authority shall be (name of institution or person); (b) The language of the mediation shall be (...); (c) The location of mediation shall be (...) If the dispute, or any part thereof, is not settled within [(60) days] of the request to mediate under these Rules, the parties agree to resolve any remaining matters by arbitration in accordance with the UNCITRAL Arbitration Rules. Note: Parties should consider adding: (a) The appointing authority shall be (name of institution or person); (b) The number of arbitrators shall be (one or three); (c) The place of arbitration shall be (town and country); (d) The language of the arbitration shall be (...)".

[1130] O estudo em questão analisou uma multitude de aspectos referentes à judicialização da mediação nos Estados Unidos entre os anos 1999 e 2003. Foram analisadas, ao todo, 8127 decisões, oriundas de *state courts* (5124 decisões) e *federal courts* (3003 decisões) (COBEN, James R.; THOMPSON, Peter N. Disputing Irony: A Systematic Look at Litigation About Mediation. *Harvard Negotiation Law Review*, v. 11, n. 43, 2006, p. 43-146, p. 51).

não bastam[1131] – é necessário determinar, por exemplo, o método empregado, a instituição competente e as regras aplicáveis.[1132] Apontados esses elementos, as Cortes demonstraram maior conforto em remeter as partes forçosamente à mediação.[1133] O modelo pode ser uma faca de dois gumes – embora se aceite em geral a exequibilidade de cláusulas escalonadas suficientemente definidas, "só em face de cada caso é possível decidir se esta intenção inequívoca, expressa através do desenho de procedimentos de mediação, existe ou não".[1134]

Por fim, no que se refere à competência para enfrentar a questão da exequibilidade das cláusulas escalonadas, a definição da entidade competente (cortes estatais ou árbitros) dependerá da categorização da disputa sobre a satisfação de cláusulas escalonadas em uma de duas categorias: *gateway questions* ou *procedural preconditions*.

De um lado, nos Estados Unidos, as *gateway questions* são entendidas como as questões atinentes a "forcing parties to arbitrate a matter that they may well not have agreed to arbitrate", ou seja, um alargamento do conceito estadunidense de arbitrabilidade.[1135] Tipicamente, tais questões devem ser dirimidas pela justiça estatal.

1131 "In the U.S., the issue of enforcement of less adversarial procedures is intimately connected with questions of interpretation. U.S. courts enforce contractual prerequisites to arbitration and litigation provided that they are sufficiently precise and expressly state that any precedent step has to be fulfilled in order to advance to the next step" (KRENNBAUER, Stefan. Enforceability of multi-tiered dispute resolution clauses in international business contracts. *Y.B. on Int'l Arb.*, v. 1, p. 199-206, 2010. p. 202).

1132 "Igual incerteza carateriza o direito norte-americano, embora parta de um pressuposto seguro: a cláusula de mediação impede a propositura de uma ação estadual ou arbitral. No entanto, tal efeito só se verifica se a cláusula demonstrar inequivocamente que era essa a vontade das partes. Entendem ainda os tribunais americanos que essa vontade implica que as partes tenham de alguma forma estabelecido regras processuais para a mediação, como um prazo limite para o seu decurso" (GOUVEIA, Mariana França. *Curso de Resolução Alternativa de Litígios*. 3. ed. Coimbra: Grupo Almedina, 2020. p. 81).

1133 "Whether or not an agreement to negotiate, conciliate or mediate is enforced is ultimately dependent on its clear and definite language. The pivotal question is: Does the clause clearly make resort to those non-adjudicatory procedures a mandatory precondition to escalating the dispute? United States courts tend to view negotiation and mediation provisions more flexibly if multi-step dispute resolution provisions do not explicitly state that less adversarial methods are mandatory preconditions to the more adversarial procedures" (KRENNBAUER, Stefan. Enforceability of multi-tiered dispute resolution clauses in international business contracts. *Y.B. on Int'l Arb.*, v. 1, p. 199-206, 2010. p. 202).

1134 "Este requisito, como é fácil de ver, é uma faca de dois gumes. Se por um lado a executoriedade destas cláusulas é aceite em termos gerais, por outro lado só em face de cada caso é possível decidir se esta intenção inequívoca, expressa através do desenho de procedimentos de mediação, existe ou não. À acrescer a este casuísmo na apreciação e, logo, incerteza quanto ao resultado, está o problema de esta eventual invalidade da cláusula de mediação poder arrastar consigo, de acordo com a jurisprudência norte-americana, a validade da convenção de arbitragem" (GOUVEIA, Mariana França. *Curso de Resolução Alternativa de Litígios*. 3. ed. Coimbra: Grupo Almedina, 2020. p. 81).

1135 Estados Unidos, Supreme Court, *Howsam V. Dean Witter Reynolds, Inc.*, 537 U. S. 79 (2002), j. 10.12.2002. p. 83-84.

Por outro lado, as *procedural preconditions* se relacionam a *waivers* ("renúncias") e demais pré-requisitos de acesso à arbitragem, "such as time limits, notice, laches, estoppel, and other conditions precedent to an obligation to arbitrate".[1136] Por não estarem intrinsecamente vinculadas a dúvidas sobre a existência ou não de jurisdição, tais questões devem ser suscitadas perante os árbitros.

Como aponta Gary Born,[1137] as cortes estadunidenses vêm favorecendo a segunda abordagem, em linha com a decisão de 2014 da Suprema Corte, no caso *BG Group plc v. Republic of Argentina*.[1138] Deve-se levar em conta que, à luz do Federal Arbitration Act (FAA), a revisão de decisões arbitrais é significamente limitada,[1139] cabendo apenas na hipótese de *manifest disregard of law* e *excess of authority standard*,[1140] de forma que a matéria dos efeitos da mediação prévia na jurisdição do tribunal arbitral dificilmente será revista. Em verdade, a *Supreme Court* chega a falar em deferência das cortes estatais à decisão dos árbitros quando se está diante de *procedural preconditions*.[1141]

[1136] EUA, Supreme Court, *BG Group plc v. Republic of Argentina*, 572 U. S. 25 (2014), j. 05.03.2014, p. 35.

[1137] "Notwithstanding the general availability of interlocutory judicial resolution of jurisdictional disputes under the FAA in the United States, U.S. courts have generally refused to consider disputes as to whether pre-arbitration procedural requirements have been satisfied; instead, U.S. courts have reasoned that disputes over pre-arbitration procedural requirements are ordinarily for the arbitrators to decide. The U.S. Supreme Court has held, in general terms, that 'procedural' questions which grow out of the dispute and bear on its final disposition are presumptively not for the judge, but for an arbitrator, to decide" (BORN, Gary B. *International Commercial Arbitration*. 3. ed. A Haia: Kluwer Law International, 2021, p. 1001-1002).

[1138] EUA, Supreme Court, *BG Group plc v. Republic of Argentina*, 572 U. S. 25 (2014), j. 05.03.2014.

[1139] "As discussed elsewhere, the FAA significantly limits the scope of judicial review of decisions by arbitral tribunals regarding compliance with pre-arbitration procedural requirements. Under the FAA, decisions by arbitral tribunal's regarding procedural requirements are generally subject to review only under a "manifest disregard of law" or excess of authority standard. There are a few contrary lower court decisions, applying more demanding standards of review,8 but these are anomalies and wrong" (BORN, Gary B. *International Commercial Arbitration*. 3. ed. A Haia: Kluwer Law International, 2021, p. 1002-1003).

[1140] EUA, Federal Arbitration Act, Seção 11: "Same; modification or correction; grounds; order In either of the following cases the United States court in and for the district wherein the award was made may make an order modifying or correcting the award upon the application of any party to the arbitration – (a) Where there was an evident material miscalculation of figures or an evident material mistake in the description of any person, thing, or property referred to in the award; (b) Where the arbitrators have awarded upon a matter not submitted to them, unless it is a matter not affecting the merits of the decision upon the matter submitted; (c) Where the award is imperfect in matter of form not affecting the merits of the controversy. The order may modify and correct the award, so as to effect the intent thereof and promote justice between the parties".

[1141] "The question before us is whether a court of the United States, in reviewing an arbitration award made under the Treaty, should interpret and apply the local litigation requirement de novo, or with the deference that courts ordinarily owe arbitration decisions. That is to say, who – court or arbitrator – bears primary responsibility for interpreting and applying

O paradigmático caso *BG Group plc v. Republic of Argentina*, embora não tratasse especificamente de uma cláusula compromissória escalonada Med-Arb, estabeleceu os parâmetros de análise a serem seguidos por cortes estadunidenses em todas as hipóteses que envolvessem *procedural preconditions*. A disputa entre Argentina e BG Group se pautava em suposta violação, por parte da república sul-americana, dos termos de tratado de investimentos firmado com o Reino Unido.[1142] O tratado previa uma cláusula escalonada judiciário-arbitragem, devendo as partes remeterem a disputa apenas às cortes argentinas pelos primeiros 18 meses, para então recorrer à arbitragem.[1143] Surgida a disputa, o BG Group não observou o prazo e deu início à arbitragem em Washington, nos Estados Unidos.[1144]

Inconformada com a decisão, a Argentina buscou invalidar a decisão perante as cortes americanas. Argumentou no sentido da ausência de jurisdição do tribunal arbitral, em razão da não observância do período de submissão exclusivo às cortes argentinas.[1145] Diante desse pleito, a Suprema Corte entendeu, primeiramente, que o fato de estar em causa um tratado de investimentos não demandava uma interpretação diferente da aplicável a contratos em geral.[1146]

---

the local litigation requirement to an underlying controversy? In our view, the matter is for the arbitrators, and courts must review their determinations with deference" (EUA, Supreme Court, *BG Group plc v. Republic of Argentina*, 572 U. S. 25 (2014), j. 05.03.2014, p. 29).

1142 "In 2003, BG Group, invoking Article 8 of the Treaty, sought arbitration. The parties appointed arbitrators; they agreed to site the arbitration in Washington, D. C.; and between 2004 and 2006, the arbitrators decided motions, received evidence, and conducted hearings. BG Group essentially claimed that Argentina's new laws and regulatory practices violated provisions in the Treaty forbidding the "expropriation" of investments and requiring that each nation give "fair and equitable treatment" to investors from the Other" (EUA, Supreme Court, BG Group plc v. Republic of Argentina, 572 U. S. 25 (2014), j. 05.03.2014. p. 30).

1143 "The provision authorizes either party to submit a dispute 'to the decision of the competent tribunal of the Contracting Party in whose territory the investment was made', i.e., a local court. Art. 8(1). And it provides for arbitration '(i) where, after a period of eighteen months has elapsed from the moment when the dispute was submitted to the competent tribunal (...), the said tribunal has not given its final decision'; [or] '(ii) where the final decision of the aforementioned tribunal has been made but the Parties are still in dispute.' Art. 8(2)(a). The Treaty also entitles the parties to agree to proceed directly to arbitration. Art. 8(2)(b)" (EUA, Supreme Court, BG Group plc v. Republic of Argentina, 572 U. S. 25 (2014), j. 05.03.2014, p. 28-29)

1144 EUA, Supreme Court, BG Group plc v. Republic of Argentina, 572 U. S. 25 (2014), j. 05.03.2014, p. 30.

1145 "In March 2008, both sides fled petitions for review in the District Court for the District of Columbia. BG Group sought to confirm the award under the New York Convention and the Federal Arbitration Act. (...) Argentina sought to vacate the award in part on the ground that the arbitrators lacked jurisdiction" (EUA, Supreme Court, BG Group plc v. Republic of Argentina, 572 U. S. 25 (2014), j. 05.03.2014. p. 31-32).

1146 "In answering the question, we shall initially treat the document before us as if it were an ordinary contract between private parties. Were that so, we conclude, the matter would be for the arbitrators. We then ask whether the fact that the document in question is a treaty

Em seguida, a Suprema Corte decidiu que o acesso à arbitragem após a satisfação do período de submissão exclusivo à cortes argentinas era uma espécie de *procedural precondition*, uma vez que o contrato era silente sobre a quem caberia averiguar sua observância, o que traria a presunção de que seria a vontade das partes deixar essa questão para o tribunal arbitral.[1147] Logo, ao se analisar a satisfação das *procedural precondition*,[1148] às cortes americanas não seria cabível refazer a análise, sendo devida especial deferência ao entendimento prévio dos árbitros.[1149] Por essas razões, o pleito da Argentina quanto à ausência de jurisdição dos árbitros foi negado.

Em outro caso, as Cortes de Nova York analisaram a competência das cortes estatais para se pronunciarem sobre cláusulas escalonadas antes do início da arbitragem no caso *SSI (Beijing) v. Prosper*.[1150] Na oportunidade, a despeito da convenção de arbitragem ser

---

makes a critical difference. We conclude that it does not" (EUA, Supreme Court, BG Group plc v. Republic of Argentina, 572 U. S. 25 (2014), j. 05.03.2014, p. 33).

1147 "If the contract is silent on the matter of who primarily is to decide "threshold" questions about arbitration, courts determine the parties' intent with the help of presumptions. On the one hand, courts presume that the parties intend courts, not arbitrators, to decide what we have called disputes about 'arbitrability.' These include questions such as 'whether the parties are bound by a given arbitration clause" or 'whether an arbitration clause in a concededly binding contract applies to a particular type of controversy.' Howsam v. Dean Witter Reynolds, Inc., 537 U. S. 79, 84 (2002); (...) On the other hand, courts presume that the parties intend arbitrators, not courts, to decide disputes about the meaning and application of particular procedural preconditions for the use of arbitration" (EUA, Supreme Court, BG Group plc v. Republic of Argentina, 572 U. S. 25 (2014), j. 05.03.2014, p. 34).

1148 "The upshot is that our ordinary presumption applies and it is not overcome. The interpretation and application of the local litigation provision is primarily for the arbitrators. Reviewing courts cannot review their decision de novo. Rather, they must do so with considerable deference" (EUA, Supreme Court, BG Group plc v. Republic of Argentina, 572 U. S. 25 (2014), j. 05.03.2014, p. 41).

1149 "The Supreme Court's BG Group decision confirms the approach of U.S. courts to the allocation of competence to interpret and apply pre-arbitration procedural requirements. Under this analysis, parties are free to allocate jurisdictional competence between courts and arbitral tribunals as they wish. Absent such an allocation, however, parties are presumed to intend that arbitrators, not courts, will "decide disputes about the meaning and application of particular procedural preconditions for the use of arbitration". That conclusion applies with particular force where an arbitration agreement incorporates institutional arbitration rules empowering the arbitral tribunal to finally decide jurisdictional disputes" (BORN, Gary B. *International Commercial Arbitration*. 3. ed. A Haia: Kluwer Law International, 2021, p. 1005-1006).

1150 "The contract also contains a 'Dispute Resolution' clause prescribing a multi-step approach should 'a dispute arise' concerning the Cooperation Agreement or any party's 'performance of obligations' thereunder: '(i) the Parties will try to resolve any dispute themselves through best efforts; (ii) failing resolution, each Party will submit its side of the dispute to a mediator for resolution; (iii) failing that, a written request shall be submitted for binding arbitration in proceedings to be conducted in the State of Delaware" (SCHILL, Stephan W. (Ed.) US No. 1009, SSI (Beijing) Company Ltd. v. Prosper Business Development Corporation, United States District Court, Southern District of New York, Civil Action No. 19-CV-8408 (VEC) (BCM), 30 July 2020, and 18-CV-8408 (VEC) (BCM), 3 September 2020. In: SCHILL, Stephan W. *ICCA Yearbook Commercial Arbitration 2021*, v. 46, A Haia: CCA & Kluwer Law International, p. 456-459. p. 459).

escalonada, o tribunal remeteu as partes à arbitragem sem ressalvas.[1151] Note-se, entretanto, que o argumento da parte que pretendia se esquivar da arbitragem se pautava em suposta incompatibilidade entre a cláusula compromissória e a lei escolhida, por se tratar de arbitragem *ad hoc*.

A *Prosper* entendia que a SSI Beijing havia violado o contrato entre as partes e deu início à arbitragem em Delaware.[1152] SSI, todavia, pleiteava a decretação da nulidade da convenção de arbitragem, à luz da lei chinesa, escolhida pelas partes para reger a relação.[1153] O argumento suscitado foi no sentido de que a arbitragem *ad hoc*, como no caso da convenção pactuada, seria, em tese, nula perante ao direito chinês.[1154] Diante desse pleito, a *Prosper* requereu em juízo a determinação da sequência da arbitragem e a declaração da validade da convenção de arbitragem.[1155] Em resposta, SSI requereu a suspensão do procedimento arbitral.[1156]

Diante de tal disputa, a Southern District Court of New York decidiu que, a despeito da escolha de lei prevista no contrato, "o Segundo Circuito 'há muito tempo sustenta que, uma vez que uma disputa é coberta pelo FAA, a lei federal se aplica a todas as questões de interpretação, formação, validade, revogação e eficácia'"[1157] defendendo, assim, que o FAA rege, exclusivamente, todas as questões referentes a exequibilidade e validade de

---

1151 EUA, United States District Court of Southern District of New York, SSI (Beijing) v. Prosper, 18-CV-8408 (VEC). j. 03.09.2020.

1152 Os procedimentos foram, posteriormente, realocados para Nova York (EUA, United States District Court of Southern District of New York, SSI (Beijing) v. Prosper, 18-CV-8408 (VEC), j. 03.09.2020, p. 1).

1153 "The contract also contained a 'Governing Law' clause providing that the contract's 'validity, interpretation and implementation (...) shall be governed by the published and publicly available laws of China (...)' Id. § 9(e)" (EUA, United States District Court of Southern District of New York, SSI (Beijing) v. Prosper, 18-CV-8408 (VEC), j. 03.09.2020, p. 1).

1154 "Although SSI Beijing initially agreed to arbitrate the dispute, and even participated in the selection of the arbitration panel and the scheduling of a hearing, on September 14, 2018, it filed the instant action seeking a declaration that the parties' arbitration agreement was invalid under Chinese law and an order enjoining the arbitration proceedings. (...). SSI Beijing argued that the contract's arbitration clause is invalid because it fails to specify an "arbitration institution" to oversee the arbitration, as required by Articles 16(2) and 18 of the Arbitration Law of the People's Republic of China" (EUA, United States District Court of Southern District of New York, SSI (Beijing) v. Prosper, 18-CV-8408 (VEC), j. 03.09.2020, p. 1-2).

1155 EUA, United States District Court of Southern District of New York, SSI (Beijing) v. Prosper, 18-CV-8408 (VEC), j. 03.09.2020, p. 2.

1156 EUA, United States District Court of Southern District of New York, SSI (Beijing) v. Prosper, 18-CV-8408 (VEC), j. 03.09.2020, p. 2.

1157 Tradução Livre, no original: "the Second Circuit has 'long held that once a dispute is covered by the FAA, federal law applies to all questions of interpretation, construction, validity, revocability, and enforceability'" (EUA, United States District Court of Southern District of New York, SSI (Beijing) v. Prosper, 18-CV-8408 (VEC), j. 03.09.2020 p. 5, citando EUA, United States Court of Appeals, Second Circuit, In re Salomon Inc. Shareholders' Derivative, 68 F.3d 554, j. 13.10.1995).

convenções de arbitragem submetidas a *lex fori*.[1158] Por essas razões, o pedido de Prosper para dar sequência à arbitragem foi concedido e o pedido de suspensão apresentado por SSI foi negado.[1159]

Em síntese, percebe-se, a partir dos referidos casos, que a abordagem das cortes norte-americanas distingue o escalonamento a partir da natureza de *gateway questions* ou de *procedural preconditions*. Portanto, a vontade das partes em estabelecer o escalonamento deve ser clara e indubitável. Para mais, vislumbra-se a tendência de deferência do Judiciário dos Estados Unidos aos árbitros, em relação aos pressupostos da própria jurisdição e/ou a outras questões procedimentais preliminares.

3. Direito Inglês

No direito inglês, como é peculiar no sistema da *common law*, o cerne do regramento britânico sobre a eficácia de convenções de arbitragem é jurisprudencial,[1160] embora haja elementos relevantes no *Arbitration Act* de 1996 sobre a matéria.[1161] A

1158 "Here, the Court agrees with Magistrate Judge Moses and applies federal law to assess the validity and enforceability of the arbitration provision. Petitioner's reliance on Motorola, and its assertion that it is now 'settled law in this Circuit' that the parties' choice of law necessarily governs all questions regarding the validity or enforceability of the relevant contract, 'including 'the validity of an agreement to arbitrate' referenced therein' *SSI Beijing Mem. of Law, Dkt. 24 at 7, is exaggerated*" (EUA, United States District Court of Southern District of New York, SSI (Beijing) v. Prosper, 18-CV-8408 (VEC), j. 03.09.2020, p. 5-6).

1159 "For the foregoing reasons, Respondent's motion to compel arbitration is GRANTED. Petitioner's cross-motion to stay arbitration is DENIED" (EUA, United States District Court of Southern District of New York, SSI (Beijing) v. Prosper, 18-CV-8408 (VEC), j. 03.09.2020. p. 7).

1160 "The courts have power to regulate various issues in connection with mediation, and (predictably for a common law country) have developed these powers through various lines of court decisions. These primarily relate to three areas: (...) (iii) Enforceability of Mediation Clauses) Case law is also relevant to the question of whether and when contractual clauses requiring parties to mediate (including as a pre-condition to litigation or arbitration) will be enforceable. This is considered below in the section entitled 'Initiating Mediation'" (MARSH, Bill; ODDY, Alexander; O›NEILL, Jan. England and Wales. In: ALEXANDER, Nadja; WALSH, Sabine; et al (Ed.). *EU Mediation Law Handbook, Global Trends in Dispute Resolution*, v. 7. A Haia: Kluwer Law International, 2017, p. 203-238. p. 213); "Enforceability of mediation and multi-tiered dispute resolution (MDR) clauses – The general law of contract seems to support the enforceability of mediation and MDR clauses, subject to certain preconditions being met as the jurisprudence shows. There remains some difference of opinion about specific aspects of drafting these types of clauses to meet general law requirements" (MARSH, Bill; ODDY, Alexander; O›NEILL, Jan. England and Wales. In: ALEXANDER, Nadja; WALSH, Sabine; et al (Ed.). *EU Mediation Law Handbook, Global Trends in Dispute Resolution*, v. 7. A Haia: Kluwer Law International, 2017, p. 203-238. p. 207).

1161 Reino Unido, *UK Arbitration Act of* 1996, seção 9(1)-(2) – "(1) A party to an arbitration agreement against whom legal proceedings are brought (whether by way of claim or counterclaim) in respect of a matter which under the agreement is to be referred to arbitration may (upon notice to the other parties to the proceedings) apply to the court in which the proceedings have been brought to stay the proceedings so far as they concern that matter. (2) An appli-

legislação inglesa é clara ao prever o efeito negativo de convenção de arbitragem que esteja condicionada a outros métodos de resolução de disputa prévios, mesmo que esse requisito ainda não tenha sido satisfeito,[1162] de forma que não há dúvida sobre a validade de cláusulas escalonadas.

A respeito da controvérsia sobre a obrigatoriedade de recurso à mediação antes de acessar a arbitragem, constata-se que o que importa para a efetividade de cláusulas escalonadas mediação-arbitragem é a definição dos termos contratuais.[1163] Para assegurar essa obrigatoriedade, as partes devem pactuar: *(i)* a opção pela mediação e a instituição com poderes para sua condução; e *(ii)* a sua essencialidade para acessar a arbitragem.[1164]

---

cation may be made notwithstanding that the matter is to be referred to arbitration only after the exhaustion of other dispute resolution procedures".

1162 "The final point to note in relation to multi-tiered dispute resolution clauses concerns the consequences if, where the last step is arbitration, a party instead institutes court proceedings. As set out in Chapter 20, section 9 of the 1996 Act provides that a court must stay court proceedings where there is an arbitration agreement between the parties. Section 9(2) of the 1996 Act makes it clear that an application for such a stay can be made 'notwithstanding that the matter is to be referred to arbitration only after the exhaustion of other dispute resolution procedures' – in other words, notwithstanding a multi-tiered dispute resolution clause" (JENKINS, Jane; ROSENBERG, Kim. Engineering and Construction Arbitration. LEW, Julian D.M; BOR, Harris; et al. (eds). *Arbitration in England, with chapters on Scotland and Ireland*. A Haia: Kluwer Law International, p. 159-192, 2013. p. 181-182).

1163 "In summary, these days English courts enforce non-adjudicatory steps of multi-tiered dispute resolution provisions. Moreover, it is not sufficient just to appoint a neutral advisor and then to withdraw without having effectively mediated. On the contrary, parties have to engage in mediation proceedings if they do not want to face detriments" (KRENNBAUER, Stefan. Enforceability of multi-tiered dispute resolution clauses in international business contracts. *Y.B. on Int'l Arb.*, v. 1, p. 199-206, 2010. p. 204); "To be enforceable, a contractual clause [prevendo a resolução escalonada de disputas] must be reasonably certain. Some ADR clauses have failed this test. In Tang Chung Wah, for example, the English High Court refused to enforce a multi-tier clause on the basis that it was 'too equivocal' and 'too nebulous', and contained no 'guidance as to the quality or nature of the attempts to be made to resolve a dispute'" (REDFERN, Alan; BLACKABY, Nigel; PARTASIDES, Constantine. Agreement to Arbitrate. In: REDFERN, Alan; BLACKABY, Nigel; PARTASIDES, Constantine. *Redfern and Hunter on International Arbitration*. 7. ed. Oxford: Oxford University Press. 2023, Capitulo 2, § 98); "As to the first question, if English law governs the clause, the enforceability of each step in the multi-tiered dispute resolution clause is a matter of whether the clause is sufficiently certain. This includes the issue of whether there is sufficient objective criteria to decide whether there has been compliance with the clause. In considering such a question, the English courts have demonstrated a propensity to lean in favour of upholding dispute resolution clauses: 'the English courts should nowadays not be astute to accentuate uncertainty (and therefore unenforceability) in the field of dispute resolution references" (JENKINS, Jane; ROSENBERG, Kim. Engineering and Construction Arbitration. LEW, Julian D.M; BOR, Harris; et al. (eds). *Arbitration in England, with chapters on Scotland and Ireland*. A Haia: Kluwer Law International, 2013, p. 159-192. p. 178).

1164 "Against that background, the English courts have developed the following criteria for determining whether an ADR clause should be upheld: (1) The process must be sufficiently certain in that there should not be the need for an agreement at any stage before matters can proceed. (2) The administrative processes for selecting a party to resolve the dispute and to

Satisfeitos esses critérios, a jurisdição do tribunal arbitral fica condicionada ao cumprimento da obrigação de mediar.[1165-1166]

---

pay that person should be defined. (3) The process or at least a model of the process should be set out so that the detail of the process is sufficiently certain" (JENKINS, Jane; ROSENBERG, Kim. Engineering and Construction Arbitration. LEW, Julian D.M; BOR, Harris; et al.(eds). *Arbitration in England, with chapters on Scotland and Ireland*. A Haia: Kluwer Law International, 2013, p. 159-192. p. 178); "The extent to which any such [cláusulas escalonadas] are binding on the contractual parties has been considered by the courts. Essentially, the position is as follows:(1) A mere agreement to agree is not enforceable at law, because it lacks sufficient certainty as to what is required of the parties in order to comply. (2) ADR contract clauses can be enforceable provided they meet certain criteria. These are: – A clear contractual obligation on the parties to participate in the ADR process, without the requirement for further consent to it. A clearly-defined methodology for appointing the neutral. A clearly-defined ADR or mediation process to be followed (either through detailed bespoke drafting within the clause or by importing the standard terms of an ADR institution)" (MARSH, Bill; ODDY, Alexander; O›NEILL, Jan. England and Wales. In: ALEXANDER, Nadja; WALSH, Sabine; et al (Ed.); *EU Mediation Law Handbook, Global Trends in Dispute Resolution*, v. 7. A Haia: Kluwer Law International, 2017, p. 203-238. p. 221).

1165 "There are two potential outcomes: (i) the reference to arbitration will be ineffective because of this procedural irregularity; or (ii) the non-compliance constitutes a breach of contract for which damages are payable to the innocent party (which damages would be impossible to quantify in any event). There are indications that the English courts (and hence arbitral tribunals considering English law governed arbitration agreements) will adopt the former course. That then begs the question of what is the status of the reference to arbitration? The better view is that the arbitration proceedings should be closed and not simply stayed pending compliance with the preceding steps in the multi-tiered dispute resolution clause. This is because the arbitral tribunal's jurisdiction can only spring from the agreement of the parties and, in circumstances where there is a mandatory multi-tiered dispute resolution clause, the parties have expressly agreed that arbitration proceedings cannot be commenced until the preceding steps are complete. However, it is important to bear in mind that the lack of jurisdiction will not undermine the validity of the claim itself – just the reference to arbitration at that time. The procedural irregularity can be corrected, and the dispute properly referred to arbitration, once the parties have complied with the preceding steps in the multi-tiered dispute resolution clause" (JENKINS, Jane; ROSENBERG, Kim. Engineering and Construction Arbitration. LEW, Julian D.M; BOR, Harris; et al. (eds). *Arbitration in England, with chapters on Scotland and Ireland*. A Haia: Kluwer Law International, 2013, p. 159-192. p. 180-181).

1166 "In the context of a positive obligation to attempt to resolve a dispute or difference amicably before referring a matter to arbitration or bringing proceedings the test is whether the provision prescribes, without the need for further agreement, (a) a sufficiently certain and unequivocal commitment to commence a process (b) from which may be discerned what steps each party is required to take to put the process in place and which is (c) sufficiently clearly defined to enable the court to determine objectively (i) what under that process is the minimum required of the parties to the dispute in terms of their participation in it and (ii) when or how the process will be exhausted or properly terminable without breach" (Reino Unido, High Court of Justice, Chancery Division, Tang Chung Wah (Aka Alan Tang) & Lee Fung Ying (AKA Alison Wong) v. Grant Thornton International Ltd & Others, [2012] EWHC 3198 (Ch). j. 14.11.2012, § 60).

No caso *Ohpen Operations v. Invesco Fund Managers*, julgado pela *High Court of Justice* em 2019, sintetizou-se as premissas aplicáveis às cláusulas escalonadas, a partir de posicionamentos prévios da *High Court of England and Wales*. São eles: "*(i)* A cláusula deve criar uma obrigação eficaz que demande das partes a participação em um método alternativo de resolução de disputas; *(ii)* Essa obrigação deve estar expressamente indicada como uma condição precedente à instauração de processo judicial ou da arbitragem; *(iii)* O procedimento de resolução de disputas a ser seguido não precisa ser formal, mas deve ser suficientemente claro e certo, com base em critérios objetivos – incluindo mecanismos para nomeação de um mediador ou definir qualquer outra etapa necessária do procedimento, sem a necessidade de novo acordo entre as partes; *(iv)* O tribunal possui discricionariedade para suspender o andamento de procedimentos iniciados em violação a uma cláusula de resolução de disputas eficaz. Ao exercer essa discricionariedade, o tribunal considerará o interesse de ordem pública em respeitar o acordo comercial celebrado entre as partes e em promover o objetivo maior de auxiliar as partes na solução de seus conflitos".[1167]

[1167] Tradução livre, no original: "(i) The agreement must create an enforceable obligation requiring the parties to engage in alternative dispute resolution; (ii) The obligation must be expressed clearly as a condition precedent to court proceedings or arbitration; (iii) The dispute resolution process to be followed does not have to be formal but must be sufficiently clear and certain by reference to objective criteria, including machinery to appoint a mediator or determine any other necessary step in the procedure without the requirement for any further agreement by the parties; (iv) The court has a discretion to stay proceedings commenced in breach of an enforceable dispute resolution agreement. In exercising its discretion, the Court will have regard to the public policy interest in upholding the parties' commercial agreement and furthering the overriding objective in assisting the parties to resolve their disputes" (Reino Unido, High Court of Justice, Business and Property Courts of England and Wales Technology and Construction Court, Ohpen Operations UK Ltd v. Invesco Fund Managers Ltd, HT-2019-000137. j. 16.08.2019). A corte sintetizou os seguintes posicionamentos: "However, where commercial parties have agreed a dispute resolution clause which purports to prevent them from launching into an expensive arbitration without first seeking to resolve their dispute by friendly discussions the courts should seek to give effect to the parties' bargain. Moreover, there is a public interest in giving effect to dispute resolution clauses which require the parties to seek to resolve disputes before engaging in arbitration or litigation. The obligation to seek to resolve disputes by friendly discussions must import an obligation to seek to do so in good faith. In traditional terms such an obligation goes without saying and is necessary to give business efficacy to the contract. In modern terms that is what the contract would be reasonably understood to mean" (Reino Unido, High Court of England and Wales, Queen's Bench Division, Commercial Court, Emirates Trading Agency LLC v. Prime Mineral Exports Private Limited, 2013 Folio 1559. j. 01.07.2014, §§ 50 a 51); "Accordingly, in the present case I conclude that clause 41.2 includes a sufficiently defined mutual obligation upon the parties both to go through the process of initiating a mediation, selecting a mediator and at least presenting that mediator with its case and its documents and attending upon him. There can be no serious difficulty in determining whether a party has complied with such requirements" (Reino Unido, High Court of England and Wales, Queen's Bench Division, *Cable & Wireless plc v. IBM,* EWHC 2059. j. 11.10.2002, p. 8); Reino Unido, High Court of England and Wales, Queen's Bench Division, Technology and

1. Direito Português

A discussão sobre cláusulas compromissórias escalonadas Med-Arb é incipiente no ordenamento português. Em verdade, Mariana França Gouveia afirma que, até a promulgação da lei de mediação portuguesa, em 2013, "a questão não havia sido discutida no nosso ordenamento jurídico – nem pela doutrina, nem pela jurisprudência".[1168] Não obstante, a doutrina portuguesa é aberta à ideia de cláusulas escalonadas, vinculando sua eficácia à autonomia privada das partes em modular os métodos de resolução de disputa que julgarem adequados.[1169]

Deve-se ressalvar, entretanto, as dúvidas que restam sobre os efeitos da cláusula escalonada, especialmente acerca das consequências jurídicas da inobservância do es-

---

Construction Court, Holloway & Anor v. Chancery Mead Ltd, EWHC 2495 (TCC), j. 30.07.2007 e Reino Unido, High Court of England and Wales, Chancery Division, Tang v Grant Thornton International Ltd, EWHC 3198 (Ch). j. 14.11.2012.

1168 "Até à sua previsão legal, a questão não havia sido discutida no nosso ordenamento jurídico – nem pela doutrina, nem pela jurisprudência. Também a Diretiva 2008/52/CE nenhuma norma contém sobre o problema. No entanto, diversos ordenamentos jurídicos estrangeiros iniciaram esta discussão, alguns com norma jurídica expressa, a maioria sem. A recente Lei da Mediação decidiu – e bem – regular a questão, estabelecendo, no art. 12, LM, regras claras e, no meu ponto de vista, acertadas" (GOUVEIA, Mariana França. *Curso de Resolução Alternativa de Litígios*. 3. ed. Coimbra: Grupo Almedina, 2020. p. 78-79).

1169 "Uma questão importante é muitíssimo atual é a dos efeitos da celebração pelas partes de uma convenção de mediação. É certo que as partes, na sua autonomia privada, podem acordar, no âmbito de um litígio ou previamente à sua existência (no contrato), o recurso à mediação. Esta convenção tanto pode estar sozinha, como acompanhar uma convenção de arbitragem. Neste caso, é conhecida como *multi-step clause*, querendo com esta expressão indicar-se que os contraentes acordam na resolução do seu eventual litígio em várias fases. Assim, numa cláusula deste tipo, de acordo com a vontade das partes, o litígio deve ser resolvido em primeiro lugar por mediação e, se esta não for bem-sucedida, por arbitragem" (GOUVEIA, Mariana França. *Curso de Resolução Alternativa de Litígios*. 3. ed. Coimbra: Grupo Almeida, 2020. p. 78); "As cláusulas compromissórias podem ser escalonadas ou não escalonadas: as primeiras preveem procedimentos de resolução alternativa do litígio prévios à arbitragem, em regra de caráter sucessivo. Moldadas pela autonomia privada das partes, exibem um conteúdo muito variável. Os próprios métodos ADR prévios podem ser consensuais, como a negociação e a mediação, ou corresponder a *expert determination* ou *dispute boards*, estes últimos comuns em contratos de construção" (PIRES, Catarina Monteiro. Convenção de Arbitragem. In: PIRES, Catarina Monteiro; DIAS, Rui Pereira (Coords.). *Manual de Arbitragem Internacional Lusófona*. V. 1. Coimbra: Almedina, 2020. p. 63, itálico no original); "Cláusulas escalonadas. Hipótese típica de regulação procedimental é a das denominadas cláusulas escalonadas, de escalagem ou de escalada (*Eskalationsklauseln*). As partes podem prever um esquema processual em fases distintas – no mínimo: duas – com regras procedimentais diferenciadas. Por exemplo: em caso de divergência, observa-se o seguinte: (a) reúnem os técnicos das duas entidades, procurando, no prazo de 30 dias, uma solução consensual; (b) não havendo acordo, reúnem as administrações respetivas; (c) não havendo acordo, recorre-se à mediação do bastonário da Ordem dos Advogados; (d) não havendo acordo, segue-se arbitragem" (MENEZES CORDEIRO, António. *Tratado da Arbitragem*. Coimbra: Almedina, 2016. p. 281).

calonamento pactuado.[1170] Catarina Monteiro Pires caracteriza este como o "problema fundamental"[1171] das cláusulas escalonadas. A jurisprudência de Portugal ainda não enfrentou o tema.[1172]

Considerando apenas a legislação vigente, duas abordagens são possíveis, a partir da interpretação sistemática da lei de mediação e da lei de arbitragem de Portugal. De um lado, pode-se argumentar que, uma vez que as cláusulas escalonadas mediação--arbitragem não perdem sua natureza de convenção de arbitragem, a elas se aplicam as normas materiais previstas na Lei de Arbitragem Voluntária.[1173] Nessa linha, uma possível solução diante da não observância da mediação prévia é a futura anulação da

---

1170 "A admissibilidade de uma cláusula [escalonada mediação-arbitragem] é inquestionável, porque, como disse, se funda na autonomia privada das partes. Ponto já eventualmente mais discutível é o dos seus efeitos, designadamente quando há incumprimento. Numa situação em que uma das partes não inicia a resolução do litígio pela mediação, partindo logo para a arbitragem ou para o tribunal judicial, coloca-se a questão de saber como deve este tribunal decidir caso a parte contrária levante a questão" (GOUVEIA, Mariana França. *Curso de Resolução Alternativa de Litígios*. 3. ed. Coimbra: Grupo Almedina, 2020. p. 78-79).

1171 "O problema fundamental é, em termos restritos, o de saber se tais procedimentos ADR se assumem como condição prévia da arbitragem, cuja insatisfação impediria o início do processo arbitral" (PIRES, Catarina Monteiro. Convenção de Arbitragem. In: PIRES, Catarina Monteiro; Rui Pereira Dias (Coord.). *Manual de Arbitragem Internacional Lusófona*. V. 1. Coimbra: Almedina, 2020. p. 63).

1172 "Article 12 of the Mediation Law specifically regulates agreements to refer future disputes arising out of contractual relationships to mediation. It provides clear criteria as to how such agreements must be entered into (in writing) and sanctions for breach, namely, that proceedings being brought under such a contract must be suspended and the case referred to mediation. The general, and in the case of cross-border agreements to mediate, international law of contract will also apply to the interpretation by a court of the validity of such clauses. Jurisprudence on such clauses is still developing and thus not of much assistance yet in establishing how strong such clauses are in Portugal" (WALSH, Sabine; D'ABREU, Miguel Cancella. Portugal. In: WALSH, Sabine; D'ABREU, Miguel Cancella; ALEXANDER, Nadja; et al. (Ed.); *EU Mediation Law Handbook, Global Trends in Dispute Resolution*, v. 7. A Haia: Kluwer Law International, 2017, p. 623-636. p. 628). A fim de estudar o tratamento das cláusulas escalonadas mediação-arbitragem no direito português, analisamos decisões do Superior Tribunal de Justiça de Portugal. No site da corte, acessamos o banco de decisões da corte, a base de dados DGSI (A partir do site do STJP, seguimos da seguinte forma: Jurisprudência > Acordãos > Regras de Pesquisa (DGSI) > Link Para DGSI). Em 29.08.2023 buscamos pelas palavras-chave "arbitragem" e "mediação", cumuladas na seção "Pesquisa por Termos", disponível na base de dados DGSI. Obteve-se 32 decisões pela corte superior portuguesa, analisadas em sua completude. Nenhum deles tratava da questão das cláusulas escalonadas mediação arbitragem, de forma que não se encontra no Superior Tribunal de Justiça português a solução para a questão em comento.

1173 "Note-se, ainda, sem embargo do exposto, que, no nosso entendimento, as cláusulas escalonadas não perdem a natureza de cláusulas compromissórias pela circunstância de associarem outros procedimentos prévios. Nessa medida, aplicam-se-lhe as regras materiais que regem a convenção de arbitragem" (PIRES, Catarina Monteiro. Convenção de Arbitragem. In: PIRES, Catarina Monteiro; Rui Pereira Dias (Coord.). *Manual de Arbitragem Internacional Lusófona*. V. 1. Coimbra: Almedina, 2020. p. 65).

sentença arbitral proferida.[1174] Como explica Menezes Cordeiro, essa solução depende da demonstração por parte do autor da ação anulatória de que o inadimplemento da cláusula escalonada teve influência decisiva na resolução do litígio,[1175] nos moldes previstos na LAV.[1176]

Por outro lado, a partir do art. 12 da Lei de Mediação,[1177] é possível realizar interpretação restritiva e concluir que a única sanção possível é a suspensão do litígio e a remissão das partes à mediação.[1178] Mariana França Gouveia caracteriza esse instituto como inovador e adequado à mediação, mas faz ressalvas quanto às possíveis manobras dilatórias.[1179]

1174 "Sublinhe-se ainda que, em alguns casos, as partes acordam que, antes de se dar início ao processo arbitral, há um dever de, num determinado período de tempo, tentar chegar a acordo, seja por via da mediação, da conciliação ou outro meio acordado pelas partes. Se esta via não tiver sido observada pelas partes e estiver suficientemente especificada no acordo celebrado, a decisão do tribunal arbitral poderá ser impugnada e eventualmente anulada. Noutros casos, é o próprio tribunal arbitral que decidirá pela sua incompetência para apreciar o litígio" (OLIVEIRA, Elsa Dias. *Arbitragem Voluntária*: uma introdução. Coimbra: Almedina, 2020. p. 32).

1175 "Pergunta-se: em tal eventualidade, se alguma das partes "saltar" uma das fases [da cláusula escalonada] (ou mais), há invalidade da decisão final? À resposta deve ser procurada à luz do 46.º/3, a), iv): a invalidade ocorre se se demonstrar que o desrespeito pela "escalada" teve influência decisiva na resolução do litígio. A inobservância da escalagem pode resultar da sua patente inutilidade ou de dificuldades postas por uma das partes à outra. Ora a tutela arbitral – que aqui substitui a judicial – é, sempre, irrenunciável: ainda que através de escalagens" (MENEZES CORDEIRO, António. *Tratado da Arbitragem*. Coimbra: Almedina, 2016. p. 281).

1176 Portugal, LAV, art. 46, n.3, (a) (iv) "Art. 46. – Pedido de anulação – A sentença arbitral só pode ser anulada pelo tribunal estadual competente se:(a) A parte que faz o pedido demonstrar que: (iv) A composição do tribunal arbitral ou o processo arbitral não foram conformes com a convenção das partes, a menos que esta convenção contrarie uma disposição da presente lei que as partes não possam derrogar ou, na falta de uma tal convenção, que não foram conformes com a presente lei e, em qualquer dos casos, que essa desconformidade teve influência decisiva na resolução do litígio".

1177 Portugal, Lei 29/2013, art. 12 (4) "O tribunal no qual seja proposta ação relativa a uma questão abrangida por uma convenção de mediação deve, a requerimento do réu deduzido até ao momento em que este apresentar o seu primeiro articulado sobre o fundo da causa, suspender a instância e remeter o processo para mediação".

1178 "A Lei da Mediação veio resolver, no direito português, este problema estabelecendo como consequência da propositura de ação sem início prévio de um procedimento de mediação (quando as partes haviam nesse sentido acordado) a suspensão da instância. De acordo com o nº 4 do art. 12.º LM, o tribunal, judicial ou arbitral, no qual seja proposta ação relativa a questão abrangida por uma convenção de mediação deve, se requerido pelo réu, suspender a instância e remeter o processo para mediação. Este é um regime inovador na nossa ordem jurídica e, parece-me, adequado à mediação" (GOUVEIA, Mariana França. *Curso de Resolução Alternativa de Litígios*. 3. ed. Coimbra: Grupo Almedina, 2020. p. 82).

1179 "Claro que tem o óbice de beneficiar o infrator, na medida em que lhe permite sempre que inicie o processo judicial, que simule a sua presença efetiva numa sessão de mediação e continue depois com o processo. À solução da extinção da instância não permitiria este eventual abuso, mas ainda assim, penso que a solução legal faz sentido. Só não faria se não se exigisse a homologação do acordo – o que confesso, sempre entendi, que seria a melhor

5. Direito Espanhol

O tratamento das cláusulas compromissórias escalonadas na Espanha é peculiar quando comparado com os demais países europeus.[1180] Por um lado, a *Ley de mediación en asuntos civiles y mercantiles* é clara ao prever que, quando existir cláusula escrita que exprima o compromisso de submeter à mediação as controvérsias surgidas entre as partes, estas deverão tentar solucionar de boa-fé antes de recorrer à arbitragem, mesmo nos casos em que a controvérsia versar sobre a validade ou existência do contrato em que conste.[1181] Por outro lado, a jurisprudência do *Tribunal Superior de Justicia* vai em sentido contrário, não vendo óbice à instauração do procedimento arbitral pela não observância de mediação anterior.[1182]

Os arts. 6º e 10º da *Ley de mediación en asuntos civiles y mercantiles* preveem que, existindo convenção de mediação entre as partes, estas não podem submeter a disputa prevista na convenção de mediação às cortes estatais, ou a qualquer procedimento extrajudicial, durante o trâmite da mediação ou depois dele.[1183] Excetua o legislador espanhol, entretanto, a possibilidade de que as partes recorram às cortes estatais ou extrajudiciais em busca de medidas cautelares e urgentes.[1184]

A legislação espanhola modula essa preferência pela mediação, ao dispor que ninguém será obrigado a se manter em um procedimento de mediação ou a concluir

---

opção, já que a homologação é facultativa na mediação pré-judicial (art. 14.º LM)" (GOUVEIA, Mariana França. *Curso de Resolução Alternativa de Litígios*. 3. ed. Coimbra: Grupo Almedina, 2020. p. 82).

1180 "In contrast to mediation legislation in many European countries, Spanish law directly addresses the question of the enforceability of mediation clauses" (TERRAZÓN, Mercedes; SALDAÑA, Marian Gili. Spain. In: ALEXANDER, Nadja; WALSH, Sabine, et al. *EU Mediation Law Handbook, Global Trends in Dispute Resolution*. V. 7. A Haia: Kluwer Law International, 2017, p. 739-760. p. 748)

1181 Espanha, Ley 5/2012, de 6 de julio, art. 6º, § 2º: "Cuando exista un pacto por escrito que exprese el compromiso de someter a mediación las controversias surgidas o que puedan surgir, se deberá intentar el procedimiento pactado de buena fe, antes de acudir a la jurisdicción o a otra solución extrajudicial. Dicha cláusula surtirá estos efectos incluso cuando la controversia verse sobre la validez o existencia del contrato en el que conste".

1182 Espanha, Tribunal Superior de Justicia, Sala de lo Civil y Penal, SNIACE, S.A. v. GDF SUEZ ENERGIA ESPAÑA, S.A.U., ROJ STSJM 10346/2014. j. 10.06.2014.

1183 Espanha, Ley 5/2012, de 6 de julio, art. 10º, § 2º "Las partes sujetas a mediación actuarán entre sí conforme a los principios de lealtad, buena fe y respeto mutuo. Durante el tiempo en que se desarrolle la mediación las partes no podrán ejercitar contra las otras partes ninguna acción judicial o extrajudicial en relación con su objeto (...)".

1184 Espanha, Ley 5/2012, de 6 de julio, art 10º, § 2º "Las partes sujetas a mediación actuarán entre sí conforme a los principios de lealtad, buena fe y respeto mutuo. Durante el tiempo en que se desarrolle la mediación las partes no podrán ejercitar contra las otras partes ninguna acción judicial o extrajudicial en relación con su objeto, con excepción de la solicitud de las medidas cautelares u otras medidas urgentes imprescindibles para evitar la pérdida irreversible de bienes y derechos. El compromiso de sometimiento a mediación y la iniciación de ésta impide a los tribunales conocer de las controversias sometidas a mediación durante el tiempo en que se desarrolle ésta, siempre que la parte a quien interese lo invoque mediante declinatoria".

um determinado acordo.[1185] Em todos os casos, a invocação da necessidade de observância do procedimento de mediação prévia obrigatória deve ser arguida na primeira oportunidade possível, sob pena de preclusão.[1186]

Miguel Gómez Jene, analisando as especificações da lei de mediação espanhola, enxerga dois tratamentos teoricamente possíveis, a depender da redação da convenção de mediação: *(i)* em caso de escalonamento opcional, bastaria que uma das partes dê início à arbitragem ou que não compareça à mediação para haver renúncia tácita à mediação;[1187] *(ii)* em caso de escalonamento obrigatório, na hipótese de arbitragem que seja iniciada ao arrepio da cláusula escalonada obrigatória, deve o árbitro se ater às especificações desta para confirmar se possui, de fato, jurisdição.[1188]

Assim, no caso de cláusulas escalonadas que prevejam, necessariamente, a antecedência temporal do procedimento de mediação, incide o princípio *Kompetenz-kompetenz*

1185 Espanha, Ley 5/2012, de 6 de julio, art. 6º, § 3º: "[n]adie está obligado a mantenerse en el procedimiento de mediación ni a concluir un acuerdo".

1186 Caso uma das partes deseje se valer da exceção de mediação para afastar a jurisdição arbitral, deve fazê-lo na primeira oportunidade que tiver de se manifestar, por força dos arts. 22, § 2º e 10, § 2º das leis espanholas de arbitragem e mediação, respectivamente: Espanha, Ley 60/2003, de 23 de diciembre, art. 22, § 2º "Las excepciones a las que se refiere el apartado anterior deberán oponerse a más tardar en el momento de presentar la contestación, sin que el hecho de haber designado o participado en el nombramiento de los árbitros impida oponerlas. La excepción consistente en que los árbitros se exceden del ámbito de su competencia deberá oponerse tan pronto como se plantee, durante las actuaciones arbitrales, la materia que exceda de dicho ámbito. Los árbitros sólo podrán admitir excepciones opuestas con posterioridad si la demora resulta justificada"; Espanha, Ley 5/2012, de 6 de julio, art. 10, § 2º: "Las partes sujetas a mediación actuarán entre sí conforme a los principios de lealtad, buena fe y respeto mutuo. Durante el tiempo en que se desarrolle la mediación las partes no podrán ejercitar contra las otras partes ninguna acción judicial o extrajudicial en relación con su objeto, con excepción de la solicitud de las medidas cautelares u otras medidas urgentes imprescindibles para evitar la pérdida irreversible de bienes y derechos. El compromiso de sometimiento a mediación y la iniciación de ésta impide a los tribunales conocer de las controversias sometidas a mediación durante el tiempo en que se desarrolle ésta, siempre que la parte a quien interese lo invoque mediante declinatoria".

1187 "In the context of optional escalation, therefore, it is sufficient for one of the parties to initiate arbitration and thereby to tacitly waive mediation; in effect this amounts to unilateral tacit repudiation that closes the mediation door. An apparently different question arises when one party initiates mediation before arbitration. In this scenario, the effectiveness of that submission to mediation will depend on the behaviour of the other side. Thus, if the latter decides not to appear at the mediation, it must be assumed that they wish to proceed by way of arbitration. The absence of consent and willingness to cooperate in initiating mediation is sufficient to assume that mediation of the issue is redundant" (JENE, Miguel Gómez. *International Commercial Arbitration in Spain*. A Haia: Kluwer Law International, 2019. p. 123).

1188 "From the arbitrator's perspective, the obligatory escalation clause is important, given that the jurisdiction of the arbitrator arises by virtue of this clause. Therefore, to examine his own jurisdiction, the arbitrator must establish that the different stages as set forth in the relevant clause have been completed" (JENE, Miguel Gómez. *International Commercial Arbitration in Spain*. A Haia: Kluwer Law International, 2019. p. 125).

a empoderar o tribunal arbitral para definir se os requisitos prévios foram satisfeitos.[1189] Caso se conclua que a previsão de mediação foi descumprida,[1190] ou constate a existência de uma mediação concomitante a arbitragem,[1191] declarará que não possui jurisdição. O melhor entendimento é no sentido de haver, ao menos, uma tentativa de mediação para que se possa optar pela via arbitral, sem receio de futuras anulações.[1192]

Por mais que a legislação vá nesse sentido, a jurisprudência vai em outro.[1193] Em decisão de 2014, o *Tribunal Superior de Justicia* se deparou com uma ação de anulação de sentença arbitral parcial.[1194] A demandante defendeu a nulidade da sentença parcial,

---

1189 Espanha, Ley 60/2003, de 23 de diciembre, art. 22, § 1º: "Potestad de los árbitros para decidir sobre su competencia. § 1. Los árbitros estarán facultados para decidir sobre su propia competencia, incluso sobre las excepciones relativas a la existencia o a la validez del convenio arbitral o cualesquiera otras cuya estimación impida entrar en el fondo de la controversia. A este efecto, el convenio arbitral que forme parte de un contrato se considerará como un acuerdo independiente de las demás estipulaciones del mismo. La decisión de los árbitros que declare la nulidad del contrato no entrañará por sí sola la nulidad del convenio arbitral".

1190 "If the *escalation* clause provides a deadline within which to attempt mediation, then that period must be respected. If one of the parties resorts to arbitration without the stipulated period having been exhausted, the other party may, in the terms described above, challenge the – present – lack of jurisdiction of the arbitrator" (JENE, Miguel Gómez. International Commercial Arbitration in Spain. A Haia: Kluwer Law International, 2019, p. 125).

1191 "In any case, once mediation is embarked upon, the arbitrator must withdraw until the mediation remedy is exhausted" (JENE, Miguel Gómez. *International Commercial Arbitration in Spain*. A Haia: Kluwer Law International, 2019, p. 124)

1192 "All this should be conducted in accordance with the terms outlined so far. Though, in the absence of an express specification, it will suffice to note that the parties have at least made an 'attempt' to mediate. If the arbitrator fails to observe the stages – or phases – as set forth in the clause in question this will irrevocably quash any award made; as is expressly recognized in the comparative jurisprudence" (JENE, Miguel Gómez. *International Commercial Arbitration in Spain*. A Haia: Kluwer Law International, 2019, p. 125).

1193 "It is worth noting that, despite the existence of this provision, some case law exists which could indicate that the courts might not always take this approach. In a case before the Madrid Superior Court, parties had entered into a multi-tiered dispute resolution clause where mediation was to be attempted first. Even before the first mediation session, the claimant submitted a request for arbitration on the basis of a necessity for interim measures. The court found that, 'while the mediation provisions in the contract had been breached, the arbitration agreement had not been invalidated, because the agreement anticipated the possibility of the parties seeking interim relief through arbitration proceedings'. This raises some questions about how enthusiastically courts might enforce Article 10(2)" (TERRAZÓN, Mercedes; SALDAÑA, Marian Gili. Spain. In: ALEXANDER, Nadja; WALSH, Sabine, et al. *EU Mediation Law Handbook, Global Trends in Dispute Resolution*. V. 7. A Haia: Kluwer Law International, 2017, p. 739-760. p. 749).

1194 A sentença em questão fora proferida no *Procedimiento Arbitral 2391*, instaurado perante a *Corte de Arbitraje de la Cámara Oficial de Comercio e Industria de Madrid, Corte Civil y Mercantil de Madrid*, tendo como Requerente SINACE S.A e como Requerida GDF SUEZ ENERGÍA ESPAÑA, S.A.U. A demandante no procedimento de anulação, SINACE, requeria a anulação do *Laudo Parcial de 1 de julio de 2013* (Espanha, Tribunal Superior de Justicia, Sala de lo Civil y Penal, SNIACE, S.A. v. GDF SUEZ ENERGIA ESPAÑA, S.A.U., ROJ STSJM 10346/2014. j. 10.06.2014. p. 1).

em razão do desrespeito à cláusula escalonada – o contrato entre as partes condicionava o recurso à arbitragem ao decurso de um mês de mediação infrutífera. Todavia, embora a demandada tenha notificado a câmara de mediação competente para dar início ao procedimento, sendo realizada a primeira sessão de mediação, o prazo de um mês não foi observado e a demanda foi levada à arbitragem apenas 4 dias após a primeira sessão realizada junto ao *Centro de Mediación del Ilustre Colegio de Abogados de Madrid.*[1195] A demandada argumentou, entretanto, que deu início ao procedimento arbitral para se valer de medidas cautelares por parte do tribunal arbitral,[1196] a rigor do art. 10 da lei de mediação espanhola.[1197]

Ainda que tenha reconhecido o inadimplemento da demandada perante a convenção de mediação, o tribunal espanhol decidiu que disso não se colhe a inexistência da convenção de arbitragem.[1198] O tribunal traçou um paralelo entre a cláusula escalonada e os demais contratos que condicionam seus efeitos a prazo certo – antes do decurso do prazo, ou previamente à realização da mediação, os contratos são perfeitamente

---

1195 Espanha, Tribunal Superior de Justicia, Sala de lo Civil y Penal, SNIACE, S.A. v. GDF SUEZ ENERGIA ESPAÑA, S.A.U., ROJ STSJM 10346/2014. j. 10.06.2014, p. 2.

1196 "Por la demandada se alega, que la mediación quedó debidamente constituida, que el 13 de febrero tuvo lugar la sesión constitutiva de la mediación, que se llevó a cabo la misma con dos sesiones más, los días 20 y 25 de febrero, que terminó, según la mediadora, porque "claramente las posiciones de las partes en estos momentos son absolutamente dispares sin posibilidad de llegar a acuerdos", que por tanto la mediación quedó debidamente constituida, y que la solicitud de arbitraje obedecía a la necesidad de solicitar medidas urgentes y cautelares, para lo que era necesario la constitución del Tribunal Arbitral, lo que permite el artículo 10 de la Ley de Mediación 5/2012" (Espanha, Tribunal Superior de Justicia, Sala de lo Civil y Penal, SNIACE, S.A. v. GDF SUEZ ENERGIA ESPAÑA, S.A.U., ROJ STSJM 10346/2014. j. 10.06.2014, p. 2).

1197 Como já referenciado, Espanha, Ley 5/2012, de 6 de julio, art 10º, § 2º: "Las partes sujetas a mediación actuarán entre sí conforme a los principios de lealtad, buena fe y respeto mutuo. Durante el tiempo en que se desarrolle la mediación las partes no podrán ejercitar contra las otras partes ninguna acción judicial o extrajudicial en relación con su objeto, con excepción de la solicitud de las medidas cautelares u otras medidas urgentes imprescindibles para evitar la pérdida irreversible de bienes y derechos.El compromiso de sometimiento a mediación y la iniciación de ésta impide a los tribunales conocer de las controversias sometidas a mediación durante el tiempo en que se desarrolle ésta, siempre que la parte a quien interese lo invoque mediante declinatoria".

1198 "En este caso se presentó demanda de arbitraje el día 18 de enero de 2013 y la primera sesión/constitución de la mediación tuvo lugar el 13 de febrero de 2013, ya que el mismo comienza con la misma, según dispone el artículo 19.1 de la Ley de Mediación, conclusión a la que llega el árbitro y que compartimos, por tanto GDF incumplió la citada cláusula, pues la controversia debería haberse sometido previamente a la mediación antes de iniciar el arbitraje, -con la consecuencia necesaria, en su caso, que apunta el árbitro, de los daños y perjuicios que se deriven de tal actuación-, pero ello no afecta a la existencia de convenio arbitral, por lo que no concurre la causa a) del artículo 41.1 de la LA, que se alega por la demandante, pues el mismo sí existe aunque difiera sus efectos en el tiempo como cualquier acuerdo contractual condicionado" (Espanha, Tribunal Superior de Justicia, Sala de lo Civil y Penal, SNIACE, S.A. v. GDF SUEZ ENERGIA ESPAÑA, S.A.U., ROJ STSJM 10346/2014. j. 10.06.2014, p. 3).

existentes.[1199] Assim, entendeu que a eficácia da cláusula compromissória estava diferida no tempo.[1200] Ainda que o art. 41, § 1º, da lei de arbitragem espanhola, que elenca as possibilidades de nulidade da sentença arbitral, mencione a inexistência *ou* a nulidade da convenção de arbitragem,[1201] o *Tribunal Superior de Justicia* se ateve a afirmar a existência da convenção de arbitragem e afastou, por aquele motivo, a tese de nulidade da sentença arbitral parcial.

6. Direito Francês

No direito francês não há regulação específica sobre os efeitos de cláusulas de mediação,[1202] por conseguinte, não há regras sobre cláusulas arbitrais escalonadas. Posto isso, duas abordagens distintas são encontradas nas cortes francesas a depender de qual seja o próximo passo pactuado em cláusulas escalonadas envolvendo mediação. Na hipótese em que, após a mediação, as partes devam recorrer à justiça estatal, a participação na mediação é pré-requisito obrigatório para acesso ao Judiciário. Por outro lado, sendo o próximo passo o recurso à arbitragem, a mediação é vista como *une question de recevabilité*, mas que não tem efeitos sobre a competência do tribunal arbitral para conhecer da matéria e não é passível de análise pelas cortes estatais em sede de ação anulatória.

Sobre o primeiro cenário, a *Cour de Cassation* afirmou a natureza obrigatória da mediação pactuada pelas partes antes do recurso ao Judiciário no caso *Poiré v. Tripier.*[1203-1204] Defendeu a corte que a não satisfação do recurso à mediação abria alas

---

1199 Espanha, Tribunal Superior de Justicia, Sala de lo Civil y Penal, SNIACE, S.A. v. GDF SUEZ ENERGIA ESPAÑA, S.A.U., ROJ STSJM 10346/2014. j. 10.06.2014, p. 3.

1200 "En el presente caso, en primer lugar, debemos partir de que contractualmente entre las partes sí se establece el arbitraje como fórmula general de resolución de todo litigio, por lo que sí existe convenio arbitral, ya que en el artículo 10 del contrato se acuerda que cualquier controversia, discrepancia, cuestión o reclamación se someterá al arbitraje, ahora bien, también los es, que ese mismo artículo establece una eficacia del mismo diferida en el tiempo, a que haya transcurrido un mes desde la primera reunión conjunta de las partes con el mediador, sin obtener un acuerdo" (Espanha, Tribunal Superior de Justicia, Sala de lo Civil y Penal, SNIACE, S.A. v. GDF SUEZ ENERGIA ESPAÑA, S.A.U., ROJ STSJM 10346/2014. j. 10.06.2014. p. 3).

1201 Espanha, Ley 60/2003, de 23 de diciembre, art. 41, § 1º, *a*: " El laudo sólo podrá ser anulado cuando la parte que solicita la anulación alegue y pruebe: a) Que el convenio arbitral no existe o no es válido".

1202 "No direito francês, não existe regra que resolva o problema [da eficácia de convenções de mediação], mas a questão já foi colocada por diversas vezes na *Cour de Cassation*. A jurisprudência não é, porém, unívoca, podendo encontrar-se três teses: uma primeira de acordo com a qual a cláusula tem efeitos meramente obrigacionais, uma segunda que defende que a existência da cláusula impede a admissibilidade do processo em tribunal e uma última, que entende dever suspender-se a instância" (GOUVEIA, Mariana França. *Curso de Resolução Alternativa de Litígios*. 3. ed. Coimbra: Grupo Almedina, 2020, p. 79).

1203 França, *Cour de Cassation, Poiré v. Tripier,* Número não informado. j. 14.02.2003. Publicado integralmente em: JARROSSON, Charles. Observations on Poiré v. Tripier', in William W. Park In: PARK, William W. (ed.). *Arbitration International,* v. 19, n. 3. Oxford: Oxford University Press, 2003. p. 363-369.

1204 No mesmo sentido: "Ayant relevé que les conventions contenaient une clause de conciliation par laquelle les parties s'étaient engagées à soumettre leur différend à deux conciliateurs

para uma declaração peremptória de inadmissibilidade da demanda – denominado uma *fin de non recevoir* no *Code de procédure Civile*[1205] (4). Entendeu a corte que o rol de hipóteses de inadmissibilidade da demanda do art. 122 do Código de Processo Civil Francês não seria taxativo, podendo um instrumento contratual consistir em uma razão peremptória de não recepção da demanda.[1206] Poderia se retirar desse entendimento, majoritário nas cortes francesas, que o mesmo seria verdade caso as partes optassem por seguir a arbitragem após uma mediação infrutífera.[1207]

---

avant toute action contentieuse, un arrêt d'appel retient, à bon droit, que l'action en justice introduite par une partie sans observation de la procédure prévue par cette clause est irrecevable (1re espèce)" (França, Cour de cassation, Deuxième chambre civile, Société Polyclinique des Fleurs v. Peyrin, número não divulgado. j. 06.07.2000. Publicado em: *Revue de l'Arbitrage*, v. 2001, n. 4. Paris: Comité Français de l'Arbitrage, p 794-750, 2001).

1205 "But, given that it flows from Articles 122 and 124 of the New Code of Civil Procedure that peremptory grounds of inadmissibility ('fins de non recevoir') are not exhaustively listed; that, in itself lawful, a contractual clause establishing a mandatory mediation procedure prior to legal proceedings, the application of which suspends the prescription period, constitutes an obligatory bar to proceedings if invoked by the parties; that, having held that the deed of transfer envisaged a mediation procedure prior to any legal proceedings for disputes arising out of the contract, the Court of Appeal has correctly concluded that, prior to the application of the mediation procedure, the transferor is barred from suing on the substance of the contract;" (França, *Cour de Cassation, Poiré v. Tripier,* Número não informado. j. 14.02.2003. Publicado integralmente em: JARROSSON, Charles. Observations on Poiré v. Tripier', in William W. Park In: PARK, William W. (ed.). *Arbitration International,* v. 19, n. 3, Oxford: Oxford University Press, 2003. p. 363-369. p. 369).

1206 "In France, the question of whether a contractual obligation to mediate before going to trial has reached the highest instance. In Poir4 v. Tripie, the Cour de Cassation dismissed a claim as temporarily inadmissible for the reason that the parties had not fulfilled their contractual obligation to mediate. Once invoked by a party, the non-compliance with such clauses – given that their language is sufficiently clear – may constitute a bar to litigation" (KRENNBAUER, Stefan. Enforceability of multi-tiered dispute resolution clauses in international business contracts. *Y.B. on Int'l Arb.*, v. 1, p. 199-206, 2010, p. 205); "The precise question facing the mixed chamber of the Cour de Cassation in Poiré was whether the peremptory grounds of inadmissibility need to be set out in a legislative text and thus whether parties to a contract could contractually create such a ground, such as the one resulting from an obligatory mediation clause. The Cour de Cassation clearly answers this point in three steps. It first declares that 'it flows from articles122 and 124 of the NCCP that peremptory grounds of inadmissibility are not exhaustively listed'. Then it considers' lawful a contractual clause establishing a mandatory mediation procedure'. It finally concludes that this mandatory mediation clause 'constitutes, if invoked, an obligatory bar to proceedings" (JARROSSON, Charles. Observations on Poiré v. Tripier', in William W. Park In: PARK, William W. (ed.). *Arbitration International,* v. 19, n. 3, Oxford: Oxford University Press, 2003. p. 363-369. p. 366).

1207 "A jurisprudência francesa maioritária tem, porém, entendimento contrário. De acordo com estas decisões, a existência de uma cláusula de mediação impede a receção do processo, inserindo-o no art. 122.º do *(Noveau) Code de Procédure Civile*. Embora este artigo contenha um enunciado de razões para que a ação não seja admitida, de entre as quais não consta a mediação, o art. 124º do mesmo diploma amplia-as a outras, admitindo causas meramente contratuais como fundamento da inadmissibilidade do processo. É por esta via que a jurisprudência maioritária entende que a sanção para o incumprimento de uma cláusula de

O tratamento é distinto ao se falar de cláusulas escalonadas mediação-arbitragem, pois a lei francesa prescreve regras específicas para a análise de sentenças arbitrais, limitando o escopo de revisão. Quando posto diante de ações anulatórias de sentenças arbitrais em razão do inadimplemento da mediação prévia, o judiciário francês tem reafirmado que o cumprimento desse degrau prévio é uma questão de admissibilidade da disputa perante os árbitros, e, na hipótese que eles afirmem a própria competência, esta não será revista em sede anulatória.[1208] Entendem, então, que as hipóteses de

---

mediação é a impossibilidade de acesso ao tribunal. O processo não será admitido, obrigando-se as partes a primeiro entrar em mediação" (GOUVEIA, Mariana França. *Curso de Resolução Alternativa de Litígios*. 3. ed. Coimbra: Grupo Almedina, 2020. p. 80).

1208 A título exemplificativo deste posicionamento, temos: "§ 4. Il résulte de ce texte que, sans s'arrêter aux dénominations retenues par les arbitres ou proposées par les parties, le juge de l'annulation contrôle la décision du tribunal arbitral sur sa compétence, en recherchant tous les éléments de droit ou de fait permettant d'apprécier la portée de la convention d'arbitrage. Ce contrôle est exclusif de toute révision au fond de la sentence. § 5. Pour annuler la sentence, l'arrêt retient, d'abord, que, s'il est vrai qu'une clause d'un contrat instituant une procédure de médiation obligatoire et préalable constitue une fin de non-recevoir, il n'en demeure pas moins qu'en l'espèce, le tribunal arbitral s'est déclaré compétent, alors pourtant que les demandeurs au recours en annulation ont soutenu devant lui qu'une clause de médiation préalable et obligatoire s'imposait en vertu de l'article 12 du protocole, qu'il a lui-même constaté que le litige relevait du champ d'application de la clause de médiation et qu'il a de surcroît invité les parties à mettre en oeuvre une procédure de médiation parallèle à la procédure d'arbitrage. Il retient ensuite que le non-respect de la clause de médiation n'est donc pas en l'espèce une fin de non-recevoir ne relevant pas de l'appréciation de la cour d'appel, mais constitue une circonstance de l'espèce qui doit être prise en compte pour apprécier la violation de l'article 1492-1° du code de procédure civile. § 6. En statuant ainsi, alors que, le non-respect d'une clause de médiation est une question de recevabilité et non de compétence, la cour d'appel a violé le texte susvisé" (França, Cour de Cassation, Première chambre civile, Partes não divulgadas, Pourvoi n. 21-25.024. j. 01.02.2023, §§ 4 a 6); "Selon l'article 1520, 1°, du code de procédure civile, le recours en annulation est ouvert si le tribunal s'est déclaré à tort compétent ou incompétent. Il résulte de ce texte que, sans s'arrêter aux dénominations retenues par les arbitres ou proposées par les parties, le juge de l'annulation contrôle la décision du tribunal arbitral sur sa compétence, en recherchant, tous les éléments de droit ou de fait permettant d'apprécier la portée de la convention d'arbitrage. Il n'en va pas différemment lorsque les arbitres sont saisis sur le fondement des stipulations d'un traité"; "Cependant, sauf stipulation expresse, ces conditions ne peuvent conduire à priver le tribunal arbitral, ainsi investi, de l'exercice de son pouvoir de juger et notamment faire dépendre la compétence du tribunal de la recevabilité des demandes portées devant lui" (França, Cour D'Appel de Paris, Chambre commerciale Internationale, Pôle 5, Chambre 16, République Bolivarienne du Venezuela v. Société Rusoro Mining Limited, RG 21/10427. j. 07.06.2022. p. 6 e 7); "Les moyens ires d'une clause préalable de conciliation ou de la nécessité d'une requête conjointe ne constituent pas une exception d'incompétence mais une question relative à la recevabilité des demandes qui n'entre pas dans les cas d'ouverture prévus par l'article 1502 NCPC" (França, Cour d'appel de Paris, Première chambre civile, Société Nihon Plast Co. v. Société Takata-Petri Aktiengesellschaft. Número não disponível, j. 04.03.2004, *Revue de l'Arbitrage*, v. 2005, n. 1, Paris: Comité Français de l'Arbitrage. p. 143-151, 2005).

anulação de sentença arbitral contidas no art. 1.520 do *Code de procédure Civile*[1209] são exaustivas.[1210] Dessa forma, conclui-se que, no direito francês, a não observância pelas partes do primeiro degrau de uma convenção de arbitragem Med-Arb não abre portas para uma futura anulação da sentença arbitral.

7. Direito Italiano

No direito italiano, cláusulas de mediação podem constituir *condizione di procedibilità* para o acesso ao Judiciário, de forma que a eficácia de cláusulas escalonadas mediação-arbitragem vem sendo reconhecida consistentemente diante das cortes italianas.[1211] O legislador italiano previu hipóteses de mediação prévia obrigatória em certas matérias como sucessões, direitos reais, entre outras.[1212] Nesses casos, submeter

---

1209 França, do *Code de procédure Civile*, art. 1.520: "Le recours en annulation n'est ouvert que si: 1° Le tribunal arbitral s'est déclaré à tort compétent ou incompétent; ou; 2° Le tribunal arbitral a été irrégulièrement constitué; ou; 3° Le tribunal arbitral a statué sans se conformer à la mission qui lui avait été confiée; ou; 4° Le principe de la contradiction n'a pas été respecté; ou; 5° La reconnaissance ou l'exécution de la sentence est contraire à l'ordre public international".

1210 Para mais: "Dans la pratique, il n'est pas rare que l'arbitrage et les modes amiables de règlement des conflits soient intimement liés et se succèdent dans le temps, l'arbitrage venant à la suite d'une médiation/conciliation sans résultats. Or, le recours en annulation contre une sentence arbitrale n'est ouvert que dans les cas exclusivement énumérés par l'article 1520 du Code de procédure civile. A ce sujet, le juge parisien a estimé que 'le moyen tiré d'une clause préalable de conciliation ne constitue pas une exception d'incompétence mais une question relative à la recevabilité des demandes, qui n'entre pas dans les cas d'ouverture du recours en annulation énumérés par l'article 1520 du Code de procédure civile' (Paris, Pôle 1 – Ch. 1, 29 jan. 2019, République bolivarienne du Vénézuela c/ société Rusoro Mining Limited, RG n. 16/20822, en somm. infra, p. 250)" (TRICOIT, Jean-Philippe. Chronique de droit des modes amiables de règlement des conflits. *Revue de L'Arbitrage*, v. 2019, 2019, p. 269-294. p. 271); "The French Court of Appeal rendered a decision on MDR clauses combining arbitration and conciliation in 2016. In line with continuous jurisprudence, in the context of a request for annulment of an award, it held that the observance of the preliminary conciliation process was an issue of admissibility and not of jurisdiction, therefore for the arbitral tribunal to decide and not for the Court of Appeal to review" (WIETEK, Delphine. France. In: ALEXANDER, Nadja; WALSH, Sabine; et al (Ed.); *EU Mediation Law Handbook, Global Trends in Dispute Resolution*, v. 7. A Haia: Kluwer Law International, 2017, p. 299-348. p. 326).

1211 "Formal generally applicable regulation specifically supporting the enforceability of mediation and MDR clauses. Insofar as courts have been asked to interpret the regulation their decisions have been clear and consistent in support of the enforceability of these clauses" (MASTELLONE, Carlo Ugo; RISTORI, Laura. Italy. In: ALEXANDER, Nadja; WALSH, Sabine, et al. *EU Mediation Law Handbook, Global Trends in Dispute Resolution*. V. 7. A Haia: Kluwer Law International, 2017, p. 465-429. p. 466).

1212 Itália, Decreto Legislativo 4 marzo 2010, n. 28, art. 5(1): " 1. Chi intende esercitare in giudizio un'azione relativa a una controversia in materia di condominio, diritti reali, divisione, successioni ereditarie, patti di famiglia, locazione, comodato, affitto di aziende, risarcimento del danno derivante da responsabilita' medica e sanitaria e da diffamazione con il mezzo della

a disputa à mediação é condição de admissibilidade dessas demandas perante o Judiciário. Porém, a redação do art. 5º do Decreto Legislativo 28, de 2010, possibilita a compreensão de que a mesma consequência jurídica é cabível em hipóteses nas quais as partes condicionem a admissibilidade ao Judiciário ou arbitragem por meio de uma cláusula escalonada.[1213]

Na hipótese de início de procedimento arbitral ou judicial, sem prévio recurso à mediação, quando assim condicionado pelas partes, a parte interessada deve informar o julgador da existência da cláusula de mediação na primeira oportunidade.[1214] Feito isso, este direcionará as partes à mediação e marcará a realização de uma audiência. Na hipótese de conclusão da mediação, remanescendo pontos em disputa, terá seguimento ao procedimento arbitral.[1215]

---

stampa o con altro mezzo di pubblicita', contratti assicurativi, bancari e finanziari, associazione in partecipazione, consorzio, franchising, opera, rete, somministrazione, societa' di persone e subfornitura, e' tenuto preliminarmente a esperire il procedimento di mediazione ai sensi del presente capo".

1213 Nota-se que o § 1º lista as hipóteses de mediação obrigatória, ao passo que o § 2º refere explicitamente "as controvérsias referidas o § 1º a conclusão do procedimento de mediação é condição para a admissibilidade do pedido judicial". Já no § 4º o legislador referenciou, amplamente, que "quando a submissão ao procedimento de mediação for condição para admissibilidade do pedido judicial, a condição considera-se cumprida se se a primeira reunião perante o mediador terminar sem o acordo de conciliação". Nota-se que não referenciou novamente o § 1º, como feito no § 2º, de forma que se pode considerar, em interpretação sistemática, que o procedimento de de cumprimento da obrigação de mediar do § 4º é aplicável a outras hipóteses de admissibilidade convencional e não apenas nas hipóteses de submissão obrigatória a mediação. Este parece ser o entendimento de Carlo Ugo Mastellone e Laura Ristori, que mencionam as regras do art. 5º, § 2º, em sua exposição das dinâmicas de admissibilidade de demandas frente à arbitragem e ao judiciário em hipótese de existência de cláusula de mediação (MASTELLONE, Carlo Ugo; RISTORI, Laura. Italy. In: ALEXANDER, Nadja; WALSH, Sabine, et al. *EU Mediation Law Handbook, Global Trends in Dispute Resolution*. V. 7. A Haia: Kluwer Law International, 2017, p. 465-429. p. 476).

1214 Itália, Decreto Legislativo 4 marzo 2010, n. 28, art.5 (2): "Nelle controversie di cui al comma 1 l'esperimento del procedimento di mediazione e' condizione di procedibilita' dela domanda giudiziale. L'improcedibilita' e' eccepita dal convenuto, a pena di decadenza, o rilevata d'ufficio dal giudice non oltre la prima udienza. Il giudice, quando rileva che la mediazione non e'stata esperita o e' gia' iniziata, ma non si e' conclusa, fissa la successiva udienza dopo la scadenza del termine di cui all'articolo 6. A tale udienza, il giudice accerta se la condizione di procedibilita' e' stata soddisfatta e, in mancanza, dichiara l'improcedibilita' della domanda giudiziale".

1215 "Mediation clauses are enforceable in court. If court or arbitration proceedings have been instituted without first referring the matter to mediation, the court or the arbitrator, upon the application of one of the parties (to be made in the first defence pleadings), will refer the proceeding to a hearing to be held not earlier than three months from then, and will assign the parties a fifteen-day period within which to apply for mediation. If, at the date set for the court/arbitral committee's hearing, mediation has been initiated but is not yet concluded, the court or the arbitrator/s will set a new date for the hearing to be held after mediation has been completed. Parties shall apply to the same organisation indicated in the mediation clause unless the said organisation is not properly listed in the Public Register established by

Válido destacar que o legislador previu como requisito par que se possa ter por cumprida obrigação de mediar a conclusão da primeira sessão de mediação sem que as partes tenham chegado a um acordo.[1216] Por óbvio, o recurso ao Judiciário ou à arbitragem é autorizado no curso da mediação, caso se destine à satisfação de demandas urgentes ou cautelares.[1217]

Por fim, é válido mencionar recente decisão da *Corte Suprema di Cassazione*. Em *Gruppo De Giorgis v. Mario Muto & Daniele De Giorgis*, julgado em março de 2023,[1218] discutia-se a vinculação de administradores à cláusula compromissória escalonada incluída no estatuto da sociedade Gruppo De Giorgis. A sociedade levou a juízo estatal os antigos administradores, visando responsabilizá-los por "omissões de natureza administrativa".[1219] Os antigos administradores apresentaram exceção de convenção de arbitragem, renegada pelo *Tribunale di L'Aquila* que deu sequência ao julgamento. Em recurso à *Corte Suprema di Cassazione*, a convenção de arbitragem escalonada foi considerada válida e as partes remetidas diretamente à arbitragem,[1220] a despeito da previsão explícita de resolução "preliminarmente sujeita

---

the Minister of Justice, in which case parties shall apply to a different registered organisation. Notwithstanding what is written in the contract or the by-laws or the deed of incorporation, the parties are free to agree to apply for mediation with a different registered organisation" (MASTELLONE, Carlo Ugo; RISTORI, Laura. Italy. In: ALEXANDER, Nadja; WALSH, Sabine, et al. *EU Mediation Law Handbook, Global Trends in Dispute Resolution*. V. 7. A Haia: Kluwer Law International, 2017, p. 465-429. p. 476).

1216 Itália, Decreto Legislativo 4 marzo 2010, n. 28, art. 5º(4) – "Quando l'esperimento del procedimento di mediazione e' condizione di procedibilita' della domanda giudiziale, la condizione si considera avverata se il primo incontro dinanzi al mediatore si conclude senza l'accordo di conciliazione".

1217 Itália, Decreto Legislativo 4 marzo 2010, n. 28, art. 5º(5): "Lo svolgimento della mediazione non preclude in ogni caso la concessione dei provvedimenti urgenti e cautelari, ne' la trascrizione della domanda giudiziale".

1218 Itália, Corte Suprema di Cassazione, Gruppo De Giorgis v. Mario Muto & Daniele De Giorgis, n. 13735, j. 02.03.2023.

1219 "Con atto di citazione del 21 ottobre 2021 la Gruppo De Giorgis S.r.l. e Monia De Giorgis citavano, innanzi al Tribunale di L'Aquila, Sezione specializzata per le imprese, Muto Mario e Daniele De Giorgis, affinché il Tribunale accertasse e dichiarasse la responsabilità degli stessi 'quali amministratori unici pro tempore della Gruppo De Giorgis s.r.l. per gli ammanchi di denaro provvisoriamente quantificati in euro 369.957,01, e per l'effetto, condannarli in solido, o subordinatamente, per quanto di ragione, al risarcimento del correlativo danno, incluso quello derivante della mancata disponibilità e dal mancato impiego utile' oltre 'ad accertare e dichiarare la responsabilità del sig. Daniele De Giorgis, quale amministratore unico pro tempore della Gruppo De Giorgis S.r.l. per i danni causati dal proprio inadempiente comportamento inerente le omissioni di natura amministrativa evidenziate in narrativa provvisoriamente quantificati in euro 29.942,48 e per l'effetto condannarlo a rifondere tale importo alla società attrice'" (Itália, Corte Suprema di Cassazione, Gruppo De Giorgis v. Mario Muto & Daniele De Giorgis, n. 13735, j. 02.03.2023, p. 2).

1220 "Risulta, pertanto, dimostrato che l'arbitrato – di cui all'art. 34 dello statuto societario, così come integrato dal rinvio al Regolamento arbitrale – è un arbitrato rituale, e il Tribunale di L'Aquila avrebbe potuto rilevarlo dalla lettura della documentazione in atti, per come sopra

a uma tentativa de mediação conforme as disposições do regulamento de mediação do organismo instituído pela Câmara de Comércio de Teramo, ao qual as partes se remetem" e, apenas na hipótese de insucesso, "será submetida à decisão de um árbitro (ou de um Tribunal Arbitral) nomeado pelo órgão competente de arbitragem instituído junto à Câmara de Comércio Industria Artigianato de Agricultura de Teramo".[1221]

Deve-se considerar, entretanto, que os administradores que invocaram a exceção de convenção de arbitragem não pleiteavam a condução da disputa à mediação, de forma que essa alternativa não foi diretamente enfrentada pelo tribunal.

8. Direito Alemão

O direito alemão não apresenta respostas claras para o tratamento de cláusulas escalonadas. Na ausência de regramento específico sobre essa modalidade de convenção de arbitragem, entende-se que a teoria geral dos contratos do *Bürgerliches Gesetzbuch* abre alas à sua formação e à sua exequibilidade.[1222] Nessa linha, em se tratando de cláusulas de mediação, entende-se que, por força dos arts. 133[1223] e 157[1224] do BGB, que prescrevem a observância da boa-fé na interpretação dos contratos e das manifestações de vontade, as partes não podem se valer do Judiciário ou de tribunais arbitrais no curso das mediações, mesmo que a cláusula de mediação não tenha feito essa previsão. Isso, pois, assume-se que a intenção das partes, a despeito

---

ricordata" (Itália, Corte Suprema di Cassazione, Gruppo De Giorgis v. Mario Muto & Daniele De Giorgis, n. 13735, j. 02.03.2023, p. 11).

1221 Tradução livre, no original: "preliminarmente oggetto di un tentativo di mediazione secondo le previsioni del regolamento di mediazione dell'Organismo Istituito dalla Camera di Commercio di Teramo cui le parti si riportano [e, apenas na hipótese de insucesso] sarà deferita alla decisione di un arbitro (o un Collegio Arbitrale) nominato dal competente organismo di Arbitrato istituito presso la Camera di Commercio Industria Artigianato ed Agricoltura di Teramo" (Itália, Corte Suprema di Cassazione, Gruppo De Giorgis v. Mario Muto & Daniele De Giorgis, n. 13735, j. 02.03.2023, p. 10).

1222 "The general law of contract seems to support the enforceability of mediation and MDR clauses. However jurisprudence on the topic is still emerging and the Federal Supreme Court has not yet had the opportunity to address this issue" (OSSWALD, Kristina; FLECKE-GIAMMARCO, Gustav. Germany. In: ALEXANDER, Nadja; WALSH, Sabine, et al. *EU Mediation Law Handbook, Global Trends in Dispute Resolution*. V. 7. A Haia: Kluwer Law International, 2017, p. 349-382. p. 352).

1223 Alemanha, BGB, art. 133: "Interpretation of a declaration of intent. When a declaration of intent is interpreted, it is necessary to ascertain the true intention rather than adhering to the literal meaning of the declaration". No original: "Auslegung einer Willenserklärung. Bei der Auslegung einer Willenserklärung ist der wirkliche Wille zu erforschen und nicht an dem buchstäblichen Sinne des Ausdrucks zu haften".

1224 Alemanha, BGB, art.157: "Interpretation of contracts. Contracts are to be interpreted as required by good faith, taking customary practice into consideration". No original: "Auslegung von Verträgen. Verträge sind so auszulegen, wie Treu und Glauben mit Rücksicht auf die Verkehrssitte es erfordern".

da literalidade contratual, era de dar curso à mediação de forma efetiva, resultando nessa espécie de efeito negativo das cláusulas de mediação.[1225]-[1226] Logo, caso as partes determinem a obrigatoriedade da mediação para acesso à arbitragem, uma solução semelhante seria aplicável.[1227]

Válido ressaltar, entretanto, que o Tribunal Constitucional Federal Alemão ainda não se manifestou sobre cláusulas escalonadas.[1228] Todavia, outros posicionamentos

---

1225 "One important effect of a mediation clause may be the obligation not to bring a claim regarding the same subject matter before an arbitral tribunal or state court for the duration of the mediation ('dilatorischer Klageverzicht').In Germany, it is often considered that this effect exists irrespective of whether the parties have expressly mentioned it in their mediation clause, as a contractual interpretation of these types of 'mandatory' clauses based on the objective intention of the parties pursuant to §§ 133, 157 German Civil Code ('BGB') should generally lead to the same conclusion. Mediation clauses that are construed as mandatory may therefore block the commencement of an arbitration or law suit pursuant to German law as the court or tribunal, faced with an objection by one of the parties that the claim was raised in breach of a mediation clause, will dismiss the claim as temporarily inadmissible" (OSSWALD, Kristina; FLECKE-GIAMMARCO, Gustav. Germany. In: ALEXANDER, Nadja; WALSH, Sabine, et al. *EU Mediation Law Handbook, Global Trends in Dispute Resolution*. V. 7. A Haia: Kluwer Law International, 2017, p. 349-382. p. 360-361).

1226 Válido ressaltar que o acesso a jurisdição, arbitral ou estatal, é garantido em caso de medidas liminares. Isso se deve a aplicação por analogia do art. 1033 do ZPO, que garante este recurso em arbitragens. Alemanha, Zivilprozessordnung (ZPO), art. 1033: "Arbitration agreement and interim measures by a court. It is not incompatible with an arbitration agreement for a court to order, before or after arbitral proceedings have commenced and upon request by a party, an interim measure or measure of protection concerning the subject matter of the dispute submitted to arbitration". No original: "Schiedsvereinbarung und einstweilige gerichtliche Maßnahmen. Eine Schiedsvereinbarung schließt nicht aus, dass ein Gericht vor oder nach Beginn des schiedsrichterlichen Verfahrens auf Antrag einer Partei eine vorläufige oder sichernde Maßnahme in Bezug auf den Streitgegenstand des schiedsrichterlichen Verfahrens anordnet". Na doutrina: "Where a mandatory mediation clause calls for mediation before court or arbitral proceedings may be initiated (and thus does not merely prescribe mediation as a non-binding option), the parties remain free to apply to any court or arbitral tribunal for interim measures. This follows from an analogous application of § 1033 ZPO which foresees the same principle for interim measures in the context of arbitral proceedings" (OSSWALD, Kristina; FLECKE-GIAMMARCO, Gustav. Germany. In: ALEXANDER, Nadja; WALSH, Sabine, et al. *EU Mediation Law Handbook, Global Trends in Dispute Resolution*. V. 7. A Haia: Kluwer Law International, 2017, p. 349-382. p. 361).

1227 "Depending on its wording, the agreement may be contractually binding on the parties in the sense that a claim may not be brought until at least one mediation session has been conducted. Where this is the case, the parties will be contractually obliged to participate in the mediation, e.g., by appointing a mediator and participating in a mediation session, before considering other legal remedies" (OSSWALD, Kristina; FLECKE-GIAMMARCO, Gustav. Germany. In: ALEXANDER, Nadja; WALSH, Sabine, et al. *EU Mediation Law Handbook, Global Trends in Dispute Resolution*. V. 7. A Haia: Kluwer Law International, 2017, p. 349-382. p. 361).

1228 "In Germany the question whether an agreement to mediate or a mediation clause is enforceable has however not yet been explicitly decided by the German Federal Supreme Court ('BGH'). To date, it has only been called upon to determine this question with respect to com-

do BGH sobre matérias conexas são relevantes.[1229] Em decisão de 1998, o *Bundesgerichtshof* decidiu que uma cláusula que determinava a realização prévia de conciliação entre as partes, para apenas então possibilitar o acesso ao Judiciário era válida e resultava na inadmissibilidade do pleito enquanto a condição não fosse satisfeita.[1230] Em sua decisão, aproximou a cláusula escalonada conciliação-justiça estatal a uma convenção de arbitragem e determinou a sua vinculatividade e efeito por força da tutela da confiança,[1231] positivada no art. 242 do BGB.[1232] Esse posicionamento do Tribunal Constitucional Federal Alemão se pauta em um precedente prévio da mesma corte, que reconheceu como inadmissível um pleito em desrespeito a uma cláusula de conciliação escalonada.[1233]

---

parable forms of ADR such as conciliation" (OSSWALD, Kristina; FLECKE-GIAMMARCO, Gustav. Germany. In: ALEXANDER, Nadja; WALSH, Sabine, et al. EU Mediation Law Handbook, Global Trends in Dispute Resolution. V. 7. A Haia: Kluwer Law International, 2017, p. 349-382, p. 361); "The question as to whether or not non-adjudicatory procedures constitute enforceable parts of a contract has not been finally decided. However, the Federal Supreme Court has faced issues involving dispute settlement clauses that provide for ADR-methods" (KRENNBAUER, Stefan. Enforceability of multi-tiered dispute resolution clauses in international business contracts. 1 Y.B. on Int'l Arb. 199, 2010, p. 199-206, p. 205).

1229 Como ressaltou Krennbauer "The question as to whether or not non-adjudicatory procedures constitute enforceable parts of a contract has not been finally decided. However, the Federal Supreme Court has faced issues involving dispute settlement clauses that provide for ADR-methods. For this purpose, two German cases are of significance" (KRENNBAUER, Stefan. Enforceability of multi-tiered dispute resolution clauses in international business contracts. *Y.B. on Int'l Arb.*, v. 1, p. 199-206, 2010. p. 205). O autor referencia: Alemanha, Bundesgerichtshof, Partes não informadas, VIII ZR 344/97, j. 18.11.1998 e Alemanha, Bundesgerichtshof, Harald H., B.v. Werner M., B., VIII ZR 197/82, j. 23.11.1983.

1230 KRENNBAUER, Stefan. Enforceability of multi-tiered dispute resolution clauses in international business contracts. *Y.B. on Int'l Arb.*, v. 1, p. 199-206, 2010. p. 205; Alemanha, Bundesgerichtshof, Partes não informadas, XII ZR 165/06. j. 29.10.2008.

1231 Em tradução livre: "A cláusula conciliação em questão é, portanto, semelhante à uma convenção de arbitragem, que, de acordo com a vontade das partes, deve excluir o recurso aos tribunais estaduais a longo prazo. Portanto, as condições sob as quais o recurso à cláusula compromissória contradiz a exceção de quebra de confiança (§ 242 BGB) também devem ser avaliadas da mesma forma que para a exeção da convenção de arbitragem na acepção do § 1032 Parágrafo 1 ZPO". No Original: "stehenden Schlichtungsklausel ähneln somit denjenigen eines Schiedsvertrages, durch den nach dem Parteiwillen die Anrufung der staatlichen Gerichte allerdings auf Dauer ausgeschlossen werden soll. Daher sind auch die Voraussetzungen, unter denen der Berufung auf die Schlichtungsklausel der Treuwidrigkeitseinwand (§ 242 BGB) entgegensteht, entsprechend zu beurteilen wie bei der Schiedsvertragseinrede im Sinne des § 1032 Abs. 1 ZPO" (Alemanha, Bundesgerichtshof, Partes não informadas, XII ZR 165/06. j. 29.10.2008, § 7).

1232 Alemanha, BGB, art. 242 – "Performance in good faith. An obligor has a duty to perform according to the requirements of good faith, taking customary practice into consideration". No original: "Leistung nach Treu und Glauben. Der Schuldner ist verpflichtet, die Leistung so zu bewirken, wie Treu und Glauben mit Rücksicht auf die Verkehrssitte es erfordern".

1233 Em tradução livre: "Se for acordado em um contrato de aquisição de consultório veterinário que, em caso de discrepâncias entre as partes contratantes, a associação veterinária estadual

Em decisão mais recente, o *Bundesgerichtshof* se manifestou em sentido divergente.[1234] A disputa em questão tratava de uma convenção de arbitragem escalonada arbitramento-arbitragem, na qual as partes deveriam levar disputas a um especialista antes de submetê-las à arbitragem. Uma das partes deu início à arbitragem sem observar o arbitramento prévio. Na sequência, o tribunal arbitral afirmou a própria competência em sentença parcial, que foi objeto de ação anulatória na *Hanseatischen Oberlandesgerichts Hamburg*, sem sucesso. Inconformada, uma das partes levou a disputa ao BGH, que não conheceu do recurso.

A despeito da não recepção do recurso, o *Bundesgerichtshof* mencionou que um acordo para submeter disputas a um especialista, em seu sentido estrito, se limita à submissão de matérias fáticas, para as quais a decisão do especialista é vinculante. Em se tratando de questões de direito, seria irrazoável submeter essas disputas a um especialista que não possui formação jurídica, determinando que as partes deveriam ser remetidas à arbitragem.[1235] Posto isso, ao se considerar a natureza não vinculante de um acordo firmado durante a mediação, a mesma *ratio* pode sustentar o válido recurso à arbitragem, a despeito da recusa de uma das partes em dar curso ao processo de mediação.

9. Direito Indiano

No direito indiano, as respostas não são tão claras, talvez em razão do relativo insucesso das cláusulas escalonadas no país.[1236] Tanto a lei de mediação indiana,

---

responsável pela localização do consultório deverá ser primeiramente contatada, então uma ação judicial será movida perante a associação veterinária estadual é objeto de recurso deve ser rejeitado por ser atualmente inadmissível". No original: "Amtlicher Leitsatz – Ist in einem Vertrag über die Übernahme einer tierärztlichen Praxis vereinbart, bei Unstimmigkeiten zwischen den Vertragspartnern solle in jedem Fall zunächst die für den Sitz der Praxis zuständige Landestierärztekammer angerufen werden, so ist eine vor Anrufung der Landestierärztekammer erhobene Klage als derzeit unzulässig abzuweisen" (Alemanha, Bundesgerichtshof, Harald H., B.v. Werner M., B., VIII ZR 197/82, j. 23.11.1983, p. 1).

1234 Alemanha, Bundesgerichtshof, Partes não informadas, I ZB 50/15, j. 14.01.2016.

1235 Em tradução livre: "Um acordo no qual as partes de um procedimento arbitral tenham excluído a pretensão a reivindicações na arbitragem não afeta a jurisdição do tribunal arbitral para decidir sobre o procedimento arbitral". No original: "Eine Vereinbarung, mit der die Parteien eines Schiedsverfahrens die Klagbarkeit von Ansprüchen im Schiedsverfahren ausgeschlossen haben, berührt nicht die Zuständigkeit des Schiedsgerichts zur Entscheidung über die Schiedsklage" (Alemanha, Bundesgerichtshof, Partes não informadas, I ZB 50/15, j. 14.01.2016, p. 1).

1236 "In India, the purpose of an escalation clause has not been very successful. Perhaps such clauses may conflict with the objective of a speedy resolution of disputes. However, in certain situations, the provision for settlement or conciliation or mediation, prior to arbitration, has been useful and productive" (SHROFF, Pallavi. Drafting Arbitration Clauses for India-Centric Agreements. In: DAVE, Dushyant; HUNTER, Martin, et al. (eds). *Arbitration in India*. A Haia: Kluwer Law International, 2021, p. 311-332. p. 328).

sancionada em 2021, quanto o *Arbitration and Conciliation Act* não enfrentam diretamente a possibilidade de cláusulas escalonadas. Quanto à nova lei de mediação, ela prevê a submissão de disputas à *pre-litigation mediation*, mesmo que as partes não tenham pactuado uma cláusula de mediação, o que abre espaço para as cláusulas escalonadas.[1237] O legislador anteviu possíveis conflitos e autorizou, na *section* 8, excepcionais recursos à jurisdição, anteriormente ou durante o processo de mediação, caso uma das partes considere necessário pleitear decisões urgentes e preliminares.[1238]

Vale destacar as previsões sobre o término da mediação na lei indiana. O procedimento é considerado perfeitamente terminado caso uma das partes se ausente após ao menos duas sessões de mediação.[1239]-[1240] Caso isso ocorra e uma das partes leve a disputa ao judiciário, o juiz estatal poderá impor a ela "*such costs as deems fit*".[1241] Dessa forma, há previsão, mesmo que genérica, para sanções ao mau cumprimento da obrigação de mediar.

Por fim, é válido mencionar brevemente dois julgamentos da *Supreme Court of India*. Em *Visa International Ltd. v. Continental Resources (USA) Ltd.*, a corte indiana analisou a hipótese de cláusula escalonada que previa resolução amigável, seguida de

---

1237 Índia, The Mediation Bill of 2021, Section 6(1) – "Subject to other provisions of this Act, whether any mediation agreement exists or not, any party before filing any suit or proceedings of civil or commercial nature in any court, shall take steps to settle the disputes by pre-litigation mediation in accordance with the provisions of this Act: Provided that pre-litigation mediation in matters of commercial disputes of Specified Value shall be undertaken in accordance with the provisions of section 12A of the Commercial Courts Act, 2015, and the rules made thereunder".

1238 Índia, The Mediation Bill of 2021, Section 8 (1) – "If exceptional circumstances exist, a party may, before the commencement of, or during the continuation of, mediation proceedings under this Act, file suit or appropriate proceedings before a court or tribunal having competent jurisdiction for seeking urgent interim relief. (2) The court or tribunal shall after granting or rejecting urgent interim relief, as the case may be, refer the parties to undertake mediation to resolve the dispute, if deemed appropriate".

1239 Índia, The Mediation Bill of 2021, Section 20 – "(1) A party may withdraw from mediation at any time after the first two mediation sessions. (2) Where any party fails to attend the first two mediation sessions without any reasonable cause which resulted in the failure of mediation, the court or tribunal, in subsequent litigation on the same subject matter between the parties, may take the said conduct of such party into consideration and impose such costs as deems fit".

1240 Índia, The Mediation Bill of 2021, Section 25(d)- "The mediation proceedings under this Act shall be deemed to terminate – (...)(d) on the date of the communication by a party or parties in writing, addressed to the mediator and the other parties to the effect that the party wishes to opt out of mediation: Provided that the parties shall have to attend at least two mediation sessions before giving such communication; or (...)".

1241 Índia, The Mediation Bill of 2021, Section 20 (2).

resolução por meio do *Arbitration and Conciliation Act* de 1996.[1242-1243] Uma das partes alegava que o recurso à arbitragem seria prematuro, em razão da não observância da resolução amigável.[1244] Todavia, o recurso à resolução amigável, embora infrutífero, foi considerado adimplido pela corte indiana após análise das correspondências trocadas

---

1242 "In Visa International Ltd. v. Continental Resources (USA) Ltd. the parties intended to settle the disputes amicably among themselves, and only in case of failure, the disputes were required to be settled in accordance with the provisions of the 1996 Arbitration Act. In this case, it was contended that the precondition for amicable settlement of the dispute between the parties has not been exhausted and therefore the application seeking appointment of arbitrator is premature. After analysing the correspondence exchanged between the parties, the Supreme Court held that the letters exchanged between the parties undoubtedly disclosed that attempts were made for an amicable settlement but without any result leaving no option but to invoke the arbitration clause" (SHROFF, Pallavi. Drafting Arbitration Clauses for India-Centric Agreements. In: DAVE, Dushyant; HUNTER, Martin, et al. (eds). *Arbitration in India*. A Haia: Kluwer Law International, 2021, p. 311-332. p. 328); No inteiro teor do julgamento – "The disputed arbitration clause in the present case reads as under: 'Any dispute arising out of this agreement and which cannot be settled amicably shall be finally settled in accordance with the Arbitration and Conciliation Act, 1996'" (Índia, Supreme Court of India, Visa International Ltd. v. Continental Resources (USA) Ltd, Arbitration Petition n. 16 de 2007, j. 02.12.2008, p. 7).

1243 Válido mencionar que também era controverso entre as partes os termos da convenção de arbitragem – "*shall be finally settled in accordance with the Arbitration and Conciliation Act, 1996*" (Índia, Supreme Court of India, Visa International Ltd. v. Continental Resources (USA) Ltd, Arbitration Petition n. 16 de 2007, j. 02.12.2008, p. 7) – submetiam a disputa a arbitragem ou conciliação, uma vez que as duas matérias são regradas na mesma lei. A Suprema Corte Indiana entendeu que, pelos termos da lei, seria impossível submeter uma disputa futura à conciliação, hipótese apenas disponível para a solução por meio de arbitragem. Por esta razão, interpretou a cláusula como escalonada resolução amigável-arbitragem. "§ 28. Part III of the Act deals with conciliation. Section 61 provides: 'save as otherwise provided by any law and unless have otherwise agreed, Part III shall apply to conciliation of disputes arising out of legal relationship, whether contractual or not and to all proceedings relating thereto. Section 62 speaks of commencement of conciliation proceedings. It says the party initiating conciliation shall send to the other party a written invitation to conciliate under Part III, briefly identifying the subject of the dispute and the conciliation proceedings shall commence when the other party accepts in writing the invitation of conciliation. If the other party rejects the invitation, there will be no conciliation proceedings. Part III of the Act does not envisage any agreement for conciliation of future disputes. It only provides for an agreement to refer the disputes to conciliation after the disputes had arisen. Whereas Section 7 of the Act which speaks of arbitration agreement provides for an agreement between the parties to submit to the arbitration all or certain disputes which have arisen or which may arise between them in respect of a defined legal relationship, whether contractual or not" (Índia, Supreme Court of India, Visa International Ltd. v. Continental Resources (USA) Ltd, Arbitration Petition 16 de 2007, j. 02.12.2008, p. 15-16).

1244 "§ 36. It was contended that the pre-condition for amicable settlement of the dispute between the parties has not been exhausted and therefore the application seeking appointment of arbitrator is premature" (Índia, Supreme Court of India, Visa International Ltd. v. Continental Resources (USA) Ltd, Arbitration Petition 16 de 2007, j. 02.12.2008, p. 23).

entre elas.[1245] Dessa forma, se retira do julgado a compatibilidade de resolução de disputa escalonada diante do ordenamento indiano, embora não se obtenha uma resposta quanto aos efeitos do inadimplemento da primeira etapa da cláusula escalonada, frente à subsequente.

Em julgado mais recente, a Suprema Corte Indiana se manifestou sobre uma hipótese peculiar de cláusula escalonada[1246] – a cláusula firmada entre as partes previa a hipótese de recurso arbitral, por meio da instauração de uma segunda arbitragem, diante de outra câmara em outro país, na hipótese em que uma das partes ficasse insatisfeita com a resolução da primeira arbitragem.[1247] Essa cláusula foi considerada válida à luz do direito indiano, compatível com a modulação do direito material pela vontade das partes.[1248] Naquele caso, uma das partes não ficou satisfeita com a sentença proferida

---

1245 "§ 36. It was contended that the pre-condition for amicable settlement of the dispute between the parties has not been exhausted and therefore the application seeking appointment of arbitrator is premature. From the correspondence exchanged between the parties at pages 54-77 of the Paper-book, it is clear that there was no scope for amicable settlement, for both the parties have taken rigid stand making allegations against each other. In this regard a reference may be made to the letter dated 15th September, 2006 from the respondent herein in which it is inter-alia stated '(...) since February, 2005 after the execution of the agreements, various meetings/discussions have taken place between both the parties for furtherance of the objective and purpose with which the agreement and MOU was signed between parties. Several correspondences have been made by CRL to VISA to help and support its endeavour for achieving the goal for which the above mentioned agreements were executed'. In the same letter it is alleged that in spite of repeated requests the petitioner has not provided any Funding Schedules for their portion of equity along with supporting documents to help in convincing OMC of financial capabilities of the parties and ultimately to obtain financial closure of the project. The exchange of letters between the parties undoubtedly discloses that attempts were made for an amicable settlement but without any result leaving no option but to invoke arbitration clause" (Índia, Supreme Court of India, Visa International Ltd. v. Continental Resources (USA) Ltd, Arbitration Petition 16 de 2007, j. 02.12.2008. p. 23-24).

1246 Assim a disputa foi categorizada em: SABHARWAL, Dipen. The Arbitration Agreement. In: DAVE, Dushyant; HUNTER, Martin, et al. (eds). *Arbitration in India*. A Haia: Kluwer Law International, 2021. p. 15-48.

1247 "The arbitration clause in the contract between the parties is Clause 14 and this reads as follows: '14. Arbitration – All disputes or differences whatsoever arising between the parties out of, or relating to, the construction, meaning and operation or effect of the contract or the breach thereof shall be settled by arbitration in India through the arbitration panel of the Indian Council of Arbitration in accordance with the Rules of Arbitration of the Indian Council of Arbitration. If either party is in disagreement with the arbitration result in India, either party will have the right to appeal to a second arbitration in London, UK in accordance with the Rules of Conciliation and Arbitration of the International Chamber of Commerce in effect on the date hereof and the result of this second arbitration will be binding on both the parties. Judgment upon the award may be entered in any court in jurisdiction'" (Índia, Supreme Court of India, Centrotrade Minerals & Metal Inc. v. Hindustan Copper Ltd, Civil Appeal n. 2562 of 2006, j. 15.12.2016, p. 3).

1248 "§ 27. In our opinion, on a combined reading of sub-section (1) of Section 34 of the A&C Act and Section 35 thereof, an arbitral award would be final and binding on the parties unless it is set aside by a competent court on an application made by a party to the arbitral award.

pelo *Indian Council of Arbitration* e levou a disputa à CCI, em Londres.[1249] Em posterior manifestação da *Supreme Court of India*, o laudo da segunda arbitragem foi reconhecido e executado em território indiano, tornando o laudo da primeira arbitragem ineficaz.[1250] Pode-se entender, à luz do protagonismo concedido à autonomia privada no caso *Centrotrade Minerals & Metal Inc. v. Hindustan Copper*, que a Suprema Corte Indiana tenderia a conceder efeito impeditivo do acesso à jurisdição arbitral em caso de inobservância da prévia mediação.

10. Direito Chinês

A mediação possui papel de destaque na sociedade chinesa, tendo inclusive previsão constitucional e fomento estatal de longa data.[1251-1252] A cultura tradicional chinesa

---

This does not exclude the autonomy of the parties to an arbitral award to mutually agree to a procedure whereby the arbitral award might be reconsidered by another arbitrator or panel of arbitrators by way of an appeal and the result of that appeal is accepted by the parties to be final and binding subject to a challenge provided for by the A&C Act. This is precisely what the parties have in fact agreed upon and we see no difficulty in honouring their mutual decision and accepting the validity of their agreement" (Índia, Supreme Court of India, Centrotrade Minerals & Metal Inc. v. Hindustan Copper Ltd, Civil Appeal 2562 of 2006, j. 15.12.2016, p. 17); "§ 35. Unless this interpretation is accepted, a second instance arbitration would be per se invalid in India. This would be going against the grain of a long line of decisions rendered by various courts in the country which have accepted the validity of a two-tier arbitration procedure under institutional rules and have not taken the view that a two-tier arbitration procedure is per se invalid" (Índia, Supreme Court of India, Centrotrade Minerals & Metal Inc. v. Hindustan Copper Ltd, Civil Appeal 2562 of 2006, j. 15.12.2016, p. 22).

1249 "[No primeiro procedimento, ante o *Indian Council of Arbitration*] The arbitrator gave a NIL award and then Centrotrade invoked the second part of the arbitration clause and the arbitrator in London gave an award on 29th September, 2001 in accordance with the Rules of Conciliation and Arbitration of the International Chamber of Commerce" (Índia, Supreme Court of India, Centrotrade Minerals & Metal Inc. v. Hindustan Copper Ltd, Civil Appeal 2562 of 2006, j. 15.12.2016, p. 2).

1250 Índia, Supreme Court of India, Centrotrade Minerals & Metal Inc. v. Hindustan Copper Ltd, Civil Appeal 2562 of 2006, j. 02.06.2020.

1251 China, Constitution of the People's Republic of China, art. 111 – "Residents committees and villagers committees, established among urban and rural residents on the basis of their place of residence, are primary-level people's organizations for self-governance. Residents committee and villagers committee chairpersons, vice chairpersons and members shall be elected by residents. The relations between residents committees and villagers committees and primary-level state bodies shall be prescribed by law. Residents committees and villagers committees shall establish people's mediation, public security, public health and other subcommittees to handle public affairs and public services in the residential areas to which they belong, mediate civil disputes and help maintain public order; they shall convey residents' opinions and demands and make proposals to the people's government".

1252 "Conciliation and mediation are used as interchangeable terms and are popular and very much encouraged in China. In fact, mediation as a supplementary means of dispute resolution has been written into the PRC Constitution and is firmly part of Chinese culture. Thousands

é avessa à litigância, favorecendo métodos amigáveis de resolução de disputas.[1253] Essa predisposição, entretanto, está mais fortemente relacionada às disputas entre particulares, ao passo que a mediação em disputas comerciais é relativamente pouco desenvolvida no ordenamento chinês.[1254]

Lu Song atribui esse descompasso à ausência de exequibilidade de acordos oriundos de mediação, que dependem de homologação judicial ou arbitral.[1255] Nessa linha, embora compatíveis com o ordenamento chinês, a popularidade de cláusulas escalonadas mediação-arbitragem tem decaído.[1256] As razões apresentadas para tanto

---

of mediation organizations have been set up under the guidance of the government in the residential areas of cities, towns and countryside nationwide to assist settlement of all kinds of disputes among private Chinese citizens" (SONG, Lu. National Report for China (2020 through 2022). In: BOSMAN, Lise (Ed.). *ICCA International Handbook on Commercial Arbitration*. A Haia: Kluwer Law International, 2022, p. 66-67).

1253 "Traditional Chinese culture has been litigation-averse and people tend to solve their disputes by amicable means. It is fair to say that most Chinese people are inclined to first attempt a settlement before resorting to litigation or arbitration as the final means of dispute resolution. There is a long history of mediation combined with litigation in China; for instance, it is current practice that Chinese judges always mediate divorce disputes before issuing a judgment" (SONG, Lu. National Report for China (2020 through 2022). In: BOSMAN, Lise (Ed.). *ICCA International Handbook on Commercial Arbitration*. A Haia: Kluwer Law International, 2022, p. 66-67).

1254 "Compared to mediation of disputes among private citizens, the mediation of commercial disputes as an independent regime is relevantly under-developed in China. The UNCITRAL Model Law on International Commercial Conciliation has not been adopted by China. In the field of international commercial dispute resolution, the parties do not frequently start independent mediation proceedings" (SONG, Lu. National Report for China (2020 through 2022). In: BOSMAN, Lise (Ed.). *ICCA International Handbook on Commercial Arbitration*. A Haia: Kluwer Law International, 2022. p. 67).

1255 "[O relativo atraso da mediação comercial na china] is mainly attributable to the fact that the outcome of a successful mediation – a settlement agreement or a mediation agreement – as a contract is not directly enforceable by a court, unless it has been concluded under the auspices of the court or an arbitral institution, in the latter case in the form of an arbitral award. This does not mean that mediation is not used in international commercial dispute resolution. In fact, mediation has most often been employed in combination with arbitration and litigation in China" (SONG, Lu. National Report for China (2020 through 2022). In: BOSMAN, Lise (Ed.). *ICCA International Handbook on Commercial Arbitration*. A Haia: Kluwer Law International, 2022, p. 67).

1256 "Are multi-tiered arbitration agreements (for example, a clause providing for negotiation and/or mediation and, if unsuccessful, arbitration) commonly adopted in contracts in your jurisdiction? (...).Yes, it is often seen in practice. But its popularity has been decreasing in recent years as more sophisticated users have become aware of the disadvantage of using such a clause in practice: mediation and negotiation need full cooperation of both parties therefore the above (escalation) clause is unnecessary and would likely be used for delay tactics. It is unnecessary because parties can negotiate for settlement whether or not there is such an obligation to do so; while if either party is not willing to settle, the intention of the clause would easily be frustrated. It may be used for delay tactics because when a dispute arises, the respondent may try to rely on it in order to delay the proceedings, even if it has

no relatório chinês incluso em *International Commercial Arbitration: An Asia Pacific Perspective* são eloquentes – em face ao ordenamento chinês, a previsão de uma cláusula escalonada é limitante, sem trazer vantagens às partes, abrindo alas para possíveis manobras dilatórias. A despeito dessa tendência, cláusulas escalonadas são encontradas nos contratos-modelo apresentados pelo governo chinês, tanto em contratos internacionais relacionados à iniciativa da Nova Rota da Seda,[1257]-[1258] quanto em contratos domésticos, capitaneados pelo Ministério da Habitação e Desenvolvimento Urbano e Rural.[1259]

Ao se analisar a lei de arbitragem chinesa, esses argumentos ganham força. Os arts. 51 e 52 da *Arbitration Law of the People's Republic of China* trazem a possibilidade de o tribunal arbitral transmutar-se em um grupo de mediadores em qualquer momento

no intention to settle the dispute" (FAN, Kun; WUNSCHHEIM, Clarisse von; GUAN, Vincent; YU, Bing. International Commercial Arbitration: An Asia Pacific Perspective – 2014 China Report. In: GREENBERG, Simon; WEERAMANTRY, Romesh, et al. *International Commercial Arbitration*: An Asia Pacific Perspective. 2. ed. A Haia: Kluwer Law International, revisado em 2021).

1257 "China's BRI is an ambitious international development strategy that aims to increase trade and stimulate economic growth across Asia and beyond. The initiative spans at least 70 countries over four continents. The sheer complexity of the legal systems of the countries involved calls for a new dispute resolution mechanism, with a view to resolving BRI-related disputes more quickly Informal Dispute Settlement Approaches. In: MOSER, Michael J.; BAO, Chiann (eds.). *Managing 'Belt and Road' Business Disputes*: A Case Study of Legal Problems and Solutions. A Haia: Kluwer Law International, 2021, p. 23- 50. p. 44).

1258 "The Chinese response has been the establishment of a Chinese international commercial court (CICC). In June 2018, the SPC issued Provisions on Several Issues concerning the Establishment of International Commercial Courts (CICC Provisions), formally establishing two international commercial courts in Xi'an and Shenzhen, respectively, to handle international commercial cases. The CICC will focus particularly on disputes arising out of projects under the BRI. Article 11 of the CICC Provisions envisages the establishment of a one-stop international commercial dispute resolution mechanism featuring mediation, arbitration and litigation (One-Stop Platform). Whilst the CICC plays a leading role, other mediation and arbitration institutions will be designated by the CICC to fulfil the purpose of the One-Stop Platform" (TANG, Helen. Informal Dispute Settlement Approaches. In: MOSER, Michael J.; BAO, Chiann (eds). *Managing 'Belt and Road' Business Disputes*: A Case Study of Legal Problems and Solutions. A Haia: Kluwer Law International, 2021, p. 23-50. p. 44-45).

1259 Válido destacar que os contratos modelo do Ministério da Habitação e Desenvolvimento Urbano e Rural sugerem métodos escalonados de resolução de disputas, deixando as partes a prerrogativa de adequá-los a suas necessidades – "With respect to dispute resolution provisions, the [Ministério da Habitação e Desenvolvimento Urbano e Rural] model contracts in general provide for various options in the dispute resolution process (that could, but do not necessarily have to be, be utilized as a multi-tier dispute resolution mechanism), including amicable negotiation, mediation, resolution via the DRB mechanism, arbitration and litigation. The MOHURD Construction Contract does not provide guidelines as to the selection or conduct of these different dispute resolution mechanisms. Contracting parties are free to tailor the dispute resolution clause as they see fit" (WIEGAND, Nicolas; DIMSEY, Mariel; PROESTLER, Tom C. Construction Contracts and Disputes. In: MOSER, Michael J.; BAO, Chiann (eds). *Managing 'Belt and Road' Business Disputes*: A Case Study of Legal Problems and Solutions. A Haia: Kluwer Law International, 2021, p. 223-244. p. 226).

anterior à prolação da sentença,[1260] o que é visto com desconfiança por juristas ocidentais. Dessa forma, mesmo sem previsão contratual, sempre há espaço para o recurso à mediação à luz do ordenamento chinês. Esse é o modelo Arb-Med-Arb, referenciado na doutrina que analisa a prática de mediação e arbitragem na China.[1261]

A requerimento das partes, ou por sugestão do tribunal e aceite daquelas, o procedimento é temporariamente suspenso e se dá início ao procedimento de mediação.[1262] Caso as partes cheguem a um acordo, ele é reduzido a termo pelo tribunal no *conciliation statement*. Uma vez assinado pelas partes, o *conciliation statement* tem força de sentença arbitral.[1263] O procedimento Arb-Med-Arb é, por força de lei, confidencial e *without prejudice*, significando que, na hipótese de mediação frustrada, o tribunal arbitral desconsiderará qualquer informação obtida no processo de mediação no momento de prolação da sentença, sob pena de inexequibilidade.[1264] Para mais, não

---

1260 China, Arbitration Law of the People's Republic of China of 2017, arts. 51 e 52 – "Article 51: The arbitration tribunal may carry out conciliation prior to giving an award. The arbitration tribunal shall conduct conciliation if both parties voluntarily seek conciliation. If conciliation is unsuccessful, an arbitration award shall be made promptly. If conciliation leads to a settlement agreement, the arbitration tribunal shall make a written conciliation statement or make an arbitration award in accordance with the settlement agreement. A written conciliation statement and a written arbitration award shall have equal legal validity and effect. Article 52: The written conciliation statement shall specify the arbitration claim and the results of the settlement reached between the parties. The written conciliation statement shall be signed by the arbitrators and sealed by the arbitration commission. After the written conciliation statement has been so signed and sealed, it shall be served on both parties. The written conciliation statement shall become legally effective immediately after both parties have signed for receipt thereof. If the written conciliation statement is repudiated by a party before he signs for receipt thereof, the arbitration tribunal shall promptly make an arbitration award".

1261 "Effort has been made in China to assist parties to find an amicable solution to their disputes. In this respect, particular attention should be paid to the Chinese practice of combining arbitration with mediation, the so-called Arb-Med-Arb approach. Although lawyers with a common-law background have expressed their concerns about this approach and find it difficult to accept, the combination of arbitration with mediation could be regarded as a standard practice of Chinese arbitral institutions to facilitate the parties to settle their disputes amicably and it is endorsed by Chinese legislation" (SONG, Lu. National Report for China (2020 through 2022). In: BOSMAN, Lise (Ed.). *ICCA International Handbook on Commercial Arbitration*. A Haia: Kluwer Law International, 2022, p. 68).

1262 SONG, Lu. National Report for China (2020 through 2022). In: BOSMAN, Lise (Ed.). *ICCA International Handbook on Commercial Arbitration*. A Haia: Kluwer Law International, 2022, p. 68.

1263 "When a settlement agreement is reached through conciliation, the arbitral tribunal shall prepare a conciliation statement or an award on the basis of the results of the settlement agreement. A conciliation statement, once signed by the parties, shall have the same legal force as that of an award in China" (SONG, Lu. National Report for China (2020 through 2022). In: BOSMAN, Lise (Ed.). *ICCA International Handbook on Commercial Arbitration*. A Haia: Kluwer Law International, 2022, p. 70).

1264 "The mediation proceeding under Chinese law is not only a confidential procedure but also a "without prejudice" proceeding, which means that anything disclosed, promised, said or

há no ordenamento chinês uma obrigação de dedicação ao processo de mediação, seja ele prévio a instauração da arbitragem ou posterior, devendo as previsões partirem da vontade das partes.[1265]

Essas características do procedimento conjunto arbitragem-mediação na China são refletidas nas *CIETAC Arbitration Rules*.[1266] Em verdade, cerca de 10% das arbitragens

---

otherwise expressed during mediation by a party or a member of the tribunal cannot be relied upon either by the tribunal or the parties should the mediation fail and the arbitral proceedings resume. If a tribunal relies upon something other than the evidence produced or arguments submitted by the parties during the arbitral proceedings in its award, it will be considered a procedural defect and the award may be set aside" (SONG, Lu. National Report for China (2020 through 2022). In: BOSMAN, Lise (Ed.). *ICCA International Handbook on Commercial Arbitration*. A Haia: Kluwer Law International, 2022, p. 68-69); China, Arbitration Law of the People's Republic of China of 2017, art. 52.

1265 "Finally, it is not a legal requirement that parties shall make a serious attempt to reach an amicable settlement of the dispute before resorting to arbitration or litigation. All these matters are subject to the parties' agreement" (SONG, Lu. National Report for China (2020 through 2022). In: BOSMAN, Lise (Ed.). *ICCA International Handbook on Commercial Arbitration*. A Haia: Kluwer Law International, 2022, p. 70)

1266 China International Economic and Trade Arbitration Commission, CIETAC Arbitration Rules (2015), art. 47 – "Combination of Conciliation with Arbitration 1. Where both parties wish to conciliate, or where one party wishes to conciliate and the other party's consent has been obtained by the arbitral tribunal, the arbitral tribunal may conciliate the dispute during the arbitral proceedings. The parties may also settle their dispute by themselves. 2. With the consents of both parties, the arbitral tribunal may conciliate the case in a manner it considers appropriate. 3. During the process of conciliation, the arbitral tribunal shall terminate the conciliation proceedings if either party so requests or if the arbitral tribunal considers that further conciliation efforts will be futile. 4. The parties shall sign a settlement agreement where they have reached settlement through conciliation by the arbitral tribunal or by themselves. 5. Where the parties have reached a settlement agreement through conciliation by the arbitral tribunal or by themselves, they may withdraw their claim or counterclaim, or request the arbitral tribunal to render an arbitral award or a conciliation statement in accordance with the terms of the settlement agreement. 6. Where the parties request for a conciliation statement, the conciliation statement shall clearly set forth the claims of the parties and the terms of the settlement agreement. It shall be signed by the arbitrators, sealed by CIETAC, and served upon both parties. 7. Where conciliation is not successful, the arbitral tribunal shall resume the arbitral proceedings and render an arbitral award. 8. Where the parties wish to conciliate their dispute but do not wish to have conciliation conducted by the arbitral tribunal, CIETAC may, with the consents of both parties, assist the parties to conciliate the dispute in a manner and procedure it considers appropriate. 9. Where conciliation is not successful, neither party may invoke any opinion, view or statement, and any proposal or proposition expressing acceptance or opposition by either party or by the arbitral tribunal in the process of conciliation as grounds for any claim, defense or counterclaim in the subsequent arbitral proceedings, judicial proceedings, or any other proceedings. 10. Where the parties have reached a settlement agreement by themselves through negotiation or conciliation before the commencement of an arbitration, either party may, based on an arbitration agreement concluded between them that provides for arbitration by CIETAC and the settlement

iniciadas diante da CIATEC terminam em acordo, obtido na dinâmica Med-Arb-Med.[1267-1268] Válido destacar que o art. 47 (8) traz a possibilidade de as partes recorrerem, no curso da arbitragem, a mediadores que não atuavam anteriormente como árbitros. Porém, essa escolha deve ser feita especificamente, sendo que a conversão do tribunal em painel de mediação deve ser *opted-out* pelas partes.

§ 28. MODALIDADES

1. Vantagens e desvantagens da pactuação de cláusula Med-Arb

As cláusulas escalonadas objetivam tornar o procedimento de solução de litígios mais eficiente,[1269] estimulando a autocomposição[1270] e evitando gastos eventualmente

---

agreement, request CIETAC to constitute an arbitral tribunal to render an arbitral award in accordance with the terms of the settlement agreement. Unless otherwise agreed by the parties, the Chairman of CIETAC shall appoint a sole arbitrator to form such an arbitral tribunal, which shall examine the case in a procedure it considers appropriate and render an award in due course. The specific procedure and time period for rendering the award shall not be subject to other provisions of these Rules".

1267 "Around ten per cent of disputes submitted to CIETAC have been settled via this Med-Arb approach" (SONG, Lu. National Report for China (2020 through 2022). In: BOSMAN, Lise (Ed.). *ICCA International Handbook on Commercial Arbitration*. A Haia: Kluwer Law International, 2022. p. 69).

1268 O relatório anual da CIETAC, em sua edição de 2020-2021, menciona a resolução de 35% das disputas por meio de mediação, *verbis*: "In 2020, the number of cases settled by mediation or reconciliation reached 91,981, accounting for 35% of the total number of traditional commercial cases and an increase of four percentage points from 31% in 2019" (CIETAC, *Annual Report on International Commercial Arbitration in China (2020-2021)*. Disponível em: http://www.cietac.org/index.php?m=Article&a=show&id=17909&l=en. Acesso em: 06.09.2023, p. 18).

1269 "Having an appropriate multi-tiered clause may often result in the resolution of the dispute by a specified and relatively cheap and cost-effective procedure without the necessity of resorting to arbitration" (PRYLES, Michael. Multi-Tiered Dispute Resolution Clauses. *ICCA Congress Series n. 10: International Arbitration and National Courts: The Never Ending Story*. ICCA Congress Series, v. 10. New Dehli: Kluwer Law International, 2001. p. 24).

1270 Nesse mesmo sentido, Arnoldo Wald elucida que "a maioria das questões debatidas nos processos arbitrais é constituída por litígios societários e decorrentes de contratos de construção ou de compra e venda. Nos negócios jurídicos de longa duração, como os acordos de acionistas, e mesmo naqueles que não se realizam num único momento, como ocorre nas promessas de alienação, o tempo é dinheiro (*time is money*) e, ao menos para uma das partes, não há como esperar uma solução por longo tempo. Daí a preferência pelo acordo, pela mediação e a conciliação e, na sua falta, pela arbitragem que, em virtude de sua confidencialidade, reduz um pouco o antagonismo das partes e permite, algumas vezes, a continuação pacífica das suas relações comerciais, que geralmente não subsiste quando as partes estão num conflito judiciário" (WALD, Arnoldo. A conciliação e os acordos. In: WALD, Arnoldo; LEMES, Selma (org.). *25 anos da Lei de Arbitragem (1996-2021) História, Legislação, Doutrina e Jurisprudência* [versão digital]. São Paulo: Revista dos Tribunais, 2022).

desnecessários com a arbitragem.[1271] As cláusulas Med-Arb podem ser benéficas para partes que têm por objetivo relevante manter um elevado padrão de relacionamento,[1272] por prever a resolução do litígio, em um primeiro momento, por um método autocompositivo.[1273] Quando se utiliza a mediação como etapa anterior à arbitragem, há ainda a possibilidade de aumento do controle das partes sobre a extensão, profundidade e o resultado do conflito.[1274]

As cláusulas escalonadas geralmente combinam métodos autocompositivos (mediação ou conciliação, por exemplo) com métodos heterocompositivos (como é o caso da arbitragem) de solução de controvérsias.[1275] Considerando a existências de várias formas de resolução de conflitos, embora a cláusula Med-Arb seja a mais conhecida, outras formas de escalonamento são possíveis.[1276] Nelson Eizirik e Renata Moritz ressaltam que há um movimento em prol de soluções mais rápidas, e isso "estimula a criatividade e permite a conjugação de vários mecanismos, criando 'métodos híbridos' em busca

---

1271 "These various provisions are designed to enhance the efficiency of the international arbitral process, by encouraging amicable dispute resolution and avoiding unnecessary legal proceedings and expense" (BORN, Gary. *International Commercial Arbitration* [versão digital]. 3. ed. Alphen aan den Rijn: Kluwer Law International, 2021).

1272 PACHIKOSKI, Silvia Rodrigues. A cláusula escalonada. In: ROCHA, Caio Cesar Vieira; SALOMÃO, Luis Felipe (Coord.). *Arbitragem e mediação*: a reforma da legislação brasileira [versão digital]. 2. ed. São Paulo: Atlas, 2017.

1273 GOMM, Maurício. The Role of Mediation in Arbitration: The Use and the Challenges of Multi-tiered Clauses in International Agreements. *Revista Brasileira de Arbitragem*, v. X, n. 38, 2013. p. 9.

1274 GOMM, Maurício. The Role of Mediation in Arbitration: The Use and the Challenges of Multi-tiered Clauses in International Agreements. *Revista Brasileira de Arbitragem*, v. X, n. 38, 2013. p. 9

1275 "Sublinhamos que cada um desses mecanismos possui qualidades e fragilidades e não se trata de estabelecer uma competição pelo método mais eficiente, mas sim em termos em mente que cada um deles possui a seu modo, potencialidade e ferramentas específicas para condução de modo personalizado de cada conflito e podem ser utilizados de maneira isolada ou ainda combinada. A arbitragem proporciona à parceria sua força decisória e vinculativa. Isso significa dizer que, desde a instituição dos procedimentos até seu final, tanto em relação à mediação, pela possibilidade de homologação do acordo obtido, como na falta desse pela prolação da sentença em âmbito arbitral, a foça vinculativa da arbitragem está presente. (...) Nesse sentido, a utilização combinada dos dois meios se mostra como um recurso que integra o diálogo e/ou decisão que promete amenizar os desgastes gerados pelo conflito, facilitando a comunicação entre os envolvidos, mesmo que não atinjam o acordo e a decisão arbitral se faça necessária" (LEVY, Fernanda Rocha Lourenço. *Cláusulas escalonadas*: a mediação comercial no contexto da arbitragem. São Paulo: Saraiva, 2013. p. 196-197).

1276 "Mais algumas das combinações mais comuns de procedimentos sequenciais, além de med-arb são: arbitragem-mediação ('arb-med'), arbitragem-mediação-arbitragem ('arb-med-arb'), arbitragem-conciliação-arbitragem ('arb-con-arb') e arbitragem-conciliação-mediação-conciliação-arbitragem ('arb-con-med-con-arb')" (LEAL, Marina Galvão Maia. As cláusulas escalonadas no ordenamento jurídico brasileiro: breves considerações sobre as cláusulas med-arb e seus efeitos. *Revista Brasileira de Arbitragem*, v. XVIII, n. 72, 2021. p. 66).

de uma opção *taylor made* para cada caso".[1277] A adequação do método de solução de disputas é uma tendência internacional.[1278]

Normalmente, as cláusulas escalonadas são redigidas de forma a privilegiar, em um primeiro momento, métodos autocompositivos, que são mais flexíveis e menos onerosos. Se a solução não for alcançada por meio do primeiro método selecionado, buscam-se alternativas, até que se chegue a um método que resulte em decisão final e vinculante.[1279] As cláusulas escalonadas podem ser úteis especialmente em contratos de construção, infraestrutura e propriedade intelectual, que demandam soluções rápidas. Tais cláusulas potencialmente oferecem maior flexibilidade para resolução da disputa, a um menor custo, em comparação à arbitragem.[1280] De modo geral, em mercados inovadores e dinâmicos, o contrato desempenha papel na definição explícita das normas individuais, com acentuada importância para dispositivos convencionais que visam à cooperação e à comunicação entre as partes contratantes.[1281]

Fernanda Levy aponta como uma das principais vantagens das cláusulas escalonadas a redução de tempo e custos do processo, sendo possível, caso a controvérsia não seja

---

[1277] EIZIRIK, Nelson; COELHO, Renata Moritz Serpa. Mediação e Arbitragem: uma combinação útil. In: MOREIRA, Ana Luiza B.M. Pinto; BERGER, Renato (org.). *Arbitragem e outros temas de direito privado: estudos jurídicos em homenagem a José Emílio Nunes Pinto*. São Paulo: Quartier Latin, 2021. p. 422.

[1278] "Há uma tendência mundial de crescimento na utilização de métodos que combinem o uso da arbitragem com a conciliação ou a medição existindo inclusive previsão a esse respeito em diversas legislações. A lei chinesa de arbitragem, por exemplo, em seu art. 51 encoraja o uso da arbitragem combinada com a conciliação, assim como também ocorre na Índia e no Brasil" (SZACHNOWICZ, Shirly E. Vogelfang. Processos Híbridos: a utilização prática da cláusula med-arb. In: WALD, Arnoldo (org.). *Doutrinas Essenciais Arbitragem e Mediação*. Volume VI – Mediação e outros institutos. São Paulo: Revista dos Tribunais, 2014. p. 1274).

[1279] "Common practice is to design the mechanism in such a way that the levels of the resolution process evolves while the dispute becomes escalated: starting from non-binding, flexible, and inexpensive methods and followed by increasingly burdensome steps as the disputes continues to escalate. If no agreement can be reached, the final step is to use a binding settlement method. Most clauses consequently oblige parties to first turn to rather informal settlement methods (negotiation at senior-executive level, summary assessment by a third party (usually an expert), etc.). This ensures that simple and rather straightforward disputes are settled quickly and at low cost. This first step is then followed by a more demanding and time-consuming mechanism (e.g., mediation, referral to an advisory or adjudication board) and, finally, by binding settlement methods: seeking binding expert opinion or arbitration or litigation, or even a combination of them (expert opinion with arbitration or litigation)" (KOHL; Benoît; RIGOLET, Alexandre. Multi-tiered resolution clauses: use them all if you can't choose one. In: MEULEESTER, Dirk de.; BERLINGIN, Maxime. *Liber Amicorum CEPANI (1969-2019): 50 years of solutions*. Kluwer Law International, 2019. p. 431).

[1280] GOMM, Maurício. The Role of Mediation in Arbitration: The Use and the Challenges of Multi-tiered Clauses in International Agreements. *Revista Brasileira de Arbitragem*, v. X, n. 38, 2013. p. 9.

[1281] MOMBACH, Matheus Martins Costa. *O Direito Proativo nos Contratos*: reflexões sobre o papel dos contratos para além da perspectiva tradicional. São Paulo: Quartier Latin, 2021. p. 143.

resolvida por mediação, ter o resguardo de que se terá uma decisão final e vinculativa, proferida por um Tribunal Arbitral.[1282] A cláusula escalonada, portanto, incentiva as partes a chegarem a uma solução consensual, ao mesmo tempo que garante que, caso não haja acordo, tenha-se uma decisão para o litígio.[1283] Por isso, as cláusulas Med-Arb devem ser redigidas com cautela, a fim de evitar tentativas de protelar irregularmente o início do procedimento arbitral.[1284]

Em sentido contrário, Leonardo Beraldo aponta que não é favorável à inclusão de cláusulas escalonadas, por entender que "a busca pela mediação ou pela conciliação deve ser espontânea, e, não obrigatória".[1285] A natureza voluntária da mediação é um dos princípios fundamentais que regem esse método de resolução de conflitos. Ademais, nem todos os conflitos são adequados para a mediação – o que justifica a sua não previsão em caráter mandatório. Todavia, em alguns casos, a imposição da mediação pode ser útil, como um requisito processual para certos tipos de disputas. Ainda assim, a obrigação de participar da mediação deve ser cuidadosamente avaliada, para garantir que não comprometa os princípios fundamentais desse método, como a confidencialidade, a colaboração e a autonomia das partes.

2. Med-Arb

A cláusula comumente chamada de Med-Arb é a mais conhecida das cláusulas escalonadas.[1286] Como o próprio nome sugere, essa cláusula combina uma fase de mediação prévia, seguida de uma eventual arbitragem.[1287]

1282 TORRE, Riccardo Giuliano Figueira. Cláusulas escalonadas – A mediação comercial no contexto da arbitragem, de Fernanda Rocha Lourenço Levy. *Revista de Arbitragem e Mediação*, ano 12, v. 44, jan./mar. 2015, p. 407.

1283 SZACHNOWICZ, Shirly E. Vogelfang. Processos Híbridos: a utilização prática da cláusula med-arb. In: WALD, Arnoldo (org.). *Doutrinas Essenciais Arbitragem e Mediação*. Volume VI – Mediação e outros institutos. São Paulo: Revista dos Tribunais, 2014. p. 1278.

1284 "Porém, para que se mostre eficiente, a cláusula escalonada deve ser redigida de maneira a propiciar o benefício das partes e não gerar confusão e permitir que uma parte resistente, ou de má-fé, torne-a ineficiente, com tentativas protelatórias que apenas retardem a solução do conflito ou a solução arbitral" (PACHIKOSKI, Silvia Rodrigues. A cláusula escalonada. In: ROCHA, Caio Cesar Vieira; SALOMÃO, Luis Felipe (Coord.). *Arbitragem e mediação*: a reforma da legislação brasileira [versão digital]. 2. ed. São Paulo: Atlas, 2017).

1285 BERALDO, Leonardo de Faria. *Curso de Arbitragem*: nos termos da Lei 9.307/1996. São Paulo: Atlas, 2014. p. 187.

1286 "A cláusula mais conhecida no Brasil é a denominada Med-Arb, onde as partes estipulam que, se houver um conflito, ele deve ser submetido primeiro ao procedimento de mediação. Se não for possível atingir uma solução consensual, então submetem a matéria à arbitragem" (EIZIRIK, Nelson; COELHO, Renata Moritz Serpa. Mediação e Arbitragem: uma combinação útil. In: MOREIRA, Ana Luiza B.M. Pinto; BERGER, Renato. *Arbitragem e outros temas de direito privado*: estudos jurídicos em homenagem a José Emílio Nunes Pinto. São Paulo: Quartier Latin, 2021. p. 424).

1287 "A redação da cláusula denominada 'Med-Arb' prevê a mediação e, se não for alcançado um acordo, passa-se para arbitragem" (LEMES, Selma. 1. Acordo de Acionistas – Sistema de solução

Essa conjugação de um método de resolução de conflito autocompositivo, seguido de um heterocompositivo, não é nova, nem exclusiva do mundo arbitral. O próprio Código de Processo Civil, no ambiente do processo estatal, prevê a realização de uma audiência de conciliação, ou de mediação, antes da apresentação da contestação pelo réu.[1288]

As cláusulas Med-Arb costumam ser vistas em contratos de execução continuada, como os contratos de franquia e construção.[1289] Segundo Sílvia Pachikoski, isso se dá pois essas cláusulas "permitem a preservação do vínculo entre as partes contratantes, evitando-se a ruptura do ambiente profícuo das relações comerciais".[1290] Posição semelhante é compartilhada por Francisco Cahali, ao acrescentar que o atrativo na estipulação de cláusulas escalonadas em contratos de longa duração consiste no fato de que, "mesmo diante de alguma controvérsia surgida no curso da execução do contrato, as partes ainda terão um período prolongado de convivência, sendo de todo recomendável, assim, buscar soluções consensuais para as diferenças havidas".[1291]

Em razão da extensão do relacionamento havido entre as partes, a fase inicial de mediação se mostra benéfica, pois o procedimento conta com a participação de um mediador com conhecimento aprofundado na causa, que as auxiliará na satisfação de seus interesses e necessidades.[1292]

---

de conflitos "Tailor-Made" – Cláusula compromissória aberta (art. 6º da Lei 9.307/1996), com todas as potencialidades para instituir a arbitragem (art. 7º) – Efeito vinculante – Não se trata de cláusula escalonada – Mediação ou arbitragem – Admissibilidade de cláusula de arbitragem e eleição de foro (execução específica) – Cláusula combinada ou fracionada – Instituição da arbitragem pelo juízo de primeiro grau (Parecer). *Revista de Direito Civil Contemporâneo*, v. 7, abr./jun. 2016).

1288 Código de Processo Civil, art. 334, *caput*: "Se a petição inicial preencher os requisitos essenciais e não for o caso de improcedência liminar do pedido, o juiz designará audiência de conciliação ou de mediação com antecedência mínima de 30 (trinta) dias, devendo ser citado o réu com pelo menos 20 (vinte) dias de antecedência".

1289 "Perhaps another reason for the employment of multi-tiered clauses lies in the great diversity of possible disputes in complex contracts, particularly construction contracts of some duration. It is an obvious fact that a dispute resolution clause inserted into a contract is designed to deal with future disputes. These future disputes can be multiferous in nature. They can involve very different issues and bear very different monetary values. In consequence a multi-tiered dispute resolution procedure is likely to contain, in one tier or another, a procedure appropriate for a particular dispute. For these reasons, and others, it seems that multi-tiered dispute resolution clauses are increasing in popularity and use" (PRYLES, Michael. Multi-Tiered Dispute Resolution Clauses. *ICCA Congress Series n. 10*: International Arbitration and National Courts: The Never Ending Story. ICCA Congress Series, v. 10. New Dehli: Kluwer Law International, 2001. p. 24-25).

1290 PACHIKOSKI, Silvia Rodrigues. A cláusula escalonada. In: ROCHA, Caio Cesar Vieira; SALOMÃO, Luis Felipe (Coord.). *Arbitragem e mediação*: a reforma da legislação brasileira [versão digital]. 2. ed. São Paulo: Atlas, 2017.

1291 CAHALI, Francisco José. *Curso de Arbitragem*: mediação, conciliação e resolução CNJ 125/2010. São Paulo: Editora Revista dos Tribunais, 2017. p. 175.

1292 "Nela [mediação] o que está em jogo constitui-se meses, anos ou décadas de relacionamento. Ela demanda um conhecimento mais aprofundado do terceiro no que tange a inter-relação

Selma Lemes também justifica a utilização frequente de cláusulas Med-Arb em contratos de longa duração e de maior complexidade, tendo em vista que "o inadimplemento contratual repercute, em cadeia, nas demais contratações e subcontratações, sendo de todo oportuno prevê-las e estipulá-las".[1293]

Nelson Eizirik e Renata Moritz ressaltam que a mediação realizada antes do procedimento arbitral pode ser bastante proveitosa, "promovendo a reconstrução do diálogo entre partes e advogados, ajudando-os a entender melhor as razões do conflito instaurado. Pode auxiliar a superar impasses tanto nessa fase pré-arbitral, quanto durante a arbitragem, quando, mediante acordos parciais, as partes podem deixar para os árbitros decidirem apenas questões que não conseguiram resolver em conjunto".[1294]

Os autores acrescentam que, caso não seja alcançado um acordo na fase de mediação, a etapa subsequente de arbitragem garante uma decisão vinculativa que encerrará a demanda. E concluem, ainda, que "a integração dos dois métodos pode amenizar os desgastes gerados pelo conflito, facilitando a comunicação entre os envolvidos, ainda que não atinjam um acordo e necessitem de uma decisão arbitral ao final".[1295] Logo, a cláusula Med-Arb "é capaz de somar vantagens de seus dois procedimentos-formadores: incentivo às partes a alcançar uma solução consensual, o que pode ajudá-las na continuidade de seu relacionamento comercial, ao mesmo tempo que existe a garantia de que haverá uma decisão final e vinculante, resolvendo o conflito".[1296]

Por ser a modalidade de cláusula escalonada mais difundida, diversos centros de arbitragem e mediação disponibilizam às partes interessadas o seu respectivo modelo

---

existente entre as partes. O mediador, para que possa melhor auxiliá-las nas questões controversas, deve ter mais tempo para investigar e conhecer toda a complexidade daquela inter-relação. Cabe ressaltar, por isso, que a mediação não vista pura e simplesmente o acordo, visa sim atingir a satisfação dos interesses e necessidades das pessoas envolvidas no conflito" (BRAGA NETO, Adolfo. Aspectos Relevantes sobre Mediação de Conflitos. In: WALD, Arnoldo (org.). *Doutrinas Essenciais Arbitragem e Mediação*. Volume VI – Mediação e outros institutos. São Paulo: Revista dos Tribunais, 2014. p. 404).

1293 LEMES, Selma. Cláusula Escalonada ou Combinada: Mediação, Conciliação e Arbitragem. In: FINKELSTEINS, Claudio; VITA, Jonathan B.; CASADO FILHO, Napoleão (coord.). *Arbitragem Internacional*: UNIDROIT, CISG e Direito Brasileiro. São Paulo: Quartier Latin, 2010. p. 164.

1294 EIZIRIK, Nelson; COELHO, Renata Moritz Serpa. Mediação e Arbitragem: uma combinação útil. In: MOREIRA, Ana Luiza B.M. Pinto; BERGER, Renato (org.). *Arbitragem e outros temas de direito privado*: estudos jurídicos em homenagem a José Emílio Nunes Pinto. São Paulo: Quartier Latin, 2021. p. 422.

1295 EIZIRIK, Nelson; COELHO, Renata Moritz Serpa. Mediação e Arbitragem: uma combinação útil. In: MOREIRA, Ana Luiza B.M. Pinto; BERGER, Renato (org.). *Arbitragem e outros temas de direito privado*: estudos jurídicos em homenagem a José Emílio Nunes Pinto. São Paulo: Quartier Latin, 2021. p. 422.

1296 SZACHNOWICZ, Shirly E. Vogelfang. Processos Híbridos: a utilização prática da cláusula med-arb. In: WALD, Arnoldo (org.). *Doutrinas Essenciais Arbitragem e Mediação*. Volume VI – Mediação e outros institutos. São Paulo: Revista dos Tribunais, 2014. p. 1.278.

de cláusula Med-Arb, como é o caso da Camarb,[1297] do CAM-CCBC,[1298] da CCI[1299] e da Ciesp-Fiesp.[1300]

3. Arbitragem seguida de mediação (Arb-Med)

A conjugação de procedimentos de arbitragem e mediação também pode ser estipulada pelas partes na ordem inversa, estabelecendo-se primeiro a arbitragem e, depois, a mediação, por meio de uma cláusula "Arb-Med". Há dois modelos de cláusula que utilizam a denominação Arb-Med: *(i)* Arb-Med pura; e *(ii)* Arb-Med-Arb ou *mediation window*.

Na cláusula Arb-Med pura, inicia-se o procedimento arbitral, que tem regular seguimento até a fase de prolação da sentença. O Tribunal Arbitral redige a sentença e a guarda consigo, sem divulgação às partes. A partir desse momento, o procedimento é suspenso e inicia-se a mediação. Nesse caso, a pressão psicológica de já haver uma decisão, de conteúdo desconhecido pelas partes, incentiva a formação de um consenso.[1301] A experiência vivida pelas partes na arbitragem, especialmente após a coleta das provas em audiência, pode configurar um elemento bastante importante na decisão de celebrar uma transação, extinguindo o litígio. Caso haja acordo, a sentença arbitral é descartada – sem que seu conteúdo seja revelado às partes – e os árbitros proferem, então, uma sentença homologatória de acordo. Não havendo acordo, o Tribunal Arbitral divulga a sentença às partes, encerrando o procedimento.

Por sua vez, a *mediation window* se refere a um período de tempo, especificamente designado, no qual as partes envolvidas suspendem a disputa para tentar obter uma solução negociada, criando uma *janela de oportunidade* para uma solução consensual do litígio, por meio da mediação.[1302] Por isso, a *mediation window* também pode ser conhecida como Arb-Med-Arb.[1303]

1297 Disponível em: https://camarb.com.br/clausula-modelo/. Acesso em: 17.03.2023.

1298 Disponível em: https://ccbc.org.br/cam-ccbc-centro-arbitragem-mediacao/resolucao-de--disputas/arbitragem/modelos-de-clausula/. Acesso em: 17.03.2023.

1299 Disponível em: https://iccwbo.org/dispute-resolution-services/mediation/mediation-clauses/. Acesso em: 17.03.2023.

1300 Disponível em: https://www.camaradearbitragemsp.com.br/pt/res/docs/20220405-modelos--de-clausulas-arbitragem-e-mediacao.pdf. Acesso em: 17.03.2023.

1301 LEAL, Marina Galvão Maia. As cláusulas escalonadas no ordenamento jurídico brasileiro: breves considerações sobre as cláusulas med-arb e seus efeitos. *Revista Brasileira de Arbitragem*, v. XVIII, n. 72, 2021, p. 66.

1302 EIZIRIK, Nelson; COELHO, Renata Moritz Serpa. Mediação e Arbitragem: uma combinação útil. In: MOREIRA, Ana Luiza B.M. Pinto; BERGER, Renato. *Arbitragem e outros temas de direito privado*: estudos jurídicos em homenagem a José Emílio Nunes Pinto. São Paulo: Quartier Latin, 2021. p. 425.

1303 LEAL, Marina Galvão Maia. As cláusulas escalonadas no ordenamento jurídico brasileiro: breves considerações sobre as cláusulas med-arb e seus efeitos. *Revista Brasileira de Arbitragem*, v. XVIII, n. 72, 2021. p. 67.

Na *mediation window*, em que pese o acordo quanto à totalidade do litígio seja resultado excepcional, eventualmente as partes podem atingir resultados parciais extremamente satisfatórios, compondo-se, ao menos, quanto a alguns pontos controvertidos, sejam eles relacionados a questões procedimentais ou ao mérito da controvérsia.[1304] Essa abordagem é especialmente relevante em casos complexos, em que as partes podem estar dispostas a explorar soluções alternativas ao incentivar as partes a participarem de discussões construtivas, facilitadas pelo mediador.[1305]

Após a instrução probatória do procedimento arbitral, as partes possuem condições de melhor entender a situação ocorrida e ponderar suas reais chances de êxito,[1306] o que pode justificar "uma evolução dos entendimentos das partes no decorrer do processo".[1307] Em razão disso, observa-se uma tendência em adotar a interrupção de procedimentos arbitrais para tentativa de composição entre as partes.[1308] Contudo, a realização de uma etapa arbitral antes de iniciada a mediação pode trazer efeitos adversos. Após as partes participarem de um procedimento arbitral, que é adversarial em sua natureza, por conta de eventuais animosidades, pode também ser mais difícil a composição por meio da mediação.[1309] Na verdade, cada caso é um. E a experiência

---

[1304] LEAL, Marina Galvão Maia. As cláusulas escalonadas no ordenamento jurídico brasileiro: breves considerações sobre as cláusulas med-arb e seus efeitos. *Revista Brasileira de Arbitragem*, v. XVIII, n. 72, 2021. p. 66.

[1305] WALD, Arnoldo. A conciliação e os acordos. In: WALD, Arnoldo; LEMES, Selma (org.). *25 anos da Lei de Arbitragem (1996-2021) História, Legislação, Doutrina e Jurisprudência* [versão digital]. São Paulo: Revista dos Tribunais, 2022.

[1306] "Na nossa prática mais recente, tivemos cinco casos importantes e outros menos relevantes nos quais a arbitragem ou a simples ameaça de sua concretização levaram as partes ao acordo às vésperas da assinatura do termo de compromisso, que foi adiado por diversas vezes, ou após o início do período probatório e até um dia antes da audiência na qual as principais testemunhas deveriam ser ouvidas. É a situação que costuma ocorrer frequentemente nas arbitragens societárias e nos litígios referentes à construção de grandes projetos nos quais as partes não se podem dar o luxo de deixar um litígio sem solução por muito tempo. As liminares e cautelares judiciais ou arbitrais, e até as decisões do árbitro de emergência, previsto em alguns regulamentos, embora importantes, não são suficientes para assegurar a convivência construtiva e harmoniosa dos interessados por longo tempo, num contexto que pode ser mudado de um momento para o outro pela decisão definitiva da arbitragem" (WALD, Arnoldo. A conciliação e os acordos. In: WALD, Arnoldo; LEMES, Selma (org.). *25 anos da Lei de Arbitragem (1996-2021) História, Legislação, Doutrina e Jurisprudência* [versão digital]. São Paulo: Revista dos Tribunais, 2022).

[1307] WALD, Arnoldo. A conciliação e os acordos. In: WALD, Arnoldo; LEMES, Selma (org.). *25 anos da Lei de Arbitragem (1996-2021) História, Legislação, Doutrina e Jurisprudência* [versão digital]. São Paulo: Revista dos Tribunais, 2022.

[1308] BRAGA NETO, Adolfo. Marco Legal da Mediação – Lei 13.140/2015 – Comentários Iniciais à Luz da Prática Brasileira. *Revista de Arbitragem e Mediação*, ano 12, v. 47, p. 269, out-dez. 2015.

[1309] "Additionally, it may be psychological difficult to attempt to work through the issues together with the opponent, after having gone through the highly adversarial arbitration process" (PETER, James T. Med-Arb in International Arbitration. In: WALD, Arnoldo (org.) *Doutrinas*

dos profissionais envolvidos pode ser determinante para que a solução mais adequada seja encontrada.

Após o término da fase de mediação, três são os resultados possíveis: *(i)* acordo integral; *(ii)* acordo parcial; ou *(iii)* ausência de acordo.[1310] Nos casos de ausência de acordo ou acordo parcial, a arbitragem prosseguirá até ser proferida a sentença.

Um exemplo de cláusula Arb-Med-Arb é a elaborada pela SIAC (*Singapore International Arbitration Centre*) e SIMC (*Singapore International Mediation Centre*).[1311] A instituição possui inclusive um protocolo (*AMA Protocol*) com as regras específicas aplicáveis ao procedimento Arb-Med-Arb.[1312] Esse protocolo prevê que a mediação deverá ser finalizada em 8 semanas – prazo que pode ser prorrogado pela SIAC e SIMC. Se a disputa não tiver sido resolvida pelas partes ao final desse prazo, seja parcial ou totalmente, o procedimento arbitral terá seguimento. Caso haja acordo durante a mediação, as partes podem solicitar ao Tribunal Arbitral que o formalize por meio de uma sentença homologatória.

A JAMS[1313] também apresenta um regramento semelhante intitulado de *Mediator-in-Reserve*.[1314] Durante uma arbitragem, as partes podem solicitar à JAMS auxílio para nomear um mediador de sua lista. O mediador selecionado estará à disposição das partes no curso da arbitragem, e não há incidência de qualquer custo até que, de fato, os serviços do mediador sejam utilizados. O Tribunal Arbitral não tem ciência nem da identidade do profissional que atuará como mediador, nem mesmo se as partes iniciaram a mediação.

A CCI, embora não tenha um regramento próprio para disciplinar procedimentos Arb-Med-Arb, traz no Apêndice IV do seu Regulamento de Arbitragem técnicas para a condução do procedimento arbitral. Entre elas, consta "incentivar as partes a considerar a possibilidade de acordo para o total ou parte do litígio, quer por negociação, quer por qualquer outra forma amigável de resolução de controvérsias como, por exemplo, mediação segundo o Regulamento de Mediação da CCI".[1315]

Além disso, os centros de arbitragem e mediação devem levar em conta outras relevantes questões ao administrar procedimentos derivados de cláusulas Arb-Med-Arb, como: *(i)* ter capacidade de administrar procedimentos de arbitragem e mediação; *(ii)* flexibilidade para uma *mediation window* no curso do procedimento arbitral; *(iii)*

Essenciais Arbitragem e Mediação. Volume VI – Mediação e outros institutos. São Paulo: Revista dos Tribunais, 2014. p. 1186).

1310 LEVY, Fernanda Rocha Lourenço. *Cláusulas escalonadas*: a mediação comercial no contexto da arbitragem. São Paulo: Saraiva, 2013. p. 11.

1311 Disponível em: https://siac.org.sg/the-singapore-arb-med-arb-clause. Acesso em: 17.03.2023.

1312 Disponível em: http://simc.com.sg/v2/wp-content/uploads/2019/03/SIAC-SIMC-AMA-Protocol.pdf. Acesso em: 17.03.2023.

1313 *Judicial Arbtiration and Mediation Services, Inc.*

1314 Disponível em: https://www.jamsadr.com/mediator-in-reserve/. Acesso em: 17.03.2023.

1315 Disponível em: https://iccwbo.org/content/uploads/sites/3/2021/03/icc-2021-arbitration-rules-2014-mediation-rules-portuguese-version.pdf. Acesso em: 17.03.2023.

previsão de dever de revelação para os árbitros e mediadores; e *(iv)* garantir a confidencialidade do procedimento de mediação em relação aos árbitros.[1316]

Alguns dos principais casos da experiência profissional do primeiro autor acabaram sendo solucionados por *mediation windows*, no curso de arbitragens instituídas e em curso avançado. Dois são dignos de nota, por exemplificarem exatamente o tema de que aqui se cuida.

Em uma primeira ocasião, com duas arbitragens internacionais em curso, no âmbito da CCI, uma disputa sobre o controle de uma rede varejista, entre um conhecido empresário brasileiro, infelizmente já falecido, e uma empresa francesa, acabou encerrada com a intervenção do especialista William Ury, da Universidade de Harvard. Nessa disputa o primeiro autor teve o privilégio de estruturar a defesa da empresa francesa com seu amigo Emmanuel Gaillard.

No segundo caso, uma disputa entre uma família de empresários brasileiros e um dos maiores fundos de investimento do mundo, a respeito da compra e venda da empresa da família brasileira, no curso da arbitragem a disputa foi levada a um procedimento de mediação que teve lugar em Nova York e Londres, logrando as partes a celebração de um acordo. O parceiro internacional do primeiro autor nesse caso foi Gary Born.

A verdade é que a mediação oferece um espectro amplo de alternativas procedimentais para promover a solução de pendências entre as partes em conflito. E a possibilidade de criação de soluções customizadas para cada conflito específico, considerando a matéria em discussão, as pessoas envolvidas e a envergadura do próprio conflito, deve ser utilizada pelos mediadores com astúcia e criatividade.

O primeiro autor teve a oportunidade de realizar algumas mediações relevantes. Uma delas guardava relação com a construção de um relevantíssimo complexo siderúrgico por uma empresa alemã no Rio de Janeiro.

No transcurso da obra do porto do complexo, que incluía ainda uma coqueria, um alto-forno, uma termelétrica, uma aciaria e uma ponte de mais de três quilômetros, surgiu um conflito entre as duas construtoras e a dona da obra.

Considerando aspectos peculiares ao caso concreto, a técnica utilizada naquele caso foi a simulação de uma arbitragem, sem que as peças de cada lado fossem trocadas pelas partes. A técnica permitiu que o mediador enxergasse claramente onde

---

[1316] "There are numerous competing considerations that arbitral institutions are equipped to handle if the Arb-Med-Arb protocols are properly designed. The considerations we have identified include: The need to ensure enforceability of a consent award; The ability to maximize efficiency in administering both procedures; The need for flexibility in creating a window for mediation while an arbitration is pending – in terms of both the timing and duration of the mediation; The differing disclosure obligations for mediators and arbitrators; The risk that confidential mediation communications could taint an arbitrator and render an award unenforceable" (PETTIBONE, Peter; SIFFERT, John. An Examination of Institutional Arb-Med-Arb Protocols and Practices. In: KOCHANSKY, Gregory (org.). *Dispute Resolution Journal*, v. 76, n. 1, p. 112, Kluwer Law International, 2022).

as partes tinham visões coincidentes e onde divergiam, sem que as divergências, expostas claramente, danificassem, em demasia, o ambiente contratual. Nas conversas paralelas, o espaço conflituoso foi sendo reduzido paulatinamente, os argumentos, de lado a lado, foram sendo enfrentados e organizados. Depois de oito meses de trabalho, conseguiu-se uma solução econômico-financeira que agradou a todos os envolvidos.

§ 29. DESCUMPRIMENTO DA CLÁUSULA MED-ARB

1. Mediação prévia obrigatória ou facultativa

Em se tratando de um contrato firmado entre partes, é indispensável que o intérprete busque respeitar e se limitar ao que foi manifestado pelos contratantes[1317] quando da celebração da convenção de arbitragem, dando especial atenção à linguagem utilizada, para se referir à obrigatoriedade ou não da etapa pré-arbitral. A depender de como a cláusula foi redigida e a eventual subjetividade de expressões nela utilizadas, sua análise "pode trazer discussões intermináveis, atrasando e atrapalhando cada vez mais a resposta final ao conflito".[1318]

A maioria das controvérsias referentes às cláusulas Med-Arb surge em decorrência da redação da própria cláusula, que muitas vezes não especifica se a etapa prévia de mediação é obrigatória ou opcional.[1319] Por essa razão, a redação da cláusula deve ser feita com cuidado para evitar o surgimento de questões jurisdicionais antes de se iniciar a discussão do mérito da arbitragem.[1320] No que toca à economia

---

1317 MARTINS-COSTA, Judith. *A Boa-fé no Direito Privado*: critérios para a sua aplicação. 2. ed. São Paulo: Saraiva, 2018. p. 488.

1318 PACHIKOSKI, Silvia Rodrigues. A cláusula escalonada. In: ROCHA, Caio Cesar Vieira; SALOMÃO, Luis Felipe (Coord.). *Arbitragem e mediação*: a reforma da legislação brasileira [versão digital]. 2. ed. São Paulo: Atlas, 2017.

1319 "Issues generally arise as a result of the manner in which these clauses are drafted. The main issue is generally the lack of specificity in the language used when drafting these types of clauses. If the clause is drafted in such a way that it is unclear whether the negotiation and/or mediation is mandatory or simply optional, parties may undergo extensive ligation to determine whether negotiation or mediation is a pre-condition to the commencement of arbitration proceedings" (GOMM, Maurício. The Role of Mediation in Arbitration: The Use and the Challenges of Multi-tiered Clauses in International Agreements. *Revista Brasileira de Arbitragem*, v. X, n. 38, p. 9, 2013).

1320 "Care must be exercised in drafting such provisions to avoid overly cumbersome procedures or planting the seeds of jurisdictional disputes. Care should also be take in determining and stipulating whether a mediation procedure prior to arbitration is optional or mandatory. Some national courts decisions have held that where a mediation provision is phrased in mandatory language, it can be a condition precedent to arbitration and therefore no arbitration can be commenced until the stipulated mediation procedures have ben exhausted" (BORN, Gary. *International Arbitration and Forum Selection Agreements*: Drafting and Enforcing. Alphen aan den Rijn: Kluwer Law International, 2016. p. 87).

de recursos financeiros, as principais instituições de mediação e arbitragem no Brasil – como é o caso da Camarb,[1321] do CAM-CCBC[1322] e da CCI[1323] – possuem previsão de dedução das custas pagas pelas partes no procedimento de mediação, em futura arbitragem.

É necessário analisar se as partes estabeleceram que *deverão* ou *poderão* se submeter à etapa de mediação prévia à arbitragem. Silvia Pachikoski ressalta que, ao utilizar o primeiro termo, as partes fazem referência à cláusula escalonada propriamente dita. Contudo, caso a redação da cláusula seja acompanhada pelo termo *poderão*, trata-se de uma cláusula cordial, de forma que o seu adimplemento é um mero dever contratual de cortesia.[1324]

Nesse sentido, cláusulas que preveem que as partes "envidarão seus melhores esforços para solucionar a controvérsia amigavelmente" e que, apenas não chegando a um acordo, é que se inicia a arbitragem, não são cláusulas escalonadas.[1325] Mesmo que

---

1321 Resolução Administrativa 11/20 da CAMARB: "Os valores desembolsados pelas partes a título de taxa de administração em procedimentos de mediação serão deduzidos do valor da taxa de administração em eventual procedimento arbitral que lhe seja sucessivo, observado o seguinte: a. quando apenas a parte requerente da mediação efetuar o pagamento da taxa de administração do procedimento, esse valor será descontado do montante por ela devido a título de taxa de administração do procedimento arbitral instaurado; b. quando ambas as partes da mediação efetuarem o pagamento da taxa de administração do procedimento, esse valor será descontado do montante total devido pelas partes a título de taxa de administração do procedimento arbitral instaurado" (Disponível em: https://camarb.com.br/arbitragem/resolucoes-administrativas/resolucao-administrativa-n-11-20/. Acesso em: 30.03.2023).

1322 Resolução Administrativa 36/2019 da CAM-CCBC: "Art. 1º Nas hipóteses abaixo, será concedido às partes desconto no valor devido a título de Taxa Administração do procedimento de mediação: 100% de desconto quando as partes, após procedimento de mediação, instaurarem procedimento arbitral perante o CAM-CCBC; ou 50% de desconto quando as partes solicitarem, durante o trâmite de procedimento arbitral, a sua suspensão para dar início a um procedimento de mediação" (Disponível em: https://ccbc.org.br/cam-ccbc-centro-arbitragem-mediacao/resolucao-de-disputas/resolucoes-administrativas/ra-36-2019/. Acesso em: 30.03.2023).

1323 Regulamento de Arbitragem da CCI, Apêndice III – Custas e Honorários da Arbitragem: "Art. 2º – 12. Quando a arbitragem for precedida por um procedimento no âmbito do Regulamento Mediação da CCI, a metade das despesas administrativas da CCI pagas para esse procedimento deverá ser creditada às despesas administrativas da CCI da arbitragem". Disponível em: https://cdn.iccwbo.org/content/uploads/sites/3/2021/03/icc-2021-arbitration-rules-2014-mediation-rules-portuguese-version.pdf. Acesso em: 30.03.2023.

1324 PACHIKOSKI, Silvia Rodrigues. A cláusula escalonada. In: ROCHA, Caio Cesar Vieira; SALOMÃO, Luis Felipe (Coord.). *Arbitragem e mediação*: a reforma da legislação brasileira [versão digital]. 2. ed. São Paulo: Atlas, 2017.

1325 LEMES, Selma. Cláusula Escalonada ou Combinada: Mediação, Conciliação e Arbitragem. In: FINKELSTEINS, Claudio; VITA, Jonathan B.; CASADO FILHO, Napoleão (coord.). *Arbitragem Internacional*: UNIDROIT, CISG e Direito Brasileiro. São Paulo: Quartier Latin, 2010. p. 170.

as partes estabeleçam um prazo para tentativa dessa solução amigável, há apenas uma negociação habitual, que não demanda maiores formalidades.[1326] Dessa forma, não há empecilho ao início do procedimento arbitral.[1327]

Sobre a redação da cláusula, Gary Born esclarece que "a questão de saber se as partes pretendiam que um procedimento pré-arbitral fosse obrigatório ou, alternativamente, não obrigatório, frequentemente depende de uma avaliação caso a caso da linguagem contratual e das intenções das partes. Como, em outros contextos, o uso de termos imperativos, como 'deve' ou 'tem que', às vezes tem sido considerado consistente com uma obrigação; em contraste, e sem surpresa, termos como 'pode', 'poderá' ou 'deveria' são geralmente não obrigatórios".[1328]

Em parecer sobre a interpretação de uma cláusula de arbitragem em acordo de acionistas, Luiz Olavo Baptista[1329] ressalta que "a interpretação de uma expressão se faz no contexto em que se manifesta",[1330] de forma que "pressupõe-se, então, que os contratantes não pretendiam fazer uma obra inútil, ou fazer um contrato pelo prazer de fazê-lo, razão pela qual não estariam a dizer coisas sem sentido ou inúteis".[1331]

1326 "Thus, where an agreement simply requires parties to resolve their disputes amicably, to negotiate in good faith, to use their best efforts to settle their disagreements, or to "mediate," prior to submitting disputes to arbitration, these provisions should generally be regarded as aspirational, rather than mandatory, and insufficiently certain or definite to be enforceable" (BORN, Gary. *International Commercial Arbitration*. 3. ed. Alphen aan den Rijn: Kluwer Law International, 2021. p. 979)

1327 O Tribunal de Justiça do Rio Grande do Sul já decidiu que "Instrumentos contratuais que elegeram a arbitragem como meio principal e prioritário para a solução de controvérsias, facultando-se a opção, também, de procedimento prévio de mediação. Mera faculdade posta à disposição das partes, que não impede que a questão seja submetida diretamente ao juízo arbitral" (TJRS. Apel. n. 0277861-10.2019.8.21.7000, Rel. Des. Mylene Maria Michel, j. 18.06.2020).

1328 "The question of whether the parties intended a pre-arbitration procedure to be mandatory, or, alternatively, non-mandatory, has often turned on a case-by-case assessment of the parties' contractual language and intentions. As in other contexts, the use of imperative terms, such as 'shall' or 'must', has sometimes been held to be consistent with a mandatory obligation; in contrast, and unsurprisingly, terms such as 'can', 'may', or 'should' are generally non-mandatory. For example, a study of ICC arbitral awards concludes, 'when a word expressing obligation [such as 'shall'] is used in connection with amicable dispute resolution techniques, arbitrators have found that this makes the provision binding upon the parties' and 'compulsory, before taking jurisdiction'" (BORN, Gary. *International Commercial Arbitration*. 3. ed. Alphen aan den Rijn: Kluwer Law International, 2021. p. 985).

1329 BAPTISTA, Luiz Olavo. Interpretação de cláusulas de arbitragem e foro em Acordo de Acionistas. *Revista de direito civil contemporâneo*, v. 11, abr./jun. 2017.

1330 BAPTISTA, Luiz Olavo. Interpretação de cláusulas de arbitragem e foro em Acordo de Acionistas. *Revista de direito civil contemporâneo*, v. 11, abr./jun. 2017.

1331 BAPTISTA, Luiz Olavo. Interpretação de cláusulas de arbitragem e foro em Acordo de Acionistas. *Revista de direito civil contemporâneo*, v. 11, abr./jun. 2017.

No caso específico[1332] analisado no parecer do autor, a cláusula utilizava a seguinte redação: "as dúvidas ou divergências surgidas deste Acordo de Acionistas deverão ser resolvidas por mediação ou arbitragem, nos termos da lei, exceto quanto ao previsto na Cláusula Oitava".[1333] A utilização do termo *deverão* indica um dever das partes de resolver as controvérsias de determinada maneira. Em relação ao emprego da conjunção *ou*, Luiz Olavo Baptista esclarece que ela foi utilizada com o intuito de designar "alternativas para os contratantes, facultando-lhes recorrer a uma ou outra fórmula para resolver a divergência".[1334]

Para além do termo utilizado na cláusula para se referir à obrigatoriedade ou não da mediação, Selma Lemes acrescenta que "seria de boa cautela que a redação da cláusula estipulasse como esse processo de mediação ou conciliação deve iniciar, transcorrer e finalizar com prazos bem definidos, haja vista as repercussões que possam advir, pois, em vez de facilitar a solução da controvérsia, restando expedita a via arbitral, pode ela representar um embaraço, como a seguir trataremos ao expor a jurisprudência interna e comparada a respeito".[1335]

O TJSP, em caso de 2022 relatado pela Des. Ana Maria Baldy, analisou a redação de cláusula compromissória em que a parte questionava se se trataria de cláusula escalonada nos parâmetros Med-Arb.[1336] A ação judicial foi proposta visando à instalação de

---

1332 O referido caso foi julgado em 17.12.2015 pelo STJ. No voto da ministra Relatora ficou claro que "o contrato não contém cláusula arbitral escalonada (mediação e arbitragem), assim entendida aquela mediante a qual as partes estabelecem que, surgido um conflito, submeter-se-ão, em primeiro lugar, a procedimento prévio de mediação ou conciliação e, frustrado este, à arbitragem. O contrato previu a opção entre mediação ou arbitragem e também a via judicial" Ao final, o STJ entendeu que "A ausência de maiores detalhes na previsão da mediação ou da arbitragem não invalida a deliberação originária dos contratantes, apenas traduz, em relação à segunda, cláusula arbitral 'vazia', modalidade regular prevista no art. 7º da Lei 9.307/1996" (STJ. REsp 1.331.100/BA, Rel. Min. Maria Isabel Gallotti, relator para acórdão Ministro Raul Araújo, 4ª Turma, j. 17.12.2015).

1333 BAPTISTA, Luiz Olavo. Interpretação de cláusulas de arbitragem e foro em Acordo de Acionistas. *Revista de direito civil contemporâneo*, v. 11, abr./jun. 2017.

1334 "Resta agora examinar a partícula 'ou' na cláusula 11.8, para determinar qual seu efeito. Trata-se de conjunção coordenativa que une palavras ou orações, e designará alternativa ou incompatibilidade: 'Você vai querer café ou refrigerante?', 'Decida-se: ou entra, ou sai'. Pode também indicar indecisão ou incerteza como em: 'Não sei se existe ou se dói.' Finalmente o 'ou' pode adquirir uma função explicativa indicando outro modo de expressar, como na frase: 'O período de incubação do vírus que deflagra a febre terçã, ou a malária, é em média de três dias.''Ou', na expressão examinada, 'mediação ou arbitragem', é conjunção que designa alternativas para os contratantes, facultando-lhes recorrer a uma ou outra fórmula para resolver a divergência. Tomá-la como conjunção explicativa seria tornar a frase sem sentido, o que, como vimos, é inadmissível" (BAPTISTA, Luiz Olavo. Interpretação de cláusulas de arbitragem e foro em Acordo de Acionistas. *Revista de direito civil contemporâneo*, v. 11, abr./jun. 2017).

1335 LEMES, Selma. Cláusula Escalonada ou Combinada: Mediação, Conciliação e Arbitragem. In: FINKELSTEIN, Claudio; VITA, Jonathan B.; CASADO FILHO, Napoleão (coord.). *Arbitragem Internacional*: UNIDROIT, CISG e Direito Brasileiro. São Paulo: Quartier Latin, 2010. p. 169.

1336 A convenção de arbitragem celebrada previa que, se qualquer controvérsia oriunda do negócio jurídico "não for resolvida através de negociação amigável entre as partes em até 60

procedimento de conciliação ou mediação prévia à arbitragem, já instaurada. Interpretando os termos estabelecidos, o Tribunal de Justiça entendeu haver grande diferença entre a condicionante contratual prevista e a alegada obrigatoriedade de prévia etapa de conciliação ou mediação. Entendeu-se que a cláusula compromissória analisada não configurava cláusula escalonada, dizendo que "não nos parece demais registrar que cláusula restritiva se interpreta restritivamente, ou seja, se não há expressa previsão de instauração de procedimento de conciliação/mediação, não nos parece justificável tal exigência, bastando, para instauração da arbitragem que eventual conflito não se tenha sido resolvido pelas partes, após o prazo de sessenta dias".[1337]

A interpretação da cláusula Med-Arb no direito brasileiro segue os mesmos critérios, métodos e cânones de interpretação aplicados ao demais negócios jurídicos (*i.e.*, arts. 112 e 113 do Código Civil). Em síntese, ao interpretar a cláusula Med-Arb, é importante considerar o contexto em que foi inserida e a finalidade pretendida pelas partes, o que implica buscar a compreensão global do contrato, inclusive as circunstâncias que levaram à inclusão da cláusula Med-Arb. A interpretação da cláusula deve ser conduzida de forma a efetivar a intenção das partes e garantir a viabilidade da abordagem combinada de mediação e arbitragem.

2. Natureza da mediação prévia obrigatória

A natureza jurídica da mediação prévia obrigatória suscita diferentes interpretações, com consequências jurídicas indeléveis atreladas à qualificação. Em termos estruturais, a "mediação prévia obrigatória" refere-se à exigência de as partes envolvidas em uma disputa tentarem resolver o litígio por meio da mediação antes de recorrer a outros métodos de resolução de disputas – seja a arbitragem ou o processo judicial.

A primeira corrente qualifica a "mediação prévia obrigatória" como um procedimento de negociação. Sob esse ponto de vista, a obrigação de participar da mediação é percebida como uma etapa de estímulo à negociação entre as partes e, consequentemente, alcançar uma potencial solução amigável para o conflito. Selma Lemes pondera que, se houver negociações anteriores infrutíferas, não é razoável impor às partes participar de um procedimento de mediação como requisito prévio à instituição do procedimento arbitral. Como consequência, não haveria prejuízo em deixar de participar do procedimento de mediação.[1338]

A segunda corrente qualifica a "mediação prévia obrigatória" como uma condição de admissibilidade de observância prévia e necessária para a utilização de outros métodos de solução de controvérsia. Haveria, assim, uma eficácia processual própria da cláusula Med-Arb, verdadeiro pressuposto para a arbitragem, de modo que não

---

(sessenta) dias, o conflito será submetido à arbitragem conforme estabelecido no presente Contrato ('Arbitragem')".

1337 TJSP. AI 2151965-59.2021.8.26.0000. 6ª Câm Dir Priv. Rel. Des. Ana Maria Baldy. j. 08.12.2022.

1338 LEMES, Selma. Cláusula Escalonada ou Combinada: Mediação, Conciliação e Arbitragem. In: FINKELSTEIN, Claudio; VITA, Jonathan B.; CASADO FILHO, Napoleão (coord.). *Arbitragem Internacional*: UNIDROIT, CISG e Direito Brasileiro. São Paulo: Quartier Latin, 2010. p. 179.

poderia um tribunal arbitral iniciar validamente a arbitragem sem que a controvérsia fosse submetida à mediação prévia.[1339] Para essa corrente, a renúncia ao procedimento de mediação prévia só seria possível mediante manifestação de vontade expressa das partes nesse sentido, e a consequência do descumprimento da cláusula Med-Arb seria processual, no plano da inadmissibilidade da arbitragem por carência de pressuposto processual fundamental.

Leonardo Beraldo defende que, caso as partes deixem de observar a mediação inicialmente prevista, "o processo arbitral deverá ser extinto, sem resolução do mérito, uma vez que a disposição contratual, livremente pactuada entre as partes, não foi cumprida".[1340] Caso a arbitragem tenha início sem que tenha sido tentada a mediação prévia, Beraldo aconselha que, "para se evitar esse tipo de problemas, bem como de eventual acusação de abandono da etapa de mediação, é prudente que se notifique a parte contrária no sentido de que se encerrou a fase de mediação (ou conciliação) e que, a partir daquele momento, todos estão livres para iniciar o procedimento arbitral, se quiserem".[1341]

Essa é a mesma posição externada por Fernanda Levy, que conclui que "a convenção de mediação possui efeitos processuais vinculantes, pois a vontade das partes em submeter a controvérsia à mediação previamente a qualquer solução adjudicada, em nosso caso, arbitral, não significa renúncia abstrata à apreciação jurisdicional da controvérsia, mas sim, a expressão livre e informada da vontade das partes em compor suas controvérsias por meio de um mecanismo prévio consensual. Assim, a cláusula de mediação, seja pactuada de maneira isolada ou estabelecida como condição prévia à arbitragem, deve ser respeitada, sob pena de restar como uma simples recomendação ou lembrança da possibilidade de uma solução consensuada, e mais, ser uma barreira que acabará por conduzir as partes a conflitos 'parasitas' e indesejáveis".[1342] Nesse sentido,

---

1339 "Ao conceder à cláusula escalonada efeito processual, ao conceituar a verificação da mediação ou conciliação como um pressupostos para a ação ou a arbitragem, o juiz ou árbitro não poderia receber uma demanda sem antes as partes terem se submetido a um procedimento de mediação e conciliação, concedendo à cláusula escalonada eficácia positiva. Esta forma de interpretação considera que a cláusula escalonada teria os mesmos efeitos de uma convenção de arbitragem, no sentido de impor às partes a mediação ou conciliação prévias e retirar do juiz ou árbitro sua competência para analisar a questão (eficácia negativa). Ou seja, a mediação (ou conciliação) seria pressuposto ao exercício da ação (judicial) ou instituição da arbitragem. Toda e qualquer renúncia ao procedimento de conciliação ou mediação prévias só seria possível mediante renúncia expressa de ambas as partes" (LEMES, Selma. Cláusula Escalonada ou Combinada: Mediação, Conciliação e Arbitragem. In: FINKELSTEIN, Claudio; VITA, Jonathan B.; CASADO FILHO, Napoleão (coord.). *Arbitragem Internacional*: UNIDROIT, CISG e Direito Brasileiro. São Paulo: Quartier Latin, 2010. p. 172-173).

1340 BERALDO, Leonardo de Faria. *Curso de Arbitragem*: nos termos da Lei 9.307/1996. São Paulo: Atlas, 2014. p. 187.

1341 BERALDO, Leonardo de Faria. *Curso de Arbitragem*: nos termos da Lei 9.307/1996. São Paulo: Atlas, 2014. p. 188.

1342 LEVY, Fernanda Rocha Lourenço. *Cláusulas escalonadas*: a mediação comercial no contexto da arbitragem. São Paulo: Saraiva, 2013. p. 251 e 296.

o Tribunal de Justiça de Minas Gerais já decidiu ser necessário o esgotamento de todas das etapas previstas para solução do conflito.[1343]

A terceira corrente percebe a "mediação prévia obrigatória" como uma obrigação pré-processual, ou seja, a participação na mediação seria um dever decorrente do contrato, de observância obrigatória, tal qual qualquer outra disposição contratual, recorrendo-se ao regime do inadimplemento. Considerando esse entendimento, a inobservância da cláusula Med-Arb implicaria a aplicação tanto "de penalidades contratuais como legais por violação do pactuado, inclusive perdas e danos. Nessa esteira de entendimento, as partes poderiam simplesmente ignorar a obrigação de submeter a controvérsia ao estágio conciliatório, submetendo-se a perdas e danos que fossem postulados pela parte contrária, dependentes de apuração no contencioso".[1344]

A resposta para esse debate, no Brasil, sobreveio em 2015, com o art. 23 da Lei de Mediação.[1345] O entendimento legislativo foi no sentido de privilegiar a escolha das partes pelo procedimento de mediação,[1346] prevendo que, "na hipótese de existir previsão contratual de cláusula de mediação, as partes deverão comparecer à primeira reunião de mediação".[1347] Ademais, a Lei de Mediação autoriza, em seu art. 22, IV, a pactuação de penalidades convencionais para a inobservância da cláusula Med-Arb.

Ou seja, a posição do legislador ficou próxima da terceira corrente. Vislumbrou-se na Cláusula Med-Arb uma eficácia material, outorgando às partes a possibilidade de opor exceção processual para impedir o seguimento da arbitragem antes de realizada a primeira sessão de mediação. Após esse marco, bastando a vontade de apenas uma das partes de seguir a arbitragem, autoriza-se o seguimento do procedimento arbitral. Percebe-se que a Lei de Mediação não optou por seguir a corrente que vislumbrava na Cláusula Med-Arb eficácia processual, atribuindo à mediação prévia obrigatória a natureza de requisito de admissibilidade ou condição da ação.

1343 Esse foi o entendimento do TJMG nos casos: Ag. Inst. 1.0000.22.038108-1/001, j. 6.07.2022, Rel. Des. Alberto Vilas Boas e 1.0024.13.256700-9/004, j. 28.06.2022, de mesma relatoria.

1344 BUCKER, Fátima Cristina Bonassa. Mediação e conciliação em cláusulas arbitrais escalonadas. *Revista do Advogado*, ano XXXIV, n. 123, p. 149, ago. 2014.

1345 Lei de Mediação, art. 23: "Se, em previsão contratual de cláusula de mediação, as partes se comprometerem a não iniciar procedimento arbitral ou processo judicial durante certo prazo ou até o implemento de determinada condição, o árbitro ou o juiz suspenderá o curso da arbitragem ou da ação pelo prazo previamente acordado ou até o implemento dessa condição".

1346 "Com a inovação legislativa, seguiu-se, como deveria, a tendência de se impor responsabilidade e efeitos à cláusula de mediação (ou cláusula med-arb) que deixa, assim, de ser mera cláusula de cortesia (salvo se as partes assim desejarem)" (CAHALI, Francisco José. *Curso de Arbitragem*: mediação, conciliação e resolução CNJ 125/2010. São Paulo: Editora Revista dos Tribunais, 2017. p. 177).

1347 Lei de Mediação, art. 2º, § 1º: " Na hipótese de existir previsão contratual de cláusula de mediação, as partes deverão comparecer à primeira reunião de mediação".

3. Sanção para o descumprimento da cláusula Med-Arb

A necessidade de comparecimento à primeira sessão de mediação apresenta conteúdo obrigacional próprio, em obrigação de fazer reconhecida e chancelada pela legislação específica, tornando natural que se estabeleçam sanções à inobservância da cláusula Med-Arb, dando efetividade ao pactuado no contrato. Ademais, a previsão de uma penalidade para o não comparecimento à primeira sessão de mediação busca evitar o comportamento negligente ou de desinteresse de uma das partes, em relação à tentativa de solução amigável do conflito, conferindo, portanto, seriedade ao pacto de mediação. Trata-se de impacto não apenas psicológico, criando incentivo para que se realize tentativa de acordo para evitar o conflito, desenvolvendo mecanismos eficientes que preenchem a lacuna entre a realidade e o mundo hipotético dos mercados perfeitos, nos quais todas as obrigações seriam cumpridas espontaneamente.[1348]

A contratação de penalidades específicas para a não observância da cláusula Med-Arb é exemplo de *nudge*,[1349] uma vez que é um mecanismo de gestão contratual,[1350] direcionando o comportamento das partes, incentivando escolhas ou ações específicas. Nesse contexto, a existência de sanções específicas atua como estímulo indireto para incentivar o cumprimento da cláusula Med-Arb (especificamente, o comparecimento à primeira sessão de mediação), deixando as partes, de antemão, cientes das consequências jurídicas do não cumprimento da etapa de "mediação prévia obrigatória". Trata-se, em sentido lato, de mecanismo de distribuição dos riscos do contrato, os quais, em regra, devem ser observados, especialmente no contexto de negócios jurídicos paritários.[1351] Igualmente, deve-se ter cautela redobrada ao pactuar sanções mais gravosas do que as

---

1348 Parafraseando Ronald Gilson, para quem os advogados – ao estruturarem contratos – atuam como "engenheiros dos custos de transação", vide: GILSON, Ronald. Value creation by business lawyers: legal skills and asset pricing. *The Yale Law Journal*, v. 94, p. 255, 1984.

1349 Por todos: THALER, Richard H.; SUNSTEIN, Cass R. *Nudge*: como tomar melhores decisões sobre saúde, dinheiro e felicidade. Rio de Janeiro: Objetiva, 2019.

1350 "A gestão positiva dos riscos econômicos previsíveis – álea normal dos contratos – se configura mediante a distribuição dos riscos entre os contratantes nas cláusulas contratuais, determinando-se, no concreto regulamento contratual, a quem cabem os ganhos econômicos e as perdas resultantes da verificação do risco. Deste modo, as partes, ao distribuírem os riscos econômicos previsíveis a partir das cláusulas contratuais, procedem à gestão positiva da álea normal. Aludida alocação de riscos, que será identificada com base na vontade declarada pelos contratantes, estabelece o equilíbrio econômico do negócio. Tal equação econômica, que fundamenta o sinalagma ou a correspectividade entre as prestações, deve ser observada no curso da relação contratual, em atenção aos princípios da obrigatoriedade dos pactos e do equilíbrio dos contratos" (TERRA, Aline Miranda Valverde; BANDEIRA, Paula Greco. A cláusula resolutiva expressa como instrumento de gestão positiva de risco nos contratos. *Cadernos do Programa de Pós-Graduação em Direito PPGDir/UFRGS*, Porto Alegre, V. XI, n. 1, p. 93-115, 2016. p. 100).

1351 Código Civil, art. 421-A, II: "Os contratos civis e empresariais presumem-se paritários e simétricos até a presença de elementos concretos que justifiquem o afastamento dessa presunção, ressalvados os regimes jurídicos previstos em leis especiais, garantido também que: II – a alocação de riscos definida pelas partes deve ser respeitada e observada".

legalmente previstas no contexto de relações marcadas pela assimetria e pela vulnerabilidade, como é o caso de contratos de consumo.

Diante da opção feita pelo legislador em conferir *enforcement* à cláusula que preveja mediação prévia obrigatória, as consequências jurídicas para o descumprimento da cláusula Med-Arb foram positivadas no ordenamento. Trata-se de verdadeiras sanções ao descumprimento da "mediação prévia obrigatória". Assim – tal como qualquer outra sanção –, somente podem decorrer da lei ou da vontade das partes, sendo inadmissível ao intérprete aplicador inovar e atribuir consequência jurídica mais gravosa do que as previstas na Lei de Mediação ou no contrato, por pactuação expressa e voluntária das partes.

O art. 22, IV, da Lei de Mediação estabelece que a previsão contratual de mediação deverá conter "penalidade em caso de não comparecimento da parte convidada à primeira reunião de mediação". Trata-se de autorização legal específica para a pactuação de consequências jurídicas ao descumprimento da Cláusula Med-Arb. Certamente, pela autonomia privada dos contratantes, é livre a criação de contratos atípicos e, por consequência, de estipulação de consequências contratuais não previstas em lei para tutelar o cumprimento das obrigações contratuais. Essa penalidade pode ser de natureza financeira ou envolver outras consequências que as partes concordem entre si antecipadamente.

Há várias possibilidades de sanções que podem ser pactuadas pelas partes, dentro da sua autonomia privada. Uma das formas mais comuns de penalidade é a imposição de uma multa financeira (cláusula penal).[1352] As partes podem estabelecer um valor em dinheiro que a parte ausente deve pagar à outra como consequência do não comparecimento à primeira reunião de mediação.[1353] Tal multa poderá ser fixa ou proporcional ao valor da disputa. O Código Civil, no art. 409,[1354] autoriza que a cláusula penal seja estipulada para assegurar o contrato como um todo ou para segurança de determinada obrigação específica.[1355]

[1352] "A cláusula penal vem comumente descrita como uma cláusula acessória em que se impõe, convencionalmente, uma sanção econômica, de regra em dinheiro (podendo também consistir em outro bem pecuniariamente estimável), contra a parte inadimplente de uma obrigação. Cremos, todavia, que a acessoriedade, embora existente, não aponta à característica principal da cláusula: esta pode ser mais adequadamente definida como uma promessa condicional de prestação, geralmente de caráter pecuniário, a ser atuada para o caso de o devedor não cumprir a prestação, ou cumpri-la inadequadamente" (MARTINS-COSTA, Judith. *Comentários ao novo Código civil*, volume V, tomo II: do inadimplemento das obrigações. Rio de Janeiro: Forense, 2003. p. 410).

[1353] PONTES DE MIRANDA, Francisco Cavalcanti. *Tratado de Direito Privado*. Tomo XXVI. São Paulo: Revista dos Tribunais, 2012. p. 145.

[1354] Código Civil, art. 409: "A cláusula penal estipulada conjuntamente com a obrigação, ou em ato posterior, pode referir-se à inexecução completa da obrigação, à de alguma cláusula especial ou simplesmente à mora".

[1355] PONTES DE MIRANDA, Francisco Cavalcanti. *Tratado de Direito Privado*. Tomo XXVI. São Paulo: Revista dos Tribunais, 2012. p. 178.

Questiona-se se é possível estender a aplicação de cláusula penal prevista no contrato para lidar com o descumprimento da cláusula Med-Arb. Entende-se que é possível somente nos casos em que a cláusula penal é moratória. Nesse caso, trata-se de inexecução parcial da avença, não atrelada à obrigação principal do contrato, e que – em princípio – não desnatura o interesse útil do credor à prestação. Ademais, não pode a cláusula penal excluir expressamente a sua aplicação aos casos de descumprimento da cláusula Med-Arb. De outro lado, se a cláusula penal pactuada for compensatória – em claro intuito de substitutividade à prestação principal –, será inaplicável para sancionar o descumprimento da obrigação de comparecimento à mediação prévia obrigatória, em razão da própria natureza de tal incumprimento.

Importa observar que, seja no cenário de ser pactuada cláusula penal específica e acessória à cláusula Med-Arb, seja na hipótese de aplicação de cláusula penal moratória ao descumprimento da cláusula Med-Arb, existem limitações a serem observadas. Primeiramente, se for cláusula penal para segurança específica da cláusula Med-Arb, essa deve estar claramente prevista no contrato e especificar as condições exatas em que será aplicada, como os eventos que acionam a penalidade. Nesse caso, cabe, como regra, deferência do julgador às consequências contratuais previstas pelas partes.[1356]

Em segundo, havendo aplicação de cláusula penal moratória inserida no contrato, é necessário haver juízo de razoabilidade e proporcionalidade, a fim de manter o equilíbrio contratual e evitar que seja considerada abusiva ou exagerada.[1357] Caso contrário, autoriza-se o controle por órgão jurisdicional, em linha com o art. 413 do Código Civil.[1358] Para mais, a construção sistemática entre o Código Civil e a Lei de Mediação implica mudança significativa no regime de aplicação da cláusula penal moratória. Em regra, é cabível a exigência da multa convencional e o cumprimento específico da obrigação. No caso, não há como forçar o comparecimento da parte a mais do que uma sessão de mediação, já que a Lei de Mediação é expressa ao reconhecer que ninguém será obrigado

---

[1356] "Diferentemente, se a cláusula for estabelecida apenas para o inadimplemento de uma cláusula especial, e esse inadimplemento se verifica (por exemplo: determina-se incorrer em cláusula penal se o advogado violar a promessa de não divulgação do parecer, e o advogado o faz publicar), não há que se falar em 'redução proporcional', pois a totalidade da prestação prometida na cláusula especialmente destacada, foi, incontroversamente, atingida. No exemplo acima, com a publicação do parecer – e se foi a penalidade estabelecida só para essa promessa – completo estará o suporte fático da cláusula penal, e não haverá que falar em 'redução proporcional' pelo fato de a obrigação principal (isto é, a emissão e entrega do parecer) ter sido cumprida. Porém, haverá, ao contrário, dever de redução do quantum se configurada a segunda hipótese contida na previsão legal do art. 413 (excessividade da multa)" (MARTINS-COSTA, Judith. *Comentários ao novo Código civil*, volume V, tomo II: do inadimplemento das obrigações. Rio de Janeiro: Forense, 2003. p. 436).

[1357] TEPEDINO, Gustavo; SCHREIBER, Anderson. *Fundamentos do Direito Civil*: obrigações. V. 2. 3. ed. Rio de Janeiro: Forense, 2022. p. 403-404.

[1358] Código Civil, art. 413: "A penalidade deve ser reduzida equitativamente pelo juiz se a obrigação principal tiver sido cumprida em parte, ou se o montante da penalidade for manifestamente excessivo, tendo-se em vista a natureza e a finalidade do negócio".

a permanecer em procedimento de mediação (art. 2º, § 1º, da Lei de Mediação),[1359] e que somente há obrigação *ex lege* de comparecimento à primeira reunião de mediação (art. 2º, § 1º, da Lei de Mediação).[1360] Assim, somente será possível exigir a multa, sendo descabido exigir o comparecimento da parte a outra sessão de mediação.

Uma segunda alternativa é a distribuição diferenciada de custos e honorários. Trata-se de remédio previsto *ex lege*, havendo previsão legal no sentido de que o não comparecimento da parte convidada à primeira reunião de mediação acarretará a assunção por parte desta de 50%o das custas e honorários sucumbenciais, caso venha a ser vencedora em procedimento arbitral ou judicial posterior (art. 22, § 2º, IV, da Lei de Mediação).[1361] Nesse sentido, é possível que as partes pactuem outras consequências atreladas à distribuição diferenciada de despesas processuais para a parte ausente, encarregando-a de arcar com: *(i)* os custos e honorários relacionados à organização e preparação da primeira reunião de mediação; *(ii)* os honorários do mediador, as taxas administrativas e outros custos associados; *(iii)* os custos de uma tentativa subsequente de mediação; ou *(iv)* os custos integrais do procedimento arbitral. Está-se no campo da autonomia privada, podendo-se modelar a sanção legal prevista, pactuando outros modelos diferenciados de distribuição de custas.

Ressalta-se que, por mais que as penalidades contratuais tenham uma função relevante na arquitetura econômica de incentivos, é necessário observar algumas limitações. Primeiro, as penalidades devem ser razoáveis e proporcionais ao descumprimento e seus respectivos efeitos, sendo certo que penalidades excessivas ou desproporcionais podem ser consideradas abusivas e, portanto, inválidas. As penalidades devem refletir a gravidade do não comparecimento à mediação e não podem ser usadas para punir a parte de maneira excessiva. Segundo, as penalidades devem ser redigidas de forma clara, evidenciando uma alocação consciente da matriz de risco. Terceiro, as penalidades devem estar em conformidade com padrões gerais trazidos pela Lei de Mediação e pelo Código Civil, não podendo violar normas de ordem pública.

Nesse sentido, aponta-se a impossibilidade jurídica de pactuação de cláusula contratual que estabeleça, como sanção ao descumprimento da cláusula Med-Arb, a alteração das regras de ônus da prova na arbitragem ou a invalidade de sentença arbitral. Sendo a decisão dos árbitros manifestação de poder jurisdicional, esse não pode – pela própria natureza – ser limitado pelo simples descumprimento de cláusula escalonada. O art. 32

1359 Lei de Mediação, art. 2º, § 2º: "A mediação será orientada pelos seguintes princípios: § 2º Ninguém será obrigado a permanecer em procedimento de mediação".

1360 Lei de Mediação, art. 2º, § 1º: "A mediação será orientada pelos seguintes princípios: § 1º Na hipótese de existir previsão contratual de cláusula de mediação, as partes deverão comparecer à primeira reunião de mediação".

1361 Lei de Mediação, art. 22, § 2º, IV: "Não havendo previsão contratual completa, deverão ser observados os seguintes critérios para a realização da primeira reunião de mediação: IV – o não comparecimento da parte convidada à primeira reunião de mediação acarretará a assunção por parte desta de cinquenta por cento das custas e honorários sucumbenciais caso venha a ser vencedora em procedimento arbitral ou judicial posterior, que envolva o escopo da mediação para a qual foi convidada".

da Lei de Arbitragem estabelece um rol – taxativo e de ordem pública – de hipóteses em que a sentença arbitral pode ser anulada judicialmente,[1362] o que impossibilita a criação de uma nova possibilidade de cabimento de ação anulatória atrelada ao descumprimento da cláusula Med-Arb como penalidade convencional. Para mais, a anulação da sentença arbitral não pode ser vista como um mecanismo sancionatório, contrariando a própria essência da arbitragem, que objetiva, precipuamente, a eficiente solução das disputas, o que faz com que cláusula que pretenda invalidar procedimento arbitral por descumprimento do escalonamento Med-Arb desvirtue o propósito da arbitragem.

4. Inexistência de efeitos jurisdicionais

Ainda que a mediação seja frequentemente recomendada ou até mesmo obrigatória, antes da arbitragem, em muitos casos, especialmente nas cláusulas Med-Arb, a não observância da etapa de mediação prévia não tem o condão de invalidar a subsequente arbitragem. As partes envolvidas podem optar por não seguir a etapa de mediação e diretamente iniciar a arbitragem, mesmo que a cláusula estabeleça uma sequência diferente.

Tendo em vista o efeito meramente procedimental da etapa de mediação prévia, isto é, a adição de uma etapa específica no *iter* contratado para a solução da controvérsia, não há implicações jurisdicionais que possam conduzir à invalidação da sentença arbitral proferida. Carlos Alberto Carmona, por exemplo, entende que seria um "formalismo excessivo imaginar alguma nulidade por conta da instauração da arbitragem sem que as partes se submetam previamente ao procedimento autocompositivo escolhido".[1363] Para o autor, se não há espaço para a autocomposição, fica claro que a fase inicial de mediação estaria superada, sem que haja qualquer prejuízo no não cumprimento da mediação, e, portanto, não havendo nulidade passível de afetar o procedimento arbitral.[1364]

Parte da doutrina entende que a violação da etapa prévia de mediação poderia ser enquadrada nos termos do art. 32, IV, da Lei de Arbitragem,[1365] pois a cláusula que prevê a mediação faria parte da convenção de arbitragem.[1366] No entanto, essa não parece ser

---

1362 "Os casos de nulidade da sentença arbitral – para utilizar a expressão endossada pela Lei – são taxativos, de modo que não podem as partes ampliar os motivos de impugnação nem estabelecer na convenção de arbitragem novas formas de revisão judicial do laudo" (CARMONA, Carlos Alberto. *Arbitragem e Processo*: um comentário à Lei 9.307/1996. 3. ed. São Paulo: Atlas, 2009. p. 399).

1363 CARMONA, Carlos Alberto. *Arbitragem e Processo*: um comentário à Lei 9.307/1996. 3. ed. São Paulo: Atlas, 2009. p. 55.

1364 CARMONA, Carlos Alberto. *Arbitragem e Processo*: um comentário à Lei 9.307/1996. 3. ed. São Paulo: Atlas, 2009. p. 55.

1365 LEVY, Fernanda Rocha Lourenço. *Cláusulas escalonadas*: a mediação comercial no contexto da arbitragem. São Paulo: Saraiva, 2013. p. 213.

1366 "The proper answer is that the Convention and national arbitration regimes apply to multi-tier dispute resolution provisions, even where arbitration has not yet been initiated, provided that the mechanism will ultimately require arbitration. This is consistent with authority in virtually all jurisdictions. Even where an agreement provides for arbitration only after a lengthy process of other dispute resolution mechanisms, it still remains an arbitration agreement. Arbitration

a melhor interpretação desse dispositivo. A expressão "fora dos limites da convenção de arbitragem" diz respeito ao escopo e à abrangência dos temas que as partes concordaram submeter à arbitragem no contrato ou convenção de arbitragem. A sentença arbitral somente extrapolará os limites da convenção de arbitragem se abordar questões que não estão incluídas na convenção de arbitragem (*i.e.*, ultrapassar os limites do que foi acordado pelas partes).

Por outro lado, a não observância de uma etapa procedimental de mediação prévia não está diretamente relacionada à questão do conteúdo da sentença arbitral. Ou seja, nada diz sobre a decisão arbitral estar ou não dentro dos limites da convenção de arbitragem. Em cláusulas Med-Arb, a mediação prévia é um procedimento anterior à arbitragem e não faz parte da arbitragem em si, o que faz com que o não cumprimento da mediação prévia, por si só, não leve, automaticamente, à anulação da sentença arbitral. Ademais, a nulidade da sentença arbitral estaria afastada ante à ausência de prejuízo no não cumprimento da fase de mediação.

Por fim, deve-se ter em conta que a convenção de arbitragem é autônoma em relação à previsão de mediação.[1367] A "convenção de arbitragem" é negócio jurídico típico, conceituado nos arts. 3º e 4º da Lei de Arbitragem. O seu objeto é a submissão de controvérsias à jurisdição arbitral. A cláusula de mediação – mesmo que inserida no corpo da cláusula compromissória – não se tornará parte integrante da "convenção de arbitragem". Será negócio jurídico acessório, de efeito meramente processual, sem se integrar na estrutura material da convenção de arbitragem.

Registra-se haver caso isolado em sentido contrário. Em uma oportunidade, o TJPR concluiu pela nulidade de sentença arbitral derivada de cláusula compromissória escalonada. O Tribunal entendeu que a convenção de arbitragem, celebrada na cláusula 15 do instrumento contratual, condicionava a possibilidade de instauração do procedimento arbitral à prévia busca por solução amigável do litígio, método previsto nos termos da cláusula 14 daquele contrato.[1368] Conforme constou dos

---

delayed is not, so to speak, not Arbitration" (BORN, Gary. *International Commercial Arbitration* [versão digital]. 3. ed. Alphen aan den Rijn: Kluwer Law International, 2021).

1367 Contudo, essa posição não é unânime, José Emílio Nunes Pinto entende que "muito embora o mecanismo multi-etapas de solução de controvérsias integre, no instrumento contratual, uma mesma cláusula, evoluindo da fase conciliatória até chegar à arbitragem, é preciso que se insista que as disposições sobre a etapa conciliatória não integram a cláusula compromissória. A importância dessa visão é de que a fase conciliatória, ou seja, o não cumprimento da obrigação assumida pelas partes de se reunir para examinar a questão controversa e buscar uma solução negociada, não se beneficiará do contencioso de que trata o art. 7º da Lei de Arbitragem, restrito este aos casos em que qualquer das partes se mostre recalcitrante quanto à instauração da arbitragem" (NUNES PINTO, José Emílio. O mecanismo multi-etapas de solução de controvérsias. Disponível em: https://jus.com.br/artigos/6024/o-mecanismo-multi-etapas-de-solucao-de-controversias. Acesso em: 30.3.2023).

1368 A cláusula compromissória foi assim redigida: "14 – Solução amigável de controvérsias Antes de dar início a procedimentos formais de solução de controvérsias, as Partes comprometem-se, em primeiro lugar, a tentar resolvê-las amigavelmente, da seguinte forma: Mediante solicitação escrita de uma das Partes, cada Parte deverá nomear um representante, os quais

autos, a apelada não comprovou ter notificado a apelante para propor uma solução amigável. Assim, no entendimento do TJPR, a redação da cláusula compromissória efetivamente condicionou a resolução arbitral à anterior tentativa de solução do conflito de maneira amigável, o que foi considerado relevante pelo julgador para concluir no sentido da nulidade da sentença arbitral.[1369] No entanto, o descumprimento do escalonamento foi levantado como *obter dictum*, não integrando a *ratio decidendi* do caso.

Em síntese, o melhor entendimento é no sentido de que o descumprimento da cláusula Med-Arb não impacta a jurisdição do tribunal arbitral ou a higidez da sentença arbitral a ser proferida. Não se deve confundir o escalonamento Med-Arb com condição da ação ou requisito de admissibilidade do procedimento arbitral. Trata-se, somente, de obrigação de fazer – cujas consequências do descumprimento estarão somente no plano do direito material, seja mediante a aplicação das sanções previstas em lei ou convencionadas pelas partes. Em todo caso, a jurisdição arbitral é imune a questionamentos oportunistas lastreados em alegações de inobservância do procedimento de mediação prévia obrigatória.

§ 30. EFETIVAÇÃO DA CLÁUSULA MED-ARB

1. Obrigatoriedade de comparecimento à primeira sessão de mediação

A mediação tem início na data da primeira reunião, nos termos do art. 17 da Lei de Mediação, que dispõe que "considera-se instituída a mediação na data para a qual for marcada a primeira reunião de mediação". Ou seja, a primeira reunião marca o início do procedimento de mediação. Trata-se do momento processual no qual as partes e o mediador têm o primeiro contato para discutir o litígio, identificar questões relevantes e estabelecer as diretrizes subsequentes para o regular andamento da mediação. A fixação

---

deverão reunir-se com a frequência que as Partes julgarem necessária, a fim de coletar e fornecer reciprocamente todas as informações relativas à questão em pauta que as Partes acreditem ser apropriadas à sua solução. Os representantes deverão discutir o problema e tentar solucionar a controvérsia sem a necessidade de qualquer procedimento formal; ou Procedimentos formais para a solução de uma controvérsia não poderão ser iniciados até que os representantes designados pelas Partes concluam de boa-fé, no prazo de 30 (trinta) dias, que uma solução amigável, através de negociações continuadas, não parecer provável. 15 – Arbitragem Se qualquer controvérsia entre as Partes surgir e não for solucionada por acordo mútuo, nos termos da Cláusula acima, essa controvérsia deverá ser definitivamente resolvida por arbitragem de acordo com o Regulamento da Câmara de Mediação e Arbitragem da Associação Comercial do Paraná – Arbitac, por três árbitros, os quais deverão ser indicados segundo as normas do referido Centro de Arbitragem. O local da arbitragem será na cidade de Antonina/Pr e o idioma será o português. Cada uma das Partes obriga-se a cumprir suas obrigações consoante o presente Contrato, enquanto qualquer controvérsia estiver sendo solucionada, salvo se a questão controvertida impedir totalmente o cumprimento da obrigação, sendo certo que controvérsias sobre pagamento não serão consideradas impeditivas de cumprimento de obrigação".

1369 TJPR. Apel 1668801-0. 7ª CC. Rel. Des. Ramon de Medeiros Nogueira. j. 22.08.2017.

dessa data apresenta relevância por interromper o transcurso da prescrição (art. 17, parágrafo único, da Lei de Mediação),[1370] fixada como marco temporal o requerimento de arbitragem.

A Lei de Mediação traz disposições supletivas regrando a primeira reunião, caso as partes não as tenham pactuado, conforme o art. 22, § 2º, da Lei de Mediação.[1371] Primeiro, acerca do prazo para realização da primeira reunião, a lei estabelece um período mínimo de dez dias úteis e um máximo de três meses, contados a partir do recebimento do convite para a mediação.

Segundo, o local escolhido para a realização da primeira reunião de mediação deve ser adequado para a discussão de informações confidenciais. Trata-se de precaução legítima, diante da confidencialidade que circunda o procedimento de mediação, que tem como corolário a sua realização em local que permita o compartilhamento seguro e confidencial de informações sensíveis, ao longo da mediação. Nesse sentido, é perfeitamente possível que a reunião de mediação seja realizada de modo *on-line*,[1372] tomando-se as cautelas de segurança cibernética necessárias a garantir a confidencialidade do procedimento.[1373]

[1370] Lei de Mediação, art. 17: "Considera-se instituída a mediação na data para a qual for marcada a primeira reunião de mediação. Parágrafo único. Enquanto transcorrer o procedimento de mediação, ficará suspenso o prazo prescricional".

[1371] Lei de Mediação, art. 22, § 2º: "Não havendo previsão contratual completa, deverão ser observados os seguintes critérios para a realização da primeira reunião de mediação: I – prazo mínimo de dez dias úteis e prazo máximo de três meses, contados a partir do recebimento do convite; II – local adequado a uma reunião que possa envolver informações confidenciais; III – lista de cinco nomes, informações de contato e referências profissionais de mediadores capacitados; a parte convidada poderá escolher, expressamente, qualquer um dos cinco mediadores e, caso a parte convidada não se manifeste, considerar-se-á aceito o primeiro nome da lista; IV – o não comparecimento da parte convidada à primeira reunião de mediação acarretará a assunção por parte desta de cinquenta por cento das custas e honorários sucumbenciais caso venha a ser vencedora em procedimento arbitral ou judicial posterior, que envolva o escopo da mediação para a qual foi convidada".

[1372] Ensina Manuel Castells que "a sociedade não pode ser entendida ou representada sem suas ferramentas tecnológicas" (CASTELLS, Manuel. *A Sociedade em Rede*. São Paulo: Paz e Terra, 1999. p. 43).

[1373] Os ataques cibernéticos são uma perigosa ameaça a ser enfrentada pelas empresas (Bank of International Settlements. *Committee on Payments and Market Infrastructures: Cyber resilience in financial market infrastructures*, 2014. Disponível em: *Committee on Payments and Market Infrastructures: Cyber resilience in financial market infrastructures*). O "*The Global Risk Report*" (2021), organizado pelo Fórum Econômico Mundial, evidenciou que o risco cibernético consta como o quarto de maior relevância para as organizações no curto prazo (WORLD ECONOMIC FORUM. *The Global Risks Report*. 16ª ed, 2021. Disponível em: http://wef.ch/risks2021). Ademais, indicou o relatório que os agentes privados, tendencialmente, estarão envolvidos em ataques cibernéticos cada vez mais sofisticados. A questão passou a ser tratada pela imprensa internacional, trazendo alertas sobre a gravidade e os potenciais riscos associados às falhas de segurança digital, vide: Reuters "Mass rallies and police data leaks in Belarus keep pressure on Lukashenko". 20 setembro de 2020. Disponível em: https://www.reuters.com/article/us-belarus-election/hackers-leak-personal-data-of1000-belarusian-police-on-

Terceiro, a parte proponente da mediação deve fornecer uma lista contendo cinco nomes de mediadores capacitados, juntamente com suas informações de contato e referências profissionais. Esse aspecto objetiva garantir a escolha de mediadores qualificados e imparciais, dando à parte convidada a oportunidade de selecionar qualquer um dos cinco mediadores da lista e, caso não se manifeste, considerar-se-á aceito o primeiro nome da lista.

Quarto, como sanção legal ao não comparecimento à primeira reunião, a parte ausente será responsável por arcar com 50% das custas e honorários sucumbenciais caso venha a ser vencedora em um procedimento arbitral ou judicial posterior que envolva o escopo da mediação para a qual foi convidada. A Lei de Mediação traz o dever *ex lege* de comparecimento à primeira reunião de mediação,[1374] reforçando o compromisso das partes com a tentativa de chegar à solução pacífica do litígio, fomentando cultura de resolução amigável de conflitos, preferindo o diálogo e a negociação a litigância adversarial.

Reitera-se: cinge-se a lei a obrigar o comparecimento apenas à primeira sessão, o que mantém a característica central da mediação como um processo baseado na autonomia das partes, passível de ser interrompido *ad nutum* (art. 2, § 2º, da Lei de Mediação).[1375] Ou seja, após comparecer à primeira sessão, se alguma das partes não desejar continuar o procedimento, sua autonomia privada prevalecerá e será plenamente possível iniciar (ou dar continuidade) a arbitragem ou outro método de solução de conflitos pactuado. Ninguém é obrigado a permanecer em um procedimento de mediação contra vontade, já que a própria natureza da mediação é ser colaborativa e facultativa, destinada a promover a comunicação, a negociação e a busca de soluções mutuamente aceitáveis, podendo qualquer uma das partes optar por encerrar a mediação a qualquer momento, após a primeira reunião, sem penalidades ou coerções.

2. Exceção de mediação

O art. 23 da Lei de Mediação disciplina a eficácia da cláusula de mediação em relação a outros métodos de solução de conflitos,[1376] especificamente a arbitragem e

-weekend-of-protests-idUSKCN26B09X; Sanger, D.E; N. Perlroth. "More Hacking Attacks Found as Officials Warn of 'Grave Risk' to U.S. Government". 17 de dezembro de 2020. The New York Times. Disponível em: https://www.nytimes.com/2020/12/17/us/politics/russia-cyber-hack-trump.html; Yan. 2020.

1374 Lei de Mediação, art. 2º, § 1º: "na hipótese de existir previsão contratual de cláusula de mediação, as partes deverão comparecer à primeira reunião de mediação".

1375 Lei de Mediação, art. 2º, § 2º: "Ninguém será obrigado a permanecer em procedimento de mediação".

1376 "Embora a existência de uma Lei específica seja muito importante para a difusão do conhecimento sobre mediação e para que, no nosso arcabouço cultural, advogados e leigos se sintam mais confortáveis em adotar o instituto, a Mediação Extrajudicial não precisaria de Lei para ter validade fática e jurídica. Bastaria a legislação de contra- tos para dar exequibilidade a acordos mediados, que nada mais são do que contratos construídos pelas partes, através de um processo decisório qualitativamente mais sofisticado, já que

os processos judiciais.[1377] Trata-se de previsão legal acerca da "exceção de mediação", que apresenta a natureza de exceção dilatória processual. "Dilatória" por encobrir, temporariamente,[1378] a eficácia de direitos potestativos processuais (direito de iniciar a arbitragem). "Processual" pela sua eficácia não estar adstrita ao plano material – *i.e.*, de impor direitos, deveres ou prestações a serem observadas pelas partes.[1379]

O suporte fático da exceção de mediação não é preenchido pela simples pactuação de cláusula de mediação. É necessário haver um escalonamento, ou seja, que as partes tenham pactuado que a mediação deve anteceder, necessariamente, outro meio de solução de conflitos. É preciso que as partes tenham se comprometido a não iniciar um procedimento arbitral ou um processo judicial durante um prazo determinado, ou até que certa condição seja cumprida. Eis a razão pela qual a simples previsão de mediação facultativa não confere às partes a exceção de mediação.

Como característica típica das exceções dilatórias, há o encobrimento de um determinado direito. *In casu*, trata-se do direito de iniciar procedimento arbitral ou um processo judicial. Está-se diante do "direito de ação", que – quando exercido em face do Estado – é "o direito subjetivo público, autônomo e abstrato de exigir do Estado a prestação jurisdicional sobre determinada demanda de direito material".[1380] No âmbito da jurisdição arbitral, o início da arbitragem é direito potestativo,[1381] im-

---

facilitado por um especialista em reconstrução da capacidade de colaboração entre elas" (ASSMAR, Gabriela. Comentários ao art. 23. *Lei de mediação comentada artigo por artigo*: dedicado à memória da Profª Ada Pellegrini Grinover. Trícia Navarro Xavier Cabral (Coord). 2. ed. Indaiatuba: Editora Foco, 2020. p. 139).

1377 Lei de Mediação, art. 23: "Se, em previsão contratual de cláusula de mediação, as partes se comprometerem a não iniciar procedimento arbitral ou processo judicial durante certo prazo ou até o implemento de determinada condição, o árbitro ou o juiz suspenderá o curso da arbitragem ou da ação pelo prazo previamente acordado ou até o implemento dessa condição".

1378 "As exceções ou dilatam ou perimem, isto é, apenas encobrem, temporariamente, a eficácia (exceções dilatórias), ou a encobrem para sempre (exceções permanentes). As que encobrem temporariamente ou cessam de ter efeito a dado momento, ou podem ser destruídas por ato do titular do direito a cuja eficácia se opõem, ou só têm efeito enquanto não se tem por certa alguma situação" (PONTES DE MIRANDA, Francisco Cavalcanti. *Tratado de Direito Privado*. Tomo VI. São Paulo: Revista dos Tribunais, 2012. p. 76).

1379 De modo semelhante, a exceção de arbitragem: Assim, a alegação de convenção torna-se uma exceção no sentido estritamente procedimental em que a expressão é adotada no atual Código. Vale dizer: uma hipótese de defesa que não apenas tem via própria de arguição como ainda interfere sobre todo o procedimento, sustando o andamento do processo enquanto não resolvida em primeiro grau. Contudo, tal terminologia não é adotada no projeto. Fala-se em "alegação de convenção de arbitragem" (TALAMINI, Eduardo. Arguição de Convenção Arbitral no Projeto de Novo Código de Processo Civil (Exceção de Arbitragem). In: FUX, Luis *et al. Novas Tendências do Processo Civil*: Estudos sobre o Projeto do Novo CPC. V. 2. Salvador: JusPodivm, 2014. p. 417).

1380 GRECO, Leonardo. *Instituições de processo civil.* V. 1. Rio de Janeiro: Forense, 2009. p. 222.

1381 PIRES, Catarina Monteiro. Convenção de Arbitragem. In: PIRES, Catarina Monteiro; DIAS, Rui Pereira. *Manual de Arbitragem Internacional Lusófona*. Lisboa: Almedina, 2020. p. 41.

pondo à outra parte estado de sujeição, modificando unilateralmente a esfera jurídica, mediante a provocação da jurisdição arbitral. São tais direitos que restam encobertos pela exceção de mediação.

O efeito jurídico da exceção é a suspensão de direitos e/ou pretensões. Não decorre da exceção eficácia extintiva ou preclusiva. No direito brasileiro, as exceções dilatórias processuais agem como verdadeiro impedimento processual (*Prozesshindernisse*), atinente apenas à eficácia – não sobre a existência ou a validade. Portanto, como decorrência da invocação da exceção de mediação, há efeitos jurídicos dúplices: *(i)* para as partes, estas não poderão iniciar procedimentos arbitrais ou judiciais, salvaguardadas as medidas de urgência, durante um prazo definido ou até a realização da primeira sessão de mediação; *(ii)* para o árbitro e/ou juiz, a quem incumbe o dever de suspender o processo correspondente.

Ademais, reconhece-se às partes o poder de modular o escopo eficacial da exceção de mediação, conforme a situação específica e as necessidades concretas. Por exemplo, as partes podem ampliar o prazo para não iniciar procedimentos arbitrais ou judiciais, desde que haja acordo mútuo nesse sentido. Trata-se de questão atinente à estrutura de riscos do contrato, cabendo ampla autonomia para a regulação dos interesses em causa. É vedado, contudo, ampliar a exceção de mediação para abarcar casos de medida de urgência.

3. Momento de oposição da exceção de mediação

Em casos que envolvem cláusulas Med-Arb, a resposta ao requerimento de arbitragem é um momento adequado para a invocação da exceção de mediação. O art. 20 da Lei de Arbitragem traz o ônus para as partes de alegarem qualquer obstáculo referente à instituição da arbitragem na primeira oportunidade possível. No caso, a resposta ao requerimento de arbitragem é a primeira manifestação da parte requerida. Assim, se a cláusula Med-Arb não foi observada, será ônus da parte requerida alegar essa desconformidade procedimental nessa oportunidade.

A não oposição da exceção de mediação no momento da resposta ao requerimento de arbitragem conduz à preclusão. Isso, porque, caso a parte demandada não faça menção à cláusula de mediação na sua resposta ao requerimento de arbitragem, é possível argumentar que, de acordo com o princípio da concentração estabelecido no art. 20 da Lei de Arbitragem, haveria preclusão de invocação superveniente da cláusula de mediação. Nesse contexto, é necessário harmonizar as normas do art. 20 da Lei de Arbitragem e do art. 23 da Lei de Mediação.

Situação especial ocorre quando a parte que ingressa com a arbitragem aciona, anteriormente, o Poder Judiciário, pleiteando medida cautelar ou antecipatória. Nesse caso, diante de cláusula Med-Arb, a parte requerida não necessita alegar a existência da previsão de mediação no processo judicial. Nesse caso, o *locus* de invocação da exceção de mediação é também na resposta ao requerimento de arbitragem. Assim, não haverá o efeito preclusivo em razão da não oposição da exceção de mediação caso essa não seja oposta no âmbito de medida cautelar pré-arbitral.

Ademais, a exceção de mediação não pode ser aplicada de ofício pelo árbitro ou pelo juiz. A exceção de mediação não é matéria de ordem pública e apresenta eficácia condicionada à invocação pelas partes. Sendo a mediação fruto da autonomia privada, o querer mediar é essencial – razão pela qual a parte interessada em seguir com a mediação tem o ônus processual de a invocar tempestivamente, não cabendo análise *ex officio* pelo árbitro ou juiz. O conhecimento e a aplicação de ofício do art. 23 da Lei de Mediação pelo árbitro ou juiz iriam de encontro à natureza voluntarista do instituto.

4. Escopo da suspensão

Nos termos do art. 23 da Lei de Mediação, o escopo de eficácia da exceção de mediação ocorre se "as partes se comprometerem a não iniciar procedimento arbitral". Nos termos do art. 19 da Lei de Arbitragem, somente é instituída a arbitragem quando ocorre a formação completa do Tribunal Arbitral.[1382] Ambas as previsões legais devem ser interpretadas conjuntamente para aferir o escopo da suspensão ocasionada pela exceção de mediação.

Primeiro, a exceção de mediação não impede a formação do Tribunal Arbitral. A Lei de Mediação e a Lei de Arbitragem não são excludentes, e os métodos de mediação e arbitragem podem coexistir. As partes têm o direito de escolher qual método desejam utilizar para resolver suas disputas, desde que estejam de acordo com os termos do contrato e as legislações pertinentes. A cláusula de mediação, prevista no art. 23, não impede que as partes formem um Tribunal Arbitral, já que a sua redação é clara ao impedir apenas o *início* do procedimento arbitral, que, nos termos da Lei de Arbitragem, ocorre com a constituição desse tribunal. Nesse caso, as etapas prévias ao início do procedimento arbitral não estarão sujeitas ao efeito da exceção de mediação.

A solução é adequada em termos práticos. O processo de indicação de coárbitros e do árbitro presidente pode durar meses em razão dos prazos previstos nos regulamentos das principais instituições arbitrais. Quando há impugnação ou pedido de revelações adicionais, esse processo será ainda mais moroso. Trata-se de fase puramente pré-jurisdicional, não havendo razão para que seja obstada em razão de cláusula Med-Arb. Inclusive, pode ser eficiente que a primeira reunião de mediação ocorra nesse interregno temporal. Mesmo que não resulte em acordo, poderá auxiliar que as partes tenham maior clareza sobre os pontos controvertidos, trazendo maior maturidade para a estabilização da demanda.

No entanto, esse entendimento deve ser adaptado às regras institucionais aplicáveis. Por exemplo, o Regulamento da CCI prevê que o "início" da arbitragem ocorre com o envio do Requerimento de Arbitragem. Nesse caso, por disposição expressa, o efeito do art. 23 da Lei de Mediação irá obstaculizar, inclusive, a formação do Tribunal Arbitral.

1382 Lei de Arbitragem, art. 19: "Considera-se instituída a arbitragem quando aceita a nomeação pelo árbitro, se for único, ou por todos, se forem vários".

Em outras regras, como as da Cumarb, o início da arbitragem ocorre no momento da assinatura do termo de arbitragem. Nesse caso, os atos anteriores poderão ser praticados, sem que sejam afetados pelo efeito do art. 23 da Lei de Mediação.

Segundo, é possível que as partes delimitem na cláusula Med-Arb o escopo do efeito suspensivo da exceção de mediação. O art. 23 da Lei de Mediação permite que as partes estipulem os termos da cláusula de mediação, de acordo com suas preferências e necessidades, podendo determinar um prazo específico para a não iniciação do procedimento arbitral e/ou judicial. Para mais, as regras de instituições que administram, tanto arbitragens quanto mediações, poderão trazer previsões específicas para harmonizar o seguimento de certos atos do procedimento arbitral com a exceção de mediação.

Em suma, percebe-se que a exceção de mediação não acoberta, em regra: *(i)* medidas cautelares e/ou de urgência antecipadas; *(ii)* indicação de coárbitros; (iii) o dever de revelação dos coárbitros; *(iv)* a possibilidade de impugnar coárbitros indicados; *(v)* escolha do presidente do tribunal; *(vi)* a fase de revelações do árbitro presente e eventuais impugnações. Ao revés, a exceção de mediação impede o início da fase da fase postulatória da arbitragem, sendo incabível falar de estabilização da demanda durante a vigência da exceção.

5. Duração da suspensão

A Lei de Mediação não estabelece um prazo específico para a duração da suspensão, deixando essa questão sujeita ao que as partes acordarem em sua cláusula de mediação ou em suas negociações subsequentes. A suspensão pode durar desde algumas semanas até meses, a depender das partes e da natureza da cláusula de mediação estipulada – não podendo, contudo, ser indefinida, a fim de garantir que a eficiência e a finalidade da arbitragem não sejam comprometidas. Diante da duração razoável e da necessidade de tempestividade na solução de litígios, a suspensão não pode ser manejada a fim de que a busca por soluções consensuais não seja explorada para adiar indefinidamente a resolução da disputa.[1383]

Por essa razão, diante de uma interpretação sistemática da Lei de Mediação, deve-se ter como prazo de suspensão a realização da primeira reunião de mediação. A própria Lei de Mediação reconhece, simultaneamente, *(i)* a obrigatoriedade de participar da primeira reunião de mediação; e *(ii)* a impossibilidade de obrigar uma parte a permanecer em um procedimento de mediação. Assim, caso as partes não tenham pactuado prazo diverso, e uma das partes não tenha interesse em mediar a controvérsia, a suspensão do procedimento arbitral, decorrente do art. 23 da Lei de Mediação, deverá ser encerrada após a data marcada para a primeira reunião de mediação.

[1383] "A má utilização do tempo pode ser motivada pelo desejo escuso de procrastinar o procedimento arbitral, 'ganhar tempo' nesta fase pode ser uma estratégia 'jurídica', sabidamente desleal, mas frequentemente considerada por operadores que ainda permanecem no paradigma no processo civil belicoso" (LEVY, Fernanda Rocha Lourenço. *Cláusulas escalonadas*: a mediação comercial no contexto da arbitragem. São Paulo: Saraiva, 2013. p. 229).

Caso a reunião tenha de ser reagendada por conta de ação da parte que solicitou a mediação, considera-se a suspensão encerrada. Não pode a parte procurar estratégias dilatórias para ampliar o tempo de suspensão. Ao revés, se a reunião de mediação tiver de ser reagendada por conta de fatos alheios à vontade das partes, dos mediadores ou da parte que resiste ao precedimento de mediação, a suspensão deve também ser prorrogada.

Registra-se que, se não for pactuado de modo diverso na cláusula Med-Arb ou nas regras institucionais aplicáveis, o não comparecimento na primeira reunião de mediação não terá o condão de manter a suspensão em vigor. Isso porque o art. 22 da Lei de Mediação traz previsão específica para o sancionamento do não comparecimento à reunião de mediação – não sendo possível cogitar da manutenção da suspensão. Em todo caso, as partes, no âmbito da sua autonomia privada, poderão prever prazo de duração diverso para a suspensão, podendo pactuar, inclusive, que o procedimento arbitral não terá reinício até que as partes tenham comparecido a uma determinada quantidade de sessões de mediação.

6. Competência para análise da exceção de mediação

O princípio *Kompetenz-Kompetenz* (ou competência-competência), ao lado do princípio da autonomia da convenção de arbitragem, constitui um dos pilares estruturais do regime legal da arbitragem. Pela sua faceta positiva, confere-se, como regra geral, preferência temporal ao tribunal arbitral para analisar aspectos relacionados à sua própria jurisdição.[1384] Pela face negativa, retira-se de outros entes, em especial do Poder Judiciário, a possibilidade de analisarem aspectos atrelados à jurisdição arbitral,[1385] salvaguardados casos de vício flagrante, constatável *prima facie*,[1386] em linha com o art. II (3) da Convenção de Nova York.

Uma vez que a cláusula Med-Arb, que prevê mediação prévia obrigatória, outorga exceção processual dilatória, encobertando a eficácia do direito potestativo de iniciar a arbitragem, a competência do Tribunal Arbitral para analisar a cláusula em primazia é respaldada pelo princípio *Kompetenz-Kompetenz*. Isso significa que o próprio Tribunal Arbitral tem a autoridade para decidir se a cláusula de mediação prévia é válida e vinculante, bem como determinar qual é a interpretação adequada. Portanto, a análise

---

1384 "Assim como acontece com o instituto da cláusula compromissória, também a competência--competência produz uma dualidade de eficácias: a positiva e a negativa. A eficácia positiva encerra a aptidão do árbitro, como antes referido, de decidir sobre sua própria competência. Reflete, pois, o caráter jurisdicional da arbitragem" (MARTINS, Pedro Antônio Batista. Autonomia da cláusula compromissória. In: AZEVEDO, André Gomes de (Org.) *Estudos em arbitragem, mediação e negociação*. Brasília: Grupos de Pesquisa, 2003. p. 9-10).

1385 Como diz William Park: "The so-called 'negative effect' of the principle speaks to courts, telling judge to wait until Arbitration ends before inquiring about the validity or effect of an arbitration clause" (PARK, William. *The Arbitrator's Jurisdiction to Determine Jurisdiction*. Boston University School of Law & Legal Theory. 2007. p. 26-27).

1386 TEPEDINO, Gustavo; KONDER, Carlos Nelson; BANDEIRA, Paula Greco. *Fundamentos do Direito Civil*. V. 3. 3. ed. Rio de Janeiro: Forense, 2022. p. 569.

inicial da cláusula pelo tribunal arbitral é essencial para: *(i)* determinar se as partes concordaram com os termos e as condições da cláusula; *(ii)* cabimento da suspensão do procedimento arbitral; *(iii)* duração da suspensão; *(iv)* consequência para o não cumprimento da etapa de mediação prévia obrigatória; e *(v)* outros aspectos processuais que possam ser relevantes.

Nesse sentido, o TJSP, em 2019, em acórdão de relatoria do Des. Gilson Delgado Miranda, analisou preliminar relacionada ao possível descumprimento de cláusula compromissória que convencionou a obrigatoriedade de prévia mediação, o que não havia sido observado. O Tribunal de Justiça entendeu por sua incompetência para a reanálise da questão, haja vista ter o juízo arbitral examinado satisfatoriamente a alegação de nulidade. Naquele caso, concluiu-se pela ausência de prejuízo, uma vez que, acaso subsistisse o interesse em composição amigável, seria possível alcançá-la por meio da tentativa prévia de conciliação a ser obrigatoriamente realizada na primeira audiência arbitral, e, de modo ainda mais completo, considerando que eventual acordo em fase arbitral seria homologado por sentença. Com isso, o tribunal arbitral considerou que não seria necessário cumprir com a etapa de mediação prévia prevista na convenção de arbitragem.[1387]

Desse modo, a análise da cláusula Med-Arb não é delegada à instituição arbitral responsável por administrar o procedimento, em virtude do princípio *Kompetenz--Kompetenz*. Nesse aspecto, as arbitragens institucionais são conduzidas conforme um grupo de regras procedimentais, bem como há o apoio de uma equipe experiente e profissional, mitigando o risco de entraves procedimentais significativos (*e.g.*, auxiliar no processo de nomeação dos árbitros, na organização de audiências e na gestão administrativa).[1388] A cláusula Med-Arb, ao estabelecer um processo sequencial ou simultâneo de mediação prévia obrigatória antes de recorrer à arbitragem, faz com que a interpretação demande avaliação mais abrangente das intenções das partes, dos termos do contrato e das etapas procedimentais estabelecidas.

A instituição arbitral, por sua vez, é designada para administrar o procedimento arbitral em conformidade com as regras e os regulamentos que regem a arbitragem.[1389] Não se pode confundir a função da instituição arbitral com a do tribunal arbitral. Enquanto a função precípua do tribunal é exercer a jurisdição e dirimir o conflito, a instituição apenas exerce funções primordialmente cartoriais,[1390] relacionadas à gestão

---

[1387] TJSP. AI 2145342-47.2019.8.26.0000. 1ª Cam. Res. Dir. Emp. Rel. Des. Gilson Delgado Miranda. j. 19.08.2019.

[1388] "Institutional arbitration is conducted according to a standing set of procedural rules and supervised, to a greater or lesser extent, by a professional staff. This reduces the risks of procedural breakdowns, particularly at the beginning of the arbitral process, and of technical defects in the arbitration proceedings and arbitral award" (BORN, Gary B. *International commercial arbitration*. 2. ed. The Hague: Kluwer, 2014. p. 170).

[1389] LUCAS, Marcus Vinicius Pereira. *Responsabilidade Civil do Árbitro*. 202f. Dissertação (Mestrado em Direito). Pontifícia Universidade Católica de São Paulo, São Paulo, 2018. p. 30.

[1390] BARABINO, André. *Negócios Jurídicos na Arbitragem*. 115f. Dissertação (mestrado em direito). Pontifícia Universidade Católica de São Paulo, São Paulo, 2016. p. 100.

do processo arbitral. Consequentemente, a análise da cláusula Med-Arb extrapola a competência da instituição arbitral.

Excepcionalmente, é possível reconhecer a competência do Poder Judiciário para determinar a suspensão do procedimento arbitral em face de uma cláusula Med-Arb.[1391] A Lei de Mediação é expressa ao dispor que "o árbitro ou o juiz suspenderá o curso da arbitragem", outorgando jurisdição extraordinária para o Poder Judiciário se pronunciar sobre essa questão. A previsão da Lei de Mediação está em linha com a Convenção de Nova York. O art. II (3) da Convenção de Nova York estabelece que, quando uma disputa está sujeita a uma cláusula de arbitragem, as autoridades judiciais de um país signatário não têm o direito de interferir ou suspender um procedimento arbitral em andamento, exceto nos casos previstos pela legislação nacional. A cláusula Med-Arb é caso em que a arbitragem está sujeita a requisito procedimental prévio, que pode ser conhecido em sede de cognição sumária pelo Poder Judiciário.

Assim, o art. 23 da Lei de Mediação Brasileira introduz uma exceção à regra geral de não interferência do Poder Judiciário na arbitragem, podendo – em certos casos – mitigar o princípio *Kompetenz-Kompetenz*, quando as partes tiverem pactuado uma cláusula de mediação prévia obrigatória. A competência excepcional do Poder Judiciário para analisar a cláusula Med-Arb e suspender o procedimento arbitral baseia-se na legislação nacional e no entendimento consolidado no STJ de possibilidade de análise *prima facie* da convenção de arbitragem. Embora a Convenção de Nova York restrinja a intervenção do Poder Judiciário nos procedimentos arbitrais, a compreensão sistemática, à luz dos dispositivos da Lei de Mediação brasileira, compreende-se haver uma exceção específica, que autoriza a intervenção judicial, para debelar situações em que as partes concordam em submeter sua disputa a um processo híbrido de mediação prévia obrigatória e arbitragem.

7. Conservação dos atos processuais praticados em caso de constatação de inobservância da cláusula Med-Arb

A prática de atos processuais no curso de uma arbitragem em desrespeito à cláusula Med-Arb poderia levantar questionamentos sobre sua eventual invalidade. No entanto,

---

[1391] Conforme Carlos Alberto Carmona "a limitação da cognição do juiz apenas a aspectos que desde logo pode detectar, sem maiores indagações (cognição sumária, portanto), harmoniza-se com o princípio da *Kompetenz-Kompetenz* adotado pela Lei" (CARMONA, Carlos Alberto. *Arbitragem e Processo*: um comentário à Lei 9.307/1996. 3. ed. São Paulo: Atlas, 2009. p. 177). A mesma posição é seguida por Vera Monteiro de Barros, que assinala que "em algumas situações excepcionais nas quais o vício seja patente ou possa ser verificado *prima facie* ou sem maior profundidade cognitiva, caberá ao juiz togado decidir a questão da existência, validade e eficácia da convenção de arbitragem. Caso o juiz se defronte, em ação judicial, com contrato que contenha cláusula compromissória com fortes indícios de nulidade, deverá verificar se estão presentes os pressupostos mínimos de admissibilidade da regular eleição da via arbitral" (BARROS, Vera Cecília Monteiro de. A Força Vinculante da Cláusula Compromissória e o Princípio da Competência-competência: comentários ao AGIN 644.204-4/2. *Revista de Arbitragem e Mediação*, v. 25, 2010. p. 8).

à luz do direito brasileiro, não há razão para deixar de conservar os atos processuais e pré-processuais praticados, mesmo que em inobservância da cláusula Med-Arb.

O princípio da conservação dos atos processuais consubstancia a ideia de que os atos processuais já praticados devem ser preservados e aproveitados na sua máxima amplitude, mesmo que ocorram eventuais irregularidades ou vícios formais, em respeito aos vetores da celeridade, economia processual e efetividade do processo – evitando que erros meramente formais levem à anulação de atos já realizados. Procura-se evitar a "nulidade sem prejuízo", *i.e.*, quando um ato processual foi praticado de forma equivocada, mas não causou prejuízo às partes ou à regularidade do processo como um todo, ele não deve ser anulado, vez que a invalidação poderia apenas gerar demora e custos adicionais, sem trazer qualquer benefício substantivo.

As nulidades, no direito material, envolvem atos jurídicos substantivos, enquanto as nulidades processuais estão relacionadas a atos ou procedimentos realizados no curso de uma relação processual.[1392] Como regra geral, as nulidades processuais dependem da comprovação de prejuízo ("pas de nulitté sans grief"), diversamente das nulidades materiais. Ou seja, a parte que alega a nulidade tem o ônus de demonstrar que a irregularidade processual afetou seu direito de defesa ou causou algum tipo de dano. Afasta-se, *a priori*, a sanção de invalidade de atos processuais praticados com erros formais ou irregularidades menores, incumbindo à parte que alega o vício a demonstração de prejuízo concreto, real e efetivo, às partes envolvidas. A regra é, pois, que a anulação de um ato processual – fora nos casos de ordem pública e expressamente previstos em lei – só deve ocorrer quando for constatada a existência de um prejuízo efetivo para alguma das partes.

A conservação dos atos processuais é especialmente relevante em procedimentos arbitrais, em que a celeridade e a eficiência são fundamentais. Ao aplicar esse princípio, os Tribunais Arbitrais podem evitar atrasos desnecessários e garantir que o foco da resolução da disputa permaneça no mérito da questão em discussão, em vez de se perder em questões formais. Ademais, a Lei de Mediação estabelece remédio dúplice para conferir efetividade à cláusula Med-Arb: *(i)* suspensão do procedimento arbitral, o que não pode ser confundido com a nulidade dos atos processuais praticados; e *(ii)* multas e sanções convencionais que poderão ser pactuadas pelas partes. A lei é silente quanto à invalidade de atos processuais praticados em inobservância à cláusula escalonada. Assim, entende-se que a posição que melhor se compatibiliza com o direito brasileiro vai no sentido da conservação dos atos processuais praticados, diante da inexistência de prejuízo pressuposto pelo simples descumprimento da cláusula Med-Arb.

Em síntese, diante do silêncio da Lei de Mediação em prever a invalidade dos atos processuais praticados em desconformidade com a cláusula Med-Arb e da regra geral de necessidade de comprovação de prejuízo das nulidades processuais, compreende-se que

---

[1392] Por exemplo, aos atos processuais, como citações, intimações, despachos, sentenças, e outros atos que fazem parte do trâmite judicial.

é possível o pleno aproveitamento desses atos, salvo se a parte que se sente prejudicada demonstrar prejuízo concreto.

§ 31. QUESTÕES PROCEDIMENTAIS ENVOLVENDO A CLÁUSULA MED-ARB

1. Cautelares antecedentes e medidas de urgência

O art. 23 da Lei de Mediação, parágrafo único, ressalva a aplicação da cláusula Med-Arb em casos nos quais medidas de urgência são necessárias. As medidas de urgência buscam proteger direitos que estejam em risco iminente de dano irreparável ou de difícil reparação, possibilitando o imediato recurso ao Poder Judiciário para evitar que o direito seja prejudicado de maneira irreversível. Nesses casos, em que pese a pactuação de cláusula Med-Arb, as partes estão autorizadas a buscar medidas cautelares.

O mesmo racional deve ser aplicado aos casos de árbitro de emergência, figura prevista no regulamento de diversas instituições de arbitragem, vocacionado a lidar com questões que exijam decisões rápidas antes que o tribunal arbitral seja regularmente constituído. Caso as regras de arbitragem eleitas pelas partes tenham previsão de árbitro de urgência, será possível solicitar na via arbitral o deferimento de medidas cautelares, para evitar danos irreparáveis às partes, de modo semelhante às medidas de urgência previstas no art. 23, parágrafo único, da Lei de Mediação.

Para além disso, é necessário analisar o art. 23 da Lei de Mediação, sob a ótica do art. 22-A da Lei de Arbitragem. Tendo em vista a necessidade de se instaurar o procedimento arbitral em 30 dias contados da concessão da cautelar, a questão fica mais complexa diante de cláusula Med-Arb. Diego Franzoni e Nairo Lima Neto sustentam que "a instituição da mediação, para fins do cumprimento do disposto no parágrafo único do art. 22-A da Lei de Arbitragem, parece ter o condão de servir como instrumento processual apto a garantir a manutenção da eficácia da decisão precária concedida pela jurisdição estatal".[1393] Entendem os autores que, uma vez protocolado o requerimento de mediação, a decisão judicial teria sua eficácia mantida.[1394] Contudo, apresentam outra solução mais conservadora, que seria a apresentação simultânea de um requerimento de arbitragem e de mediação, requerendo-se a suspensão do procedimento arbitral enquanto pendente a mediação.

O Judiciário brasileiro já teve a oportunidade de se manifestar sobre a manutenção de cautelares pré-arbitrais decorrentes de cláusulas entendidas como Med-Arb. O Tribunal de Justiça do Distrito Federal e dos Territórios, no Agravo de Instrumento 0701934-87.2017.8.07.0000[1395] foi instado a se manifestar após o deferimento de uma

---

1393 FRANZONI, Diego; LIMA NETO, Nairo. Tutela de Urgência, cláusulas escalonadas na arbitragem e o parágrafo único do art. 22-A da Lei 9.307/1996. *Revista de Arbitragem e Mediação*, v. 61, abr./jun. 2019.

1394 FRANZONI, Diego; LIMA NETO, Nairo. Tutela de Urgência, cláusulas escalonadas na arbitragem e o parágrafo único do art. 22-A da Lei 9.307/1996. *Revista de Arbitragem e Mediação*, v. 61, abr./jun. 2019.

1395 TJDFT, Agr. Inst. n. 0701934-87.2017.8.07.0000, Rel. Des. Esdras Neves, j. 4.04.2017.

cautelar pré-arbitral pelo juiz de primeira instância. Após o deferimento da liminar, a agravante informou que requereu o procedimento de mediação, o que, segundo ela, atenderia o previsto no art. 22-A da Lei de Arbitragem e art. 23 da Lei de Mediação. Contudo, o TJDFT entendeu que a instauração do procedimento de mediação não seria suficiente para manutenção da eficácia da tutela deferida, pois a cláusula compromissória, naquele caso, não poderia ser considerada Med-Arb.[1396] Por fim, reconheceu-se que o início de mediação não atende ao disposto no art. 22-A da Lei de Arbitragem, uma vez que somente o árbitro – e não o mediador – pode analisar a manutenção, a modificação ou a revogação da medida de urgência anteriormente deferida.[1397]

Há julgado relevante, decidido pelo Tribunal de Justiça e Minas Gerais, no qual se discute que o procedimento arbitral não foi devidamente instaurado após a concessão de liminar em cautelar pré-arbitral.[1398] Após o deferimento da liminar, passaram-se anos sem que a arbitragem tivesse sido instaurada.[1399] Contudo, a cláusula compromissória, da forma como foi redigida, conforme o entendimento do TJMG, "não deixa nenhuma margem para dúvida quanto ao fato de caber ao Poder Concedente – e não à concessionária – contratar a arbitragem".[1400] Em razão disso, o TJMG entendeu que não haveria inércia do autor na instauração da arbitragem, de forma que a sentença que extinguiu o processo foi cassada, e a liminar, restabelecida, até a solução definitiva em sede de arbitragem, que deveria ser instaurada pelo estado de Minas Gerais.[1401]

1396 A cláusula compromissória foi assim redigida: "Art. 42 – Qualquer litígio resultante deste estatuto, bem como as divergências entre os Acionistas e entre os Acionistas e a Companhia, que não possa ser solucionada amigavelmente pelas Partes dentro de um prazo de 30 (trinta) dias, será dirimida por arbitragem na forma do disposto no § 3º do art. 109 da Lei 6.404/1976".

1397 TJDFT, Agr. Inst. n. 0701934-87.2017.8.07.0000, Rel. Des. Esdras Neves, j. 04.04.2017. p. 3.

1398 A cláusula em questão foi assim redigida: "37.2. *O órgão/entidade responsável pela arbitragem será contratado pelo Poder Concedente*, nos termos da legislação aplicável, somente quando constatada a ocorrência de controvérsia(s) e/ou disputas(s) decorrente(s) do presente contrato ou a ele relacionadas. 37.2.1. O órgão/entidade arbitral contratado atuará exclusivamente para a resolução da(s) controvérsia(s) e/ou disputa(s) para a(s) qual(is) for designada, devendo o Poder Concedente realizar nova".

1399 A apelante, Consórcio Gestores Prisionais S.A. alegou que o contrato de concessão celebrado com o Estado de Minas Gerais previa "uma cadeia própria de resolução de conflitos que se iniciar tela [sic] comissão técnica, passa pela solução amigável e, somente então, a possibilidade de arbitragem". E, como observado pelo Desembargador Relator, "o contrato estabelece uma sequência de etapas necessárias e sucessivas de resolução de conflitos e não autoriza a arbitragem de imediato ou como primeira alternativa" (TJMG, Apel. n. 1.0024.13.256700-9/004, Rel. Des. Alberto Vilas Boas, j. 28.06.2022. p. 14).

1400 TJMG, Apel. n. 1.0024.13.256700-9/004, Rel. Des. Alberto Vilas Boas, j. 28.06.2022. p. 18.

1401 Todavia, o acórdão não foi unânime, tendo sido proferido voto divergente pelo 2º Vogal. O 2º Vogal, Des. Márcio Idalmo Santos Miranda, em primeiro lugar esclareceu que a disposição do art. 22-A, da Lei de Arbitragem, bem como os arts. 806 e 808, I, do Código de Processo Civil de 1973, vigente quando do ajuizamento da ação, são regras cogentes, que não podem ser alteradas por mera convenção entre as partes. Na sequência, o 2º Vogal analisou a cláusula compromissória e entendeu que, conforme seu item 37.1, a arbitragem poderia

Em síntese, entende-se que as partes, mesmo diante de cláusula Med-Arb, estão autorizadas a requerer medidas de urgência, quer seja perante o Poder Judiciário ou perante árbitro de emergência. Não há falar em inobservância à cláusula Med-Arb diante de tais hipóteses, vez que decorrentes da interpretação sistemática da Lei de Mediação. Para mais, diante de cláusula Med-Arb, compreende-se que o requerimento de instituição de mediação basta para atender a previsão do art. 22-A, parágrafo único, da Lei de Arbitragem, que incumbe à parte que requer medida de urgência perante o Poder Judiciário a iniciar o procedimento arbitral em 30 dias.

2. Impossibilidade do mediador atuar como árbitro

Historicamente, houve intenso debate doutrinário sobre a possibilidade de um mesmo profissional exercer a função de mediador e, em seguida, a de árbitro, ou vice-versa.[1402-1403] Parte da doutrina entende que o mediador seria o profissional mais adequado para atuar como árbitro, por ter a confiança das partes e já ter tido contato com o caso, o que tornaria o procedimento arbitral menos oneroso e mais célere.[1404] Por outro

---

ser instaurada por ambas as partes, e não apenas pelo Poder Concedente: "37.1. De conformidade com o art. 13, da Lei Estadual 14.868/03, art. 11, III, da Lei Federal 11.079/04, bem como a Lei Federal nº 9.307/1996, as controvérsias e/ou disputas decorrentes do presente CONTRATO ou com este relacionadas, que não puderem ser resolvidas amigavelmente entre as PARTES e cuja apreciação não seja da competência exclusiva do Poder Judiciário, serão definitivamente dirimidas por meio da arbitragem". Em seu voto, o 2º Vogal consignou ainda que, caso o apelante entenda que caberia apenas ao Estado de Minas Gerais instaurar o procedimento arbitral, o concessionário poderia ter se valido da ação prevista no art. 7º da Lei de Arbitragem.

1402 "A atuação de árbitros como conciliadores/mediadores e de mediadores como árbitros sempre gerou grande discussão. Há aqueles que consideram que o árbitro pode arriscar-se a perder a imparcialidade durante algumas rodadas como mediador, especialmente se tiver acesso a informações sigilosas em reuniões privadas com as partes, o que colocaria em risco a higidez da sentença arbitral. Outros pontuam que o procedimento de mediação poderia ficar prejudicado, pois as partes não revelariam seus reais interesses àquele que poderia, ao final, vir a julgar o caso. Nesse caso, a tentativa de composição restaria inócua" (EIZIRIK, Nelson; COELHO, Renata Moritz Serpa. Mediação e Arbitragem: uma combinação útil. In: MOREIRA, Ana Luiza B.M. Pinto; BERGER, Renato. *Arbitragem e outros temas de direito privado*: estudos jurídicos em homenagem a José Emílio Nunes Pinto. São Paulo: Quartier Latin, 2021. p. 423-424).

1403 "Agreements providing for arbitration following a mediation process can result in questions about the impartiality of the arbitrator if an unsuccessful mediator is subsequently appointed to serve as arbitrator. This possibility does not alter the character of the dispute resolution mechanism, as an arbitration agreement, but instead concerns how the arbitration must subsequently be conducted and the identity of the arbitrator in that situation" (BORN, Gary. *International Commercial Arbitration* [versão digital]. 3. ed. Alphen aan den Rijn: Kluwer Law International, 2021).

1404 PACHIKOSKI, Silvia Rodrigues. A cláusula escalonada. In: ROCHA, Caio Cesar Vieira; SALOMÃO, Luis Felipe (Coord.). *Arbitragem e mediação*: a reforma da legislação brasileira [versão digital]. 2. ed. São Paulo: Atlas, 2017.

lado, há quem entenda que, caso o mediador atue como árbitro, a sua imparcialidade e a confidencialidade estariam comprometidas.[1405]

Carlos Alberto Carmona recomendava que o mediador não exercesse a função de árbitro caso o método autocompositivo não coloque fim à controvérsia, uma vez que, "durante o processo de negociação, as partes devem ter a tranquilidade de poder revelar ao mediador ou conciliador os detalhes do contrato e suas expectativas de solução da controvérsia; não creio que as partes, sabendo que o profissional que tenta atingir a transação será eventualmente o juiz da futura demanda, possam tirar o melhor proveito do método autocompositivo: a percepção, pelo mediador ou conciliador, dos objetivos das partes e das possibilidades reais de composição (*bottom-line objectives*, expectativas mínimas para atingir um acordo) dependem da transparência das negociações, que ficará empanada se as partes mantiverem reservas, cautelas e reticências diante de um mediador que poderá transformar-se em juiz".[1406]

Selma Lemes acrescenta que ao mediador normalmente são confidenciadas questões que não seriam se ele pudesse vir a ocupar a função de árbitro, e que "o mediador, como todo ser humano, não terá mais condições de apagar tudo o que viu e presenciou, razão pela qual deixará de ser imparcial".[1407]

Nelson Eizirik e Renata Moritz também defendem a corrente de que as fases de mediação e arbitragem deve ser conduzidas por profissionais distintos, de modo a evitar "potenciais situações em que o árbitro/mediador possa ter sua imparcialidade questionada por ter tido acesso a algum dado sigiloso de uma das partes, em uma sessão de mediação privada".[1408] Considerando que durante o procedimento de mediação há possibilidade de reuniões privadas entre o mediador e uma das partes (*caucus*), a atuação de um mesmo profissional em posterior fase de arbitragem ficaria ainda mais complexa.[1409]

[1405] "Apesar dos argumentos apresentados em favor do acúmulo de funções do mediador e de árbitro no mesmo procedimento, entendemos como não recomendável tal prática, pois ela nos parece incoerente com os princípios norteadores dos dois meios e, quiçá até mesmo perigosa, pois tal acúmulo de funções poderia comprometer a validade dos dois procedimentos, sob o fundamento de parcialidade dos neutros, ou ainda ineficiente, por não oferecer espaço seguro para que as verdadeiras necessidades das partes venham à tona, por recearem que tais informações sejam utilizadas como elemento de provas em posterior arbitragem" (LEVY, Fernanda Rocha Lourenço. *Cláusulas escalonadas*: a mediação comercial no contexto da arbitragem. São Paulo: Saraiva, 2013. p. 225).

[1406] CARMONA, Carlos Alberto. *Arbitragem e Processo: um comentário à Lei 9.307/1996*. 3. ed. São Paulo: Atlas, 2009. p. 34-35.

[1407] LEMES, Selma. Cláusula Escalonada ou Combinada: Mediação, Conciliação e Arbitragem. In: FINKELSTEIN, Claudio; VITA, Jonathan B.; CASADO FILHO, Napoleão (coord.). *Arbitragem Internacional*: UNIDROIT, CISG e Direito Brasileiro. São Paulo: Quartier Latin, 2010. p. 165-166.

[1408] EIZIRIK, Nelson; COELHO, Renata Moritz Serpa. Mediação e Arbitragem: uma combinação útil. In: MOREIRA, Ana Luiza B.M. Pinto; BERGER, Renato. *Arbitragem e outros temas de direito privado*: estudos jurídicos em homenagem a José Emílio Nunes Pinto. São Paulo: Quartier Latin, 2021. p. 425.

[1409] Sobre este ponto: "In addition, in order to fully unlock the potential of a mediation, also in arb-med-arb situations, confidential ex parte communication, and in particular the method of

Em 2015, com o advento da Lei de Mediação, a controvérsia foi superada no Brasil, em razão da disposição do art. 7º da referida lei, que expressamente dispôs que "o mediador não poderá atuar como árbitro nem funcionar como testemunha em processos judiciais ou arbitrais pertinentes a conflito em que tenha atuado como mediador".

Os regulamentos de mediação das principais câmaras seguiram a previsão da Lei de Mediação, ao vedar que o mediador atue como árbitro no mesmo conflito.[1410] Além disso, a Lei Modelo da Uncitral em Mediação Comercial Internacional (2018), em seu art. 13, em que pese determine que o mediador não atue como árbitro no mesmo conflito, autoriza que as partes acordem de forma diferente.[1411] Situação semelhante é a prevista nas Regras de Praga[1412] e nas Diretrizes da IBA sobre Conflito de Interesses em Arbitragem Internacional.[1413]

---

caucusing, should be allowed and the confidential information which the arbitrator-mediator has gained should remain confidential if the mediation fails and the arbitration proceedings are taken up again. However, the (returning) arbitrator must not take such confidential information into consideration when rendering the arbitral award" (RUCKTESCHLER, Dorothee; WENDESLTEIN, Anika. Efficient Arb-Med-Arb Proceedings: Should the Arbitrator Also Be the Mediator? In: SCHERER, Maxi (org.). *Journal of International Arbitration*, v. 38, n. 6, Kluwer Law International, 2021. p. 772).

1410 Regulamento de Mediação de 2016 do CAM-CCBC, art. 11.1: "Qualquer pessoa que tenha atuado como Mediador ficará impedida de atuar como árbitro (e vice-versa) no mesmo conflito, no todo ou em parte". Disponível em: https://ccbc.org.br/cam-ccbc-centro-arbitragem-mediacao/resolucao-de-disputas/mediacao/regulamento-2016/. Acesso em: 30.03.2023.

Regulamento de Mediação de 2024 da Camarb, item 10.2: Fica o(a) mediador(a) impedido(a) de atuar como testemunha em eventual processo judicial ou arbitral que vier a "ser instaurado para a solução do mesmo conflito". Disponível em: https://camarb.com.br/regulamento/regulamento-de-mediacao-empresarial-2024/. Acesso em: 04.06.2025.

Regulamento de Mediação de 2014 da CCI, art. 10.3: "A menos que todas as partes concordem de outra forma por escrito, um Mediador não atuará nem terá atuado em quaisquer procedimentos judiciais, arbitrais ou similares relacionados à disputa que é ou foi objeto dos Procedimentos de acordo com as Regras, seja como juiz, árbitro, perito ou representante ou consultor de uma parte.". Disponível em: https://iccwbo.org/dispute-resolution/dispute-resolution-services/adr/mediation/mediation-rules/#anchor-article-10. Acesso em 04.06.2025.

1411 "Article 13. Mediator acting as arbitrator: Unless otherwise agreed by the parties, the mediator shall not act as an arbitrator in respect of a dispute that was or is the subject of the mediation proceedings or in respect of another dispute that has arisen from the same contract or legal relationship or any related contract or legal relationship". Disponível em: https://uncitral.un.org/sites/uncitral.un.org/files/media-documents/uncitral/en/22-01363_mediation_guide_e_ebook_rev.pdf. Acesso em: 29.03.2023.

1412 "9.3. Se a mediação não der lugar a uma transação dentro do período de tempo acordado, o membro do Tribunal Arbitral que tenha atuado como mediador: a. poderá continuar a participar na arbitragem após obter o consentimento escrito de todas as partes após o termo da mediação; ou b. terminará o seu mandato como árbitro de acordo com as regras arbitrais aplicáveis se tal consentimento escrito não for obtido". Disponível em: https://praguerules.com/upload/medialibrary/1ce/1ceb209403ed5145d6b85c632489bf56.pdf. Acesso em: 29.03.2023.

1413 Notas Explicativas ao Princípio Geral n. 4: "(d) A possibilidade de o Tribunal Arbitral auxiliar as partes na obtenção de um acordo no próprio decurso do processo arbitral está bem con-

Em razão de fatores culturais, em alguns países é permitida a atuação do árbitro como mediador/conciliador,[1414] como é o caso da China, da Austrália e da província de Alberta, no Canadá.

Há quem defenda a possibilidade de o Secretário Administrativo do Tribunal Arbitral atuar como mediador em eventual "mediation window" que poderia acontecer após a fase de submissões escritas, depois da audiência de instrução ou, em caso do procedimento arbitral ser bifurcado, entre as duas etapas.[1415] Nesse caso, para além da confidencialidade própria do procedimento de mediação (art. 2º, VII, da Lei de Mediação), seria necessário também que ela fosse preservada em relação aos árbitros.[1416]

Os que defendem a atuação do "Secretary-Mediator" o fazem em razão dos três principais pontos:[1417] *(i)* não seria necessário envolver um terceiro, ou seja, um mediador

---

sagrada em algumas jurisdições, mas não noutras. O consentimento informado das partes a tal procedimento, antes de seu início, será havido como uma renúncia efetiva a um potencial conflito de interesses. Certas jurisdições poderão exigir que tal consentimento seja dado por escrito e assinado pelas partes. Sem prejuízo dos requisitos estabelecidos na lei aplicável, o consentimento expresso pode ser suficiente e pode ser dado na audiência e refletido na ata ou transcrição de audiência. Além disso, para evitar que as partes utilizem um árbitro como mediador para depois o impugnar, o Princípio Geral esclarece que a renúncia deve permanecer válida mesmo que a mediação seja infrutífera. Ao dar o seu consentimento expresso, as partes devem ter plena consciência das implicações de recorrer à assistência do árbitro num processo de transação, incluindo o risco de renúncia do árbitro". Disponível em: https://www.ibanet.org/MediaHandler?id=EB37DA96-F98E-4746-A019-61841CE4054C. Acesso em: 29.03.2023.

1414 EIZIRIK, Nelson; COELHO, Renata Moritz Serpa. Mediação e Arbitragem: uma combinação útil. In: MOREIRA, Ana Luiza B.M. Pinto; BERGER, Renato. *Arbitragem e outros temas de direito privado*: estudos jurídicos em homenagem a José Emílio Nunes Pinto. São Paulo: Quartier Latin, 2021. p. 424.

1415 "When the 'Secretary-Mediator window' should be opened? It depends on the parties' will and the circumstances of the case. Generally, three milestones are suitable for trying to settle through mediation: after all the memorials are submitted, after the hearing is held, and, in case of bifurcation, between the two stages of the procedure. The use of a Secretary-Mediator and the potential mediation windows can be incorporated by the parties to the procedure of the arbitration either in the arbitration agreement embodied in a contract or by way of a procedural agreement made by the parties" (GUZMÁN, Blas Piñar. Knocking on dispute resolution door: the 'secretary-mediator' as a fresh new mediation window in the international arbitration. In: BUENO, Carlos González (org.). *40 under 40 International Arbitration*. Espanha: Gramadosa, S.L., 2021. p. 31).

1416 "the arbitrators cannot be informed by the Secretary-Mediator of oral or written settlement offers, interests, views, suggestions, or other statements made in the mediation, unless all parties request and consent expressly" (GUZMÁN, Blas Piñar. Knocking on dispute resolution door: the 'secretary-mediator' as a fresh new mediation window in the international arbitration. In: BUENO, Carlos González (org.). *40 under 40 International Arbitration*. Espanha: Gramadosa, S.L., 2021. p. 32).

1417 No original: "a) It does not need to involve a third party, i.e. a mediator coming from 'abroad' the arbitration. The mediation window will be only activated if the parties want to do so, but the presence of a Secretary-Mediator discards the need to choose and pay a different

vindo de fora da arbitragem, uma vez que a janela de mediação será ativada apenas se as partes assim o desejarem, mas a presença de um Secretário-Mediador dispensa a necessidade de escolher e pagar outra pessoa; *(ii)* o procedimento de arbitragem não precisa ser interrompido, pois a mediação pode ser realizada em paralelo com a arbitragem, o que é corroborado pelos hiatos temporais naturais da arbitragem – como os intervalos entre memoriais e audiências ou os resumos pós-audiência e a decisão final –, os quais podem ser aproveitadas para esse fim; e *(iii)* não seria necessário que as partes preparassem mais documentos de posição ou resumos do caso, uma vez que o Secretário-Mediador já está informado sobre suas posições e pedidos.

Quando analisada a possibilidade de aplicação da figura no direito brasileiro, considera-se que a vedação imposta pelo art. 7º da Lei de Mediação também abarca o Secretário do Tribunal Arbitral. Embora a literalidade do dispositivo não vede a atuação do secretário do Tribunal Arbitral atuar como mediador, é inequívoco que o propósito da legislação é impedir o fluxo informacional devido entre os agentes envolvidos no processo de mediação e aqueles que atuam na arbitragem.

3. Suspensão da prescrição

O parágrafo único do art. 17 da Lei de Mediação[1418] estabelece que, "enquanto transcorrer o procedimento de mediação, ficará suspenso o prazo prescricional" e a Lei de Arbitragem, em seu art. 19, § 2º, dispõe que "a instituição da arbitragem interrompe a prescrição".

Em primeiro lugar, em relação à disposição do art. 17 da Lei de Mediação, o seu objetivo é harmonizar a solução de conflitos de forma consensual, mas sem prejudicar o direito de ação em razão de eventual prescrição. Como ressaltado por Fernanda Tartuce,[1419] esse dispositivo "é importante para evitar o favorecimento de manobras

---

person; b) the arbitration procedure does not need to be interrupted, as mediation can be carried out in parallel with the arbitration. What is more, natural pauses of arbitration, such as the lapses between memorials and hearing or post-hearing briefings and final award, may be leveraged to this purpose; c) position papers or case summaries should not be more prepared by the parties. The Secretary-Mediator is already briefed on their position and reliefs" (GUZMÁN, Blas Piñar. Knocking on dispute resolution door: the 'secretary-mediator' as a fresh new mediation window in the international arbitration. In BUENO, Carlos González (org.). *40 under 40 International Arbitration*. Espanha: Gramadosa, S.L., 2021. p. 34).

1418 Além da disposição do art. 17, da Lei de Mediação, os Regulamento de Mediação de algumas Câmaras possuem previsão expressa de que enquanto transcorrer o procedimento de mediação, o prazo prescricional fica suspenso. É o caso do item 6.3.4 do Regulamento de Mediação de 2024 da CAMARB e do item 3.5 do Regulamento de Mediação de 2015 do CBMA.

1419 "Em suma, trata-se de garantir que o tempo da mediação terá o menor impacto possível sobre o tempo que a lei material estabelece para o exercício do direito de ação. Se a mediação for considerada "frutífera" (no sentido de ensejar a celebração de acordo sobre toda a controvérsia), o interesse no ajuizamento da ação terá, em princípio, desaparecido. Se isso não ocorrer, os sujeitos em conflito estarão exatamente no mesmo ponto em que estavam antes do procedimento consensual, não sendo vitimados por indevidas ampliações ou restrições ao

ardilosas intentadas por pessoas apenas aparentemente interessadas na solução consensual, mas de fato desejosas de fazer o tempo agir a seu favor e contrariamente a quem deseja se valer do direito de ação".[1420]

Contudo, até a promulgação de Lei de Mediação em 2015, havia um vácuo normativo no tocante a eventuais impactos do procedimento de mediação nos prazos prescricionais.[1421] Com o advento da Lei 13.140/2015, houve uma opção legislativa por suspender[1422] o prazo prescricional no decorrer da mediação.

O parágrafo único do art. 17 da Lei de Mediação, todavia, não possui redação clara acerca de qual seria o termo inicial da suspensão da prescrição. Essa dúvida pode ser sanada com a ajuda do *caput* do próprio art. 17, que estabelece que "considera-se instituída a mediação na data para qual for marcada a primeira reunião de mediação".[1423] Entretanto, na visão de Francisco José Cahali, não obstante a previsão do *caput* do art. 17 da Lei de Mediação, "existindo cláusula de mediação (ou escalonada) entendemos que a suspensão deve se operar a partir do momento em que a parte inicia o procedimento, e não da data da primeira reunião, pois desde antes já *transcorrendo* a mediação".[1424] Note-se que a questão da decadência não foi resolvida pela Lei de Mediação, a qual restou silente e, em razão do art. 207 do Código Civil, não se aplicam à decadência as normas que impedem, suspendem ou interrompem a prescrição.

Por outro lado, a suspensão tem seu termo final com o encerramento do procedimento de mediação, que, nos termos do art. 20 da Lei de Mediação, é considerado encerrado com a lavratura do termo final. Dessa forma, encerrado o procedimento de mediação, volta a correr a prescrição.

Contudo, uma situação mais complicada "surge diante de eventual desinteresse velado no prosseguimento da mediação, postergando-se o procedimento por meios

---

direito de ação. Evita-se, assim, que se desvirtue o propósito da mediação ao tentar torná-la um mecanismo útil a estratégias de má-fé" (TARTUCE, Fernanda; FLEISCHMANN, SIMONE. Suspensão da prescrição e procedimento de mediação: reflexos sobre o parágrafo único do art. 17 da Lei 13.140/2015. *Rev. Fac. Direito UFMG*, Belo Horizonte, n. 73, p. 233-250, jul./dez. 2018. p. 236).

1420 TARTUCE, Fernanda; FLEISCHMANN, SIMONE. Suspensão da prescrição e procedimento de mediação: reflexos sobre o parágrafo único do art. 17 da Lei 13.140/2015. *Rev. Fac. Direito UFMG*, Belo Horizonte, n. 73, p. 233-250, jul./dez. 2018. p. 235.

1421 CAHALI, Francisco José. Prescrição, arbitragem, mediação e outros meios extrajudiciais de solução de conflitos – MESCS. *Revista dos Tribunais*, São Paulo, v. 1000/2019, p. 37-59, fev. 2019.

1422 "Suspensão é a parada do curso do tempo necessário para consumar-se a prescrição, por causas que sobrevêm e impedem a sua continuação ou que, existindo já de início, impedem então sua fluência. Assim, a prescrição pode ser impedida de começar ou, iniciada, pode ser suspensa" (CAHALI, Yussef Said. *Prescrição e decadência*. 2. ed. São Paulo: Editora Revista dos Tribunais, 2012. p. 91).

1423 Lei de Mediação, art. 17.

1424 CAHALI, Francisco José. Prescrição, arbitragem, mediação e outros meios extrajudiciais de solução de conflitos – MESCS. *Revista dos Tribunais*, São Paulo, v. 1000, p. 37-59, fev. 2019. p. 52.

indiretos".[1425] Diante desse contexto, Francisco José Cahali sugere que o mediador provoque as partes a encerrar a mediação, "quando não se justificarem novos esforços para a obtenção do consenso".[1426]

Em relação à arbitragem, com a reforma da Lei, em 2015, foi inserido o § 2º ao art. 19, que passou a tratar da interrupção da prescrição. Nos termos desse dispositivo, "a instituição da arbitragem interrompe a prescrição, retroagindo à data do requerimento de sua instauração, ainda que extinta a arbitragem por ausência de jurisdição".

A intenção do legislador em retroagir o efeito da interrupção da prescrição à data de apresentação do requerimento se deu, pois, pode haver um lapso temporal longo entre a solicitação de arbitragem e a sua efetiva instituição.[1427-1428]

Por fim, considerando a existência de uma cláusula escalonada, o art. 23 da Lei de Mediação conferiu um efeito vinculante às partes que optarem pela realização de um procedimento de mediação prévio à arbitragem. Nesse sentido, tem-se que "não seria razoável que, por conta da prescrição pulsante, viesse a parte a ser constrangida a iniciar mediação, e com comportamento contraditório ao espírito da composição, ou mesmo vedado contratualmente, instaurar processo judicial ou arbitral".[1429]

1425 CAHALI, Francisco José. Prescrição, arbitragem, mediação e outros meios extrajudiciais de solução de conflitos – MESCS. *Revista dos Tribunais*, São Paulo, v. 1000, p. 37-59, fev. 2019.

1426 Art. 20 da Lei de Mediação.

1427 Lei de Arbitragem: "Art. 19. Considera-se instituída a arbitragem quando aceita a nomeação pelo árbitro, se for único, ou por todos, se forem vários".

1428 NUNES, Thiago Marinho. Interrupção da prescrição na Arbitragem e cooperação do Poder Judiciário. In GIUSTI, Gilberto; BARALDI, Eliana; ALMEIDA, Eduardo Vieira; VAUGHN, Gustavo Favero. *Arbitragem e Poder Judiciário*. Ribeirão Preto, SP: Migalhas, 2023. p. 561

1429 CAHALI, Francisco José. Prescrição, arbitragem, mediação e outros meios extrajudiciais de solução de conflitos – MESCS. *Revista dos Tribunais*, São Paulo, v. 1000, p. 37-59, fev. 2019.

Capítulo 8

RELAÇÃO ENTRE CLÁUSULA COMPROMISSÓRIA E CLÁUSULA DE ELEIÇÃO DE FORO

Tanto a cláusula de eleição de foro quanto a cláusula compromissória são dispositivos contratuais relacionados à solução de controvérsias. Embora possam, em uma análise superficial, soar conflitantes, ambas podem conviver harmonicamente, constituindo, em conjunto, um sistema adequado de solução de disputas.[1430] A escolha pela inserção de uma cláusula compromissória combinada com uma cláusula de eleição de foro em um contrato exige a análise cuidadosa da forma mais adequada de solução das futuras controvérsias surgidas no âmbito de um ou mais negócios jurídicos.

§ 32. A CLÁUSULA DE ELEIÇÃO DE FORO

1. Cláusula de eleição de foro e negócios jurídicos processuais em geral

A cláusula de eleição de foro é, assim como a cláusula compromissória, um negócio jurídico que modula o método de solução de disputas. Enquanto a cláusula compromis-

---

1430 Conforme apontado pela professora Selma Lemes, as cláusulas combinadas ou fracionadas "se coadunam perfeitamente com os sistemas de solução de controvérsias denominados sob medida (*tailor-made*), em que se concilia o interesse das partes em eleger a arbitragem com as leis especiais a que se submetem e que preveem a eleição de foro para determinadas matérias" (LEMES, Selma. Cláusulas combinadas ou fracionadas: arbitragem e eleição de foro. *Revista do advogado*, São Paulo, v. 33, n. 119, p. 153-158, abr. 2013. p. 157).

tória tem por efeito a criação da jurisdição arbitral, a cláusula de eleição de foro fixa a *comarca* para tramitação do processo perante a jurisdição estatal.

A cláusula de eleição de foro é uma modalidade de negócio jurídico processual. Os negócios jurídicos processuais, por sua vez, incluem-se na categoria de atos processuais dispositivos,[1431] sendo os atos "pelos quais as partes *livremente regulam* suas posições jurídicas no processo",[1432] relativas ao próprio procedimento ou ao objeto do processo.[1433] Nessa linha, os negócios jurídicos processuais são fonte de normas jurídicas processuais, de forma que vinculam o julgador,[1434] dispensando, via de regra, homologação judicial para produção válida de efeitos.[1435]

A existência de negócios jurídicos que tenham por objeto a modulação do rito processual por acordo das partes foi objeto de controvérsias. Parte da doutrina sustentava que haveria, apenas, atos jurídicos processuais em sentido estrito, sem

---

[1431] Alexandre Freitas Câmara e Fredie Didier mencionam ainda a existência de atos processuais dispositivos bilaterais, os negócios jurídicos, assim como os atos processuais dispositivos unilaterais, "como a renúncia à pretensão ou o reconhecimento jurídico do pedido" (CÂMARA, Alexandre Freitas. *O novo processo civil brasileiro*. 4. ed. São Paulo: Atlas, 2018. p. 126); DIDIER JR., Fredie. *Curso de direito processual civil*: introdução ao direito processual civil, parte geral e processo de conhecimento. 19. ed. Salvador: Juspodivm, 2017. p. 426). Didier vai ainda mais longe, falando em negócios jurídicos processuais plurilaterais, citando como exemplos a sucessão processual voluntária e o calendário processual, reconhecendo então a possibilidade de celebração de negócio jurídico processual entre as partes e o juiz (DIDIER JR., Fredie. *Curso de direito processual civil*: introdução ao direito processual civil, parte geral e processo de conhecimento. 19. ed. Salvador: Juspodivm, 2017. p. 427).

[1432] CÂMARA, Alexandre Freitas. *O novo processo civil brasileiro*. 4. ed. São Paulo: Atlas, 2018. p. 126.

[1433] "Há negócios [jurídicos processuais] *relativos ao objeto litigioso do processo*, como o reconhecimento da procedência do pedido, e há negócios processuais que têm por *objeto o próprio processo*, em sua estrutura, como o acordo para suspensão convencional do procedimento" (DIDIER JR., Fredie. *Curso de direito processual civil*: introdução ao direito processual civil, parte geral e processo de conhecimento. 19. ed. Salvador: Juspodivm, 2017. p. 426).

[1434] "[O] negócio jurídico é fonte de norma jurídica processual e, assim, vincula o órgão julgador que, em um Estado de Direito, deve observar e fazer cumprir as normas jurídicas *válidas*, inclusive as convencionais" (DIDIER JR., Fredie. *Curso de direito processual civil*: introdução ao direito processual civil, parte geral e processo de conhecimento. 19. ed. Salvador: Juspodivm, 2017. p. 425).

[1435] "A regra é a dispensa da necessidade de homologação judicial do negócio processual. Negócios processuais que tenham por objeto as situações jurídicas processuais dispensam, invariavelmente, a homologação judicial. Negócios processuais que tenham por objeto mudanças no procedimento podem sujeitar-se à homologação, embora nem sempre isso ocorra; é o que acontece, por exemplo, com a desistência (art. 200, par. Ún., CPC) e a organização consensual do processo (art. 357, § 2º, CPC)" (DIDIER JR., Fredie. *Curso de direito processual civil*: introdução ao direito processual civil, parte geral e processo de conhecimento. 19. ed. Salvador: Juspodivm, 2017. p. 428).

o condão de interferir sobre o conteúdo do processo, delineando-o no exercício da autonomia privada.[1436]

Essa visão foi gradualmente superada,[1437] reconhecendo-se o devido espaço aos verdadeiros negócios jurídicos processuais. O art. 190 do Código de Processo Civil introduziu cláusula geral de negociabilidade procedimental,[1438] desde que o processo verse sobre direitos que admitam autocomposição.[1439] Dessa forma, autorizou-se que as partes modifiquem ônus, poderes, faculdades e deveres processuais até por meio de negócios processuais atípicos,[1440] contanto que ressalvados determinados pressupostos subjetivos e objetivos.

1436 WAMBIER, Luiz Rodrigues; TALAMINI, Eduardo. *Curso avançado de processo civil*. 16. ed. São Paulo: Revista dos Tribunais,2022. p. 269.

1437 "Mas essa concepção, que já foi a dominante, foi progressivamente superada pelo entendimento oposto, que admite negócios processuais. Trata-se de manifestações de vontade que têm por escopo a produção de específicos efeitos processuais, delineados por tais manifestações. O negócio jurídico, em si, pode ser feito dentro ou fora do processo. Importa é que ele produza efeitos processuais. Ele é fruto da vontade do(s) sujeito(s) que o celebra(m), e é por tal vontade modulado, quanto a conteúdo e efeitos" (WAMBIER, Luiz Rodrigues; TALAMINI, Eduardo. *Curso avançado de processo civil*. 16. ed. São Paulo: Revista dos Tribunais [Livro Digital]. p. 269).

1438 "Se alguma dúvida ainda havia quanto à existência de negócios jurídicos processuais, ela foi totalmente sepultada pelo art. 190 do CPC/2015, que autoriza amplamente a celebração de convenções entre as partes a respeito do procedimento judicial ou das próprias posições jurídicas processuais (direitos, ônus, deveres processuais...)" (WAMBIER, Luiz Rodrigues; TALAMINI, Eduardo. *Curso avançado de processo civil*. 16ª ed. São Paulo: Revista dos Tribunais [Livro Digital]. p. 269). "Há possibilidade de celebração de negócios processuais atípicos, lastreados na cláusula geral de negociação sobre o processo, prevista no art. 190, CPC, a principal concretização do princípio do respeito a autorregramento processual" (DIDIER JR., Fredie. *Curso de direito processual civil:* introdução ao direito processual civil, parte geral e processo de conhecimento. 19. ed. Salvador: Juspodivm, 2017. p. 426).

1439 Código de Processo Civil, art. 190. "Versando o processo sobre direitos que admitam autocomposição, é lícito às partes plenamente capazes estipular mudanças no procedimento para ajustá-lo às especificidades da causa e convencionar sobre os seus ônus, poderes, faculdades e deveres processuais, antes ou durante o processo. Parágrafo único. De ofício ou a requerimento, o juiz controlará a validade das convenções previstas neste artigo, recusando-lhes aplicação somente nos casos de nulidade ou de inserção abusiva em contrato de adesão ou em que alguma parte se encontre em manifesta situação de vulnerabilidade".

1440 "Segue a lista com alguns exemplos de negócios processuais atípicos permitidos pelo art. 190: acordo de instância única, acordo de ampliação ou redução de prazos, acordo para superação da preclusão, acordo de substituição do bem penhorado, acordo de rateio de despesas processuais, dispensa consensual de assistente técnico, acordo para retirar o efeito suspensivo da apelação, acordo para promover execução provisória, acordo para dispensa de caução em execução provisória, acordo para limitar número de testemunhas, acordo para autorizar intervenção de terceiro fora das hipóteses legais, acordo para a decisão por equidade ou baseada em direito estrangeiro ou consuetudinário, acordo para tornar ilícita uma prova, litisconsórcio necessário convencional etc." (DIDIER JR., Fredie. *Curso de direito processual civil*: introdução ao direito processual civil, parte geral e processo de conhecimento. 19. ed. Salvador: Juspodivm, 2017. p. 430-431).

Do ponto de vista subjetivo, os negócios jurídicos processuais somente poderão ser pactuados por aqueles com capacidade jurídica plena.[1441] Os requisitos de validade típicos dos negócios jurídicos em geral também se aplicam aos atos processuais dispositivos.[1442]

Do ponto de vista objetivo, analisa-se a matéria passível de ser objeto de atos processuais dispositivos a direitos que admitem autocomposição.[1443] Quanto a esse critério, o CPC não faz referência à disponibilidade do direito, pois há casos em que o direito material é indisponível, mas mesmo assim a autocomposição é admissível (*e.g.* obrigação de pagar alimentos).[1444] Esse entendimento foi corroborado pelo Fórum Permanente de Processualistas Civis,[1445] cujo enunciado 135 fixou o entendimento segundo o qual "a indisponibilidade do direito material não impede, por si só, a celebração de negócio jurídico processual".

1441 "Fica claro, pela leitura do dispositivo, que apenas partes capazes podem celebrar negócios processuais, não sendo válida sua celebração por incapazes, ainda que representados ou assistidos" (CÂMARA, Alexandre Freitas. *O novo processo civil brasileiro*. 4. ed. São Paulo: Atlas, 2018. p. 126). Por outro lado, divergindo quanto à possibilidade de celebração de negócios jurídicos processuais por menores assistidos, Wambier e Talamini: "Para a celebração de negócios jurídicos em geral, é preciso que o sujeito tenha personalidade jurídica e capacidade para o exercício de direitos (C. Civil, arts. 1º, 3º, 4º, 166, I, e 171, I). Para os negócios processuais, põem-se como pressupostos subjetivos esses mesmos parâmetros, em sua projeção processual: é preciso que o sujeito detenha capacidade de ser parte e de estar em juízo (arts. 70 a 76 do CPC/2015 - v. n. 16.2, acima). Por exemplo, um condomínio poderá celebrar negócio jurídico, desde que representado por seu administrador ou síndico (art. 75, XI); o incapaz, por seus pais, tutor ou curador (art. 71)" (WAMBIER, Luiz Rodrigues; TALAMINI, Eduardo. *Curso avançado de processo civil*. 16. ed. São Paulo: Revista dos Tribunais [Livro Digital]. p. 270).

1442 Fórum Permanente de Processualistas Civis, Enunciado 403: "A validade do negócio jurídico processual, requer agente capaz, objeto lícito, possível, determinado ou determinável e forma prescrita ou não defesa em lei"; Fórum Permanente de Processualistas Civis, Enunciado 132: "Além dos defeitos processuais, os vícios da vontade e os vícios sociais podem dar ensejo à invalidação dos negócios processuais atípicos do art. 190".

1443 "Nem sempre a autocomposição é atingida por meio de um ato de renúncia a pretensões e direitos (o que pressupõe disponibilidade do direito material). Por vezes, a autocomposição é reflexo da constatação, pelo sujeito envolvido no litígio, de que ele não tem razão, total ou parcialmente, naquilo em que vinha pretendendo. Toda vez que alguém constata que sua posição é insubsistente no conflito, em princípio, é possível (e desejável pelo ordenamento) que chegue a uma composição com o adversário. Apenas muito excepcionalmente o ordenamento veda que alguém que constata não ter razão chegue, ela mesma, a uma composição com o adversário. Nesses casos excepcionais, há indisponibilidade não do direito material, mas da pretensão de tutela judicial: é obrigatório submeter a causa ao Judiciário (exemplos: defesa em face da acusação penal, falência, suspensão de direitos por improbidade administrativa...)" (WAMBIER, Luiz Rodrigues; TALAMINI, Eduardo. *Curso avançado de processo civil*. 16. ed. São Paulo: Revista dos Tribunais [Livro Digital]. p. 270).

1444 CÂMARA, Alexandre Freitas. *O novo processo civil brasileiro*. 4. ed. São Paulo: Atlas, 2018. p 126.

1445 Fórum Permanente de Processualistas Civis, Enunciado 135: "A indisponibilidade do direito material não impede, por si só, a celebração de negócio jurídico processual".

Também não pode ser objeto de negócio jurídico processual renúncia a normas fundamentais e de ordem pública, como o contraditório,[1446] a boa-fé objetiva processual e o dever de cooperação,[1447] a intervenção do Ministério Público, quando cabível, no processo, enquanto fiscal da lei[1448] ou a intervenção de *amicus curiae*.[1449] Igualmente, é vedada a celebração de negócio jurídico processual abusivo, cabendo ao juízo analisar sua nulidade ou anulabilidade, ainda que de ofício.[1450] Na medida em que as partes são livres para pactuar modificações no procedimento civil, elas são livres para ignorar,[1451] abandonar[1452] ou renegociar seus acordos prévios, por quaisquer razões de sua conveniência. Destarte, a execução específica do negócio jurídico apenas será exigida em juízo a requerimento de uma das partes.[1453]

2. Histórico legislativo da cláusula de eleição de foro

A inclusão da cláusula de eleição de foro no ordenamento português remonta às Ordenações Afonsinas, de meados do século XV.[1454] Em sua origem, a eleição de foro poderia ser ajustada para uma obrigação específica, por meio de escritura pública, podendo-se determinar a vila ou lugar do foro ou até mesmo o juiz específico que deveria decidir sobre o eventual dissídio.[1455]

1446 "Seria, por exemplo, vedada a celebração de negócios processuais em um processo cujo objeto seja o reconhecimento da prática de ato de improbidade administrativa. O negócio processual também não pode afastar posições jurídicas que sejam inerentes ao modelo processual adotado no Brasil. (CÂMARA, Alexandre Freitas. *O novo processo civil brasileiro*. 4. ed. São Paulo: Atlas, 2018. p. 126-127).

1447 Fórum Permanente de Processualistas Civis, Enunciado 6: "O negócio jurídico processual não pode afastar os deveres inerentes à boa-fé e à cooperação".

1448 Fórum Permanente de Processualistas Civis, Enunciado 254: "É inválida a convenção para excluir a intervenção do Ministério Público como fiscal da ordem jurídica".

1449 Fórum Permanente de Processualistas Civis, Enunciado 392: "As partes não podem estabelecer, em convenção processual, a vedação da participação do *amicus curiae*".

1450 Código de Processo Civil, art. 190, parágrafo único: "De ofício ou a requerimento, o juiz controlará a validade das convenções previstas neste artigo, recusando-lhes aplicação somente nos casos de nulidade ou de inserção abusiva em contrato de adesão ou em que alguma parte se encontre em manifesta situação de vulnerabilidade".

1451 "Ora, se uma das partes descumpre o negócio processual e a outra parte não reclama, daí resulta uma resilição bilateral do negócio, que estará extinto" (CÂMARA, Alexandre Freitas. *O novo processo civil brasileiro*. 4. ed. São Paulo: Atlas, 2018. p. 129).

1452 Fórum Permanente de Processualistas Civis, Enunciado 411: "O negócio processual pode ser distratado".

1453 Fórum Permanente de Processualistas Civis, Enunciado 252: "O descumprimento de uma convenção processual válida é matéria cujo conhecimento depende de requerimento".

1454 ARAGÃO, Egas Dirceu Moniz de. Notas sobre foro de eleição. *Revista de Processo*, v. 97, p. 149-156, 2000.

1455 Portugal, Ordenações Afonsinas, Livro III, Título V, § 4º: "E bem assi dizemos geralmente, que se alguum privilegiado se obrigasse per escriptura pubrica a paguar alguma divida, ou responder por alguuma rezão em aguua certa Villa, ou Luguar, ou perante alguum certo, e

Posteriormente, nas Ordenações Manuelinas (1513), previu-se que cabe ao juiz citar qualquer indivíduo que se encontre fora de seu território, contanto que seja apresentada escritura pública que ateste que o réu "se obrigou a responder, ou paguar no dito Luguar onde elle he Juiz".[1456]

Mais adiante, as Ordenações Filipinas de 1595[1457] compilaram os textos das duas ordenações que a antecederam.[1458] Essas disposições vigoraram no Brasil, em partes, até 1916.[1459] Em seu Livro III, reproduziram as regras das Ordenações Afonsinas no Título VI, § 2º,[1460] e das Ordenações Manuelinas no Título XI, § 1º.[1461] Nessa oportunidade, deixou de ser necessário que a eleição de foro se desse exclusivamente por escritura pública, sendo válido outro documento que "tenha força de scriptura pública".

---

declarado juiz, em tal caso poderá hy perante ele fer citado, e demandado, nom embargante qualquer privilegio, que em contrario tenha. E efto entendemos, e declaramos, que aja lugar geralmente, assi em aquelles, que fendo demandados, podem escolher por feu Juiz o Corrgedor da Corte, ou os Sobre Juizes da nossa Caza do Civel, ou os juízes Ordinarios de seu foro, como nos outros, que direitamente devem fer demandados na Corte; que pois que de seu prazimento se obrigáraõ pagar, ou responder em certo lugar fora da Corte, justa, e rezoada cousa parece ser, que ali possaõ ser demandados".

1456 Portugal, Ordenações Manuelinas, Livro III, Titulo X, § 1º "E PODERA' o Juiz Ordinario mandar citar fóra de feu Territorro qualquer psssoa, que lhe requerido for, se lhe for mostrada escriptura pubrica, perque elle se obrigúou a reponder, ou paguar no dito Luguar onde elle he Juiz, segundo em cima dissemos neste Livro no Titulo. *Dos que podem seer citados e trazidos aa Crírte*".

1457 MARTINS, José Eduardo Figueiredo de Andrade. Análise comparativa das Ordenações Filipinas com o atual ordenamento jurídico brasileiro. *Revista da Faculdade de Direito da Universidade Federal da Bahia*, v. 42, n. 1, p. 4, 2020.

1458 ARAGÃO, Egas Dirceu Moniz de. Notas sobre foro de eleição. *Revista de Processo*, v. 97, p. 149-156, 2000.

1459 Código Civil de 1916, art. 1.807: "Ficam revogadas as Ordenações, Alvarás, Leis, Decretos, Resoluções, Usos e Costumes concernentes às matérias de direito civil reguladas neste Código."; MARTINS, José Eduardo Figueiredo de Andrade. Análise comparativa das Ordenações Filipinas com o atual ordenamento jurídico brasileiro. *Revista da Faculdade de Direito da Universidade Federal da Bahia*, v. 42, n. 1, p. 15, 2020.

1460 Portugal, Ordenações Filipinas, Livro III, Título VI, § 2º: "E se algum privilegiado se obrigar per scriptura pública, ou que tenha força de scriptura pública nos casos, em que ella requere, a responder alguma dívida em certa Villa, ou lugar, ou perante certo e declarado juiz, poderá ahi perante ele ser citado e demandado, postoque hi não seja achado sem embargo de qualquer privilegio, que em contrario tenha. O que haverá lugar assi nos que, sendo demandados, podem escolher por seu juiz das auções novas na Casa do Porto, ou os Juizes ordinários de seu fôro, como nos outros, que diretamente devem ser demandados na Côrte pois por vontade se obrigaram a isso".

1461 Portugal, Ordenações Filipinas, Livro III, Título XI, § 1º: "E poderá o Juiz ordinário mandar citar fora de seu território qualquer pessoa, que lhe fôr requerido, se lhe fôr mostrada scriptura publica, per que ele se obrigue responder, ou pagar no lugar, onde ele he juiz, segundo déssemos no Titulo: Dos que podem ser citados e trasidos a Côrte".

A disciplina jurídica das *Ordenações* foi a base para a formação do direito brasileiro, como se depreende tanto do Código de Processo Criminal do Império (que continha disposição provisória acerca da justiça civil) quanto do Regulamento n. 737 (1850), os quais mantiveram a essência e a estrutura do processo das Ordenações.[1462]

Nessa linha, o Regulamento n. 737, que regia o processo comercial, manteve a previsão do foro de eleição[1463] em seus artigos 62 e 64, dispensando por completo a menção à escritura pública[1464] e já prescrevendo que a eleição de foro obriga os herdeiros e cessionários.[1465] Para mais, a Consolidação das Leis do Processo Civil, elaborada pelo Conselheiro Antonio Joaquim Ribas e promulgada pelo Império do Brasil em 1876,[1466] trazia a previsão do "fóro do contracto", sendo aquele no qual alguém se obriga a responder por algum negócio ou dívida.[1467]

Os diplomas processuais civis datados do início do período republicano pretenderam romper com esse regramento. O Código de Processo Civil de 1939 não trazia a possibilidade de eleição de foro pelas partes, opção deliberada por Pedro Batista Martins, autor do projeto, que pessoalmente via as regras de definição de competência como de ordem pública e incompatíveis com a modulação pela vontade das partes.[1468] Não obstante, a manutenção da cláusula de eleição de foro no ordenamento brasileiro foi garantida posteriormente pela Súmula 335[1469]

[1462] "Num sentido amplo, diz-se que as Ordenações perduraram no âmbito do processo civil, uma vez que tanto o Código de Processo Criminal do Império, que continha disposição provisória acerca da justiça civil, quanto o Regulamento nº 737, de 1850, mantinham na essência e estrutura o processo das Ordenações de fundo romano-canônico. A regulação das causas cíveis através de leis esparsas levou o governo de então – 1871 – a corporificá-las em um único ordenamento, denominado Consolidação das Leis do Processo Civil do Conselheiro Ribas que, aprovado por resolução imperial de 1876, passou a ter força de lei" (FUX, Luiz. *Curso de direito processual civil*. 6. ed. Rio de Janeiro: Forense, 2023. p. 24).

[1463] ARAGÃO, Egas Dirceu Moniz de. Notas sobre foro de eleição. *Revista de Processo*, v. 97, p. 149-156, 2000.

[1464] Decreto 737/1850, art. 62: "Todavia obrigando-se a parte expressamente no contrato a responder em logar certo, ahi será demandada, salvo si o autor preferir o fôro do domicilio".

[1465] Decreto 737/1850, art. 64: "A obrigação do fôro do contrato (art. 62) passa para os herdeiros, sucessores e cessionarios".

[1466] "A regulação das causas cíveis através de leis esparsas levou o governo de então – 1871 – a corporificá-las em um único ordenamento, denominado Consolidação das Leis do Processo Civil do Conselheiro Ribas que, aprovado por resolução imperial de 1876, passou a ter força de lei" (FUX, Luiz. *Curso de direito processual civil*. 6. ed. Rio de Janeiro: Forense, 2023. p. 24).

[1467] Consolidação das Leis do Processo Civil, art. 168: "Fóro do contracto é aquelle em que alguém se obriga a responder por algum negocio ou a pagar alguma divida".

[1468] ARAGÃO, Egas Dirceu Moniz de. Notas sobre foro de eleição. *Revista de Processo*, v. 97, p. 149-156, 2000.

[1469] Supremo Tribunal Federal, Súmula 335: "É válida a cláusula de eleição do fôro para os processos oriundos do contrato".

do Supremo Tribunal Federal. Por fim, os códigos subsequentes mantiveram a previsão da cláusula de eleição de foro.[1470-1471]

3. Caracterização e efeito da cláusula de eleição de foro

A cláusula de eleição de foro é ato jurídico dispositivo típico, por meio do qual as partes, em comum acordo, elegem "um foro que lhes pareça mais conveniente, o qual passa a ser competente para conhecer das causas entre elas".[1472] Consiste em uma causa voluntária de modificação da competência relativa.[1473] Em decorrência dessa especialidade, em termos de forma, deve ser escrita, sob pena de inexistência,[1474] e fazer referência

---

1470 Código de Processo Civil de 1973, art. 111: "A competência em razão da matéria e da hierarquia é inderrogável por convenção das partes; mas estas podem modificar a competência em razão do valor e do território, elegendo foro onde serão propostas as ações oriundas de direitos e obrigações. § 1º O acordo, porém, só produz efeito, quando constar de contrato escrito e aludir expressamente a determinado negócio jurídico.§ 2º O foro contratual obriga os herdeiros e sucessores das partes.".

1471 Código de Processo Civil, art. 63: "As partes podem modificar a competência em razão do valor e do território, elegendo foro onde será proposta ação oriunda de direitos e obrigações. § 1º A eleição de foro somente produz efeito quando constar de instrumento escrito, aludir expressamente a determinado negócio jurídico e guardar pertinência com o domicílio ou a residência de uma das partes ou com o local da obrigação, ressalvada a pactuação consumerista, quando favorável ao consumidor. § 2º O foro contratual obriga os herdeiros e sucessores das partes. § 3º Antes da citação, a cláusula de eleição de foro, se abusiva, pode ser reputada ineficaz de ofício pelo juiz, que determinará a remessa dos autos ao juízo do foro de domicílio do réu. § 4º Citado, incumbe ao réu alegar a abusividade da cláusula de eleição de foro na contestação, sob pena de preclusão. § 5º O ajuizamento de ação em juízo aleatório, entendido como aquele sem vinculação com o domicílio ou a residência das partes ou com o negócio jurídico discutido na demanda, constitui prática abusiva que justifica a declinação de competência de ofício".

1472 CÂMARA, Alexandre Freitas. *O novo processo civil brasileiro*. 4. ed. São Paulo: Atlas, 2018. p. 56; N.M.S., "Tratando-se de competência relativa, as partes podem previamente alterá-la de comum acordo. É a chamada cláusula de eleição de foro (art. 63). Por exemplo: um litígio que surgisse de um contrato seria, pelas regras legais, de competência da comarca X ou Y. As partes podem, porém, prever no contrato apenas a comarca X como competente, ou ainda apenas a comarca Y, ou, mesmo, uma terceira, Z, que a princípio nem seria a competente" (WAMBIER, Luiz Rodrigues; TALAMINI, Eduardo. *Curso avançado de processo civil*. 16. ed. São Paulo: Revista dos Tribunais [Livro Digital]. p. 80).

1473 THEODORO JÚNIOR, Humberto. *Curso de Direito Processual Civil*. 56. ed. Rio de Janeiro: Forense, 2015. v. 1; "Consideram-se causas voluntárias de modificação da competência: o estabelecimento do foro de eleição e a omissão na alegação de incompetência relativa; e causas legais: a conexão e a continência" (FUX, Luiz. *Curso de direito processual civil*. 6. ed. Rio de Janeiro: Forense, 2023. p. 166); "Como já dito, a competência relativa pode ser alterada pela vontade das partes, que elegerão foro onde serão propostas as ações oriundas de direito e obrigações (art. 63, *caput*, CPC)" (DIDIER JR., Fredie. *Curso de direito processual civil*: introdução ao direito processual civil, parte geral e processo de conhecimento. 19. ed. Salvador: Juspodivm, 2017. p. 254).

1474 "O acordo [de eleição de foro] há de constar de negócio escrito, aludindo expressamente a determinado negócio jurídico (art. 63, § 1º, CPC). Foro de eleição oral é, para o direito, ato

à relação jurídica específica.[1475] Nessa linha, é vedada a eleição de foro genérica, que almeje abarcar toda e qualquer futura disputa entre as partes.[1476]

Registre-se que somente é admissível a eleição do foro, não da competência de jurisdição (também chamada "Justiça") ou do juízo.[1477] Assim, não se autoriza a designação de uma Justiça especializada ou juízo específico para julgar a causa, ao contrário do que era possível observar nas raízes históricas do instituto, que remontam às Ordenações Afonsinas e Filipinas. Trata-se de distinção fundamental em relação à cláusula compromissória, pois, no sistema da arbitragem, é facultada às partes a designação de árbitro da sua confiança para julgar a causa.

Todavia, um elemento remanescente das ordenações portuguesas que permanece no regramento atual da cláusula de eleição de foro é a vinculação dos herdeiros e sucessores contratuais ao pactuado entre as partes originárias.[1478] A justificativa para

---

jurídico inexistente. O foro contratual, como qualquer negócio processual, obriga herdeiros e sucessores (art. 63, § 2º, CPC)." (DIDIER JR., Fredie. *Curso de direito processual civil*: introdução ao direito processual civil, parte geral e processo de conhecimento. 19. ed. Salvador: Juspodivm, 2017. p. 254-255).

1475 "A eleição de foro exige forma escrita e tem de referir-se especificamente a um determinado negócio jurídico" (CÂMARA, Alexandre Freitas. *O novo processo civil brasileiro*. 4. ed. São Paulo: Atlas, 2018. p. 56); "A cláusula de eleição de foro é uma disposição negocial que pode ser inserida por vontade das partes em qualquer negócio jurídico. Por essa, convenciona-se que eventuais litígios oriundos do negócio deverão ser dirimidos em determinado juízo. Refere o Código que (...). Por se tratar de ato especial de disposição, prevê a lei que a cláusula de eleição só seja válida se constar de instrumento escrito e referir especificamente a determinado negócio jurídico." (MARINONI, Luiz Guilherme; ARENHART, Sérgio Cruz; MITIDIERO, Daniel. *Novo curso de processo civil*. São Paulo: Editora Revista dos Tribunais, 2015. p. 67); "Para produzir efeitos, essa eleição de foro deve constar de instrumento escrito e indicar expressamente a quais litígios, derivados de qual negócio jurídico, ela se refere (art. 63, § 1º)" (WAMBIER, Luiz Rodrigues; TALAMINI, Eduardo. *Curso avançado de processo civil*. 16. ed. São Paulo: Revista dos Tribunais [Livro Digital]. p. 80); "Admite-se o foro de eleição nas causas de cunho patrimonial, devendo constar de contrato escrito encartado ou não no próprio negócio jurídico principal que se pretende discutir em juízo" (FUX, Luiz. *Curso de direito processual civil*. 6. ed. Rio de Janeiro: Forense, 2023. p. 166); THEODORO JÚNIOR, Humberto. *Curso de Direito Processual Civil*. 56. ed. Rio de Janeiro: Forense, 2015. v. 1).

1476 "[N]ão [é] admitindo eleições de foro genéricas, do tipo 'fica eleito o foro X para toda e qualquer causa que venha a surgir entre as partes A e B'." (CÂMARA, Alexandre Freitas. *O novo processo civil brasileiro*. 4. ed. São Paulo: Atlas, 2018. p. 56).

1477 "Como já dito, a competência relativa pode ser alterada pela vontade das partes, que elegerão foro onde serão propostas as ações oriundas de direito e obrigações (art. 63, *caput*, CPC). O que se elege é o foro, não o juízo" (DIDIER JR., Fredie. *Curso de direito processual civil*: introdução ao direito processual civil, parte geral e processo de conhecimento. 19. ed. Salvador: Juspodivm, 2017. p. 254); "vale dizer: a eleição é objetiva (foro) e não subjetiva (juiz)" (THEODORO JÚNIOR, Humberto. *Curso de Direito Processual Civil*. 56. ed. Rio de Janeiro: Forense, 2015. v. 1).

1478 Código de Processo Civil, art. 63, § 2º: " O foro contratual obriga os herdeiros e sucessores das partes."; Na doutrina: "Uma vez pactuado [a eleição de foro], obriga a herdeiros e sucessores que, por isso, não poderão arguir a incompetência de foro sob a alegação de

essa manutenção encontra-se no brocardo *dare nemo potest quod non habet, neque plus quam habet*: na medida em que o *de cujus* ou cessionário detinha apenas o direito de levar a demanda ao juízo eleito, não poderia transferir a seus herdeiros ou sucessores contratuais convencionais solução diversa. Essa mesma lógica é plenamente aplicável à cláusula compromissória.

Para mais, os conceitos anteriores derivam do princípio de que apenas a competência relativa pode ser modulada pela autonomia privada.[1479] A competência absoluta, em razão da matéria ou da hierarquia, não pode ser objeto de modificação pela vontade das partes.[1480] Desse modo, prevalece a competência fixada, por exemplo, por elementos funcionais, materiais ou *ratio personae*, sobre o acordo de foro.[1481]

No contexto internacional, a doutrina faz uma divisão entre *exclusive* e *non-exclusive forum selection clauses*.[1482] A primeira delas, também conhecida como

---

que residem em local diverso daquele que foi aforada a demanda (arts. 62 e 63, §§ 1º e 2º, do CPC)" (FUX, Luiz. *Curso de direito processual civil*. 6. ed. Rio de Janeiro: Forense, 2023. p. 166); "O foro contratual, como qualquer negócio processual, obriga herdeiros e sucessores (art. 63, § 2º, CPC)" (DIDIER JR., Fredie. *Curso de direito processual civil*: introdução ao direito processual civil, parte geral e processo de conhecimento. 19. ed. Salvador: Juspodivm, 2017. p. 254-255).

1479 THEODORO JÚNIOR, Humberto. *Curso de Direito Processual Civil*. 56. ed. Rio de Janeiro: Forense, 2015. v. 1; DIDIER, Fredie. *Curso de Direito Processual Civil*. 19. ed. Salvador: Juspodivm, 2017. v. 1. p. 254; BUENO, Cassio Scarpinella. *Comentários ao Código de Processo Civil*: Art. 1º a 317 – Parte Geral. São Paulo: Saraiva, 2017. p. 387.

1480 "Inúmeros são os critérios através dos quais se costuma classificar as espécies de competência. Vejamos alguns: Competência absoluta e competência relativa. Segundo este critério, a competência é classificada tendo em vista a possibilidade de sua derrogação, ou não, pela vontade das partes. Segundo o art. 111 do CPC [de 1973], a competência que a lei estabelece em razão da matéria e da hierarquia é inderrogável por convenção das partes, enquanto a competência estabelecida em razão do valor e do território poderá ser modificada por acordo das partes, que poderá eleger o foro onde haverão de ser propostas as ações correspondentes" (BAPTISTA DA SILVA, Ovídio A. *Curso de processo civil*. 6. ed. Rio de Janeiro: Nova Fronteira. 2000. v. 1. p. 56).

1481 "Destaque-se, mais uma vez, que, como toda regra, as dos arts. 62 e 63 do CPC sofrem exceções na medida em que há casos de competência territorial absoluta, como nas hipóteses em que o elemento funcional ou ratione personae é considerado, como ocorre com o foro fazendário (art. 51 do CPC), e com o da situação da coisa (art. 47, *caput* e § 1º do CPC)" (FUX, Luiz. *Curso de direito processual civil*. 6. ed. Rio de Janeiro: Forense, 2023. p. 164); "Quando a competência é fixada ou estabelecida com base nos critérios valor e território, pode ser afastada por convenção das partes, diversamente do que ocorre com o caso de a competência ser determinada com fulcro nos critérios de matéria, pessoa ou função" (ALVIM, Eduardo Arruda. *Direito processual civil*. 6. ed. São Paulo: Saraiva, 2019. p. 204).

1482 BORN, Gary. Chapter 2: Drafting International Forum Selection Clauses. *In: International Arbitration and Forum Selection Agreements*: Drafting and Enforcing. 6. ed. Haia: Kluwer Law International, 2021. p. 15-34, p. 15-16. No mesmo sentido: "A forum selection clause authorizes or obliges the parties to the agreement to resolve their disputes before the designated state court. Accordingly, a forum selection clause can either be non-exclusive or exclusive. Pursuant to a non-exclusive forum selection clause, the parties are permitted to litigate their disputes

mandatory forum selection clause, determina que toda e qualquer disputa oriunda daquele negócio jurídico seja resolvida em determinado foro. Em sentido oposto, a *non-exclusive* ou *permissive forum selection clause* permite que as partes ajuízem as futuras demandas no foro eleito no contrato, mas não as obriga, podendo elas, eventualmente, optarem por outro foro.[1483]

Embora não haja uma denominação equivalente à *permissive forum selection clause* no direito brasileiro, a cláusula de eleição de foro funciona nesses moldes. Como todo negócio jurídico processual,[1484] não cabe ao juiz tutelar de ofício o adimplemento das partes à cláusula de eleição de foro, podendo as partes revogá-la tacitamente, a qualquer momento, por meio de ajuizamento de demanda em foro distinto do eleito, sem oportuna e adequada impugnação pela parte ré.[1485]

Não há óbice à eleição de mais de um foro pelas partes. Conforme ilustrado por Fredie Didier, "pense-se exemplo da eleição de dois foros contratuais: um para a hipótese de ser parte autora o contratante 'A' e outro para o caso de o demandante ser o contratante 'B'".[1486] É possível, igualmente, também a contratação de cláusula de eleição

---

in the designated forum, but are not barred from filing suit before other competent courts. An exclusive forum selection clause, on the other hand, requires both parties to bring their actions solely before the designated court. The problem of contradicting forum selection and arbitration clauses is accentuated under the latter circumstances. It is noteworthy, in general, that common law courts are reluctant to interpret a forum selection clause as being exclusive, whereas civil law jurisdictions normally prefer the contrary interpretation" (STEBLER, Simone. The Problem of Conflicting Arbitration and Forum Selection Clauses. *ASA Bulletin*, v. 31, n. 1, p. 27-44, 2013. p. 31).

1483 Gary Born exemplifica a *exclusive forum selection clause* do seguinte modo: "The parties agree that any dispute relating to this Agreement shall be resolved exclusively by the courts of _________, and no others.". Em relação à *non exclusive forum selection clause*, o autor cita o seguinte exemplo de redação: "The parties submit to the non-exclusive jurisdiction of the courts of _________ for any disputes relating to this Agreement." (BORN, Gary. Chapter 2: Drafting International Forum Selection Clauses. *In: International Arbitration and Forum Selection Agreements*: Drafting and Enforcing. 6. ed. Haia: Kluwer Law International, 2021. p. 15-34, p. 15-16).

1484 "O descumprimento, pela parte, de negócio processual válido é matéria que não pode ser conhecida de ofício (...). É que, do mesmo modo como as partes podem ter celebrado o negócio processual, podem elas optar por sua resilição (...). Ora, se uma das partes descumpre o negócio processual e a outra parte não reclama, daí resulta uma resilição bilateral do negócio, que estará extinto" (CÂMARA, Alexandre Freitas. *O novo processo civil brasileiro*. 4. ed. São Paulo: Atlas, 2018. p. 129); para mais, o Enunciado 252 do Fórum Permanente de Processualistas Civis, citado por Câmara, afirma: "O descumprimento de uma convenção processual válida é matéria cujo conhecimento depende de requerimento".

1485 "Dessa forma, é lícito ao proponente da ação abrir mão do privilégio e optar pelo foro comum, isto é, pelo do domicílio do réu, sem que este possa impugnar a escolha, visto que lhe faltaria interesse para tanto, pois da opção não lhe advém prejuízo, mas sim benefício ou vantagem" (THEODORO JÚNIOR, Humberto. *Curso de Direito Processual Civil*. 56. ed. Rio de Janeiro: Forense, 2015. v. 1).

1486 DIDIER, Fredie. *Curso de Direito Processual Civil*, v. 1. 19. ed. Salvador: Juspodivm, 2017. p. 255.

de foro assimétrica ou *one-sided*. Para Gary Born, "forum clauses may be exclusive as to one party, while leaving the other party free to initiate litigation in courts other than the contractual forum".[1487]

O caso "Antec International Limited v. Biosafety", julgado pelas Cortes Inglesas, relata o funcionamento dessas cláusulas de solução de disputas. A disputa girava em torno da definição da corte competente para decidir a disputa entre as partes, advinda de um contrato de distribuição, com uma cláusula de eleição de foro não exclusiva (*non-exclusive jurisdiction clause*) em favor das cortes da Inglaterra.[1488] Surgida a disputa, ajuizada por Antec, Biosafety questionou a jurisdição das cortes inglesas, defendendo a resolução da disputa perante as cortes do Estado da Flórida,[1489] sem sucesso.

Na opinião da corte, três princípios foram listados como norteadores da decisão: (i) em razão de as partes terem negociado um contrato elegendo não exclusivamente as cortes inglesas, "creates a strong prima facie case that the English jurisdiction is the correct one", de tal forma que se pode considerar que o autor, Antec, tem o direito de dirimir disputas no foro eleito mesmo que a cláusula seja não exclusiva;[1490] (ii) que se aplicaria à disputa a "regra geral" de que as partes poderiam escapar à jurisdição inglesa apenas caso se apresentasse "overwhelming, or at least very strong, reasons" para afastar a presunção do primeiro princípio;[1491] e (iii) que a mera conveniência das partes não

---

[1487] BORN, Gary. Chapter 2: Drafting International Forum Selection Clauses. *In: International Arbitration and Forum Selection Agreements*: Drafting and Enforcing. 6. ed. Haia: Kluwer Law International, 2021. p. 15-34, p. 25.

[1488] "10.6 This agreement shall be governed by and construed in all respects in accordance with the Laws of England and each party hereunder submits to the non-exclusive jurisdiction of the English Courts" (Reino Unido, Antec International Limited v. Biosafety USA Inc, [2006] EWHC 47 (Comm). j. 27.01.2006, § 2).

[1489] Reino Unido, Antec International Limited v. Biosafety USA Inc, [2006] EWHC 47 (Comm). j. 27.01.2006, § 1.

[1490] "The fact that the parties have freely negotiated a contract providing for the nonexclusive jurisdiction of the English courts and English law, creates a strong prima facie case that the English jurisdiction is the correct one. In such circumstances it is appropriate to approach the matter as though the claimant has founded jurisdiction here as of right, even though the clause is non-exclusive; see e.g. per Hobhouse J in S & W Berisford Plc v New Hampshire Insurance Co. [1990] 1 Lloyd's Rep. 454, at 463; per Waller J in British Aerospace Plc v Dee Howard Co [1993] 1 Lloyd's Rep. 368; per Moore-Bick J in Mercury Communications Ltd v Communication Telesystems International [1999] 2 AER 33 at page 41" (Reino Unido, Antec International Limited v. Biosafety USA Inc, [2006] EWHC 47 (Comm). j. 27.01.2006, § 7(i)).

[1491] "Although, in the exercise of its discretion, the court is entitled to have regard to all the circumstances of the case, the general rule is that the parties will be held to their contractual choice of English jurisdiction unless there are overwhelming, or at least very strong, reasons for departing from this rule; see e.g. British Aerospace Plc supra; Mercury Communications supra at page 41; per Aikens J in Marubeni Hong Kong & South China Ltd v Mongolian Government [2002] 2 AER (Comm) 873 at 891(b) – (f); per Lawrence Collins J in Bas Capital Funding

satisfaz o critério do segundo princípio, sendo necessário algo extraordinário e "could not have foreseen at the time the contract was concluded".[1492]

Posto isso, a corte alega que a contraparte não foi capaz de apresentar "any overwhelming or even strong reasons" para justificar a derrogação da jurisdição inglesa, na medida em que no momento da formação do contrato Biosafety estava ciente das possíveis inconveniências que a jurisdição das cortes inglesas poderia lhe causar.[1493] A circunstância de Biosafety ter sido adquirida por outra companhia entre o momento da celebração do contrato de distribuição e o surgimento da disputa não mudava o fato da previsibilidade do inconveniente ora enfrentado.[1494]

A corte não se manifestou sobre a possibilidade de afastar a jurisdição das cortes inglesas por meio da doutrina do *forum non conveniens*, por entender que a questão era

---

Corporation and others v Medfinco Ltd and Others [2004] 1 Lloyd's Rep 652, at paragraphs 192-195; per Gross J in Import Export Metro Ltd v Compania Sud Americana de Vapores SA [2003] 1 Lloyd's Rep 405" (Reino Unido, Antec International Limited v. Biosafety USA Inc, [2006] EWHC 47 (Comm). j. 27.01.2006, 7(ii)).

1492 "Such overwhelming or very strong reasons do not include factors of convenience that were foreseeable at the time that the contract was entered into (save in exceptional circumstances involving the interests of justice); and it is not appropriate to embark upon a standard Spiliada balancing exercise. The defendant has to point to some factor which it could not have foreseen at the time the contract was concluded. Even if there is an unforeseeable factor or a party can point to some other reason which, in the interests of justice, points to another forum, this does not automatically lead to the conclusion that the court should exercise its discretion to release a party from its contractual bargain; see cases cited supra. In particular, the fact that the defendant has, or is about, to institute proceedings in another jurisdiction, not contemplated by the non-exclusive jurisdiction clause, is not a strong or compelling reason to relieve a party from his bargain, notwithstanding the undesirability of parallel proceedings. Otherwise a party to a nonexclusive jurisdiction clause could avoid its agreement at will by commencing proceedings in another jurisdiction; see cases cited supra and The El Amria [1981] 2 Lloyd's Rep. 119; Breams Trustees Ltd v Upstream Downstream Simulation Services [2004] EWHC 211 (Ch) per Patten J at paragraphs 27 and 28" (Reino Unido, Antec International Limited v. Biosafety USA Inc, [2006] EWHC 47 (Comm). j. 27.01.2006, 7(iii)).

1493 Reino Unido, Antec International Limited v. Biosafety USA Inc, [2006] EWHC 47 (Comm). j. 27.01.2006, § 8 e 10.

1494 "In my judgment, nothing has changed in relation to the jurisdictional position at all. I agree with Antec's contention that it is difficult to see how Biosafety can assert that the change in ownership or the slight operational changes amount to either an unforeseeable event which leads to injustice or otherwise amounts to a powerful factor. The foreseeable and alleged inconvenience to Biosafety remains. Biosafety's submissions in this regard came close to asserting that in the present situation they would now prefer to negotiate a different jurisdiction clause. The fact that there have been discussions regarding the possible amendment of the distribution agreement, including the non-exclusive English jurisdiction clause does not assist Biosafety. The fact is that there has been no amendment" (Reino Unido, Antec International Limited v. Biosafety USA Inc, [2006] EWHC 47 (Comm). j. 27.01.2006, § 12).

complexa em razão da então recente decisão do Tribunal de Justiça da União Europeia no caso Owusu -v- Jackson.[1495-1496]

A disputa em Commerzbank v. Pauline Shipping e Liquimar Tankers girava em torno dos efeitos de cláusulas de eleição de foro assimétrica à luz do Regulamento 1215/2012 da União Europeia, que substituiu o Regulamento Bruxelas I e rege a mesma matéria.[1497-1498] A England and Wales High Court decidiu que cláusulas de eleição de foro assimétricas são válidas à luz do Regulamento e não perdem a eficácia pelo início de procedimentos em outras jurisdições em inobservância da cláusula.[1499]

Entre 2006 e 2008, Commerzbank, um banco alemão, fez três empréstimos para controladas de Liquimar Tankers, entre elas Pauline Shipping, que também figurava como ré nessa ação.[1500] Liquimar era a garantidora de dois desses empréstimos e seu contrato de garantia continha uma cláusula assimétrica, adstringindo a garantidora de forma irrevogável à jurisdição das cortes da Inglaterra, ao passo que garantia ao banco a opção por qualquer corte competente.[1501]

[1495] União Europeia, Tribunal de Justiça da União Europeia. Andrew Owusu v. N.B. Jackson, Case C-281/02. j. 01.03.2005.

[1496] "As I have said, tempting as it is to decide this interesting issue of law, I do not consider that it is necessary or proportionate for me to do so, in the light of my very clear ruling that, even on the assumption that the doctrine applies, these proceedings should remain in the English Court. I am comforted in this approach by the course taken by the House of Lords in Lubbe v Cape plc [2000] 1 WLR 1545 at 1561-2, where the opportunity to make a reference to the ECJ was declined, on the grounds that, since their Lordships had decided that no stay would be awarded in any event, it was unnecessary to refer the question as to whether the English Court continued to enjoy the power so to order on grounds of forum non conveniens. Nor do I think that, in reality, the absence of any decision on this point will have any effect on the question of costs. Although I have yet to hear the parties' submissions on that subject, my provisional view is that the Claimant is entitled to its costs of the application in any event, notwithstanding my decision not to determine the Owusu point. However I will hear further argument on the issue of costs, should Biosafety wish to persuade me to the contrary" (Reino Unido, Antec International Limited v. Biosafety USA Inc, [2006] EWHC 47 (Comm). j. 27.01.2006, §§ 26-27).

[1497] UNIÃO EUROPEIA. Regulamento n. 1.215/2012, de 12 de dezembro de 2012. Regula competência judiciária, reconhecimento e execução de decisões em matéria civil e comercial na União Europeia.

[1498] Reino Unido, England and Wales High Court (Commercial Court), Commerzbank v. Pauline Shipping Ltd. e Liquimar Tankers Management Inc., [2017] EWHC 161 (Comm). j. 03.02.2017.

[1499] UNIÃO EUROPEIA. Regulamento n. 1.215/2012, de 12 de dezembro de 2012. Regula competência judiciária, reconhecimento e execução de decisões em matéria civil e comercial na União Europeia.

[1500] Reino Unido, England and Wales High Court (Commercial Court), Commerzbank v. Pauline Shipping Ltd. e Liquimar Tankers Management Inc., [2017] EWHC 161 (Comm). j. 03.02.2017, §§ 7-10.

[1501] "16 Law and Jurisdiction 16.1 This Guarantee and Indemnity shall in all respects be governed by and interpreted in accordance with English law. 16.2 For the exclusive benefit of the Lender, the Guarantor irrevocably agrees that the courts of England are to have jurisdiction to settle any disputes which may arise out of or in connection with this Guarantee and In-

Liquimar Tankers e suas controladas não foram capazes de honrar os empréstimos. Após notificação do banco informando que ajuizaria demanda contra elas na Inglaterra caso não oferecessem uma nova proposta de pagamento da dívida, as mutuárias pleitearam a nulidade do contrato de garantia e danos decorrentes do arresto de um navio de Pauline perante o tribunal de Piraeus, Grécia.[1502] Em resposta, o Banco ajuizou duas ações nas cortes inglesas pleiteando o pagamento dos empréstimos e danos decorrentes do inadimplemento da cláusula de eleição de foro pela contraparte.[1503] Nos autos dos processos ingleses, Pauline Shipping e Liquimar Tankers requereram a suspensão de ambos os processos, até o julgamento dos processos gregos, com base no artigo 29, Regulamento 1215/201, que regula litispendência.[1504-1505] O banco contra-argumentou

demnity and that any proceedings may be brought in those courts. 16.3 Nothing contained in this Clause shall limit the right of the Lender to commence any proceedings against the Guarantor in any other court of competent jurisdiction nor shall the commencement of any proceedings against the Guarantor in one or more jurisdictions preclude the commencement of any proceedings in any other jurisdiction, whether concurrently or not. 16.4 The Guarantor irrevocably waives any objection which it may now or in the future have to the laying of the venue of any proceedings in any court referred to in this Clause and any claim that those proceedings have been brought in an inconvenient or inappropriate forum, and irrevocably agrees that a judgment in any proceedings commenced in any such court shall be conclusive and binding on it and may be enforced in the courts of any jurisdiction (...)" (Reino Unido, England and Wales High Court (Commercial Court), Commerzbank v. Pauline Shipping Ltd. e Liquimar Tankers Management Inc., [2017] EWHC 161 (Comm). j. 03.02.2017, § 9).

1502 "On 16 June 2015 Liquimar issued proceedings against the Bank in the Piraeus Court of First Instance ('the First Greek Action') seeking orders that the guarantee of the loan was discharged and it was not liable to the Bank. Then in December 2015, Liquimar and Pauline issued proceedings against the Bank in the same court (the 'Second Greek Action'). In the Second Greek Action, Pauline seeks damages from the Bank in tort and under the Greek Civil Code for loss of the use of the Adriadni consequent on the arrest, and Pauline and Liquimar seek moral damages under Article 919 of the Greek Civil Code for reputational loss" (Reino Unido, England and Wales High Court (Commercial Court), Commerzbank v. Pauline Shipping Ltd. e Liquimar Tankers Management Inc., [2017] EWHC 161 (Comm). j. 03.02.2017, § 15).

1503 Reino Unido, England and Wales High Court (Commercial Court), Commerzbank v. Pauline Shipping Ltd. e Liquimar Tankers Management Inc., [2017] EWHC 161 (Comm). j. 03.02.2017, § 16.

1504 União Europeia, Regulamento n. 1.215/2012, de 12 de dezembro de 2012, art. 29: "1. Sem prejuízo do disposto no artigo 31º, nº 2, quando ações com a mesma causa de pedir e entre as mesmas partes forem submetidas à apreciação de tribunais de diferentes Estados-Membros, qualquer tribunal que não seja o tribunal demandado em primeiro lugar deve suspender oficiosamente a instância até que seja estabelecida a competência do tribunal demandado em primeiro lugar. 2. Nos casos referidos no nº 1, a pedido de um tribunal a que ação tenha sido submetida, qualquer outro tribunal demandado deve informar o primeiro tribunal, sem demora, da data em que ação lhe foi submetida nos termos do artigo 32º. 3. Caso seja estabelecida a competência do tribunal demandado em primeiro lugar, o segundo tribunal deve declarar-se incompetente em favor daquele tribunal".

1505 "Liquimar contended that this court should apply the ordinary lis pendens rules in Article 29(1) of Brussels 1 Recast and should stay further substantive proceedings pending the ruling by the Greek court, as the first-seized court, on its own jurisdiction. Its core argument was

com base nos termos da cláusula de eleição de foro assimétrica e nos artigos 25 e 27 do mesmo regulamento, a fim de defender a jurisdição das cortes inglesas e a suspensão dos processos que tramitavam perante as cortes gregas.[1506]

Os pleitos de suspensão foram julgados conjuntamente pela England and Wales High Court, que começou sua fundamentação com um resgate das razões por trás do Regulamento 1.215/2012 da União Europeia. Citando a exposição de motivos do Regulamento, destacou a necessidade de "enhance the effectiveness of exclusive choice-of-court agreements and to avoid abusive litigation tactics", entre elas justamente as regras sobre litispendência.[1507] Como posto na exposição de motivos, um

---

that asymmetric jurisdiction clauses do not qualify within Article 31(2) of Brussels 1 Recast as agreements conferring exclusive jurisdiction on a court of a Member State. Secondly, it argued, even if asymmetric jurisdiction clauses come within Article 31(2) this court must apply Article 29(1) since on the plain words of Article 31(2) it applies only to what the first-seized court, in our case the Greek court, must do. Finally, in what it termed its subsidiary argument, Liquimar submitted that asymmetric jurisdiction clauses are invalid under Brussels 1 Recast in the light of Article 25" (Reino Unido, England and Wales High Court (Commercial Court), Commerzbank v. Pauline Shipping Ltd. e Liquimar Tankers Management Inc., [2017] EWHC 161 (Comm). j. 03.02.2017, § 47).

1506 União Europeia, Regulamento n. 1.215/2012, de 12 de dezembro de 2012, art. 25: "Se as partes, independentemente do seu domicílio, tiverem convencionado que um tribunal ou os tribunais de um Estado- -Membro têm competência para decidir quaisquer litígios que tenham surgido ou que possam surgir de uma determinada relação jurídica, esse tribunal ou esses tribunais terão competência, a menos que o pacto seja, nos termos da lei desse Estado-Membro, substantivamente nulo. Essa competência é exclusiva, salvo acordo das partes em contrário. O pacto atributivo de jurisdição deve ser celebrado: a) Por escrito ou verbalmente com confirmação escrita; b) De acordo com os usos que as partes tenham estabelecido entre si; ou c) No comércio internacional, de acordo com os usos que as partes conheçam ou devam conhecer e que, em tal comércio, sejam amplamente conhecidos e regularmente observados pelas partes em contratos do mesmo tipo, no ramo comercial concreto em questão. 2. Qualquer comunicação por via eletrónica que permita um registo duradouro do pacto equivale à "forma escrita". 3. O tribunal ou os tribunais de um Estado-Membro a que o ato constitutivo de um trust atribuir competência têm competência exclusiva para conhecer da ação contra um fundador, um trustee ou um beneficiário do trust, se se tratar de relações entre essas pessoas ou dos seus direitos ou obrigações no âmbito do trust. 4. Os pactos atributivos de jurisdição bem como as estipulações similares de atos constitutivos de trusts não produzem efeitos se forem contrários ao disposto nos artigos 15º, 19º ou 23º, ou se os tribunais cuja competência pretendam afastar tiverem competência exclusiva por força do artigo 24º. 5. Os pactos atributivos de jurisdição que façam parte de um contrato são tratados como acordo independente dos outros termos do contrato. A validade dos pactos atributivos de jurisdição não pode ser contestada apenas com o fundamento de que o contrato não é válido. (...) Art. 27 O tribunal de um Estado-Membro no qual seja instaurada, a título principal, uma ação relativamente à qual tenha competência exclusiva o tribunal de outro Estado-Membro por força do artigo 24o, deve declarar-se oficiosamente incompetente".

1507 Reino Unido, England and Wales High Court (Commercial Court), Commerzbank v. Pauline Shipping Ltd. e Liquimar Tankers Management Inc., [2017] EWHC 161 (Comm). j. 03.02.2017,

dos fatores orientadores era garantir, à corte eleita, a jurisdição sobre a validade da cláusula de eleição de foro, a despeito do início de procedimentos prévios em cortes não eleitas.

Posto isso, a England and Wales High Court analisou se cláusulas de eleição de foro assimétricas se encaixavam no conceito de cláusulas de eleição exclusivas, nos termos do artigo 31(2) do Regulamento 1.215/2012. O tribunal foi claro ao determinar que essa questão deveria ser analisada à luz do Regulamento apenas, e não à luz do direito inglês.[1508] Enquanto as rés argumentavam pela não exclusividade, em razão do direito de opção concedido ao Banco,[1509] o tribunal foi categórico ao decidir que, ao passo que

---

§ 31, citando o Regulamento 1.215/2012 em inglês. Na versão portuguesa, lê-se, no 22º item da exposição de motivos: "Todavia, a fim de reforçar a eficácia dos acordos exclusivos de eleição do foro competente e de evitar táticas de litigação abusivas, é necessário prever uma exceção à regra geral de litispendência, a fim de lidar de forma satisfatória com uma situação particular no âmbito da qual poderão ocorrer processos concorrentes. Trata-se da situação em que é demandado um tribunal não designado num acordo exclusivo de eleição do foro competente, e o tribunal designado é demandado subsequentemente num processo com a mesma causa de pedir e com as mesmas partes. Nesse caso, o tribunal demandado em primeiro lugar deverá ser chamado a suspender a instância logo que o tribunal designado seja demandado e até que este declare que não é competente por força do acordo exclusivo de eleição do foro competente. Isto destina-se a, numa tal situação, dar prioridade ao tribunal designado para decidir da validade do acordo e em que medida o acordo se aplica ao litígio pendente. O tribunal designado deverá poder prosseguir a ação independentemente de o tribunal não designado já ter decidido da suspensão da instância. Esta exceção não deverá aplicar-se a situações em que as partes tenham celebrado acordos exclusivos de eleição do foro competente incompatíveis ou aos casos em que o tribunal designado num tal acordo tenha sido demandado em primeiro lugar. Nesses casos, deverá aplicar-se a regra geral de litispendência constante do presente regulamento" (UNIÃO EUROPEIA. Regulamento n. 1.215/2012, de 12 de dezembro de 2012, 22º item da Exposição de Motivos ("Considerando" no original)).

1508 "To my mind Liquimar was correct in submitting that whether an asymmetric jurisdiction agreement can be characterised as conferring exclusive jurisdiction on a court of a Member State within the terms of Article 31(2) is a question not of English law but the autonomous interpretation of the Regulation. The issue is not the interpretation of an asymmetric jurisdiction clause or whether in some domestic English law context such a clause will be treated as conferring exclusive jurisdiction on the English court. Rather the context is the characterisation of a clause of this nature under the provisions of Brussels 1 Recast. That to my mind demands an autonomous approach" (Reino Unido, England and Wales High Court (Commercial Court), Commerzbank v. Pauline Shipping Ltd. e Liquimar Tankers Management Inc., [2017] EWHC 161 (Comm). j. 03.02.2017, § 52).

1509 "On Liquimar's case asymmetric jurisdiction clauses do not satisfy the notion of exclusivity in Article 31(2) since they expressly permit one party, in the present case the Bank, to bring proceedings in any court of competent jurisdiction. In its submission such clauses must be read as a whole, since the Article refers to 'an agreement' conferring exclusive jurisdiction, not part of an agreement. Considering their impact on both parties, Liquimar contended, such clauses do not create a single, exclusive jurisdiction for the determination of all disputes. In enabling one party to sue in any competent jurisdiction, and in contemplating concurrent

as rés já haviam consentido com a jurisdição inglesa, a cláusula era exclusiva de pronto e consistente com a exposição de motivos do Regulamento 1.215/2012.[1510] Para mais, tentar sobrepor as regras de litispendência do regulamento às previsões expressas sobre cláusulas de eleição de foro seria atentar contra a vontade das partes.[1511] Por esses fundamentos, a corte privilegiou a autonomia privada das partes e negou o pedido de suspensão feito pelas rés.[1512]

4. Limitações e controle da cláusula de eleição de foro

A existência de cláusula de eleição de foro em negócio jurídico que seja objeto de demanda judicial modifica a competência fixada pelo sistema processual constitucional de divisão da jurisdição e das competências, concretizado, a nível de lei federal, no preceito básico do art. 46 do Código de Processo Civil.[1513] Iniciado o processo, incumbe ao juízo, antes de determinar a citação, verificar a validade da convenção,[1514] remetendo

---

proceedings in different jurisdictions, they do not exclude the standard bases of jurisdiction under the EU legislation. Asymmetric jurisdiction clauses, Liquimar submitted, are the antithesis of agreements conferring exclusive jurisdiction" (Reino Unido, England and Wales High Court (Commercial Court), Commerzbank v. Pauline Shipping Ltd. e Liquimar Tankers Management Inc., [2017] EWHC 161 (Comm). j. 03.02.2017, §§ 56-57).

1510 "The natural meaning of the words in Article 31(2) – 'an agreement [which] confers exclusive jurisdiction' – to my mind includes asymmetric jurisdiction clauses such as those in the various agreements in this case between the Bank and the defendants. Considered as a whole, they are agreements conferring exclusive jurisdiction on the courts of an EU member state, namely, England. That this applies in respect of a claim by the defendants alone does not detract from this effect" (Reino Unido, England and Wales High Court (Commercial Court), Commerzbank v. Pauline Shipping Ltd. e Liquimar Tankers Management Inc., [2017] EWHC 161 (Comm). j. 03.02.2017, § 64).

1511 "Thus with the asymmetric jurisdiction clauses in the present case, the defendants agreed to sue only in the courts of one EU Member State, England. Instead, they have enabled another court, the Greek court, to be seized of the matter. It would undermine the agreements of the parties, and foster abusive tactics, if the jurisdiction clauses in these agreements were to be treated not as exclusive, but as non-exclusive" (Reino Unido, England and Wales High Court (Commercial Court), Commerzbank v. Pauline Shipping Ltd. e Liquimar Tankers Management Inc., [2017] EWHC 161 (Comm). j. 03.02.2017, § 70).

1512 Reino Unido, England and Wales High Court (Commercial Court), Commerzbank v. Pauline Shipping Ltd. e Liquimar Tankers Management Inc., [2017] EWHC 161 (Comm). j. 03.02.2017, § 103.

1513 Código de Processo Civil, art. 46: "A ação fundada em direito pessoal ou em direito real sobre bens móveis será proposta, em regra, no foro de domicílio do réu".

1514 "Proposta a demanda perante foro cuja competência deriva de uma cláusula de eleição, incumbe ao juízo, antes de determinar a citação, verificar a validade da convenção. Caso esta seja, de ofício, reputada abusiva, o juiz pronunciará sua ineficácia e determinará a remessa dos autos ao juízo do foro do domicílio do réu. Aponte-se para o fato de que só será abusiva a cláusula de eleição de foro quando criar obstáculos que tornem muito difícil ou impossível o exercício do direito de defesa." (CÂMARA, Alexandre Freitas. O novo processo civil brasileiro. 4. ed. São Paulo: Atlas, 2018. p. 56).

a demanda ao juízo competente, caso repute a invalidade do foro de eleição em razão de abusividade,[1515] nos termos do art. 63, § 3º, do CPC.[1516]

Após a efetiva citação do réu cabe apenas a essa parte a alegação de invalidade da eleição de foro.[1517] Como posto por Fredie Didier, "[o] legislador, no caso, cria um regime especial de incompetência relativa: permite o controle *ex officio* pelo juiz, mas não o permite a qualquer tempo, já que, citado o réu, cabe apenas a ele suscitar a abusividade. É um novo regime jurídico de reconhecimento de incompetência; a incompetência decorrente da abusividade da cláusula de foro contratual pode ser reconhecida *ex officio* (traço do regime de reconhecimento da incompetência absoluta), mas é suscetível de preclusão (traço do regime da incompetência relativa) – uma preclusão para o juiz".[1518] Válido mencionar que essa análise *ex officio* pelo juiz, que deve ocorrer anteriormente à citação do réu, não consiste em uma análise livre de contraditório,[1519] devendo ser

---

1515 Esta é a posição adotada, por exemplo, por Fredie Didier, Luiz Rodrigues Wambier e Eduardo Talamini e Marinoni, Arenhart e Mitidiero – "A abusividade da cláusula de foro de eleição é defeito que pode ser reconhecido *ex ofício* pelo órgão jurisdicional" (DIDIER JR., Fredie. *Curso de direito processual civil*: introdução ao direito processual civil, parte geral e processo de conhecimento. 19. ed. Salvador: Juspodivm, 2017. p. 256); "A eleição do foro deve ser fruto de livre escolha de ambas as partes. A imposição de tal cláusula, se abusiva, pode ter sua invalidade reconhecida pelo juiz. O § 3.º do art. 63 determina que o juiz declare de ofício a ineficácia dessa cláusula, quando, por exemplo, se deparar com um processo em que a parte que impôs o contrato de adesão estiver pretendendo valer-se da cláusula de eleição abusiva" (WAMBIER, Luiz Rodrigues; TALAMINI, Eduardo. *Curso avançado de processo civil*. 16. ed. São Paulo: Revista dos Tribunais [Livro Digital]. p. 80); "A ineficácia da cláusula de eleição de foro pode ser examinada pelo juiz, de ofício, sempre que for abusiva (inserta ou não em contrato de adesão) ou quando uma das partes for manifestamente vulnerável" (MARINONI, Luiz Guilherme; ARENHART, Sérgio Cruz; MITIDIERO, Daniel. *Novo curso de processo civil*. São Paulo: Editora Revista dos Tribunais, 2015. p. 67).

1516 Código de Processo Civil, art. 63, § 3º: "Antes da citação, a cláusula de eleição de foro, se abusiva, pode ser reputada ineficaz de ofício pelo juiz, que determinará a remessa dos autos ao juízo do foro de domicílio do réu".

1517 Código de Processo Civil, art. 63, § 4º: "Citado, incumbe ao réu alegar a abusividade da cláusula de eleição de foro na contestação, sob pena de preclusão".

1518 DIDIER JR., Fredie. *Curso de direito processual civil*: introdução ao direito processual civil, parte geral e processo de conhecimento. 19. ed. Salvador: Juspodivm, 2017. p. 257; N.M.S., "Não havendo, porém, o controle de ofício da cláusula de eleição de foro antes da citação, e efetivada esta, o vício da cláusula não poderá mais ser controlado sem iniciativa do interessado, que deverá arguir o vício da eleição de foro na contestação, sob pena de não mais poder fazê-lo" (CÂMARA, Alexandre Freitas. *O novo processo civil brasileiro*. 4. ed. São Paulo: Atlas, 2018. p. 56); "Entretanto, se for descumprido o pacto e não houver declinatória de foro (art. 65 do CPC), prorroga-se a competência do juízo. O magistrado apenas pode afastar a cláusula quando for abusiva, desde que o faça antes da citação do réu (art. 63, § 3º)" (FUX, Luiz. *Curso de direito processual civil*. 6. ed. Rio de Janeiro: Forense, 2023. p. 166).

1519 Código de Processo Civil, art. 10: "O juiz não pode decidir, em grau algum de jurisdição, com base em fundamento a respeito do qual não se tenha dado às partes oportunidade de se manifestar, ainda que se trate de matéria sobre a qual deva decidir de ofício".

concedida ao autor a oportunidade de se manifestar sobre a eventual invalidade da cláusula de eleição de foro.[1520]

Uma vez citado o réu, cabe a ele, e apenas a ele, realizar, na primeira oportunidade, quaisquer alegações de invalidade da cláusula de eleição de foro, sob pena de preclusão.[1521-1522] Em verdade, caso aquele se mantenha silente, a inércia dá causa à prorrogação da competência ao juízo relativamente incompetente.[1523]

Incidem, quanto às cláusulas de eleição de foro, as mesmas limitações dos negócios jurídicos em geral, assim como ocorre com os demais atos processuais dispositivos.[1524] As limitações objetivas dos negócios jurídicos processuais também se aplicam à eleição de foro, que somente será válida em demandas passíveis de autocomposição.[1525]

1520 "Por imposição do art. 10 do CPC, o juiz somente poderá tomar essa decisão (art. 63, § 3º) se, antes, ouvir o autor sobre a suposta abusividade da cláusula de eleição de foro. Não é possível decisão baseada em questão a respeito da qual não se deu a oportunidade de parte manifestar-se, mesmo se a questão for trazida *ex officio*" (DIDIER JR., Fredie. *Curso de direito processual civil*: introdução ao direito processual civil, parte geral e processo de conhecimento. 19. ed. Salvador: Juspodivm, 2017. p. 257).

1521 Código de Processo Civil, art. 63, § 4º: "§ 4º Citado, incumbe ao réu alegar a abusividade da cláusula de eleição de foro na contestação, sob pena de preclusão".

1522 "Uma vez instituído no negócio jurídico, o foro de eleição – pactum de foro prorrogando –, a sua desobediência por qualquer dos contratantes implica a incompetência territorial do juízo ainda que a ação seja promovida no foro indicado pela lei. É que a própria norma jurídica permitiu que as partes alterassem o foro e, nesse caso, pacta sunt servanda. Entretanto, se for descumprido o pacto e não houver declinatória de foro (art. 65 do CPC), prorroga-se a competência do juízo" (FUX, Luiz. *Curso de direito processual civil*. 6. ed. Rio de Janeiro: Forense, 2023. p. 166); "A ineficácia da cláusula de eleição de foro pode ser examinada pelo juiz, de ofício, sempre que for abusiva (inserta ou não em contrato de adesão) ou quando uma das partes for manifestamente vulnerável. Também pode a parte prejudicada invocar a abusividade da cláusula, na sua contestação, sob pena de preclusão (art. 63, § 4°). Caso o juiz não tenha afastado a eficácia da cláusula antes da citação, de ofício, ou a parte requerida não invoque o defeito na contestação, preclui a matéria e o juízo se torna competente" (MARINONI, Luiz Guilherme; ARENHART, Sérgio Cruz; MITIDIERO, Daniel. *Novo curso de processo civil*. São Paulo: Editora Revista dos Tribunais, 2015. p. 67).

1523 "Por fim, prorroga-se a competência do juízo relativamente incompetente no caso de não arguir o réu a incompetência na primeira oportunidade de que disponha para se pronunciar nos autos (art. 65), resultando a prorrogação da inércia, última das causas de modificação da competência interna" (CÂMARA, Alexandre Freitas. *O novo processo civil brasileiro*. 4. ed. São Paulo: Atlas, 2018. p. 56-57).

1524 Fórum Permanente de Processualistas Civis, Enunciado 403: "A validade do negócio jurídico processual, requer agente capaz, objeto lícito, possível, determinado ou determinável e forma prescrita ou não defesa em lei"; Fórum Permanente de Processualistas Civis, Enunciado 132: "Além dos defeitos processuais, os vícios da vontade e os vícios sociais podem dar ensejo à invalidação dos negócios processuais."

1525 Código de Processo Civil, art. 190, *caput*: "Versando o processo sobre direitos que admitam autocomposição, é lícito às partes plenamente capazes estipular mudanças no procedimento para ajustá-lo às especificidades da causa e convencionar sobre os seus ônus, poderes, faculdades e deveres processuais, antes ou durante o processo".

Uma vez que a cláusula de eleição de foro é fruto da vontade das partes, apenas a sua imposição abusiva deve ser coibida. Dessa forma, em princípio não haveria abusividade automática na inclusão de cláusula de eleição de foro em contrato por adesão, sendo necessário que aquela crie obstáculos que tornem muito difícil ou impossível o exercício do direito de defesa.[1526]

Atualmente, a jurisprudência do STJ tem se orientado pela indispensável demonstração de prejuízo ao exercício do direito de defesa do consumidor "para restar configurada a nulidade da cláusula de eleição de foro". A Relatora, Ministra Nancy Andrighi, fala em uma posição intermediária que "protege a parte vulnerável e hipossuficiente e, ao mesmo tempo, permite o desenvolvimento equilibrado e harmônico da relação de consumo, sempre com vistas às concretas e particulares realidades que envolvem as pessoas do consumidor e do fornecedor",[1527] uma posição que encontra lastro em decisões anteriores da corte.[1528] O mesmo entendimento, pautado pelo favor à autonomia privada, foi reafirmado em julgado de 2023, relatado pelo Ministro Ricardo Villas Bôas Cueva.[1529]

1526 "Aponte-se para o fato de que só será abusiva a cláusula de eleição de foro quando criar obstáculos que tornem muito difícil ou impossível o exercício do direito de defesa (como se daria, por exemplo, se em um contrato de adesão celebrado entre uma sociedade empresária com sede em São Paulo e um aderente domiciliado no Acre se elegesse o foro da capital paulista, o que poderia dificultar sobremaneira o exercício do direito de defesa; mas se deve perceber que a mesma cláusula inserida entre as cláusulas gerais de um contrato de adesão talvez não fosse ineficaz se o aderente residisse em comarca localizada na Região Metropolitana de São Paulo)" (CÂMARA, Alexandre Freitas. *O novo processo civil brasileiro*. 4. ed. São Paulo: Atlas, 2018. p. 56);"A eleição do foro deve ser fruto de livre escolha de ambas as partes. A imposição de tal cláusula, se abusiva, pode ter sua invalidade reconhecida pelo juiz. O § 3.º do art. 63 determina que o juiz declare de ofício a ineficácia dessa cláusula, quando, por exemplo, se deparar com um processo em que a parte que impôs o contrato de adesão estiver pretendendo valer-se da cláusula de eleição abusiva. A cláusula de eleição de foro é abusiva quando, de modo inequívoco, torna excessivamente difícil o exercício da ação ou da defesa pela parte que aderiu ao contrato. Essa abusividade, além de poder ser conhecida de ofício pelo juiz antes de determinar a citação do réu, pode por esse ser alegada na contestação. Não a alegando nesse momento, ocorrerá a preclusão (§ 4.º)" (WAMBIER, Luiz Rodrigues; TALAMINI, Eduardo. *Curso avançado de processo civil*. 16. ed. São Paulo: Revista dos Tribunais [Livro Digital]. p. 80).

1527 STJ, REsp 1.707.855-SP, 3ª Turma, Rel. Min. Nancy Andrighi, j. 20.02.2018, Voto da Relatora, p. 7.

1528 Vide STJ, AgRg no REsp 594.012-SP, 3ª Turma, j. 04.12.2012; STJ, AgRg no REsp L n. 1.070.247-CE, 4ª Turma, Rel. Min Luis Felipe Salomão, j. 19.03.2009, e STJ, REsp 684.613-SP, 3ª Turma, Rel. Min. Nancy Andrighi, j. 21.06.2005.

1529 Este caso tem a peculiaridade de tratar de cláusula de eleição de foro estrangeiro, porém, a *ratio* de que é necessária a demonstração da efetiva dificuldade de defesa para caracterizar abusividade se manteve: "O CDC, em seus arts. 6º, VIII, e 51, I, prescreve como garantia do consumidor a facilitação da defesa dos seus direitos, permitindo ao juiz a declaração de nulidade de cláusulas consideradas abusivas. Tanto é assim que o Superior Tribunal de Justiça orienta no sentido da nulidade de cláusula de eleição de foro a partir da demonstração do prejuízo ao direito de defesa e de acesso ao judiciário" (Voto do Relator, p. 10); "nada impede que, em

Todavia, recentemente, foi alterada a redação do § 1º do art. 63 do Código de Processo Civil, que regula a cláusula de eleição de foro.[1530] A nova redação adicionou um novo requisito à eficácia das cláusulas de eleição de foro: além de serem celebradas por escrito e aludirem expressamente a um negócio jurídico, é necessário que tenham "pertinência com o domicílio ou a residência de uma das partes ou com o local da obrigação, ressalvada a pactuação consumerista, quando favorável ao consumidor".[1531] Por pertinência, entende-se a relação direta entre esses locais e o contrato, com o objetivo de dissuadir a celebração de cláusulas de eleição de foro inconvenientes, que visem unicamente dificultar o acesso à justiça.[1532]

Em linha com o requisito adicional da pertinência, o § 5º, também incluído pela Lei 14.879, prevê como abusiva o ajuizamento de ação em juízo distinto daquele que tenha relação com o domicílio das partes ou local de execução do contrato[1533] (redação § 5). Isto é, pode o julgador, de ofício e sem consulta da contraparte, declinar da competência e determinar a redistribuição da causa.[1534] Os §§ 1º e 5º funcionam em conjunto: os requisitos são previstos, assim como a sanção de sua desobediência.[1535]

Essa nova formulação do dispositivo legal coloca em dúvida se a jurisprudência do STJ, que entendia pela necessidade da demonstração do prejuízo concreto, pode ser substituída por uma presunção de nulidade *ipso iure* de cláusulas que elejam foro distinto do domicílio dos contratantes e do local da performance contratual.

---

contrato consumerista, o magistrado declare nulo o foro de eleição diante do prejuízo e da dificuldade de o consumidor acionar a justiça estrangeira para fazer valer o seu direito. Se assim não fosse, restaria esvaziado o conteúdo normativo do art. 22, II, do CPC/2015, já que, em sua ampla maioria, os contratos de (ou por) adesão possuem cláusula que estabelece o foro competente para dirimir eventuais conflitos" (Voto do Relator, p. 10). Ambos os trechos foram retirados do STJ, REsp 1.797.109-SP, 3ª Turma, Rel. Min. Ricardo Villas Bôas Cueva, j. 21.03.2023.

1530 A redação foi modificada pela Lei 14.879, de 4 de junho de 2024.

1531 Código de Processo Civil, art. 63: "As partes podem modificar a competência em razão do valor e do território, elegendo foro onde será proposta ação oriunda de direitos e obrigações. § 1º A eleição de foro somente produz efeito quando constar de instrumento escrito, aludir expressamente a determinado negócio jurídico e guardar pertinência com o domicílio ou a residência de uma das partes ou com o local da obrigação, ressalvada a pactuação consumerista, quando favorável ao consumidor (...)".

1532 CARDOSO, Oscar Valente. Lei 14.879/2024 e alterações sobre cláusula de eleição de foro no Código de Processo Civil. *Revista dos Tribunais*, v. 1069, p. 325-336, nov. 2024.

1533 Código de Processo Civil, art. 63: "As partes podem modificar a competência em razão do valor e do território, elegendo foro onde será proposta ação oriunda de direitos e obrigações. (...) § 5º O ajuizamento de ação em juízo aleatório, entendido como aquele sem vinculação com o domicílio ou a residência das partes ou com o negócio jurídico discutido na demanda, constitui prática abusiva que justifica a declinação de competência de ofício".

1534 CARDOSO, Oscar Valente. Lei 14.879/2024 e alterações sobre cláusula de eleição de foro no Código de Processo Civil. *Revista dos Tribunais*, v. 1069, p. 325-336, nov. 2024.

1535 CARDOSO, Oscar Valente. Lei 14.879/2024 e alterações sobre cláusula de eleição de foro no Código de Processo Civil. *Revista dos Tribunais*, v. 1069, p. 325-336, nov. 2024.

§ 33. COMBINAÇÃO ENTRE CLÁUSULA DE ELEIÇÃO DE FORO E CLÁUSULA COMPROMISSÓRIA

1. A compatibilidade entre a cláusula compromissória e a cláusula de eleição de foro

A princípio, poderia soar contraditória a presença, em um mesmo contrato, de uma cláusula compromissória e uma cláusula de eleição de foro. Alguém poderia, eventualmente, sustentar que a pactuação de uma cláusula de eleição de foro seria uma fonte geradora de dúvidas, se é clara e inequívoca a vontade de arbitrar.[1536] Contudo, a compatibilidade entre as cláusulas arbitral e de eleição de foro é evidenciada pelas particularidades da própria arbitragem, que carece de poder coercitivo para executar as sentenças arbitrais, bem como por outras hipóteses em que as partes podem, ou precisam, se socorrer do Poder Judiciário antes de instituída a arbitragem,[1537] ou mesmo no curso dela.

O funcionamento da cláusula de eleição de foro no direito brasileiro se aproxima mais com o das *permissive forum selection clause*. Sendo a cláusula de eleição de foro negócio jurídico de natureza processual,[1538] não caberá ao juiz tutelar de ofício a observância da cláusula de eleição de foro pelas partes. É facultado às partes renunciar ou revogar a cláusula de eleição de foro tacitamente, por meio de ajuizamento de demanda em foro distinto do eleito sem protesto da parte ré.[1539]

O regime legal aplicável às cláusulas de eleição de foro é significativamente distinto daquele aplicável às cláusulas compromissórias. Em termos estruturais, a cláusula de eleição de foro é negócio jurídico processual, enquanto a cláusula compromissória é

1536 STEBLER, Simone. The Problem of Conflicting Arbitration and Forum Selection Clauses. *ASA Bulletin*, v. 31, n. 1, p. 27-44, 2013. p. 31-32.

1537 Assim compreendeu o Tribunal de Justiça do Distrito Federal e dos Territórios em litígio que examinou contrato com cláusula compromissória, seguido de distrato com cláusula de eleição de foro. Como resultado, a eficácia negativa decorrente da cláusula compromissória não foi afastada pela posterior modificação da competência jurisdicional estatal. Isso porque as cláusulas são compatíveis, cada qual atuando em seu escopo de aplicação (TJDFT, AI 0731290-88.2021.8.07.0000, Rel. Des. Alfeu Machado. 6ª T. Cível, j. 18.05.2022, unânime).

1538 "O descumprimento, pela parte, de negócio processual válido é matéria que não pode ser conhecida de ofício (...). É que, do mesmo modo como as partes podem ter celebrado o negócio processual, podem elas optar por sua resilição (...). Ora, se uma das partes descumpre o negócio processual e a outra parte não reclama, daí resulta uma resilição bilateral do negócio, que estará extinto" (CÂMARA, Alexandre Freitas. *O novo processo civil brasileiro*. 4. ed. São Paulo: Atlas, 2018. p. 129). Para mais, o Enunciado 252 do Fórum Permanente de Processualistas Civis, citado por Câmara, afirma: "O descumprimento de uma convenção processual válida é matéria cujo conhecimento depende de requerimento".

1539 "Dessa forma, é lícito ao proponente da ação abrir mão do privilégio e optar pelo foro comum, isto é, pelo do domicílio do réu, sem que este possa impugnar a escolha, visto que lhe faltaria interesse para tanto, pois da opção não lhe advém prejuízo, mas sim benefício ou vantagem" (THEODORO JÚNIOR, Humberto. *Curso de Direito Processual Civil*. 56. ed. Rio de Janeiro: Forense, 2015. v. 1).

negócio jurídico de natureza híbrida, apresentando tanto aspectos materiais quanto processuais. Em termos funcionais, a cláusula de eleição de foro versa sobre a competência para a propositura da demanda, enquanto a cláusula compromissória cria, efetivamente, a jurisdição privada que caracteriza a arbitragem.

As diferenças se estendem às consequências derivadas da não observância de cada um desses negócios jurídicos. De um lado, a não observância da cláusula compromissória autoriza a oposição da exceção de arbitragem, nos moldes do art. 337, X, do Código de Processo Civil,[1540] que, quando acolhida, leva à extinção do processo sem resolução de mérito, nos termos do art. 485, VII, do Código de Processo Civil.[1541] Ao revés, a cláusula de eleição de foro é matéria que deve ser arguida na contestação, sob pena de preclusão (art. 63, § 4º, do Código de Processo Civil[1542]), que, quando acolhida, implica a simples transferência dos autos ao juízo competente, sem levar à extinção do processo.

Essas diferenças estruturais e funcionais são decisivas para averiguar qual deva ser a relação existente entre a cláusula compromissória e a cláusula de eleição de foro. Inclusive, a pactuação concomitante desses dois negócios jurídicos até poderia gerar dúvidas, se é clara e inequívoca a vontade de arbitrar.[1543] Trata-se, contudo, de dúvida que cede à interpretação sistemática de ambos os negócios jurídicos.

Por mais que haja jurisdição, tanto na arbitragem quanto no Poder Judiciário, a forma como essa se manifesta é significativamente distinta. A jurisdição é composta de cinco elementos:[1544] (i) *notio*, poder da autoridade julgadora de conhecer a lide e ordenar atos do processo; (ii) *vocatio*, capacidade de convocar as partes e tornar o processo vinculante a elas; (iii) *coertio*, força para impor o cumprimento de atos e diligência no curso do processo; (iv) *iudicium*, poder de julgar e proferir sentença definitiva e vinculante para as partes; e (v) *executio*, poder de executar a sentença proferida. No exercício de sua função, o árbitro desenvolve atividade cognitiva plena, exercendo plenamente os atributos da *notio*, *vocatio* e *iudicium*. Contudo, não pode exercer atividade jurisdicional caracterizada como *coertio* ou *executio*, típicas do Poder Judiciário.[1545]

1540 Código de Processo Civil, art. 337, X: "Incumbe ao réu, antes de discutir o mérito, alegar: X – convenção de arbitragem;".

1541 Código de Processo Civil, art. 485, VII: "O juiz não resolverá o mérito quando: VII – acolher a alegação de existência de convenção de arbitragem ou quando o juízo arbitral reconhecer sua competência;".

1542 Código de Processo Civil, art. 63, § 4º: "Citado, incumbe ao réu alegar a abusividade da cláusula de eleição de foro na contestação, sob pena de preclusão".

1543 STEBLER, Simone. The Problem of Conflicting Arbitration and Forum Selection Clauses. *ASA Bulletin*, v. 31, n. 1, p. 27-44, 2013. p. 31-32.

1544 GIUSTI, Gilberto. O Árbitro e o Juiz: da função jurisdicional do árbitro e do juiz. *RBAr*, n. 5, p. 7-14, jan./mar. 2005. p. 11-12.

1545 Rememore-se que a existência de balizas legais ao exercício da jurisdição não é algo que afeta apenas a jurisdição arbitral. A própria jurisdição exercida pelos órgãos do Poder Judiciário é limitada de diversas formas, especialmente pelas regras de competência. Portanto, é inerente à atividade jurisdicional a existência de limites, sob pena de criação de um juízo universal, irrestrito e, por conseguinte, arbitrário.

Assim, como há dois moldes distintos de manifestação da jurisdição, havendo limitações intrínsecas à jurisdição arbitral quanto à *coertio* e à *executio*, é perfeitamente possível a combinação de cláusula compromissória e de cláusula de eleição de foro. Nesse sentido, consolidou-se na jurisprudência o entendimento de que "não há conflito da cláusula arbitral com aquela que determina o foro de eleição entre as partes".[1546] Certamente, é recomendável cuidado na redação das cláusulas contratuais para compatibilizar ambos os dispositivos. Contudo, não há incompatibilidade intrínseca e ambos podem e devem conviver harmônica e sistematicamente. Pelas diferenças entre os negócios jurídicos, a contradição não é mais do que aparente.

Em diversas oportunidades, os tribunais brasileiros se manifestaram no sentido da possibilidade de as partes pactuarem uma cláusula compromissória combinada com eleição de foro.[1547] O Tribunal de Justiça do Estado de São Paulo manifestou entendimento no sentido de que "não há conflito da cláusula arbitral com aquela que determina o foro de eleição entre as partes".[1548] Mesmo que se esteja diante de uma

---

1546 TJSP, Ap. 1000576-16.2017.8.26.0281, Rel. Des. Mario de Oliveira, 19ª Câmara de Direito Privado, j. 12.06.2018, p. 5.

1547 Nesse mesmo sentido, já decidiu o Tribunal de Justiça do Estado do Paraná: "interpretação sistemática leva a conclusão de que, em verdade, a cláusula elencada pela agravada para o fim de afastar a convenção de arbitragem apenas a confirma, referindo-se justamente às situações em que se pretende discutir a decisão arbitral, por exemplo. Não restam dúvidas de que ao estabelecer o foro de Pinhais como competente para dirimir questionamentos a respeito do contrato após expressa pactuação de uma cláusula arbitral, estavam as partes a se referir às hipóteses em que o acesso ao Poder Judiciário é indispensável (como eventuais cautelares, execução da decisão arbitral ou, ainda, a rediscussão da decisão arbitral prevista no § 9º)" (TJPR, AI 892851-8, Rel. Des. Denise Krüger Pereira, 7ª Câmara Cível, j. 14.08.2012). E o Tribunal de Justiça do Estado de Minas Gerais: "Com relação à eleição do foro da comarca de Uberlândia, entendo que tal questão em nada influencia que as controvérsias que envolvam as partes contratantes sejam dirimidas pela Câmara Arbitral, ante a expressa previsão contratual neste sentido" (TJMG, Ap. 0501302-18.2011.8.13.0702, Rel. Des. Maurílio Gabriel, 15ª Câmara Cível, j. 31.10.2019). O Tribunal de Justiça do Estado de São Paulo: "A existência de cláusula de eleição de foro (cláusula 74) não invalida ou se sobrepõe à cláusula compromissória, apenas delimita a jurisdição para a prática de atos correlatos à arbitragem" (TJSP, Ap. 0153915-46.2012.8.26.0100, Rel. Des. Cesar Ciampolini, 1ª Câm. Res. Dir. Emp., j. 17.01.2023). "Convenção de arbitragem livremente pactuada entre as partes, que deve ser respeitada. A previsão de cláusula de eleição de foro no mesmo contrato não retira a validade da cláusula arbitral. Poder Judiciário que possui competência residual na hipótese" (TJSP, Ap. 1011468-15.2019.8.26.0248, Rel. Min. Morais Pucci, 35ª Câm. Dir. Priv., j. 23.02.2023). Seguem outros julgados em sentido semelhante: TJSP, Ap. 1100961-59.2019.8.26.0100, Rel. Des. Ricardo Negrão, 2ª Câm. Res. Dir. Emp., j. 14.10.2020; TJSP, AI 2062961-79.2019.8.26.0000, Rel. Des. Cesar Ciampolini, 1ª Câm. Res. Dir. Emp., j. 22.05.2019; TJSC, Ap. 2012.045828-4, Rel. Des. Júlio César Knoll, 4ª Câm. Dir. Pub., j. 21.11.2014; TJPR, Ap. 832323-1, Rel. Des. Ruy Muggiati, 11ª CC., j. 08.02.2012; TJSP, AI 2179679-04.2015.8.26.0000, Rel. Des. Donegá Morandini, 3ª Câm. Dir. Priv., j. 02.02.2016; TJMG, Ap. 10024057732711003, Rel. Des. Batista de Abreu, 16ª CC., j. 30.05.2007; TJSP, Ap. 1038088-44.2020.8.26.0114, Rel. Des. Rodolfo Cesar Milano, 35ª Câm. Dir. Priv., j. 04.05.2022.

1548 TJSP, Ap. 1000576-16.2017.8.26.0281, Rel. Des. Mario de Oliveira, 19ª Câmara de Direito Privado, j. 12.06.2018, p. 5.

cláusula compromissória *vazia*, combinada com eleição de foro, o Tribunal de Justiça do Estado de São Paulo já decidiu que, ainda assim, não há qualquer incompatibilidade entre as cláusulas.[1549]

Em caso julgado pelo STJ, entendeu-se que a pactuação de cláusula de eleição de foro não é incompatível com a celebração de convenção de arbitragem. Isso porque, quando combinadas, ambas detêm âmbitos de aplicação distintos.[1550] A atuação do Poder Judiciário ocorreria, por exemplo, nas hipóteses de concessão de medidas de urgência,[1551] de execução de sentença arbitral, ou até mesmo para a instituição da arbitragem, quando cabível o procedimento do art. 7º da Lei de Arbitragem.[1552]

A cláusula de eleição de foro, quando associada à cláusula compromissória, indica a vontade das partes em levar, dentro da estrutura judicial de determinado país, toda e qualquer discussão acerca da sentença arbitral, ou outros temas correlatos à arbitragem, ao foro estatal previsto.[1553] Ou seja, a eleição de foro apresentará, na maioria dos casos, caráter subsidiário e complementar, e não alternativo à jurisdição arbitral.[1554] Adotada

---

1549 TJSP, Ap. 1015849-15.2016.8.26.0008, Rel. Des. Hamid Bdine, 1ª Câm. Res. Dir. Emp., j. 13.12.2017.

1550 Em caso perante o TJSP, de relatoria do Des. Cesar Ciampolini, entendeu-se que a previsão de eleição de foro não invalida ou se sobrepõe à convenção de arbitragem, mas meramente delimita a jurisdição com relação à competência residual, na prática de atos correlatos ao procedimento arbitral. Ademais, a análise da validade da cláusula compromissória caberia ao próprio tribunal arbitral, como estabelece o princípio *Kompetenz-Kompetenz* (TJSP, Ap. 0153915-46.2012.8.26.0100, Rel. Des. Cesar Ciampolini, 1ª Câm. Res. Dir. Emp., j. 17.01.2023. No mesmo sentido: TJSP, Ap. 1011468-15.2019.8.26.0248, Rel. Min. Morais Pucci, 35ª Câm. Dir. Priv., j. 23.02.2023).

1551 Em sede de conflito de competência, o STJ concluiu ser possível a previsão de cláusula compromissória combinada com a eleição de foro competente, caso em que a análise de pedido de medida de urgência será de competência do foro indicado pelas partes. Naquela hipótese, a cláusula compromissória previu que "exclusivamente para fins do art. 7º da Lei nº 9.307/96 (A Lei de Arbitragem Brasileira), as Partes, por este ato elegem o Foro da Comarca de são Paulo, Estado de São Paulo". O tribunal entendeu que a cláusula concernente ao foro estatal competente para dirimir as controvérsias não deveria ser considerada nula, razão pela qual seria aplicável também em relação a eventuais medidas de urgência (STJ, AgRg no CC 108.610, Rel. Min. Sidnei Beneti, 2ª Seção, j. 25.11.2009, unânime).

1552 STJ, REsp 904.813/PR, 3ª Turma, Rel. Min. Nancy Andrighi, j. em 20.10.2011.

1553 TJSP, AI 20014941220138260000, Rel. Des. Soares Levada, 34ª Câm. Dir. Priv., j. 11.11.2013. No mesmo sentido: TJSP, AI 130207820118260000, Rel. Des. Ribeiro da Silva, 8ª Câm. Dir. Priv., j. 19.11.2011.

1554 Em caso perante o TJSP, de relatoria do Des. Israel Góes dos Anjos, foi examinada hipótese em que o foro estatal eleito pelas partes junto à convenção de arbitragem não foi considerado competente para o ajuizamento de ação judicial. Entendeu o tribunal que a cláusula compromissória previu o foro estatal tão somente para a execução da sentença arbitral. Desconsiderada a eleição de foro, foram aplicadas as regras ordinárias de competência. Ver: TJSP, AI 2233286-29.2015.8.26.0000, Rel. Des. Israel Góes dos Anjos, 37ª Câm. Dir. Priv., j. 26.07.2016. No mesmo sentido: TJSP, AI 2196414-15.2015.8.26.0000, Rel. Des. Soares Levada, 34ª Câm. Dir. Priv., j. 29.10.2015.

a via arbitral, o Poder Judiciário não terá jurisdição para o exame das controvérsias do contrato decorrentes.[1555]

O STJ,[1556] em caso relatado pelo Min. Antonio Carlos Ferreira, decidiu que "a previsão do juízo arbitral, em vez do foro da sede da administração (jurisdição estatal), para solução de determinada controvérsia, não vulnera o conteúdo ou as regras do certame. A cláusula de eleição de foro não é incompatível com o juízo arbitral, pois o âmbito de abrangência pode ser distinto, havendo a necessidade de atuação do Poder Judiciário, por exemplo, para a concessão de medidas de urgência; execução da sentença arbitral; instituição da arbitragem, ou quando uma das partes não a aceita de forma amigável".[1557]

Em controvérsia levada a julgamento perante o TJPR, analisou-se aparente contradição entre a previsão de cláusula compromissória e a de eleição de foro. No caso, houve a alegação de que, eleito foro estatal competente, estaria admitido o ajuizamento de demanda perante o Judiciário. Contudo, o tribunal entendeu que não há qualquer incompatibilidade entre as cláusulas, e nem mesmo seria o caso de uma alternatividade entre vias jurisdicionais. A previsão de eleição de foro se referiria tão só "justamente às situações em que se pretende buscar eventual cautelar, executar a decisão arbitral ou, até mesmo, para os casos de eventual nulidade da sentença arbitral".[1558]

As partes devem tomar alguns cuidados na redação da cláusula fracionada, principalmente quando elas pretendem separar determinadas matérias que serão objeto de solução por arbitragem ou pelo Poder Judiciário.[1559] Em sentença estrangeira contestada, o STJ entendeu que não há vedação a que as diversas obrigações de um mesmo negócio jurídico sejam submetidas a métodos de resolução de conflitos diferentes. No caso, relatado pelo Min. Herman Benjamin, concluiu-se, a partir da interpretação conjunta das cláusulas compromissória e de eleição de foro, que questões relacionadas ao acordo de novação celebrado, seriam submetidas aos tribunais ingleses, enquanto o restante, oriundo do contrato original, seria solucionado pela via arbitral.[1560]

[1555] TJSP, Ap. 1038088-44.2020.8.26.0114, Rel. Des. Rodolfo Cesar Milano, 35ª Câm. Dir. Priv., j. 04.05.2022. No mesmo sentido: TJMG, Ap. 1.0702.11.050130-2/001, Des. Rel. Maurílio Gabriel, 15ª CC, j. 31.10.2019; TJSP, Ap. 1000576-16.2017.8.26.0281, Rel. Des. Mario de Oliveira, 19ª Câm. Res. Dir. Priv., j. 12.06.2018.

[1556] O STJ já se manifestou em outras oportunidades sobre compatibilização entre cláusula compromissória e cláusula de eleição de foro: STJ, AREsp 585.686, Rel. Min. Antonio Carlos Ferreira, j. 06.12.2017, monocrática; STJ, AgRg no CC 108.610/SP, Rel. Min. Sidnei Beneti, Segunda Seção, j. 25.11.2009, unânime.

[1557] STJ, REsp 904.813/PR, 3ª Turma, Rel. Min. Nancy Andrighi, j. 20.10.2021.

[1558] TJPR, Ap. 1181482-3, Rel. Des. Denise Krüger Pereira, 11ª CC, j. 12.11.2014.

[1559] "Conclui-se, portanto, ser perfeitamente possível conciliar cláusulas compromissórias com cláusulas de eleição de foro, denominadas cláusulas combinadas ou cláusulas fracionadas. Recomenda-se que a redação dessas cláusulas seja clara e harmônica, para evitar que se instaure um contencioso parasita quando surgido o conflito" (LEMES, Selma. Cláusulas combinadas ou fracionadas: arbitragem e eleição de foro. *Revista do advogado*, São Paulo, v. 33, n. 119, p. 153-158, abr. 2013. p. 157).

[1560] STJ, SEC 11.106, Rel. Min. Herman Benjamin, Corte Especial, j. 17.05.2017.

As controvérsias quanto a essas cláusulas podem surgir quando a opção pela arbitragem não estiver explícita,[1561] fazendo surgir conflito entre as competências atribuídas à jurisdição estatal e arbitral.[1562] Em razão disso, é recomendável cautela na redação das cláusulas combinadas,[1563] especialmente para que a redação da cláusula seja clara.[1564]

Conforme apontado por Carlos Alberto Carmona, "em boa técnica, seria desejável que o contrato contivesse uma cláusula compromissória e, em seguida uma cláusula de eleição de foro, indicando o local (comarca) onde serão propostas as demandas judiciais que digam respeito à arbitragem".[1565] A realidade aponta, entretanto, que nem sempre os contratos são redigidos da melhor forma,[1566] o que pode gerar conflitos

---

1561 GUERRERO, Luis Fernando. *Convenção de Arbitragem e Processo Arbitral*. 2. ed. Coord. Carlos Alberto Carmona. São Paulo: Atlas, 2014. p. 119-120.

1562 LEMES, Selma. Cláusulas combinadas ou fracionadas: arbitragem e eleição de foro. *Revista do Advogado*, São Paulo, v. 33, n. 119, p. 153-158, abr. 2013. p. 155. Selma Lemes explica, ainda, que "Os problemas mais comuns desses tipos de cláusulas combinadas ou fracionadas são quando as partes indistintamente dispõem de cláusula compromissória e também de cláusula de eleição de foro e não efetuam as distinções de competência. A doutrina e jurisprudência interpretam essa cláusula no sentido de delimitar e definir as respectivas zonas de abrangência." (LEMES, Selma. Cláusulas combinadas ou fracionadas: arbitragem e eleição de foro. *Revista do Advogado*, São Paulo, v. 33, n. 119, p. 153-158, abr. 2013. p. 156).

1563 BERALDO, Leonardo de Faria. *Curso de Arbitragem nos termos da Lei nº 9.307/96*. São Paulo: Atlas, 2014. p. 170.

1564 A desatenção na redação de cláusulas compromissórias combinadas àquelas de eleição de foro pode, ainda, impossibilitar a adoção de uma ou de ambas. Esse foi o caso de disputa em análise perante o Tribunal de Justiça de Goiás. Na ocasião, as partes previram o foro do imóvel como competente para dirimir eventuais controvérsias, além de tornar possível a adoção de Corte Arbitral, desde que localizada naquele foro. Contudo, o adendo que introduziu a cláusula compromissória estabeleceu a administração da arbitragem em corte localizada em outro foro, que não aquele do imóvel. Frente ao conflito no que se refere ao foro eleito pelas partes, o tribunal entendeu por desconsiderar as referidas cláusulas por inteiro, adotando a regra legal. (TJGO, Ap. 348654-28.2013.8.09.0174, Rel. Des. Alan Sebastião de Sena Conceição, 5ª CC, j. 14.01.2016, unânime). No mesmo sentido, também no exame de verificada contraditoriedade: TJRJ, AI 00638666520098190000, Rel. Des. Luiz Felipe Francisco, 8ª Câm. Dir. Priv., j. 25.05.2010, unânime.

1565 CARMONA, Carlos Alberto. Considerações sobre a cláusula compromissória e a eleição de foro. *In*.: LEMES, Selma Ferreira; CARMONA, Carlos Alberto; MARTINS, Pedro Batista. *Arbitragem*: estudos em homenagem ao prof. Guido Fernando da Silva Soares. São Paulo: Atlas, 2007. p. 38.

1566 Sobre esse ponto, José Emílio Nunes Pinto ensina que: "Uma das características da Lei de Arbitragem é de que o procedimento se instaura de plano se as partes houverem definido a forma de escolha dos árbitros ou optado por regras para tal patrocinadas por instituições especializadas. Essa é a verdadeira intenção pretendida pelas partes ao celebrarem o contrato, ou seja, que ao surgir o desentendimento ou a controvérsia, não tenham elas que, num ambiente menos propício, onde o conflito já se encontra instaurado e os ânimos muitas vezes acirrados, buscar a forma de instaurar a arbitragem, quando já o fizeram à época da contratação e a ela atribuíram um valor específico na equação econômica. Logo, não sendo possível instaurar-se de plano a arbitragem, o desequilíbrio da equação é agravado. Desequilíbrio decorrente da controvérsia que é potencializado pela impossibilidade de se instaurar

sobre o órgão jurisdicional perante o qual deve ser proposta eventual demanda: o juízo arbitral ou o Poder Judiciário.

O TJGO analisou hipótese em que a cláusula compromissória e a de eleição de foro apresentaram disposições conflitantes. A avença pactuada para a definição de foro competente também previu a possibilidade de adoção da via arbitral, desde que apontado órgão arbitral do foro de localização do imóvel em questão. Todavia, o adendo que introduziu a convenção de arbitragem estabeleceu a sua administração por corte arbitral instalada em foro diferente daquele anteriormente referido. Com isso, as disposições contratuais tornaram-se conflitantes, motivo pelo qual o tribunal entendeu que não deveriam prevalecer, aplicando-se ao caso as regras do CPC incidindo ao caso as regras do CPC.[1567]

2. Razões para a pactuação de cláusula combinada

O *status* jurisdicional ao qual a arbitragem foi alçada não é um dado da natureza. Ao contrário, significa o resultado de um paulatino processo de dignificação pelo qual a arbitragem evoluiu. O prestígio atual da arbitragem é fruto de um gradual processo de evolução cultural sobre os métodos de solução de disputas. Mas, por ser uma construção histórica-cultural, a posição da arbitragem é e sempre será frágil, suscetível às mudanças dos tempos.

Nesse sentido, como forma de legitimar e resguardar a posição conquistada, a jurisdição arbitral deve ser exercida dentro dos limites previstos pelo direito positivo e pela ordem constitucional. Conforme leciona o saudoso Ruy Rosado de Aguiar Júnior, "o sistema de arbitragem é peculiar e autônomo, mas não está no espaço, e sim inserido no ordenamento jurídico nacional, que deve respeitar naquilo que este tem de indispensável ao interesse público e inderrogável pelas partes".[1568]

Coexistem no Brasil dois sistemas jurisdicionais distintos para a solução de controvérsias. Trata-se de movimento de desjudicialização das relações sociais,[1569] inserido no contexto da terceira onda de renovação da justiça civil,[1570] tal qual originalmente

---

a arbitragem como pretendido" (PINTO, José Emílio Nunes. Cláusulas arbitrais patológicas: esse mal tem cura. *Justilex*, Brasília, v. 4, n. 38, p. 60-62, fev. 2005. p. 62).

1567 TJGO, Ap. 348654-28.2013.8.09.0174, Rel. Des. Alan Sebastião de Sena Conceição, 5ª CC, j. 14.01.2016. No mesmo sentido: TJRJ, AI 00638666520098190000, Rel. Des. Luiz Felipe Francisco, 8ª Câm. Dir. Priv., j. 25.05.2010.

1568 AGUIAR, Ruy Rosado de. Arbitragem, os precedentes e a ordem pública. *Doutrina*: edição comemorativa, 30 anos do Superior Tribunal de Justiça. Brasília: Superior Tribunal de Justiça, 2019. p. 216.

1569 GIDI, Antonio; ZANETI JR., Hermes Zaneti. O processo civil brasileiro na "Era da Austeridade"? Efetividade, celeridade e segurança jurídica: pequenas causas, causas não contestadas e outras matérias de simplificação das decisões judiciais e dos procedimentos. *Revista de Processo*, v. 294, p. 41-76, ago. 2019.

1570 CÂMARA, Alexandre Freitas. Das relações entre a arbitragem e o Poder Judiciário. *Revista Brasileira de Arbitragem*, v. 2, p. 18-28, abr./jun. 2005. p. 19.

teorizado por Mauro Cappelletti e Bryant Garth.[1571] Nesse contexto, o art. 3º do Código de Processo Civil de 2015[1572] adotou, como política geral, o privilégio dos métodos adequados de solução de controvérsias[1573]. Em sintonia com a arquitetura de um sistema multiportas de solução de controvérsias,[1574] tornou-se imprescindível construir mecanismos para que a aplicação da justiça funcione como um todo coerente no país. Pedro Batista Martins leciona que é indispensável, para o regular desenvolvimento da arbitragem, a harmonia entre a jurisdição estatal e da jurisdição arbitral.[1575]

Como forma de operacionalizar a interação entre os dois sistemas jurisdicionais de exercício da jurisdição no Brasil, criaram-se variados mecanismos que privilegiam o relacionamento coordenado entre arbitragem e Poder Judiciário.[1576] Exemplifica-se: possibilidade de conferir, por meio do Judiciário, execução específica à cláusula compromissória (art. 7, Lei de Arbitragem),[1577] possibilidade de pleitear judicialmente a concessão de medidas de urgência antes do início da arbitragem (art. 22-A, Lei de Arbitragem),[1578] auxílio na nomeação de árbitros (art. 13, § 2º, Lei de Arbitragem),[1579] possibilidade de obter auxílio do Poder Judiciário para realização de produção probatória (art. 22, § 2º, Lei de Arbitragem)[1580] e a criação de mecanismo de comunicação oficial

---

1571 CAPPELLETTI, Mauro. Os métodos alternativos de solução de conflitos no quadro do movimento universal de acesso à justiça. *Revista de Processo*, v. 74, p. 82-97, abr./jun. 1994.

1572 Código de Processo Civil, art. 3º: "Não se excluirá da apreciação jurisdicional ameaça ou lesão a direito. § 1º É permitida a arbitragem, na forma da lei. § 2º O Estado promoverá, sempre que possível, a solução consensual dos conflitos. § 3º A conciliação, a mediação e outros métodos de solução consensual de conflitos deverão ser estimulados por juízes, advogados, defensores públicos e membros do Ministério Público, inclusive no curso do processo judicial".

1573 NASCIMBENI, Asdrubal Franco; FINKELSTEIN, Cláudio. Carta Arbitral: possíveis situações de não cooperação do juízo estatal. *Revista de Arbitragem e Mediação*, v. 54, p. 125-150, jul./set. 2017.

1574 LESSA NETO, João Luiz. O novo CPC adotou o modelo multiportas!!! E agora?! *Revista de Processo*, v. 244, p. 427-441, jun. 2015.

1575 MARTINS, Pedro Antonio Batista. O Poder Judiciário e a arbitragem. Quatro anos da Lei 9.307/96 (4.ª e última parte). *Revista de Direito Bancário*, v. 13, jul./set. 2001.

1576 BERALDO, Leonardo de Faria. *Curso de Arbitragem nos termos da Lei nº 9.307/96*. São Paulo: Atlas, 2014. p. 170.

1577 Lei de Arbitragem, art. 7º: "Existindo cláusula compromissória e havendo resistência quanto à instituição da arbitragem, poderá a parte interessada requerer a citação da outra parte para comparecer em juízo a fim de lavrar-se o compromisso, designando o juiz audiência especial para tal fim".

1578 Lei de Arbitragem, art. 22-A: "Antes de instituída a arbitragem, as partes poderão recorrer ao Poder Judiciário para a concessão de medida cautelar ou de urgência".

1579 Lei de Arbitragem, art. 13, § 2º: "Quando as partes nomearem árbitros em número par, estes estão autorizados, desde logo, a nomear mais um árbitro. Não havendo acordo, requererão as partes ao órgão do Poder Judiciário a que tocaria, originariamente, o julgamento da causa a nomeação do árbitro, aplicável, no que couber, o procedimento previsto no art. 7º desta Lei.

1580 Lei de Arbitragem, art. 22, § 2º: "§ 2º Em caso de desatendimento, sem justa causa, da convocação para prestar depoimento pessoal, o árbitro ou o tribunal arbitral levará em consideração

entre juízes e árbitros, a carta arbitral (art. 22-C, Lei de Arbitragem).[1581] A utilização dessas ferramentas é o que viabiliza o adequado desenvolvimento da arbitragem, pois coordena os exercícios privado e público da jurisdição.

Antes do início da arbitragem, a cooperação do Poder Judiciário poderá ser necessária em casos que demandem concessão de medida cautelar ou de urgência,[1582] nos termos do art. 22-A da Lei de Arbitragem.[1583] Essas hipóteses têm se tornado menos comuns à medida que as instituições arbitrais têm inserido em seus regulamentos a figura do *árbitro de emergência*.

Sobre as cautelares pré-arbitrais, o Tribunal de Justiça do Estado de São Paulo já decidiu que "a competência para o procedimento arbitral não influi na competência jurisdicional".[1584] Essa última é estabelecida pelas regras do CPC, excetuada a hipótese de eleição de foro. No caso levado a julgamento, como não foi pactuada cláusula de eleição de foro e o Tribunal Arbitral ainda não havia sido constituído, o TJSP entendeu que a competência para processar o feito seria da Comarca de Florianópolis, em que residem as partes, e não o foro de São Paulo, que seria a sede do CAM-CCBC, instituição eleita pelas partes para administrar o procedimento arbitral.[1585]

Outra situação em que se vê necessária a intervenção do Poder Judiciário antes do início do procedimento arbitral dá-se quando se está diante de cláusula compromissória vazia, prevista no art. 7º da Lei de Arbitragem, ou quando umas das partes não aceita o início da arbitragem de forma amigável.[1586] Em ação de execução de cláusula compromissória, o TJRS entendeu que, ainda que se tratasse de competência relativa, o foro contratualmente eleito pelas partes deveria ser respeitado, razão pela qual foi considerado competente para dirimir o referido conflito.[1587]

---

o comportamento da parte faltosa, ao proferir sua sentença; se a ausência for de testemunha, nas mesmas circunstâncias, poderá o árbitro ou o presidente do tribunal arbitral requerer à autoridade judiciária que conduza a testemunha renitente, comprovando a existência da convenção de arbitragem".

[1581] Lei de Arbitragem, art. 22-C: "O árbitro ou o tribunal arbitral poderá expedir carta arbitral para que o órgão jurisdicional nacional pratique ou determine o cumprimento, na área de sua competência territorial, de ato solicitado pelo árbitro".

[1582] Nesse sentido: TJSP, Ap. 1058445-63.2015.8.26.0100, Rel. Des. Donegá Morandini, 3ª Câmara de Direito Privado, j. 02.03.2016; TJSP, AI 2015647-35.2022.8.26.0000, Rel. Des. Carmen Lucia da Silva, 25ª Câmara de Direito Privado, j. 30.03.2022.

[1583] Lei de Arbitragem: "Art. 22-A. Antes de instituída a arbitragem, as partes poderão recorrer ao Poder Judiciário para a concessão de medida cautelar ou de urgência".

[1584] TJSP, AI 0260447-87.2011.8.26.0000, Rel. Des. De Santi Ribeiro, 1ª Câmara de Direito Privado, j. 20.03.2012.

[1585] TJSP, AI 0260447-87.2011.8.26.0000, Rel. Des. De Santi Ribeiro, 1ª Câmara de Direito Privado, j. 20.03.2012.

[1586] STJ, AgRg no CC 108.610/SP, Rel. Min. Sidnei Beneti, Segunda Seção, j. 25.11.2009, unânime; TJSP, Ap. 0090526-67.2010.8.26.0000, Rel. Des. Melo Colombi, 14ª Câmara de Direito Privado, j. 12.05.2010.

[1587] TJRS, AI 70072846678, Rel. Des. Luiz Roberto Imperatore de Assis Brasil, 11ª CC, j. 05.07.2017.

No curso do procedimento arbitral, a combinação entre cláusula compromissória e eleição de foro também pode ser necessária para medidas de apoio à arbitragem em que a atuação do Poder Judiciário é imprescindível. É o caso, por exemplo, da condução de testemunha ou mesmo da determinação de apreensão de determinado bem.

Também após o encerramento do procedimento arbitral, o Poder Judiciário poderá ser acionado, seja para realizar o cumprimento da sentença arbitral, seja por conta da propositura de eventual ação anulatória.[1588] No AREsp 585.686, relatado pelo Min. Antonio Carlos Ferreira, em 2017, entendeu-se que a eleição de foro competente prevalece sobre a regra geral de competência para o julgamento de demanda anulatória de sentença arbitral. Na hipótese, a cláusula compromissória foi combinada com eleição de foro, que previu sua aplicação ampla. Assim, também estaria englobado o exame da validade da sentença arbitral por alegada inidoneidade do árbitro, haja vista a expressa vontade das partes de que todo e qualquer litígio acerca da sentença arbitral fosse decidido no foro escolhido.[1589]

Igualmente, é possível que a cláusula preveja a jurisdição estatal apenas para fins de cumprimento da sentença arbitral ou eventual ação de nulidade, por exemplo – não havendo, neste caso, qualquer contradição ou dúvida quanto à escolha da arbitragem.[1590] Esse entendimento foi confirmado pelo Tribunal de Justiça de São Paulo quando da análise de contratação em que eleito foro competente para a execução da sentença arbitral, para a apreciação exclusiva de sua eventual nulidade, além da homologação de acordos ou da execução direta do devedor principal e de seus garantidores.[1591]

Caso a parte sucumbente não cumpra voluntariamente o disposto na sentença, a contraparte poderá solicitar auxílio ao Judiciário para o cumprimento da sentença (art. 516, III, CPC).[1592] O Poder Judiciário poderá ser provocado também para os casos de

---

1588 A submissão de litígios ao juízo arbitral, para que, só então, possam ser analisados pelo Poder Judiciário não fere a inafastabilidade da jurisdição, uma vez que "as próprias partes, por meio da autonomia da vontade, acordaram que as controvérsias surgidas a partir da relação contratual que seriam apreciadas, primeiro, pela da arbitragem, renunciando ao seu exame direto pelo poder judiciário. Outrossim, uma vez apreciada a questão pela Câmara Arbitral, pode o interessado provocar o Poder Judiciário para o enfrentamento da matéria" (TJRO, AI 7002485-32.2018.8.22.0001, Rel. Des. Marcos Alaor Diniz Grangeia, 2ª CC, j. 22.10.2020, unânime, p. 5).

1589 STJ, AREsp 585.686, Rel. Min. Antonio Carlos Ferreira, j. 06.12.2017.

1590 GUERRERO, Luis Fernando. *Convenção de Arbitragem e Processo Arbitral*. 2. ed. Carlos Alberto Carmona (Coord.). São Paulo: Atlas, 2014. p. 121.

1591 TJSP, Ap. 0028376-28.2012.8.26.0114, Rel. Des. Mourão Neto, 27ª Câm. Dir. Priv., j. 17.05.2016, unânime. No mesmo sentido: TJSC, Ap. 20080094317, Rel. Des. Luiz Cézar Medeiros, 3ª Câm. Dir. Pub., j. 25.03.2008, unânime; TJSC, Ap. 20070474835, Rel. Des. Luiz Cézar Medeiros, 3ª Câm. Dir. Pub., j. 18.03.2008, unânime.

1592 "Quanto à sentença arbitral, a competência para execução desse título será do juízo cível, sendo que o foro para ajuizamento da respetiva ação será definido de acordo com as normas sobre competência (art. 53.)" (DONIZETTI, Elpídio. *Novo Código de Processo Civil comentado*. 2. ed. São Paulo: Atlas, 2017. p. 665).

anulação da sentença arbitral, nos termos do art. 33 da Lei de Arbitragem.[1593] A título de exemplo, tem-se cláusula levada à discussão perante o Tribunal de Justiça do Estado de São Paulo, que continha previsão específica nesse sentido.[1594]

Situação semelhante ocorreu em controvérsia levada a julgamento perante o Tribunal de Justiça do Estado do Paraná, em que havia aparente contradição entre a cláusula compromissória e a cláusula de eleição de foro. No caso, o TJPR entendeu que as partes previram "a escolha da arbitragem como meio de solução de conflitos e, na possibilidade de, verificando um dos incisos do artigo 32 da Lei nº 9307/96, poderem se insurgir contra a sentença arbitral perante o Poder Judiciário, em expediente que deverão protocolar no foro de Castro/PR, elegido pelas partes como o de competência para tal discussão".[1595]

Outra utilidade potencial está em pactuar cláusula de eleição de foro conjuntamente à cláusula compromissória em títulos executivos extrajudiciais. Nesses casos, via de regra, a eleição de foro servirá para eleger a competência para a execução direta do título, restando a jurisdição arbitral a competente para se discutir a validade ou outras questões de direito cognoscíveis. Em caso analisado pelo TJSP, relatado pelo Des. Cesar Ciampolini, foi reconhecida a possibilidade de celebração de convenção de arbitragem e de cláusula de eleição de foro com relação a um mesmo negócio jurídico.[1596]

Em síntese, é perfeitamente viável a convivência harmônica entre a cláusula de eleição de foro e a cláusula arbitral, uma vez que a arbitragem não prescinde da colaboração do Poder Judiciário.[1597] É certo que muitas vezes as partes precisam se socorrer ao Poder Judiciário antes de instituída a arbitragem, no curso do procedimento arbitral ou até mesmo após o proferimento da sentença pelo Tribunal Arbitral.[1598] De fato, a

---

1593 Lei de Arbitragem: "Art. 33. A parte interessada poderá pleitear ao órgão do Poder Judiciário competente a declaração de nulidade da sentença arbitral, nos casos previstos nesta Lei".

1594 "46.5 Para a solução de controvérsias que não possam ser resolvidas por arbitragem, bem como para a execução da sentença arbitral, elegem as Partes o foro da comarca de Belo Horizonte, MG, com expressa renúncia a qualquer outro, ainda que privilegiado". (TJSP, AI 20014941220138260000, Rel. Des. Soares Levada, 34ª Câm. Dir. Priv., j. 11.11.2013).

1595 TJPR, Ap. 1181482-3, Rel. Des. Denise Krüger Pereira, 11ª CC, j. 12.11.2014. No mesmo sentido: TJRS, AI 70072846678, Rel. Des. Luiz Roberto Imperatore de Assis Brasil, 11ª CC, j. 05.07.2017, unânime.

1596 TJSP, AI 2062961-79.2019.8.26.0000, Rel. Des. Cesar Ciampolini, 1ª Câm. Res. Dir. Emp., j. 22.05.2019. No mesmo sentido: TJPR, Ap. 832323-1, Rel. Des. Ruy Muggiati, 11ª CC, j. 08.02.2012; TJMG, Ap. 10024057732711003, Rel. Des. Batista de Abreu, 16ª CC, j. 30.05.2007.

1597 "A previsão de eleição de foro é indicada para as medidas de apoio, tais como instituir a arbitragem, medidas de urgência pré-arbitral, execução da sentença arbitral, etc. (arts. 7º, 16, § 2º, 22, § 4º, 31 da Lei nº 9.037), e de revisão, a ação de anulação da sentença arbitral (art. 33 da Lei nº 9.307). À arbitragem serão direcionados todos os conflitos surgidos quanto à interpretação do contrato e sua execução" (LEMES, Selma. Cláusulas combinadas ou fracionadas: arbitragem e eleição de foro. *Revista do Advogado*, São Paulo, v. 33, n. 119, p. 153-158, abr. 2013. p. 156).

1598 O TJMG já decidiu que: "a estipulação de cláusula compromissória, para solução dos conflitos relativos a direitos patrimoniais disponíveis, não suprime, de forma absoluta, a intervenção

arbitragem estaria possivelmente fadada ao fracasso, sem a imprescindível cooperação e o apoio do Poder Judiciário.[1599]

3. Cuidados na redação da cláusula compromissória combinada com cláusula de eleição de foro em contratos internacionais

Em contratos internacionais, a redação de cláusula compromissória combinada com a de eleição de foro deve merecer ainda mais cautela. As partes podem pactuar a inserção de cláusula combinada em contratos internacionais, estipulando, por exemplo, que as controvérsias relativas ao contrato serão resolvidas por arbitragem a ser administrada na CCI, com sede em outro país, e escolherem um foro no Brasil para execução da sentença arbitral, se necessário.[1600] Carlos Alberto Carmona vai além do exemplo anterior, ao imaginar a situação de eleição de foros distintos, de acordo com qual parte seja vitoriosa da arbitragem:

> No que se refere ao tema tratado, os advogados devem ser muito precisos, evitando-se que interpretações distorcidas possam gerar a impressão de que alguma cláusula estaria criando indesejável elemento de conexão, quando o objetivo da avença é apenas o de deixar claro o local em que a futura sentença arbitral será executada na hipótese de ser vencida uma ou outra parte, o que justificará, quando for esse o objetivo, a eleição de dois foros distintos: nada impedirá, na circunstância que estou imaginando, que as partes insiram num contrato avença no sentido de submeter à solução arbitral eventuais controvérsias (cláusula compromissória), estipulando que a arbitragem entre uma empresa brasileira e outra argentina será realizada sob a administração da CCI, em Nova Iorque, e que, se for vencida a empresa brasileira, a sentença será executada em São Paulo, sendo eleito o foro de Buenos Aires para a hipótese de ser vencida a sociedade argentina. A autonomia da vontade, parece-

---

do Poder Judiciário, que poderá ser chamado a pronunciar-se na hipótese prevista no artigo 6º, parágrafo único, e artigo 7º, da Lei n.º 9.307/96, exatamente a aqui tratada, não sendo de todo despropositada a eleição de um foro no contrato" (TJMG, Ap. 7732711-13.2005.8.13.0024, Rel. Des. Batista de Abreu, 16ª Câmara Cível, j. 30.05.2007). Assim também entendeu o Tribunal de Justiça de São Paulo, ao definir que a eleição de foro competente não desnatura a cláusula compromissória, mas "ao revés, aquela é subsidiária desta, atuando nos casos de impossibilidade da jurisdição arbitral, como, v.g., cautelares, execuções e a própria instituição do compromisso arbitral em caso de resistência de uma das partes" (TJSP, Ap. 0198399-49.2012.8.26.0100, Rel. Des. Melo Bueno, 35ª Câm. Dir. Priv., j. 24.08.2015, unânime). No mesmo sentido: TJTO, AI 0017711-35.2016.827.0000, Rel. Des. Luiz Gadotti, 1ª CC, j. 15.07.2017, unânime; TJMG, Ap. 1.0702.11.050130-2/001, Des. Rel. Maurílio Gabriel, 15ª CC, j. 31.10.2019, unânime; TJPR, Ap. 1154744-1, Rel. Des. Mário Helton Jorge, 12ª CC, j. 02.04.2014, unânime; TJRS, Ap. 70078955630, Rel. Des. Marco Antonio Angelo, 19ª CC, j. 13.12.2018, unânime.

1599 MIRANDA, Isabel Alves de Melo. Cláusulas compromissórias conflitantes inseridas em contratos relacionados: Comentários ao AGIN 0002546-67.2010.805.0000-0 do TJBA. *Revista de Arbitragem e Mediação*, São Paulo, v. 29, p. 285-308, abr. 2011. p. 290.

1600 CARMONA, Carlos Alberto. *Arbitragem e Processo*: um comentário à Lei nº 9.307/96. 3. ed. São Paulo: Atlas, 2009. p. 121.

-me, sustentaria tal solução, que afinal de contas levaria em consideração princípios elementares de efetividade da decisão arbitral, ancorando-se nas premissas do *forum conveniens*.[1601]

Em se tratando de cláusula combinada em contratos internacionais, a controvérsia enseja mais atenção quando as partes elegem foro estrangeiro.

Antes do Código de Processo Civil de 2015, Leonardo de Faria Beraldo esclareceu que a cláusula de eleição de foro estrangeiro é válida, desde que fosse respeitado o art. 88 do Código de Processo Civil de 1973,[1602] que trata da competência da autoridade judiciária brasileira.

Assim, seria necessário conjugar os referidos dispositivos processuais com a vontade dos contratantes. A jurisprudência[1603] até então caminhava no sentido de possibilitar a eleição de foro estrangeiro pelas partes e, ao mesmo tempo, permitir a apreciação de eventual controvérsia pela autoridade judiciária brasileira, com competência concorrente.[1604]

No RESP 498.835,[1605] interposto por Vera Cruz Seguradora S.A. contra Bell Helicopter Textron Inc., o STJ analisou ação de regresso ajuizada pela seguradora brasileira (Vera Cruz Seguradora S.A.) em razão de acidente aéreo ocorrido com aeronave da recorrida, arrendada por sua segurada (Agropecuária JL). A aeronave fabricada pela

---

1601 CARMONA, Carlos Alberto. *Arbitragem e Processo*: um comentário à Lei nº 9.307/96. 3. ed. São Paulo: Atlas, 2009. p. 121-122.

1602 Código de Processo Civil: "Art. 88. É competente a autoridade judiciária brasileira quando: I – o réu, qualquer que seja a sua nacionalidade, estiver domiciliado no Brasil; II – no Brasil tiver de ser cumprida a obrigação; III – a ação se originar de fato ocorrido ou de ato praticado no Brasil. Parágrafo único. Para o fim do disposto no n o I, reputa-se domiciliada no Brasil a pessoa jurídica estrangeira que aqui tiver agência, filial ou sucursal."

1603 Nesse sentido, tem-se: STJ, REsp 242.383/SP, 3ª Turma, Rel. Min. Humberto Gomes de Barros, j. 03.02.2005.

1604 "A jurisprudência que foi se formando ao longo do tempo em torno da possibilidade de eleição de foro estrangeiro para dirimir controvérsias parece estável no sentido de não invalidar a vontade dos contratantes; mas ao mesmo tempo – em sendo concorrente a competência da autoridade brasileira (hipóteses do art. 88 do Código de Processo Civil) – as decisões acabam fixando a regra de que a autoridade nacional não estaria impedida de apreciar a causa, não tendo a cláusula de eleição de foro o condão de obstar o acesso aos tribunais nacionais. Se estas balizas estiverem corretas, parece adequado afirmar que na hipótese de estipularem as partes a solução arbitral no Brasil, havendo necessidade de medidas de apoio a serem propostas pela parte (medidas de urgência, por exemplo, em países onde os árbitros não têm tal competência) estas deverão ser tornadas aqui, independentemente da existência de cláusula de eleição de foro, se a providência tiver conexão com o território brasileiro; nada obstará, porém, um árbitro estrangeiro de solicitar o concurso da autoridade judiciária brasileira se, tendo tornado alguma medida de constrição (medida de urgência, se o árbitro tiver tal poder) houver necessidade do apoio do Poder Judiciário brasileiro (a hipótese que imagino é aquela em que a medida deva ser implementada no território brasileiro)" (CARMONA, Carlos Alberto. *Arbitragem e Processo*: um comentário à Lei nº 9.307/96. 3. ed. São Paulo: Atlas, 2009. p. 122).

1605 STJ, REsp 498835/SP, 3ª Turma, Rel. Min. Nancy Andrighi, j. 12.04.2005.

arrendadora foi arrendada para Agropecuária JL, e realizava o voo de Miami para o Brasil, quando sofreu um acidente nas Bahamas. O Governo dos Estados Unidos reconheceu a responsabilidade da fabricante da aeronave. Em sede de contestação, a recorrida alegou exceção de incompetência sob o fundamento de que o foro competente seria o dos Estados Unidos, nos termos do art. 100, V, *a*, do Código de Processo Civil de 1973.

Rodrigo Garcia da Fonseca, ao analisar o referido acórdão, chama a atenção para o seguinte trecho do voto da Min. Relatora: "é vedado às partes, por vontade expressa em contrato, dispor sobre a competência concorrente do juiz brasileiro". Em razão disso, para o autor, a previsão de cláusulas compromissórias em contratos internacionais, em vez de cláusulas de eleição de foro no exterior, "proporciona, a princípio, maior previsibilidade e segurança jurídica, maior liberdade contratual e menores custos na resolução dos litígios".[1606]

Contudo, com a entrada em vigor do Código de Processo Civil de 2015, esse contexto foi modificado[1607] em razão da previsão do art. 25, que expressamente diz que "não compete à autoridade judiciária brasileira o processamento e o julgamento da ação quando houver cláusula de eleição de foro exclusivo estrangeiro em contrato internacional, arguida pelo réu na contestação".

Em que pese seja possível, não se recomenda a inclusão de cláusula combinada em contratos internacionais, pois "as partes ficariam presas à jurisdição desse Estado para buscar a tutela de urgência pré-arbitral e, muitas vezes, ela precisaria ser cumprida em outro país. Fazer isso por meio de carta rogatória pode não ser a melhor solução, ou caminho, para as partes, em termos de eficiência".[1608]

A eleição de uma jurisdição estrangeira para propositura de eventuais medidas de cooperação, como medidas cautelares, pode não ser boa alternativa. Em caso de arresto

---

[1606] FONSECA, Rodrigo Garcia. Competência Internacional. Competência concorrente da Justiça brasileira. Diferenças entre a cláusula de eleição de foro e a cláusula compromissória na lei e na jurisprudência. *Revista de Arbitragem e Mediação*, São Paulo, v. 7, ano 2, p. 223-237, out./dez. 2005. p. 237.

[1607] "O Novo Código de Processo Civil, que entrará em vigor no dia 18.03.2016,1 previu expressamente, pela primeira vez no direito positivo interno brasileiro, a cláusula de eleição de foro exclusivo, em contratos internacionais, como fator derrogatório da competência internacional do Judiciário brasileiro. Nesse sentido, dispõe o art. 25 do Código, inserido no Capítulo I do Título II do Livro II, relativo aos limites da jurisdição nacional (...). No Direito brasileiro, muito embora a autonomia da vontade, em tese, sempre tenha sido prestigiada como princípio geral, tem havido injustificada resistência do Poder Judiciário quanto à exclusão, por pacto privado das partes, da competência internacional dos tribunais nacionais. O 'foro de eleição', em matéria internacional, é quase universalmente aceito, seja em tratados internacionais, seja na doutrina internacionalista especializada, mas, na jurisprudência brasileira, especialmente no STJ, registra-se uma tendência no sentido oposto, nos últimos 15 anos, que vem sendo seriamente criticada pela doutrina" (ALMEIDA, Ricardo Ramalho. Competência internacional para a ação anulatória de sentença arbitral e a eleição de foro no novo Código de Processo Civil. *Revista de Arbitragem e Mediação*, v. 47, ano 12, p. 85-103, out./dez. 2015. p. 87).

[1608] BERALDO, Leonardo de Faria. *Curso de Arbitragem nos termos da Lei nº 9.307/96*. São Paulo: Atlas, 2014. p. 171.

de bens, por exemplo, pode ser mais interessante às partes o cumprimento da medida no país em que há ativos, em vez de ter que se valer de carta rogatória expedida pela jurisdição por elas eleita.[1609] Há, pois, riscos adicionais nesse tipo de contratação para a pactuação de cláusulas compromissórias combinadas.[1610] Contudo, caso as partes desejem, de fato, incluir cláusula combinada, além da cautela na redação da referida cláusula, é necessário cuidado também na escolha da jurisdição, de modo a evitar a eleição de jurisdições que não proporcionam às partes a segurança jurídica necessária quando se trata de arbitragem.[1611]

Por fim, vale a ressalva de que a eleição de foro pelas partes não implica a escolha da lei material do país eleito.[1612] Trata-se de duas previsões distintas e inconfundíveis entre si. A cláusula de escolha de lei (*lex contractus*) é independente da lei aplicável às questões processuais (*lex fori*), não sendo possível fazer falsa simetria entre ambas.

4. A cláusula de eleição de foro assimétrica: visão a partir da experiência francesa

A Cour de Cassation enfrentou a polêmica de cláusulas de eleição de foro assimétricas nos casos Rothschild,[1613] Crédit Suisse[1614] e Apple.[1615] Nesses casos, a disputa envolvia

---

1609 TIMM, Luciano Benetti. *Arbitragem nos Contratos Empresariais, Internacionais e Governamentais*. Porto Alegre: Livraria do Advogado, 2009. p. 131.

1610 "A cláusula compromissória pode ou não ser acompanhada de uma cláusula de eleição de foro. Quando não há ressalvas na redação da cláusula de eleição de foro sobre os seus limites, grandes são os riscos, no direito nacional e comparado, de um tribunal estatal aceitar jurisdição sobre o caso, entendendo que a eleição sem ressalvas, tanto da via arbitral como da estatal, significaria a intenção das partes em abrir alternativas à parte prejudicada em caso de conflito de interesses. E, mesmo que ainda não fosse, a eleição das duas formas de solução de controvérsias sempre abriria a chance de a parte que pretende boicotar a arbitragem buscar a obtenção de uma medida *anti suit*, para suspender a sua instauração" (TIMM, Luciano Benetti. *Arbitragem nos Contratos Empresariais, Internacionais e Governamentais*. Porto Alegre: Livraria do Advogado, 2009. p. 130).

1611 TIMM, Luciano Benetti. *Arbitragem nos Contratos Empresariais, Internacionais e Governamentais*. Porto Alegre: Livraria do Advogado, 2009. p. 117.

1612 "A cláusula de eleição de foro (choice of fórum) é cláusula inserta em um contrato, a qual determina a escolha das partes de qual tribunal terá jurisdição sobre um eventual litígio envolvendo o contrato. A sua limitação deriva de regras procedimentais dos países em jogo. A eleição de foro não pressupõe a aplicação da lei material do país do tribunal eleito. Na ausência de uma cláusula específica de eleição de lei aplicável ao litígio (ou na proibição da autonomia da vontade em alguns países), poderá resultar na aplicação das normas conflituais do país do fórum eleito, para solucionar o conflito aparente de normas no espaço e, consequentemente, um sistema legal indesejado pelas partes" (TIMM, Luciano Benetti. *Arbitragem nos Contratos Empresariais, Internacionais e Governamentais*. Porto Alegre: Livraria do Advogado, 2009. p. 116).

1613 França, Cour de Cassation. Madame X v.Banque Privée Edmond de Rothschild Europe, Pourvoi n. 11-26.022, j. 26.09.2012.

1614 França, Cour de Cassation. Danne holding patrimoniale v. société Crédit Suisse, Pourvoi n. 13-27.264, j. 25.03.2015.

1615 França, Cour de Cassation. eBizcuss.com v. Apple Retail France, Pourvoi n. 14-16.898, j. 07.10.2015.

a fixação de competência das cortes francesas ou estrangeiras em razão da pactuação de cláusulas de eleição de foro assimétricas. Particularmente nos casos Rothschild e Crédit Suisse havia um forte elemento de assimetria entre as partes do contrato, vez que se tratavam de contratos de consumo entre particulares e instituições bancárias.[1616]

Nos casos Rothschild e Crédit Suisse, as cláusulas de eleição de foro assimétricas foram consideradas inválidas em razão de seu caráter potestativo – ambas as cláusulas concediam aos bancos a faculdade de optar pelas cortes de sua sede ou "qualquer corte competente". Essa ausência de definição quanto à competência foi relevante para caracterizar essas cláusulas como meramente potestativas e, por decorrência, nulas.

No caso Rothschild, a corte foi especialmente sintética em sua fundamentação, até para os padrões franceses. As partes, Madame X e Rothschild, firmaram contrato de serviço bancário que continha cláusula de eleição de foro assimétrica em favor do banco, que poderia optar pelos tribunais de Luxemburgo ou de "qualquer foro competente".[1617] No caso, levou-se em conta especificamente o disposto no art. 23 do Regulamento Bruxelas I, relativo à competência judiciária, para reconhecimento e execução de decisões em matéria civil e comercial. As disposições do art. 23 dizem respeito a cláusulas de eleição de foro em contratos em que uma das partes é sediada em estado-membro da União Europeia, sem maiores especificações. Todavia, a Cour de Cassation considerou o "caráter potestativo" da cláusula para afirmar que ela era contrária ao "objetivo e finalidade

---

1616 "Moreover, the Rothchild and the Credit Suisse cases arose in the particular context of lender agreements where the bargaining power of the two parties is, by definition, unequal. Even if the courts did not apply the specific national (and European) regulations regarding consumers, the existence of an unequal bargaining power was necessarily a factor that the courts considered in ultimately declaring the clauses, which had been proposed by the banks, invalid" (PAPADIMA, Raluca. The Uncertain Fate of Asymmetrical Dispute Resolution Clauses in Arbitration around the Globe: To Be or Not to Be (Asymetrical). *Mississippi Law Journal*, v. 90, n. 3, p. 541-630, 2021. p. 603).

1617 Em tradução livre: "Considerando que, segundo a sentença impugnada (Paris, 18 de outubro de 2011), a Madame X é titular de uma conta bancária na société banque privée Edmond de Rothschild Europe (doravante o Banco), com sede em Luxemburgo, que fora aberta por intermédio da société compagnie financière Edmond de Rothschild, com sede em Paris, na qual depositou 1.700.000 euros que lhe foram doados por seu pai; que, acusando-os de uma queda significativa no desempenho de seus investimentos, ela processou o Banco e a sociedade financeira pelos danos sofridos perante o Tribunal de Grande Instance de Paris; que essas sociedades invocaram uma cláusula de eleição de foro que designava a jurisdição luxemburguesa". No original: "Attendu, selon l'arrêt attaqué (Paris, 18 octobre 2011), que Mme X... est titulaire d'un compte bancaire auprès de la société banque privée Edmond de Rothschild Europe, (ci-après la Banque) ayant son siège au Luxembourg, compte ouvert par l'intermédiaire de la société compagnie financière Edmond de Rothschild, ayant son siège à Paris, sur lequel elle a déposé une somme de 1 700 000 euros qui lui avait été donnée par son père ; que leur reprochant à faute une baisse importante de la performance de ses placements, elle a assigné la banque et la société financière en paiement de dommages-intérêts devant le tribunal de grande instance de Paris ; que ces sociétés ont invoqué une clause attributive de juridiction désignant les juridictions luxembourgeoises" (França, Cour de Cassation. Madame X v.Banque Privée Edmond de Rothschild Europe, Pourvoi n. 11-26.022, j. 26.09.2012, p. 2).

da prorrogação de competência advinda do artigo 23 do Regulamento Bruxelas I",[1618] a despeito da satisfação dos requisitos formais do artigo 23 do Regulamento Bruxelas I.

Já no Caso Credit Suisse, a corte retomou a fundamentação do Caso Rothschild, e novamente decidiu pela nulidade de cláusula de eleição assimétrica em razão de seu caráter potestativo. Porém, dessa vez, o conceito foi mais bem explicado. Como no caso anterior, as partes haviam pactuado contrato de serviço bancário que elegia o foro da sede do Credit Suisse ou "qualquer foro competente", à escolha do banco.[1619] Em sua fundamentação, a corte afirmou que o caráter potestativo se funde na ausência de precisão na redação da cláusula, o que vai de encontro aos objetivos de previsibilidade e segurança jurídica da Convenção de Lugano,[1620] aplicada no caso.[1621,1622]

1618 No original: "Constatant que la clause attributive de juridiction figurant dans le contrat conclu entre une banque et un client, aux termes de laquelle la banque se réservait le droit d'agir au domicile du client ou devant 'tout autre tribunal compétent' ne liait en réalité que le client qui était seul tenu de saisir les tribunaux luxembourgeois, le juge du fond en déduit exactement qu'une telle clause revêtait un caractère potestatif à l'égard de la banque, de sorte qu'elle était contraire à l'objet et à la finalité de la prorogation de compétence ouverte par l'article 23 du Règlement Bruxelles I" (França, Cour de Cassation. Madame X v.Banque Privée Edmond de Rothschild Europe, Pourvoi n. 11-26.022, j. 26.09.2012, Ementa, p. 1).

1619 Em tradução livre: "Considerando que, segundo o acórdão impugnado, para financiar as obras na propriedade Danne, situada em Maine-et-Loire, e para prosseguir a sua atividade agrícola, a sociedade Danne holding patrimoniale concluiu, em 23 de agosto de 2007 e 27 de outubro de 2008, com a sociedade Crédit Suisse, com sede na Suíça, dois contratos-quadro de crédito, incluindo uma cláusula de eleição de foro que indica que 'o mutuário reconhece que o foro exclusivo para qualquer procedimento é Zurique ou o local da sede do Banco onde a relação é estabelecida' e que 'o Banco tem, no entanto, o direito de tomar medidas contra o mutuário perante qualquer outro tribunal competente'". No original: "Attendu, selon l'arrêt attaqué, que, pour financer des travaux dans le domaine de Danne, situé dans le Maine-et--Loire, et y poursuivre l'exploitation agricole, la société Danne holding patrimoniale a, le 23 août 2007 et le 27 octobre 2008, conclu avec la société Crédit suisse, établie en Suisse, deux contrats-cadre de crédit, comportant une clause attributive de juridiction indiquant que « l'emprunteur reconnaît que le for exclusif pour toute procédure est Zurich ou au lieu de la succursale de la banque où la relation est établie » et que « la banque est toutefois en droit d'ouvrir action contre l'emprunteur devant tout autre tribunal compétent" (França, Cour de Cassation. Danne Holding Patrimoniale v. Société Crédit Suisse, Pourvoi n. 13-27.264, j. 25.03.2015, p. 2).

1620 França, Cour de Cassation. Danne Holding Patrimoniale v. Société Crédit Suisse, Pourvoi n. 13-27.264, j. 25.03.2015, Ementa.

1621 A Convenção de Lugano de 30 de outubro de 2007 rege à competência judiciária, o reconhecimento e à execução de decisões em matéria civil e comercial em países-membros da União Europeia. No caso Credit Suisse, foi referenciado o art. 23 da convenção, que trata de extensão de competência. A convenção de Lugano e a Convenção de Bruxelas I, referenciada no julgamento do Caso Rothschild, são similares em escopo e matéria, de forma que seus artigos são similares.

1622 Convenção de Lugano, art. 23: "1. Se as partes, das quais pelo menos uma se encontre domiciliada no território de um Estado vinculado pela presente convenção, tiverem convencionado que um tribunal ou os tribunais de um Estado vinculado pela presente convenção têm competência para decidir qualquer litígio, presente ou futuro, decorrente de determi-

Seria necessário apontar quais seriam os tribunais eventualmente competentes em ambas as opções da cláusula assimétrica, seja nominalmente, seja por meio dos critérios de aferição de sua competência, para que restassem satisfeitos os critérios de previsibilidade e a cláusula pudesse produzir efeitos.[1623] A Cour de Cassation destacou ainda a assimetria entre as partes e o fato de o contrato ser de adesão.[1624] Nesse caso, a

---

nada relação jurídica, esse tribunal ou esses tribunais são competentes. Essa competência será exclusiva, a menos que as partes convencionem o contrário. Este pacto atributivo de jurisdição deve ser celebrado: (a) Por escrito ou verbalmente com confirmação escrita; ou (b) Em conformidade com os usos que as partes estabeleceram entre si; ou (c) No comércio internacional, em conformidade com os usos que as partes conheçam ou devam conhecer e que, em tal comércio, sejam amplamente conhecidos e regularmente observados pelas partes em contratos do mesmo tipo, no ramo comercial considerado. 2.Qualquer comunicação por via electrónica que permita um registo duradouro do pacto equivale à «forma escrita». 3 Sempre que tal pacto atributivo de jurisdição for celebrado por partes das quais nenhuma tenha domicílio num Estado vinculado pela presente convenção, os tribunais dos outros Estados vinculados pela presente convenção não podem conhecer do litígio, a menos que o tribunal ou os tribunais escolhidos se tenham declarado incompetentes. 4. O tribunal ou os tribunais de um Estado vinculado pela presente convenção, a que o acto constitutivo de um trust atribuir competência, têm competência exclusiva para conhecer da acção contra um fundador, um trustee ou um beneficiário de um trust, se se tratar de relações entre essas pessoas ou dos seus direitos ou obrigações no âmbito do trust. 5. Os pactos atributivos de jurisdição, bem como as estipulações similares de actos constitutivos de trust, não produzirão efeitos se forem contrários ao disposto nos artigos 13º, 17º e 21º.o, ou se os tribunais cuja competência pretendam afastar tiverem competência exclusiva por força do artigo 22º".

1623 Em tradução livre: "A exigência de precisão, a qual está subordinada a validade de uma cláusula de eleição de foro, para satisfazer o objetivo de previsibilidade e segurança jurídica prosseguido pelo artigo 23º da Convenção de Lugano de 30 de outubro de 2007, implica que os tribunais abrangidos por esta cláusula, se não nomeados, são identificáveis com base em elementos objetivos e suficientemente precisos. Portanto, um acórdão de um tribunal de segunda instância que reconhece exceção de incompetência baseada em cláusula de eleição de foro, sem antes investigar se esta cláusula, que reserva a um banco o direito de agir contra o mutuário perante 'todo tribunal competente' sem especificar quais os elementos objetivos de aferição dessa competência alternativa, merece ser cassado por não observar o prescrito na Convenção de Lugano". No original: "L'exigence de précision, à laquelle est subordonnée la validité d'une clause attributive de juridiction, afin de satisfaire à l'objectif de prévisibilité et de sécurité juridique poursuivi par l'article 23 de la Convention de Lugano du 30 octobre 2007 implique que les tribunaux visés par cette clause, à défaut d'être nommément désignés, soient identifiables à partir d'éléments objectifs et suffisamment précis. Dès lors, encourt la cassation, pour défaut de base légale au regard de ce texte, un arrêt d'une cour d'appel ayant accueilli une exception d'incompétence fondée sur une clause attributive de juridiction, sans rechercher si cette clause, en ce qu'elle réservait à une banque le droit d'agir contre l'emprunteur devant «tout autre tribunal compétent» que ceux auxquels étaient soumis ce dernier et ne précisait pas sur quels éléments objectifs cette compétence alternative était fondée, n'était pas contraire à cet objectif de prévisibilité et de sécurité juridique" (França, Cour de Cassation. Danne Holding Patrimoniale v. Société Crédit Suisse, Pourvoi n. 13-27.264, j. 25.03.2015, Ementa, p. 1).

1624 Em tradução livre: "Considerando que, para acolher a excepção de incompetência suscitada pela sociedade Crédit Suisse com base na cláusula de eleição de foro, o acórdão, depois de

cláusula foi novamente considerada nula.[1625] O Credit Suisse levou a disputa à Cour de Cassation novamente em 2018, mais uma vez pleiteando a validade da mesma cláusula, também sem sucesso.[1626]

---

recordar que a sociedade ICH, que alegou que a redação desta cláusula, num contrato de adesão, era particularmente favorável ao banco, revela o desequilíbrio alegado, consubstancial a uma cláusula de eleição de foro acordada entre duas partes contratantes de países diferentes, não é suficiente para torná-la irregular a luz da Convenção de Lugano". No original: "Attendu que, pour accueillir l'exception d'incompétence soulevée par la société Crédit suisse sur le fondement de la clause attributive de juridiction, l'arrêt, après avoir rappelé que la société ICH, laquelle faisait valoir que la rédaction de cette clause, dans un contrat d'adhésion, était particulièrement favorable à la banque, relève que le déséquilibre dénoncé, consubstantiel à une clause attributive de juridiction convenue entre deux contractants de pays différents, ne suffit pas à la rendre irrégulière au regard de la Convention de Lugano" (França, Cour de Cassation. Danne Holding Patrimoniale v. Société Crédit Suisse, Pourvoi n. 13-27.264, j. 25.03.2015, p. 2).

1625 França, Cour de Cassation. Danne Holding Patrimoniale v. Société Crédit Suisse, Pourvoi n. 13-27.264, j. 25.03.2015, p. 2.

1626 Em tradução livre: "Mas tendo afirmado precisamente que se, nos termos do artigo 23º da Convenção de Lugano, as partes, pelo menos uma das quais tem o seu domicílio no território de um Estado vinculado pela Convenção, puderem convencionar um tribunal ou tribunais para ouvir litígios que surjam ou possam surgir no decurso das suas relações jurídicas, a validade de tal cláusula de eleição de foro está subordinada a uma exigência de precisão, a fim de satisfazer o objetivo de previsibilidade e de segurança jurídica prosseguido por este texto, o acórdão salienta que a cláusula de eleição de foro contestada pela Crédit Suisse, que exige que o seu cocontratante atue perante os tribunais de Zurique, embora ela própria possa agir contra ele perante qualquer outro tribunal competente, não contém qualquer elemento objetivo de identificação dessas outras jurisdições, uma vez que não se refere a qualquer norma específica de direito interno ou internacional capaz de fundar esta jurisdição alternativa; que observa que nada demonstra que as partes concordaram de forma clara e precisa em escolher o tribunal ou tribunais aos quais pretendiam submeter os seus litígios; que, destas conclusões e declarações, a Cour d'Appel deduziu corretamente que a Crédit Suisse não poderia invocar esta cláusula atributiva de jurisdição para recusar a jurisdição do tribunal francês; que o fundamento é infundado". No original: "Mais attendu qu'après avoir exactement énoncé que si, aux termes de l'article 23 de la Convention de Lugano, les parties, dont l'une au moins a son domicile sur le territoire d'un État lié par la Convention, peuvent convenir d'un tribunal ou de tribunaux pour connaître des différends nés ou à naître à l'occasion de leurs rapports de droit, la validité d'une telle clause attributive de juridiction est subordonnée à une exigence de précision afin de satisfaire à l'objectif de prévisibilité et de sécurité juridique poursuivi par ce texte, l'arrêt relève que la clause attributive de juridiction opposée par le Crédit Suisse, laquelle impose à son cocontractant d'agir devant les juridictions zurichoises tandis que lui-même peut agir contre celui-ci devant tout autre tribunal compétent, ne contient aucun élément objectif d'identification de ces autres juridictions, dès lors qu'elle ne renvoie à aucune règle déterminée de droit interne ou international susceptible de fonder cette compétence alternative ; qu'il retient que rien ne démontre que les parties se sont mises d'accord de façon claire et précise pour choisir le ou les tribunaux auxquels elles entendaient soumettre leurs différends ; que, de ces constatations et énonciations, la cour d'appel a déduit, à bon droit, que le Crédit Suisse ne pouvait se prévaloir de cette clause attributive de juridiction pour décliner la compétence de la juridiction française ; que le moyen n'est pas fondé" (França,

Por fim, no Caso Apple, a Cour de Cassation chegou a uma decisão diferente. Nesse caso, eBizcuss firmou contrato com Apple Sales International para a distribuição de produtos da empresa de tecnologia, que continha cláusula de eleição de foro assimétrica em favor de Apple.[1627] No decorrer do contrato, eBizcuss afirmou que a contraparte começou a adotar práticas anticoncorrenciais, o que levou a empresa francesa a ajuiza ação indenizatória nos tribunais franceses.[1628]

A Apple apresentou exceção de incompetência em favor das cortes irlandesas, com base na cláusula que concedia a ela a opção pelas (i) cortes irlandesas, (ii) cortes da sede da contraparte, ou, ainda, (iii) "qualquer país em que a Apple sofra danos".[1629] Isso satisfez o critério de previsibilidade mencionado nos casos Rothschild e Credit Suisse, na medida em que firmava um critério objetivo para fixação da jurisdição – o local do dano.[1630] O juiz de primeiro grau deu razão à empresa americana e a eBizcuss levou a disputa à Cour de Cassation.[1631]

Cour de Cassation. Danne Holding Patrimoniale v. Société Crédit Suisse, Pourvoi n. 16-24.497, j. 07.02.2018, p. 1).

1627 França, Cour de Cassation. eBizcuss.com v. Apple Retail France, Pourvoi n. 14-16.898, j. 07.10.2015, p. 1.

1628 França, Cour de Cassation. eBizcuss.com v. Apple Retail France, Pourvoi n. 14-16.898, j. 07.10.2015, p. 1.

1629 Em tradução livre: "Este Contrato e as relações decorrentes entre as partes serão regidos e interpretados de acordo com as leis da República da Irlanda e as partes submetem-se à jurisdição dos tribunais da República da Irlanda. A Apple reserva-se o direito de tomar medidas legais contra o Revendedor nos tribunais em cuja jurisdição a sede do Revendedor está localizada ou em qualquer país onde a Apple sofra danos". No original: "Le présent Contrat et les relations en découlant entre les parties seront régis par et interprétés conformément au droit de la République d'Irlande et les parties se soumettent à la compétence des tribunaux de la République d'Irlande. Apple se réserve le droit d'engager des poursuites à l'encontre du Revendeur devant les tribunaux dans le ressort duquel est situé le siège du Revendeur ou dans tout pays dans lequel Apple subit un préjudice" (França, Cour de Cassation. eBizcuss.com v. Apple Retail France, Pourvoi n. 14-16.898, j. 07.10.2015, Moyen Annexe, p. 3).

1630 Em tradução livre: "Mas tendo notado que a cláusula de eleição de foro exigia que eBizcuss ajuizasse perante os tribunais irlandeses, enquanto a opção de recorrer a outro tribunal estava reservada ao seu cocontratante, a Cour d'Appel deduziu corretamente que esta cláusula, que permitiu identificar os tribunais eventualmente obrigados a resolver um litígio entre as partes durante a execução ou interpretação do contrato, atendendo ao imperativo de previsibilidade que as cláusulas de eleição do foro devem satisfazer; que este fato não é fundamento deste recurso". No original: "Mais attendu qu'ayant relevé que la clause d'élection de for imposait à la société eBizcuss d'agir devant les juridictions irlandaises tandis qu'était réservée à son cocontractant, de manière optionnelle, la faculté de saisir une autre juridiction, la cour d'appel en a exactement déduit que cette clause, qui permettait d'identifier les juridictions éventuellement amenées à se saisir d'un litige opposant les parties à l'occasion de l'exécution ou de l'interprétation du contrat, répondait à l'impératif de prévisibilité auquel doivent satisfaire les clauses d'élection de for ; que le moyen n'est pas fondé sur ce point" (França, Cour de Cassation. eBizcuss.com v. Apple Retail France, Pourvoi n. 14-16.898, j. 07.10.2015, p. 2).

1631 França, Cour de Cassation. eBizcuss.com v. Apple Retail France, Pourvoi n. 14-16.898, j. 07.10.2015, p. 2.

A Cour de Cassation reconheceu que a cláusula satisfazia os critérios de previsibilidade e era válida, porém, em razão da natureza da demanda – pautada em direito concorrencial –, anulou a sentença,[1632] em linha com decisão da Corte de Justiça da União Europeia. Para que a cláusula de eleição de foro deslocasse disputas concorrenciais, deveria haver previsão expressa nesse sentido.[1633]

Em conclusão, ao se analisar os casos da Cour de Cassation sobre cláusulas de eleição de foro assimétricas, nota-se que o fiel da balança está na previsibilidade dos foros eleitos.

§ 34. A RELAÇÃO ENTRE A CLÁUSULA COMPROMISSÓRIA E A CLÁUSULA DE ELEIÇÃO DE FORO – CASOS ESPECIAIS

1. Formação superveniente de contrato com adoção de método de solução de litígio diverso

Em se tratando de distrato que prevê eleição de foro, mas não revoga expressamente a cláusula compromissória, os Tribunais de Justiça têm entendimentos divergentes.

1632 Em tradução livre: "Quando se almeja a responsabilidade de um cocontratante devido a práticas anticoncorrenciais, a cláusula de eleição de foro deve, de acordo com os requisitos do direito da União Europeia, referir-se a essa matéria especificamente para poder ser aplicada". No original: "Lorsqu'est recherchée la responsabilité d'un cocontractant du fait de pratiques anticoncurrentielles, la clause attributive de juridiction doit, conformément aux exigences du droit de l'Union européenne, s'y référer pour pouvoir s'appliquer". (França, Cour de Cassation. eBizcuss.com v. Apple Retail France, Pourvoi n. 14-16.898, j. 07.10.2015, Ementa, p. 1).

1633 Em tradução livre: "Considerando, no entanto, que a Corte de Justiça da União Europeia decidiu (Cartel Damage Claims v. Akzo Nobel e outros, 21 de maio de 2015, C-352/13) que o artigo 23º, nº 1, deve ser interpretado no sentido de que permite, em caso de pedido de indemnização em tribunal devido a uma violação do artigo 101º do Tratado sobre o Funcionamento da União Europeia, ter em conta as cláusulas de eleição de foro contidas nos contratos de entrega, mesmo que tal consideração tenha o efeito de derrogar das regras de competência internacional previstas no artigo 5º, ponto 3, e/ou 6, ponto 1, do Regulamento, desde que estas cláusulas se refiram a litígios relativos à responsabilidade incorrida em consequência de uma infração ao direito da concorrência; daí resulta que, ao decidir como o fez, embora a cláusula não se referisse a práticas anticoncorrenciais, o tribunal de recurso violou o texto acima mencionado". No original: "Attendu, cependant, que la Cour de justice de l'Union européenne a dit pour droit (arrêt Cartel Damage Claims c/ Akzo Nobel et autres, 21 mai 2015, C-352/13), que l'article 23, paragraphe 1, doit être interprété en ce sens qu'il permet, dans le cas où des dommages-intérêts sont réclamés en justice en raison d'une infraction à l'article 101 du Traité sur le fonctionnement de l'Union européenne, de prendre en compte les clauses attributives de juridiction contenues dans des contrats de livraison, même si une telle prise en considération a pour effet de déroger aux règles de compétence internationale prévues aux articles 5, point 3, et/ou 6, point 1, du règlement, à la condition que ces clauses se réfèrent aux différends relatifs à la responsabilité encourue du fait d'une infraction au droit de la concurrence; D'où il suit qu'en statuant comme elle l'a fait, alors que la clause ne se référait pas à des pratiques anticoncurrentielles, la cour d'appel a violé le texte susvisé" (França, Cour de Cassation. eBizcuss.com v. Apple Retail France, Pourvoi nº 14-16.898, j. 07.10.2015, p. 2).

Há julgados no sentido de que, no caso de surgimento de disputa relativa a ambos os instrumentos, esta deve ser submetida à arbitragem.

Em caso do TJSP, de relatoria do Des. Melo Bueno, entendeu-se que a cláusula de eleição de foro em nada desnatura a convenção de arbitragem celebrada. Ambas são válidas e devem ser observadas, uma vez que, consideradas a eleição de foro e a cláusula compromissória, "aquela é subsidiária desta, atuando nos casos de impossibilidade da jurisdição arbitral, como, *v.g.*, cautelares, execuções e a própria instituição do compromisso arbitral em caso de resistência de uma das partes". Não há, pois, que se falar em vícios decorrentes de alegada incompatibilidade entre as previsões contratuais.[1634]

Também em outro caso no TJSP, relatado pelo Des. Ricardo Negrão, concluiu-se que a celebração de cláusula de eleição de foro não invalida ou se sobrepõe à convenção de arbitragem. Sua previsão somente delimita o juízo competente para a análise de ações judiciais correlatas. Não se reconheceu renúncia tácita à cláusula compromissória, que prevaleceu sobre a via estatal. Ainda que suscitada a invalidade da convenção de arbitragem, tal análise deve ser feita pelo juízo arbitral, competente para tal.[1635]

Outros julgados, entretanto, entenderam pela prevalência do Poder Judiciário.[1636] Em síntese, o que se conclui é que a autonomia privada encontra limite na arbitrabilidade, ou seja, a amplitude da redação da convenção de arbitragem jamais poderá fazê-la abarcar disputas que, por sua natureza, não são arbitráveis.[1637]

Em caso analisado pelo TJSP, relatado pelo Des. Hamid Bdine, entendeu-se que a previsão de cláusula compromissória e de eleição de foro no mesmo instrumento contratual não caracteriza hipótese de competência concorrente, uma vez que a convenção de arbitragem implica renúncia à jurisdição estatal. Há, sim, hipóteses de incidência

---

[1634] TJSP, Ap. 0198399-49.2012.8.26.0100, Rel. Des. Melo Bueno, 35ª Câm. Dir. Priv., j. 24.08.2015. No mesmo sentido: TJTO, AI 0017711-35.2016.827.0000, Rel. Des. Luiz Gadotti, 1ª CC, j. 15.07.2017.

[1635] TJSP, Ap. 1100961-59.2019.8.26.0100, Rel. Des. Ricardo Negrão, 2ª Câm. Res. Dir. Emp., j. 14.10.2020. No mesmo sentido: TJSP, AI 2179679-04.2015.8.26.0000, Rel. Des. Donegá Morandini, 3ª Câm. Dir. Priv., j. 02.02.2016; TJSC, Ap. 2012.045828-4, Rel. Des. Júlio César Knoll, 4ª Câm. Dir. Pub., j. 21.11.2014.

[1636] TJSP, Ap. 1117751-55.2018.8.26.0100, Rel. Des. Azuma Nishi, 1ª Câm. Res. Dir. Emp., j. 29.07.2020 e TJSP, AI 2176432-05.2021.8.26.0000, Rel. Des. Grava Brazil, 2ª Câm. Res. Dir. Emp., j. 19.10.2021.

[1637] "Como na maioria das jurisdições, apenas disputas sobre direitos patrimoniais disponíveis são arbitráveis no Brasil (a chamada arbitrabilidade objetiva). Essa limitação é uma consequência lógica do fundamento da arbitragem comercial: a autonomia privada. O escopo da arbitrabilidade não pode (e não deve) ultrapassar o escopo da autonomia privada. Portanto, algumas tendências de expandir a arbitragem para áreas do Direito caracterizadas por normas cogentes (e.g. Direito do Trabalho e Direito Tributário) não são livres de riscos" (SESTER, Peter Christian. *Comentários à Lei de Arbitragem e à Legislação Extravagante*. São Paulo: Quartier Latin, 2020. p. 96).

distintas, cabendo ao tribunal estatal o exame de conflitos que não são passíveis de apreciação por meio da arbitragem, em caráter residual.[1638]

Em caso perante o TJRJ, entendeu-se que a eleição de foro estatal não estabelece competência concorrente ao juízo arbitral, mas sim direciona ao Judiciário os conflitos que envolvam direitos indisponíveis, não abarcados pela via arbitral.[1639]

Em julgamento pelo TJMG, analisou-se caso em que o contrato prevendo cláusula compromissória foi seguido por acordo que elegia foro competente, "com expressa renúncia a qualquer outro, ainda que privilegiado". Diante disso, o tribunal entendeu que houve efetiva renúncia à convenção de arbitragem anterior. Isso, porque, assim como as partes podem prever a solução arbitral de seus litígios, também teriam a faculdade de renunciar a ela, elegendo foro estatal competente.[1640]

O TJPR analisou caso em que a cláusula de eleição de foro mencionava a cláusula compromissória, determinando que discussões concernentes às cláusulas e aos valores do contrato seriam dirimidas pela via arbitral. Contudo, o tribunal entendeu que seria defeso reconhecer a convenção de arbitragem *ex officio* e, considerando que nenhuma das partes suscitou sua existência, houve renúncia tácita à sua regência. Dessa forma, e considerada a validade da eleição de foro realizada, concluiu-se pela competência da via estatal.[1641]

Em caso do TJSP, de relatoria do Des. Achile Alesina, entendeu-se pela renúncia expressa e inequívoca à convenção de arbitragem anteriormente pactuada, diante da previsão de cláusula de eleição de foro em novo contrato. Entendeu o tribunal que a celebração do contrato posterior, com a eleição de foro estatal competente, revogou as disposições anteriores, inclusive no que tange à cláusula compromissória.[1642]

1638 TJSP, Ap. 1005959-77.2015.8.26.0011, Rel. Des. Hamid Bdine, 1ª Câm. Res. Dir. Emp., j. 29.11.2017. No mesmo sentido: TJSC, Ap. 20080094317, Rel. Des. Luiz Cézar Medeiros, 3ª Câm. Dir. Pub., j. 25.03.2008; TJSC, Ap. 20070474835, Rel. Des. Luiz Cézar Medeiros, 3ª Câm. Dir. Pub., j. 18.03.2008.

1639 TJRJ, Ap. 00313772720098190209, Rel. Des. Fernando Fernandy Fernandes, 13ª Câm. Dir. Priv., j. 17.03.2011. No mesmo sentido: TJSP, Ap. 0131557-87.2012.8.26.0100, Rel. Des. Mario de Oliveira, 19ª Câm. Dir. Priv., j. 24.08.2015.

1640 TJMG, AI 2277972-25.2022.8.13.0000, Des. Rel. Fausto Bawden de Castro Silva, 9ª CC, j. 27.03.2023. No mesmo sentido: TJPR, Ap. 0001589-91.2019.8.16.0017, Rel. Des. Renato Braga Bettega, 5ª CC, j. 07.12.2021; TJSC. AI 4016220-98.2019.8.24.0000. Rel. Des. Tulio Pinheiro. 3ª Câm Dir Com. J. em: 14.11.2019; TJSP, Ap. 0000966-60.2013.8.26.0372, Rel. Des. Maria Lúcia Pizzotti, 30ª Câm. Dir. Priv., j. 10.06.2015; TJSP, AI 2148169-07.2014.8.26.0000, Rel. Des. Adilson de Araujo, 31ª Câm. Dir. Priv., j. 14.10.2014.

1641 TJPR, Recursal, CC 0002239-53.2022.8.16.9000, 5ª Turma, Rel. Des. Maria Roseli Guiessmann, j. 16.12.2022. No mesmo sentido: TJSP, AI 2034249-55.2014.8.26.0000, Rel. Des. Ramon Mateo Júnior, 2ª Câm. Res. Dir. Emp., j. 10.12.2015.

1642 TJSP, Ap. 1123677-17.2018.8.26.0100, Rel. Des. Achile Alesina, 14ª Câm. Dir. Priv., j. 29.01.2020. No mesmo sentido: TJSP, Ap. 1049241-87.2018.8.26.0100, Rel. Des. Tavares de Almeida, 14ª Câm. Dir. Priv., j. 13.12.2018; TJSP, AI 2144937-16.2016.8.26.0000, Rel. Des. Franco de Godoi, 23ª Câm. Dir. Priv., j. 05.10.2016; TJRJ, Ap. 0328390-06.2017.8.19.0001, Rel. Des. Luiz Roldão de Freitas Gomes, 2ª CC, j. 25.09.2019. TJDFT, Ap. 20150110241876APC, 4ª Turma, Rel. Des.

2. Abrangência do distrato que prevê eleição de foro sem tratar da cláusula compromissória

Em caso relatado pelo Des. Sérgio Shimura, o TJSP examinou contrato de franquia que continha cláusula compromissória, e seu distrato elegia foro. O tribunal concluiu que a eleição de foro cede espaço à convenção de arbitragem, haja vista a utilização das cláusulas dispostas no contrato de franquia. Ademais, eventual alegação acerca da competência da via estatal decorre do debate em torno do distrato do negócio, que deveria ser analisada pelo juízo arbitral, em virtude do princípio *kompetenz-kompetenz*.[1643]

O TJDFT analisou caso em que o distrato contratual previu a eleição de foro "com expressa renúncia de outro qualquer por mais especial que o seja obrigando-se a mantê-lo sempre bom firme e valioso", sem que houvesse, contudo, renúncia expressa à convenção de arbitragem anteriormente celebrada. O tribunal entendeu que a cláusula compromissória e a eleição de foro atuam em escopos diferentes, razão pela qual a determinação da competência jurisdicional estatal não tem o condão de desconstituir a convenção de arbitragem. A cláusula de eleição de foro foi vista como meio para estabelecer a competência estatal para as hipóteses em que a via arbitral não pode ser utilizada – para a execução da sentença arbitral, tutelas cautelares e de urgência e instauração forçada da arbitragem, por exemplo.[1644]

Perante o TJSP, analisou-se caso em que o contrato, que continha cláusula compromissória, foi seguido de instrumento de distrato fixando eleição de foro. Antes da pactuação desse último, contudo, o distrato verbal já havia ocorrido. Com a pretensão lastreada no distrato, entendeu o tribunal não ser cabível a adoção da via arbitral, razão pela qual o processo permaneceu em trâmite perante o juízo estatal.[1645]

O TJSP analisou caso em que houve a pactuação de dois instrumentos contratuais coligados: o contrato de constituição de consórcio e o *agreement in principle*. O segundo previu que a resolução de eventuais conflitos ocorreria por meio de arbitragem, nos termos da cláusula décima do primeiro, o contrato de constituição. Todavia, o instrumento de constituição de consórcio foi aditado, não mais prevendo convenção de arbitragem na referida cláusula décima, mas sim a eleição de foro estatal. Desse modo, o tribunal entendeu como demonstrada a competência do Poder Judiciário, tendo em vista a interpretação conjunta das cláusulas em sua atual redação. O contrato principal determinou o foro a ser observado pelos instrumentos a ele vinculados.[1646]

James Eduardo Oliveira, j. 28.06.2018; TJRJ, Ap. 01484044920048190001, 4ª Câm. Dir. Priv., Rel. Des. Reinaldo Pinto Alberto Filho, j. 17.11.2010.

1643 TJSP, Ap. 1049903-51.2018.8.26.0100, Rel. 2ª Câm. Res. Dir. Emp.,Des. Sérgio Shimura, j. 23.11.2021.

1644 TJDFT, AI 0731290-88.2021.8.07.0000, 6ª Turma, Rel. Des. Alfeu Machado, Cível, j. 18.05.2022.

1645 TJSP, Ap. 1117751-55.2018.8.26.0100, 1ª Câm. Res. Dir. Emp., Rel. Des. Azuma Nishi, j. 29.07.2020.

1646 TJSP, AI 2176432-05.2021.8.26.0000, Rel. Des. Grava Brazil, 2ª Câm. Res. Dir. Emp., j. 19.10.2021.

3. Não abrangência da cláusula compromissória a contrato coligado

A possibilidade de extensão de cláusula compromissória a contrato coligado é tema tormentoso, longe de ser realizada de modo automático.[1647] Há coligação entre contratos quando esses se encontram em relação de dependência unilateral ou recíproca, seja por força de disposição legal, seja pela natureza acessória de um deles, seja pelo seu conteúdo contratual, integrando uma mesma operação econômica.[1648] Certamente, quando as partes elegem meios diversos de solução de controvérsias – em um contrato arbitragem e, em outro, eleição de foro –, o cuidado para proceder a extensão da cláusula compromissória deve ser redobrado. Nesse sentido, vê-se que há um grupo de casos na jurisprudência no qual os tribunais não admitiram a possibilidade de a cláusula compromissória abranger contrato coligado.

Nem sempre é possível identificar – no contexto de coligações contratuais – esse tipo de relação. Eventualmente teremos, apenas, uma coordenação de contratos, sem que haja um contrato nuclear. Em termos teóricos, é tanto possível que a cláusula compromissória esteja inserida no "contrato principal" ou no "contrato acessório". A depender da redação dos contratos relevantes, a jurisdição arbitral poderá abranger questões atinentes a qualquer um dos contratos integrantes do todo coligado. O *locus* de instrumentalização da convenção de arbitragem é indiferente para a determinação do seu escopo, pois o critério que deve ser adotado para realizar a interpretação contratual é o da intenção das partes, identificando e estabelecendo o escopo objetivo da convenção de arbitragem.

Admite-se diversas relações de acessoriedade, e, portanto, diversos graus de intensidade de coligação contratual. Um contrato acessório pode ser acessório apenas para certos fins, por exemplo, um contrato de compra e venda com cláusula compromissória coligado com contrato de mútuo. Questões atinentes somente ao mútuo, estranhas à compra e venda (*e.g*, a pactuação de uma garantia), não devem estar, a princípio, abarcadas pela cláusula compromissória. Nesse sentido, a cláusula compromissória somente poderá abranger controvérsias que estejam no escopo obrigacional da relação jurídica a que faz referência.

Perante o TJMG, analisou-se a aplicação de cláusula compromissória pactuada em contrato de parceria de edificação, considerando contrato de mútuo em torno do mesmo negócio jurídico no qual houve a previsão de cláusula de eleição de foro. Entendeu aquela Corte que não seria cabível a extensão da convenção de arbitragem ao contrato de mútuo que não a previu. Assim, quaisquer litígios decorrentes do contrato

---

1647 "(...) a extensão da cláusula compromissória não deve ser realizada automaticamente a todos os casos em que se identifique a existência de coligação contratual. É preciso que outros fatores do caso concreto sejam levados em consideração" (KULESZA, Gustavo Santos; PEREIRA, Thais Vieira de Souza. Note: Paranapanema S/A v. Banco BTG Pactual S/A e Banco Santander Brasil S/A, Superior Court of Justice of Brazil, Case No. 1.639.035/SP (2015/0257748-2), 18 September 2018. *Revista Brasileira de Arbitragem*, v. XVI, n. 61, p. 137-158, 2019. p. 147).

1648 MARINO, Francisco Paulo de Crescenzo. *Contratos Coligados no Direito Brasileiro*. São Paulo: Saraiva, 2009. p. 99.

de edificação deveriam ser submetidos ao juízo arbitral, enquanto aqueles referentes ao contrato de mútuo, à via judicial.[1649]

Em análise realizada pelo TJSP, concluiu-se pela impossibilidade de ampliação dos efeitos da cláusula compromissória prevista no contrato de compra e venda de energia elétrica de fonte incentivada ao contrato de prestação de serviços, ainda que ambos decorressem da mesma relação comercial. Isso porque a convenção de arbitragem constituiria cláusula limitativa de acesso ao Judiciário, que, por razões específicas, não foi reproduzida no segundo instrumento contratual. Desse modo, entendeu o tribunal que deveria prevalecer o que fora convencionado no contrato que delimitou os contornos da lide: a cláusula de eleição de foro.[1650]

Perante o TJSP, houve o exame da possibilidade de extensão de cláusula compromissória prevista em contrato de concessão comercial ao instrumento pactuado para assunção de dívida, ambos concernentes ao mesmo negócio jurídico. O tribunal considerou que não haveria como separar os contratos, já que a assunção de dívida ocorreu no contexto da concessão comercial. Todavia, isso não significaria dizer que a convenção de arbitragem seria aplicável aos litígios oriundos do segundo contrato.

Para aquela corte, a cláusula compromissória é meio de excluir a jurisdição estatal de forma expressa e excepcional, o que não poderia ser estendido ao contrato que nem mesmo se referiu à convenção de arbitragem, mas previu cláusula de eleição de foro. Assim, somente aquelas questões diretamente relacionadas ao contrato de concessão comercial estariam submetidas à via arbitral.[1651]

Em exame do TJSP sobre a cláusula compromissória prevista em contrato de franquia empresarial, entendeu-se por sua não extensão aos conflitos oriundos dos contratos de locação relacionados ao negócio jurídico. O tribunal concluiu que não se poderia falar em submissão tácita de conflitos à via arbitral, e que, em análise casuística, os contratos de locação não mencionavam a adoção da arbitragem ou mesmo a cláusula prevista no instrumento de franquia empresarial. Prevaleceu, assim, a cláusula de eleição de foro, especificamente prevista nos contratos de locação.[1652]

1649 TJMG, Ap. 5007387-64.2020.8.13.0479, Rel. Des. Marco Aurélio Ferrara Marcolino, 13ª CC, j. 02.03.2023.

1650 TJSP, AI 2135622-51.2022.8.26.0000, Rel. Des. Lidia Conceição, 36ª Câm. Dir. Priv., j. 24.11.2022. No mesmo sentido: TJMG, Ap. 5170465-52.2017.8.13.0024, Rel. Des. Arnaldo Maciel, 18ª CC, j. 23.11.2022; TJRJ, AI 0065602-35.2020.8.19.0000, Rel. Des. Jacqueline Lima Montenegro, 27ª CC, j. 12.11.2021. TJSP, AI 2207468-65.2021.8.26.0000, Rel. Des. Álvaro Torres Júnior, 20ª Câm. Dir. Priv., j. 08.11.2021; TJSP, AI 2157868-12.2020.8.26.0000, Rel. Des. Castro Figliolia, 12ª Câm. Dir. Priv., j. 10.02.2021.

1651 TJSP, Ap. 1090296-81.2019.8.26.0100, Rel. Des. Ana de Lourdes Coutinho Silva da Fonseca, 13ª Câm. Dir. Priv., j. 11.11.2020. No mesmo sentido: TJDFT, AI 876543, 5ª Turma Cível, Rel. Des. Sandoval Oliveira, j. 17.06.2015.

1652 TJSP, AI 2038111-24.2020.8.26.0000, Rel. Des. Carlos Dias Motta, 26ª Câm. Dir. Priv., j. 20.08.2020. No mesmo sentido: TJRJ, Ap. 0177133-26.2020.8.19.0001, Rel. Des. Lucia Esteves, 15ª CC, j. 14.06.2022; TJSP, AI 2113040-91.2021.8.26.0000, Rel. Des. Antonio Nascimento, 26ª Câm. Dir. Priv., j. 24.02.2022; TJSP, AI 2113721-61.2021.8.26.0000, Rel. Des. Antonio Nascimento, 26ª

Em caso do TJSP, analisou-se hipótese em que contrato de licenciamento e hospedagem de *software* previu cláusula de eleição de foro, enquanto o contrato de prestação de serviços, acessório, estabeleceu cláusula compromissória. O tribunal entendeu que, como o conflito se referia à rescisão do contrato de licenciamento e *software*, a cláusula a ser observada seria a de eleição de foro, prevista naquele contrato principal.[1653]

Em caso sob jurisdição TJSP, relatado pela Des. Jane Franco Martins, entendeu-se pela aplicação da cláusula de eleição de foro provinda do Acordo de Acionistas, ainda que o Estatuto Social previsse cláusula compromissória. Isso porque a controvérsia se referiria a pretensa violação ao Acordo de Acionistas, razão pela qual a convenção de arbitragem não seria aplicável.[1654]

4. Abrangência da cláusula compromissória a contrato coligado

Idealmente, a melhor técnica recomenda a pactuação uniforme do método de solução de conflitos para todos os contratos que integram a coligação.[1655,1656] No entanto, mesmo quando não há essa harmonia, o melhor entendimento é no sentido de que a pactuação de cláusula compromissória em um dos contratos da coligação e a eleição de foro em outros não implica exclusão mútua, podendo os negócios jurídicos coexistirem.[1657]

No âmbito dos contratos coligados, podem surgir duas situações distintas que demandam interpretação por parte do intérprete da cláusula compromissória:[1658]

Câm. Dir. Priv., j. 24.02.2022; TJSP, Ap. 1072784-22.2018.8.26.0100, Rel. Des. Ana de Lourdes Coutinho Silva da Fonseca, 13ª Câm. Dir. Priv., j. 11.12.2019.

1653 TJSP, Ap. 0029976-50.2009.8.26.0224, Rel. Des. Paulo Celso Ayrosa M. de Andrade, 31ª Câm. Dir. Priv., j. 28.01.2020.

1654 TJSP, AI 2243875-70.2021.8.26.0000, Rel. Des. Jane Franco Martins, 1ª Câm. Res. Dir. Emp., j. 19.10.2022.

1655 WALD, Arnoldo. A Arbitragem e o Direito Societário (II) Casos Práticos. *Revista de Arbitragem e Mediação*, São Paulo, ano 4, n. 14, p. 22-29, jul./set. 2007. p. 27.

1656 MIRANDA, Isabel Alves de Melo. Cláusulas compromissórias conflitantes inseridas em contratos relacionados: Comentários ao AGIN 0002546-67.2010.805.0000-0 do TJBA. *Revista de Arbitragem e Mediação*, São Paulo, v. 29, p. 285-308, abr. 2011. p. 10; BIANCHI, Beatriz Homem de Mello. Os contratos coligados: suas consequências e a peculiaridade da cláusula arbitral. *Revista de Arbitragem e Mediação*, v. 16, n. 60, p. 151-182, jan./mar. 2019. p. 18.

1657 "A convenção de arbitragem e a cláusula de eleição de foro não são modalidades de negócios jurídicos processuais mutuamente excludentes entre si, podendo coexistir até mesmo no mesmo instrumento e, com muito mais razão, em contratos coligados, de forma que a existência de convenção de arbitragem em um contrato da rede e a cláusula de eleição de foro em outro contrato dessa mesma rede não significa escolha de jurisdições distintas pelas partes para ambos os contratos, até porque a cláusula de eleição de foro não tem essa carga volitiva" (MONTEIRO, Vitor José de Mello. *Limites objetivos da jurisdição arbitral nos contratos coligados*. 2016. 187 p. Tese (Doutorado em Direito) – Pontifícia Universidade Católica de São Paulo, Faculdade de Direito, São Paulo, 2016. p. 174).

1658 Conforme explicado por Carlos Nelson Konder, essas situações podem ocorrer, pois, no âmbito de operações complexas, "podem as partes celebrar simultaneamente diversos negócios,

(i) apenas um dos contratos contém cláusula compromissória, enquanto nos demais há cláusula de eleição de foro e vice-versa, ou (ii) em um dos contratos há previsão de um método de solução de litígios, e os demais nada preveem a respeito.[1659]

No primeiro cenário, a análise deve ser conduzida a partir do idêntico método utilizado quando há pactuação de cláusula compromissória e eleição de foro no mesmo instrumento. A contingência das cláusulas estar em contratos distintos e coligados pode ser meramente acidental, já que o determinante para o escopo da jurisdição arbitral é o quão abrangente é a redação da cláusula compromissória – e não se há ou não cláusula de eleição de foro nos contratos coligados.

No segundo cenário, verificar-se-á se (i) a redação da cláusula compromissória limita a sua abrangência apenas ao instrumento em que está inserida ou (ii) a redação da cláusula é abrangente a ponto de poder se interpretar que a convenção de arbitragem abrange os contratos coligados.[1660] Novamente, o que é determinante é a análise da abrangência da redação da cláusula compromissória.[1661] Ou seja, em ambos os cenários é possível que a cláusula compromissória venha a abarcar, dependendo das circunstâncias

---

(...) – como acordo de cooperação, acordo financeiro, protocolo de investimentos etc. – e inserir no instrumento de somente um deles cláusula compromissória que abranja possíveis conflitos oriundos de quaisquer dos diversos negócios envolvidos na operação como um todo" (KONDER, Carlos Nelson. O alcance da cláusula compromissória em contratos coligados: leitura a partir da tutela da confiança. *Revista de Arbitragem e Mediação*, São Paulo, v. 63, ano 16, p. 295-331, out./dez. 2019. p. 307).

1659 COELHO, Eleonora. Convenção de Arbitragem: Limites Objetivos e Subjetivos. *In*: FERREIRA, Olavo Augusto Vianna Alves; LUCON, Paulo Henrique dos Santos. *25 anos da Lei de Arbitragem*. São Paulo: Migalhas, 2021. p. 136; BIANCHI, Beatriz Homem de Mello. Os contratos coligados: suas consequências e a peculiaridade da cláusula arbitral. *Revista de Arbitragem e Mediação*, v. 16, n. 60, p. 151-182, jan./mar. 2019.

"Entretanto, tem se revelado comum, nessas operações, alguns instrumentos de contratos coligados apresentarem cláusula compromissórias e outros não, talvez como feito de ser disposição contratual muitas vezes redigida ao final de longos e extenuantes processos de negociação, já sem o mesmo cuidado e diligência do restante da operação, razão pela qual é comumente denominada *midnight clause*" (KONDER, Carlos Nelson. O alcance da cláusula compromissória em contratos coligados: leitura a partir da tutela da confiança. *Revista de Arbitragem e Mediação*, São Paulo, v. 63, ano 16, p. 295-331, out./dez. 2019. p. 306).

1660 HANOTIAU, Bernard. Chapter 3: The Possibility of Bringing Together in One Single Proceeding all the Parties Who Have Participated in the Performance of One Economic Transaction Through Interrelated Contracts. *In*.: HANOTIAU, Bernard. *Complex Arbitrations*: Multi-party, Multi-contract, Multi-issue – a comparative study. 2. ed. Haia: Kluwer Law International, 2020. v. 14. p. 197-310, p. 241.

1661 "De qualquer modo, tratando-se de uma relação de direito privado, a relação acessório-principal entre os contratos deverá ser analisada. Desta forma, a cláusula presente em um contrato acessório não se estenderá a um contrato principal, a menos que da sua redação tal interpretação seja obtida. De outro lado, se tal disposição estiver contida no contrato principal, a relação se inverterá e a arbitragem poderá ser estendida aos contratos acessórios a ele" (GUERRERO, Luis Fernando. *Convenção de Arbitragem e Processo Arbitral*. 2. ed. Carlos Alberto Carmona (Coord.). São Paulo: Atlas, 2014. p. 175).

do caso concreto, os contratos coligados.[1662] A intenção das partes é o elemento central a ser averiguado pelo intérprete.[1663]

Nesse sentido, já decidiu o STJ no célebre caso Paranapanema, relatado pelo Min. Paulo de Tarso Sanseverino, que "(...) nos contratos coligados, as partes celebram uma pluralidade de negócios jurídicos tendo por desiderato um conjunto econômico, criando entre eles efetiva dependência. Reconhecida a coligação contratual, mostra-se possível a extensão da cláusula compromissória prevista no contrato principal (...) No sistema de coligação contratual, o contrato reputado efetiva dependência. Reconhecida a coligação contratual, mostra-se possível a extensão da cláusula compromissória prevista no contrato principal (...) No sistema de coligação contratual, o contrato reputado como sendo o principal determina as regras que deverão ser seguidas pelos demais instrumentos negociais que a este se ajustam, não sendo razoável que uma cláusula compromissória inserta naquele não tivesse seus efeitos estendidos aos demais".[1664]

Em outra oportunidade, no REsp 1.834.338/SP, em acórdão redigido pelo Min. Marco Aurélio Bellizze, entendeu-se que "a abrangência da cláusula compromissória arbitral inserta no contrato principal, que não estabeleceu nenhuma ressalva em relação a ajuste coligado ali já previsto, revelaria, por si, a nítida intenção das partes signatárias de submeter à arbitragem todos os conflitos oriundos ou relacionados ao contrato de compra e venda da universidade, a autorizar a extensão objetiva da cláusula arbitral ao contrato de cessão de crédito a ele conexo. Nesse contexto, não impressiona o fato, em si, de o contrato acessório de cessão de crédito ter previsto cláusula de eleição de foro, devendo-se, pois, adequá-la às exceções estabelecidas no contrato principal, que foi expresso, e sem reservas, em instituir a arbitragem para todas as controvérsias oriundas do contrato de compra e venda da universidade ou a ele relacionados".[1665]

Portanto, eventual desarmonia entre os métodos de solução de litígios em contratos coligados é, antes de tudo, uma questão de interpretação contratual. Nesse sentido, diante do suposto antagonismo entre cláusula compromissória e eleição de foro no âmbito de uma coligação contratual, duas clássicas regras de interpretação formuladas por Pothier se mostram essenciais: "quando huma clausula he susceptível de dous sentidos, deve entender-se naquelle em que ella póde ter efeito, e não no em que não pode ter effeito algum" (Segunda Regra de Pothier); "huma cláusula deve interpretar-se pelas outras do mesmo contracto, ou estas sejão precedentes, ou consequentes" (Sexta Regra de Pothier). Em outras palavras, preconiza-se a interpretação sistemática entre as cláusulas.

1662 BIANCHI, Beatriz Homem de Mello. Os contratos coligados: suas consequências e a peculiaridade da cláusula arbitral. *Revista de Arbitragem e Mediação*, v. 16, n. 60, p. 151-182, jan./mar. 2019. p. 13.

1663 KONDER, Carlos Nelson. O alcance da cláusula compromissória em contratos coligados: leitura a partir da tutela da confiança. *Revista de Arbitragem e Mediação*, São Paulo, v. 63, ano 16, p. 295-331, out./dez. 2019. p. 301-302.

1664 STJ, REsp 1.639.035/SP, 3ª Turma, Rel. Min. Sanseverino, j. 18.09.2018.

1665 STJ, REsp 1.834.338/SP, 3ª Turma, Rel. Min. Nancy Andrighi, Rel. acórdão Min. Marco Aurélio Bellizze, j. 01.09.2020.

Em caso perante o STJ, de relatoria da Min. Nancy Andrighi, analisou se o escopo de aplicação de convenção de arbitragem celebrada em aditamento a escritura de *promessa* de compra e venda, prevendo a resolução de quaisquer questões relacionadas à transação por meio da via arbitral. O litígio em questão originou-se de Acordo de Entendimentos, do qual não constou cláusula compromissória, mas sim de eleição de foro. O tribunal entendeu que a previsão de foro competente não afasta, por si só, o alcance da convenção de arbitragem, já que ambas podem conviver em harmonia. Para mais, a relação empresarial referia-se a um único empreendimento, razão pela qual há coligação entre os diversos instrumentos contratuais. Assim, o litígio deveria ser analisado pelo tribunal arbitral.[1666]

Perante o TJSP, houve o exame dos contratos coligados de Parceria Agrícola e de Compra e Venda de Cana de Açúcar para Entrega Futura. No primeiro, contrato principal, previu-se cláusula compromissória, enquanto no segundo foi eleito foro estatal competente. O tribunal entendeu que a convenção de arbitragem tem força vinculante com *relação* aos contratos coligados, razão pela qual caberá ao juízo arbitral a análise da existência, validade e eficácia da cláusula compromissória.[1667]

Em caso analisado pelo TJSP, entendeu-se pela eficácia da convenção de arbitragem celebrada em Alteração do Contrato Social. A cláusula previu que seria adotada a via arbitral para a *resolução* de todo e qualquer litígio oriundo do negócio, e, para as controvérsias incompatíveis com a arbitragem, definiu-se foro estatal competente. Assim concluiu o tribunal, submetendo qualquer litígio que verse acerca de direitos patrimoniais disponíveis ao juízo arbitral.[1668]

Em caso examinado pelo TJPR, concluiu-se pela aplicação da cláusula compromissória *pactuada* em Acordo de Sócios, posterior ao Contrato Social que estabeleceu cláusula de eleição de foro. Por ser posterior e deter previsão expressa de que suas disposições, em caso de conflito, prevaleceriam sobre as do Contrato Social, o Acordo de Sócios e sua convenção de arbitragem foram observados.[1669] Em suma, em linha com as Regras de Pothier, a jurisprudência vem aplicando que a interpretação sistemática deve ser empregada a fim de concluir pela aplicação mais condizente com completude da relação jurídica criada pelas partes.

Em verdade, a pactuação de cláusula compromissória em um dos contratos e a eleição de foro nos demais podem até se justificar por razões funcionais, com a pactuação superveniente de cláusula de eleição de foro servindo para delimitar certas questões de apoio à jurisdição arbitral (cautelares pré-arbitrais, apoio na produção de

---

1666 STJ, REsp 1.656.643, 3ª Turma, Rel. Min. Nancy Andrigui, j. 09.04.2019. STJ, REsp 1.656.643, 3ª Turma, Rel. Min. Nancy Andrigui, j. 09.04.2019.

1667 TJSP, Ap. 1002237-48.2020.8.26.0047, Rel. Des. Daise Fajardo Nogueira Jacot, 27ª Câm. Dir. Priv., j. 27.10.2021. No mesmo sentido: TJMG, Ap. 0685075-61.2014.8.13.0702, Rel. Des. Pedro Aleixo, 3ª CC, j. 09.12.2020.

1668 TJSP, Ap. 1013572-04.2017.8.26.0004, Rel. Des. Maurício Pessoa, 2ª Câm. Res. Dir. Emp., j. 04.02.2019.

1669 TJPR, Ap. 0026262-02.2019.8.16.0001, Rel. Des. Salvatore Antonio Astuti, 1ª CC, j. 11.02.2022.

provas, foro para julgamento de eventual ação anulatória, entre outras).[1670] Ou, ainda, pode ser relevante para abranger questões que, a despeito da coligação, sejam próprias do contrato acessório – e irrelevantes para o contrato principal. Em síntese, não há contradição intrínseca.[1671]

Nesse sentido, explica Carlos Nelson Konder que "ainda que a redação da cláusula compromissória não indique expressamente a intenção de absorver conflitos decorrentes de outros contratos a ele coligados, esse objetivo pode ser apreendido de outros elementos interpretativos, além do literal. A própria unidade funcional da operação pode atuar, nesse sentido, como elemento teleológico, sem prejuízo da análise do histórico da relação das partes, seu comportamento na execução dos negócios, bem como a exigência de lógica e sistematicidade interna à operação como um todo, por mais complexa que ela seja. Prioriza-se, nesse sentido, como chave de leitura, a proteção da confiança legitimamente estabelecida entre os envolvidos".[1672]

Justamente pela possibilidade de convivência harmônica entre cláusula compromissória e cláusula de eleição de foro em contratos coligados, e pela natureza fundamentalmente interpretativa acerca do escopo objetivo e da abrangência da cláusula compromissória, a regra geral é no sentido de que o tema deve ser analisado, em primazia pelo Tribunal Arbitral, por força do *Kompetenz-Kompetenz*.[1673]

Nas palavras de Emmanuel Gaillard, "o princípio [*Kompetenz-Kompetenz*] permite que os árbitros decidam sobre qualquer questão de direito relacionada à existência, validade ou escopo de uma cláusula compromissória, sem que sejam considerados culpados por examinar essas questões em um momento em que a sua competência – que depende da cláusula compromissória – ainda não tenha sido estabelecida. Além disso, quando necessário, o princípio permite que os árbitros se declarem incompetentes por

---

1670 Nesse sentido, já entendeu o STJ, em caso relatado pela Min. Nancy Andrighi, que "a cláusula de eleição de foro não é incompatível com o juízo arbitral, pois o âmbito de abrangência pode ser distinto, havendo necessidade de atuação do Poder Judiciário, por exemplo, para a concessão de medidas de urgência; execução da sentença arbitral; instituição da arbitragem quando uma das partes não a aceita de forma amigável" (STJ, REsp 904.813/PR, 3ª Turma, Rel. Min. Nancy Andrighi, j. 20.10.2011).

1671 "Ainda que os excertos citados deem destaque a hipóteses em que as Partes elegeram uma espécie de 'foro de apoio à arbitragem' – responsável pelas medidas preparatórias, complementárias ou posteriores à arbitragem –, eles servem para corroborar a afirmação de que não há um conflito, per se, entre a cláusula arbitral e a cláusula de eleição de foro, que convivem em um mesmo contrato ou em contratos coligados, e podem ser aplicadas pelas Partes em situações distintas." (KULESZA, Gustavo Santos; PEREIRA, Thais Vieira de Souza. Note: Paranapanema S/A v. Banco BTG Pactual S/A e Banco Santander Brasil S/A, Superior Court of Justice of Brazil, Case No. 1.639.035/SP (2015/0257748-2), 18 September 2018. *Revista Brasileira de Arbitragem*, São Paulo, v. 15, n. 61, p. 137-158, 2019. p. 154).

1672 KONDER, Carlos Nelson. O alcance da cláusula compromissória em contratos coligados: leitura a partir da tutela da confiança. *Revista de Arbitragem e Mediação*, São Paulo, v. 63, ano 16, p. 295-331, out./dez. 2019. p. 308-309.

1673 COELHO, Eleonora. Convenção de Arbitragem: Limites Objetivos e Subjetivos. *In:* FERREIRA, Olavo Augusto Vianna Alves; LUCON, Paulo Henrique dos Santos. *25 anos da Lei de Arbitragem*. São Paulo: Migalhas, 2021. p. 137.

meio de uma decisão que não constitua uma aberração."[1674] Assim, a questão do escopo objetivo da convenção de arbitragem é matéria que está sob o signo do princípio da *Kompetenz-Kompetenz*. Por demandar ato de interpretação da convenção de arbitragem, a jurisdição arbitral, em regra, terá preferência para fazer essa análise.

Os artigos 112[1675] e 113[1676] do Código Civil consagram os cânones hermenêuticos gerais acerca dos negócios jurídicos privados, expressando de modo conjunto a visão do legislador acerca dos negócios encampada pelo Código,[1677] próxima da "teoria da confiança".[1678] A conduta das partes no decorrer das negociações e execuções dos contratos e a observância dos deveres decorrentes da boa-fé objetiva – *v.g.* proteção da confiança e *venire contra factum proprium* – deve nortear a análise do intérprete da convenção de arbitragem.[1679] O processo de atribuição de sentido aos negócios jurídicos sempre deve ter em conta o contexto no qual a manifestação de vontade ocorre, devendo-se

---

1674 Tradução livre, no original: "the principle permits them to rule on any point of law relating to the existence, the validity or the scope of an arbitration agreement, without being found guilty of examining these issues at a time when the competence, which itself relies on the arbitration agreement, has not yet been established. Additionally, where necessary, the principle permits arbitrators to find themselves incompetent by an award that is not an aberration" (GAILLARD, Emmanuel. The Negative Effect of Competente-Competence. *Mealeys' International Arbitration Report*, v. 17, n. 1, 2002. p. 27). No mesmo sentido, Juan Eduardo Figueroa Valdes diz que, "in its positive effect, the principle of competence-competence enables arbitrators to rule on their own Jurisdiction without any logical inconsistency" (VALDES, Juan Eduardo Figueroa. The Principle of Kompetenz-Kompetenz in International Commercial Arbitration. *Revista de Arbitragem e Mediação*, v. 15, out./dez. 2017, p. 134-190).

1675 Código Civil, art. 112: "Nas declarações de vontade se atenderá mais à intenção nelas consubstanciada do que ao sentido literal da linguagem".

1676 Código Civil, Art. 113: "Os negócios jurídicos devem ser interpretados conforme a boa-fé e os usos do lugar de sua celebração. § 1º A interpretação do negócio jurídico deve lhe atribuir o sentido que: I – for confirmado pelo comportamento das partes posterior à celebração do negócio; II – corresponder aos usos, costumes e práticas do mercado relativas ao tipo de negócio; III – corresponder à boa-fé; IV – for mais benéfico à parte que não redigiu o dispositivo, se identificável; e V – corresponder a qual seria a razoável negociação das partes sobre a questão discutida, inferida das demais disposições do negócio e da racionalidade econômica das partes, consideradas as informações disponíveis no momento de sua celebração. § 2º As partes poderão livremente pactuar regras de interpretação, de preenchimento de lacunas e de integração dos negócios jurídicos diversas daquelas previstas em lei".

1677 TEPEDINO, Gustavo. Interpretação Contratual e Boa-Fé Objetiva. *Soluções Práticas – Tepedino*, v. 2, p. 387-402, nov. 2011.

1678 MARTINS-COSTA, Judith. *A boa-fé no direito privado*: critérios para a sua aplicação. 2. ed. São Paulo: Saraiva, 2018. p. 490.

1679 "Em síntese, para a avaliação do consentimento tácito do 'contratante-terceiro' quanto à cláusula compromissória presente no instrumento coligado ao que ele subscreveu deve-se proceder menos a eventual investigação psicológica do consentimento tácito, incompatível com as complexas atividades empresariais, e mais à avaliação do grau de confiança na arbitrabilidade da operação como um todo que sua conduta objetiva, auxiliada pelos demais elementos objetivos (como a aparência de representação, eventual relação de dependência ou acessoriedade) criou nos demais envolvidos. A aferição será, inevitavelmente, in concreto, de modo a interpretar a conduta das partes durante as negociações e a execução do contrato, incluindo-se a própria cláusula compromissória" (KONDER, Carlos Nelson. O alcance

pressupor que os contratantes pretendem dar efeito útil aos termos ajustados, utilizando tais critérios como balizas interpretativas primordiais.[1680]

Importa apontar que o *favor arbitrandum*, em sua dimensão hermenêutica, consiste em um critério interpretativo e decisório segundo o qual, no caso de dúvida interpretativa, deve-se privilegiar a alternativa mais favorável à arbitragem,[1681] e que também pode ser ponderado pelo intérprete ao analisar o problema da coligação contratual. Essa lógica é ainda acentuada nos casos em que os contratos coligados apresentam relação de dependência recíproca, constituindo operação econômica unitária.[1682]

Percebe-se a adoção de uma perspectiva funcional e relativizada, que abandona o dogmatismo estático da análise dos institutos de direito civil.[1683] Assim, os negócios jurídicos precisam ser percebidos a partir da função prático-social para o qual concretamente foram pactuados, em promoção da utilidade social da atividade econômica e da autonomia privada.[1684] E, no caso, a utilidade econômica dos contratos somente se mostrava aplicável a partir da visão integrada e unitária da operação,[1685] em face da dependência entre os contratos.[1686]

---

da cláusula compromissória em contratos coligados: leitura a partir da tutela da confiança. *Revista de Arbitragem e Mediação*, São Paulo, v. 63, ano 16, p. 295-331, out./dez. 2019. p. 325).

1680 BAPTISTA, Luiz Olavo. Interpretação de Cláusulas de Arbitragem e Foro em Acordo de Acionistas. *Revista de Direito Civil Contemporâneo*, v. 11, p. 321-339, abr./jun. 2017.

1681 DIAMVUTU, Lino. *O favor arbitrandum*: ensaio de uma teorização. Tese (Doutorado em Direito) – Faculdade de Direito, Universidade de Lisboa, Lisboa, 2019. p. 38.

1682 "Os contratos coligados são queridos pelas partes contratantes como um todo. Um depende do outro de tal modo que cada qual, isoladamente, seria desinteressante. Mas não se fundem. Conservam a individualidade própria, por isso se distinguindo dos contratos mistos. A dependência pode ser recíproca ou unilateral. Na primeira forma, dois contratos completos, embora autônomos, condicionam-se reciprocamente, em sua existência e validade. Cada qual é a causa do outro, formando uma unidade econômica. Enfim, a intenção das partes é que um não exista sem o outro" (GOMES, Orlando. *Contratos*. 26. ed. Rio de Janeiro: Forense, 2007. p. 121-122).

1683 TEPEDINO, Gustavo. Relações Contratuais e a Funcionalização do Direito Civil. *Revista de Ciências Jurídicas*, v. 28, n. 1, p. 1-10, jan./mar. 2023. p. 2.

1684 "A complexidade que nos oferece a sociedade moderna nos leva cada vez mais à abertura e ao pluralismo, ensejando uma conciliação, que algumas vezes, é difícil, entre a segurança jurídica e a justiça do caso concreto, entre a aplicação rígida e a formal da lei e a razoabilidade que decorre dos princípios jurídicos que incidem no Estado de Direito" (WALD, Arnoldo. A Arbitragem e o Direito Societário (II) Casos Práticos. *Revista de Arbitragem e Mediação*, São Paulo, ano 4, n. 14, p. 22-29, jul./set. 2007. p. 24).

1685 "Em matéria de coligação contratual, os diversos contratos devem poder ser reconduzidos a uma unidade, que neste caso é econômica. Os vários contratos integram uma mesma operação econômica unitária" (KATAOKA, Eduardo Takemi. *A coligação contratual*. Rio de Janeiro: Lumen Juris, 2008. p. 62-63).

1686 "A união 'voluntária' entre os contratos pode advir de cláusulas contratuais que expressamente disciplinem o vínculo intercontratual ('coligação voluntária expressa'), ou pode ser deduzida a partir do fim contratual concreto e das circunstâncias interpretativas ('coligação voluntária implícita')" (MARINO, Francisco Paulo de Crescenzo. *Contratos Coligados no Direito Brasileiro*. São Paulo: Saraiva, 2009. p. 107).

Capítulo 9

CLÁUSULA COMPROMISSÓRIA ASSIMÉTRICA

No momento de celebração do contrato, as partes dispõem de considerável autonomia para estruturarem o que naquele ponto considerarem como o melhor método de solução de controvérsias. Assim, a princípio, pela amplitude de atividade que a ordem jurídica concede à autonomia privada, não haveria qualquer óbice à pactuação de uma cláusula compromissória assimétrica, que concedesse a apenas um dos contratantes a prerrogativa de, na hipótese de surgimento de um conflito, escolher a melhor via de solucioná-lo, seja arbitral, seja judicial.[1687]

Essa flexibilidade proposta pela cláusula assimétrica vai ao encontro do "*multi-door courthouse*" idealizado por Frank Sander. Com a emergência de um litígio entre as partes, deveria ser feito um diagnóstico para, a partir desse momento, avaliar se seria mais adequado resolver a controvérsia por meio de um procedimento arbitral ou judicial.[1688]

Por outro lado, poderia surgir questionamentos sobre a validade da referida cláusula, em razão da ausência de simetria entre os contratantes, podendo-se entender que

---

1687 "À primeira vista e considerando o princípio da liberdade contratual, poderíamos desde logo concluir que este tipo de cláusulas não merece discussão e, portanto, que a licitude e validade das mesmas não seria objecto de disputa. Aliás, a arbitragem em si mesma está sustentada nesse sacrossanto, pelo que as partes podem determinar com (quase) total liberdade a forma como pretendem ver resolvidas as disputas que surjam no seio das relações jurídicas por elas criadas" (HENRIQUES, Duarte Gorjão. Cláusulas Arbitrais Assimétricas: uma perspectiva portuguesa. *Revista de Arbitragem e Mediação*, v. 41, p. 45-78, abr./jun. 2014).

1688 JOHNSON, Earl. The Pound Conference Remembered. *Dispute Resolution Magazine*, v. 19, n. 1, p. 6-8, 2012.

eventual escolha pela arbitragem por uma das partes poderia ser mais desvantajosa, se comparada à escolha por resolver o conflito no Poder Judiciário.[1689]

No entanto, não é apropriado presumir que uma relação jurídica não seja equilibrada, ou justa, somente por não ser simétrica. A simetria e a reciprocidade (equivalência perfeita entre as obrigações) não são requisitos essenciais para a validade ou eficácia dos contratos.[1690] Nesse sentido, a prestação de uma das partes não precisa, necessariamente, corresponder à prestação da outra. A título de exemplo, o contrato de doação (art. 538, CC) é um contrato gratuito e unilateral, pois gera benefícios a apenas uma das partes (donatário) e cria, normalmente, obrigações somente para a outra (doador).[1691]

No entanto, a aceitação da cláusula compromissória assimétrica nem sempre foi questão pacífica na doutrina e na jurisprudência, na experiência comparada. Nesse sentido, analisaremos o desenvolvimento do tema em diversos países, e, na sequência, a sua compatibilidade com o ordenamento brasileiro.

§ 35. ASPECTOS INTRODUTÓRIOS DO TEMA CLÁUSULA COMPROMISSÓRIA ASSIMÉTRICA

1. Modalidades e espécies de cláusula assimétrica

As cláusulas assimétricas são conhecidas como "cláusulas de jurisdição híbrida", ou, no plano internacional, como "*asymmetrical*", "*one-sided*", "*optional*", "*unilateral*", "*hybrid*" ou "*non-mutual arbitration agréments*".[1692] Esse tipo de contratação, diferente-

---

1689 "É sobre esse espectro de significações que se põe um dos mais complexos problemas do Direito dos Contratos, a saber: a ordem jurídica reconhece haver relações contratuais fundadas numa assimetria estrutural, pela disjunção entre os poderes de fato reconhecidos aos seus sujeitos. E, ao assim, reconhecer, presume que uma das partes estará em situação de vulnerabilidade contratual, com o que assegura uma proteção jurídica especial a essas situações" (MARTINS-COSTA, Judith. *A Boa-fé no Direito Privado*: Critérios para a sua Aplicação. 2. ed. São Paulo: Saraiva, 2018. p. 208).

1690 "No frontispício dos requisitos subjetivos está, evidentemente, a capacidade das partes. Os contratantes devem ser aptos a emitir validamente a sua vontade. (...) Objetivamente considerados, os requisitos dos contratos envolvem a possibilidade, liceidade, determinação e economicidade" (PEREIRA, Caio Mário da Silva. *Instituições de Direito Civil. Vol. III – Contratos*. Rio de Janeiro: Forense, 2014. p. 44-45).

1691 PEREIRA, Caio Mário da Silva. *Instituições de Direito Civil. Vol. III – Contratos*. Rio de Janeiro: Forense, 2011. p. 208.

1692 "A 'symmetrical' dispute clause or agreement gives each party equal rights in relation to the resolution of disputes: both parties have the same rights whether they be to proceed through a tiered escalation from management, to senior management, to mediation and then to courts or arbitration; or to proceed in a specific jurisdiction or to arbitrate in a particular forum." (...) "Conversely, an 'asymmetric' jurisdiction clause is one where the parties have different rights. An asymmetric arbitration agreement may grant asymmetric rights to one party as to what type of dispute resolution may be employed (litigation, mediation, etc.), the jurisdiction (for example, having recourse to its home or a wider range of courts or arbitration in a particular seat) or the procedure (for example, a right to appoint an arbitrator)" (ASHFORD, Peter. Is an

mente dos já tratados nesta obra, permite a uma das partes a escolha entre a arbitragem ou o Poder Judiciário, mas não permite que a parte contrária o faça.

Essa cláusula, visa, portanto, preservar as vantagens, tanto da via judicial quanto da via arbitral.[1693] Assim, podem ser compreendidas como aquela que elenca duas ou mais vias jurisdicionais e atribui ao menos uma das partes, a prerrogativa de eleger qual via será a utilizada.[1694] Essas cláusulas são utilizadas de forma mais frequente em contratos de empréstimo, mútuo ou financiamento[1695], em que o credor busca maximizar suas opções, ajustando o seu risco nessas transações.[1696] Isso porque é provável que os ativos do mutuário ou garantidor estejam localizados em jurisdições diferentes, de forma que ele poderia escapar de suas responsabilidades, caso o credor não tivesse a possibilidade de iniciar um processo judicial ou arbitral em determinada localidade.[1697]

Existem duas modalidades principais de cláusulas assimétricas: as que conferem a escolha unilateral de arbitragem e as que conferem a escolha unilateral de resolver o litígio no Poder Judiciário.[1698]

Asymmetric Disputes Clause Valid and Enforceable? *Arbitration: The International Journal of Arbitration, Mediation & Dispute Management*, v. 86, n. 3, p. 347, 2020).

1693 PAPADIMA, Raluca. The Uncertain Fate of Asymmetrical Dispute Resolution Clauses in Arbitration around the Globe: To Be or Not to Be. *Mississippi Law Journal*, v. 90, n. 3, p. 541-630, 2021. p. 544.

1694 PARIZOTTO, Pedro Teixeira Mendes. Cláusula de Jurisdição Híbrida: Panorama Internacional e Perspectivas Nacionais. *Revista Brasileira de Arbitragem*, v. 64, p. 11-38, 2019. p. 12.

1695 "Such an asymmetric clause is usually reflective of either a stronger bargaining position of one of the parties, or at a purely pragmatic level one party may legitimately need greater flexibility. An example of the latter are finance agreements. Under such agreements a lender will often have greater rights than does the borrower as this is because the lender may wish to commence proceedings in a jurisdiction where assets are located to ease enforcement and the location of assets might not be known until the dispute has arisen. Conversely, a borrower may not have concerns about enforcement and know at the time of the original agreement the jurisdiction and dispute resolution it favours. Equally, the lender may wish to prevent the borrower from forum shopping and creating a court 'first seized' in an inappropriate jurisdiction." (ASHFORD, Peter. Is an Asymmetric Disputes Clause Valid and Enforceable? *Arbitration: The International Journal of Arbitration, Mediation & Dispute Management*, v. 86, n. 3, p. 347-364, 2020. p. 348).

1696 "El objetivo de esta cláusula es asegurar al acreedor su capacidad de litigar en el Estado de residencia del deudor, o donde se encuentren sus activos. Esto quiere decir, que minimizan el riesgo de que las obligaciones del deudor no puedan exigirse y, por ende, ayudan a la preparación de los bancos para proporcionar financiación" (PEREIRA GARCÍA, Valentina. *Las cláusulas asimétricas de arbitraje*. Trabajo de fin de máster – Universidad Internacional de La Rioja, Medellín, 2020. p. 14).

1697 SINHA, Rajat; KRISHNANI, Vivek. Exposing Asymmetry to New Challenges: Status of UDCs under Art. 18 of the Model Law. In: SCHERER, Matthias (org.). *ASA Bulletin*, v. 38, n. 3, p. 602-618, 2020. p. 602.

1698 "Asymmetrical dispute resolution clauses can be divided into two major categories: (i) bilateral arbitration clause with a unilateral option to litigate and (ii) bilateral litigation clause with a unilateral option to arbitrate. Other, less prevalent, varieties also exist" (PAPADIMA, Raluca. The Uncertain Fate of Asymmetrical Dispute Resolution Clauses in Arbitration around the

O tipo de cláusula assimétrica mais encontrada é a "*bilateral arbitration clause with a unilateral option to litigate*", que, em outras palavras é a cláusula que define que, geralmente, a arbitragem será o meio de solução de controvérsias, mas uma das partes apenas, se entender mais conveniente, pode iniciar um processo no Judiciário.[1699] Em sentido oposto, a "*bilateral litigation clause with a unilateral option to arbitrate*" confere a ambas as partes a possibilidade de litigar no Poder Judiciário, mas apenas a uma delas a possibilidade de iniciar procedimento arbitral.[1700]

Nas duas espécies exemplificadas anteriormente, uma das partes tem direitos mais restritivos, ao passo que a outra tem direitos mais alargados, ao poder optar entre Judiciário e arbitragem, o que pode trazer discussão acerca da falta de igualdade de tratamento entre as partes.[1701]

Globe: To Be or Not to Be. *Mississippi Law Journal*, v. 90, n. 3, p. 541-630, 2021. p. 545). Papadima exemplifica ainda essa modalidade de cláusula assimétrica da seguinte forma: "Any disputes which may arise out of or in connection with the Agreement may be submitted by any party to arbitration before X for final settlement and neither RP nor UP shall be permitted to bring proceedings in any other court or tribunal. Notwithstanding the preceding sentence, any dispute arising out of or in connection with this Agreement, UP shall have the exclusive right, at its option, to apply to the courts of Y who shall have non-exclusive jurisdiction to settle any disputes which may arise out of or in connection with this Agreement". Outro exemplo seria a seguinte cláusula: "Todas as disputas, pretensões, controvérsias e desacordos relativos a ou emergentes deste Acordo, ou do objecto deste Acordo, serão definitivamente resolvidos por meio de arbitragem, de acordo com [aditar as regras da instituição]. Sem prejuízo do disposto no número seguinte, [Parte A] poderá optar por recorrer à acção judicial (...)".

1699 PAPADIMA, Raluca. The Uncertain Fate of Asymmetrical Dispute Resolution Clauses in Arbitration around the Globe: To Be or Not to Be. *Mississippi Law Journal*, v. 90, n. 3, p. 541-630, 2021. p. 545.

1700 Por exemplo: "Courts of X shall have jurisdiction to settle any disputes which may arise out of or in connection with this Agreement. Notwithstanding the preceding sentence, any dispute arising out of or in connection with this Agreement may, at the option of UP, be referred to and finally resolved by arbitration before Y" (PAPADIMA, Raluca. The Uncertain Fate of Asymmetrical Dispute Resolution Clauses in Arbitration around the Globe: To Be or Not to Be. *Mississippi Law Journal*, v. 90, n. 3, p. 541-630, 2021. p. 547). Outro exemplo é a cláusula trazida por Marco de Benito: "La parte A someterá todas las controversias que surjan del presente contrato a la jurisdicción de los tribunales de la villa de Madrid. Por el contrario, la parte B podrá optar libremente entre someter la controversia a la jurisdicción de los tribunales de la villa de Madrid o a arbitraje en Madrid en los siguientes términos" (BENITO, Marco de. Asimetría, separabilidad, sinalagma. *Revista del Club Español de Arbitraje*, 5, p. 141-148, 2009. p. 142). Henriques Duarte Gorjão traz o seguinte exemplo de cláusula assimétrica: "os tribunais ingleses terão competência para dirimir quaisquer disputas que possam emergir deste Acordo ou em conexão com este Acordo mas a [Parte B] poderá optar por submeter a arbitragem qualquer disputa emergente deste Acordo" (HENRIQUES, Duarte Gorjão. Cláusulas Arbitrais Assimétricas: uma perspectiva portuguesa. *Revista de Arbitragem e Mediação*, v. 41, p. 45-78, abr./jun. 2014).

1701 PAPADIMA, Raluca. The Uncertain Fate of Asymmetrical Dispute Resolution Clauses in Arbitration around the Globe: To Be or Not to Be. *Mississippi Law Journal*, v. 90, n. 3, p. 541-630, 2021. p. 549.

2. A compatibilidade da cláusula assimétrica com o ordenamento brasileiro

Na Lei de Arbitragem, não há dispositivo que expressamente vede ou autorize a pactuação de cláusulas assimétricas. Contudo, há que se analisar o art. 21, § 2º, da Lei de Arbitragem, que dispõe que no procedimento arbitral será respeitada a igualdade das partes,[1702] visto que uma das principais características das cláusulas unilaterais é, justamente, o desequilíbrio entre os contratantes.

Pedro Parizzoto, embora entenda que a interpretação literal do dispositivo não deva prevalecer, sugere que "não parece irrazoável supor, sob interpretação puramente gramatical, que há, na expressão, um quê de restritivo: a igualdade das partes impera *no procedimento* arbitral, é dizer, no âmbito interno do procedimento, não no que for a ele anterior".

A finalidade deste dispositivo legal,[1703] nas palavras de Carlos Alberto Carmona, foi "deixar claro que as partes devem ter a mesma oportunidade de indicar árbitros, de produzir provas, de expor seus argumentos e de fazer valer suas próprias razões, sem privilégios ou prerrogativas".[1704]

Também não nos parece que eventual desequilíbrio entre as partes no que toca à escolha entre a via jurisdicional estatal e a arbitral, presente nas cláusulas assimétricas, teria necessário impacto na decisão final do juiz ou do árbitro, considerando que tanto em um âmbito quanto noutro se deve respeitar os princípios do devido processo legal e da igualdade das partes.

Em outras palavras, eventual desequilíbrio entre as partes, em se tratando de cláusulas assimétricas, ocorre estritamente antes da instauração do procedimento arbitral.[1705] Quando uma das partes exerce a prerrogativa da cláusula e escolhe o meio para resolução da controvérsia – a arbitragem, por exemplo – essa "desigualdade" entre as partes é prontamente eliminada, dando lugar a um procedimento pautado pelos princípios

---

1702 "O primeiro dever do intérprete é analisar o dispositivo legal para captar o seu pleno valor expressional. A lei é uma declaração da vontade do legislador e, portanto, deve ser reproduzida com exatidão e fidelidade. Para isso, muitas vezes é necessário indagar do exato sentido de um vocábulo ou do valor das preposições do ponto de vista sintático. A lei é uma realidade morfológica e sintática que deve ser, por conseguinte, estudada do ponto de vista gramatical. É da gramática – tomada esta palavra no seu sentido mais amplo – o primeiro caminho que o intérprete deve percorrer para dar-nos o sentido rigoroso da norma legal. Toda lei tem um significado e um alcance que são dados pelo arbítrio imaginoso do intérprete, mas são, ao contrário, revelados pelo exame imparcial do texto" (REALE, Miguel. *Lições preliminares de direito*. 16. ed. São Paulo: Saraiva, 1988. p. 275).

1703 "O processo arbitral foi cercado das mais importantes garantias fundamentais da tutela jurídica efetiva, ou seja: contraditório, igualdade das partes, imparcialidade do árbitro e convencimento racional do julgador" (MACIEL, Marcos. Exposição de Motivos da Lei de Arbitragem: Justificação. *Revista de Arbitragem e Mediação*, v. 9, p. 317-320, abr./jun. 2006).

1704 CARMONA, Carlos Alberto. *Arbitragem e Processo*: um comentário à Lei nº 9.307/96. 3. ed. São Paulo: Atlas, 2009. p. 296.

1705 PARIZOTTO, Pedro Teixeira Mendes. Cláusula de Jurisdição Híbrida: Panorama Internacional e Perspectivas Nacionais. *Revista Brasileira de Arbitragem*, v. 64, p. 11-38, 2019. p. 28.

previstos no art. 21, § 2º, da Lei de Arbitragem. Caso a parte opte pelo processo judicial, o mesmo racional se aplica, com base no art. 139, I, do Código de Processo Civil.[1706]

A redação da cláusula assimétrica invariavelmente inclina-se para favorecer os interesses de uma das partes, que tem maior capacidade de negociação. Na prática, a outra parte que está sujeita à cláusula se vê compelida a aceitar os termos eventualmente desvantajosos nela contidos. Entretanto, "uma vez surgido o litígio e tendo qualquer das partes feito a devida escolha assegurada pela cláusula, a escolha do foro se cristaliza – e não deve restar espaço para recorrer a outros meios de resolução de controvérsias. Portanto, o desequilíbrio é efetivamente 'corrigido' na fase em que a resolução (real) da disputa precisa ocorrer."[1707]

De outro lado, a depender da forma como a cláusula assimétrica é redigida, ela pode ser considerada nula por violar a igualdade das partes no procedimento arbitral. A título de exemplo, Carlos Alberto Carmona, em arbitragens envolvendo a administração pública, sugere que não seria adequada a escolha da instituição arbitral por apenas uma das partes. Segundo Carmona, "pense-se na hipótese de o Estado poder escolher livremente uma entidade e o faça para selecionar um câmara que tenha lista fechada de árbitros (cujos integrantes tenham feição pró-fazendária); pense-se na hipótese de ser indicado um órgão arbitral cujos custos sejam muito elevados, de modo a sacrificar economicamente a parte privada, presumivelmente mais fraca na relação jurídica; pense-se, ainda, na escolha de um órgão arbitral cujo procedimento seja mais vantajoso para a defesa dos interesses específicos do Estado no caso concreto".[1708]

A título de exemplo, no plano internacional, o Regulamento de Arbitragem da CCI tem disposição expressa de modo a assegurar a igualdade das partes no momento de indicação de árbitros, mesmo diante de cláusula compromissória pactuada entre elas que disponha de forma diferente sobre a forma de constituição de Tribunal Arbitral.[1709]

Portanto, embora, em princípio, a cláusula assimétrica não afete a igualdade das partes, tal análise deve ser feita de acordo com as condições de cada caso. É possível

---

1706 Código de Processo Civil: "Art. 139. O juiz dirigirá o processo conforme as disposições deste Código, incumbindo-lhe: I – assegurar às partes igualdade de tratamento;".

1707 Tradução livre, no original: "once a dispute has arisen and any of the parties has made the due election that is designated by the clause, the choice of court crystallizes – and there should not be any room left for recourse to other dispute resolution venues. Therefore, the imbalance is effectively 'cured' at the stage where the (real) settlement of the dispute has to take place" (DRAGUIEV, Deyan. Unilateral Jurisdiction Clauses: The Case for Invalidity, Severability or Enforceability. *Journal of International Arbitration*, v. 31, n. 1, p. 19-45, 2014. p. 34).

1708 CARMONA, Carlos Alberto. Arbitragem e administração pública: primeiras reflexões sobre a arbitragem envolvendo a administração pública. *Revista Brasileira de Arbitragem*, v. 13, n. 51, p. 7-21, 2016. p. 10.

1709 Regulamento de Arbitragem da CCI: "Art. 12 (9) Não obstante qualquer acordo entre as partes sobre o método de constituição do tribunal arbitral, a Corte poderá, em circunstâncias extraordinárias, nomear todos os membros do tribunal arbitral, para evitar um risco significativo de tratamento desigual e injusto que possa afetar a validade da sentença arbitral".

que a cláusula gere eventual nulidade quando há substancial e realista probabilidade de que a unilateralidade da cláusula prejudique a igualdade das partes no procedimento arbitral. Trata-se de condição excepcional, em que a parte interessada deve comprovar a alteração de condição de igualdade.

No Brasil, não se tem notícia de julgado que tenha decidido sobre cláusulas compromissórias assimétricas. Foi localizada apenas decisão isolada do Tribunal de Justiça do Estado de São Paulo[1710].

Contudo, no referido acórdão, não se analisou a validade da cláusula arbitral, tampouco se ela seria unilateral, pois o entendimento que prevaleceu no voto vencedor, do Des. Cesar Ciampolini, foi da inexistência de cláusula compromissória, tornando a questão sobre a validade, portanto, prejudicada.

3. Distinção entre cláusula compromissória assimétrica e condição potestativa

A definição do que é "condição", para fins de enquadramento no regime previsto no Código Civil, é tarefa tormentosa, especialmente pela polissemia do conceito.[1711] A condição é elemento acidental do negócio jurídico,[1712] que permite que as partes atrelem os efeitos da declaração de vontade negocial a elementos futuros.[1713] No regime previsto no Código Civil de 1916, eram elementos caracterizadores da "condição" a futuridade e a incerteza.[1714] Por sua vez, o Código Civil de 2002 avançou no regime, introduzindo o elemento da voluntariedade.[1715]

1710 A decisão analisou a seguinte cláusula: "28.1 – A aderência à cláusula de arbitragem é facultativa ao Tomador/Segurado. Uma vez acordado pelas partes, expressamente, a arbitragem, todas as controvérsias, disputas ou litígios oriundos desta APÓLICE serão necessariamente submetidos à arbitragem, na forma estabelecida na Lei nº 9.307, de 23 de outubro de 1996, cujas sentenças têm o mesmo efeito que as sentenças proferidas pelo Poder Judiciário. Uma vez acordado pelas partes, caso surja qualquer controvérsia ou divergência quanto à interpretação dos termos e condições da presente apólice, assim como na evolução, ajuste e/ou liquidação de qualquer sinistro, estas poderão ser submetidas à decisão de um "Árbitro Comum" que o Tomador/Segurado e a Seguradora nomearão conjuntamente" (TJSP, Apelação n. 1011986-32.2017.8.26.0100, 1ª Câmara Reservada de Direito Empresarial do Tribunal de Justiça de São Paulo, 01.08.2018).

1711 GERALDES, João de Oliveira. *Tipicidade Contratual e Condicionalidade Suspensiva*: Estudo sobre a exterioridade condicional e sobre a posição jurídica resultante dos tipos contratuais condicionados. Coimbra: Wolters Kluwer Portugal/Coimbra Ed., 2010. p. 32.

1712 JUNQUEIRA DE AZEVEDO, Antonio. *Negócio Jurídico*: Existência, Validade e Eficácia. 4. ed. São Paulo: Saraiva, 2002. p. 55.

1713 PONTES DE MIRANDA, Francisco Cavalcanti. *Tratado de Direito Privado*. Tomo V. São Paulo: Revista dos Tribunais, 2012. § 540, 3, p. 165.

1714 Código Civil de 1916, art. 114. No artigo 117 do Código Civil de 1916, esclarecia-se: "não se considera condição a cláusula, que não derive exclusivamente da vontade das partes, mas decorra necessariamente da natureza do direito, a que acede".

1715 "O Projeto procurou aperfeiçoar o Código vigente, corrigindo-lhe falhas e suprindo-se lacunas. No art. 119 (que corresponde ao 114 do Código atual), a inclusão da frase 'derivando exclusivamente da vontade das partes' serve para afastar do terreno das condições em sentido

Entre as várias espécies de "condição", a potestativa é aquela que atrela os efeitos do negócio jurídico, em alguma medida, ao arbítrio das partes. O elemento da voluntariedade está na caracterização da condição e em sua pactuação – e não na verificação do seu implemento.[1716] O que particulariza a condição potestativa em relação às demais espécies de condição – "simplesmente potestativa" ou "meramente potestativa"[1717], que são admissíveis no direito brasileiro[1718] – é a necessidade de manifestação volitiva do agente negocial.[1719] A compatibilidade da cláusula compromissória unilateral também deve ser analisada à luz do art. 122, do Código Civil,[1720] que veda a pactuação de condições que se sujeitem ao puro arbítrio de uma das partes, também denominadas "condições puramente potestativas".[1721]

A condição puramente potestativa é aquela que "faz a eficácia do contrato depender de uma simples e arbitrária declaração de vontade de uma das partes contratantes".[1722] Não é, portanto, aceitável condicionar a eficácia do negócio jurídico ao puro arbítrio de um de seus contratantes, o que configura justamente a condição puramente potestativa. Ao revés, perfeitamente possível atrelar o *acaso* ao elemento volitivo dos contratantes, caracterizando a condição simplesmente potestativa.

Contudo, a cláusula assimétrica não afeta os efeitos do contrato, na medida em que não condiciona os efeitos do negócio ao arbítrio do devedor. Na realidade, cada parte

---

técnico as condiciones iuris" (MOREIRA ALVES, José Carlos. *A Parte Geral do Projeto de Código Civil Brasileiro*. São Paulo: Saraiva, 1986. p. 106-107).

1716 CARBONNIER, Jean. *Droit Civil*. Tomo II. 2. ed. Paris: PUF, 2017. p. 2155.

1717 "Êste caso serve para mostrar quanto é perigoso o pretender-se a solução de problemas jurídicos mediante o decisivo apoio de dicionários. Pretende o recorrente que não haja a distinção, admitida pela sentença, entre condições puramente potestativas e simplesmente potestativas, porque não a encontrou nos dicionários. Mas a verdade é que, no direito, a distinção existe" (STF, RE 13.893/DF, 1ª Turma, Rel. Min. Luiz Gallotti, j. 27.11.1950).

1718 No mesmo sentido, decidiu-se no Procedimento Arbitral ICC 16958, *in verbis*: "145. A diferença entre a '*condition simplement potestative*' e a '*condition purement potestative*' (assim referido em francês pelos experts): o implemento desta depende do puro arbítrio da parte interessada. Esta condição é nula. O implemento daquela depende não apenas do arbítrio, mas também de fatores objetivos externos. Esta condição é válida" (ICC 16958. In: *ICC Dispute Resolution Bulletin*, n. 2, p. 69, 2016).

1719 OLIVEIRA, Eduardo Ribeiro de. *Comentários ao Novo Código Civil. Vol. II.* Rio de Janeiro: Forense, 2008. p. 309.

1720 Código Civil: "Art. 122. São lícitas, em geral, todas as condições não contrárias à lei, à ordem pública ou aos bons costumes; entre as condições defesas se incluem as que privarem de todo efeito o negócio jurídico, ou o sujeitarem ao puro arbítrio de uma das partes".

1721 FARIAS, Cristiano Chaves; ROSENVALD, Nelson. *Curso de direito civil*: parte geral e LINDB, v. 1. 13. ed. São Paulo: Atlas, 2015. p. 540. Cf.: "Inválidas serão as condições puramente potestativas, caracterizadas pela presença da cláusula *si violam*, que submetem uma das partes totalmente à vontade arbitrária da outra parte, representada na expressão: 'se eu quiser'" (MENKE, Fabiano. Arts. 104 a 185. *In:* NANNI, Giovanni Ettori (coord.). *Comentários ao Código Civil*: direito privado contemporâneo. São Paulo: Saraiva, Educação, 2018. p. 213).

1722 NERY JUNIOR, Nelson; NERY, Rosa Maria de Andrade. *Código Civil Comentado*. São Paulo: Thomson Reuters Brasil, 2022.

contratante terá, a depender da redação da cláusula, uma forma diferente de acesso à prestação jurisdicional para resolução de eventuais conflitos oriundos desse contrato.[1723] Em princípio, não parece possível aplicar a condição potestativa, típica de relações em que há um credor e um devedor, às cláusulas de resolução de conflitos.[1724]

Outro ponto relevante a justificar a compatibilidade da cláusula assimétrica com o regime da condição é o fato de que o direito potestativo (*i.e* o direito potestativo de iniciar a arbitragem) não é condicionado. De um lado, a condição dá ensejo ao surgimento de um "direito expectativo"[1725], que, se materializado, converte-se em "direito expectado". Já o direito potestativo implica atribuição ao seu titular de um poder de intervenção unilateral na esfera jurídica de outro sujeito de direito, por meio de simples declaração de vontade, colocando a outra parte em estado de sujeição.

Assim, em verdade, a cláusula assimétrica não está sujeita às restrições previstas no artigo 122 do Código Civil, já que não cria situação jurídica ao arbítrio exclusivo de uma das partes. Na verdade, pactua-se a assimetria quanto ao direito potestativo de iniciar a arbitragem. Não há se falar em condicionamento ao arbítrio, pois a estrutura assimétrica é fruto da vontade das partes, sendo lícito atribuir o poder de iniciar a arbitragem a apenas um dos contratantes.

Como se viu nos parágrafos anteriores, em princípio, não há ainda decisões judiciais a respeito que permitam dizer que a cláusula assimétrica seria reputada válida no Brasil. Contudo, vale notar que, em certos ramos no direito, especialmente no âmbito consumerista, a depender de como a cláusula assimétrica for redigida ou restringir direitos do consumidor, poderá ser invalidada, nos termos do art. 51, VII, CDC.

§ 36. CLÁUSULA COMPROMISSÓRIA ASSIMÉTRICA EM PERSPECTIVA COMPARADA

1. Panorama do debate internacional sobre as cláusulas assimétricas

Em decorrência do desequilíbrio existente entre partes que celebram uma cláusula compromissória assimétrica, a validade e a eficácia dessas cláusulas ainda não são

---

1723 PARIZOTTO, Pedro Teixeira Mendes. Cláusula de Jurisdição Híbrida: Panorama Internacional e Perspectivas Nacionais. *Revista Brasileira de Arbitragem*, v. 64, p. 11-38, 2019. p. 30.

1724 "Furthermore, usually potestativité also serves to prevent a creditor from making discretionary, capricious, unexpected or unilateral amendments and thus influence the scope of obligations of the debtor. However, creditor–debtor relations do not fit well in the framework of jurisdiction clauses where the aim is to designate a relation that would be realized in a court procedure. Although the clause incorporates a contract (a procedural one, as continental theory likes to consider it), it is difficult to denote the parties to it as merely creditor and debtor as there is no transfer of property or proprietary rights stricto sensu in this case and the rights arising in favour of the parties are of a very different nature" (DRAGUIEV, Deyan. Unilateral Jurisdiction Clauses: The Case for Invalidity, Severability or Enforceability. *Journal of International Arbitration*, v. 31, n. 1, p. 19-45, 2014. p. 36).

1725 PONTES DE MIRANDA, Francisco Cavalcanti. *Tratado de Direito Privado*. Tomo V. São Paulo: Revista dos Tribunais, 2012. § 516, 1, p. 96.

matérias unânimes em todos os países. A bem da verdade, muitas jurisdições sequer enfrentam o tema. Entre as que o fazem, por vezes, o enfrentamento ocorre em julgados isolados, ou apenas em estudos acadêmicos, que não permitem dizer sobre a existência de uma jurisprudência ou posição consolidada em favor da validade, ou não, dessas cláusulas, naquele determinado país.

De todo modo, nos casos ou jurisdições em que a cláusula assimétrica é considerada inválida, a justificativa para tanto repousa, principalmente, em duas principais teorias[1726]: (i) a teoria da falta de mutualidade (*lack of mutuality*)[1727] e (ii) a teoria da irrazoabilidade (*unconscionability*),[1728] por vezes, tratadas conjuntamente. Enquanto a primeira supõe que, para a validade da convenção de arbitragem, ela deve ser recíproca e mútua,[1729] a segunda tem foco na necessidade de que a cláusula arbitral não seja considerada injusta ou extremamente desfavorável a um dos contratantes.[1730] Ainda, há casos que fazem menção geral à equidade, ao abuso de direito, ou mesmo à ordem pública, para afastar a aplicação da cláusula assimétrica.

A análise sobre como as variadas jurisdições analisam a validade da cláusula assimétrica não se limita ao debate acadêmico do tema; pelo contrário, tem enorme relevância prática. No âmbito doméstico, pode ser que, em um contrato celebrado em determinado país, seja eleita cláusula assimétrica que preveja a possibilidade de recurso, por uma das partes, tanto ao Poder Judiciário daquele país quanto à realização de arbitragem doméstica, nesse mesmo país. Nessa hipótese, a cláusula assimétrica deverá ser discutida à luz da lei do país, devendo, para tanto, cumprir os requisitos nela previstos para que seja dotada de validade e eficácia. No âmbito da arbitragem

---

1726 "As its name reveals an asymmetric clause is imbalanced, as it serves the interests of only one party and may reflect an inequality of bargaining power. This gives two possible grounds for invalidity: imbalance between the parties and unconscionability" (ASHFORD, Peter. Is an Asymmetric Disputes Clause Valid and Enforceable? *Arbitration: The International Journal of Arbitration, Mediation & Dispute Management*, v. 86, n. 3, p. 347-364, 2020. p. 355).

1727 Esse foi o fundamento utilizado, por exemplo, nos casos Sablosky; Deutsch v. Long Is. Carpet Cleaning Co; Robert Hull e Norcom, Inc; Union of India vs Bharat Engineering Corporation; e Bhartia Cutler Hammer Ltd. vs Avn Tubes Ltd.

1728 "Nonetheless, even where courts address the substance of unconscionability claims directed specifically at the arbitration agreement, judicial decisions are generally reluctant to invalidate the parties' arbitration agreement on unconscionability grounds in commercial settings According to one U.S. decision, an agreement will be held unconscionable only if it is 'one which no reasonable person would enter into' and is so grossly unequal 'as to shock the conscience'" (BORN, Gary B. *International Commercial Arbitration. Vol. I*: International Arbitration Agreements. 3. ed. Alphen aan den Rijn: Kluwer Law International, 2021. p. 922-923).

1729 HENRIQUES, Duarte Gorjão. Cláusulas Arbitrais Assimétricas: uma perspectiva portuguesa. *Revista de Arbitragem e Mediação*, v. 41, p. 45-78, abr./jun. 2014.

1730 HENRIQUES, Duarte Gorjão. Cláusulas Arbitrais Assimétricas: uma perspectiva portuguesa. *Revista de Arbitragem e Mediação*, v. 41, p. 45-78, abr./jun. 2014.

internacional, a validade e a eficácia da cláusula arbitral devem ser analisadas sob a perspectiva da lei eleita pelas partes ou, na sua ausência, do país em que a decisão arbitral for proferida (art. 5(1)(a) da Convenção de Nova Iorque). Ainda, importa saber o grau de receptividade dessas cláusulas no país em que se pretende executar a sentença arbitral, pois pode ser o caso de se recusar o reconhecimento da sentença arbitral por entender que tal cláusula ofenderia a ordem pública (art. 5(2)(b) da Convenção de Nova Iorque).

Por essas razões, expor-se-á, a seguir, a perspectiva de direito comparado em torno da cláusula assimétrica, em algumas das jurisdições mais comentadas pela doutrina que enfrenta o tema.

2. Estados Unidos

Os Estados Unidos fornecem ampla gama de casos – em número consideravelmente maior do que em outras jurisdições[1731] – em que se discutiu, muitas vezes de forma conjunta, as teorias da falta de mutualidade (*lack of mutuality*) e irrazoabilidade (*unconscionability*).[1732] Os julgados não seguem um único racional, havendo tanto posições em favor da validade quanto posições em favor da nulidade ou invalidade da cláusula arbitral assimétrica, considerando elementos específicos de cada caso.[1733]

No caso Deutsch v. Long Is. Carpet Cleaning Co., julgado pela Suprema Corte de Nova Iorque em 1956, discutiu-se relação de consumo: o autor, pessoa física, contratou o réu para serviço de limpeza de tapetes e o réu forneceu recibo que continha, em seu verso, cláusula arbitral que facultava à empresa, de um lado, a prerrogativa de recorrer às cortes estatais e à via arbitral, e ao consumidor, de outro lado, apenas a opção da

---

1731 "First, save for the case of the U.S. (and somehow the U.K.), all the other jurisdictions have dealt very briefly and sporadically with the issue of unilateral arbitration clauses. The examples are scarce even for countries such as France with a long and prestigious tradition in arbitration" (HENRIQUES, Duarte G. Asymmetrical arbitration clauses under the portuguese law. *YAR – Young Arbitration Review*, 11, 2011, p. 51).

1732 "U.S. case law provides the largest source of material regarding unilateral arbitration clauses. However, the vast majority of cases deal with consumer contracts (credit card contracts in particular) and employment agreements. Nevertheless, it is valuable to demonstrate the reasoning U.S. courts provide. The validity of such arbitration clauses has been questioned under two doctrines: the doctrine of lack of mutuality and the doctrine of unconscionability" (USTINOV, Iurii. *Unilateral Arbitration Clauses*: Legal Validity. LLM International Business Law, Universiteit van Tilburg, Tilburg, 2016. p. 14).

1733 Peter Ashford menciona não haver consenso em torno da matéria não somente nos Estados Unidos, mas em várias outras jurisdições: "Some US courts have upheld asymmetrical agreements, but others have not; (...) Despite the variety of decisions from around the globe there does appear to be a consensus in favour of upholding asymmetric disputes clauses arguments, at least in common law jurisdiction" (ASHFORD, Peter. Is an Asymmetric Disputes Clause Valid and Enforceable? *Arbitration: The International Journal of Arbitration, Mediation & Dispute Management*, v. 86, n. 3, p. 359-363, 2020).

arbitragem.[1734] Por se entender ausente a mutualidade,[1735] a Suprema Corte de Nova Iorque afastou a cláusula arbitral assimétrica.

No caso Hull v. Norcom Inc., julgado pelo Tribunal de Apelações dos Estados Unidos em 1985, tratou-se de contrato de emprego celebrado entre Robert Hull e a empregadora Norcom, contendo cláusula arbitral. Após a rescisão do contrato de emprego, o empregado ingressou com ação judicial suscitando a invalidade do contrato e pleiteando indenização. De outro lado, Norcom buscou a instauração de arbitragem, com base na cláusula arbitral.

A despeito da existência da cláusula arbitral, o empregado argumentou que ela seria inexequível, considerando que o contrato não previa uma mútua obrigação de arbitrar, posto que outra cláusula do contrato permitia exclusivamente à empregadora valer-se, alternativamente da arbitragem ou da via judicial, ao passo que o empregado não detinha o mesmo direito. Diante desse cenário, entendeu-se pelo afastamento da convenção de arbitragem, em decorrência da falta de mutualidade na cláusula unilateral. Nos Estados Unidos, outros casos envolvendo contrato de emprego seguiram o mesmo resultado.[1736]

É o exemplo do caso Sablosky v. Edward S Gordon Company Inc., julgado pela Suprema Corte de Nova Iorque em 1988, no qual também se discutiu a validade de cláusula compromissória assimétrica em contrato de emprego. Após ser demitido por sua *performance*, o empregado Thomas Sablosky iniciou ação judicial contra a companhia, postulando o pagamento de comissão que teria direito a receber pelo período em que esteve empregado. De outro lado, a empregadora requereu que o

---

1734 "The arbitration clause included among the conditions set forth on the reversed side of the receipt given by this carpet-cleaning company to the customer is lacking in mutuality. While the customer's claims are required to be arbitrated, the company's claim for money due is at its sole option litigable in the courts. Parties may, of course, expressly agree that only certain types of controversies between them shall be arbitrated. Here, however, we have a company engaged in furnishing services to retail customers unilaterally inserting an arbitration clause on the reversed side of a receipt. The customer signs it, receives a copy, and subsequently is sent a signed confirmation, which also has the printed conditions on the reversed side. But at no time is any specific reference made to the arbitration clause. Under these circumstances it cannot be said to represent a conscious agreement to limit arbitration to the customer's claims only. It is therefore unenforceable for lack of mutuality of obligation" (Estados Unidos, Supreme Court of the State of New York. Deutsch v. Long Is. Carpet Cleaning Co., 5 Misc. 2d 684 (N.Y. App. Term 1956), j. 15.11.1956).

1735 Estados Unidos, Supreme Court of the State of New York. Deutsch v. Long Is. Carpet Cleaning Co., 5 Misc. 2d 684 (N.Y. App. Term 1956), j. 15.11.1956.

1736 Nesse sentido, Peter Ashford menciona que: "Courts in the United States, for instance, have refused to enforce appointment procedures in employment disputes that permit one party (typically the employer) to dictate the list from which the tribunal can be constituted". Nesse sentido, menciona Murray v. United Food & Commercial Workers Int'l Union, 289 F.3d 297, 303 (4th Cir. 2002), e Hooters of Am., Inc. v. Phillips, 173 F.3d 933 (4th Cir. 1999). Para tal, cf.: ASHFORD, Peter. Is an Asymmetric Disputes Clause Valid and Enforceable? *Arbitration: The International Journal of Arbitration, Mediation & Dispute Management*, v. 86, n. 3, p. 350-351, 2020.

caso fosse levado à arbitragem, em razão da existência da cláusula arbitral. Contudo, a Suprema Corte dos Estados Unidos decidiu pela invalidade da cláusula, em razão da ausência de mutualidade, uma vez que a cláusula arbitral facultava somente à companhia o direito de compelir a outra parte à arbitragem. Assim, flagrada estaria a *uncionscionability* da cláusula.

No caso Arnold v. United Companies Lending Corp., julgado pela Suprema Corte de West Virginia em 1998, os autores, Orville e Maxine Arnold, ajuizaram ação contra a United Companies Lending Corporation e Michael Searls, alegando que o acordo pela arbitragem assinado durante uma transação de empréstimo seria unilateral, assimétrico e, por essas razões, nulo. Entendeu-se que, no caso, a cláusula de arbitragem teria sido estabelecida de forma compulsória, com renúncia substancial aos direitos do consumidor e, ao mesmo tempo, preservação do direito do credor ao foro judicial. Dessa forma, estaria configurada a *unconscionability*.

No caso Ex Parte McNaughton, julgado pela Suprema Corte do Alabama, em 1999, por sua vez, discutiu-se a validade de cláusula arbitral assimétrica que conferia a somente uma das partes poderes para a sua modificação ou revogação.[1737] A ex-empregada Cindy McNaughton ajuizou ação judicial contra a sua antiga empregadora, United Healthcare Services, Inc. ("United"), sob o argumento de que uma nova vaga na empresa lhe teria sido prometida, mas não concedida.[1738] United, de outro lado, apresentou exceção de arbitragem, com fundamento na cláusula arbitral existente no "manual do empregado" da companhia, que referenciava a United Healthcare Corporation Employment Arbitration Policy.[1739]

Inicialmente, a Corte de Jefferson acolheu a exceção de arbitragem, de modo a suspender o processo judicial e compelir as partes à arbitragem.[1740] Cindy recorreu, argumentando que, ainda que se considerasse que estava vinculada ao "manual do empregado", a cláusula arbitral seria nula à luz da *doctrine of unconscionability/mutuality*

1737 Estados Unidos, Supreme Court of Alabama. Ex Parte McNaughton, n. 1961708, 728 So. 2d 592 (Ala. 1999), j. 05.03.1999.

1738 Estados Unidos, Supreme Court of Alabama. Ex Parte McNaughton, n. 1961708, 728 So. 2d 592 (Ala. 1999), j. 05.03.1999, Opinião da Corte, p. 594.

1739 A relação entre os documentos citados é bem explicada por Justice Cook, na introdução de seu voto dissidente da maioria da corte: "The majority concludes that Cindy McNaughton, an at-will employee of United Healthcare Services, Inc. ('United'), must arbitrate her claims of fraud and interference with business relations against United, based on arbitration provisions contained in the 'Arbitration Policy' section of United's 'United Healthcare Corporation Employee Handbook' (the 'Handbook'), and more fully set forth in the 'United Healthcare Corporation Employment Arbitration Policy' ('the UHCEAP'). In other words, it holds that the arbitration provisions constitute a binding contract between United and McNaughton. Because I consider the arbitration provisions unenforceable under ordinary rules of contract law, I respectfully dissent" (Estados Unidos, Supreme Court of Alabama. Ex Parte McNaughton, n. 1961708, 728 So. 2d 592 (Ala. 1999), j. 05.03.1999, Voto Dissidente, Justice Cook, p. 603).

1740 Estados Unidos, Supreme Court of Alabama. Ex Parte McNaughton, n. 1961708, 728 So. 2d 592 (Ala. 1999), j. 05.03.1999, Opinião da Corte, p. 593.

of remedy em razão da possibilidade de United resolver a disputa pela via arbitral ou "*another forum*",[1741] bem como da previsão do direito da United de alterar ou revogar as disposições do manual, incluindo a cláusula arbitral, a seu exclusivo critério, a qualquer tempo e sem notificação prévia.[1742] Isto é, na prática, a United detinha não somente o poder de escolha pela arbitragem ou pelo Judiciário, mas também a discricionariedade para definir o número de árbitros, a sede da arbitragem e a instituição arbitral.

Apesar dos amplos poderes dotados apenas à United na cláusula assimétrica, a Suprema Corte do Alabama, em decisão não unânime, rejeitou o recurso de Cindy sob dois fundamentos. O primeiro, de que, considerando o favorecimento à arbitragem, não se poderia considerar a cláusula inerentemente injusta à luz da *doctrine of unconscionability*,[1743] e que, em abstrato, a mera desigualdade de poder de barganha não seria suficiente para prejudicar a validade de cláusulas arbitrais celebradas no contexto de relações de emprego[1744]. O segundo, no sentido de que a previsão pela arbitragem não poderia ser considerada um "remédio" no sentido tutelado pela *doctrine of mutuality of remedy*, pois essa doutrina se aplica somente a remédios cabíveis às partes por ações da contraparte, mas não aos meios pelos quais uma parte pode buscar esses remédios, como é o caso da arbitragem.[1745]

Como se disse, a decisão não foi unânime. Para o Juiz Almon, que proferiu voto vencido, a *doctrine of mutuality of remedy* seria aplicável também a cláusulas arbitrais,

---

1741 Estados Unidos, Supreme Court of Alabama. Ex Parte McNaughton, n. 1961708, 728 So. 2d 592 (Ala. 1999), j. 05.03.1999, Opinião da Corte, p. 596.

1742 Estados Unidos, Supreme Court of Alabama. Ex Parte McNaughton, n. 1961708, 728 So. 2d 592 (Ala. 1999), j. 05.03.1999, Opinião da Corte, p. 596.

1743 "Upon further consideration, we reject this dictum from Northcom, merging the distinct doctrines of unconscionability and mutuality of remedy to strike down arbitration clauses. Arbitration is not inherently unconscionable, nor is it a remedy. When interpreting the FAA, the federal courts have concluded that, consistent with the federal policy strongly favoring arbitration, Moses H. Cone Mem'l Hospital 460 U.S. at 24-25, 103 S.Ct. 927, 'there is nothing inherently unfair or oppressive about arbitration clauses.' 'Coleman v. Prudential Bache Securities, Inc., 802 F.2d 1350, 1352 (11th Cir. 1986). Accord Kelly, 967 F. Supp. at 1257 ('[T]here is nothing inherently unfair or oppressive about arbitration clauses.' [N]othing about the present agreement is unconscionable or overbearing.') (citation omitted)" (Estados Unidos, Supreme Court of Alabama. Ex Parte McNaughton, n. 1961708, 728 So. 2d 592 (Ala. 1999), j. 05.03.1999, Opinião da Corte, p. 597).

1744 "Moreover, the Supreme Court has stated: 'Mere inequality in bargaining power ... is not a sufficient reason to hold that arbitration agreements are never enforceable in the employment context.' Gilmer v. Interstate/Johnson Lane Corp., 500 U.S. 20, 33, 111 S.Ct. 1647, 114 L.Ed.2d 26 (1991). Instead of suffering unconscionable treatment, a party, 'by agreeing to arbitrate, ... trades the procedures and opportunity for review of the courtroom for the simplicity, informality, and expedition of arbitration.' Gilmer, 500 U.S. at 31, 111 S.Ct. 1647 (citations omitted). Thus, agreements to arbitrate are not in themselves unconscionable" (Estados Unidos, Supreme Court of Alabama. Ex Parte McNaughton, n. 1961708, 728 So. 2d 592 (Ala. 1999), j. 05.03.1999, Opinião da Corte, p. 597-598).

1745 Este conceito é similar ao conceito brasileiro de bem da vida almejado por meio de ação judicial, que não se confunde com o conceito de processo ou ADR.

pois a execução específica de cláusula arbitral assimétrica obtida por ordem judicial constituiria um remédio, que não poderia ser assegurado a apenas uma das partes.[1746] Ademais, seria a cláusula arbitral *unconscionable*, na medida em que é contrária à equidade, o que permitiria excepcionar o efeito negativo da cláusula compromissória.[1747] Já para o Juiz Cook, que também proferiu voto vencido, a cláusula compromissória seria contrato bilateral que necessita de promessas justapostas, mas, no caso, a empregadora deteria opção meramente potestativa, que implicaria nulidade do pacto.[1748]

No caso Harris v. Green Tree Financial Corp., julgado pelo Tribunal de Apelações dos Estados Unidos em 1999, cuidou-se de contrato padronizado que previa a execução de reforma residencial pela sociedade Green Tree Financial Corporation em imóvel da família Harris. Sob o fundamento de que os empreiteiros não efetuaram a reforma em atendimento às especificações do contrato, a família Harris ajuizou ação judicial. De outro lado, a Green Tree requereu a instauração da arbitragem e a consequente suspensão do processo judicial, com fundamento em cláusula arbitral prevista em contrato de hipoteca.

1746 "The discussion in Northcom regarding mutuality of remedy presents a perspective from which it can be seen that because of equitable principles applicable to all contracts, a court should not grant a motion that, in essence, seeks specific performance of an arbitration clause in a contract, where the movant would not be subject to such a remedy. If a superior party, such as an employer, can invoke specific performance of an arbitration clause in a contract of adhesion, but the inferior party, such as an employee, cannot, there is such a lack of mutuality that a court should not grant the equitable remedy of specific performance of that term of the contract. In short, it would be inequitable and, under the circumstances, unconscionable, to deprive someone of their constitutional rights to access to a court and to a jury for resolution of their claims against the party that has sought to deprive them of those rights" (Estados Unidos, Supreme Court of Alabama. Ex Parte McNaughton, n. 1961708, 728 So. 2d 592 (Ala. 1999), j. 05.03.1999, Voto Dissidente, Juiz Almon, p. 600).

1747 "The United States Supreme Court has, however, recognized that under the FAA, 9 U.S.C. § 2, an arbitration provision is 'valid, irrevocable, and enforceable, save upon such grounds as exist at law or in equity for the revocation of any contract.' (Emphasis added.) See, e.g., First Options of Chicago, Inc. v. Kaplan, 514 U.S. 938, 115 S.Ct. 1920, 131 L.Ed.2d 985 (1995). The refusal to enforce a purported contract that is one of adhesion and that preserves to the superior party who drafted the contract the right of access to a court and the right to a jury while depriving the inferior party of those rights is certainly a ground that exists in equity for revoking such a contract" (Estados Unidos, Supreme Court of Alabama. Ex Parte McNaughton, n. 1961708, 728 So. 2d 592 (Ala. 1999), j. 05.03.1999, Voto Dissidente, Juiz Almon, p. 601).

1748 "The fatal flaw of the UHCEAP, rendering it illusory, is contained in the following provision: 'United Healthcare reserves the right to alter, amend, modify, or revoke this policy at its sole and obsolete discretion at any time with or without notice.' (Emphasis added.) As I have already discussed in this opinion, a promise is illusory, rendering the 'contract' unenforceable, 'if [the promisor's] performance depends solely upon his option or discretion, as where the promisor is free to perform or to withdraw from the agreement at will.' First Wisconsin Nat'l Bank of Milwaukee v. Oby, 52 Wis.2d 1, 7, 188 N.W.2d 454, 457 (1971) (emphasis added). The 'promises' of United in the UHCEAP provide the classic example of this rule, because it can perform, or not perform at its 'sole and absolute discretion'" (Estados Unidos, Supreme Court of Alabama. Ex Parte McNaughton, n. 1961708, 728 So. 2d 592 (Ala. 1999), j. 05.03.1999, Voto Dissidente, Juiz Cook, p. 605).

Os Harris se opuseram à arbitragem e o tribunal de primeira instância concluiu que, de fato, a cláusula compromissória deveria ser afastada por vincular apenas os Harris à arbitragem, permitindo à Green Tree o recurso ao Judiciário. Contudo, a decisão foi, posteriormente, reformada pela Corte de Apelação, que concluiu que a completa equivalência de obrigações não seria necessária para se garantir a validade da cláusula arbitral, de modo que o requisito de *mutuality* não seria aplicável para o exame da validade da convenção de arbitragem.[1749] Ainda, entendeu que a cláusula não seria procedimental e materialmente *unconscionable*, pois o fato de a cláusula ter sido prevista em letras miúdas no verso dos contratos padrão não a tornava injusta, já que os documentos estariam à disposição para consulta pelos Harris,[1750] e o desequilíbrio de poder de barganha entre as partes, por si só, não contaminaria a cláusula arbitral.[1751] Por fim, seria facultado aos Harris solicitar a nomeação de novo árbitro, caso não concordassem com a escolha da Green Tree, o que demonstraria a *conscionability* da convenção celebrada.[1752] Desse modo, o tribunal entendeu pela suspensão do processo judicial, com a continuidade do procedimento arbitral.[1753]

Caso similar a Sablosky v. Edward S Gordon Company Inc., anteriormente mencionado, foi enfrentado em Armendariz vs. Foundation Health Psychcare Services, julgado pela Corte Suprema da Califórnia em agosto de 2000. Os empregados Marybeth Armendariz e Dolores Olague-Rodgers, demitidos da Foundation Health Psychcare Services, alegaram o cometimento de atos pelo empregador que implicaram término do vínculo trabalhista. Uma vez invocada a cláusula de arbitragem presente no formulário que os empregados preencheram ao aplicar para as suas respectivas vagas, bem como no próprio contrato de trabalho, os empregados insurgiram-se contra ela, alegando, entre outras questões, a *unconscionability* da convenção arbitral por ausência de bilateralidade.[1754]

1749 Estados Unidos, Tribunal de Apelações dos Estados Unidos, Terceiro Circuito. Harris v. Green Tree Financial Corp. 183 F.3d 173 (3d Cir. 1999), j. 01.07.1999, p. 6-7.

1750 Estados Unidos, Tribunal de Apelações dos Estados Unidos, Terceiro Circuito. Harris v. Green Tree Financial Corp. 183 F.3d 173 (3d Cir. 1999), j. 01.07.1999, p. 8.

1751 Estados Unidos, Tribunal de Apelações dos Estados Unidos, Terceiro Circuito. Harris v. Green Tree Financial Corp. 183 F.3d 173 (3d Cir. 1999), j. 01.07.1999, p. 9.

1752 Estados Unidos, Tribunal de Apelações dos Estados Unidos, Terceiro Circuito. Harris v. Green Tree Financial Corp. 183 F.3d 173 (3d Cir. 1999). j. 01.07.1999, p. 10.

1753 Estados Unidos, Tribunal de Apelações dos Estados Unidos, Terceiro Circuito. Harris v. Green Tree Financial Corp. 183 F.3d 173 (3d Cir. 1999). j. 01.07.1999, p. 10.

1754 "(...) a few U.S. lower courts have relied on theories of unconscionability, lack of mutuality, or similar doctrines, in holding asymmetrical arbitration agreements invalid, particularly in domestic matters involving consumers or employees. (As discussed elsewhere, some jurisdictions hold arbitration clauses in the context of consumer or employment disputes per se unenforceable. Such decisions are most likely in state courts, often with histories of hostility to arbitration agreements generally, in cases involving domestic arbitration agreements. A few U.S. state court decisions also appear to continue to apply mutuality requirements to invalidate asymmetrical arbitration clauses" (BORN, Gary B. *International Commercial Arbitration. Vol. I*: International Arbitration Agreements. 3. ed. Alphen aan den Rijn: Kluwer Law International, 2021. p. 935-936).

Embora a decisão de origem tenha considerado o acordo inválido, ela foi, posteriormente, revertida pela Corte de Apelação quando do julgamento do recurso do empregador. Dessa decisão, os empregados recorreram à Corte Suprema da Califórnia, que entendeu que o acordo foi imposto aos empregados como condição para a contratação e sem oportunidade de negociação, sendo, portanto, de adesão. Assim, considerando tanto a situação de vantagem do empregador sobre o empregado quanto a arbitragem prevista como obrigatória para disputas dos empregados contra os empregadores, mas não o contrário, a Corte Suprema da Califórnia concluiu pelo afastamento da cláusula arbitral.

No caso DiMercurio v. Sphere Drake, julgado pela Corte de Apelações em 2000, de outro lado, reconheceu-se a validade e a eficácia de cláusula compromissória assimétrica[1755] contida em apólice de seguro. Sphere Drake segurava embarcação que naufragou e feriu Francesco DiMercurio, empregado da segurada. A segurada foi condenada na justiça estatal a ressarcir os danos de DiMercurio, mas, em razão da insolvência da empregadora segurada, DiMercurio executou a sentença diretamente contra a seguradora.

Sphere Drake negou-se a pagar, sob o fundamento de que a disputa deveria ter sido levada à arbitragem, considerando a cláusula compromissória existente na apólice de seguro.[1756] Embora DiMercurio tenha alegado a invalidade da cláusula arbitral assimétrica em razão de sua *unconscionability*, considerando que conferia à seguradora a opção de cobrar prêmios inadimplidos perante qualquer jurisdição competente,[1757] o seu argumento foi rechaçado pela Corte. Entendeu-se que cláusulas arbitrais assimétricas não seriam nulas *per se* e, ademais, o fato de a apólice prever a opção pela via estatal limitada a cobranças de prêmios não tornaria a cláusula arbitral desarrazoada.[1758] Para

---

[1755] Estados Unidos, Court of Appeals (First Circuit). DiMercurio v. Sphere Drake Ins., PLC, n. 99-1470, j. 31.01.2000.

[1756] Estados Unidos, Court of Appeals (First Circuit). DiMercurio v. Sphere Drake Ins., PLC, n. 99-1470, j. 31.01.2000, Factual Background, p. 1-2.

[1757] "DiMercurio argues that the arbitration provision should not be enforced against him because the contract does not impose a mutual obligation to arbitrate on the insurer. Although clause 53 of the policy requires that all coverage disputes be arbitrated in London, clause 28.1 permits the company to bring suit in any court of competent jurisdiction for unpaid premiums 'or other sum of whatsoever nature due from the Assured'" (Estados Unidos, Court of Appeals (First Circuit). DiMercurio v. Sphere Drake Ins., PLC, n. 99-1470, j. 31.01.2000, p. 08).

[1758] "We adhere to our view that one-sided agreements to arbitrate are not favored. See McCarthy v. Azure, 22 F.3d 351, 361 (1st Cir.1994). In this instance, however, both parties are required to arbitrate coverage disputes. The fact that the company may proceed in court to recover premiums or like fees – a proceeding that is likely to be much more confined than a coverage dispute – does not render the contract impermissibly unbalanced. See Hannon v. Original Gunite Aquatech Pools, Inc., 385 Mass. 813, 824, 434 N.E.2d 611, 618 (1982) (inclusion of a clause in a contract allowing one party, but not the other, to demand arbitration is not 'unconscionable' *per se*)" (Estados Unidos, Court of Appeals (First Circuit). DiMercurio v. Sphere Drake Ins., PLC, n. 99-1470, j. 31.01.2000, p. 8).

mais, a Corte não identificou evidência de negociação desbalanceada entre as partes do contrato de seguro que autorizasse o reconhecimento de nulidade da cláusula.[1759]

Em Showmethemoney Check Cashers. v. Williams e McGhee, julgado pela Suprema Corte do Arkansas também em 2000, o resultado foi oposto ao do caso anteriormente mencionado. Showmethemoney atuava com a concessão de empréstimos em espécie, permitindo que o mutuário tivesse imediato acesso ao valor, em troca de cheques pré-datados que correspondiam ao valor do empréstimo, mais uma taxa. Os contratos celebrados continham cláusula arbitral, que previa a prerrogativa da Showmethemoney de se valer do Judiciário para a cobrança de valores a ela devidos.[1760]

Williams e McGhee firmaram contratos de empréstimo nesses moldes com Showmethemoney e foram incapazes de honrar o valor principal. Com vistas a postergar o vencimento da sua dívida, tomaram sucessivos empréstimos perante Showmethemoney, com consequente majoração do montante devido. Sob o argumento de que Showmethemoney contrariava as leis de empréstimo do estado do Arkansas, Williams e McGhee iniciaram *class action* contra a sociedade. Showmethemoney, de outro lado, apresentou exceção de arbitragem.

Embora a exceção de arbitragem tenha sido negada em primeira instância, a Suprema Corte do Arkansas, partindo do pressuposto de que a cláusula arbitral se sujeita aos mesmos requisitos de validade dos contratos em geral,[1761] concluiu pela nulidade

---

1759 "Moreover, there is no evidence of undue power or deception on the part of the insurer in the negotiation of the policy. The particular coverage was selected by Rosalie & Matteo's broker, Marine Insurance Consultants International Limited, which was familiar with the Sphere Drake policy forms, including the arbitration provision. As Rosalie & Matteo's assignee, DiMercurio is bound by the terms and conditions to which the company agreed. We therefore affirm the district court's refusal to invalidate the arbitration clause on grounds of unconscionability" (Estados Unidos, Court of Appeals (First Circuit). DiMercurio v. Sphere Drake Ins., PLC, n. 99-1470, j. 31.01.2000, p. 8).

1760 "All disputes and controversies of every kind and nature between the parties hereto arising out of or in connection with this agreement as to the existence, construction, validity, interpretation or meaning, performance, non-performance, enforcement, operation, breach, continuance, or termination thereof, as well as whether the controversy or dispute is subject to arbitration, and the amount of any loss or damage, shall be submitted to arbitration pursuant to Ark. Code Ann. § 16-108-201, ET SEQ., except, only, insofar as actions of Showmethemoney Check Cashers, Inc., to collect amounts due it" (Estados Unidos, Supreme Court of Arkansas. Showmethemoney Check Cashers, Inc. v. Wanda Williams and Sharon McGhee, 99-1398, j. 21.09.2000).

1761 "The preliminary issue in this case is whether the subject language constitutes a valid contract to arbitrate. Showme stated during oral argument that it contended that the relationship between the parties consisted of three separate contracts. One of those contracts was an agreement to arbitrate. Again, the same rules of construction and interpretation apply to arbitration agreements as apply to agreements generally. May Constr. Co., Inc. v. Benton Sch. Dist. n. 8, supra. The essential elements of a contract are (1) competent parties, (2) subject matter, (3) legal consideration, (4) mutual agreement, and (5) mutual obligations. Foundation Telecommunications v. Moe Studio, 341 Ark. 231, 16 S.W.3d 531 (2000); Hunt v. McIlroy Bank & Trust, 2 Ark. App. 87, 616 S.W.2d 759 (1981)" (Estados Unidos, Supreme

da cláusula compromissória presente no contrato de empréstimo, visto que concedia vantagem desbalanceada à Showmethemoney, carecendo, portanto, de *mutuality*.

No caso United States ex rel. Birckhead Elec., Inc. v. James W. Ancel, Inc.,[1762] julgado pela Corte de Maryland em 2014, decidiu-se também pela ineficácia de cláusula arbitral assimétrica,[1763] dessa vez em contrato de instalação de sistemas elétricos. Birckhead forneceu materiais e mão de obra necessários para a instalação, porém não recebeu a contraprestação devida, razão pela qual deu início a ação de cobrança. A outra parte, contudo, alegou exceção de arbitragem.[1764]

A Corte de Maryland reconheceu a ineficácia da cláusula arbitral por "*lack of mutual consideration*", uma vez que criava obrigações para uma das partes sem a existência de contraprestação.[1765] Ainda, fundamentou que, embora o Federal Arbitration Act deva ser guiado pelo *favor arbitrandum*, o efeito negativo da cláusula arbitral está sujeito à sua validade, sendo que, à luz da lei de Maryland, contratos apenas são vinculantes casos sejam dotados de "*mutual consideration*", de modo que a cláusula arbitral que vincula apenas uma das partes seria ineficaz,[1766] independentemente de ser ela estabelecida em contrato comercial ou consumerista.

Court of Arkansas. Showmethemoney Check Cashers, Inc. v. Wanda Williams and Sharon McGhee, 99-1398, j. 21.09.2000).

1762 Estados Unidos, District Court for the District of Maryland. United States ex rel. Birckhead Elec., Inc. v. James W. Ancel, Inc, Civil n.: WDQ-13-2498, j. 05.06.2014.

1763 "All disputes between the Contractor and Subcontractor, not involving the Owner's acts, omissions or responsibilities shall, at the Contractor's sole option, be resolved by arbitration in accordance with the rules of the American Arbitration Association. Subcontractor agrees that any such arbitration proceedings shall, at the Contractor's sole option, be consolidated with any arbitration proceedings between the Contractor and any other party. This agreement to arbitrate shall be specifically enforceable under the prevailing arbitration law. The award rendered by the arbitrators shall be final, and judgment may be entered upon it in any court having jurisdiction thereof. Any such award shall also be binding and enforceable against any persons, surety and/or bonding company, which guarantees the performance by the Subcontractor of this Agreement in any manner" (Estados Unidos, District Court for the District of Maryland. United States ex rel. Birckhead Elec., Inc. v. James W. Ancel, Inc, Civil n.: WDQ-13-2498, j. 05.06.2014).

1764 "On August 27, 2013, Birckhead Electric sued the Defendants for breach of contract and for violations of the Miller Act. See ECF n. 1. On September 27, 2013, the Defendants moved to dismiss for lack of jurisdiction, or alternatively, to stay pending arbitration" (Estados Unidos, District Court for the District of Maryland. United States ex rel. Birckhead Elec., Inc. v. James W. Ancel, Inc, Civil n.: WDQ-13-2498, j. 05.06.2014).

1765 "The provision does not create an obligation for JWA as the contractor. Because the arbitration agreement is not supported by mutual consideration, it is invalid" (Estados Unidos, District Court for the District of Maryland. United States ex rel. Birckhead Elec., Inc. v. James W. Ancel, Inc, Civil n.: WDQ-13-2498, j. 05.06.2014).

1766 "The FAA makes arbitration agreements 'valid, irrevocable, and enforceable, save upon such grounds as exist at law or in equity for the revocation of any contract'. 9 U.S.C. § 2. Accordingly, the arbitration agreement must be valid and enforceable as determined by state law. See Noohi v. Toll Bros., Inc., 708 F.3d 559, 607 (4th Cir. 2013); Rota-McLarty v. Santander

Os casos destacados anteriormente evidenciam não haver consenso nos Estados Unidos acerca da validade e da eficácia das cláusulas assimétricas no direito norte-americano. A maior parte da discussão reside em casos envolvendo contratos trabalhistas ou consumeristas, sem entendimento uníssono acerca da legalidade das cláusulas unilaterais.

Casos com similitude fática – como Hull v. Norcom Inc. e Ex Parte McNaughton, ambos tratando de contratos de emprego e cláusulas arbitrais celebradas em situação de desvantagem do empregado e com ampla discricionariedade do empregador para se valer do Poder Judiciário ou da arbitragem – levaram a resultados opostos: um, afastando a cláusula arbitral; outro, consagrando a plena produção de seus efeitos. Ainda, em outros casos, mesmo diante de relações estritamente comerciais, a cláusula assimétrica foi considerada ineficaz, por representar ausência de mutualidade nas obrigações, como ocorreu em United States ex rel. Birckhead Elec., Inc. v. James W. Ancel, Inc.

De todo modo, os casos trazem à evidência a importância de se trabalhar com as teorias sobre falta de mutualidade (*lack of mutuality*) e irrazoabilidade (*unconscionability*) para, à luz do caso concreto, aferirem-se a validade e a eficácia da cláusula compromissória assimétrica.

3. Singapura

Em Singapura, há notícia de um caso tido como relevante sobre cláusula assimétrica. Trata-se de Wilson Taylor Asia Pacific Pte Ltd v. Dyna-Jet,[1767] envolvendo contrato celebrado entre as duas sociedades, no qual foi pactuada cláusula arbitral que dava somente à Dyna-Jet o direito de submeter o litígio à arbitragem.[1768]

Dyna-Jet ajuizou processo judicial, mas Wilson Taylor pleiteou a sua suspensão sob o argumento de que a convenção de arbitragem não seria válida, em decorrência de ausência de mutualidade. O pedido de Wilson Taylor, contudo, foi negado em primei-

---

Consumer USA, Inc., 700 F.3d 690, 699 (4th Cir. 2012). Under Maryland law, to be binding and enforceable, an arbitration agreement must be a valid contract supported by consideration. See Cheek v. United Healthcare of Mid-Atlantic, Inc., 378 Md. 139, 147 (Md. 2003). In determining whether the arbitration agreement is a valid contract, the Court may only consider the language of the arbitration provision itself. See Cheek, 378 Md. at 153-59; Noohi, 708 F.3d at 607-09; Hill v. Peoplesoft USA, Inc., 412 F.3d 540, 543 (4th Cir. 2005). An arbitration provision that binds only one party lacks mutual consideration, and thus, is unenforceable. See Cheek, 378 Md. at 161" (Estados Unidos, District Court for the District of Maryland. United States ex rel. Birckhead Elec., Inc. v. James W. Ancel, Inc, Civil n.: WDQ-13-2498, j. 05.06.2014).

1767 Singapura, Tribunal de Apelação da República de Singapura. Wilson Taylor Asia Pacific Pte Ltd v. Dyna-Jet Pte Ltd. Processo [2017] SGCA 32, j. 26.04.2017.

1768 "If no amicable settlement is reached through discussions, at the election of Dyna-Jet, the dispute may be referred to and personally settled by means of arbitration proceedings, which will be conducted under English Law; and held in Singapore" (Singapura, Tribunal de Apelação da República de Singapura. Wilson Taylor Asia Pacific Pte Ltd v. Dyna-Jet Pte Ltd. Processo [2017] SGCA 32, j. 26.04.2017, p. 3, § 6).

ra instância,[1769] sob o fundamento de que, como a cláusula arbitral previa que apenas Dyna-Jet poderia escolher entre a via estatal ou a arbitral, e o Judiciário já havia sido acionado, ela se tornou inoperante ou incapaz de ser executada, nos termos do artigo 6(2) do *International Arbitration Act* (IAA) de Singapura.[1770] Ainda, decidiu-se que o fato de a cláusula arbitral dotar apenas uma das partes da prerrogativa de se valer da arbitragem não descaracteriza a natureza da convenção arbitral, como previsto no art. 2A do IAA.[1771]

Ao julgar o recurso de Wilson Taylor, por sua vez, o tribunal de apelação, embora tenha mantido o resultado prático do julgamento, entendeu de modo diferente. Utilizando a decisão de caso precedente acerca dos requerimentos necessários para a suspensão de processo judicial ante a existência de convenção de arbitragem,[1772] julgou necessário que (i) houvesse convenção de arbitragem válida entre as partes; (ii) o litígio em questão estivesse dentro do escopo da cláusula compromissória; e (iii) a convenção não fosse nula e ineficaz, inoperante ou incapaz de ser executada.[1773] No caso, concluiu-se que, embora o primeiro requisito estivesse cumprido, uma vez que a convenção de arbitragem foi celebrada de forma válida,[1774] o segundo requisito não estava preenchido, pois, se Dyna-Jet optou por submeter o litígio à via estatal, a disputa não estava dentro do escopo da cláusula arbitral.[1775] Isto é, na ausência de eleição da arbitragem, a disputa não seria uma matéria objeto da convenção, nos termos do artigo 6(1) da IAA.[1776]

[1769] Singapura, Tribunal de Apelação da República de Singapura. Wilson Taylor Asia Pacific Pte Ltd v. Dyna-Jet Pte Ltd. Processo [2017] SGCA 32, j. 26.04.2017, p. 3, § 6.

[1770] International Arbitration Act, 6(2): "The court to which an application has been made in accordance with subsection (1) is to make an order, upon such terms or conditions as the court thinks fit, staying the proceedings so far as the proceedings relate to the matter, unless it is satisfied that the arbitration agreement is null and void, inoperative or incapable of being performed".

[1771] International Arbitration Act, 2A(1): "In this Act, 'arbitration agreement' means an agreement by the parties to submit to arbitration all or certain disputes which have arisen or which may arise between them in respect of a defined legal relationship, whether contractual or not. (...)"

[1772] Os requisitos foram obtidos da decisão do caso Tomolugen Holdings Ltd and another vs. Silica Investors Ltd and other appeals [2016] 1 SLR 373.

[1773] Singapura, Tribunal de Apelação da República de Singapura. Wilson Taylor Asia Pacific Pte Ltd v. Dyna-Jet Pte Ltd. Processo [2017] SGCA 32, j. 26.04.2017, p. 4-5, § 11.

[1774] Singapura, Tribunal de Apelação da República de Singapura. Wilson Taylor Asia Pacific Pte Ltd v. Dyna-Jet Pte Ltd. Processo [2017] SGCA 32, j. 26.04.2017, p. 3-4, § 8.

[1775] Singapura, Tribunal de Apelação da República de Singapura. Wilson Taylor Asia Pacific Pte Ltd v. Dyna-Jet Pte Ltd. Processo [2017] SGCA 32, j. 26.04.2017, p. 11, § 24.

[1776] International Arbitration Act, 6(1). "Despite Article 8 of the Model Law, where any party to an arbitration agreement to which this Act applies institutes any proceedings in any court against any other party to the agreement in respect of any matter which is the subject of the agreement, any party to the agreement may, at any time after filing and serving a notice of intention to contest or not contest and before delivering any pleading (other than a pleading asserting that the court does not have jurisdiction in the proceedings) or

Embora o enfrentamento desse caso em Singapura tenha se dado sob a ótica de como se interpretar a cláusula assimétrica,[1777] e não, diretamente, sob a ótica da sua validade, é possível inferir a compreensão do tribunal de que a cláusula, somente por ser assimétrica, não carece de validade. Afinal, se se garantiu a plena produção de efeitos da cláusula arbitral ao assegurar a apenas uma das partes a prerrogativa de decidir se as disputas oriundas do contrato seriam submetidas à arbitragem ou ao Judiciário, é porque se reconheceu a cláusula assimétrica como uma possibilidade que pode ser validamente pactuada pelas partes, dentro da sua autonomia privada.[1778]

4. Portugal

Em Portugal, há notícia de caso isolado em que se afirmou a validade de cláusula compromissória assimétrica. Trata-se do caso Xilam Films v. Lnk-Video S.A, julgado pelo Tribunal de Relação de Lisboa em julho de 2012.[1779]

A disputa adveio de contrato de distribuição de filmes firmado entre Xiliam Films, produtora francesa de animações, e Lnk-Video, distribuidora portuguesa de filmes. A empresa francesa concedeu à empresa portuguesa direitos exclusivos de distribuição de seu novo longa em Portugal, Angola, Moçambique, Guiné-Bissau, Cabo Verde e São Tomé e Príncipe.[1780] Considerando que o contrato tinha cláusula que concedia à

---

taking any other step in the proceedings, apply to that court to stay the proceedings so far as the proceedings relate to that matter".

1777 Cabe a ressalva de que a disputa tratava da interpretação do dispositivo, e não de sua validade. Não obstante, o sentido que prevaleceu foi o de atribuir a apenas uma das partes a prerrogativa de decidir se disputas iniciadas por si própria ou por sua contraparte iriam à arbitragem ou à via judicial – ou seja, cláusula de jurisdição híbrida unilateral e ambivalente" (PARIZOTTO, Pedro Teixeira Mendes. Cláusula de Jurisdição Híbrida: Panorama Internacional e Perspectivas Nacionais. *Revista Brasileira de Arbitragem*, São Paulo, n. 64, p. 11-38, out./dez. 2019. p. 16).

1778 Nesse sentido, Peter Ashford menciona que: "The Singapore Court of Appeal recently confirmed the validity of an asymmetric clause in Dyna-Jet Pte Ltd v. Wilson Taylor Asia Pacific Pte Ltd.34 The clause provided that at the election of one party (Dyna-Jet), a dispute may be referred to and settled by arbitration. Therefore, not only was the clause asymmetric and 'lacking mutuality' but it was optional in that it depended on an election being made by Dyna-Jet. This is the first time that the Court of Appeal has ruled on the validity of an asymmetric and optional arbitration clause under Singapore law". Segue dizendo: "Upholding the High Court's decision, the Court of Appeal held that the dispute resolution clause was a valid arbitration agreement. The court held that, in establishing the validity of the arbitration agreement, it is 'immaterial' that the arbitration clause is asymmetric and that arbitration of a future dispute entirely optional instead of imposing on parties an immediate obligation to arbitrate their disputes" (ASHFORD, Peter. Is an Asymmetric Disputes Clause Valid and Enforceable? *The Int'l J. of Arb., Med. & Dispute Mgmt*, v. 86, n. 3, p. 347-364, 2020. p. 359).

1779 Portugal, Tribunal de Relação de Lisboa. Xilam Films v. Lnk-Video S.A, processo 7328/10.0TBOER.L1-1, j. 12.07.2012.

1780 Portugal, Tribunal de Relação de Lisboa. Xilam Films v. Lnk-Video S.A, processo 7328/10.0TBOER.L1-1, j. 12.07.2012, p. 2.

Xiliam Films a prerrogativa de submeter litígios à arbitragem ou ao Poder Judiciário da França,[1781] Xiliam deu início à arbitragem, sob o fundamento de que Lnk-Video teria descumprido o contrato.

O procedimento teve sede em Paris, aplicou o direito francês e resultou em sentença que condenou a distribuidora portuguesa ao pagamento dos valores inadimplidos, além de encargos e penalidade. Em face da tentativa de execução de sentença arbitral intentada pela empresa francesa em Portugal, Lnk-Video pleiteou o não reconhecimento da sentença arbitral com fundamento no artigo V(1)(d) da Convenção de Nova York,[1782] alegando, entre outros pontos,[1783] que a formação do tribunal arbitral em Paris se deu de maneira distinta da pactuada pelas partes.[1784] Segundo Lnk-Video, o contrato pactuado seria de adesão, o que demandava interpretação em favor do aderente, de modo que se devia reconhecer que, entre a via arbitral e a via judicial, eleitas na cláusula arbitral assimétrica, apenas a eleição pela via judicial seria dotada de eficácia, na medida em que seria mais benéfica ao aderente.[1785]

1781 "O presente contrato reger-se-á e será interpretado de acordo com a Lei Francesa e ambas as Partes aceitam submeter-se à jurisdição dos Tribunais de Paris. Não obstante qualquer disposição em contrário nos termos do presente Contrato, a Licenciadora poderá optar por submeter a disputa a arbitragem vinculativa segundo as Regras da IFTA perante os Tribunais de Paris, França, e a distribuidora aceita desde já submeter-se à referida arbitragem segundo as Regras da IFTA" (Portugal, Tribunal de Relação de Lisboa. Xilam Films v. Lnk-Video S.A., processo 7328/10.0TBOER.L1-1, j. 12.07.2012, p. 7).

1782 Convenção de Nova York, Art. V(1)(d) – "Recognition and enforcement of the award may be refused, at the request of the party against whom it is invoked, only if that party furnishes to the competent authority where the recognition and enforcement is sought, proof that: (d) The composition of the arbitral authority or the arbitral procedure was not in accordance with the agreement of the parties, or, failing such agreement, was not in accordance with the law of the country where the arbitration took place". Ou, como adotado pelo Decreto 4.311/2002: "Artigo V (1). O reconhecimento e a execução de uma sentença poderão ser indeferidos, a pedido da parte contra a qual ela é invocada, unicamente se esta parte fornecer, à autoridade competente onde se tenciona o reconhecimento e a execução, prova de que: (d) a composição da autoridade arbitral ou o procedimento arbitral não se deu em conformidade com o acordado pelas partes, ou, na ausência de tal acordo, não se deu em conformidade com a lei do país em que a arbitragem ocorreu".

1783 Além do argumento referente à formação do tribunal arbitral, Lnk-Video pleiteava a reforma da sentença proferida em primeira instância em razão de (i) suposta fixação errônea do prazo para apresentar as provas referidas no Artigo V da Convenção de Nova York. Não obstante, alegava ainda que (ii) o tribunal de primeiro grau seria incompetente para o reconhecimento de sentenças arbitrais estrangeiras, argumentando pela competência do Tribunal de Relação. Por fim, defende que a (iii) decisão violaria a ordem pública portuguesa. (Portugal, Tribunal de Relação de Lisboa. Xilam Films v. Lnk-Video S.A., processo 7328/10.0TBOER.L1-1, j. 12.07.2012, p. 10-12). Todos os argumentos foram rechaçados. (Portugal, Tribunal de Relação de Lisboa. Xilam Films v. Lnk-Video S.A., processo 7328/10.0TBOER.L1-1, j. 12.07.2012, p. 12-16).

1784 Portugal, Tribunal de Relação de Lisboa. Xilam Films v. Lnk-Video S.A., processo 7328/10.0TBOER.L1-1, j. 12.07.2012, p. 11.

1785 "Nos termos da cláusula 12 do contrato, o litígio deveria ter sido submetido ao tribunal judicial de Paris e não a um árbitro da IFTA. Caso houvesse dúvidas como foram levantadas

Tanto em primeira instância quanto no Tribunal de Relação de Lisboa, os argumentos de Lnk-Video foram rechaçados.[1786] A corte de Lisboa concluiu que a cláusula seria clara ao conceder a opção pela via arbitral à produtora francesa, e que, ainda assim, a distribuidora portuguesa "aceitou submeter-se à referida arbitragem segundo as regras da IFTA".[1787] Ainda, o Tribunal de Relação de Lisboa constatou que a menção aos tribunais de Paris implicava nada mais que a fixação da sede da arbitragem na capital francesa, uma vez que a IFTA tem sede na Califórnia, Estados Unidos,[1788] bem como que o tribunal foi validamente constituído conforme as regras da IFTA, o que afastaria o pedido para o não reconhecimento da sentença arbitral.[1789]

É válido destacar que o tribunal de primeira instância entendeu que o fato de o contrato pactuado ser de adesão não trazia nenhum obstáculo à validade da cláusula

---

e resultam de deficiente redacção da cláusula, então fosse pelo direito português, fosse pelo direito francês, a cláusula deveria ser interpretada no sentido mais favorável a quem contraiu a obrigação (neste caso a recorrente) e por isso, o processo no Tribunal Judicial de Paris – por ser menos oneroso para a recorrente – seria o competente" (Portugal, Tribunal de Relação de Lisboa. Xilam Films v. Lnk-Video S.A., processo 7328/10.0TBOER.L1-1, j. 12.07.2012, p. 11).

1786 "In the Xilam Animation v. Lnk Videos case from 2012, the Oeiras First Instance Tribunal, and afterwards the Lisbon Court of Appeal, excluded any presumption of invalidity of a unilateral arbitration clause due to its inclusion in a standard contract. The courts reasoned that 'inconvenient' arbitration clauses would be [deemed null and] void only when the respective provisions would cause gross inconvenience to one of the parties and not provide any particular benefits to its counterparty. Moreover, legal scholars agree that there is no requirement of mutuality under Portuguese general contract law and, although clearly imbalanced, there is little evidence to support the idea that unilateral arbitration clauses violate Portuguese public policy" (PAPADIMA, Raluca. The Uncertain Fate of Asymmetrical Dispute Resolution Clauses in Arbitration around the Globe: To Be or Not to Be. *Mississippi Law Journal*, v. 90, n. 3, p. 541-630, 2021, p. 556).

1787 "As partes aceitaram a jurisdição dos Tribunais de Paris, mas a Licenciadora (= Xilam Films) ficou com a opção de submeter a disputa a arbitragem vinculativa segundo as regras da IFTA, perante os tribunais de Paris, e a Distribuidora (= Lnk-Video S.A.) aceitou submeter-se à referida arbitragem segundo as regras da IFTA (*Licensor may choose to submit the dispute to binding arbitration under the Rules of IFTA before the courts of Paris, France, and Distributor hereby accepts arbitration in accordance with the IFTA Rules*) – fls. 25 dos autos" (Portugal, Tribunal de Relação de Lisboa. Xilam Films v. Lnk-Video S.A., processo 7328/10.0TBOER.L1-1, j. 12.07.2012, p. 14).

1788 "Fala-se em Paris, França porque o Tribunal Arbitral da IFTA está sediado na Califórnia e nos Estados Unidos há mais de vinte cidades chamadas Paris (uma delas é Paris, Texas); ora, o que a licenciadora queria é que a questão fosse solucionada em França (courts of Paris, France). Mas isso não significava que fosse atribuir o litígio aos tribunais do Estado francês. Pelo contrário, era atribuído ao tribunal arbitral constituído de acordo com as Regras da IFTA, mas funcionando em Paris, França. Como a Distribuidora aceitou ao assinar o contrato" (Portugal, Tribunal de Relação de Lisboa. Xilam Films v. Lnk-Video S.A., processo 7328/10.0TBOER.L1-1, j. 12.07.2012, p. 14).

1789 Portugal, Tribunal de Relação de Lisboa. Xilam Films v. Lnk-Video S.A., processo 7328/10.0TBOER.L1-1, j. 12.07.2012, p. 15.

compromissória.[1790] Afirmou a corte de primeira instância que "tal cláusula só seria nula caso se verificassem 'graves inconvenientes' para uma das partes do estipulado na mesma".[1791] Considerando que, segundo a decisão, esses graves inconvenientes não se manifestavam no caso, seja no que toca à aplicação da lei francesa, seja no que toca à possibilidade de opção pela via arbitral ou estatal, a cláusula era perfeitamente válida.[1792]

Na doutrina portuguesa, Raúl Ventura defendia, antes da entrada em vigor da Lei de Arbitragem Voluntária de 2011, que, da mesma forma que os contratos em geral podem conferir direitos a uma das partes, a convenção de arbitragem também poderia fazê-lo, ante à ausência de expressa previsão legislativa que assim proíba.[1793]

Duarte Gorjão Henriques, por sua vez, destaca que a Lei de Arbitragem Voluntária de 2011 não promoveu qualquer alteração que diga respeito às cláusulas unilaterais, tampouco passou a proibi-las, de modo que a conclusão de Raúl Ventura permanece acurada.[1794] O mesmo autor, ao analisar a questão sob a ótica da *mutuality*, observa que há várias passagens da Lei Portuguesa em que a mutualidade não é requerida, assim

---

1790 "Em suma estamos perante uma cláusula atributiva de jurisdição plenamente válida, que cumpre interpretar de forma a definir qual o Tribunal competente, de acordo com a vontade das partes" (Portugal, Tribunal de Relação de Lisboa. Xilam Films v. Lnk-Video S.A, processo 7328/10.0TBOER.L1-1, j. 12.07.2012, p. 8, sumarizando a posição do juízo *a quo*).

1791 Portugal, Tribunal de Relação de Lisboa. Xilam Films v. Lnk-Video S.A., processo 7328/10.0TBOER.L1-1, j. 12.07.2012, p. 7, sumarizando a posição do juízo *a quo*.

1792 "No caso presente não são invocados quaisquer factos de que possa concluir-se que a adopção do foro convencionado (nos Tribunais Judiciais franceses ou nos Tribunais Arbitrais) ou a aplicação da lei francesa causa inconvenientes à Requerida, pelo que não há que recorrer à lei portuguesa na interpretação da norma. No caso sub judice é inquestionável a validade formal do pacto de jurisdição, uma vez que o contrato no qual está aposta foi assinado por ambas e, além disso é tal cláusula conforme com os usos do comércio internacional nesta área, conforme resulta desde logo da leitura das regras da Independent F... & Television (...) – isto quer se interprete a mencionada cláusula nos termos alegados pela Requerida, quer nos termos adoptados na decisão do Tribunal Arbitral. Em suma estamos perante uma cláusula atributiva de jurisdição plenamente válida, que cumpre interpretar de forma a definir qual o Tribunal competente, de acordo com a vontade das partes" (Portugal, Tribunal de Relação de Lisboa. Xilam Films v. Lnk-Video S.A, processo 7328/10.0TBOER.L1-1, j. 12.07.2012, p. 7-8, sumarizando a posição do juízo *a quo*).

1793 "At the level of general contract law, the contract may confer rights only to one of the parties. According to Law n. 31/866O I cannot find a special provision which forces both parties to the arbitration agreement to be treated equally in proceeding with the constitution of the arbitral tribunal. There is an inequality between the parties (...) One of the parties chooses that disputes brought by it for judicial review [sic] shall be resolved by arbitration, while the other expresses a preference, in parallel circumstances, for the state courts; if each party accepts the preference of the opposing party, I do not see any obstacle to that common will" (VENTURA, Raúl. Portuguese edition of "Convenção de Arbitragem". *Revista da Ordem dos Advogados*, ano 46, sep.1986, book EE, p. 364).

1794 HENRIQUES, Duarte Gorjão. Asymmetrical arbitration clauses under the Portuguese law. *Young Arbitration Review*, v. 11, p. 44-61, 2013. p. 53.

como ocorre com a cláusula arbitral unilateral.[1795] Sob a perspectiva da *unconscionabi lity*, entende que inexiste, no Direito Português, instituto que corresponde exatamente à ideia de *unconscionability*, extraída do *common law*;[1796] contudo, entendendo-se pela presença de elementos que permitam concluir que a cláusula arbitral seja *unconscionable*, eventuais questionamentos sobre a validade da cláusula poderiam ser supridos pela modificação judicial da cláusula arbitral para torná-la bilateral, desde que o exercício de tal pretensão observe o prazo da legislação portuguesa.[1797] Ademais, o autor não vislumbra automática violação da cláusula arbitral unilateral à ordem pública, à ética ou à boa-fé, somente por ser unilateral.[1798]

Não obstante Duarte Gorjão Henriques reconheça a regra geral de validade dessas cláusulas no Direito Português, assume a possibilidade de que sejam questionadas em

---

1795 "There is no legal provision in the LAV or elsewhere that imposes mutual arbitration clauses or prevents unilateral arbitration clauses. Thus, at an abstract level, a unilateral arbitration clause does not violate the law and therefore is not illegal in itself. (...) In fact, to test the theory of mutuality (or lack of mutuality) as a ground to invalidate an asymmetrical arbitration clause, we must accept the underlying – and necessary – premise that all agreements have a mutuality requirement. However and quite conversely, under the Portuguese law there are several legal provisions where 'mutuality' is not required. The will or testament would be an obvious example of an act that does not require the assent of any other party to produce its effects should it not fall within the category of 'unilateral legal acts'. But we have examples in the contractual setting; for example, a 'unilateral promise to sell or acquire', that is, a promise according to which only one of the parties is bound to sell or to acquire, is valid and enforceable under Portuguese law" (HENRIQUES, Duarte Gorjão. Asymmetrical arbitration clauses under the Portuguese law. *Young Arbitration Review*, v. 11, p. 44-61, 2013. p. 53).

1796 HENRIQUES, Duarte Gorjão. Asymmetrical arbitration clauses under the Portuguese law. *Young Arbitration Review*, v. 11, p. 44-61, 2013. p. 55.

1797 "If an agreement is found unconscionable, the aggrieved party may obtain a judicial decision of annulment of the agreement or a judicial decision to sever the invalid contractual disposition. I should note that this remedy can be replaced by a modification of the ill clause according to a judgment on 'ex aequo et bono' basis (Art. 283º(l) of the Portuguese Civil Code). In other words, an aggrieved party can seek a decision to turn a unilateral arbitration clause into a bilateral arbitration clause (if this recourse shall be before the state courts or before the arbitral tribunal is a pertinent question which unfortunately I do not have the time to address here). The only drawback is the statutory time limit imposed on this resort; the aggrieved party has only one year to apply, starting from the end of the fact that caused the invalidity of the clause (Art. 281º(l) of the Portuguese Civil Code)" (HENRIQUES, Duarte Gorjão. Asymmetrical arbitration clauses under the Portuguese law. *Young Arbitration Review*, v. 11, p. 44-61, 2013. p. 55).

1798 "As seen above, the Portuguese Law provides for unilateral agreements, i.e., a unilateral agreement is not in itself a proscribed legal institute. Thus, I have had a great deal of trouble in finding authority to support the proposition that a unilateral arbitration clause violates domestic (or even international) public policy. (...) From these considerations E believe that an asymmetrical arbitration clause does not contain in itself a violation of what can be considered 'ethical rules' of 'honest and correct people', and of people 'acting in good faith'. At least, one cannot assert this violation without considering the agreement as a *whole*" (HENRIQUES, Duarte Gorjão. Asymmetrical arbitration clauses under the Portuguese law. *Young Arbitration Review*, v. 11, p. 44-61, 2013. p. 54).

três cenários: (i) se a cláusula for pactuada em contrato padronizado de consumo;[1799] (ii) se, à luz das circunstâncias do caso, a cláusula for considerada *unconscionable* ou contrária à boa-fé e aos bons costumes; e (iii) se a execução da cláusula se der em abuso de direito, ultrapassando-se os limites da boa-fé, dos bons costumes ou dos fins econômicos e sociais de tais direitos.[1800]

Assim, chama-se atenção para a necessidade de que a cláusula arbitral assimétrica tenha de ser analisada à luz do caso concreto, e não tida como automaticamente nula, inválida ou ineficaz, somente pelo fato de ser assimétrica.

5. Espanha

Até certo momento, a Espanha não reconhecia sequer a validade e a eficácia das cláusulas híbridas bilaterais, que preveem a possibilidade de recurso de *ambas* as partes ao Poder Judiciário e à arbitragem, alternativamente. Enquanto vigentes o Código de Processo Civil Espanhol (*Real Decreto de 3 de Febrero de 1881 por el que se aprue ba el proyecto de reforma de la Ley de Enjuiciamento Civil*) e a antiga Lei de Arbitragem (*Ley 36/1988, de 5 de diciembre, de Arbitraje*) da Espanha, entendia-se que a vontade inequívoca[1801] das partes em se submeter à arbitragem era incompatível com as cláusulas híbridas[1802].

Esse arcabouço legal espanhol foi substancialmente alterado no início dos anos 2000, com o advento do novo Código de Processo Civil (*Ley 1/2000, de 7 de enero, de Enjuiciamiento Civil*) e da nova Lei de Arbitragem (*Ley 60/2003, de 23 de diciembre, de Arbitraje*). Segundo a doutrina espanhola, com a entrada em vigor desses dois novos regramentos, o tratamento dado às cláusulas híbridas mudou.[1803] A atual Lei de Arbi-

---

[1799] Entende-se que o autor se refere a contratos de adesão.

[1800] "Under Portuguese law, asymmetric arbitration clauses are generally accepted as valid, with three exceptions. First, an asymmetric arbitration clause will be considered null and void if it restricts party access to judicial recourse in a standard 'business to consumer' contract. Second, according to the particular circumstances of the case, non-mutual arbitration clauses will be considered invalid and unenforceable if the clause is deemed unconscionable, or contrary to good faith and good morals. Third, the enforcement of the unilateral arbitration clause may be barred under the theory of'abuse of rights'if the rightholder enforces its rights surpassing the boundaries of the good faith, the good morals, or the economical and social purposes of such rights"(HENRIQUES, Duarte Gorjão. Asymmetrical arbitration clauses under the Portuguese law. *Young Arbitration Review*, v. 11, p. 44-61, 2013. p. 60).

[1801] Ley 36/1988, de 5 de diciembre, de Arbitraje: Artículo 5.1: "1. El convenio arbitral deberá expresar la voluntad inequívoca de las partes de someter la solución de todas las cuestiones litigiosas o de algunas de estas cuestiones, surgidas o que puedan surgir de relaciones jurídicas determinadas, sean o no contractuales, a la decisión de uno o más árbitros, así como expresar la obligación de cumplir tal decisión".

[1802] PIÑEIRO, Álvaro López de A.; BALMASEDA, Constanza. The disputed validity of hybrid and asymmetric clauses in Europe: a review of the decision of the High court of appeal of Madrid of 18 october 2013. *Revista del Club Español de Arbitraje*, v. 19, p. 55-70, 2014. p. 64.

[1803] "In some jurisdictions, such as Spain, the debate has also arisen out of the requirement that the jurisdiction clause meet strict formal requirements (e.g. that it reflect the 'unequivocal

tragem não mais exige, ao menos textualmente, a vontade *inequívoca* das partes em arbitrar[1804] e o Código de Processo Civil não mais exige a renúncia à jurisdição para fins de validade do acordo das partes.[1805]

Após essa mudança legislativa, houve decisão que reconheceu a validade e a eficácia de cláusula híbrida, em 2013. No caso Camimalaga S.A.U. x DAF Vehiculos Industriales, S.A.U., a Audiencia Provincial de Madrid[1806] assegurou a validade de cláusula celebrada entre sociedade holandesa e sociedade espanhola que previa que, em caso de disputa, as partes poderiam escolher entre a arbitragem e o foro estatal holandês.

A rigor, contudo, não se tratou especificamente de cláusula assimétrica. Na doutrina espanhola, Álvaro López Piñeiro e Constanza Balmaseda bem distinguem a cláusula híbrida e a cláusula assimétrica,[1807] ressalvando que, no caso anteriormente mencionado, não se analisou validade de cláusula híbrida e *assimétrica* (e sim cláusula híbrida *simétrica*), de modo que, na visão dos autores, a validade e a eficácia de tais cláusulas remanescem incertas até que as cortes espanholas tenham a oportunidade de enfrentar o tema.[1808]

---

intention' of the parties or that it contain 'the clear and evident renouncement of their own forum'). These requirements have led to the conclusion that submitting a dispute to two distinct jurisdictions (or to litigation and arbitration) means there is no true consent or conclusive intention to submit the dispute to any of the specified dispute resolution mechanisms. We must advise that, as a result of the enactments of the Spanish Civil Procedural Law (Ley de Enjuiciamiento Civil) and Arbitration Law (Ley de Arbitraje), the majority of these formal requirements have been removed from our legal system. This has allowed for the admission of hybrid clauses in Spain" (PIÑEIRO, Álvaro López de A.; BALMASEDA, Constanza. The disputed validity of hybrid and asymmetric clauses in Europe: a review of the decision of the High court of appeal of Madrid of 18 october 2013. *Revista del Club Español de Arbitraje*, v. 19, p. 55-70, 2014. p. 58).

1804 Ley 60/2003, de 23 de diciembre, de Arbitraje, Artículo 9.1. "El convenio arbitral, que podrá adoptar la forma de cláusula incorporada a un contrato o de acuerdo independiente, deberá expresar la voluntad de las partes de someter a arbitraje todas o algunas de las controversias que hayan surgido o puedan surgir respecto de una determinada relación jurídica, contractual o no contractual".

1805 Ley 1/2000, de 7 de enero, de Enjuiciamiento Civil, Artículo 55. "Se entenderá por sumisión expresa la pactada por los interesados designando con precisión la circunscripción a cuyos tribunales se sometieren".

1806 Audiencia Provincial de Madrid. Auto 147/2013, de 18 de octubre de 2013. Sección Vigesimoctava. Rec. n. 66/2013. Camimalaga S.A.U. x DAF VEHICULOS INDUSTRIALES, S.A.U.

1807 "Each jurisdiction has treated this matter in a particular fashion meaning generalisation is not appropriate. Nonetheless, it may be affirmed that the hybrid nature of the clause has been the lesser of the problems (or at least, this is the case today). The truly controversial issue in the majority of jurisdictions is asymmetry" (PIÑEIRO, Álvaro López de A.; BALMASEDA, Constanza. The disputed validity of hybrid and asymmetric clauses in Europe: a review of the decision of the High court of appeal of Madrid of 18 october 2013. *Revista del Club Español de Arbitraje*, v. 19, p. 55-70, 2014. p. 57).

1808 "As far as the validity of asymmetric hybrid clauses is concerned, the Court made no statement (since the clause analysed was bilateral). Nor is there any declaration allowing us to infer indirectly whether our courts will grant validity to asymmetric clauses. As such, the validity

Não obstante a ausência de abordagem do tema pelas cortes da Espanha, há quem, na doutrina espanhola, defenda a validade da cláusula assimétrica. Marco de Benito, ao discorrer de modo geral sobre cláusulas assimétricas em contratos, afirma não haver dúvidas de que a cláusula assimétrica é, em princípio, válida, desde que não represente abuso de direito, sendo o raciocínio aplicável, inclusive, às cláusulas de eleição de foro e às cláusulas de arbitragem.[1809] Com isso, sugere que a análise de validade de cláusulas assimétricas não deve se dar em abstrato, mas em concreto, à luz das circunstâncias do caso, que permitam que se verifique a existência, ou não, de abuso de direito.

6. França

Na França, o tema da cláusula arbitral assimétrica foi enfrentado[1810] pela Cour de Cassation em 1974, no julgamento do caso Société Sicaly v. Societe Grasso Stacon.[1811] Sicaly, cooperativa agrícola francesa, firmou contrato com Grasso Stacon, companhia neerlandesa. O anexo ao contrato que continha as condições gerais tinha cláusula assimétrica, que concedia unicamente à parte neerlandesa a prerrogativa de se valer da via arbitral ou judicial nos países baixos.[1812]

---

and effectiveness of hybrid asymmetric clauses in our country remains uncertain, and will continue to be so until our courts have the opportunity to expressly rule in this respect" (PIÑEIRO, Álvaro López de A.; BALMASEDA, Constanza. The disputed validity of hybrid and asymmetric clauses in Europe: a review of the decision of the High court of appeal of Madrid of 18 october 2013. *Revista del Club Español de Arbitraje*, v. 19, p. 55-70, 2014. p. 67).

1809 "Un ejemplo de cláusula unilateral podría ser el siguiente: 'La parte A someterá todas las controversias que surjan del presente contrato a la jurisdicción de los tribunales de la villa de Madrid. Por el contrario, la parte B podrá optar libremente entre someter la controversia a la jurisdicción de los tribunales de la villa de Madrid o a arbitraje en Madrid en los siguientes términos: (...) No hay duda de que la cláusula asimétrica es, en principio, válida, en virtud del principio de autonomía de la voluntad, y con el límite del abuso de derecho. Lo es de la misma manera que las cláusulas asimétricas de elección de foro, cuya validez es admitida unánimemente. Los tribunales ingleses han reiterado recientemente la validez de las cláusulas de arbitraje asimétricas, como también lo han hecho los de Italia y Francia. No parece que los jueces españoles hayan tenido aún ocasión de pronunciarse al respecto" (BENITO, Marco de. Asimetría, separabilidad, sinalagma. *Revista del Club Español de Arbitraje*, v. 5, p. 141-148, 2009. p. 142).

1810 Segundo disseram Simon Nesbitt e Henry Quinlan em 2006, esse era o único caso de que se tinha notícia sobre cláusula arbitral unilateral na França até então: "There has been only one reported case on unilateral arbitration clauses in France. In that case, a French company (SEC) and a Dutch company (Sicaly) had entered into an arbitration agreement which provided that SEC could choose between submitting the dispute to the 'courts' (33) or to arbitration" (NESBITT, Simon; QUINLAN, Henry. The Status and Operation of Unilateral or Optional Arbitration Clauses. *In:* PARK, William W. (ed). *Arbitration International*. Oxford University Press, v. 22, n. 1, p. 133-149, 2006. p. 144).

1811 França, Cour de Cassation. Societe Sicaly v. Societe Grasso Stacon NV e Societe Grasso Stacon Koninklijke Machine Fabrieken NV, Pourvoi nº 72-14.706. j. 15.05.1974.

1812 França, Cour de Cassation. Societe Sicaly v. Societe Grasso Stacon NV e Société Grasso Stacon Koninklijke Machine Fabrieken NV, Pourvoi n. 72-14.706, j. 15.05.1974, p. 1.

A cooperativa francesa deu início a processo judicial contra a companhia neerlandesa nas cortes francesas, mas os tribunais da França declararam-se incompetentes para apreciar a disputa.[1813] Embora a cooperativa francesa tenha argumentado que o art. 14 do Código Civil Francês lhe dava a prerrogativa de recorrer ao Poder Judiciário da França, que a cláusula arbitral violaria a ordem pública francesa e que a contraparte se reservaria à prerrogativa de escolher entre as formas de resolução de disputa, os tribunais franceses, em prestígio à autonomia de vontade, concluíram que Sicaly renunciou ao benefício do art. 14 do Código Civil Francês, retirando a jurisdição da França para análise da matéria. Assim, como observa Raluca Papadima, nesse julgamento não houve enfrentamento específico ao argumento sobre a invalidade da cláusula em razão de ser assimétrica.[1814] A despeito disso, ao comentar o caso, Simon Nesbitt e Henry Quinlan afirmam não haver razões para as quais, sob a lei francesa, cláusulas assimétricas não deveriam ser afastadas.[1815]

O tema foi novamente enfrentado pela Corte de Cassação Francesa em 2015, no julgamento do caso Thermodyn v. M-Real Alizay.[1816] As partes haviam firmado contrato para a substituição, por Thermodyn, de turbinas na usina operada por M-Real Alizay, contendo cláusula arbitral escalonada e optativa, que previa que, frustradas as negociações, ambas as partes teriam a discricionariedade de optar pela via arbitral, submetendo a disputa à London Court of International Arbitration (LCIA), ou levar a disputa à via estatal no domicílio do comprador.[1817] Após a identificação de avarias e

---

1813 França, Cour de Cassation. Societe Sicaly v. Societe Grasso Stacon NV e Société Grasso Stacon Koninklijke Machine Fabrieken NV, Pourvoi n. 72-14.706, j. 15.05.1974, p. 2.

1814 "Sicaly also argued in front of the French Supreme Court, under French and Dutch law, and under the 1961 European Convention on International Commercial Arbitration (to which France, but not the Netherlands, is a party), that the dispute resolution clause was invalid, for several reasons, including: (1) the dispute resolution clause only gave the option to choose between courts and arbitration to one party, and, as such, did not represent a valid agreement to arbitrate because it did not absolutely eliminate the natural jurisdiction of courts; and (2) the dispute resolution clause was contrary to French public policy. In rejecting Sicaly's appeal and confirming the decisions of the lower courts (that French courts did not have jurisdiction), the Supreme Court did not specifically respond to these arguments" (PAPADIMA, Raluca. The Uncertain Fate of Asymmetrical Dispute Resolution Clauses in Arbitration around the Globe: To Be or Not to Be. *Mississippi Law Journal*, v. 90, n. 3, p. 541-630, 2021. p. 595).

1815 "Though this appears to be the only reported case to have been heard in France, commentators generally hold the view that the case was correctly decided, and that there is no reason why, under French law, such clauses should not be upheld'" (NESBITT, Simon; QUINLAN, Henry. The Status and Operation of Unilateral or Optional Arbitration Clauses. *In:* PARK, William W. (ed). *Arbitration International*. Oxford University Press, v. 22, n. 1, p. 133-149, 2006. p. 145).

1816 França, Cour de Cassation. Thermodyn v. M-Real Alizay, n. de pourvoi: 12-22.656, j. 12.06.2013.

1817 Em tradução livre: "Todas as disputas decorrentes ou relacionadas a este contrato, incluindo todas as questões relativas à sua existência, validade ou rescisão, serão reguladas por este artigo e, se possível, por negociação entre as partes. Se uma disputa não puder ser resolvida por meio de negociações, qualquer uma das partes poderá, mediante notificação por escrito, submeter a disputa a uma reunião de representantes da Administração de cada parte a ser realizada no prazo de 20 (vinte) dias após a notificação. Se a disputa não for resolvida no prazo de trinta (30) dias após a reunião ou em outra data determinada pelas partes, cada

danos no rotor, M-Real Alizay e sua seguradora ajuizaram ação contra a fornecedora perante o Tribunal de Comércio de Paris.[1818]

A despeito da existência da cláusula arbitral, a corte de primeira instância reconheceu-se competente para conhecer a disputa. Thermodyn argumentou que o tribunal arbitral teria competência para decidir sobre a validade da cláusula compromissória,[1819] mas a Corte de Cassação concluiu que, considerando que a mera opção de submissão de disputas à arbitragem representaria um defeito insuperável, as partes não estariam obrigadas a levar a disputa à London Court of International Arbitration (LCIA). Com esses fundamentos, manteve a decisão de primeira instância.[1820]

---

uma das partes poderá optar por recorrer à arbitragem ou a uma ação no tribunal da sede do comprador. A disputa será submetida e finalmente resolvida pelas Regras de Arbitragem do London Court of International Arbitration (LCIA), que são incorporadas neste Artigo por referência.". No original: "Tous les différends, provenant du présent contrat ou en rapport avec celui-ci, y compris toutes les questions concernant son existence, sa validité, ou sa résiliation seront réglées par cet article, et si possible par négociation entre les parties. Si un différend ne peut être réglé par le biais de ces négociations, chacune des parties peut, après notification par écrit, soumettre le différend à une réunion de représentants de la Direction de chaque partie devant se tenir dans les vingt (20) jours après la notification. Si le différend n'est pas réglé dans les trente (30) jours après la réunion ou toute autre date que les parties ont déterminé, chaque partie pourra choisir de recourir à l'arbitrage ou à une action devant la cour du lieu du siège de l'acheteur. Le différend devra être soumis et réglé de façon définitive par le règlement d'arbitrage de la London Court of International Arbitration (LCIA), qui est intégré dans cet Article par référence" (França, Cour de Cassation. Thermodyn v. M-Real Alizay, n. de pourvoi: 12-22.656, j. 12.06.2013, Moyen Annexe, p. 1-2).

1818 França, Cour de Cassation. Thermodyn v. M-Real Alizay, n. de pourvoi : 12-22.656, j. 12.06.2013, p. 1.

1819 França, Cour de Cassation. Thermodyn v. M-Real Alizay, n. de pourvoi : 12-22.656, j. 12.06.2013, Moyen Annexe, p. 2.

1820 Em tradução livre: "Considerando que, após ter constatado que a cláusula de resolução de litígios controvertidos estipulava que cada parte poderia optar por recorrer à arbitragem ou a uma ação perante o tribunal da sede do comprador, observando que existem duas vias alternativas oferecidas às partes e que a opção de esta escolha estava aberta a cada um deles, não sendo as referências feitas a um centro de arbitragem susceptíveis de pôr em xeque o caráter puramente facultativo do recurso à arbitragem, o tribunal de recurso deduziu corretamente que esta cláusula não obrigava as partes a submeterem-se a arbitragem em caso de litígio, para que o tribunal comercial tenha competência; que o fundamento, que, nas suas duas últimas vertentes, crítica uma razão superabundante, não tem fundamento". No original: "Attendu qu'après avoir constaté que la clause litigieuse de résolution des différends stipulait que chaque partie pourrait choisir de recourir à l'arbitrage ou à une action devant la cour du lieu du siège de l'acheteur, en retenant que deux voies alternatives s'offraient aux parties et que la faculté de ce choix était ouverte à chacune d'elles, les références faites à un centre d'arbitrage n'étant pas de nature à remettre en cause le caractère purement optionnel du recours à l'arbitrage, la cour d'appel en a exactement déduit que cette clause n'obligeait pas les parties à se soumettre à un arbitrage en cas de différend, de sorte que le tribunal de commerce était compétent ; que le moyen, qui, en ses deux dernières branches, critique un motif surabondant, n'est pas fondé" (França, Cour de Cassation. Thermodyn v. M-Real Alizay, n. de pourvoi: 12-22.656, j. 12.06.2013, p. 1).

O caso não trata, propriamente, de cláusula assimétrica – visto que não dotada de unilateralidade – e sim de cláusula híbrida bilateral. Isto é, o fiel da balança dessa decisão foi o fato de a opção pela arbitragem ter sido concedida a ambas as partes, de modo que, dessa decisão, não se deve extrair conclusões sobre o favorecimento ou não de cláusulas assimétricas ou unilaterais pelas cortes francesas.[1821] Apesar disso, parte da doutrina elenca o caso Thermodyn v. M-Real Alizay como um dos julgamentos paradigmáticos sobre cláusulas assimétricas no direito francês.[1822]

Nos casos Rothschild (2012),[1823] Crédit Suisse (2015)[1824] e Apple (2015),[1825] a Corte de Cassação Francesa debateu acerca de cláusulas de eleição *de foro* assimétricas. Nos dois primeiros, havia forte elemento de assimetria entre as partes do contrato, vez que se tratava de contratos de consumo entre particulares e instituições bancárias,[1826] e neles se entendeu pela invalidade da cláusula em razão de seu caráter potestativo, já que concediam aos bancos a faculdade de optar pelas cortes de sua sede ou "qualquer corte competente". No último caso, por sua vez, a cláusula de eleição de foro permitia à Apple a opção pelas cortes irlandesas, as cortes da sede da contraparte ou "qualquer país em que a Apple sofra danos".[1827]

[1821] "The French Supreme Court summarily held that, given each party's right to opt between arbitration and litigation, the clause did not make arbitration mandatory, but merely optional, such that the claimant (the buyer, French) was entitled to commence litigation in front of French courts. This decision is hardly surprising, given that arbitration requires a clear (bilateral) manifestation of intent to arbitrate, which was not present given the manner in which the clause was drafted. As such, this decision is not useful to predict how French courts would interpret an asymmetrical dispute resolution clause with a bilateral choice supplemented by a unilateral option for either arbitration or option. Importantly, however, the invalidity of the arbitration agreement did not extend to the entire dispute" (PAPADIMA, Raluca. The Uncertain Fate of Asymmetrical Dispute Resolution Clauses in Arbitration around the Globe: To Be or Not to Be. *Mississippi Law Journal*, v. 90, n. 3, p. 541-630, 2021. p. 596).

[1822] PAPADIMA, Raluca. The Uncertain Fate of Asymmetrical Dispute Resolution Clauses in Arbitration around the Globe: To Be or Not to Be. *Mississippi Law Journal*, v. 90, n. 3, p. 541-630, 2021. p. 594-596.

[1823] França, Cour de Cassation. Madame X v.Banque Privée Edmond de Rothschild Europe, Pourvoi n. 11-26.022, j. 26.09.2012.

[1824] França, Cour de Cassation. Danne holding patrimoniale v. société Crédit Suisse, Pourvoi n. 13-27.264, j. 25.03.2015.

[1825] França, Cour de Cassation. eBizcuss.com v. Apple Retail France, Pourvoi n. 14-16.898, j. 07.10.2015.

[1826] "Moreover, the Rothchild and the Credit Suisse cases arose in the particular context of lender agreements where the bargaining power of the two parties is, by definition, unequal. Even if the courts did not apply the specific national (and European) regulations regarding consumers, the existence of an unequal bargaining power was necessarily a factor that the courts considered in ultimately declaring the clauses, which had been proposed by the banks, invalid" (PAPADIMA, Raluca. The Uncertain Fate of Asymmetrical Dispute Resolution Clauses in Arbitration around the Globe: To Be or Not to Be. *Mississippi Law Journal*, v. 90, n. 3, p. 541-630, 2021. p. 603).

[1827] Em tradução livre: "Este Contrato e as relações decorrentes entre as partes serão regidos e interpretados de acordo com as leis da República da Irlanda e as partes submetem-se à

Após a exceção de incompetência da Apple no judiciário francês ter sido acatada, a contraparte recorreu e a Corte de Cassação Francesa, ao fim, reconheceu a jurisdição francesa para apreciar a disputa, sob o fundamento de que a cláusula não deslocava, expressamente, a competência para disputas concorrenciais, tema objeto da lide.

Nesses casos, o que se considerou para a produção de efeitos das cláusulas assimétricas não foi, em abstrato, tão somente o fato de serem assimétricas, mas a falta de previsibilidade das cláusulas, por estabelecerem uma ampla gama de possíveis foros, que poderiam ser escolhidos a exclusivo critério de uma das partes. Essa abordagem é comentada por Rajat Sinha e Vivek Krishnani, especialmente sobre como a França vê as cláusulas unilaterais, entendendo que uma parte não pode impor à outra parte, em desvantagem, um alto grau de incerteza, por meio de uma cláusula de eleição de foro sem limites definidos.[1828] No mesmo sentido são os comentários de Deyan Draguiev[1829] e Salonee Patil.[1830]

---

jurisdição dos tribunais da República da Irlanda. A Apple reserva-se o direito de tomar medidas legais contra o Revendedor nos tribunais em cuja jurisdição a sede do Revendedor está localizada ou em qualquer país onde a Apple sofra danos". No original: "Le présent Contrat et les relations en découlant entre les parties seront régis par et interprétés conformément au droit de la République d'Irlande et les parties se soumettent à la compétence des tribunaux de la République d'Irlande. Apple se réserve le droit d'engager des poursuites à l'encontre du Revendeur devant les tribunaux dans le ressort duquel est situé le siège du Revendeur ou dans tout pays dans lequel Apple subit un préjudice" (França, Cour de Cassation. eBizcuss.com v. Apple Retail France, Pourvoi n. 14-16.898, j. 07.10.2015, Moyen Annexe, p. 3).

1828 "In France and Bulgaria, specifically, courts have invalidated UDCs [unilateral dispute clauses] on the ground of potestative character. The French Civil Code describes potestative as a situation where 'the fulfilment of the agreement depend(s) upon an event which one or the other of the contracting parties has the power to make happen or to prevent.' It has been observed that this ground can successfully be invoked only when the UDC accords the beneficiary an unlimited choice with regard to forum selection. This is because in the event that the choice is not unlimited, the beneficiary cannot impose an unreasonably high extent of uncertainty on the disadvantaged party. This also means that when the forum selection clause has been drafted objectively and is precise enough to assist the judge in ascertaining whether the court has jurisdiction, the argument of potestative character does not stand" (SINHA, Rajat; KRISHNANI, Vivek. Exposing Asymmetry to New Challenges: Status of UDCs under Art. 18 of the Model Law. *In:* SCHERER, Matthias. *ASA Bulletin*, v. 38, n. 3, p. 602-618, 2020. p. 608).

1829 "Older case law of the French court seems to approve of unilateral clauses (29). But the latest decision of the Cour de Cassation on the matter in Mme 'X' v. Banque Privée Edmond de Rothschild (30) (the 'Rothschild case') has raised concerns that the French courts(and other courts on civil law roots (31)) may change their attitude toward unilateral clauses. In this particular case, there was a unilateral clause providing for prorogation, and the clause was held to fall squarely within the ambit of Article 23 of the Brussels I Regulation. The Cour de Cassation held the clause to be null and void on grounds that it provided for a potestative condition, which is contrary to French law, (32) and it contradicted with the object and purpose of Article 23 of the Brussels I Regulation, i.e., rules of prorogation" (DRAGUIEV, Deyan. Unilateral Jurisdiction Clauses: The Case for Invalidity, Severability or Enforceability. *Journal of International Arbitration*, v. 31, n. 1, p. 19-45, 2014. p. 28-29).

1830 "The French Cour de Cassation in the Rothchilds case (39) held that, a unilateral option clause is void for creating a 'potestative condition' contrary to French law. A potestative condition is one that makes the performance of the agreement dependent on the occurrence of an event

Cogita-se que, aplicando-se o mesmo raciocínio das cláusulas de foro assimétricas às cláusulas arbitrais assimétricas na França, poderia não haver óbices à pactuação das últimas, caso se previsse explicitamente as jurisdições alternativas, com a escolha evidente da instituição arbitral cabível para administrar o procedimento, caso a opção fosse pela arbitragem, e do país cujo judiciário teria jurisdição para dirimir a controvérsia, caso a opção fosse pelo foro judicial. De todo modo, não se pode olvidar que as três decisões anteriormente mencionadas se pautaram em regulamentos específicos sobre eleição *de foro* no âmbito da União Europeia, que não se aplicam a arbitragens francesas ou a arbitragens internacionais sediadas na França.

7. Itália

Na Itália, Renato Martuscelli afirma que cláusulas arbitrais que preveem mera opção de uso da arbitragem são raras.[1831] Não obstante, Guido Canale refere-se a uma jurisprudência em torno das cláusulas assimétricas e ao enfrentamento do tema pela Suprema Corte da Itália em algumas oportunidades.

Referindo-se a julgamento ocorrido em 2012, Guido Canale afirma que os tribunais consideraram válida e eficaz cláusula de jurisdição assimétrica, entendimento que foi seguido pela Corte de Apelação de Milão em outro caso posterior, em 2015.[1832] Em ambos os casos, segundo o autor, considerou-se válida a cláusula que obriga uma parte

---

that can be brought about only by one of the contracting parties" (PATIL, Salonee. Unilateral Option Clauses: The Way Forward. Christ *University Law Journal*, v. 7, n. 2, p. 45-62, 2018. p. 56-57).

[1831] MARTUSCELLI, Renato. *Mutualità ed unilaterlità della clausola compromissoria*: la cosiddetta opzione di arbitrato. p. 1. Disponível em: https://www.edizioniesi.it/comparazionedirittocivile/data/uploads/colonna%20sinistra/10.%20tutela%20dei%20diritti/martuscelli_mutualita.pdf.

[1832] "In Italia il problema della validità delle clausole asimmetriche è stato posto all'attenzione della giurisprudenza di legittimità e di merito sia con riguardo al profilo della giurisdizione sia a quello dell'arbitrato. (...) Sul primo tema la Corte Suprema è intervenuta varie volte. Di recente si può ricordare che nel 2012 i giudici di legittimità hanno ritenuto valida ed efficace la clausola asimmetrica giurisdizionale; successivamente, la Corte di Appello di Milano ha seguito l'orientamento e la relativa decisione è stata a sua volta confermata dalla Suprema Corte nel 2015. Queste decisioni, con motivazione peraltro succinta, hanno ritenuto valida la clausola che impegni una parte ad agire innanzi ad una giurisdizione individuata, lasciando l'altra parte libera di agire in ogni altra corte competente, sulla base della natura meramente privatistica delle finalità perseguite dalle parti, in alcun modo idonee a incidere, pregiudicandoli, su interessi di natura pubblicistica e come tale non in contrasto con l'art. 4 della l. 218/1995. (...) In epoca più recente sono aumentate le opinioni favorevoli, che richiamano, sempre, in primo luogo, la validità di un patto di opzione, la cui esecuzione dovrebbe comunque avvenire nel rispetto del principio di buona fede e senza abuso della prerogativa conferita, e, in secondo luogo, l'ammissibilità della scomposizione del patto arbitrale in due momenti distinti e successivi, il primo costituente la proposta, quale negozio unilaterale recettizio, e il secondo avente natura di accettazione, tramite il quale vi sarebbe l'incontro delle volontà idoneo a formare la convenzione di arbitrato" (CANALE, Guido. Option to arbitrate: le c.d. clausole ibride o asimmetriche. *Rivista dell'arbitrato*, anno XXIX, fasc. 2, p. 273-293, 2019. p. 283-285).

a agir perante uma jurisdição identificada, deixando a outra parte livre para agir em qualquer outro tribunal competente, sem ofensa à legislação italiana.

O autor ainda assevera que a limitação a apenas uma das partes do direito de recorrer ao Judiciário não representa, necessariamente, desequilíbrio contratual capaz de invalidar o contrato, salvo em hipóteses extremas em que a proteção do direito da outra parte se tornasse excessivamente onerosa.[1833] Segundo o autor, mesmo a parte que não detém a opção de escolher a arbitragem poderia iniciá-la, e, nesse caso, a continuidade do procedimento arbitral estaria condicionada à aceitação da outra parte – ainda que tácita, mediante a nomeação de árbitro – que detinha a opção de se valer da arbitragem ou do Poder Judiciário.[1834]

Conclui, enfim, que a cláusula arbitral assimétrica deve ser redigida com cuidado especial, de modo a se atentar ao seu conteúdo, às circunstâncias concretas e ao prazo para o exercício do direito de escolha da jurisdição cabível. Ainda, aponta para a necessidade de se haver clareza e certeza na escolha, de forma a não tornar extremamente difícil ou onerosa, inclusive do ponto de vista econômico, a proteção dos direitos das partes.[1835]

[1833] "La convenzione di arbitrato è un contratto con effetti processuali, al quale possono essere applicate le norme sui contratti, sia pur non in modo acritico. In assenza di una norma positiva, che vieti la formazione progressiva dell'accordo compromissorio, non vi è dubbio, quanto meno a mio avviso, che non vi sia necessità di unità di contesto per la conclusione della convenzione di arbitrato e che quest'ultima possa formarsi progressivamente; e se la clausola asimmetrica si limitasse unicamente a vincolare una parte alla scelta arbitrale, lasciando l'altra libera di adire l'autorità giurisdizionale (secondo i normali criteri e senza alcun patto specifico), o viceversa, non vi sarebbe molto da dire, poiché lo squilibrio contrattuale non sarebbe certo tale da invalidare il contratto tra operatori economici ed il richiamo all'istituto dell'opzione sarebbe ben comprensibile. A favore di una parte verrebbe negozialmente riconosciuto un diritto potestativo di accettare la proposta (i.e., di esercitare l'opzione) e concludere così il patto arbitrale, al quale corrisponderebbe una situazione di soggezione in capo alla parte oblata; ed il patto mi pare valido, salvo ipotesi limite nelle quali esso renda, senza alcuna apprezzabile ragione, oltremodo onerosa la tutela del diritto" (CANALE, Guido. Option to arbitrate: le c.d. clausole ibride o asimmetriche. *Rivista dell'arbitrato*, anno XXIX, fasc. 2, p. 273-293, 2019. p. 286).

[1834] "Diversa, invece, è l'ipotesi inversa, nella quale l'iniziativa venga assunta dalla parte che ha concesso l'opzione; in questo caso, infatti, due sono le ipotesi. La prima: se la parte avvia un arbitrato, essa si espone all'eccezione di inesistenza dell'accordo arbitrale, rispetto al quale manca il consenso della controparte; quest'ultima, tuttavia, potrebbe 'sanare' la situazione procedendo alla nomina del proprio arbitro ed omettendo di sollevare la relativa eccezione, applicandosi così la regola poc'anzi descritta" (CANALE, Guido. Option to arbitrate: le c.d. clausole ibride o asimmetriche. *Rivista dell'arbitrato*, anno XXIX, fasc. 2, p. 273-293, 2019. p. 289).

[1835] "L'istituto della option to arbitrate è di sicuro interesse e tende ad offrire soluzione a problemi che sempre più si pongono in un mondo globalizzato, nel quale la circolazione delle decisioni, arbitrali o giurisdizionali esse siano, può essere complessa, soprattutto nei confronti di ordinamenti assai lontani da quelli occidentali. Tuttavia, la clausola deve essere redatta con particolare attenzione; l'attenzione deve essere rivolta non solo al suo contenuto, ma anche alle concrete modalità e tempi di esercizio della facoltà di scelta garantita dall'opzione, che

8. Reino Unido

O Reino Unido é comumente mencionado como uma das jurisdições em que se reconhece, de forma mais ampla, a validade das cláusulas assimétricas.[1836] Há três casos que valem ser mencionados a esse respeito.

No caso NB Three Shipping v. Harebell Shipping, julgado pela High Court of Justice em 2004, tratou-se de disputa entre partes de carta de afretamento de navio, contendo cláusula arbitral assimétrica, que limitava os fretadores às cortes da Inglaterra, enquanto concedia aos proprietários da embarcação a opção pelas cortes inglesas, por qualquer tribunal competente à luz do "Regulamento Bruxelas I", pelas cortes de qualquer país nos quais os fretadores estivessem localizados ou tivessem bens ou, ainda, por arbitragem *ad hoc* em Londres ou em qualquer outra sede de escolha dos armadores.

Three Shipping fretou duas embarcações de Harebell e, insatisfeita com o aumento das taxas de juros sobre o valor acordado para o fretamento, ajuizou ação cumulando pedidos indenizatório e de execução específica do contrato. Os armadores, de outro lado, apresentaram exceção de arbitragem, com base na cláusula arbitral assimétrica. Em defesa, os fretadores argumentaram que a opção pela arbitragem deveria ser exercida antes do ajuizamento de ação judicial, e não posteriormente.

A Corte da Inglaterra rechaçou o argumento à luz de interpretação sistêmica do contrato, pois assumir que a via arbitral somente poderia ser eleita antes do início de eventual processo judicial tornaria sem efeitos todas as cláusulas que regiam o exercício da opção pelos armadores. Ainda, entendeu-se que a interpretação de Three Shipping contrariava o fim econômico do contrato, na medida em que a razão de ser da cláusula arbitral assimétrica era única e exclusivamente conceder direitos mais amplos aos armadores que aos fretadores, garantindo aos armadores a discricionariedade de interromper processos judiciais iniciados pela contraparte, caso a opção seja pela arbitragem.

Entendeu-se também que a seção 9 do *Arbitration Act* de 1996, que positiva o efeito negativo de cláusulas compromissórias no direito britânico, aplica-se a cláusulas assimétricas, a partir do momento em que a parte que detém a opção de escolher a jurisdição a exerce em favor da arbitragem. Desse modo, a Corte da Inglaterra remeteu as partes à arbitragem.

No caso Law Debenture Trust Corporation plc v. Elektrim Finance B.V., Elektrim S.A., julgado pela High Court of Justice em 2005, o pano de fundo foi transação de

---

devono rispondere a requisiti di chiarezza e certezza della scelta e, soprattutto, garantire alla controparte la possibilità di adire la 'giusta' autorità alla quale devolvere la lite, senza essere esposta a eccezioni che potrebbero rendere oltremodo difficile o gravosa, anche economicamente, la tutela dei propri diritti" (CANALE, Guido. Option to arbitrate: le c.d. clausole ibride o asimmetriche. *Rivista dell'arbitrato*, anno XXIX, fasc. 2, p. 273-293, 2019. p. 293).

1836 "No que se refere ao Reino Unido, há diversos julgamentos que reconheceram a validade das cláusulas híbridas unilaterais, todos em deferência à autonomia privada" (PARIZOTTO, Pedro Teixeira Mendes. Cláusula de Jurisdição Híbrida: Panorama Internacional e Perspectivas Nacionais. *Revista Brasileira de Arbitragem*, v. 64, p. 11-38, 2019. p. 15-16).

emissão de títulos (*bonds*) no âmbito de contrato de *trust*, contendo cláusula de resolução de disputas que previa a arbitragem como o principal meio de resolver disputas, mas também permitia litigar, em certas circunstâncias.

Elektrim, garantidora da emissão de títulos, iniciou arbitragem contra a Law Debenture, fiduciária da emissão de títulos, insurgindo-se contra os eventos de inadimplência que levaram à disputa, e Law Debenture ajuizou ação judicial, postulando a declaração de que os títulos eram devidos e exigíveis. Diante disso, debateu-se se Law Debenture tinha o direito de escolher entre a via judicial e a arbitragem.[1837]

Segundo a Corte Inglesa, havia clara e inequívoca previsão do direito exclusivo de Law Debenture e dos detentores de títulos de escolha da jurisdição.[1838] Entendeu-se que, de fato, havia assimetria na cláusula, que permitia à Law Debenture e aos detentores de títulos a opção de litigar ou arbitrar, sem que Law Debenture pudesse, de outro lado, ser forçada a arbitrar, se optasse por litigar no Judiciário. A despeito da assimetria na cláusula, a Corte a reputou válida.[1839]

No caso Mauritius Commercial Bank Ltd v. Hestia Holdings Ltd & Anor, julgado pela High Court of Justice em 2013, novamente consagrou-se a validade de cláusula assimétrica.[1840] O contrato comercial continha cláusula arbitral, que permitia que Mauritius Commercial Bank se valesse de qualquer jurisdição, enquanto obrigava Hestia Holdings Ltd & Anor a litigar na Inglaterra. Embora Hestia Holdings Ltd. & Anor tenham contestado a validade da cláusula, em razão de sua unilateralidade, tanto sob a lei mauriciana

---

1837 "As a result of that background, disputes have arisen as to the extent to which the issues between the parties should be the subject of arbitration under clause 29 of the trust deed, or whether Law Debenture is entitled to commence proceedings in this jurisdiction making the claims that it has. In addition, there is a dispute as to whether that question itself should be determined by this court or by the arbitrators" (Reino Unido. High Court of Justice, Chancery Division. Law Debenture Trust Corporation plc v. Elektrim Finance B.V., Elektrim S.A. v. Concord Trust, [2005] EWHC 1412 (Ch), j. 01.06.2005. § 7).

1838 "They have 'the exclusive right….to apply to the courts of England'; that right is 'at their option'. The effect of that is 'that accordingly any suit, action or proceeding arising out of or in connection with any of the above may be brought in any such courts.' That wording seems to be clear and unequivocal. The Trustee and the Bondholders have an 'exclusive' right – they have it and the Elektrim parties do not" (Reino Unido. High Court of Justice, Chancery Division. Law Debenture Trust Corporation plc v. Elektrim Finance B.V., Elektrim S.A. v. Concord Trust, [2005] EWHC 1412 (Ch), j. 01.06.2005. § 40).

1839 "I therefore reject Mr Auld's suggested construction of clause 29.7. I find that it means what it says, which is that Law Debenture has the right to start proceedings despite ('notwithstanding') the arbitration provision in clause 29.2. No case has been advanced that it has waived that right. It must follow that the arbitration will have to be halted" (Reino Unido. High Court of Justice, Chancery Division. Law Debenture Trust Corporation plc v. Elektrim Finance B.V., Elektrim S.A. v. Concord Trust, [2005] EWHC 1412 (Ch), j. 01.06.2005. § 47).

1840 "The general approach of the English courts, of giving effect to the parties' chosen dispute resolution method, even if asymmetrical, was confirmed in Mauritius Commercial Bank Ltd. v. Hestia Holdings Ltd., decided in 2013" (PAPADIMA, Raluca. The Uncertain Fate of Asymmetrical Dispute Resolution Clauses in Arbitration around the Globe: To Be or Not to Be. *Mississippi Law Journal*, v. 90, n. 3, p. 541-630, 2021. p. 564-565).

quanto sob a lei inglesa,[1841] a Corte reconheceu que cláusulas assimétricas são comuns nos mercados financeiros e desempenham um papel crucial em facilitar a disposição dos bancos em fornecer financiamento, ao mesmo tempo em que minimizam o risco de que as obrigações de um devedor sejam inexequíveis.

A decisão também reconheceu que tais cláusulas têm sido regularmente aplicadas e que a sua validade, portanto, deveria ser mantida, a menos que constatada forte violação a princípios de ordem pública.[1842] Ademais, o argumento de aplicação da lei mauriciana foi de pronto afastado pela Corte.[1843]

A decisão enfatizou o princípio da autonomia contratual – especialmente no tocante à alteração de circunstâncias presentes na relação jurídica. Observou que contratos comerciais frequentemente contêm disposições que podem ser vantajosas para uma das partes em relação à outra, e que os tribunais devem ser cautelosos ao interferir em tais disposições, a menos que haja razões convincentes para fazê-lo (i.e., efetivas violações de dispositivos de ordem pública), bem como devem buscar uma interpretação mais favorável à validade da vontade expressa pelas partes.[1844]

1841 "Moreover I would not have acceded to Mr Forbes Smith's argument that the clause is invalid even if it bore the construction for which he contends. If, improbably, the true intention of the parties expressed in the clause is that MCB should be entitled to insist on suing or being sued anywhere in the world, that's the contractual bargain to which the court should give effect. The public policy to which that was said to be inimical was 'equal access to justice' as reflected in Article 6 of the ECHR. But Article 6 is directed to access to justice within the forum chosen by the parties, not to choice of forum. No forum was identified in which the Defendants' access to justice would be unequal to that of MCB merely because MCB had the option of choosing the forum" (Reino Unido. High Court of Justice, Queen's Bench Division, Commercial Court. Mauritius Commercial Bank Ltd v. Hestia Holdings Ltd & Anor, [2013] EWHC 1328 (Comm), j. 17.05.2013. § 43).

1842 "That is sufficient to dispose of the Defendants' application, because Mr Forbes Smith accepted that there is no basis for challenging clause 24.1 if it is to be construed in this way. Such asymmetric provisions have regularly been enforced by the court" (Reino Unido. High Court of Justice, Queen's Bench Division, Commercial Court. Mauritius Commercial Bank Ltd v. Hestia Holdings Ltd & Anor, [2013] EWHC 1328 (Comm), j. 17.05.2013. § 42).

1843 "For these reasons the law of Mauritius is irrelevant and the validity of clause 24 falls to be considered in accordance with English law as its proper law" (Reino Unido. High Court of Justice, Queen's Bench Division, Commercial Court. Mauritius Commercial Bank Ltd v. Hestia Holdings Ltd & Anor, [2013] EWHC 1328 (Comm), j. 17.05.2013. § 32).

1844 "Leaving aside authority, I find it difficult to identify any rationale or policy reason why a prospective change in governing law should be objectionable, especially given that, as Mr Forbes Smith accepted, the same result could be achieved by making a new agreement on amended terms rather than simply amending the terms. Indeed the adoption in English law of Article 3.2 of the Rome 1 Regulation is itself a powerful indicator that there is, at least now, no policy of English law which is opposed to the parties agreeing to change the governing law of their contract. On the contrary, there is a strong countervailing policy that they should be permitted to do so, which is to be found in the principle of contractual autonomy. One can imagine a variety of good commercial reasons why the parties might wish to change their governing law. There may be changes in the law first chosen which are unwelcome; or

Também destacou as realidades comerciais e práticas em transações financeiras, reconhecendo que acordos de jurisdição assimétricos são uma característica comum dessas transações.

Desse modo, a Corte decidiu que a natureza assimétrica da cláusula não a tornou inválida[1845] e a sentença forneceu clareza sobre a aplicabilidade de acordos de jurisdição assimétricos e sua compatibilidade com a lei inglesa, estabelecendo um precedente significativo no direito contratual comercial britânico.

De fato, pode-se afirmar haver posição clara na Inglaterra em favor das cláusulas arbitrais assimétricas. Já desde NB Three Shipping v. Harebell Shipping, há autores que entendem pela exterminação de dúvidas com relação à validade e à eficácia de cláusulas arbitrais unilaterais na Inglaterra.[1846] Não obstante, novos casos tornaram a aparecer, fortalecendo esse entendimento.

---

they may only discover unwelcome aspects of that law after conclusion of their contract. The commercial circumstances of the parties may change, for example with a change of control, by reason of which they may wish to choose a new governing law with which they are more familiar. They may desire to change an agreement on jurisdiction which would make it appropriate for the courts of the newly chosen jurisdiction to be applying their own system of law. If commercial parties freely agree to change their governing law, the court should strive to give effect to their bargain unless there are overwhelming policy objections. None apply in this context" (Reino Unido. High Court of Justice, Queen's Bench Division, Commercial Court. Mauritius Commercial Bank Ltd v. Hestia Holdings Ltd & Anor, [2013] EWHC 1328 (Comm), j. 17.05.2013. § 30).

1845 "That being so, MCB established jurisdiction as of right by serving on the Defendants' designated agent in England under CPR 6.11(1). That is sufficient to establish that the court has in personam jurisdiction by the equivalent of in personam service: see Dicey Morris & Collins Rule 29(1) and 11-002 and 11-003. The question then becomes whether the court should assume and exercise its undoubted jurisdiction. The burden therefore falls on the Defendants to show that there is an alternative forum which is clearly more appropriate: Spiliada Maritime Corp v Cansulex [1987] AC 460, 475-478, Dicey Morris & Collins Rule 38(2). This is not a burden which they have sought to discharge in the evidence. The only factor raised by Mr Forbes Smith as pointing towards another jurisdiction was that enforcement would have to take place in India or Mauritius. That does not make either of them an appropriate jurisdiction for determination of the claim. On the contrary, England is clearly an appropriate forum for suit by a bank under a loan agreement governed by English law where no defence has been advanced which suggests there will be any need for factual inquiry beyond formal documentary proof. This is put beyond doubt by clause 24.1(b), by which the Defendants agreed that England is the forum conveniens. This sub-clause is severable from any agreement to submit to jurisdiction under clause 24.1(a) or (c) and would survive any invalidity of those sub-clauses" (Reino Unido. High Court of Justice, Queen's Bench Division, Commercial Court. Mauritius Commercial Bank Ltd v. Hestia Holdings Ltd & Anor, [2013] EWHC 1328 (Comm), j. 17.05.2013. § 46).

1846 "Moreover, the NB Three Shipping case is considered as having the effect of remov[ing] (for the time being at least) any doubt as to the general validity and operation of unilateral arbitration clauses in *England*" (HENRIQUES, Duarte Gorjão. Asymmetrical arbitration clauses under the Portuguese law. *Young Arbitration Review*, v. 11, p. 44-61, 2013. p. 55).

A bem da verdade, há quem mencione que as decisões da Inglaterra, nesse sentido, passaram a surgir muito antes, em 1986.[1847] David St. John Sutton, Judith Gill e Matthew Gearing atribuem isso ao fato de que, até 1986, a legislação inglesa exigia que a convenção de arbitragem fosse "mútua", no sentido de que deveria dotar as duas partes do mesmo direito de submeter disputas à arbitragem.[1848] Após isso, tornou-se claro que não há mais esse requisito na lei inglesa[1849] – raciocínio que é corroborado por Raluca Papadima.[1850]

Desse modo, ao menos na Inglaterra, inexistem dúvidas de que a cláusula assimétrica obedece não só a legislação da Inglaterra, mas também observa os princípios de igualdade e de exercício regular e não abusivo de direito. Ainda, percebe-se que, na visão inglesa, a cláusula assimétrica não representa ameaça também sob a ótica da eficiência.

1847 "Starting in 1986, English decisions expressly overruled that approach and refused to require that arbitration agreements be mutual or symmetrical" (PAPADIMA, Raluca. The Uncertain Fate of Asymmetrical Dispute Resolution Clauses in Arbitration around the Globe: To Be or Not to Be. *Mississippi Law Journal*, v. 90, n. 3, p. 541-630, 2021. p. 560). Antes disso, havia também decisões a favor da cláusula assimétrica, mas que não são reputadas como representativa de um entendimento consagrado por grande parte da doutrina: "In a decision rendered by the Court of Appeals in 1948 in England, it was held that, a unilateral option clause in a contract for storage of goods in a warehouse was valid. The clause stated that, any claim by the customer but not any claim by the warehouse keeper could be referred to arbitration" (PATIL, Salonee. Unilateral Option Clauses: The Way Forward. *Christ University Law Journal*, v. 7, n. 2, p. 45-62, 2018. p. 48).

1848 "Mutuality not required. Until 1986 English law required an arbitration agreement to be 'mutual' in that it had to give both parties the same right to refer disputes to arbitration" (SUTTON, David St. John; GILL, Judith; GEARING, Matthew. *Russel on Arbitration*. 23. ed. Londres: Sweet & Maxwell, 2007. p. 38, § 2-017).

1849 "Since then it has become well established that there is no requirement under English law for an arbitration agreement to confer on the parties a mutual right to initiate a reference and an arbitration agreement providing an option for one party alone to refer disputes to arbitration is valid. A party who is not empowered to initiate a reference to arbitration will be entitled to pursue litigation in respect of a dispute in the absence of agreement on some other mechanism such as expert determination, although if the option is validly invoked a stay of those proceedings will be granted. Further, once the option is validly invoked by a party it cannot subsequently change its mind and unilaterally opt for litigation" (SUTTON, David St. John; GILL, Judith; GEARING, Matthew. *Russel on Arbitration*. 23. ed. Londres: Sweet & Maxwell, 2007. p. 38-39, § 2-017).

1850 "Starting in 1986, English decisions expressly overruled that approach and refused to require that arbitration agreements be mutual or symmetrical, holding: 'Looking at the matter apart from authority, I can see no reason why, if an agreement between two persons confers on one of them alone the right to refer the matter to arbitration, the reference should not constitute an arbitration. There is a fully bilateral agreement which constitutes a contract to refer. The fact that the option is exercisable by only one of the parties seems to me to be irrelevant. The arrangement suits both parties'" (PAPADIMA, Raluca. Asymmetrical Arbitration Clauses: Global Overview. *In:* ALEXE, Emilia (ed). *Revista Română de Arbitraj*, v. 13, n. 4, p. 37-72, 2019. p. 59).

9. Índia

Como em outras várias jurisdições, a lei de arbitragem indiana é silente a respeito da validade ou não de cláusulas assimétricas.[1851] A despeito disso, as cláusulas assimétricas têm sido objeto de escrutínio e interpretação variada pelos tribunais na Índia, resultando em decisões que ora validam, ora invalidam, tais disposições contratuais.

Nos casos em que foram consideradas inválidas, os tribunais fundamentaram suas decisões em bases como a falta de mutualidade, violação da política pública e restrição do direito de uma das partes de recorrer a processos legais. Exemplos notáveis nos quais as cláusulas foram consideradas inválidas por esses motivos incluem as decisões do Tribunal Superior de Delhi em Union of India vs Bharat Engineering Corporation, julgado em 1977, e Bhartia Cutler Hammer Ltd. vs Avn Tubes Ltd., julgado em 1991.

Por outro lado, nas situações em que as cláusulas assimétricas foram consideradas válidas, os tribunais apoiaram-se na prática internacional e reconheceram que a lei indiana de 1996 não exclui a possibilidade de tal pactuação. Decisões judiciais que refletem essa visão incluem o julgamento do Tribunal Superior de Calcutá no caso New India Assurance Co. Ltd. vs Central Bank of India And Ors, ocorrido em 1984, do Tribunal Superior de Delhi, no caso Fuerst Day Lawson Ltd vs Jindal Exports Ltd., ocorrido em 2009, e do Tribunal Superior de Madras no caso Castrol India Limited vs M/s.Apex Tooling Solutions and Ors, ocorrido em 2015.

No caso Union of India vs Bharat Engineering Corporation,[1852] discutiu-se contrato de terraplanagem para construção de pontes em linha ferroviária, firmado entre a Northern Railway Administration, empresa estatal indiana, e Bharat Engineering Corporation, que ficou a cargo de conduzir a terraplanagem.[1853] O contrato tinha cláusula compromissória assimétrica, deixando a cargo do empreiteiro levar quaisquer disputas

---

[1851] A lei Indiana se limita a definir convenção de arbitragem nestes termos: "(1) In this Part, 'arbitration agreement' means an agreement by the parties to submit to arbitration all or certain disputes which have arisen or which may arise between them in respect of a defined legal relationship, whether contractual or not. (2) An arbitration agreement may be in the form of an arbitration clause in a contract or in the form of a separate agreement. (3) An arbitration agreement shall be in writing. (4) An arbitration agreement is in writing if it is contained in – (a) a document signed by the parties; (b) an exchange of letters, telex, telegrams or other means of telecommunication 1 [including communication through electronic means] which provide a record of the agreement; or (c) an exchange of statements of claim and defence in which the existence of the agreement is alleged by one party and not denied by the other. (5) The reference in a contract to a document containing an arbitration clause constitutes an arbitration agreement if the contract is in writing and the reference is such as to make that arbitration clause part of the contract" (Índia, *The Arbitration and Conciliation Act* de 1996, Section 7).

[1852] Índia, Delhi High Court, Union Of India vs Bharat Engineering Corporation, ILR 1977 Delhi 57, j. 20.04.1977.

[1853] Índia, Delhi High Court, Union Of India vs Bharat Engineering Corporation, ILR 1977 Delhi 57, j. 20.04.1977, § 2.

à arbitragem, sem que à outra parte fosse possibilitado apresentar pleitos também no mesmo procedimento arbitral.[1854]

Considerando a rescisão do contrato pela empresa ferroviária, o empreiteiro deu início à arbitragem,[1855] enquanto a empresa ferroviária pleiteou, na via estatal, a inclusão de sua reconvenção na arbitragem já instaurada. Segundo o empreiteiro, apenas ele próprio poderia formular pedidos na arbitragem, enquanto, para a ferroviária, o contrato não impedia que ela formulasse o pedido reconvencional na arbitragem já instaurada.[1856]

O pedido do empreiteiro de inclusão da reconvenção na arbitragem foi, inicialmente, negado.[1857] Ao julgar o recurso, a Corte de Delhi concluiu que as duas características essenciais da cláusula compromissória, a saber, a existência de manifestação de vontade completa, inequívoca e irrevogável no momento da pactuação para resolver qualquer futura disputa pela via arbitral e a existência de promessas recíprocas de submissão a via arbitral, são incompatíveis com a cláusula arbitral assimétrica.[1858]

1854 "The arbitration agreement is contained in clause 64 of the General Conditions of Contract. It comes under the section entitled 'Settlement of Disputes'. The arbitration clause itself is entitled 'Demand for arbitration'. It has many sub-clauses, but for the present purpose only sub-clause (1) is relevant, and it reads as follows: In the event of any dispute or difference between the parties hereto as to the construction of operation of this contract or the respective rights and liabilities of the parties, on any matter in question, dispute or difference on any account, or as to the withholding by the Railway of any certificate 'to which the contractor may claim to be entitled to, or if the Railway fails to make a decision within a reasonable time, then and in any such case, but except in any of the excepted matters referred to in clause 63 of these conditions, the Contractor, after 90 days of his presenting his final claim on disputed matters, may demand in writing that the dispute or difference be referred to arbitration, such demand for arbitration shall specify the matters which are in question dispute or difference, and only such dispute or difference of which the demand has been made and no other, shall be referred to arbitration'" (Índia, Delhi High Court, Union Of India vs Bharat Engineering Corporation, ILR 1977 Delhi 57, j. 20.04.1977, § 7).

1855 O Empreiteiro não levou a disputa diretamente à arbitragem, tendo dado início a uma ação de *performance* específica de cláusula compromissória pautada no Section 20 do *Arbitration Act* de 1940. A ação foi bem-sucedida e as partes foram remetidas à arbitragem (Índia, Delhi High Court, Union Of India vs Bharat Engineering Corporation, ILR 1977 Delhi 57, j. 20.04.1977, § 3).

1856 "The ambiguity in clause 64 makes two interpretations possible: either the clause means, as the contractor says, that only he can demand a reference; or, as is contended by the Railway, that both parties can invoke it. The question which at once arises is whether, in law, -there can be an arbitration agreement reserving the right of reference to only one party. For, if there cannot be an arbitration agreement of that kind, the only way of sustaining the clause is by consturning it as conferring bilateral rights. This is how the question, which I posed at the beginning of this judgment, has arisen" (Índia, Delhi High Court, Union Of India vs Bharat Engineering Corporation, ILR 1977 Delhi 57, j. 20.04.1977, § 13).

1857 Índia, Delhi High Court, Union Of India vs Bharat Engineering Corporation, ILR 1977 Delhi 57, j. 20.04.1977, § 4-6.

1858 A Corte de Deli referencia Jyoti Brothers v. Shree Durga Mining Co., precedente da Calcutta High Court, no qual a cláusula compromissória tinha a seguinte redação: "In the event of

Para alcançar essa conclusão, a Corte de Delhi se embasa[1859] na definição de *arbitration agreement* do *Arbitration Act* de 1940[1860] e de "aceite absoluto" do *The Indian Contract Act* de 1872, vigentes à época.[1861] Tratando especificamente da reciprocidade

---

any dispute arising out of this contract the same can be settled by Arbitration (...)". O uso da expressão "*can*" em vez de "*shall*" levou a corte de Calcutá a considerar que a cláusula não era exigível, sendo necessário um novo acordo definitivo para submissão a via arbitral apenas após o surgimento da disputa. Tratar-se-ia, assim, de um "*contract to enter into a contract*", não vinculante (Calcutta High Court, Jyoti Brothers vs Shree Durga Mining Co., AIR 1956 Cal 280, j. 27.01.1956, § 1).

1859 "The conclusions which I have drawn really issue directly from the contractual content of an arbitration agreement. This becomes clear if such an agreement is constructed, step by step, in accordance with the sequence of the definitions in section 2 of I he contract Act. Negotiations start with A saying to B: I am willing to submit the differences (present or future, as the case may be) to arbitration provided you also agree to do the same. This is the 'proposal': section 2(a). If B signifies his account, the proposal is accepted and becomes a 'promise': section 2(b). A is the 'promiser' and B the 'promisee': section 2(c). But in accepting the proposal. B has himself promised to submit the differences to arbitration. That was the condition on which the proposal was made. B's promise forms the 'consideration' for that of A and vice versa: section 2(d). They are 'reciprocal promises' section 2(f). As such they constitute an 'agreement': section 2(c)- Since it in enforceable by law, it becomes a 'contract': section 2(h)" (Índia, Delhi High Court, Union Of India vs Bharat Engineering Corporation, ILR 1977 Delhi 57, j. 20.04.1977, § 19). "Also, unless the acceptance is 'absolute and unqualified' the 'proposal' will not get 'converted' into a 'promise': see section 7 of the Contract Act. (...) How can the agreement now provide that the acceptance is conditional? That would negate the arbitration agreement itself. So, an 'arbitration agreement' in which a promise to submit differences to arbitration is 'contingent' or 'conditional' is a contradiction in terms" (Índia, Delhi High Court, Union Of India vs Bharat Engineering Corporation, ILR 1977 Delhi 57, j. 20.04.1977, § 23).

1860 Índia, The Arbitration Act de 1940, seção 2: "Definitions. In this Act, unless there is anything repugnant in the subject or context,-(a) 'arbitration agreement' means a written agreement to submit present or future differences to arbitration, whether an arbitrator is named therein or not;(b) 'award' means an arbitration award; (c) 'Court' means a Civil Court having jurisdiction to decide the questions forming the subject- matter of the reference if the same had been the subject- matter of a suit, but does not, except for the purpose of arbitration proceedings under section 21, include a Small Cause Court; (d) 'legal representative' means a person who in law represents the estate of a deceased person, and includes any person who intermeddles with the estate of the deceased, and, where a party acts in a representative character, the person on whom the estate devolves on the death of the party so acting; (e) 'reference' means a reference to arbitration".

1861 Índia, *The Indian Contract Act* de 1872, seção 7: "Acceptance must be absolute. – In order to convert a proposal into a promise the acceptance must – – In order to convert a proposal into a promise the acceptance must – (1) be absolute and unqualified; (2) be expressed in some usual and reasonable manner, unless the proposal prescribes the manner in which it is to be accepted. If the proposal prescribes a manner in which it is to be accepted, and the acceptance is not made in such manner, the proposer may, within a reasonable time after the acceptance is communicated to him, insist that his proposal shall be accepted in the prescribed manner, and not otherwise; but, if he fails to do so, he accepts the acceptance".

do pacto, a Corte de Delhi menciona, ainda, o requisito de *mutuality*, termo usado em julgados prévios no país[1862] e pela doutrina[1863] para descrever o que, no julgamento, referiu-se como *reciprocal promises*.

Considerando essas premissas, a Corte de Delhi ressaltou a possibilidade da formação de cláusula compromissória por meio de um contrato de opção (*contract of option*). Nessa espécie, uma das partes faz uma oferta irrevogável para pactuar contrato futuro, tornando a contraparte dotada da discricionariedade de, a qualquer momento, exigir do promitente a formação do contrato. Apenas nesse momento o contrato passaria a existir, não havendo negócio jurídico entre as partes até então.[1864]

Nesse sentido, a Corte de Delhi entendeu que, no caso, a cláusula arbitral consistiria em contrato de opção, que passou a existir a partir do momento em que o empreiteiro manifestou o interesse na sua celebração.[1865] Todavia, considerando que a convenção de arbitragem limitava seu escopo objetivo aos pleitos do empreiteiro, a reconvenção por parte da ferroviária seria inadmissível.[1866]

1862 Índia, Delhi High Court, Union Of India vs Bharat Engineering Corporation, ILR 1977 Delhi 57, j. 20.04.1977, §§ 45-47; § 52, referenciando, respectivamente, Índia, Bombay High Court, Marittima Italiana Steamship (...) vs Burjor Framroze Rustomji Joshi, (1930) 32 BOMLR 43, j. 10.09.1929 e Índia, Bombay High Court, Chhabildas Nandlal And Co. vs Damodar Khetsey And Co., (1943) 45 BOMLR 387, j. 17.07.1942.

1863 PAPADIMA, Raluca. The Uncertain Fate of Asymmetrical Dispute Resolution Clauses in Arbitration around the Globe: To Be or Not to Be. *Mississippi Law Journal*, v. 90, n. 3, p. 541-630, 2021. p. 572; PAPADIMA, Raluca. Asymmetrical Arbitration Clauses: Global Overview. *In:* ALEXE, Emilia (ed). *Revista Română de Arbitraj*, v. 13, n. 4, p. 37-72, 2019. p. 47; cf.: JAYASIMHA, Shreyas; NAIR, Promod; et al. International Commercial Arbitration: An Asia Pacific Perspective – 2021 India Report. *In:* GREENBERG, Simon; WEERAMANTRY, Romesh; et al. *International Commercial Arbitration*: An Asia Pacific Perspective. 2. ed. A Haia: Kluwer Law International Kluwer Law International. 2021.

1864 Índia, Delhi High Court, Union Of India vs Bharat Engineering Corporation, ILR 1977 Delhi 57, j. 20.04.1977, § 26.

1865 "In accordance with what I have said above it must follow, that the moment the contractor invokes the clause (thereby exercising his option) an arbitration agreement exists in respect of the dispute specified by him. From then onward the principle of mutuality applies. Either party can now make the reference. If, after electing for arbitration, the contractor refrains from making a reference, the Railway may do so. That is the practical consequence of mutuality" (Índia, Delhi High Court, Union Of India vs Bharat Engineering Corporation, ILR 1977 Delhi 57, j. 20.04.1977, § 68).

1866 "But the arbitration agreement is restricted to the disputes regarding which the contractor made the 'demand'. Here, the contractor sought arbitration only for his own claims. The order of reference that he obtained was restricted to those. At no time did he require or consent to a reference of the counter-claims of the Railway to arbitration. So there exists no arbitration agreement under which they can be referred. The petition of the Railway under section 20 of the Arbitration Act could not, therefore, have been allowed. Although my reasons are entirely different, I concur with the decision of the single Judge" (Índia, Delhi High Court, Union Of India vs Bharat Engineering Corporation, ILR 1977 Delhi 57, j. 20.04.1977, § 69).

Anos depois, no caso Bhartia Cutler Hammer Ltd. vs Avn Tubes Ltd,[1867] a Corte de Delhi enfrentou a mesma questão.[1868] O caso envolvia contrato de compra e venda de equipamentos, do qual era vendedora Bhartia Cutler Hammer e era compradora Avn Tubes, e continha cláusula arbitral que reservava somente à compradora o recurso à arbitragem.[1869]

Considerando que Avn Tubes não realizou o pagamento pelo equipamento recebido, a vendedora ajuizou ação de cobrança.[1870] Em resposta, a compradora suscitou exceção de arbitragem pautada na cláusula assimétrica, pleiteando a suspensão do processo judicial.[1871] Ao julgar a disputa, a Corte de Delhi reafirmou o entendimento manifestado no outro julgamento, no sentido de que a cláusula arbitral seria nula por não cumprir o requisito da bilateralidade[1872] e, portanto, não teria o condão de suspender o processo judicial.[1873]

No caso New India Assurance Co. Ltd. v. Central Bank of India, por sua vez, o Tribunal Superior de Calcutá decidiu pela validade da cláusula contida em contrato de seguro contra roubo e invasão de propriedade, que previam a prerrogativa exclusiva da seguradora de dar início à arbitragem.[1874] De outro lado, havia previsão

---

1867 Índia, Delhi High Court. Bhartia Cutler Hammer Ltd. vs Avn Tubes Ltd. I (1993) BC 472, 1995 (33) DRJ 672, j. 15.05.1991.

1868 Índia, Delhi High Court. Bhartia Cutler Hammer Ltd. vs Avn Tubes Ltd. I (1993) BC 472, 1995 (33) DRJ 672. j. 15.05.1991.

1869 "Clause 18. ARBITRATION Without prejudice to the above Clause 17, of the contract the Company, M/s. Avn Tubes Limited, reserves its right to go in for arbitration, if any dispute so arisen is not mutually settled within 3 months of such notice given by the Company to the Contractor. And, the award of the Arbitrator, to the appointed by the Company, M/s. Avn Tubes Limited, shall be final and binding on both the Company and the Contractor" (Índia, Delhi High Court. Bhartia Cutler Hammer Ltd. vs Avn Tubes Ltd. I (1993) BC 472, 1995 (33) DRJ 672, j. 15.05.1991, § 5).

1870 Índia, Delhi High Court. Bhartia Cutler Hammer Ltd. vs Avn Tubes Ltd. I (1993) BC 472, 1995 (33) DRJ 672, j. 15.05.1991, § 1.

1871 Índia, Delhi High Court. Bhartia Cutler Hammer Ltd. vs Avn Tubes Ltd. I (1993) BC 472, 1995 (33) DRJ 672, j. 15.05.1991, §§ 2-3.

1872 "In this case right is only given to the defendant to invoke the arbitration clause without any option to plaintiff. That being so this clause 18 cannot be called bilateral. Prior giving of consent for such a clause would not make it bilateral. The facts of this case are somewhat similar to the facts of Calcutta High Court which decision will squarely apply to the facts of this case. In view of my above observation I am of the opinion such a clause as clause 18 cannot be called an arbitration clause. On the basis of clause 18 suit cannot be stayed. Clause 18 is not a valid arbitration clause hence the application of the defendant deserve dismissal" (Índia, Delhi High Court. Bhartia Cutler Hammer Ltd. vs Avn Tubes Ltd. I (1993) BC 472, 1995 (33) DRJ 672, j. 15.05.1991, § 3).

1873 Índia, Delhi High Court. Bhartia Cutler Hammer Ltd. vs Avn Tubes Ltd. I (1993) BC 472, 1995 (33) DRJ 672, j. 15.05.1991, § 3.

1874 "If any dispute shall arise as to whether the company is liable under this policy or as to the amount of its liability the matter shall, if required by the company be referred to the decision of two neutral persons as Arbitrators one of whom shall be named by each party or of an umpire who shall be appointed by the said Arbitrators before entering on the reference;

na apólice do seguro que assegurava o direito do banco garantidor de se valer de arbitragem.[1875]

Com a ocorrência do sinistro, o banco deu início à arbitragem e notificou New India Assurance do início do procedimento. Nesse momento, a seguradora, parte beneficiada pela cláusula assimétrica, apontou árbitro e compareceu às nove audiências iniciais do procedimento. Todavia, alegava que por não ter exercido sua opção pela arbitragem, o tribunal não teria jurisdição. Para mais, alegava que o banco não poderia ter dado início ao procedimento indicando árbitro sozinho, sem a participação do segurado.[1876] Logo, a seguradora deu início a processo judicial perante o Tribunal Superior de Calcutá, buscando o reconhecimento de que a cláusula arbitral não existia, se a intenção para arbitrar não foi manifestada pela própria seguradora.[1877] Em defesa, o Banco alegou que a apólice lhe garantia o direito de dar início ao procedimento arbitral e apontar árbitro.[1878]

Ao julgar o caso, o Tribunal Superior de Calcutá manifestou discordância[1879] com relação à conclusão alcançada no caso Union of India vs Bharat Engineering Corporation, anteriormente detalhado, que interpretou a cláusula arbitral como "contrato

---

and in case the Insured or his legal personal representatives shall neglect or refuse for the space of two calendar months after request in writing from the company so to do to name an Arbitrator the Arbitrator of the company may proceed alone and no action or proceeding shall be brought or prosecuted on the policy until the award of the Arbitrator, Arbitrators or umpire has been first obtained" (Índia, Calcutta High Court. New India Assurance Co. Ltd. vs Central Bank Of India And Ors, AIR 1985 Cal 76. J. em 23.08.1984, § 2).

1875 "That any adjustment, settlement, compromise or reference to arbitration in connection with any dispute between the company and the insured or any of them arising under or in connection with the policy if made by the Bank shall be valid and binding on all parties insured hereunder, but not so as to impair the right of the Bank to recover the full amount of any claim it may have on other parties insured hereunder" (Índia, Calcutta High Court. New India Assurance Co. Ltd. vs Central Bank Of India And Ors, AIR 1985 Cal 76, j. 23.08.1984, § 2).

1876 Índia, Calcutta High Court. New India Assurance Co. Ltd. vs Central Bank Of India And Ors, AIR 1985 Cal 76, j. 23.08.1984, § 4-5.

1877 Índia, Calcutta High Court. New India Assurance Co. Ltd. vs Central Bank Of India And Ors, AIR 1985 Cal 76, j. 23.08.1984, § 1.

1878 Índia, Calcutta High Court. New India Assurance Co. Ltd. vs Central Bank Of India And Ors, AIR 1985 Cal 76, j. 23.08.1984, § 6.

1879 "In my opinion, in the Union of India clause, the parties by agreement conferred unilateral right on one party to make the reference at its discretion. The same is the case here. There is valid arbitration agreement between the parties but both the parties have agreed that when future disputes will arise it is only the privileged party who will have the right to make the reference, but the privileged party can also render the arbitration agreement infructuous by not exercising its option. This 'option' does not negative the existence of the arbitration agreement but only restricts its enforceability. If the privileged party alone can refer the dispute, it can do so only on the basis of the advance consent by the other party recorded in the agreement that the reference would be by the privileged party alone. This unilateral right to make the reference flows from the agreed term in the contract" (Índia, Calcutta High Court. New India Assurance Co. Ltd. vs Central Bank Of India And Ors, AIR 1985 Cal 76, j. 23.08.1984, § 13).

de opção", isto é, que somente passaria a existir com o seu acionamento pela parte que detém prerrogativa para fazê-lo.

Na visão do Tribunal Superior de Calcutá, a unilateralidade da cláusula não prejudica a sua existência, mas, tão somente, a sua eficácia, considerando que a cláusula, acordada bilateralmente, condiciona a possibilidade de arbitragem à manifestação de somente uma das partes. E, no caso, entendeu-se que essa opção pela arbitragem ocorreu regularmente, na medida em que a seguradora, que detinha a prerrogativa de se valer da arbitragem, indicou árbitro sem manifestar, no ato, qualquer discordância quanto à existência da convenção de arbitragem.[1880] Dessa forma, remeteu as partes à arbitragem.

No caso Fuerst Day Lawson Ltd vs Jindal Exports Ltd,[1881] de 2009, a Corte de Delhi mudou a posição que antes tinha, bastante refratária à validade de cláusulas arbitrais assimétricas. Todavia, deve-se notar que o caso foi julgado à luz do direito inglês, diferentemente dos julgados anteriormente mencionados.[1882] A despeito da lei aplicável, a *ratio* do caso é relevante para a compreensão do direito indiano por dois motivos: primeiro, frente ao histórico da Corte de Delhi, é relevante a existência de decisão mais recente em sentido contrário; segundo, a Corte de Delhi realizou a análise da validade da convenção de arbitragem também à luz do direito indiano, a nível de *obiter dictum*.

O caso tinha como pano de fundo disputa advinda de contrato de compra e venda de cristais de mentol,[1883] que tinha cláusula arbitral assimétrica conferindo apenas ao comprador a possibilidade de se valer da arbitragem.[1884] Sob o argumento de que

---

1880 "In the present case I have already held that the petitioner has exercised its option by appointing its arbitrator. Assuming it has not, still the reference is valid. I have also held that there is an existing and binding arbitration agreement and under the Bank clause, Bank alone has the right ot make the reference. The petitioner's option to make the agreement infructuous by not exercising its option was curtailed by the agreed Bank clause. Hence there is no lack of mutuality, in this agreement and reference is lawful" (Índia, Calcutta High Court. New India Assurance Co. Ltd. vs Central Bank Of India And Ors, AIR 1985 Cal 76, j. 23.08.1984, § 14).

1881 Índia, Delhi High Court, Fuerst Day Lawson Ltd v. Jindal Exports Ltd., OMP 29/2003, j. 11.12.2009.

1882 "Consequently, on a conjoint reading of the relevant provisions of Part II Chapter I of Act, 1996, I am of the opinion that any challenge to the validity of the arbitration clause has to be determined with reference to the substantive law governing the contract itself. In fact, the expression 'Agreement in Sections 44 and 48 has to be given the same meaning'. (...) In my opinion, the Court while testing the validity of the arbitration agreement shall apply the proper law of the agreement and not the law of the country where the awards are sought to be enforced. Accordingly, I am of the view that the burden is on the petitioner to prove that the arbitration agreement is invalid under the law to which the petitioner subjected it, namely, the English law" (Índia, Delhi High Court, Fuerst Day Lawson Ltd v. Jindal Exports Ltd., OMP 29/2003, j. 11.12.2009, §§ 45 e 47).

1883 Índia, Delhi High Court, Fuerst Day Lawson Ltd v. Jindal Exports Ltd., OMP 29/2003, j. 11.12.2009, § 2.

1884 A cláusula pactuada entre as partes era a seguinte: "General Conditions of Purchase 17(1). This Contract shall be construed in accordance with and governed by the laws of England and Wales. Save where a contrary intention is expressed in the Special Conditions set out overleaf, any dispute or difference arising between the parties to this Contract as to the meaning of the Contract or any matter or thing arising out of or connected with this Contract shall, at

a plantação de menta fora danificada por chuvas aquém do esperado, resultando na falta dos insumos necessários para fabricação de cristais de mentol, o vendedor atrasou a entrega da mercadoria e o comprador deu início à arbitragem.[1885] Na arbitragem, o vendedor recusou-se a apontar árbitro e apresentar defesa.[1886]

A arbitragem seguiu, com a escolha do árbitro pela própria instituição, nos termos do regulamento de arbitragem aplicável.[1887] O tribunal arbitral proferiu duas sentenças favoráveis ao comprador, mas o vendedor resistiu à execução, sob o argumento de que o contrato não continha cláusula arbitral, nos termos do art. II da Convenção de Nova Iorque, por ser unilateral e faltar-lhe mutualidade,[1888] e de que as sentenças arbitrais ofendiam a ordem pública.[1889] Ao decidir a controvérsia, a Corte de Delhi rechaçou os argumentos do vendedor,[1890] por entender que a cláusula arbitral assimétrica é válida perante a lei inglesa e que, ainda que a lei indiana fosse a aplicável, a cláusula arbitral

---

Buyers' option and at any time after the dispute or difference has arisen, be determined either: 17(1) 1. By the High Court of Justice in England; or 17(1) 2. By reference to arbitration in accordance with Clause 17(2) hereof. 17 (2) If the Buyers opt for arbitration, such arbitration shall be commenced and conducted. (...) 17(3). The Buyers shall be entitled to nominate any of the above options at any time after the dispute or difference has arisen, the Sellers hereby acknowledging that they are familiar with the Arbitration Rules of the Association thereby nominated and agree to be bound by the decision of such arbitrators or of any appeal therefrom".

1885 Índia, Delhi High Court, Fuerst Day Lawson Ltd v. Jindal Exports Ltd., OMP 29/2003, j. 11.12.2009, § 4.

1886 Índia, Delhi High Court, Fuerst Day Lawson Ltd v. Jindal Exports Ltd., OMP 29/2003, j. 11.12.2009, § 11.

1887 Índia, Delhi High Court, Fuerst Day Lawson Ltd v. Jindal Exports Ltd., OMP 29/2003, j. 11.12.2009, §§ 5-6.

1888 Índia, Delhi High Court, Fuerst Day Lawson Ltd v. Jindal Exports Ltd., OMP 29/2003, j. 11.12.2009, §§ 15-16.

1889 O argumento se pautava no suposto controle da câmara arbitral pela empresa compradora pelas sombras: "According to Mr. Singh [advogado do vendedor], the impugned foreign Awards were opposed to public policy inasmuch as they were procured by inducement and were affected by fraud and corruption. Mr. Singh stated that respondent had mischievously opted for IGPA Rules because respondent had complete control over IGPA. He stated that representative of respondent was a Member of Managing Committee of IGPA. Mr. Singh also stated that petitioner was not given proper notice for appointment of an arbitrator as well as proper notices of arbitral proceedings, which were held behind the back of the petitioner" (Índia, Delhi High Court, Fuerst Day Lawson Ltd v. Jindal Exports Ltd., OMP 29/2003, j. 11.12.2009, §§ 21-22).

1890 A corte não viu óbice na ordem pública indiana à execução das sentenças arbitrais e afirmou que a ofensa à ordem pública está restrita a hipóteses de ataque à *"fundamental policy of law of India"*. Para mais, por se tratar de reconhecimento de sentença arbitral estrangeira, a corte reafirmou que se deve aplicar um conceito estreito de ordem pública, pautado no entendimento do Direito Internacional Privado, sob pena de violar a Convenção de Nova Iorque. Válido destacar que a Corte referenciou jurisprudência estrangeira e da *Supreme Court of India* para sustentar sua concepção de ordem pública (Índia, Delhi High Court, Fuerst Day Lawson Ltd v. Jindal Exports Ltd., OMP 29/2003, j. 11.12.2009, §§ 57-59).

permaneceria válida, pois representava uma oferta irrevogável por parte do vendedor pela qual se comprometeu a resolver qualquer disputa futura por meio da arbitragem, suprindo, assim, o requisito da mutualidade.[1891]

No caso Castrol India Limited v. M/S. Apex Tooling Solutions, o Tribunal Superior de Madras decidiu também pela validade de cláusulas compromissórias assimétricas, sob a ótica, especialmente, da prática internacional.[1892] O caso envolvia contrato de distribuição de óleos e graxas lubrificantes, firmado entre Castrol India Limited e M/s. Apex Tooling Solutions,[1893] e continha cláusula compromissória assimétrica,[1894] atribuindo à parte adquirente do produto a exclusiva faculdade de se valer da arbitragem ou do Poder Judiciário. Ainda, previa que, caso a opção fosse pela arbitragem, o árbitro seria o Managing Director de Castrol India Limited, parte do contrato.

Com percalços na execução do contrato, Apex Tooling Solutions iniciou processo judicial, pleiteando o fim da prática de concorrência desleal pela contraparte e pela indenização por danos.[1895] Em resposta, Castrol India Limited pleiteou a suspensão do processo, com fundamento na cláusula arbitral.[1896] O juiz de primeiro grau negou o pedido de Castrol e a discussão foi levada ao Tribunal Superior de Madras.

1891 Índia, Delhi High Court, Fuerst Day Lawson Ltd v. Jindal Exports Ltd., OMP 29/2003, j. 11.12.2009, § 69.

1892 Índia, Madras High Court. Castrol India Limited vs M/S.Apex Tooling Solutions, Appeal n. 80 of 2014, j. 10.02.2015.

1893 Índia, Madras High Court. Castrol India Limited vs M/S.Apex Tooling Solutions, Appeal n. 80 of 2014, j. 10.02.2015, § 2.

1894 "In case any dispute or difference shall at any time arise between the Company and the Distributor as to the construction, meaning or effect of this Agreement or any clause or thing contained herein or the rights and liabilities of the parties hereto in relation to the premises hereunder, the Company alone (sic) shall have the right to exercise any of the following two options: i. To approach the Court of competent jurisdiction only in the city where this Agreement is entered into, to entertain and try such dispute or difference; ii. To refer such dispute or difference to the Arbitration of the Managing Director of the Company. The Arbitration proceedings will be conducted in accordance with the provisions of the Arbitration and Conciliation Act, 1996 and the venue of the Arbitration will be Mumbai only" (Índia, Madras High Court. Castrol India Limited vs M/S.Apex Tooling Solutions, Appeal n. 80 of 2014, j. 10.02.2015, § 3).

1895 "The dispute grew and ultimately a suit was filed by the first respondent seeking the relief of compensation for monetary loss, permanent injunction restraining the appellants and other respondents from interfering with the business of the first respondent and for a mandatory injunction directing the appellant-company and its local offices to restore back all the customers who had been involuntarily forced to have their business with the eighth respondent" (Índia, Madras High Court. Castrol India Limited vs M/S.Apex Tooling Solutions, Appeal n.80 of 2014, j. 10.02.2015, § 2).

1896 "It was pleaded by the appellant-company that the arbitration clause contained in the distributorship agreement specifically enjoined upon the parties to get the disputes adjudicated in the manner contained therein, viz., in a court of competent jurisdiction in the city where the said agreement was entered into, or by reference of the disputes or differences to the arbitration of the Managing Director of the appellant-company. This option had to be

Ao apreciar a cláusula arbitral assimétrica, o Tribunal Superior de Madras consignou que uma cláusula compromissória não necessariamente tem que ser dotada de mutualidade, à luz da prática internacional.[1897] Apesar dessa premissa, entendeu como insuperável a questão afeta à parcialidade do árbitro que ocupava cargo de Managing Director da parte,[1898] e que sequer poderia o Poder Judiciário apontar árbitro substituto, uma vez que assim proceder implicaria substituir a vontade das partes, que expressamente escolheram esse árbitro.[1899] De mais a mais, o Tribunal Superior de Madras

---

exercised by the appellants alone and therefore, it was pleaded that the appellants hereby exercises its said option to refer the dispute to the arbitration of the Managing Director of the appellants as specifically provided in the said agreement" (Índia, Madras High Court. Castrol India Limited vs M/S.Apex Tooling Solutions, Appeal n.80 of 2014, j. 10.02.2015, § 7).

1897 "The emphasis on the part of the learned counsel for the appellants has been on the international practice followed in such matters, i.e., that the arbitration clause need not necessarily have mutuality. This is the current trend in England, Australia and elsewhere, as referred to in the discussions as aforesaid. The judgments are quite clear on this aspect and we need not repeat it, and suffice to say that in PMT Partners Pty. Limited, Law Debenture Trust Corp plc. and NB Three Shipping Ltd. (supra), the view adopted is that conferment of the discretion to pick up either arbitration or the courts as the form for resolution of disputes was not per se bad in law. It is also no doubt that the world being a smaller place and our arbitration law being brought in conformity with the UNCITRAL Model law, construction ought to be given to the statute and the clauses under it in conformity with international practices" (Índia, Madras High Court. Castrol India Limited vs M/S.Apex Tooling Solutions, Appeal n.80 of 2014, j. 10.02.2015, §§ 26-27).

1898 "The first is that the unilateral option given to the appellants to choose between a court adjudication and an arbitration is further circumscribed by the requirement of an arbitration of the Managing Director of the appellant-company in case the appellants elects to have the dispute resolved through arbitration. The appellant is a private company. The judgment in IOCL vs. Raja Transport Pvt. Ltd. case (supra) itself elucidated that what applies to public sector enterprises cannot be ipso facto put forward to the private companies. This is so as often as a matter of policy, the Government/statutory authorities/public sector undertakings provide for arbitration by employees, though that employee should not be connected with the matters in contract. Since there is no direct interest involved, an element of hands-off approach towards impartiality is assumed. Even there, the Court has expressed the desirability of re-consideration of this policy providing for arbitration by an employee arbitrator. A clear distinction has been carved out in case of an arbitrator being an employee of a company or body or individual. This aspect has once again been emphasized in P. Dasaratharama Reddy Complex case (supra). The Managing Director of the company would be directly involved in the aspect of disputes in the present case, as is also apparent from the notices exchanged inter se the parties before institution of the civil proceedings. The Managing Director can hardly be capable of an independent adjudication as an arbitrator" (Índia, Madras High Court. Castrol India Limited vs M/S.Apex Tooling Solutions, Appeal n. 80 of 2014, j. 10.02.2015, §§ 29).

1899 "Once the arbitration clause itself names the arbitrator, he is the person designated to carry on the arbitration. If the arbitration has to be of some other kind, i.e. by a retired Judge of the High Court as proposed by the learned counsel for the appellant-company, there has to be an agreement for the same. Such an agreement is absent in view of the stand of the learned counsel for the first respondent" (Índia, Madras High Court. Castrol India Limited vs M/S.Apex Tooling Solutions, Appeal n. 80 of 2014, j. 10.02.2015, §§ 30).

concluiu, a partir das notificações trocadas entre as partes, que a Castrol India jamais se movimentou no sentido de instaurar arbitragem, não sendo razoável se obrigar a outra parte a aguardar, indefinidamente, pelo início de uma possível arbitragem ou processo judicial pela contraparte.[1900] Diante disso, rejeitou os argumentos do recurso de Castrol India e determinou o prosseguimento do processo judicial.

Os casos anteriores demonstram que, embora haja decisões em sentido contrário, à luz do direito indiano, e ainda exista certo grau de dúvida quanto à validade de cláusulas assimétricas,[1901] em decisões mais recentes prepondera o entendimento de que essa modalidade de cláusula compromissória é válida.[1902]

1900 "We are unable to accept the plea of the learned counsel for the appellant-company that the word prosecute is used in the context of criminal proceedings and that is how it was understood by the appellants. The appellants were legally advised by the best of law firms and the contents of the notice made it clear that what was being claimed was civil liability and damages. In fact, the word prosecute has to be read with the subsequent sentence of mulcting you liable for the cost and consequences. Thus, it is clear that the first respondent had held out a threat of civil proceedings, which did not meet with any response from the appellants of preferring the course of arbitration. The first respondent could not be made to wait indefinitely and not enforce its rights, especially in the absence of any clarity on part of the appellants and its response to the notice and rejoinder expressing a wish to take recourse to arbitration to resolve the dispute. Thus, if the appellant-company did not want the civil proceedings to be initiated by the first respondent in the manner threatened by them, but to get the disputes adjudicated by arbitration, then it should have stated so in response to the communications of the first respondent, which it had failed to do. It is only when the suit was filed that the appellant-company sought to stall the same by claiming recourse to arbitration. Thus, in the given facts of the case, the first respondent cannot be faulted to have taken recourse to the remedy of institution of a civil suit. This is, of course, apart from the rationale we have given as the first one for not relegating the parties to arbitration" (Índia, Madras High Court. Castrol India Limited vs M/S.Apex Tooling Solutions, Appeal n. 80 of 2014, j. 10.02.2015, §§ 33-34).

1901 PAPADIMA, Raluca. The Uncertain Fate of Asymmetrical Dispute Resolution Clauses in Arbitration around the Globe: To Be or Not to Be. *Mississippi Law Journal*, v. 90, n. 3, p. 541-630, 2021. p. 575.

1902 "Quanto à Índia, há decisões tanto pela validade quanto pela nulidade, sendo aquelas, porém, majoritárias. Em Bhartia Cutler Hammer, por exemplo, a Delhi High Court considerou que a inexistência de vinculação de ambas as partes à arbitragem desconfiguraria a existência de convenção de arbitragem. Por outro lado, em Fuerst Day Lawson (caso mais recente), a mesma corte se pronunciou pela validade do mecanismo, entendendo que a convenção de arbitragem se formaria de forma válida e vinculante a partir do momento em que a parte beneficiária da cláusula unilateral exercesse sua opção de escolha em favor da via arbitral. [No caso Castrol India Limited, vs.M/s.Apex Tooling Solutions and Ors] A Madras High Court entendeu, também, pela validade de cláusula de jurisdição unilateral, embora tenha recusado o pedido de envio da disputa à arbitragem por entender que o árbitro eleito pela cláusula era parcial, e que a parte beneficiária da cláusula perdera o prazo para exercer sua escolha. A Calcutta High Court [em New India Assurance Co. Ltd. vs Central Bank Of India And Ors], igualmente, entendeu pela validade da cláusula de jurisdição unilateral, vez que a unilateralidade não afetaria a existência ou a validade da convenção de arbitragem, mas apenas sua eficácia, que ficaria condicionada à escolha da parte beneficiária." (PARIZOTTO, Pedro Teixeira

Como mencionado anteriormente, a corrente que entende pela nulidade de cláusulas assimétricas sustenta sua posição na ausência de mutualidade, ofensa à ordem pública e restrição indevida dos direitos de acesso à jurisdição da parte desfavorecida.[1903] A linha favorável às cláusulas assimétricas, a seu turno, defende sua validade com base, sobretudo, na prática de outros países, na autonomia privada e na ausência de proibição expressa para essa pactuação na lei indiana.[1904]

Frente a essa dicotomia, as decisões da Corte de Delhi são particularmente interessantes, pois evidenciam um câmbio de posicionamento naquele tribunal: inicialmente, contra a validade de cláusulas assimétricas, em decisões de 1977 e 1991, em Union of India v. Bharat Engineering Corporation e Bhartia Cutler Hammer Ltd. v. Avn Tubes Ltd.; posteriormente, em favor da sua validade, como manifestado no julgamento de 2009 em Fuerst Day Lawson Ltd v. Jindal Exports Ltd., embora com contextos fáticos distintos.

10. Rússia

Na Rússia, há conhecimento de pelo menos dois casos em que se enfrentou o tema da cláusula compromissória assimétrica.

No caso ING Bank N.V. v. ZAO Factoring Company Eurokommerz,[1905] julgado pela Federal Arbitrazh Court for the Moscow, em 2010, reconheceu-se a validade da cláusula compromissória assimétrica e o exercício regular da opção exercida pela parte beneficiada pela assimetria.

Mendes. Cláusula de Jurisdição Híbrida: Panorama Internacional e Perspectivas Nacionais. *Revista Brasileira de Arbitragem*, v. 64, p. 11-38, 2019. p. 18).

1903 "Indian courts have not adopted a consistent approach to this issue [da validade de cláusulas assimétricas]. In some cases such asymmetric arbitration clauses have been held to be invalid, (16) whilst in other cases they have been held to be valid. In cases where they have been held to be invalid, Courts have relied on grounds such as lack of mutuality, breach of public policy, and restraint of a party's right to legal proceedings. In cases where they have been held to be valid, Courts have looked at international practice and taken into account the fact that the 1996 Act does not rule out the possibility of such agreements" (JAYASIMHA, Shreyas; NAIR, Promod; et al. International Commercial Arbitration: An Asia Pacific Perspective – 2021 India Report. *In:* GREENBERG, Simon; WEERAMANTRY, Romesh; et al. *International Commercial Arbitration*: An Asia Pacific Perspective. 2. ed. A Haia: Kluwer Law International Kluwer Law International, 2021);"The status of asymmetrical clauses in India is unclear, in light of inconsistent case law. The starting point under Indian law is that there must be mutuality in an arbitration agreement" (PAPADIMA, Raluca. Asymmetrical Arbitration Clauses: Global Overview. *In:* ALEXE, Emilia (ed). *Revista Română de Arbitraj*, v. 13, n. 4, p. 37-72, 2019. p. 47).

1904 JAYASIMHA, Shreyas; NAIR, Promod; et al. International Commercial Arbitration: An Asia Pacific Perspective – 2021 India Report. *In:* GREENBERG, Simon; WEERAMANTRY, Romesh; et al. *International Commercial Arbitration*: An Asia Pacific Perspective. 2. ed. A Haia: Kluwer Law International Kluwer Law International, 2021, transcrito *supra*.

1905 Tradução não oficial da decisão, disponível no site oficial da Convenção de Nova York, disponível em: https://newyorkconvention1958.org/index.php?lvl=notice_display&id=1589. Acesso em: 3 jan. 2024.

ING Bank, banco neerlandês, sub-rogou-se parcialmente na posição de JP Morgan,[1906] parte originária do contrato de mútuo firmado com ZAO Factoring Company Eurokommerz, companhia russa. O contrato continha cláusula de eleição de foro e cláusula arbitral, ambas assimétricas, concedendo ao credor a faculdade de submeter disputas a "qualquer corte competente" ou à London Court of International Arbitration.[1907]

No exercício de suas prerrogativas, o banco ajuizou ação de cobrança perante o Judiciário, que entendeu não ter jurisdição em razão da exceção de convenção de arbitragem apresentada pela companhia russa.[1908] A decisão foi, posteriormente, anulada

---

1906 Como explicado na decisão, o contrato previa ao Credor a prerrogativa de sub-rogar, em todo ou em parte, seus direitos a terceiros sendo dispensado o aceite do Devedor. Como posto na decisão traduzida: "In Article 22 of the agreement the parties provided that the Creditor may, unilaterally, without an additional consent of the Debtor, assign to third parties, its rights, in part or in full, under the above agreement, including the right to claim the return of the amounts due with a proportional share of accrued interest and other fees, and that such an assignment shall be perfected by means of the Certificate of assignment between the previous and the new creditor, a sample of which is contained in the Annex n. 8 to the agreement. It was established, on the basis of the case materials, that pursuant to the abovementioned clause of the loan agreement, JPMORGAN CHASE BANK, N.A., according to the certificate of assignment of 12 January 2009, perfected a partial assignment of its right to ING Bank N.V. in the amount of account receivables due under the loan, i.e. USD 30 000 000." (Rússia, Федеральный арбитражный суд Московского округа (Federal Arbitrazh Court for the Moscow District). ING Bank N.V. v ZAO Factoring Company Eurokommerz, № КГ-А40/14211-09, j. 18.01.2010, versão traduzida, p. 2). No original: "В ст. 22 договора стороны предусмотрели право Кредитора в одностороннем порядке, без получения дополнительного согласия Заемщика, уступать третьим лицам полностью или частично свои права по указанному договору, в том числе, право требования возврата суммы кредита и пропорциональной части начисленных на нее процентов и иных платежей, при этом такая уступка осуществляется путем составления Свидетельства о передаче между прежним и новым кредитором, образец которого содержится в Приложении N 8 к договору" (Rússia, Федеральный арбитражный суд Московского округа (Federal Arbitrazh Court for the Moscow District). ING Bank N.V. v ZAO Factoring Company Eurokommerz, № КГ-А40/14211-09, j. 18.01.2010, versão original, p. 3).

1907 Como apontado pela corte, eram relevantes para a resolução dessa disputa os artigos 36.1 e 37 do Contrato de Mútuo, que regiam, respectivamente, jurisdição e arbitragem. O art. 36 previa a competência das cortes inglesas sobre a disputa, mas ressalvava ao Credor o direito de submeter a disputa a qualquer corte competente. Nessa linha, o art. 37 apontava *London Court of International Arbitration* como câmara arbitral para administrar a arbitragem, ressalvando ao credor o direito de barrar o início do procedimento arbitral até a nomeação de um árbitro, escolhendo uma corte estatal competente no lugar do tribunal arbitral ainda não instituído (Rússia, Федеральный арбитражный суд Московского округа (Federal Arbitrazh Court for the Moscow District). ING Bank N.V. v ZAO Factoring Company Eurokommerz, n. КГ-А40/14211-09, j. 18.01.2010, versão traduzida, p. 1-2).

1908 Rússia, Федеральный арбитражный суд Московского округа (Federal Arbitrazh Court for the Moscow District). ING Bank N.V. v ZAO Factoring Company Eurokommerz, n. КГ-А40/14211-09, j. 18.01.2010, versão traduzida, p. 1.

pela corte recursal.[1909] Contra essa decisão de anulação, a companhia russa apresentou novo recurso, levando a disputa à Federal Arbitrazh Court for the Moscow District.

Em sua decisão, a corte de Moscou interpretou a convenção de arbitragem à luz do direito russo, que orienta a busca pelo sentido literal dos termos pactuados. Em caso de ambiguidade, a extração do sentido literal se dá por meio da interpretação sistêmica do instrumento contratual, que, caso infrutífera, é seguida da busca da vontade comum das partes, aferível por meio de todas as circunstâncias relevantes, como a conduta das partes após a formação do contrato, contratos prévios, usos e práticas das partes.[1910] Utilizando essa ferramenta hermenêutica, a Corte de Moscou reconheceu a coexistência das cláusulas arbitral e de eleição de foro, ambas assimétricas, em benefício do banco, bem como a validade de ambas. Desse modo, entendeu-se que a submissão da disputa pelo banco ao Poder Judiciário representou válida opção pela via estatal, impedindo que a companhia russa se socorresse dos efeitos negativos da convenção de arbitragem. Assim, determinou-se o prosseguimento do processo judicial.[1911]

1909 Rússia, Федеральный арбитражный суд Московского округа (Federal Arbitrazh Court for the Moscow District). ING Bank N.V. v ZAO Factoring Company Eurokommerz, n. КГ-А40/14211-09, j. 18.01.2010, versão traduzida, p. 1.

1910 "Pursuant to Article 431 of the Civil Code of the Russian Federation, while interpreting the terms of contract, the court shall take into account the literal meaning of the words and expressions contained in it. In case of ambiguity of the terms of the contract, their literal meaning shall be identified by way of comparison with the other terms and with the meaning of the contract as a whole. If the rules, contained in the first part of the present Article, do not allow identification of the content of the contract, the actual common will of the parties shall be determined while accounting for the purposes of the contract. All relevant circumstances, including previous contracts, negotiations and correspondence, practice established in mutual relations between the parties, business usages, and the subsequent conduct of the parties, shall be taken into account" (Rússia, Федеральный арбитражный суд Московского округа (Federal Arbitrazh Court for the Moscow District). ING Bank N.V. v ZAO Factoring Company Eurokommerz, № КГ-А40/14211-09, j. 18.01.2010, versão traduzida, p. 2). No original: "Согласно ст. 431 Гражданского кодекса Российской Федерации при толковании условий договора судом принимается во внимание буквальное значение содержащихся в нем слов и выражений. Буквальное значение условия договора в случае его неясности устанавливается путем сопоставления с другими условиями и смыслом договора в целом. Если правила, содержащиеся в части первой настоящей статьи, не позволяют определить содержание договора, должна быть выяснена действительная общая воля сторон с учетом цели договора. При этом принимаются во внимание все соответствующие обстоятельства, включая предшествующие договору переговоры и переписку, практику, установившуюся во взаимных отношениях сторон, обычаи делового оборота, последующее поведение сторон" (Rússia, Федеральный арбитражный суд Московского округа (Federal Arbitrazh Court for the Moscow District). ING Bank N.V. v ZAO Factoring Company Eurokommerz, n. КГ-А40/14211-09, j. 18.01.2010, versão original, p. 4).

1911 Rússia, Федеральный арбитражный суд Московского округа (Federal Arbitrazh Court for the Moscow District). ING Bank N.V. v ZAO Factoring Company Eurokommerz, n. КГ-А40/14211-09, j. 18.01.2010, versão traduzida, p. 3.

Essa posição contrasta com a que foi tomada no Russkaya Telephonnaya Kompaniya (RTK) v. Sony Ericsson Mobile Communications Rus LLC,[1912] julgado pela Suprema Corte de Arbitragem da Federação Russa em 2012.[1913]

Nesse caso, RTK havia firmado contrato-quadro com Sony Ericsson para regular o fornecimento de celulares e acessórios pela subsidiária da empresa japonesa,[1914] contendo cláusula arbitral assimétrica inclusa no contrato-quadro, que conferia à Sony Ericsson a opção de resolver eventuais disputas pela via arbitral ou perante "a court of a competent jurisdiction a claim for recovery of debts for supplied Products".[1915]

RTK ajuizou ação judicial postulando a execução específica do contrato,[1916] a fim de que Sony Ericsson substituísse os aparelhos telefônicos.[1917] A corte extinguiu o pro-

---

1912 Rússia, Высший Арбитражный Суд Российской Федерации (Suprema Corte de Arbitragem da Federação Russa). Korelskiy, Ischuk, Astafiev and Partners, Attorneys at Law (Trad.). Russkaya Telephonnaya Kompaniya (RTK) v. Sony Ericsson Mobile Communications Rus LLC, n. 1831/12, j. 19.06.2012.

1913 Para a exposição sobre o caso Sony Ericsson utilizamos a tradução não oficial da decisão, feita por Korelskiy, Ischuk, Astafiev and Partners, Attorneys at Law, disponibilizada no site da plataforma Jus Mundi. Não foi possível encontrar a versão original da decisão. O fato de a Suprema Corte de Arbitragem da Federação Russa ter sido extinta em 2014 pode ter contribuído para a dificuldade de acessar a decisão original. A versão utilizada para essa exposição pode ser encontrada em: https://jusmundi.com/en/document/decision/en-russian-telephone-company-cjsc-v-sony-ericsson-mobile-communications-rus-limited-liability-company-decision-of-the-supreme-arbitrazh-court-of-the-russian-federation-tuesday-19th-june-2012#decision_52564. Acesso em: 5 jan. 2024.

1914 Rússia, Высший Арбитражный Суд Российской Федерации (Suprema Corte de Arbitragem da Federação Russa). Korelskiy, Ischuk, Astafiev and Partners, Attorneys at Law (Trad.). Russkaya Telephonnaya Kompaniya (RTK) v. Sony Ericsson Mobile Communications Rus LLC, n. 1831/12, j. 19.06.2012, p. 3.

1915 "Any dispute arising in connection with this Agreement that cannot be resolved through negotiations is to be finally resolved in accordance with the Rules of Conciliation and Arbitration of the International Chamber of Commerce, by three (3) arbitration judges appointed in accordance with the Rules. The place for the arbitration proceedings will be the City of London, the proceedings will be held in the English language. This arbitration clause will continue to remain in effect upon termination of this Agreement and cannot restrict the rights of the Parties to apply to the courts of a competent jurisdiction for enforcement or court injunction measures in the event of a violation or a threat of a violation of provisions of the sections Sony Ericsson Trademarks, Software Licenses, Export Control, Counteraction against Circulation of Counterfeit Products and Confidentiality. The arbitration clause does not restrict Sony Ericsson's rights to file with a court of a competent jurisdiction a claim for recovery of debts for supplied Products" (clause 21.2 of the Contract)" (Rússia, Высший Арбитражный Суд Российской Федерации (Suprema Corte de Arbitragem da Federação Russa). Korelskiy, Ischuk, Astafiev and Partners, Attorneys at Law (Trad.). Russkaya Telephonnaya Kompaniya (RTK) v. Sony Ericsson Mobile Communications Rus LLC, n. 1831/12, j. 19.06.2012, p. 3).

1916 A tradução utilizada para essa exposição não apresenta o nome original das cortes de instâncias inferiores. Levando em consideração os fatos do Caso ING Bank N.V. v ZAO Factoring Company Eurokommerz, acreditamos que se trate da Арбитражный суд города Москвы, referida por Moscow Arbitrazh Court naquele caso.

1917 "Russian Telephone Company CJSC (hereinafter the 'RTC') filed with the Arbitrazh Court of the City of Moscow a statement of claim against Sony Ericsson Mobile Communications Rus

cesso sem resolução de mérito,[1918] em razão da existência da cláusula arbitral. Na última instância russa, essa decisão foi revertida, sob o entendimento de que a cláusula arbitral assimétrica conferia à Sony Ericsson vantagens indevidas que "violavam o equilíbrio do interesse das partes".[1919]

A corte fez referência aos "princípios básicos do tratamento equitativo das partes em relações civis" e ao devido processo legal, ressalvando sua aplicação aos métodos alternativos de resolução de disputas.[1920] Concluiu, assim, que, ao pactuarem que apenas

---

Limited Liability Company (hereinafter 'Sony Ericsson') to enforce performance of obligation: to replace mobile phones with equivalent mobile phones of proper quality" (Rússia, Высший Арбитражный Суд Российской Федерации (Suprema Corte de Arbitragem da Federação Russa). Korelskiy, Ischuk, Astafiev and Partners, Attorneys at Law (trad.). Russkaya Telephonnaya Kompaniya (RTK) v. Sony Ericsson Mobile Communications Rus LLC, n. 1831/12, j. 19.06.2012, p. 2).

1918 "The court of the first instance, acting in accordance with provisions of Paragraph 5 Part 1 Article 148 of the Arbitrazh Procedure Code of the Russian Federation, said: Sony Ericsson filed with the court a motion to leave the statement of claim without examination as the Contract contains a clause saying that potential disputes are to be examined by arbitration; the parties have defined the arbitration tribunal authorized to hear the disputes between the parties; the International Court of Arbitration under the International Chamber of Commerce is a functioning institution; the question, which procedural norms and rules apply to taking a dispute for consideration and its further resolving by an arbitration tribunal, does not fall within the competence of the arbitrazh court; the parties did not eliminate the possibility of application of other procedures besides the Rules of Conciliation and Arbitration of the International Chamber of Commerce being currently ineffective to the dispute resolution process. Based on the foregoing the court arrived at the conclusion that the arbitration clause is enforceable" (Rússia, Высший Арбитражный Суд Российской Федерации (Suprema Corte de Arbitragem da Federação Russa). Korelskiy, Ischuk, Astafiev and Partners, Attorneys at Law (Trad.). Russkaya Telephonnaya Kompaniya (RTK) v. Sony Ericsson Mobile Communications Rus LLC, n. 1831/12, j. 19.06.2012, p. 3-4).

1919 "While having their rulings based on the applicable and enforceable arbitration agreement between the parties, the courts failed to address the validity of such agreement taken as a whole, failed to evaluate the provision in the dispute resolution arrangement that would secure the right of one party to the Contract, Sony Ericsson (the seller), to refer any dispute for resolution by the state court. Combined with the provisions of the dispute resolution agreement set forth in the arbitration clause, such prorogation agreement creates for Sony Ericsson a preference against RTC since it is the only party granted the right to choose the venue for dispute resolution (arbitration or state judicial system) and, as a result, violates the balance of interests of the parties" (Rússia, Высший Арбитражный Суд Российской Федерации (Suprema Corte de Arbitragem da Federação Russa). Korelskiy, Ischuk, Astafiev and Partners, Attorneys at Law (trad.). Russkaya Telephonnaya Kompaniya (RTK) v. Sony Ericsson Mobile Communications Rus LLC, n. 1831/12, j. 19.06.2012, p. 5).

1920 Válido destacar que a Suprema Corte de Arbitragem da Federação Russa referenciou julgamentos da Corte Europeia de Direitos Humanos: "At the same time the basic fundamentals of civil law include the principle of equality of civilrelations parties' rights. The standards to secure a fair hearing for civil disputes inherent to the state judicial system

uma das partes teria a prerrogativa de selecionar o método de resolução de disputas, as partes atentaram contra o princípio de tratamento equânime e deram luz a uma cláusula eminentemente nula.[1921] Em sua decisão, a corte modificou o acordo das partes para dar a RTK a prerrogativa de se socorrer das cortes estatais, transmutando a cláusula em optativa.[1922]

A decisão foi muito criticada pela doutrina, não apenas por seu conteúdo, mas também por sua imprecisão, pois a leitura da decisão não é clara acerca do remédio

---

apply also to the alternative dispute resolution venues and specifically to arbitration tribunal hearings (Judgement of the European Court of Human Rights, Application n. 1643/06 Suda v. the Czech Republic, dated 28/10/2010).The guarantee to the parties to have its rights for judicial protection secured and to have a fair hearing of the case in court is achieved through the real and equal opportunity granted to both parties to have each one's position with respect to all aspects of the case brought to the attention of the court, since only in this case will the court session ensure a party's right to a fair, complete and effective court defence. Principles of adversarial nature and equality of the parties imply that the parties participating in the court hearing will be granted equal procedural opportunities to defend their rights and lawful interests (Resolutions of the Constitutional Court of the Russian Federation: n. 20-П dated 20/07/2011, n. 4-П dated 27/02/2009, n. 18-П dated 08/12/2003, n. 2-П dated 14/02/2000, n. 6-П dated 14/04/1999, n. 27-П dated 10/12/1998, n. 20-П dated 02/07/1998). Also pursuant to the opinion of the European Court of Human Rights the parties to civil proceedings must be granted with equal procedural rights (Judgment of the European Court of Human Rights, Application n. 3932/02 Batsanina V. Russia, dated 26/05/2009). The European Convention for the Protection of Human Rights and Fundamental Freedoms (1950) guarantees the right of one of the parties to have an equal standing with respect to the opposing party (Judgments of the European Court of Human Rights: Application n. 68416/01 Steel and Morris v. United Kingdom, dated 15/02/2005; Application n. 23243/03 Sokur V. Russia, dated 15/10/2009; Application n. 13470/02 Khuzhin and Others v. Russia, dated 23/10/2008, etc.)" (Rússia, Высший Арбитражный Суд Российской Федерации (Suprema Corte de Arbitragem da Federação Russa). Korelskiy, Ischuk, Astafiev and Partners, Attorneys at Law (Trad.). Russkaya Telephonnaya Kompaniya (RTK) v. Sony Ericsson Mobile Communications Rus LLC, n. 1831/12, j. 19.06.2012, p. 5-6).

1921 "Therefore based on common principles for the protection of civil rights, the dispute resolution clause cannot give the right to refer to a competent state court to only one party (the seller) under the Contract and deprive the second party (the purchaser) of equal rights. If such a clause is entered into, the clause will be invalid because it violates the balancing of the rights of the parties. Accordingly, the party whose right was violated by such a dispute resolution clause shall also be entitled to refer to the competent government court so that it may enforce its guaranteed right to court protection on terms equal to the terms that exist for its counter-party" (Rússia, Высший Арбитражный Суд Российской Федерации (Suprema Corte de Arbitragem da Federação Russa). Korelskiy, Ischuk, Astafiev and Partners, Attorneys at Law (Trad.). Russkaya Telephonnaya Kompaniya (RTK) v. Sony Ericsson Mobile Communications Rus LLC, n. 1831/12, j. 19.06.2012, p. 6).

1922 Rússia, Высший Арбитражный Суд Российской Федерации (Suprema Corte de Arbitragem da Federação Russa). Korelskiy, Ischuk, Astafiev and Partners, Attorneys at Law (Trad.). Russkaya Telephonnaya Kompaniya (RTK) v. Sony Ericsson Mobile Communications Rus LLC, n. 1831/12, j. em 19.06.2012, p. 7.

adequado para outras cláusulas assimétricas, à luz do direito russo. Fazem coro a esse posicionamento Duarte Gorjão Henriques[1923] e Vasily Bakumenko.[1924] Álvaro López Piñeiro ressalva que a decisão pode ter sido utilizada como forma de o Poder Judiciário da Rússia assegurar sua jurisdição sobre a controvérsia, de modo a assegurar a primazia da sua jurisdição sobre a de outros países.[1925]

Não obstante, Iurii Ustinov aponta ser prematuro considerar esse caso como representativo de uma abordagem negativa em torno da cláusula assimétrica pela Rússia.[1926] Nesse sentido, Raluca Papadima enfatiza ainda haver incerteza na Rússia acerca de em que posição o país se situa na averiguação de validade de cláusulas arbitrais assimétricas.[1927]

[1923] "This decision stemmed a series of warnings from several commentators about the future of arbitration in Russia, therefore deserving emphasis and justifying a close monitoring of future developments" (HENRIQUES, Duarte Gorjão. Asymmetrical arbitration clauses under the Portuguese law. *Young Arbitration Review*, v. 11, 2013, p. 61).

[1924] "The ruling in this case received a lot of discussion and criticism from the Russian legal community, including for lack of clarity on the interpretation of legislative provisions. First, it was not entirely clear whether the Supreme Arbitrazh Court invalidated the clause entirely or just the part of it that was asymmetric in nature, and second, whether the mechanism of this clause was converted into a bilateral one that grants both parties rights to choose between arbitration and litigation.36 Therefore, formally the clause was not invalidated, although its design was altered and the agreed mechanism of forum election was deprived of its purpose" (BAKUMENKO, Vasily. Asymmetric Jurisdiction Clauses: Grounds for Validity Within Different Jurisdictions. *Russian Law Journal*, v. 8, n. 3, p. 84-115, 2020. p. 93).

[1925] "The grounds for the court's decision, which cites various judgments of the European Court of Human Rights, were that the parties must have the same procedural rights. Some writers have considered this change in the position taken by Russian case law an 'attempted power grab' by the Russian courts, aimed at securing the primacy of their jurisdiction over those of other countries" (PIÑEIRO, Álvaro López de A.; BALMASEDA, Constanza. The disputed validity of hybrid and asymmetric clauses in Europe: a review of the decision of the High court of appeal of Madrid of 18 october 2013. *Revista del Club Español de Arbitraje*, v. 19, p. 55-70, 2014. p. 63).

[1926] "The Sony Ericsson case has raised serious concerns among scholars and practitioners, some of them even doubting the future of arbitration in Russia. However, given the lack of further reliable case law from Russian national courts, it appears to be premature to consider this case as reflected a defined negative approach by the Russian national courts toward unilateral arbitration clauses" (USTINOV, Iurii. *Unilateral arbitration clauses*: legal validity. LLM International Business Law. Tilburg University – Tilburgo, Países Baixos. 2016, p. 20).

[1927] "In conclusion, uncertainty persists in Russia despite (or because) of the December 2018 Digest with respect to asymmetrical dispute resolution clauses (unilateral litigation clauses or unilateral arbitration clauses). Such clauses will continue to be problematic when inserted in contracts with Russian parties, especially where enforcement might be sought in Russia" (PAPADIMA, Raluca. The Uncertain Fate of Asymmetrical Dispute Resolution Clauses in Arbitration around the Globe: To Be or Not to Be. *Mississippi Law Journal*, v. 90, n. 3, p. 541-630, 2021. p. 590).

11. China

A legislação e a jurisprudência chinesas sobre cláusulas compromissórias assimétricas apresentam um panorama complexo. Na China, essas cláusulas geralmente são vistas com ceticismo.

Deyan Draguiev[1928] e Pedro Parizotto[1929] fazem menção à decisão da Alta Corte do Povo de Beijing de 1999, que entendeu pela invalidação de cláusula unilateral, sob o fundamento da desigualdade. Contudo, os autores não fornecem maiores informações sobre os detalhes do caso, tampouco fornecem dados que permitam a sua identificação. Do mesmo modo, Rajat Sinha e Vivek Krishnani citam a China como um dos países nos quais a cláusula assimétrica foi reputada inválida.[1930]

Ao menos sob a ótica do art. 7º da *Supremes People's Court Interpretation Provisions* de 2005, sugere-se a proibição dessas cláusulas, a menos que uma parte, demandada em arbitragem pela outra parte que detém a prerrogativa de escolha da jurisdição, não conteste o início da arbitragem.[1931] Nesse sentido, Fan Yan, Brad Wang e Fei Fei afirmam que, embora não haja expressa disposição legal regulando as cláusulas assimétricas, referido dispositivo leva à conclusão de que as cortes chinesas provavelmente determinariam que cláusula arbitral unilateral ou optativa é inválida.[1932] Esse entendimento é

1928 "China and Poland also stand out from the bulk of reported cases. A Chinese lower instance court invalidated a unilateral clause on grounds of unfairness. The Supreme Court of Poland reviewed a unilateral clause and considered that it may be void on grounds that the different options granted to the parties may impact their standing in the procedure (e.g., with respect to choice of arbitrators, which may be more beneficial to one party in a given arbitral institution compared to another, which one of the other parties is not allowed to turn to under the unilateral clause)" (DRAGUIEV, Deyan. Unilateral Jurisdiction Clauses: The Case for Invalidity, Severability or Enforceability. *Journal of International Arbitration*, v. 31, n. 1, p. 19-45, 2014. p. 40).

1929 "A título de exemplo, a cláusula já foi confirmada em cortes de países como Reino Unido, Singapura, Itália, Espanha, Austrália, Estados Unidos, Índia e Portugal. Adicionalmente, Hong Kong, embora não tenha apreciado a questão, possui decisão com obter dictum favorável à validade. Já foi reputada nula, por outro lado, em países como Alemanha, França, Rússia, China, Bulgária e Polônia". (PARIZOTTO, Pedro Teixeira Mendes. Cláusula de Jurisdição Híbrida: Panorama Internacional e Perspectivas Nacionais. *Revista Brasileira de Arbitragem*, v. 64, p. 11-38, 2019. p. 15).

1930 "UDCs have, generally, received acceptance from common law jurisdictions like the United Kingdom, the United States, Hong Kong, Singapore, etc. However, the position of the civil law jurisdictions, in this regard, is not settled in that Bulgaria, China (18) and Russia have invalidated such clauses, while France and Germany have upheld UDCs" (SINHA, Rajat; KRISHNANI, Vivek. Exposing Asymmetry to New Challenges: Status of UDCs under Art. 18 of the Model Law. *In:* SCHERER, Matthias (org.). *ASA Bulletin*, v. 38, n. 3, p. 602-618, 2020).

1931 Nesse sentido, o art. 7 da interpretação da Suprema Corte chinesa: "Where the parties concerned agree that they may either apply to the arbitration institution for arbitration or bring a lawsuit with people's court for settlement of dispute, the agreement for arbitration shall be ineffective, unless after one party applies to the arbitration institution for arbitration, the other party fails to propose any objection within the period prescribed".

1932 "There is no explicit provision at law governing unilateral clauses. Article 7 of the SPC Interpretations on the Arbitration Law provides that an arbitration agreement allowing the

corroborado por Kun Kun, Clarisse von Wunschheim, Vincent Guan e Bing Yu, embora indiquem maior grau de incerteza em torno da questão.[1933]

No entanto, com o surgimento do art. 14º da *Supremes People's Court Interpretation Provisions* de 2018,[1934] parece haver abertura, em certo grau, para se concluir pela validade dessas cláusulas, ao menos, em contratos internacionais, já que as referidas regras de interpretação não se aplicam a contratos domésticos. É o que afirma Raluca Papadima, quando diz que, com base nessas novas regras, "Chinese courts will be more inclined to admit the validity of unilateral arbitration clauses (or bilateral dispute resolution clauses granting both parties an option between arbitration and litigation) included in international contracts".[1935]

---

parties to submit their dispute either to litigation or to arbitration is invalid. Also, an arbitration agreement conferring the right to apply for arbitration only on one party but not on the other was once considered unfair and invalid in judicial practice. Therefore, it's likely that a Chinese court will determine that a unilateral or optional arbitration clause is invalid" (YANG, Fan; WANG, Brad; SHI, Lei; FEI, Fei. International Commercial Arbitration: An Asia Pacific Perspective – 2021 China Report. *In:* GREENBERG, Simon; WEERAMANTRY, Romesh; KEE, Christopher. *International Commercial Arbitration*: An Asia Pacific Perspective. 2. ed. A Haia: Kluwer Law International, 2021, p. 18).

1933 "It is likely to be regarded invalid. In accordance with Article 7 of the Supreme People's Court's Interpretation on Several Questions Regarding the Implementation of the Arbitration Law, if parties agreed to subject a dispute to both arbitration and litigation, the arbitration clause should be deemed void. It is not entirely clear whether an one-sided arbitration clause would fall into this provision" (KUN, Kun; WUNSCHHEIM, Clarisse von; GUAN, Vincent; YU, Bing. International Commercial Arbitration: An Asia Pacific Perspective – 2014 China Report. *In:* GREENBERG, Simon; WEERAMANTRY, Romesh; KEE, Christopher. *International Commercial Arbitration*: An Asia Pacific Perspective. 2. ed. A Haia: Kluwer Law International, 2021).

1934 Raluca Papadima as comenta: "Recently, the Supreme People's Court adopted the Provisions on Certain Issues related to the Conduct of Judicial Review of Arbitration Cases, which came into force on January 1, 2018. Article 14 of this new interpretation provides: 'Where, absent the parties' choice of the governing law, a people's court is to ascertain the law governing the validity of a foreign-related arbitration agreement, and application of the law of the place of the arbitral institution or the law of the seat of arbitration will bring about different results in respect of the validity of the arbitration agreement, then the people's court shall apply the law that renders the arbitration agreement valid'. In other words, with respect to a foreign-related arbitration agreement (not domestic), if there is no choice of the law governing the validity of the arbitration agreement, a court will examine both 'the law of the place of the arbitral institution' and 'the law of the seat of the arbitration' (the lex arbitri). If either one of these laws admits the validity of the arbitration agreement, the court will uphold its validity. Because of the new interpretation, Chinese courts will be more inclined to admit the validity of unilateral arbitration clauses (or bilateral dispute resolution clauses granting both parties an option between arbitration and litigation) included in international contracts" (PAPADIMA, Raluca. The Uncertain Fate of Asymmetrical Dispute Resolution Clauses in Arbitration around the Globe: To Be or Not to Be. *Mississippi Law Journal*, v. 90, n. 3, p. 541-630, 2021. p. 570).

1935 PAPADIMA, Raluca. The Uncertain Fate of Asymmetrical Dispute Resolution Clauses in Arbitration around the Globe: To Be or Not to Be. *Mississippi Law Journal*, v. 90, n. 3, p. 541-630, 2021. p. 570-571.

12. Hong Kong

A doutrina, por vezes, faz menção a dois casos de Hong Kong que, em tese, teriam debatido sobre a cláusula arbitral assimétrica. São eles: (i) China State Construction Engineering Corporation Guangdong Branch v. Madiford Ltd., julgado pela Suprema Corte de Hong Kong em 1992;[1936] e (ii) China Merchants Heavy Industry Company Ltd. v. JGC Corp,[1937] julgado pela Corte de Apelação de Hong Kong em 2001.

A rigor, contudo, os casos não tratam especificamente de cláusula assimétrica, mas, o primeiro, de cláusula optativa e *bilateral* (e não *unilateral*, no sentido de ser optativa somente a uma das partes), questionada em razão de utilizar a expressão "*may*" em vez de "*shall*" para se referir à vontade das partes para arbitrar,[1938] e, o segundo, de cláusula escalonada, que previa a necessidade de espécie de negociação entre as partes antes de se intentar a arbitragem.[1939]

[1936] Hong Kong, Supreme Court of Hong Kong. China State Construction Engineering Corporation Guangdong Branch v. Madiford Ltd., HCA006563/1991, j. 02.03.1992.

[1937] Hong Kong, Hong Kong Court of Appeal, China Merchants Heavy Industry Company Ltd. v. JGC Corp, CACV 112/2001, j. 04.06.2001.

[1938] "In case of any incompleteness of the contract, both parties shall reach settlement through friendly consultations. If settlement cannot be reached through consultations the matter may be submitted for arbitration to the Foreign Economic and Trade Arbitration Commission of the China Committee for the Promotion of International Trade" (Hong Kong, Supreme Court of Hong Kong. China State Construction Engineering Corporation Guangdong Branch v. Madiford Ltd., HCA006563/1991, j. 02.03.1992, § 15).

[1939] "If any dispute or difference of any kind shall arise between JGC and the contractor in connection with or arising out of the contract or the carrying out of the Works which cannot be settled by mutual agreement, JGC shall state its decision in writing and give notice of same to contractor. Such decision in respect of every matter so referred shall be binding upon JGC and the contractor until Completion of the Works and shall forthwith be given effect to by the contractor, who shall proceed with the Works with all due diligence, pending the outcome of any arbitration proceedings as outlined below. Without prejudice in any way to the foregoing, if, within fifteen (15) calendar days after the date of the above decision in writing made by JGC, the contractor shall by written notice to JGC so request, specifying such dispute or question, then the matter shall be referred to a single arbitrator to be agreed upon by the parties, or failing such agreement to three (3) arbitrators, one (1) of whom to be appointed by each party. The two (2) arbitrators so selected shall appoint a third arbitrator. The dispute or disagreement shall be determined by a majority of the three (3) arbitrators and the decision of such majority shall be binding and conclusive upon the parties hereto, provided that if either party shall fail to select an arbitrator within twenty (20) calendar days after the date of the notice requesting arbitration, the arbitrator selected by the other party shall determine the question, and his decision shall be binding on the parties (There shall be no appeal from any arbitration determination to the Courts). The arbitration shall be conducted in the English language, shall be held in Tokyo, Japan and determined under and governed by the laws of Hong Kong in accordance with the rules of Conciliation and Arbitration of the International Chamber of Commerce. Neither the existence of any controversy or claim nor the fact that any arbitration is pending hereunder shall relieve either party of his obligations under the contract" (Hong Kong, Hong Kong Court of Appeal, China Merchants Heavy Industry Company Ltd. v. JGC Corp, CACV 112/2001, j. 04.06.2001, § 3).

Não obstante, no caso China Merchants Heavy Industry Company Ltd. v. JGC Corp, a questão foi mencionada *obter dictum*, ao se reconhecer que a unilateralidade da opção de recorrer à arbitragem não implica inexistência da convenção de arbitragem.[1940] Não obstante, a decisão não enfrenta a validade da cláusula arbitral assimétrica. Desse modo, não há, em Hong Kong, enfrentamento expresso do tema, que permita se defender a validade ou não da cláusula assimétrica sob a lei aplicável àquele território.

1940 "No que se refere a Hong Kong, não há propriamente jurisprudência a respeito de cláusulas de jurisdição híbrida, mas o mecanismo foi mencionado em *obter dictum* em China Merchants, para afirmar que a unilateralidade da opção de recorrer à arbitragem não desconfiguraria a existência de convenção de arbitragem. Não houve qualquer consideração acerca da validade do mecanismo, mas o fato de ser mencionado e aceito sem qualquer estranhamento parece preparar terreno favorável ao reconhecimento de sua validade".

Capítulo 10

CLÁUSULA COMPROMISSÓRIA FORMADA POR ADESÃO

A arbitragem no Brasil, assim como no exterior, desenvolveu-se, sobretudo, em torno de litígios de maior complexidade técnica e/ou elevado valor econômico. Como exemplo, a arbitragem destina-se a resolver, majoritariamente, conflitos oriundos de contratos empresariais ou de construção, que são, por sua natureza e considerando os agentes neles envolvidos, tipicamente paritários.

De outro lado, a despeito de ter havido defensores da impossibilidade de se submeter litígios oriundos de contratos de adesão à arbitragem, há um consenso hoje, doutrinário, jurisprudencial e legal, no sentido de que tais disputas podem ser perfeitamente resolvidas na jurisdição arbitral. Atualmente, pode-se dizer haver consenso de que a existência de desequilíbrio técnico ou econômico entre as partes dessas relações, ou a forma de celebração desses contratos, não representam, por si só, óbices absolutos à arbitragem.

A despeito disso, é igualmente sabido que a arbitragem tendo por objeto contratos de adesão demanda estudo diferenciado, em particular no que toca à cláusula arbitral, ante o tratamento especial dado pela legislação, quando a cláusula é formada por adesão. Não raro, no Brasil, o estudo sobre a cláusula arbitral nos contratos de adesão é feito em conjunto com o estudo da cláusula arbitral nos contratos de consumo.

O rigor metodológico exige que as duas figuras – contratos de consumo e contratos de adesão – sejam distinguidas, para que se possa compreender a diferente tutela jurídica dada à cláusula arbitral em um caso e no outro, bem como a tutela jurídica a ser dada no campo de interseção entre os contratos de consumo e de adesão, *i.e.*, nos contratos de consumo formados por adesão.

Por isso, antes de tratar da cláusula arbitral nos contratos de adesão em si, será feita breve distinção entre os contratos de adesão e os contratos de consumo. Posteriormente, serão analisados os requisitos da convenção de arbitragem nos contratos de adesão, incluindo as particularidades existentes em setores ou categorias de contratos específicos.

§ 37. DISTINÇÃO NECESSÁRIA: CONSUMO E ADESÃO

1. Contratos de adesão

Inexiste consenso na doutrina sobre a natureza jurídica do contrato de adesão. Alguns o consideram negócio unilateral; outros, consideram-no verdadeiro contrato. No Código Civil, as normas referentes ao contrato de adesão situam-se no capítulo que trata das disposições gerais dos contratos em geral. Aqui não se pretende adentrar cada uma das teorias a esse respeito.

De outro lado, há certo consenso na ideia de que o contrato de adesão se caracteriza pela existência de cláusulas pré-formuladas para estabelecer a relação jurídica entre os contraentes.[1941] De um lado, o proponente estabelece uma estrutura contratual sob os moldes de formulário padronizado, ofertado ao público em geral ou a determinada categoria de pessoas. De outro lado, o oblato adere à proposta, por meio de válida manifestação de consentimento.[1942]

Assim se forma o contrato de adesão,[1943] sendo precisamente a *forma* de contratá-lo que o caracteriza.[1944] Inclusive por isso há quem entenda que o correto uso da expressão seria contrato *por* adesão,[1945] embora a terminologia utilizada pelo Código Civil seja

---

1941 ALVES, André Cordelli. *Contrato de Adesão.* São Paulo: Revista dos Tribunais, 2011. p. 4.

1942 MIRANDA, Custódio da Piedade Ubaldino. *Contrato de adesão.* São Paulo: Atlas, 2002.

1943 GOMES, Orlando. *Contrato de adesão*: condições gerais dos contratos. São Paulo: Revista dos Tribunais, 1972. p. 20; ALVES, André Cordelli. *Contrato de Adesão.* Revista dos Tribunais, 2011. p. 4.; HEERDT, Paulo. *Os Contratos de Adesão no Código de Defesa do Consumidor*, v. 6, p. 76-97, 1993; BRANCO, Gerson Luiz Carlos. *Contratos de Adesão e Arbitragem Comercial.* In: AZEVEDO, André Jobim *et al.* (org.). *Dia Gaúcho da Arbitragem.* Porto Alegre: Lex Magister, 2015. p. 65-66; FIUZA, César. ROBERTO, Giordano Bruno Soares. *Contratos de Adesão*, 2002. p. 68; DA COSTA, Nilton César Antunes. A Convenção de Arbitragem no Contrato de Adesão. *Revista de Arbitragem e Mediação*, v. 8, p. 2, 2006.

1944 Vale citar a definição de Custódio Ubaldino Miranda, para quem o contrato de adesão é: "Um ato que se inicia com uma declaração emitida para o público pelo estipulante, contendo uma proposta contratual, do tipo de uma promessa irrevogável de contratar, mediante cláusulas uniformes, por ele formuladas unilateralmente, para possíveis aderentes, sobrevindo-lhe, em função disso, sucessivas declarações de aceitação, que dão origem a outras tantas relações jurídicas determinadas que se constituem em contratos singulares que, uma vez superado esse inicial modo de formação, em tudo se igualam aos contratos de modelo clássico". MIRANDA, Custódio da Piedade Ubaldino. *Contrato de adesão.* São Paulo: Atlas, 2002. p. 136-137.

1945 ZANINI, Leonardo Estevam de Assis. Contratação na Sociedade Massificada. *Revista de Direito Civil Contemporâneo*, v. 22, p. 87-112, jan./mar. 2020.

contrato *de* adesão.[1946] Dito de outro modo, o contrato de adesão não configura um tipo de contrato, mas designa verdadeiramente um modo de contratar. Nas palavras de Cristiano Zanetti, "trata-se de um modo de pactuar e não de um tipo contratual. A categoria 'contrato por adesão' contrapõe-se à do contrato concluído 'por mútuo acordo', na qual as partes definem em conjunto o conteúdo do negócio pactuado".[1947]

Pode-se dizer que, nos contratos de adesão, inexiste a fase de negociação preliminar.[1948] Isto é, a principal diferença entre os contratos por adesão e os contratos negociados reside no campo da autonomia privada, uma vez que, enquanto nos primeiros predomina, quase totalmente, a vontade de uma das partes, no segundo as partes encontram-se livres para discutir o conteúdo do contrato.

Não à toa, o contrato de adesão é figura normalmente presente em negócios dirigidos a massas compostas por numerosos indivíduos de características homogêneas, dotados de um determinado nível de anonimato, o que exige cláusulas contratuais uniformes que, ainda que possam ser negociadas em certo grau, não comportam alteração substancial.[1949]

Isso não significa dizer que o contrato de adesão não é fruto de manifestação da autonomia privada das duas partes. Afinal, não obstante o aderente não possua o mesmo poder de discussão e negociação que o contraente possui no contrato paritário, ele não é privado do exercício da autonomia da vontade ao escolher aderir ao contrato.[1950] A vontade negocial existe, ainda que extremamente limitada.[1951] Patrícia Fernandes Fraga assim afirma que "em um mesmo contrato por adesão convivem cláusulas negociadas,

---

[1946] Orlando Gomes diferencia as duas nomenclaturas ("contrato de adesão" e "contrato por adesão"), nos seguintes termos: "A particularidade de serem cláusulas gerais e uniformes (...) autoriza a importante distinção entre contrato de adesão e o contrato por adesão. Neste, o consentimento também se manifesta pela aceitação em bloco das cláusulas redigidas pela outra parte, mas são ditadas unicamente para aquele contrato determinado, nele se exaurindo em razão de sua própria causa, enquanto, nos contratos de adesão, se destinam à série ilimitada de relações jurídicas estruturáveis pelo mesmo processo, não raro se repetindo com o mesmo participante, como acontece no serviço de transportes coletivos" (GOMES, Orlando. *Contratos de Adesão:* condições gerais dos contratos. São Paulo: Revista dos Tribunais, 1972. p. 20).

[1947] ZANETTI, Cristiano de Souza. *Direito Contratual Contemporâneo*: a liberdade contratual e sua fragmentação. Rio de Janeiro: Forense, 2008. p. 224.

[1948] Assim bem asseverou o STJ: "o contrato de adesão tem como principal característica o fato de ser desprovido de fase pré-negocial, porquanto é elaborado unilateralmente, cabendo à outra parte contratante, que figura na condição de aderente, apenas aceitar as cláusulas padronizadas ali contidas, de modo que não lhe é assegurada interferência no conteúdo do ajuste" (STJ, REsp 1.424.074/SP, 3ª Turma. Rel. Min. Ricardo Villas Bôas Cueva, j. 16.11.2015).

[1949] ALVES, André Cordelli. *Contrato de Adesão.* São Paulo: Revista dos Tribunais, 2011. p. 4.

[1950] ALVES, André Cordelli. *Contrato de Adesão.* São Paulo: Revista dos Tribunais, 2011. p. 4.

[1951] ZANINI, Leonardo Estevam de Assis. Contratação na Sociedade Massificada. *Revista de Direito Civil Contemporâneo*, v. 22, p. 87-112, jan./mar. 2020.

ainda que minimamente, e cláusulas predeterminadas, as contratuais gerais, sem a possibilidade de alteração ou interferência do aderente".[1952]

Como é caracterizado pela forma de contratação e não, especificamente, pelo conteúdo daquilo que pretende regular ou pelas partes que integram a posição de contraentes, o contrato de adesão não comporta uma única espécie; dito de outro modo, várias espécies de contrato podem ser formadas por adesão. Nas palavras de Orlando Gomes, "enumeração completa dos contratos de adesão não seria possível, nem útil, até porque, segundo feliz expressão, são moeda corrente na vida moderna".[1953] Exemplos mais comuns de contrato de adesão são os contratos de seguro, de transporte, de fornecimento de luz, gás e água, de prestação de serviços de telefonia, determinados contratos bancários, entre outros.

2. Contratos de consumo

Os contratos de consumo representam as relações contratuais que ligam um consumidor a um fornecedor de produto ou serviço.[1954] As definições de consumidor e fornecedor são dadas pelo CDC, que estabelece normas de proteção e defesa do consumidor e a proteção contratual às relações de consumo.

De um lado, o consumidor é toda pessoa física ou jurídica que adquire ou utiliza produto ou serviço como destinatário final (art. 2º do CDC). De outro lado, o fornecedor é toda pessoa física ou jurídica, pública ou privada, nacional ou estrangeira, bem como os entes despersonalizados, que desenvolvem atividade de produção, montagem, criação, construção, transformação, importação, exportação, distribuição ou comercialização de produtos ou prestação de serviços (art. 3º, *caput*, do CDC) – rol não taxativo.[1955] Nesse conceito, produto consiste em qualquer bem, móvel ou imóvel, material ou imaterial (art. 3º, § 1º, do CDC), e serviço significa qualquer atividade fornecida no mercado de consumo, mediante remuneração, inclusive as de natureza bancária, financeira, de crédito e securitária, salvo as decorrentes das relações de caráter trabalhista (art. 3º, § 2º, do CDC).

Para a configuração da relação de consumo e a incidência do CDC, pode-se dizer ser necessária a presença cumulativa de três elementos: um, subjetivo; outro, objetivo; e outro, teleológico. O elemento subjetivo diz respeito à qualidade dos participantes da relação, isto é, do fornecedor e do consumidor. O elemento objetivo diz respeito à pre-

---

1952 FRAGA, Patrícia Fernandes. *Análise de Direito e Economia da Arbitragem nos Contratos de Adesão.* 2013. Dissertação (Mestrado em Direito) – Universidade Federal do Rio Grande do Sul, Porto Alegre, 2013. p. 62.

1953 GOMES, Orlando. *Contrato de Adesão.* São Paulo: São Paulo: Revista dos Tribunais, 1972. p. 132.

1954 MARQUES, Cláudia Lima. *Contratos no Código de Defesa do Consumidor*: o novo regime das relações contratuais. São Paulo: Revista dos Tribunais, 2002. p. 252.

1955 KHOURI, Paulo R. Roque A. *Direito do Consumidor*: contratos, responsabilidade civil e defesa do consumidor em juízo. 7. ed. São Paulo: Atlas, 2021. p. 63.

sença do produto ou serviço, enquanto objeto de fornecimento. O elemento teleológico diz respeito à destinação final do produto ou serviço.[1956]

Por isso, é dito que o CDC possui campo de aplicação tanto *ratione personae* (consumidor e fornecedor) quanto *ratione materiae* (incluindo relações de fornecimento de produto ou serviço, ao mesmo tempo excluindo contratos especiais, como o de trabalho e os administrativos).[1957] Afinal, o escopo do CDC é regular aqueles contratos que demandam a "proteção e defesa" (terminologia utilizada pelo caput do art. 1º do CDC) de uma das partes (*i.e.*, o consumidor), que se pressupõe ser "mais fraca" do que a outra (*i.e.*, o fornecedor).

Há diversas teorias e explicações mais aprofundadas dos conceitos de consumidor (leia-se, do que vem a ser "destinatário final") e fornecedor (leia-se, quais atividades econômicas elevam a pessoa que as exerce a tal *status*, considerando o rol não taxativo do art. 3º do CDC[1958]). Ainda, há diversas hipóteses, previstas na legislação ou admitidas pela jurisprudência, em que se pode cogitar da equiparação de determinadas pessoas a consumidor ou a fornecedor – fala-se, assim, em consumidor ou fornecedor "por equiparação". Dessas nuances e especificidades não se cuidará, considerando que a intenção deste tópico é, tão somente, definir amplamente o contrato de consumo a fim de diferenciá-lo do contrato de adesão.

3. Tutela dos contratos de adesão, dos contratos de consumo e dos contratos de consumo de adesão

Seja ao falarmos de contratos de adesão, seja ao falarmos de contratos de consumo, não há, em rigor, contratos distintos em relação aos existentes no direito e na legislação contratual comum (*e.g.*, compra e venda; prestação de serviço; locação de imóveis). São figuras que se caracterizam não pelo seu objeto particular, mas por serem *funcionalmente* distintas: enquanto o contrato de adesão caracteriza-se pela *forma* de contratação, o contrato de consumo caracteriza-se pelas *partes* que o compõem e pela *relação* que regula.

A distinção é suficiente para perceber que nem todo contrato de adesão é contrato de consumo, do mesmo modo que nem todo contrato de consumo é contrato de adesão.[1959] Assim atesta o Enunciado 17 da III Jornada de Direito Civil do Conselho da

---

1956 Assim explica Paulo R. Roque A. Khouri, para quem o elemento objetivo não possui qualquer utilidade na definição da relação de consumo, já que o produto ou serviço podem ser objeto de qualquer relação obrigacional, seja ela sujeita ao Código Civil, ao Código Comercial ou ao Código de Defesa do Consumidor. (KHOURI, Paulo R. Roque A. *Direito do Consumidor*: contratos, responsabilidade civil e defesa do consumidor em juízo. 7. ed. São Paulo: Atlas, 2021. p. 49).

1957 MARQUES, Cláudia Lima. *Contratos no Código de Defesa do Consumidor*: o novo regime das relações contratuais. São Paulo: Revista dos Tribunais, 2002. p. 252.

1958 KHOURI, Paulo R. Roque A. *Direito do Consumidor*: contratos, responsabilidade civil e defesa do consumidor em juízo. 7. ed. São Paulo: Atlas, 2021. p. 63.

1959 "Seria ignoto atribuir abusividade ao mero fato da adesividade ao conteúdo de um contrato. Para saber quando há abusividade, será preciso ao intérprete proceder, primeiramente, a uma

Justiça Federal: "O contrato de adesão, mencionado nos arts. 423 e 424 do novo Código Civil, não se confunde com o contrato de consumo".

O CDC também simboliza essa distinção, ao tratar sobre os contratos de adesão em seção apartada, o que seria desnecessário caso todo contrato de consumo fosse de adesão. Nesse sentido, o art. 54 do CDC conceitua o contrato de adesão como "aquele cujas cláusulas tenham sido aprovadas pela autoridade competente ou estabelecidas unilateralmente pelo fornecedor de produtos ou serviços, sem que o consumidor possa discutir ou modificar substancialmente seu conteúdo", ainda que haja inserção de cláusula pelo oblato no formulário ao qual aderiu (art. 54, § 1°).[1960] No estrangeiro, exemplo da não coincidência entre as figuras do contrato de adesão e do contrato de consumo é a diretiva 13.93 da União Europeia, que recomenda a adoção de normas protetivas do aderente em todos os contratos, e não apenas no âmbito de relações de consumo.

A distinção é importante, pois leva à conclusão de que nem toda norma de proteção aos aderentes se aplicará às relações de consumo, do mesmo modo que nem todas as normas de proteção ao consumidor se aplicarão às relações de adesão. A delimitação dos dois regimes é fundamental, pois, normalmente, o amparo ao aderente nos contratos de adesão é tímido em comparação à proteção conferida ao consumidor nos contratos de consumo. Tome-se, como exemplo, o Código Civil e o CDC: no Código Civil, há somente dois dispositivos (arts. 423 e 424) que tratam da defesa do aderente; já o CDC consiste em um robusto corpo de normas em prol do consumidor.

Ainda a título de exemplo, o art. 423 do Código Civil limita a interpretação favorável ao aderente às hipóteses de cláusulas ambíguas ou contraditórias, ao passo que o art. 47

---

distinção que não está no texto do CDC, embora esteja na realidade, qual seja: a existente entre 'contrato ajustado no âmbito de uma relação de consumo' e 'contrato formado por adesão no âmbito de uma relação de consumo'. É que há contratos negociados entre consumidor e fornecedor. Não é porque se negocia o conteúdo de um contrato que se perda a qualidade de consumidor, se realizadas estiverem as condições dos arts. 2º, *caput* e parágrafo único, 17 e 24 do CDC, assim como não é pelo fato de um sujeito aderir a condições propostas pelo proponente que fará incidir, *ipso facto*, a sua qualificação como consumidor. Por igual não é porque se adere às condições determinadas por outrem que haverá abusividade com o sentido normativo que lhe é dado pelo próprio CDC no art. 51" (MARTINS-COSTA, Judith. *A boa-fé no direito privado*: critério para a sua aplicação. 2. ed. São Paulo: Saraiva Educação, 2018. p. 210-211).

1960 A menção do Código de Defesa do Consumidor aos contratos de adesão não é isenta de críticas. Nas palavras de Leonardo Estevam de Assis Zanini: "A redação do dispositivo não fica, entretanto, isenta de críticas, pois o Código de Defesa do Consumidor teria incorrido em equívoco, confundindo contrato de adesão com as condições gerais de contratação. De fato, a definição da lei seria mais adequada para as condições gerais dos contratos, uma vez que aquilo que pode ser objeto de controle e aprovação prévia pela autoridade são as condições gerais, não os contratos de adesão. (...) Portanto, pode-se dizer que o descuido na redação do art. 54 do Código de Defesa do Consumidor merece correção, pelo que seria muito interessante se a legislação consumerista realmente fizesse a devida conceituação e distinção entre o contrato de adesão e as condições gerais de contratação" (ZANINI, Leonardo Estevam de Assis. Contratação na Sociedade Massificada. *Revista de Direito Civil Contemporâneo*, v. 22, p. 87-112, jan./mar. 2020).

do CDC é irrestrito ao estabelecer que as cláusulas contratuais sejam "interpretadas de maneira mais favorável ao consumidor"[1961] – ainda que a Lei de Liberdade Econômica (Lei 13.874/2019) tenha acabado por ampliar a proteção ao aderente, ao dispor que a interpretação do negócio jurídico deve lhe atribuir o sentido que "for mais benéfico à parte que não redigiu o dispositivo, se identificável" (art. 113, IV, do Código Civil). Ainda, o art. 424 do Código Civil indica serem "nulas as cláusulas que estipulem a renúncia antecipada do aderente a direito resultante da natureza do negócio", enquanto o art. 51 do CDC prevê um amplo rol de cláusulas nulas de pleno direito, como cláusulas "que transfiram responsabilidades a terceiros", que "estabeleçam obrigações consideradas iníquas, abusivas, que coloquem o consumidor em desvantagem exagerada, ou sejam incompatíveis com a boa-fé ou a equidade", que "estabeleçam inversão do ônus da prova em prejuízo do consumidor", entre tantas outras.

De um lado, o fato de não se confundirem no plano conceitual não significa que não possam coincidir no plano prático. Reunindo-se os conceitos listados, é possível vislumbrar o campo de intersecção entre os contratos de adesão e os contratos de consumo, isto é, o âmbito de relações que, a um só tempo, reúnem as características de adesão e consumo, nos casos em que o contrato de consumo não for negociado. Isso não é incomum, tendo em vista que a contratação por adesão tem terreno fértil nas relações de consumo.[1962]

Nessa seara de sobreposição das normas de proteção ao aderente e ao consumidor, muitas vezes ocorrerá a aplicação conjunta de ambas. Em determinados casos, por sua vez, apenas uma norma será aplicada, em razão da necessidade de aplicação do regime mais protetivo ao consumidor aderente,[1963] quando as normas implicarem tratamentos incompatíveis entre si ou quando o regime de um dispensar a adoção do outro (a exemplo da proteção contra cláusulas abusivas).

De outro lado, há casos em que haverá mesmo a presença de somente uma das figuras. Isto é, hipóteses nas quais o contrato se caracterizará somente como de consumo (e atrairá as normas do CDC) ou apenas de adesão (atraindo as normas previstas no Código Civil ou na legislação esparsa específica para essas relações).

É dizer, as categorias dos contratos de consumo e dos contratos de adesão simbolizam conjuntos, entre os quais há zona de intersecção: (i) há contratos de adesão de

---

[1961] LÔBO, Paulo. *Direito Civil*: contratos. São Paulo: Saraiva, 2011. p. 188-190.

[1962] NERY, Deborah Cristina dos Santos. *Limitações à Autonomia Privada nos Contratos de Prestação de Serviços Firmados por Adesão*: uma análise sob a ótica do Código Civil. Dissertação (Mestrado em Direito) – Universidade de São Paulo, São Paulo, 2020. p. 28.

[1963] Segundo Deborah Cristina dos Santos Nery, em caso de sobreposição de normas, deve-se ser "realizada a aplicação primária do CDC quanto se trate de relação de consumo autorizando-se eventual remessa ao Código Civil em caso de lacunas no sistema consumerista desde que preenchidos os requisitos próprios da analogia – no caso, *legis*, tendo em vista ser a analogias *iuris* uma dedução do sistema jurídico – o que é corroborado pelo art. 4º da Lei de Introdução às Normas do Direito Brasileiro" (NERY, Deborah Cristina dos Santos. *Limitações à Autonomia Privada nos Contratos de Prestação de Serviços Firmados por Adesão*: uma análise sob a ótica do Código Civil. Dissertação (Mestrado em Direito) – Universidade de São Paulo, São Paulo, 2020. p. 34).

consumo; (ii) contratos de adesão que não são de consumo; e (iii) contratos de consumo que não são de adesão.

4. Tutela da cláusula arbitral nos contratos de adesão, nos contratos de consumo e nos contratos de consumo de adesão

No campo da arbitragem, a segregação desses dois conjuntos (adesão e consumo, com a sua área de intersecção) e das normas aplicáveis a cada um não deve passar despercebida, considerando haver normas distintas que versam sobre a cláusula arbitral nos contratos de adesão e nos contratos de consumo.

O art. 4º, § 2º, da Lei de Arbitragem faz menção expressa à cláusula compromissória presente nos contratos de adesão, estipulando que a cláusula compromissória terá eficácia somente quando "o aderente tomar a iniciativa de instituir a arbitragem ou concordar, expressamente, com a sua instituição, desde que por escrito em documento anexo ou em negrito, com a assinatura ou visto especialmente para essa cláusula". Já o art. 51, VII, do CDC prevê a nulidade de pleno direito da cláusula que determinar a utilização compulsória da arbitragem.

As regras da Lei de Arbitragem são aplicáveis somente aos contratos de adesão, sejam eles de consumo ou não. A seu turno, as regras do CDC são aplicáveis apenas aos contratos de consumo, sejam eles de adesão ou não.

Com o advento da Lei de Arbitragem, posterior (1996) ao CDC (1990), nasceu debate sobre se o art. 4º, § 2º, da Lei de Arbitragem revogou o art. 51, VII, do CDC, sobretudo em razão de tal revogação ter constado no projeto de lei que originou a Lei de Arbitragem. Defendia-se que a Lei de Arbitragem e o CDC previam tratamentos incompatíveis, sendo que, havendo contrato de adesão *e* de consumo, bastaria o preenchimento dos requisitos previstos na Lei de Arbitragem para se valer da arbitragem.[1964]

[1964] Assim se posicionava Selma Lemes: "(...) não vemos como afirmar que o art. 51, VII, do CDC não está revogado, posto que é cediço que uma lei se revoga quando outra posterior dá tratamento diferente à mesma situação. A lei nova disciplina sobre contratos de adesão, sejam ou não sob a ótica das relações de consumo, a teor do disposto nos arts. 2.º e 3.º do CDC. Aliás, os contratos de adesão quase na totalidade preveem matérias afetas às relações de consumo. (...) Analisando e comparando as consequências determinadas pela norma anterior com a posterior evidencia-se a incompatibilidade entre elas; portanto, a lei de arbitragem, neste particular, revogou o Código de Defesa do Consumidor. (...) O legislador não impede a previsão da solução de controvérsias por arbitragem em contratos de adesão, mediante cláusula compromissória, acolhendo as novas tendências da processualística moderna, que vêm sendo praticadas mundialmente; todavia, condiciona-lhe eficácia sujeita à manifestação efetiva de vontade do aderente, resguardando-o e protegendo-o na qualidade de hipossuficiente. Permite que este, expressa e conscientemente, opte pela instância arbitral. Assim, seja qual for a modalidade de cláusula arbitral em contratos de adesão, preenchidas as formalidades legais, será válida e eficaz" (LEMES, Selma Maria Ferreira. A Arbitragem em Relações de Consumo no Direito Brasileiro e Comparado. In: MARTINS, Pedro A. Batista; LEMES, Selma Maria Ferreira; CARMONA, Carlos Alberto. *Aspectos Fundamentais da Lei de Arbitragem*. Rio de Janeiro: Forense, 1999. p. 126-127).

Contudo, o legislador optou pela manutenção do art. 51, VII, do CDC ao mesmo tempo que criou requisitos específicos para a celebração da cláusula arbitral em contratos de adesão. Assim, após discussão, a doutrina alcançou consenso no sentido de que a Lei de Arbitragem não derrogou o CDC nesse aspecto. Os argumentos normalmente mencionados para isso foram a especialidade do CDC perante a Lei de Arbitragem, bem como a ausência de previsão expressa na Lei de Arbitragem sobre a revogação do dispositivo do CDC.

Em artigo, a Ministra Nancy Andrighi bem pontuou que a incompatibilidade entre as duas normas é somente aparente, pois os regramentos de uma e de outra vivem harmonicamente.[1965] Antonio Junqueira de Azevedo, por sua vez, embora aponte um conflito de filosofia entre as normas (pois o dispositivo da Lei de Arbitragem tem enfoque em permitir a arbitragem, enquanto o dispositivo do CDC tem foco na restrição), enfatiza não haver conflito de regras.[1966] Tantos outros se alinham ao entendimento de que as normas são perfeitamente coexistentes.[1967]

O STJ também estabeleceu diretrizes confirmando a *existência de diferentes regramentos* e à sua *compatibilidade*, em acórdãos relatados pela Ministra Nancy Andrighi no

---

1965 "Contudo, a incompatibilidade é apenas aparente. Na verdade, é preciso aplicar o princípio da especialidade das normas e entender que o apontado dispositivo da Lei de Arbitragem tratou apenas de contratos de adesão genéricos, subsistindo, portanto, a aplicação do art. 51, VII, do CDC quando o contrato, ainda que de adesão, tenha sido celebrado entre consumidor e fornecedor. Dessa forma, conviveriam, harmonicamente, três regramentos, quais sejam: (i) regra geral que impõe a obrigatoriedade da observância da arbitragem quando pactuada pelas partes; (ii) regra específica para contratos de adesão genéricos, que estabelece restrição à eficácia da cláusula compromissória e (iii) regra ainda mais específica para contratos, de adesão ou não, celebrados entre consumidor e fornecedor, em que será considerada nula a cláusula que determine a utilização compulsória da arbitragem, ainda que tenham sido preenchidas as formalidades estabelecidas no art. 4º, § 2º, da Lei 9.307/1996". (ANDRIGHI, Fátima Nancy. Arbitragem nas Relações de Consumo: uma proposta concreta. *Revista de Arbitragem e Mediação*, v. 9, p. 13-21, 2006).

1966 "Como quer que seja, há, sobre arbitragem, um conflito de 'filosofia' entre duas leis vigentes: o Código de Defesa do Consumidor, que é lei protetiva, própria do Estado atuante e cujo art. 51, VII, prevê como abusivas as cláusulas que determinam a utilização compulsória da arbitragem, e a da Lei de Arbitragem, própria do Estado reduzido, cujo art. 3º faculta às partes interessadas dispensar o Judiciário e submeter seus litígios a juízo arbitral, mediante convenção de arbitragem. Uma lei proíbe o que a outra favorece. Apressemo-nos, porém, em afirmar que o conflito de 'filosofia' entre duas leis não significa fatalmente conflito de regras, mesmo porque o ordenamento, como é sabido, tem disposições para eliminar esses conflitos (art. 2º, LICC (LGL/1942/3))" (AZEVEDO, Antonio Junqueira. A Arbitragem e o Direito do Consumidor. *Revista de Direito do Consumidor*, v. 24, p. 33-40, jul./dez. 1997).

1967 FIGUEIRA JUNIOR, Joel Dias. *Arbitragem, Jurisdição e Execução*. 2. ed. São Paulo: Revista dos Tribunais, 1999. p. 110. CAHALI, Francisco José. TEODORO, Viviane Rosolia. A Resolução de Litígios On-line da União Europeia em Contraste com a Arbitragem nos Contratos de Consumo no Brasil. *Revista de Direito do Consumidor*, v. 131, 2020. COUTINHO, Renato Fernandes. Cláusulas Arbitrais em Contratos de Adesão. *Revista Brasileira de Arbitragem*, v. VIII, n. 32, p. 95-96, 2011.

REsp.169.841/RJ,[1968] no REsp 1.628.819/MG[1969] e no REsp 1.753.041/GO,[1970] bem como pelo Ministro Luis Felipe Salomão, ao relatar o REsp 1.189.050-SP.[1971]

1968 "1. Com a promulgação da Lei de Arbitragem, passaram a conviver, em harmonia, três regramentos de diferentes graus de especificidade: (i) a regra geral, que obriga a observância da arbitragem quando pactuada pelas partes, com derrogação da jurisdição estatal; (ii) a regra específica, contida no art. 4º, § 2º, da Lei 9.307/96 e aplicável a contratos de adesão genéricos, que restringe a eficácia da cláusula compromissória; e (iii) a regra ainda mais específica, contida no art. 51, VII, do CDC, incidente sobre contratos derivados de relação de consumo, sejam eles de adesão ou não, impondo a nulidade de cláusula que determine a utilização compulsória da arbitragem, ainda que satisfeitos os requisitos do art. 4º, § 2º, da Lei 9.307/96. 2. O art. 51, VII, do CDC se limita a vedar a adoção prévia e compulsória da arbitragem, no momento da celebração do contrato, mas não impede que, posteriormente, diante de eventual litígio, havendo consenso entre as partes (em especial a aquiescência do consumidor), seja instaurado o procedimento arbitral. 3. As regras dos arts. 51, VIII, do CDC e 34 da Lei 9.514/97 não são incompatíveis. Primeiro porque o art. 34 não se refere exclusivamente a financiamentos imobiliários sujeitos ao CDC e segundo porque, havendo relação de consumo, o dispositivo legal não fixa o momento em que deverá ser definida a efetiva utilização da arbitragem. 4. Recurso especial a que se nega provimento" (STJ, REsp 1.169.841/RJ, 3ª Turma, Rel. Min. Nancy Andrighi. j. 06.11.2012).

1969 "i) a regra geral, que obriga a observância da arbitragem quando pactuada pelas partes; ii) a regra específica, aplicável a contratos de adesão genéricos, que restringe a eficácia da cláusula compromissória; e iii) a regra ainda mais específica, incidente sobre contratos sujeitos ao CDC, sejam eles de adesão ou não, impondo a nulidade de cláusula que determine a utilização compulsória de arbitragem, ainda que satisfeitos os requisitos do art. 4º, § 2º, da Lei 9.307/96" (STJ, REsp 1.628.819/MG, 3ª Turma, Rel. Min. Nancy Andrighi, j. 27.02.2018).

1970 "1. Ação de rescisão contratual cumulada com restituição de quantia paga, em virtude de contrato de compra e venda de imóvel firmado entre as partes. 2. Ação ajuizada em 03/08/2015. Recurso especial concluso ao gabinete em 23/07/2018. Julgamento: CPC//2015. 3. O propósito recursal é definir se é válida cláusula compromissória arbitral inserida em contrato de adesão, notadamente quando há relação de consumo entre as partes. 4. Com a promulgação da Lei de Arbitragem, passaram a conviver, em harmonia, três regramentos de diferentes graus de especificidade: (i) a regra geral, que obriga a observância da arbitragem quando pactuada pelas partes, com derrogação da jurisdição estatal; (ii) a regra específica, contida no art. 4º, § 2º, da Lei 9.307/96 e aplicável a contratos de adesão genéricos, que restringe a eficácia da cláusula compromissória; e (iii) a regra ainda mais específica, contida no art. 51, VII, do CDC, incidente sobre contratos derivados de relação de consumo, sejam eles de adesão ou não, impondo a nulidade de cláusula que determine a utilização compulsória da arbitragem, ainda que satisfeitos os requisitos do art. 4º, § 2º, da Lei 9.307/96. 5. O art. 51, VII, do CDC limita-se a vedar a adoção prévia e compulsória da arbitragem, no momento da celebração do contrato, mas não impede que, posteriormente, diante de eventual litígio, havendo consenso entre as partes (em especial a aquiescência do consumidor), seja instaurado o procedimento arbitral. 6. Na hipótese sob julgamento, a atitude do recorrente (consumidor) de promover o ajuizamento da ação principal perante o juízo estatal evidencia, ainda que de forma implícita, a sua discordância em submeter-se ao procedimento arbitral, não podendo, pois, nos termos do art. 51, VII, do CDC, prevalecer a cláusula que impõe a sua utilização, visto ter-se dado de forma compulsória. 7. Recurso especial conhecido e provido" (STJ, REsp 1.753.041/GO, 3ª Turma. Rel. Min. Nancy Andrighi, j. 18.09.2018).

1971 "1. Um dos nortes a guiar a Política Nacional das Relações de Consumo é exatamente o incentivo à criação de mecanismos alternativos de solução de conflitos de consumo (CDC,

A previsão do CDC não demanda maiores elucubrações. Pode-se dizer que o ordenamento jurídico brasileiro, como um todo, é incompatível com a ideia de arbitragem compulsória.[1972] Qualquer arbitragem obrigatória no Brasil seria inconstitucional, à luz

---

art. 4ºº, § 2ºº), inserido no contexto de facilitação do acesso à Justiça, dando concretude às denominadas 'ondas renovatórias do direito' de Mauro Cappelletti. 2. Por outro lado, o art. 51 do CDC assevera serem nulas de pleno direito 'as cláusulas contratuais relativas ao fornecimento de produtos e serviços 'que: VII – determinem a utilização compulsória de arbitragem'. A *mens legis* é justamente proteger aquele consumidor, parte vulnerável da relação jurídica, a não se ver compelido a consentir com qualquer cláusula arbitral. 3. Portanto, ao que se percebe, em verdade, o CDC não se opõe a utilização da arbitragem na resolução de conflitos de consumo, ao revés, incentiva a criação de meios alternativos de solução dos litígios; ressalva, no entanto, apenas, a forma de imposição da cláusula compromissória, que não poderá ocorrer de forma impositiva. 4. Com a mesma *ratio*, a Lei n. 9.307/96 estabeleceu, como regra geral, o respeito à convenção arbitral, tendo criado, no que toca ao contrato de adesão, mecanismos para proteger o aderente vulnerável, nos termos do art. 4º, § 2º, justamente porque nesses contratos prevalece a desigualdade entre as partes contratantes. 5. Não há incompatibilidade entre os arts. 51, VII, do CDC e 4º, § 2º, da Lei n. 9.307/96. Visando conciliar os normativos e garantir a maior proteção ao consumidor é que entende-se que a cláusula compromissória só virá a ter eficácia caso este aderente venha a tomar a iniciativa de instituir a arbitragem, ou concorde, expressamente, com a sua instituição, não havendo, por conseguinte, falar em compulsoriedade. Ademais, há situações em que, apesar de se tratar de consumidor, não há vulnerabilidade da parte a justificar sua proteção. 6. Dessarte, a instauração da arbitragem pelo consumidor vincula o fornecedor, mas a recíproca não se mostra verdadeira, haja vista que a propositura da arbitragem pelo policitante depende da ratificação expressa do oblato vulnerável, não sendo suficiente a aceitação da cláusula realizada no momento da assinatura do contrato de adesão. Com isso, evita-se qualquer forma de abuso, na medida em o consumidor detém, caso desejar, o poder de libertar-se da via arbitral para solucionar eventual lide com o prestador de serviços ou fornecedor. É que a recusa do consumidor não exige qualquer motivação. Propondo ele ação no Judiciário, haverá negativa (ou renúncia) tácita da cláusula compromissória. 7. Assim, é possível a cláusula arbitral em contrato de adesão de consumo quando não se verificar presente a sua imposição pelo fornecedor ou a vulnerabilidade do consumidor, bem como quando a iniciativa da instauração ocorrer pelo consumidor ou, no caso de iniciativa do fornecedor, venha a concordar ou ratificar expressamente com a instituição, afastada qualquer possibilidade de abuso. 8. Na hipótese, os autos revelam contrato de adesão de consumo em que fora estipulada cláusula compromissória. Apesar de sua manifestação inicial, a mera propositura da presente ação pelo consumidor é apta a demonstrar o seu desinteresse na adoção da arbitragem – não haveria a exigível ratificação posterior da cláusula –, sendo que o recorrido/fornecedor não aventou em sua defesa qualquer das exceções que afastariam a jurisdição estatal, isto é: que o recorrente/consumidor detinha, no momento da pactuação, condições de equilíbrio com o fornecedor – não haveria vulnerabilidade da parte a justificar sua proteção; ou ainda, que haveria iniciativa da instauração de arbitragem pelo consumidor ou, em sendo a iniciativa do fornecedor, que o consumidor teria concordado com ela. Portanto, é de se reconhecer a ineficácia da cláusula arbitral. 9. Recurso especial provido" (STJ, REsp 1.189.050/SP, 4ª Turma. Rel. Min. Luis Felipe Salomão. j. 01.03.2016).

1972 Francisco Cahali e Viviane Rosolia Teodoro afirmam que "A cláusula determinando a utilização compulsória de arbitragem, introduzida em qualquer contrato (de consumo ou não!), é viciada em sua essência, por ser indispensável a inequívoca manifestação de vontade das partes para se afastar a tutela garantida pelo Poder Judiciário. A cláusula imposta, forçada,

do art. 5º, XXXV, da Constituição Federal.[1973] Isso não quer dizer, contudo, que a arbitragem em relações de consumo não seja possível, pois é plenamente aceitável instaurar arbitragem no âmbito de tais relações, se houver consentimento posterior à formação do conflito por parte do consumidor; não ausente consentimento, não estará preenchido o requisito de validade para arbitragem nessas relações, sejam elas exclusivamente de consumo ou, cumulativamente, de adesão *e* consumo. Essa orientação está refletida na Tese 11 da Jurisprudência em Teses do STJ: "A legislação consumerista impede a adoção prévia e compulsória da arbitragem no momento da celebração do contrato, mas não proíbe que, posteriormente, em face de eventual litígio, havendo consenso entre as partes, seja instaurado o procedimento arbitral".

A diferença entre um caso e outro será que, (i) nos contratos de consumo por adesão, deverão ser observadas cumulativamente as regras do CDC e da Lei de Arbitragem e (ii) nos contratos de consumo que não são de adesão, deve-se, *a priori*, atentar apenas para a regra do CDC, estando eles parcialmente sujeitos à regra de eficácia do art. 4º, § 2º, da Lei de Arbitragem, por meio da manifestação de consentimento do consumidor com a instauração do procedimento arbitral ou com a sua instauração em face do fornecedor.

§ 38. REQUISITOS DA CONVENÇÃO DE ARBITRAGEM FORMADA POR ADESÃO

1. Requisitos da Lei de Arbitragem

Os contratos de adesão e o exercício da autonomia privada não são como água e óleo. Nos contratos de adesão, há uma área, mesmo que estreita, para discussão e negociação pelo aderente. Há diversos exemplos de disposições do contrato de adesão comumente negociadas pelo oblato: o preço, os encargos, a forma do seu pagamento, o prazo, entre outras.[1974] Esse não é o caso, contudo, da convenção de arbitragem.

---

jamais terá o rendimento apontado. Neste sentido, é até ineficaz a previsão no artigo 51 do Código de Defesa do Consumidor. Mas a regra tem no mínimo a função pedagógica, deixando claro que sempre se terá uma atenção e proteção maior ao consumidor nesta situação" (CAHALI, Francisco José. TEODORO, Viviane Rosolia. A Resolução de Litígios On-line da União Europeia em Contraste com a Arbitragem nos Contratos de Consumo no Brasil. *Revista de Direito do Consumidor*, v. 131, p. 4, 2020). No mesmo sentido, VASCONCELOS, Carlos Eduardo de. Cláusula Compromissória, Contratos de Adesão e Relações de Consumo no Brasil. *Revista Brasileira de Arbitragem*: Kluwer Law International, 2004. p. 7-31.

1973 Como bem asseverado no julgamento de constitucionalidade da Lei de Arbitragem pelo STF (STF, Processo: SE 5.206, Rel, Sepúlveda Pertence, j. 12.12.2001), a consensualidade é essencial para a legitimidade da arbitragem frente à Constituição. Também no julgamento da SEC n. 978, a Corte Especial do STJ asseverou que a falta de "inequívoca demonstração de manifestação de vontade de a parte aderir e constituir o Juízo arbitral ofende a ordem pública" (STJ, Processo SEC 978. Rel.: Min. Hamilton Carvalhido, j. 17.12.2008).

1974 Como ressaltado por Deborah Cristina dos Santos Nery, "a negociação de questões pontuais ou inclusão de cláusula a pedido do aderente – apesar de interferirem na uniformidade das contratações realizadas pelo proponente – não descaracterizam, per se, a contratação por adesão. Assim, a redução ou aumento de algum prazo, ou mesmo do preço cobrado

Mesmo nos contratos paritários, a cláusula arbitral muitas vezes é inserida no contrato sem que as partes tenham, previamente, efetuado detida análise sobre se a arbitragem seria mesmo o melhor método de resolução de disputas advindas daquele instrumento. Ainda que o interesse das partes pela arbitragem seja claro, frequentemente não se negocia ou se dedica muita reflexão sobre o conteúdo da cláusula arbitral.

Pelo contrário, há vários exemplos em que as partes importam cláusulas arbitrais de minutas contratuais, com disposições padronizadas que podem ou não se amoldar à realidade do contrato em que são inseridas. Não à toa, a cláusula arbitral é alcunhada de *midnight clause*, termo forjado para designar aquelas cláusulas negociadas, redigidas ou simplesmente inseridas no contrato nos minutos imediatamente anteriores à conclusão de uma transação e da assinatura do instrumento.

Assim, é natural presumir que, nos contratos de adesão, ainda menor é a atenção dada à cláusula arbitral, especialmente pelo aderente, que não raro assina o contrato preocupando-se apenas com a execução do seu objeto principal, sem particular atenção a outros aspectos do seu conteúdo. Em contrapartida, sabe-se que a pactuação da arbitragem pressupõe *inequívoca escolha* das partes.

Mais do que isso: trata-se de escolha que, em razão do efeito negativo da convenção de arbitragem, cria sérios deveres às partes (de não se socorrer ao Poder Judiciário para resolução do mérito da disputa, a menos em casos excepcionais, como para requerimento de tutelas provisórias prévias à instituição da arbitragem ou demandas anulatórias da sentença arbitral), bem como implica relevantes renúncias (ao acesso ao sistema recursal estatal, ao aparato de acesso à justiça e, em muitos casos, à publicidade do processo).[1975]

A arbitragem tem origem imprescindível no consentimento das partes. Por meio da convenção de arbitragem, as partes manifestam vontade em favor da resolução de controvérsias perante a jurisdição arbitral.[1976] A vontade das partes não se resume, apenas, a elemento fundante, necessário à formação do negócio jurídico que embasa a jurisdição dos árbitros.[1977] Na verdade, o consentimento é *fundamento de legitimação da arbitragem*.[1978]

---

não desnaturam a contratação por adesão, desde que prevaleça o regime contratual como entabulado pelo proponente". NERY, Deborah Cristina dos Santos. *Limitações à Autonomia Privada nos Contratos de Prestação de Serviços Firmados por Adesão*: uma análise sob a ótica do Código Civil. 2020. Dissertação (Mestrado em Direito) – Universidade de São Paulo, São Paulo, 2020. p. 21.

1975 Disso cuidamos de abordar com maior aprofundamento em outra oportunidade: FICHTNER, José Antonio. TOLENTINO, Augusto. POLASTRI, Leonardo. SALTON, Rodrigo. *Convenção de Arbitragem*: parte geral. Rio de Janeiro: Forense, 2023. p. 509-525.

1976 FERRARI, Franco; ROSENFELD, Friedrich Jakob. Límites a la autonomía de las partes en arbitraje internacional. *Revista de Arbitraje Comercial y de Inversiones*, v. 10, n. 2, p. 336-337, 2017.

1977 BARROS, Maria Gabriella Dignani Schmidt de. A Cláusula Compromissória como Negócio Jurídico. *Revista de Direito Privado*, v. 99, p. 265-281, maio/jun. 2019.

1978 BOSCOLO, Ana Teresa de Abreu; BENETTI, Giovana Valentiano. O Consensualismo como Fundamento da Arbitragem e os Impasses Decorrentes do Dissenso. *Revista de Direito Empresarial*, v. 2, p. 303-341, mar./abr. 2014.

O art. 5º, XXXV, da Constituição Federal consagra o direito de acesso ao Poder Judiciário.[1979] Para Mauro Cappelletti e Bryant Garth, o acesso à justiça é direito fundamental por possibilitar reivindicar direitos e solucionar litígios.[1980] A opção pela arbitragem implica renúncia a uma série de garantias existentes na sistemática de solução de litígios perante o Poder Judiciário. Por exemplo, abre-se mão de uma ampla gama de recursos previstos no Código de Processo Civil (CPC) (art. 994)[1981] diante do caráter, via de regra, irrecorrível, da decisão dos árbitros (art. 18 da Lei de Arbitragem).[1982] Igualmente, não existe, no sistema arbitral, uma série de garantias que viabilizam o acesso à justiça no contencioso perante o Poder Judiciário.[1983] Dessa forma, a opção pela jurisdição estatal deve ser clara, consciente e informada.

Em razão dessas renúncias, o consentimento das partes necessita ser percebido no plano da legitimação da arbitragem. A valorização da base consensual representa a reafirmação da autonomia privada dos particulares, que optaram por contratar meio de solução de controvérsias diverso da litigância perante o Poder Judiciário. Nesse sentido, no julgamento do REsp 1.678.667, o Superior Tribunal de Justiça, através de acórdão relatado pelo Ministro Raul Araújo se manifestou no sentido de que "a essência da arbitragem consiste na renúncia à jurisdição estatal, motivada pela autonomia de vontade".[1984] No mesmo sentido, quando do julgamento do CC 139.519/RJ, o Ministro Napoleão Nunes Maia asseverou que "a consensualidade, portanto, é elemento indispensável à validade da cláusula compromissória".[1985] Não se pode olvidar que, embora se apresente possível ser flexível na interpretação da manifestação de vontade, o consentimento deve sempre estar inexoravelmente presente.[1986]

Em razão disso, a Lei de Arbitragem impõe condicionantes especiais para a adoção da arbitragem nos contratos de adesão,[1987] a fim de se garantir que as cláusulas arbitrais

---

[1979] Constituição Federal, art. 5º, XXXV: "a lei não excluirá da apreciação do Poder Judiciário lesão ou ameaça a direito".

[1980] CAPPELLETTI, Mauro; GARTH, Bryant. *Acesso à Justiça*. Trad. Ellen Gracie Northfleet Porto Alegre: Fabris, 2002. p. 8.

[1981] CPC, art. 994: "São cabíveis os seguintes recursos: I – apelação; II – agravo de instrumento; III – agravo interno; IV – embargos de declaração; V – recurso ordinário; VI – recurso especial; VII – recurso extraordinário; VIII – agravo em recurso especial ou extraordinário; IX – embargos de divergência".

[1982] Lei de Arbitragem, art. 18: "O árbitro é juiz de fato e de direito, e a sentença que proferir não fica sujeita a recurso ou a homologação pelo Poder Judiciário".

[1983] O CPC consagra dispositivos importantes referentes a essa primeira onda. Por exemplo, a gratuidade de justiça (art. 98 do CPC) apresenta repercussões em diversas searas do direito processual. Igualmente, há mandamento constitucional no sentido de ser competência concorrente de todos os entes legislativos editar normas sobre assistência jurídica e às Defensoria Públicas (art. 24, XIII, da Constituição Federal).

[1984] STJ, REsp 1.678.667/RJ, 4ª Turma. Rel. Min. Raul Araújo. j. 06.11.2018.

[1985] STJ, CC 139.519/RJ, 1ª Seção. Rel. Min. Napoleão Nunes Maia Filho. j. 11.10.2017.

[1986] MARTINS, Pedro A. Batista. Arbitragem e intervenção voluntária de terceiros: uma proposta. *Revista de Arbitragem e Mediação*, v. 33, p. 245-269, abr./jun. 2012.

[1987] Gerson Luiz Carlos Branco explica que a razão histórica por trás do art. 4, § 2º, da Lei de Arbitragem coincide com aquela que levou aos arts. 423 e 424 do Código Civil: "Porém, qual

foram efetivamente negociadas, e não se confundem com as cláusulas gerais do contrato de adesão que foram impostas pelo proponente.[1988]

A redação original do art. 4º, § 2º, tal como aprovada no Senado, previa que "nos contratos de adesão, a cláusula compromissória só terá eficácia se o aderente tomar a iniciativa de instituir a arbitragem, ou concordar, expressamente, com a sua instituição".[1989] Nos termos da redação sugerida pela comissão redatora do anteprojeto, o oblato deveria concordar expressamente com o procedimento arbitral. Conforme explicado por Carlos Alberto Carmona, um dos redatores do anteprojeto, "não poderia ser imposta concordância prévia quanto à instituição da arbitragem, já que somente com a aceitação dos árbitros é que se dá por instituída a arbitragem, tudo a deixar plenamente protegido o contratante mais fraco".[1990]

---

a razão de o legislador acolher a teoria dos contratos de adesão nas três disposições legais mencionadas (arts. 423 e 424 do Código Civil e 2º, § 4º, da Lei da Arbitragem)? A razão é histórica e está associada à proteção da liberdade de contratar. Proteger o aderente nos contratos de adesão significa estabelecer limites à posição estratégica de quem estabelece unilateralmente as regras do jogo. Esses limites são mínimos e consistem, basicamente, no seguinte: a) é nula a renúncia a direito que resulte da natureza do contrato; b) havendo dúvida quanto à interpretação de cláusula, deve ela ser interpretada favoravelmente ao aderente; e c) no caso de cláusula de arbitragem em contrato de adesão, sua eficácia depende de visto especial. Nas três hipóteses, a *ratio* é a mesma: proteção da autonomia privada (liberdade contratual)" (BRANCO, Gerson Luiz Carlos. Contratos de Adesão e Arbitragem Comercial. In: AZEVEDO, André Jobim *et al.* (org.). *Dia Gaúcho da Arbitragem*. Porto Alegre: Lex Magister, 2015. p. 64). O autor segue dizendo que a proteção existe em razão da forma como se dá a contratação nos contratos de adesão, e não, especificamente, em razão da assimetria entre as partes; afinal, em contratos de adesão, é possível que o oblato não seja parte tecnicamente hipossuficiente perante ao proponente: "Repita-se: a questão posta não diz respeito à assimetria entre os sujeitos de direito (quem são as partes), mas à assimetria no processo de contratação (parte como núcleo de interesses), no qual há um responsável pela elaboração do regulamento contratual e o aderente" (BRANCO, Gerson Luiz Carlos. Contratos de Adesão e Arbitragem Comercial. In: AZEVEDO, André Jobim *et al.* (org.). *Dia Gaúcho da Arbitragem*. Porto Alegre: Lex Magister, 2015. p. 72).

1988 Nesse sentido, Patricia Fernandes Fraga afirma que "se tais cláusulas, tão caras aos interesses dos aderentes, estiverem dispersas no corpo do contrato, mimetizadas entre as cláusulas contratuais gerais, embora tratem, materialmente, de assuntos de relevo, perderão seu caráter de cláusulas negociadas. Isso quer dizer que os poderes de autodeterminação e de autorresponsabilização, que delas deveriam decorrer, ficarão reduzidos em força, e as cláusulas, consequentemente, carentes de obrigatoriedade. Destarte, se existe, por parte do proponente, interesse em levar as questões oriundas do negócio jurídico ao juízo arbitral, de nada adianta inserir a cláusula compromissória junto das CCG, pois não alcançarão o poder vinculativo necessário para fazer valer a opção da arbitragem. A cláusula compromissória, assim, no mínimo, deverá estar posicionada junto às demais cláusulas negociadas, conferindo-lhe destaque, ou, ainda, em documento apartado" (FRAGA, Patrícia Fernandes. *Análise de Direito e Economia da Arbitragem nos Contratos de Adesão*. Dissertação (Mestrado em Direito) – Universidade Federal do Rio Grande do Sul, Porto Alegre, 2013. p. 80).

1989 CARMONA, Carlos Alberto. *Arbitragem e Processo*. São Paulo: Atlas, 2009. p. 107.

1990 CARMONA, Carlos Alberto. *Arbitragem e Processo*. São Paulo: Atlas, 2009. p. 107-108.

Contudo, a redação do referido dispositivo foi alterada na Câmara dos Deputados para: "nos contratos de adesão, a cláusula compromissória só terá eficácia se o aderente tomar a iniciativa de instituir a arbitragem ou concordar, expressamente, com a sua instituição, desde que por escrito em documento anexo ou em negrito, com a assinatura ou visto especialmente para essa cláusula".

À primeira vista, a redação do dispositivo pode levar a dúvidas e diferentes interpretações, oriundas da incerteza sobre quais são as exigências alternativas e obrigatórias para a cláusula arbitral no contrato de adesão.

O primeiro possível entendimento é de que (i) o aderente deve tomar iniciativa de instituir a arbitragem *ou* (ii) com ela concordar, se instituída pelo proponente, sendo necessário, *em um caso ou no outro*, que a cláusula arbitral conste por escrito em documento anexo ou em negrito, com assinatura ou visto especial. Nesse caso, não seria possível o aderente tomar iniciativa de instituir a arbitragem, se não houver cláusula arbitral prévia que preencha o requisito formal de estar prevista por escrito em documento anexo ou em negrito, com assinatura ou visto especial.

Outro possível entendimento é o de que seria necessário, de dois, um: (i) que o aderente tome iniciativa de instituir a arbitragem *ou* (ii) que o aderente concorde com a instituição da arbitragem, sendo somente nesse caso necessário que a cláusula tenha sido celebrada por escrito em documento anexo ou em negrito, com a assinatura ou visto especial. Nesse caso, para o aderente tomar iniciativa de instituir a arbitragem, não importa que a cláusula arbitral prévia cumpra o requisito formal do fim do art. 4º, § 2º, da Lei de Arbitragem.

A intenção do legislador foi adotar a segunda interpretação. Isto é, somente quando o aderente não tomar a iniciativa de instituir a arbitragem é que deverá concordar com a cláusula por escrito em documento anexo ou em negrito, com a assinatura ou visto especial.[1991] Afinal, o ato de instituir arbitragem é, em si, manifestação do interesse inequívoco do aderente em submeter o litígio à arbitragem, tornando preterível a solenidade de a cláusula constar de documento anexo ou em negrito, com assinatura ou visto especial.[1992] Desse modo, quando o próprio aderente procurar instaurar o procedimento arbitral, não poderá a outra parte se escusar de participar da arbitragem

---

1991 "São duas as hipóteses com que lida o parágrafo: a primeira determina que a eficácia da cláusula fica condicionada à iniciativa do aderente; a segunda prevê que a cláusula será eficaz desde que haja expressa concordância do oblato, concordância que será manifestada por escrito em documento que se reporte ao contrato a que se refere a cláusula ou então através do destaque da cláusula no contrato, com visto especial" (CARMONA, Carlos Alberto. *Arbitragem e Processo*. São Paulo: Atlas, 2009. p. 106).

1992 "Mais uma vez, trata-se de formalidade exigida para confirmar o entendimento e a aceitação do aderente ao quanto pactuado. Por trazer em si um desequilíbrio nato entre os contratantes, o legislador ainda intensificou os critérios legais, exigindo destaque adicional à cláusula. A única alternativa para se contornar essa formalidade seria o fato de a arbitragem ser iniciada por vontade do próprio aderente, sendo que, para todas as demais hipóteses, a cláusula pactuada em desrespeito a tais critérios é considerada ineficaz". (MUNIZ, Joaquim de Paiva; ALMEIDA PRADO, Maria da Graça. *Agreement in Writing* e Requisitos Formais da Cláusula de

sob a justificativa de que o contrato não continha tais requisitos formais. De outro lado, se não é o aderente que institui a arbitragem, o desejo de se valer desse método de resolução de litígio demanda outra prova do seu inequívoco consentimento em se valer da arbitragem, que, no caso, dá-se pelo preenchimento da formalidade prevista no art. 4º, § 2º, da Lei de Arbitragem.

Nesse último caso, são duas as exigências dispostas pela Lei de Arbitragem: (i) a primeira, no ato de formação da cláusula arbitral, mediante celebração da cláusula por escrito em documento anexo ou em negrito, com a assinatura ou visto especial; e (ii) outra, uma vez requerida a arbitragem, por meio da concordância com a sua instituição.

Condicionar a submissão do aderente à arbitragem somente pelo preenchimento do requisito da forma da cláusula arbitral o desprotegeria, já que o mero destaque da cláusula em negrito e a assinatura específica não exprimiriam, de forma inequívoca, a vontade do aderente em se valer da arbitragem. Na realidade, mesmo com esse destaque dado à cláusula arbitral, é plenamente concebível se imaginar que o aderente não tenha conhecimento do que se trata a arbitragem e de quais são as implicações na sua escolha.

Como afirma Nilton César Antunes da Costa, "seria muita ingenuidade afirmar que basta a cláusula compromissória estar escrita em negrito ou em documento anexo com a assinatura ou visto especial do aderente para que ela tenha plena validade e eficácia", uma vez que "tal condição pode ser imposta unilateralmente pelo predisponente com a 'concordância expressa' do aderente na forma ora descrita".[1993] No mesmo sentido, Carlos Alberto Carmona enfatiza que a observância exclusiva do requisito formal ainda sujeitaria o aderente "à vontade do contratante mais forte",[1994] isto é, do proponente.

Também a redação final do § 2º do art. 4º da Lei de Arbitragem ("desde que por escrito em documento anexo ou em negrito, com a assinatura ou visto especialmente para essa cláusula") suscita dúvida, pois não resta completamente claro se a assinatura ou o visto especial para a cláusula são necessários tanto no caso de a cláusula constar de documento anexo ao contrato de adesão, quanto no caso de a cláusula constar em negrito no próprio contrato de adesão.

A dúvida inexistiria, se no final do § 2º do art. 4º da Lei de Arbitragem estivesse escrito, expressamente, "desde que por escrito em documento anexo ou em negrito, *sendo necessário, no último caso,* assinatura ou visto especialmente para essa cláusula", ou, então, "desde que por escrito em documento anexo ou em negrito, *sendo necessário, em ambos os casos,* assinatura ou visto especialmente para essa cláusula".

Não obstante, o entendimento acertado é o de que a assinatura ou visto especial para a cláusula deve se dar tanto em um caso, como no outro. Isto é, a cláusula arbitral deverá constar de "documento anexo" *ou* "em negrito", sendo, em qualquer um dos dois

---

Arbitragem: nova realidade, velhos paradigmas. *Revista de Arbitragem e Mediação*, v. 26, p. 59-75, jul./set. 2010).

1993 COSTA, Nilton César Antunes da. A convenção de arbitragem no contrato de adesão. *Revista de Arbitragem e Mediação*, São Paulo, n. 8, p. 128, 2006.

1994 CARMONA, Carlos Alberto. *Arbitragem e processo*. 3. ed. São Paulo: Atlas, 2009. p. 107.

casos, necessário que haja assinatura ou visto especial para essa cláusula. Isso garante o inequívoco consentimento do aderente à cláusula arbitral.

Se bastasse constar a cláusula arbitral de documento anexo, mas o aderente não necessitasse efetuar a sua assinatura ou nela apostasse o visto, não haveria garantia do expresso consentimento do aderente com a cláusula compromissória, que deve ser sempre inequívoco. A questão é particularmente relevante no âmbito dos contratos eletrônicos, como se verá à frente. De todo modo, não se ignora haver manifestação em sentido contrário.[1995]

Isso decorre do fato de que, para proteção do aderente, basta que algum desses destaques seja dado à convenção de arbitragem. No caso da cláusula constante do próprio contrato de adesão, exigir que esteja em negrito e com assinatura, ou visto especial, é necessário para que se possa depreender o inequívoco consentimento do aderente com a cláusula arbitral, considerando que, do contrário, a cláusula arbitral poderia passar despercebida em meio às outras cláusulas estandardizadas do contrato de adesão. Já no caso da cláusula presente em documento anexo, dispensa-se o negrito e a assinatura ou visto especial, pois o deslocamento da cláusula a documento apartado é suficiente para o seu realce.

Em resumo, a cláusula arbitral em contrato de adesão surtirá efeito em qualquer um dos casos a seguir: (a) se o aderente tomar a iniciativa de instituir a arbitragem; *ou* (b) se o aderente, havendo firmado a cláusula por escrito em negrito, com assinatura ou visto especial para a cláusula, concordar expressamente com a instituição da arbitragem; ou (c) se o aderente, havendo firmado a cláusula por escrito em documento anexo, com assinatura ou visto especial para a cláusula, concordar expressamente com a instituição da arbitragem.

2. Cláusula arbitral: requisitos extrínsecos à Lei de Arbitragem

Considerando que o contrato de adesão pode ter distintos objetos (*e.g.*, compra e venda; prestação de serviço; locação de imóveis) e assumir diferentes categorias (*e.g.*, de consumo ou não), deve-se atentar não só para as exigências previstas na própria Lei de Arbitragem para que a cláusula seja eficaz, como à especificidade de cada contrato.

Isto é, o § 2º do art. 4º da Lei de Arbitragem traça a regra geral para a análise da validade e da eficácia da cláusula arbitral em contrato de adesão, sendo necessário, em todo caso, a análise das circunstâncias particulares diante de cada contexto, que podem ou não atrair outras normas com requisitos distintos daquele previsto na Lei de Arbitragem.

[1995] "A segunda parte do § 2º do art. 4º da Lei de Arbitragem, que é clara ao prever que basta uma entre as duas formalidades legais para que seja reputada válida a convenção arbitral: 'documento anexo' ou 'em negrito, com assinatura ou visto especialmente para essa cláusula'; (...) não haverá o julgador de proceder a interpretações extensivas e conjeturar restrições onde a lei não o fez – e com a tendência da recente jurisprudência pátria" (BARALDI, Eliana. Arbitragem nas Relações de Consumo. *Revista de Arbitragem e Mediação*, v. 20, p. 253-268, 2009).

Em contratos de consumo, por exemplo, o fato de a cláusula compromissória observar as formalidades descritas no art. 4º, § 2º, da Lei de Arbitragem não basta para reconhecê-la como válida e eficaz. Impende analisar se a cláusula arbitral não seria nula de pleno direito, à luz do microssistema protetivo do consumidor.[1996] Isto é, a norma da Lei de Arbitragem não visa os contratos de consumo, para os quais os ditames a serem observados são o do CDC. O estudo da convenção de arbitragem em contrato de consumo foi feito de forma detida em outra oportunidade.[1997]

Tratando-se, contudo, de contrato de adesão que não atraia a incidência de outras normas relevantes para a aferição da validade e da eficácia da cláusula arbitral, o único critério a ser observado é aquele previsto no § 2º do art. 4º da Lei de Arbitragem. Exigir mais do que está ali previsto significa efetuar exigência que a lei não faz, o que deve, portanto, ser coibido.

No julgamento da Apelação Cível 201574-39.2015.8.09.0029, o TJGO, embora tenha reconhecido o preenchimento do requisito previsto no § 2º do art. 4º da Lei de Arbitragem, afastou a cláusula compromissória sob os fundamentos de que (i) a cláusula seria abusiva, em razão da eleição na cláusula de localidade diversa (Goiânia/GO) daquela em que residiam os aderentes (Catalão/GO);[1998] (ii) os aderentes seriam "pessoas simples, beneficiários da justiça gratuita que estavam tentando adquirir um imóvel de valor médio"; (iii) "o ajuizamento da ação principal (judicial) evidencia, ainda que de forma implícita, a discordância dos Recorridos [aderentes] em se submeterem ao procedimento arbitral".

O acórdão demanda apontamentos. O fato de os aderentes terem ajuizado ação principal em vez da arbitragem seria suficiente para reconhecer a ineficácia da cláusula arbitral, à luz do art. 4º, § 2º, da Lei de Arbitragem. Suscitar o local em que situada a instituição arbitral ou a hipossuficiência financeira dos aderentes seria de todo desnecessário, tendo em vista que a Lei de Arbitragem não reputa tais critérios como relevantes para verificação da validade ou eficácia da cláusula arbitral em contrato de adesão.

[1996] Renato Fernandes Coutinho afirma que "grande parte dos contratos de adesão se dá em relações de consumo. E, no que se refere a essas relações, outra regra deve ser observada. Trata-se do disposto no art. 51, VII, do Código de Defesa do Consumidor (Lei 8.078/1990)" (COUTINHO, Renato Fernandes. Cláusulas Arbitrais em Contratos de Adesão. *Revista Brasileira de Arbitragem*, v. VIII, n. 32, p. 94-95, 2011).

[1997] FICHTNER, José Antonio; TOLENTINO, Augusto; POLASTRI, Leonardo; SALTON, Rodrigo. *Convenção de Arbitragem*: parte geral. Rio de Janeiro: Forense, 2023. p. 283-293.

[1998] "De acordo om cláusula 24 do contrato (fl. 111) verifica-se uma suposta escolha pelos contratantes da Corte de Conciliação da cidade de Goiânia como a competente para a solução de qualquer controvérsia decorrente da avença firmada. Ora, o contrato foi firmado na cidade de Catalão, o endereço residencial dos contratantes informados no adjeto também é de Catalão (fl. 99), assim, até prova contundente em contrário não se mostra razoável entender que as partes teriam efetivamente concordado em fixar uma outra localidade para solução de futuros conflitos surgidos do contrato" (TJGO, Apelação Cível 201574-39.2015.8.09.0029, Rel. Des. Sandra Regina Teodoro Reis, j. 02.08.2016).

Por óbvio, ainda que o local da arbitragem seja distinto daquele em que residem os aderentes e os aderentes tenham determinada condição financeira, o que é relevante para a eficácia da convenção de arbitragem é que os aderentes instituam a arbitragem ou com ela concordem, caso instituída pelo proponente. Afinal, no momento em que o aderente inicia a arbitragem ou com ela consente, tem ciência e aceita as regras do jogo tal como são, como no que toca à localidade da instituição arbitral e de prática dos atos da arbitragem ou no que toca ao dispêndio financeiro envolvido na arbitragem.

No que respeita à hipossuficiência financeira, ainda, se nem mesmo o estado de recuperação judicial ou falência impedem a submissão da sociedade à arbitragem, não é razoável imaginar que situação de impecuniosidade o faria. A arbitragem conta com outras soluções para essas situações, como o financiamento de arbitragem por terceiros ou a possibilidade de adiantamento das custas da arbitragem pela outra parte. Ademais, os efeitos da situação financeira da parte sobre a existência, validade e eficácia da cláusula arbitral devem ser avaliados pelo próprio árbitro, e não pelo Poder Judiciário, em observância ao *Kompetenz-Kompetenz*, como decidido pelo STJ no âmbito do Recurso Especial 1.959.435, em acórdão relatado pela Ministra Nancy Andrighi: "mesmo diante da falência de uma das contratantes que firmou cláusula compromissória, o princípio da *Kompetenz-Kompetenz* deve ser respeitado, impondo ao árbitro o poder-dever de decidir as questões decorrentes do contrato e, inclusive, decidir acerca da própria existência, validade e eficácia da cláusula compromissória".[1999]

3. Efeitos da inobservância dos requisitos da cláusula arbitral por adesão nos planos do negócio jurídico

A Escada Ponteana pressupõe a análise do negócio jurídico – gênero da classe fato jurídico[2000] – em três planos: da existência, da validade e da eficácia. Como leciona Antônio Junqueira de Azevedo, "o negócio jurídico, examinado no plano da existência, precisa de elementos, para existir; no plano da validade, de requisitos, para ser válido; e, no plano da eficácia, de fatores de eficácia, para ser eficaz".[2001]

1999 STJ, REsp 1.959.435, 3ª Turma, Rel. Min. Nancy Andrighi, j. 30.08.2022.

2000 Explica Pontes de Miranda que "a noção fundamental do direito é a de fato jurídico" e: "depois, a de relação jurídica; não a de direito subjetivo, que é já noção do plano dos efeitos; nem a de sujeito de direito, que é apenas termo da relação jurídica. Só há direitos subjetivos porque há sujeitos de direito; e só há sujeitos de direito porque há relações jurídicas. O grande trabalho da ciência jurídica tem sido o de examinar o que é que verdadeiramente se passa entre homens, quando se dizem credores, titulares ou sujeitos passivos de obrigações, autores e réus, proprietários, excipientes etc." (PONTES DE MIRANDA, Francisco Cavalcanti. *Tratado de Direito Privado*. t. I. Atualizado por Judith Martins-Costa, Gustavo Haical e Jorge Cesa Ferreira da Silva. São Paulo: Revista dos Tribunais, 2012. p. 19).

2001 AZEVEDO, Antônio Junqueira de. *Negócio Jurídico*: existência, validade e eficácia. 4. ed. São Paulo: Saraiva, 2002. p. 30.

No plano da existência, o negócio é existente ou inexistente; no plano da validade, válido ou inválido; e, no plano da eficácia; eficaz ou ineficaz. Assim, negócio jurídico, caso existente, pode ser (a) válido e eficaz; (b) válido e ineficaz; (c) inválido e eficaz; ou (d) inválido e ineficaz.

Sendo a cláusula compromissória espécie do gênero negócio jurídico, também pode e deve ser estudada por essa lente tricotômica.[2002] Esse estudo atrai nuances específicas, quando falamos de cláusula arbitral por adesão.

Como dito, o § 2º do art. 4º da Lei de Arbitragem prevê que nos contratos de adesão "a cláusula compromissória só terá eficácia se o aderente tomar a iniciativa de instituir a arbitragem ou concordar, expressamente, com a sua instituição, desde que por escrito em documento anexo ou em negrito, com a assinatura ou visto especialmente para essa cláusula". Assim, são duas as exigências dispostas pela Lei de Arbitragem para que a cláusula arbitral tenha eficácia: (i) a primeira, no ato de formação da cláusula arbitral, mediante celebração da cláusula por escrito em documento anexo ou em negrito, com a assinatura ou visto especial; e (ii) outra, uma vez requerida a arbitragem, por meio da concordância com a sua instituição.

Com isso, a Lei de Arbitragem prevê dois fatores de eficácia distintos para a cláusula arbitral em contrato de adesão, um de ordem formal (isto é, que a cláusula arbitral tenha sido celebrada por escrito em documento anexo ou em negrito, com a assinatura ou visto especial) e outro de ordem material (que o aderente tome a iniciativa de instituir a arbitragem ou concorde, expressamente, com a sua instituição).

Poder-se-ia questionar se a cláusula arbitral fosse celebrada por escrito em documento anexo ou em negrito, com a assinatura ou visto especial, não exprimiria, em vez de fator de eficácia, requisito de validade, considerando que a forma prescrita em lei guarda relação com a validade do negócio jurídico, a teor do art. 104 do Código Civil. Contudo, o art. 4º, § 2º, da Lei de Arbitragem expressamente insere tal solenidade no plano da eficácia, e não da validade.

Assim é que, existindo cláusula arbitral celebrada por escrito em documento anexo ou em negrito, com a assinatura ou visto especial, mas discordando o aderente da instituição da arbitragem, a cláusula permanecerá existente, válida e eficaz do ponto de vista formal, mas não eficaz do ponto de vista material. Com isso, a Lei de Arbitragem conferiu maior proteção ao aderente, demandando a aferição da sua voluntariedade e do seu consentimento não só no ato de formação da cláusula arbitral, mas também no momento em que o procedimento arbitral é iniciado.

Há muito, o STF bem ressaltou esse fator de eficácia, no voto do Ministro Nelson Jobim no AgRg na SE 5.206-7, ao afirmar haver hipótese "em que a lei exige, em qualquer caso, a manifestação expressa sobre a instituição da arbitragem. É o caso dos contratos de adesão. (...) A exceção é relevante. Evita-se a imposição unilateral da arbitragem em

---

2002 Para maior aprofundamento quanto à cláusula arbitral na Escada Ponteana, ver: FICHTNER, José Antonio; TOLENTINO, Augusto; POLASTRI, Leonardo; SALTON, Rodrigo. *Convenção de Arbitragem*: parte geral. Rio de Janeiro: Forense, 2023. p. 235-351.

contratos em que, sabidamente, não há opção efetiva do aderente. A lei é sábia. Preserva a parte, neste tipo de contrato. As cláusulas compromissórias em contrato de adesão não têm a mesma forma que as demais".[2003]

Por sua vez, o STJ, no julgamento do AgInt no AgInt no Agravo em REsp 1.029.480/SP,[2004] de relatoria do Ministro Raul Araújo, ressaltou que a corte firmou a jurisprudência no sentido de que a eficácia da cláusula compromissória inserida em contrato de adesão (seja ele de consumo ou não) deve observar os dois requisitos (ou, melhor dizendo, fatores de eficácia), um de ordem material, outro de ordem formal.

Nesse tocante, é importante novamente diferenciar o tratamento dado à cláusula arbitral na Lei de Arbitragem e no CDC. Como abordado em outra oportunidade,[2005] os dois diplomas tratam da cláusula arbitral em planos diversos. Ao prever que a "nulidade de pleno direito" da cláusula que preveja a arbitragem compulsória, o CDC insere no plano da validade a cláusula contratual que vise impor a utilização de arbitragem compulsória em uma relação de consumo.[2006] Isto é, em relação de consumo – por adesão ou não – a não compulsoriedade é requisito de validade.

Importante ressaltar que a jurisprudência do STJ, ao prever a necessidade de o consumidor anuir expressa ou tacitamente com convenção de arbitragem inserida em contrato de consumo por manifestação volitiva posterior, quando da instauração da arbitragem, leva ao questionamento do termo "nulidade de pleno direito" utilizado pelo CDC. Se é permitido ao consumidor anuir com a convenção de arbitragem, está-se, na verdade, diante de hipótese de anulabilidade, que admite confirmação, e não de nulidade, que "não é suscetível de confirmação, nem convalesce pelo decurso do tempo" (art. 169 do Código Civil).

Diferentemente, a Lei de Arbitragem trata da manifestação ulterior da vontade com a cláusula arbitral nos contratos de adesão no plano da eficácia, ao prever que "a cláusula compromissória só terá eficácia se o aderente tomar a iniciativa de instituir a

---

2003 STF, AgRg na SE 5.206-7, Rel. Min. Nelson Jobim, j. 12.12.2001.

2004 "1. Os contratos de adesão, mesmo aqueles que não apresentam relação de consumo, devem observar o que prescreve o art. 4º, § 2º, da Lei 9.307/96, que dispõe que, nos contratos de adesão, a cláusula compromissória só terá eficácia se o aderente tomar a iniciativa de instituir a arbitragem ou concordar, expressamente, com a sua instituição, desde que por escrito em documento anexo ou em negrito, com a assinatura ou visto especialmente para essa cláusula. 2. No caso dos autos, o Tribunal de origem reconheceu tratar-se de contrato de adesão, a exigir a presença dos requisitos do art. 4º, § 2º, da Lei 9.307/96, no caso, não atendidos. A alteração de tal conclusão demandaria o reexame das provas acostadas aos autos e a interpretação de cláusulas contratuais, providência vedada em sede de recurso especial, nos termos das Súmulas 5 e 7 do STJ. 3. Agravo interno não provido" (STJ, AgInt no AgInt no AREsp 1.029.480/SP, 4ª Turma, Rel. Min. Raul Araújo, j. 06.06.2017).

2005 FICHTNER, José Antonio; TOLENTINO, Augusto; POLASTRI, Leonardo; SALTON, Rodrigo. *Convenção de Arbitragem*: parte geral. Rio de Janeiro: Forense, 2023. p. 290.

2006 LEMES, Selma Ferreira. O uso da arbitragem nas relações de consumo. *Selma Lemes*. Disponível em: http://www.selmalemes.com.br. Acesso em: 5 jun. 2025.

arbitragem ou concordar, expressamente, com a sua instituição". Dessa forma, percebe-se que o requisito da manifestação ulterior da vontade, embora presente tanto na Lei de Arbitragem quanto no CDC, situa-se em planos diferentes: na Lei de Arbitragem, no plano da eficácia, e no CDC, no plano da validade.

Em resumo, vale transcrever o que abordamos em outra obra: "(...) em relação ao *status* jurídico, a cláusula compromissória em estado de latência varia conforme o tipo de relação jurídica: (i) nos contratos de consumo por adesão, a manifestação de vontade posterior ao surgimento do conflito é requisito de validade, contudo, mesmo se o consumidor manifestar sua vontade no sentido da jurisdição arbitral, a arbitragem pode não ser instaurada se não preenchido o fator de eficácia formal contido na Lei de Arbitragem; (ii) nos contratos de adesão que não são de consumo, tanto o requisito formal quanto o requisito material contidos na Lei de Arbitragem dizem respeito ao plano da eficácia; (iii) nos contratos de consumo que não são formados por adesão, a manifestação de vontade posterior é requisito de validade, e o requisito formal contido na lei de arbitragem não necessitará ser atendido, pois é requisito específico apenas dos contratos de adesão – entretanto, destaca-se, a manifestação de vontade posterior do consumidor é requisito indispensável".[2007]

§ 39. PARTICULARIDADES DA ARBITRAGEM EM CONTRATOS POR ADESÃO

1. Mitigação do *Kompetenz-Kompetenz* nos casos envolvendo cláusula compromissória formada por adesão

O princípio *Kompetenz-Kompetenz* confere ao árbitro, na generalidade dos casos, a prerrogativa de analisar, com primazia, questões afetas à sua jurisdição.[2008] Isto é, o árbitro decide tais questões com prioridade cronológica, sendo cabível, em todo caso, ao Poder Judiciário, novamente as analisar em eventual ação anulatória.[2009] Com isso, estabelece-se como regra geral o controle repressivo, e não preventivo, pelo Poder Judiciário.[2010]

No Brasil, o princípio *Kompetenz-Kompetenz* deve ser lido à luz de distintas regras, sendo elas: (i) o art. 8º, parágrafo único, da Lei de Arbitragem, (ii) o art. 20 da Lei de Arbitragem, (iii) o art. II (3) da Convenção de Nova Iorque e (iv) o art. 485, VII, do CPC de 2015.

[2007] FICHTNER, José Antonio; TOLENTINO, Augusto; POLASTRI, Leonardo; SALTON, Rodrigo. *Convenção de Arbitragem*: parte geral. Rio de Janeiro: Forense, 2023. p. 290-291.

[2008] Como estudado a fundo em outra oportunidade: FICHTNER, José Antonio; TOLENTINO, Augusto; POLASTRI, Leonardo; SALTON, Rodrigo. *Convenção de Arbitragem*: parte geral. Rio de Janeiro: Forense, 2023. p. 635-700.

[2009] CARMONA, Carlos Alberto. *Arbitragem e Processo*: um comentário à Lei nº 9.307/96. 3. ed. São Paulo: Atlas, 2009. p. 175-176.

[2010] YARSHELL, Flávio Luiz. Ainda sobre o caráter subsidiário do controle jurisdicional estatal da sentença arbitral. *Revista de Arbitragem e Mediação*, v. 50, p. 155-163, jul./set. 2016.

À luz da própria Lei de Arbitragem, a doutrina[2011] e a jurisprudência,[2012] paulatinamente, passaram a admitir a mitigação do *Kompetenz-Kompetenz*, de modo a permitir o controle preventivo pelo Poder Judiciário quando se está diante de vício flagrante, constatável *prima facie*.

Pode-se dizer que a construção doutrinária e jurisprudencial feita em torno do parágrafo único do art. 8º da Lei de Arbitragem seria desnecessária, pois o ordenamento jurídico contém norma autorizadora de tal mitigação: o art. II (3) da Convenção de Nova Iorque, que dispõe que "o tribunal de um Estado signatário, quando de posse de ação sobre matéria com relação à qual as partes tenham estabelecido acordo nos termos do presente artigo, a pedido de uma delas, encaminhará as partes à arbitragem, a menos que constate que tal acordo é nulo e sem efeitos, inoperante ou inexequível".

O dispositivo exprime o efeito negativo do *Kompetenz-Kompetenz*, ao prever que, se o tribunal de um Estado signatário se deparar com matéria que deve ser remetida à arbitragem, encaminhará as partes à arbitragem. No entanto, excepciona essa remissão, no caso de a convenção de arbitragem ser nula e sem efeitos, inoperante ou inexequível.[2013] Nesses casos, caberá ao próprio tribunal judicial do Estado signatário apreciar a matéria.

Ainda que não haja conflito entre o parágrafo único do art. 8º da Lei de Arbitragem e o art. II (3) da Convenção de Nova Iorque nesse tocante – tanto é assim que, à luz exclusivamente do art. 8º da Lei de Arbitragem, doutrina e jurisprudência admitem a flexibilização do *Kompetenz-Kompetenz* –, cumpre relembrar que a Convenção foi internalizada no sistema brasileiro após a vigência da Lei de Arbitragem e se qualifica como lei ordinária interna.[2014] Assim, suas disposições prevalecem sobre a Lei de Arbitragem.

[2011] A título de exemplo: CARMONA, Carlos Alberto. *Arbitragem e Processo*: um comentário à Lei nº 9.307/96. 3. ed. São Paulo: Atlas, 2009. p. 177; BARROS, Vera Cecília Monteiro de. A Força Vinculante da Cláusula Compromissória e o Princípio da Competência-competência: comentários ao AGIN 644.204-4/2. *Revista de Arbitragem e Mediação*, v. 25, p. 8, 2010; DINAMARCO, Cândido Rangel. *A Arbitragem na Teoria Geral do Processo*. São Paulo: Malheiros, 2013. p. 95; TEPEDINO, Gustavo; KONDER, Carlos Nelson; BANDEIRA, Paula Greco. *Fundamentos do Direito Civil*. 3. ed. Rio de Janeiro: Forense, 2022. v. 3. p. 569; TALAMINI, Eduardo. Arbitragem e estabilização da tutela antecipada. *Revista de Processo*, v. 246, p. 455-482, ago. 2015.

[2012] A título de exemplo, destacam-se os seguintes julgados, todos comentados a fundo por estes autores FICHTNER, José Antonio; TOLENTINO, Augusto; POLASTRI, Leonardo; SALTON, Rodrigo. *Convenção de Arbitragem*: parte geral. Rio de Janeiro: Forense, 2023. p. 669-700: STJ, REsp 1.355.831/SP, 3ª Turma, Rel. Min Sidnei Beneti, j. 19.03.2013; STJ, REsp 1.278.852/MG, 4ª Turma, Rel. Min. Luís Felipe Salomão, j. 21.05.2013; STJ. REsp 1.602.076/SP, 3ª Turma, Min. Rel. Nancy Andrighi, j. 15.09.2016; STJ, CC 139.519/RJ, 1ª Seção, Rel. Min. Napoleão Nunes Maia Filho, j. 11.10.2017; STJ, REsp 1.550.260/ES, 3ª Turma, Min. Paulo de Tarso Sanseverino, j. 12.12.2017; STJ, CC 151.130/SP, 2ª Seção, Rel. Min. Nancy Andrighi, j. 27.11.2019; STJ, REsp 1.803.752/SP, 3ª Turma, Rel. Min. Nancy Andrighi, j. 04.02.2020.

[2013] SCHRAMM, Dorothee; GEISINGER, Elliott; PINSOLLE, Philippe. Article II. In: KRONKE, Herbert; NASCIMENTO, Patrícia, et al. *Recognition and Enforcement of Foreign Arbitral Awards*: a Global Commentary on the New York Convention. Kluwer Law International, 2020. p. 103.

[2014] "Desse modo, consagrou-se o entendimento de que os tratados internacionais ingressam na ordem interna com o status de lei ordinária, solucionando-se eventuais conflitos mediante

No que se refere à cláusula arbitral presente em contrato de adesão, o descumprimento dos requisitos de forma previstos no art. 4º, § 2º, da Lei de Arbitragem qualifica-se como vício facilmente cognoscível, apto a excepcionar o princípio do *Kompetenz-Kompetenz* e viabilizar o controle preventivo pelo Poder Judiciário, mediante a declaração imediata da ineficácia da cláusula arbitral. Não faria sentido que, sendo firmada cláusula arbitral em contrato de adesão que não seja "por escrito em documento anexo ou em negrito, com a assinatura ou visto especialmente para essa cláusula", uma arbitragem tivesse de ter início para que o árbitro pudesse apreciar a questão e, somente então, o Poder Judiciário pudesse reapreciá-la em sede de controle repressivo.

Essa situação foi enfrentada pelo STJ no julgamento do REsp 1.602.076,[2015] no qual entendeu a relatora Ministra Nancy Andrighi que estaria "aberta a possibilidade de atuação do Poder Judiciário em outras hipóteses, quando houver a necessidade de apreciação de questões anteriores e necessárias à instauração do juízo arbitral",[2016] e que o *Kompetenz-Kompetenz* "comporta exceções para melhor se adequar a situações cujos contornos escapam às situações típicas abarcadas pelo núcleo duro da generalidade e que, pode-se dizer, estão em áreas cinzentas da aplicação do Direito".[2017] Assim, apreciou a cláusula arbitral para concluir desde logo por sua invalidade – como dito anteriormente, a rigor, é o caso de ineficácia, e não invalidade – em razão do não preenchimento do requisito do art. 4º, § 2º, da Lei de Arbitragem.

O entendimento foi reiterado pelo STJ no julgamento do REsp 1.803.752, também de relatoria da Ministra Nancy Andrighi. Vale citar essa breve passagem do acórdão: "É sabido que vigora no ordenamento jurídico nacional a regra da kompetenz-kompetenz, segundo a qual as questões atinentes à existência, à validade e à eficácia da própria cláusula compromissória devem ser apreciadas pelo juízo arbitral, a teor do que dispõem os arts. 8º, parágrafo único, e 20 da Lei 9.307/96. Todavia, o STJ tem entendido que a norma precitada não constitui regra absoluta, cabendo ao Poder Judiciário, 'nos casos em que *prima facie* é identificado um compromisso arbitral 'patológico', *i.e.*, claramente ilegal, declarar a nulidade dessa cláusula, independentemente do estado em que se encontre o procedimento arbitral".[2018] Segue dizendo que, "no particular, à cláusula compromissória integrante do pacto firmado entre as partes não foi conferido o devido destaque, em

---

a aplicação do critério cronológico ou, quando cabível, da especialidade. (...) Em suma: os tratados internacionais que passam pelo regular processo de internalização – a saber: (i) negociação e assinatura; (ii) aprovação pelo Congresso Nacional; (iii) ratificação ou adesão; e (iv) promulgação e publicação –, via de regra, são recebidos na ordem jurídica interna com o mesmo status hierárquico da lei ordinária, de modo que eventuais conflitos entre tais espécies normativas serão solucionados mediante a aplicação do critério da especialidade ou pelo cronológico, quando cabível" (TIBÚRCIO, Carmen. Algumas notas sobre a CISG, sua incorporação e status no direito brasileiro. *Revista de Direito Bancário e do Mercado de Capitais*, v. 65, p. 59, jul. 2014).

2015 STJ, REsp 1.602.076/SP, 3ª Turma, Rel. Min. Nancy Andrighi, j. 15.09.2016.

2016 STJ, REsp 1.602.076/SP, 3ª Turma, Rel. Min. Nancy Andrighi, j. 15.08.2016, p. 15.

2017 STJ, REsp 1.602.076/SP, 3ª Turma, Rel. Min. Nancy Andrighi, j. 15.08.2016, p. 18.

2018 STJ, REsp 1.803.752/SP, 3ª Turma, Rel. Min. Nancy Andrighi, j. 04.02.2020, p. 7.

negrito, tal qual exige a norma em análise; tampouco houve aposição de assinatura ou de visto específico para ela. Diante disso, não havendo o necessário realce da cláusula arbitral no modo como estabelecido pelo legislador – revelando a manifesta ilegalidade da convenção de arbitragem, na medida em que o franqueado viu-se privado dos elementos necessários para realizar uma escolha adequadamente informada –, afigura-se impositiva a reforma do aresto impugnado".[2019]

De outro lado, havendo séria e fundada dúvida sobre a natureza do contrato (se de adesão ou não) e da consequente incidência do art. 4º, § 2º, da Lei de Arbitragem, parece razoável que, em respeito ao *Kompetenz-Kompetenz*, seja do árbitro a decisão, com primazia, sobre a sua própria jurisdição. A configuração do contrato sendo formado por adesão demanda investigação aprofundada sobre como se deu a sua negociação. Esse exame aprofundado do mérito só pode ser feito pelo árbitro e é incompatível com a flexibilização do *Kompetenz-Kompetenz*, que pressupõe a existência de vício manifesto, claro e teratológico na cláusula compromissória.

2. Limites da aplicação ao art. 4º, § 2º, da Lei de Arbitragem a compromissos arbitrais

Pode-se também ponderar, diante da referência específica 4º, § 2º, da Lei de Arbitragem à "cláusula arbitral" e da previsão desse duplo *standard* para se valer da arbitragem em contratos de adesão (tanto no ato de formação da cláusula, quanto no ato de instituição da arbitragem), se seria possível a celebração de compromisso arbitral por meio de contrato de adesão.

Por óbvio, aqui se fala somente no compromisso arbitral extrajudicial celebrado por instrumento particular, uma vez que o compromisso arbitral celebrado por instrumento público é dotado de fé pública, já que lavrado por escritura pública em notas de tabelião, e o compromisso arbitral judicial é firmado "por termo nos autos, perante o juízo ou tribunal, onde tem curso a demanda" (art. 9º, § 1º, da Lei de Arbitragem), sendo ambas essas modalidades incompatíveis com a ideia de contrato de adesão.

No que se refere ao compromisso arbitral extrajudicial por instrumento particular, Nilton César Antunes da Costa afirma ser perfeitamente possível "imaginar casos em que a pactuação do compromisso extrajudicial por escrito particular se dê através de contrato de adesão, mesmo que seja celebrado com o fim específico de instituir a arbitragem em razão de litígio presente". Nesses casos, defende que "não há como atribuir plena eficácia ao compromisso nas condições supra, em especial para o aderente, que poderá se desvincular da arbitragem no primeiro momento em que for instado a se manifestar perante o juízo arbitral, bastando dela discordar ou, ainda, recorrer ao poder judiciário". Ao revés, se o aderente aceitar a instituição da arbitragem sem manifestar qualquer oposição, não poderá futuramente invocar a nulidade do compromisso.[2020]

2019 STJ, REsp 1.803.752/SP, 3ª Turma, Rel. Min. Nancy Andrighi, j. 04.02.2020, p. 9.

2020 COSTA, Nilton César Antunes da. A convenção de arbitragem no contrato de adesão. *Revista de Arbitragem e Mediação*, São Paulo, n. 8, p. 128, 2006.

Dessa forma, o compromisso não constará, diferentemente do que se imagina com a cláusula arbitral, em meio ao formulário padronizado, ofertado ao aderente, que é o contrato em si que originou a controvérsia. Ou seja, em tese, o compromisso arbitral muitas vezes pressuporá a existência do destaque exigido pela Lei de Arbitragem para a cláusula arbitral, de constar em "documento anexo".

Se for mesmo o caso de qualificar o compromisso arbitral como "de adesão", parece razoável exigir, ainda, que o aderente concorde, expressamente, com a sua instituição, caso a arbitragem seja iniciada pelo proponente. Nesse tocante, se a intenção do duplo *standard* é garantir o inequívoco consentimento do aderente com a via arbitral, não se vê razão para dar tratamento diverso entre compromisso arbitral e a cláusula arbitral.

3. (In)existência de dever pré-contratual de informar acerca dos custos e do funcionamento da arbitragem em contratos de adesão

O debate sobre a existência de um *dever de informar* sobre os custos e o funcionamento de uma eventual arbitragem vem ganhando corpo nos tribunais a partir de uma série de decisões do Tribunal de Justiça de São Paulo. É possível perceber o surgimento de duas correntes distintas, sustentando posições diametralmente opostas. Nesse sentido, o presente capítulo se propõe a contribuir para o debate, traçando padrões dogmáticos acerca da profundidade do dever pré-contratual de informar ao parceiro de negócios sobre o funcionamento do procedimento arbitral e dos respectivos custos.

Um dos *leading cases* é a Apelação Cível 1003513-24.2020.8.26.0271, julgada pela 1ª Câmara Reservada de Direito Empresarial do Tribunal de Justiça de São Paulo em 1º de junho de 2022, em decisão de relatoria do Desembargador Alexandre Lazzarini. O acórdão analisa uma apelação relacionada a um contrato de franquia, com lentes focadas na cláusula compromissória.

Os apelantes alegaram que o contrato continha uma cláusula compromissória patológica, pois obrigaria o franqueado a se submeter à via arbitral, o que violaria o princípio da inafastabilidade da jurisdição. Ademais, os franqueados argumentaram que não foram previamente informados sobre os custos da arbitragem, o que levaria à invalidade da avença. A franqueadora, em defesa, sustentou a validade do contrato e das cláusulas, e invocou a exceção de arbitragem para conduzir a controvérsia à jurisdição arbitral.

O TJSP, naquela hipótese, ao analisar a questão, elencou dois argumentos principais para concluir pela invalidade da convenção de arbitragem. Primeiramente, haveria violação do dever de informação, por não ter sido explicado ao contratante o funcionamento (e custos) do procedimento arbitral, e a não disponibilização prévia dessas informações acarretaria a invalidade da convenção de arbitragem. Segundo, entendeu-se que a inserção de cláusula compromissória em contrato de franquia, mesmo atendendo aos requisitos formais previstos pela Lei de Arbitragem, pode caracterizar abuso de direito, se inibisse o acesso ao Poder Judiciário.

Sobre o primeiro argumento, entendeu o acórdão que "a informação e o esclarecimento das condições do contrato de franquia, são fatores de validade da própria relação

contratual" e que "a ausência adequada da informação e do esclarecimento, que são inerentes ao contrato de franquia (e a razão da Circular de Oferta de Franquia – COF) fulmina o contrato no que diz respeito à cláusula compromissória". Assim, percebe-se que o acórdão qualificou aquele específico dever de informar como requisito de validade da convenção de arbitragem.

Sobre o segundo argumento, asseverou o mesmo acórdão que "o franqueado não tem acesso ao sistema estatal de justiça, em razão da cláusula que prevê a arbitragem como forma de solução de conflitos" e que "o franqueado não tem acesso ao sistema privado de justiça, pois não tem capacidade financeira de arcar com os custos de uma arbitragem". Essa situação, na visão exposta na referida decisão, faria com que a parte só encontrasse "portas fechadas, uma por questão jurídica-formal, outra em razão de um fato financeiro, que lhe impede de exercer um direito (portanto, incide a regra do art. 187 do Código Civil)". Assim, percebe-se a realização de uma associação entre a situação de impecuniosidade da franqueada e do instituto do abuso de direito.

No entanto, é possível encontrar na própria jurisprudência do mesmo TJSP julgados que adotam posição oposta, como é o caso da Apelação Civil 1003245-29.2020.8.26.0510, julgada pela 2ª Câmara Reservada de Direito Empresarial do Tribunal de Justiça de São Paulo, em 18 de outubro de 2021, de relatoria do Desembargador Jorge Tosta. Nessa oportunidade, a franqueada também pretendeu o afastamento da convenção de arbitragem "sob a alegação de que a autora é leiga e que não tinha conhecimento de quão custoso é um procedimento arbitral".

A Corte paulista rejeitou a linha de argumentação da franqueada com base em três fundamentos principais. Primeiramente, pelo fato de a franqueada ser empresária, e, portanto, "afeiçoada às questões negociais, não podendo alegar ignorância ou erro em relação à cláusula compromissória". Segundo, pela não observância do ônus de autoinformação da franqueada, pois "cabia à contratante informar-se acerca de tais questões, tendo a possibilidade de afastar a cláusula compromissória da avença. Assim, contudo, não procedeu, não podendo agora tisnar de inválida a referida cláusula, ante os alegados custos elevados da arbitragem". Terceiro, pelo fato de a lei de franquia (Lei 13.966, de 26.12.2019, art. 7º, § 1º) prever expressamente a possibilidade de as partes elegerem o juízo arbitral para solução das controvérsias.

Da comparação dos dois julgados, que seguem linhas jurisprudenciais distintas, destacam-se três pontos centrais para a análise dogmática do tema. Primeiro, há um dever de informar pré-contratual referente aos custos e funcionamento da arbitragem? Segundo, caso haja esse dever, a sua violação implica a invalidade da cláusula compromissória? Terceiro, a pactuação de cláusula compromissória, em contexto de impecuniosidade da franqueada, pode caracterizar abuso de direito, considerando a expressa autorização legal da utilização da arbitragem nesses contratos?

Acerca do dever de informar pré-contratual, é inegável o amplo reconhecimento deste dever genérico pelo Direito Brasileiro. Trata-se de dever de fonte legal, decorrente da boa-fé objetiva, cujo objeto é a proteção e a preservação da integridade da esfera

jurídica e da confiança dos integrantes da negociação.[2021] No entanto, reconhece-se que a manifestação da boa-fé objetiva apresenta traços específicos no contexto das relações empresariais. Em tais situações, há de se considerar um *standard* mínimo de diligência que deriva do caráter profissional dessas relações, e que servirá para balizar a incidência dos deveres pré-contratuais.[2022]

Dessa forma, como em toda a relação jurídica desenvolvida sob os auspícios da boa-fé objetiva, é necessário haver o preenchimento de determinados requisitos para a efetiva configuração de um dever pré-contratual de informação, especificamente: (i) a existência de uma informação relevante; (ii) o conhecimento da informação pela parte incumbida de informar; e (iii) o desconhecimento legítimo da informação pela parte interessada.

Os custos do procedimento arbitral – bem como outras questões centrais ao funcionamento desse método de solução de conflitos – tendencialmente preenchem dois desses três requisitos: trata-se de uma informação relevante para o projeto de contratação das partes e, presumivelmente, aquela que propõe a escolha da arbitragem como método de resolução de conflitos conhece as implicações dessa escolha.

Estando dois dos requisitos satisfeitos, resta averiguar o terceiro e mais relevante para o objeto deste estudo, *i.e.*, a existência de desconhecimento legítimo da parte credora da informação.

O interessado na informação não pode pretender ser tutelado diante de uma situação de ignorância ilegítima, ou seja, quando puder conhecer a informação por seus próprios meios ou através de dispêndio de custos razoáveis.[2023] A busca por informações só será dotada de sentido econômico caso estas tenham o potencial de evitar custos superiores àqueles inerentes à obtenção de informação. Por essa razão, a ordem jurídica impõe o dever de informar à parte que mais facilmente pode acessar a informação – como é o caso das companhias abertas, na hipótese da divulgação para o mercado, ou do árbitro, nas revelações que deve fazer para as partes.

Em contratos paritários, o dever de informar de um contratante convive com o ônus de autoinformação do outro. O padrão de diligência em relação aos próprios interesses decorre tanto da autonomia privada quanto do critério da razoabilidade.[2024] Assim, somente haverá dever de informar sobre circunstâncias que se estimem imprescindíveis para o aceite de determinada relação contratual e que não sejam facilmente acessadas pelo outro contratante.[2025]

2021 BENETTI, Giovana. *Dolo no Direito Civil:* uma análise da omissão de informações. São Paulo: Quartier Latin, 2019. p. 225.

2022 SALTON, Rodrigo. *O Regime da "Informação" na Fase Pré-Contratual e as Operações de M&A.* São Paulo: Quartier Latin, 2023. II. 2.1.

2023 SALTON, Rodrigo. *O Regime da "Informação" na Fase Pré-Contratual e as Operações de M&A.* São Paulo: Quartier Latin, 2023. III. 1.2.

2024 MARTINS-COSTA, Judith. Um Aspecto da Obrigação de Indenizar: notas para uma sistematização dos deveres pré-negociais de proteção no direito civil brasileiro. *Revista dos Tribunais*, v. 867, p. 17, 2008.

2025 MARTINS-COSTA, Judith. *A Boa-fé no Direito Privado*: critérios para a sua Aplicação. 2. ed. São Paulo: Saraiva, 2018. p. 592.

É linha de entendimento consolidada do STJ que "o franqueado não é consumidor de produtos ou serviços da franqueadora, mas aquele que os comercializa junto a terceiros, este sim, os destinatários finais".[2026] Nesse aspecto, importa apontar que a Lei de Liberdade Econômica, aprovada em 2019, passou a prever que os contratos empresariais "presumem-se paritários e simétricos até a presença de elementos concretos que justifiquem o afastamento dessa presunção".

Assim, o ônus de autoinformação do franqueado deve seguir os parâmetros típicos de qualquer relação empresarial, o que, por consequência, tornam raros os casos em que o franqueado poderá alegar "desconhecimento legítimo" acerca dos custos e do funcionamento do procedimento arbitral. Trata-se de informações normalmente públicas, de fácil acesso, e inseridas no âmbito do ônus de autoinformação do contratante.

Milita também em favor da inexistência de um dever de informar o "princípio da difusão suficiente",[2027] segundo o qual se tem por fato sabido aquele que se apresenta com grande probabilidade de ser conhecido. Por essa razão, fatos de domínio público (como as custas de um procedimento arbitral e as consequências da opção pela arbitragem), cognoscíveis facilmente, intensificam o ônus de autoinformação do contratante, não havendo razão para configuração de um dever informacional específico sobre esse fato. Nos casos analisados, bastava que as partes acessassem previamente à assinatura do contrato de franquia o site das instituições arbitrais referidas para tomar conhecimento das informações relevantes.

Dessa sorte, somente em casos excepcionais, em que o contrato de franquia é caracterizado como contrato de consumo, ou que as informações sobre a arbitragem não se encontrem facilmente disponíveis, poderá haver a caracterização de um dever pré-contratual de alertar ao franqueado sobre as consequências da pactuação de cláusula compromissória. Assim, a regra geral é no sentido de não existência de um dever de informar do franqueador ao franqueado sobre as consequências da pactuação de cláusula compromissória.

Na sequência, cabe averiguar as consequências da eventual violação do dever de informar pré-contratual, nos casos em que esse efetivamente é perquirível. A decisão da 1ª Câmara Reservada de Direito Empresarial do TJSP parece criar uma falsa simetria entre a não divulgação de informação e a invalidade da convenção de arbitragem.

Contudo, via de regra, a violação de dever de proteção pré-contratual dá ensejo à responsabilidade aquiliana, *culpa in contrahendo*, não caracterizando necessariamente causa de invalidade de negócio jurídico. Essencialmente, haverá invalidade somente se estiverem preenchidos, no caso concreto, os requisitos necessários à configuração de erro e/ou de dolo informativo omissivo essencial. Portanto, não bastaria a mera falta de informação para que se conclua pela invalidação da convenção de arbitragem.

2026 STJ, REsp 1.602.076/SP, 3ª Turma, Rel. Min. Nancy Andrighi. j. 15.09.2016.

2027 PONTES DE MIRANDA, Francisco Cavalcanti. *Tratado de Direito Privado*. Atualizado por Judith Martins-Costa, Gustavo Haical e Jorge Cesa Ferreira da Silva. São Paulo: Revista dos Tribunais, 2012. t. I. p. 218.

Por fim, cabe analisar a eventual caracterização de abuso de direito na pactuação da convenção de arbitragem. Nesse aspecto, a 2ª Câmara Reservada de Direito Empresarial do TJSP reconheceu a existência da prática de "algumas empresas franqueadoras em instituir a cláusula compromissória com o objetivo de afastar a jurisdição estatal e dificultar o acesso à Justiça ao franqueado e à própria discussão das demais cláusulas do contrato, ante os custos por vezes elevados dessa forma alternativa de solução de conflito".

De fato, é necessário reconhecer que a contratação por adesão de convenção de arbitragem pode, em algumas situações, levar à "inexistência de porta" de acesso à justiça – o que, indubitavelmente – configura prática ilícita. A arbitragem é meio de acesso à justiça, não podendo ser pactuada em caráter emulativo, tentando impedir que um dos contratantes busque os respectivos direitos.

No entanto, há necessidade de parâmetros para averiguar, especificamente, se há ou não abuso na pactuação da arbitragem em contratos marcados pela dependência econômica entre os contratantes. Nesse quesito, a mera impecuniosidade não é suficiente para configurar abusividade na contratação da arbitragem como forma de solução de conflitos. Em verdade, quando há impecuniosidade originária (*i.e.*, que se manifesta desde o início da relação comercial), essa teria de ser divulgada para a contraparte. E, em caso de impecuniosidade superveniente, essa é tendencialmente irrelevante para a análise da validade e da eficácia da convenção de arbitragem.

Em todo caso, a arbitragem já é pacificamente reconhecida como método jurisdicional adequado para várias situações que envolvem empresas em crise, em processos de recuperação judicial ou falimentar. Por essa razão, a simples impecuniosidade não basta para permitir a incidência do instituto do abuso de direito para afastar a eficácia da convenção de arbitragem.

Em síntese, em um contexto de volatilidade da jurisprudência sobre o dever pré-contratual de informar sobre a arbitragem, urge a formulação de distinções dogmáticas precisas, aptas a conferir critérios seguros e replicáveis para avaliar tais situações, como forma de conferir maior previsibilidade e segurança jurídica. Nesse quesito, importa que as decisões judiciais estejam pautadas em requisitos claros e compatíveis com as premissas já consolidadas acerca da arbitragem no contexto de contratos de franquia – *i.e.*, tomando como ponto de partida a regra geral do caráter empresarial da relação. A partir daí, importa avaliar a incidência da boa-fé objetiva (e dos deveres dela decorrentes, como o dever de informar pré-contratual) diante das peculiaridades dessa relação, sob pena de desvirtuar o propósito do instituto ao utilizar a boa-fé para decidir conforme concepções particulares de justiça, desgarradas do necessário rigor e criteriologia científicos.

§ 40. CONVENÇÃO DE ARBITRAGEM EM DIFERENTES ESPÉCIES DE CONTRATOS DE ADESÃO

1. Contratos eletrônicos

A evolução dos meios de comunicação e acesso à informação fizeram com que, na sociedade contemporânea, grande parte das transações sejam feitas em ambiente

virtual. Sobretudo no âmbito do comércio eletrônico B2C (i.e., *business to consumer*, termo utilizado para designar a transação feita entre a empresa e o consumidor final, em oposição a B2B, i.e., *business to business*, para designar a transação feita entre empresas), encontrou-se terreno fértil para a oferta virtual de produtos e serviços, com o fim de garantir maior alcance, rapidez e praticidade na oferta e na aquisição. Isso inclui a compra e venda de bens móveis, a contratação de serviços, a locação de bens imóveis, a obtenção de créditos e outras tantas espécies de contratações.

Não raro, tais contratações ocorrem mediante simples aceite, pela parte contratante, das condições previamente submetidas pela contratada. Por exemplo, na contratação de serviços de assinatura de plataformas de *streaming*, a parte interessada manifesta o seu consentimento com os termos da contratação por meio da criação de *login* e senha no respectivo sítio eletrônico e do preenchimento de um campo no qual confirma estar ciente e concordar com os termos e as condições de uso do serviço. Frequentemente, a parte declara seu aceite a tais termos e condições sem que tenha, de fato, efetuado a sua leitura nem sequer os aberto.

Em razão do modo pelos quais esses instrumentos são formados, não há dúvidas de que se caracterizam como contratos de adesão. Nesse caso, como compatibilizar a manifestação de consentimento indispensável à cláusula arbitral com o ambiente virtual em que tal manifestação é realizada? A indagação é relevante, pois é de esperar uso cada vez mais amplo da arbitragem em contratos eletrônicos. Como ressalta Renato Opice Blum, "como a tecnologia encurta distâncias e acelera processos, a arbitragem pode ser a estratégia de resiliência mais eficaz quando os velhos defeitos da humanidade resolvem aparecer no ambiente eletrônico".[2028]

Vale dizer que a questão não passa despercebida no direito estrangeiro. Nos Estados Unidos, foi debatida no caso Illinois *v.* Real Networks, Inc.,[2029] no qual o Tribunal de Illinois julgou válida a cláusula compromissória, considerando que estava redigida em tamanho de fonte passível de identificação pelo usuário: "Já que a cláusula compromissória não foi ocultada em letras miúdas, e como o usuário teve ampla oportunidade de compreender a cláusula arbitral, o Tribunal não considera que a cláusula compromissória seja abusiva do ponto de vista processual". [2030]

[2028] BLUM, Renato Opice. Arbitragem no Direito Eletrônico. In: *Revista do Advogado da Associação dos Advogados de São Paulo*, n. 119. São Paulo: AASP – da Associação dos Advogados de São Paulo, 2013. p. 128.

[2029] United States District Court, N.D. Illinois, Eastern Division. No. 00 C 1366, 200 WL 631341, May 8, 2000. Disponível em: http://www.internetlibrary.com/pdf/In-re-RealNetworks-N.D.-Ill.-May-8-2000.pdf. Acesso em: 2 ago. 2023.

[2030] Tradução livre. No original: "Because the arbitration agreement is not buried in fine print and because a user is given ample opportunity to understand the Arbitration provision, the Court does not find that the Arbitration agreement is procedurally unconscionable" (United States District Court, N.D. Illinois, Eastern Division. No. 00 C 1366, 200 WL 631341, May 8, 2000, p. 5. Disponível em: http://www.internetlibrary.com/pdf/In-re-RealNetworks-N.D.-Ill.-May-8-2000.pdf. Acesso em: 2 ago. 2023).

No Canadá, o caso Dell Computer Corp *v.* Union des Consommateurs[2031] teve como pano de fundo o pleito de consumidores contra a Dell em razão do bloqueio, pela Dell, de pedidos feitos em seu site, sob o argumento de que o preço anunciado estava subdimensionado, em razão de erro material no anúncio. A cláusula arbitral, presente nos termos e condições em link constante no site da Dell, foi declarada válida, sob o fundamento de que "o consumidor podia acessar diretamente a página do site da Dell que continha a cláusula compromissória caso clicasse no hiperlink intitulado 'Termos e Condições de Venda'. Esse link reaparecia, em destaque, em todas as páginas acessadas pelo consumidor. (...) Sob esse ponto de vista, a cláusula não era mais difícil de ser acessada pelo consumidor do que seria se ele ou ela tivesse recebido uma cópia física do contrato completo, com os termos e condições de venda impressos no verso da primeira página."[2032] A decisão é objeto de crítica por Cíntia Rosa Pereira de Lima.[2033]

Diferentemente, no Chile, Manuel Arcos Sandoval comenta que a omissão, em termo de uso de empresa prestadora de serviços por plataforma de *streaming*, de indicação ao consumidor sobre a possibilidade de recusar a arbitragem e eleger o foro judicial para a resolução de disputas oriundas dos termos de uso caracteriza ofensa à Ley 19.628/1999 sobre Protección de la Vida Privada.[2034] Segundo o autor,

---

2031 Dell Computer Corp. v. Union des consommateurs, 2007 SCC 34 (CanLII), [2007] 2 SCR 801. Disponível em: https://www.canlii.org/en/ca/scc/doc/2007/2007scc34/2007scc34.html. Acesso em: 2 ago. 2023.

2032 Tradução livre, no original: "the consumer could access the Page of Dell's Web site containing the Arbitration clause directly by clicking on the highlighted hyperlink entitled 'Terms and Conditions of Sale'. This reappeared on every page the consumer accessed. (...) From this point of view, the clause was no more difficult for the consumer to access than would have been the case had he or she been given a paper copy of the entire contract on which the terms and conditions of sale appeared on the back of the first page" (Dell Computer Corp. v. Union des consommateurs, 2007 SCC 34 (CanLII), [2007] 2 SCR 801. Disponível em: https://www.canlii.org/en/ca/scc/doc/2007/2007scc34/2007scc34.html. Acesso em: 2 ago. 2023).

2033 Cíntia Rosa Pereira de Lima defende que a cláusula arbitral presente em contrato de espécie *browse-wrap* (aquele constante no canto de uma página da internet, por meio de *link*) não permite extrair o consentimento do aderente, diferentemente do contrato *click-wrap*, no qual o aderente manifesta expressamente sua anuência, clicando em caixa de diálogo indicativa de expressões como "eu aceito" ou semelhante. LIMA, Cíntia Rosa Pereira de. *Validade e Obrigatoriedade dos Contratos de Adesão Eletrônicos (Shrink-wrap e Click-wrap) e dos Termos e Condições de Uso (Browse-wrap)*: um estudo comparado entre Brasil e Canadá. Tese (Doutorado em Direito) – Universidade de São Paulo, São Paulo, 2009, p. 570.

2034 "Omisión de la indicación al consumidor de la posibilidad de recusación del árbitro y posibilidad de poder dirigirse a tribunales. 'Netflix.cl: términos de uso Acuerdo de arbitraje: 'El usuario y Netflix acuerdan que cualquier diferencia, reclamo o controversia que surgiera del servicio de Netflix o en relación con tal servicio, las interfaces de usuario, los presentes Términos de uso y el Acuerdo de arbitraje se resolverán por vía de arbitraje vinculante en lugar de recurrir al tribunal competente. El arbitraje es más informal que un juicio ante un tribunal. El arbitraje recurre a un árbitro imparcial en lugar de juez o jurados, permite um período de instrucción

"Esse tipo de cláusula facilita a imposição de tribunais e legislações favoráveis aos interesses do fornecedor, uma vez que os custos envolvidos tornam impraticável para o consumidor recorrer ao árbitro. Soma-se a isso a questão da imparcialidade do árbitro, que, em geral, será alguém da confiança do fornecedor. Normalmente, esse tipo de estipulação desestimula o comprador a dar início a litígios, frustrando suas expectativas, o que torna mais provável que estipulações assim sejam utilizadas pelas plataformas. Por essa razão, este emprego de cláusulas compromissórias configura uma violação à boa-fé contratual ao elevar os custos de litígio para o consumidor, além de submetê-lo a legislações que desconhece. A cláusula não inclui qualquer indicação sobre o direito do consumidor de recusar o árbitro e, ainda mais, o direito de recorrer ao Poder Judiciário em vez de submeter-se à arbitragem, o que é um direito do consumidor." Assim, sugere que "essa estipulação seja considerada uma cláusula abusiva ou leonina e, como tal, deve ser eliminada do contrato. Caso não seja eliminada, ao menos deve ser modificada para incluir a indicação do direito do consumidor de recusar o árbitro".[2035]

No Brasil, surge a dúvida de como compatibilizar o consentimento, manifestado pela assinatura eletrônica, com a parte final do § 2º do art. 4º da Lei de Arbitragem, que estabelece o requisito formal de a cláusula compromissória ser celebrada "por escrito em documento anexo ou em negrito, com a assinatura ou visto especialmente para essa cláusula".

Regra geral, é digno de nota ser inquestionável a validade e a eficácia da convenção de arbitragem firmada em ambiente virtual. O melhor entendimento do § 1º do art. 4º da Lei de Arbitragem é o de que o requisito de forma da convenção de arbitragem ("por escrito") deve ser interpretado de maneira ampla e flexível, a fim de englobar realidades

---

más breve que el tribunal y está sujeto a revisión muy limitada por parte del tribunal. Los árbitros pueden ordenar el pago de daños y perjuicios y el mismo resarcimiento que un tribunal'. Norma infringida: Artículo 16 letra G, incisos penúltimo y final, artículos 13 y 16 ley 19.628, sobre Protección de la Vida Privada".

2035 Traduções livres, no original: "Este tipo de cláusulas facilita la imposición de tribunales y legislaciones favorables a los intereses del proveedor, toda vez que las costas del mismo hagan impracticable para el consumidor el recurrir ante el árbitro. Además de la imparcialidad del árbitro, que por lo general será de la confianza del proveedor. Por lo general este tipo de estipulación desincentiva al comprador, defraudando su expectativas, y que es muy probable que estas estipulaciones. Por esto se produce una violación a la buena fe contractual al elevar los costos de litigación del consumidor, además, de someterlo a legislaciones que desconoce. No se incluye en la cláusula indicación alguna respecto del derecho del consumidor de recusar al árbitro e, incluso, más el poder recurrir a tribunales de justicia en vez de arbitraje es un derecho del consumidor (...) Esta estipulación es una cláusula abusiva o leonina y como tal debe ser eliminada del contrato. En caso de no eliminarla, sí debe ser modificada para incorporar la indicación del derecho a recusación del árbitro de parte del consumidor" (SANDOVAL, Manuel Arcos. *Contratos de Adhésion Electrónicos*: análisis a los contratos de retail eletrônicos y contratos de servicios de suspricíón em línea, películas, televisión y otros tipos de entretenimento audiovisual. Santiago: Fundación Fernando Fueyo, Universidad Diego Portales, 2012. p. 40-41).

distintas, desde que a convenção de arbitragem esteja documentada de forma fidedigna, inteligível e a manter a sua conservação.[2036]

Assim, a convenção de arbitragem sob suporte de um documento, seja ele físico ou virtual, é válida e eficaz, pois apta a registrar o consentimento da parte em submeter os seus litígios à arbitragem. É dizer, a solenidade prevista na Lei de Arbitragem para que a convenção de arbitragem seja pactuada "por escrito" é feita de modo *ad probationem*, e não *ad substantiam*, pois se destina a garantir a prova escrita da cláusula compromissória e do consentimento a ela dado pelas partes que a pactuaram.[2037]

Com relação aos requisitos formais adicionais previstos no § 2º do art. 4º da Lei de Arbitragem, isto é, de estar a cláusula arbitral (i) em documento anexo ou em negrito e (ii) com assinatura ou visto especial para ela, não há qualquer incompatibilidade com o fato de a cláusula arbitral ser celebrada em ambiente virtual ou eletrônico. O ambiente virtual não impede que a cláusula arbitral conste em negrito ou em documento anexo. E, sobre a assinatura ou visto especial, o requisito mantém-se o mesmo, com a distinção de que, nesse caso, a assinatura ou o visto dar-se-á de forma eletrônica.

Adaptando o requisito para a realidade dos contratos eletrônicos, Maristela Basso afirma que "não basta (...) a mera adesão ao contrato na modalidade *click through*. É preciso o duplo *click through* para garantir a arbitragem",[2038] sendo "um para os termos do contrato em geral, outro específico para a cláusula compromissória".[2039] Similarmente, Cíntia Rosa Pereira de Lima afirma que "a cláusula compromissória somente pode ser validada, em tese, se é dado pleno conhecimento à outra parte, que com ela deve concordar expressamente. Portanto, a figura mais adequada é o 'click-wrap', pois a manifestação da outra parte é exteriorizada após ter acesso ao conteúdo do contrato".[2040] Contrato *click-wrap*, segundo a autora, é aquele em que o aderente manifesta expressamente sua anuência, clicando em caixa de diálogo indicativa de expressões como "eu aceito" ou semelhante.[2041]

2036 FICHTNER, José Antonio; TOLENTINO, Augusto; POLASTRI, Leonardo; SALTON, Rodrigo. *Convenção de Arbitragem*: parte geral. Rio de Janeiro: Forense, 2023. p. 431-450.

2037 FICHTNER, José Antonio; TOLENTINO, Augusto; POLASTRI, Leonardo; SALTON, Rodrigo. *Convenção de Arbitragem*: parte geral. Rio de Janeiro: Forense, 2023. p. 446-450.

2038 De acordo com o dicionário de Cambridge, *click-through* refere-se ao "ato de clicar em um anúncio ou outro link em um website".

2039 BASSO, Maristela. Arbitragem em E-business e Mecanismos on-line de Solução de Controvérsias. *Revista Brasileira de Arbitragem*, p. 211-212, out. 2003.

2040 LIMA, Cíntia Rosa Pereira de. *Validade e Obrigatoriedade dos Contratos de Adesão Eletrônicos (Shrink-wrap e Click-wrap) e dos Termos e Condições de Uso (Browse-wrap)*: um estudo comparado entre Brasil e Canadá. Tese (Doutorado em Direito) – Universidade de São Paulo, São Paulo, 2009. p. 566.

2041 "Estes negócios jurídicos eletrônicos podem ser divididos em três espécies: a) licenças do tipo 'shrink-wrap', terminologia reservada às compras de software no estabelecimento físico do fornecedor, cujos termos contratuais que vincularão às partes não podem ser visualizados antes da compra do produto, mas tão somente no decorrer da instalação do *software*, garantindo-se ao adquirente a possibilidade efetiva de devolução do produto

O tema foi objeto de decisão pelo TJSP na Apelação Cível 1000904-12.2022.8.26.0073,[2042] na qual, em acórdão de relatoria do Desembargador Almeida Sampaio, foi reconhecida a nulidade da cláusula arbitral posto que "inserida unilateralmente no instrumento" celebrado entre a sociedade J. Narciso Importados e a Amazon Serviços de Varejo do Brasil Ltda., visando à realização de vendas pela sociedade na plataforma da Amazon (portanto, contrato de adesão, mas não de consumo). O acórdão, contudo, não faz referência ao § 2º do art. 4º da Lei de Arbitragem ou sobre o preenchimento dos requisitos nele previstos.

A conclusão similar chegou o TJSP na Apelação Cível 1042569-24.2022.8.26.0100,[2043] em acórdão relatado pela Desembargadora Angela Lopes, também envolvendo sociedade (Fe Shop Fast Ltda.) e a Amazon Serviços de Varejo do Brasil Ltda. Dessa vez, com referência expressa ao dispositivo da Lei de Arbitragem, asseverou-se que "a cláusula compromissória só vincula o aderente nos contratos pactuados por adesão se houver consentimento especialmente manifestado para a convenção de arbitragem, seja em documento separado, seja com assinatura ou visto especial para tal cláusula", e que "o fato de o instrumento contratual consistir em suporte digital não afasta a aplicação de tal preceito legal, na medida em que sua *ratio* é garantir o consentimento livre e informado do aderente na hipótese de cláusulas negociais predispostas. Por isso, faz-se essencial para a eficácia da cláusula arbitral a inclusão de visto ou assinatura digital apartada, o que não pode ser garantido pelo mero clique na opção 'Concordar e Continuar' com remissão aos termos contratuais em link separado".

Vale menção também o acórdão do TJSP relatado pelo Desembargador Lavínio Donizetti Paschoalão no julgamento da Apelação Cível 1010024-32.2021.8.26.0100,[2044] no qual se afastou a cláusula arbitral disposta nos "Termos de Serviço" de contrato de adesão firmado para prestação de serviços de publicidade entre Google Brasil Internet Ltda. e Tecdon Informática Eireli ME, "haja vista que estipulada sem observância aos

---

se não concordar com os termos da licença; b) contratos do tipo 'click-wrap', contratos celebrados inteiramente em meio eletrônico, em que o consumidor tem a oportunidade de ler as cláusulas contratuais antes de manifestar, expressamente, sua anuência ou não, clicando em uma caixa de diálogo indicativa de expressões como 'eu aceito', ou outra semelhante; e, c) os termos e condições de uso, denominados pela doutrina estrangeira como 'browse-wrap', disponibilizados no canto inferior de uma página da internet em um *hiperlink*, vinculando toda e qualquer pessoa, que tão-somente acesse o respectivo site, sem ao menos chamar a atenção do usuário para a existência destes termos ou nem exigindo a manifestação da anuência a tais termos" (LIMA, Cíntia Rosa Pereira de. *Validade e Obrigatoriedade dos Contratos de Adesão Eletrônicos (Shrink-wrap e Click-wrap) e dos Termos e Condições de Uso (Browse-wrap)*: um estudo comparado entre Brasil e Canadá. Tese (Doutorado em Direito) – Universidade de São Paulo, São Paulo, 2009.

2042 TJSP, Apelação Cível 1000904-12.2022.8.26.0073, 25ª Câmara de Direito Privado, Rel. Des. Almeida Sampaio, j. 27.03.2023.

2043 TJSP, Apelação Cível 1042569-24.2022.8.26.0100, 28ª Câmara de Direito Privado, Rel. Des. Angela Lopes, j. 13.06.2023.

2044 TJSP, Apelação Cível 1010024-32.2021.8.26.0100, 38ª Câmara de Direito Privado, Rel. Des. Lavínio Donizetti Paschoalão, j. 22.03.2023.

critérios de destacamento elencados na Lei 9.307/1996 (Lei de Arbitragem), especificamente em seu art. 4º, § 2º". Com pano de fundo similar em caso também envolvendo a Google Brasil Internet Ltda., o TJPR, em acórdão relatado pelo Juiz Irineu Stein Junior no Recurso Inominado 0022963-49.2022.8.16.0021,[2045] igualmente concluiu pela inaplicabilidade de cláusula arbitral ante a ausência de assinatura ou termo apartado direcionado expressamente à sua anuência.

Reitere-se que, ainda, deve ser observado o segundo fator de eficácia, de ordem material, para que a cláusula arbitral produza efeitos, a saber, que o aderente tome a iniciativa de instituir a arbitragem ou com a sua instituição, caso iniciada pelo proponente.

2. Contratos de franquia

Os contratos de franquia não têm definição única na doutrina e na jurisprudência. Há distintos conceitos, pode-se dizer, cujo denominador comum designa a franquia como canal entre duas empresas, no qual o franqueador, como dono do negócio, concede ao franqueado o direito de exploração desse mesmo negócio, mediante remuneração, com a manutenção de autonomia de cada um.[2046] Essa concessão se dá de diversas formas, por exemplo, mediante compartilhamento da marca, de informações, de tecnologia, de *know-how*, entre outros.

As modalidades de contrato de franquia são tão diversas e complexas quanto podem ser as formas de realização de um negócio, podendo variar quanto à forma de gestão, ao seu âmbito de aplicação e à natureza do franqueado. Fala-se, por exemplo, em franquia *master*, que ocorre sobretudo em expansão de negócios para novas localidades (normalmente, novos países), por meio da qual o franqueador estabelece parceria como um franqueado, que, por sua vez, assume o papel de estabelecer uma rede de franquias por meio de subfranqueados.[2047]

[2045] TJPR, Recurso Inominado 0022963-49.2022.8.16.0021, 2ª Turma Recursal dos Juizados Especiais do Tribunal de Justiça do Estado do Paraná, Juiz de Direito Irineu Stein Junior, j. 20.06.2023.

[2046] Por exemplo, Orlando Gomes define o contrato de franquia como o instrumento que regula a operação pela qual o franqueador concede ao franqueado o direito de usar a marca do seu produto e presta assistência para a sua comercialização (GOMES, Orlando. *Contratos*. 18. ed. Rio de Janeiro: Forense, 1999). Já Jorge Lobo diz ser o contrato pelo qual se cede temporariamente o uso da marca, para fabricação ou venda de produtos ou serviços, com ou sem exclusividade, em determinada zona geográfica, mediante remuneração que pode se dar de diversas formas, e com garantia de assistência técnica (LOBO, Jorge. *Contrato de Franchising*. Rio de Janeiro: Forense, 1997). Ana Cláudia Redecker, por seu turno, define a franquia como uma forma de colaboração entre franqueador e franqueado, por meio da qual o franqueador concede ao franqueado o direito de uso da razão social ou da marca do franqueador, prestando assistência técnica para a sua comercialização, mas sem vínculo de subordinação, e mediante remuneração (REDECKER, Ana Cláudia. *Franquia Empresarial*. São Paulo: Memória Jurídica, 2002. p. 39).

[2047] SISTER, Tatiana Dratovsky. *Contratos de Franquia*: origem, evolução legislativa e controvérsias. Dissertação (Mestrado em Direito) – Pontifícia Universidade Católica de São Paulo, São Paulo, 2020. p. 26.

Os diferentes formatos de contrato de franquia ensejam debate sobre a natureza jurídica do contrato de franquia. Muitas vezes, o contrato de franquia é confundido como consumerista, trabalhista ou societário. O STJ, há algum tempo, pacificou entendimento de que o contrato de franquia não caracteriza relação de consumo.[2048]

A Lei 13.966/2019 consagrou o que já vinha decidindo o STJ, ao definir o sistema de franquia empresarial como aquele "pelo qual um franqueador autoriza por meio de contrato um franqueado a usar marcas e outros objetos de propriedade intelectual, sempre associados ao direito de produção ou distribuição exclusiva ou não exclusiva de produtos ou serviços e também ao direito de uso de métodos e sistemas de implantação e administração de negócio ou sistema operacional desenvolvido ou detido pelo franqueador, mediante remuneração direta ou indireta, sem caracterizar relação de consumo ou vínculo empregatício em relação ao franqueado ou a seus empregados, ainda que durante o período de treinamento" (art. 1º).

O transporte da realidade dos contratos de franquia para a arbitragem suscita diversas questões relevantes e que demandam estudo dedicado.[2049-2050] No que se refere especificamente à convenção de arbitragem, é digno de nota que, regra geral e à luz da mencionada jurisprudência do STJ, deverão ser observados os requisitos do § 2º do art. 4º da Lei de Arbitragem, mas não o art. 51, VII, do CDC.

Isso porque o contrato de franquia normalmente é estabelecido mediante adesão do franqueado às condições previamente estabelecidas pelo franqueador, existindo pouca ou nenhuma margem para discussão do seu conteúdo pelo primeiro.[2051] Assim

---

2048 Analisando a questão sob a ótica da arbitragem, tem-se: STJ, REsp 1.602.076/SP, 3ª Turma. Rel. Min. Nancy Andrighi, j. 15.09.2016; STJ, REsp 1.803.752/SP, 3ª Turma. Rel. Min. Nancy Andrighi, j. 04.02.2020.

2049 "Concluímos, ainda, que a arbitragem como meio alternativo de resolução de conflitos pode ser a melhora opção para o contrato de franquia. Esta diminui os custos de transação envolvidos, visto a especialização dos [árbitros] que podem ter uma formação específica em área técnica que interessa diretamente ao objeto), agilidade do procedimento arbitral – isto porque, por exemplo, não se submete ao regime dos infindáveis recursos a instâncias superiores, fator muito prejudicial à relação entre franqueador e franqueado – e o sigilo do procedimento, este fundamental tendo em vista a característica de transferência de know-how" (TIMM, Luciano Benetti. *Arbitragem nos contratos empresariais, internacionais e governamentais*. Porto Alegre: Livraria do Advogado, 2009. p. 111).

2050 Destaca-se: SISTER, Tatiana Dratovsky. ZANELATO, Thiago Del Pozzo. Nova Lei de Franquias e Arbitragem. *Revista Brasileira de Arbitragem*, n. 67, p. 7-31, 2020. Os autores analisam a arbitragem na vigência da Lei 8.955/1994 (antigo regime dos contratos de franquia), no direito comparado e na Lei 13.966/2019, enfatizando as vantagens e as problemáticas do uso da arbitragem em contratos de franquia.

2051 "Aliás, regra geral, em um contrato de franquia se pode dizer que a dependência econômica de uma das partes em relação à outra é inerente. Isso porque, para que o contrato possa atingir o seu escopo, ou seja, desempenhar sua finalidade econômica, uma parte deve conseguir impor a outra o seu esquema de negócio. Mas mesmo assim, o grau de dependência é variável, dando-se maior ou menor grau de liberdade à parte em situação de dependência. Ainda que se possa considerar que o contrato de franquia em um determinado caso concreto é por adesão e que o grau de dependência econômica é elevado,

entendeu a relatora Ministra Nancy Andrighi no julgamento do REsp 1.602.076,[2052] que afirmou que, "com fundamento na doutrina e nos julgamentos deste Superior Tribunal de Justiça, o contrato de franquia ou franchising é inegavelmente um contrato de adesão". Ainda, bem distinguiu contrato de adesão e contrato de consumo: "o contrato de adesão é apenas uma técnica para a formação de contratos, quando exigências de economias de escala e de uniformização do produto ou serviço se impõem a determinado segmento econômico, mas não é tipo ou categoria autônoma de contrato. Não podemos, assim, limitar os contratos de adesão apenas às relações de consumo, pois, como visto acima, é pacífico na jurisprudência deste Superior Tribunal de Justiça que os contratos de franquia não consubstanciam relações de consumo, mas utilizam essa técnica para a formação dos contratos".[2053]

Dessa forma, concluiu que os contratos de franquia devem observar o art. 4º, § 2º, da Lei de Arbitragem e, ainda, propôs no caso a atuação preventiva do Poder Judiciário em detrimento do Tribunal Arbitral para análise da validade da convenção de arbitragem, relativizando o princípio do *Kompetenz-Kompetenz*, ante a patente inobservância das exigências estabelecidas no art. 4º, § 2º, da Lei de Arbitragem.

Esse entendimento foi reiterado pelo STJ no julgamento do REsp 1.803.752, também de relatoria da Ministra Nancy Andrighi. O caso consiste em recurso especial interposto por "Brumaria Comércio de Bolos e Confeitos Eireli" e outros (recorrentes) em face da sociedade "Vó, Quero Bolo! Franchising Ltda." (recorrida). Os recorrentes ajuizaram ação de rescisão contratual e de indenização por perdas e danos em face da recorrida, em razão do inadimplemento de obrigações pela última. Sobreveio sentença que extinguiu o processo ante à existência de cláusula arbitral no contrato, confirmada em segunda instância. Diante disso, foi interposto recurso especial, no qual se alegou, em síntese, a invalidade da cláusula arbitral por não ter cumprido o requisito previsto no art. 4º, § 2º, da Lei de Arbitragem.

Ao decidir a questão, o STJ reafirmou o entendimento de que "os contratos de franquia, mesmo não consubstanciando relação de consumo, devem observar o que prescreve o art. 4º, § 2º, da Lei 9.307/1996, na medida em que se possuem natureza de contrato de adesão". Também neste caso, como mencionado anteriormente, o STJ concluiu por flexibilizar o *Kompetenz-Kompetenz*, ante a flagrante ausência de cumprimento da formalidade prevista no § 2º do art. 4º da Lei de Arbitragem.

---

a intervenção do Poder Judiciário para afastar a cláusula compromissória, independentemente do estágio em que se encontre o procedimento arbitral, além de ferir o princípio da *kompetenz-kompetenz* e atingir o cerne do sistema arbitral, representa uma atuação do Poder Judiciário que estimula o descumprimento dos pactos, potencializa a litigiosidade das partes, gera insegurança jurídica e consequentemente desestabiliza o mercado" (COULON, Fabiano Koff; CANTALI, Fernanda Borghetti. Franquia e arbitragem: breve estudo a partir de emblemática decisão do Superior Tribunal de Justiça. *Scientia Iuris*, Londrina, v. 23, n. 1, p. 119, mar. 2019).

2052 STJ, REsp. 1.602.076/SP, Terceira Turma, Rel. Min. Nancy Andrighi, j. 15.09.2016.

2053 STJ, REsp. 1.602.076/SP, Terceira Turma, Rel. Min. Nancy Andrighi, j. 15.09.2016, p. 11-12.

Abrindo divergência, o Ministro Marco Aurélio Bellizze entendeu que a finalidade do requisito formal do art. 4º, § 2º, é salvaguardar o contratante por adesão no contexto de uma relação assimétrica. Na sequência, pontuou que o contrato de franquia não é intrinsecamente assimétrico. Por essa razão, entendeu o ministro que o afastamento do juízo arbitral *prima facie* em decorrência de inobservância dos requisitos fixados na Lei de Arbitragem para contratos por adesão supõe prévia análise da concreta vulnerabilidade do franqueado, ou seja, que esse esteja em posição efetivamente assimétrica.

Essa análise, como argumenta o Ministro, demanda a verificação concreta (i) da formação do contrato e (ii) da posição dos contratantes na relação. Contudo, esse escrutínio é incompatível com uma análise *prima facie*. Por conseguinte, defendeu que caberia ao Tribunal Arbitral analisar primeiramente a questão, já que esta não se enquadraria nas causas em que haveria vício manifesto apto a autorizar a mitigação do *Kompetenz-Kompetenz*.

Em seu voto, o Ministro Bellizze reconheceu, implicitamente, que nem sempre os contratos empresariais encerram relação jurídica absolutamente simétrica. Assim, admite-se no Direito Brasileiro a categoria dos contratos com "dependência empresarial", hipótese na qual um dos empresários, por iniciativa própria, avaliando todos os riscos, vantagens e desvantagens do negócio jurídico, confere ao outro empresário, por meio de ajuste contratual, o poder de organizar a sua empresa, seguindo as diretrizes deste, *e.g.*, o contrato de franquia.

Portanto, concluiu o ministro, optando por abordagem inovadora, que "em se tratando de contratos empresariais, a exigência formal contida no § 2º do art. 4º da Lei 9.307/1996 somente tem aplicação se a relação jurídica estabelecida entre os empresários contratantes for assimétrica e ficar caracterizado, no caso concreto, o comprometimento da autodeterminação e da autonomia da parte aderente para negociar ou mesmo para discordar dos termos contratuais propostos. E, como se trata de questão precedente e condicionante à instauração da arbitragem, o enfrentamento da matéria, por expressa disposição legal, é afeta à competência do Juízo arbitral".

Ao final do julgamento, o STJ, por maioria, deu provimento ao recurso especial, nos termos do voto da Ministra Nancy Andrighi. Vencido o Ministro Marco Aurélio Bellizze, votaram com a ministra Paulo de Tarso Sanseverino, Ricardo Villas Bôas Cueva e Moura Ribeiro. Embora o resultado tenha se aproximado daquele alcançado no REsp 1.602.076/SP – com o reconhecimento de que o Poder Judiciário poderia, com primazia, apreciar o desatendimento do requisito formal previsto no art. 4º, § 2º, da Lei de Arbitragem em contratos de franquia –, o Ministro Bellizze sugere interpretação inovadora do dispositivo.

Esse último posicionamento demanda reflexões. De fato, nem todo contrato de franquia será, necessariamente, contrato de adesão. O contrato de franquia pode assumir diferentes formas e é plenamente possível se imaginar que as suas condições sejam negociadas em menor ou maior grau pelo franqueado. Assim, é possível argumentar que a análise sobre a paridade ou não do contrato de franquia deve ser feita casuisticamente,

considerando a natureza das partes e o modo de formação do contrato.[2054] Contudo, se for mesmo o caso de qualificar o contrato de franquia como de adesão, inegavelmente se aplicarão as exigências previstas no § 2º do art. 4º da Lei de Arbitragem.

Isto é, se o contrato de franquia se configurar como sendo de adesão, não há espaço para argumentar em favor da inaplicabilidade do art. 4º, § 2º, da Lei de Arbitragem fundada em outra assimetria entre as partes que não aquela de negociação do contrato. Do contrário, haverá repartição do âmbito de aplicação da norma que a legislação não estabelece.

O art. 4º, § 2º, da Lei de Arbitragem expressamente se aplica a qualquer contrato de adesão, que se caracteriza pelo modo em que é formado, e não pela característica das partes envolvidas. Até se pode dizer que em contrato de adesão há hipossuficiência, mas no sentido de poder de barganha, visto que, de um lado, o proponente estabelece todas ou a maior parte das condições da contratação, e, de outro, o aderente tem margem muito mais estreita para negociar o contrato.

Já hipossuficiência técnica ou econômica, embora possa ser frequente em contratos de adesão em razão do fato de que os contratos de adesão têm maior âmbito de aplicação em relações massificadas nas quais o proponente é técnica e economicamente mais arrojado do que o aderente, não é pressuposto para a caracterização do contrato como de adesão. Essa ressalva foi bem observada por Gerson Luiz Carlos Branco ao analisar a convenção de arbitragem em contratos de adesão. Afirma que o elemento que caracteriza o contrato de adesão "não diz respeito à assimetria entre os sujeitos de direito (quem são as partes), mas à assimetria no processo de contratação (parte como núcleo de interesses), no qual há um responsável pela elaboração do regulamento contratual e o aderente".[2055]

Digno de menção é o acórdão do TJSP no âmbito da Apelação Cível 1003513-24.2020.8.26.0271,[2056] no qual o Tribunal, embora tenha concluído pela legalidade da cláusula arbitral à luz do § 2º do art. 4º da Lei de Arbitragem, afastou a cláusula arbitral sob os fundamentos de que não havia referência ao custo da arbitragem e ao corpo de árbitros na circular de oferta de franquia ou no contrato de franquia e de que o franqueador não forneceu informação e esclarecimento adequados ao franqueado, fulminando a validade da própria relação contratual. A *ratio* do julgado foi em seguida reproduzida pelo TJSP no julgamento da Apelação Cível 1006072-45.2021.8.26.0100.[2057]

2054 Luciano Benetti Timm e Lucas de Souza Dias pontuam que o contrato de franquia não necessariamente será de adesão, podendo ser paritário. TIMM, Luciano Benetti. DIAS, Lucas de Souza. Arbitragem nos Contratos de Franquia. *Revista Brasileira de Arbitragem*, n. 21, p. 58, 2009.

2055 BRANCO, Gerson. Contratos de Adesão e Arbitragem Comercial. In: AZEVEDO, André Jobim *et al.* (org.). *Dia Gaúcho da Arbitragem*. Porto Alegre: Lex Magister, 2015. p. 72.

2056 TJSP, Apelação Cível 1003513-24.2020.8.26.0271, 1ª Câmara Reserva de Direito Empresarial, Rel. Des. Alexandre Lazzarini, j. 01.06.2022.

2057 TJSP, Apelação Cível 1006072-45.2021.8.26.0100, 1ª Câmara Reserva de Direito Empresarial, Rel. Des. Cesar Ciampolini, j. 22.12.2022.

A toda evidência, os acórdaos merecem reparos, pois, como dito anteriormente, a exigência de requisitos além daqueles previstos no art. 4º, § 2º, da Lei de Arbitragem implica efetuar demandas que a lei não faz, o que deve, portanto, ser coibido. Por óbvio, tratando-se de relação de adesão, o que é relevante para a eficácia da convenção de arbitragem é que os aderentes instituam a arbitragem ou com ela concordem, caso instituída pelo proponente, sendo que, uma vez aceita a instituição da arbitragem, as partes aceitarão todas as implicações da escolha pela arbitragem.

No que toca à hipossuficiência ou impecuniosidade da parte, além de o TJSP não ter efetuado exame detido sobre as provas dessa alegação, o exame acerca dos seus efeitos sobre a convenção de arbitragem deve ser efetuado pelo próprio árbitro, em respeito ao *Kompetenz-Kompetenz*, como decidido pelo STJ no âmbito do REsp 1.959.435, de relatoria da Ministra Nancy Andrighi.[2058]

3. Contratos imobiliários

O setor imobiliário também conta com diversos contratos de adesão, em que é comum a utilização de contratos padronizados de modo a proporcionar agilidade nas negociações e redução dos custos de transação.[2059] Isso ocorre frequentemente em contratos de compra e venda de imóvel (sobretudo quando ofertados "na planta", diretamente pelas construtoras ou incorporadoras), de locação de imóveis (quando negociados com empresas ou, por exemplo, em *shopping centers*), de convenção de condomínio, entre outros.

Em muitos casos, o contrato será de adesão *e de consumo*. Por exemplo, o STJ pacificou o entendimento de que a compra e venda de imóvel para destinatário final, para fins de moradia, configura contrato de consumo.[2060] Nesses casos, como dito anteriormente, atrai-se a aplicação do art. 51, VII, do CDC, de modo que, surgindo litígio, as partes consintam com a instauração da arbitragem.[2061]

Assim, o STJ decidiu no REsp 1.628.819,[2062] em acórdão relatado pela Ministra Nancy Andrighi, em caso envolvendo cláusula compromissória em contrato de compra e venda de imóvel residencial, que "o art. 51, VII, do CDC limita-se a vedar a adoção prévia e compulsória da arbitragem, no momento da celebração do contrato, mas não

---

[2058] STJ, REsp 1.959.435, 3ª Turma, Rel. Min. Nancy Andrighi, j. 30.08.2022.

[2059] KLEIN, Aline Lícia; VITALE, Olivar. Investidor Imobiliário, Contrato por Adesão e Cláusula Compromissória. *Arbitragem, Mediação e Dispute Boards no Mercado Imobiliário*. São Paulo: Quartier Latin, 2019. p. 136.

[2060] Como exemplo: STJ, REsp 1.446.963, 3ª Turma, Rel. Min. Paulo de Tarso Sanseverino, j. 1º.08.2017; STJ, REsp 1.169.841, 3ª Turma, Rel. Min. Nancy Andrighi, j. 6.11.2012; STJ, AREsp 1.705.504, 3ª Turma, j. 25.11.2020.

[2061] Essa orientação está refletida na Tese 11 da Jurisprudência em Teses do STJ: "A legislação consumerista impede a adoção prévia e compulsória da arbitragem no momento da celebração do contrato, mas não proíbe que, posteriormente, em face de eventual litígio, havendo consenso entre as partes, seja instaurado o procedimento arbitral".

[2062] STJ, REsp 1.628.819, 3ª Turma, Rel. Min. Nancy Andrighi, j. 27.2.2018.

impede que, posteriormente, diante de eventual litígio, havendo consenso entre as partes (em especial a aquiescência do consumidor), seja instaurado o procedimento arbitral".[2063]

Assim também decidiu o STJ no REsp 1.189.050, relatado pelo Ministro Luis Felipe Salomão: "a instauração da arbitragem pelo consumidor vincula o fornecedor, mas a recíproca não se mostra verdadeira, haja vista que a propositura da arbitragem pelo policitante depende da ratificação expressa do oblato vulnerável, não sendo suficiente a aceitação da cláusula realizada no momento de assinatura do contrato de adesão. Com isso, evita-se qualquer forma de abuso, na medida em que o consumidor detém, caso desejar, o poder de libertar-se da via arbitral para solucionar eventual lide com o prestador de serviços ou fornecedor. É que a recusa do consumidor não exige qualquer motivação. Propondo ele ação no Judiciário, haverá negativa (ou renúncia) tácita da cláusula compromissória".[2064]

A incidência do art. 51, VII, do CDC independe da condição econômica do adquirente ou do padrão do imóvel. Nesse sentido, no julgamento do REsp 1.785.783, o STJ entendeu que, mesmo se tratando de um imóvel de luxo, a utilização da arbitragem é possível apenas quando não houver imposição pelo fornecedor. Contudo, como a consumidora buscou a tutela de seus direitos no Poder Judiciário, a eficácia da cláusula compromissória ficou afastada.[2065] Assim, em relações imobiliárias de consumo, entende-se que a cláusula compromissória é assimétrica,[2066] já que autoriza apenas o consumidor a iniciar o procedimento arbitral, conferindo-lhe tal direito potestativo. E, na hipótese de a arbitragem ser iniciada pelo fornecedor, ainda assim é necessária a concordância expressa do consumidor.[2067] Por fim, caso o consumidor seja demandado judicialmente pelo fornecedor, em razão de contrato de compra e venda de imóvel com cláusula compromissória, e tenha interesse em se valer da arbitragem, poderá o consumidor alegar a convenção de arbitragem, nos termos do art. 337, X, do CPC.[2068]

De outro lado, sendo o contrato configurado somente como de adesão, mas não de consumo, a norma aplicável será o art. 4º, § 2º, da Lei de Arbitragem, estando a eficácia da cláusula compromissória condicionada à iniciativa do aderente de instituir a arbitragem ou à sua concordância expressa com a instituição solicitada pela outra parte, desde que a cláusula arbitral seja celebrada por escrito em documento anexo ou em negrito e com uma assinatura ou visto específicos. É o caso, por exemplo, de um contrato de locação *built to suit*, celebrado entre construtor e sociedade fornecedora de determinado produto ou serviço, de compra e venda não destinada à moradia, de locação de imóveis urbanos ou de intermediação imobiliária.

[2063] STJ, REsp 1.628.819, 3ª Turma, Rel. Min. Nancy Andrighi, j. 27.2.2018, p. 12.

[2064] STJ, REsp 1.189.050, 4ª Turma, Rel. Min. Luis Felipe Salomão, j. 01.03.2016, ementa.

[2065] STJ, REsp 1.785.783, 3ª Turma, Rel. Min. Nancy Andrighi, j. 5.11.2019.

[2066] Vide Capítulo 9.

[2067] TOLENTINO, Augusto. Arbitragem no Direito Imobiliário. In: VENOSA, Sílvio; GAGLIARDI, Rafael; TABET, Caio (coord.). *Tratado de Arbitragem*. Indaiatuba: Foco, 2024.

[2068] CPC, Art. 337: "Incumbe ao réu, antes de discutir o mérito, alegar: (...) X – convenção de arbitragem".

Nesse sentido, o Tribunal de Justiça do Estado de Minas Gerais analisou a validade de uma cláusula compromissória constante de "contrato particular de promessa de permuta de imóveis" em que a parte não era consumidora. O relator entendeu que como o imóvel seria posteriormente locado e o objeto social da parte era a locação de imóveis próprios, ela não poderia ser considerada a destinatária final do produto/serviço. Em razão disso, pelo princípio competência-competência, caberia ao tribunal arbitral analisar a existência, validade e eficácia da cláusula compromissória.[2069]

O mesmo racional se aplica aos contratos de corretagem, que conforme julgado do Tribunal de Justiça do Estado do Paraná, podem ser considerados contratos de consumo desde que a parte seja consumidora final dos serviços de corretagem.[2070]

No caso de locação de imóveis urbanos, por exemplo, a jurisprudência do STJ é pacífica no sentido de que o CDC não é aplicável aos contratos de locação regidos pela Lei 8.245/1991. Destaca-se o julgamento da Segunda Seção do STJ no Conflito de Competência 164.934, no qual se concluiu que os contratos de locação de imóveis urbanos e consumeristas fazem "parte de microssistemas distintos do âmbito normativo do direito privado", sendo que "as relações jurídicas não possuem os traços característicos da relação de consumo, previstos nos arts. 2º e 3º da Lei 8.078/1990".[2071] Nesse caso, concluiu pela validade e eficácia da cláusula compromissória: "as partes envolvidas no contrato apuseram suas assinaturas anuindo, expressamente, com a estipulação da cláusula compromissória, não havendo razão, portanto, para se questionar acerca de sua validade e eficácia".[2072]

O TJSP em Ação de Despejo cumulada com Rescisão de Contrato de Locação e Cobrança de Aluguéis e Acessórios, afastou a preliminar que buscava reconhecer a obrigatoriedade de arbitragem, sob o fundamento de que o contrato seria de adesão e que "para a devida instituição do compromisso arbitral, deveria possuir ato inequívoco de aquiescência dos Aderentes concordando com a instituição do Juízo Arbitral".[2073] E no caso, como a cláusula compromissória não possuía a assinatura dos locatários, a relatora entendeu que isso impediria sua eficácia jurídica.

O mesmo entendimento foi alcançado pelo TJMG, em ação de despejo ao decidir pela invalidade da cláusula compromissória por não ter sido especificamente assinada, nos termos do art. 4, § 2º, da Lei de Arbitragem.[2074]

2069 TJMG, Apelação Cível 1.0000.19.039012-0/001, 16ª Câmara Cível, Rel. Des. Ramom Tácio, j. 09.08.2019.

2070 TJPR, Recurso Inominado 0010179-81.2018.8.16.0182, 1ª Turma Recursal, Relatora Juíza Vanessa Bassani, j. 27.9.2018.

2071 STJ, Conflito de Competência 164.934, Segunda Seção, j. 1º.08.2019, p. 4.

2072 STJ, Conflito de Competência 164.934, Segunda Seção, j. 1º.08.2019, p. 4.

2073 TJSP, Apelação Cível 0001518-55.2013.8.26.0071, 30ª Câmara de Direito Privado, Rel. Des. Penna Machado, j. 19.9.2015.

2074 TJMG, Apelação Cível 1.0105.11.012457-2/001, 11ª Câmara Cível. Rel. Des. Wanderley Paiva, j. 4.12.2013.

Ao analisar outro contrato de locação, o TJSP entendeu que não seria aplicável o art. 4, § 2º, da Lei de Arbitragem, pois nos termos do voto da relatora: "Primeiro, por não ser evidente a natureza de contrato de adesão dos instrumentos de fls. 17/29. Segundo, por ter havido o devido destaque exigido pelo dispositivo. Terceiro, os autores não controvertem a validade da cláusula. Quarto, último, e mais importante, a finalidade do dispositivo é proteger o aderente, que, no caso, seria justamente o réu; logo, se o próprio réu anela a arbitragem, a protetividade do dispositivo não teria razão de ser".[2075] Em razão disso e considerando o princípio competência-competência, decidiu-se por extinguir o processo sem resolução do mérito.

À luz dessa jurisprudência do STJ, o TJSP, no julgamento da Apelação Cível 1005295-60.2020.8.26.0564, relatado pelo Desembargador Costa Wagner, afirmou que o contrato de *coworking* estabelecia "relação locatícia estabelecida entre locadora e locatária", que "não pode ser considerada como uma relação de consumo, tratando-se de relação civil entre partes em plena igualdade de condições, regida pela Lei 8.245/91". Assim, concluiu pela eficácia da cláusula arbitral, pois, "além de expressa, foi redigida de maneira simples, inexistindo qualquer dificuldade em sua interpretação, bem como grafada inteiramente em negrito e com a assinatura especialmente para essa cláusula".[2076]

Há que se mencionar, por fim, que, não obstante a jurisprudência mencionada, há contratos imobiliários que, diante da paridade entre os contratantes, não são enquadrados como de consumo ou de adesão. Entre os contratos imobiliários paritários, talvez o mais comum seja o que regula a compra e venda de imóveis entre pessoas físicas.[2077] Nesses casos, nos tribunais brasileiros há julgados[2078] decidindo pela validade da cláusula compromissória[2079] sem necessidade de observância de regras específicas. Quando

---

[2075] TJSP, Apelação Cível 1010511-87.2017.8.26.0602, 30ª Câmara de Direito Privado, Rel. Des. Maria Lúcia Pizzotti, j. 21.10.2020.

[2076] TJSP, Apelação Cível 1005295-60.2020.8.26.0564, 34ª Câmara de Direito Privado, Rel. Des. Costa Wagner, j. 26.02.2021.

[2077] TOLENTINO, Augusto. Arbitragem no Direito Imobiliário. In: VENOSA, Sílvio; GAGLIARDI, Rafael; TABET, Caio (coord.). *Tratado de Arbitragem*. Indaiatuba: Foco, 2024.

[2078] STJ, REsp 1.694.826, 3ª Turma, Rel. Min. Nancy Andrighi, j. 07.11.2017; TJSP, Apelação Cível 1018645-28.2014.8.26.0564, 6ª Câmara de Direito Privado, Rel. Des. Percival Nogueira, j. 05.05.2016; TJRJ, Apelação Cível 0034355-69.2012.8.19.0209, 6ª Câmara Cível, Rel. Des. Inês da Trindade Chaves de Melo, j. 29.10.2014.

[2079] Nesse sentido, destaca-se trecho da Apel 1018645-28.2014.8.26.0564 (TJSP): "O contrato não é de adesão, posto que celebrado entre particulares, todos em pé de igualdade, não sendo o caso de relação de consumo. Logo, plenamente válida a cláusula de arbitragem, que impede o exame do feito pela Justiça Comum, se inexistente a circunstância excepcional aludida na sentença (impossibilidade de instalação de arbitragem ou extraordinário e injustificado atraso na entrega da obra encomendada)". Do mesmo modo, conforme Apel. 0034355-69.2012.8.19.0209 (TJRJ): "Todavia, a hipótese dos autos não tem natureza consumerista, mas sim de natureza civil, feita entre particulares (Amadeu e Eduardo), pessoas físicas, em que o vendedor do imóvel e o seu comprador se encontram em paridade contratual. Isso não significa, entretanto, a impossibilidade de estar configurado um contrato de adesão, apenas

a compra e venda de imóveis ocorre entre duas pessoas jurídicas, a jurisprudência é farta em reconhecer o vínculo das partes à cláusula compromissória,[2080] sendo a relação regida pelo Código Civil.

Assim, impende analisar, em contratos imobiliários, se se está diante de contrato de adesão ou não, para fins de atração da norma do art. 4º, § 2º, da Lei de Arbitragem, bem como de contrato de consumo, hipótese na qual se terá regime diferenciado, a partir do art. 51, VII, do CDC.

4. Oferta de arbitragem

A oferta de arbitragem consiste em uma forma de manifestação do consentimento da parte por meio da "aceitação expressa ou tácita, sem necessária contemporaneidade entre as expressões de vontade de cada parte".[2081]

A oferta pública de arbitragem no campo de relação de consumo é bastante conhecida e utilizada na Espanha, onde há um sistema arbitral regulamentado pelo Real Decreto 636 de 1993, baseado na voluntariedade e que traz muitas vantagens para os consumidores.[2082] A adesão ao sistema de arbitragem via oferta pública ocorre por meio de acordos celebrados com as "Juntas Arbitrales de Consumo",[2083] que podem resolver diversas questões consumeristas, com exceção de: (i) assunto sobre as quais tenha havido uma decisão judicial final e definitiva, (ii) assuntos não disponíveis, (iii) assuntos que demandam a intervenção do Ministério Público e, por fim (iv) controvérsias que envolvem intoxicação, lesão, morte ou que revelem indícios consideráveis de um crime.[2084]

---

evidenciando a não incidência do CDC. Porém no presente caso não se trata de contrato de adesão, já que foram ocorreram tratativas entre as partes através de e-mail, fls. 13/15, quando então o apelante poderia recusar os termos que lhe foram oferecidos pelo apelado".

2080 TJMG, Apelação Cível 1.0000.21.063037-2/001, 17ª Câmara Cível, Rel. Des. Aparecida Grossi, j. 30.09.2021; TJMG, Apelação Cível 1.0000.19.039012-0/001, 16ª Câmara Cível, Rel. Des. Ramom Tácio, j. 07.08.2019; TJMG, Apelação Cível 1.0024.14.225051-3/001, 14ª Câmara Cível, Rel. Des. Evangelina Castilho Duarte, j. 07.12.2017.

2081 FELIPPE, Juliana. Oferta de arbitragem e consentimento diferido. In: LEE, João Bosco; MANGE, Mange (ed.). *Revista Brasileira de Arbitragem*. Kluwer Law International, v. XVIII, n. 71, p. 24, 2021.

2082 VERÍSSIMO, Marcos Paulo. A arbitragem de consumo na Espanha. *TASP – Centro de Mediação e Arbitragem de São Paulo*. Disponível em: https://www.arbitragem.com.br/index.php/artigos/arbitragem-nas-rela%C3%A7%C3%B5es-de-consumo#marcos-paulo-verissimo. Acesso em: 29.09.2023.

2083 "O temor a determinados riscos inerentes à arbitragem de consumo foi superado pela natureza pública das juntas arbitrais, donde o presidente é sempre funcionário da administração. O tratamento igualitário por seu turno, é assegurado com a participação de representantes dos fornecedores e consumidores" (ZULIANI, Evandro. Arbitragem e os Órgãos Integrantes do Sistema Nacional de Defesa do Consumidor. *Revista de Arbitragem e Mediação*, v. 11006, p. 7-58, out./dez. 2006).

2084 Real Decreto de 1993: "Artículo 2.2. No podrán ser objeto de arbitraje de consumo las siguientes cuestiones (artículo 2.1 de la Ley 36/1988): a) Las cuestiones sobre las que haya recaído resolución judicial firme y definitiva, salvo los aspectos derivados de su ejecución. b) Las

Nos termos do art. 6º do referido decreto, há um "caráter vinculante e executivo da arbitragem de consumo",[2085] pois, no caso de o fornecedor ter realizado uma oferta pública de submissão ao sistema de arbitragem de consumo, a convenção de arbitragem é formalizada com a apresentação da solicitação de arbitragem pelo consumidor.[2086] Mesmo que o fornecedor não tenha previamente aderido ao sistema, ele será notificado da solicitação da arbitragem, quando poderá optar por aderir ao convênio.[2087-2088]

Além da bem-sucedida experiência espanhola, na Argentina também foi implementado um sistema semelhante, o Sistema Nacional de Arbitraje de Consumo, regulamentado pelo Decreto 276/1998[2089] e pela Resolução 65/2018.[2090]

Segundo Juliana Felippe, no direito brasileiro, o contrato de adesão, em razão do disposto no § 2º do art. 4º da Lei de Arbitragem, poderia ser considerado uma forma de

---

materias inseparablemente unidas a otras sobre las que las partes no tengan poder de disposición. c) Las cuestiones en que, con arreglo a las leyes, deba intervenir el Ministerio Fiscal en representación y defensa de quienes, por carecer de capacidad de obrar o de representación legal, no pueden actuar por sí mismos. d) Aquellas en las que concurran intoxicación, lesión, muerte o existan indicios racionales de delito (artículo 31.1 de la Ley 26/1984)".

2085 VERÍSSIMO, Marcos Paulo. A arbitragem de consumo na Espanha. *TASP – Centro de Mediação e Arbitragem de São Paulo*. Disponível em: https://www.arbitragem.com.br/index.php/artigos/arbitragem-nas-rela%C3%A7%C3%B5es-de-consumo#marcos-paulo-verissimo. Acesso em: 29.09.2023.

2086 Real Decreto de 1993: "Artículo 6.1.Cuando el reclamado hubiese realizado oferta pública de sometimiento al sistema arbitral de consumo, respecto de futuros conflictos con consumidores o usuarios, el convenio arbitral quedará formalizado con la presentación de la solicitud de arbitraje por el reclamante, siempre que dicha solicitud coincida con el ámbito de la oferta".

2087 Real Decreto de 1993: "Artículo 9. 1. La Junta Arbitral de Consumo notificará la solicitud de arbitraje al reclamado, el cual deberá aceptarla o rechazarla por escrito o por medios electrónicos, informáticos o telemáticos, en el plazo de quince días hábiles, a contar desde la recepción de la notificación, salvo en los supuestos contemplados en el artículo 6.1 de este Real Decreto. 2. Em caso de que no constare formalizado previamente el convenio arbitral y el reclamado no estabelecid em el plazo estabelecido em el apartado anterior, la Junta Arbitral de Consumo ordenará el archivo de las actuaciones, notificándolo al reclamante".

2088 "Diferente es también el tratamiento que se realiza de los pactos previos de sometimiento a arbitraje que carecerán de cualquier efecto vinculante para el consumidor mientras que para el empresario 'el acuerdo será vinculante en la medida em que reúna las condiciones de validez exigidas por la normativa aplicable a dicho acuerdo. Este consentimiento no será necesario cuando el empresario se encuentre obligado, por ley o por su adhesión previa, a participar en dicho procedimiento' El acuerdo previo de sometimiento a arbitraje tiene para el empresario la naturaleza de oferta contractual irrevocable que permite al consumidor que así lo desee adherirse a la misma y perfeccionar el convenio arbitra" (FERNÁNDEZ, María Eugenia. Recentísimas novedades en materia de arbitraje de consumo tras la Ley 7/2017, de 2 de noviembre, sobre resolución alternativa de conflictos de consumo. *Revista de Arbitraje Comercial y de Inversiones*. Kluwer Law International; IproLex, v. 11, n. 2, p. 494, 2018).

2089 Disponível em: https://www.argentina.gob.ar/normativa/nacional/decreto-276-1998-49692/texto Acesso em: 29 set. 2023.

2090 Disponível em: https://www.argentina.gob.ar/normativa/nacional/resoluci%C3%B3n-65-2018-315023. Acesso em: 29 set. 2023.

oferta de arbitragem. Isso, porque há uma declaração unilateral da parte predisponente, que pode vir a ser aceita ou não pelo aderente.[2091] Em outros termos, a aceitação da oferta ou proposta de arbitragem "proporciona o encontro de vontades para a formação do contrato de arbitragem entre as partes".[2092]

Embora esse não seja o tema deste capítulo, importante mencionar que a oferta de arbitragem também se faz presente em arbitragens de investimento.[2093] A oferta de arbitragem prevista na legislação nacional de um Estado, consiste em uma forma prévia de manifestação do consentimento, que apenas vincula o investidor no momento em que declara sua aceitação.[2094]

[2091] FELIPPE, Juliana. Oferta de arbitragem e consentimento diferido. In: LEE, João Bosco; MANGE, Mange (ed.). *Revista Brasileira de Arbitragem*. Kluwer Law International, v. XVIII, n. 71, p. 25, 2021.

[2092] FELIPPE, Juliana. Oferta de arbitragem e consentimento diferido. In: LEE, João Bosco; MANGE, Mange (ed.). *Revista Brasileira de Arbitragem*. Kluwer Law International, v. XVIII, n. 71, p. 25, 2021.

[2093] FELIPPE, Juliana. Oferta de arbitragem e consentimento diferido. In: LEE, João Bosco; MANGE, Mange (ed.). *Revista Brasileira de Arbitragem*. Kluwer Law International, 2021, v. XVIII, n. 71, p. 26, 2021.

[2094] FELIPPE, Juliana. Oferta de arbitragem e consentimento diferido. In: LEE, João Bosco; MANGE, Mange (ed.). *Revista Brasileira de Arbitragem*. Kluwer Law International, 2021, v. XVIII, n. 71, p. 27, 2021.

BIBLIOGRAFIA

ALEXY, Robert. Certeza jurídica e correção. Trad. Ana Margarida Gaudêncio e Luís Meneses do Vale. *Boletim da Faculdade de Direito*, Coimbra, v. LXXXVIII, t. II, p. 481-497, 2012.

ALEXY, Robert. Einige Reflexionen über die "Theorie der Grundrechte" nach mehr als 35 Jahren. In: BÄCKER, Carsten (ed.). *Rechtsdiskurs, Rechtsprinzipien, Rechtsbegriff.* Elementen einer diskursiven Theorie fundamentaler Rechte. Tübingen: Mohr Siebeck, 2022.

ALEXY, Robert. Gustav Radbruchs Rechtsbegriff. In: BOROWKSI, Martin (org.). *Modern German non-positivism*: from Radbruch to Alexy. Tübingen: Mohr Siebeck, 2019.

ALEXY, Robert. Kant's Non-Positivistic Concept of Law. *Kantian Review*, v. 24, n. 4, p. 497-512, 2019.

ALEXY, Robert. O conceito de direito não-positivista de Kant. In: HECK, Luís Afonso (org., trad., rev., prefaciador). *Escritos germânicos sobre Kant.* Porto Alegre: Sergio Antonio Fabris Editor, 2021.

ALEXY, Robert. *Teoria da argumentação jurídica*: a teoria do discurso racional como teoria da fundamentação jurídica. 6. ed. Trad. Zilda Hutchinson Schild Silva. Rev. Cláudia Toledo. Rio de Janeiro: Forense, 2021.

ALEXY, Robert. Teoria do discurso e direitos fundamentais. Trad. Maria Cláudia Cachapuz. In: HECK, Luís Afonso (org.). *Direito natural, direito positivo, direito discursivo.* Porto Alegre: Livraria do Advogado, 2010.

ALEXY, Robert. *Teoria dos direitos fundamentais.* Trad. Virgílio Afonso da Silva. São Paulo: Malheiros, 2008.

ALEXY, Robert. *The argument from injustice*: a reply to legal positivism. Trad. Bonnie Litschewski Paulson e Stanley L. Paulson. Oxford: Clarendon Press, 2002.

ALEXY, Robert. *Theorie der Grundrechte.* Frankfurt am Main: Suhrkamp, 1986.

ALEXY, Robert. *Theorie der juristischen Argumentation*: die Theorie des rationalen Diskurses als Theorie der juristischen Begründung. Frankfurt am Main: Suhrkamp, 1978.

ARAÚJO, Nádia de. O princípio da autonomia da cláusula arbitral na jurisprudência brasileira. *Revista de Arbitragem e Mediação*, v. 27, p. 265-286, out.-dez. 2010.

ARAÚJO, Nádia de; GAMA JR., Lauro. A escolha da lei aplicável aos contratos do comércio internacional: os futuros princípios da Haia e perspectivas para o brasil escritório permanente da conferência de Haia de direito internacional privado. *Revista de Arbitragem e Mediação*, v. 34, p. 11-41, jul.-set. 2012.

AROSI, Letícia Soster. Os contratos incompletos e a *behavioral law and economics*. *Revista de Direito Privado*, v. 89, p. 43-68, maio 2018.

ASCARELLI, Tullio. *Panorama do direito comercial*. Sorocaba: Editora Minelli, 2007.

ÁVILA, Humberto. *Segurança jurídica*: entre permanência, mudança e realização no direito tributário. São Paulo: Malheiros, 2011.

ÁVILA, Humberto. *Teoria dos princípios*: da definição à aplicação dos princípios jurídicos. 14. ed. atual. São Paulo: Malheiros, 2013.

AYRES, Ian; GERTNER, Robert. Filling gaps in incomplete contracts: an economic theory of default rules. *Yale Law Journal*, v. 99, n. 1, p. 87-130, 1989.

AZEVEDO, Antonio Junqueira de. *Negócio jurídico*: existência, validade e eficácia. 4. ed. São Paulo: Saraiva, 2002.

AZEVEDO, Antonio Junqueira de. Responsabilidade pré-contratual no Código de Defesa do Consumidor: estudo comparativo com a responsabilidade pré-contratual no direito comum. *Revista de Direito do Consumidor*, v. 18, p. 23-31, abr.-jun. 1996.

BALERONI, Rafael. Aspectos econômicos e jurídicos das cláusulas de *ship-or-pay* e *take-or-pay* nos contratos de transporte e de fornecimento de gás natural. *RTDC*, v. 27, p. 247-264, jul.-set. 2006.

BANDEIRA, Paula Greco. Os contratos incompletos e a *soft law*. *Revista dos Tribunais*, v. 966, p. 145-165, abr. 2016.

BAPTISTA MACHADO, João. Tutela da confiança e *venire contra factum proprium*. *Obra Dispersa*, Braga: Scientia Ivridica, v. I, 1991.

BARROS, Vera Cecília Monteiro de. A força vinculante da cláusula compromissória e o princípio da competência-competência: comentários ao AGIN 644.204-4/2. *Revista de Arbitragem e Mediação*, v. 25, 2010.

BINDER, Peter. *International Commercial Arbitration and Mediation in UNCITRAL Model Law Jurisdictions*. 4. ed. Kluwer Law International, 2019.

BITTAR, Carlos Alberto. Interpretação no direito em geral. *Doutrinas Essenciais de Direito Civil*, v. 1, p. 1.239-1.252, out. 2010.

BLOCH, Marc. *Apologia da história ou o ofício do historiador*. Trad. André Telles. Rio de Janeiro: Jorge Zahar Editor, 2002.

BORN, Gary. *International Commercial Arbitration*. 3. ed. Alphen aan den Rijn: Kluwer Law International, 2021.

BOROWSKI, Martin. *Grundrechte als Prinzipien*. 3. Aufl. Baden-Baden: Nomos Verlag, 2018.

BOROWKSI, Martin (org.). *Modern German non-positivism*: from Radbruch to Alexy. Tübingen: Mohr Siebeck, 2019.

BROWNSWORD, Roger. The limits of freedom of contract and the limits of contract theory. *Journal of Law and Society*, v. 22, n. 2, p. 259-273, jun. 1995.

BUENO, Cassio Scarpinella. Direito, interpretação e norma jurídica: uma aproximação musical do direito. *Revista de Processo*, v. 111, p. 223-242, jun.-set. 2003.

CAMPOS, Ricardo (org.). *Crítica da ponderação*: método constitucional entre a dogmática jurídica e a teoria social. São Paulo: Saraiva, 2016.

CANARIS, Claus-Wilhelm. O "contato social" no ordenamento jurídico alemão. Trad. Otávio Luiz Rodrigues Jr. e Patrícia Cândido Alves Ferreira. *Revista de Direito Civil Contemporâneo*, v. 16, p. 211-219, jul.-set. 2018.

CARMONA, Carlos Alberto. *Arbitragem e processo*: um comentário à Lei nº 9.307/96. 3. ed. São Paulo: Atlas, 2009.

CARRIÓ, Genaro R. *Notas sobre derecho y lenguaje*. 4. ed. Buenos Aires: Abeledo--Perrot, 1990.

CARRIÓ, Genaro R. *Principios juridicos y positivismo juridico*. Buenos Aires: Abeledo--Perrot, 1970.

CHIOVENDA, Giuseppe. *Instituições de direito processual civil*. 3. ed. Trad. J. Guimarães Menegale. São Paulo: Saraiva, 1969. v. 1.

COASE, Ronald. *A firma, o mercado e o direito*. Trad. Heloisa Gonçalves Barbosa. 2. ed. Rio de Janeiro: Forense, 2017.

COUTO E SILVA, Clóvis do. *Negócios jurídicos e negócios jurídicos de disposição*. O direito privado na visão de Clóvis do Couto e Silva. 2. ed. Porto Alegre: Livraria do Advogado, 2014.

DANTAS, San Tiago. *Programa de direito civil*. Edição histórica. Rio de Janeiro: Editora Rio, 1977.

DIDIER JR., Fredie; BOMFIM, Daniela. Exercício tardio de situações jurídicas ativas. O silêncio como fato jurídico extintivo: renúncia tácita e *supressio*. *Revista do Ministério Público*, Rio de Janeiro: MPRJ, n. 50, p. 13-40, out.-dez. 2013.

DINAMARCO, Cândido Rangel. *A arbitragem na teoria geral do processo*. São Paulo: Malheiros, 2013.

DWORKIN, Ronald. *Levando os direitos a sério*. Trad. Nelson Boeira. 3. ed. São Paulo: Martins Fontes, 2010.

EISENBERG, Melvin Aron. The bargain principle and its limits. *Harvard Law Review*, v. 95, n. 4, p. 741-801, fev. 1982.

EPSTEIN, Wendy Netter. Facilitating Incomplete Contracts. *Case Western Reserve Law Review*, v. 65, n. 2, p. 297-340, 2014.

ESTRELLA, Hernani. Economia dirigida e direito comercial. *Revista da Faculdade de Direito de Pôrto Alegre*, n. 4, p. 51-66, 1958.

FABIAN, Christoph. *O dever de informar no direito civil*. São Paulo: Revista dos Tribunais, 2002.

FARIAS, Cristiano Chaves de; ROSENVALD, Nelson. *Curso de direito civil*: parte geral e LINDB. 15. ed. Salvador: Juspodivm, 2017.

FERRAZ JR., Tércio Sampaio. *Direito, retórica e comunicação*: subsídios para uma pragmática do discurso jurídico. São Paulo: Saraiva, 1997.

FERRAZ JR., Tércio Sampaio. *Introdução ao estudo do direito*. 11. ed. São Paulo: Atlas, 2022.

FICHTNER, José Antonio; TOLENTINO, Augusto; POLASTRI, Leonardo; SALTON, Rodrigo. *Convenção de arbitragem*: parte geral. Rio de Janeiro: Forense, 2023.

FORGIONI, Paula A. A interpretação dos negócios jurídicos II – alteração do art. 113 do Código Civil: art. 7º. In: MARQUES NETO; Floriano Peixoto; RODRIGUES JR., Otávio Luiz; LEONARDO, Rodrigo Xavier. *Comentários à Lei de Liberdade Econômica*: Lei 13.874/2019. São Paulo: Thomson Reuters Brasil, 2019.

FORGIONI, Paula A. Apontamentos sobre a natureza jurídica e a função econômica das cláusulas de declarações de garantias. In: GOUVÊA, Carlos Portugal; PARGENDLER, Mariana; LEVI-MINZI, Maurizio. *Fusões e aquisições*: pareceres. São Paulo: Almedina, 2022.

FORGIONI, Paula A. *Contratos empresariais*: teoria geral e aplicação. 2. ed. São Paulo: Revista dos Tribunais, 2016.

FORGIONI, Paula A. *Contratos empresariais*: teoria geral e aplicação. 7. ed. São Paulo: Thomson Reuters, 2022.

FONSECA, Rodrigo Garcia da. O princípio competência-competência na arbitragem. Uma perspectiva brasileira. *Revista de Arbitragem e Mediação*, São Paulo: RT, v. 9, p. 290-291, 2006.

FOUCHARD, Philippe; GAILLARD, Emmanuel; GOLDMAN, Berthold. *Fouchard Gaillard Goldman on International Arbitration*. Haia: Kluwer Law International, 1999.

FRADERA, Véra. A vedação de *venire contra factum proprium* e sua relação com os princípios da confiança e da coerência. *Direito e Democracia* (ULBRA), v. 9, n. 1, p. 130-134, jan.-jun. 2008.

FRADERA, Véra. *Réflexions sur L'apport du Droit Comparé a L'*élaboration du Droit Communautaire. 343 f. Tese (Doutorado em Direito) – Universite de Paris II Up II. Prof. Dra. Camille Jauffret Spinosi, Paris, 2002.

FRADERA, Véra Maria Jacob. Dano pré-contratual: uma análise comparativa a partir de três sistemas jurídicos, o continental europeu, o latino-americano e o americano do norte. *Revista de Informação Legislativa*, Brasília, v. 136, p. 169-180, 1997.

FRADERA, Véra Jacob de. Informar ou não informar nos contratos, eis a questão! In: FRADERA, Véra Jacob de; MARTINS-COSTA, Judith (org.). *Estudos de direito privado e processo civil*: em homenagem a Clóvis do Couto e Silva. São Paulo: Revista dos Tribunais, 2014.

FRADERA, Véra Jacob de. O Código Civil, a influência do tempo sobre o direito e a responsabilidade civil pelo descumprimento do contrato: a polêmica em torno da duração do prazo prescricional. *Revista de Direito Civil Contemporâneo*, v. 24, p. 53-71, jul.-set. 2020.

FRANZOLIN, Cláudio José. Negócios jurídicos: interpretação, integração, conteúdo negocial e efeitos. *Revista de Direito Privado*, v. 39, p. 61-86, jul.-set. 2009.

GAILLARD, Emmanuel. Negative Effect of Competence-Competence: the rule of priority in favour of the arbitrators. In: GAILLARD, Emmanuel; DI PIETRO, Domenico. *Enforcement of Arbitration Agreements and International Arbitral Awards*: the New York Convention in Practice. Cameron May, 2009.

GAILLARD, Emmanuel. The Negative Effect of Competente-Competence. *Mealeys' International Arbitration Report*, v. 17, n. 1, 2002.

GAILLARD, Emmanuel; SAVAGE, John. *Fouchard Gaillard Goldman on International Commercial Arbitration*. Kluwer Law International, 1999.

GALLO, José Alberto Albeny. *Contratos incompletos*. 70p. Dissertação (Mestrado em Direito) – Faculdade de Direito Milton Campos, Nova Lima, 2009.

GEDIEL, José Antônio Peres; CORRÊA, Adriana Espíndola. Interpretações – Art. 113 do Código Civil. In: MARQUES NETO; Floriano Peixoto; RODRIGUES JR., Otávio Luiz; LEONARDO, Rodrigo Xavier. *Comentários à Lei de Liberdade Econômica*: Lei 13.874/2019. São Paulo: Thomson Reuters Brasil, 2019.

GIACOMUZZI, José Guilherme. Desmistificando os "princípios jurídicos" de Ronald Dworkin. *Revista Novos Estudos Jurídicos – Eletrônica*, v. 19, n. 1, p. 285-320, jan.-abr. 2014.

GLANERT, Simone; LEGRAND, Pierre. Foreign Law in Translation: if truth be told... In: FREEMAN, Michael; SMITH, Fiona. *Law and language*. Oxford, 2013.

GOMES, Fernando de Paula. Do contrato: interpretação e boa-fé. *Revista de Direito Privado*, v. 27, p. 96-142, jul.-set. 2006.

GRAU, Eros Roberto. Negócio jurídico inexistente. Alienação fiduciária em garantia; existência, validade e eficácia do negócio jurídico. *Doutrinas Essenciais de Direito Civil*, v. 4, p. 237-250, out. 2010.

GREZZANA, Giacomo. *A cláusula de declarações e garantias em alienações de participações societárias*. São Paulo: Quartier Latin, 2019.

GUASTINI, Riccardo. *Das fontes às normas*. Trad. Edson Bini. São Paulo: Quartier Latin, 2005.

HAICAL, Gustavo Luís da Cruz. O inadimplemento pelo descumprimento exclusivo do dever lateral advindo da boa-fé objetiva. *Revista dos Tribunais*, v. 900, p. 45-84, 2010.

HART, H. L. A. *O conceito de direito*. Trad. Armindo Ribeiro Mendes. 3. ed. Lisboa: Fundação Calouste Gulbenkian, 2001.

HECK, Luís Afonso. A ponderação no Código de Processo Civil. In: HECK, Luís Afonso (org., trad., rev.). *Direito positivo e direito discursivo*: subsunção e ponderação no direito constitucional ordinário. Porto Alegre: Sergio Antonio Fabris Editor, 2017.

HECK, Luís Afonso. O neoconstitucionalismo em Hans Kelsen. In: HECK, Luís Afonso (org., trad., rev.). *Direito positivo e direito discursivo*: subsunção e ponderação no direito constitucional ordinário. Porto Alegre: Sergio Antonio Fabris Editor, 2017.

HEINOLD, Alexander. *Die Prinzipientheorie bei Ronald Dworkin und Robert Alexy*. Berlin: Duncker & Humblot, 2011.

HESPANHA, António Manuel. *A cultura jurídica europeia*: síntese de um milênio. Coimbra: Edições Almedina, 2012.

HUCK, Hermes Marcelo. Contratos internacionais de financiamento: a lei aplicável. *Doutrinas Essenciais de Direito Internacional*, v. 5, p. 437-446, fev. 2012.

IRTI, Natalino. A ordem jurídica do mercado. *Revista de Direito Mercantil, Industrial, Econômico e Financeiro*, n. 145, ano XLVI, p. 44-49, jan.-mar. 2007.

JAYASIMHA, Shreyas; MODY, Zia, 19. India. In: MOSER, Michael J.; CHOONG, John (eds.). *Asia Arbitration Handbook*. Oxford: Oxford University Press, 2011.

JAYME, Erik. O risco da diversidade linguística e o direito internacional privado. *Boletim da Faculdade de Direito da Universidade de Coimbra*, Coimbra, v. 4, 1978.

KALANSKY, Daniel; SANCHEZ, Rafael Biondi. *Sandbagging clauses* nas operações de fusões e aquisições (M&A). In: BARBOSA, Henrique; BOTREL, Sergio (orgs.). *Novos temas de direito e* corporate finance. São Paulo: Quartier Latin, 2019.

KELSEN, Hans. O que é positivismo jurídico. Trad. Luís Afonso Heck. In: HECK, Luís Afonso (org.). *Direito natural, direito positivo, direito discursivo*. Porto Alegre: Livraria do Advogado, 2010.

KELSEN, Hans. *Teoria geral do direito e do Estado*. Trad. Luís Carlos Borges. 5. ed. São Paulo: Martins Fontes.

KELSEN, Hans. *Teoria pura do direito*. Trad. João Baptista Machado. 8. ed. São Paulo: Martins Fontes, 2009.

KLATT, Matthias (org.). *Prinzipientheorie und Theorie der Abwägung*. Tübingen: Mohr Siebeck, 2013.

KONDER, Carlos Nelson de Paula. Interpretação dos contratos, interpretação da lei e qualificação: superando fronteiras. *Scientia Iuris*, Londrina, v. 19, n. 1, p. 47-62, jun. 2015.

KROETZ, Maria Cândida do Amaral. Interpretações – Art. 113 do Código Civil. In: MARQUES NETO; Floriano Peixoto; RODRIGUES JR., Otávio Luiz; LEONARDO, Rodrigo Xavier. *Comentários à Lei de Liberdade Econômica*: Lei 13.874/2019. São Paulo: Thomson Reuters Brasil, 2019.

LAHR, Helena. Interpretação e qualificação dos negócios jurídicos. *Revista dos Tribunais*, v. 723, p. 173, jan. 1996.

LARENZ, Karl. *Derecho civil*: parte general. Madrid: RDP, 1978.

LARENZ, Karl. *Metodologia da ciência do direito*. 3. ed. Trad. José Lamego. Lisboa: Fundação Calouste Gulbenkian, 1997.

LEGRAND, Pierre. Comparer. *Revue Internationale de Droit Compare*, v. 48, n. 2, p. 279-318, abr.-jun. 1996.

LEMES, Selma Ferreira. *Arbitragem na administração pública*: fundamentos jurídicos e eficiência econômica. São Paulo: Quartier Latin, 2007.

LEW, Julian D. M.; MISTELIS, Loukas A.; KRÖLL, Stefan M. *Comparative international commercial arbitration*. The Hague: Kluwer, 2003.

LIMA LOPES, José Reinaldo de. Juízo jurídico e a falsa solução dos princípios e das regras. *Revista de Informação Legislativa*, Brasília, ano 40, n. 160, p. 49-64, out.-dez. 2003.

MARINO, Francisco Paulo De Crescenzo. *Interpretação do negócio jurídico*. São Paulo: Saraiva, 2011.

MARTINS, Pedro Antônio Batista. *Autonomia da cláusula compromissória*. Estudos em arbitragem, mediação e negociação. II. Brasília: Grupos de Pesquisa, 2003.

MARTINS, Pedro Baptista. O grande tribunal arbitral. *Revista de Arbitragem e Mediação*, v. 59, p. 79-90, out.-dez. 2018.

MARTINS-COSTA, Fernanda. *Condição suspensiva*: função, estrutura e regime jurídico. São Paulo: Almedina, 2017.

MARTINS-COSTA, Judith. *A boa-fé no direito privado*: critérios para a sua aplicação. 2. ed. São Paulo: Saraiva, 2018.

MARTINS-COSTA, Judith. Contrato de compra e venda de ações. Declarações e garantias. Responsabilidade por fato de terceiro. Inadimplemento, pretensão, exigibilidade, obrigação. Práticas do setor e usos do tráfico. Parecer. In: CASTRO, Rodrigo Rocha Monteiro de; AZEVEDO, Luiz André; HENRIQUES, Marcus de Freitas (coords.). *Direito societário, mercado de capitais e arbitragem* – homenagem a Nelson Eizirik. São Paulo: Quartier Latin, 2020. v. III.

MARTINS-COSTA, Judith; FRADERA, Véra Jacob de. Clóvis do Couto e Silva. *Revista de Direito do Consumidor*, v. 3, p. 239-241, jul.-set. 1992.

MEDINA, Francisco Sabadin. O negócio jurídico inexistente e o plano da existência: são eles categorias precisas na análise dos negócios jurídicos? *Revista de Direito Privado*, v. 71, p. 179-222, nov. 2016.

MENDES-MEDEIROS, Mariana. *Cláusulas de declarações e garantias nos contratos internacionais de aquisição de empresas ou de ativos*. Dissertação (Mestrado em Direito) – Faculdade de Direito, Universidade de São Paulo, São Paulo, 2006.

MIOZZO, Pablo Castro. *Soziale Grundrechte ohne Prinzipien und Abwägungen*: Entwicklung am Beispiel des Rechts und Sozialversicherung in Brasilien. Berlin: Duncker & Humblot, 2022.

MORAES, Maria Celina Bodin de. Do juiz boca-da-lei da lei segundo a boca-do-juiz: notas sobre a aplicação-interpretação do direito no início do século XXI. *Revista de Direito Privado*, v. 56, p. 11-30, out.-dez. 2013.

MOTA PINTO, Carlos Alberto. *Teoria geral do direito civil*. 4. ed. atual. por António Pinto Monteiro e Paulo Mota Pinto. Coimbra: Coimbra Editora, 2005.

NANNI, Giovanni Ettore. *Direito civil e arbitragem*. São Paulo: Atlas, 2014.

NITSCHKE, Guilherme Carneiro Monteiro. Ativismo arbitral e "lex mercatoria". *Revista Jurídica Luso Brasileira*, ano 1, n. 2, p. 863-910, 2015.

NITSCHKE, Guilherme Carneiro Monteiro. Comentário ao artigo 113 §§ 1º e 2º do Código Civil: interpretação contratual a partir da Lei de Liberdade Econômica. In: MARTINS-COSTA, Judith; NITSCHKE, Guilherme Carneiro Monteiro. *Direito privado na Lei de Liberdade Econômica*. São Paulo: Almedina, 2022.

OPPETIT, Bruno. *Teoría del arbitraje*. Trad. Eduardo Silva Romero, Fabricio Mantilla Espinoza e José Joaquín Caicedo Demoulin. Bogotá: Legis, 2006.

PARGENDLER, Mariana. Sincretismo jurídico na evolução do direito societário brasileiro. In: MARTINS-COSTA, Judith (org.). *Modelos de direito privado*. São Paulo: Marcial Pons, 2014.

PARGENDLER, Mariana; PORTUGAL GOUVÊA, Carlos. As diferenças entre declarações e garantias e os efeitos do conhecimento. In: CASTRO, Rodrigo Rocha Monteiro de; AZEVEDO, Luis Andre; HENRIQUES, Marcus de Freitas (orgs.). *Direito societário, mercado de capitais, arbitragem e outros temas* – Homenagem a Nelson Eizirik. São Paulo: Quartier Latin, 2019. v. 3.

PARK, William. *The Arbitrator's Jurisdiction to Determine Jurisdiction*. Boston University School of Law & Legal Theory, 2007.

PAULSON, Stanley L. The Neo-Kantian Dimension of Kelsen's Pure Theory of Law. *Oxford Journal of Legal Studies*, v. 12, n. 3, p. 311-332, 1992.

PEREIRA, Caio Mário da Silva. *Instituições de direito civil*. 32. ed. Rio de Janeiro: Forense, 2019. v. 1.

PEREIRA, Fábio Queiroz. *O ressarcimento do dano pré-contratual*: interesse negativo e interesse positivo. Coimbra: Almedina, 2017.

PERLINGIERI, Pietro. *O direito civil na legalidade constitucional*. Trad. Maria Cristina de Cicco. Rio de Janeiro: Renovar, 2008.

PIRES, Catarina Monteiro. Convenção de arbitragem. In: PIRES, Catarina Monteiro; Rui Pereira Dias (coords.). *Manual de arbitragem internacional lusófona*. Coimbra: Almedina, 2020. v. 1.

PONTES, Evandro Fernandes de. Representations *&* warranties *no direito brasileiro*. São Paulo: Almedina, 2014.

PONTES DE MIRANDA, Francisco Cavalcanti. *Tratado de direito privado*. São Paulo: Revista dos Tribunais, 2012. t. I.

PONTES DE MIRANDA, Francisco Cavalcanti. *Tratado de direito privado*. São Paulo: Revista dos Tribunais, 2012. t. III.

PONTES DE MIRANDA, Francisco Cavalcanti. *Tratado de direito privado*. São Paulo: Revista dos Tribunais, 2012. t. VI

PONTES DE MIRANDA, Francisco Cavalcanti. *Tratado de direito privado*. São Paulo: Revista dos Tribunais, 2012. t. XXXVIII.

REALE, Miguel. *Fontes e modelos do direito.* Para um novo paradigma hermenêutico. São Paulo: Saraiva, 1994.

REALE, Miguel. *História do novo Código Civil.* São Paulo: Revista dos Tribunais, 2005.

REALE, Miguel. *Lições preliminares de direito*. 27. ed. São Paulo: Saraiva, 2002.

REI, Maria Raquel Aleixo Antunes. *Da interpretação da declaração negocial no direito civil português*. 2010. 476 p. Tese (Doutorado em Direito) – Faculdade de Direito, Universidade de Lisboa, Lisboa, 2010.

ROPPO, Enzo. *O contrato*. Coimbra: Almedina, 2009.

SACCO, Rodolfo. *Introdução ao direito comparado*. Trad. Véra Jacob de Fradera. São Paulo: Revista dos Tribunais, 2001.

SALTON, Rodrigo. *O dever de informar pré-contratual e as operações de M&A*. São Paulo: Quartier Latin, 2023.

SARMENTO, Daniel; SOUZA NETO, Cláudio Pereira de. Controle de constitucionalidade e democracia: algumas teorias e parâmetros de ativismo. In: SARMENTO, Daniel (coord.). *Jurisdição constitucional e política*. Rio de Janeiro: Forense, 2015.

SCALETSCKY, Fernanda Sirotsky; AZEVEDO, Marcelo Cândido de; SERPA, Pedro Ricardo. Existência, validade e eficácia da convenção arbitral. *Revista de Direito Empresarial*, v. 3, p. 321-351, maio-jun. 2014.

SCHRAMM, Dorothee; GEISINGER, Elliott; PINSOLLE, Philippe. Article II. In: KRONKE, Herbert; NASCIMENTO, Patrícia et al. *Recognition and Enforcement of Foreign Arbitral Awards*: A Global Commentary on the New York Convention. Kluwer Law International, 2020.

SESTER, Peter Christian. *Comentários à Lei de Arbitragem e à legislação extravagante relacionada à arbitragem*. São Paulo: Quartier Latin, 2020.

SETOGUTI, Guilherme. Procedimento I. In: LEVY, Daniel; SETOGUTI, Guilherme (coord.). *Curso de arbitragem*. São Paulo: Revista dos Tribunais, 2018.

SOARES, Marcos Cáprio Fonseca. O negócio jurídico e sua interpretação. *Revista de Direito do Consumidor*, v. 67, p. 173-196, jul.-set. 2008.

SOUSA, Ulisses César Martins de. Cláusula compromissória: análise comparativa Brasil-Portugal. *Revista dos Tribunais*, v. 99, p. 367-286, jan. 2019.

SPERANDIO, Felipe Vollbrecht. Convenção de Arbitragem. In: LEVY, Daniel; PEREIRA, Guilherme Setoguti J. (coords.). *Curso de arbitragem*. São Paulo: Thomson Reuters Brasil, 2018.

TEPEDINO, Gustavo. Interpretação contratual e boa-fé objetiva. *Soluções Práticas*, v. 2, p. 387-402, nov. 2011.

TEPEDINO, Gustavo; KONDER, Carlos Nelson; BANDEIRA, Paula Greco. *Fundamentos do direito civil*. 3. ed. Rio de Janeiro: Forense, 2022. v. 3.

THEODORO JR., Humberto. Contrato. Interpretação. Princípio da boa-fé. Teoria do ato próprio ou da vedação do comportamento contraditório. *Revista de Direito Privado*, v. 38, p. 149-175, abr.-jun. 2009.

THEODORO JR., Humberto. Interpretação e aplicação das normas jurídicas. *Revista de Processo*, v. 150, p. 11-23, ago. 2007.

TREVISAN, Leonardo S. *Ponderação, argumentação, racionalidade*: Robert Alexy e seus críticos. Prefácio de Luis Afonso Heck. Porto Alegre: Sergio Antonio Fabris Editor, 2017.

VALDES, Juan Eduardo Figueroa. The Principle of Kompetenz-Kompetenz in International Commercial Arbitration. *Revista de Arbitragem e Mediação*, v. 15, p. 134-190, out.-dez. 2017.

VIEIRA, Vitor Silveira. A cláusula de *take or pay* no direito privado brasileiro: qualificação, regime e aplicação. *Revista de Direito Privado*, v. 106, p. 101-150, out.-dez. 2020.

WALD, Arnoldo. A contratualização do direito societário. *Revista de Direito Bancário e do Mercado de Capitais*, v. 26, p. 21, out. 2004.

WALD, Arnoldo. Dolo acidental do vendedor e violação das garantias prestadas. *Revista dos Tribunais*, v. 949, p. 95-103, 2014.

WALD, Arnoldo. Novas perspectivas da empresa (vistas por um advogado). *Revista Tributária e de Finanças Públicas*, v. 11, p. 221-228, abr.-jun. 1995.

WALD, Arnoldo. O contrato no projeto do Código Civil (da evolução dos interesses conflitantes do passado até a parceria do futuro). *Revista do Instituto dos Advogados de São Paulo*, v. 1, p. 12-17, jan.-jun. 1998.

2025/1